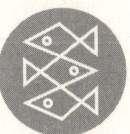

Die Geschichte des abendländischen Denkens präsentiert sich dem unvorbereiteten Leser zunächst als Ansammlung von Behauptungen, Argumenten und Fachbegriffen – ein weitläufiges Geflecht, in dem nur schwer Orientierung zu finden ist. Schmale Einführungen bieten meist nur ein Ideenskelett, mithin trockenen Wissensstoff, während mehrbändige Kompendien die Kenntnis der wichtigsten Motive schon voraussetzen.

Das dreibändige Lesebuch Hans-Georg Gadamers eröffnet einen dritten Weg: Anhand originaler, in sich geschlossener und ungekürzter Quellentexte wird der Leser mit Sprach- und Denkstil der bedeutendsten Philosophen unmittelbar bekannt gemacht. Einführende Essays erleichtern das Verständnis; die Texte selbst sind jedoch so ausgewählt, daß sie ganz ohne kommentierendes Beiwerk die wirkungsmächtigsten Ideen hervortreten lassen. Biographische und bibliographische Angaben zu Autoren und Texten geben empfehlende Hinweise zu weiterem Studium.

Der vorliegende *Band 1* führt ein in die Philosophie der Vorsokratiker, die klassische Philosophie Athens (Plato, Aristoteles), die Philosophie des Hellenismus (von Epikur bis Plotin) und die christliche Philosophie des Mittelalters. Die Mehrzahl der ausgewählten Texte wurde vom Herausgeber neu übersetzt.

Hans-Georg Gadamer (1900–2002) lehrte Philosophie in Marburg, Leipzig, Frankfurt am Main und Heidelberg. Er veröffentlichte zahlreiche philosophiehistorische, ästhetische und geschichtsphilosophische Arbeiten. Die von ihm in *Wahrheit und Methode* begründete philosophische Hermeneutik zählt zu den bedeutendsten und einflußreichsten philosophischen Richtungen der Gegenwart.

Unsere Adressen im Internet: www.fischerverlage.de
www.hochschule.fischerverlage.de

Philosophisches Lesebuch

Band 1

**Die Philosophie der Vorsokratiker
Die klassische Philosophie Athens
Die Philosophie im Zeitalter des Hellenismus
Die christliche Philosophie des Mittelalters**

Herausgegeben
und mit Einführungen versehen von
Hans-Georg Gadamer

Fischer Taschenbuch Verlag

4. Auflage: Februar 2009

Veröffentlicht im Fischer Taschenbuch Verlag,
einem Unternehmen der S. Fischer Verlag GmbH,
Frankfurt am Main, Mai 2004 (Neuausgabe)

© 1965 Fischer Bücherei KG, Frankfurt am Main
Ergänzte Neuausgabe:
© 1988 Fischer Taschenbuch Verlag GmbH, Frankfurt am Main
Druck und Bindung: Druckerei C. H. Beck, Nördlingen
Printed in Germany
ISBN 978-3-596-16165-2

Inhalt

Vorwort 7

I. Die Philosophie der Vorsokratiker 13

Parmenides und Heraklit 15
   Aus dem Lehrgedicht des Parmenides 23
   Aus Heraklits Schrift ›Über die Natur‹ 27

Empedokles 34
   Fragmente 36

Anaxagoras 50
   Berichte über Anaxagoras 52
   Fragmente 53

Leukipp und Demokrit 57
   Lehrberichte der aristotelischen Schule
   und Zitate aus Demokrits Werken 59

II. Die klassische Philosophie Athens 69

Plato 73
   7. Brief 75
   Phaidon (Schluß) 78
   Aus dem Dialog ›Parmenides‹ 103

Aristoteles 113
   Metaphysik (12. Buch) 115
   Die Sittenlehre (1. und 2. Buch) 131

III. Die Philosophie im Zeitalter des Hellenismus 181

Epikur 185
   Brief an Herodot 187
   Brief an Menoikeus 203

Lukrez 208
   Von der Natur der Dinge (2. Buch) 209

Cicero 237
   Vom Schicksal 240

Boethius 257
   Trost der Philosophie (5. Buch) 258

Plotin 274
   Von der Natur, von der Anschauung und von dem Einen 276

IV. Die christliche Philosophie des Mittelalters 287

Augustin 291
   Bekenntnisse (11. Buch) 293

Thomas von Aquin 318
   Aus der Quaestio über die Wahrheit 320

Nicolaus Cusanus 344
   Vom Gipfel der Betrachtung 346

Anhang 357
   Biographische Notizen. Verzeichnis der Quellen 359
   Vom Herausgeber empfohlene Literatur 365

Vorwort

Das vorliegende Lesebuch möchte jedem die Möglichkeit geben, wichtige Texte der philosophischen Überlieferung selber zu studieren. Es macht nicht den Versuch, der an sich etwas für sich hätte, über die Tradition der abendländischen Philosophie hinauszugreifen und die großen Gedankenschöpfungen anderer Kulturen, etwa Indiens oder Chinas, ebenfalls zugänglich zu machen. Die Zeit des globalen Austausches, in der wir leben, würde einem solchen Unternehmen eine gewisse Aktualität sichern. Indessen ist die erste Voraussetzung für das Gelingen desselben, daß die eigene philosophische Überlieferung des Abendlandes lebendig erhalten und auf lebendige Weise angeeignet wird. Dazu möchte dieses Buch helfen. Mit aller Entschiedenheit stellt es die Originalworte der großen Denker, die es berücksichtigt, in den Vordergrund. Es möchte nicht eine Geschichte der Philosophie ersetzen. Es möchte auch so wenig als möglich die geistigen Erfahrungen des Lesers bevormunden.

Selbstverständlich hängt jeder Auswahl etwas Subjektives und einem persönlichen Ermessen Entspringendes an. Aber die Aufgabe, die Tradition des abendländischen Denkens durch Vorlage der Quellentexte selber zugänglich zu machen, ist in sich so eindeutig, daß der Spielraum des Ermessens nicht sehr weit ist. Daß unsere große abendländische Denküberlieferung mit den Vorsokratikern anfängt, daß Plato und Aristoteles in ihr eine fundamentale Stellung haben, daß die großen christlichen Denker, Augustin und Thomas, nicht fehlen dürfen, daß schließlich die ganze geschlossene Denkbewegung der neueren Jahrhunderte bis Kant und Hegel zu unserer lebendigen philosophischen Tradition gehört, steht für jeden fest. So mag der eine oder andere, der außer den genannten und hier berücksichtigten Denkern zu den Klassikern der Philosophie gezählt werden darf, hier vermißt werden. Aber im großen und ganzen ist die hier getroffene Auswahl, wie ich meine, in sich zwingend.

Wenn es das Ziel des hier vorgelegten Buches ist, den Leser mit der Überlieferung des philosophischen Gedankens möglichst unmittelbar zu konfrontieren, so enthielt das weiterhin einen zwingenden Gesichtspunkt für die Auswahl. Nichts war für die Aufnahme in diese Sammlung geeignet, was nur durch die Hinzutaten eines Herausgebers lesbar und verständlich wäre. Es wurde grundsätzlich vermieden, die hier abgedruckten Texte auch nur im geringsten durch subjektive Eingriffe zu verändern. Sie enthalten keine Kürzungen (mit einer einzigen, näher zu begründenden Ausnahme), sondern bieten einen vollständigen Text, der vom ersten bis zum letzten Wort überliefert ist. Der Leser ist also in der Lage, die griechischen oder lateinischen, französischen, englischen oder deutschen Originaltexte mit heranzuziehen und das vorgelegte Stück an ihnen Wort für Wort zu verifizieren.

Wenn man diese Möglichkeit festhalten wollte, galt es, solche Stücke zu finden, die in sich genügend Geschlossenheit besitzen, um das Ganze der Gedanken eines Denkers repräsentativ zusammenzufassen. Für die früheste Epoche des griechischen Denkens hat das die Geschichte selber besorgt. Da haben wir im allgemeinen nur Bruchstücke der Originalwerke, die sogenannten Fragmente; sie enthalten das, was spätere Zeiten, denen die Originalschriften noch vorlagen, am wichtigsten fanden, und was sich deshalb erhalten hat. Hier war die Aufgabe klar: Die Originalworte, die wir besitzen, möglichst vernünftig geordnet und möglichst vollständig mitzuteilen. Der Leser wird vielleicht darüber erstaunt sein, daß so selbstverständlich gewordene und allgemein bekannte Lehren wie die der ältesten griechischen Denker, eines Thales oder eines Anaximander, dabei überhaupt nicht auftauchen. Er mag daraus entnehmen, daß unser Wissen über diese Anfänge sekundärer Natur ist und daß wir Originaltexte dieser ältesten, kühnen Geister nicht einmal in Bruchstücken besitzen. Erst das Ende des 6. Jahrhunderts v. Chr. läßt uns in Heraklit und in Parmenides zwei große Denker in ihrem originalen Umriß kenntlich werden. Die Bruchstücke ihres Werkes enthalten indirekt eine Spiegelung jener ersten Anfänge des jonischen Denkens und können nur von ihrem Hintergrund aus, den ich in einer Einleitung kurz skizziere, voll verstanden werden.

Die Aufgabe der Auswahl ändert sich gründlich in dem Augenblick, in dem wir das Gesamtwerk eines Denkers besitzen. Das ist zuerst bei Plato und Aristoteles der Fall. Hier galt es, die rechten Stücke auszuwählen, die das Ganze ihrer philosophischen Lehre verstehen lassen. Dafür gab es gewiß mehrere Möglichkeiten; die hier gewählte verfolgt ein doppeltes Ziel: Sie möchte nicht nur den ganzen Kreis umschreiben, in dem sich das Denken dieser Männer bewegt, und die Spannweite ihres Geistes sichtbar machen. Sie möchte auch die wirkungsmächtigsten Motive ihres Denkens, die in einem besonderen Sinne Geschichte gemacht haben, hervortreten lassen. – So wird man es gelten lassen müssen, daß die große Person des Sokrates, die für Plato schicksalbestimmend geworden war, im vollen Glanze platonischer Gedankendichtung und Darstellungskraft erscheint. Die Sterbestunde des Sokrates, die im ›Phaidon‹ geschildert wird, hat die Geschlossenheit eines geistigen Vermächtnisses, dessen Erbe und Verwalter die platonische Philosophie ist. Sie ist umleuchtet von der hellen Spiritualität des attischen Geistes und von dem Widerschein der alten religiösen Überlieferung, die sich in Platos ebenso dichterischem wie ironischem Geiste bricht. – Daß Platos Philosophie ein beständiges Traditionselement des Abendlandes wurde, daß man unter Platonismus ebensosehr die Unterscheidung zweier Welten, einer sinnlichen und einer geistigen, zu verstehen hat wie den Aufschwung des menschlichen Geistes von der einen zur anderen, soll durch die beiden anderen mitgeteilten Stücke repräsentiert sein. Das eine Stück, der erste Teil des Dialogs *Parmenides*, ist einem der meistkommentierten Dialoge Platos entnommen. Auf ihn beruft sich das ganze mystisch-neuplatonische

Schrifttum, wenn es einen hierarchisch geordneten Kosmos entfaltet. Das andere Stück, die einzigen Originalworte, die wir vielleicht aus Platos mündlicher Lehre in seinem Schrifttum vermuten dürfen, schließt sich dem an.

Daß bei den Texten des Aristoteles vor allem die *Metaphysik* in geschlossener Überschau vorgestellt werden mußte, versteht sich von selbst. Das hier mitgeteilte 12. Buch eignet sich dazu besonders. Es ist das einzige kürzere Werk des Aristoteles, das das Ganze seiner Gedanken, sowohl seine Naturlehre wie seine Gotteslehre, umfaßt. Daneben mußte die praktische Philosophie des Aristoteles sichtbar werden, jene Einheit von sittlichem und politischem Denken, die wie in einer Summe das Lebensgesetz der griechischen Staatenwelt und ihre Werttafeln zusammenfaßt.

Was die späteren Jahrhunderte des Altertums und ihren Übergang in das christliche Weltalter betrifft, so ergab sich die Auswahl des hier Mitgeteilten im allgemeinen auch ohne große Schwierigkeiten. Sind es doch nur wenige große Schriftsteller oder Dichter, die sich in einem Zeitalter zunehmender Schulkultur durch die einzigartige poetische Kraft ihres Stils als literarische Individualitäten abheben. In diesem Zeitraum der ausgebreiteten philosophischen oder theologischen Schulgelehrsamkeit verdienten die dichterisch verdichtenden Darstellungen einen besonderen Vorzug. Im Grunde machen nur zwei der hier mitgeteilten Texte eine gewisse Ausnahme. Das eine ist der Cicero-Text. Daß der große römische Redner und Staatsmann in der Schrift *Über das Schicksal* mehr in das Gestrüpp hellenistischer Schulphilosophie verwickelt ist, als daß diese Schrift die pragmatische Bedeutung und die sittliche Kraft des stoischen Philosophierens zu repräsentieren vermag, ist zuzugeben. Aber gerade das macht den hier erstmals in einer deutschen Übersetzung vorgelegten Text zu einem wertvollen Dokument des Zeitalters.

Die zweite Ausnahme ist das Stück aus Thomas. Hier ist es nicht möglich gewesen, einen ungekürzten, einheitlichen Text von zentraler philosophischer Bedeutung auszuwählen, der auch einen unvorbereiteten Leser anzusprechen vermochte. Die hochdifferenzierte Schulsprache des späten Mittelalters ist für den Laien schwer zugänglich. Daher habe ich mich entschlossen, ein Kernstück scholastischen Denkens, die Lehre von der Wahrheit, wie sie Thomas in einer Untersuchung darstellt, die viele Hunderte von Seiten umfaßt, nur in ihren ersten Schritten vorzulegen. Auch dabei ließen sich einige Kürzungen nicht vermeiden. Das weit ausgespannte Gebilde einer thomistischen Schulddisputation, in dem ganze Serien von Fragen und entsprechenden Antworten, von Einwänden und Widerlegungen zusammengestellt werden, hätte den Fortschritt des Gedankens zu sehr gehemmt. Wir schließen den ersten Band dieses philosophischen Lesebuches mit einem Stück aus dem literarischen Werk des großen Nicolaus von Cues, nicht nur weil er mit Recht in die Reihe der Klassiker der Philosophie eingerückt ist, sondern auch, weil seine Darstellungsform nichts mehr von der Schulstubenluft des späten Mittelalters an sich hat, sondern von dem frischen Hauch der humanistischen Bewegung der Renaissance belebt ist. Spekulative Kühnheit und Kunst prägnanter Darstellung lassen cusanische Texte wie Dichtungen des Gedankens wirksam sein. Das gewählte Stück hätte freilich auch ein anderes sein können, denn Nicolaus von Cues ist in fast jedem seiner kurzen Traktate ganz er selbst.

Daß die beginnende Neuzeit und das Ganze der neuzeitlichen Entwicklung des philosophischen Gedankens einem zweiten Bande vorbehalten bleibt, ist organisch gegeben. Das neuzeitliche Denken ist schon in seiner Darstellung in einem ganz anderen Maße durch die Tatsache der Buchkultur bestimmt. Die mechanische Vervielfältigung durch den Druck, der innere Abstand vom lebendig gesprochenen oder laut gelesenen Wort, das Hinausdrängen des geschriebenen Wortes der Philosophie aus der Enge gelehrter Zirkel in die breiteren Kreise einer geistig erzogenen Öffentlichkeit, das alles stellt die Aufgabe der Auswahl geeigneter Texte unter ganz veränderte Gesichtspunkte. Es ist fast unvermeidlich, daß jetzt weniger aus dem Kontext der Bücher zentrale Stücke ausgewählt werden konnten. Es bot sich wie von selbst diejenige literarische Partei an, die auch nach der Meinung des Autors eine zusammenfassende und zugleich mit dem sachlich unvorbereiteten Leser vermittelnde Aufgabe erfüllt: die Einleitung bzw. das Vorwort, in denen sich ein Denker über die Eigenart und die Bedeutung des von ihm vorgelegten Werkes öffentlich ausspricht. Die unter diesem Gesichtspunkt getroffene Auswahl wird genauer in den Einleitungen zu den einzelnen Texten zu rechtfertigen sein.

Neben der Frage der Auswahl der geeigneten Texte mußte der Frage der Übersetzungen eine entscheidende Bedeutung zukommen. Hier ist die Philosophie in einer ganz schlimmen Lage. Sie kann sich nicht mit sogenannten korrekten Übersetzungen dem gebildeten Laien vermitteln.

Die korrekte Übersetzung ist immer blaß, unanschaulich und schulmäßig. Sie enthält weit mehr, als es der Zweck der vorliegenden Sammlung erwünscht sein läßt, die philosophischen Vorbegriffe des Übersetzers und die seiner eigenen Zeit. Die Lage ist fast die gleiche wie bei der Übersetzung lyrischer Gedichte. Auch dort wird niemand recht froh durch das, was ein Übersetzer vom dichterischen Original nachzubilden weiß. Meist klingt es dann in einer fatalen Weise nach dichterischen Vorbildern der eigenen Literatur, nach Goethe oder nach Rilke z. B., wenn es überhaupt nach etwas Dichterischem klingt. So ist es dem Herausgeber bei der Suche nach geeigneten Übersetzungen gerade dort besonders übel ergangen, wo das gewählte Stück durch seine fast poetische Präsenz besonderen Vorzug verdiente. Er hat schließlich in vielen Fällen die mühevolle Konsequenz gezogen, eigene Übersetzungen zu versuchen. Nicht als ob er sich einbildete, der allgemeinen Problematik des Übersetzens philosophischer Texte gegenüber eine Art Freibrief zu besitzen. Aber was so erreicht werden konnte, ist, daß unbeschadet aller objektiven Gegebenheiten der Auswahl die Texte Züge einer geistigen Einheit tragen, die durch die äußere sprachliche Formgestaltung und damit den Stil der Übersetzung mitbestimmt ist. Wenn es die Aufgabe der hier vorgelegten Texte sein sollte, den Leser unmittelbar anzusprechen, muß man versuchen, die Präsenz des Originals in der fremden Sprache, soweit das irgend möglich ist, durch die absolute Präsenz desselben in der eigenen Sprache zu verdrängen. Das geheime Horchen nach dem fremdsprachlichen Original hinter einer dargebotenen Übersetzung, das das Lesen von Übersetzungen oft so qualvoll macht, sollte dadurch vermindert werden, daß ich das sogenannte Übersetzer-Deutsch möglichst vermied, also alle jene Wörter, die aus der lebendigen Sprache fast ganz verschwunden sind, aber ein zähes Geisterleben besitzen, weil sie sich als korrespondierende Vokabeln zu der Wiedergabe fremdsprachlicher Texte eignen. Das gilt vor allem für den ersten Band, wo aus toten Sprachen, dem Griechischen und dem Lateinischen, zu übertragen war.

Wo der Herausgeber nicht den Versuch einer eigenen Übersetzung vorlegte, weil er das schon in guten Übersetzungen Vorliegende nicht glaubte übertreffen zu können, hat er einem weiteren Gesichtspunkt den Vorzug gegeben, nämlich altertümliche Übersetzungen statt der sogenannten moderneren zu bringen. Das spielt im ersten Band noch keine sehr große Rolle. Denn die einheitliche Gelehrtensprache des christlichen Abendlandes, das Lateinische, erforderte bis vor kurzem überhaupt keine Übersetzungen in die modernen Sprachen, weil perfekte Lateinkenntnis im Kreise der philosophisch Gebildeten und philosophisch Interessierten noch zu den selbstverständlichen Voraussetzungen zählte. Anders liegt die Sache bei Texten aus der Neuzeit, und insbesondere dort, wo die Klassiker der Philosophie in ihrer eigenen Muttersprache schrieben und das Interesse der Nachbarkulturen schon im 18. Jahrhundert nach Übersetzungen in die eigene Nationalsprache rief. Hier haben diese alten und altmodischen Übersetzungen einen besonderen historischen Wert. Im ersten Band gibt es eigentlich nur in einem Falle etwas Analoges. Das ist die dem späten 18. Jahrhundert entstammende Übersetzung der aristotelischen Ethik durch Christian Garve. Sie fällt durch ihren pedantischen und zeremoniellen Stil und eine uns Heutigen nicht mehr ganz natürliche Wortwahl aus den meisten in diesem Bande gegebenen Übersetzungen heraus. Aber sie bezeugt eben dadurch, wie der moralphilosophische Gedanke, der mit dem Namen des Aristoteles verbunden ist, bis an die Schwelle des 19. Jahrhunderts präsent geblieben ist. Die leichte Verfremdung, die altertümliche Übersetzungen an sich zu haben pflegen, scheint mir in allen solchen Fällen ein echter Gewinn. Sie verleihen den philosophischen Gedanken, die sie ausdrücken, etwas von der Art Autorität, die dem Seltenen und Gewählten im Vergleich zu dem Häufigen und Gewohnten zukommt. Die leichte Anstrengung, die das Verstehen eines altertümlichen Deutsch verlangt, ist schon der erste Schritt zu der etwas größeren Anstrengung, die jeder philosophische Gedanke, den man verstehen will, inhaltlich vom natürlichen Bewußtsein fordert.

I. Die Philosophie der Vorsokratiker

Die Philosophie der Vorsokratiker

Die Hinrichtung des Sokrates im Jahre 399 v. Chr. stellt das erste große Epochendatum innerhalb der Geschichte der abendländischen Philosophie dar. Von Sokrates hat Cicero einmal gesagt, er habe die Philosophie vom Himmel heruntergeholt und unter die Menschen gebracht. In der Tat bezeichnet das die Epocheneinheit der vorsokratischen Philosophie, daß alle jene Denker, die Sokrates vorangingen und über das Ganze des Seins nachdachten, den Blick auf den Himmel, auf den Weltenbau, auf die Entstehung und Ordnung der Welt gerichtet hielten. So ist für diesen frühen Zeitraum des griechischen Denkens eine Scheidung von Philosophie und Wissenschaft sinnlos. Auch wissen wir heute, daß diese Männer vieles aus babylonischen und ägyptischen Erkenntnissen übernommen haben. Und trotzdem ist es ein wahrhafter Anfang des abendländischen Geistes, der sich im 6. und 5. Jahrhundert v. Chr. vollzog. Inmitten einer Welt fleißigen Handels, der sich über das ganze Mittelmeergebiet ausdehnte, unter dem Druck der asiatischen Macht des persischen Reiches, dessen Expansion erst auf attischem Boden endgültig begrenzt werden sollte, standen Männer auf, die ihr Glück darin sahen, wie von Anaxagoras berichtet wird, den Himmel zu betrachten. Hier zuerst wurde die Seligkeit des reinen Schauens, das die Griechen *theoria* nannten und das noch heute in unserem Wort Theorie nachklingt, entdeckt, des Wissens um des Wissens willen, das die müßige Frage nach dem Anfang und Ursprung alles Seins, die philosophische Grundfrage, erstmals so stellte, daß keine mythologische oder religiöse Antwort ihr genügen konnte.

Wenn wir in unserem Jahrhundert die Weltgeschichte des Altertums in ganz neuen Maßen zu sehen beginnen und die großen Stromkulturen des Vorderen Orients in unser weltgeschichtliches Bewußtsein mit aufgenommen haben, so daß das Griechenland der Perserkriege, mit denen die griechische Geschichtsschreibung beginnt, seine Auszeichnung verloren hat – für die geistige Kultur des Abendlandes ist dennoch eben diese Epoche der Perserkriege von entscheidender Bedeutung. Es ist die Philosophie im tragischen Zeitalter der Griechen, die Friedrich Nietzsche mit enthusiastischen Worten geschildert hat. Die griechische Tragödie und die vorsokratische Philosophie sind desgleichen Geistes. Ihrem Anfang geht als älteste literarische Überlieferung die epische Poesie der Griechen voran, Homer und Hesiod. Gerade die neuere Forschung hat die vorsokratische Überlieferung von dem Hintergrund ihrer epischen Vorgänger her neu aufgeschlossen. Beide sind nach dem Sprachgebrauch und dem Selbstverständnis der Späteren *Theologen* – sie ordnen die religiöse Überlieferung und kultische Wirklichkeit Griechenlands durch die Kraft des dichterischen Gedankens. Sie stellen damit den kommenden Generationen die philosophische Aufgabe, das in religiöser Form Gedachte in die Form des Logos, des begründeten Wissens, zu erheben. Damit beginnt der Aufklärungszug der abendländischen Denkgeschichte.

Parmenides und Heraklit

Alle Anfänge verlieren sich im Dunkeln. Auch der Anfang der abendländischen Philosophie steht nicht im hellen Lichte der Überlieferung. Doch ist es mehr als eine willkürliche moderne Erfindung, die Geschichte der griechischen Philosophie mit Thales beginnen zu lassen. Vielmehr ist es die durch Aristoteles geprägte Auffassung, daß das, was sich um die Wende zwischen dem 7. und 6. Jahrhundert v. Chr. im jonischen Küstengebiet als Geist der Forschung und des Fragens geregt hat, die alte mythisch gebundene Weltauffassung mit Bewußtsein überwand. Was uns aus der epischen Überlieferung der Griechen bekannt ist, Homer und Hesiod vor allem, atmet noch einen ganz anderen Geist. Es ist uns heute klar, daß diese Dichter des 8. Jahrhunderts ihrerseits bereits so etwas wie eine systematische Ordnungsaufgabe verrichtet haben, indem sie die Vielfalt der kultischen Überlieferung Griechenlands zu einem einheitlichen Göttersystem gestalteten. Aber was sich dann in den blühenden Handelsstädten der jonischen Küste entwickelte, bedeutete offenkundig eine völlige Loslösung von der mythischen Welterklärung. Es waren große Beobachter und Forscher, die aus dem Orient empfangenes und mit eigener geistiger Energie verarbeitetes Wissen, vor allem in der Astronomie und Mathematik, mit der neuen Frage nach der Natur des Ganzen verbanden. Wir nennen mit Aristoteles und mit einem aristotelischen Begriff diese Männer die Physiologen, weil sie den Logos der Physis suchten, den Urzustand und den Urbestand der Natur. Und ob sie nun Wasser oder Luft oder ein Seiendes, das ›unendlich‹ und weder Wasser noch Luft war, für solches erste hielten, in jedem Falle stand dahinter der Entschluß, das Sein des Ganzen von allen anthropomorphen oder theologischen Vorstellungen abzulösen. Immer war es konkrete Beobachtung, mit der in kühner Verallgemeinerung eine Ansicht über die Entstehung und den Aufbau unserer Welt entworfen wurde. Leider wissen wir von diesen großartigen Bahnbrechern des philosophischen und wissenschaftlichen Denkens sehr wenig, und insbesondere besitzen wir keine Schriften von ihnen. Die einzige Ausnahme ist ein für Anaximander bezeugter Satz. Danach hat Anaximander von Milet um 600 herum die große Ausgleichsordnung der Natur durch ein Gleichnis dargestellt. Die Gegensätze, aus denen die Dinge entstehen und in die sie wieder vergehen, gleichen sich miteinander aus »gemäß der Billigkeit; denn sie müssen einander Buße und Strafe zahlen für ihre Ungerechtigkeit«. Es ist die Vorstellung einer Rechtsordnung, das, was wir im Staatsleben wie bei jeder Charakterisierung eines geordneten Ganzen ›Verfassung‹ nennen, was hier als die neue Grundanschauung von der Welt entwickelt worden ist und ursprünglich religiöse Kosmogonien mit wissenschaftlicher Naturbeobachtung zu einer großartig einheitlichen Schau verband. Von Anaximander wissen wir auch, daß er eine Erdkarte geschaffen hat, ein Gebilde von äußerster Abstraktionskraft, Symmetrie und Klarheit. Er hat zuerst (von Thales ist das höchst fraglich) eine Schrift über die Welt geschrieben, aus welcher der eben zitierte Satz stammt. Aber wirkliche Texte haben wir von diesen frühen jonischen Physiologen nicht. Auch der große religiöse Ordensstifter und Mathematiker Pythagoras ist für uns fast unkenntlich. Unsere philosophische Originalüberlieferung beginnt vielmehr mit zwei Männern, die etwa gleichzeitig und unabhängig voneinander, wie es scheint, die neue Weltbetrachtung jonischer Prägung zum Gegenstand ihrer bohrenden und tiefsinnigen Fragen erhoben: Parmenides und Heraklit. Der eine lebte in Italien im Gebiete jener aufblühenden jonischen Kolonialwelt, die weltgeschichtlich gesehen als das sogenannte Großgriechenland die griechische Zivilisation gegen Afrika schützte; der andere, Heraklit, war aus Ephesus, einer der ältesten und reichsten Handelsstädte Joniens, das kurz danach dem Druck der Perser erliegen und seine politische Selbständigkeit verlieren sollte. Beide Männer haben in ihren Gedankenbildungen jenes Weltganze vor Augen, das die jonische Forschung gerade entwickelt hatte. Beide entdecken, daß in diesem neuen Weltbild, dessen rationale Klarheit für sich einnimmt, das menschliche Denken auf Rätsel stößt, die es nicht lösen kann. Sie stellen ihm daher die Forderung des Denkens, jede Scheinklarheit verwerfend, entgegen.

Von *Parmenides* sind große Teile seines *Lehrgedichtes* erhalten. Er gilt als der Begründer der Eleatischen Schule, und wenn es auch ein Anachronismus ist, im 6. Jahrhundert v. Chr. von Schulen zu sprechen, so ist doch seine Lehre nicht nur die eines einzelnen gewesen, sondern sicherlich eines der folgenreichsten geistigen Weltereignisse überhaupt. Er bezieht sich ausdrücklich in jenen Versen, in denen er seine Lehre von der Wahrheit und dem Schein niedergelegt hat, auf die neue Welterklärung. Er erklärt sie für scheinhaft, wenn auch offenkundig nicht einfach für Blendwerk oder Phantasie, sondern er hält ihr entgegen, daß man sich in diesem neuen Weltbild denkend nicht ohne Widersprüche zurechtfinden kann. Was da so aufeinander wirkt und als gegensätzliche Kräfte die Einheit des Weltganzen bestimmt, ist zwar nicht mehr ein Kampf mythischer Mächte, göttlicher Herrschaften, die ihre Protektionsbereiche gegeneinander verteidigen, wie das im homerischen Epos erscheint. Wie das aber eigentlich zu denken ist, daß es zu solcher Ordnung kam, daß Tag und Nacht einander ablösen, daß der Lauf des Jahres die Zeiten bringt und vergehen läßt, wie sich die Himmelskörper in ihrer Erdenferne aus Feuer gebildet haben und wie auf Erden die Elemente einander die Waage halten, das ist für den denkenden Geist von einem tiefen Rätsel erfüllt. Wie soll das Sein ins Sein gekommen sein? Woher soll in das umfassende Ganze des Seienden je Bewegung gekommen sein? Wie soll aus diesem Ganzen je etwas herausfallen können? Entstehen wie Vergehen sind gleich rätselhaft geworden, sobald man damit ernst macht, daß das Seiende ein Ganzes ist, das alles umfaßt und außerhalb dessen nichts ist. Da mag es zwar der menschlichen Vorstellung so scheinen, als ob im

Einzelnen etwas ›aus dem Nichts‹ entstünde oder ins Nichts verginge, aber denken kann man sich nichts bei diesem Nichts, aus dem etwas entstehen oder in das etwas vergehen soll. Das sieht wie ein bloßes Wort aus, dem nichts Seiendes entspricht. In der Tat hat Parmenides mit beharrlicher Logik den Beweis unternommen, daß das Seiende ist und das Nichtseiende (das Nichts) nicht ist, und er hat diesem Gedanken zuliebe alle Veränderung, alle Bewegung, alles Werden und Vergehen für bloßen Schein erklärt, d. h. für eine gedankenlose Vorstellungsweise, bei der der Blick statt auf das Ganze des Seienden auf ein Einzelnes gerichtet ist, dessen Anwesenheit oder Abwesenheit wie ein Kommen aus dem Nichts oder Gehen ins Nichts erscheint. Parmenides ist durch die Kühnheit seiner Leugnung der Bewegung zum ersten Anwalt der strengen Konsequenz im Denken geworden, indem er der Evidenz der Sinne die Folgerichtigkeit des Gedankens vorzog und damit die innere Widersprüchlichkeit und Unklarheit in den Grundbegriffen des neuen jonischen Weltdenkens aufdeckte. Von ihm datiert daher eine neue Epoche frühen griechischen Denkens. Sein Einwand, daß das Seiende ist und nie nicht sein kann und deswegen keine Veränderung, Bewegung usw. duldet, war nicht zu widerlegen, und das nötigte die spätere Welterklärung zu neuen kühnen Abstraktionen wie der Annahme, daß alles Seiende aus unteilbaren kleinsten Teilen, aus Atomen bestehe, die wirklich der Forderung des Seins genügten, unzerstörbar und unveränderlich zu sein, was sie sind. Der Eleatische Gedanke ist insofern ein bleibender philosophischer Grundgedanke, mit dem es ein jedes Denken aufzunehmen hat.

Es ist kein Wunder, daß auch im griechischen Denken der Eleatische Gedanke beständig gegenwärtig bleibt. Vor allem Plato hat in der Lehre des Parmenides und seines dialektisch gewandten Schülers Zeno ein Wahrheitsmoment gesehen, das erst seine eigene Philosophie, die sogenannte Ideenlehre, ganz zu ihrem Recht bringen sollte. Und wenn wir das Lehrgedicht des Parmenides mindestens in seinem ersten Teil, der Lehre von der Wahrheit, fast vollständig, wie es scheint, besitzen, so verdanken wir das den gelehrten Aristotelikern des späteren Altertums, die trotz der von Aristoteles an der Eleatischen Philosophie geübten Kritik das Große und Wahre an ihm erkannten.

Es ist schwer, Parmenides zu übersetzen. Seine Worte sind noch ganz bildhaft und doch auch schon von so vollendeter Abstraktion, daß von ihnen gilt, was er selbst für sie in Anspruch nahm: daß sie von keinem späteren Denken je ganz überholt worden sind.

Das Lehrgedicht zerfällt in zwei Teile, die Lehre von der reinen Wahrheit, das das Sein ist und das Nichtsein nicht ist, und die Lehre von dem glaubhaften Schein, in dem sich unsere menschliche Vorstellung über die Welt im allgemeinen bewegt. Das Verhältnis dieser beiden Teile ist eines der umstrittensten Probleme der antiken Philosophie. Man wird gut tun, eben darin die Originalität dieser Lehre zu erkennen, daß man beides zugleich aussprechen kann: die reine Konsequenz der Sache und die unaufhebbare Verstrickung des Menschen in die Vorurteile des Sinnenscheins. Denn auch die Evidenz unserer täglichen, sinnlichen Erfahrung besteht zu Recht. Daß die Welt nicht nur Eines ist, sondern ein Vieles, und daß Ordnung herbeigeführt und eingehalten wird im beständigen Fluktuieren der Erscheinungen: das mußte das griechische Denken als seine eigentliche Intuition verteidigen, und in der Tat hat die Strenge des Eleatischen Gedankens die neue Strenge des metaphysischen Denkens, die wir beim späteren Plato und bei Aristoteles finden, herausgefordert.

Heraklit hat eine Schrift *Über die Natur* verfaßt, die er selber im Tempel zu Ephesus feierlich niedergelegt hat, und von der wir eine Anzahl einzelner Sätze, wenn auch keinen geschlossenen Text, besitzen. Es ist eine kunstvoll zugespitzte Diktion, die jeden Satz fast wie einen Aphorismus erscheinen läßt, und Hermann Diels, einer der ersten modernen Herausgeber Heraklits, hat in der Tat den Begriff des Aphorismus im Blick auf Nietzsche auf die Heraklit-Überlieferung angewendet. In der Hauptsache sicher nicht mit Recht. Denn wenn es auch blockhaft geschlossene Sätze gewesen sein mögen, die in einer Art Monumentalstil nebeneinandergesetzt waren, so haben wir doch in einigen Fällen getrennt überlieferte Sätze so evident zusammenfügen können, daß niemand bezweifeln kann, daß sie einem solchen größeren Zusammenhang angehörten, und das bestätigt vor allem der Anfang der Schrift, den wir zum Glück besitzen. Heraklit schreibt eine eigentümliche Prosa, weit entfernt von der schmucklosen Nüchternheit der frühesten Prosaschriftsteller Joniens. Es ist ein beschwörender, fast prophetischer Klang in manchen dieser Sätze, und man hat die sprichwörtliche Dunkelheit Heraklits mit der geheimnisvollen Dunkelheit in Zusammenhang gebracht, die in den religiösen Kulten der Erlösungsmysterien herrscht, auf die er selber zuweilen anspielt. In jedem Fall ist dieser älteste Anfang philosophischer Prosa zugleich von kunstvollem Tiefsinn. Bilder und Gleichnisse werden gebraucht, die trotz aller Klarheit, in der sie ausgesagt sind, ein Unfaßliches, Inkommensurables behalten. Man meint zu verstehen, was eigentlich ihr Gleichnissinn ist, und doch verrätselt sich das Ganze immer wieder. Heraklit ist etwa ein Liebhaber von Proportionen. Der Aufbau derselben ist aber von einer solchen Kühnheit, sie überspringen mit soviel Pointierung die weitesten Abstände, daß die Konfrontation, die so herbeigeführt wird, fast immer die blitzhafte Klarheit, zu der sie verhilft, auch wieder verdunkelt. Selbst dort, wo gar nicht verglichen wird, sondern nur eine scheinbar sichere, triviale Aussage dasteht, können wir sicher sein, daß sie gleichnisweise auf ein Anderes deutet. Kein Zweifel, daß auch Heraklit die neue Weisheit seiner jonischen Landsleute kannte und im Auge hatte, wenn er seine Sprüche formte. Aber die Kritik an all dieser ›Vielwisserei‹ ist nicht die Kritik eines Mannes, den neue Erkenntnisse in der gleichen Richtung weitergebracht haben als die vor ihm. Es ist eine Kritik, die den ganzen Weg verneint. Es ist daher höchst zweifelhaft, ob Heraklit auch nur mit einem Teil seiner Lehren jenen Vertretern des neuen Weltgedankens zugerechnet werden kann, die ihm vorausgingen. Gewiß hat er eine kosmogonische und kosmologische These vertreten, wenn er sagt, daß alles Feuer ist und alle Erscheinungen der Elemente Wandlungen des Feuers. Aber ob man im Ernst eine Kosmologie auf dieser Feuerbasis errichten kann? Wenn er gesagt hat, die Sonne erlischt jeden Abend aufs neue im Meer und wird an jedem Morgen neu entzündet, so müßte man schon einen unglaublichen Rückschritt des erkennenden Geistes annehmen, wenn man eine solche kosmologische Weisheit wenige Kilometer von Milet entfernt damals für möglich hielt. Eher möchte man meinen, daß diesem Mann die expansive Weltneugier des frühen jonischen Denkens als eine große Oberflächlichkeit erschien. Sein Blick auf die ihn umgebende Welt, und das war nicht zuletzt die Welt seiner Vaterstadt, in der er durch Geburt und Rang ausgezeichnet war, mochte hinter dem geschäftigen Treiben von Handel und Verkehr, Politik und Kultur, hinter den gegensätzlichen Ordnungen des Lebens und den wechselnden Erscheinungen in der Natur ein einziges gesetzhaft Wirkendes gesehen haben. Schwerlich hat er an irgendeinem Punkt das Wissen der jonischen Weisen als solches gering geachtet, und doch treffen sie die heftigsten Ausdrücke des Tadels und der Verwerfung. Offenbar war seine eigene Erkenntnis und Weisheit ganz anderer Art. Ihm schloß sich das Entgegengesetzte zu einheitlichem Aufschluß zusammen. Die in aller Erfahrung bestätigten Grenzen von Tod und Leben, Tag und Nacht, Wachen und Schlaf, Krieg und Frieden, Hunger und Sättigung zeigen eine geheime Identität, indem sie auf überraschende Weise ineinander umschlagen. Gerade die scheinbar festen Grenzen sind keine, und umgekehrt nehmen die allmählichen Übergänge die Gestalt plötzlichen Umschlagens an. Es ist wie ein Gesetz des Seins, das in dem unruhigen Element des Feuers zu erkennen ist. Jede Verwandlung ist wie die des Brennbaren in das Brennende. »Der Blitz steuert alles«: das ist gewiß nicht die ehrwürdige Aufnahme des Zeusbildes, das uns das homerische Epos vor Augen stellt. Nicht der jähe Eingriff des mächtigen Gottes in den Lauf der Dinge ist damit gemeint, sondern die Paradoxie, die zwischen der Vorstellung des Steuernden mit seiner ruhigen Stetigkeit auf der einen Seite und der unvermuteten Plötzlichkeit des niederfahrenden Blitzes besteht. »Der Weg hinauf und hinab ist derselbe.« Wieder ist diese triviale Wahrheit eine paradoxe Behauptung. Der Weg hinauf ist eben weit mühevoller und langwieriger als der Weg hinab. So ließe es sich endlos variierend von den heraklitischen Sprüchen zeigen, daß sie in immer neuen Wendungen das Geheimnis des einen Seins umspielen.

Schon das Altertum sprach von Heraklits Dunkelheit. Schon damals sah man jeden seiner Sätze für sich wie einen in die dunkle Tiefe des Meeres versenkten Schatz, den nur ein glücklicher Taucher zu finden und an das Licht zu bringen weiß. Es gibt keine Methode der Heraklit-Deutung, man muß sich in seine Tiefe wagen. Die moderne Forschung kann dabei allerdings durch die Kunst ihrer Formbetrachtung helfen. Man kann in der Tat eine gewisse Formtypik in den heraklitischen Sätzen gewahren, halb ausgeführte Proportionen, in ihrem gleichnishaften Sinn umgedeutete Metaphern, fest pointierte Sätze, deren eigentlicher Sinn sich nur darin verrät, daß soviel Pointierung dem trivialen Inhalt, der sich auf den ersten Blick zeigt, schlechterdings nicht angemessen ist. Wo Heraklit trivial erscheint, ist er nur unverstanden. Die größten Denker des Abendlandes haben seiner Tiefe ihren Tribut gezollt. Sokrates und Plato vor allem, und unter den neueren Hegel und Nietzsche. Die dialektische Spannung, die in allen Heraklit-Worten zittert, fordert förmlich ihre Auflösung in der Dialektik des Begriffs, wie sie Plato und Hegel zu handhaben wußten. Daß er innerhalb der Geschichte des abendländischen Denkens eine Sonderstellung hat, daß keine Schule von ihm ausgehen konnte und daß alle Nachahmung, die er in späterer Zeit mannigfach erfuhr, seine ›erleuchtete Kürze‹ vermissen ließ, bestätigt das Einzigartige seines Geistes.

Aus dem Lehrgedicht des Parmenides

Überall hin, wonach mir der Sinn steht, tragen mich die Rosse. Nachdem sie mich auf den kundereichen Weg gebracht hatten, die Göttinnen, die von Stadt zu Stadt den wissenden Mann führt, brauste ich dahin. Denn es zogen mich die vieles wissenden Rosse, und die Sonnenmädchen wiesen den Weg. Verlassen das Haus der Nacht und zurückgeschlagen die Schleier des Hauptes, lenkten sie zum Lichte die Fahrt, und des Wagens Achse, von zwei wirbelnden Kreisen beflügelt, knirschte pfeifend.

Da steht das lichte Tor der Pfade des Tages und der Nacht – ein Türsturz faßt es ein und eine steinerne Schwelle – riesige Flügeltüren verschließen es; die vielesrächende Dike verwahrt die hin und her vergeltenden Schlüssel. Ihr sprachen die Mädchen schmeichelnd zu, daß sie ihnen den verpflöckten Riegel, den unbeflügelten, vom Tore stoße. Und das Tor, aufspringend, öffnete breit den sonst verschlossenen Schlund: die erzbeschienten Pfosten drehten sich in ihren Pfannen, und gerade hindurch lenkten die Mädchen Pferde und Wagen.

Die Göttin empfing mich, ergriff voll Huld meine Rechte, nahm das Wort und sprach: »Jüngling, der Du, von göttlichen Wagenlenkern geleitet, mit den Rossen, die Dich tragen, Dich unserem Hause nahst, sei mir gegrüßt! Kein geringes Geschick, sondern Themis und Dike leitete Dich, diesen Weg zu nehmen, der da außerhalb ist der von Menschen betretenen Pfade. So sollst Du denn alles erfahren: der wohlgerundeten Wahrheit nie wankendes Herz und das Scheinwesen menschlicher Setzung, die ohne Verlaß ist und ohne Wahrheit. Aber gleichwohl sollst Du auch das erfahren, wie das nur Gesetzte geltend werden sollte und wie solche Geltung alles mit ihrem Scheinwesen hat durchdringen müssen.

Wohlan, so will ich denn sagen – Du aber vernimm und pflege die Kunde –, welche Wege des Suchens und Fragens allein zu sehen sind: der eine, daß es ist und daß nicht nicht sein kann, das ist der Weg der Überzeugung, der die Wahrheit unzertrennlich begleitet. Der andere aber, daß es nicht ist und nicht sein kann – ein Pfad, so sage ich, ganz und gar nicht zu begehen. Denn Nichtsein kannst Du nicht erkennen, noch sagen – es ist nicht zu fassen. Denn es ist dasselbe: daß Erkennen ist und daß Sein ist. Schau im Geiste das Abwesende, obwohl es abwesend ist, gleichwohl als ein beständig Anwesendes! Denn was ist, läßt sich nicht abschneiden, so daß es sich nicht an Sein hielte, weder kann es sich überallhin dem Lauf der Dinge folgend zerstreuen, noch wieder zusammenballen. Sein ist mir ein Allgemeinsames. Von wo ich auch beginne, dorthin kehre ich wieder zurück. Was man sagen und erkennen kann, das muß auch sein, Nichtsein ist nicht. Das Dir ständig zu sagen, halte ich Dich an. Zunächst warne ich Dich daher vor jenem Weg des Suchens. Dann aber auch vor dem, auf dem die Sterblichen einherstraucheln, des Wissens bar, Doppelköpfe. Denn Hilflosigkeit steuert in ihrer Brust einen schwankenden Sinn. So werden sie dahingetrieben, taub zugleich und blind, vor den Kopf geschlagen, urteilslose Scharen, bei denen Sein und Nichtsein als dasselbe gilt und dann wieder nicht als dasselbe, und denen sich jeder Weg in sich selbst zurückwendet. Denn das kannst Du nie erzwingen, daß Nichtseiendes sei. Drum halte von diesem Weg des Fragens fern den Gedanken. Laß Dich nicht durch die Gewohnheit und ihr vieles Erfahren auf ihn zwingen, nicht durch das Walten der ziellosen Augen, des brausenden Gehörs und der Zunge – entscheide, Dich besinnend, die vielumstrittene Frage, wie ich sie Dir verkündet habe. Nur ein Weg bleibt übrig: Sein ist. Auf diesem Wege stehen viele Zeichen. Sein ist ungeboren und unvernichtbar. Es ist ganz und heil, ohne Wanken und nicht erst zu vollenden. Es ist nie Gewesenes und nie Kommendes, da es jetzt ist, alles zugleich, eins, sich mit sich zusammenhaltend. Welchen Ursprung willst Du auch für es erkunden wollen? Wie, woher soll es angewachsen sein? Weder lasse ich Dich sagen oder denken: Es kommt aus dem Nichtsein – unsagbar und undenkbar ist doch, daß nichts ist. Welche Notwendigkeit hätte es wohl drängen können, früher oder später, anfangend mit dem Nichts, zu entstehen? So ist es entweder ganz und gar oder überhaupt nicht. Noch auch kann die Kraft der Überzeugung zulassen, daß etwas aus dem Nichtsein zu ihm hinzutretend entstehe. Daher hat auch Dike dem Sein nicht freigegeben, zu entstehen oder zu vergehen, nachlassend die Fesseln, sondern hält es fest. Der Prüfstein dafür ist: Es ist oder ist nicht. Nun war entschieden, wie Notwendigkeit gebot, den einen Weg zu lassen: er ist undenkbar, unsagbar, er ist der wahre Weg nicht. Der andere dagegen ist und ist wahr. Wie sollte also Sein je zugrunde gehen? Wie sollte Sein je entstehen? Wenn Sein erst entsteht, so ist es nicht, noch auch, wenn es irgendwann entstehen wird. So ist Entstehen ausgelöscht und Vergehen verschollen.

Sein ist auch nicht teilbar, denn es ist ganz und gar in sich gleich, nicht da etwas mehr, das es verhinderte zusammenzuhalten, noch dort etwas weniger. Ganz voll ist es von Sein. So hält das Ganze mit sich zusammen. Sein ist dem Sein das nächste.

Auch unbewegbar in den Schranken mächtiger Bande gehalten ist es da, ohne Anfang und ohne Aufhören. Denn Entstehung und Vernichtung sind fernab verschlagen, von unzweideutigem Zeugnis verstoßen. Als das Selbige, im Selbigen verharrend, ist es über sich selbst hingelagert und verharrt so fest auf seinem Grunde. Denn eine starke Notwendigkeit hält es in der Bande der Schranken, die es rings umschränken. Daher kann das

Sein auch nicht ein Unvollendetes sein. Als Sein ist es unbedürftig, das Nichts dagegen würde gänzlich bedürftig sein.

Das ist dasselbe, daß Erkennen ist und der Gedanke, daß Sein ist. Denn nicht ohne das Sein, in dem es ausgesprochen ist, kannst Du das Erkennen finden. Nichts ist ja und nichts wird je ein anderes sein neben und außer dem Sein. Da die Moira es gebunden hat, ganz und unbeweglich zu sein, deshalb ist alles nur Name, was die Sterblichen gesetzt haben, meinend, es sei wahr: Entstehen und Vergehen, bald Sein, bald Nichtsein, Wandel des Orts und Wechsel der leuchtenden Farbe.

Aber da eine letzte Schranke ist, ist es überallher in sich vollendet, vergleichbar der Masse eines wohlgerundeten Balles, von der Mitte aus überall von gleicher Dichte. Sein darf ja nicht da oder dort stärker oder schwächer sein. Denn es kann weder sein, daß ein Nichts es hinderte, zur Gleichheit mit sich zu gelangen, noch daß Sein hier mehr, dort weniger Sein sein könnte, da es ganz und gar unverletzlich ist. Da überallher gleich, rührt es überall gleichmäßig an seine Grenzen.

Hier ende ich mein festes Künden und Erkennen im Reiche der Wahrheit. Von nun an erfahre das Scheinwesen der sterblichen Setzungen, hörend meiner Worte trügendes Gefüge.

Sie kamen nämlich überein, zwei Gestalten mit Namen zu benennen, nur eine könne nicht sein – darin irrten sie. Sie unterschieden sie als Gegensätze an Gestalt und setzten ihre Zeichen voneinander gesondert: hier der Flamme ätherisches Feuer, milde, sehr leicht, mit sich selber überall dasselbe, mit dem anderen aber nicht dasselbe. Aber auch jenes setzten sie für sich, auf die entgegengesetzte Seite, die lichtlose Nacht, dicht und schwer an Gestalt. Diese Weltordnung will ich Dir verkünden, in der ganzen Glaubhaftigkeit ihres Scheins, so daß keines Menschen Meinung Dich je überholen wird.

Aber da alles Licht und Nacht benannt war und diese beiden nach ihren Kräften zugeteilt waren diesem und jenem, ist alles zugleich voll von Licht und unsichtbarer Nacht, die sich die Waage halten, ohne daß eines mit dem anderen irgend mit sein kann.

Erfahren sollst Du das Wesen des Äthers und alle die Zeichen im Äther und der reinen heiligen Sonnenfackel sengendes Wirken, und woher sie entstanden sind, sowie das wandernde Wirken und Wesen des rundäugigen Mondes. Erfahren sollst Du auch, woher der alles umfassende Himmel ward und wie Notwendigkeit ihn in ihre Bande schlug, zu halten das Gefüge der Sterne.

Wie die Erde, die Sonne, der Mond, der gemeinsame Äther, die himmlische Milchstraße und der äußerste Olympos und der Sterne heiße Kraft gedrängt wurden zu entstehen.

Die engeren Kränze füllten sich mit ungemischtem Licht, die anderen mit nächtiger Finsternis, und dazwischen ergießt sich der lodernden Flamme Bereich. In der Mitte des Ganzen aber ist die Göttin, die alles steuert. Überall waltet sie der weherfüllten Geburt und der Vermischung. Sie sendet das Weib dem Manne, den Mann dem Weibe zur Paarung.

Als ersten aller Götter ersann sie den Eros.

Nachterhellendes, die Erde umirrendes, erborgtes Licht (der Mond), immer schielend nach den Strahlen der Sonne.

Wie je sich der Geist die vielirrenden Glieder gemischt hat, so tritt er den Menschen zur Seite. Denn es ist immer dasselbe, was da sinnt in den Menschen, ihre leibliche Natur, allem und jedem. Ihr Erkennen ist nichts als ein Mehr in der Mischung.

Zur Rechten die Knaben, zur Linken die Mädchen.

Wenn Frau und Mann die Keime der Liebe mischen, dann bildet die Kraft aus zweierlei Blut in den Adern eine neue Mischung und wenn sie diese wohl bewahrt, dann formt sie wohlgebaute Körper. Wenn aber die Kräfte in dem vermischten Samen miteinander streiten und in dem gemischten Körper nicht zu einem werden, dann werden sie grauenhaft das entstehende Leben mit doppelgeschlechtlichem Wesen heimsuchen.

So erwuchs dies nach glaubhaftem Schein und ist nun und wird sich weiter nähren und schließlich ein Ende nehmen. All dem aber haben die Menschen Namen als Zeichen gesetzt, jedem Einzelnen.

Aus Heraklits Schrift ›Über die Natur‹*

Diese Lehre hier, ihren immergültigen Grund zu verstehen, werden die Menschen immer zu töricht sein – ehe sie sie gehört haben so gut, wie wenn sie sie gehört haben. Denn geschieht auch alles nach diesem Grunde, so sind sie doch wie Unerfahrene, wenn sie ihre Erfahrung machen mit all den Worten und Werken, die ich hier auseinanderlege, ein jedes einzeln seinem Wesen nach behandelnd und erklärend, wie es sich damit verhält. Die Menschen im ganzen sind eben unwissend über das, was sie im Wachen tun, genau wie sie nicht mehr wissen, was sie im Schlafe tun. (1)

Das Denken ist für alle das gleiche. (113)

Um mit Geist zu reden, muß man sich auf den Geist des Ganzen stützen, so wie die Stadt sich auf das Gesetz stützt, ja noch viel stärker. Nähren sich doch alle menschlichen Gesetze aus dem Einzigen, dem Göttlichen. Das nämlich herrscht so weit, wie es immer will, ist für alles genug und ist immer noch mehr. (114)

Drum tut es not, dem gemeinsamen Geiste zu folgen. Obwohl der Sinn der Rede der des gemeinsamen Geistes ist, leben die vielen doch, als hätte jeder seine eigene Vernunft. (2)

Womit sie es am meisten und beständig zu tun haben, mit dem Sinn des Ganzen – von dem kehren sie sich ab, und worauf sie täglich stoßen, das ist ihnen fremd. (72)

Viele denken überhaupt nicht über das nach, was ihnen begegnet, und selbst, wenn man sie belehrt, verstehen sie es immer noch nicht, so sehr sind sie von sich überzeugt. (17)

Gesetz kann auch sein, dem Willen eines einzigen zu gehorchen. (33)

Kämpfen soll ein Volk für seine Verfassung wie für seine Mauern. (44)

Tod ist, was wir im Wachen sehen, was wir im Schlafe sehen – ist Schlaf und Traum. (21)

Alle, die wach sind, haben eine einzige und gemeinsame Welt. Jeder, der schläft, ist seiner eigenen zugewandt. (89)

Die Schlafenden sind Erbauer ihrer Welt (und Miterbauer dessen, was in der Welt geschieht). (75)

Handeln und reden soll man nicht wie im Schlaf. Da bilden wir uns nämlich nur ein, wir handelten und redeten. (73)

---

* Die Zählung folgt hier, ebenso wie bei dem Lehrgedicht des Parmenides die Folge der Abschnitte, der Ausgabe von H. Diels, *Die Fragmente der Vorsokratiker*.

Sie wissen weder zu hören noch zu reden. (19)

Wer begriffsstutzig ist, neigt dazu, bei jedem Worte zu bocken. (87)

Einbildung ist wie Fallsucht. (46)

Überheblichkeit soll man noch schneller löschen als eine Feuersbrunst. (43)

Töricht, wie sie sind, hören sie zwar, aber sind doch wie taub. Der Spruch bezeugt es ihnen: ›Anwesend sind sie abwesend.‹ (34)

Wovon es Sehen, Hören, Erfahren gibt, so etwas ziehe ich vor. (55)

Die Augen sind verläßlichere Zeugen als die Ohren. (101a)

Schlechte Zeugen sind den Menschen Augen und Ohren, wenn sie der Sprache unkundige Seelen haben. (107)

Das was der Glaubwürdigste glaubt, daran soll man sich halten. Auch wird Dike die überführen, die Lügen erfinden oder weitersagen. (28)

Über wichtige Dinge soll man nicht blind urteilen. (47)

Vernünftig denken ist die höchste aller Tugenden, und Weisheit ist es, das Wahre zu sagen und im Handeln auf die Natur der Sache zu hören. (112)

Vielwisserei bringt noch lange keine Vernunft bei. Sonst hätte sie sie dem Hesiod beigebracht und dem Pythagoras. Ebenso dem Xenophanes und dem Hekataios. (40)

Das Weise ist nur eines, den Geist erkennen, der durch alles hindurch alles steuert. (41)

Wo ist denn ihr Geist und ihr Verstand? Den Volkssängern glauben sie, und die Masse gilt ihnen als Lehrer – sie wissen nicht, daß die Vielen schlecht sind und die Guten nur wenige. (104)

Urheber von Geschwätz. (81)

Homer verdiente, von den Wettkämpfen ausgeschlossen und mit Ruten geschlagen zu werden – und Archilochos genauso. (42)

So viele Reden ich gehört habe, keine kommt je so weit zu erkennen: das Weise ist von allem geschieden. (108)

Der allermeisten Lehrer ist Hesiod. Von ihm glauben sie, er wisse das meiste. Er, der nicht einmal Tag und Nacht verstand. Sind sie doch ein und dasselbe. (57)

Die Zeiten sind es, die immer alles bringen. (100)

Habt Ihr nicht auf mich, sondern auf den Sinn des Ganzen gehört, dann werdet Ihr darin übereinstimmen zu wissen: das Weise ist eines in allem (teilbar – unteilbar, geworden – ungeworden, sterblich – unsterblich, dauernder Sinn – flüchtiges Leben, Vater – Sohn, Göttliches – Rechtliches). (50)

Wer nichts erwartet, wird auch das Unerwartete nicht finden, da es für ihn unauffindbar und unerreichbar ist. (18)

Wer nicht glauben kann, dem entgeht alles, so daß er es nicht erkennt. (86)

Zusammen gehört Ganzes und Nichtganzes, Zusammengehendes, Auseinandergehendes, Zusammenstimmendes, Mißstimmendes, und aus allem eins wie aus einem alles. (10)

Das Weise ist nur eins. Es will sich nicht mit dem Namen des Zeus nennen lassen – und will es doch. (32)

Das muß man wissen: Der Krieg ist allen gemeinsam, und Recht ist Streit, und was immer geschieht, es geschieht im Streit und nach seinem Brauch. (80)

Krieg ist aller Dinge Vater, aller Dinge König. Die einen erweist er als Götter, die anderen als Menschen. Die einen macht er zu Sklaven, die anderen zu Freien. (53)

Auch der Gerstentrank zersetzt sich, wenn er nicht umgerührt wird. (125)

Im Kriege Gefallene finden bei Göttern und Menschen Ehrung. (24)

Einer gilt mir tausende, wenn er der beste Mann ist. (49)

Das sind die besten, die statt allem anderen das eine wählen: ewigen Ruhm unter den Sterblichen. Die vielen aber sind satt wie das Vieh. (29)

Ermüdend ist es, immer denselben Herren dienen und gehorchen zu müssen. (84b)

Im Wechsel ist Ausruhen. (84a)

Unsterblich-sterblich, sterblich-unsterblich leben die einen den Tod der anderen, sterben die einen das Leben der anderen. (62)

Es ist immer dasselbe, Lebendes wie Totes, Waches wie Schlafendes, Junges wie Altes. Das eine schlägt um in das andere, das andere wiederum schlägt in das eine um. (88)

Der Gott ist Tag, Nacht; Winter, Sommer; Krieg, Frieden; Sattheit, Hunger; er wandelt sich wie die Flamme, die, mit Räucherwerk vermischt, je nach dem Dufte benannt wird. (67)

Nachtschwärmer, Magier, Bakchen, Mänaden, Mysten. Was bei den Menschen Geheimlehre heißt, birgt unheilige Geheimnisse. (14)

Wenn es nicht Dionysos wäre, für den sie den Umzug machen und das Lied auf die Scham singen, wäre es das Schamloseste von der Welt, was sie tun. Er ist aber dasselbe wie Hades, dieser Dionysos, für den sie toben und feiern. (15)

Sie reinigen sich, indem sie sich mit neuem Blute besudeln, wie wenn einer, der in Kot getreten ist, sich mit Kot abwaschen wollte. Für wahnsinnig hielte man den, wenn ihn jemand von den Leuten bei solchem Tun entdeckte. Und zu Götterbildern beten sie, wie wenn einer zu Hauswänden sprechen würde. Sie haben noch nicht begriffen, was Götter und Heroen eigentlich sind. (5)

Was sich widereinanderspannt, klingt zusammen, aus dem Zwieträchtigen entsteht die schönste Harmonie. (8)

Unsichtbare Fügung ist stärker als sichtbare. (54)

Auch bei der Kreisperipherie gehen Anfang und Ende in eins zusammen. (3)

Krankheit läßt Gesundheit süß und gut sein, Hunger die Sättigung, Mühe die Erholung. (111)

Den Namen der Gerechtigkeit würden sie überhaupt nicht kennen, wenn es nicht so stünde, wie es steht. (23)

Sie haben nicht begriffen, wie das Entzweite zusammengehört: widerstrebende Fügung, wie die des Bogens und der Leier. (51)

Der Bogen (bios) hat seinen Namen nach dem Leben (bios). Seinem Tun nach aber ist er Tod. (48)

Wenn den Menschen jeder Wunsch erfüllt würde, wäre das für sie nicht besser. (110)

Die Ärzte schneiden und brennen und dann verlangen sie noch ihren Lohn – verdient haben sie das nicht, denn was sie einem antun, weil es gut ist, ist genau dasselbe wie die Krankheit. (58)

Wer Gold sucht, muß viel Erde graben, und was er findet, ist dann ganz wenig. (22)

Wer geboren ist, will leben und sein sterblich Teil erfüllen – und er hinterläßt Kinder, die wieder ihr sterblich Teil sind. (20)

Die Ephesier täten gut daran, sich alle aufzuhängen und den Jungen die Stadt zu überlassen – haben sie doch den Hermodor, ihren besten Mann, verbannt, nach der Devise: ›Bei uns soll keiner der beste sein, und wenn, dann woanders und bei anderen.‹ (121)

Möge Euch nie das Geld ausgehen, Ihr Ephesier, damit Ihr Euch immer selber überführt, was Ihr für Lumpen seid. (125a)

Hunde bellen alle an, die sie nicht kennen. (97)

Für Gott ist alles schön und gerecht. Die Menschen dagegen haben für sich festgesetzt, was ungerecht und was gerecht sein soll. (102)

Wandlungen des Feuers: Erst Meer, vom Meer die Hälfte Land, die andere Hälfte flammenzuckende Wolken. Land zerfließt wieder zu Meer, und dies erfüllt aufs neue sein Maß im selben Verhältnis wie vordem, bevor es Land geworden war. (31)

Das Kalte erwärmt sich, das Warme kühlt sich ab. Feuchtes dörrt aus, Trockenes wird benetzt. (126)

Alles tauscht sich gegen das Feuer und das Feuer tauscht sich gegen alles, so wie die Waren für das Gold und Gold wieder für die Waren. (90)

Mangel und Überfluß. (65)

Über alles wird das Feuer kommen, wird es scheiden und erfassen. (66)

Unsere Welt hier, die für alle die gleiche ist, schuf weder der Götter einer, noch der Menschen einer. Vielmehr war sie schon immer und ist und wird immer sein, ewig lebendes Feuer, nach Maßen aufbrennend, nach Maßen verlöschend. (30)

Was nie untergeht, wie kann dem einer entgehen? (16)

Die Sonne wird ihre Maße nicht überschreiten, sonst würden die Erinnyen, die Helfer der Dike, sie in Haft nehmen. (94)

Die Sonne ist neu an jedem Tag. (6)

Wenn die Sonne nicht wäre – wegen der anderen Gestirne wäre immer Nacht. (99)

Es lebt das Feuer den Tod der Erde und Luft lebt den Tod des Feuers, Wasser lebt den Tod der Luft, Erde den des Wassers. (76)

Der Weg herauf, der Weg hinab sind ein und derselbe. (60)

Der Weg der Schraube ist gerade und krumm in einem. (59)

Man kann nicht zweimal in denselben Fluß steigen... Es zerstreut sich und geht wieder zusammen. Es kommt heran und es geht wieder weg. (91)

In den gleichen Strom steigen wir hinein und steigen wir nicht hinein. Wir sind und wir sind nicht. (49a)

Wenn wir in denselben Strom steigen, so ist es doch immer anderes und anderes Wasser, das da heranfließt. Auch die Seelen dampfen aus dem Feuchten herauf. (12)

Für die Seelen ist es Tod, zu Wasser zu werden, für das Wasser ist es Tod, zu Erde zu werden. Aus Erde aber wird Wasser, aus Wasser wird Seele. (36)

Für die Seele ist es Lust [oder Tod], feucht zu werden... Wir leben den Tod jener und jene leben unseren Tod. (77)

Die Sonne ist einen menschlichen Fuß breit – an die Grenzen der Seele wirst Du nie kommen, auch wenn Du jeden Weg zu Ende gegangen bist, so tiefen Grund hat sie. (45)

Es ist eines Lebensführung, die für den Menschen sein Schicksal wird. (119)

Trockene Seele – klügste und beste. (118)

Ein betrunkener Mann läßt sich von einem kleinen Knaben führen. Er taumelt und merkt nicht, wohin er geht, denn seine Seele ist feucht. (117)

... vergißt, wohin der Weg führt. (71)

Ich habe mich selbst gesucht. (101)

Der Grund der Seele wird ständig mehr. (115)

Gegen das Herz zu kämpfen, ist schwierig. Was immer es will, man zahlt den Preis seiner Seele. (85)

Der Mensch rührt zur Nacht ein Licht an, es anzuzünden, wenn sein Auge erloschen ist. So rührt er lebend an das Totsein, indem er schläft. Wenn er erwacht ist, rührt er an den Schlafenden. (26)

Wenn alles, was ist, Rauch wäre, käme es für das Erkennen auf die Nasen an. (7)

Esel lieben Spreu mehr als Gold. (9)

Schweinen ist im Schmutz wohl. (13)

Schweine baden sich im Kot, Federvolk in Staub oder in Asche. (37)

Meerwasser ist das sauberste und das giftigste zugleich. Für Fische ist es trinkbar und gesund, für Menschen untrinkbar und verderblich. (61)

Leichen sucht man schneller wegzuschaffen als Mist. (96)

Der schönste Affe ist häßlich, wenn man ihn mit dem Geschlecht der Menschen vergleicht. (82)

Der weiseste der Menschen nimmt sich neben dem Gott wie ein Affe aus, an Weisheit, wie an Schönheit wie in allem anderen. (83)

Unsere schöne Welt – wie ein aufs Geratewohl hingeschütteter Haufen. (124)

Ein Mann ist vor der Gottheit ebenso töricht wie ein Kind vor dem Manne. (79)

Das Geschlecht der Menschen kommt nie zu wirklichen Einsichten, wohl aber das der Götter. (78)

Kinder werfen ihr Spielzeug weg, wenn sie erwachsen sind. (70)

Die Menschen erwartet, was sie nicht erwarten und sich nicht vorstellen können. (27)

Je größer der Tod, desto größer ist auch der Ruhm, den einer erlangt. (25)

Der Herrscher, dem das Orakel in Delphi gehört, spricht nichts aus und hält nichts zurück, sondern er gibt einen Wink. (93)

Die Sybille redet mit ›rasendem Munde‹. (92)

Das Steuer des Alls führt der Blitz. (64)

Unser Leben geht dahin, wie wenn ein Kind spielt und die Brettsteine setzt – Führung durch ein Kind. (52)

Empedokles

Wer von den didaktischen Hexametern des Empedokles auch nur wenige Verse liest, fühlt sich sofort an ihr Stilvorbild, das Lehrgedicht des Parmenides erinnert. Zwar ist es ein viel reicherer Strom epischer Diktion, der sich in den Versen dieses seltsamen Arztes und Wundermannes ergießt. Homer ist in ihnen in ganz anderem Maße gegenwärtig als in den Versen des Parmenides. Dennoch ist es mehr als eine äußere Stilnachahmung, die Empedokles an das Vorbild des Parmenides bindet. Es ist der Parmenideische Gedanke, der ihn gebannt hält, oder besser, der ihm die Aufgabe seines Denkens stellt. Agrigentiner von Geburt, ein führender Mann in seiner Vaterstadt, zog er als Sühnepriester, Arzt, Redner und Wundertäter in Sizilien und Italien umher. Sein dichterisches Werk bezeugt die Gewalt seiner Persönlichkeit. Eine größere Zahl seiner Verse ist erhalten (etwa 450); die Übersetzung E. Saengers, die wir wählen, hält den Hexameter nicht fest und gewinnt dadurch so viel dichterische Geschmeidigkeit, daß sich etwas von dem poetischen Reiz der Originalverse erraten läßt. Der Gehalt seiner Lehre ist trotz der fragmentarischen Erhaltung vor allem dank den Berichten der späteren Philosophen ziemlich klar überschaubar. Es ist die Eleatische Einrede gegen das Werden und Vergehen des Seins, die Empedokles zu einer neuen Theorie nötigte. Auch er kann sagen: »Aus Nichts kann nichts entstehen: unerweisbar, unmöglich ist, daß Seiendes vergeht.« Aber das bunte Wechselspiel des Lebens läßt sich dennoch mit diesem eleatischen Grundsatz versöhnen, wenn man unveränderliche Elemente annimmt und deren Mischung und Entmischung als das Weltgeschehen denkt, in dessen wechselnden Konfigurationen die unveränderlichen Bestandteile sich umbilden. Alles Werden ist nur Anderswerden.

Empedokles ist so zum Schöpfer der Lehre von den vier Elementen geworden, die das ganze Mittelalter beherrscht hat, da Aristoteles ihr dauerhafte Geltung verschaffte. Mit großartiger Phantasie vereinigt nun Empedokles diese Lehre von den Elementen mit einer Vorstellung vom Weltprozeß, der von den gegensätzlichen Potenzen der Liebe und des Hasses gesteuert wird. Außer seinem großen Lehrgedicht über die Natur hat er anscheinend noch ein zweites Werk, Sühnegedichte, verfaßt. Diese Gedichte sind für uns die älteste und wichtigste Quelle für die Seelenlehre und Erlösungslehre der Pythagoreer. Wir finden darin die Lehre von der Seelenwanderung, von der Einkörperung in Tiergestalten, von langen Perioden der Läuterung, von der Erhebung zum Menschen und gewiß auch, daß Erkenntnis die Befreiung der Seele aus dem Gefängnis ihres Leibes bewirken soll. Diese pythagoreische Seelenvorstellung aber ist es gewesen, die die große Synthese von Aufklärung und religiöser Überlieferung ermöglichte, durch die Plato für Jahrtausende Epoche gemacht hat. Aristoteles preist Empedokles als Begründer der Rhetorik und rühmt die Kraft seines dichterischen Ausdrucks. In der deutschen Literatur ist er vor allem durch Hölderlins Empedokles-Drama dichterisch gegenwärtig geworden.

Fragmente

Pausanias, Sohn des klugen Anchitos,
Vernimm:

(Sinne und Verstand)

Beschränkte Sinne sind am Leib verteilt;
Viel Trübes stumpft im Einschlag die Gedanken.
Ein Bruchstück schauen sie des eignen Lebens
Und fliegen eilig schwindend auf wie Rauch.
Ein jeder glaubt im Irrlauf an das Eine,
Worauf er stieß, und wähnt, es sei das Ganze.
Das ist so wenig sichtbar, hörbar, wißbar
Für alles Volk; du aber, der so weit
Vom Weg der Menge bog, du sollst erfahren,
Wenn auch nicht mehr, als Menschengeist erflog.

Nehmt, Götter, fremden Wahn von meiner Zunge,
Laßt reinen Quell aus lautrem Munde fließen!
Ersehnte Muse, Jungfrau, blütenarmig,
Dich fleh' ich: Dürfen Eintag-Wesen hören,
So sende dein Gespann mit goldnen Zügeln
Aus heil'gem Raum. Dich lockt kein Ehrenkranz
Der Menschen, mehr als Fug ist, frech zu künden
Und dann im Stuhl der Weisheit hoch zu thronen.
Mit allen Sinnen sondre: wo ist Klarheit?
Vertrau dem Blick nicht mehr als dem Gehör,
Dem Schall nicht mehr als dem Geschmack der Zunge.
Schließ kein Organ, das zum Erkennen taugt,
Aus deinem Glauben aus; nur suche Klarheit.

Zu gern mißtraut der Niedre dem Gebieter.
Doch du, dem meiner Muse Spruch gebeut,
Erkenne, wenn ihr Werk dein Herz durchfuhr!

(Die vier Elemente)

Vernimm zuerst des Alls vierfache Wurzel:
Zeus hoch im Glanz, die Lebensmutter Hera,
Der Erdengott und Nestis, die den Quell
Der Sterblichkeit ergießt aus ihren Tränen.

(Entstehen und Vergehen)

Noch dies: Geburt ist keinem Wesen eigen,

Und keines endet durch Vernichter Tod;
Nur Mischung ist und Austausch des Gemischten;
Geburt, der Name gilt nur unter Menschen.

Dringt aus Vermischung Menschliches ans Licht,
Geschlecht der Tiere, Vogel oder Pflanze,
So spricht man von Geburt; doch trennen sich
Die Elemente, heißt es böser Tod.
Wie falsch. Doch red' ich selber nach dem Brauch.

Toren! Weitschauend ist ihr Denken nicht;
Sie wähnen, werden könne, was nicht war,
Es könne etwas sterben und ganz schwinden.

Aus Nichts kann nichts entstehen: Unerweisbar,
Unmöglich ist, daß Seiendes vergehe,
Es wird stets sein, wohin ein Gott es stellt.

Kein Leeres ist im All, kein Übervolles.

Kein Leeres ist im All: wie käme Zuwachs?

Das wird kein weiser Mann im Geist erträumen:
Es seien Wesen da, solang sie leben,
Was man so leben heißt, in Wohl und Weh,
Doch vor der Einigung und nach der Trennung
Der Elemente seien sie ein Nichts.

(Mischung und Trennung, Kreislauf, Liebe und Streit)

Die beiden werden sein, wie sie gewesen;
Nie wird von ihnen leer die Ewigkeit.

Zwiefaches will ich künden: Bald zu einem
Wächst Mehreres, bald trennt sich Eins in Vieles.
Zwiefach ist Wesens-Werdung, zwiefach Scheidung;
Denn Allverbindung zeugt und tilgt Geburt,
Und was aus Scheidung wuchs, zerfliegt durch Scheidung.
Und dieses Wechselspiel hört nimmer auf;
Bald eint durch Liebe Alles sich zu Einem,
Bald spaltet Einheit sich im Haß des Streits.
Weil so aus Mehrerem oft Eins entsteht
Und Eins durch Trennung wieder sich vervielfacht,
So ist ein Werden ohne feste Dauer.
Doch weil dies Wechselspiel kein Ende nimmt,
So ist im Kreislauf wandelloses Sein.
Wohlan, vernimm! Denn Lernen stärkt dein Denken:
Wie ich, mein Ziel bezeichnend, vorher sagte,
Zwiefaches künde ich: Bald wächst ein Vieles

Aus Einem, bald auch trennt sich Eins in Vieles,
Feuer und Wasser, Erd' und Ätherfülle,
Und abseits Streit, zerstörend, allbedrängend;
In Mitten Liebe, gleich an Läng' und Breite.
Sie schaue an im Geist und sitze nicht
Erstaunten Blicks. Sie waltet auch in Gliedern
Der Menschen, Huld und Eintracht blühn durch sie
Man nennt sie Wonne oder Aphrodite.
In Elementen wirbelt sie, das weiß
Kein Mensch; du sollst den Gang der Wahrheit hören.
Sie nämlich sind an Macht und Alter gleich,
Doch jedes hat sein Wesen, hat sein Amt.
Sie herrschen wechselnd in des Zeitlaufs Runde,
Und nichts mehr kommt hinzu, und nichts vergeht;
Denn schwänden Dinge, wäre bald nichts da;
Doch woher sollte sich dies All vermehren?
Wohin entschwinden? Ist doch nirgends Leere.
Nur Elemente sind, die sich vermengen,
So wird bald dies, bald das, und stets aus Gleichem

(Liebe und Streit im menschlichen Leib)

Sichtbar ist dies am Bau des Menschenleibes:
Bald einen sich durch Liebe alle Teile
Zur Leiblichkeit, im Blütestand des Lebens,
Bald irren sie, zerstreut durch böse Zwiste,
Ein jeder einzeln um des Lebens Ufer.
So auch bei Pflanzen, meerbehausten Fischen,
Beim Wild der Berge, bei den Wellentauchern.

(Liebe und Streit in den Elementen)

Beachte weitres Zeugnis meiner Worte,
Wenn etwas noch am Bild der Dinge fehlt:
Die Sonne, warm und leuchtend überall,
Die ew'gen Sterne, die in Feuern fluten,
Die dunkle, kühle Feuchte tief in Allem!
Vom Grund der Erde sprießen Wurzeln auf
Und markige Gewächse. All dies lebt
Durch Streit getrennt und vielgestalt, durch Liebe
Wächst es in Eins und sehnt sich Eins zum Andern.
Aus diesen Elementen sproßt, was war,
Was ist, was sein wird: Baum und Weib und Mann
Und Tier und Vogel und der Fisch der Flut,
Auch Götter langen Lebens, höchster Macht.

Denn Elemente mengen sich, so wird
Bald dies, bald das; so viel vermag die Mischung.

All dieses: Sonne, Erde, Himmel, Meer,
Verbleibt in Harmonie mit seinen Teilen,
Die weitversprengt im Wesenraum bestehn.
Und so ist alles, was sich zwecklos mischte,
Einander freund und einig durch die Liebe.
Doch feind ist, was am weitesten sich scheidet
Durch Ursprung, Mischung, ausgeprägte Form,
Zur letzten Bindung fremd und mehr als kläglich
Im Bann des Streits, der ihm den Ursprung gab.

(Vergleich mit den Farben des Malers)

Wie Maler Weihetafeln malen, Männer,
Die ihre Kunst durch Einsicht gut verstehn,
Der Farben Vielheit mit den Händen fassen,
Zur Harmonie hier mehr, dort wen'ger mischen,
Um Bilder mancherlei Gestalt zu schaffen,
Bald Bäume, bald auch Männer, Frauen, Tiere,
Bald Vögel oder meergenährte Fische,
Auch Götter langen Lebens, höchster Macht:
So ist auch – traue keinem Trug des Hirns –
Ein gleicher Quell für alles Offenbare;
Dies wisse klar; dir klang der Gottheit Wort.

(Der Weg der Lehre)

··· von Gipfel über Gipfel schreitend,
Nicht einen Pfad der Lehre nur vollenden.

Notwendiges darf man auch zweimal sagen.

(Wiederholung)

Sie herrschen wechselnd in des Kreises Umlauf,
In sich entstehend, schwindend, festen Wandels.
Denn Elemente sind's, die sich vermengen
Und Menschen so wie Tiergeschlechter zeugen,
Zu einer Ordnung bald vereint durch Liebe,
Bald eins vom andern abgetrennt durch Streit,
Bis dieses Eins geword'ne All zerfällt.
Weil so aus Mehrerem oft Eins entsteht
Und Eins durch Spaltung wieder sich vervielfacht,
So ist ein Werden ohne feste Dauer;
Doch weil dies Wechselspiel kein Ende nimmt,
So ist im Kreislauf wandelloses Sein.

(Das Aufgehen der Elemente im Sphairos)

Dort sieht man nicht der Sonne flinken Leib,
Nicht die bewachs'ne Erde, nicht das Meer;
So liegt im dichten Schoß der Harmonie
Der runde Sphairos, des Alleinseins froh;

Nicht lebt unheil'ger Streit und Zwist in ihm...
Von allen Seiten gleich und endlos ist
Der runde Sphairos, des Alleinseins froh,

Ihm zweigen nicht zwei Arme von den Schultern,
Er hat nicht Fuß, noch Knie, noch zeugend Glied,
Rund ist er und sich gleich von allen Seiten.

(Neuer Zerfall durch den Streit)

Doch als in seinem Leibe Streit gedieh
Und Übermacht gewann am Ziel, das jedem
Mit breiten Eiden zugeschworen war...

Da griff es schütternd Glied um Glied des Gottes...

Wie wenn der Feigensaft die weiße Milch
Verdickt und bindet...

(Chaos und Kosmos)

Doch neu beginn' ich des Gesanges Pfad,
Den, Red' aus Rede leitend, ich euch lehrte.
Wenn in des Strudels tiefste Tiefe Streit
Und in des Wirbels Mitte Liebe drang,
Dann sammelt sich in ihr zur Einheit Alles,
Nicht plötzlich, doch von hier und dort nach Willen.
Aus Mischung springen Myriaden Wesen;
Doch vieles bleibt noch ungemischt im Ganzen,
Noch hält's der Streit in Schwebe, denn nicht restlos
Trat er heraus zum äußern Rand der Kugel,
Ein Teil von ihm blieb in den Elementen.
Je mehr er Raum gab, desto mehr gewann
Fehlloser Liebe göttlich milder Drang.
Und schnell wuchs Sterbliches aus Göttergleichem,
Aus Reinem Trübes auf vertauschter Bahn,
Aus Mischung sprangen Myriaden Wesen
Von jeglicher Gestalt, dem Blick ein Wunder.

Und während dies zusammenwuchs, begann
Der Streit bis an den Rand herauszutreten.

... Feuer wächst durch Feuer,

Erde mehrt Erdenform und Luft mehrt Luft.

Urelemente künd' ich dir, gleich alte,
Aus denen alles ward, was jetzt wir sehn:
Erde und wogenreiches Meer und Wolken
Und Äther, der Titan, den Kreis umschnürend.

Sind Luft und Erdentiefen wirklich endlos,
Wie es gar vielen leicht vom Munde sprang,
Die wenig nur vom Ganzen übersahen...

(Sonne, Mond und Erde)

Mit scharfen Pfeilen Helios und voll Milde
Des Mondes Göttin...

(Helios)

Gesammelt kreist er um des Himmels Weite.

(Selene)

Sie deckt ihm im Vorübergang die Strahlen
Und dunkelt unsre Erde ab, soweit
Des glanzerfüllten Mondes Breite reicht.

(Helios)

Sobald sein Strahl des Mondes Scheibe traf,
Gleich kehrt zum Himmel er im Lauf zurück.

Er strahlt auf den Olymp furchtlosen Blicks.

(Der Mond, Selene)

Ein fremder Lichtball dreht sich um die Erde.

Wie um das Ziel des Wagens Nabe dreht...

Er schaut dem heil'gen Kreis des Herrn entgegen.

Nacht wirft die Erde auf den Glanz des Abstiegs.

Der einsam blinden Nacht...

Iris bringt Wind vom Meer, bringt Regenfülle.

Schnell schoß das Feuer aufwärts...

Viel Feuer brennen unterm Boden...

Luft stieß im Lauf bald so, bald so zusammen.

Luft tauchte in den Grund mit langen Wurzeln.

...Der Erde Schweiß, das Meer.

Das Salz war fest vom kräft'gen Druck der Sonne.

(Ungestalte Urformen)

Und viele Köpfe sprossen ohne Hälse,

Und lose Arme irrten ohne Schultern,
Und Augen schweiften einsam ohne Stirnen.

Als Gott auf Gott mit größern Massen drang,
Fiel Glied zu Glied, wo eins das andre traf;
Da wuchs noch vieles Neue dichtgesät.

Schleppfüßige mit tausend Händen...

Manch Wesen wuchs mit Doppelkopf und -antlitz,
Wuchs, hinten Rind, vorn Mann, und umgekehrt:
Mannleib mit Ochsenkopf; Mischwesen sprossen,
Halb Mann, halb Weib, unkenntlichen Geschlechts.

(Kosmisch-harmonische Entwicklung der Wesen und Pflanzen)

Nun höre, wie das Feuer im Entquellen
Die Schmerzensbrut von Mann und Weib aus Nacht
Ans Licht erhob – nicht ziellos tappt die Lehre:
Erdklumpen tauchten erst in Urform auf,
Sie hatten teil an Feucht und Warm; das Feuer
Zu seinesgleichen strebend, warf sie hoch.
Sie zeigten noch nicht Wohlgestalt der Glieder,
Noch tönend Wort, noch des Geschlechtes Mal.

Der Glieder Ursprung aber liegt getrennt,
Teils in des Mannes, teils in Weibes Samen.

Beim Anblick naht auch Sehnsucht ihm, erinnernd.

Die Samen fließen in den offnen Schoß;
Wo sie auf Kälte treffen, werden Weiber,
Wo sie auf Wärme treffen, werden Männer.

In die gespaltnen Fluren Aphrodites...

Der Leib zeugt Mannessproß im wärmern Schoß,
Darum sind Männer haariger und härter
Und dunkler Haut...

Am zehnten Tag des achten Monats wird
Das Blut zu weißer Milch...

Geht noch nicht ganz in deinen Glauben ein,
Wie sich aus Wasser, Erde, Luft und Sonne,
So viele Formen bunter Wesen mischten,
Als jetzt durch Schöpferhand der Liebe leben...

Wie hohe Bäume auch und Meeresfische...

Wie damals Kypris erst die Erde tränkte,
Dann, Wärme schaffend, sie dem raschen Feuer
Zur Härtung gab...

Sie führt der Fische schweigendes Gewimmel ...

Die innen fest gebaut, doch außen locker
Durch Kypris Hand so weich und schlüpfrig wurden ...

So bei den Panzern mancher Wassertiere:
Steinhäutiger Schildkröten, Meeresschnecken;
Da sieht man Erde oben auf der Haut.

Voll Laub und voller Früchte prangen Bäume,
Je nach der Luft das ganze Jahr gesegnet.

So zeugt zuerst der hohe Ölbaum Samen.

... Deswegen sind
Granaten spätreif, Äpfel übersaftig.

Wein ist im Holz vergornes Naß der Rinde.

Das Gleiche sind: Haar, Blatt und dichte Flügel
Und Schuppen, die an festen Gliedern wachsen.

... Den Igeln starren
Scharfstechend Borstenhaare auf dem Rücken.

Wie wenn zu einem Gang durch Winternacht
Jemand ein Licht bereitet, Feuers Glanz
In Leuchtern zündet, die vor Winden schirmen –
Zwar wehren sie den Schwall der Winde ab,
Doch Licht sprüht aus, weil es viel feiner ist,
Und glänzt zum Himmel unermüdlich strahlend –
So barg Urfeuer sich im Rund des Auges,
Von Häuten, dünnen Binden eingeschlossen,
Die wunderbare Poren fein durchbohrten –
Zwar dämmten sie das rings erquollne Naß,
Doch Licht drang durch, weil es viel feiner war.

Das gütige Licht empfing nur wenig Erde.

Aus diesen Elementen fügte Liebe
Die nimmermüden Augen ...

Mit Liebesnägeln einte Kypris sie.

... Beider Augen Blick wird eins.

Abströme sind von allem, was entstand.

Süß griff nach Süß, auf Bittres stürmte Bittres,
Auf Scharf drang Scharf, und Heißes fuhr auf Heißes.

Wasser ist Wein verwandter, doch mit Öl
Will sich's nicht einen ...

Des leuchtenden Holunders Beere wird

Gemischt mit Byssos...
Das Schwarz im Grund des Stromes kommt vom Schatten.
Es zeigt sich auch in ausgehöhlten Klüften.

Als unter Kypris' Hand das Auge ward...
In breiten Tiegeln fing die holde Erde
Zwei Achtel von dem feuchten Glanz der Nestis,
Vier von Hephaistos. Wunderbar entstanden,
Durch Harmonie geleimt, die weißen Knochen.

Fast gleich im Maß vereinte sich die Erde
Mit Feuer, Wasser und durchglänzter Luft
In Kypris' gutem Hafen – etwas stärker,
Vielleicht auch schwächer vor der Überzahl.
Daraus ward Blut und alles Fleischgebilde.

So atmet Alles ein und aus. Es laufen
Blutarme Röhren an des Leibes Fläche,
An ihrer Mündung ist die ob're Haut
Mit Ritz an Ritz durchbohrt; so bleibt das Blut
Zwar innen, doch der Luft sind Wege offen.
Sobald das dünner Blut im Abstrom weicht,
Dringt Luft ihm nach in wildem Schwall; doch springt es
Empor, weht Luft hinaus. So spielt ein Mädchen
Mit einer Wasseruhr aus blankem Erz:
Schließt sie mit feiner Hand des Halses Enge
Und taucht die Uhr in weiche Silberflut,
So dringt kein Naß hinein, Luft drückt von innen
Des Bodens Sieb mit Wucht und sperrt den Weg.
Deckt sie den dichten Luftquell auf, so strömt
Luft aus und Wasser ein in gleichem Maß.
Füllt Wasser nun den Bauch des Erzgefäßes
Und Menschenhaut deckt Hals und Mündung zu
Und Luft von außen drängt das Naß zum Tor
Der Enge, daß es kreischt, und dringt zum Rande,
Bis ihn das Mädchen freigibt: dann strömt wieder
Luft ein und Wasser aus in gleichem Maß –
So rinnt auch durch den Leib das dünne Blut:
Springt es im Rücksturz ab zum innern Raum,
Gleich dringt der Luftstrom nach in wildem Schwall;
Doch steigt es, gleichen Wegs entweht die Luft.

Vom Leib des Wildes kleinste Teile witternd,
Die lebend es im zarten Grase ließ...

So ward Geruch und Odem aller Wesen.

(Geist – Körperlichkeit der Elemente)

Jed' Wesen hat durch Schicksals Macht Bewußtsein.

Soweit das Leichteste im Fall zusammenstieß...

Des Blutes Flut, anbrandend, nährt das Herz.
Dort eben wohnt, was Menschen Seele nennen;
Blut, kreisend um das Herz, ist ihre Seele.

Vom Leib abhängig wächst der Geist der Menschen.

Aus Elementen wohlgefügt ist Alles;
Durch sie ist Denken, Freude und Verdruß.

Wie sie im Wachen Andre wurden, also
Kommt ihnen andres Schauen auch im Traum.

Durch Erde sehn wir Erde, Naß durch Naß
Und Luft durch Luft. Durch Feuer zehrend Feuer,
Durch Liebe Liebe, Haß durch trüben Haß.

Dringst du, gestützt auf deines Geistes Willen,
In diese Wahrheit freundlich, reinen Mühens,
Gehören wird sie dir zeitlebens ganz,
Und viel noch erntest du aus ihr: sie wächst
Von selbst in jedes Herz, je nach dem Wesen.
Greifst du zu andern Werten, die bei Menschen
In Unzahl, ärmlich, umgehn, Denken trübend,
Verlassen wird sie dich im Zeitumlauf,
Zu ihrem Ursprung sehnt sie sich zurück;
Denn alles fühlt sich selbst und hat sein Wollen.

Und kennen sollst du jedes Kraut, das Krankheit
und Alter abwehrt – dir nur geb' ich alles –
Die ruhelosen Winde sollst du bannen,
Die erdwärts sausend Tod auf Fluren wehn,
Und sollst sie, wann du willst, zurückbeschwören.
In Dürre sollst du dunklen Regen wandeln
Zur rechten Zeit und wieder Sommers Darre
In Ströme, baumernährende, vom Himmel.
Erstorbne sollst du aus dem Hades führen.

SÜHNUNGEN

(Der Apostel)

Ihr Freunde, die ihr in der großen Stadt
Am gelben Akragas die Burg umwohnt,

Ihr Pfleger guter Werke, Hort der Fremden,
Ehrwürdig, ohne Falsch: seid mit gegrüßt!
Ich wandle jetzt, ein Gott, kein Sterbling mehr,
Vor euch, in Ehren, die mir jeder schuldet,
Geschmückt mit Binden und mit Blütenkränzen.
Betret' ich mit den Männern hier und Frauen
Der Städte Pracht, so betet man mich an,
Und Scharen folgen, nach dem Heilweg fragend;
Die wollen Göttersprüche hören, andre
Für Krankheit mancher Art ein kräftig Wort,
Denn lange bohrt in ihnen schwerer Schmerz.

Was werf' ich mich auf dies, als tät' ich Großes?
Bin ich doch mehr als dieser Abbruch Mensch.

Freunde, ich weiß: im Wort, das jetzt ich künde,
Wohnt Wahrheit; doch sie ist zu steil den Menschen,
Und Glaube läuft sich heiß um ihre Seele.

(Seelenwanderung)

Es ist ein Schicksalswort, ein Spruch der Götter,
Alt, ewig und mit Eiden breit versiegelt:
Wer frevelnd seine Hand mit Mord befleckt,
Wer sich im Streit verging und Meineid schwört
Unter den Seelen, die Äonen leben,
Dreimal zehntausend Horen treibt er um,
Weit von den Seligen, von Bahn zu Bahn
In mancherlei Gestalt durch Leiden wandelnd.
Die Macht des Äthers jagt ihn in das Meer,
Das Meer speit ihn ans Land, das Land zur Sonne.
Die Sonne wirft ihn in des Äthers Wirbel.
Eins nimmt vom Andern ihn, den Allverhaßten.
Solch einer bin auch ich jetzt, gottverbannt
Und irrend, weil ich wildem Streit vertraut.

Die Charis haßt das Unabwendbare-Starre.

Schon war ich einst, als Knab' und auch als Mädchen
Als Pflanze, Vogel, stummer Fisch der Flut.

Ich weinte und ich jammerte beim Anblick
Des ungewohnten Raumes ...

Aus welcher Höhe, welcher Segensfülle
Fiel ich herab, mit Sterblichen zu wohnen!

Wir traten unter dieser Höhle Dach ...

... den freudelosen Ort,

Wo Mord und Groll und anderer Flüche Scharen,
Wo Darre, Fäulnis, heerendes Gewässer
Im Dunkeln auf der Unheilswiese schwärmen.

Da war die Erdfrau und mit weiten Augen
Die Sonnenmaid, da war die blut'ge Zwietracht,
Die Harmonie mit ernstem Blick, die Schöne,
Die Häßliche, die Schnelle und die Späte,
Die holde Klarheit und die schwarze Trübnis.

Wachstum und Schwund und Schlummer und Erweckung,
Bewegung, Starrnis, vielgekrönte Pracht,
Unflat, Redseligkeit und Schweigen...

Weh, arme Menschheit, weh unselige,
Aus solchen Zwisten, solchem Leid geboren!

Gestalten tauschend, schuf er Tod aus Leben.

Natur stellt Alles um und wandelt Alles,
Deckt um die Seelen fremde Leibeshülle.

Am besten wird des Menschen Wanderseele
Als Tier zum Löwen, der in Bergen haust,
Als Baum zum Lorbeer, der im Laube prangt.

(Die reinere Welt)

Bei Jenen war nicht Ares, war kein Wüter,
Nicht Zeus, der Herr, nicht Kronos, noch Poseidon;
Nur Kypris war, die Herrin.
Man warb um ihre Huld mit Weihgeschenken,
Mit Bildern und mit düftereichen Salben,
Mit Spenden reiner Myrrhe, süßen Weihrauchs,
Aus gelben Waben goß man Honig hin.
Da triefte kein Altar vom Blut der Stiere;
Nein, größter Abscheu war den Menschen, Leben
Zu morden und zu schlingen edles Fleisch.

(Pythagoras)

Es lebte dort ein übermenschlich Weiser,
Gewaltig war in ihm des Geistes Macht,
Und Meister war er aller weisen Künste.
Dann griff er aus mit allen Seelenkräften,
Gleich schaute er ein jedes Ding der Welt
Und selbst durch zehn, durch zwanzig Menschenleben.

Zahm waren alle Wesen, freund den Menschen;
Wild, Vogel, alles war von Liebe warm.

Gehn dir um Tand des Tages, ew'ge Muse,
Die Sorgen unsres Herzen durch den Sinn,
So hilf dem Frommen jetzt, Kalliope,
Wenn er von sel'gen Göttern sinnig redet!

Selig, wer einen Schatz von göttlichen
Gedanken hegt; unselig, wem von Göttern
Ein finstrer Wahn das Herz umfängt.

(Das Göttliche)

Man kommt ihm nicht so nah, daß es den Augen,
Den Händen greifbar werde, mag auch dies
Des Glaubens Hauptweg sein zum Herz der Menschen.

Die Gottheit trägt nicht Menschenhaupt am Leibe,
Ihr zweigen nicht zwei Arme von den Schultern,
Sie hat nicht Fuß, noch Knie, noch zeugend Glied;
Es weht ein Geist nur, heilig, unaussprechlich,
Mit fliegenden Gedanken um das All.

Breit ausgespannt ist das Gesetz des Alls
Durchs weite Reich des Äthers und des Lichts.

(Sünde und Läuterung)

Wollt ihr dem Mordgekreisch kein Ende machen?
Nicht sehen, wie ihr euch freßt in blindem Wahn?

Den Sohn in fremdem Bilde greift der Vater
Und schlachtet ihn mit frommen Spruch – der Blinde!
Die Opfer drängen sich dem Mörder flehend;
Er hört ihr Winseln nicht, er schlägt sie tot,
Dann rüstet er im Haus ein übles Mahl.
Und so greift Sohn den Vater, Kind die Mutter,
Raubt ihr die Seele, zehrt vom eignen Fleisch.

Weh mir, daß nicht erbarmungslos ein Tag
Mich hingerafft, eh' ein Gedanke mir
Des Fraßes Frevel an die Lippen führte!

Apollons Lorbeer soll man ganz verschonen.

Unsel'ge, ganz Unsel'ge, laßt die Hände
Weg von den Bohnen!

Nicht Zeus, des Ägisträgers sich're Burg,
Behält ihn, nicht die Hölle Hekates.

In festem Erzkrug aus fünf Brunnen schöpfend
... von Sünde sich ernüchtern.

Ihr seid ja doch von schweren Sünden wirr,
Nie werdet ihr den Gram vom Herzen heben.

Am Ende werden sie zu Sehern, Sängern,
Zu Ärzten, Fürsten unter Erdenmenschen;
Dann wachsen sie empor zu höchsten Göttern.

Und teilen Herd und Tisch des Ewigen,
Bar niedrer Not, untilgbar, schicksallos.

(Beiwörter)

Erde, die Menschenhülle.

Die wolkensammelnde (die Luft).

Die blutgefüllte Leber.

Die lebenspendende (die Liebe).

Abend – des Tages Greisenalter.

Baubo (Bauch)

(Zweifelhaftes)

Noch lief die Sonne nicht in fester Bahn
Und trennte Morgenrot und Untergang
Und lenkte wieder rückwärts durch den Kranz
Fruchtprangender und blütenbunter Horen;
Die Erde war verwildert...

Wehen und Schmerzen brauend, Trug und Klagen...

Sie, die zuerst das Schwert zu bösen Taten,
Das lauernde, geschmiedet, die zuerst
Vom Ackerstier gezehrt...

Anaxagoras

Von Anaxagoras besitzen wir ein nicht ganz geringes Stück seiner Prosaschrift, und das auch nur deshalb, weil seine Lehren unmittelbar auf Plato eingewirkt haben. Überhaupt ist seine eigentliche Bedeutung darin zu sehen, daß er in der Mitte des 5. Jahrhunderts, also in der Blütezeit Athens, der Zeit seiner staatlichen Größe, die zugleich die Zeit seiner großen klassischen Kulturleistung in Kunst und Poesie war, als erster die neue Wissenschaft nach Athen brachte. In seinem Denken setzt er die große Bewegung der jonischen Aufklärung fort. Seine Lehre von den Sternen und der Sonne, daß sie glühende Gesteinsmassen seien, sowie seine persönliche Freundschaft mit dem mächtigen Perikles zogen ihm eine Klage wegen Gottlosigkeit zu, so daß er in seinem Alter, im Jahre 434, Athen verlassen mußte.

Er ist also ziemlich genau ein Zeitgenosse des Empedokles und doch ganz anderen Geistes. Immerhin, die Aufgabe, auf die schon Empedokles mit seiner Elementenlehre geantwortet hatte, ist auch die seine. Nachdem die Eleaten die Undenkbarkeit von Werden und Vergehen erwiesen hatten, sieht auch er den einzig haltbaren Ausweg darin, alles Werden Mischung und alles Vergehen Scheidung zu nennen. Nur in der Durchführung dieses Grundgedankens unterscheidet er sich von Empedokles. Seine Lehre lautet, daß alles aus allem zusammengesetzt sei, alles an allem teil habe und daß die sichtbaren Unterschiede unter den Dingen aus dem Vorwalten des einen Anteils vor dem anderen entspringen. Was ihn aber gegenüber den Joniern, deren Gedanken er in vielem fortsetzt, auszeichnet und zum Vorboten einer neuen Wendung des philosophischen Gedankens erhebt, ist seine Lehre von dem *Nous*. Auf diese Lehre, daß es in allem und doch mit nichts vermischt ein solches geistiges und denkendes Etwas gebe, hat Anaxagoras seine ganze Kosmologie und Kosmogonie gegründet. Wenn am Anfang alles in allem war, so ist der Anfang der Weltentstehung eine Scheidung, die das Vorwalten des einen vor dem anderen bewirkt. So entstehen Äther und Luft, Erde und Wasser. Offenbar hat Anaxagoras ein solches Wirken des *Nous* nicht eigentlich begründet. Jedenfalls ist das die Kritik, die Plato und Aristoteles an ihm üben, daß er diesem geistigen Stoff des *Nous* nicht geistig, nicht als ein zwecksetzendes Wesen denkt, sondern als einen bloßen Anstoß für eine Wirbelbewegung, aus der sich die Welt bilden sollte. Indessen kann man doch vielleicht annehmen, daß ein Zusammenhang zwischen jenem Urzustand des Alles in allem und der Existenz jenes höchsten und feinsten denkenden Seins besteht. Gewiß hat Anaxagoras diesen geistigen Stoff nicht grundsätzlich als etwas anderes erkannt als alles andere Seiende. Aber er sah, daß in allem Seienden etwas ist, das sich mit keinem vermischt und eben dadurch seine eigene Seinsmacht beweist, sozusagen die Idee des Reinen und Unverfälschten, auf die hin alle Scheidung, Gliederung und Bestimmtheit der Weltgestalten unterwegs ist. Es ist ein großartiger Gedanke, daß aus der anfänglichen Vermischtheit von allem das Reine hervorgeht, weil es alle Gestalten, alle Möglichkeiten des Reinen enthält. Aristoteles hat später erkannt, daß diese Lehre gar nicht so weit entfernt von Platos Ideenlehre steht, insofern als ja auch die Idee nach Plato sich über die unreinen Erscheinungen des Seienden als die reine Wesensgestalt der Dinge erhebt und dennoch ihrer aller Sein und Bestimmtheit ausmacht.

Auch Anaxagoras' Erkenntnislehre weist in diese Richtung. Die schematische Darstellung derselben durch Theophrast sagt uns, daß er im Gegensatz zu Empedokles lehrte, daß nicht das Gleichartige, sondern das Entgegengesetzte Empfindung hervorrufe. Das muß doch wohl mit seiner Lehre vom *Nous* zusammenhängen, der seinerseits als das ganz andere alles Seienden allem Seienden überlegen ist, es scheidet und unterscheidet.

Die Schrift des Anaxagoras war in der Zeit des Sokrates in Athen käuflich, wie wir aus Platos Phaidon wissen (vgl. unter Plato die Wiedergabe des Schlusses des Phaidon, insbesondere S. 80ff.), und wurde offenbar als eine Sensation empfunden.

Berichte über Anaxagoras

Da Anaxagoras die Homoiomerien und Demokrit die unendlich vielen Atome als Urbestandteile annimmt, setzt Aristoteles uns zuerst die Ansicht des Anaxagoras auseinander und den Grund, warum Anaxagoras zu einer solchen Auffassung gekommen ist. Er zeigt uns, daß er nicht nur die Mischung als Ganzes für der Größe nach unendlich erklären mußte, sondern auch, daß eine jede Homoiomerie genau wie das Ganze alles in sich schon enthalten müsse und nicht nur unendlich vieles, sondern unendlich mal unendlich vieles. Zu dieser Ansicht kam Anaxagoras, weil er überzeugt war, daß nichts aus dem Nichtseienden entstehen und ein jedes nur aus dem Gleichen sich nähren könne. Da man aber sieht, daß alles aus allem entstehen kann, wenn auch nicht unmittelbar, so doch in bestimmter Ordnungsfolge (aus Feuer Luft, aus Luft Wasser, aus Wasser Erde, aus Erde Stein und dann aus Stein wieder umgekehrt Feuer), und daß, wenn ein und dieselbe Nahrung, z. B. Brot, aufgenommen wird, vielerlei sehr Ungleiches dabei entsteht, Fleisch, Knochen, Adern, Vene, Haare, Nägel, Federn unter Umständen und Hörner, aber doch immer nur Gleiches durch Gleiches wachsen kann, kam er zu der Annahme, daß in der Nahrung und im Wasser, wenn sich z. B. die Bäume dadurch nähren, Holz, Rinde und Frucht darin sein muß. Daher, sagt er, sei alles in alles eingemischt, und die Entstehung vollziehe sich als Ausscheidung. Dazu mag er obendrein auch dies zugelassen haben, daß manchmal aus etwas, was bleibt, etwas anderes entsteht, z. B. aus dem Stein das Feuer und aus dem verdampfenden Wasser die Luft. Da man also sieht, daß sich aus einem jeden der Dinge, die sich hier bei uns gesondert haben, alles Mögliche abscheiden kann, so wie aus dem Brot Fleisch und Knochen usw., gleich als ob alles zugleich in ihnen darin war und zusammengemischt, kam er zu der allgemeinen Ansicht, daß alles Seiende ursprünglich zusammengemischt war, bevor es sich zu sondern anfing.

Fragmente*

Alle Dinge waren beisammen, unendlich an Zahl und unendlich an Kleinheit, denn auch die Kleinheit geht ins Unendliche. Und da alle zugleich waren, war wegen der Kleinheit keins wirklich sichtbar. Denn Luft und Äther beherrschen alles, da sie beide unendlich sind; so sind sie an Zahl wie an Größe die Hauptstoffe in allem. (1)

Luft wie Äther scheiden sich aus dem ganzen Umfassenden ab, und das Umfassende ist dennoch unendlich der Menge nach. (2)

Denn weder gibt es beim Kleinen ein Kleinstes, vielmehr immer ein noch Kleineres (denn es ist unmöglich, daß Seiendes durch Teilung Nichtseiendes wird) – aber ebenso gibt es für das Große immer ein Größeres. Also ist Großes dem Kleinen an Menge gleich; für sich selbst ist ein jedes sowohl groß als auch klein. (3)

Da sich dies so verhält, muß man folgern, daß in allem, was sich vereinigt, Vieles und Mannigfaltiges enthalten ist und Keime zu allen Dingen, da es die mannigfaltigsten Gestalten, Farben und Geschmacksqualitäten hat. Ferner daß sowohl Menschen als auch alle anderen Lebewesen, die Seele haben, sich immer so zusammenfügen. Ferner daß es bei allen solchen Menschen bewohnte Städte gibt und wohlbestellte Äcker wie bei uns und daß ihnen Sonne und Mond und die anderen Gestirne genau so scheinen wie bei uns und daß ihnen die Erde Vieles und Mannigfaltiges wachsen läßt, wovon sie das Beste in ihre Behausung einbringen und verwenden. Das ist meine Lehre über die Abscheidung, daß sie nicht nur das eine Mal bei uns stattgefunden hat, sondern auch anderswo vor sich geht.

Bevor sich diese Dinge aber abschieden, als also noch alles beisammen war, war nicht einmal Farbe deutlich zu erkennen; denn das hinderte die Zusammenmischung aller Dinge, des Feuchten und des Trockenen, des Warmen und des Kalten, des Hellen und des Dunklen, und weil viel Erde darin war und Samen unendlich an Zahl, die einander in keiner Weise glichen. Denn auch bei allen anderen Dingen ist es so, daß keines dem anderen gleicht. Wenn dies sich so verhält, dann muß man folgern, daß im ganzen alle Dinge enthalten sind. (4)

Wenn alles sich so scheidet, dann ist einzusehen, daß das Ganze um nichts weniger noch mehr geworden sein kann (es ist ja undenkbar, daß etwas mehr als alles ist), sondern daß das Ganze immer das Gleiche ist. (5)

---

* Die Zählung der Fragmente folgt der Ausgabe von H. Diels, *Die Fragmente der Vorsokratiker*.

Auch wenn man davon ausgeht, daß das Große wie das Kleine der Zahl nach gleich viele Teile enthalten, ergibt sich ebenso, daß alles in allem ist; und es ist nicht möglich, daß etwas für sich ist, vielmehr hat alles an allem seinen Anteil. Da es ein Kleinstes nicht geben kann, kann es sich ja offenkundig auch nicht absondern und rein für sich sein, sondern wie am Anfang muß auch jetzt alles beisammen sein. In allem aber ist Vielerlei darin, und bei den größeren wie bei den kleineren Dingen, die sich abgeschieden haben, ist es immer die gleiche Menge. (6)

Daher können wir von den Dingen, die sich abgeschieden haben, weder theoretisch noch praktisch ihre Menge wissen. (7)

Weder ist eines vom andern gesondert noch wie mit dem Beile voneinander abgehauen, weder das Warme vom Kalten noch vom Kalten das Warme. (8)

Alle Dinge kreisen und scheiden sich voneinander durch Wucht und Schnelligkeit. Die Wurcht wird von der Schnelligkeit bewirkt. Ihre Schnelligkeit aber gleicht in keiner Weise derjenigen, die wir bei den unter den Menschen heute vorfindlichen Dingen kennen, sondern sie ist unendlich viel größer. (9)

Wie sollte denn auch aus Nicht-Haar Haar und aus Fleisch Nicht-Fleisch werden? (10)

In allem ist Anteil von allem, mit Ausnahme des Geistes – in einigem aber ist auch Geist darin. (11)

Alle anderen Dinge haben ein jedes Anteil an allem, nur der Geist ist unendlich und selbstherrlich und mit keinem Ding vermischt, sondern allein für sich selbst. Denn wenn er nicht für sich wäre, sondern irgend etwas anderem beigemischt, dann hätte er sofort an allen Dingen Anteil, wenn er nur mit einem einzigen vermischt wäre; in einem jeden ist ja Anteil an allem, wie oben von mir gesagt wurde; auch würde ihn das mit Eingemischte hindern, so daß er über kein Ding in der gleichen Weise Herr sein könnte, wie wenn er ganz für sich allein ist. Er ist nämlich das Allerfeinste von allen Dingen und das Allerreinste. Und er hat Erkenntnis von allem und hat am meisten Kraft; das gilt für alles, was Seele hat, für die größeren so gut wie für die kleineren Wesen, daß sie alle der Geist beherrscht. Das gilt aber auch für den Umschwung des Ganzen, daß der Geist seine Herrschaft über es angetreten hat, so daß es überhaupt in Umschwung geriet. Und zwar fing es zuerst ganz im kleinen an, sich herumzuwirbeln, dann griff der Wirbel weiter aus, um immer weiter um sich zu greifen. Und alles, was vermischt ist, so gut wie was abgeschieden und voneinander getrennt ist, all das erkannte der Geist. Und was immer werden sollte und was je war, was jetzt nicht ist, und was jetzt ist, und was alles sein wird, das hat alles der Geist in seine Ordnung gebracht. Auch diesen Umschwung, den jetzt die Sterne vollführen und die Sonne und der Mond sowie die Luft und der Äther, die sich immerfort abscheiden. Es ist eben der Umschwung, der die Abscheidung bewirkt. Und es scheidet sich vom Dünnen das Dicke, vom Kalten das Warme, vom Dunklen das Helle und vom Feuchten das Trockene. Immer aber bleiben viele Anteile in einem jeden der vielen. Vollständig nämlich scheidet sich nichts ab und trennt sich nichts vom anderen, mit der einzigen Ausnahme des Geistes. Der Geist aber ist in sich ganz homogen, ob er nun größer oder kleiner ist. Nichts anderes dagegen ist mit irgend etwas so gleichartig – vielmehr ist und bleibt ein jedes von ihnen für aller Augen das, wovon am meisten darin ist. (12)

Und als der Geist sein Bewegen begann, schied er sich selbst von allem in Bewegung Gesetzten ab, und alles, was der Geist in Bewegung setzte, all dies wurde seinerseits abgeschieden. Was so in Bewegung geraten und in Abscheidung begriffen war, bewirkte, daß der Umschwung noch viel mehr sich abscheiden ließ. (13)

Der Geist dagegen ist immer und deshalb ist er ganz gewiß auch jetzt, wo auch alles andere ist, sowohl im All des Umfassenden als auch in dem, was sich dazu abscheidet, als auch in dem, was schon abgeschieden ist. (14)

Das Dichte und Feuchte und Kalte und das Dunkle ballten sich hier zusammen, wo es jetzt ist, das Dünne und das Warme und das Trockene dagegen stiegen auf in die Weite des Äthers. (15)

Von dem sich so Abscheidenden wird die Erde immer fester; denn aus den Wolken scheidet sich Wasser ab, aus dem Wasser Erde, aus der Erde verfestigen sich durch die Abkühlung die Felsen, und diese steigen noch mehr herauf als das Wasser. (16)

Über Entstehen und Vergehen haben die Griechen keine richtige Meinung; denn es gibt kein Ding, das entsteht oder vergeht, sondern aus Dingen, die schon da sind, mischt es sich und scheidet sich, und so wäre es richtiger, wenn sie das Entstehen, Sichmischen und das Vergehen Sichscheiden nennen würden. (17)

Die Sonne verleiht dem Monde sein Leuchten. (18)

Regenbogen nennen wir den Widerschein der Sonne in den Wolken. Er ist ein Anzeichen für Sturm. Denn das rings herabrauschende Wasser in der Wolke pflegt Wind zu machen und Regen herabschütten zu lassen. (19)

Wegen der Schwäche unserer Sinne sind wir nicht imstande, das Offenkundige herauszufinden. (21)

Auch das Verborgene wird sichtbar an den Erscheinungen. (21a)

Wenn wir auch in allem andern im Vergleich zu den Tieren schlecht weggekommen sind – durch Erfahrung, Gedächtnis, Klugheit und Erfingungskraft sind wir in der Lage, sie in unseren Dienst zu stellen, und so züchten wir Bienen und melken und bringen alles für uns ein. (21b)

Leukipp und Demokrit

Die große Aufgabe, die das Eleatische Denken dem griechischen Geiste gestellt hatte, ohne den Ungedanken des Nichts, die Erscheinungen in der Natur, Werden und Vergehen und Anderswerden zu erklären, ist am konsequentesten in der antiken Atomtheorie gelöst worden. Ihre Vertreter sind Leukipp und Demokrit. Wir kennen ihre Lehren fast nur aus der Darstellung und Kritik, die insbesondere Aristoteles und seine Schule an ihnen geübt haben. Indirekt freilich zeugt auch die spätere Atomlehre der hellenistischen Philosophie, die Lehre Epikurs und das große Lehrgedicht des Lukrez von der Fortwirkung dieses mächtigen Gedankens. Vor allem aber hat in der beginnenden Neuzeit die Begründung der Mechanik als Grunddisziplin der Naturerkenntnis den antiken Atombegriff wieder aufgegriffen (Galilei). Das neuere Denken erkannte in dieser Lehre, die alle qualitativen Gegebenheiten der Sinne aus unwahrnehmbaren Bewegungsvorgängen von Atomen ableitete, das Vorbild der modernen Wissenschaft. So schien es insbesondere im 19. Jahrhundert, als der Wissenschaftsgedanke der Moderne sich auf das Ganze der menschlichen Erkenntnis ausdehnte, ein Rätsel, warum nicht von Demokrit aus schon die Griechen unsere moderne Wissenschaft entwickelt hatten und warum so reaktionäre Vorstellungen wie die einer nach Zwecken eingerichteten Weltordnung durch Aristoteles zu einem Sieg kamen, der Aristoteles dann noch zwei Jahrtausende des menschlichen Denkens bestimmen ließ.

Geht man mit solchen Vorstellungen an die Überlieferung heran, so findet man dort zwar das grundsätzliche Bekenntnis zur Ursachenerforschung, und man findet in der Atomlehre ein Modell, das universale Anwendung auf alle Erscheinungen erlaubt. Aber in Wahrheit ist man weit von jeder quantitativen Erfassung der Vorgänge, die man als die wahren Vorgänge in der Natur ansieht, entfernt. Das rührt schon daher, daß der Atombegriff gar nicht so mathematisch abstrakt gemeint ist, wie wir ihn uns heute denken. Er ist ein qualitativer Begriff und meint die Unteilbarkeit, das ›Solidum‹ und sonst nichts, also keineswegs unendliche Kleinheit. Entsprechend meint er auch nicht, daß alle Atome die gleiche Gestalt haben. Vielmehr ist es gerade die Verschiedenheit der Gestalten der Atome, die für das Aussehen der makroskopischen Erscheinungen bestimmend ist. Da gibt es Atome, die sich wegen ihrer Gestalt ineinander verhaken, und andere, die so rund und abgeschliffen sind, daß sie überall durchrutschen, z. B. die Seelenatome. Nun, auf einer solchen begrifflichen Basis ist offenbar eine mechanische Welterklärung aus dem Atomgeschehen nicht durchzuführen. In der Tat ist der wissenschaftstheoretische Gehalt dieses Modells eher ein negativer. Die mythische Überlieferung wird vollends als Wahn entlarvt, und auch die Götterfurcht und der Unsterblichkeitsglaube. Die Sinneserkenntnis gibt keine verläßliche Wirklichkeit. Die wahre Wirklichkeit der Atome und des Leeren ist für unsere sinnliche Erkenntnis unerreichbar, und so ist die Konsequenz dieses kühnen Gedankenmodells am Ende die der Skepsis.

Es scheint, daß Demokrit eine Reihe ethischer Schriften verfaßt hat, in denen er ein sittliches Ideal des Maßes und der Symmetrie in der Lebensführung aufstellte. Auch darin klingt ein Ton der Resignation an, »man muß sein Denken auf das Mögliche richten und sich mit dem Vorhandenen begnügen« (Fragment 191).

Dei Aufstellung des *Atombegriffs* wird auf Leukipp zurückgeführt, geschah also eine Generation vor Demokrit, der seinerseits angeblich mit Parmenides in Zusammenhang stand. Aber wir wissen von Leukipp überhaupt nichts, und es gibt sogar Forscher, die seine Existenz bezweifeln.

Von Demokrit wissen wir mehr. Er gehört eigentlich nicht zu den Vorsokratikern, denn er ist in Wahrheit ein Zeitgenosse des Sokrates. Er nennt sich selbst jung, als Anaxagoras schon alt war. Was auffällt, ist, daß Plato ihn niemals erwähnt. Es gibt eine antike Nachricht, wonach Demokrit, als er nach Athen kam (er lebte in Abdera, einer jonischen Kolonie in Thrakien), völlig unbekannt war. Erst Aristoteles wendet ihm ein erklärtes Interesse zu, auch wenn er seinen wesentlichen Lehren die seinigen entgegensetzt. Wenn Heraklit in der späteren Tradition als der weinende Philosoph figuriert, so Demokrit als der lachende. Zu dem hellen, klaren und kühnen Denken Demokratis paßt das nicht schlecht.

Lehrberichte der aristotelischen Schule und Zitate aus Demokrits Werken*

Leukipp stammte aus Elea oder Milet (beides wird von ihm berichtet). Er stand philosophisch dem Parmenides nahe, ging aber betreffs des Seienden nicht denselben Weg wie Parmenides und Xenophanes, sondern offenkundig den entgegengesetzten. Denn während jene das Ganze sowohl als unbewegt wie auch als ungeworden wie auch als begrenzt annahmen und nicht einmal zu dem Zugeständnis bereit waren, daß das Nichtsein auch nur gesucht werden könne, nahm dieser unbegrenzt viele und immer bewegte Elemente an, nämlich die Atome, und obendrein eine unbegrenzte Anzahl von Gestalten derselben, da nichts lieber so als so sei und man im Seienden unaufhörliches Entstehen und Sichverändern gewahre. Ferner gebe es keineswegs eher das Seiende als das Nichtseiende. Sie beide seien zusammen in gleicher Weise Ursache für das Geschehen. Da die Natur der Atome massiv und voll sei, erklärte er sie für das Seiende und sagte, es bewege sich im Leeren, und dies sah er als das Nichtseiende an und sagte von ihm, es existiere nicht minder als das Seiende. Ganz ähnlich setzt auch sein Gefährte Demokrit aus Abdera das Volle und das Leere als das Urseiende an. (8)

Einigen unter den Älteren schien es notwendig, daß das Seiende Eines sei und unbewegt; denn das Leere sei etwas Nichtseiendes, Bewegung könne aber nicht sein, wenn es nicht ein für sich seiendes Leeres gebe, und ebensowenig könne es Vieles geben, wenn das nicht existiert, was die vielen Dinge auseinanderhält. (7)

Leukipp glaubte nun Lehren gefunden zu haben, die im vollen Einklang mit der Wahrnehmung weder das Werden noch das Vergehen, noch die Bewegung, noch die Vielheit im Seienden bestreiten. Indem er so mit den Phänomenen im Einklang blieb und auf der anderen Seite denen, die die Einheit behaupten, darin folgte, daß es keine Bewegung gebe ohne Leeres, kommt er zu der Behauptung, daß das Leere Nichtseiendes sei und daß Seiendes nie Nichtseiendes sei. Das eigentlich Seiende sei eben das Volle. Solches sei freilich nicht Eines, sondern unendlich an Zahl und unsichtbar wegen der Kleinheit der Massen. Diese bewegten sich im Leeren (denn es gebe Leeres), und wenn sie zusammenträten, dann bewirkten sie Enstehung, dagegen wenn sie sich voneinander lösten, Vergehen. Sie wirkten aber aufeinander, je nachdem wie sie einander berührten;

---

* Die Zählung folgt der Ausgabe von H. Diels, *Die Fragmente der Vorsokratiker*.

denn an sich seien sie gar nicht Eins. Zusammengebracht und miteinander verflochten, brächten sie eines hervor; aus dem in Wahrheit Einen dagegen würde nie Vielheit entstehen können, noch aus dem wahrhaft Vielen je Eines. Das sei vielmehr ganz unmöglich. Vielmehr so wie Empedokles und einige andere das Erleiden von Veränderungen durch Poren erklären, auf dieselbe Weise geschehe überhaupt alles Anderswerden und alles Erleiden von Veränderungen, indem mit Hilfe des Leeren die Auflösung und das Vergehen geschehe und in gleicher Weise das Wachsen dadurch, daß weitere Körper mit eindringen.

Demokrit und Leukipp, die die Urfiguren annahmen, konstruieren Veränderung und Entstehung aus diesen, aus Sonderung und Vereinigung Entstehen und Vergehen, aus Anordnung und Umstellung Veränderung. Da sie aber meinten, die Wahrheit liege in den Erscheinungen, die Erscheinungen aber widerspruchsvoll und unendlich seien, nahmen sie unendlich viel Urfiguren an, so daß durch die Veränderungen in der Zusammensetzung dasselbe bald so bald entgegengesetzt aussehe und etwa schon durch eine kleine Einmischung sich ändere und etwas völlig anderes zu sein schiene, auch wenn nur eine einzige kleine Veränderung eingetreten sei. Aus denselben Buchstaben bestünde ja ebenso die Tragödie wie die Komödie.

Leukipp und Demokrit nannten die kleinsten ersten Körper Atome und lehrten, daß infolge der Unterschiede ihrer Gestalten, ihrer Lage und ihrer Anordnung die einen Körper warm und feurig würden, nämlich alle die, welche aus den schärfsten, den feinteiligsten und homogensten ersten Körpern zusammengesetzt seien. Umgekehrt seien kalt und wäßrig alle diejenigen, die aus den entgegengesetzten zusammengesetzt seien. Und so seien die einen hell und licht, die andern trüb und dunkel. (14)

Leukipp und Demokrit lehren, daß es unendlich viele Welten gebe, im unendlich Leeren und aus unendlich vielen Atomen zusammengesetzt. Die Abstände zwischen den Welten seien ungleich. Hier gebe es mehr, dort weniger, und die einen seien noch im Wachsen, andere seien in voller Reife, wieder andere seien im Schwinden. Hier entstünden neue und dort verschwänden sie. Sie gingen aber durch einander zugrunde, und zwar dadurch, daß sie miteinander zusammenstießen.

Demokrit hielt das All für unendlich, da es auf keine Weise von irgend jemandem geschaffen sein könne, und ferner nennt er es auch unveränderlich, und setzt überhaupt genau auseinander, wie alles ist; das, was das jetzt Entstehende verursache, habe seinerseits keinerlei Anfang, vielmehr sei seit unendlicher Zeit alles schon von vornherein im Gesetz der Notwendigkeit befaßt, das, was da war, was ist, und das, was sein wird. (21)

Demokrit lehrt, die Seele sei so etwas wie Feuer und Warmes. Es gebe nämlich nicht nur unendlich viele Atome, sondern auch unendlich viele Gestalten derselben, und so seien es die kugelförmigen, die Feuer und Seele bildeten. Sie seien in alles eingesät wie die sogenannten Sonnenstäubchen, die man in den durch die Türen fallenden Strahlen sieht. Die Atome seien die Elemente der ganzen Natur. Die kugelförmigen unter ihnen seien deshalb Seele, weil solche Gestalten am besten durch alles hindurch könnten und, selber bewegt, das übrige in Bewegung zu setzen vermöchten. Offenbar geht er davon aus, daß die Seele das sei, was den lebendigen Wesen ihre Bewegung verleihe. Deshalb sei auch die Grundbestimmung des Lebens das Atmen. Denn wenn die umgebende Welt die Körper zusammendrücke und aus ihnen die Atomgestalten herauspresse, die den Lebewesen dadurch die Bewegung verliehen, daß sie selber niemals im Ruhezustand seien, dann gebe es dadurch Hilfe, daß im Einatmen wieder andere solche von außen hereinkämen. Obendrein verhinderten diese, daß das, was in den Lebewesen darin sei, alles ausgeschieden würde, indem sie das Zusammenhaltende und Festigende ihrerseits stützten; und Leben sei, solange sie dies vermöchten. (28)

Leukipp und Demokrit lehrten, alle Wahrnehmungen und alle Vorstellungen seien Veränderungen des Körpers. Sie entstünden, indem Bilder von außen hereinträten; denn weder Wahrnehmen noch Vorstellen widerfahre einem, ohne daß ein Bild von außen eindringe.

Die Natur und die Belehrung sind etwas Ähnliches. Denn auch die Belehrung gestaltet den Menschen um. Indem sie so umgestaltet, bringt sie ein neues Wesen zustande. (30)

Demokrit sagt in der Schrift über den Geist, kein Ding entsteht von ungefähr, sondern alles aus Berechnung und Notwendigkeit. (B 2)

Demokrits Lehren sind: die Urbestandteile der Dinge seien Atome und Leeres, alles andere nenne man nur konventionellerweise seiend. Unzählige Welten gebe es, die entstünden und vergingen. Nichts aber entstünde aus dem Nichtseienden und nichts verginge in das Nichtseiende. Die Atome seien unendlich an Größe wie an Zahl und bewegten sich in dem Ganzen hin- und hergewirbelt, und so bewirkten sie alle Zusammenballungen, Wasser, Feuer, Luft und Erde. Denn auch das seien einfach Zusammensetzungen aus Atomen. Sie selber aber seien unverletzbar und unveränderlich, weil sie massiv seien. Die Sonne und der Mond seien aus derartigen glatten und runden Massen zusammengeballt, und die Seele ebenfalls; sie und Geist, das sei dasselbe. Sehen vermöchten wir je nach dem Einfall von Bildern. – Alles geschehe nach Notwendigkeit, da der Wirbel – und den nennt er Notwendigkeit – Ursache des Entstehens von allem sei. Die höchste Vollendung nannte er die Wohlgemutheit. Das ist nicht dasselbe wie die Lust, was einige fälschlich annahmen. Sie ist vielmehr diejenige Verfassung, in der die Seele in Ruhe und in gutem Gleichgewicht sich befindet, von keiner Furcht verwirrt noch von Aberglauben, oder anderen solchen Affekten. Er nennt sie aber auch Wohlverfassung und hat auch noch viele andere Namen dafür. Alle Qualitäten beruhten auf bloßer Übereinkunft, von Natur gebe es nur die Natur und das Leere. (A 1)

Es gibt zwei Arten von Erkenntnis, die eine ist echte Erkenntnis, die andere ist schattenhaft. Zur schattenhaften gehört all dies: Sehen, Hören, Riechen, Schmecken, Tasten. Die andere, die echte, ist von dieser gänzlich gesondert ... wenn die schattenhafte nichts mehr vermag, weder noch genauer sehen, noch hören, noch riechen, noch schmecken, noch im Tasten wahrnehmen, wenn es aber doch auf noch viel Feineres ankommt ... was dem Blick der Augen entgeht, dann wird das von dem Blick des Geistes noch bewältigt. (11)

Der Mensch muß zu erkennen suchen, indem er von dem Grundsatz ausgeht, daß er von der Wirklichkeit entfernt ist ... Auch das ist ein Beweis dafür, daß wir in Wirklichkeit über nichts auch nur das Geringste wissen. Vielmehr ist bloßer Bilderstrom alles, was die einzelnen meinen. (7)

Wir erfassen in Wahrheit nichts wirklich unverzerrt, sondern es fällt immer wieder anders aus, je nach der Verfassung des Körpers und dem, was in ihn eindringt oder sich dem Eindringenden entgegenstellt. (9)

Wer wohlgemut leben will, der darf nicht zu vielerlei anfangen, weder in seinem Privatleben noch in der Öffentlichkeit, und was er auch immer tut, niemals über seine eigene Kraft und seine Natur hinausgehen. Vielmehr soll er sehr auf der Hut sein, damit er auch, wenn das Glück ihm günstig ist und er sich alles zutraut, imstande ist, etwas wieder aufzugeben, und sich nicht über das Maß seiner Kräfte hinaus in etwas engagiert. Denn das Maßvolle ist immer sicherer als das Übermäßige. (3)

Klugheit führt zu dreierlei: richtig denken, richtig reden und tun, was recht ist. (2)

Ob es einem gut geht oder ob es einem schlecht geht, das ist das eigentliche Maß. (4)

SPRÜCHE

Wenn jemand auf meine Sprüche mit Verstand hört, wird er vieles tun, was eines rechten Mannes würdig ist, und vieles Schlechte wird er nicht tun. (35)

Wer die Güter der Seele wählt, wählt das Göttliche, wer die des Leibes wählt, das Menschliche. (37)

Richtig ist, einen, der Unrecht tun will, daran zu hindern, jedenfalls aber nicht daran teilzunehmen. (38)

Wenn man nicht gut ist, so soll man sich wenigstens einen Guten zum Vorbild nehmen. (39)

Weder vom Körper noch vom Geld hängt es ab, ob Menschen glücklich sind, sondern ob er mit sich zurecht kommt oder immer etwas anderes will. (40)

Nicht aus Angst, sondern weil es das Rechte ist, soll man sich von Verfehlungen fernhalten. (41)

Es ist etwas Großes, auch im Unglück immer an das zu denken, was recht ist. (42)

Reue über eine häßliche Tat ist Lebensrettung. (43)

Wer Unrecht tut, ist unseliger als der, dem Unrecht geschieht. (45)

Es verrät kleinlichen Sinn, wenn einer immer gleich beleidigt ist. (46)

Dem Gesetz, dem Oberen, dem Klügeren nachgeben, ist in der Ordnung. (47)

Wenn einen üble Leute tadeln, sollte man sich nicht darum kümmern. (48)

Dem Schlechteren gehorchen, ist schwierig. (49)

Wem es gar zu sehr aufs Geld ankommt, der wird nie gerecht sein. (50)

Die Überzeugungskraft des rechten Wortes ist manchmal stärker als die des Geldes. (51)

Wer einen zu Verstand bringen will, der sich einbildet, ganz bei Verstande zu sein, gibt sich vergebliche Mühe. (52)

Viele verhalten sich ganz richtig, auch wenn sie den richtigen Grund nicht kennen. (53)

Viele, die das Allerschlimmste tun, führen schöne Reden. (53a)

Die Unverständigen kommen erst durch Unglück zur Vernunft. (54)

In Leben und im Tun, nicht in Worten, soll man sich um das Gute bemühen. (55)

Nur wer etwas Edles an sich hat, erkennt und sucht das Schöne. (56)

Gute Art von Zugtieren ist ihre Körperkraft, bei Menschen guter Charakter. (57)

Wer richtig bei Verstande ist, der setzt seine Hoffnung auf Erreichbares. Wer unverständig ist, der hofft immer auf das Unmögliche. (58)

Weder zu Kunst noch zu Wissenschaft kann einer gelangen, wenn er nichts lernen will. (59)

Es ist besser, sich seine eigenen Fehler einzugestehen als die Fremder aufzudecken. (60)

Wessen Charakter in Ordnung ist, dessen Lebensweise ist auch in Ordnung. (61)

Wahrhaft gut ist, daß man nicht nur nichts Unrechtes tut, sondern daß man es nicht einmal möchte. (62)

Ein schöne Tat zu loben, ist schön. Es bei einer schlechten tun, ist die Art des falschen Hundes. (63)

Vorher nachdenken ist besser als zu spät nachdenken und bereuen. (66)

Trauen soll man nicht einfach allen, sondern denen, die sich bewährt haben. Das eine wäre nur dumm, das andere ist Sache eines verständigen Menschen. (67)

Ob einer sich bewährt oder nicht, hängt nicht nur von dem ab, was er tut, sondern auch von dem, was er beabsichtigt. (68)

Was gut und wahr ist, ist für alle Menschen dasselbe. Angenehm freilich ist dem einen dies, dem anderen das. (69)

Es ist Sache eines Kindes, nicht eines erwachsenen Mannes, maßlos nach etwas zu verlangen. (70)

Freuden zur Unzeit gebären Schmerzen. (71)

Allzu heftiges Verlangen nach etwas macht die Seele für alles andere blind. (72)

Die rechte Liebe ist es, das Schöne zu begehren, ohne es zu verletzen. (73)

Keinen Genuß soll man sich gönnen, wenn er einem schaden kann. (74)

Für Dummköpfe ist es besser, gehorchen zu müssen als zu befehlen. (75)

Für Toren ist nicht schon das Beibringen von Gründen, sondern erst das Unglück eine Lehre. (76)

Ruhm und Reichtum ohne Verstand sind ein unsicherer Besitz. (77)

Geld zu verdienen, ist durchaus nötig, aber auf unrechte Weise, das ist schlimmer als alles. (78)

Böse ist es, es wie die Schlechten zu machen und nicht einmal den Willen zu haben, es wie die Guten zu machen. (79)

Schlimm ist es, sich um fremde Sachen zu kümmern und die eigenen zu vernachlässigen. (80)

Ewiges Zögern läßt nie etwas zustande kommen. (81)

Falsch und trügerisch sind die Leute, welche mit dem Mund alles und in Wirklichkeit nichts tun. (82)

Die Ursache der Verfehlung ist die Unkenntnis des Besseren. (83)

Vor allem vor sich selber muß der Mensch sich schämen, der Schlimmes tut. (84)

Wer immer widerspricht und über alles schwatzt, ist nicht fähig, das zu lernen, was nötig ist. (85)

Eine Art Habgier ist es, wenn einer immer reden und nicht zuhören will. (86)

Wer neidisch ist, tut sich selbst weh wie einem Feind. (88)

Streit unter Verwandten ist sehr viel schlimmer als mit Fremden. (90)

Gefälligkeiten soll man nur annehmen, wenn man sich vornimmt, noch größere Gefälligkeiten zum Entgelt zu erweisen. (92)

Kleine Wohltaten im rechten Augenblick können für den Empfänger sehr groß sein. (94)

Ehren bedeuten für verständige Menschen viel, denn sie wissen, was Ehre heißt. (95)

Gefällig ist nicht der, welcher auf Gegenleistung rechnet, sondern der nichts weiter will, als jemandem etwas Gutes tun. (96)

Wer nicht einen einzigen guten Freund hat, für den ist das Leben nichts wert. (99)

Viele gehen ihren Freunden aus dem Wege, wenn sie aus guten Verhältnissen in Armut gefallen sind. (101)

Schön ist überall, wenn die Anteile gleich sind, zuviel und zuwenig kommt mir nicht mehr schön vor. (102)

Wer selber niemanden liebt, der wird auch von keinem einzigen geliebt (103)

Körperliche Schönheit hat etwas Animalisches, wenn kein Geist dabei ist. (105)

Freunde sind nicht alle Verwandten, sondern nur diejenigen, mit denen wir uns in den wichtigsten Dingen verstehen. (107)

Da wir alle Menschen sind, gehört es sich, über menschliches Unglück nicht zu lachen, sondern zu klagen. (107a)

Wer ewig krittelt, ist nicht für die Freundschaft geschaffen. (109)

Eine Frau soll sich nicht aufs Redenhalten verlegen, das ist etwas Furchtbares. (110)

Sich von einem Weibe beherrschen zu lassen, dürfte für einen Mann die schlimmste aller Verblendungen sein. (111)

Wer Unverständige lobt, schadet ihnen sehr. (113)

Besser von einem anderen als von sich selber gelobt zu werden. (114)

Kannst Du ein Lob nicht begreifen, dann kannst Du sicher sein, daß es geschmeichelt war. (115)

Als ich nach Athen kam, kannte mich dort kein Mensch. (116)

In Wirklichkeit wissen wir gar nichts, denn die Wahrheit liegt abgrundtief verborgen. (117)

Demokrit sagte, er wolle lieber für eine einzige Erscheinung die wirkliche Ursache finden als über ganz Persien herrschen. (118)

Die Menschen haben sich ein Bild vom Zufall gemacht, um ihre eigene Unklugheit zu beschönigen, denn sehr selten sind Klugheit und Glück einander feind, das Allermeiste im Leben bringt Einsicht und Scharfblick in Ordnung. (119)

Nachdem Demokrit die Wahrnehmung der Sinne herabgesetzt hatte, indem er sagte: »Bloße Konvention ist Farbe, bloße Konvention Süße, bloße Konvention Bitteres, in Wahrheit gibt es nur Atome und Leeres«, ließ er die Sinne gegen den Verstand folgendermaßen sprechen: »Armer Verstand, von uns nimmst Du alle Deine Beweise und willst uns damit zu Fall bringen. Dein Sieg wird Dein Fall.« (125)

Die Musik sei eine jüngere Erfindung, denn nicht die Not habe sie hervorgetrieben. Sie sei vielmehr schon aus vorhandenem Überfluß entstanden. (144)

In den wichtigsten Dingen sind wir Menschen Schüler der Tiere, der Spinne im Weben und Flicken, der Schwalbe im Hausbau, der Singvögel, des Schwans und der Nachtigall im Gesang, den wir ihnen nachmachen. (154)

Wenn ein Kegel parallel zur Basis durch eine Ebene geschnitten wird, wie soll man sich die entstehenden Schnittflächen denken? Sind sie gleich oder ungleich? Wenn sie ungleich sind, dann werden sie an ihm viele Abstufungen hervorbringen, so daß er ein treppenartiges und ungleichmäßiges Aussehen bekommt. Wenn sie gleich sind, dann werden auch alle Schnitte gleich sein und der Kegel wird genau wie ein Zylinder aussehen, aus gleichen und nicht aus ungleichen Kreisen zusammengesetzt, und das ist ganz unmöglich. (155)

Das Nichts gibt es ebenso sehr wie das Ichts. (156)

Auch die Tiere, sagt er, gesellen sich zu ihren Artgenossen, Tauben zu Tauben, Kraniche zu Kranichen, und so ist es bei allen vernünftigen Wesen genau so. Ebenso ist es aber auch bei den leblosen Dingen, wie man schon bei dem Durchsieben von Samenkörnern sehen kann und bei Steinen am Strand. Denn dort ordnen sich beim Schwenken des Siebes gesondert Linsen zu Linsen, Gerstenkörner zu Gerstenkörner und Weizenkörner zu Weizenkörnern; hier werden vom Wellenschlag die länglichen Steine in die gleiche Gegend wie die anderen länglichen Steine geworfen und die runden zu den runden, als ob ihre Ähnlichkeit miteinander eine Art Anziehungskraft ausübte. (164)

Die Menschen kommen zur Wohlgemutheit durch mäßigen Genuß und eine richtig ausgewogene Lebensführung. Denn Mangel und Überfluß führen zu einer Art Schwanken und bewirken große seelische Erschütterungen. Menschen, die eine große seelische Schwankungsbreite haben, sind weder in gutem Gleichgewicht noch in guter Gemütsverfassung. Man soll also seinen Sinn auf das Mögliche richten und sich mit dem Vorhandenen einrichten, sich wenig um die Vielbeneideten und Bewunderten kümmern und sich in seinen Gedanken nicht an sie fixieren. Vielmehr soll man sich das Leben unglücklicher Menschen vor Augen halten und sich bewußt machen, was sie alles ausstehen müssen, damit Dir Deine eigene Lage und Deine Möglichkeiten groß und beneidenswert erscheinen und es Dir nicht so geht, daß Du immer mehr haben willst und dadurch innerlich unzufrieden bist. Denn wer den bewundert, der besitzt und von den anderen Menschen glücklich genannt wird und von Stunde zu Stunde in seinen Gedanken davon verfolgt wird, der wird getrieben, immerfort etwas Neues zu versuchen und schließlich wird er aus lauter Gier dazu gedrängt werden, etwas Verbrecherisches zu tun, was die Gesetze verbieten. Deswegen soll man hinter manchem überhaupt nicht hinterher sein und mit dem übrigen sich gut abfinden, indem man sein eigenes Leben mit dem Leben derer vergleicht, denen es schlechter geht, und sich glücklich preisen in Gedanken an das, was sie auszustehen haben, wo es einem doch soviel besser als ihnen geht und man soviel besser daran ist. Wer sich an diesen Grundsatz hält, wird sein Leben in besserer Gemütsverfassung verbringen und gar manche Plagen aus seinem Leben verbannen, Neid und Ehrgeiz und Ressentiment. (191)

II. Die klassische Philosophie Athens

Die klassische Philosophie Athens

Athen rückte erst in der späteren Zeit der griechischen Geschichte in die beherrschende Stellung, die es in unserem geschichtlichen Bewußtsein einnimmt. Es ist vor allem das Zeitalter nach der siegreichen Beendigung der Perserkriege, das den Aufstieg Athens und damit den Beginn seiner kulturellen Blüte sah. Keiner der großen Denker, die wir im ersten Kapitel als Vorsokratiker kennengelernt hatten, stammte aus Athen. Nicht einmal die sogenannten Sophisten, die Vertreter eines neuen Bildungsgedankens, der von der Redekunst und der Kunst des Diskutierens, die wir Dialektik nennen, bestimmt ist, waren gebürtige Athener. Aber sie fanden dort eine so ungeheure Resonanz wie sonst nirgendwo. Hier gelangte die Aufklärungsbewegung des griechischen Geistes auf ihre Höhe und fand zugleich ihre Grenze. Bekanntlich ist es den Zeitgenossen keineswegs bewußt gewesen, daß jener seltsame attische Bürger Sokrates, dessen Kunst der Gesprächsführung die edelste attische Jugend faszinierte, ganz anders war als jene sophistischen Bildungslehrer. Die Abwehr der konservativen Kreise gegen das modische Bildungswesen überhaupt hat Sokrates vernichtet. Aber sein Tod wurde ein neuer Beginn. Als ein jung und schön gewordener Sokrates lebte er in den platonischen Dialogen und wurde zum Symbol eines Erkenntniswillens und einer Redlichkeit des Fragens, die den Ernst der Philosophie ein für allemal von dem leeren Bildungstreiben der Sophistik scheiden sollte. Wir bewundern in Sokrates eine platonische Schöpfung, aber wir haben vielleicht auch Plato als eine Schöpfung des Sokrates zu bewundern. Denn daß da ein Mann aus den höchsten Gesellschaftskreisen Athens Sokrates folgte, den modernen Geist in sich aufnahm und gleichzeitig die große religiöse und sittliche Tradition seines Volkes festhielt, das hat abermals Epoche gemacht.

Es war die Zeit des politischen Niedergangs Athens. Sparta und später Theben übten die Vorherrschaft in Griechenland aus, und bald sollte mit Philipp von Makedonien und Alexander dem Großen das Ende des griechischen Stadtstaates als politischer Lebensform kommen. Zu diesem Zeitpunkt wurde durch Plato und seine Schüler ein Reich des Gedankens errichtet, das die Summe des griechischen Lebens zog, die religiöse Tradition und die wissenschaftliche Erkenntnis auf neuem Grunde vereinigte und damit jene Gestalt des philosophischen Gedankens heraufführte, die als Metaphysik mehr als zwei Jahrtausende abendländischer Geschichte geistig beherrscht hat.

Es ist mehr als ein Zufall, daß wir von Plato und Aristoteles eine reiche literarische Überlieferung besitzen. Die Dauer der Gedankenschöpfung, die sie begründet haben, hat auch ihrem eigenen Wort mitten im reißenden Strom der Zeit unzerstörbare Dauer verliehen.

Plato

Plato ist der erste Denker des Abendlandes, von dem ein umfangreiches Werk erhalten ist. Doch handelt es sich dabei nicht eigentlich um Lehrschriften, sondern um Dialogdichtungen, in denen Plato zumeist seinen Lehrer und Meister Sokrates als Führer philosophischer Gespräche darstellt. Eine schriftliche Fixierung dessen, was Plato selber im philosophischen Unterricht im Kreise der Akademie lehrte, hat er nie vorgenommen. Wir wissen daher von seiner Philosophie nur aus den Berichten seiner Schüler und aus dem dichterischen Dialogwerk, das er selber verfaßt hat.

Nur ein einziges kurzes Stück philosophischer Darlegung besitzen wir, in dem er in seinem eigenen Namen spricht. Es ist der sogenannte erkenntnistheorethische Exkurs, der in das politische Sendschreiben des 7. *Briefes* eingefügt ist. Wir beginnen unsere Platotexte mit diesem einzigartigen Dokument. Es handelt sich offenkundig um einen durchgeformten Gedankengang, den Plato wiederholt vorgetragen hat und der die erkenntnistheoretische Rechtfertigung dafür enthält, daß er keine schriftliche Darstellung seiner Philosophie gegeben hat. Plato legt dar, daß die Formen, in denen sich Erkenntnis des wahren Seins fixieren läßt und durch die sie mittelbar werden könnte, keine Sicherheit dafür bieten, daß wirkliche Einsicht durch sie vermittelt wird. Denn es gibt keine Form sprachlicher oder gar schriftlicher Fixierung, die nicht dem Mißverstand und der Verdrehung ausgesetzt ist.

Wenn Plato auf diese Weise den schriftlichen Lehrvorgang für die Philosophie ablehnt, rechtfertigt er zugleich die literarische Form des sokratischen Dialogs, die er selber gebraucht. Hier handelt es sich nicht um Lehrschriften. Denn in den Dialogen ist ein Geschehen gestaltet wie im Drama, wo der Zuschauer sehr genau weiß, daß die redenden Personen in ihrem eigenen Namen sprechen und nicht in dem des Dichters. Gleichwohl gibt es innerhalb der platonischen Dialoge ausgezeichnete Partien, die gleichsam den Blick auf Platos eigene philosophische Gedankenbewegung, ja sogar auf die Ausbildung seiner eigenen Philosophie gestatten. In der Geschichte der Philosophie kennt man seine Lehre als die Ideenlehre. Gegenüber der wechselnden Vielfalt der Phänomene, die sich dem Erfahrungsblick darbieten, sind die Ideen die wahren Grundgestalten alles Seienden.

Einesteils folgt Plato damit den Pythagoreern, deren Lehre von der großartigen Entdeckung ausgegangen war, daß das wahre Wesen der musikalischen Intervalle in exakten Zahlenverhältnissen der Saitenlänge der Musikinstrumente besteht. Andererseits steht ihm die wunderbare Unbeirrbarkeit vor Augen, mit der sein Meister Sokrates an der Idee der Gerechtigkeit festhielt, so sehr auch die Stadt Athen im Unrecht war und Unrecht tat, als sie ihn zwang, den Giftbecher zu trinken.

Wie uns der 7. Brief erkennen läßt, war die Hinrichtung des Sokrates in der Tat der entscheidende Anstoß, der Plato auf den Weg der Philosophie gewiesen hat. Am Ende ist sein gesamtes Dialogwerk eine Apologie des Sokrates und seine gesamte Philosophie die metaphysische Antwort auf die Frage, wie Sokrates, der Gerechte, in einer ungerechten Welt überhaupt möglich war. Die Antwort lautet: Weil die Gerechtigkeit in ihrem wahren Wesen der menschlichen Seele innerlich erkennbar bleibt, wenn sie nur wahrhaft nach der Wahrheit sucht. Dieses Suchen hatte Plato an der sokratischen Gesprächsführung erlebt und als Dialektik, als Kunst, ein Gespräch zu führen, d. h., das Für und Wider gemeinsam zu erwägen, in den Dienst seiner Wahrheitssuche gestellt. Das Stück des 7. Briefes, das wir als erstes abdrucken, schildert das dialektische Verfahren, das allein die Erkenntnis der Idee möglich macht.

Als zweites Stück bringen wir den letzten Teil des Dialogs *Phaidon,* jener berühmten Unterhaltung zwischen Sokrates und seinen Freunden am Tage seiner Hinrichtung, die, wie Nietzsche gesagt hat, der griechischen Jugend ein neues Ideal aufgerichtet hat.

Hier wird die Unsterblichkeit der Seele dadurch bewiesen, daß die Seinsart der Seele mit der der Zahlen und aller im Denken und Sprechen gemeinten Ideen zusammengedacht wird. Nur von der Ideenlehre aus und nicht mit den Mitteln der philosophischen Naturerkenntnis, die die älteren Denker, die sogenannten Vorsokratiker, betrieben haben, sei der religiöse Glaube an die Unsterblichkeit zu rechtfertigen.

Endlich geben wir als drittes Stück den ersten Teil des Platonischen Dialoges *Parmenides,* in dem die mit der Annahme von Ideen verbundenen Schwierigkeiten erörtert werden. Man hat darin meist eine Krisis der Ideenlehre gesehen. In Wahrheit dürfen gerade hier die Probleme zur Sprache kommen, die Plato zu seiner eigenen, schriftlich nicht fixierten Lehre von der Eins und der unbestimmten Zwei und den Idealzahlen geführt haben. Denn jene idealen Wesenheiten, die wir mit der Idee des Guten, der Idee der Gerechtigkeit, der Idee der Ordnung, der Idee des Weltganzen meinen und die wir im Munde führen, sind nicht eine bloße Reihe einzelner Gestalten oder Begriffe, sondern bilden ein Ganzes des Seienden, wie es sich unserem Geiste darstellt, vergleichbar dem Gefüge der Zahlen. Es gibt wirklich, wie Parmenides darlegt, keine Idee für sich. So wenig, wie eine einzelne Zahl etwas wäre ohne ihre Stellung im Ganzen der Zahlenreihe. Alle Erkenntnis meint das eine Ganze. Eben deshalb ist es ein unendliches Gespräch, das die Wahrheit suchende Seele mit sich führt. Sie geht den Weg der Dialektik und strebt danach, die Einheit alles Seienden zu erkennen, die durch das vielfältige Schwanken unserer Welterfahrung hindurchleuchtet. So enthält Platos Lehre von der Idee des Guten die philosophische Transzendenzerfahrung der Griechen, die dem Begriff eines Gottes, der nicht von dieser Welt ist, und damit dem christlichen Zeitalter präludiert.

7. Brief

Für jedes Seiende gibt es dreierlei, wodurch sich seine Erkenntnisse notwendig vermitteln muß, ein viertes ist die Erkenntnis selbst, als fünftes muß man die Sache selber ansetzen, das was erkennbar und in Wahrheit seiend ist. Wir haben also:
1. Name
2. Begriffserklärung
3. Bild
4. Erkenntnis.

Nimm ein einzelnes Beispiel und laß dir daran verständlich machen, was ich meine, und dann halte es so für alles fest: ›Kreis‹ z. B. sei das, wovon die Rede ist; dafür ist eben dies, was wir soeben aussprachen, der Name. – Begriffserklärung desselben ist das zweite, aus Namen und Zeitworten zusammengesetzt. Das von den äußersten Punkten allerwärts zur Mitte gleich weit Abstehende dürfte nämlich die Begriffserklärung dessen sein, für das ›rund‹ und ›gebogen‹ – und ›Kreis‹ Namen sind. – Das dritte aber ist das Gezeichnete und wieder Auswischbare, das Gedrechselte und wieder Zerstörbare. Davon widerfährt dem Kreis selbst, um den es allen diesen geht, nichts, da er vom ganzen anderen Sein ist als diese. Als viertes hat Erkenntnis und Einsicht und wahre Meinung mit diesem zu tun. Auch dies alles ist wieder als eines für sich zu nehmen, das nicht in Lauten, noch auch in körperlichen Gestalten, sondern in den Seelen sein Sein hat – und eben dadurch ist klar, daß es genauso von der Natur des Kreises selbst zu unterscheiden ist, wie auch von den vorgenannten drei. Von diesen ist aber dem fünften der Verwandtschaft und der Art nach die reine Einsicht am nächsten, alles übrige dagegen steht weiter ab.

Dasselbe gilt aber von der Figur, geradliniger wie krummliniger, von der Farbe, vom Guten und Schönen und Gerechten, von jedem künstlichen Gerät wie von natürlich entstandenem, von Feuer, Wasser und allem derartigen, von jeglichem Lebewesen wie im Bereich der Seele vom Sittlichen und überhaupt von allen Weisen des Wirkens und Leidens; denn nie wird einer, wenn er nicht diese vier irgendwie in den Griff bekommt, der Erkenntnis des fünften je ganz teilhaftig werden können.

Dazu kommt noch, daß diese nicht weniger bei einem jeden sein Bald-so-bald-so-Sein offenbar zu machen suchen, als eines jeden Sein – wegen der Schwachheit aller Rede. Deswegen wird keiner, der bei Vernunft ist, es jemals wagen, das von ihm Gemeinte darin festzulegen, und vollends nicht in unwandelbar Fixiertem, wie es ja das schriftlich Aufgezeichnete ist.

Dies aber, was ich jetzt darlegte, muß man noch einmal im einzelnen sich klar machen. Jeder der in Wirklichkeit gezeichneten oder auch gedrechselten Kreise ist voll vom Gegenteil des fünften – allerwärts streift er ja ans Geradlinige –, er selbst aber, der Kreis, sagen wir, hat nichts, weder ein Geringes noch ein Größeres von dem entgegengesetzten Wesen an sich. Auch kein Name, sagen wir, liege für irgend etwas an sich fest, sondern nichts hindere, daß das, was jetzt ›krumm‹ heißt, ›gerade‹ gehießen würde und das Gerade umgekehrt krumm, und daß es ganz genau so festliegen würde für die, die es umgetauft hätten und gerade umgekehrt hießen.

Offenbar gilt nun für die Begriffserklärung das gleiche Argument, wenn anders sie aus Namen und Zeitwörtern besteht, daß nämlich nichts eindeutig genug festliegt.

Zahllose Gründe ließen sich dafür häufen, daß jedes der vier ungenau ist. Das wichtigste aber, das wir schon kurz vorher sagten, ist: Sein und Bald-so-bald-so-Sein ist zweierlei. Obwohl nun die Seele nicht das Bald-so-bald-so-Sein, sondern das ›Was-Sein‹ selbst zu wissen sucht, so trägt doch jedes der vier gerade das Nichtgesuchte der Seele an, macht auf diese Weise durch Argumente oder Vorzeigung von Wirklichem jedes Gesagte und Gezeigte immer leicht widerlegbar und erfüllt sozusagen jedermann mit lauter Verlegenheit und Verwirrung.

Nun gibt es vieles, wobei wir gar nicht gewohnt sind, das Wahre zu suchen, aus schlechter Übung, weil uns das jeweils angetragene Bild der Sache schon genügt. In solchen Fällen werden wir offenbar durchaus nicht lächerlich voreinander, die Gefragten nämlich vor den Fragenden, wenn auch die letzteren imstande sind, einen der vier zu zerpflücken und zu widerlegen.

Bei solchem aber, wobei wir einander benötigen, das fünfte zu antworten und offfenbar zu machen, da behält einer, der sich auf das Umlegen versteht, wann er will den Sieg und bewirkt so vor der Menge, die zuhört, den Eindruck, als ob der, der in Rede oder Schrift oder Antwort gebend die Sache darlegt, nichts von dem verstünde, wovon er zu schreiben oder zu reden unternimmt. Die Zuhörer verkennen dabei, daß in solchen Fällen manchmal nicht die Seele des Schreibers oder Redners widerlegt wird, sondern die jeweilige Natur von jedem jener vier, die eben wenig taugen.

Wohl aber vermag verweilendes Durchgehen aller dieser vier, das hinauf und hinab bald zu diesem, bald zu jenem sich wendet, am Ende doch in den recht Gearteten Wissen vom Rechtgearteten zu erzeugen. Wer dagegen schlecht geartet ist, wie der Seelenzustand der meisten in Hinsicht auf das Lernen und die sogenannte Bildung des Charakters beschaffen ist, oder auch wenn einer verdorben wurde, so jemanden würde selbst Lynkeus nicht zum Sehen bringen können. Mit einem Wort, wer nicht mit der Sache aus seinem eigenen Wesen heraus verwandt ist, den wird keine Lernbegabung noch auch Gedächtnis je ihr wesensverwandt machen können. Denn in fremdes Wesen wird es von Anfang an keinen Eingang finden. Daher werden alle, die dem Rechten und allem Schönen nicht schon von Natur nahe und wesensverwandt sind, mögen sie sonst auch noch so vieles aufzufassen und zugleich zu behalten wissen, noch auch alle die, die zwar ihm wesensverwandt sind, aber schwer fassen und nichts behalten – niemals das wahre Wesen von Recht und Schlecht (soweit das überhaupt möglich ist) verstehen. Denn sie müssen, um dies beides zu verstehen, zugleich Trug und Wahrheit des ganzen Seins verstehen lernen, mit aller Anstrengung über längere Zeit hin, wie ich anfangs schon sagte. Schließlich aber wird, wenn jedes einzelne dieser vier an dem anderen geprüft wird, Namen und Begriffsbestimmungen und anschaulich Wahrgenommenes, wenn sie alle in wohlmeinenden Widerlegungsversuchen auf die Probe gestellt werden und wenn man sich ohne Rechthaberei in Fragen und Antworten übt, am Ende plötzlich über ein jedes Einsicht und Verständnis in einem aufgeleuchtet sein, so weit, wie es überhaupt in der Möglichkeit des Menschen steht.

Deshalb also wird jeder ernst zu nehmende Mann über ernst zu nehmende Dinge ganz bestimmt niemals etwas schreiben und es so den Leuten bloß zu ihrer Rechthaberei und Verwirrung preisgeben. Dies einzige Kriterium genügt daher zu wissen: Wenn einer von jemandem schriftliche Ausarbeitungen sieht, sei es in Gestalt von Gesetzen eines Gesetzgebers, sei es sonst irgendwie, daß es diesem Manne nicht damit der höchste Ernst ist, wenn anders er selbst ernst zu nehmen ist, sondern daß das Höchste an dem schönen Orte, den er besitzt, geborgen bleibt. Wenn aber wirklich von jemandem dies eigentlich Ernste schriftlich niedergelegt wurde, ›dann haben ihm drauf‹ – diesmal nicht Götter, sondern Sterbliche – ›den Sinn verwirrt‹.

Phaidon [Schluß]

Mein Bester, sagte Sokrates, übertreib nicht so, damit uns nicht irgendein böser Zauber den Beweis, der schon gelingen will, zu Fall bringt. Aber das mag dem Gott anheimgestellt sein, wir dagegen wollen wie ein homerischer Held näher herangehen und prüfen, ob Du etwas Richtiges sagst. Folgendes ist der Kernpunkt dessen, was Du fragst: Du forderst einen Beweis dafür, daß die Seele unvergänglich und unsterblich ist, sofern ein philosophischer Mann, wenn es ans Sterben geht, zuversichtlich und überzeugt sein kann, daß es ihm nach seinem Tode dort drüben gut gehen wird – und zwar weit besser, als wenn er ein anderes Leben hier bis zu Ende gelebt hätte, ohne daß diese Zuversicht grundlos oder töricht wäre. Beweisen, daß die Seele etwas Kräftiges ist, gottähnlich und schon vorher vorhanden, bevor wir Menschen werden, schließe noch nicht aus, meinst Du, daß all das gar nicht Unsterblichkeit bedeute, sondern besage nur, daß die Seele etwas Langdauerndes ist und schon wer weiß wie lange vorher existiert und vielerlei gesehen und getan hat. Aber deshalb sei sie noch lange nicht unsterblich, sondern vielleicht sei gerade ihr Eingehen in den menschlichen Körper für sie der Anfang des Vergehens, wie eine Krankheit. Sie könnte sehr gut ihr ganzes Leben elend dahinleben und am Ende in dem sogenannten Tode zugrunde gehen. Es mache doch – das ist Dein Einwand – dafür, daß ein jeder von uns Angst hat, gar nichts aus, ob die Seele einmal oder öfter in einen Körper gelangt. Denn es sei ganz richtig, wenn man nicht gedankenlos dahinlebt, Angst zu haben, solange man nicht weiß und keinen Beweis dafür geben kann, daß sie unsterblich ist. So ungefähr ist das doch, denke ich, lieber Kebes, was Du meinst. Ich fasse absichtlich so genau zusammen, damit uns nichts entgeht und Du, wenn Du willst, noch etwas hinzusetzen oder zurücknehmen kannst.

Kebes antwortete, im Augenblick habe ich eigentlich weder etwas zurückzunehmen noch hinzuzusetzen. Es ist genau das, was ich meine.

Sokrates verhielt sich nun eine ganze Weile still und sann in sich hinein. Dann sagte er: Keine kleine Sache ist es, lieber Kebes, was Du da verlangst. Denn ganz grundsätzlich muß man nun bei allem Werden und Vergehen nach dem Grunde forschen. Dazu möchte ich Dir, wenn es Dir recht ist, erzählen, wie es mir dabei gegangen ist. Danach kannst Du, wenn Dir etwas von dem, was ich sage, für den Beweis, den du vermißt, brauchbar scheint, die Anwendung machen.

Gut, sagte Kebes, es ist mir recht.

Hör also, was ich zu sagen habe. Als ich, mein Kebes, jung war, da war ich ganz furchtbar auf die Art Weisheit aus, die man Wissenschaft von der

Natur nennt. Denn das schien mir ganz großartig zu sein, die Gründe für ein jedes Ding zu kennen, wodurch es entsteht und wodurch es vergeht und wodurch es ist. Und unzählige Male bin ich zunächst von einem Extrem ins andere gefallen, indem ich etwa folgendes mich fragte: Wenn das Warme und das Kalte in Fäulnis übergeht, entstehen dann, wie manche behaupteten, die Lebewesen? Ist es das Blut, wodurch wir Bewußtsein haben, oder die Luft oder das Feuer oder nichts von diesem, sondern ist es das Gehirn, das die Wahrnehmung des Hörens, Sehens und Riechens bewirkt, und daß daraus Gedächtnis und Urteil entsteht, aus Gedächtnis aber und aus Urteil, das Bestand hat, die betreffende Erkenntnis zustande komme? Und als ich dann umgekehrt das Vergehen von all dem untersuchte, auch von dem, was alles am Himmel und auf der Erde vor sich geht, da schien ich mir schließlich für diese Art der Untersuchung ganz und gar unbegabt. Ich will Dir aber dafür einen Beweis sagen, der Dir genügen wird: Sogar das, was ich früher, wie mir selbst und allen anderen vorkam, ganz genau wußte, wurde mir damals auf Grund dieser Untersuchungsweise so dunkel, daß ich auch das nicht mehr verstand, was ich früher zu wissen meinte – um ein beliebiges Beispiel zu nennen: warum ein Mensch wächst. Das schien mir vordem ganz klar zu sein: durch Essen und Trinken. Wenn nämlich aus der Nahrung Fleisch zu Fleisch hinzukommt und Knochen zu Knochen und in derselben Weise auch zu allem anderen das ihm Zugehörende, dann sei die wenige Masse nachher viel geworden, und so werde der kleine Mensch groß. So hatte ich mir das früher gedacht. Kommt Dir das nicht ganz vernünftig vor?

O ja, sagte Kebes.

Nun überleg Dir aber folgendes: Ich hatte immer geglaubt, es wäre genug, wenn ein großer Mann neben einem kleinen steht, anzunehmen, daß er eben um diesen Kopf größer sei, und ebenso bei Pferden, und noch klarer schien es mir bei folgendem: zehn schien mir mehr als acht zu sein, weil da zwei mehr dabei wäre. Das Zwei-Fuß-Lange schien mir dadurch größer als das Ein-Fuß-Lange, daß es um die Hälfte überragt.

Und jetzt, sagte Kebes, wie stellst Du Dir denn das jetzt vor?

Weit entfernt bin ich bei Zeus, sagte er, daß ich mir einbildete, für so etwas den Grund zu wissen, wo ich mir doch nicht einmal darüber klar werden kann, ob, wenn einer eins zu eins hinzusetzt, dann die Eins, zu der sie hinzugesetzt wird, zwei geworden ist oder die hinzugesetzte Eins oder ob beide, die hinzugesetzte und die Eins, zu der sie hinzugesetzt wurde, durch die Hinzusetzung der einen zur anderen zwei geworden ist. Es ist mir nämlich unbegreiflich, wie jede der beiden, solange sie noch voneinander getrennt waren, eins war, und daß sie damals durchaus nicht zwei waren, wieso dann aber, als sie nahe aneinander herangekommen waren, dies der Grund ihres Zweiwerdens geworden sein soll, der Zusammenschluß durch ihre gegenseitige Annäherung. Ebensowenig kann ich mir vorstellen, daß wenn einer eins durchspaltet, diese Spaltung ihrerseits auch der Grund für das Zweigewordensein werden kann. Denn das ist doch genau der umgekehrte Grund für das Zweiwerden als vorhin. Eben noch wurden sie ja aneinander nahe herangebracht und die eine zur anderen hinzugesetzt, jetzt dagegen wird die eine Eins von der anderen weggenommen und abgetrennt. Ja, und nun verstehe ich nicht einmal mehr, warum etwas überhaupt eines wird, und mit einem Worte: ich verstehe überhaupt nicht mehr, warum irgend etwas entsteht oder vergeht oder ist, solange ich dieser Betrachtungsweise folge. So mische ich mir denn lieber irgendeine andere Betrachtungsweise zusammen – auf diese lasse ich mich jedenfalls nicht mehr ein.

Nun hörte ich einmal aus einem Buche des Anaxagoras vorlesen, und als es da hieß, daß der Geist es ist, der alles durchordnet und von allem der Grund ist, da war ich ganz glücklich, daß dies der Grund sei. Und es schien mir gewissermaßen ganz in der Ordnung, daß der Geist Grund von allem ist. Ich stellte mir vor, wenn das so ist, daß dann der ordnende Geist alles in Ordnung brächte und ein jedes Ding so einrichte, wie es am besten sei. Wenn nun jemand irgend etwas, den Grund wissen wollte, wie es entstehe oder vergehe oder sei, dann brauche er darüber nur herauszufinden, wie es für es am besten sei, für sein Sein wie für sein Tun und Lassen. Aus demselben Grunde habe der Mensch sowohl über sich selber wie über alles andere nichts anderes zu fragen als was das Beste und Vorzüglichste sei. Natürlich sei es notwendig, daß man im selben Atem auch das Schlechtere wisse. Auf beides ginge ja ein und dieselbe Erkenntnis. Indem ich mir das überlegte, glaubte ich höchst erfreut, einen Lehrer für den Grund alles Seienden gefunden zu haben, der mir ganz nach dem Sinne war, eben Anaxagoras ... Er werde mir erstens einmal sagen, ob die Erde flach oder rund ist, und dann mir auch den Grund (dafür) und die Notwendigkeit dessen auseinandersetzen, und zwar, indem er das Bessere aufwiese, und zeige, daß es für sie besser sei, so zu sein. Und wenn er sage, sie befände sich in der Mitte, auch dann werde er mir erklären, wieso es für sie besser sei, in der Mitte zu sein. Und wenn er mit das bewiese, war ich entschlossen, nie mehr auf eine andere Art von Grund auszusein. Genauso war ich entschlossen, mich über die Sonne belehren zu lassen, den Mond und alle Sterne, ihre Geschwindigkeiten zueinander, ihre Bahn und was sonst mit ihnen sei: stets möchte ich wissen, wie es für ein jedes besser sei, sich zu verhalten im Tun und Lassen. Denn ich dachte, auf keinen Fall werde doch jemand, der sagt, daß alles vom Geiste geordnet sei, irgend einen anderen Grund dafür beibringen als den, daß es für sie am besten sei, sich so zu verhalten, wie sie sich verhalten. Wer für jedes einzelne wie für alle zusammen den Grund finden wolle, müsse also, meinte ich, das für ein jedes Beste und das für alle gemeinsam Gute anführen. Diese Erwartung hätte ich um alles nicht aus der Hand gegeben, sondern beschaffte mir voller Eifer so schnell wie möglich die Bücher und las sie, damit ich so schnell wie möglich das Beste und das Schlechtere erkennen lernte.

Von dieser großartigen Erwartung, mein lieber Freund, bin ich aber ganz abgekommen, als ich bei weiterem Lesen bemerkte, daß der Mann von dem Geist gar keinen Gebrauch macht und überhaupt keine wirklichen Gründe für die rechte Ordnung der Dinge anführt und all so albernes Zeug, sondern Lüfte und Äther und Wasser als Grund angibt. Es schien mir ihm ganz so gegangen zu sein, wie wenn einer sagt: Sokrates tue alles, was er tue, nach seinem Sinn, und wenn er dann die einzelnen Gründe für das, was ich tue, anzugeben sucht, dann erst einmal erzählt, daß ich deswegen jetzt hier sitze, weil mein Körper aus Knochen und Sehnen zusammengebaut ist. Die Knochen seien starr und voneinander durch Gelenke getrennt, und Sehnen dagegen könnten sich anspannen und entspannen und umschlössen die Knochen zusammen mit dem Fleisch und der Haut, die alles zusammenhalte. Da nun die Knochen in ihren Gelenken schwebten, bewirkten die Sehnen durch Nachlassen und Anspannen, daß ich meine Glieder so krümmen könnte, und das sei der Grund, daß ich hier so gekrümmt säße. Und dafür, daß ich mich mit euch unterhalte, gäbe er wieder andere solche Gründe an, Klänge und Luftströme und Gehörwahrnehmungen und all so ein Zeug, und unterließe ganz, die wahren Gründe anzugeben, nämlich: weil es den Athenern besser erschienen sei, mich zu verurteilen, deswegen erscheint es auch mir besser, hier zu sitzen, und rechtlicher, hier zu bleiben und die Strafe auf mich zu nehmen, welche auch immer sie mir auferlegten. Denn beim Hunde, das ist doch klar, längst wären diese Sehnen und Knochen in Megara oder in Böotien, indem sie sich von dem, was ihnen am besten schiene, leiten ließen, wenn ich es nicht für rechtlicher und schöner hielte, statt zu fliehen und davonzulaufen, die Strafe auf mich zu nehmen, welche auch immer die Stadt verhängte. Jene anderen Dinge dagegen Gründe zu nennen, ist doch gar zu unsinnig. Natürlich, wenn einer nur sagen wollte, daß ich ohne solche Knochen und Sehnen und alles andere nicht imstande wäre, das zu tun, was mir gut schiene, würde er etwas ganz Richtiges sagen. Daß ich aber dieser wegen tue, was ich tue und daß das nach meinem Sinne verfahren hieße, ohne daß es die Wahl des Besten bedeutete, das wäre doch die vollste Gedankenlosigkeit. Das hieße ja nicht unterscheiden können, daß das, was für ein Seiendes sein Grund ist, etwas ganz anderes ist als das, ohne das das den Grund Bildende gar nicht Grund sein könnte. Dies aber ist es, worauf die meisten, wie mir scheint, blind tappend wie in der Dunkelheit stoßen und einen ganz falschen Namen dafür gebrauchen, wenn sie es Grund nennen. So kommt es dazu, daß der eine rings um die Erde einen Wirbel herumlegt und die Erde unter dem Himmel bleiben läßt, wie sie ist, ein anderer stützt sie wie einen flachen Trog mit Luft ab. Nach der Kraft dagegen, die bewirkt, daß sie möglichst aufs Beste eingerichtet ist und deshalb jetzt so gelagert ist, suchen sie überhaupt nicht, noch glauben sie, daß dazu eine besondere göttliche Kraft gehöre, sondern bilden sich ein, für sie einen neuen Atlas gefunden zu haben, der kräftiger und unsterblicher sei und alles besser zusammenhalte, und daß das wahrhaft Gute und Verbindliche es sei, das zusammenbinde und zusammenhalte, darauf kommen sie gar nicht. Meinerseits wäre ich für diesen wirklichen Grund gar zu gern bei wem auch immer in die Schule gegangen. Da er mir aber so sehr fehlte und ich weder ihn selber zu finden noch ihn von einem anderen zu lernen imstande war, so will ich Dir nun, mein lieber Kebes, wenn es dir recht ist, erzählen, auf welchem Umweg ich die zweite Ausfahrt zur Suche nach dem Grunde unternommen habe.

Er antwortete: Und ob es mir recht ist.

Nun, sagte Sokrates, es schien mir gut, nachdem ich einmal dabei gescheitert war, die Dinge zu erforschen, mich lieber in acht zu nehmen, daß es mir nicht ginge wie denen, die eine Sonnenfinsternis beobachten wollen und durch die Beobachtung krank werden. Manche verderben sich dabei nämlich die Augen, falls sie nicht im Wasser oder etwas derartigem ihr bloßes Abbild beobachten. An so etwas dachte auch ich und war in Besorgnis, ob ich nicht meine Seele ganz und gar blendete, wenn ich mich mit meinen Augen unmittelbar zu den Sachen hinwendete und mit jedem meiner Sinne versuchte, sie zu erfassen. Es schien mir daher richtig, meine Zuflucht dazu zu nehmen, wie wir von den Dingen reden, und darin die Wahrheit über die Dinge zu beobachten. Ja, vielleicht ist das, womit ich hier vergleiche, in gewisser Weise gar nicht treffend. Denn im Grunde kann ich gar nicht zugeben, daß der, der die Dinge, wie wir von ihnen reden, beobachtet, sie mehr in Abbildern beobachtet, als der, der sie in Wirklichkeit beobachtet. Nun, auf diesen Weg habe ich mich jedenfalls gemacht, und indem ich jeweils von dem, was wir über die Dinge reden, diejenige Behauptung zugrunde lege, die ich für die allerstärkste halten muß, setze ich das, was mit dieser in Übereinstimmung zu sein scheint, als wahrhaft seiend, ob es sich nun um den Grund handelt oder um irgend etwas anderes – was dagegen nicht übereinstimmt, das sehe ich als nicht wahr. Aber ich will Dir genauer auseinandersetzen, was ich meine, denn ich glaube, daß Du es noch nicht ganz verstehst.

Bei Gott, wirklich noch nicht so ganz.

Nun, sagte ich, ich meine gar nichts Neues, sondern was ich immer schon unermüdlich sage, sowohl bei anderen Gelegenheiten als auch soeben in unserer jetzigen Unterhaltung wieder. Ich will mich also aufmachen, Dir so gut ich kann die Art von Grund darzulegen, mit der ich es halte, und ich will wieder auf jene vielberedeten Dinge eingehen und von ihnen meinen Ausgang nehmen: ich setze also voraus, daß es ein Schönes an ihm selbst gibt und ein Gutes und ein Großes und all das. Wenn Du mir das zugibst und mir zugestehst, daß es das gibt, dann hoffe ich, Dir von dieser Grundlage aus den Grund dafür zeigen und auffinden zu können, daß die Seele unsterblich ist.

Das, sagte Kebes, gebe ich Dir gerne zu, und Du kannst ruhig Deinen Beweis beginnen.

Prüfe also, sagte er, ob Dir auch das Folgende ebenso einleuchtet wie mir. Mir nämlich scheint ganz klar, wenn irgend etwas anderes schön ist außer dem Schönen an ihm selbst, es aus keinem einzigen anderen Grunde schön ist, als weil es an jenem an ihm selbst seienden Schönen Anteil hat. Und entsprechend in allen Fällen. Bist Du mit dieser Art von Grund einverstanden?

Ja, ich bin einverstanden, sagte er.

Ich verstehe nämlich gar nicht mehr, sagte er, und vermag es überhaupt nicht zu begreifen, was es da noch für andere schlaue Gründe geben soll. Vielmehr lasse ich mich, wenn einer mir als Grund dafür, warum irgend etwas schön ist, seine blühende Farbe nennt oder seine Gestalt oder irgend etwas derart, auf all das überhaupt nicht ein – bei so etwas verwirrt sich mir nur alles –. Daran aber halte ich schlicht und einfach und vielleicht einfältig für mich fest, daß nichts anderes etwas schön machen kann als die Anwesenheit oder die Gemeinschaft mit jenem Schönen an ihm selbst oder wie immer man solches Zusammensein nennen mag. Darauf nämlich kommt es mir gar nicht an, sondern nur darauf, daß es das Schöne an ihm selbst ist, durch das alle schönen Dinge schön sind. Das scheint mir nämlich die allersicherste Antwort zu sein, die ich mir selber oder wem sonst geben kann, und wenn ich die festhalte, dann, meine ich, werde ich nie zu Fall kommen, sondern es scheint mir für mich selbst wie für jeden anderen die einzig sichere Antwort, daß durch das Schöne die schönen Dinge schön sind. Leuchtet Dir das nicht auch ein?

Es leuchtet mir ein.

Und ebenso, daß durch die Größe das Große groß und das Größere größer ist und durch die Kleinheit das Kleinere kleiner?

Ja.

Auch Du würdest also auf keinen Fall zustimmen, wenn einer behauptet, daß einer um einen Kopf und durch ihn größer sei als ein anderer, und daß der Kleinere eben um denselben Kopf und durch ihn kleiner sei, sondern Du würdest schwören, daß Du für Deine Person nichts anderes behauptest, als daß alles, was größer ist als ein anderes, durch nichts anderes größer ist als durch die Größe selbst, und daß es nur deswegen größer ist, wegen der Größe. Das Kleinere umgekehrt sei durch nichts anders kleiner als durch die Kleinheit, und nur deswegen sei es kleiner, wegen der Kleinheit. Das tust Du aber, meine ich, weil Du vor Widersprüchen Angst hast, in die Du geraten könntest, wenn Du behaupten würdest, daß einer durch den Kopf größer und kleiner sei. Erstens nämlich wäre dann das Größere durch dasselbe größer wie das Kleinere kleiner und zweitens wäre durch etwas, das klein sei, nämlich durch den Kopf, das Größere größer, und das wäre doch ganz schrecklich, daß etwas durch ein Kleines ein Großes wäre. Oder würdest Du davor nicht Angst haben?

Da lachte Kebes und sagte: Natürlich.

Würdest Du nicht auch Angst haben zu behaupten, daß es durch die Zwei sei, weshalb die Zehn mehr sei als die Acht und daß das der Grund sei, warum sie überstehe und nicht vielmehr, daß es durch die Vielheit und wegen ihres Soviel sei? Oder daß das Zweifußlange durch die Hälfte größer sei als das Einfußlange und nicht vielmehr durch Größe? Denn irgendwie ist es dasselbe, wovor man dabei Angst haben muß.

Gewiß, sagte er.

Und weiter: Würdest Du Dich nicht lieber in acht nehmen zu behaupten, daß wenn man eins zu eins hinzusetzt, die Hinzusetzung der Grund für das Zweigewordensein ist oder bei der Teilung die Teilung, und wirst Du nicht vielmehr steif und fest behaupten, daß ein jedes auf keine andere Weise so geworden ist, als dadurch, daß es an dem spezifischen Sein dessen, an dem es teil hat, teilgewonnen hat? Und würdest Du nicht in den vorliegenden Fällen keinen andern Grund für das Zweigewordensein anzugeben haben als eben diese Anteilgewinnung an der Zwei? Und daß alles, was je zwei sein wird, daran teilgewinnen müsse, und, was immer eins sein soll an der Eins? Wirst Du nicht Deinerseits diese Teilungen und diese Hinzufügungen und alle diese schönen Dinge lieber ganz beiseite lassen und solche Antworten lieber denen überlassen, die klüger sind als Du. Du dagegen, aus Angst vor Deinem eigenen Schatten und Deiner Unerfahrenheit, wie man sagt, wirst Dich fest an jene sichere Voraussetzung halten und entsprechend antworten. Wenn einer sich aber an diese Voraussetzung selber hält, so wirst Du Dich auf nichts einlassen und nicht eher weitere Antworten geben, als bis Du geprüft hast, ob das, was aus jener Voraussetzung folgt, miteinander in Einklang ist oder sich widerspricht. Wenn Du aber endlich über jene Voraussetzung selber Rede stehen müßtest, dann würdest Du das genauso machen, indem Du wieder eine andere Voraussetzung zugrunde legtest, wie sie Dir unter dem Vorausliegenden als die beste erscheint, bis Du zu etwas Zureichendem kämest. Du würdest aber nicht wie diese Disputierhelden alles durcheinandermischen und gleichzeitig über den Ausgangspunkt und das, was aus jenem folgt, diskutieren, wenn anders Du etwas, wie es wirklich ist, herausfinden willst. Jene Leute dagegen geben sich darüber vielleicht überhaupt keine Rechenschaft und machen sich darüber keine Sorgen. Vor lauter Weisheit sind sie imstande, alles zugleich durcheinanderzurühren und trotzdem ganz mit sich zufrieden zu sein. Du dagegen wirst, wenn Du wirklich zu den Philosophen gehörst, es so machen, wie ich sage.

Das ist die lautere Wahrheit, was Du da sagst, antwortete Simmias und Kebes wie aus einem Munde.

Echekrates:
Bei Gott, mein lieber Phaidon, da hatten Sie recht, denn er scheint mir für jeden, der auch nur ein bißchen Verstand hat, das mit großartiger Klarheit dargelegt zu haben.

Phaidon:
Ganz recht, mein lieber Echekrates, und es schien auch allen Anwesenden genau so.

Echekrates:
Wie ja noch uns, die wir abwesend waren, aber es jetzt hören. Was wurde denn nun danach noch gesagt?

Ich glaube, er stellte, nachdem ihm dies zugestanden war und Einverständnis darüber bestand, daß eine jede der Ideen wirklich existiere und alles Seiende an ihnen teilnehme und so von ihnen seine Benennung bekäme, die folgende Frage: Wenn das wirklich Deine Meinung ist, behauptest Du dann nicht, wenn Du sagst, Simmias sei größer als Sokrates, aber kleiner als Phaidon, daß dann in Simmias beides da sei, sowohl Größe als auch Kleinheit?

Ja.

Aber Du bleibst trotzdem mit uns einig, daß das Überragen des Simmias über den Sokrates sich in Wahrheit nicht so verhält, wie man davon zu reden pflegt. Denn es sei ja doch nicht so, daß Simmias dadurch überragt, daß er Simmias ist, sondern durch die Größe, die er zufällig hat. Noch auch überragt er den Sokrates, weil Sokrates Sokrates ist, sondern weil Sokrates im Verhältnis zu seiner Größe Kleinheit hat.

Das ist wahr.

Auch werde er nicht von Phaidon überragt, weil Phaidon Phaidon ist, sondern weil Phaidon im Verhältnis zur Kleinheit des Simmias Größe hat?

So ist es.

In diesem Sinne also läßt sich von Simmias in der Tat sagen, daß er groß und klein zugleich ist, denn er ist in der Mitte zwischen beiden. Hinter dem einen bleibt er zurück, da der durch seine Größe seine eigene Kleinheit übertrifft, dem anderen dagegen stellt er seine eigene Größe, die dessen Kleinheit überragt, entgegen. Und indem er dabei lächelte, sagte er: Das klingt zwar, als wenn es Gerichtsakten wären, aber der Sache nach ist es wirklich so, wie ich sage.

Er stimmte zu.

Es kommt mir aber auf folgendes an, und ich möchte, daß Dir das genau so einleuchtet wie mir: Mir nämlich ist nicht nur evident, daß die Größe an sich niemals in der Lage ist, zugleich groß und klein zu sein, sondern auch, daß die Größe bei uns niemals das Kleine zulassen wird und niemals in der Lage sein wird, sich überragen zu lassen. Es gibt vielmehr nur zwei Möglichkeiten: Sich verflüchtigen und den Platz räumen, wenn sein Entgegengesetztes, das Kleine, hinzukommt, oder wenn jenes Platz gegriffen hat, selber zugrunde zu gehen. Zu bleiben und die Kleinheit hinzunehmen und auf diese Weise etwas anderes zu sein, als es war, wird es dagegen nicht in der Lage sein. Wenn ich Kleinheit annehme, ohne von der Stelle zu weichen, werde ich immer noch der sein, der ich bin, und als der, der ich bin, klein sein. Dagegen wird das Große nicht wagen, wo es doch groß ist, klein zu sein. Ebenso wird auch das bei uns Kleine nicht in der Lage sein, je groß zu werden oder zu sein, und so wird es bei allen derart Entgegensetzten sein, daß keins, solange es noch ist, was es ist, in der Lage sein wird, zugleich sein Gegenteil zu werden oder zu sein, sondern entweder weicht es von der Stelle oder vergeht ganz in dem neuen Zustand.

Völlig so scheint es mir, sagte Kebes.

Da sagte nun einer von den Zuhörern – wer es war, erinnere ich mich nicht mehr genau –: Bei Gott, wurde nicht bei der vorigen Diskussion genau das Gegenteil von dem jetzt Behaupteten von allen anerkannt, nämlich daß gerade aus dem Kleineren das Größere werde und aus dem Größeren das Kleinere und daß, wenn Entgegengesetztes werde, das geradezu darin bestünde, daß es aus Entgegengesetztem werde? Jetzt dagegen scheint doch die Behauptung die, daß dies nie geschehen könne.

Da habe Sokrates den Kopf gewendet und zugehört und dann gesagt: Ausgezeichnet hast Du das behalten. Freilich verstehst Du nicht ganz den Unterschied zwischen dem jetzt und dem damals Gesagten. Damals nämlich hieß es, daß aus der entgegengesetzten Sache die entgegengesetzte Sache entstehe, jetzt dagegen, daß das Entgegengesetzte selbst niemals sich selbst entgegengesetzt werden könnte, weder das bei uns noch das an sich. Damals nämlich, mein Lieber, sprachen wir von dem, was das Entgegengesetzte an sich hat und was von jenem her seine Benennung erfährt, jetzt dagegen sprechen wir über es selbst, durch dessen Dasein das Genannte seine Benennung hat. Jene selbst, behaupten wir, würden niemals bereit sein, Werden auseinander zuzulassen. Gleichzeitig sah er Kebes an und sagte: Am Ende hat auch Dich, mein lieber Kebes, dieser Einwand etwas in Verwirrung gebracht?

So schlimm ist es nun gerade nicht, sagte Kebes, doch will ich nicht leugnen, daß mich noch manches verwirren kann.

Wir sind uns also darüber einig, daß grundsätzlich etwas Entgegengesetztes niemals das ihm Entgegengesetzte sein wird.

Vollkommen, sagte er.

Nun prüfe noch folgendes, ob Du darin mit mir einig bist: Etwas nennst Du doch warm und etwas kalt?

Ja.

Ist das gleichbedeutend mit Schnee und mit Feuer?

Gott bewahre.

Sondern das Warme ist etwas anderes als Feuer und das Kalte etwas anders als Schnee?

Ja.

Aber das, meine ich, meinst Du trotzdem, daß niemals das, was Schnee ist, das Warme hinnimmt, wie wir vorhin sagten, und daß dann noch beides bleibe, was es war: Schnee und Warmes. Vielmehr würde der Schnee, wenn das Warme sich einstellt, ihm entweder den Platz räumen oder vergehen.

Durchaus.

Und umgekehrt würde das Feuer, wenn das Kalte sich bei ihm einstellt, entweder vom Platze weichen oder ganz ausgehen. Jedenfalls wird es niemals so kühn sein, die Kälte hinzunehmen und trotzdem noch zu sein, was es war, Feuer und Kaltes zugleich.

Da hast Du recht, sagte er.

Bei einigem solchen Seienden gibt es also den Fall, sagte er, daß nicht nur sein eigenes Wesen selber für alle Ewigkeit mit seinem eigenen Namen genannt werden will, sondern auch noch etwas anderes, was zwar nicht es selbst ist, aber doch immer seine Gestalt an sich hat, solange es ist. Doch läßt sich das, was ich meine, vielleicht an Folgendem noch besser klarmachen: Das Ungerade muß doch immer genau dieser Bezeichnung entsprechen, die wir jetzt gebrauchen, nicht wahr?

Jawohl.

Es allein unter allem Seienden? Denn darauf geht die Frage, oder muß man auch anderes, das mit dem Ungeraden nicht einfach identisch ist, trotzdem mit dessen Namen immer mitbenennen, weil es seinem Wesen nach so ist, daß es sich nie von dem Ungeraden trennen kann? Ich meine damit, daß es so ist, wie es z. B. der Drei geht und vielen anderen. Schau es Dir einmal bei der Drei an. Kommt es Dir nicht auch so vor, daß sie nicht nur immer mit ihrem eigenen Namen bezeichnet werden muß, sondern auch mit dem des Ungeraden, das doch mit Dreiheit nicht einfach identisch ist? Gleichwohl ist das das Wesen sowohl der Drei wie der Fünf wie überhaupt der ganzen Hälfte aller Zahlen, daß ohne mit dem Ungeraden identisch zu sein, eine jede von ihnen immer ungerade ist. Umgekehrt ist die Zwei und die Vier und die ganze andere Reihe der Zahlen zwar nicht mit dem Geraden identisch, und trotzdem ist eine jede von ihnen immer eine gerade. Gibst Du das zu, oder nicht?

Aber natürlich.

Nun sieh einmal, was ich Dir klarmachen möchte. Es ist dies: Offenbar lassen nicht nur jene im Gegensatz zueinander Stehenden einander nicht zu. Auch all das, was, ohne selber gerade entgegengesetzt zu sein, immer Entgegengesetztes mit sich führt, auch das läßt offenbar jene Hinsicht nicht zu, die zu der in ihm selbst Liegenden entgegengesetzt ist, sondern wenn diese sich aufdrängt, vergeht es entweder oder macht ihr Platz. Oder soll man bestreiten, daß die Drei lieber zugrunde gehen oder sonst etwas mit sich geschehen lassen wird, bevor sie es aushält, immer noch Drei seiend, gerade zu werden?

Ganz gewiß, sagte Kebes.

Dabei ist, sagte er, die Zwei nicht etwa der Drei entgegengesetzt.

In der Tat nicht.

Also nicht nur die einander entgegengesetzten Ideen halten es nicht aus, wenn die eine sich der anderen aufdrängt, sondern es gibt auch noch einiges andere, was Entgegengesetztes nicht aushält, wenn es sich aufdrängt.

Ganz recht.

Wollen wir nun bitte, sagte er, wenn wir dazu imstande sind, einmal feststellen, was das für Dinge sind?

Gewiß.

Sind es nicht solche, mein lieber Kebes, die das, was sie ergreifen, nicht nur dazu nötigen, ihr eigenes Aussehen mit anzunehmen, sondern darüber hinaus immer auch etwas von dem, das geradezu sein Gegenteil ist?

Wie meinst Du das?

Wie wir es eben sagten. Denn Du weißt ja doch, was die Idee der Drei ergreift, das muß nicht nur selber Drei sein, sondern auch ungerade.

Gewiß.

Zu solchem wird sich also, sagen wir, die jener Gestalt, die dies so prägte, entgegengesetzte Idee niemals hinzugesellen.

Nein.

Geprägt hat es aber die des Ungeraden?

Ja.

Und dieser ist die des Geraden entgegengesetzt?

Ja.

Zu Drei wird also die Idee des Geraden niemals hinzutreten.

Freilich nicht.

Vom Geraden hat die Drei also überhaupt nichts?

Überhaupt nichts.
Also nicht gerade ist die Drei?
Ja.
Nun hatten wir gesagt, wir wollten bestimmen, was das für Dinge sind, die, ohne zu etwas in Gegensatz zu stehen, es, d. h. das Entgegengesetzte, doch nicht aushalten. – Sowie jetzt die Drei, ohne mit dem Geraden in Gegensatz zu stehen, nichtsdestotrotz es nicht aushält, sondern ihm immer sein Entgegengesetztes mit zubringt, und ebenso macht es die Zwei mit dem Ungeraden, das Feuer mit dem Kalten und sogar vieles andere. Nun sieh zu, ob wir nicht so bestimmen können, daß nicht nur das Entgegengesetzte das Entgegengesetzte nicht aushält; sondern auch jenes, was das ihm Entgegengesetzte, wohin es auch immer komme, immer mit sich bringt, wird als das, was da mitbringt, das Gegenteil des Mitgebrachten niemals aushalten. Erinnere Dich aber nochmals. Es schadet nämlich gar nichts, das öfter zu hören. Die Fünf wird nie die Gestalt des Geraden aushalten, und die Zehn nie die des Ungeraden, obwohl sie das Doppelte ist. Als solches wird sie zwar selber zu etwas ganz anderem im Gegensatz stehen, trotzdem aber wird sie die Gestalt des Ungeraden nie aushalten. Genau so wenig wird das Anderthalbfache und überhaupt alles Halbe die Gestalt des Ganzen aushalten, und genau dasselbe kann man von einem Drittel und allem Derartigen sagen – Du kannst doch folgen und es leuchtet Dir ein?

O ganz gewiß leuchtet es mir ein, und ich kann folgen.

Also fange mit mir nochmals von Anfang an und antworte mir dabei nicht einfach mit den Worten, mit denen ich frage, sondern mache es mir nach, wie ich es jetzt mache. Außer der Antwort nämlich, die ich vorhin angab, weil sie so ganz sicher sei, zeigt sich jetzt auf Grund unserer Darlegungen noch eine andere Antwort, die volle Sicherheit hat. Wenn Du mich jetzt nämlich fragen würdest, was an einem Körper eintreten muß, wenn er warm sein soll, dann will ich Dir nicht jene sichere, aber nichtssagende Antwort geben: Wärme, sondern auf Grund des jetzt Dargelegten eine feinere, nämlich: Feuer. Und ebenso wenn Du mich fragst, was in einem Körper eintreten muß, damit er krank wird, dann werde ich nicht antworten: Krankheit, sondern: Fieber. Und ebenso wenn Du fragst, was in einer Zahl eintreten muß damit sie ungerade wird, dann werde ich nicht sagen: das Ungerade, sondern: die Eins oder so etwas. Nun sieh, ob es Dir genug klar ist, was ich will.

Aber durchaus genug.

Nun antworte Du: Was muß in einem Körper eintreten, damit er lebendig werden soll?

Seele, sagte er.

Wird das nicht immer so sein müssen?

Wie könnte es anders sein, sagte er.
Seele also wird zu dem, was sie ergreift, immer Leben mit hinzubringen.
Das wird sie allerdings, sagte er.
Gibt es nun etwas, was dem Leben entgegengesetzt ist, oder nicht?
Es gibt etwas, sagte er.
Was ist es denn?
Der Tod.
Wird nun nicht – nach dem, was wir vorhin ausgemacht haben – die Seele etwas, was dem, was sie immer mit sich bringt, entgegengesetzt ist, niemals aushalten?
Ganz gewiß nicht, sagte Kebes.
Nun weiter. Das, was das Aussehen des Geraden nicht aushält, wie haben wir das genannt?
Nicht gerade, sagte er.
Und was das Gerechte nicht aushält, und was das Musische nicht aushält?
Das Unmusische, bzw. das Ungerechte, sagte er.
Gut. Und was den Tod nicht aushält, wie nennen wir das?
Unsterblich, sagte er.
Nun hält doch Seele Tod nicht aus?
Jawohl.
Unsterblich also ist Seele?
Unsterblich.
Gut, sagte er, das können wir doch wohl als bewiesen ansehen? Oder wie meinst Du?
Ganz zwingend, mein lieber Sokrates.
Nun weiter, mein lieber Kebes, wenn das Ungerade notwendigerweise unvergänglich wäre, dann würde doch Drei unvergänglich sein.
Natürlich.
Und wenn das nicht Warme notwendig unvergänglich wäre, dann würde doch, wenn jemand Warmes etwa zum Schnee hinzubrächte, der Schnee heil und gesund und ungeschmolzen verschwinden müssen, denn zugrunde gehen könnte er nicht, aber auch nicht da bleiben und die Wärme aushalten.
Richtig, sagte er.
Genauso aber wäre es, wenn das Nicht-Kalte unvergänglich wäre. Wenn da zum Feuer etwas Kaltes hinzukäme, würde es nicht verlöschen können und auch nicht zugrunde gehen, sondern heil und gesund sich davonmachen.
Notwendig, sagte er.
Muß man es nun nicht genauso von dem Unsterblichen sagen? Wenn

das Unsterbliche auch unvergänglich ist, so ist es für die Seele unmöglich, wenn Tod zu ihr hinzukommt, zugrunde zu gehen. Denn auf Grund des Vorhergesagten wird sie Tod nicht aushalten und wird nicht gestorben sein können, so wie die Drei, wie wir sagten, nicht gerade sein wird, genauso wenig wie das Ungerade, und wie das Feuer nicht kalt sein wird, so auch nicht die im Feuer steckende Wärme. Nun könnte jemand einwerfen: ›Aber was steht eigentlich im Wege, daß wenn auch das Ungerade nicht durch das Herankommen des Geraden gerade werden kann (das haben wir zugegeben), es doch zugrunde geht und an seiner Statt etwas Gerades entsteht?‹

Wer das behauptet, dem werden wir nicht entgegenhalten können, daß es nicht zugrunde gehet. Denn das Nicht-Gerade war ja nicht unvergänglich. Nur wenn uns das auch zugestanden wäre, dann würden wir entgegnen können, daß das Ungerade und die Drei, wenn das Gerade herankommt, sich bloß davonmacht. Und ebenso könnten wir es bei dem Feuer und dem Warmen und allem solchen nur dann behaupten, nicht wahr?

Gewiß.

So steht es auch jetzt mit dem Unsterblichen. Wenn uns zugestanden würde, daß es auch unvergänglich ist, dann wäre die Seele nicht nur unsterblich, sondern auch unvergänglich. Wenn es uns dagegen nicht zugestanden wird, so werden wir einen anderen Beweis brauchen.

Aber deshalb braucht es gewiß keinen, sagte er. Denn schwerlich würde es überhaupt etwas anderes geben, das Zugrundegehen nicht zuläßt, wenn das Unsterbliche, das doch ewig ist, das Zugrundegehen zuließe.

Der Gott, meine ich, und die Idee des Lebens selber, und was sonst noch unsterblich ist, werden doch wohl niemals zugrunde gehen. Das werden alle zugestehen.

Alle Menschen, gewiß. Ja und noch mehr, meine ich, alle Götter.

Nun, wenn das Unsterbliche auch unverweslich ist, wird da nicht die Seele, da sie nun einmal unsterblich ist, auch unvergänglich sein müssen?

Ganz notwendig.

Tritt also der Tod an den Menschen heran, dann wird das Sterbliche an ihm offenbar sterben, das Unsterbliche aber wird heil und gesund und unverweslich sich davonmachen, indem es dem Tode den Platz räumt?

Offenbar.

Ganz entschieden also ist die Seele, mein lieber Kebes, unsterblich und unvergänglich, und wirklich werden unsere Seelen im Hades sein.

Ich für meine Person, mein lieber Sokrates, habe dagegen gar nichts mehr zu sagen und habe an den Beweisen nichts auszusetzen. Aber wenn Simmias hier oder jemand anderes noch etwas zu sagen hat, soll er es ja nicht verschweigen. Denn ich weiß wirklich nicht, auf welchen anderen

Zeitpunkt als den gegenwärtigen einer es verschieben wollte, der darüber etwas zu sagen oder zu hören wünscht.

Auch ich, sagte Simmias, habe auf Grund des Gesagten eigentlich keine Zweifel mehr. Es liegt wohl an der Bedeutung der Dinge, die zur Diskussion stehen, und weil ich von der menschlichen Schwäche so Übles denke, daß ich doch immer noch über das Gesagte in meinem Innern eine gewisse Ungläubigkeit festhalten muß.

Da nun sagte Sokrates: Mein lieber Simmias, damit hast Du ganz recht. Immer wieder sind die ersten Voraussetzungen, auch wenn sie Euch noch so zuverlässig scheinen, gleichwohl neu zu überpüfen. Und wenn Ihr sie Euch dann genügend klar gemacht habt, werdet Ihr, meine ich, dem Beweise so weit glauben, wie es überhaupt für Menschen möglich ist, einem Beweis zu glauben. Und wenn Euch dann die Sache wieder ganz klar wird, dann werdet Ihr nicht mehr verlangen dürfen.

Da hast Du recht, sagte er.

Eins aber, ihr Lieben, solltet Ihr Euch immer gegenwärtig halten: Wenn die Seele unsterblich ist, dann bedarf es der Sorge um sie nicht nur für die kurze Zeit, die wir das Leben nennen, sondern für die ganze Zeit; und die Gefahr, das ist schon jetzt klar, ist eine ganz furchtbare, wenn einer sich um seine Seele nicht kümmert. Denn wenn der Tod die Ablösung von allem wäre, dann wäre es für böse Menschen geradezu ein Gewinn, zu sterben und sich zugleich vom Leibe zu lösen und von ihrer eigenen bösen Seele. Nun aber, wo sie offenbar unsterblich ist, kann es für sie kein anderes Entrinnen vom Bösen und keine andere Rettung geben, als so gut und so besonnen wie möglich zu werden. Nichts anderes nämlich hat die Seele an sich, wenn sie in den Hades kommt, als ihre eigene Bildung und Erziehung. Und man sagt, daß diese für den, der gestorben ist, gleich am Anfang seiner Reise nach drüben von größtem Nutzen oder Schaden sein kann. Man erzählt nämlich, daß, wenn einer gestorben ist, einen jeden sein Genius, der ihn sein Leben lang begleitete, dann an den Ort zu führen versucht, wo sich alle versammeln müssen, um sich richten zu lassen und dann die Fahrt zum Hades anzutreten, geleitet von dem, dessen Amt es ist, die Seelen von hier nach drüben zu bringen. Dort drüben wird ihnen dann zuteil, was sie verdient haben, und dort bleiben sie so lange, bis wieder ein anderer sie hierher zurückbringt, nachdem viele und lange Zeit verflossen ist. Diese Reise aber ist nicht so einfach, wie der Telephos des Aischylos sagt. Er sagt nämlich, es führe ein ganz einfacher Weg in den Hades. Mir erscheint er weder einfach, noch überhaupt nur ein einziger zu sein. Sonst wären ja keine Führer nötig. Denn wie sollte einer den Weg verfehlen, wenn es überhaupt nur einen gibt? In Wahrheit scheint es mir allerhand Abzweigungen und Kreuzungen da zu geben. Das bezeugen ja schon die Totenopfer und all die Bestattungsbräuche, die hier bei uns üblich sind. Die geordnete und besonnene Seele nun folgt dem Führer, und alles, was sie umgibt, kommt ihr ganz bekannt vor. Die Seele dagegen, die leidenschaftlich am Leibe hängt, geistert, wie ich schon oben sagte, noch lange Zeit um den Leib herum oben in der Sinnenwelt. Sich immer wieder sträubend und noch allerhand durchmachend, wird sie nur mit Gewalt und äußerster Mühe von dem ihr zugeordneten Genius schließlich davongeführt. Wenn sie dann dort, wo die anderen sind, angekommen ist, wird jeder dort die unreine und mit Schuld beladene Seele, ob sie nun eine schlimme Mordtat auf sich geladen oder etwas anderes verbrochen hat, das so ähnlich ist und solchen Seelen ähnlich sieht, meiden und ihr aus dem Wege gehen, und keiner wird ihr Begleiter oder Führer sein wollen. So wird sie in voller Verzweiflung umherirren, bis die Zeit gekommen ist, in der sie mit Gewalt in die ihr bestimmte Wohnung gebracht wird. Dagegen wird die Seele, die ihr Leben rein und maßvoll durchlaufen hat, göttliche Begleiter und Führer finden, und eine jede wird an dem ihr angemessenen Orte ihren Aufenthalt nehmen. Es gibt aber viele ganz wunderbare Orte auf der Erde, und sie selber ist ganz anders, als diejenigen behaupten, die über die Erde ihre Ansichten darzulegen pflegen – das habe ich mir einmal von jemandem erzählen lassen.

Da sagte Simmias: Wie meinst Du das, lieber Sokrates? Über die Erde habe ich nämlich auch schon viel gehört, aber Deine Ansicht darüber noch nicht. Die würde ich gerne erfahren.

Nun, mein lieber Simmias, das scheint mir weiter keine Zauberei, die Sache zu erzählen, wie sie ist. Freilich, zu beweisen, daß das wahr und wirklich ist, das fällt mir schwerer noch als jede Zauberei. Denn einmal bin ich vielleicht dazu überhaupt nicht imstande, und zweitens, auch wenn ich dazu imstande wäre, dürfte die Spanne meines Lebens, mein lieber Simmias, für eine so lange Beweisführung nicht mehr ausreichen. Doch die Gestalt der Erde, wie ich sie mir denke, und die Orte auf ihr einfach zu schildern, steht nichts im Wege.

Oh, sagte Simmias, das ist auch genug.

Meine erste Überzeugung nun ist, daß sie, wenn sie in der Mitte des Weltalls in sich gerundet ist, weder Luft braucht, um nicht zu fallen, noch irgendeine andere derartige gewaltsame Stütze, sondern daß die innere Homogenität des Weltalls in sich selber und das vollkommene Gleichgewicht der Erde selber durchaus genügt, sie zu halten. Denn ein in sich gleichgewichtiges Ding, das mitten in ein homogenes Medium gesetzt ist, wird keinerlei Anlaß haben, sich nach dahin oder dorthin zu neigen, sondern wird mit sich gleichbleibend, ohne sich zu neigen, an seiner Stelle ruhen. Das also, sagte er, ist meine erste Überzeugung.

Und eine ganz richtige, sagte Simmias.

Und weiter, daß sie von gewaltiger Größe ist und daß wir, die wir zwischen den Säulen des Herkules bis zum Phasis wohnen, nur einen kleinen Teil von ihr innehaben und um unser Meer herum wohnen wie Ameisen und Frösche um einen Sumpf, und daß es noch viele andere Menschen gibt, die an vielen anderen solchen Orten anderswo wohnen. Überall über die Erde hin gibt es nämlich solche Höhlungen, an Gestalt und Größe höchst verschiedene, in denen Wasser oder Nebel und die Luft zusammengeflossen sind. Die Erde selber dagegen ruht rein im reinen Himmelsraum, in dem die Sterne sind und den die meisten, die über solche Dinge zu lehren pflegen, den Äther nennen. Dessen Bodensatz sei das alles, was in den hohlen Mulden der Erde immer zusammenfließt. Wir nun merken gar nicht, daß wir nur in diesen Mulden der Erde wohnen, und glauben, oben auf der Erde zu wohnen. Geradeso wie wenn jemand, der unten auf dem Meeresgrund wohnte, glauben könnte, er wohne auf dem Meere, und wenn er durch das Wasser hindurch die Sonne und die anderen Sterne erblickte, die Oberfläche des Meeres für den Himmel halten würde, weil er aus Langsamkeit und Gemächlichkeit noch nie bis auf die Oberfläche des Meeres heraufgekommen und nie aus dem Meere aufgetaucht ist bis in unsere Regionen und gesehen hat, wieviel reiner und schöner es hier bei uns ist als bei ihm. Auch hat er noch nie von einem anderen etwas gehört, der das selber gesehen hätte. Genauso geht es uns, während wir in Wahrheit in einer Höhle der Erde leben, glauben wir, auf ihr zu wohnen. Wir nennen die Luft den Himmel und bilden uns ein, daß die Sterne durch unsere Luft hier, als ob sie der Himmel wäre, wandern. Und es ist dieselbe Sache: Aus Schwäche und Langsamkeit sind wir auch nicht imstande, durch die Luft hindurch zu dringen. Wenn nämlich jemand bis oben hin käme oder von Flügeln getragen hinaufflöge, dann würde er aufgetaucht das da oben sehen, wie die aus dem Meere auftauchenden Fische die Welt hier bei uns erblickten. Und wenn unsere Natur stark genug wäre, das Schauen auszuhalten, dann würde er erkennen, daß das da oben der wahre Himmel und das wahre Licht und die eigentliche Erde ist. Denn die Erde hier bei uns und die Steine und die ganze Gegend hier ist verwittert und zerfressen, genau wie das, was im Meere ist, vom Salzwasser, und auf dem Meeresgrunde wächst nichts, was der Rede wert ist. Da gibt es überhaupt nichts Vollkommenes, sondern Klüfte und Sand und unendlichen Schlamm und Morast, so weit der Erdboden reicht, und nichts gibt es da, was im Vergleich zu den schönen Dingen bei uns überhaupt erwähnenswert ist. Nun würde ich das da oben im Vergleich zu dem bei uns noch weit mehr unterscheiden. Wie es da auf der Erde unter dem Himmel aussieht, das ist ein Märchen, schön zu erzählen, und auch wert, es anzuhören, mein lieber Simmias.

Aber sehr gern, sagte Simmias, wollen wir Deinem Märchen, mein lieber Sokrates, zuhören.

Nun, mein lieber Freund, man sagt zunächst, die wahre Erde sei, wenn einer sie von oben anschaute, so wie die zwölfteiligen Lederbälle anzusehen, bunt in Farben geteilt, im Vergleich zu denen die Farben bei uns hier nur so eine Art Muster sind, wie sie die Maler gebrauchen.

Dort aber bestehe die ganze Erde aus solchen Farben, ja sogar noch aus viel leuchtenderen und reineren als diese. Teils sei sie purpurn und von wunderbarer Schönheit, teils goldfarben, teils leuchtend weiß noch mehr als Alabaster oder Schnee. Und ebenso bestehe sie noch aus anderen Farben, mehr und schöneren, als wir je gesehen haben. Ja sogar die Höhlungen der Erde, die von Wasser und Luft angefüllt sind, gewähren als solche einen farbigen Anblick, sofern sie in all den vielen bunten Farben derart schillern, daß sie selber wieder einen eigenen einheitlich bunten Anblick bieten. Auf der so gestalteten Erde nun wachsen Gewächse, Bäume und Blumen und Früchte, die ganz unvergleichlich sind, ja auch die Berge, die Felsen haben eine ganz unvergleichliche Glätte und Durchsichtigkeit und die schönsten Farben. Von ihnen stammen die bei uns so hochgeschätzten Edelsteine als Splitter ab, der Carneol, der Smaragd und alles solche. Dort oben aber gibt es nichts, das nicht so und noch viel schöner ist. Der Grund dafür aber ist, daß die Steine dort oben rein sind und nicht zerfressen und verwittert wie hier bei uns, Steine und Erde, Tiere und Pflanzen sind die von Fäulnis und Salzwasser, wie sie hier bei uns zusammengeflossen sind, Entstellungen und Krankheiten bekommen. Die Erde an sich sei mit all dem geschmückt und dazu noch mit Gold und Silber und all solchem. Glänzend trete das überall hervor, da es groß an Zahl und groß an Maßen überall auf der Erde vorkomme, so daß sie wie ein Schauspiel für selige Beschauer anzuschauen ist.

Lebendiges gebe es auf ihr vielerlei, auch Menschen, die teils inmitten der Erde wohnen, teils am Rande der Luft, so wie wir am Rande des Meeres leben, teils auch auf Inseln, die, auf der Höhe des Festlandes liegend, ebenso von Luft umflossen sind. Mit einem Wort: was bei uns Wasser und Meer zu unserem Gebrauch sind, das ist dort oben die Luft, und was bei uns die Luft ist, das ist für die dort oben der Äther. Das Klima habe bei ihnen eine so angenehme Mischung, daß sie ohne Krankheiten seien und eine viel längere Zeit lebten als wir hier, und daß sie in der Schärfe der Augen und Ohren und des Verstandes und all dem an Reinheit uns über sind, wie die Luft an Reinheit dem Wasser über ist und der Äther an Reinheit der Luft über ist. Ja auch Göttertempel und Heiligtümer gebe es bei ihnen, in denen die Götter wirklich die Bewohner sind und Stimmungen und Weissagungen, Erscheinungen der Götter und allen möglichen Umgang mit ihnen gebe es dort. Und die Sonne, der Mond und die Sterne wären für sie so zu sehen, wie sie wirklich sind, und so sei auch sonst alles, was das Glück ausmacht.

So sei nun die Erde im ganzen geartet und was auf der Erde ist. Auf ihr gebe es dort, wo es Höhlungen gebe, ringsumher die verschiedensten Gegenden. Einige lägen tiefer und öffneten sich weiter als die, in der wir liegen. Andere lägen auch tiefer, öffneten sich aber weniger als die Gegend bei uns. Es gebe aber auch an Tiefe geringere als die hier bei uns, die sich flacher hin erstrecken. Diese Gegenden alle seien unterirdisch miteinander verbunden, auf vielfache Weise, teils durch engere, teils durch breitere Durchgänge, durch die viel Wasser aus der einen in die andere fließe wie in Mischkrüge. Auch nie versiegende Flüsse von gewaltiger Größe gebe es unter der Erde mit warmem und kaltem Wasser, ferner viel Feuer und ganz große Feuerströme, viele auch voll von feuchtem Lehm, teils reinere, teils schlammigere, wie in Sizilien die vor dem Lavaausbruch sich ergießenden Ströme und der Lavastrom selbst sind. Von ihnen würden die einzelnen Gegenden abwechselnd überschwemmt, wie jeweils der Umlauf der Strömung es herbeiführe. All das aber bewege sich nach oben und unten, als ob in der Erde eine Art Schaukel wäre, und es ist wirklich so eine Art Schaukel, die da auf folgende natürliche Weise zustande kommt. Eine der Erdspalten nämlich ist an sich die größte und führt überdies quer durch die ganze Erde hindurch. Es ist der Spalt, von dem Homer sagt: »Ferne, wo tief sich öffnet der Abgrund unter der Erde«, den er selber anderswo und den auch viele andere Dichter den ›Tartaros‹ nennen. In diesen Spalt nun fließen alle die Ströme zusammen und aus ihm quellen sie wieder hervor. Denn jeder Strom sieht so aus wie die Erde, durch die er jeweils fließt. Der Grund dafür, daß alle Strömungen von dort hervorquellen und dort hineinfließen, ist, daß die Wasserflut dort keinen Grund und Boden hat. Daher schwebt sie in der Luft und wogt immer auf und ab, und die Luft und der Wind um sie herum tun das gleiche. Denn der Wind folgt ihr immer, sowohl wenn sie in jene Erde da oben hinaufströmt, wie auch, wenn sie hier auf uns zufließt. Und wie der Luftstrom bei dem, der atmet, immer abwechselnd nach außen und nach innen hineingeht, so erregt auch der mit den Wassern mitwogende Luftstrom dort oben jedesmal gewaltige und ungeheure Stürme, so oft er nach innen oder wenn er wieder herausströmt. Jedesmal, wenn das Wasser in die Gegend hin entweicht, die wir unten nennen, strömt es durch die Erde hindurch in die dortigen Ströme ein und füllt sie auf, wie wenn man pumpt. Wenn es aber von dort wieder zurücktritt und sich hier zu uns hinwendet, dann füllt es umgekehrt alles hier an, und die angefüllten Ströme fließen durch die Durchflüsse mitten durch die Erde hindurch und bilden an den Gegenden, zu denen sie hingelangen, Meere und Seen sowie Flüsse und Quellen. Von dort dringen sie aufs neue in die Erde ein, durcheilen teils größere und zahlreiche Räume, teils kleinere und wenige, bis sie schließlich wieder in den Tartaros einmünden, die einen weit unterhalb der Stelle an der sie hochgepumpt wurden, die anderen etwas näher dabei. Alle aber münden unterhalb ihres Ausgangspunktes wieder ein, einige an der der Austrittstelle gegenüberliegenden Seite, einige an derselben Seite. Es gibt auch solche, die rund herum im Kreise laufen und einmal oder mehrmals sich um die ganze Erde gewunden haben wie Schlangen, indem sie so tief wie möglich hinab- und wieder heraufströmten. Auf beiden Seiten kann das Wasser aber nur bis zur Mitte hinabfließen und nicht darüber hinaus. Denn für beide Strömungen geht es auf der anderen Seite wieder hinauf.

Es gibt nun eine große Zahl von gewaltigen und mannigfaltigen Strömungen. Unter ihnen gibt es aber vier Ströme, deren größter, der am weitesten nach außen fließt, der sogenannte Okeanos ist. Ihm gegenüber und in entgegengesetzter Richtung strömt der Acheron, der erst durch einsame Gegenden fließt und dann unter die Erde tritt und in den Acherusischen See mündet, wohin die Seelen der meisten Gestorbenen gelangen und wo sie die ihnen bestimmten Zeiten weilen müssen, die einen länger, die anderen kürzer, bis sie wieder zur Erzeugung von Lebewesen ausgesandt werden. Der dritte dieser Ströme entspringt in der Mitte zwischen ihnen, und nahe an seinem Ursprung tritt er in einen Riesenraum ein, der ganz von brennendem Feuer erfüllt ist, und bildet dort einen See, der noch größer ist als das Meer bei uns und der von Dampf und Schlamm zischt. Von da geht er rundherum weiter, trübe und schlammig, und nachdem er die Erde umwunden hat, kommt er immer anderswohin, und schließlich an den Rand des Acherusischen Sees, ohne sich aber mit dem Wasser dort zu vermischen. Vielfach sich unter der Erde hinwindend, mündet er weiter unterhalb in den Tartaros. Das ist der sogenannte Pyrephlegethon, aus dem auch die Lavaausbrüche hervorstoßen, wie sie auf der Erde vorkommen. Wieder diesem gegenüber entspringt der vierte und ergießt sich zunächst in eine schreckliche und wilde Gegend, wie es heißt, die aber ganz und gar die Farbe von Lazur hat. Wir nennen sie die stygische Ebene und den See, den der sich dort hinein ergießende Strom bildet, den Styx. Wenn er sich dort hinein ergossen und gewaltige Wassermassen aufgenommen hat, tritt er wieder unter die Erde und macht da seine Windungen, bis er gegenüber dem Pyrephlegethon wieder heraustritt und an der entgegengesetzten Seite in den Acherusischen See einmündet. Aber sein Wasser vermischt sich auch mit keinem anderen, sondern es fließt nur einmal rundherum und ergießt sich dann in den Tartarus, dem Pyrephlegethon gegenüber. Sein Name aber ist, wie die Dichter sagen, Kokytos.

So sieht das dort also aus. Wenn nun die Verstorbenen an die Stelle gelangt sind, wohin einen jeden sein Genius hinbringt, werden zunächst einmal durch einen Richterspruch diejenigen, die schön und rein gelebt haben, von denen geschieden, die das nicht getan haben. Diejenigen, von denen es heißt, daß sie mittelmäßig gelebt haben, begeben sich auf den Acheron, nachdem sie die Fahrzeuge bestiegen haben, die es da gibt, und gelangen auf diesen zu dem See. Dort wohnen sie, und wenn sie sich gereinigt und für ihre unrechten Taten Buße getan haben, werden sie losgesprochen, je nachdem, was einer Unrechtes getan hat, und ebenso empfangen sie für ihre guten Taten ein jeder nach seinem Verdienst seinen Lohn. Diejenigen dagegen, die wegen der Größe ihrer Verfehlungen als unheilbar beurteilt sind, sei es, daß sie oft in großem Umfange Tempelraub getrieben haben oder viele ungerechte oder widergesetzliche Totschläge begangen haben oder anderes Derartiges, alle diese stürzt ihr verdientes Geschick hinab in den Tartaros, aus dem sie nie wieder herauskommen. Diejenigen dagegen, die zwar große Verfehlungen begangen haben, die aber doch noch heilbar scheinen, z. B. solche, die im Zorn ihrem Vater oder ihrer Mutter etwas angetan haben, das aber ihr ganzes weiteres Leben bereuten, oder die auf irgendeine andere solche Weise zu Totschlägern geworden sind, müssen zwar mit Notwendigkeit auch in den Tartaros gestürzt werden, aber nachdem sie da hineingestürzt und ein Jahr dort gewesen sind, schleudert die Woge sie wieder aus, die Totschläger hinab zum Kokytos, die Vater- und Muttermörder zum Pyrephlegethon. Wenn sie dann von den Wassern zum Acherusischen See fortgetragen werden, fangen sie dort an zu klagen und zu rufen, die einen nach denen, die sie getötet haben, die anderen nach denen, an denen sie gefrevelt haben, und wenn sie sie herbeigerufen haben, dann flehen sie sie an und bitten sie, sie möchten sie in den See aussteigen lassen und aufnehmen, und wenn sie sie dazu überreden können, dann dürfen sie wirklich aussteigen und ihre Leiden sind zu Ende, wenn aber nicht, dann werden sie noch einmal in den Tartaros gestoßen und von da noch einmal in die Ströme, und es ergeht ihnen wieder so, und das hört nicht eher auf, bis sie die versöhnt haben, denen sie Unrecht getan hatten. Denn das ist die Strafe, die ihnen von den Richtern auferlegt wurde.

Alle diejenigen dagegen, die ein besonders reines Leben geführt haben, bleiben von diesen Gegenden unter der Erde frei und wie losgesprochen aus der Haft gelangen sie nach oben in die reinen Wohnsitze und siedeln sich dort oben auf der Erde an. Wer sich unter ihnen genug durch Philosophie gereinigt hat, der lebt körperlos ganz und gar für alle Zukunft und gelangt dann in Wohnsitze, die noch schöner sind als diese, wie man sie gar nicht leicht schildern kann und wozu im Augenblick auch keine Zeit mehr ist. Das, was wir hier geschildert haben, mein lieber Simmias, ist es nun, um dessentwillen man alles tun muß, damit man Tugend und Vernunft im Leben erwirbt. Denn schön ist der Preis und die Hoffnung ist groß.

Daß sich nun alles genau so, wie ich es dargelegt habe, verhält, sollte man als vernünftiger Mensch nicht geradezu behaupten wollen. Daß es aber entweder genau so oder wenigstens ungefähr so mit unseren Seelen und ihren Wohnsitzen geht, nachdem einmal klar ist, daß die Seele unsterblich ist, das soll man wohl annehmen und das soll man ruhig wagen zu behaupten. Denn schön ist dies Wagnis. Und man soll sich in diesem Sinne immer zureden. Das ist ja auch der Grund, warum ich die Rede immerfort so in die Länge ziehe. Deswegen darf aber auch jeder für seine eigene Seele zuversichtlich sein, der im Leben die rein körperlichen Freuden und den äußerlichen Schmuck als etwas Fremdes vermieden hat, weil es das Übel nur schlimmer mache, dagegen sich um Erkenntnis bemüht und seine Seele nicht mit einem fremden Schmucke, sondern dem ihr eigenen geschmückt hat, nämlich mit Besonnenheit und Rechtlichkeit, Tapferkeit, Freiheitlichkeit und Wahrhaftigkeit, und so der Fahrt in den Hades entgegenblickt.

Ihr nun, mein lieber Simmias und Kebes und Ihr anderen werdet alle auch einmal zu anderer Zeit die Fahrt antreten müssen. Mich aber ruft jetzt schon – um mich wie ein Tragiker auszudrücken – das Schicksal, und es ist schon für mich fast Zeit, an das Bad zu denken. Denn es dürfte wohl besser sein, gebadet den Giftbecher zu trinken und den Frauen zu ersparen, einen Leichnam zu baden. Als er das gesagt hatte, sagte Kriton: Es ist recht, mein lieber Sokrates. Was aber trägst Du den hier Versammelten und mir im besonderen für die Kinder auf – oder für wen sonst, womit wir Dir einen letzten Dienst erweisen können?

Was ich immer sage: nichts Neues: Daß Ihr für Euch selbst sorgen solltet. Damit werdet Ihr mir und den Meinen und Euch selber den besten Dienst erweisen, ohne daß Ihr mir jetzt etwas Besonderes zu versprechen braucht. Wenn Ihr Euch selber aber vernachlässigt und nicht wie auf einer Spur dem nachlebt, was über die jetzige und die zukünftige Zeit gesagt worden ist, wird es Euch nichts nützen, auch wenn Ihr noch soviel im Augenblick und noch so fest versprechen wolltet.

Das zu tun, sagte er, sind wir wahrlich alle bereit. Aber auf welche Weise sollen wir Dich begraben?

Wie Ihr wollt, wenn Ihr mich überhaupt zu fassen bekommt und ich Euch nicht entwische.

Und dabei lachte er still vor sich hin und dann sah er auf uns und sagte: Den Kriton, Ihr Leute, werde ich nie überreden, daß ich hier der Sokrates bin, der jetzt mit Euch redet und alles im einzelnen auseinandersetzt, sondern er denkt immer noch, daß ich der bin, den er binnen kurzem als Leiche sehen wird, und deshalb fragt er, wie er ›mich‹ begraben soll. Meine ganze schöne Rede aber, daß, wenn ich den Giftbecher getrunken habe, ich nicht mehr bei Euch aushalte, sondern mich davonmache zu irgendwelchen seligen Freuden, das habe ich offenbar für ihn ganz umsonst geredet, so sehr ich Euch und mir damit auch zureden wollte. Nun müßt Ihr also für mich bei Kriton Bürgschaft leisten, und zwar genau im umgekehrten Sinne als er bei den Richtern Bürgschaft leisten wollte, denn er verbürgte sich dafür, daß ich dableiben würde, Ihr aber sollt Euch jetzt dafür verbürgen, daß ich nicht dableiben werde, wenn ich gestorben bin, sondern mich davonmache, damit Kriton nicht so schwer daran trägt und nicht, wenn er meinen Leib sieht, wie er verbrannt oder begraben wird, um meinetwillen Kummer hat, als ob mir etwas Schlimmes widerfahre. Und daß Ihr mir ja nicht sagt bei der Beerdigung, daß ich Sokrates sei, den Ihr da aufbahrt oder herausgeleitet und beerdigt. Denn das laß Dir gesagt sein, mein bester Kriton, sagte er, daß Falsches sagen nicht nur an sich verkehrt ist, sondern auch der Seele etwas Übles antut. Also raff Dich auf und sage, daß es mein Leib ist, den Du begräbst, und ihn darfst Du begraben, wie es Dir lieb ist und wie Du meinst, daß es am meisten dem Brauche entspricht. Als er das gesagt hatte, ging er in den Nebenraum, um sich zu baden. Kriton ging ihm nach und hieß uns, hier zu warten. Wir warteten also und redeten dabei miteinander über das Gespräch und prüften es erneut. Dann aber kamen wir doch wieder auf das große Unglück zu sprechen, das uns widerfahren sei, da es uns wirklich so ginge, wie wenn wir unseren Vater verloren hätten und das weitere Leben wie Waisen sein würden.

Als er gebadet war, wurden seine Kinder zu ihm gebracht. Er hatte zwei kleine Söhne und einen großen, und auch die Frauen aus seiner Familie kamen. Im Beisein des Kriton sprach er mit ihnen und gab seine letzten Anweisungen. Dann hieß er die Frauen und die Kinder weggehen und kam selber wieder zu uns heraus. Es war schon nahe an Sonnenuntergang, denn er war ziemlich lange drin gewesen. Er kam also und setzte sich nach dem Bade und sprach nun nicht mehr viel mit uns, sondern es kam bald der Beauftragte der Elf, trat zu ihm und sagte: Dir, mein Sokrates, werde ich nicht, wie ich sonst immer muß, nachzusehen brauchen, daß Du es mir übelnimmst und mich verfluchst, wenn ich verkünde, daß nun auf Anordnung der Behörde der Giftbecher zu trinken sei. Dich habe ich ja die ganze Zeit über schon richtig kennengelernt. Du bist der edelste, freundlichste und beste Mann, der je hierher gekommen ist, und so weiß ich auch jetzt ganz genau, daß Du es mir nicht übelnehmen wirst – Du weißt ja, wer wirklich die Schuld hat –, sondern jenen. Nun also, Du weißt, was zu verkünden ich gekommen bin. Leb wohl, und versuche, was nicht zu ändern ist, so leicht wie möglich zu nehmen. Dabei kamen ihm die Tränen. Er wandte sich ab und ging.

Sokrates blickte ihm nach und sagte: Leb auch Du wohl, wir werden es schon machen. Und gleich wandte er sich zu uns und sagte: Wie fein er ist!

In der ganzen Zeit schon kam er oft zu mir, unterhielt sich mit mir und war der herzlichste aller Menschen. Und wie menschlich ist es, wie er jetzt um mich weint.

Nun, Kriton, wir wollen ihm gehorchen. Soll einer den Giftbecher holen, wenn die Mischung fertig ist. Wenn noch nicht, dann soll der Mann sie jetzt fertig machen.

Da sagte Kriton: Ach Sokrates, ich glaube, es ist noch Sonne auf den Bergen zu sehen, sie ist noch nicht ganz untergegangen. Auch weiß ich ohnehin, daß manche andere sehr spät erst trinken, nachdem es ihnen verkündet worden ist, erst wenn sie noch einmal tüchtig gegessen und getrunken haben und manche sogar, wenn sie noch einmal mit der Frau zusammen waren, nach der sie Verlangen hatten. Also beeile Dich nicht so, es hat noch Zeit.

Sokrates aber sagte: Das ist ganz natürlich, mein lieber Kriton, daß die anderen das so machen, wie Du sagst. Sie glauben eben, wenn sie so tun, etwas davon zu haben. Ebenso natürlich ist es aber, wenn ich das nicht so mache. Denn ich glaube ganz und gar nicht, daß ich etwas davon habe, wenn ich ein bißchen später trinke, es sei denn, daß ich mir selber lächerlich vorkomme, wenn ich so am Leben hänge und mit etwas spare, was gar nicht mehr da ist. Also, sagte er, gehorche mir und tue, wie ich sage.

Da winkte Kriton dem Sklaven, der in der Nähe stand, und der Sklave ging hinaus. Nach einiger Zeit kam er mit dem Mann wieder, der den Gifttrank verabfolgen sollte und der den gemischten Trank in einem Becher trug. Als Sokrates den Mann sah, sagte er: Nun, mein Bester, Du kennst Dich ja in diesen Dingen aus, was habe ich zu tun?

Gar nichts, sagte er, als zu trinken, und dann herumzugehen, bis Du Deine Glieder schwer werden fühlst. Dann Dich niederzulegen. Dann wird das Gift seine Wirkung tun. Und damit reichte er dem Sokrates den Becher.

Der nahm ihn und, denk Dir nur, mein lieber Echekrates, ganz heiter, ohne zu zittern oder die Farbe zu wechseln oder das Gesicht zu verziehen, sondern wie er es gewohnt war, den Mann fest anblickend, sagte er zu ihm: Was meinst Du, ob man von diesem Trank hier auch eine Spende weihen darf? Ist es erlaubt oder nicht?

Wir mischen nur soviel, wie wir glauben, daß dann der Trank richtig ist.

Ich verstehe, sagte er. Aber zu den Göttern ein Gebet sprechen, das ist ja erlaubt.

Und recht, damit die Umsiedlung von hier nach dort glücklich geschehe.

Darum also bete ich jetzt, und so möge es in Erfüllung gehen.

Nach diesen Worten setzte er den Becher an und trank ihn glatt und friedlich aus.

Die meisten von uns waren bis dahin einigermaßen imstande gewesen, die Tränen zurückzuhalten. Als wir aber sahen, wie er trank und ausgetrunken hatte, da war es vorbei. Mir wenigstens, so sehr ich mich auch gewaltsam zu beherrschen suchte, brachen die Tränen hervor, daß ich mich einhüllen mußte und weinen. – Um mich selber, nicht um jenen Mann, sondern um mein eigenes Geschick, der ich einen solchen Freund verloren hatte.

Kriton war noch vor mir aufgestanden, da er nicht mehr die Tränen zurückhalten konnte, und Apollodor, der schon die ganze Zeit vorher unaufhörlich geweint hatte, brach in ein lautes Jammern aus und wütete förmlich und steckte alle Anwesenden mit seinem Gejammer an, nur Sokrates nicht. Der sagte vielmehr: Was macht Ihr denn, Ihr verrückten Leute? Ich habe ja gerade deswegen die Frauen weggeschickt, damit sie nicht so etwas Unpassendes tun. Auch habe ich immer gehört, daß es still sein soll, wenn einer stirbt. Also seid ruhig und nehmt Euch zusammen. Als wir das hörten, schämten wir uns und hielten die Tränen zurück. Er ging hin und her, und als ihm, wie er sagte, die Glieder schwer wurden, legte er sich hin, denn so hatte es der Mann empfohlen. Gleich befühlte ihn der Mann, der das Gift gegeben hatte, sah sich nach einiger Zeit seine Füße und seine Waden an, dann drückte er einmal kräftig ihm auf den Fuß und fragte ihn, ob er es noch merke. Und er sagte: Nein.

Dann machte er es wieder so mit den Unterschenkeln, und so rückte er immer weiter hinauf und zeigte uns so an, wie er immer weiter kalt und starr wurde. Dann befühlte er ihn noch einmal und sagte, wenn ihm das bis zum Herzen gedrungen sei, werde es mit ihm aus sein. Schon war die Erstarrung bis zum Unterleib vorgedrungen. Da schlug er noch einmal das Gewand auf (denn sein Kopf war eingehüllt) und sagte – das waren seine letzten Worte –: O Kriton, dem Asklepios sind wir einen Hahn schuldig. Den müßt Ihr opfern, vergeßt das nicht.

Das wird geschehen, sagte Kriton, willst Du noch etwas anderes sagen?

Auf diese Frage antwortete er nicht mehr, sondern nach kurzer Zeit zuckte er noch einmal, und dann deckte ihn der Mann auf. Da waren seine Augen gebrochen.

Als Kriton das sah, schloß er ihm den Mund und die Augen.

Das, mein lieber Echekrates, war der Tod unseres Freundes. Er war, wie wir sagen dürfen, unter denen, die wir gekannt haben, der allerbeste, weiseste und gerechteste Mann.

Aus dem Dialog ›Parmenides‹

Sag mir folgendes: Meinst Du nicht, daß es rein für sich so etwas wie eine Idee der Ähnlichkeit gibt und umgekehrt ein Anderes, einem solchen Entgegengesetztes, das das ganz und gar Unähnliche ist, und daß an diesen beiden ich und Du und alles andere, das wir vieles nennen, teilnehmen? Und daß all das, was an der Ähnlichkeit teilnimmt, dadurch und ebenso weit, wie es teilnimmt, ähnlich wird, und das was an der Unähnlichkeit teilnimmt, unähnlich, und das, was an beidem teilnimmt, beides wird? Wenn nun alles an beidem, so entgegengesetzt es auch ist, teilnimmt, und durch das Teilhaben an beidem mit sich selbst zugleich ähnlich und unähnlich ist, was ist daran verwunderlich? Ja, wenn einer mir nachwiese, daß das Ähnliche selbst Unähnliches werde oder das Unähnliche Ähnliches, dann wäre ich wohl verblüfft. Wenn er aber nur nachweist, daß das an diesen beiden Teilhabende beides wird, so kommt mir das, mein lieber Zenon, gar nicht sonderbar vor, ebenso wenig wie, wenn einer mir nachweist, daß alles eins ist durch seine Teilhabe am Einen und daß eben dieses umgekehrt auch Vieles ist durch seine Teilhabe an der Vielheit. Wenn er dagegen das, was an sich selbst Eines ist, eben dieses als Vieles erwiese und umgekehrt das Viele als offenbar Eines, darüber würde ich dann wirklich erstaunt sein.

Und so wäre es bei allem anderen auch. Wenn einer mir nachwiese, daß die allgemeinen Gattungen und Ideen in sich selbst diese entgegengesetzten Bestimmungen enthielten, das wäre ein Grund, sich zu wundern. Wenn aber einer bloß von mir nachwiese, daß ich Eines und Vieles zugleich sei, was sollte ich mich darüber wundern, daß er, wenn er mich als Vieles erweisen will, sagt, daß meine rechte Hälfte eine andere ist als meine linke und das Vordere anders als das Hintere und ebenso das Obere und das Untere – denn an Vielheit, meine ich, habe ich wirklich teil – und umgekehrt, wenn er mich als Eines erweisen will, daß er dann sagt, daß unter den sieben Menschen hier ich einer bin und insofern auch am Einen teilhabe. Auf diese Weise wird er natürlich beides als wahr erweisen können. Wenn nun einer solches als Vieles und als ein und dasselbe zu erweisen unternimmt, Steine, Holzstämme oder so etwas, dann werden wir sagen, daß es etwas ist, was er als Vieles und Eines erweist, aber nicht, daß er das Eine selbst als Vieles noch auch das Viele selbst als Eines erweist, und daß er damit nichts Besonderes sagt, sondern etwas, das wir alle zugäben. Wenn nun aber einer bei solchem, von dem ich sprach, zunächst einmal die Ideen selber eine jede rein für sich getrennt setzte, z. B. Ähnlichkeit und Unähnlichkeit, Vielheit und Eines, Ruhe und Bewegung und alles Derartige, und danach bewiese, daß diese in sich selbst sich miteinander zu vermischen und voneinander zu sondern vermöchten, dann wäre ich, mein lieber Zenon, gewaltig imponiert. Die erste Sache nun ist, meine ich, hier ganz prächtig durchgeführt worden. Weit mehr aber würde es mir, wie ich sagte, imponieren, wenn einer in dieser Weise eben dieselbe Schwierigkeit innerhalb der Ideen selber nachwiese, die sich dort ebenso mannigfaltig durch alles hindurchziehe, und daß es so, wie Ihr es bei den sichtbaren Dingen zeigtet, auch bei den im bloßen Denken erfaßten sei.

Wie Sokrates das gesagt hatte, da habe er, Pythodoros, gedacht, Parmenides und Zenon würden sich darüber richtig ärgern. Aber sie hätten ihm sehr aufmerksam zugehört und einander öfters lächelnd angeblickt, als ob ihnen dieser Sokrates recht imponiere. Und als er aufgehört hatte, habe Parmenides tatsächlich gesagt:

Mein lieber Sokrates, Du verdienst wirklich alle Anerkennung für Deinen Eifer im Denken. Aber nun sag mir mal, hast Du selber eigentlich so, wie Du es sagst, die Dinge auseinandergenommen, getrennt für sich die Ideen selber und für sich wiederum das, was an ihnen teilhat? Und meinst Du also, daß die Ähnlichkeit selber etwas ist, auch getrennt von dem, was wir als Ähnlichkeit kennen und ebenso das Eine und Viele und all das andere, wovon Du eben Zenon sprechen hörtest?

Jawohl, habe Sokrates gesagt.

Und wie ist es mit solchen, habe Parmenides gesagt: Gibt es z. B. vom Gerechten eine Idee rein für sich selbst und vom Schönen und vom Guten und allen solchen?

Ja, habe er gesagt.

Und wie ist es mit der Idee des Menschen? Gibt es da auch getrennt von uns selbst und all den anderen, die wie wir sind, die Idee des Menschen an sich selbst? Oder die des Feuers, oder auch des Wassers?

O Parmenides, es ist wahr, darüber bin ich oft sehr unschlüssig geworden, ob man das bei solchem ebenso bejahen soll wie bei jenen andern oder nicht.

Und wie steht es nun bei folgendem, mein lieber Sokrates, was man geradezu als Lächerlichkeiten finden könnte, z. B. bei Haar oder bei Lehm oder bei Schmutz oder so etwas ganz Wertlosem und Gemeinem: Bist Du da vielleicht auch unschlüssig, ob man es bejahen soll, daß es von jedem Derartigen für sich eine Idee gebe, die etwas anderes wäre als das, womit wir zu tun haben, oder nicht?

Ganz und gar nicht, habe Sokrates gesagt, sondern bei dem sei es klar, daß es das, was wir da sehen, auch sei. Von solchem eine Idee anzunehmen, ist geradezu widersinnig. Manchmal freilich hat mich auch die Frage beunruhigt, ob es nicht etwa bei allen Dingen dieselbe Sache sei. Aber wenn ich bis dahin gekommen bin, nehme ich Reißaus, aus Angst, ich möchte in einen Abgrund von albernem Geschwätz versinken und darin umkommen. Aber wenn ich wieder dort angekommen bin, wovon wir eben sagten, daß es da Ideen gebe, dabei bleibe ich dann und vertiefe mich darein.

Du bist eben noch jung, mein lieber Sokrates, habe Parmenides gesagt, und noch hat Dich die Philosophie nicht so gepackt, wie sie Dich noch meiner Meinung nach dann packen wird, wenn Du nichts Derartiges mehr für zu wertlos hältst. Jetzt siehst Du noch wegen Deiner Jugend zu sehr auf die allgemeine Meinung.

Nun sag mir einmal folgendes: Du sagst doch, es gebe gewisse Ideen, an denen diese anderen Dinge hier teilnehmen und dadurch ihre Benennung bekommen, z. B. durch Teilnahme an der Ähnlichkeit ähnlich, durch Teilnahme an der Größe groß, an der Schönheit und Gerechtigkeit gerecht und schön werden?

Ganz gewiß.

Nimmt nun ein jedes Teilnehmende an der ganzen Idee oder nur an einem Teil von ihr teil, oder kann es noch ein anderes Teilnehmen außer diesen zwei Weisen geben?

Natürlich nicht, sagte er.

Nun also, scheint Dir nun die ganze Idee an jedem der vielen Dinge da zu sein als das Eine, das sie ist, oder wie denkst Du Dir das?

Warum eigentlich nicht, o Parmenides, habe Sokrates gesagt.

Also wird sie als eines und dasselbe in vielen getrennt für sich seienden Dingen zugleich ganz darin sein, und dann wird sie doch selber von sich selber getrennt sein.

Dann nicht, habe er geantwortet, wenn wie beispielsweise der Tag ein und derselbe überall zugleich ist und deswegen doch nicht im geringsten von sich selber getrennt ist, in derselben Weise nun auch jede der Ideen als eine zugleich in allem dieselbe wäre.

Recht bereitwillig, mein lieber Sokrates, habe er darauf gesagt, machst Du ein und dasselbe zu etwas, was überall zugleich ist, wie wenn Du sagtest, nachdem Du mit einem Segeltuch viele Menschen bedeckt hättest, daß es über vielen eines sei und dabei ein Ganzes. Oder hast Du nicht so etwas sagen wollen?

Vielleicht, habe er geantwortet.

Ja wäre dann aber das ganze Segeltuch über jedem einzelnen Menschen oder immer ein anderer Teil von ihm über einem jeden?

Ein Teil.

Teilbar sind dann also, mein lieber Sokrates, die Ideen selber, und was an ihnen teilhat, hat nur an einem Teil von ihnen teil, und in einem jeden einzelnen ist dann eine jede nicht mehr ganz, sondern nur ein Teil von ihr.

Ja, so sieht es aus.

Bist Du nun etwa bereit, mein lieber Sokrates, zu behaupten, daß die eine Idee sich uns wirklich teilt und doch noch eine bleibt?

Ganz gewiß nicht, habe er gesagt.

Sieh mal, habe er gesagt. Wenn Du die Größe selbst teilen willst, und ein jedes der vielen großen Dinge durch einen bloßen Teil der Größe selbst, der kleiner ist, als die Größe selbst, groß sein soll, kommt da nicht etwas ganz Unsinniges heraus?

Gewiß.

Und wenn ein jedes, was gleich ist, vom Gleichen selbst nur einen kleinen Teil abbekommt, soll es dann dadurch, daß es etwas hat, was kleiner ist als das Gleiche selbst, mit irgend etwas gleich sein können?

Unmöglich.

Und wenn einer von uns einen Teil von dem Kleinen abbekommen würde, das Kleine selbst aber im Verhältnis zu diesem Teile größer sein muß, weil es ja nur ein Teil von ihm selbst ist, dann würde sich doch auf diese Weise auch ergeben, daß das Kleine selbst größer ist. Wem aber das abgetrennte Stück zugefügt wird, das würde dadurch kleiner sein und nicht größer als vorher.

Das ist ganz ausgeschlossen.

Ja, auf welche Weise sollen denn dann, mein lieber Sokrates, die anderen Dinge an den Ideen teilbekommen, wenn sie weder teilweise noch im ganzen an ihnen teilbekommen können?

Weiß Gott, habe er geantwortet, das scheint mir gar nicht so einfach, das irgendwie richtig herauszubekommen.

Nun, was meinst Du dann zu folgendem:

Was denn?

Ich denke mir, daß Du aus folgendem Grunde meinst, daß es jeweils eine Idee gibt: Wenn es doch offenbar viele große Dinge gibt, dann scheint Dir vielleicht, wenn man auf die alle hinblickt, ein und dieselbe Idee vorzuliegen. Deswegen nimmst Du an, daß das Große eines ist.

Du hast recht, sagte er.

Wie ist es aber nun mit dem Großen selbst und den anderen großen Dingen? Wenn Du in gleicher Weise auf sie alle im Geiste blickst, wird dann nicht wiederum ein einziges Großes sich zeigen, durch das diese alle groß erscheinen?

Das sieht so aus.

Noch eine andere Idee der Größe also wird da sichtbar vor uns stehen, die sich herausgestellt hat neben der Größe selbst und den an ihr Teilhabenden. Und nochmals wird sich an allen diesen zusammen wieder ein anderes sichtbar vor uns zeigen, durch das alle diese großen groß sind. Und so wird es für Dich überhaupt nicht mehr die eine Idee geben, sondern unzählig viele.

Aber Parmenides, habe Sokrates gesagt, ob vielleicht eine jede dieser Ideen ein bloßer Gedanke ist und keine irgendworin anders ins Dasein treten kann als im Geiste? So nämlich könnte eine jede eine sein, ohne daß ihr das widerfahren müßte, was sich jetzt herausgestellt hatte.

Ja aber, habe er gesagt, jeder dieser Gedanken soll also einer sein, dabei aber ein Gedanke von nichts?

Das ist unmöglich, habe er geantwortet.

Also Gedanke von etwas?

Ja.

Von etwas, das ist, oder von etwas, das nicht ist?

Von etwas, das ist.

Doch wohl von etwas, was eines ist und das in allen Fällen jener Gedanke, indem er sich darauf richtet, meint, nämlich als die eine Idee?

Ja.

Nun, wird das, was so als eines gedacht ist, das immer für alles einzelne dasselbe ist, wird das nicht Idee sein?

Notwendig kommt es wieder so heraus.

Und weiter, habe Parmenides gesagt:

Folgt nicht mit der gleichen Notwendigkeit, mit der das andere an den Ideen teilhaben soll, daß sie entweder eine jede aus Gedanken bestehen und alles denken oder daß sie, obwohl es Gedanken sind, gedankenlos sind?

Aber auch das hat doch keinen Sinn, habe er gesagt, sondern, Parmenides, am ehesten scheint es sich mir doch so zu verhalten: Diese Ideen haben wie Urbilder in der Natur ihren festen Stand. Die anderen dagegen gleichen ihnen nur und sind Angleichungen an sie, und diese Teilhabe an den Ideen ergibt sich für das, was von ihnen verschieden ist, als gar nichts anderes als: ihnen anzugleichend zu sein.

Ja, sagte er, wenn aber etwas der Idee gleicht, ist es dann möglich, daß jene Idee dem, was ihr angeglichen ist, nicht ähnlich ist, soweit es sich ihm angeähnelt hat? Oder ist es irgendwie möglich, daß das Ähnliche dem Ähnlichen nicht ähnlich ist?

Nein, das ist nicht möglich.

Und besteht nicht absolute Notwendigkeit, daß das dem Ähnlichen Ähnliche an ein und demselben teilhat?

Notwendig.

Das, durch dessen Teilhabe die Ähnlichen ähnlich sind, wird das nicht die Idee selber sein?

Vollkommen klar.

Dann ist es aber unmöglich, daß etwas der Idee ähnlich ist, und ebenso, daß die Idee einem anderen ähnlich ist, denn andernfalls wird neben der Idee immer noch eine andere Idee sichtbar vor uns stehen, und wenn jene wieder mit etwas ähnlich ist, nochmals eine andere, und niemals wird es aufhören, daß immer eine neue Idee entsteht, wenn die Idee dem, was an ihr selber teilhat, ähnlich ist.

Damit hast Du vollkommen recht.

Nicht durch Ähnlichkeit also nimmt das andere an den Ideen teil, sondern man muß nach etwas anderem suchen, wodurch es teilnimmt.

Offenbar.

Siehst Du nun, mein lieber Sokrates, wie groß die Schwierigkeit ist, wenn einer Ideen als rein für sich selbst bestehende bestimmen will?

Und ob.

Nun aber muß ich Dir erklären, habe er gesagt, daß Du sozusagen überhaupt noch nicht an die Schwierigkeit in ihrer wahren Größe herangekommen bist, die sich ergibt, wenn du jeweils eine einzige Idee für die seienden Dinge abtrennst und für sich setzt.

Wieso denn das?

Da gibt es vieles, habe er geantwortet, aber in der Hauptsache ist es folgendes: Wenn einer nämlich käme und behauptete, es sei gar nicht angängig, daß das erkannt würde, was derart ist, wie wir sagen, daß die Ideen sein sollen.

Dem, der das behauptet, ist es nicht leicht, zu zeigen, daß er sich irrt. Es sei denn, daß der, der das bestreitet, in vielen Dingen erfahren ist und sehr talentiert und obendrein bereit, dem, der den Beweis führen will, über sehr vieles hin zu folgen, auch wenn er sehr weit dabei ausholt. Auf andere Weise wird der nicht zu widerlegen sein, der einem zwingend beweist, daß die Ideen selbst unerkennbar sind.

Wie eigentlich, Parmenides, habe Sokrates gefragt.

Nun, lieber Sokrates, ich meine, Du und jeder andere, der das Wesen einer Sache als etwas rein für sich Seiendes ansetzt, wird zunächst einmal zugestehen müssen, daß keines derselben in uns selber ist.

Wie wäre es denn sonst auch noch rein für sich selbst? habe Sokrates gefragt.

Sehr gut. Auch alle diejenigen Ideen also, die nur im Verhältnis zueinander sind, was sie sind, haben ihr Wesen nur im Verhältnis auf sich selbst, aber nicht im Verhältnis auf das bei uns Seiende, ob man das nun als Angleichungen oder wie immer sich diejenigen denken mag, an denen teilhabend wir selber ein jedes von ihnen mit seinem Namen belegen. Und umgekehrt stehen auch die hier bei uns, die mit jenen gleichnamig sind, ihrerseits rein im Verhältnis zu sich selbst und nicht im Verhältnis zu den Ideen. Und was hier in dieser Weise benannt wird, hat es von sich selber her und nicht von jenen.

Wie meinst Du das, habe Sokrates gefragt.

Zum Beispiel, antwortete Parmenides, wenn einer von uns jemandes

Herr oder jemandes Knecht ist, dann ist, wer Knecht ist, doch nicht Knecht des Herrn selbst, dessen, was der Herr an und für sich ist, noch auch ist, wer Herr ist, Herr des Knechtes selbst, dessen, was Knecht an und für sich ist, sondern als Mensch sind wir im Verhältnis zu anderen Menschen dies beides. Die Herrschaft selber dagegen ist, was sie ist, im Verhältnis zur Knechtschaft selber. Und ebenso ist die Knechtschaft Knechtschaft selbst in Beziehung auf die Herrschaft selbst. Was bei uns ist, hat also in bezug auf jenes überhaupt keine Bedeutung und noch auch jenes in bezug auf uns. Sondern, wie ich sage, jenes ist rein für sich und in bezug auf sich selbst, und ebenso ist das bei uns rein nur in bezug auf sich selbst. Oder verstehst Du nicht, was ich sage?

Doch, doch, ich verstehe schon, sagte Sokrates.

Also ist auch die Wissenschaft selbst als das, was Wissenschaft ist, Wissenschaft von dem, was wirklich Wahrheit ist?

Gewiß.

Und jede der einzelnen Wissenschaften, als die sie sie ist, ist von dem, was das Seiende selbst ist, Wissenschaft, nicht wahr?

Ja.

Die Wissenschaft bei uns dagegen, ist die nicht auch auf die Wahrheit bei uns bezogen, und ebenso würde doch folgen, daß die jeweilige Wissenschaft, die bei uns ist, Wissenschaft von jeweilig bei uns Seienden wäre.

Notwendig.

Dagegen die Ideen selbst, das folgt aus Deinem Zugeständnis, können wir weder haben, noch ist es möglich, daß sie bei uns sind.

Offenbar nicht.

Aber erkannt wird doch unter der Idee der Wissenschaft selbst der Seinsbereich selbst all dessen, was wahrhaft ist.

Ja.

Und diese haben wir nicht.

Offenbar nicht.

Also wird nichts von den Ideen durch uns erkannt, da wir ja an der Wissenschaft selbst nicht teilhaben.

Ja, so sieht es aus.

Unerkennbar also ist für uns sowohl das Schöne selbst, das, was es selbst ist, als auch das Gute, als auch alles andere, von dem wir unterstellt haben, daß es Ideen sind.

So scheint es.

Und nun sieh mal, wie noch viel Schlimmeres sich jetzt ergibt.

Was denn?

Du wirst ja wohl zugeben, wenn es eine Art Wissenschaft gibt, die die Wissenschaft selbst ist, daß diese um vieles genauer ist, als die bei uns auftretende Wissenschaft, und mit Schönheit und allem anderen ist es ebenso.

Ja.

Also wenn überhaupt etwas an der Wissenschaft selbst teilhat, so wird doch keiner eher als ein Gott diese genaueste Wissenschaft besitzen.

Notwendig.

Wird nun umgekehrt der Gott in der Lage sein, das bei uns Seiende zu erkennen, er, der die Wissenschaft selbst besitzt?

Warum denn nicht?

Weil, sagte Parmenides, es doch von uns zugestanden ist, mein lieber Sokrates, daß weder jene Ideen für das bei uns Seiende die Bedeutung haben, die sie an sich haben mögen, noch auch das bei uns Seiende Bedeutung für jene, sondern beide Bereiche immer nur für sich selber.

Ja, das ist so zugestanden.

Also, wenn bei dem Gotte diese genaueste Herrschaft und diese genaueste Wissenschaft zu Hause ist, dann könnte doch jene Herrschaft niemals über uns Herrschaft ausüben noch jene Wissenschaft uns erkennen oder irgend etwas anderes, das bei uns ist. Sondern ebenso gilt, daß wir nicht über jene aufgrund der bei uns seienden Herrschaft herrschen, noch auch daß wir vom Göttlichen irgend etwas durch unsere Wissenschaft erkennen, und umgekehrt, daß auch jene ganz analog weder Herren von uns sind, noch die menschlichen Dinge erkennen können, da sie ja Götter sind.

Ach, sagte er, wenn das nur nicht eine gar zu absurde Behauptung ist, daß einer den Gott des Wissens berauben will.

Dies, jedenfalls, mein lieber Sokrates, erklärte Parmenides, und noch anderes außerdem und gar vieles haben die Ideen notwendigerweise an sich, wenn sie die Ideen des Seienden sind und einer eine jede Idee bestimmen will. Daher wird jemand, der das hört, in Schwierigkeiten sein und behaupten, daß es diese Ideen gar nicht gibt und daß, wenn sie noch so sehr sind, es absolut notwendig ist, daß sie für die menschliche Natur unerkennbar sind. Und, wer dieses sagt, wird sich seiner Rede ganz sicher sein und, wie wir eben sagten, weiß Gott wie unwiderlegbar sein. Und es wäre Sache eines sehr wohltalentierten Mannes, imstande zu sein zu erkennen, daß es für jedes Seiende ein allgemeines Wesen rein für sich selbst gibt, und Sache eines noch bewundernswerteren Mannes wäre es nicht nur, selber das zu finden, sondern auch einen anderen in all dem zu belehren, indem er alles genügend klar auseinandersetzt.

Das gebe ich Dir zu, Parmenides, sagte Sokrates. Darin sprichst Du ganz nach meinem Herzen.

Gut, sagte Parmenides, wenn also einer, mein lieber Sokrates, es mir nicht zuläßt, daß es Ideen der Dinge gibt, in Rücksicht auf all unsere jetzigen und ähnlichen Schwierigkeiten, und wenn einer deswegen nicht mehr für ein jedes Seiende eine Idee bestimmen will, dann wird er auch nicht mehr wissen, wohin er sein Denken richten soll, wenn er nicht zuläßt, daß für jedes der Seienden die Idee immer ein und dieselbe ist; und auf diese Weise wird er die Möglichkeit des Sichverständigens vollständig zerstören. Das war es, scheint mir, was Du vor allem im Auge hattest.

Da hast Du recht, sagte Sokrates.

Wie wirst Du es nun mit der Philosophie halten? Wohin willst Du Dich wenden, wenn diese Dinge nicht erkannt werden?

Darüber bin ich mir im Augenblick einfach nicht im klaren.

Ja ja, zu früh, mein lieber Sokrates, bevor Du genügend geübt warst, machst Du Dich daran zu bestimmen, was schön selbst und gerecht und gut ist und was jede einzelne der Ideen. Ich habe Dich nämlich auch früher schon einmal beobachtet und Dir zugehört, als Du hier mit Aristoteles Dich unterhieltest. Schön und göttlich, das will ich Dir sagen, ist der Eifer, mit dem Du zum Denken dringst. Erzieh Dich aber selbst und übe Dich noch mehr in dem, was so unnütz scheint und deswegen von den vielen Geschwätz genannt wird, solange Du noch jung bist. Wenn nicht, wird Dir die Wahrheit entgehen.

Auf welche Weise, o Parmenides, kann ich mich aber üben?

So, wie Du es von Zenon hörtest, ausgenommen dies, was ich an Dir auch im Hinblick auf diesen zu schätzen wußte, als Du sagtest, daß Du nicht unter den sichtbaren Dingen und in ihrem Bereich das Hin und Her erforscht sehen wolltest, sondern in bezug auf jene, die einer am ehesten mit dem Denken erfaßt und die man für Ideen halten muß.

Ja, sagte er, es scheint mir nämlich auf die andere Weise gar nicht schwer zu beweisen, daß die seienden Dinge ähnlich und unähnlich und all so etwas sind.

Und darin hast Du auch ganz recht, sagte er. Außerdem aber muß man auch noch folgendes machen; nicht nur voraussetzen, wenn etwas ist, und dann jeweils die Folgerungen aus dieser Voraussetzung untersuchen, sondern auch, wenn es nicht ist, ebenso als Voraussetzung setzen, sofern Du Dich noch mehr üben willst.

Wie meinst Du denn das?

Zum Beispiel, bitte, in bezug auf die Voraussetzung, die Zenon setzte: ›wenn Vieles ist‹. Was muß sich da ergeben sowohl für die Vielen selbst im Verhältnis zu sich selbst und im Verhältnis zum Einen als auch für das Eine im Verhältnis zu sich selbst und zu den Vielen. Und auf der anderen Seite, wenn Vieles nicht ist, wiederum zu untersuchen, was sich da ergeben wird, sowohl für das Eine wie auch für das Viele, sowohl in bezug auf sich selbst als auch in bezug aufeinander. Und wiederum in einem anderen Falle: wenn einer voraussetzt, wenn Ähnlichkeit ist, oder wenn sie nicht ist. Was bei jeder der beiden Voraussetzungen sich ergeben wird, sowohl für die Vorausgesetzten selbst als für die anderen und sowohl in bezug auf sich selbst als auch in bezug aufeinander. Genau dieselbe Sache wird es sein in bezug auf das Unähnliche, die Bewegung, die Ruhe, Werden und Vergehen, und in bezug auf das Sein selbst und das Nichtsein. Kurz, mit einem Worte, bei allem, was einer je als seiend oder als nicht seiend oder irgendeine andere Bestimmung erleidend voraussetzt, muß man untersuchen, was sich in bezug auf sich selbst als auch in bezug auf jedes andere Seiende, was immer man vornimmt, ergibt, und in bezug auf Mehreres oder alles zusammen genau so, und umgekehrt auch das andere in bezug auf auf sich selbst und in bezug auf anderes, was immer man vornimmt, ob man nun als seiend voraussetzt, was man da voraussetzt, oder als nicht seiend, sofern Du als fertig ausgebildet das Wahre herauserkennen willst.

Eine schwierige Unternehmnung ist es, o Parmenides, von der Du da redest, und so ganz verstehe ich es noch nicht. Warum hast Du es mir nicht eigentlich mal vorgemacht, indem Du selbst etwas voraussetzt, damit ich es besser verstehen lerne.

Eine große Sache, mein lieber Sokrates, verlangst Du da von einem so alten Mann.

Nun dann Du, habe Sokrates gesagt, Zenon, warum hast du es uns nicht vorgemacht?

Da habe Zenon gelacht und gesagt: Wir wollen Parmenides selber bitten, Sokrates. Denn es ist wirklich keine Kleinigkeit, was er da sagt. Oder siehst Du nicht, was für eine große Sache Du da verlangst? Wenn wir nun eine größere Menge wären, wäre es vielleicht nicht recht, darum zu bitten. Denn es gehört sich nicht, Derartiges im Angesichte einer größeren Menge vorzutragen, vor allem, wenn man schon ein so alter Mann ist. Die meisten Menschen nämlich wissen nicht, daß ohne dieses Durchgehen durch alles hindurch und dieses Hin und Her es unmöglich ist, auf das Wahre zu kommen und Einsicht zu erwerben. So bitte ich also, mein lieber Parmenides, mit Sokrates zusammen, damit ich auch selber Dich noch einmal zusammenhängend sprechen höre.

Aristoteles

Aristoteles ist der große Meister begrifflicher Analyse, auf den die gesamte Tradition der abendländischen Metaphysik zurückgeht. Er war Schüler Platos, hat aber dessen Hauptlehre, die Lehre von den Ideen, mit radikaler Kritik bedacht. Er war Sohn eines Arztes, Makedonier von Geburt, Erzieher Alexanders des Großen, Lehrer der Rhetorik im Kreise der Akademie und später Leiter eines eigenen Arbeitskreises, aus dem die peripatetische Schule hervorgegangen ist. Die große Masse seiner Lehrschriften, die zum Teil wohl nur Unterlagen für seine Lehrvorträge waren, ist erhalten. Dagegen besitzen wir seine veröffentlichten Schriften nur in kümmerlichen Fragmenten. Die Lage ist also genau umgekehrt wie bei Plato. Der Schriftsteller ist uns unbekannt. Was wir kennen, ist nicht für die Veröffentlichung unmittelbar bestimmt gewesen.

Wenn wir bei Plato den pythagoreischen Einschlag gewahren und damit die Rolle der Mathematik, so ist Aristoteles, der Arztsohn, in seinem ganzen Denken von den Phänomenen des Lebens beherrscht. Er wird gegenüber der ›Metamathematik‹ der Ideenlehre zum ›Physiologen‹. Er erneuert also in gewissem Sinne das jonische Denken. Seine originellste Leistung ist die *Physik*. Denn was unzweifelhaft ist, das ist das unserer Beobachtung zugängliche Sein der natürlichen und insbesondere der lebendigen Dinge. Sie sind in Bewegung und Veränderung, und daher kommt es entscheidend darauf an, Bewegung (und Veränderung) als eine eigene Seinsweise zu denken und nicht, wie Plato, als einen bloßen Mangel an Sein. Der berühmte Begriff der Entelechie, den der Laie von Goethe kennt, hat darin seinen Ursprung. Natur ist ein Seiendes, das den Ursprung seiner Bewegung und dessen Ziel, den Zustand der Reife, in sich selbst trägt. Das ist das Seinsmodell, von dem aus Aristoteles das Sein alles Seienden denkt und insbesondere auch das Sein des Göttlichen, das den Aufbau der Seinsordnung krönt. Es ist reine, unveränderliche Gegenwart, die noch die verläßliche Gegenwart der Gestirnwelt übertrifft.

Die aristotelische Metaphysik ist der Herausarbeitung dieses umfassenden Seinsbegriffs gewidmet, und aus der uneinheitlichen Schriftenmasse, die wir *Metaphysik* nennen, die wohl nicht von Aristoteles selbst redigiert worden ist, wählen wir das 12. Buch aus. Es nimmt eine einzigartige Stellung ein, denn es gibt einen geschlossenen Durchblick durch das Ganze seines Denkens. Es wirkt wie ein Vortrag, der zwar etwas abrupt beginnt, aber konsequent aufgebaut ist, sich zu gewissen stilistischen Höhepunkten erhebt und mit einer eleganten Schlußpointe sein Ende findet. Diese Schrift ist die einzige, in der Aristoteles ausführlicher seine

Vorstellung vom Göttlichen entwickelt, und man sieht ihn darin in großer Nähe zu Plato. Das ist offenbar die eigentliche epochemachende Bedeutung der attischen Philosophie, daß sie die große Aufklärungsbewegung des frühen griechischen Denkens mit der volkstümlichen religiösen Überlieferung zu vermitteln vermocht hat. Darauf beruht ihre säkulare Bedeutung und insbesondere die Herrschaft, die der philosophische Gedanke der Griechen auch noch über die Selbstauffassung der christlichen Religion ausgeübt hat. Thomas z. B. (vgl. S. 318 ff.) ist durch die Rezeption des Aristoteles zu dem großen Lehrmeister der Katholischen Kirche geworden, als der er bis zum heutigen Tage gilt.

Physik und Metaphysik waren für Aristoteles die theoretischen Grunddisziplinen, an die sich ein ganzer Kursus, der (in unseren Begriffen) Astronomie, Physik, Anthropologie und Biologie umfaßte, anschloß. Die gesamte Wissenschaftstradition des Mittelalters fußt auf dem Wissenskosmos, den Aristoteles vermessen hat.

Dagegen gibt es eine andere Denkrichtung des Aristoteles, die von nicht minder grundlegender Bedeutung geworden ist, die ›praktische‹ Philosophie. Sie umfaßt Ökonomik, Ethik und Politik. Vor allem Ethik und Politik haben das europäische Denken grundlegend bestimmt, und man kann wohl sagen, daß ohne eine genaue Kenntnis der betreffenden Schriften des Aristoteles kein echtes Verständnis der abendländischen Moralphilosophie und politischen Philosophie möglich ist. Das Grundwerk der Moralphilosophie ist die sogenannte Nikomachische Ethik. Sie ist in gewissem Sinne ein Teil der Politik, sofern das Individuum im Horizont der Gesellschaft und die Gesellschaft in staatlich verfaßter Form allein Existenz hat.

Die aristotelische Ethik hat bis ins späte 18. Jahrhundert hinein die Moralphilosophie beherrscht. Erst Kants Kritik aller bisherigen Moralphilosophie und seine Grundlegung einer Metaphysik der Sitten vom reinen Begriff der Pflicht aus stellt einen neuen Ansatz dar. Von ihm aus erscheint alles bisherige moralphilosophische Denken als Eudämonismus. Die Erhabenheit des Sittengesetzes darf nicht durch Erwägungen menschlicher Glückseligkeit erniedrigt werden. Kant griff damit den »ekelhaften Mischmasch« von moralischen und egoistischen Gesichtspunkten an, der in der Moralphilosophie des 18. Jahrhunderts üblich war. Es ist aber nicht ganz berechtigt, daß man auch die aristotelische Sittenlehre unter das kantische Verdikt einreiht. So hat insbesondere ein Zeitgenosse Kants, den dieser hoch schätzte, Christian Garve, die Sittenlehre des Aristoteles verteidigt, indem er zugleich eine große Übersetzung der Ethik des Aristoteles vorlegte. Wir drucken die zwei ersten Bücher dieser Übersetzung (ohne die Erläuterungen Garves, aber doch in der uns heute ›antiquiert‹ erscheinenden Sprache dieses Dokuments aus dem 18. Jahrhundert) ab. Sie geben eine gute Vorstellung von der moralphilosophischen Tradition, in der das Zeitalter Goethes lebte.

Metaphysik (12. Buch)

Kapitel 1

Die Einzelsubstanz ist Gegenstand unserer Betrachtung: die Prinzipe und letzten Gründe der Einzelsubstanzen sind wir im Begriff aufzusuchen. Denn, betrachten wir das All als Ganzes, so ist die Einzelsubstanz sein erster Theil; betrachten wir das Seyende nach seiner Aufeinanderfolge, so ist auch dann die Einzelsubstanz das Erste, und erst nach ihr kommt das Qualitative und dann das Quantitative. Ausserdem ist alles Uebrige ausser der Einzelsubstanz nicht einmal, genau genommen, ein Seyendes, sondern nur Qualität und Bewegung: ungefähr, wie das Nichtweisse und Nichtgerade; wir legen ihm zwar ein Seyn bei, aber in demselben Sinne, in welchem wir vom Nichtweissen sagen, es sey. Ebenso hat das Uebrige auch keine Sonderexistenz. Für die Richtigkeit unserer obigen Behauptung zeugen thatsächlich auch die alten Philosophen, indem sie die Prinzipe, Elemente und Gründe der Einzelsubstanz aufgesucht haben. Die jetzigen Philosophen setzen als Substanzen vorzugsweise das Allgemeine: denn die Gattungen, welche sie bei ihrer vorherrschend begrifflichen Richtung eher für Prinzipe und Einzelsubstanzen halten, sind ein Allgemeines. Die Alten dagegen setzten als Substanzen das Einzelne, z. B. Feuer und Erde, nicht aber den Körper als Allgemeines. Der Substanzen sind es drei: von diesen ist die eine sinnlich wahrnehmbar, und zwar ist dieselbe theils ewig, theils vergänglich. Ueber die vergängliche Substanz, zu der z. B. die Pflanzen und Thiere gehören, ist Alles einverstanden: die andere ist die ewige Substanz, deren Elemente wir zu bekommen suchen müssen, mag ihrer nur eins oder mehrere seyn. Ferner existirt noch eine dritte unbewegliche Substanz, von der einige Philosophen behaupten, sie existire getrennt für sich; und zwar sondern die Einen die Ideen und das Mathematische von einander ab, die Andern vereinigen beides zu Einem, wieder Andere setzen nur das Mathematische als solche Substanz. Die erstgenannten Substanzen nun gehören der Physik an, denn sie sind mit Bewegung verbunden, die zuletztgenannte einer andern Wissenschaft, da beide kein gemeinsames Prinzip haben. Die sinnlich wahrnehmbare Substanz ist veränderlich. Findet nun jede Veränderung aus dem Entgegenstehenden oder dem Mittleren statt, jedoch nicht aus allem Entgegenstehenden (Weisses wird z. B. nicht aus der Stimme), sondern aus dem Entgegengesetzten, so muss etwas zu Grunde liegen, das sich in den Gegensatz verändert: denn nicht das Entgegengesetzte selbst verändert sich.

Kapitel 2

Und zwar beharrt das Substrat, während das Entgegengesetzte nicht beharrt: es gibt also ein Drittes ausser dem Entgegengesetzten, die Materie. Wenn es nun der Veränderungen viere sind, entweder in Beziehung auf das Was oder das Qualitative oder das Quantitative oder des Wo, und die Veränderung hinsichtlich der Einzelsubstanz Werden und Vergehen schlechthin, die Veränderung hinsichtlich der Quantität Zunehmen und Abnehmen, die Veränderung hinsichtlich der Qualität Anderswerden, die örtliche Veränderung Umschwung ist, so ergibt sich, dass die Veränderung immer ein Uebergang in den jedesmaligen Gegensatz ist. Die Materie muss sich also verändern, da sie das Vermögen zu Beidem hat. Da aber das Seyende zweifach ist, so muß sich Alles aus einem Potenziellen in ein Aktuelles verwandeln, z. B. aus einem potenziellen Weissen in ein aktuelles Weisse. Ebenso ist es beim Zunehmen und Abnehmen. Es findet also nicht nur aus dem Nichtseyenden beziehungsweise ein Werden statt, sondern aus dem Seyenden wird Alles, nämlich aus dem potenziell, nicht aktuell Seyenden. Und dies ist das Eins des Anaxagoras (diess nämlich ist der bessere Ausdruck für sein »Alles zumal«), und die Mischung des Empedokles und Anaximander. So auch sagt Demokrit: Alles war zumal der Potenz, nicht der Aktualität nach. Diese Philosophen haben also die Materie berührt. Alles aber, was sich verändert, hat Materie, freilich eine verschiedenartige: hat doch selbst das Ewige, das werdelos aber durch Umschwung beweglich ist, Materie, nur keine werdensfähige, sondern eine örtlich bedingte. Man könnte die Frage aufwerfen, aus welchem Nichtseyenden Werden stattfinde, denn das Nichtseyende ist dreifach. Die Antwort ist: aus dem potenziellen Nichtseyenden, wenn es ein solches gibt. Doch wird etwas nicht aus einem beliebigen Potenziellen, sondern diess aus diesem, jenes aus jenem. Der Satz »alle Dinge waren zumal« ist daher nicht zureichend, denn sie unterscheiden sich in ihrer Materie. Warum wären sie sonst unendlich und nicht eins? Denn da die Vernunft eins ist, so müsste, wenn auch die Materie eine wäre, dasjenige aktuell seyn, dessen Materie nur potenziell war. Drei sind es also der letzten Gründe und drei der Prinzipe: zwei davon, nämlich einerseits der Begriff und die Form, andererseits die Beraubung sind die Entgegengesetztheit selbst, das dritte ist die Materie.

Kapitel 3

Weiter ist nun zu zeigen, dass weder die Materie noch die Form entsteht, ich meine die letzte Materie und die letzte Form. Alles nämlich verändert sich als etwas, durch etwas und in etwas. Dasjenige, wodurch es verändert wird, ist das erste Bewegende, das sich verändernde Etwas die Materie, dasjenige worein es sich verändert, die Form. Das Werden würde also in's Unendliche fortgehen, wenn nicht allein das Erz rund würde, sondern auch das Runde und das Erz entstünde: man muss also irgendwo stillehalten. Ferner ist zu bemerken, dass jede Substanz aus einer gleichnamigen entsteht, das von Natur Gewordene ebenso wie das Uebrige. Das Werdende wird nämlich entweder durch Kunst oder von Natur oder durch Zufall oder von Ungefähr: die Kunst ist ein Prinzip in einem Andern, die Natur im Dinge selbst: denn ein Mensch erzeugt einen Menschen. Die beiden andern angegebenen Ursachen sind Beraubungen der letzteren. Der Substanzen sind es drei, erstens die Materie, die der äussern Erscheinung nach ein Dieses ist (denn was durch Berührung und nicht durch's Zusammenwachsen eins ist, ist Materie und Substrat), zweitens die Natur, zu der etwas wird, und die ein wirkliches Dieses und ein gewisses Verhalten ist, drittens das Produkt beider, die Einzelsubstanz, z. B. Sokrates oder Kallias. Bei einigen Dingen nun existirt das Dieses nicht ausser der zusammengesetzten Substanz: so existirt z. B. die Form des Hauses nicht getrennt vom Haus, ausser etwa als Kunst. Auch hat dieses Ideelle kein Werden und kein Vergehen, sondern das immaterielle Haus hat ein anderes Seyn und Nichtseyn, als die Gesundheit und ein Kunstprodukt. Sondern wenn ein solches Ideelles existirt, so existirt es am Natürlichen. Desswegen hat Plato nicht übel gesagt, es gebe so viele Ideen als Naturdinge, – wofern es nämlich besondere, von den Sinnendingen, z. B. Feuer, Fleisch, Kopf, verschiedene Ideen gibt. Denn Alles ist Materie, und zwar ist Materie der Einzelsubstanz die letzte Materie. Die bewegenden Ursachen sind vorher geworden, die begrifflichen Ursachen werden zugleich mit den Dingen. Denn, wenn der Mensch gesundet, existirt auch die Gesundheit, und die Figur der ehernen Kugel wird zugleich mit der einzelnen ehernen Kugel. Ob aber auch nachher noch etwas bleibt, müssen wir untersuchen. Bei einigen Dingen kann es wohl der Fall seyn, so kann die Seele, wenn sie von solcher Art ist, fortdauern, zwar allerdings nicht die ganze, aber doch die Vernunft: denn dass die ganze fortdauere, ist wohl unmöglich. Augenscheinlich ist somit, dass um der Einzeldinge willen keine Ideen nöthig sind, denn der Mensch erzeugt den Menschen, der Einzelne den Einzelnen. Ebenso ist es bei den Künsten, denn die Heilkunst ist der Begriff der Gesundheit.

Kapitel 4

Die Ursachen und Prinzipe der verschiedenen Dinge sind in Einer Beziehung verschieden, in anderer Beziehung, wenn man im Allgemeinen und der Analogie nach spricht, dieselben. Man könnte nämlich die Frage aufwerfen, ob die Prinzipe und Elemente der Einzelsubstanzen und diejenigen des Relativen von eineinander verschieden oder identisch sind, und so fort bei den anderen Kategorieen. Allein die Annahme, die Prinzipe für Alles seyen identisch, ist unstatthaft: sonst müsste das Relative und die Einzelsubstanz aus denselben Prinzipen herstammen. Was soll nun dieses Dasselbe seyn? Außer der Einzelsubstanz und den übrigen Kategorieen gibt es nichts Gemeinsames, und das Element muss doch früher seyn, als dasjenige, dessen Element es ist. Die Einzelsubstanz aber kann nicht Element des Relativen seyn, sowenig als ein Relatives Element der Einzelsubstanz. Wie ist es ferner möglich, dass Alles dieselben Elemente habe, da doch kein Element mit dem aus den Elementen Bestehenden identisch seyn kann, gleichwie a oder b nicht identisch ist mit a b. Auch kein Intelligibles ist Element, z. B. das Eins und das Seyende: denn diese kommen allen Dingen zu, auch den zusammengesetzten: sie können daher weder Einzelsubstanz noch Relatives seyn, was sie doch nothwendig seyn müssten. Folglich hat nicht Alles ein und dieselben Elemente. Oder es hat, wie gesagt, gewissermassen dieselben, gewissermassen nicht. So ist etwa z. B. bei den sinnlich wahrnehmbaren Körpern formelles Element das Warme und in anderer Weise als dessen Beraubung das Kalte, Materie dasjenige, was zuerst in potenzieller Weise und wesentlich das Warme und Kalte in sich schloss, Substanz theils das Genannte, theils das aus ihm Gewordene, dessen Prinzip es nun ist, oder ein aus Warmem und Kaltem gewordenes Eins, z. B. Fleisch oder Knochen, denn das aus dem Genannten Gewordene muss natürlich von ihm verschieden seyn. Hier nun sind die Elemente und Prinzipe dieselben, bei Anderem dagegen verschieden. So schlechthin kann man diess nicht von Allem sagen, es habe dieselben Prinzipe, sondern nur der Analogie nach, wie wenn man sagt, es existiren drei Prinzipe, die Form, die Beraubung und die Materie, während doch jedes von diesen in jedem Gebiete wieder verschieden ist, bei der Farbe z. B. weiss, schwarz, Oberfläche, Licht, Finsterniss, Luft und hieraus hervorgehend Tag und Nacht. Da aber nicht nur das Inwohnende Ursache ist, sondern auch ausserhalb Befindliches, z. B. das Bewegende, so ergibt sich, dass Prinzip und Element verschieden sind. Ursachen sind aber beide, und wenn in diese beiden das Prinzip getheilt wird, so ist das Bewegende oder Stillstand Bewirkende Prinzip und Substanz. Der Analogie nach sind es also drei Elemente, und vier Ursachen und Prinzipe, doch sind die Elemente und Prinzipe, und namentlich die erste bewegende Ursache bei verschiedenen Dingen verschieden. Z. B. Gesundheit, Krankheit, Körper, die bewegende Ursache die Heilkunst, Form, gewisse Unordnung, Ziegelsteine, das Bewegende die Baukunst. Und in diese Arten von Ursachen wird das Prinzip getheilt. Da aber das Bewegende bei den wirklichen, leiblichen Menschen der Mensch, bei den ideellen, gedachten, die Form oder das Gegentheil ist, so erhalten wir vier Ursachen, während sonst in gewissem Betracht drei. Denn die Heilkunst ist in gewissem Sinne Gesundheit, die Baukunst Form des Hauses, und der Mensch erzeugt den Menschen. Ausserdem aber existirt als das Erste von Allem ein Alles Bewegendes.

Kapitel 5

Da das Eine eine Sonderexistenz hat, das Andere nicht, so ist jenes Einzelsubstanz, und desswegen auch Ursache von Allem, weil es ohne Einzelsubstanzen keine Qualitäten und Bewegungen gibt. Solche Substanzen sind etwa Seele und Körper, oder Vernunft, Begehren und Körper. Ferner sind in anderer Weise, der Analogie nach, die Prinzipe dieselben, z. B. Aktualität und Potenzialität: aber auch diese sind in verschiedenen Dingen verschieden und in verschiedener Weise. Manchmal ist Eins und Dasselbe bald aktuell, bald potenziell, z. B. der Wein oder das Fleisch oder der Mensch. Doch fällt auch dieses unter die genannten Ursachen. Denn aktuell ist die Form, wenn sie trennbar ist, und das Produkt von Form und Materie; Beraubung ist etwa Finsterniss oder das Kranke; potenziell ist die Materie, denn diese hat das Vermögen beides zu werden. Auf andere Weise unterscheidet sich hinsichtlich der Aktualität und Potenzialität Dasjenige, was nicht dieselbe Materie hat, von demjenigen, was nicht dieselbe, sondern eine verschiedene Form hat: so sind Ursachen des Menschen die Elemente, Feuer und Erde – diese nämlich als Materie –, ferner die eigenthümliche Form und die äussere Ursache, wenn eine solche stattfindet, z. B. der Vater, und ausserdem die Sonne und die schiefe Sonnenbahn, welche letztere weder Materie noch Form noch Beraubung noch ein Gleichartiges, sondern bewegende Ursachen sind. Ferner muss man in's Auge fassen, dass das Eine allgemein ist, das Andere nicht. Nun sind die ersten Prinzipe von Allem erstens das Aktuelle, Formelle, zweitens das Potenzielle. Jenes Allgemeine ist also nicht Prinzip. Prinzip des Einzelnen ist das Einzelne, nicht aber ist der allgemeine Mensch Prinzip des einzelnen Menschen, sondern Prinzip des Achilles ist Peleus, Prinzip deiner dein Vater, Prinzip dieses bestimmten b a ist dieses b, und b überhaupt Ursache von b a schlechthin. Ferner sind die Formen Ursachen der Einzelsubstanzen. Aber die Ursachen und Elemente sind, wie gesagt, verschieden bei Verschiedenem, was nicht in ein und dasselbe Gebiet gehört, z. B. Farben, Tönen, Einzelsubstanzen, Quantitativem: nur der Analogie nach sind sie identisch. Selbst bei demjenigen, was zu einer und derselben Art gehört, sind sie verschieden, nicht der Art nach verschieden, aber sofern beim Einzelwesen, z. B. mir und dir, Materie, Bewegendes und Form verschieden sind, obwohl dem allgemeinen Begriff nach identisch. Untersucht man, welches die Prinzipe oder Elemente der Einzelsubstanzen, des Relativen und des Qualitativen sind, ob identisch oder verschieden, so ergibt sich, dass sie identisch sind, wenn man sie allgemeinhin aussagt, nicht identisch, sondern verschieden, wenn man sie trennt, und nur in gewisser Weise identisch für Alles. In gewisser Weise, d. h. der Analogie nach sind sie identisch, weil sie Materie, Form, Beraubung, Bewegendes sind, und in gewisser Weise sind die Ursachen der Einzelsubstanzen Ursachen von Allem, weil, wenn sie aufgehoben werden, Alles aufgehoben wird. Ferner ist das Erste der vollendeten Wirklichkeit nach. In gewisser Weise ist Anderes das Erste, nämlich die Gegensätze, welche weder als Gattungen noch allgemein ausgesagt werden. Ausserdem auch die Stoffe. Welches also die Prinzipe des sinnlich Wahrnehmbaren, und wie viel ihrer sind, und in welcher Weise sie identisch, in welcher verschieden sind, ist auseinandergesetzt worden.

Kapitel 6

Da es, wie wir gesehen, drei Substanzen gibt, zwei physische und eine unbewegliche, so wollen wir von der letztern sprechen und zeigen, dass nothwendigerweise eine ewige unbewegliche Substanz existiren muss. Die Substanzen sind das Erste unter dem Seyenden: sind sie alle vergänglich, so ist alles vergänglich. Allein es ist unmöglich, dass die Bewegung werde oder vergehe, da sie immer war, und ebenso die Zeit, da es unmöglich ein Früher oder Später geben kann, wenn es keine Zeit gibt. Auch die Bewegung ist also in derselben Weise continuirlich wie die Zeit, denn die letztere ist entweder identisch mit der Bewegung oder eine Qualität derselben. Keine Bewegung ist aber continuirlich, als die örtliche, und zwar die Kreisbewegung. Wenn jedoch ein zum Bewegen oder Wirken zwar Fähiges existirt, dasselbe aber nicht in Aktualität übergeht, so findet keine Bewegung statt: denn es ist gar wohl möglich, dass das Potenzielle nicht thätig ist. Setzen wir daher auch ewige Substanzen, wie Diejenigen thun, welche Ideen annehmen, so wird damit doch nichts gewonnen, wenn diesen Substanzen nicht ein Prinzip inwohnt, das Veränderungen zu bewirken vermag. Dieses Prinzip ist also nicht zureichend, und ebensowenig eine andere Substanz neben den Ideen: denn, wenn sie nicht thätig ist, so kann keine Bewegung entstehen. Diess selbst dann nicht, wenn sie zwar thätig, ihr Wesen aber potenziell ist: denn in diesem Fall gäbe es keine ewige Bewegung, da das potenziell Seyende auch nicht seyn kann. Es muss also ein solches Prinzip existiren, dessen Wesen Aktualität ist. Ferner müssen diese Substanzen auch immateriell seyn: denn, wofern irgend etwas, müssen *sie* ewig seyn. Sie sind also aktuell. Doch tritt hier eine Schwierigkeit ein. Es scheint nämlich, als ob alles Aktuelle auch vermögend sey, nicht alles Vermögende aber aktuell, so dass also das Vermögen früher wäre. Allein, wenn dem so wäre, so könnte auch Nichts von dem Seyenden existiren: denn es kann etwas das Vermögen haben zu seyn, ohne deswegen schon zu seyn. Demselben Einwand unterliegt die Lehre der Theologen, die das All aus der Nacht hervorgehen lassen, und die Lehre der Naturphilosophen, nach welcher alle Dinge beisammen waren. Denn wie kann Bewegung stattfinden, wenn nicht Aktuelles Ursache ist? Die Materie kann sich doch nicht selbst bewegen, sondern die Baukunst bewegt sie; ebensowenig können das Monatliche und die Erde selbst sich bewegen, sondern sie werden bewegt vom Samen und der Zeugung. Desswegen setzen Einige eine immerwährende Thätigkeit, z. B. Leucipp und Plato, denn immer sey Bewegung, sagen sie. Aber warum und welche Bewegung, sagen sie nicht, noch auch geben sie den Grund an, warum die Bewegung gerade so sey. Denn nichts wird vom Ungefähr bewegt, sondern es muss immer ein Bewegendes existiren: so wird etwas bald so bewegt von Natur, bald so durch Gewalt oder einen Verstand oder etwas Anderes. Ferner fragt sich, welche Bewegung die erste ist – worauf ausserordentlich viel ankommt. Namentlich aber kann Plato dasjenige nicht als erstes Prinzip setzen, was er bisweilen als Prinzip ansieht, das sich selbst Bewegende: denn die Weltseele ist, wie er sagt, später, und zugleich mit dem Himmel. Die Meinung aber, dass das Vermögen früher sey, als die Aktualität, ist gewissermassen richtig, gewissermassen nicht: wieweit beides, ist gezeigt worden. Dass aber die Aktualität früher ist, bezeugt Anaxagoras (denn seine »Vernunft« ist aktuell) und Empedokles mit seiner Freundschaft und Feindschaft und ebenso auch diejenigen Philosophen, die, wie Leucipp, eine immerwährende Bewegung annehmen. Es war also nicht unendliche Zeit hindurch das Chaos oder die Nacht, sondern es existirte immer dasselbe, entweder in Form des Kreislaufs oder anderswie, vorausgesetzt, dass die Aktualität früher ist, als das Vermögen. Existirt aber immer Dasselbe, z. B. in Form des Kreislaufs, so muss etwas existiren, das immer in gleichmässiger Aktualität verharrt. Ebenso, wenn es ein Werden und Vergehen geben soll, muss ein anderes Prinzip existiren, das immer, und zwar bald so, bald so, aktuell ist. Dieses Prinzip muss also in einer Weise an und für sich thätig seyn, in anderer Weise in Beziehung auf etwas Anderes, mit andern Worten, entweder in Beziehung auf ein Drittes oder in Beziehung auf das Primitive, und zwar auf das Primitive darum, weil dasselbe seine und des andern Ursache ist. Das Primitive ist also vorzüglicher: denn es ist, wie wir gesehen haben, Ursache des immerwährenden Sichgleichbleibens, Ursache des Anderswerdens ist ein Anderes, und dass das All *immer* im Anderswerden begriffen ist, das bewirken offenbar Beide. So verhalten sich also die Bewegungen in Wirklichkeit. Was brauchen wir mithin andere Prinzipe aufzusuchen?

Kapitel 7

Da es nun angeht, dass die Sache sich also verhalte, und da, wenn sie sich nicht so verhielte, die Bewegung aus der Nacht entstanden seyn müsste und aus dem Zusammenhange aller Dinge und aus dem Nichtseyenden, so möchte unsere Aufgabe gelöst seyn, und es existirt also etwas, das immer in unaufhörlicher Bewegung begriffen ist, und diese Bewegung ist die Kreisbewegung, Diess ergibt sich nicht allein aus dem Begriff, sondern auch aus den Thatsachen. Der erste Himmel muss daher ewig seyn. Es gibt daher auch etwas, was er bewegt. Und da das zugleich Bewegte und Bewegende in der Mitte steht, so existirt endlich etwas, was bewegt ohne bewegt zu werden, ein Solches, das ewig ist und Einzelsubstanz und Aktualität. Es bewegte aber also. Das Begehrenswerthe und das Intelligible bewegt ohne bewegt zu werden, Beide sind in ihrem Ursprunge eins und dasselbe. Denn Gegenstand des Begehrens ist das als schön Erscheinende, ursprünglicher Gegenstand des Wollens das schön Seyende. Wir streben aber nach dem Schönen mehr desshalb, weil es uns schön erscheint, als es uns schön erscheint, weil wir darnach streben. Den Anfang macht mithin das Denken. Die Vernunft aber wird von dem Intelligiblen in Bewegung gesetzt, an und für sich intelligibel ist aber nur die eine Reihe, und in dieser ist die Einzelsubstanz, unter den Einzelsubstanzen hinwiederum die einfache und aktuelle Einzelsubstanz das Erste. Man beachte jedoch, dass das Eins und das Einfache nicht identisch sind: das Eins bezeichnet ein Maas, das Einfache ein gewisses Verhalten. Besonders aber gehört das Schöne und das um seiner selbst willen zu Wählende zu dieser selben Reihe: und das Erste ist immer das Beste oder dem Besten analog. Dass aber das Wesswegen bei Unbeweglichen stattfindet, ist in unserer Eintheilung der Gegensätze gezeigt worden. Das Wesswegen ist *für* ein Subjekt, als zu verwirklichender Zweck, und von diesen beiden ist das Eine vorhanden, der Zweck, das Andere nicht, die Verwirklichung. Das Wesswegen bewegt wie Etwas, das geliebt wird: das Bewegte aber bewegt hinwiederum das Uebrige. Wenn nun etwas bewegt wird, so kann es sich auch anders verhalten. Hat also der erste Umlauf des Himmels und dessen Aktualität insofern statt, als er in Bewegung gesetzt wird, so muss dieser Umlauf eben aus diesem Grunde sich auch anders verhalten können dem Orte nach, wenn auch nicht dem Wesen nach. Da es nun aber ein Bewegendes gibt, das selbst unbeweglich ist, und ein Aktuelles, so kann dieses sich auf keine Weise anders verhalten. Umlauf ist nämlich die erste der Veränderungen, und der erste Umlauf ist die Kreisbewegung, und diese nun hängt von dem ersten Bewegenden ab. Das erste Bewegende existirt also mit Nothwendigkeit, und sofern es mit Nothwendigkeit existirt, ist dem gut so; es ist insofern auch Prinzip. Nothwendigkeit wird nämlich in drei Bedeutungen ausgesagt, erstlich vom gewaltsam Erzwungenen und dem Naturtrieb Widerstrebenden, zweitens von Demjenigen, ohne welches das Gute nicht stattfinden kann, drittens von demjenigen, was nicht anders seyn kann, sondern schlechthin ist. Von einem solchen Prinzip also hängt der Himmel und die Natur ab. Sein Leben ist ein so herrliches, wie es uns nur kurze Augenblicke zu Theil wird. Jenes aber lebt also alle Zeit. Uns wäre das unmöglich, nicht aber ihm, da ihm die Lust aktueller Zustand ist, gleichwie uns die einzelnen Akte des Wachsens, der sinnlichen Wahrnehmung, des Denkens das angenehmste sind, und erst um dieser willen Hoffnung und Erinnerung. Die Intelligenz aber als grundwesentliche Bestimmung kommt dem an und für sich Besten zu, die absolute Intelligenz dem absolut Besten. Sich selbst aber denkt die Intelligenz, indem sie das Intelligible erfasst: intelligibel wird sie nämlich, indem sie sich erfasst und denkt, so dass also Intelligenz und Intelligibles identisch sind. Denn die Fähigkeit, das Intelligible und die Substanz aufzunehmen, ist Intelligenz; und aktuell ist die Intelligenz, indem sie das Intelligible inne hat. Was also die Intelligenz Göttliches zu besitzen scheint, das kommt jenem Prinzip in noch höherem Grade zu: denn die denkende Betrachtung ist das Angenehmste und Beste. Wenn nun die Gottheit immer so glücklich ist, wie wir zuweilen, so ist das bewundernswerth, wenn sie es gar in höherem Grade ist, noch wunderbarer. Das ist sie aber wirklich. In ihr ist Leben, denn der Intelligenz Thätigkeit ist Leben, und die Intelligenz ist Thätigkeit. Reine und absolute Thätigkeit ist ihr bestes und ewiges Leben. So sagen wir also, dass Gott sey ein lebendiges, ewiges, bestes Wesen: Leben kommt ihm zu und stetige, ewige Dauer: denn das ist das Wesen der Gottheit. Unrichtig ist dagegen die Ansicht derjenigen Philosophen, welche, wie die Pythagoreer und Speusipp, meinen, nicht im Prinzip sey das Schönste und Beste, da auch bei den Pflanzen und Thieren die Prinzipe zwar Ursachen seyen, das Schöne und Vollkommene aber enthalten sey in dem aus ihnen Gewordenen. Unrichtig – denn der Same ist aus einem anderen Früheren, Vollkommenen, und nicht der Same ist das Erste, sondern das Vollkommene. So kann man sagen, der Mensch sey früher als der Same, nicht der Mensch, welcher aus dem Samen wird, sondern Derjenige, von welchem der Same kommt. Dass also ein ewiges, unbewegliches und vom Sinnlichen geschiedenes Wesen existirt, geht aus dem Gesagten hervor. Auch ist gezeigt worden, dass dieses Wesen keine Ausdehnung haben darf, sondern dass es untheilbar und unzertrennlich ist. Denn es bewegt die unendliche Zeit hindurch, nichts Begrenztes aber hat ein unendliches Vermögen. Nun ist aber jede ausgedehnte Grösse entweder unbegrenzt oder begrenzt: eine begrenzte Grösse kann jedoch jenes Wesen nicht seyn, aus dem eben angeführten Grunde, eine unbegrenzte nicht, weil es überhaupt keine unbegrenzte Grösse gibt. Auch dass das ewige Wesen leidenlos und ohne Anderswerden ist, ist nachgewiesen worden: denn alle übrigen Bewegungen sind später als die örtliche. Warum es sich also mit diesen Dinge so verhält, ist jetzt klar.

Kapitel 8

Ob man nur Ein solches Wesen annehmen müsse oder mehrere, dürfen wir nicht unerörtert lassen, sondern wir müssen hier auch der Behauptungen der andern Philosophen gedenken, und bemerken, dass sie über die Anzahl dieser Wesen nichts Klares gesagt haben. Die Ideenlehre hat hierüber keine besondere Untersuchung angestellt: die Freunde dieser Lehre nennen nämlich die Ideen zwar Zahlen, von den Zahlen aber reden sie bald so, als wären ihrer unendlich viele, bald so, als seyen sie bestimmt viele, bis zur Zehenzahl; warum jedoch die Menge der Zahlen gerade so gross sey, das nachzuweisen haben sie sich keine Mühe gegeben. Wir aber müssen bei unserem Nachweise von demjenigen ausgehen, was wir zu Grund gelegt und festgestellt haben. Das Prinzip und das Erste unter dem Seyenden ist unbeweglich, sowohl an und für sich als beziehungsweise, und von ihm geht die erste, ewige und einige Bewegung aus. Da aber das Bewegte nothwendigerweise durch etwas bewegt wird, und das erste Bewegende an und für sich unbeweglich ist, und die ewige Bewegung von einem Ewigen, die einige von einem Einigen ausgehen muss; da wir ferner ausser dem einfachen Umschwung des Alls, der, wie gesagt, von dem ersten unbeweglichen Wesen herrührt, andere ewige Bewegungen, die Bewegungen der Planeten sehen (denn ewig und ohne Stillstand ist der im Kreise bewegte Körper, wie in der Physik gezeigt worden), so muss auch von diesen planetarischen Bewegungen eine jede durch ein unbewegliches und ewiges Wesen grundthümlich veranlasst und bedingt seyn. Denn da die Natur der Gestirne eine ewige Substanz ist, so muss auch das Bewegende ewig seyn und früher als das Bewegte, was aber früher ist, als eine Einzelsubstanz, muss selbst Einzelsubstanz seyn. Dass also nothwendigerweise so viele Substanzen existiren, und dass sie ihrer Natur nach ewig und anundfürsich unbeweglich und ohne Grösse sind, ergibt sich aus den so eben angegebenen Gründen. – Klar ist es also, dass [kosmische] Substanzen existiren, und auch, welche von ihnen die erste und die zweite ist nach der den Umläufen der Gestirne entsprechenden Ordnung. Die Anzahl der Umläufe aber muss man mit Hülfe derjenigen Philosophie ermitteln, die unter sämmtlichen mathematischen Wissenschaften die eigenthümlichste Beziehung zur vorliegenden Untersuchung hat, mit Hülfe der Astronomie: denn diese Wissenschaft stellt Untersuchungen an über die zwar sinnlich wahrnehmbare aber ewige Substanz, während die übrigen mathematischen Wissenschaften, die Arithmetik z. B. und Geometrie, es gar nicht mit Substanzen zu thun haben. Dass nun das in Umlauf Befindliche mehrere Bewegungen hat, muss auch denen klar seyn, die sich nur wenig mit diesen Dingen befasst haben; denn jeder Planet hat mehr als eine Bewegung. Was die Anzahl derselben betrifft, so wollen wir jetzt der Uebersicht wegen der Ansichten einiger Mathematiker anführen, um einen bestimmten Begriff von ihrer Menge zu bekommen. Uebrigens müssen wir das Eine selbst untersuchen, Anderes bei Denjenigen erkunden, die darüber Untersuchungen angestellt haben: und wenn die Männer vom Fach mit dem von uns Gesagten nicht einverstanden sind, so möge man beiden Theilen Wohlwollen schenken, dem Genaueren jedoch beipflichten. Eudoxus nahm an, die Bewegung der Sonne und des Mondes geschehe in je drei Sphären, deren erste die der Fixsterne sey, die andere nach der Richtung des durch die Mitte des Zodiakus gehenden Kreises, die dritte nach der Richtung eines die Breite des Zodiakus schräg durchschneidenden Kreises sich bewege: doch sey dieser Durchschnitt für den Kreis der Mondbewegung schräger, als für den der Sonnenbewegung. Die Bewegung der Planeten aber geschehe in vier Sphären, deren erste und zweite mit der Bewegung von Sonne und Mond übereinstimme (denn die Sphäre der Fixsterne führe alle insgesammt herum, und ebenso sey die dieser untergeordnete, nämlich die nach der Mittellinie des Zodiakus sich bewegende allen Planeten gemein); die Pole aller Planeten der dritten Sphäre befänden sich in der Mittellinie des Thierkreises, und der Umlauf der vierten geschehe nach einem gegen jene Mittellinie schiefen Kreise; die Pole der dritten Sphäre seyen für jeden der übrigen Planeten besondere, für Venus und Mercur aber dieselben. Kallipus nahm über die Stellung des Sphären, d. i. über die Ordnung ihrer Abstände, Dasselbe an, was Eudoxus: die Anzahl der Sphären betreffend gab er dem Jupiter und Saturn dieselbe Zahl, der Sonne und dem Monde aber, glaubte er, seyen noch zwei hinzuzufügen, wenn man die Erscheinungen erklären wolle, und ebenso auch jedem der übrigen Planeten noch eine. Ferner sey nothwendig, wenn die astronomische Zusammenstellung sämmtlicher

Sphären den Himmelserscheinungen entsprechen solle, anzunehmen, dass auf jeden Planeten eine um Eins geringere Anzahl von andern Sphären komme, welche die erste Sphäre des jedesmal untergeordneten Gestirns umzuwenden und auf den richtigen Stand zurückzuführen hätten: nur bei dieser Annahme sey es möglich, dass der Umlauf der Planeten alle Erscheinungen hervorbringe. Da nun der Sphären, in denen der Umlauf bewirkt wird, einestheils 8, anderntheils 25 sind, und von diesen nur diejenigen keine Zurückführung nöthig haben, in denen das zuunterst Gestellte sich bewegt, so werden bezüglich der beiden ersten Planeten 6, bezüglich der vier folgenden 16 Sphären der Zurückführung vorhanden seyn, und so steigt die Zahl sämmtlicher Sphären, der Umlauf bewirkenden sowohl als der zurückführenden, auf 55. Fügt man aber dem Monde und der Sonne die vorhin erwähnten Bewegungen nicht zu, so erhält man im Ganzen 49 Sphären. Gesetzt nun, die Zahl der Kreise sey so gross, so darf man mit Wahrscheinlichkeit annehmen, der Substanzen und der unbeweglichen, aber sinnlich wahrnehmbaren Prinzipe seyen es ebenso viele. Etwas Sicheres hierüber auszusagen und zu beweisen, bleibe Stärkeren überlassen. Da es nun nicht möglich ist, dass irgend eine Bewegung existire, die nicht übereinstimmte mit der Bewegung eines Gestirns, und da man ferner glauben muss, dass jede leidenlose und fürsichseyende Natur und Substanz das beste Ziel erreicht habe, so kann wohl ausser diesen Wesen kein anderes Wesen existiren, sondern gerade so gross muss die Zahl der Substanzen seyn. Existirten noch andere, so müßten sie bewegen, indem sie selber Zwecke der Bewegung wären, da es doch unmöglich ist, dass andere Bewegungen ausser den genannten existiren. Dass dem so ist, kann man aus dem in Bewegung Befindlichen abnehmen: denn wenn alles Bewegende nur darum bewegend ist, weil es ein Bewegtes gibt, und wenn jede Bewegung ein Bewegtes zum Träger haben muss, so kann wohl keine Bewegung um ihretwillen oder um einer andern Bewegung willen existiren, sondern sie existirt für ein Substrat, die Gestirne. Denn wenn eine Bewegung einer Bewegung wegen da wäre, so müsste auch wieder die letztere um eines Andern willen da seyn: und da ein Fortgang ins Unendliche nicht möglich ist, so muss das Ziel einer jeden Bewegung einer der göttlichen Körper seyn, die am Himmel umlaufen. Dass nur Ein Himmel existirt, ist klar. Gäbe es mehrere Himmel, wie es mehrere Menschen gibt, so hätten sie der Art nach Ein Prinzip, der Zahl nach viele Prinzipe. Allein, was der Zahl nach Vieles ist, hat Materie. Der Begriff zwar ist für Vieles ein und derselbe, z. B. für den Menschen: Sokrates dagegen ist Einer. Die höchste Form hat keine Materie: sie ist vollendete Wirklichkeit. Ein Einiges dem Begriff und der Zahl nach ist also das erste Bewegende, das selbst unbeweglich ist: und so ist auch dasjenige nur Eines, was immer und stetig bewegt wird: folglich existirt nur Ein Himmel. Von den Alten und aus grauer Vergangenheit ist den Nachkommen im Gewande des Mythus überliefert worden, die Sterne seyen Gottheiten und das Göttliche umfasse die ganze Natur. Das Uebrige ist mythische Zuthat zur Ueberredung der Menge, zum Behuf der Gesetzgebungen und um der Zuträglichkeit willen. Nämlich diess, dass die Götter menschenähnlich seyen und den übrigen Geschöpfen gleichen, und anderes dergleichen mehr. Scheidet man nun das Letztere aus, und hält man sich nur an das Erstere, an die Ansicht, daß die ersten Substanzen Götter seyen, so wird man wohl diese Lehre für göttliche Offenbarung halten müssen. Und da jede Kunst und Philosophie vermuthlicherweise mehr als einmal, so weit es möglich war, entdeckt, und dann wieder verloren worden ist, so möchten jene Ansichten wohl Trümmer einer uralten untergegangenen Weisheit seyn, die sich bis auf die Gegenwart gerettet haben. Nur insoweit ist uns die Vorstellung unserer Väter und die Ueberlieferung der Urzeit verständlich.

Kapitel 9

Hinsichtlich der ewigen Intelligenz stossen wir auf einige Schwierigkeiten. Sie scheint das Göttlichste unter dem Erscheinenden zu seyn: wie sie sich jedoch verhalten müsse, um diess zu seyn, ist nicht ganz leicht zu sagen. Denn wenn sie nichts denkt, sondern einem Schlafenden ähnlich sich verhält, was ist dann Hohes an ihr? Wenn sie aber zwar denkt, ihr Denken jedoch durch ein Anderes beherrscht wird, so kann sie, da ihr Wesen dann nicht Denkthätigkeit, sondern Potenzialität ist, nicht wohl das beste Wesen seyn, denn nur das Denken macht ihre hohe Würde aus. Ferner, mag nun ihr Wesen Geist oder Denkthätigkeit sein, was denkt sie? Doch wohl entweder sich selbst oder etwas Anderes; und wenn etwas Anderes, entweder immer Dasselbe oder Verschiedenes. Macht es nun wohl einen Unterschied oder keinen, ob sie das Schöne denkt oder was sich eben trifft? oder wäre es nicht sogar unstatthaft, wenn sie Einiges zum Gegenstand ihres Denkens machte? Hieraus folgt, dass sie das Göttlichste und Ehrwürdigste denkt, und sich nimmer wandelt: denn es könnte nur eine Wandelung zum Schlechteren seyn, und schon eine Bewegung wäre eine solche Wandelung. Ist sie nicht Denkthätigkeit, sondern Potenzialität, so müsste ihr erstlich die ununterbrochene Fortdauer dieser Denkthätigkeit beschwerlich fallen. Zweitens wäre dann offenbar etwas Anderes ehrwürdiger, als das Denken, nämlich das Gedachte. Und Denken und Denkthätigkeit kämen in diesen Fall auch Demjenigen zu, der das Schlechteste denkt. Ist aber das Schlechte zu fliehen – und in der That ist es besser, Einiges nicht zu sehen als zu sehen –, so könnte die Denkthätigkeit nicht mehr das Beste seyn. Sich selbst also denkt die Intelligenz, wenn sie das Vorzüglichste ist, und ihr Denken ist Denken des Denkens. Die Wissenschaft aber, die sinnliche Wahrnehmung, die Vorstellung und das Denken gehen augenscheinlich immer auf etwas Anderes, auf sich selbst gehen sie nur nebenbei. Wenn ferner das Denken und das Gedachte verschieden sind, nach welchem von beiden kommt dann der Intelligenz das Gute zu? denn Denkthätigkeit und Gedachtes sind doch ihrem Wesen nach nicht identisch. Oder ist vielleicht bei einigen Dingen die Wissenschaft die Sache? Bei den auf immaterielles Hervorbringen gerichteten Wissenschaften ist allerdings das Wesen und die Form, bei den theoretischen Wissenschaften der Begriff und die Denkthätigkeit identisch mit der Sache. Da also Denken und Gedachtes nicht verschieden sind, so ist das Immaterielle in beiden identisch, und Denkthätigkeit und Gedachtes eins. Noch ist die schwierige Frage übrig, wie es dann sey, wenn das Gedachte zusammengesetzt ist: das Denken würde sich alsdann, die Theile des Ganzen durchlaufend, verändern. Allein das Immaterielle ist untheilbar, und wie das menschliche Denken oder das Denken des Zusammengesetzten wenigstens in gewissen Augenblicken sich verhält (denn das Gute erfasst es nicht an diesem oder jenem Punkt, sondern es erfasst das Beste, obwohl ein von ihm Verschiedenes, auf einmal) so verhält sich das göttliche Denken seiner selbst die ganze Ewigkeit hindurch.

Kapitel 10

Noch müssen wir untersuchen auf welche Weise die Natur des All das Gute und das Beste in sich begreift, ob es etwas Gesondertes und Fürsichseyendes ist, oder die Ordnung oder beides zusammen, wie ein Heer. Beim Heere nämlich liegt das Gute sowohl in der Ordnung als im Feldherrn, und zwar noch mehr im Letztern: denn nicht der Feldherr ist wegen der Ordnung, sondern die Ordnung wegen des Feldherrn. Alles aber ist auf gewisse Weise zusammengeordnet, obschon nicht auf gleiche Weise, Fische, Vögel und Pflanzen; und es ist nicht also, als ob kein Ding zum andern im Verhältniss stünde, sondern allerdings findet ein Verhältniss statt: denn im Verhältniss zu einem Einigen ist Alles zusammengeordnet. Allein gleichwie es in einem Hause den Freien keineswegs freisteht, zu thun, was ihnen einfällt, indem Alles oder das Meiste angeordnet ist, die Sclaven und Thiere aber nur Weniges zu thun haben für das Allgemeine, und meistens thun, was sich eben trifft (denn ein solches Prinzip ist für ein jedes von ihnen seine Natur: ich meine diess so, es müsse Alles zur Ausscheidung kommen): also verhält es sich auch mit dem Uebrigen, von dem Jedes an Jedem Theil nimmt zum Behufe des Ganzen. In welche

Unmöglichkeiten aber oder Ungereimtheiten sich Diejenigen verwickeln, welche anderer Ansicht sind, ja selbst Diejenigen, welche gebildeter denken, und bei welcher Auffassungsweise man auf die wenigsten Schwierigkeiten stösst, darf nicht unerörtert bleiben. Alle Philosophen lassen Alles aus Entgegengesetztem entstehen: aber weder das »Alles« noch das »aus Entgegengesetztem« ist richtig bestimmt, und selbst bei Demjenigen, worin das Entgegengesetzte sich findet, geben sie nicht an, *wie* es aus dem Entgegengesetzten werde: denn das Entgegengesetzte kann nicht von einander afficirt werden. Für uns löst sich aber diese Schwierigkeit auf einleuchtende Weise durch Annahme eines Dritten. Einige Philosophen setzen die Materie als den einen der Gegensätze, wie z. B. Diejenigen, welche das Ungleiche dem Gleichen oder dem Einen das Viele entgegensetzen. Auch dieser Ansicht müssen wir das Gleiche entgegenhalten: die Materie als solche bildet gegen nichts einen Gegensatz. Ferner wäre Alles durch Theilnahme an dem Schlechten, das Eins ausgenommen: denn das Schlechte als solches ist ihnen das Eine der Elemente. Andere hingegen setzen das Gute und das Böse nicht einmal als Prinzipe, da doch in Allem vorzugsweise das Gute Prinzip ist. Noch Andere setzen es zwar als Prinzip, und daran thun sie recht: allein in welcher Weise das Gute Prinzip sey, ob als Zweck oder als bewegende Ursache oder als Form, geben sie nicht an. Unstatthaft ist auch die Meinung des Empedokles: er macht nämlich die Freundschaft zum Guten, da sie doch einestheils bewegendes Prinzip ist, indem sie zusammenführt, anderntheils materielles Prinzip, indem sie ein Theil der Mischung ist. Wenn nun auch Eins und Dasselbe beziehungsweise sowohl materielles als bewegendes Prinzip seyn kann, so ist diess beides doch seinem Wesen nach nicht identisch. In welcher Eigenschaft ist nun die Freundschaft Prinzip, als materiell oder als bewegend? Ebenso unstatthaft ist es, dass der Streit unvergänglich seyn soll, oder doch die Natur des Bösen ist. Anaxagoras dagegen setzte das Gute als bewegendes Prinzip, denn die Vernunft bewegt: allein sie bewegt um eines Andern willen, das Gute ist also ein von ihr Verschiedenes: es sey denn, dass Anaxagoras sagen würde, wie wir, die Heilkunst sey gewissermassen die Gesundheit. Auch ist es unstatthaft, dass er nicht ein dem Guten und der Vernunft Entgegengesetztes angenommen hat. Alle Philosophen jedoch, welche entgegengesetzte Prinzipe aufstellen, bedienen sich dieser Gegensätze nicht, es sey denn, dass ein Dritter ihnen nachhilft. Auch warum das Eine vergänglich, das Andere unvergänglich ist, gibt Keiner an, denn sie leiten alles Seyende von denselben Prinzipen ab. Ferner leiten die Einen das Seyende aus dem Nichtseyenden ab, Andere, um nicht hiezu gezwungen zu werden, machen aus Allem Eins. Ferner sagt Keiner, warum ewig ein Werden stattfinden werde, und was die Ursache des Werdens sey. Diejenigen Philosophen, welche zwei Prinzipe annehmen, müssen offenbar über beide ein höheres Prinzip setzen; ebenso diejenigen, welche Ideen annehmen: denn was ist der Grund, dass die Dinge an den Ideen theilgenommen haben oder noch theilnehmen? Auch müssen die andern Philosophen der Weisheit und der ehrwürdigsten Wissenschaft ein Entgegengesetztes gegenüberstellen: wir haben das nicht nöthig, da dem Ersten nichts entgegengesetzt ist. Alles Entgegengesetzte nämlich hat Materie und ist potenziell identisch: die Unwissenheit z. B. geht in ihr Entgegengesetztes über: dem Ersten aber ist nichts entgegengesetzt. Existirt nichts ausser der Sinnenwelt, so kann es kein Prinzip, keine Ordnung, kein Werden, kein Himmlisches geben, sondern ein Prinzip hat dann immer wieder ein anderes Prinzip, wie wir diess bei allen Theologen und Naturphilosophen finden. Auch wenn es Ideen oder Ideal-Zahlen gäbe, so wären sie doch Ursachen von nichts, oder doch wenigstens nicht Ursachen der Bewegung. Und wie kann denn aus dem Grösselosen Grösse und Zusammenhängendes entstehen? die Zahl kann doch wohl kein Zusammenhängendes hervorbringen, weder als bewegende noch als formelle Ursache. Namentlich könnte Keiner der Gegensätze zugleich hervorbringendes und bewegendes Prinzip seyn, da er sonst auch nicht seyn könnte. Da das Hervorbringen später ist, als das Vermögen, so wäre demnach des Seyende nicht ewig. Allein das ist es. Man muss also eins davon aufheben. Wie das – ist gesagt worden. Ferner sagt Niemand etwas derüber, wodurch die Zahlen eins sind, oder die Seele eins mit dem Körper, überhaupt die Form eins mit der Sache: und man kann auch hierüber nichts sagen, wenn man nicht mit uns sagt, die bewegende Ursache vereinige sie. Diejenigen aber, welche zuerst die mathematische Zahl zum Prinzip gemacht, und so fort für jede der folgenden Substanzen ein besonderes Prinzip angenommen haben, machen das Wesen des All zu einem innerlich unzusammenhängenden (denn die eine Substanz ist ganz ohne Einfluss auf die andere, sie mag existiren oder nicht) und stellen viele Prinzipe auf: das Seyende aber will nicht schlecht regiert seyn.

»Niemals ist Vielherrschaft ein Nütze: nur Einer sey Herrscher.«

Die Sittenlehre (1. und 2. Buch)

Erstes Buch

Erstes Kapitel

Inhalt. Die Lehre von den Zwecken, als der Grund aller Moral. – Die Zwecke sind entweder die Thätigkeiten selbst, oder die dadurch hervorgebrachten Werke. – Unterordnung der Zwecke, und letzter Zweck. Dieser ist der Gegenstand, mit welchem die *Staatskunst* zu thun hat. Eigenschaften, welche der Lehrling der Staatskunst zu diesem Unterrichte mitbringen muß, wenn er nutzen davon ziehen soll.

Jede Kunst und jede Wissenschaft*, auf gleiche Weise jede Handlung und jeder Willens-Entschluß streben nach irgend einem Gute, als ihrem Zwecke.

Weil, von jedem Bestreben, der Gegenstand etwas Gutes ist: so scheint das Gute selbst so definirt werden zu können, »daß es dasjenige sey, wonach alle Thätigkeit strebt«.

Unter den Endzwecken giebt es aber Unterschiede. Einige liegen in der Thätigkeit selbst, andre außer ihr, in dem von ihr hervorgebrachtem Werke. In den Fällen, wo es, außer den Handlungen, noch andre Zwecke giebt, müssen, natürlicher Weise, die hervorgebrachten Werke besser seyn, als die Thätigkeit, welche sie hervorbringt.

Da es der Handlungen, der Künste und der Wissenschaften viele giebt: so muß es auch mannigfaltige Endzwecke geben. – So ist z. B. der Zweck der Arzneykunst die Gesundheit: der Zweck der Schiffbaukunst ist das Schiff; der Feldherrnkunst, der Sieg; der Haushaltungskunst, der Reichthum.

Von diesen Künsten und Handlungen sind einige höhern und vollkommnern, als Endzwecken, untergeordnet. Die Kunst, Zäume und das übrige Pferdezeug zu verfertigen, ist der Reitkunst, – die Reitkunst selbst, so wie alle kriegerischen Handlungen, sind der Feldherrnkunst, und so andre andern untergeordnet. Von allen solchen einander untergeordneten Künsten sind die Endzwecke der obersten, oder der leitenden (der architektonischen) Kunst im höhern Grade begehrungswürdig, als die Endzwecke der ihnen untergeordneten. Denn nur um jener willen werden diese gesucht.

Es kommt hierbey nicht darauf an, ob die Endzwecke in den Handlun-

---

* Im Original μεθοδος.

gen selbst, oder in davon verschiednen und dadurch hervorgebrachten Werken liegen: wie dann Beyspiele von beyden, in den zuvor angeführten Wissenschaften, vorkommen.

Wenn es nun einen Zweck menschlicher Handlungen giebt, den wir um sein selbstwillen, und um dessentwillen wir die andern Dinge begehren; und wenn wir nicht alles, was wir wählen, bloß als Mittel, etwas anderes zu erreichen, ansehen: – und in der That wäre dieß, so müßte die Reihe von Zwecken ins Unendliche fortgehen, und das Verlangen des Menschen würde endlich ohne allen Gegenstand und ohne allen Grund seyn: – so ist klar, daß dieser letzte Endzweck das wahre Gut, oder doch das höchste Gut seyn müsse.

Giebt es nun ein solches, so hat ohne Zweifel die Kenntniß desselben einen großen Einfluß auf die Aufführung und das Leben der Menschen. Es wird für uns dasjenige seyn, was für den Bogenschützen das aufgesteckte Ziel ist, – ein Gesichtspunkt, der uns die erforderliche Richtung in unsern Handlungen weniger verfehlen läßt.

Sonach müssen wir also wohl versuchen, ob wir uns wenigstens eine ungefähre Vorstellung davon machen, und uns selbst sagen können, welches dieser höchste Endzweck sey, und welche Wissenschaft, oder welche Kraft des Menschen sich damit beschäftige.

Wahrscheinlicher Weise wird es diejenige seyn, welche an sich die höchste ist und die übrigen leitet. Eine solche scheint nun die Staatswissenschaft zu seyn. Denn sie ist es, welche in jedem Staate vorschreibt, was für Wissenschaften ihm nöthig sind, wer die eine oder die andere erlernen soll, und bis auf welchen Grad jede soll getrieben werden.

Wir sehen auch ferner, daß diejenigen Talente und Künste, welche in der größten Achtung stehen, dennoch jener, der Staatskunst, untergeordnet sind: z. B. die Kunst des Feldherrn, des Landwirths und des Redners.

Da also die Staatskunst sich der übrigen praktischen Wissenschaften nach ihrem Gefallen bedient; da sie überdieß auch vorschreibt, was in ihnen gethan werden, und wessen sie sich enthalten sollen: so müssen dem Zwecke der Staatskunst die Endzwecke der übrigen Wissenschaften untergeordnet seyn. Jener muß demnach als das eigentliche Gut für den Menschen angesehen werden.

Man kann zwar sagen, dieses Gute lasse sich ja eben sowohl, bey einem einzelnen Menschen, als bey dem Staate, auffinden. Aber die Idee desselben ist doch im letztern vollständiger und mehr im Großen zu erkennen: und seine Erwerbung sowohl, als seine Erhaltung, ist von einem höhern Werthe. Auch einen einzigen Menschen glücklich zu machen, ist schön; aber ganze Städte und Völker zu beglücken, ist erhaben und göttlich.

Hiernach strebt also die Untersuchung, welche ich vorhabe: und sie gehört auf gewisse Weise zur Politik. Diese Untersuchung wird als befriedigend angesehn werden können, wenn sie so deutliche Begriffe über den gewählten Gegenstand giebt, als es die Natur desselben erlaubt. Man darf eben so wenig eine gleiche Genauigkeit vom Philosophen, bey allen Gegenständen der Untersuchung, als vom Handwerker in der Bearbeitung aller Stoffe fordern.

Ueber das, was moralisch gut, und was gerecht sey, zwey Gegenstände, über welche die Staatskunst ihre Untersuchungen anstellt, sind die Meinungen so sehr verschieden, und weichen so weit von einander ab: daß es scheint, jene sind nicht durch die Natur, sondern nur durch Gesetze und Gewohnheiten bestimmt.

Ja selbst der Begriff des Guten ist gleichen Widersprüchen und Zweydeutigkeiten unterworfen, indem viele, durch eben die Dinge, welche gemeinhin für Güter gehalten werden, Schaden leiden. Schon manchen ist ihr Reichthum, andern ihr Muth die Ursache ihres Verderbens geworden. – Wenn man von dergleichen Gegenständen spricht, und aus dergleichen Principien argumentirt: so muß man zufrieden seyn, wenn man das Wahre nur obenhin und gleichsam im Umrisse anzeigen kann. Sobald wir von Gegenständen reden, und von Vordersätzen ausgehen, die nur der, aus Mehrheit der Fälle entstehenden, Wahrscheinlichkeit fähig sind: so können wir auch keine andern, als solche Schlußfolgen erwarten.

Auf diese Weise hat man also alles, was hier gesagt werden wird, zu beurtheilen. Es ist dieß die Eigenschaft einer richtig gebildeten Urtheilskraft*, daß sie in jeder Gattung von Unterricht nur den Grad von Genauigkeit suche, welchen die Natur des Gegenstandes zuläßt. Es ist eben so widersinnig, mit einem Mathematiker zufrieden zu seyn, der seine Sätze bloß wahrscheinlich macht, als von einem Redner zu fordern, daß er die seinigen streng beweise. Jeder beurtheilt aber anderer Schriften am richtigsten in Gegenständen, die er selbst am besten kennt; also der, welcher den dazu nöthigen Unterricht erhalten hat. Der beste Richter über alles ist der, welcher die vollkommenste Geistesbildung überhaupt erhalten hat.

Die Staatswissenschaft ist daher nicht ein Studium für Jünglinge. Sie kennen das menschliche Leben, dessen Geschäfte und Handlungen noch zu wenig, und doch redet die Staatswissenschaft nur von diesen, und geht nur von diesen in ihren Schlüssen aus. Da sie überdies von Leidenschaften beherrscht werden: so wird diese Wissenschaft, wenn nicht unverständlich, doch unnütz für sie seyn. Denn der Endzweck derselben geht nicht bloß auf Kenntniß, sondern auf Ausübung. – Es ist aber einerley, ob ein Mensch, nach seinem Alter, ein Jüngling, oder ob er nur dem Charakter

---

* πεπαιδευμένη

nach jugendlich sey: denn der Fehler liegt nicht in dem Mangel der Jahre, sondern in der Leidenschaft, welche das Leben und die Bestrebungen der Jugend regiert. Leuten dieser Art wird jede Kenntniß eben so unnütz, als Personen, die ihrer selbst nicht mächtig sind.

Denjenigen hingegen, die nach Vernunft ihre Bestrebungen und Handlungen einrichten, ist es ohne Zweifel sehr nützlich, richtige Erkenntnisse über moralische Gegenstände zu erhalten. Und so viel sey zur Einleitung, von den Erfordernissen eines Schülers dieser Wissenschaft, von der Art der möglichen Behandlung derselben, und von unsrer Absicht bey ihrem Vortrage genug.

Zweites Kapitel

Inhalt. Glückseligkeit. – Verschiedenheit der Meinungen darüber. – Zwiefacher Gang philosophischer Untersuchungen, *a priori* und *a posteriori,* und welcher von beyden bey unserm Gegenstande anwendbar ist. – Die sittliche Sinnesart ist in diesem Fache das Princip der Kenntnisse.

Wir wollen die Sache noch einmahl von vorn anfangen.

Bey jeder Kenntniß und bey jeder Handlung, hat man die Erreichung irgend eines Gutes zur Absicht.

Was ist nun bey der Wissenschaft, welche die Staatskunst heißt, der Gegenstand unsers Bestrebens?

Damit hängt die andre Frage zusammen: was ist überhaupt das höchste unter allen den Gütern, welche sich menschliche Handlungen zum Ziele setzen können?

Den Wortbegriffen nach, sind hierüber die Meinungen aller Menschen beynah einstimmig. Die *Glückseligkeit,* heißt es, ist der letzte Zweck des Menschen. So sagt der große Haufe; so sagen die Weisen.

Zwey andere Ausdrücke in der Griechischen Sprache, *gut leben,* und *gut handeln,* ἐῦ ζῆν, und ἐῦ πράττειν sollen, wie jedermann dafür hält, eben so viel bedeuten, als glückselig seyn.

Aber worin besteht nun die Glückseligkeit? darüber sind die Stimmen nicht mehr eins. Und besonders entfernt sich hierüber die Meinung des großen Haufens von den Begriffen der Weisen.

Jener sucht die Glückseligkeit in einer bestimmten in die Augen fallenden Sache, und die sinnlich wahrgenommen werden kann, als Reichthum, Vergnügen oder Ehre. Ueber den Vorzug unter diesen Gütern selbst ist ein neuer Streit. Jeder wählt ein andres: und oft ist das Urtheil desselben Menschen zu verschiedenen Zeiten verschieden. Gemeiniglich giebt er demjenigen Gute den Vorzug, dessen er gerade zu der Zeit entbehrt: der Gesundheit, wenn er krank, dem Reichthume, wenn er dürftig ist. Die, welche sich ihrer Unwissenheit bewußt sind, halten Personen, welche große und für sie unerreichbare Einsichten äußern, für glückselig.

Einige hingegen haben behauptet, daß, außer diesen mannigfaltigen Gütern, es ein einziges selbständiges Gut gebe, welches auch für jene alle die Ursache sey, daß sie für Güter gehalten werden.

Jede dieser verschiednen Meinungen zu untersuchen, wäre ein unnützes Geschäft. Es ist genug, sich auf diejenigen einzulassen, die entweder am berühmtesten geworden sind, oder die scheinbarsten Gründe für sich haben.

Wir müssen aber nicht vergessen, daß die philosophischen Untersuchungen einen zwiefachen Gang nehmen. Die einen führen auf die ersten Principien zurück; die andern leiten aus den Principien anerkannte Wahrheiten her. Diese beyden Arten hat auch Plato schon unterschieden, und mit Recht die Frage aufgeworfen, welche Methode er in den Staatswissenschaften befolgen müsse. Diese zwiefache Richtung der Meditation ist dem doppelten Laufe auf der Olympischen Rennbahn ähnlich: von dem Sitze der Kampfrichter zum Ziele, oder vom Ziele zu den Schranken zurück.

In beyden Fällen muß man von anerkannten Sätzen anfangen. Aber unter anerkannten Sätzen kann man zweyerley verstehen: das, was an sich, und das, was in Beziehung auf uns das Anerkannte ist.

Wahrscheinlich muß wohl eine Untersuchung, die wir unternehmen, auch von Sätzen anfangen, die von *uns* anerkannt sind.

Dieß ist der Grund, warum eine sittliche Bildung bey demjenigen schon vorhanden seyn muß, der über Tugend und Recht, mit einem Worte, über Gegenstände der politischen Wissenschaft den Unterricht gehörig soll fassen können.

Denn hier ist das Princip oder der Anfang der Erkenntniß, die gute moralische Gesinnung und Aufführung. Findet sich dieß bey einem Menschen hinlänglich: so ist nur noch wenig nöthig, ihn über die Gründe der Pflichten zu belehren. Denn ist er von jenem Charakter: so ist er entweder schon mit den Principien bekannt, aus welchen die Pflichten hergeleitet werden, oder er wird sehr leicht zur Kenntniß derselben gelangen.

Bey welchem aber beydes mangelt, der mag die Verse des Hesiodus auf sich nehmen:

Der ist der Erste von allen, der selbst mit seinen Gedanken
Alles umfasset, das Künftige spähet, und Mittel zum Ziele
Wahren dauernden Glücks, durch eigne Einsicht, erfindet.
Doch auch ruhmvoll ist der, der weisem Rathe Gehör giebt.
Aber erfindungslos selbst und taub den Lehren der Klügern
Seyn: dieß schändet den Mann und macht ihn zur unnützen Erdlast.

Drittes Kapitel

Inhalt. Die verschiednen Lebensarten der Menschen. – Es lassen sich darin vornehmlich drey unterscheiden: das genießende, das geschäftige und das beschauliche Leben. – Sinnliches Vergnügen, Ehre und Geld sind der Zweck, wonach die meisten trachten. – Keines derselben qualificirt sich zu einem höchsten Zwecke.

Ich gehe dahin zurück, von wo ich ausgeschweift bin: zur Untersuchung des Begriffs von Glückseligkeit.

Um das Gute und die Glückseligkeit zu erkennen, scheinen die Philosophen nicht ohne Grund die verschiedenen Lebensarten mit einander verglichen zu haben. Der große Haufe, d. h. die Menschen von der gemeinen Denkungsart setzen die Glückseligkeit in das sinnliche Vergnügen. Um deßwillen geben sie auch der genießenden Lebensart den Vorzug.

Es giebt nähmlich drey vorzüglich sich auszeichnende Lebensarten der Menschen, die *genießende*, deren ich eben jetzt gedacht habe, die *politisch geschäftige*, und die *beschauliche*.

Die Meinung des großen Haufens nun, welcher ein bloß thierisches Wohlleben über alles schätzt, ist ohne Zweifel nur der Antheil niedriger und sklavischer Seelen. Er ist aber um desto mehr zu entschuldigen; weil unter denen, welche die ersten Stellen des Staates einnehmen, die Sardanapale eben so zu denken scheinen. Die Menschen der bessern Classe und die zu bürgerlichen Geschäften fähig sind, setzen die Glückseligkeit in die Ehre.

Aber die Ehre scheint weit weniger dem Menschen selbst zuzugehören, weit mehr gleichsam bloß auf seiner Oberfläche zu liegen, als es bey dem Gegenstande, den wir suchen, bey der Glückseligkeit, seyn sollte. Denn sie ist die Meinung Andrer von unsern Verdiensten. Sie liegt mehr in dem, welcher ehrt, als in dem, welcher geehrt wird. Glückseligkeit hingegen soll, wir wir voraussetzen, in dem glücklichen Menschen selbst liegen; es soll sich schwer von ihm trennen lassen.

Ueberdieß scheinen die Menschen die Ehre deßwegen zu suchen, damit sie selbst von ihren Tugenden überzeugt werden. Deßwegen wollen sie nicht bloß überhaupt geehrt, – sondern sie wollen von einsichtsvollen Personen, von denen, welchen sie bekannt sind, – sie wollen endlich über solche Eigenschaften geehrt seyn, die wahre Tugenden sind. Die Tugend muß also in ihren Augen ein höheres Gut scheinen, als die Ehre.

Vielleicht also könnte man die Tugend als den Zweck des geschäftigen Lebens ansehn. Aber auch sie macht allein noch nicht den vollständigen Zweck aus.

Ein Mensch kann eine Tugend oder eine Vollkommenheit besitzen, ohne ihrer froh zu werden. Es wäre dieß der Fall in einem beständigen Schlafe, es ist der Fall bey einem völlig unthätigen Leben. Er könnte noch überdieß die größten Unglücksfälle und Schmerzen auszustehen haben. Man würde alsdann sein Leben doch gewiß nicht glückselig nennen, wofern man nicht bloß eine Behauptung durchsetzen wollte.

Ich sage hier nicht mehr von diesem Gegenstand, da ich mich auch in den encyklischen Büchern hinlänglich darüber ausgelassen habe.

Die dritte Lebensart ist die beschauliche, über welche ich in der Folge Untersuchungen anstellen werde.

Was die bloß mit dem Gelderwerbe beschäftigte Lebensart betrifft: so ist dieselbe ein unnatürlicher und gleichsam gewaltsamer Zustand des Menschen, und der Reichthum ist augenscheinlich das gesuchte Gut nicht. Denn er ist nur gut, insofern er nützlich ist, und also um eines andern Dinges willen. Also würden eher noch die vorher genannten Güter als letzte Zwecke angesehen werden können; weil sie um ihrer selbst willen geschätzt werden. Aber auch sie eignen sich nicht dazu, jenen Nahmen zu tragen, so viel auch für sie in den Schriften der Weltweisen gesagt wird.

Viertes Kapitel

Inhalt. Von der Platonischen Idee des Guten.

Es wird ohne Zweifel schicklich seyn, hier auch diejenige Theorie zu untersuchen, die das höchste Gut in das *Allgemeine* oder in die *Idee* setzt, und den Inhalt und die Gründe davon zu beleuchten: obgleich diese Untersuchung für mich nicht ohne ihre besonderen Schwierigkeiten ist, weil es ein Freund und ein Lehrer von mir war, der diese Theorie von den Ideen in die Philosophie eingeführt hat. Doch ist es eine noch höhere Pflicht, die Wahrheit aufrecht zu erhalten, und um ihretwillen auch das uns persönlich Angehende aufzuopfern: eine Pflicht, die für uns, die wir Philosophen seyn wollen, doppelt groß ist. Denn wenn wir auch Freunde von beyden, vom Menschen und von der Wahrheit sind, müssen wir doch letzterer den Vorzug geben.

Ich bemerke zuvörderst, daß diejenigen, welche diese Meinung zuerst eingeführt haben, nie diese substantiellen Ideen bey Dingen angenommen haben, bey welchen ein *Früheres* und ein *Späteres* Statt findet. Daher sie auch bey den Zahlen nicht eine absolute Idee der Zahl zum Grunde legen. – Nun gehört aber das *Gute* zu den Gegenständen, bey welchen ein Früheres und ein Späteres Statt findet. Denn es wird sowohl von Substanzen, als von Beschaffenheiten und von Verhältnissen gesagt, daß sie gut sind. Nun ist aber die Substanz und das Wesen einer Sache, der Natur nach, früher, als die Verhältnisse derselben. Die Verhältnisse sind nähmlich den aus dem Stamme eines Baumes hervorkommenden Zweigen ähnlich: sie sind etwas, das zu den Wesen des Dinges zufällig hinzugekommen ist. – Also da es nicht eine allgemeine Idee für diese drey Arten der Kategorien zugleich geben kann: so kann es auch keine dergleichen Idee, (im Platonischen Sinne,) für das Gute geben.

Noch mehr: der Begriff des Guten wird auf so vielfache Weise gebraucht, als der Begriff des Dinges überhaupt. Denn es wird, wie schon gedacht, zuerst auf die Substanzen angewandt; wie wenn man sagt: Gott oder der verständige Geist ist gut; – dann auf die Beschaffenheiten, z. B. die Tugenden; – auf die Größen, wie wenn wir das Mittelmäßige gut nennen; – auf Verhältnisse, – beym Nützlichen; – auf die Zeit, – wenn wir von der guten Gelegenheit reden; – auf den Ort, wenn wir einen Wohnsitz gut nennen. Hieraus ist klar, daß also von dem, was Gut ist, nicht eine gemeinschaftliche und durchaus einfache Idee Statt finde. Denn sonst würde man es nicht von allen Kategorien prädiciren, sondern es würde nur das Prädikat einer einzigen seyn können.

Ferner, da von Gegenständen, die unter einer einzigen Idee stehen, sich auch nur *eine* Wissenschaft denken läßt: so müßte es auch für alle Arten des Guten nur eine einzige Wissenschaft geben. Nun giebt es aber vielerley Wissenschaften, die sich mit dem Guten beschäftigen: ja selbst die Güter, welche unter *einer* Kategorie stehn, geben den Stoff zu mehrern Wissenschaften, z. B. die Wissenschaft der *besten Zeit*, oder der guten Gelegenheit im Kriege, gehört für die Feldherrnkunst, die Kenntniß der *opportunitas* oder der gelegenen Zeit in Krankheiten, gehört für die Arzneykunst. Ebenso die Kenntniß des rechten Maßes, oder der besten Quantität bey Speise und Trank, gehört für den Arzt; bey körperlichen Arbeiten und Uebungen, für die Gymnastik.

Es hängt überdieß noch manche Dunkelheit über der Vorstellung des absoluten Wesens oder der *Idee*, im Platonischen Sinne. Von dem individuellen Menschen, und dem absoluten Wesen, oder der Platonischen Idee des Menschen, kann die Vernunft doch nur einerley Sätze als wahr erkennen. Denn insofern beyden das Prädikat Mensch zukommt, können sie nicht von einander unterschieden seyn: also sind sie es auch nicht, insofern ihnen das Prädikat des Guten zukommt.

Auch dadurch kann das Gute, in der Platonischen Idee, vor dem Guten in den einzelnen Dingen, nicht unterschieden werden, daß die einzelnen Dinge vergänglich sind, das Ideal aber ewig ist; so wenig als von zwey weißen Körpern, der lang dauernde für weißer gehalten wird, als der mit einem Tage aufhört.

Die Theorie der Pythagoräer hat mehr Scheinbares; wenn sie sagen, daß das Eine, das absolute Gut, in der Zusammenordnung und Verbindung aller Arten von Gütern bestehe: welcher Vorstellung auch Speusippus beystimmt. Doch hiervon an einem andern Orte.

Noch ist eine andre Schwierigkeit in Absicht jener Platonischen Ideen-

Theorie, wenn sie auf das Gute angewandt wird, übrig. – Die Platonische Idee des Guten soll die Grundlage alles dessen seyn, was im einzelnen Dinge gut genannt wird. – Nun werden aber Dinge in zwey ganz verschiednen Rücksichten *gut* genannt; in der einen, deßwegen, weil sie, an sich und um ihrer selbst willen, geliebt und aufgesucht werden; in der andern nur insofern, als sie entweder zur Hervorbringung jener ersten Güter, oder zur Erhaltung derselben, oder zur Wegräumung der ihnen entgegenstehenden Hindernisse dienen. Es giebt also zwey ganz verschiedne Arten des Guten: wovon die eine das an sich selbst Gute in sich enthält, die andre das, was, nur um der Verbindung willen mit etwas anderm und in Beziehung auf dieses, gut ist. Nun fragt sich also, – wenn man auf diese Weise das *Nützliche* von dem, *was an sich gut* ist, absondert: giebt es für beyde Arten *eine* gemeinschaftliche Idee, oder nicht? – Das führt auf eine andre Frage: »welches sind eigentlich Güter an sich?« – Diejenigen, welche auch abgesondert von allen andern ein Gegenstand des Bestrebens sind? – als der Verstand, der Sinn des Gesichts, gewisse Vergnügungen und Ehrenstellen? – Diese Sachen haben zwar auch ihren Bezug wieder auf einen anderweitigen Nutzen, um deßwillen sie begehrt werden: aber dieser ist es doch nicht allein, der ihnen den Werth giebt, sondern sie enthalten auch in sich etwas begehrungswürdiges. Oder ist unter dem *Guten an sich* einzig und allein die Idee zu verstehen? Aber alsdann wird die *Idee* selbst eine ganz leere Vorstellung uns darbiethen. Im ersten Falle aber, wenn jene genannten Gegenstände auch *Güter an sich* sind: so wird in allen diesen eine gemeinschaftliche Theorie des Guten Statt finden müssen, so wie ein gemeinschaftlicher Begriff des Weißen zum Grunde liegt, bey der Weisse des Schnees und bey der des Bleyweißes. – Dieß ist aber in Absicht jener nicht der Fall: sondern die Ehre, der Verstand und das Vergnügen haben auch, insofern sie Güter sind, ihr eignes Wesen und ihre eigne Theorie.

Wie und warum werden sie denn also mit dem gemeinschaftlichen Nahmen *Gut* belegt? Ist dieß eine bloß zufällige Bezeichnung verschiedener Gegenstände mit demselben Worte? Das ist nicht wahrscheinlich. Oder werden sie *dadurch* unter *einen* Begriff gebracht, daß sie von einer und derselben Ursache herstammen, und sich auf einen und gemeinschaftlichen Zweck vereinigen? – Oder liegt vielmehr eine Analogie zum Grunde? – Wenn der Verstand *gut* heißt, und das *Sehen* etwas Gutes heißt: geschieht es vielleicht, weil das verständige Denken, in Absicht der Seele, eben das ist, was das Sehen, in Absicht des Körpers? – Doch dieß alles ist vielleicht hier bey Seite zu setzen. Es wenigstens genau ergründen zu wollen, gehört mehr für einen andern Zweig der Philosophie.

Eine andre Bedenklichkeit entsteht über die Natur der Ideen selbst. Wenn die Platonische *Idee* des Guten, das *Abstrakte*, allen Gütern Gemeinschaftliche, – oder wenn sie etwas von denselben Abgesondertes und für sich Bestehendes ist: so ist klar, daß es also nicht das von dem Menschen zu erwerbende, nicht das von ihm auszuübende Gute sey. Und doch ist nur von diesem letzten in der Moral die Rede. Vielleicht würde man hierauf antworten: daß die Kenntniß dieser *Idee* doch insofern auch zur Einsicht des praktischen Guten, dessen, wonach der Mensch streben, oder dessen, was er ausüben soll, nützlich sey; als sie gleichsam ein Muster aufstelle, durch Vergleichung mit welchem wir die Dinge, welche *für uns gut* sind, leichter und richtiger erkennen lernen. Und wenn wir sie richtiger und leichter erkennen: so werden wir ihrer auch eher theilhaftig werden. Dieses Räsonnement hat einigen Schein. Aber es scheint doch dem zu widersprechen, was bey allen Wissenschaften geschieht. Jede Wissenschaft nähmlich, so wie jede Kunst, hat die Erreichung eines gewissen Gutes zum Ziele, und suchet gewissen Bedürfnissen und Mängeln abzuhelfen. Dessen ungeachtet lassen fast alle Wissenschaften, die Untersuchung der Natur des Guten, wornach sie streben, als etwas überflüssiges aus. Wäre die Kenntniß desselben aber dem Künstler von so großem Nutzen, als bey obigem Räsonnement vorausgesetzt wird: so ist es nicht wahrscheinlich, daß alle Künstler darüber unwissend seyn, und die Untersuchung davon unterlassen sollten. – Es ist auch in der That nicht wohl abzusehn, welchen Nutzen der Weber oder der Zimmermann zu Ausübung seiner Kunst davon haben könnte, wenn er das selbständige Gut kennte. Oder wie jemand dadurch ein geschickterer Arzt, oder Feldherr werden würde, daß er die *Idee* Gut *in abstracto* angeschaut hätte. Denn selbst die Gesundheit, seinen eigentlichen Gegenstand, scheint der Arzt nicht sowohl *in abstracto* und in sich zu untersuchen, als *in concreto*, wie und was die Gesundheit beym Menschen sey: und noch mehr, was sie bey *diesem* individuellen Menschen ist. Denn wenn er seine Heilkunst ausübt; so übt er sie bey dem einzelnen Menschen aus. – Doch genug hiervon.

Fünftes Kapitel

Inhalt. Beweis, daß die Glückseligkeit selbst das höchste Gut sey.

Wir wollen also die Untersuchung über die Natur des Guten von vorn anfangen: und von neuem fragen, was ist es? – Jede menschliche Handlung und jede Kunst scheint ihr eigenthümliches zu haben. – Ein anderes Gut ist, welches sich die Arzneykunst, ein anders, welches sich die Feldherrnkunst zu erreichen vorsetzt; und so ist es in allen übrigen. Was ist also das jeder Sache eigenthümliche oder ihr zugehörige Gut, oder das, um dessentwillen alles Uebrige gethan wird? – Augenscheinlich ist es bey der Arzneykunst, die Gesundheit; beym Geschäfte des Feldherrn, der

Sieg; bey der Baukunst, die Aufführung einer Wohnung; und so viel verschiedne Künste es giebt, so viel giebt es auch verschiedne Arten der Güter. – In allen, sowohl Handlungen als Entschlüssen, liegt das Gute in dem Endzwecke, wonach sie streben. Denn um des Endzwecks willen und zu seiner Erreichung geschieht das, was geschieht. – Gäbe es also für sämmtliche Handlungen und Geschäfte der Menschen einen gemeinschaftlichen Zweck: so würde dieser auch das *Gute* in Beziehung auf menschliche Handlungen seyn. Gäbe es solcher Zwecke mehrere: so würde es auch von diesem Guten mehrere Arten geben. – Durch einen Umweg ist also die Untersuchung auf eben den Punkt zurückgekommen, auf welchem wir zuvor schon waren. Aber der Gegenstand verdient, daß wir ihn noch mehr aufzuklären versuchen.

Die Zwecke selbst, die wir haben, sind von verschiedner Art. Einige derselben wählen wir nun als Mittel zu höhern Zwecken; um etwas anders durch sie zu erreichen. Von dieser Art ist der Reichthum, von dieser Art sind überhaupt alle Werkzeuge und die musikalischen insbesondere. Wer hat sich je Flöten angeschafft, bloß um Flöten zu haben? Also nicht alle Zwecke sind vollständige Zwecke. Das absolut Gute oder das Beste aber ist etwas vollständiges. Giebt es also nur *einen* dergleichen Zweck, d. h. einen solchen, der sich gleichsam in sich selbst endiget; so würde dieser der Gegenstand seyn, nach dem wir forschen: gäbe es deren mehrere; so würde es der vollkommenste unter den vollständigen seyn. – Nun sehen wir aber das, wonach wir um sein selbst willen streben, für vollkommener an, als das, was wir um eines andern Dinges willen suchen; – und das, was *lediglich* um sein selbst, und nie um eines andern willen gewählt wird, für vollkommner, als die Sachen, welche, zugleich ihrer eignen Beschaffenheit wegen, und als Mittel eine andre zu erreichen, begehrt werden. – Zu der erstern Classe gehört wohl nichts so sehr als die Glückseligkeit. Denn Ehre, Vergnügen, Verstand, ja jede Vollkommenheit des Geistes, begehren und suchen wir zwar auch an sich, und wir würden jedes derselben uns wünschen, auch wenn nichts weiter aus denselben entstände: wir betrachten sie aber auch sehr oft bloß als Mittel glückselig zu werden, und begehren sie also um der Glückseligkeit willen. Die Glückseligkeit hingegen wählen wir nie anders, als um ihrer selbst willen; – nie, damit sie uns jene Güter, oder sonst irgend etwas verschaffe.

Auf dieselbe Schlußfolge kommen wir, wenn wir die Glückseligkeit von Seiten der Selbstgenugsamkeit ansehn. Dasjenige ist ohne Zweifel vollständig, was sich selbst genug ist. – Wenn man aber vom Menschen sagt, daß etwas ihm völlig genug thut, oder ihm die Selbstgenugsamkeit verschafft: so meint man nicht bloß, daß es ihm allein das zu einem einsamen Leben Erforderliche, sondern daß es ihm auch als Vater, Sohn, Ehemann, Freund und selbst als Glied einer bürgerlichen Gesellschaft, das in allen diesen Verhältnissen mit andern Menschen Nöthige verschaffe. Denn der Mensch ist von Natur, und nach seinem Wesen, ein zur Geselligkeit, und besonders zum bürgerlichen Leben bestimmtes Geschöpf; und was ihn also befriedigen soll, muß ihm, als geselligen und in Gesellschaft lebenden Menschen, genug thun können. Doch muß man von diesen Verbindungen irgendwo eine Gränze festsetzen: sonst wenn der Zusammenhang durch die Aeltern auf alle Vorfahren, durch die Kinder auf alle Nachkommen und durch die Freunde auf alle Freunde dieser, ausgedehnt würde: so gienge die Verbindung jedes Menschen ins Unendliche, und das was zureichen könnte, oder nöthig wäre, ihn zu befriedigen, müßte ebenfalls unendlich seyn. Doch dieß ist eine Betrachtung, die an einem andern Orte eine weitere Untersuchung erfordert.

Nun also das *Genugthuende*, oder das, was dem Menschen die *Selbstgenugsamkeit* verschafft, ist das, welches, wenn es auch allein vorhanden wäre, das Leben wünschenswürdig machen, und es vor allen Bedürfnissen sichern würde. Ein solches Gut aber scheint allein die Glückseligkeit zu seyn. Wenn ferner die Glückseligkeit das Wünschenswürdigste seyn soll; so muß sie nicht aus der Zusammenzählung vieler Güter entstehen, sondern etwas ganzes und einfaches seyn. Denn bestünde sie in einer Summe und Zusammensetzung einer bestimmten Anzahl Güter, so würde das kleinste zu dieser Summe hinzukommende Gut das Ganze schätzbarer machen. Dieses könnte also nicht das höchste Gut gewesen seyn.

Aus diesem allem scheint zu erhellen, daß die Glückseligkeit, da sie Zweck aller Handlungen des Menschen seyn soll, als etwas Vollständiges, und dem Menschen, der sie hat, die Selbstgenugsamkeit Verschaffendes angesehen werden müsse.

Sechstes Kapitel

Inhalt. Die Glückseligkeit, oder das höchste Gut des Menschen, liegt in dem ihm eigenthümlichen und ihm allein ausführbaren Werke: dieß sind aber vernünftige Handlungen.

Vielleicht aber wäre es genug, sich hierbey nur an die allgemeine Uebereinstimmung der Menschen zu halten, und sich damit zu begnügen, daß jedermann Glückseligkeit als das Beste, oder das höchste Gut für den Menschen ansieht.

Doch würde immer noch der Wunsch übrig bleiben, deutlicher auseinander gesetzt zu sehen, worin Glückseligkeit eigentlich bestehe.

Vielleicht gelingt dieß, wenn man zuvörderst untersucht, was denn die Bestimmung des Menschen, – mit andern Worten, was sein eigenthümliches Geschäft, was das Werk sey, das er zu vollbringen bestimmt ist. Denn so wie für den Flötenspieler, für den Bildhauer, und für jeden

Künstler, welche eine bestimmte Arbeit zu machen, oder ein bestimmtes Werk hervorzubringen haben, das *Gute*, – das, worauf sie losarbeiten, in der Vollendung ihres Werkes besteht: so würde auch für den Menschen, wenn er anders ein solches ihm eigenthümliches Werk von der Natur angewiesen bekommen hat, das Beste desselben in der Ausrichtung dieses Werks liegen. – Wäre es wohl möglich, daß der Zimmermann, und der Riemer seine ihm eigne Sphäre und sein Geschäft hätte, für den Menschen aber, als Menschen, es gar keine eigenthümliche Arbeit, kein dergleichen Werk gäbe? Oder muß nicht vielmehr, so wie jedes einzelne Glied in dem Menschen, Auge, Hand, Fuß, seine bestimmte Verrichtung hat, auch für den ganzen Menschen eine solche ihm eigenthümliche Verrichtung angegeben werden können? Und welche wäre wohl dieses? Das bloße *Leben* und die Lebensthätigkeiten, des Ernährens und Wachsens, sind ihm nicht allein eigen, sondern er hat sie mit den Thieren und Pflanzen gemein. Wir suchen aber das dem Menschen eigenthümliche Werk. – Es folgt die zweyte Art des Lebens, das empfindende. Aber auch diese ist dem Menschen nicht *eigen*, sondern, wie es scheint, auch allen Thieren gemein. Es bleibt also nur noch das thätige Leben des Menschen, insofern er mit Vernunft begabt ist, übrig. Im Menschen aber, als einem vernünftigen Wesen, läßt sich zweyerley unterscheiden: ein Theil, welcher der Vernunft gehorcht; und einer, der so zu sagen, im Besitz derselben ist, und sie durch vernünftiges Denken ausübet. Da also auch das Leben der Vernunft, von doppelter Art ist, und entweder in der Thätigkeit der Vernunft selbst, oder in der Befolgung ihrer Vorschriften besteht: so wird hier ohne Zweifel die durch sich thätige Vernunft, als die höhere und regierende, vornehmlich in Betracht kommen. – Wenn also der Mensch eine Bestimmung, oder ein ihm von Natur aufgetragenes Geschäft hat, so besteht jene und dieses in dem vernünftigen Denken, oder doch in Handlungen, die nicht ohne Vernunft geschehen. – Und wenn dieses die allgemeine Bestimmung der Gattung ist, so ist es auch das Werk des in seiner Gattung vollkommnen Individuums. Denn so ist es bey jeder andern Verrichtung: was des Lautenspielers Geschäfte im Allgemeinen ist, das ist auch das Werk des einzelnen *vortrefflichen* Lautenspielers insbesondre, nur mit dem Zusatze, daß das Werk des letztern auch das vortrefflichere Werk ist. Die Sache des Tonkünstlers *in abstracto* ist, ein musikalisches Instrument zu spielen: die Sache des großen Musikers ist, es gut zu spielen.

Zufolge allen diesen Betrachtungen, können wir annehmen, daß das Werk und die Bestimmung des Menschen in einer gewissen Art des Lebens und der mit dem Leben verbundenen Thätigkeit liegt. – Diese Art aber ist das vernünftige Leben, oder die Kraftäußerungen und Handlungen der Seele, die nach und mit Vernunft geschehen. – Dieß ist das Werk des Menschen. Das Werk des vortrefflichen oder des tugendhaften Menschen ist, alle solche Handlungen nach der vollkommensten Vernunft zu verrichten. Jedes Wesen aber macht dasjenige vortrefflich, was es nach der seiner Natur eignen Vollkommenheit vollbringt. Also wird endlich das wahre Gut des Menschen in *tugendhaften* oder der Tugend (der menschlichen Vollkommenheit) gemäßen Thätigkeiten der Seele bestehen: und – giebt es der Tugenden mehrere, – in Thätigkeiten, welche nach der höchsten und vollkommensten Tugend geschehen: und dann noch mit dem Zusatze: durch den Zeitraum eines ganzen Lebens. Denn so wie, nach dem Sprichworte, *eine* Schwalbe, oder *ein* schöner Tag noch nicht den Sommer macht: so macht auch nicht *ein* Tag oder eine sehr kurze Zeit, auf jene Art zugebracht, – das glückselige Leben aus.

Siebentes Kapitel

Inhalt. Von der in unsrer Wissenschaft erforderlichen Genauigkeit: – und von den verschiednen Arten, zur Kenntniß der Principien zu gelangen. – Vergleichung des zuvor angegebenen Princips mit allen bekannten Lehrsätzen von der Glückseligkeit. – Eintheilung der Güter in innere und äußere. – Die Glückseligkeit wird in die inneren gesetzt: die Güter der Seele sind aber nur Thätigkeiten.

Das zuletzt Gesagte mag also gleichsam für den Umriß des Begriffs der Glückseligkeit gelten. Und vielleicht muß man auf diese Art die Umrisse mit einfachen Strichen ziehen, ehe man das Bild ausmahlen kann. Sind jene einmahl richtig gezogen, so kann leicht, was zu dem Umrisse noch fehlt, aber doch schon durch denselben bestimmt ist, einzeln auseinander gesetzt und hinzugefügt werden. Bey dieser zweyten Arbeit ist auch die Zeit selbst bald Erfinderinn, bald wenigstens gute Gehülfinn derer, welche auf den gelegten Grund fortbauen wollen. Und so sind auch in allen Künsten die Fortschritte geschehen. Denn die Talente zur Ergänzung einer schon angefangenen Erfindung sind gemein.

Man erinnere sich aber noch, was ich zuvor gesagt habe: daß man nicht bey allen Gegenständen der Untersuchung eine gleiche Genauigkeit bey dem Vortrage suchen müsse; sondern jedesmahl nur die, welche der Natur des behandelten Gegenstandes, oder der Lehrart der vorgetragenen Wissenschaft eigen ist. So haben der Zimmermann und der Geometer beyde mit Untersuchung der geraden Linie zu thun: aber jeder untersucht sie auf eine andre Weise: der erste, nur in Beziehung auf sein Werk, so weit sie zur Verfertigung desselben nothwendig ist; der andre an sich, um ihr Wesen und ihre Eigenschaften kennen zu lernen, weil es ihm bloß um Erkenntniß der Wahrheit zu thun ist. Auf gleiche Weise müssen wir, in Absicht aller andern Untersuchungen, verfahren, damit nicht die beyläufigen Erörterungen die Hauptuntersuchung verdrängen. – Auch ist es nicht bey allen Materien auf gleiche Weise nöthig, nach dem *Warum* zu fragen: sondern bey einigen ist es hinlänglich, wenn das, was ist, ausgemacht ist. – Dieses letztere ist besonders bey den Principien die Hauptsache. – Die Gewißheit des *Faktums*, daß eine gewisse Sache sey, ist das Erste und der Anfang der Untersuchung. –

Die Wege, wie man zu den Principien oder den Anfängen des Denkens gelangt, sind verschieden. Zuweilen werden sie durch Induktion gefunden, in andern Fällen sind sie aus unmittelbarer Empfindung geschöpft, oder der Mensch kommt auf diese Principien durch eine ihm vorher schon zur Gewohnheit gewordene Denkungsart. Der Philosoph nun muß in seinen Theorien die Grundbegriffe jedesmahl auf demjenigen Wege suchen, auf welchem sie der Natur am angemessensten bestimmt werden. – Sehr viel aber kommt darauf an, daß sie richtig bestimmt werden. Denn sie haben auf die ganze folgende Untersuchung den größten Einfluß. – Der Anfang, d. h. die Entdeckung, wo man anfangen soll, ist, wie schon ein altes Sprichwort lehrt, mehr, als die Hälfte der Arbeit. Bey Untersuchung der Principien aber, muß der Philosoph nicht bloß bey einer einfachen Reihe von Schlüssen stehen bleiben: sondern er muß auf alles, was von dem Gegenstande bekannt ist, Rücksicht nehmen. – Denn mit einem wahren Principe müssen alle andern Eigenschaften des Gegenstandes, auch die, welche nicht unmittelbar aus dem Principe folgen, übereinstimmen. Ein Irrthum aber entdeckt sich dadurch, daß er mit einem andern, als wahr ausgemachten Satze in Widerspruch kommt.

Die Güter pflegen in äußere und innere, in Güter des Leibes und Güter des Geistes, eingetheilt zu werden. Unter diesen setzen wir die letztern als die vornehmsten, d. h. als solche an, welche den Nahmen des Guten am allermeisten verdienen. Diese Güter sind die Thätigkeiten und Handlungen des Geistes. Nach dieser alten und von den Philosophen einstimmig behaupteten Meinung, liegt also die Glückseligkeit, oder der Zweck des Menschen in gewissen Thätigkeiten. Dadurch ist es zugleich ausgemacht, daß dieser Endzweck unter den Geistes-Gütern, und nicht unter den äußerlichen zu suchen sey. Damit stimmt überein, daß wir, wie ich schon gesagt habe, die Ausdrücke εὖ ζῆν und εὖ πράττειν, (wohl leben und wohl handeln,) mit dem, glückselig seyn, als gleichbedeutend brauchen.

Man könnte demnach die Glückseligkeit so definieren: sie sey das Leben oder die Thätigkeit einer Kraft, wenn diese in ihrer größten Vollkommenheit ist.

Mit dieser Definition der Glückseligkeit stimmen nun alle Meinungen überein, welche je unter den Philosophen über sie behauptet worden sind. Einige nähmlich setzen sie in die Tugend, andere in einen aufgeklärten praktischen Verstand, oder in die Klugheit, und noch andre behaupten, daß sie eine Art von Weisheit sey. – Andre wollen, daß diese Güter mit dem Vergnügen verbunden, oder doch nicht von demselben getrennt seyn müssen, um glückselig zu machen. Andre endlich nehmen auch noch den äußern Wohlstand des Menschen mit in den Begriff auf.

Von diesen verschiednen Meinungen empfehlen sich einige durch das Alterthum und die Menge ihrer Anhänger, andre durch den Ruhm ihrer Erfinder und Vertheidiger, wenn auch die Zahl derselben geringer ist. – Es ist nicht wahrscheinlich, daß alle diese Männer durchaus Unrecht haben. Vielmehr ist zu vermuthen, daß das Meiste in ihren Behauptungen wahr ist, oder, daß wenigstens das *eine* Wahre mit unter diesen Ideen enthalten sey. Mit den ersten nun, welche die Glückseligkeit in die Tugend überhaupt oder in eine gewisse Tugend setzen, stimmt unsre Definition, daß die Glückseligkeit in Thätigkeit bestehe, überein. Denn Tugend zeigt nichts anders, als eine Fertigkeit, auf eine bestimmte Weise zu handeln.

Achtes Kapitel

Inhalt. Untersuchung, ob das Vergnügen einen Bestandtheil der Glückseligkeit ausmache.

Es kommt aber hierbey noch der erhebliche Unterschied in Betrachtung: ob wir bloß von dem Besitze, oder von dem Gebrauche des höchsten Gutes reden, ob wir es in die Fertigkeit oder in die Ausübung der Fertigkeit setzen. Denn eine Fertigkeit kann im Menschen seyn, und doch nichts hervorbringen: dieß ist der Fall im Schlafe, oder in jedem andern Zustande, wo die Fertigkeit ruht. Die wirkliche Handlung aber, oder die Aeußerung der Fertigkeit kann nie ohne Folgen bleiben. Sie bringt nothwendig etwas hervor, und von ihrem guten Erfolge hängt die Glückseligkeit ab. So wie bey den Olympischen Spielen nicht die Eigenschaften der Schönheit und der Stärke jemanden den Kranz erringen; sondern der Kampf, durch welchen diese Eigenschaften sich zeigen: (denn wer wird anders Sieger, als einer der Kämpfenden?) so werden auch alles dessen, was das menschliche Leben Schönes und Gutes hat, nur diejenigen theilhaftig, welche ihre Natur-Anlagen in wirklichen zweckmäßigen Handlungen gebrauchen.

Und mit dem Zustande einer dergestalt gelingenden Thätigkeit ist das Vergnügen wesentlich verbunden. Denn das Vergnügen selbst entsteht aus einer Thätigkeit des Geistes. Jedem ist dasjenige angenehm, womit er sich zu beschäftigen liebt. Pferde machen demjenigen Vergnügen, der ein Freund vom Reiten ist; Schauspiele dem, welcher die durch Schauspiele hervorgebrachten Gemüthsbewegungen liebt. Auf eben die Art macht die Gerechtigkeit demjenigen Vergnügen, der in gerechten Handlungen die seinem Geiste angemessenste Beschäftigung findet; und überhaupt die Tugend dem, welcher zur Vollbringung der Tugend geneigt ist.

Wenn bey dem großen Haufen das Vergnügen mit der Tugend zu streiten scheint: so ist es nur darum, weil ihre Vergnügungen nicht die natürlichen sind. Die Kenner und Liebhaber des wahren Schönen aber empfinden nur das *angenehm*, was seiner Natur nach Vergnügen zu erregen fähig ist. Von dieser Art sind tugendhafte Handlungen: sie erregen also bey Menschen des gedachten Charakters wirklich angenehme Empfindungen. Und dieses Vergnügen kann man ein *wesentliches* oder *absolutes* nennen.

Das Leben des Tugendhaften bedarf aber nicht des Vergnügens, als eines Zusatzes, welcher der Tugend von außen beygefügt werden müsse: sondern es enthält das Vergnügen, als einen Bestandtheil in sich.

Daß mit der Ausübung der Tugend, Vergnügen für den Tugendhaften verbunden sey, erhellt, außer den angeführten Gründen, auch noch daraus; weil der tugendhafte Mann aufhören würde, es zu seyn, wenn er nicht die guten Handlungen, die er thut, gerne thäte; d. h. wenn er sich nicht darüber freute. Denjenigen wird niemand einen gerechten Mann nennen, der nicht im Recht-Thun sein Vergnügen findet; – noch den freygebig und wohlthätig, dem nicht das Wohlthun Freude macht. Wenn dieß nun bey allen tugendhaften Handlungen auf gleiche Weise Statt findet: so muß es zu dem Wesen derselben gehören, angenehm zu seyn, oder Vergnügen zu machen. Es kommt ihnen aber auch eben so wesentlich das Prädikat des *Guten* und des *Schönen*, als das Prädikat des Angenehmen zu. Ja es kommt ihnen jenes Prädikat unter allen Dingen am meisten zu, wenn anders dem Urtheile der edelsten und vollkommensten Menschen zu trauen ist. Aber es ist dem Urtheile dieser zu trauen. In tugendhaften Handlungen kommt also alles zusammen: die höchste Güte, die höchste Schönheit und das höchste Vergnügen. Diese drey Sachen sind nicht so von einander getrennt, wie es in der Delischen Aufschrift lautet:

»das Schönste ist die Gerechtigkeit; das
»Beste ist die Gesundheit; und das An-
»genehmste ist, dessen theilhaftig wer-
»den, was man liebt.«

Nein, alles dieses findet sich bey tugendhaften Handlungen vereiniget.

In der fortgesetzten Ausübung aller Tugenden also, oder in der Ausübung der besten und höchsten unter ihnen besteht, nach unserer Theorie, die Glückseligkeit.

Doch habe ich schon oben gesagt, und ich wiederhohle es hier: daß sie der äußern Güter nicht gänzlich entbehren kann. Denn es ist unmöglich, oder sehr schwer, vorzügliche Tugenden auszuüben, wenn man nicht äußere Hülfsmittel, Gelegenheit und Unterstützung dazu hat. Vieles von dem Guten, was der Tugendhafte thun will, kann er nur durch Werkzeuge, durch Hülfe von Freunden, des Reichthums, oder politischen Ansehns vollbringen.

Andere äußren Güter gehören gleichsam zum Anstande und zum Schmucke der Tugend: und ihre Abwesenheit scheint einiger Maßen das innere Verdienst und die innere Glückseligkeit zu verdunkeln. Zu solchen Gütern gehört z. B. eine edle Geburt, eine schöne Körper-Gestalt, eine mit zahlreichen und wohlgerathenen Kindern gesegnete Familie. Denn auch der Tugendhafteste wird nicht *vollkommen* glücklich seyn, wann er häßlich an Gestalt, wenn er von niedriger Herkunft ist, oder wenn er ein ehe- und kinderloses Leben führt. Noch weniger wird es derjenige seyn, der ungerathne Kinder oder unredliche Freunde hat, oder dem die redlichen absterben. Denn wie gesagt, die innere Glückseligkeit des Geistes scheint dieser Unterstützung des äußern Wohlstandes zu bedürfen. Daher auch einige zu dem Irrthume verleitet werden, die ganze Glückseligkeit in den äußern Wohlstand zu setzen, und die *Glückseligkeit* mit dem *Glücke* für einerley zu halten: dahingegen andre, ebenfalls mit Unrecht, die Tugend, mit Ausschließung aller äußern Güter, für zureichend zur Glückseligkeit zu halten.

Neuntes Kapitel

Inhalt. Ob die Glückseligkeit ein bloßes Geschenk der Gottheit, der Natur, und des Glücks; oder ein Werk der Erlernung, der Uebung, und der eignen Bemühung des Menschen sey.

Hieraus entspringen nun neue Fragen und neue Untersuchungen. Auf welche Weise kann die Tugend erlangt werden? Ist sie durch Erlernung oder durch Angewöhnung, oder durch irgend eine andre Art der Uebung zu erlangen? Oder ist sie ein bloßes, freyes Geschenk der Gottheit? oder eine Gabe des Glücks?

Allerdings, wenn irgend ein anderes Gut, das den Menschen zu Theile wird, als ein Geschenk der Gottheit anzusehen ist: so wird gewiß die Tugend und die Geistes-Glückseligkeit, das höchste aller menschlichen Güter, von diesem Geber hergeleitet werden müssen. Doch dieß auszuführen, gehört für eine andre Untersuchung.

Es scheint indeß, daß die Tugend deßwegen nicht weniger von Gott herkomme; wenn sie gleich nicht die Folge einer unmittelbaren Eingebung, sondern ein Werk des Erlernens und der Uebung ist. Denn schon in so fern ist sie göttlich, als der Preis, welcher ihr vorgesteckt ist, und der Zweck, auf welchen sie los arbeitet, das Höchste ist, wodurch sich die Gottheit selbst unterscheidet.

Wenn aber die Tugend durch Uebung zu erhalten ist, so ist es auch möglich, dieselbe unter den Menschen immer mehr und mehr gemein zu machen. Denn es ist alsdann allen, die nicht ganz von der Natur verwahrloset sind, möglich, durch empfangnen Unterricht und durch eigne darauf gewandte Sorgfalt sie zu erlangen.

Und wenn es besser ist, durch Erlernung und Uebung, als durch den bloßen Zufall, zur Glückseligkeit zu gelangen: so ist es auch zu vermuthen, daß sich die Sache wirklich so verhalte. Denn wenn jedes Ding, welches von der Natur herkommt, wirklich so von Natur ist, wie es am besten ist, daß es sey: so wird auch von der *Glückseligkeit*, als dem Höchsten und Vortrefflichsten, jedes Prädikat angenommen werden können, das jener Vortrefflichkeit gemäß ist. Dazu gehört aber, daß sie nicht eine Gabe des Glücks, sondern ein Erwerb der auf sie gewandten Sorgfalt sey.

Es ist dieß auch aus der Definition selbst klar. Wir haben nähmlich gesagt, die Glückseligkeit bestehe in einer gewissen bestimmten Art der Thätigkeit der Seele, und diese sey die tugendhafte Thätigkeit: alle andern Güter aber gehören nur in so fern dazu, als ihre Gegenwart entweder vorausgesetzt werde, wenn die Tugend möglich seyn solle; oder insofern sie selbst Werkzeuge und Hülfsmittel zur Ausübung der Tugend seyn.

Diese ganze Theorie von der Glückseligkeit, die in der Tugend besteht, stimmt mit demjenigen überein, was ich im Anfange dieses Werks gesagt habe, daß die Kenntniß dessen, was für den Menschen das höchste Gut sey, in der Staatswissenschaft aufzusuchen sey. Es arbeitet nähmlich die Staatskunst auf nichts so sehr los, als den Bürgern gewisse persönliche Beschaffenheiten zu geben, sie sittlich gut, und zur Ausübung schöner Thaten geschickt zu machen.

Mit Recht also nennen wir kein unvernünftiges Thier glückselig, weil es keiner solchen Thätigkeit fähig ist, dergleichen wir Tugend nennen. Auch einem Kinde geben wir, aus gleicher Ursache, nie den Nahmen eines tugendhaften oder glückseligen: weil es noch nicht reif dazu ist, tugendhafte Handlungen zu vollbringen. Legen wir ihm diesen Nahmen ja bey: so geschieht es in der Hoffnung, daß es in der Zukunft solche Handlungen thun werde.

Es gehört aber, wie ich schon oben gesagt habe, eine vollendete Tugend und ein vollständiges, in ihrer Ausübung zugebrachtes Leben dazu: wenn wir jemanden im eigentlichsten Verstande glückselig nennen wollen.

Das Leben des Menschen ist großen Revolutionen ausgesetzt. Der, welcher lange Zeit im größten Wohlstande lebt, kann, wie Priamus auf der tragischen Schaubühne, im Alter die größten Unglücksfälle erfahren. Einen Mann aber, dem solche schreckliche Unfälle widerfahren, und der in denselben sein Leben auf eine grausame Weise endiget, ist es unmöglich, glückselig zu nennen.

Zehntes Kapitel

Inhalt. Ob ein Mensch vor seinem Tode glücklich gepriesen werden könne.

Muß man überhaupt, nach dem Ausspruche des Solon, gar keinen Menschen, weil er lebt, glücklich nennen, sondern das Ende desselben abwarten?

Wenn dieß so wäre; so würde man sagen müssen, daß niemand eher glücklich sey, als bis er gestorben ist: – eine ungereimte Behauptung, sowohl an sich, als besonders für uns, die wir die Glückseligkeit in Thätigkeit und also ins Leben gesetzt haben. Wenn aber dieß nicht der Sinn des Solon gewesen ist, und er mit jener Sentenz nicht sagen wollte, daß der Todte nun als Todter glücklich sey, sondern daß wir nun erst sein vergangnes Leben mit Sicherheit für glückselig erklären können, nachdem es den Gefahren und Unglücksfällen entgangen ist, denen jeder Mensch, solange er lebt, ausgesetzt bleibt: so ist dieser Satz zwar nicht ungereimt mehr, aber er ist doch noch nicht über allen Streit erhaben. Denn auch dem Verstorbnen scheint noch etwas Gutes, oder Böses widerfahren zu können; ungeachtet er keines von beyden mehr empfindet: da ja auch für den noch Lebenden Dinge, die unmittelbar keine Empfindung erregen, als Güter, oder als Uebel angesehen werden; z. B. die Ehre und Unehre, ferner Glücks- oder Unglücks-Fälle von Kindern und Verwandten. Eine andre Schwierigkeit ist folgende. Ein Mensch, der bis in sein hohes Alter noch so glücklich gelebt, und einen diesem Leben ähnlichen Tod gehabt hat, kann doch noch in seinen Nachkommen vielen Glücks-Veränderungen ausgesetzt seyn. Die einen können gute Menschen werden, und zu einem, ihrem persönlichen Werthe angemessenen, Glückszustande gelangen: bey andern kann das Gegentheil Statt finden. Und auf wie vielerley Art können nicht die Kinder von ihren Eltern ausarten! Nun, zu sagen, daß das schon geendigte Leben des Verstorbnen sich noch nach dessen Tode eben so oft, als die Glücksumstände seiner Nachkommen, verändere, und bald glücklich bald unglücklich werde; ist ungereimt. Und doch ist es auch ungereimt, zu behaupten, daß es gar nicht zur Glückseligkeit eines Menschen gehöre, glückliche Nachkommen zu haben. Doch wir wollen zur Betrachtung der ersten Schwierigkeit noch einmahl zurückgehen: vielleicht wird sich, mit Auflösung derselben, auch die zweyte heben.

Wenn man auch den Ausspruch, »*daß man bey dem Glücklich-Preisen eines Menschen auf sein Ende sehen müsse,*« so versteht, nicht, daß er erst nach seinem Tode glücklich sey, sondern daß man dann erst gewiß wisse, daß er glücklich war: so bleibt es dessen ungeachtet immer noch unbegreiflich, warum von dem Glücklichen, zu der Zeit, da er es wirklich ist, der Satz, der ihn dafür erklärt, nicht für wahr gelten soll. Man sieht freylich wohl ein, worauf sich jene Sentenz stützet. Ihr Urheber erkannte, daß die Glückseligkeit etwas bleibendes und unveränderliches seyn müsse. Er bemerkte aber zugleich die mannigfaltigen Revolutionen, denen die Glücksumstände des Menschen unterworfen sind. Er fürchtete also, daß, wenn wir allen diesen Veränderungen des menschlichen Zustandes, bey unserm Urtheile über dessen Glückseligkeit, nachfolgen müßten, unsre Begriffe von Glückseligkeit selbst zu schwankend und unsicher werden würden.

Oder ist es vielleicht überhaupt unrecht, in seinem Urtheile über Glückseligkeit, den Veränderungen des äußern Glücks nachzugehen, wenn diese, nach unsrer obigen Theorie, nicht selbst das Gute oder Uebel im menschlichen Leben ausmachen, sondern nur die äußern Bedinungen oder gleichsam die Zugaben desselben sind? Wie wäre es, wenn im tugendhaft-Handeln das Wesentliche der Glückseligkeit bestände, und in einer entgegengesetzten Handlungsweise das Wesentliche des Elends? In der That, eben unsre jetzt aufgeworfne Schwierigkeit zeuget für die Wahrheit dieser Theorie. Denn gerade die Beständigkeit und das Unveränderliche, welches, als zur Glückseligkeit nothwendig, bey dieser Theorie vorausgesetzt wurde, findet sich bey keinem der menschlichen Dinge so sehr, als bey den sittlichen Tugenden eines Menschen, und bey der damit übereinstimmenden Art zu handeln. Selbst Wissenschaften und Kenntnisse sind im menschlichen Geiste nicht von einer so sichern und unveränderlichen Dauer, als die moralischen Vollkommenheiten im Charakter. Und unter den Wissenschaften ist immer diejenige, welche den größten moralischen Werth hat, zugleich die, welche dem Menschen am gesichertsten bleibt, wenn er sie einmahl erworben hat. Der Grund davon ist der: weil von einer solchen Wissenschaft der glückselige Mann in seinem ganzen Leben unaufhörlich Gebrauch macht, und er sie also nicht vergessen kann.

Das also, was in der Tugend Gutes liegt, hat deßwegen schon einen nähern Anspruch darauf, Glückseligkeit zu heißen, als andre Güter; weil es die Dauerhaftigkeit und Unveränderlichkeit, zwey Eigenschaften der Glückseligkeit, besitzt, welche diesen fehlen, – und weil der, welcher einmahl tugendhaft ist, diesen Charakter, durchs ganze Leben behält. – Der wahrhaft Gute, – und der, wie sich der Dichter ausdrückt, auf breiter kubischer Basis, unbeweglich und untadelhaft steht, dieser ist unter allen Umständen, und bey allen Veränderungen der Schicksale, mit Aufsuchung und Ausübung dessen, was gut und pflichtmäßig ist, beschäftigt. Er ist es, der das Glück, wie das Unglück, auf das anständigste und schicklichste zu ertragen weiß.

Deßwegen bleibt er zwar, wie jeder Andre, den mannigfaltigen Abwechselungen des Zufalls ausgesetzt. Sie sind bey ihm, wie bey allen, bald größer, bald kleiner. – Unwichtige Glücks- oder Unglücks-Fälle kommen in der Absicht, wovon wir reden, in keine Betrachtung. Sie können ein Leben, das sonst glückselig ist, nicht unglückselig machen, – noch umgekehrt. – Was aber die wichtigen und großen Zufälle im menschlichen Leben betrifft: so ist zwar nicht zu läugnen, daß sie, wenn sie günstig sind, zur Vermehrung der Glückseligkeit beytragen, theils als eine Art äußerer Verzierungen, durch welche die innern Vorzüge ins Licht gesetzt werden, theils als Gelegenheiten und der Stoff zu nützlichen und schönen Thaten; daß sie hingegen, wenn sie widrig sind, die innere Glückseligkeit einschränken und verändern, entweder indem sie Schmerzen und Unlust erregen, oder indem sie vielen Thätigkeiten des Menschen Hindernisse in den Weg legen. Indeß ist doch die Tugend im Stande, mit ihrem Glanze alle diese dicken Nebel zu durchdringen: – nicht weil der Tugendhafte unempfindlich gegen diese Unglücksfälle ist, sondern weil er sie, vermöge der Stärke und Erhabenheit seines Geistes, gelassen erträgt.

Wenn also das *Handeln*, und auf eine *gewisse Art* zu handeln, das Vornehmste im menschlichen Leben ist, wovon Glückseligkeit und Elend abhängt: so kann der Tugendhafte nie ganz elend seyn; weil er nie schlechte und hassenswerthe Handlungen thun wird. – Denn, wer ist, nach dem Urtheile aller Welt, der Weise und der Gute? Der, welcher aus den Umständen, in die er gesetzt ist, das Beste herauszuziehen, und sich unter denselben am besten zu betragen, – der, welcher sich in alle Lagen des Glücks mit Anstand zu schicken weiß. So wie das der beste Feldherr ist, welcher mit dem ihm anvertrauten Heere das meiste ausrichtet; so wie das der beste Schuster ist, der aus dem Leder, welches er zu verarbeiten hat, die möglich besten Schuhe macht: so ist der beste Mensch, der unter den jedesmahligen Umständen so viel Gutes thut, als sie erlauben.

Also ganz und durchaus elend können äußere Unglücksfälle den tugendhaften Mann nicht machen. Aber es wäre auch thöricht, zu sagen, daß er vollkommen glückselig sey, wenn er Unfälle erfährt, wie Priamus sie erfuhr; die Zerstöhrung seines Vaterlandes, und den Untergang aller der Seinigen. Noch viel weniger aber findet bey ihm Statt, daß er bald glücklich, bald elend sey, und von dem einen Zustande in den andern leicht und schnell übergehe. – Nicht kleine und gemeine Unfälle können seine Gemühtsruhe erschüttern, und es ist den äußern Dingen nicht leicht, auf ihn so heftige Eindrücke zu machen, daß sie seinen innern Zustand abändern. Nur vielfache große Leiden können dieß bey ihm bewirken. Haben sie aber diesen traurigen Erfolg gehabt: dann ist es auch eben so schwer, daß er in kurzem seine vorige Heiterkeit wieder bekomme. Wenn dieß je wieder geschieht; so kann es nur die Folge der Zeit, und vieler und großer glücklicher Begebenheiten seyn, die ihm während derselben widerfahren.

Sollte es nach allen diesen Betrachtungen nicht erlaubt seyn, den Begriff des glückseligen Mannes folgender Gestalt zu bestimmen: daß er derjenige sey, welcher innere Tugend durch eine ununterbrochne Reihe guter Handlungen thätig beweist, dabey aber mit den äußern Gütern, soweit als sie Werkzeuge und Beförderungsmittel jener Thätigkeit sind, hinlänglich versehen ist, – und beydes nicht bloß einen kurzen Zeitraum, sondern ein ganzes Menschenleben hindurch besitzt? – Oder sollen wir noch hinzusetzen: der, nachdem er so gelebt hat, auch durch einen, diesem Leben ähnlichen, Tod aus der Welt gehet? Aber das Zukünftige ist verborgen. Und wie könnte man auf diese Weise irgend einen lebenden Menschen glückselig nennen? – Und doch sagt und glaubt jedermann, daß die Glückseligkeit etwas Vollständiges und Vollendetes sey, und also auch das glückliche Ende in sich schließe. – Wir wollen, dieser Schwierigkeiten ungeachtet, immer dabey bleiben, daß die glückseligen Menschen diejenigen sind, welchen jetzo die oben angezeigten Prädikate zukommen, und künftig zukommen werden; – nur wollen wir hinzusetzen, – daß sie nur als Menschen glücklich sind, und so weit es die menschliche Natur zuläßt.

Elftes Kapitel

Inhalt. In wie fern die Schicksale der Nachkommen auf die Glückseligkeit des Menschen Einfluß haben.

Noch ist der Beytrag zu untersuchen übrig, den auch die Glücks-Umstände der Nachkommen zu der Glückseligkeit eines Menschen selbst leisten. Zu sagen, daß es, um diese zu bestimmen, gar nicht darauf ankomme, in welchem Zustande sich seine Nachkommen, und überhaupt seine Freunde, – befinden: scheint nicht menschenfreundlich gedacht zu seyn, – und ist überdieß der allgemeinen Meinung zuwider. Da aber der Zustände und Begebenheiten, durch welche eine ganze Nachkommenschaft oder ein Kreis von Freunden, mehr oder weniger glücklich wird, eine unendliche Verschiedenheit ist, und einige davon dem Ahnherrn oder dem Freunde näher ans Herz gehen, als die andern: so ist hier ein Feld zu unabsehlichen Berechnungen geöffnet, die wir doch auf der Seite lassen werden, um uns mit ein paar allgemeinen und leitenden Ideen zu begnügen.

Was wir von den eignen Unglücksfällen des Menschen gesagt haben, gilt auch von denen seiner Freunde: daß einige derselben zu leicht sind, um dem Leben derselben gleichsam eine andre Farbe, und den Nahmen eines unglücklichen Lebens zu geben; andre aber in der That mit einem Gewichte wirken, das fähig ist, einen solchen Ausschlag zu machen.

Indeß, wenn man auch die Schicksale der Nachkommenschaft, als gehörig zu den Schicksalen eines Mannes, ansieht: so muß man doch gestehen, daß es ein großer Unterschied für die Glückseligkeit des letztern ist, ob jene sich erst nach seinem Tode oder schon zu seinen Lebzeiten ereignen; ein Unterschied von größerer Wichtigkeit, als ob die Unglücksfälle, welche den Stoff unsrer Trauerspiele ausmachen, schon vor Alters vorgegangen sind, oder eben jetzo erst geschehen.

Alles kommt hierbey im Grunde auf die Frage an, in wie fern noch die Verstorbenen an den Dingen dieser Welt Theil nehmen, und ob das Angenehme oder Widrige, was ihren Freunden widerfährt, bis zu ihnen gelangt und eine Empfindung bey ihnen erregt. Nach wahrscheinlichen Gründen kann man annehmen, daß wenn auch das Gute und Böse, welches nach ihrem Tode hier geschieht, bis zu den Verstorbnen durchdringt und sie afficirt: es doch nur ein schwacher und kleiner Eindruck sey, den es auf sie macht; entweder schwach an sich, oder weil er durch die stärkern Empfindungen ihres eignen Zustandes verdunkelt wird.

Wir wollen also die Sache so entscheiden: daß glückliche oder unglückliche Begebenheiten, die den Freunden eines Mannes, auch nach seinem Tode, widerfahren, ihn auf gewisse Weise afficiren, und etwas zu der Summe seiner eignen Glückseligkeit hinzuthun, oder von derselben abnehmen: aber doch nicht so viel, und in der Art, daß dadurch aus dem glückseligen Manne ein unglückseliger werden könne, oder umgekehrt.

Zwölftes Kapitel

Inhalt. Unterschied unter den Gütern, welche man lobt, und denen, welche man bloß liebt und schätzt. Die Glückseligkeit gehört unter die zweyte Art von Gütern.

Eine andre Frage über die Glückseligkeit ist noch von uns zu untersuchen: ob sie unter diejenigen Güter des Menschen gehöre, welche ein Gegenstand des *Lobes* seyn können; oder unter die, welche nur *verehrt* und *gesucht*, aber nicht gelobt werden.

So viel ist klar, Glückseligkeit ist nicht eine Fähigkeit, sie ist nicht eine Anlage der Natur.

Es ist ferner sehr wahrscheinlich, daß alles, welches eines Lobes fähig seyn soll, etwas relatives seyn muß.* Es wird deßwegen gelobt, weil es zu

---

* Weil es ein Verdienst um etwas Anderes haben muß; und ein Verdienst ist immer etwas Gutes, welches ich in einem Andern bewirke. Ich lobe nicht, was einem andern Menschen Vergnügen macht, und mir nichts hilft. Und da das Lob immer einen zweyten Menschen voraussetzt, der den ersten lobt: so muß das *Lobenswürdige* ein Verhältnis zwischen jenem ersten und diesem zweyten voraussetzen. Der *Verehrer* braucht nicht immer ein anderer zu seyn. Der Mensch kann auch an sich selbst verehren, was er erhaben findet.

einer andern Sache eine gewisse Beziehung und diejenige Eigenschaft hat, welche zu dieser Beziehung gehöret. So loben wir den gerechten, den tapfern, – und überhaupt den tugendhaften Mann, – in Beziehung auf die Handlungen und Werke, welche durch jene Eigenschaften möglich werden. Auch die körperlichen Vorzüge, Stärke, Geschwindigkeit im Laufen, und dergl. werden nur insofern als lobenswürdig angesehen, in wie fern sie sich auf Hervorbringung von etwas Edlem und Gutem beziehen, und den Menschen dazu in den Stand setzen.

Daß das Lob den Gegenstand immer nur beziehungsweise, und in Rücksicht auf eine davon verschiedne Sache erhebt, sehen wir auch aus den Versuchen, die wir machen, die Götter zu loben. Wir können dieß nicht anders, als wenn wir sie in Beziehung auf uns Menschen und von Seiten der Wohlthaten, die sie uns erweisen, betrachten. Eben deßwegen aber scheint dieses Lob der Götter beynahe thöricht zu seyn, weil wir auf diese Weise das Erhabnere durch Beziehungen, die es auf das Geringere und Schlechtere hat, zu verherrlichen uns einbilden.

Findet also das Lob eigentlich nur bey solchen Dingen Statt, deren Vorzüge in ihren Beziehungen auf andre Dinge liegen: so ist klar, daß die edelsten und höchsten Güter nicht gelobt werden können. Ihnen kommt eine andre, höhere Art der Verehrung zu. So loben wir z. B. die Götter nicht, sondern wir preisen sie selig. Eben so machen wir es mit den Vortrefflichsten der Menschen und die wir den Götter am ähnlichsten glauben. Wir loben sie nicht, im eigentlichen Verstande: sondern wir preisen sie nur glückselig und erhaben.

Wie wir in Absicht der Personen verfahren: so auch in Ansehung der Güter. Niemand *lobt* die Glückseligkeit, so wie er die Gerechtigkeit lobt; – aber er *preist*, er erhebt sie, als etwas noch vortrefflicheres und göttlicheres.

Daraus nahm Eudoxus nicht mit Unrecht einen Grund, um dem Vergnügen den ersten Rang unter den Gütern zuzueignen. – Es sey das Einzige, sagte er, welches für ein Gut erkannt, und doch nicht gelobt werde. Und dieses zeige an, daß es ein höheres Gut sey, als die Güter, welche man lobe. – Denn auch Gott und das absolut Gute gehöre in diese Classe, die des Lobes nicht empfänglich sey; – und zwar deßwegen gehörten sie darunter, weil alle andern Dinge sich auf sie bezögen, und nur durch diese Beziehung ihren Werth bekämen, sie selbst aber auf nichts höheres bezogen werden könnten.

Man lobt die Tugend. Warum? Weil der Mensch durch sie in den Stand gesetzt wird, gute Handlungen zu thun. Die Handlungen selbst aber, als den Endzweck, preist und billigt man, ohne sie eigentlich zu loben. – So geschieht es in Absicht körperlicher Eigenschaften, so in Absicht geistiger. Doch das Genauere in dieser Untersuchung gehört für eine Abhandlung über die Lobreden. Für mich ist es genug, daß aus dem, was ich bisher gesagt habe, erhellt, die Glückseligkeit gehöre unter die Güter, welche in und durch sich selbst vollständig bestimmt sind, welche einen absoluten Werth haben, und also einen Gegenstand der stillen und innigen Verehrung, nicht eine Materie von Lobreden, ausmachen.

Auch der Umstand, daß die Glückseligkeit unter die Principien und die ersten Triebfedern der Handlungen gehöret, bestätigt es, daß ihr ein innerer und unabhängiger Werth zukomme. Alle unsre Handlungen nähmlich haben, dieß zum letzten Zwecke und zum ersten Bewegungsgrunde, daß wir dadurch glückselig werden wollen. Das aber, was den ersten Grund und das Princip enthält, um welches willen wir andre Dinge als gut ansehen, muß selbst etwas erhabneres, göttlicheres und von höherem Werthe seyn.

Dreyzehntes Kapitel

Inhalt. Eintheilung der Tugenden in theoretische und praktische, – Weisheit und Sittlichkeit: nach den beyden Haupttheilen der Seele, in welchen Vernunft herrscht; – dem vernünftigdenkenden, – und dem sinnlich-empfindlichen Theile.

Wenn also die Glückseligkeit des Geistes in der tugendhaften Thätigkeit desselben besteht: so werden wir, um die Glückseligkeit kennen zu lernen, die Natur der Tugend untersuchen müssen.

Diese Untersuchung ist ohnedieß in der Wissenschaft der Sittenlehre, die wir als einen Theil der politischen betrachtet haben, nothwendig. Der wahre Staatskünstler hat, nach der Natur der Sache, mit nichts so sehr, als mit der Jugend, zu thun. Sein Hauptgegenstand ist, die Bürger gut und gehorsam gegen die Gesetze zu machen. Dieß haben die Cretensischen und Spartanischen Gesetzgeber, und alle, welche diesen an politischer Weisheit nahe gekommen sind, bewiesen. Sie haben nicht bloß die Handlungen ihrer Bürger einzuschränken, sondern ihren Charakter zu bilden gesucht.

Wenn wir von Tugend reden, so reden wir von der Tugend des *Menschen*, wie sie durch seine Natur bestimmt wird, und nach seinen Anlagen möglich ist. Denn auch das Gute, welches wir suchten, und die Glückseligkeit, deren Natur wir erforschen wollten, waren menschliches Gute und menschliche Glückseligkeit.

Die Tugend des Menschen liegt in Eigenschaften seines Geistes, nicht seines Körpers. So sagten wir auch von der Glückseligkeit, daß sie in einer gewissen Thätigkeit des Geistes bestehe.

Der Staatsmann muß also von Rechtes wegen die Natur der Seele kennen, so wie der Augenarzt den Bau und die Beschaffenheit des Auges kennen muß, welches er heilen will.

Ja die Pflicht des Staatsmanns, sich die Kenntniß von der Natur des Gegenstandes, auf welchen er wirken will, zu erwerben, ist noch größer, als die des Arztes; weil sein Gegenstand edler und von größerem Werthe ist. Und doch, wie viel arbeiten nicht geschickte Aerzte, und welchen Fleiß wenden sie nicht an, den menschlichen Körper kennen zu lernen!

Der Staatsmann muß also über die Natur des Geistes Untersuchungen anstellen. Aber er muß dieselben immer in Beziehung auf seinen Zweck anstellen, und sie nicht weiter treiben, als dieser erfordert. – Zu weit getriebene und zu subtile Spekulationen würden ihn von seinem eigentlichen Geschäfte entfernen.

Ein Theil der Seelenlehre ist von der Art, daß er populär gemacht werden kann, und ist auch schon in die allgemeine Masse der menschlichen Kenntnisse übergegangen. Dieser ist zu den Endzwecken des praktischen Staatsmanns oft hinlänglich, und kann also von ihm, mit Weglassung tiefsinniger Untersuchungen, gebraucht werden. So ist es für ihn genug zu wissen, daß es in der Seele des Menschen Vernunft und Sinnlichkeit gebe; und daß diese beyden von einander unterschieden seyn. Ob sie es aber sind als trennbare Theile, so wie die Theile der Materie von einander getrennt und einzeln existiren können; oder ob sie nur in Gedanken unterschieden werden, wie die konvexe und konkave Seite eines Kreises, ohne daß sie sich von einander trennen lassen: diese Fragen sind für seinen Zweck überflüssig.

Der vernunftlose Theil der Seele scheint von neuem eine Verschiedenheit in sich zu fassen. Ein Theil desselben scheint dem Menschen mit Thieren und Pflanzen gemein, und das Princip der Ernährung und des Wachsthums zu seyn. – Diese wachsenmachende und ernährende Kraft ist allen organisirten Wesen, von dem Stande der Embryonen an bis zu ihrer völligen Reife und Ausbildung, eigen. Und wo sollen wir anders ihren Sitz suchen, als in der Seele?

Dieser Theil hat auch seine ihm eigenthümliche Vollkommenheit, hat seine Art von Tugend. Aber es ist nicht die Tugend des Menschen.–

Dieser das Wachsthum und die Ernährung bewirkende Theil, oder diese Kraft scheint niemals mehr zu wirken, als im Schlafe. – Und im Schlafe sind diejenigen Eigenschaften des Menschen gerade am unthätigsten, um derentwillen wir ihn gut oder böse nennen.

Die Glückseligkeit aber erfordert, eben so wie die Tugend, den Zustand des Wachens. Das empfindet selbst der große Haufe, der es deßwegen als ein Sprichwort braucht, daß, die Hälfte des Lebens hindurch, der Glückliche vom Elenden in nichts unterschieden ist.

Und der Grund dieser Ideen ist nicht zu bestreiten. Im Schlafe hören alle die Handlungen der Seele auf, in welchen sich ihr moralischer Charakter offenbart: dieß Einzige vielleicht ausgenommen, daß, wenn im

Schlafe gewisse Eindrücke der Sinne bis zur Seele gelangen, und Bilder und Erinnerungen in der Imagination rege machen, diese Traumideen bey dem Tugendhaften von denen des Lasterhaften unterschieden sind. Doch diesen Theil der Seele, der das Princip der Ernährung und des Wachsthums ist, können wir, da er zur Tugend des Menschen nichts beyträgt, bey Seite setzen.

In dem vernunftlosen Theile der Seele scheint aber, außer der vegetativen, noch eine andre Kraft zu liegen, die ebenfalls nicht durch deutliche Ideen der Vernunft wirkt, aber doch nicht ohne alles vernünftige Bewußtsein ist: das ist der, in welchem sich die sinnlichen Empfindungen und die sinnlichen Begierden finden.

Diese doppelte Kraft, die Sinnlichkeit und die Vernunft, werden wir am deutlichsten gewahr, wenn beyde mit einander streiten, und wenn entweder die Vernunft die Sinnlichkeit besiegt, wie bey dem Enthaltsamen; oder die Sinnlichkeit über die Vernunft herrscht, wie bey dem Ausschweifenden und Zügellosen. – Dann ist es unverkennbar, daß auf der einen Seite etwas in uns ist, welches Vernunft heißt, das uns zu dem, was wahrhaft gut und Pflicht ist, antreibt. Zugleich aber etwas, das diesen vernünftigen Vorstellungen widerstrebt, und uns in einer gerade entgegengesetzten Richtung in Bewegung setzt. Gerade so, wie gelähmte oder krampfhafte Glieder unsers Körpers, indem wir sie nach der rechten Seite bewegen wollen, von selbst und wider unsern Willen sich auf die linke bewegen. In Absicht der Seele geht etwas ähnliches vor. Die Unenthaltsamen thun das Gegentheil von dem, was sie sich auf das festeste vorgesetzt haben. Nur wie alles, so ist auch dieses im Körper sichtbarer. Hier sehen wir deutlicher die, dem Willen und der Bewegung des ganzen Körpers entgegengesetzte, Bewegung des einen Gliedes: in der Seele werden wir dieses Widerstreben des einen Theils gegen die übrigen weniger gewahr. Aber nichts desto weniger sind Erscheinungen in ihr, welche zeigen, daß außer der Vernunft, und den Vorstellungen und Begierden, welche von ihr abhängen, noch etwas anders in der Seele sey, welches mit den vernünftigen Principien streite, und sich denselben widersetze. Auf welche Weise dieses Andre von dem vernünftigen Theile unterschieden sey, gehört nicht hieher. So viel ist aber gewiß, daß, wie wir schon gesagt haben, dieser vernunftlose Theil der Seele, den wir die Sinnlichkeit nennen, mit der Vernunft und mit deutlichen Ideen mehr zusammenhänge, und durch dieselben mehr modificirt werden könne, als eine vegetative Kraft. Denn wir sehen, daß bey dem Enthaltsamen sinnliche Begierden zwar da, und oft auf das der vernünftigen Einsicht Entgegengesetzte gerichtet sind; und doch dieser Einsicht gehorchen. In einer Seele, wo die Tugenden der Mäßigung und der Tapferkeit wohnen, ist diese Unterwerfung des sinnlichen Theils unter den vernünftigen noch größer und merklicher.

Noch einmahl also: der vernunftlose Theil der Seele ist selbst von doppelter Art. Der eine steht, so zu sagen, nur der Organisation des Körpers vor, und zeigt sich durch die Ernährung und Wiederherstellung der abgegangenen Theile wirksam. Auf diesen haben deutliche Vorstellungen, – auf diesen also hat die Vernunft, gar keinen Einfluß. – Der andre enthält die sinnlichen Begierden; – und diese, ob sie gleich nicht aus deutlichen Vorstellungen, oder der Vernunft entstehen, sind doch fähig, den Einfluß derselben anzunehmen, und ihnen zu gehorchen. Daß aber die Sache sich wirklich so verhält, und der vernunftlose Theil von dem vernünftigen beherrscht werden kann: das beweist sich dadurch, daß es eine Erziehung des Menschen giebt, das Zurechtweisungen und wiederhohlte Vorstellungen, – mit einem Worte, daß Unterricht und guter Rath etwas über ihn vermögen, seinen Begierden Einhalt zu thun.

Wollten wir diesen der Vernunft gehorchenden Theil selbst mit unter ihr Gebieth rechnen, so würden wir dieses wieder zu theilen haben in den Theil, welcher durch sich selbst vernünftig ist, und dessen Wesen im deutlichen Denken besteht, und in den, der an der Vernunft des erstern, ungefähr so wie das Kind an der Vernunft seines Vaters, Theil nimmt, – indem er ihm gehorcht.

Diese Eintheilung der Seelenkräfte bringt eine ähnliche unter den Tugenden hervor. Einige derselben beziehen sich auf die vernünftige Denkkraft; diese könnte man Verstandes-Tugenden nennen, – zu welchen die Klugheit und die Weisheit gehören. Andre beziehen sich auf die Beherrschung der sinnlichen Begierden durch die Vernunft. Und das sind die eigentlich *sittlichen*, oder ethischen Tugenden; – dergleichen sind Freygebigkeit, Nüchternheit, Mäßigung. – Diese Benennung ist dem Sprachgebrauche gemäß. Wenn wir die *Sitten*, den Charakter (ἦθος) eines Menschen schildern wollen: so sagen wir nicht von ihm, daß er weise, verständig u. s. w. – sondern daß er sanftmüthig, oder bescheiden sey. – Dessen ungeachtet loben wir auch den Menschen seiner Weisheit wegen, insofern diese eine Fertigkeit, und durch Uebung bey ihm erworben ist. – Wir rechnen also auch die Weisheit, – ob wir sie gleich nicht unter die Sitten rechnen, doch unter die Tugenden, weil wir alle Fertigkeiten, die lobenswürdig sind, Tugenden nennen.

Zweytes Buch

Erstes Kapitel

Inhalt. Die ethischen Tugenden können nur durch Uebung erworben werden.

Die Tugenden des Verstandes also, und die Tugenden der Sitten, – das sind die beyden Hauptklassen, in die sich die Tugend überhaupt theilet. Die erstern sind ein Gegenstand des Lehrens und des Lernens; – sie nehmen durch Unterricht ihren Anfang und wachsen durch denselben. Und da dieser Unterricht am besten dem Menschen durch seine eigne Erfahrung gegeben wird: so sind es die Erfahrung und die Zeit, welche den weisen Mann bilden. – Die sittliche Tugend wird durch öftere Wiederholung gleichartiger Handlungen, oder durch die Angewöhnung erlangt. Daher auch im Griechischen das Wort ἦθος, welches Sitten oder den Charakter ausdrückt, nur um *einen* Buchstaben von dem Worte ἔθος unterschieden ist, welches die Gewohnheit anzeigt. Keine der sittlichen Tugenden ist also dem Menschen angebohren: keine gehört zu dem Wesentlichen seiner Natur. Denn keine der Eigenschaften, die in einem Dinge zu seiner Natur gehören, können durch Gewöhnung verändert werden. Es ist die Natur des Steins, sich nach unten zu bewegen, und des Feuers, in die Höhe zu steigen. Nun mag man den Stein tausend Mahl in die Höhe werfen, und das Feuer nach unten drängen: so werden sie sich doch an diese neue Richtung nicht gewöhnen.

Die Tugenden gehören nicht zu unsrer Natur, oder sind uns nicht von der Natur eingepflanzt: aber sie sind auch nicht wider dieselbe; sondern wir haben von ihr die Anlage und Fähigkeit tugendhaft zu werden, und durch die Uebung und Gewohnheit bringen wir das wirklich zu Stande und vollenden es, wozu in unsrer Natur nur die Möglichkeit liegt.

Ein andrer Beweis, daß die Tugend das Werk der Uebung, nicht der Natur sey, ist folgender. Bey allen, im strengen Sinne natürlichen Eigenschaften, ist das Vermögen, etwas zu thun zuerst da: und die Thätigkeit desselben, die wirkliche Handlung, folgt erst auf dasselbe. Jenes ist die Ursache, – diese die Wirkung. So ist es z. B. bey den Sinnen. Wir bekommen nicht die Fähigkeit des Gesichts oder des Gehörs dadurch, daß wir oft sehen, oder oft hören; sondern umgekehrt: wir haben diese Sinne von der Natur erhalten, und wir brauchen sie nur. Bey der Tugend hingegen, gehen, wie bey allen Künsten, die Handlungen, oder die Uebung vorher: und die Fertigkeit, oder das Vermögen ist erst eine Folge derselben. Die Dinge, welche wir gelernt haben müssen, um sie machen zu können, diese lernen wir, indem wir sie machen. Wir werden Baumeister, indem wir viele Häuser bauen, und Lautenspieler, indem wir oft die Laute rühren. Eben so werden wir gerecht, indem wir oft gerechte Handlungen thun;

wir erwerben die Eigenschaft der Mäßigung dadurch, daß wir oft Handlungen eines Mäßigen ausüben; wir werden tapfer, durch viele Erweisungen des Muths. – Um dieß bestätigt zu finden, darf man nur auf die gemeinen Einrichtungen fast aller Staaten Acht geben. Wenn Gesetzgeber den Bürgern ihres Staats einen tugendhaften Charakter geben wollen: welche Mittel brauchen sie dazu? – Diese, daß sie ihnen gewisse Uebungen vorschreiben, wodurch sie sie gewöhnen, gut zu handeln. – Dieß ist wenigstens die Absicht aller Gesetzgeber, bey ihren Vorschriften der öffentlichen Erziehung. Eine andre Frage ist, ob jeder die Mittel dazu gut wählt; ob die von ihm gebothenen Uebungen die Tugend wirklich befördern.

Ferner, wenn man wissen will, wodurch die Tugend erworben wird: so muß man Acht geben, auf welche Weise sie verlohren geht. Bey der Tugend wie bey der Kunst, ist es so gut der Weg, sich zu verderben, als der, sich zu vervollkommen, wenn man viel in Sachen der Kunst oder der Tugend arbeitet. Macht man das gut, so wird man durch die Wiederhohlung, je häufiger sie ist, ein desto größerer Künstler, oder desto vollkommener tugendhaft. Macht man es schlecht: so verliert man um desto mehr von seiner Geschicklichkeit und Tugend, je fleißiger man in fehlerhaften Arbeiten ist. So werden die vortrefflichsten ausübenden Tonkünstler, und die elendesten, beyde dadurch gebildet, daß sie viel auf ihrem Instrumente spielen. So ist es mit den Baumeistern. Viele und gute Gebäude aufzuführen, das macht den großen Baumeister. Im Bauen schlechter Häuser fleißig zu seyn, das führt zu einer um so viel schlechtern Baukunst.

Verhielte sich die Sache bey den Künsten nicht auf diese Weise: so brauchten sie nicht erst durch Uebung erlernt zu werden, sondern man würde entweder als Künstler gebohren, oder man würde es durch die bloße Theorie.

Mit den ethischen Tugenden hat es gleiche Bewandniß. Dadurch, daß wir oft unsre Verträge mit andern Menschen halten, und unsre gesellschaftlichen Pflichten gegen andre erfüllen, werden wir *rechtschaffene* Leute. Durch viele Handlungen einer entgegengesetzten Art werden wir *ungerecht*. So werden Menschen, welche oft in Gefahren und bedenklichen Umständen sich befinden, und oft Dinge zu thun haben, welche Gefahr bringen, entweder tapfer oder feige; je nachdem sie mehrere Mahle Handlungen des Muths oder der Furcht ausüben. So geht es mit der Ueberwindung des Zorns, so mit der Besiegung der sinnlichen Lust. Die Menschen werden sanftmüthig oder jähzornig, keusch und nüchtern, oder wollüstig und ausgelassen; je nachdem sie bey Gelegenheiten, wo die eine oder die andre dieser Leidenschaften Nahrung fand, oft derselben nachgegeben, oder oft sie unterdrückt haben.

Die einzelnen Handlungen also gehen voran, und diese müssen von einer bestimmten und immer gleichen Beschaffenheit seyn, wenn aus ihrer Wiederholung eine Fertigkeit erwachsen soll. Denn letztere ist von eben der Art, von welcher die einzelnen Handlungen gewesen sind, aus deren Wiederholung sie entspringt.

Erziehung also, oder frühzeitige und von der Kindheit an fortgesetzte Uebung des Menschen in einer gewissen Handlungsweise: dieß ist ein nothwendiges Vorbereitungs-Mittel zur Erwerbung von Tugenden. Oder vielmehr sie ist der einzige Weg, auf welchem ein Mensch tugendhaft werden kann.

Zweites Kapitel

Inhalt. Allgemeine Definition tugendhafter Handlungen: »es sind Handlungen, die nach dem Ausspruche einer *richtigen* Vernunft geschehen. Besondre Bestimmung, was dieser Ausspruch der Vernunft sey; – sie setzt ein bestimmtes Maß jeder Handlung zwischen zwey unbestimmten Extremen fest.

Da nun unsre gegenwärtige Untersuchung nicht, wie andre Theile der Philosophie, bloß zur Absicht hat, den Gegenstand derselben kennen zu lernen: (denn nicht deßwegen studieren wir Moral, damit wir wissen wollen, was Tugend sey, sondern damit wir sie ausüben; und ohne diesen Zweck wäre jene Kenntniß sehr unbedeutend:) so müssen wir vor allen Dingen die Natur der Handlungen, und was sie zu tugendhaften Handlungen macht, untersuchen. Sie sind der Grund, und die Tugenden, als Fertigkeiten zu solchen Handlungen, sind das darauf Gegründete. Von den Handlungen und deren Beschaffenheiten hängt es ab, von welcher Art die Fertigkeiten des Gemüths seyn sollen, die daraus herrühren.

Die erste und allgemeinste Regel für alle menschlichen Handlungen ist, daß sie dem Gesetz der Vernunft und zwar einer richtigen Vernunft, gemäß seyn müssen.

Was richtige oder gesunde Vernunft sey, – und wie sie sich zu den verschiedenen Classen der Tugenden verhalte, davon wird unten geredet werden. Hier will ich nur die Erinnerung voranschicken, daß alle die Wissenschaften, welche praktische Gegenstände betreffen und die Ausübung zur Absicht haben, mehr eine populäre, als eine schulgerechte Behandlung verlangen; und daß sie mehr den bloßen Umriß ihres Gegenstandes zeichnen, als ihn bis auf den kleinsten Zug ausmahlen müssen.

Ich habe schon oben, in einem der ersten Kapitel gesagt, daß in der Philosophie überhaupt die Art der Untersuchung und Behandlung der Materien nach der Beschaffenheit des Stoffs verschieden seyn müsse. Alles, was sich auf die menschlichen Handlungen bezieht, und wobey *Nutzen* oder *Schaden* in Betrachtung kömmt, ist von wandelbarer und veränderlicher Natur. So läßt sich, was gesund oder ungesund sey, weder mit absoluter Gewißheit, noch mit absoluter Allgemeinheit sagen. –

Wenn nun dieß schon von der ganzen Gattung wahr ist: wie viel weniger werden die speciellen und mehr konkreten Gegenstände, welche unter derselben stehen, einer völligen Ergründung, und einer demonstrativen Gewißheit fähig seyn? – Diese können weder durch Kunst-Regeln zum voraus sicher bestimmt, noch unter irgend eine Theorie dergestalt gebracht werden, daß man sie darnach ohne weiteres beurtheilen könnte: sondern jeder, welcher in den Fall kommt, damit zu thun zu haben, muß, so wie es der Arzt, und der Seemann macht, den speciellen Fall, in dem er sich befindet, jedesmahl von neuem untersuchen, und auf der Stelle nach eignem Urtheile entscheiden, was nach den Umständen zu thun sey.

Ob nun gleich jeder Mensch auf diese Weise, in jedem einzelnen Falle selbst, beurtheilen muß, was recht und was gut sey: so kann doch dieser Beurtheilung durch eine gute Theorie der Moral vorgearbeitet werden. Und das ist es, was der Philosoph thun soll.

Die erste Bemerkung, welche ich mache, ist, daß alles Sittliche, seiner Natur nach, auf zwiefache Weise verdorben werden kann, durch Uebermaß und durch Mangel.

Da das Moralische – Tugend und Laster – etwas unsichtbares und geistiges ist: so kann es nicht besser aufgeklärt werden, als wenn man es mit analogen sichtbaren und körperlichen Sachen, dergleichen Gesundheit und Stärke sind, vergleicht. – Nun sehen wir, daß diese in der That durch die genannten Extreme gleich viel leiden. *Uebertriebne,* zu häufige oder zu ermüdende Leibesübungen schwächen den Körper: und so schwächt ihn auch der *Mangel aller* Leibesübungen. Zu viel und zu wenig Nahrung zu sich zu nehmen, verdirbt auf gleiche Weise die Gesundheit. Hingegen mäßige und dem Körper angemessene Bewegungen stärken: und eben solche Nahrungsmittel befördern Zeugung, Wachsthum und Gesundheit des Körpers.

Auf gleiche Weise nun verhält es sich mit der Tapferkeit, mit der Mäßigung und mit allen andern Tugenden.

Der, welcher vor allen Gefahren läuft, und nie etwas Unangenehmes aushalten will, wird ein feiger Mensch. Der, welcher ohne Ueberlegung und ohne Wahl auf alles losgeht, und sich in Gefahren, zu denen er nicht berufen ist, stürzt, ist nicht tapfer, sondern tollkühn. – Der, welcher sich gar kein sinnliches Vergnügen abschlagen kann, und alle die genießt, welche in seiner Gewalt sind, ist ein Wollüstling. Der, welcher den Genuß aller verschmäht, ist ein unempfindlicher, geschmackloser Mensch. – Beyde Tugenden also, die Mäßigung und die Tapferkeit, gehn auf gleiche Weise verlohren, oder verändern vielmehr ihre Natur und ihre Vollkommenheit, wenn dessen zu viel, und wenn dessen zu wenig geschieht, was unter den Begriff einer jeden gehört. Der Punkt aber, welcher zwischen beyden Extremen in der Mitte liegt, ist zugleich der, wo jede dieser Tugenden ihr Wesen unverletzt erhält.

Der Vergleichung der Tugend mit Gesundheit und Stärke erläutert noch einen andern meiner obigen Sätze: den nähmlich, daß die Tugend, als Eigenschaft der Seele, von den tugendhaften Handlungen und ihrer Wiederhohlung abhängt; und umgekehrt die tugendhaften Handlungen durch die Tugend erst möglich werden; – daß mit einem Worte, hier die *Ursachen* des Entstehens, des Wachsens und des Verderbnisses der Sache, in einer andern Rücksicht, *Wirkungen* derselben sind. So nähmlich wird der Mensch stark, der viele Nahrungsmittel zu sich nimmt, und viele schwere Arbeit thut. Aber der starke Mensch ist auch gerade der, welcher am meisten essen und am meisten arbeiten kann. – Auf gleiche Weise werden wir keusch und nüchtern, indem wir uns oft der Vergnügungen der Tafel und der Wollust enthalten. Aber wenn wir jene Eigenschaften erlangt haben: dann sind wir auch am besten im Stande, dem Reize des Vergnügens zu widerstehen. Die Tapferkeit ist in gleichem Falle. Dadurch werden wir tapfer, daß wir uns in Gefahren furchtlos zu seyn, und dieselben auszuhalten gewöhnen: aber wenn wir tapfer geworden sind, so ist es uns auch viel leichter, einzelnen Gefahren entgegen zu gehn.

Drittes Kapitel

Inhalt. Die Tugend hat es hauptsächlich mit sinnlicher Lust oder Unlust zu thun.

Ein Zeichen, ob aus der oft wiederhohlten Handlung wirklich eine Fertigkeit erwachsen sey, oder nicht; ist, wenn die Ausübung mit Vergnügen begleitet ist, oder Unlust verursacht. – Denn nur der, welcher, wenn er sich einer körperlichen Lust enthält, selbst an dieser Enthaltung ein Wohlgefallen findet, ist der wahrhaft Mäßige; der aber, welcher unwillig ist, so oft er sich enthalten muß, ist gerade der Wollüstling. Der, welcher in einer gefährlichen Lage aushält, und sich selbst darüber freut, oder wenigstens nicht betrübt; das ist der Tapfere: aber wer zwar aushält, aber dieß mit Schmerz und Trostlosigkeit thut, der ist feige.

Es ist auch natürlich, daß die Freude oder die Betrübniß über unsre eignen Handlungen ein Kennzeichen unsers moralischen Charakters abgiebt; da es überhaupt das Geschäft der sittlichen Tugend ist, die Gegenstände von Schmerz und Vergnügen zu bestimmen. Wenn wir Böses thun: so ist es das Vergnügen, das uns dazu verleitet. Und wenn wir das Gute unterlassen: so ist es der Schmerz, der uns davon abhält.

Daher sagt Plato mit Recht, daß, um den Menschen tugendhaft zu machen, es darauf ankomme, ihn von Jugend auf zu gewöhnen, daß er sich über das freue, worüber er sich freuen soll; und sich über das betrübe, worüber es gut ist, daß er sich betrübe. Und eben hierin liegt der Unterschied zwischen einer schlechten und einer guten Erziehung.

Noch mehr: alle Tugenden haben entweder mit thätigen oder mit leidenden Veränderungen des Menschen zu thun. Auf jede solche Veränderung unsers Selbst aber folgt eine Lust, oder eine Unlust. Und also muß die Tugend auch auf diese einen Einfluß haben.

Einen neuen Beweis hiervon geben die Strafen, und die Ursachen, warum dieselben denen, die gefehlt haben, aufgelegt werden. Sie sind nähmlich in Ansehung der Tugend, was die Arzneyen in Absicht der Gesundheit sind. – Aber die Kur eines körperlichen Uebels geschieht gemeiniglich durch sein Entgegengesetztes. Sollen nun Strafen, welche Schmerzen sind, etwas der fehlerhaften Disposition des Gemüths, die sie zu verbessern bestimmt sind, entgegengesetztes seyn: so muß diese Disposition selbst in einer gewissen Art, Lust oder Unlust zu empfinden, bestehen. Und also muß auch die Tugend die Anordnung der angenehmen und der unangenehmen Empfindungen zu ihrem Gegenstande haben.

Ferner, ich habe schon oben gesagt: daß dasjenige, wodurch eine jegliche Fertigkeit der Seele wächst oder abnimmt, auch dasjenige ist, was die Natur dieser Fertigkeit bestimmt, und den Gegenstand, woran sie sich äußert, ausmacht. Nun wird aber der moralische Charakter vornehmlich verschlimmert, durch die schlechten und unerlaubten Vergnügungen, welche der Mensch genießt, oder durch die pflichtmäßigen Beschwerden und Schmerzen, denen er sich entzieht; indem er Lust sucht und Unlust flieht, entweder an den Gegenständen, an welchen er keines von beyden thun sollte, oder zu der Zeit, oder auf die Weise, und unter den Bestimmungen, wenn und wie der Genuß des einen, und die Vermeidung des andern unschicklich ist. Daher definiren auch einige die Tugend, daß sie die Ruhe des Gemüths, und die Freyheit von denjenigen Leidenschaften sey, die aus den Eindrücken der Lust und Unlust entstehen. Diese Definition ist zwar nicht richtig. Denn nicht darin besteht die Tugend, gegen Vergnügen und Schmerz gleichgültig zu seyn, und jenem zu entsagen, diesen zu übernehmen: sondern nur darin, daß eine und das andere am rechten Orte, zur rechten Zeit, auf die rechte Weise, – und nach allen andern Bestimmungen der Schicklichkeit, welche hierbey Einfluß haben, zu thun. Aber sie zeigt doch, was für ein Begriff von Tugend dabey zum Grunde liege: nähmlich der, daß sie mit den Begierden nach Lust und dem Abscheu vor Schmerz zu kämpfen habe.

Man kann daher eine andre Definition der Tugend davon abstrahiren, welche richtiger ist: daß sie nähmlich die Fertigkeit sey, jedes Mahl das möglich Beste zu thun; gegründet auf die Beherrschung der Empfindungen und Begierden, welche von Lust und Unlust erregt werden.

Auch aus folgendem läßt sich eben diese Wahrheit ableiten. Es giebt nähmlich drey Sachen, welche uns zur Wahl eines Gegenstandes bestimmen, Schönheit, Nutzen und Vergnügen: und drey entgegengesetzte, um derentwillen wir ihn verwerfen, Häßlichkeit, Schaden und Schmerz. Die Tugend ist die Richtigkeit der Handlungsweise in allen diesen Rücksichten: und das Laster ist die Abweichung von der Richtigkeit derselben. Weil aber der Bewegungsgrund des Vergnügens sich allen übrigen Bestimmungsgründen der Wahl mit beymischt, – indem auch das Schöne und das Nützliche uns zugleich angenehm scheint: so muß auch die Tugend ganz vorzüglich jene Richtigkeit des Verfahrens, in Absicht des Vergnügens, zum Augenmerke haben. Die Begierde nach Lust und die Furcht vor dem Schmerz wächst mit uns groß; und es ist also schwer, eine Leidenschaft, die durchs ganze Leben sich so tief in die Seele eingewurzelt hat, zu beherrschen, oder von sich abzuweisen. Wir sind auch gewohnt, (der eine Mensch mehr, der andre weniger,) alle Handlungen nach dem Maßstabe zu schätzen, als sie uns Vergnügen oder Unlust gewähren. Das Geschäft des Moralisten wird also nothwendig fast ganz hierauf gerichtet seyn müssen; denn auf nichts wird es bey unsern Handlungen mehr ankommen, als auf die lautere oder unlautere Quelle unsrer Freuden, oder unsers Betrübnisses.

Ferner, Heraklit sagt: es sey schwerer, die Begierde nach Lust, als den Zorn, zu bekämpfen. Jede Kunst und so auch jede Tugend, beschäftigt sich aber immer mit dem, was in ihrem Gegenstande das Schwerste ist. Denn nur dann ist ein Kunstwerk vortrefflich, wenn es in seinem schwersten Theile die Vollkommenheit erreicht. Also auch hiernach würde die Tugend und die Wissenschaft, welche sie lehrt, hauptsächlich mit Vergnügen und Schmerz zu thun haben. Der, welcher sich gegen beyde beträgt, wie er soll, ist der sittlich *Gute*; der das Gegentheil thut, ist der *böse* Mann.

Dieß also ist der Inhalt der vorhergehenden Betrachtung. Erstlich, die Tugend hat es hauptsächlich mit Lust und Unlust zu thun. Zweytens, durch eben die Sachen, aus welchen sie entsteht, kann sie auch vermehrt werden, oder verlohren gehn; nachdem dieselben mehrere Mahle auf eine mit ihr übereinstimmende, oder ihr widersprechende Weise geschehen. Drittens, die Ursachen, woraus die Tugend entsteht, sind auch die Gegenstände, gegen welche sie ihre Wirksamkeit äußert.

Viertes Kapitel

Inhalt. Wie es möglich sey, gerechte oder tugendhafte Handlungen zu thun, ohne doch schon gerecht zu seyn: und wie also die Angewöhnung als ein Mittel zur Erlangung der Tugend angesehen werden könne.

Es entsteht hier eine neue Schwierigkeit. Wir sagen, daß die Gerechtigkeit, als Eigenschaft des Menschen, durch die Wiederhohlung vieler gerechten Handlungen, und die Tugend der Mäßigkeit aus vielen Handlungen der Mäßigung entstehe. Aber wie ist das möglich? Der, welcher gerechte und mäßige Handlungen thun soll, muß ja schon gerecht und mäßig seyn. Eben so wie derjenige Musiker oder Grammatiker seyn muß, welcher das zu thun oder hervorzubringen im Stande ist, was diese Künste erheischen.

Ich antworte: auch bey den Künsten selbst ist dieser Satz nicht richtig. Es kann jemand etwas grammatisch richtig schreiben, ohne selbst der Sprachkunst Meister zu seyn: es sey durch Zufall, es sey, weil ein Andrer ihm die Feder führt. Dann also erst wird es gewiß seyn, daß er selbst Grammatiker ist, wenn nicht nur das, was er schreibt, den Regeln der Sprachlehre gemäß, sondern auch die Ursache, warum er so schrieb, in seiner eignen Kenntniß der Regeln gegründet ist. Zum andern: gesetzt auch, daß jene Bemerkung bey den Künsten richtig sey, so verhält es sich doch bey den Tugenden anders. Die Vollkommenheit, die man von den Kunstwerken fordert, liegt nur in ihnen selbst: es ist genug, wenn sie so und nicht anders beschaffen sind. Bey Werken der Tugend hingegen ist es nicht genug, wenn sie selbst bloß gewisse Beschaffenheiten, z. B. die der Gerechtigkeit oder der Mäßigkeit, haben: sondern auch der, welcher sie that, muß sie in dieser und in keiner andern Beschaffenheit des Gemüths vollbringen. Zuerst muß er sie thun mit dem Bewußtseyn dessen, was er thut; zum andern, mit Vorsatz, und zwar mit einem auf den Endzweck, sie zu vollbringen, gerichteten Vorsatze; drittens muß er sie mit gleichförmiger und unveränderlicher Gesinnung vollbringen. Alle diese Eigenschaften werden nicht mit in Betrachtung gezogen, wenn über die Ausübung oder den Besitz andrer Künste geurtheilt wird. Nur das Wissen allein ist dazu nothwendig. Aber um tugendhaft zu seyn oder zu handeln, ist das bloße Wissen dessen, was Tugend sey, von weniger oder gar keiner Bedeutung: die andern berührten Punkte aber sind von keinem geringen, sondern vielmehr von einem durchgängigen Einflusse. Und diese Beschaffenheiten des handelnden Menschen nun sind es, welche aus der öftern Wiederhohlung tugendhafter Handlungen entstehen. Handlungen sind gerecht oder mäßig, wenn sie so beschaffen sind, wie ein gerechter oder mäßiger Mann sie thun würde: der gerechte und mäßige Mann aber ist nicht derjenige, der bloß solche Handlungen thut, sondern der sie auch mit solchen Gesinnungen thut, als die Natur der Gerechtigkeit und Mäßigung mit sich bringt.

Es läßt sich also der Satz sehr wohl vertheidigen, daß der Charakter des Tugendhaften aus Handlungen der Tugend entstehe: und daß man gerecht werde, indem man oft gerecht handelt, und mäßig, indem man sich oft mäßig beweiset. Ohne die Ausübung guter Handlungen aber wird nie jemand auch nur einen Anfang machen, gut zu werden.

Weit entfernt, diese Ausübung sich angelegen seyn zu lassen, nehmen die meisten Menschen zur bloßen Theorie ihre Zuflucht; und glauben, daß sie wirklich werden tugendhaft werden, wenn sie über die Tugend philosophiren. Ihnen würden Kranke ähnlich seyn, die ihren Aerzten sehr sorgfältig zuhören, aber deren Vorschriften nicht im mindesten befolgen. So wie nun diese, wenn sie keine andre Cur einschlagen, nie zur Gesundheit gelangen werden; so werden jene nie zur Gesundheit der Seele gelangen, wenn sie nicht auf eine andre Weise philosophiren lernen.

Fünftes Kapitel

Inhalt. Tugend ist nicht eine *Leidenschaft*, nicht ein *Vermögen*, sondern eine *Fertigkeit* des Geistes

Nun folgt die Untersuchung einer andern Frage: »zu welcher Art der Eigenschaften der Seele die Tugend gehöre.«

Es lassen sich nähmlich drey Sachen in der Seele unterscheiden: Leidenschaften, Vermögen und Fertigkeiten. Welches von diesen dreyen ist nun die Tugend?

Unter *Leidenschaften* verstehe ich Begierde, Zorn, Furcht, aufbrausenden Muth, Neid, Freude, Liebe, Haß, Sehnsucht, Eifersucht, Mitleiden, kurz alle Veränderungen der Seele, auf welche Vergnügen oder Schmerz folgt. Unter *Vermögen* verstehe ich diejenigen Beschaffenheiten in uns, die den Grund der Möglichkeit jener Leidenschaften in sich enthalten; z. B. das, was es uns möglich macht, zu zürnen, betrübt zu seyn, oder Mitleiden zu haben. Unter *Fertigkeiten* endlich verstehe ich die richtige oder unrichtige Art und Weise, wie wir uns gegen die Leidenschaften verhalten. Zum Beyspiel: in Absicht des Zorns verhalten wir uns übel, oder haben eine üble Fertigkeit, wenn wir mit zu großer Heftigkeit oder mit zu vieler Kälte und Gelassenheit zürnen; wir verhalten uns aber recht, oder haben eine gute Fertigkeit, wenn wir uns in der Mitte zwischen beyden zu erhalten wissen.

Zur ersten Gattung nun, zu den Leidenschaften, gehören gewiß weder die Tugend noch das Laster. Wenn wir jemanden einen rechtschaffenen Mann nennen, oder ihn als einen schlechten Menschen schildern; so sind es nicht vorübergehende Eindrücke, dergleichen die Leidenschaften sind, sondern dauernde Eigenschaften, die wir ihm zuschreiben. Niemand wird deßwegen gelobt oder getadelt, weil er Leidenschaften hat. Nicht die Furcht an sich, nicht der Zorn an sich, sondern eine gewisse *Art* der Furcht, oder des Zorns wird gelobt oder getadelt. Tugenden und

Laster hingegen sind die unmittelbaren Gegenstände des Lobes und Tadels.

Ferner, wir gerathen in Zorn oder in Furcht, ohne unsern Vorsatz: die Tugenden aber sind selbst Vorsätze, oder setzen doch nothwendig Vorsatz voraus.

Die Leidenschaften sind endlich Bewegungen der Seele, welche sie erschüttern und abwechselnd umändern: die Tugenden und Laster sind ruhige Zustände derselben, welche fortdauern.

Aus eben diesen Gründen zeigt sichs also auch, daß die Tugend nicht als *Vermögen* der Seele angesehen werden könne; denn die bloße Möglichkeit, gewisse Leidenschaften zu haben, macht niemahls, daß wir einen Menschen gut oder böse nennen, und ihn loben oder tadeln.

Ueber dieß ist es von Natur, daß wir gewisse *Geistes-Vermögen* haben; aber es ist nicht von Natur, daß wir tugendhaft oder lasterhaft sind.

Wenn nun die Tugenden weder zu den Leidenschaften, noch zu den Vermögen gehören; so bleibt nur übrig, daß sie Fertigkeiten seyn müssen.

So wäre also die Gattung der Seelenerscheinungen, zu welchen die Tugend gehört, ausgemacht.

Sechstes Kapitel

Inhalt. Fernere Beweise, daß die Tugend in der Beobachtung des gehörigen Maßes oder eines Mittlern zwischen zwey Extremen bestehe.

Doch es ist nicht genug zu sagen, daß die Tugend eine Fertigkeit sey: es muß auch ausgemacht werden, welche Art von Fertigkeit sie sey.

Das ist ein Grundsatz: daß jede Tugend sowohl die Sache, welcher sie als Eigenschaft zugehört, als auch das Werk, welches sie vollbringt, vollkommener zu machen strebt. Z. E. die Tugend des Auges ist diejenige Eigenschaft, durch welche das Auge selbst ein vorzüglich gutes Auge, und zugleich das Werk desselben, das Sehen, befördert wird. Wenn wir von der Tugend eines Pferdes reden: so verstehen wir darunter etwas, wodurch das Pferd ein vorzüglich gutes Pferd, – und wodurch es zugleich fähig wird, zu laufen, seinen Reiter zu tragen, und den Angriff der Feinde auszuhalten.

Wenn sich dieses nun bey allen Sachen, die eine Tugend haben, so verhält: so wird die Tugend des Menschen diejenige Fertigkeit seyn, die ihn zu einem vorzüglichen Menschen macht, und die zugleich Ursache ist, daß das, was er macht, vollkommen gut gemacht ist.

Was ist aber dieses, und auf welche Weise kann dieser doppelte Endzweck erreicht werden? Dieß haben wir zum Theil schon gesagt: es wird aber durch folgende Untersuchung über die Natur der Tugend noch klärer werden.

In jeder, sowohl zusammenhängenden als getheilten, Größe, läßt sich ein Mehr und ein Weniger, ein Größeres und Kleineres, und eben so etwas *Gleiches* denken: und dieses *Größere, Kleinere* oder *Gleiche* heißt so, entweder an sich und in Ansehung der Sache selbst, oder in Beziehung auf uns.

Das Gleiche aber ist dasjenige, welches zwischen dem zu Großen und zu Kleinen in der Mitte steht. Nun sage ich: die Mitte, in Absicht des Gegenstandes selbst, ist der Punkt, der von den beyden äußersten Enden gleich weit absteht: und dieser ist für jeden Gegenstand nur ein einziger und immer derselbe.

Das Mittlere in Beziehung auf uns ist das, was für uns weder einen Ueberfluß hat, noch einen Mangel verursacht: dieses aber ist nicht für alle Menschen *eines* und dasselbe.

Wenn Zehen z. B. viel sind und Zwey wenig: so kann, in Absicht der Sache selbst, Sechs für das Mittlere genommen werden; denn diese Zahl übersteigt die kleinere um eben so viel, als sie von der größern übertroffen wird. Sie ist nähmlich die mittlere Proportionalzahl, nach arithmetischem Verhältnisse.

Das aber, was zwischen jenen beyden Extremen, in Beziehung auf uns, das Mittlere sey, läßt sich nicht auf diese Weise beurtheilen. Denn gesetzt, es sey für jemanden viel, zehn Pfunde, – und wenig, zwei Pfunde Nahrungs-Mittel zu sich zu nehmen: so folgt daraus nicht, daß ihm sein Arzt oder sein Exercitien-Meister vorschreiben wird, sich mit sechs Pfunden zu sättigen. Denn auch dieses kann vielleicht dem, welcher die Speise zu sich nimmt, noch zu viel, oder zu wenig seyn. Für den Milon z. B. wird es wenig, für den, der die athletischen Uebungen erst anfängt, wird es viel seyn.

Mit dem, was beym Laufen oder Ringen zu viel, zu wenig, oder das Mittlere ist, verhält es sich auf gleiche Weise. Jeder, der einer Sache kundig ist, vermeidet das zu Viele und das zu Wenige, sucht das Mittlere und wählt es, wenn er es gefunden hat. Das Mittlere aber, das er sucht und wählt, ist nicht das Absolute des Gegenstandes, sondern das Relative in Beziehung auf uns.

Jede Wissenschaft und jede Kunst bringt nur dadurch Vollkommenheit in ihre Werke, daß sie das rechte Maß oder das Mittlere kennt und beobachtet, und ihr Werk eben auf diesen Punkt hinführt: daher man auch von Sachen, die in ihrer Art vollkommen sind, zu sagen pflegt, daß es nicht möglich sey, ihnen etwas zuzusetzen, oder etwas von ihnen abzunehmen. Wodurch man also anzeigt, daß man glaube, das zu Viele und zu Wenige vernichte die Vollkommenheit und nur auf dem mittleren Punkte zwischen beyden finde sie Statt.

Wenn also, wie gesagt, die guten Künstler hiernach in ihren Arbeiten streben; und wenn die Tugend etwas Besseres und Vollkommneres, als die Kunst, ist, (so wie die Kunst auch von der Natur übertroffen wird:) so wird auch die Tugend, so wie die Natur, sich die Beobachtung des gehörigen Maßes, oder des Mittleren, zum Ziele machen.

Es versteht sich, daß ich hier von der sittlichen Tugend rede. Diese hat es mit Leidenschaften und Handlungen zu thun. In beyden giebt es ein *zu viel* und ein *zu wenig* und ein richtiges Maß, welches zwischen beyden in der Mitte liegt. Z. B. Furcht und Selbstvertrauen, Begierde und Abscheu, Zorn und Mitleiden, und überhaupt Lust und Schmerz können in zu großem und zu geringem Maße vorhanden seyn: und in beyden Fällen ist es nicht, wie es seyn soll. Wenn aber alle diese Gemüthsbewegungen vorhanden sind, zur gehörigen Zeit und bey den gebührenden Gegenständen; gerichtet gegen diejenigen Personen, hervorgebracht aus denjenigen Bewegungsgründen, und modificirt auf diejenige Art und Weise, wie es schicklich ist: dann beobachten sie das rechte Maß, oder stehen, mit andern Worten, in der Mitte; und dann sind sie auch gut und vollkommen, – welches zu bewirken, die Sache der Tugend ist.

Auf gleiche Weise giebt es in Absicht der Handlungen ein *zu Viel*, ein *zu Wenig* und ein Mittleres zwischen beyden.

Die Tugend aber hat es mit Leidenschaften und mit Handlungen zu thun. In beyden sündigt das Uebermaß, und der Mangel wird gleichfalls getadelt: das Mittlere aber, oder was das rechte Maß hat, wird allein gelobt und gelangt zum Ziele.

Beydes, gelobt werden und zum Ziele gelangen, ist die Sache der Tugend. Mit Recht also nimmt man an, daß die Tugend, in einem gewissen bestimmten und mittlern Maße jeder Sache bestehe; oder vielmehr, daß sie in der Fähigkeit und dem Bestreben bestehe, dieses Mittlere zu treffen.

Ferner: in jeder Sache kann man auf vielfältige Weise unrecht, aber nur auf eine einzige recht handeln. Denn, wie die Pythagoräer sich, ein wenig räthselhaft, ausdrücken, das Böse gehört zum Unendlichen und das Gute zum Begränzten. Deßwegen ist es auch so leicht, zu fehlen; und so schwer, recht zu thun. Denn es ist sehr leicht, bey dem Ziele vorbey, aber sehr schwer, in das Ziel hinein zu treffen. Auch nach diesen Betrachtungen also, gehört alles durch Uebermaß oder Mangel Ausschweifende zum moralisch Bösen: und nur das rechte Maß, die Mitte zwischen beyden, macht die Tugend aus.

   Gut nur auf eine Art, auf tausend Arten *schlecht*

sagt der Dichter.

Siebentes Kapitel

Inhalt. Kurzgefaßte Wiederhohlung und nähere Bestimmung des, in dem vorhergehenden Kapitel aufgestellten, Begriffes von der Tugend.

Es ist demnach die Tugend eine vorsätzliche Fertigkeit, das rechte, in Beziehung auf uns von der Vernunft bestimmte Maß der Dinge zu beobachten; oder mit andern Worten, dasjenige Maß, welches der kluge Mann sich selbst vorschreibt. Dieses Maß ist das Mittel, zwischen zwey Extremen, die eben so viele moralische Uebel sind; zwischen dem Uebel des Uebermaßes oder des zu Vielen, und dem Uebel des Defekts oder des zu Wenigen. Beydes, dieses *zu Viel* und dieses *zu Wenig* findet sowohl bey Leidenschaften als Handlungen Statt. In beyden findet und wählt die Tugend das Mittlere.

Daher wenn man nach dem Wesen und der innern Natur der Tugend fragt: so muß man antworten, daß sie gleichsam in allen Sachen das Mittlere sey. Wenn man aber von ihren Vorzügen oder von ihrem Werthe redet, so muß man sie das Vollkommenste, oder das *Höchste* in jeder Sache nennen; – welches auch ein Aeußerstes, aber in einer andern Bedeutung, ist.

Aber nicht jede Handlung noch jede Leidenschaft erlaubt, so wie die Sprache sie ausdrückt, eine Bestimmung des Mittleren oder des Gemäßigten. Denn manche Nahmen von beyden enthalten schon den Begriff von etwas Fehlerhaften in sich; als z. E. bey Leidenschaften, die Wörter: Schadenfreude, Unverschämtheit, Neid; oder bey Handlungen: Mord, Diebstahl, Ehebruch. Alle diese und dergleichen Handlungen und Leidenschaften sind, wie sie da ausgedrückt worden, schon an und für sich böse, und werden es nicht erst durch Uebermaß oder Mangel. In Absicht ihrer giebt es gar kein Rechtthun, sondern alles ist an ihnen Fehler und Unrecht. Man kann z. E. nicht auf eine rechte und auf eine unrechte Weise ehebrechen; d. h. es giebt keine Zeit, keinen Ort und keine Art und Weise, wenn, wo, und wie diese Handlung gut seyn könne, sondern überhaupt eines von jenen Dingen zu thun, heißt an und für sich, *sündigen*.

Dieß ist aber kein Einwurf gegen unsern Begriff der Tugend. Denn verlangen, daß es auch bey der Ungerechtigkeit, bey der Feigheit und bey der Zügellosigkeit, ein zu Viel, ein zu Wenig und ein rechtes Maß geben soll, wäre eben so viel, als behaupten, daß es in dem, was schon an sich zu viel oder zu wenig ist, ein rechtes Maß und ein neues zu Viel oder zu Wenig geben könne.

So wie man bey den Eigenschaften, deren Nahme schon den Begriff des Guten in sich schließt, als *Tapferkeit* oder *Mäßigung*, nicht wieder von einem *zu Viel* oder *zu Wenig* reden kann; weil das, was der Mittelpunkt zwischen beyden ist, eben deßwegen einzig in seiner Art und fixirt ist, sowie das Extremum: so giebt es auch von jenen Handlungen nicht die dreyfache Bestimmung der beyden Extremen und des Mittels zwischen beyden. Denn es kann weder in dem, was entweder durch Uebermaß oder durch Mangel fehlt, das rechte Mittel irgends getroffen seyn: noch kann es in dem, was dieses Mittel trifft, ein fehlerhaftes zu Viel oder zu Wenig geben.

Achtes Kapitel

Inhalt. Anwendung des Aristotelischen Moralprincips auf die verschiedenen Tugenden, und Worterklärungen mehrerer unter ihnen.

Doch diese Begriffe müssen nicht bloß in ihrer Allgemeinheit erklärt, sondern sie müssen auch auf die besondern Gegenstände angewandt werden. – In allen Materien, welche die Handlungen betreffen, sind die allgemeinen Sätze immer leer und unfruchtbar; und nur die speciellen sind von einer brauchbaren Wahrheit. Die Ursache ist, weil die Handlungen selbst sich immer nur mit Individuen und einzelnen Fällen beschäftigen. Die Regeln für jene müssen also mit der Beschaffenheit dieser zusammenstimmen.

Die Betrachtung der einzelnen Tugenden nun wird durch die jetzt folgende Eintheilung derselben vorbereitet werden.

Bey der Leidenschaft der Furcht und des Vertrauens auf seine Kräfte, (θάρσος,) das ich der Kürze wegen Selbstvertrauen nennen will, ist die Tugend, welche die Mitte oder das mittlere Maß beobachtet die Tapferkeit. Von denen, die durch Uebermaß oder Mangel von diesem Punkte abweichen, hat der, welcher von der Leidenschaft der Furcht zu wenig hat, keinen eigenthümlichen Nahmen, – wie dann überhaupt viele dieser moralischen Verhältnisse ohne Nahmen sind. Der aber, welcher durch zu vieles Selbstvertrauen ausschweift, heißt *verwegen*: so wie hingegen der, dessen Selbstvertrauen zu klein, und dessen Furcht zu groß ist, *feige* heißt.

Bey den Leidenschaften, welche durch Vergnügen oder Schmerz erregt werden, – (zwar nicht bey allen, und am wenigsten bey allen Schmerzen,) giebt es einen mittlern Grad; – und dieser macht die Tugend der Mäßigung aus. Das Uebermaß in Absicht des Genusses der Lust, ist die *Zügellosigkeit*. Der Fehler des zu *Wenigen* findet hier selten Statt; weil der Mensch nicht leicht in der Aufopferung der Vergnügungen ausschweift: daher auch jener Fehler keinen Nahmen in der Sprache hat. Sollte man ihm aber je einen Nahmen geben, so müßte man ihn mit dem Worte *Unempfindlichkeit* bezeichnen.

Bey den Handlungen, die das Vermögen betreffen, besonders denen, bey welchen Geld ausgegeben oder eingenommen wird, giebt es ebenfalls ein Mittleres: und dieses ist die *Freygebigkeit*. Die Ausschweifungen aber in zu Viel und in zu Wenig, sind die *Verschwendung* und die *Knickherey*. Jeder dieser beyden Fehler thut, zu gleicher Zeit, zu wenig und zu viel, nur in entgegengesetzten Beziehungen. Der Verschwender überschreitet das Maß in dem Wegwerfen des Geldes, und bleibt hinter demselben zurück in dem, wodurch er es einehmen soll. Der Knicker hingegen thut zu viel bey der Einnahme, und zu wenig bey der Ausgabe.

Ich rede itzt von diesen Tugenden nur im allgemeinen und um ein Beyspiel zu meinen Begriffen zu geben, weil dieß zu meinen jetzigen Absichten zureicht. In der Folge aber werde ich von denselben Gegenständen noch umständlicher handeln.

In Absicht des Vermögens giebt es noch andre moralischen Verhältnisse der Handlungen. Eines, zum Exempel, welches man als ein solches Mittlere, wo der Sitz einer Tugend ist, ansehen kann, ist die geschmackvolle Pracht. Der *Prächtige*, im guten Verstande, ist von dem *Freygebigen* darin unterschieden, daß jener von großen Einkünften, dieser von kleinen, freygebig ist.

Die Uebertreibung in solchen Ausgaben ist der *prahlerhafte Prunk*, und die Unterlassung des Schicklichen ist die *Mesquinerie*. Auch diese sind von der Freygebigkeit unterschieden; worin aber, wird in der Folge gesagt werden.

Die Gesinnungen, in Absicht der Ehre oder Unehre, halten entweder die nöthige Mittelstraße, und dann heißen sie *Edelmuth*; oder sie überschreiten dieses Maß, und dann ist es *Aufgeblasenheit*; oder sie bleiben endlich hinter diesem Maße zurück, und dann ist es *Kleinmuth*.

So wie ich aber gesagt habe, daß sich von der Pracht die Freygebigkeit dadurch unterscheidet, daß die Gegenstände der letztern kleiner sind: so unterscheidet sich auch von dem Edelmuthe, welcher sich auf einen höhern Grad der Ehre bezieht, eine andre Eigenschaft, die auch mit der Ehre, aber mit einer geringern, zu thun hat.

Wenn man nähmlich überhaupt Ehre begehrt: so kann man dieß entweder in dem Grade thun, in welchem man es thun soll, oder mehr, oder weniger. Der, welcher in der Begierde darnach die rechte Gränze überschreitet, ist der *Ehrgeizige*; der, dessen Begierde darnach zu schwach ist, ist der *Ehrgeizlose*. Der die Mitte zwischen beyden hält, hat keinen eigenthümlichen Nahmen. Und so sind auch die Abstracta dieser Eigenschaften ohne Benennung. Nur für die Eigenschaft des Ehrgeizigen haben wir das damit verwandte Wort Ehrgeiz. Aus Mangel eines eigenthümlichen Worts für das Mittel kommt es, daß die beyden Extreme sich um den Mittelplatz streiten, und daß wir den, welcher dieses Mittel hält, bald den Ehrbegierigen, bald den Unehrgeitzigen nennen. Die Ursache davon wird sich im folgenden noch deutlicher ergeben. Jetzt wollen wir, auf die angefangene Weise, zu den Tugenden und Fehlern, in Absicht der übrigen Leidenschaften, fortgehen.

Beym Zorne giebt es ebenfalls ein zu viel, ein zu wenig und ein mittleres Maß, welches das pflichtmäßige ist. Beynahe sind alle drey Grade ohne bestimmte Benennungen. Aber doch kann man die Wörter *Sanftmüthig* und *Sanftmuth*, für die Benennung des mittlern und richtigen Grades ansehen. Der, welcher denselben überschreitet, mag der *Jähzornige* heißen, und sein Fehler der *Jähzorn*. Der, welcher dieses Maß nicht ausfüllt, wird der *Zornlose* genannt werden können.

Es giebt noch drey andre Gegenstände, bey welchen es ein tugendhaftes Mittlere oder Maß giebt. Sie sind mit einander verwandt, aber doch auch von einander unterschieden. Sie beziehn sich nähmlich alle drey auf die Verbindungen der Menschen unter einander, durch Reden und Handlungen. Der eine aber bezieht sich auf die Wahrheit, der andre auf die Annehmlichkeit der Handlungen; und diese Annehmlichkeit selbst ist entweder auf die gesellschaftlichen Vergnügungen eingeschränkt, oder allen Geschäften des Lebens gemein. Einige Worte muß ich von allen diesen Stücken reden: damit ich zeige, wie allenthalben das, was in der Mitte ist, oder das mittlere Maß hält, das Gute und das Löbliche sey; die Extreme aber weder für gut noch für lobenswürdig gehalten werden. Viele dieser Eigenschaften sind im gemeinen Sprachgebrauche ohne Nahmen: aber ich will doch, so wie es bey den vorigen geschehen ist, versuchen, ihnen Nahmen zu geben, um meine Gedanken deutlicher ausdrükken zu können.

Was nun also das *Wahre* in den Reden und Handlungen betrifft; so heißt der, welcher die Mitte beobachtet, der *Wahrhafte*, und die Eigenschaft desselben die *Wahrhaftigkeit*. Die Annehmung eines falschen Scheins heißt, wenn sie zur Vergrößerung unsrer selbst abzielt, Prahlerey: und wenn sie auf die verstellte Verkleinerung unsrer selbst geht, *Ironie*.

In Absicht der Annehmlichkeit, zuerst bey gesellschaftlichen Ergetzungen, – ist der, welcher in der Mitte steht, der *muntere*, witzige *Gesellschafter*, der, welcher die Sache übertreibt, ist der Bouffon oder der *Possenreißer*, und der, welchem es an der nöthigen Annehmlichkeit fehlt, ist der *Ungesellige*.

In Absicht der übrigen Annehmlichkeiten, die sich auf die Geschäfte des Lebens beziehn, heißt der, welcher in dem Grade angenehm ist, als er es seyn soll, *Freund*; und das Maß dieser Annehmlichkeit heißt *Freundschaft*. Der, welcher es mehr ist, als er es seyn soll, heißt, wenn er keine besondre Absicht dabey hat, der *Uebergefällige*; und wenn er es seines Nutzens wegen that, ein *Schmeichler*. Der aber, welcher es an der nöthigen Annehmlichkeit mangeln läßt, heißt *ungefällig* und *mürrisch*.

Auch in den Leidenschaften und in dem, was sich auf Leidenschaften bezieht, giebt es ein Mittel. Die Scheu vor andern Menschen ist keine Tugend: aber doch wird der Schamhafte gelobt. Denn *schamhaft*, αἰδήμων, ist der Nahme für denjenigen, der in dieser Sache das Mittel hält. Der, bey welchem das Uebermaß ist, heißt der *Verschämte*, und dieser scheut sich vor allem. Derjenige hingegen, welcher durch den Defekt sündiget, oder der sich vor nichts schämt, heißt der *Unverschämte*.

Die *Nemesis* ist die mittlere Leidenschaft zwischen Neid und Schadenfreude. Alle drey beziehn sich auf Vergnügen oder Schmerz über das, was andern Menschen begegnet. Der, bey welchem die Leidenschaft der Nemesis ist, betrübt sich über das unverdiente Wohlergehen der Bösen. Der *Neidische* überschreitet diese Gränze und betrübt sich über alles Wohlergehn. Der *Schadenfrohe* betrübt sich zu wenig, so, daß er sich auch über das Böse freut. Doch hiervon wird noch in der Folge zu reden Zeit seyn.

Was die Gerechtigkeit betrifft, da von ihr nicht an und für sich und ihrem Wesen nach geredet werden kann; so werden wir sie erst in der Folge in ihrer beyden Arten theilen, und dann von jeder insbesondre zeigen, wie sich bey ihr ein bestimmtes Mittlere findet. Eben dieß werden wir in Absicht der Tugenden thun, welche sich auf den Gebrauch des Verstandes und der Vernunft beziehen.

Neuntes Kapitel

Inhalt. Daß von zwey Extremen das Eine zuweilen der Tugend näher ist, und in der Benennung mit ihr vermischt wird.

In Absicht jedes Gegenstandes, lassen sich die Beschaffenheiten des Gemüths in drey Classen theilen: zwey davon sind fehlerhaft, die eine durch Uebermaß, die andre durch Mangel; – und eine, welche den Mittelpunkt zwischen beyden behauptet, ist allein recht, und erhält den Nahmen der Tugend.

Von diesen drey Gemüthsbeschaffenheiten nun ist jede der andren, in gewisser Absicht, entgegengesetzt. Denn die Extreme sind so wohl unter sich einander, als beyde dem Mittel entgegen; und umgekehrt. So wie das Gleiche, in Beziehung auf das Kleinere, groß – und in Beziehung auf das Größere, klein ist: so scheint die mittlere und gemäßigte Disposition des Gemüths, sowohl bey Leidenschaften, als bey Handlungen, verglichen mit dem Extrem des *zu Wenigen*, selbst zu heftig, – und mit dem Extrem des zu Vielen, selbst zu schwach zu seyn. Der wahrhaft Tapfere, scheint, gegen den Furchtsamen gehalten, der Verwegne, – und mit dem Verwegnen verglichen, der Furchtsame. – Der gemäßigte Freund des Vergnügens scheint gegen den Unempfindlichen ein Wollüstling, und gegen den Wollüstling ein Stumpfsinniger. Der Freygebige kommt, wenn er dem Knikker entgegengesetzt wird, jedermann wie ein Verschwender, – und dem Verschwender, wie ein Knicker vor. Daher schieben die, welche sich in einem der fehlerhaften Extremen befinden, den mittlern Punkt von sich hinweg, dem andern Extreme zu, und geben ihm den Nahmen davon; so daß, wie ich schon gesagt habe, der Tapfere vom Feigen verwegen, und vom Verwegnen feige genennt wird. Ob nun gleich die Tugend den beyden Extremen entgegengesetzt ist, so sind doch diese unter sich noch weit mehr, als dem Mittel, entgegengesetzt. Es ist gleichsam eine größere Entfernung zwischen ihnen. So wie, wenn es drey verschiedne Größen, ein Größeres, ein Gleiches und ein Kleineres giebt, das Größere und das Kleinere mehr von einander abstehen, als jedes von dem Gleichen.

Ferner, es giebt gewisse Extreme, die mit dem Mittleren mehr Aehnlichkeit haben, als andre; als z. B. das Extrem der Verwegenheit ist der Tapferkeit ähnlicher, als die Feigheit; die Verschwendung hat mehr Aehnlichkeit mit der Freygebigkeit, als die Knickerey. Die Extreme selbst aber haben unter sich immer die größte Unähnlichkeit. Die Sachen, welche am weitesten von einander entfernt sind, werden von uns als entgegengesetzt angesehen: daher also auch eine größere, oder geringere Entfernung eine größere oder mindere Entgegensetzung nach sich zieht.

Es giebt Fälle, wo das Extrem des Mangels, – es giebt andre, wo das Extrem des Uebermaßes dem Mittel am meisten widerspricht, als z. B. der Tapferkeit widerspricht nicht so sehr die Verwegenheit, welche das Extrem des Uebermaßes ist, als die Feigheit, welche das Extrem des Mangels ist. Der Mäßigung der Begierden hingegen widerspricht nicht so sehr die Unempfindlichkeit gegen das Vergnügen, welche im Defekt, als die Zügellosigkeit, welche im Exzesse sündigt. Dieß geschieht aber um zweyer Ursachen willen. Die eine liegt in dem Gegenstande selbst; die andre in uns. Die Ursache *im Gegenstande* ist, daß, wie schon gesagt, gewisse Extreme dem Mittel näher und ähnlicher sind, als andre: daher wir auch jene dem Mittel weniger, als diese, entgegensetzen. Weil z. B. die Verwegenheit der Tapferkeit ähnlicher und näher mit ihr verwandt, die Feigheit aber ihr unähnlicher scheint: so pflegen wir auch diese ihr mehr entgegenzusetzen. Die zweyte, *in uns* liegende Ursache ist, daß die Extreme, zu welchen wir die meiste natürliche Neigung haben, dem Mittel mehr entgegen zu seyn scheinen. Z. E. ein natürlicher Hang treibt uns zum Genusse des Vergnügens. Dann sind wir weit mehr in Gefahr, in diesem Genusse auszuschweifen, als uns in demselben zu sehr einzuschränken. Diejenigen Fehler scheinen also der Tugend am meisten entgegen zu seyn, zu denen wir die meiste natürliche Versuchung haben. Und dieß ist die Ursache, warum die Zügellosigkeit, die im Uebermaße besteht, der Tugend der Mäßigung mehr, als die Gleichgültigkeit gegen das Vergnügen, entgegen gesetzt ist.

Zehntes Kapitel

Inhalt. Schwierigkeiten, die bey der Bestimmung und Wahl der Mitte, d. h. bey der Tugend vorkommen.

Das bisher gesagte läuft also darauf hinaus, daß die moralische Tugend in der Beobachtung des mittleren Maßes bestehet: es ist zugleich gesagt worden, auf welche Weise dieser Satz zu verstehen sey, – nähmlich daß wir uns unter dieser Mitte, die gleiche Entfernung von zwey Fehlern zu denken haben, wovon der eine in Uebertreibung und in einem Uebermaße, der andre in einem Mangel, oder in Nichterreichung des gehörigen Grades der Sache bestehet; endlich, daß die Tugend deßwegen sich durch dieses Merkmahl bezeichnen läßt, weil in den menschlichen Leidenschaften und Handlungen es eine solche Mitte giebt, deren Bestimmung und Festhaltung ihr obliegt.

Um dieser Ursache willen kostet es auch Arbeit, ein rechtschaffner Mann zu seyn. Denn es ist nicht leicht, in jeder Sache den eigentlichen Mittelpunkt genau zu bestimmen. Nicht jeder, sondern nur der Mathematiker, ist im Stande, den Mittelpunkt des Kreises genau anzugeben. Eben so ist es leicht und jedermanns Sache, zu zürnen, und Geld auszugeben und Aufwand zu machen: aber beydes zu thun, nur gegen die Personen, in dem Grade, nur zu der Zeit, in der Absicht und auf die Weise, wie alles dieß schicklich ist: das ist nicht mehr Sache eines jeden. Es ist vielmehr etwas Ausgezeichnetes und Seltenes, und wird eben deßwegen als Vollkommenheit und Trefflichkeit gelobt.

Das Erste, wonach der, welcher den Mittelpunkt zu treffen sucht, trachten muß, ist, daß er sich von demjenigen Extrem, welches der Mitte am meisten entgegen ist, auch am weitesten entferne: so wie die Calypso beym Homer den Steuermann des Ulyssischen Schiffes ermahnt:

»Der Charybdis schrecklichen Rauch
und schäumende Wellen zu meiden.«

Denn, wie ich schon gesagt habe, von den beyden Aeußersten ist immer das eine fehlerhafter, als das andere. Wenn es überdieß so schwer und so selten ist, genau den wahren Mittelpunkt zu treffen: so wird man in diesem Falle sich doch wenigstens des geringern Fehlers schuldig machen.

Wir müssen überdieß beobachten, auf welche Seite wir den größten Hang haben. – Denn in diesen Neigungen und Abneigungen ist die Natur des einen Menschen von der des andern sehr unterschieden. Welches die unsrigen sind, können wir am besten daraus sehen, wenn wir das Vergnügen oder den Schmerz beobachten, den uns die Befriedigung oder Nichtbefriedigung derselben verursacht. Von denen nun, welche von Natur die heftigsten sind, müssen wir uns selbst am meisten zurückziehen. Denn schon dadurch können wir hoffen, in die Mitte zu kommen, wenn wir uns weit von dem fehlerhaften Extrem unsrer natürlichen Anlagen entfernen; so wie die, welche ein krummes Holz gerade machen wollen, es auf die entgegengesetzte Seite krumm biegen.

In allen Sachen aber müssen wir am meisten über das Angenehme und das, was uns Vergnügen macht, wachen: denn nie urtheilen wir hierüber als unbestochene Richter.

Diejenige Empfindung also, welche die Alten in der Versammlung der Trojaner, in Absicht der Helena, hatten, die müssen auch wir, in Absicht des Vergnügens, überhaupt haben; und in jedem Falle, da wir von dem Reize desselben gelockt werden, den Ausspruch jener Alten hinzusetzen:

Aber so reizend sie ist, sie soll nicht unter uns bleiben.*

Wenigstens werden wir auf diese Weise am wenigsten sündigen.

Dieß sind also die Mittel, obenhin und im allgemeinen angegeben, wie wir den Mittelpunkt zu suchen haben. Vielleicht aber ist es noch schwerer, dieß in einzelnen Fällen zu thun. So ist es z. B. gewiß nicht leicht, in Absicht des Zorns, zu bestimmen, auf welche Weise es erlaubt sey, zu zürnen, auf welche Personen und welche Gegenstände unser Zorn gehen, und wie lange er dauern solle. Denn auch wir Unbefangenen, die wir über Zürnende urtheilen, urtheilen oft unrecht; und nennen diejenigen, welche übertrieben nachgebend sind, sanftmüthig, und die, welche in einen unmäßigen Eifer gerathen, muthvolle Vertheidiger ihrer Rechte. Doch es wird in jedem Falle der, welcher nur wenig von dem Mittelpunkte abweicht, auch nur wenig getadelt, er weiche nun auf der Seite des zu Vielen oder des zu Wenigen ab. Der, welcher sehr viel abweicht, kann dem Tadel nicht entgehen: denn sein Fehler kann nicht verborgen bleiben. Wie groß aber in jedem Falle der Fehler ist, und wie viel Tadel er verdient, ist nicht leicht, im allgemeinen durch Worte zu bestimmen: denn nichts, was bloß Sache der Empfindung und Erfahrung ist, kann auf diese Weise durch Worte angegeben werden. Von dieser Art aber sind die einzelnen Dinge, zu deren Beurtheilung immer die eigne, sinnliche Wahrnehmung nothwendig ist.

So viel ist uns also klar geworden, daß die Fertigkeit, das Mittlere zu

---

* Die Stelle steht in dem dritten Buche der Iliade, im 156sten u. folg. V., wo eine Versammlung von Alten, welche wegen ihrer Jahre an den Gefahren des Krieges nicht mehr teilnahmen, um den Priamus herumsitzen und bei Erblickung der Helena, welche zu ihnen kommt, ausrufen:

– man kann darüber nicht zürnen,
Daß der Trojaner Heer und die wohlgepanzerten Griechen
Um dies herrliche Weib lang dauerndes Elend ertragen.
Wahrlich, sie ist an Gestalt den unsterblichen Göttinnen ähnlich.
Aber so schön sie auch ist: so schiffe sie lieber nach Hause
Daß sie nicht uns und unserm Geschlecht den Untergang bringe.

beobachten, in allen Sachen als lobenswürdig erscheint; daß aber, um am leichtesten in diesen Mittelpunkt zu treffen, wir bald auf der Seite des Uebermaßes, bald auf der des Mangels gleichsam ausschweifen müssen.

III. Die Philosophie im Zeitalter des Hellenismus

Die Philosophie im Zeitalter des Hellenismus

Das Zeitalter des Hellenismus hat Einheit und Namen durch die Ausbreitung der griechischen Kultur auf die ganze Mittelmeerwelt empfangen. Inmitten des politischen Niedergangs der griechischen Städte kam die Zeit neuer, großräumiger Bildungen staatlicher Art, die aus dem Zerfall des makedonischen Weltreiches erwuchsen und in dem römischen Weltreich ihren dauerhaften Abschluß finden sollten. Zwischen der klassischen Periode griechischer Kultur, die durch die griechische Tragödie, die klassische Kunst und schließlich die Philosophie repräsentiert ist, und dem Aufkommen der neuen Weltreligion des Christentums, bis in die Zeiten des sich dem Untergange zuneigenden römischen Weltreiches spannt sich der Zeitraum des Hellenismus. Er schuf im Zerfall die Bedingungen des Neuen und rettete dadurch die große Überlieferung der klassischen Periode der Griechen in das neue christliche Weltalter hinüber. Die Philosophie spielte in diesem Zeitraum fast die Rolle einer religiösen Trösterin inmitten der Wirren der Zeit. Es ist die Zeit der großen Schulen, die man eigentlich Sekten nennen müßte. Die Schulgründungen Platos und Aristoteles' lebten zwar bis an das Ende des Altertums fort, aber stärker als diese Schultradition waren und wirkten die neuen moralphilosophischen Lehren, die durch den Begründer der Stoa auf der einen Seite, durch Epikur auf der anderen Seite vertreten wurden. Es ist ein neues Ideal des Weisen, der das hellenistische Denken beherrscht. Nicht mehr der Inbegriff des Wissens und der gedanklichen Bewältigung der Wirklichkeit, wie er die große klassische Philosophie ausmachte und ihren Begriff der Weisheit erfüllte, gibt dem Begriff des Weisen jetzt seinen Akzent. Der Weise ist nun der Mann, der sein eigenes Leben durch die Kraft des Gedankens einzurichten weiß, sich unabhängig macht von den Wechselfällen des Schicksals, indem er sich auf sich selbst zurückzieht. Das soll gewiß nicht heißen, daß die alte griechische Tradition der denkenden Bewältigung der Welt nicht auch in diesen Männern weiterlebte, die für das Glück ihres eigenen Lebens aus aller Erkenntnis Nutzen zu ziehen suchten. Es gibt eine stoische Physik und Metaphysik, eine stoische Logik, die das Erbe des griechischen Weltdenkens wohl in sich verwahren. Aber all das dient letzten Endes der Ethik, der praktischen Philosophie, und vollends gilt das von der epikureischen Schule, daß sie mehr eine Schule der Lebensweisheit als der Weltweisheit war. Es ist das Ideal der Autarkie, der Selbstgenügsamkeit des Weisen, das alles beherrscht. Mit dieser Konzentration auf die personale Haltung des Weisen mag es zusammenhängen, daß die reiche literarische Überlieferung dieser philosophischen Schulen nur in Trümmern auf uns gekommen ist. So kann man von der Bedeutung der stoischen Philosophie erst aus späteren Quellen Aufschlüsse gewinnen, und auch von Epikur haben wir nur wenig direkte Überlieferung.

Erst durch die Verpflanzung der griechischen Philosophie nach Rom und in die feste Beständigkeit der politischen Gesellschaftsordnung Roms gewann auch die hellenistische Philosophie literarische Formen, die dauern sollten. Ein Geist ganz großen Gepräges wird wohl nicht unter diesen Philosophen gewesen sein. Was wir von Zeno und Chrysipp, von Panaitios und Poseidonios wissen, ist zuwenig, um eine solche Frage des Ranges entschieden genug beantworten zu können. Jedenfalls begegnet erst im ausgehenden Altertum, im 3. Jahrhundert, nochmals ein originärer griechischer Denker von Weltformat, dessen Werk auf uns gekommen ist: Plotin. Er hebt sich aus den Schulgestalten hellenistischer philosophischer Gelehrsamkeit heraus und verschmilzt das große klassische Erbe der griechischen Philosophie mit der Eigenartigkeit seiner Lebensstimmung und dem Enthusiasmus seiner erlösungssüchtigen Seele. Für die späteren christlichen Jahrhunderte ist das von ihm erneuerte Gedankengut das eigentliche Erbe der Antike.

Epikur

Epikur ist der Stifter einer philosophischen Schule, die er etwa um 300 v. Chr. in Athen gründete. Sie hieß ›Der Garten‹. In dieser Bezeichnung liegt ein mehr als äußerlicher und technischer Sinn. Gewiß war es offenbar ein Haus mit einem Garten, in dem Epikur seine Schüler und Freunde versammelte. Aber es ist auch eine bestimmte Lebensgesinnung, die sich in diesem Namen ausspricht. Die große Zeit der griechischen Geschichte war vorbei. Mit Alexander dem Großen hatte die Fülle kleiner Stadtstaaten, auf denen die geistige Kultur Griechenlands beruhte, ihr Ende gefunden. Neue großräumige Bildungen staatlicher Art entstanden und sollten, ohne daß Griechenland noch einmal auf der Bühne der Weltgeschichte eine selbständige Rolle spielte, in dem römischen Weltreich aufgehen. Die Lebensstimmung, die damals die Geister erfaßte, war die des Rückzugs ins Private. Der große politische Horizont, in dem das klassische Griechentum lebte und dachte, hatte sein Verbindlichkeit verloren. Insofern ist Epikurs Rückzug in den Garten der sichtbarste Ausdruck des neuen Zeitalters. Sein Wahlspruch war »Lebe im Verborgenen«.

Er empfahl nicht nur Zurückhaltung vom staatlichen Leben, sondern seine ganze Philosophie mied die Strenge des Dogmatischen und war eine Art Lebenskunst. Freilich stand er viel zu sehr in der geistigen Tradition der griechischen Philosophie, um nicht auch seinerseits alle Anweisungen zum glücklichen Leben, die er zu geben hatte, auf dem Grunde einer naturphilosophischen Gesamtkonzeption entwickeln zu müssen. So schloß er sich der Sache nach Demokrit an, dessen Bild vom Naturgeschehen auch eine natürliche Ansicht des menschlichen Lebens und seiner Gestaltung ermöglichte. Doch hat die Atomlehre ihre eigene Note. Epikur erklärte die gesamte Weltentstehung aus einer Deklination, einer Abweichung im regelmäßigen Fall der Elementarkörperchen. Gerade diese sonderbare Lehre von der Abweichung ist für ihn charakteristisch. Eine Abweichung, ein bloßer Zufall ist der Anlaß für die Entstehung der Welt! Die menschliche Freiheit ist selbst nichts weiter als ein solcher zufällig aufgetaner Spielraum. Innerhalb desselben gilt es, sich vernünftig zu verhalten, alle Formen des Schmerzes möglichst zu vermeiden und den edelsten Freuden im menschlichen Handeln den Vorzug zu geben. Das populäre Bild vom Epikureer als einem den Sinnenfreuden hingegebenen Menschen trifft Epikurs Lehre nicht ganz. Seine Lehre von der Lust meinte keineswegs die niederen Triebe des Menschen. Auch stammten seine Anhänger bis in das späte Altertum hinein vorwiegend aus den gesellschaftlichen Oberschichten, die eine feinsinnige und geistige Kultur repräsentierten. Epikurs Verhältnis zu den Göttern und zum Tode war ganz vom Streben nach innerer Seelenruhe bestimmt. Er sah in aller Furcht vor den Göttern wie vor dem Tode etwas Unvernünftiges und Sinnloses, da ja das Naturgeschehen seinen durch nichts zu verändernden Gang gehe. Der negative Akzent, den man mit dem Begriff des Epikureischen im allgemeinen verbindet, beruht erst auf der Karikatur, die die Kirchenväter von diesen späteren heidnischen Religionsvorstellungen und Lebenslehren geben.

Von Epikurs Schriften sind nur Bruchstücke erhalten, doch besitzen wir einige seiner philosophischen *Briefe*. Das ist nicht verwunderlich. Denn Freundschaft, geistiger Austausch und menschliche Verbundenheit gehören nach seiner Lehre zu den höchsten Gütern des Lebens. In seinen Briefen lernen wir Epikur nicht etwa nur vom Rande seines Wesens her kennen, sondern in dem eigentlichen Zentrum seines Geistes.

Wir geben seinen Brief an Herodotus wieder, der vor allem seine Lehre von der Natur darstellt, und seinen Brief an Menoikeus, in welchem er seine Ethik entwickelt.

Im übrigen ist das Lehrgedicht von Lukrez die schönste und reichste Quelle epikureischen Geistes, die wir besitzen.

Brief an Herodot

Für Leser, mein lieber Herodot, die nicht imstande und in der Lage sind, allen Einzelheiten der in meinen Schriften niedergelegten Lehre von der Natur genau nachzugehen und auch die größeren der von mir darüber verfaßten Werke von Anfang bis zu Ende durchzulesen, habe ich eine kurze Übersicht über die ganze Materie entworfen, um ihnen zur gedächtnismäßigen Festhaltung der wichtigsten Lehren zu verhelfen und sie in den Stand zu setzen, sich für die Grundlehren jederzeit Rat's zu erholen, soweit sie sich auf die theoretische Naturbetrachtung einlassen. Auch die weiter Fortgeschrittenen, die bereits einen hinreichenden Überblick über das Weltall haben, müssen doch die elementaren Grundzüge dieses ganzes Lehrgebietes sich immer wieder zum Bewußtsein bringen. Denn einer Gesamtansicht bedürfen wir häufig, mit den Einzelheiten ist es anders bestellt. Wir müssen uns also fortwährend an jene Gesamtansicht halten und sie uns gedächtnismäßig zu eigen machen so weit, daß wir von dieser Grundlage aus nicht nur den maßgebenden Gesichtspunkt für die Betrachtung der Dinge überhaupt sondern auch den geschärften Blick für alles einzelne gewinnen, insofern die wichtigsten Grundformen richtig erfaßt sind und dem Gedächtnis einverleibt werden. Denn die Hauptanforderung auch an den vollendeten Kenner in bezug auf Schärfe der Untersuchung ist die, daß er nicht fehlgreife in Anwendung der leitenden Gesichtspunkte, indem alles einzelne auf die einfachen Elemente und Bezeichnungen zurückgeführt wird. Denn es ist nicht möglich, die gedrängte Masse des das Ganze umfassenden Wissensstoffes zu beherrschen, wenn man nicht imstande ist vermittelst kurzer Bezeichnungen auch jedes Einzelne in voller Schärfe mit dem Geiste zu umfassen. Da also für alle, die sich mit der Naturforschung vertraut gemacht haben, dieses Verfahren von Nutzen ist, so habe ich, der ich stets zum anhaltenden Eifer für die Naturforschung mahne und in einem derartigen Leben vor allem meinen inneren Frieden finde, für Dich diese Niederschrift, eine Art Überblick und elementaren Grundriß meiner gesamten Lehre angefertigt.

Zuerst also, mein lieber Herodot, müssen wir uns klar werden über das, was den Worten zugrunde liegt, um durch Zurückführung darauf einen festen Anhalt zu gewinnen zur Beurteilung der mannigfachen darauf bezüglichen Meinungen, Fragen und Zweifel und um nicht – im Fall der Ermangelung eines solchen Urteils – mit unsern Darlegungen uns ins Unendliche zu verlieren oder es mit leeren Worten zu tun zu haben. Denn bei jedem Wort muß der zugrunde liegende Gedanke gleichsam mit Augen geschaut werden und keines Beweises bedürfen, wenn anders wir einen festen Punkt haben müssen, auf den wir das Gesuchte, Bezweifelte oder bloß vermutungsweise Erkannte zurückführen können. Ferner gilt es die sinnlichen Wahrnehmungen genau festzuhalten sowie die dabei sich einfindenden Anregungen des Denkvermögens oder sonst welcher Beurteilungsinstanz, in gleicher Weise aber auch die begleitenden Affekte, auf daß wir daran einen Anhalt haben für Deutung des Kommenden und Unbekannten.

Ist man darüber ins reine gekommen, so gilt es, sich über das Unbekannte seine Ansicht zu bilden. Zunächst, daß nichts aus nichts wird. Andernfalls würde alles aus allem werden, da es ja keines Samens bedürfte. Und ginge das Verschwindende ins Nichtseiende unter, so wäre es wohl schon längst um alle Dinge geschehen, da das, worein sie sich auflösen, ein Nichts wäre. Es war aber auch das Ganze immer von gleicher Art wie jetzt, und es wird auch immer so sein. Denn es gibt ja nichts, worein es sich umwandeln könnte. Denn außer dem Ganzen gibt es nichts, was in es eindringen und es dadurch verändern könnte.

(Das sagt er übrigens auch in dem größeren Auszug zu Anfang sowie in dem ersten Buch von der Natur. Scholion.)

Ferner gilt der Satz: das Ganze *ist*. Denn daß den Körpern Dasein zukommt, dafür zeugt allenthalben die Wahrnehmung, aus der, wie schon gesagt, durch Nachdenken das Unbekannte gefolgert werden muß. Gäbe es aber nicht jene Wesenheit, für die wir die Bezeichnungen ›das Leere‹, ›der Ort‹ (Raum), »das seiner Natur nach Unbetastbare« haben, so gäbe es nichts, wo die Körper sein und Platz für ihre Bewegung finden könnten, entsprechend ihrer Bewegung in der sinnlichen Wahrnehmung. Außer diesen beiden (nämlich Körper und Raum) läßt sich nichts auch nur denken weder in begrifflicher Auffassung noch analog dem begrifflich Aufgefaßten; denn diese beiden (Körper und Raum) haben ihre Beziehung auf Wesen überhaupt als solche und werden nicht in der Bedeutung bloßer Eigenschaften dieser Wesen, seien es notwendige oder zufällige Eigenschaften, genommen.

(Das gleiche sagt er auch im ersten Buch von der Natur, sowie auch im 14. und 15. Buch und auch in dem Größeren Auszug. Scholion.)

Ferner: Die Körper sind teils Zusammensetzungen teils solche, aus denen die Zusammensetzungen gebildet sind. Die letzteren (die Atome) sind unteilbar (unzerlegbar, unsprengbar) und unvergänglich, wenn anders nicht alles in das Nichtseiende vergehen, sondern gewisse Elemente festen Bestand haben sollen bei den Auflösungen der Zusammensetzungen, ihrer Natur nach undurchdringlich und keine Möglichkeit irgendwelcher Auflösung bietend. Die Urbestandteile müssen also notwendig unzerlegbare körperliche Wesenheiten sein.

Und ferner ist das All auch unendlich, denn alles Begrenzte hat ein

Äußerstes. Das Äußerste aber setzt immer etwas anderes neben ihm voraus, mit dem es verglichen wird (neben dem All aber gibt es nichts, was mit ihm verglichen werden könnte). Es hat also kein Äußerstes und demnach auch kein Ende. Hat es aber kein Ende, so muß es eben unendlich und nicht begrenzt sein. Und zwar muß diese Unbegrenztheit des Alls sich sowohl auf die Menge der Körper beziehen wie auf die Größe des leeren Raumes. Denn wäre der leere Raum unendlich, die Körper aber von endlicher Zahl, so würden die Körper nirgends zur Ruhe kommen, sondern zerstreut über den unendlichen Raum hin sich fortbewegen, da sie nichts fänden was ihnen Halt böte und durch den Anprall sie zum Stillstand brächte. Und wäre anderseits der leere Raum begrenzt, so wäre für die unzähligen Körper kein Unterkommen vorhanden.

Zudem sind die dichten (undurchdringlichen) Atomkörperchen, aus denen die Zusammensetzungen sich bilden und in welche sie sich auflösen, unerfaßbar in den Unterschieden ihrer Gestalten. Denn unmöglich kann die unendliche Mannigfaltigkeit der sinnlichen Erscheinungen aus einer für unseren Verstand erfaßbaren Zahl von Gestalten entstanden sein. Und für jede Gestaltung sind die Atome als solche schlechtweg unendlich, den Formunterschieden nach aber sind sie nicht schlechtweg unendlich, sondern nur für unsern Verstand unerfaßbar.

(Denn wie er weiter unten sagt, geht auch die Teilung nicht bis ins Unendliche, sondern hört auf, da die Qualitäten wechseln, man müßte denn die Atome auch ihrer Größe nach ins Unendliche verweisen. Scholion.)

Die Atome bewegen sich aber unablässig *(Weiter unten aber sagt er, daß sie sich auch gleich schnell bewegen, da der leere Raum die gleiche Nachgiebigkeit zeigt sowohl gegen das leichteste wie gegen das schwerste Atom. Scholion.)* und die einen bleiben immer in weiter Entfernung voneinander, während die anderen eine vibrierende Bewegung annehmen, wenn sie durch die Verflechtung in eine schräge Lage gebracht worden sind oder von denen, welche Anlage zur Verflechtung haben, eingeschlossen werden. Denn einerseits wirkt die Natur des Leeren auf die Trennung der einzelnen Atome voneinander hin, da sie nicht imstande ist einen hemmenden Halt zu bieten, anderseits bewirkt die den Atomen innewohnende Härte beim Zusammenstoß den Abprall, soweit die Verflechtung den Rücktritt aus dem Zusammenstoß gestattet. Einen Anfang dafür gibt es nicht, daß die Atome und das Leere von Ewigkeit her sind.

(Weiter unten aber sagt er, die Atome besäßen auch keine Qualitäten, sondern nur Gestalt, Größe und Schwere. Die Farbe aber wechsle – so erklärt er in den »Zwölf Anfangsgründen« – je nach der Lage der Atome. Auch komme ihnen nicht jede beliebige Größe zu. Wenigstens wurde noch niemals ein Atom durch Sinneswahrnehmung erschaut. Scholion.)

All das bisher Gesagte gibt eine genügende Unterlage für die denkende Betrachtung der Natur der Dinge.

Ferner: es gibt unzählige Welten, teils ähnlich der unseren teils unähnlich. Denn die Atome, zahllos, wie sie dem eben gegebenen Nachweis zufolge sind, bewegen sich auch in die ungemessenste Ferne. Sind doch derartige Atome, aus denen eine Welt entstehen oder durch die eine Welt geschaffen werden könnte, weder für *eine* Welt aufgebraucht noch für eine begrenzte Zahl von Welten, mögen sie nun der unseren gleichen oder von ihr verschieden sein. Nichts also steht der Annahme einer unendlichen Weltenzahl im Wege.

Auch gibt es Abdrücke von gleicher Gestalt wie die festen Körper, die aber an Feinheit die von uns wahrgenommenen Dinge weit überragen. Denn es ist nicht unmöglich, daß in der Atmosphäre derartige Ablösungen vor sich gehen und ebensogut können auch Vorkehrungen vorhanden sein für Herstellung der Höhlungen und Verfeinerungen, auch kann es Abflüsse geben, die dieselbe Lage und Abfolge beibehalten, die sich an den festen Dingen selbst zeigte. Diese Abdrücke aber nennen wir Bilder (Idole). Ihre Bewegung durch den leeren Raum bewältigt, da sich ihnen nichts entgegenstellt, was ihren Lauf hemmen könnte, jede erdenkliche Entfernung in einer für unseren Verstand unfaßbar kurzen Zeit. Das Vorhandensein nämlich oder Nichtvorhandensein eines Hemmnisses kommt dem gleich, was man Langsamkeit und Schnelligkeit nennt. Gleichwohl wird nach rein spekulativ festgestellten Zeitbestimmungen ein in Bewegung befindlicher Körper doch nicht zu gleicher Zeit an mehreren Orten ankommen (denn das ist undenkbar), wenn er auch in sinnlich wahrnehmbarer Zeit zugleich ankommt, von welcher Stelle des Unendlichen auch immer er seinen uns nicht erfaßbaren Ausgangspunkt für die Bewegung genommen haben mag. Denn etwas dem Hemmnis Gleichendes wird sich doch einstellen, wenn wir auch bis jetzt die Schnelligkeit der Bewegung als hemmungslos haben gelten lassen. Auch diese grundlegende Idee ist es nützlich festzuhalten.

Ferner widerstreiten die Tatsachen der sinnlichen Erscheinung durchaus nicht der Annahme, daß die Bilder von einer Feinheit sind, der schlechthin nichts gleichkommt; daher auch ihre unübertreffliche Schnelligkeit, indem sie überall einen für sie passenden Durchgang finden, abgesehen davon, daß ihrem Daherströmen keine oder nur geringe Hindernisse entgegentreten, während sich einer großen oder unendlichen Menge von Atomen alsbald ein Hemmnis entgegenstellt.

Weiter gehört hierher auch der Satz, daß die Entstehung der Bilder sich mit Gedankenschnelle vollzieht. Denn der Abfluß von der Oberfläche der Körper geht in stetiger Folge vor sich, ohne sich durch die Minderung kund zu geben, denn es tritt Ersatz dafür ein; dabei bewahrt das abfließende Bild die Lage und Ordnung der Atome an dem festen Körper geraume Zeit hindurch, wenn es auch zuweilen in Verwirrung gerät; auch plötzliche Zusammenziehungen in der Atmosphäre treten ein, da ja die füllende Körpermasse in der Tiefenrichtung fehlt. Daneben finden sich auch noch gewisse andere Entstehungsweisen derartiger Naturgebilde. Denn nichts davon steht in Widerspruch mit den sinnlichen Wahrnehmungen, wenn man in bestimmter Weise das erscheinende Sinnenobjekt ins Auge faßt, auf das man denn auch die gleichzeitigen Einwirkungen der äußeren Dinge auf uns beziehen wird.

Man muß es aber auch für richtig halten, daß es etwas von den Außendingen auf uns Einströmendes ist, was uns die Gestalten sehen und zum Gegenstand unseres Denkens werden läßt. Denn nimmer würden die Außendinge ihre natürliche Farbe und Gestalt durch das Medium der zwischen uns und ihnen liegenden Luft oder durch irgendwelche Art von Strahlen oder durch wie auch immer beschaffene Strömungen, die von uns aus zu ihnen stattfinden, so deutlich ausgeprägt übermitteln, wie es dann geschieht, wenn von den Dingen aus gewisse Abdrücke in uns Eingang finden, die, von gleicher Farbe und Gestalt wie die Dinge, in der für unser Auge und unser geistiges Auffassungsvermögen passenden Größe mit großer Schnelligkeit in uns eindringen und so eben dadurch die Vorstellung eines einheitlichen, in sich fest geschlossenen Gegenstandes erzeugen und die Übereinstimmung mit dem zugrunde liegenden Gegenstand aufrecht erhalten gemäß der von diesem ausgehenden, den tatsächlichen Verhältnissen entsprechenden Nachhilfe, die ihren Grund hat in dem Schwingen der Atome in dem durch seine Tiefendimension dazu befähigten festen Körper. Und welche Vorstellung auch immer wir durch den Eindruck auf unsern Geist oder auf unsere Sinne sei es von der Gestalt sei es von zufälligen Eigenschaften erhalten, ist es die Gesalt eines festen Körpers, wie sie entsteht gemäß der in bestimmter Folge stattfindenden Verdichtung oder Verflüchtigung des Bildes.

Trug und Irrtum aber liegen immer nur in dem Hinzugedachten, das erst noch seine Bestätigung oder wenigstens Nichtwiderlegung abzuwarten hat und weiterhin nicht bestätigt (durch einen gewissen inneren Bewegungsvorgang, der zusammenhängt mit der vorstellenden Tätigkeit, aber eine Auffassung zur Folge hat, die den Trug mit sich führt) oder widerlegt wird. Denn einerseits wäre die Ähnlichkeit der Vorstellungen, wie sie sich z. B. bei Betrachtung eines Bildes einstellt oder wie sie in den Träumen stattfindet oder bei anderen Betätigungen des Denkvermögens oder der sonstigen Beurteilungsinstanzen mit wirklichen und als wahr bezeichneten Dingen niemals vorhanden, wenn es nicht wirklich solche Dinge gäbe, mit denen wir sie vergleichen, und anderseits gäbe es keinen Irrtum, wenn wir nicht in uns selbst auch noch eine andere Art geistiger Tätigkeit vorfänden, die zwar mit der vorstellenden Tätigkeit zusammenhängt, aber doch ihre besondere Auffassungsweise hat. Durch sie (die mit der vorstellenden Tätigkeit zusammenhängt, aber ihre besondere Auffassungsweise hat) entsteht, wenn sie nicht bestätigt oder unmittelbar widerlegt wird, der Trug, wenn sie dagegen bestätigt oder nicht widerlegt wird, die Wahrheit. Auf diesen Lehrsatz muß man ganz besonderes Gewicht legen, um zu verhüten, daß einerseits die auf die sinnenfälligen Erscheinungen sich gründenden Kriterien hinfällig werden, anderseits der Irrtum, weil gleich stark beglaubigt wie die Wahrheit, alles auf den Kopf stelle.

Auch das Hören hat seinen Grund in einer Art von Strömung, die von dem tönenden oder schallenden oder hallenden oder irgend sonstwie eine Gehörempfindung hervorrufenden Gegenstand ausgeht. Diese Strömung zerstreut sich in gleichteilige Gruppen, die ein gewisses Einvernehmen untereinander und eine eigenartige Einheitlichkeit wahren, die auf den aussendenden Gegenstand hinweist und meistens die diesem Ausgangspunkt entsprechende Wahrnehmung hervorruft und, wo dies nicht der Fall ist, nur die Ankunft von außen her anzeigt, denn ohne eine von dorther stammende Einhelligkeit könnte es zu einer solchen entsprechenden Empfindung gar nicht kommen. Man darf also nicht glauben, daß die Luft selbst von dem entsendeten Ton oder auch von den gleichartigen Atomgruppen geformt werde – denn daran ist nicht zu denken, daß sie eine solche Einwirkung durch diesen erfahren könnte –, sondern daß der beim Entsenden des Tones in uns erfolgende Schlag sofort (durch den gewaltsamen Druck) Atomgruppen, die eine haucharrtige Strömung bewirken, aus uns heraustreibt, dergestalt, daß dadurch die Empfindung des Hörens entsteht.

Und auch vom Geruch muß man annehmen, daß er ebenso wie das Gehör niemals eine Empfindung hervorrufen könnte, wenn nicht gewisse Atomgruppen von dem Gegenstand ausströmten, die alle Bedingungen in sich vereinigen, um das betreffende Sinnesorgan zu reizen teils in verworrener und übel empfundener Weise teils in ungestörter Ordnung und in wohltuend wirkender Weise.

Ferner muß man sich mit der Ansicht vertraut machen, daß die Atome keinerlei Eigenschaften der Sinnendinge an sich tragen außer Gestalt, Schwere, Größe und dem, was mit der Gestalt notwendig verknüpft ist. Denn jede Eigenschaft verändert sich; die Atome aber verändern sich nicht, denn bei allen Auflösungen des Zusammengesetzten bleibt immer etwas Festes und Unauflösbares bestehen, vermöge dessen die Veränderungen nicht ins Nichtseiende vor sich gehen und ebenso wenig *aus* dem Nichtseienden, sondern in der Regel durch Umgruppierung, manchmal auch durch Zugang und Abgang. Daher sind die der Umstellung unterliegenden Elemente notwendig unvergänglich und ihrer Natur nach keiner

Veränderung fähig; doch muß es auch Atomgruppen und eigenartige Gestalten geben, die gleichfalls dauernden Bestand haben. Denn auch bei den Umgestaltungen, die sich vor unseren Augen vollziehen, wird die Form als das Innewohnende aufgefaßt, während die Beschaffenheiten nicht, wie es bei jener Form der Fall ist, dem sich Verändernden bleibend innewohnen, sondern aus dem ganzen Körper entweichend dahinschwinden. Jenes Zurückbleiben (die Atomgruppen und die Gestaltungsformen) ist ausreichend, um die Artunterschiede in den Zusammensetzungen zu erzeugen; denn irgend etwas muß zurückbleiben und vor dem Untergang ins Nichts gesichert sein.

Was weiter die Größe der Atome anlangt, so darf man nicht glauben, daß jede Größe unter ihnen vertreten sei, wenn man nicht mit dem Zeugnis der Sinneserscheinungen in Widerspruch geraten will; aber gewisse Größenunterschiede muß man doch annehmen. Denn ist dieses der Fall, so wird man sich auch über Entstehung der Affekte und Sinneswahrnehmungen besser verständigen können. Daß jede Größe vorhanden sei, ist einerseits nicht nötig für das Zustandekommen der qualitativen Artunterschiede, anderseits müßten uns dann schon auch sichtbare Atome vor Augen gekommen sein. Allein dieser Anblick wird uns versagt, auch läßt sich gar nicht ausdenken, wie es überhaupt ein sichtbares Atom geben könne. Überdies darf man nicht annehmen, daß in dem begrenzten Körper unzählige Atome seien und von allen möglichen Größen. Man muß daher nicht nur die Teilung ins Unendliche nach seiten der Zerstückelung hin als ungültig verwerfen, weil wir sonst alles mattsetzen und bei den (unbegrenzt) großen Aggregatmassen (der Natur) das Seiende durch völlige Zerdrückung zur Beute des Nichtseienden machen würden – sondern wir dürfen auch bei den begrenzten Körpern die Teilung nicht ununterbrochen nach der Seite der Kleinheit hin als ins Unendliche fortführbar denken. Denn es hat keinen erkennenden Sinn, wenn einer einmal sagt, es seien in irgendeinem Ding unzählige Körperchen und zwar von jeder beliebigen Größe enthalten. Denn wie könnte dann dies noch eine begrenzte Größe sein! Ist es doch klar, daß die unendlich vielen Körperchen von bestimmter Größe sein müssen, gesetzt einmal, sie wären von beliebiger Größe, so ginge doch auch die Größe ins Unendliche. Und da das Begrenzte ein durch den Verstand erfaßbares, wenn auch an sich nicht sichtbares Äußerstes hat, so muß man sich bei fortschreitendem Größenverhältnis die Sache ebenso denken, und wenn man diesen Progressus fortsetzt, so muß man demnach im Denken zum Unbegrenzten gelangen.

Und das Kleinste, das in der sinnlichen Anschauung noch vorkommt, muß man sich so denken, daß es weder gleichartig ist dem, was Veränderungen zuläßt, noch auch völlig ungleichartig mit ihm ist, nur daß es keine Teile erkennen läßt. Aber wenn wir wegen der aus der Gemeinschaft sich ergebenden Ähnlichkeit uns etwas davon begreiflich zu machen glauben, so bezieht sich die Gleichheit für uns tatsächlich nicht auf beide Seiten, sondern nur entweder auf diese oder auf jene Seite. Wir sehen, vom ersten beginnend, wie diese (kleinsten wahrnehmbaren Körperchen) der Reihe nach (sukzessiv) und nicht kontinuierlich, auch nicht Teile mit Teilen berührend, sondern nur in ihrer besonderen Eigentümlichkeit die Größen messen, die größeren als größer und die kleineren als kleiner. Dem analog – so muß man annehmen – wird auch das, was im Atomgebiet das Kleinste ist, sich verhalten. Denn offenbar unterscheidet sich dieses von dem in der sinnlichen Wahrnehmung Geschauten, doch sind die Beziehungen auf beiden Seiten analog. Haben wir doch auch nach der in der Anschauung vorliegenden Analogie vom Atom ausgesagt, daß es Größe hat, indem wir etwas Kleines in seiner Kleinheit nur möglichst herabdrückten. Ferner muß man als das Kleinste und jeder Zusammensetzung Ledige die Grenzen der Linien (d. i. die Punkte) ansehen, die aus sich selbst als dem Ersten den Maßstab abgeben für das Größere und Kleinere bei der theoretischen Betrachtung im Gebiete des Unsichtbaren. Denn die Gemeinsamkeit, die zwischen diesen (d. i. den Atomen) besteht, genügt, um die bisherige Darstellung abzuschließen. Eine Vereinigung von ihnen, wenn sie etwa in Bewegung wären, kann unmöglich eintreten.

Sodann darf man dem Unendlichen nicht das Oben und Unten beilegen als wäre es die Stätte des Obersten und Untersten. In der Richtung aufwärts ins Unendliche über unser Haupt hinaus von einem beliebig gewählten Standpunkt aus wird uns dies (Oberste) nie sichtbar werden, oder das, was sich unterhalb des ins Unendliche verlaufend Gedachten befindet, ist dann zugleich oben und unten im Verhältnis zu dem nämlichen Standort; denn das ist völlig undenkbar. Man muß also als *eine* Bewegung die nach oben ins Unendliche gedachte, und als *eine* die nach unten annehmen, mag auch tausend und abertausendmal das von uns sich aufwärts in die Räume über unsern Köpfen Bewegende zu den Füßen der über uns Befindlichen gelangen und das von uns aus sich abwärts Bewegende auf den Kopf der unter uns Befindlichen; denn die Gesamtbewegung wird nichtsdestoweniger als eine jeder der anderen entgegengesetzt gedacht in den unendlichen Raum hinin.

Ferner kommt den Atomen notwendig die gleiche Geschwindigkeit zu, wenn sie bei ihrer Bewegung durch den leeren Raum auf keinen Widerstand stoßen. Denn weder werden die schweren sich schneller bewegen, als die kleinen und leichten, wenigstens wenn ihnen kein Hindernis entgegentritt, noch werden die kleinen den großen vorauseilen, obschon sie überall bequemen Durchgang finden; nur darf den großen kein Widerstand entgegentreten. Auch wird die durch Stoß veranlaßte aufwärts oder seitwärts gerichtete Bewegung sich in bezug auf Schnelligkeit nicht unterscheiden von der durch die eigene Schwere nach unten gerichteten Bewegung. Denn so lange jede von beiden sich in ihrem Zustand behauptet, wird sie mit Gedankenschnelle ihre Bewegung fortsetzen, bis sie, sei es durch äußere Vorgänge oder infolge der eigenen Schwere, auf den Widerstand eines mit ihr zusammentreffenden Körpers stößt.

Aber was die zusammengesetzten Körper betrifft, so kommt dem einen eine größere Geschwindigkeit zu als dem andern, wenngleich die Atome für sich die gleiche Schnelligkeit einhalten. Denn die in den Zusammensetzungen enthaltenen Atome eilen in den kürzesten Momenten der stetigen Zeit *einem* Punkt zu, während die andern in den nur durch Denken erfaßbaren Zeitmomenten nicht auf *einen* Punkt zueilen. Doch finden sie häufig Widerstand, bis die Stetigkeit der Bewegung den Sinnen wahrnehmbar wird. Denn was wir über das Unsichtbare durch eigenes Urteil hinzudenken, nämlich daß auch die nur theoretisch erkannten Zeitpunkte die Stetigkeit der Bewegung in sich schließen, ist bei derartigen Vorgängen nicht richtig; denn wahr ist nur, was wirklich geschaut oder der Beobachtung gemäß mit dem Geiste aufgefaßt wird.

Hierauf müssen wir, uns stützend auf die Wahrnehmungen und inneren Erregungen (denn diese haben Anspruch auf die sicherste Glaubwürdigkeit) zu der Einsicht gelangen, daß die Seele ein feinteiliger Körper ist, der sich auf die ganze Körpermasse verteilt, am treffendsten zu vergleichen mit einem von Wärme durchströmten Hauch, bald diesem (dem Hauch) bald jener (der Wärme) ähnlich. Ein gewisser Teil derselben hebt sich aber von den anderen durch besondere Feinteiligkeit ab und steht eben dadurch in noch engerer Beziehung zu der übrigen Körpermasse. Über diese ganze Körpermasssse trafen die Kräfte der Seele die Entscheidung nebst ihren wechselnden Zuständen, ihrer leichten Erregbarkeit, ihren Überlegungen und allem, was, wenn es von uns weicht, unseren Tod zur Folge hat. Auch darf man nicht außer acht lassen, daß es vor allem die Seele ist, die uns zur Wahrnehmung (Empfindung) verhilft. Doch wäre sie dazu nicht imstande, wenn sie nicht von der übrigen Körpermasse dabei unterstützt würde. Die übrige Körpermasse aber, die ihr diesen Dienst leistet, erhält durch sie auch ihrerseits Anteil an dieser Beschaffenheit, wenn auch nicht an allem was jene besitzt; daher geht sie auch nach Entweichen der Seele der Empfindung verlustig. Denn sie hatte dies Vermögen nicht durch sich selbst erworben, sondern verdankt es einem andern mit ihr zugleich enstandenen Wesen, das, so bald es durch das bei ihm selbst entwickelte Vermögen nach Maßgabe der Bewegung die Wahrnehmungsfähigkeit bei sich zur Reife brachte, auch jener (Körpermasse), gemäß der Nachbarschaft und Wechselbeziehung, wie gesagt, daran Anteil gab.

Darum wird denn die Seele, so lange sie dem Körper innewohnt, auch wenn irgendein beliebiger anderer Teil in Wegfall gekommen ist, nicht empfindungslos sein; vielmehr wird sie, was auch immer von ihr mit zugrunde gehen mag, bei der völligen oder teilweisen Auflösung ihrer deckenden Schutzhülle, im Besitz der Empfindung bleiben, so lange sie überhaupt bleibt. Die übrige Körpermasse aber, die sie ganz oder teilweise erhält, hat keine Empfindung mehr nach Entschwinden derjenigen Atommenge, die zum Wesen der Seele gehört. Indes zerstreut sich mit der Auflösung der gesamten Atommasse auch die Seele und hat nicht mehr die nämlichen Kräfte und Erregungen, besitzt also auch nicht mehr das Empfindungsvermögen. Denn man kann sich nicht vorstellen, daß das Empfindende selbst, wenn es nicht dieser seiner Körperfügung mehr innewohnt, auch noch seine ihm eigentümlichen Erregungen besitzt, wo es doch keine schützende Hülle mehr hat von der Art, wie sie ihm bei seiner jetzigen Verfassung zu Gebote steht, um darin jene Erregungen zu erfahren.

(Auch an anderen Stellen sagt er dies und daß sie aus den glattesten und rundesten Atomen bestehe, die sich sehr erheblich von den Feueratomen unterscheiden; und der eine Teil von ihr sei vernunftlos und verteile sich über den übrigen Körper; der vernünftige Seelenteil aber habe seinen Sitz in der Brust, wie sich aus den Erregungen der Furcht und der Freude ergebe. Schlaf trete ein, wenn die über den ganzen Körper verstreuten Seelenteile festgehalten oder zerstreut würden und dann wieder mit denen zusammenfielen, die den Durchgang zu ihnen finden. Der Same ergieße sich von dem ganzen Körper aus. Scholion.)

Indes muß man sich überdies noch klar werden über den Begriff des Unkörperlichen *(er bezieht sich nämlich dabei auf den landläufigen Gebrauch des Wortes. Scholion)*, indem das Wort meist von dem an für sich Bestehenden gebraucht wird. Als an und für sich bestehend aber läßt sich das Unkörperliche nicht denken, abgesehen allein vom Raum. Der leere Raum kann weder wirken noch leiden; seine Bedeutung besteht einzig darin, daß er durch sein Dasein den Körpern die Bewegung ermöglicht. Wer also die Seele für unkörperlich erklärt, der redet ins Blaue hinein. Denn wäre die Seele von dieser Art, so könnte sie überhaupt weder wirken noch leiden. Tatsächlich aber finden diese Vorgänge beide bei der Seele statt. Wenn man alle diese Erwägungen auf die Leidenschaften und Wahrnehmungen anwendet und sich des zu Anfang Gesagten erinnert, so wird man erkennen, daß sie eine Fassung erhalten haben, die es gestatte, von ihnen aus auch das einzelne genau und sicher zu bestimmen.

Aber auch Gestalt, Farbe, Größe, Schwere und was sonst noch vom Körper ausgesagt wird als gültig entweder für alle Körper oder für die sichtbaren, und als durch sinnliche Wahrnehmung am Körper erkennbar – all dies darf man weder als für sich bestehende Wesenheiten auffassen (denn das ist ein ganz unhaltbarer Gedanke) noch als überhaupt jedes Dasein entbehrend, auch nicht als etwas am Körper haftendes Unkörperliches, auch nicht als Teile desselben; vielmehr hat man sich zu denken, daß der ganze Körper aus alle dem sein eigenartiges bleibendes Wesen erhält, nicht aber in dem Sinne, daß er etwa daraus zusammengefügt wäre (wie z. B. wenn aus den Atomenansammlungen selbst ein größerer Zusammenschluß sich bildet, sei es aus den ursprünglichsten oder aus sonstigen Teilen des Ganzen, die kleiner sind als irgendein solches Ganze), sondern lediglich, wie gesagt, in dem Sinne, daß der Gesamtkörper aus alle dem sein bleibendes eigenartiges Wesen erhält. Und alle diese Eigenschaften des Körpers geben auch Anlaß zu eigenartigen Betrachtungen und Beurteilungen, doch stets unter Mithinzudenken des Ganzen, von dem sie nicht abtrennbar sind. Vielmehr hat der Körper nur nach Maßgabe der Gesamtvorstellung seine Bezeichnung erhalten.

Ferner verbindet sich (συμπίπτει) mit den Körpern oft, ohne dauernde Eigenschaft zu werden, etwas, das weder zu dem Unsichtbaren gehört noch unkörperlich ist. Mit diesem Worte (συμπίπτειν) also geben wir nach dem überwiegenden Sprachgebrauche kund, daß die symptomatischen Eigenschaften weder die Natur des Ganzen haben, das wir in seiner zur Einheit zusammengefaßten Masse Körper nennen, noch auch die Natur der dauernden Eigenschaften, ohne welche ein Körper undenkbar ist. Da aber die Gesamtmasse die einzelnen Erscheinungen begleitet, so können diese auch in gewissem Betracht so (nämlich als Körper) bezeichnet werden, aber nur dann, wenn die Einzelerscheinungen als wirklich dem Körper anhaftend beobachtet werden, da die symptomatischen Erscheinungen eben nicht dauernd den Körper begleiten. Und dieses ihr augenscheinliches Auftreten darf man nicht etwa als unvereinbar mit dem Seienden einfach aus dessen Bereich verweisen mit der Begründung, daß es nicht die Natur des Ganzen hat, an dem es sich ereignet (und das wir auch Körper nennen), und ebenso wenig die Natur der dauernden Eigenschaften; anderseits darf man es aber auch nicht für etwas Selbständiges halten (denn das ist weder bei diesen Erscheinungen denkbar noch bei den dauernden Eigenschaften), vielmehr sind diese Erscheinungen sämtlich für das zu halten, als was sie sich auch augenscheinlich darstellen, nämlich für zufällige Eigenschaften des Körpers, die weder dauernd den Körper begleiten noch auch den Rang der für sich bestehenden Wesenheit haben. Vielmehr werden sie betrachtet nach der eigentümlichen Beschaffenheit, die durch die Wahrnehmung selbst bestimmt wird.

Ferner muß man auch scharf auf folgendes achten: Die Vorstellung der »Zeit« erfordert eine andere Untersuchungsweise als die übrigen Dinge, bei denen es sich um etwas zugrunde Liegendes handelt, das wir auf die in uns selbst erschauten Begriffe (Vorherbestimmungen, προλήψεις) zurückführen! vielmehr muß man gerade das Moment der Anschaulichkeit in Betracht ziehen, auf das wir uns beziehen, wenn wir von *langer* oder *kurzer* Zeit reden, indem wir Kürze und Länge auf denselben Gattungsbegriff beziehen. Auch darf man weder sprachliche Bezeichnungen als vermeintlich bessere einführen, sondern muß sich an die dafür geläufigen halten, noch darf man von ihr etwas anderes aussagen in dem Sinne, als handele es sich dabei um etwas mit eben ihrer Besonderheit Wesensgleiches (denn auch dieses tun manche); vielmehr müssen wir uns mit unseren Erwägungen durchaus nur an das halten, was wir mit dieser Eigentümlichkeit als unmittelbar sie bedingend verknüpfen und woran wir sie messen. Denn auch das bedarf keines Beweises sondern nur der Achtsamkeit, daß wir sie mit den Tagen und Nächten in nächste Beziehung setzen sowie mit den Teilen derselben, desgleichen auch mit den Erregungen der Seele und ihren Ruhezuständen sowie mit den Erscheinungen von Bewegung und Stillstand, wobei wir als ein diesen Erscheinungen eigentümliches Merkmal wiederum eben dasjenige hinzudenken, dem gemäß wir uns des Ausdrucks »Zeit« bedienen.

(Das sagt er auch im zweiten Buch von der Natur und in der Großen Epitome. Scholion.)

Zu dem Gesagten kommt ferner als weiterer Lehrsatz *der* hinzu, daß die Welten und jedes begrenzte Atomengebilde, das gleichartig ist mit den häufig geschauten, aus dem Unendlichen hervorgegangen sind, indem sich alles diese körperlichen Massen aus eigenartigen Atomenwirbeln ausgeschieden haben, sowohl die größeren wie die kleineren, und sie alle sich auch wieder auflösen, die einen schneller, die andern langsamer, wobei die einen solche Veränderungen durch diese, die anderen durch jene Einwirkungen erfahren.

(Offenbar erklärt er damit die Welten auch für vergänglich, da sich ihre Teile verändern. Auch sagt er anderwärts, daß die Erde von der Luft getragen werde. Scholion.)

Ferner darf man auch nicht meinen, daß die Welten notwendig ein und dieselbe Gestaltung haben,

(Vielmehr nennt er selbst sie im zwölften Buch der Physik verschiedenartig; die einen seien kugelförmig, andere eiförmig, noch andere wieder von anderer Gestalt; doch ist nicht jede beliebige Gestalt zulässig. Scholion.)

auch nicht, daß es Lebewesen gebe, die aus dem Unendlichen ganz für sich ausgeschieden sind – also ihresgleichen nicht haben –, denn niemand dürfte wohl beweisen können, daß in einer so und so geformten Welt gewisse Samenarten, aus denen sich Lebewesen bilden und Pflanzen und alles sonst der Anschauung sich Bietende, ebensogut vorhanden sein wie auch fehlen könnten, während dies in einer anderen Welt nicht der Fall sein könnte. In gleicher Weise können sie auch überall ihre weitere Entwicklung finden. Und dies findet in gleicher Weise seine Anwendung auch auf die Erde.

Man muß sich ferner auch davon überzeugen, daß die Natur in vielen und mannigfachen Beziehungen der Belehrung und dem Zwange folgt, die von den Dingen selbst ausgehen, und daß der Verstand das von ihr (der Natur) an die Hand gegebene in der Folge genauer erforscht und mit Erfindungen bereichert, auf manchen Gebieten schneller auf andern langsamer, und in manchen Perioden und Zeiten über ganze Abschnitte aus der Unendlichkeit hin, in anderen wieder in kürzeren Zeiten. Nach dieser Annahme sind denn auch die sprachlichen Bezeichnungen (die Wörter) nicht von vornherein durch Satzung entstanden, vielmehr lassen die Menschen je nach ihrer natürlichen volksmäßigen Eigenart und besonderen Vorstellungsweise den Luftstrom (zur Bezeichnung der Dinge) dem Munde in individuell gestalteter Weise entfahren, bestimmt durch die jeweiligen Seelenregungen und Vorstellungen, auch unter dem Einfluß der verschiedenen örtlichen Verhältnisse der Völker. Erst allmählich sind dann völkerweise die besonderen Regelungen für den Gemeingebrauch erfolgt zu dem Zwecke, der Vieldeutigkeit der stimmlichen Äußerungen Einhalt zu tun und sie kürzer und schlagender zu machen. Auch manche nicht durch das Auge wahrgenommene Dinge wurden durch diejenigen, die das Bewußtsein davon hatten und sich getrieben fühlten ihre Gedanken in Worten mitzuteilen, zum Ausdruck gebracht; die Hörer aber eigneten sich, geleitet von eigener Überlegung, diese Ausdrücke an und deuteten sie nach Maßgabe der Ausschlag gebenden Beziehung.

Was ferner die Himmelserscheinungen anlangt, so darf man die Bewegung der Himmelskörper, ihre abwechselnden Richtungen, ihre Verfinsterungen, ihren Aufgang und Untergang und was sonst dahin zu rechnen ist, nicht der Leistung und der jetzigen oder künftigen Anordnung irgendeines höheren Wesens zuschreiben, das zugleich die volle Glückseligkeit nebst Unvergänglichkeit besitzen würde (denn geschäftliche Tätigkeit und Sorge verbunden mit Zornesausbrüchen und Gunstbezeugungen vertragen sich nicht mit Glückseligkeit, sondern sind Zeichen der Schwäche und Furcht und der Anlehnungsbedürftigkeit an die Umgebung), wie man denn auch nicht glauben darf, daß zusammengeballte Feuermassen, in den Besitz der Glückseligkeit gelangt, nach eigenem Belieben diese ihre Bewegungen annehmen; vielmehr muß man ihnen ihre volle Erhabenheit wahren in bezug auf alle Bezeichnungen, die man auf dergleichen Vorstellungen anwendet, wofern sich nicht Widersprüche mit jener Erhabenheit daraus ergeben; im anderen Falle wird der Widerspruch selbst die größte Verwirrung in der Seele hervorrufen. Daher muß man denn auch annehmen, daß gemäß den ursprünglichen Empfängnissen dieser Zusammenballungen bei Entstehung der Welt auch diese unumstößliche Notwendigkeit und periodische Wiederholung der Bewegungen sich eingestellt haben.

Auch muß man die Überzeugung gewinnen, daß es Aufgabe der Naturforscher ist, die Gründe für die wichtigsten und das Ganze beherrschenden Erscheinungen zu erkennen und daß die beseligende Stimmung bei Erforschung der himmlischen Erscheinungen eben darauf beruht, sowie auch auf der Untersuchung der Natur der nach Maßgabe der himmlischen Erscheinungen betrachteten Himmelskörper und alles dessen, was sonst noch verwandt ist mit der die Glückseligkeit bedingenden Genauigkeit der Forschung.

Ferner ist zu beachten, daß bei diesen Fragen die Annahme verschiedener Möglichkeiten nicht statthaft ist, wie sie in den Formeln zum Ausdruck kommt: »auf mehrfache Weise« und »es kann sich auch anders verhalten«. Vielmehr gibt es in der unvergänglichen und seligen Wesenheit schlechthin nichts, was Zwiespalt oder Verwirrung hervorrufen könnte. Und daß dem schlechtweg so ist, läßt sich durch Denken begreifen.

Was dagegen die bloße Feststellung von Tatsachen anlangt, wie des Unterganges und Aufganges und der Richtungsveränderung und Verfinsterung der Gestirne und was dem verwandt ist, so trägt sie zu der beseligenden Kraft der Forschung nichts mehr bei, vielmehr sind diejenigen, welche dieser Einzeltatsachen kundig sind, dabei aber keine Kenntnis der Wesensbestimmungen und der obersten Gründe besitzen, von den gleichen Furchterregungen beunruhigt als wenn sie diesen Zuwachs besonderer Kenntnis überhaupt nicht hätten; ja sie sind vielleicht sogar noch größeren Beängstigungen ausgesetzt, wenn das durch die Erkundung dieser besonderen Vorgänge geweckte Staunen keine Lösung der Rätsel finden und zu keiner Einsicht in die Ordnung der höchsten Gründe führen kann. Daher dürfen wir, auch wenn wir noch mehr Gründe finden für die Richtungsänderungen und Untergänge und Aufgänge und Finsternisse und ähnliche Vorgänge, so wie es ja auch bei den Einzelerscheinungen der Fall war, nicht etwa meinen, wir hätten die über den unmittelbaren Nutzen dieser Einzelbeobachtungen hinausgehende Schärfe der Erkenntnis nicht in dem Umfang erfaßt, der zu der ungestörten Gemütsruhe und Glückseligkeit führt. Daher müssen wir bei unseren Forschungen über die Himmelserscheinungen wie über jedes Unbekannte überhaupt so verfahren, daß wir nur nebenher in Betracht ziehen, auf wie vielfache Weise sich bei uns der ähnliche Fall ereignet, unter Verachtung derjenigen, die einerseits nicht dasjenige erkennen, was stets nur in *einer* Form vorhanden ist oder vor sich geht, anderseits die aus der Vielheit der Entfernungen entspringende Verschiedenheit der Vorstellungen nicht als auf mehrere Weisen sich Ereignendes hinstellen, und zudem auch in Unwissenheit darüber sind, unter welchen Bedingungen völlige Gemütsruhe überhaupt nicht möglich ist. Wenn wir also glauben, es könne das Ereignis möglicherweise auch so geschehen und unter solchen Bedingungen, unter welchen man in gleicher Weise seine Gemütsruhe bewahren kann, werden wir gerade infolge unserer Erkenntnis davon, daß es auf mehrfache Weise vor sich gehen kann, ebenso in ungestörter Seelenruhe leben, wie wenn wir wissen, daß es auf diese bestimmte Weise vor sich geht.

Zu alle dem muß man noch folgendes in Betracht ziehen: Die schwerste Beunruhigung erwächst dem Menschenherzen daraus, daß man diese Himmelswesen für glückselig und unvergänglich hält und ihnen gleichwohl Wünsche, Handlungen und Wirkungsweisen beimißt, die mit diesen ihren Vorzügen nicht recht in Einklang stehen; dazu gesellt sich als störendes Moment die beständige Erwartung und mißtrauische Mutmaßung einer ewigen Pein, veranlaßt durch den Einfluß der Mythen oder auch der Furcht vor der Empfindungslosigkeit im Tode, als hätte diese irgendwelche Bedeutung für uns; ferner der Umstand, daß man nicht auf Grund klarer Begriffe, sondern in überlegungsloser Seelenverfassung in diese Stimmung gerät, woher es denn kommt, daß, wenn man dem Schreckhaften keine Grenze setzt, man zu der gleichen oder noch gesteigerten Gemütsstörung gelangt, wie es der Fall sein würde, wenn man sich seine Ansicht auch auf Grund eines Urteils darüber gebildet hätte. Die Gemütsruhe aber stellt sich ein, wenn man sich von alle dem frei gemacht hat und beständig an das Ganze und die obersten leitenden Gesichtspunkte denkt.

Darum muß man genau acht haben auf die jeweilig sich einstellenden Seelenregungen und Wahrnehmungen, wo es sich um Gemeinsames handelt, auf die gemeinsamen, wo es um die eigenen, sowie auf die ganze sich kundgebende anschauliche Klarheit der Beurteilungsgründe für jeden einzelnen Fall. Denn wenn wir darauf acht haben, werden wir die richtigen Gründe für den Ursprung unserer Gemütsverwirrung und unserer Angst ausfinding machen und uns von dem Übel befreien, indem wir uns klar werden über die Ursachen der himmlischen Erscheinungen und aller der sie ständig begleitenden Vorgänge, die den übrigen Menschen den größten Schrecken einflößen.

Damit, mein Herodot, hast du einen kurzen Abriß erhalten von den Hauptlehren über die Natur des Weltalls. Wenn diese Lehre, in voller Schärfe festgehalten, sich Geltung verschafft, so wird sie, wenn sie auch nicht alles einzelne zu abschließender Klarheit bringen wird, doch einen unglaublich starken Einfluß auf die übrigen Menschen gewinnen. Denn sie wird vieles ins reine bringen von dem, was im einzelnen durch meine gesamte schriftstellerische Tätigkeit klar dargelegt ist; und wird eben dies im Gedächtnis festgehalten, so wird es sich fortgesetzt hilfreich erweisen. Denn es ist von der Art, daß auch diejenigen, welche es im einzelnen bereits zu genügender oder auch völliger Schärfe der Erkenntnis gebracht haben, ihre meisten Untersuchungen über die Natur des Weltalls in Anlehnung an Betrachtungen dieser Art anstellen; alle diejenigen aber, welche noch nicht zu den völlig gereiften Kennern gehören, können nur zur Herstellung ihrer Gemütsruhe so auch ohne Hilfe des lebendigen Wortes in kürzester Zeit einen vollen Überblick über die Hauptlehren gewinnen.

Brief an Menoikeus

Wer noch jung ist, der soll sich in der Philosophie befleißigen, und wer alt ist, soll nicht müde werden zu philosophieren. Denn niemand kann früh genug anfangen für seine Seelengesundheit zu sorgen und für niemanden ist die Zeit dazu zu spät. Wer da sagt, die Stunde zum Philosophieren sei für ihn noch nicht erschienen oder bereits entschwunden, der gleicht dem, der behauptet, die Zeit für die Glückseligkeit sei noch nicht da oder nicht mehr da. Es gibt also zu philosophieren für jung und für alt, auf daß der eine auch im Alter noch jung bleibe auf Grund des Guten, das ihm durch des Schicksals Gunst zuteil geworden, der andere aber Jugend und Alter in sich vereinige dank der Furchtlosigkeit vor der Zukunft. Also gilt es unsern vollen Eifer dem zuzuwenden, was uns zur Glückseligkeit verhilft; denn haben wir sie, so haben wir alles, fehlt sie uns aber, so setzen wir alles daran, sie uns zu eigen zu machen.

Wozu ich Dich ohn' Unterlaß mahnte, das mußt Du auch tun und Dir angelegen sein lassen, indem Du Dir klar machst, daß dies die Grundlehren sind für ein lobwürdiges Leben. Erstens halte Gott für ein unvergängliches und glückseliges Wesen, entsprechend der gemeinhin gültigen Gottesvorstellung, und dichte ihm nichts an, was entweder mit seiner Unvergänglichkeit unverträglich ist oder mit seiner Glückseligkeit nicht in Einklang steht; dagegen halte in Deiner Vorstellung von ihm an allem fest, was danach angetan ist seine Glückseligkeit im Bunde mit seiner Unvergänglichkeit zu bekräftigen. Denn es gibt Götter, eine Tatsache, deren Erkenntnis einleuchtend ist; doch sind sie nicht von der Art, wie die große Menge sie sich vorstellt; denn diese bleibt sich nicht konsequent in ihrer Vorstellungsweise von ihnen. Gottlos aber ist nicht der, welcher mit den Göttern des gemeinen Volkes aufräumt, sondern der, welcher den Göttern die Vorstellungen des gemeinen Volkes andichtet. Denn was die gemeine Menge von den Göttern sagt, beruht nicht auf echten Begriffen, sondern auf wahrheitswidrigen Mutmaßungen. Daher läßt man den Bösen die größten Schädigungen von seiten der Götter widerfahren und den Guten die größten Wohltaten; denn ganz und gar für ihre eigenen Tugenden eingenommen, gönnen sie den Gleichgearteten alles Gute, während ihnen alles anders Geartete als fremdartig erscheint.

Gewöhne Dich auch an den Gedanken, daß es mit dem Tode für uns nichts auf sich hat. Denn alles Gute und Schlimme beruht auf Empfindung: der Tod aber ist die Aufhebung der Empfindung. Daher macht die rechte Erkenntnis von der Bedeutungslosigkeit des Todes für uns die Sterblichkeit des Lebens erst zu einer Quelle der Lust, indem sie uns nicht eine endlose Zeit als künftige Fortsetzung in Aussicht stellt, sondern dem Verlangen nach Unsterblichkeit ein Ende macht. Denn das Leben hat für den nichts Schreckliches, der sich wirklich klar gemacht hat, daß in dem Nichtleben nichts Schreckliches liegt. Wer also sagt, er fürchte den Tod, nicht etwa weil er uns Schmerz bereiten wird, wenn er sich einstellt, sondern weil er uns jetzt schon Schmerz bereitet durch sein dereinstiges Kommen, der redet ins Blaue hinein. Denn was uns, wenn es sich wirklich einstellt, nicht stört, das kann uns, wenn man es erst erwartet, keinen anderen als nur einen eingebildeten Schmerz bereiten. Das angeblich schaurigste aller Übel also, der Tod, hat für uns keine Bedeutung; denn so lange wir noch da sind, ist der Tod nicht da; stellt sich aber der Tod ein, so sind wird nicht mehr da. Er hat also weder für die Lebenden Bedeutung, noch für die Abgeschiedenen, denn auf jene bezieht er sich nicht, diese aber sind nicht mehr da. Die große Menge indes scheut bald den Tod als das größte aller Übel, bald sieht sie in ihm eine Erholung [von den Mühseligkeiten des Lebens. Der Weise dagegen weist weder das Leben von sich] noch hat er Angst davor, nicht zu leben. Denn weder ist ihm das Leben zuwider noch hält er es für ein Übel, nicht zu leben. Wie er sich aber bei der Wahl der Speise nicht für die größere Masse, sondern für den Wohlgeschmack entscheidet, so kommt es ihm auch nicht darauf an, die Zeit in möglichster Länge, sondern in möglichst erfreulicher Fruchtbarkeit zu genießen. Wer aber den Jüngling auffordert zu einem lobwürdigen Leben, den Greis dagegen zu einem lobwürdigen Ende, der ist ein Tor nicht nur weil das Leben seine Annehmlichkeit hat, sondern auch, weil die Sorge für ein lobwürdiges Leben mit der für ein lobwürdiges Ende zusammenfällt. Noch weit schlimmer aber steht es mit dem, der da sagt, das Beste sei es, gar nicht geboren zu sein (Theogn. 425, 427), aber, geboren einmal, sich schleunigst von dannen zu machen.

Denn wenn er es mit dieser Äußerung wirklich ernst meint, warum scheidet er nicht aus dem Leben? Denn das stand ihm ja frei, wenn anders er zu einem festen Entschlusse gekommen wäre. Ist es aber bloßer Spott, so ist es übel angebrachter Unfug. Die Zukunft liegt weder ganz in unserer Hand noch ist sie völlig unserem Willen entzogen. Das ist wohl zu beachten, wenn wir nicht in den Fehler verfallen wollen, das Zukünftige entweder als ganz sicher anzusehen oder von vornherein an seinem Eintreten völlig zu verzweifeln.

Zudem muß man bedenken, daß die Begierden teils natürlich, teils nichtig sind und daß die natürlichen teils notwendig teils nur natürlich sind; die notwendigen hinwiederum sind notwendig teils zur Glückseligkeit teils zur Vermeidung körperlicher Störungen teils für das Leben selbst. Denn eine von Irrtum sich frei haltende Betrachtung dieser Dinge weiß jedes Wählen und jedes Meiden in die richtige Beziehung zu setzen zu unserer körperlichen Gesundheit und zur ungestörten Seelenruhe; denn das ist das Ziel des glückseligen Lebens. Liegt doch allen unseren Handlungen die Absicht zugrunde weder Schmerz zu empfinden noch außer Fassung zu geraten. Haben wir es aber einmal dahin gebracht, dann glätten sich die Wogen; es legt sich jeder Seelensturm, denn der Mensch braucht sich dann nicht mehr umzusehen nach etwas was ihm noch mangelt, braucht nicht mehr zu suchen nach etwas anderem, was dem Wohlbefinden seiner Seele und seines Körpers zur Vollendung verhilft. Denn der Lust sind wir dann benötigt, wenn wir das Fehlen der Lust schmerzlich empfinden; fühlen wir uns aber frei von Schmerz, so bedürfen wir der Lust nicht mehr. Eben darum ist die Lust, wie wir behaupten, Anfang und Ende des glückseligen Lebens. Denn sie ist, wie wir erkannten, unser erstes, angeborenes Gut, sie ist der Ausgangspunkt für alles Wählen und Meiden und auf sie gehen wir zurück, indem diese Seelenregung uns zur Richtschnur dient für Beurteilung jeglichen Gutes. Und eben weil sie das erste und angeborene Gut ist, entscheiden wir uns nicht schlechtweg für jede Lust, sondern es gibt Fälle, wo wir auf viele Annehmlichkeiten verzichten, sofern sich weiterhin aus ihnen ein Übermaß von Unannehmlichkeiten ergibt, und anderseits geben wir vielen Schmerzen vor Annehmlichkeiten den Vorzug, wenn uns aus dem längeren Ertragen von Schmerzen um so größere Lust erwächst. Jede Lust nun ist, weil sie etwas von Natur aus Angemessenes ist, ein Gut, doch nicht jede auch ein Gegenstand unserer Wahl, wie auch jeder Schmerz ein Übel ist, ohne daß jeder unter allen Umständen zu meiden wäre. Nur durch genaue Vergleichung und durch Beachtung des Zuträglichen und Unzuträglichen kann alles dies beurteilt werden. Denn zu gewissen Zeiten erweist sich das Gute für uns als Übel und umgekehrt das Übel als ein Gut.

Auch die Genügsamkeit halten wir für ein großes Gut, nicht, um uns in jedem Falle mit Wenigem zu begnügen, sondern um, wenn wir nicht die Hülle und Fülle haben, uns mit dem Wenigen zufrieden zu geben in der richtigen Überzeugung, daß diejenigen den Überfluß mit der stärkeren Lustwirkung genießen, die desselben am wenigsten bedürfen, und daß alles Naturgemäße leicht zu beschaffen, das Eitele aber schwer zu beschaffen ist. Denn eine bescheidene Mahlzeit bietet den gleichen Genuß wie eine prunkvolle Tafel, wenn nur erst das schmerzhafte Hungergefühl beseitigt ist. Und Brot und Wasser gewähren den größten Genuß, wenn wirkliches Bedürfnis der Grund ist sie zu sich zu nehmen. Die Gewöhnung also an eine einfache und nicht kostspielige Lebensweise ist uns nicht nur die Bürgschaft für volle Gesundheit, sondern sie macht den Menschen auch unverdrossen zur Erfüllung der notwendigen Anforderungen des Lebens, erhöht seine frohe Laune, wenn er ab und zu einmal auch einer Einladung zu kostbarerer Bewirtung folgt, und macht uns furchtlos gegen die Launen des Schicksals. Wenn wir also die Lust als Endziel hinstellen, so meinen wir damit nicht die Lüste der Schlemmer und solche, die in nichts als dem Genusse selbst bestehen, wie manche Unkundige und manche Gegner oder auch absichtlich Mißverstehende meinen, sondern das Freisein von körperlichem Schmerz und von Störung der Seelenruhe. Denn nicht Trinkgelage mit daran sich anschließenden tollen Umzügen machen das lustvolle Leben aus, auch nicht der Umgang mit schönen Knaben und Weibern, auch nicht der Genuß von Fischen und sonstigen Herrlichkeiten, die eine prunkvolle Tafel bietet, sondern eine nüchterne Verständigkeit, die sorgfältig den Gründen für Wählen und Meiden in jedem Falle nachgeht und mit allen Wahnvorstellungen bricht, die den Hauptgrund zur Störung der Seelenruhe abgeben.

Für alles dies ist Anfang und wichtigstes Gut die vernünftige Einsicht, daher steht die Einsicht an Wert auch noch über der Philosophie. Aus ihr entspringen alle Tugenden. Sie lehrt, daß ein lustvolles Leben nicht möglich ist ohne ein einsichtsvolles und sittliches und gerechtes Leben, und ein einsichtsvolles, sittliches und gerechtes Leben nicht ohne ein lustvolles. Denn die Tugenden sind mit dem lustvollen Leben auf das engste verwachsen, und das lustvolle Leben ist von ihnen untrennbar. Denn wer wäre Deiner Meinung nach höher zu achten als der, der einem frommen Götterglauben huldigt und dem Tode jederzeit furchtlos ins Auge schaut? Der dem Endziel der Natur nachgedacht hat und sich klar darüber ist, daß im Reiche des Guten das Ziel sehr wohl zu erreichen und in unsere Gewalt zu bringen ist, und daß die schlimmsten Übel nur kurzdauernden Schmerz mit sich führen? Der über das von gewissen Philosophen als Herrin über alles eingeführte allmächtige Verhängnis lacht und vielmehr behauptet, daß einiges zwar infolge der Notwendigkeit entstehe, anderes dagegen infolge des Zufalls und noch anderes durch uns selbst; denn die Notwendigkeit herrscht unumschränkt, während der Zufall unstet und unser Wille frei (herrenlos, d. i. nicht vom Schicksal abhängig) ist, da ihm sowohl Tadel wie Lob folgen kann. (Denn es wäre besser, sich dem Mythos von den Göttern anzuschließen als sich zum Sklaven der unbedingten Notwendigkeit der Physiker zu machen; denn jener Mythos läßt doch der Hoffnung Raum auf Erhörung durch die Götter als Belohnung für die ihnen erwiesene \ Ehre, diese Notwendigkeit dagegen ist unerbittlich.) Den Zufall aber hält der Weise weder für eine Gottheit, wie es der großen Menge gefällt (denn Ordnungslosigkeit verträgt sich nicht mit der Handlungsweise der Gottheit) noch auch für eine unstete Ursache (denn er glaubt zwar, daß aus seiner Hand Gutes oder Schlimmes zu dem glücklichen Leben der Menschen beigetragen werde, daß aber von ihm nicht der Grund gelegt werde zu einer erheblichen Fülle des Guten oder des Schlimmen), denn er hält es für beser, bei hellem Verstande von Unglück verfolgt als bei Unverstand vom Glücke begünstigt zu sein. Das beste freilich ist es, wenn bei den Handlungen richtiges Urteil und glückliche Umstände sich zu gutem Erfolge vereinigen.

Dies und dem Verwandtes laß Dir Tag und Nacht durch den Kopf gehen und ziehe auch Deinesgleichen zu diesen Überlegungen hinzu, dann wirst Du weder wachend noch schlafend Dich beunruhigt fühlen, wirst vielmehr wie ein Gott unter Menschen leben. Denn keinem sterblichen Wesen gleicht *der* Mensch, der inmitten unsterblicher Güter lebt.

Lukrez

Lukrez ist ein römischer Dichter aus dem 1. Jahrhundert v. Chr., der in sechs Büchern ein Lehrgedicht über die Natur der Dinge geschrieben hat. Von seiner Person wissen wir so gut wie nichts. Er war Anhänger Epikurs, den er in seinem Gedicht ebenso wie Demokrit mit Verehrung preist. Aber er ist Römer. Von der heiteren Botschaft epikureischer Lebenskunst ist nur wenig in seinen Versen zu spüren. Vielmehr geht ein feierlich-düsterer Zug durch das Ganze. Seine Lehre ist ein strenger Materialismus. Er folgt der epikureischen Atomtheorie, die alle Erscheinungen der Natur und des menschlichen Lebens einheitlich erklärt; Götterfurcht und Todesfurcht sind nichts als menschliche Torheit. Berühmt ist seine Schilderung der Geschlechtsliebe im 4. Buch, die von geradezu grausamem Pessimismus zeugt. Und doch sind seine Verse von einem echten Enthusiasmus belebt und von so hoher dichterischer Kraft, daß man sich, der Sprödigkeit ihres dogmatischen Gehaltes zum Trotz, ihrem Eindruck nicht entziehen kann. Seine Stellung zur Religion ist ebenfalls rein materialistisch, aber es ist bemerkenswert, wie sich auch bei ihm, wie bei Epikur, mit diesen Lehren eine durchaus konservative Haltung gegenüber den religiösen Kulten verbindet. Berühmt ist die Anrufung der Venus als der lebenspendenden Göttin am Anfang seines Gedichts. Sein Werk hat offenbar auf den Kreis erlauchter Geister um den Kaiser Augustus, auf Horaz, Vergil, Ovid stark gewirkt. Im Zeitalter des Humanismus wurde er von den heimlichen und offenen Gegnern des Christentums neu auf den Schild gehoben. Auch Goethe ist ein großer Freund des Werkes. Wir besitzen in deutscher Sprache eine Übersetzung des Lukrez, deren dichterische Sprachkraft von Goethes Anhauch belebt ist. Ihr Verfasser ist der berühmte Major v. Knebel, mit dem Goethe engen freundschaftlichen Umgang pflegte. Wir drucken im folgenden das 2. Buch des Lehrgedichts nach dieser Übersetzung ab.

Von der Natur der Dinge (2. Buch)

Süß ist's, anderer Not bei tobendem Kampfe der Winde
Auf hochwogigem Meer vom fernen Ufer zu schauen;
Nicht als könnte man sich am Unfall andrer ergötzen,
Sondern dieweil man es sieht, von welcher Bedrängnis man frei ist.
Süß auch ist es, zu schaun die gewaltigen Kämpfe des Krieges
In der geordneten Schlacht, vor eignen Gefahren gesichert.
Aber süßer ist nichts, als die wohlbefestigten heitern
Tempel innezuhaben, erbaut durch die Lehre der Weisen:
Wo du hinab kannst sehn auf andere, wie sie im Irrtum
Schweifen, immer den Weg des Lebens suchen und fehlen;
Streitend um Geist und Witz, um Ansehn, Würden und Adel;
Tag und Nacht arbeitend mit unermüdetem Streben,
Sich zu dem Gipfel des Glücks, empor sich zu drängen zur Herrschaft.
    O unseliger Geist, o blinde Herzen der Menschen!
In welch finsterer Nacht und unter welchen Gefahren
Wird dies Leben verbracht, der Moment! Es liegt ja vor Augen,
Daß die Natur für sich so heiß nichts fordert, als daß wir,
Ist nur der Körper von Schmerzen befreit, des Geistes genießen,
Frohen Gefühls, entfernet von Furcht und jeglicher Sorge.
Und so sehen wir ein, es sei zur Erhaltung des Körpers
Weniges nur vonnöten, ihm jeglichen Schmerz zu benehmen:
Ja, daß Ergötzlichkeiten sogar sich häufig erbieten,
Wie sie zuweilen selbst die Natur nicht süßer erheischet.
Halten im weiten Saal nicht goldene Jünglingsgestalten
Flammende Fackeln empor, den nächtlichen Schmaus zu erhellen;
Glänzt nicht von Silber das Haus, und widerstrahlt es von Gold nicht;
Schallt nicht Zithergesang zurück von getäfelten Wänden:
Nun, so lagert man sich vertraut auf weichlichen Rasen,
Neben den rinnenden Bach, im Schatten erhabener Bäume,
Pfleget des Körpers froh, obwohl bei geringem Vermögen.
Sonderlich dann, wann die Witterung lacht, wann die fröhliche Jahreszeit
Wieder die grünende Flur mit Blumen und Blüten bestreuet.
Wahrlich nicht schneller entweicht die Fieberhitze vom Körper,
Ob auf Purpur du dich und gestickten Teppichen wälzest,
Oder gemeines Gewand um deine Schultern herumschlägst.
Mögen demnach nicht Schätze, noch Gold, noch Adel, noch Herrschaft
Körperlich Wohl befördern, so ist gar leicht zu ermessen,
Daß sie weniger noch zum Wohl des Gemütes vermögen.

Müßte denn sein, wann du siehst das Bild des Krieges erwecken
Deiner Legionen Gewühl auf offenem Marsfeld,
Deiner Geschwader Gewühl auf weiter Fläche sich tummeln,
Daß, von diesem verscheucht, die zitternde Furcht vor den Göttern
Samt den Schrecken des Todes entflöhn aus deinem Gemüte
Und das Leben dir frei und ledig ließen von Sorgen.
Finden wir aber, daß dies nur Spiele der Kinder und Tand sei,
Daß in der Tat die Furcht im Menschen, die nagende Sorge,
Nicht vor Waffengetöse sich scheut noch drohenden Lanzen,
Sondern sich dreist unter Könige mischt und unter der Dinge
Herrscher, und daß sie sich nicht verblenden lässet vom Goldglanz,
Noch vom strahlenden Lichte des purpurfarbenen Kleides:
Zweifelst du noch, dies sei nicht alles Mangel an Einsicht?
Um so mehr, da so tief noch der Menschen Leben die Nacht drückt.
Denn wie die Kinder erzittern und alles fürchten im Finstern,
Also fürchten auch wir beim hellen Lichte des Tages
Dinge, die eben nicht mehr verdieneten, Furcht zu erwecken,
Als was die Kinder im Finstern erschreckt und womit sie die Angst täuscht.
Durchaus müssen daher des Geistes Schrecken und Dunkel
Nicht durch die Strahlen der Sonne, des Tages leuchtende Pfeile,
Sondern sich durch der Natur Anschaun und Erkenntnis zerstreuen.
  Auf, und laß dir nunmehr entwickeln, durch welche Bewegung
Jene zeugenden Körper die mannigfaltigen Dinge
Hier durch Vereinigung bilden und dort durch Trennung zerstören;
Welche Kraft so zu wirken sie treibt; die Beweglichkeit, welche
Ihnen eigen, den Weg durchs unendliche Leere zu machen:
Du, mein Memmius, leih ein still aufmerksames Ohr mir! –
  Keine Materie hängt ganz unzertrennbar zusammen:
Denn wir sehen es ja, wie alle Dinge sich mindern,
Gleichsam schwinden dahin vom langaufzehrenden Alter,
Bis sie endlich die Zeit den Augen gänzlich entrückt hat.
Aber die Summe selbst scheint unverändert zu bleiben;
Denn die Teilchen, die stets den Körpern entweichen, vermindern
Hier die Masse, vergrößern sie dort: wann jenes veraltet,
Dränget sich dieses hervor zu neuer Jugend und Blüte,
Bleibt nicht dauernd auch da. So wird die Summe des Ganzen
Immer wieder erneut, so borgt man das Leben von andern.
Ein Volk steiget empor, ein anderes sinket danieder;
Die jetzt lebende Welt ist nicht in kurzem dieselbe:
So wie der Läufer der Bahn nimmt einer die Fackel vom andern.
  Irrig und ungereimt zu denken wär' es, die Stoffe

Könnten im Trieb nachlassen und so, durch Verweilen, den Dingen
Einen veränderten Stand und neue Bewegungen geben.
Weil im Leeren sie schwärmen, so treibet sie eigene Schwere
Oder auch äußerer Stoß: denn oftmals, wenn sie im Fortschuß
Gegeneinanderprallen, geschieht's, daß schnell auseinander
Wieder sie springen; und leicht ist das zu begreifen, da hart ist
Ihre Natur und schwer durch Dichtheit, nirgends im Rücken
Etwas entgegensteht, sie aufzuhalten vermögend.
Ja, damit du noch mehr, wie die Körperchen alle sich jagen,
Einsiehst, denke zurück, daß nichts im ganzen Gesamten
Irgend das Unterste sei; kein Punkt für Körper des Urstoffs,
Fest zu stehen; ein Raum ohn' alle Grenzen und Ende
Dehnt sich ins Unermeßliche aus nach jeglicher Seite.
Dies nun zeigt' ich bereits und bewährt' es durch sichere Gründe.

   Ist nun dieses gewiß, so ist auch unter des Urstoffs
Körpern nirgend die Ruh' im unermeßlichen Weltraum:
Sondern sie jagt ein beständiger Trieb nach mancherlei Richtung,
Sprenget die einen weiter zurück, wenn zusammen sie treffen,
Und verbindet im engeren Raum die andern durch Anstoß.
Was nun dichter zusammengedrängt in näheren Räumen
Wieder zurücke springt, wird durch die verworrenen Formen
In sich selber verschränkt und bildet Stoffe der Felsen,
Mächtige; starre des Eisens und anderer Körper von der Art,
Wenige nur. Was ferner jedoch im Leeren herumschwärmt,
Springt auch weiter zurück und wechselt in weiteren Räumen
Seinen verlängerten Lauf; und dieses schaffet die Luft uns,
Locker und dünn, und das Licht der herlich strahlenden Sonne.

   Übrigens schwärmen im Raum viel Körperchen, die mit den Dingen
Keinen Verein erhalten und, ausgeschlossen von diesem,
Nie zu gemeinsamem Trieb zusammengesellen sich können.
Hievon kann ich dir leicht ein Vorbild geben, das immer
Uns vor den Augen schwebt. Schau, wie sich im Strahle der Sonne,
Welchen sie zwischendurch in schattige Örter der Häuser
Einschießt, Körperchen drehn und untereinander sich mischen,
Viele, auf mancherlei Art, im eigenen glänzenden Lichtstrahl.
Schlachten erregen und Kampf sie in ununterbrochenem Kriege,
Gleichsam streitend in Scharen; sie sammeln und trennen sich wieder,
Sonder Ruhe noch Rast: wodurch dir ein deutliches Bild wird,
Wie sich im Leeren jagen die uranfänglichen Stoffe, –
Läßt sich ein Beispiel anders, von Dingen, welche so groß sind,
Durch so geringe geben, die Spur nur ihrer Erkenntnis.
Auch verdienen sie noch um so mehr Betrachtung, die Körper,

Die in der Sonne Strahl in solcher Verwirrung sich treiben,
Weil ihr treibendes Irren auf innre verborgne Bewegung
Aller Materie zielt. Denn oftmals wirst du sie sehen,
Wie vom geheimen Stoß sie erregt die Richtung verändern;
Rückwärts bald, bald dahin und dorthin, nach jeglicher Seite
Hingetrieben durch ihn. Von diesem lieget der Grund schon
Im ursprünglichen Triebe der ersten Körperchen aller.
Diese bewegen sich erst durch sich selbst, dann erregen sie andre
Durch verborgenen Stoß, die von engem Verein und die gleichsam
An der Materie Urkraft selbst angrenzend zunächst sind;
Diese reizen nachher auch andere größere Teilchen.
Also steigt von Stoffen empor die Bewegung und zeigt sich
Unseren Sinnen zuletzt: so daß sich auch jene bewegen,
Die wir im Sonnenlichte zu sehn vermögen; der Stoß nur,
Welcher solches bewirkt, erscheint nicht deutlich dem Auge.

    Laß dich, mein Memmius, jetzt mit wenigem annoch belehren,
Welche Beweglichkeit sei des Urstoffs Körpern verliehen.
Wann Aurora mit Licht aufs neue die Erde bestreuet
Und das gefiederte Chor, die dünneren Lüfte durchstreichend
Im entlegnen Forst, mit hellen Gesängen ihn anfüllt,
Dann wird jeder gewahr, wie schnell die erwachende Sonne
Mit dem Strahlengewande die ganze Gegend bekleidet.
Aber der wärmende Strahl, den Sol von oben herabschießt,
Und sein glänzendes Licht gehn nicht durch die ledigen Räume;
Sondern sie werden somehr in ihrem Laufe verspätet,
Da sie durch Wogen der Luft sich gleichsam schlagen; auch einzeln
Geht nicht jedes der Teilchen für sich des wärmenden Lichtstrahls,
Sondern zusammengefaßt und gleichsam zusammengeballt;
So daß, unter sich selbst gehemmt und durch äußeren Abstand
Aufgehalten, den Weg langsamer sie müssen vollenden.
Doch die von einfach dichter Natur, wann solche durchs Leere
Streichen, hindert sie nicht von außen, und einzeln, als Teilchen,
Streben sie einzig allein zum Punkte, zu dem sie begonnen.
Und so müssen sie weit an schneller Bewegung und Eile
Übertreffen die Strahlen des Sols: im nämlichen Zeitpunkt,
Wo nun die Blitze der Sonne die Himmelsräume durchschießen,
Müssen sie mehrere Male die ähnlichen Weiten durchmessen.
Denn in der Tat, sie werden sich nicht aus Bedenken verweilen;
Auch erforschen sie nicht mit Sorgfalt jeglichen Umstand,
Sich zu belehren, wodurch die Führung der Dinge bewirkt wird.

Einige doch, Unwissende, streiten dagegen und sagen,
Daß die Materie nicht ohn' allen göttlichen Einfluß
Menschlichen Dingen so sehr sich anzuzeigen vermöge:
Jahreszeiten zu wechseln und Früchte der Erde zu schaffen;
Ja, auch das übrige noch, wozu die Sterblichen antreibt
Und sich zeiget als Führerin selbst der göttlichen Wollust,
Daß sie in schmeichelnder Lust fortpflanzen sich mögen, damit nicht
Untergehe der Menschen Geschlecht. Doch wann sie es wähnen,
Daß für diese die Götter allein nur alles erschaffen,
Fallen sie tiefer hinab vom richtigen Wege der Wahrheit,
Denn wenn ich auch die Natur ursprünglicher Stoffe nicht kennte,
Würd' ich mir doch getraun, aus des Himmels Beschaffenheit selber
Dreist zu behaupten, und noch aus mehreren anderen Gründen:
Dieses Gebäude der Welt, mit solchen Mängeln behaftet,
Sei kein göttliches Werk zu unserm Gebrauche geschaffen.
Doch dies werd' ich, mein Memmius, dir in der Folge noch dartun:
Laßt von der Stoffe Beweglichkeit jetzt die Rede mich enden.

　Hier nun scheint mit der Ort, dir noch zu beweisen, es könne
Sich durch eigene Kraft aufwärts kein Körper bewegen.
Laß nicht etwa hierin die Flammenkörper dich täuschen:
Aufwärts steigen sie zwar und wachsen empor in die Höhe;
Saaten auch wachsen empor und Pflanzen und herrliche Bäume,
Da durch eignes Gewicht doch alles zur Erde sich hinsenkt.
Springet das Feuer empor zum Giebel und Dache des Hauses
Und umzüngelt Gebälk und Sparren mit eilender Flamme,
Darf man nicht glauben, es tu' es von selbst, ohn' äußern Antrieb;
Etwa so wie das Blut, aus unsern Adern entlassen,
Rasch in die Höhe hüpft und die Purpurröte verspritzet.
Sieh doch, mit welcher Gewalt das Wasser Balken und Bohlen
Wieder zur Höhe stößt: je tiefer man solche hinabdrückt
Und mit mächtiger Kraft sie senkrecht dränget zu Boden,
Desto heftiger nur speit aufwärts wieder die Flut sie,
Daß noch ein größerer Teil als zuvor von ihnen herausspringt.
Niemand zweifelt jedoch, daß diese durch eigene Schwere
Abwärts würden gedrückt im leeren und nichtigen Raume.
Ebenso mögen die Flammen, emporgetrieben vom Lufthauch,
Aufwärts steigen, obgleich im Kampf mit der eigenen Schwere,
Welche dagegen streitet und nieder sie suchet zu leiten.
Siehe die Fackeln der Nacht, die hoch den Himmel durchfliegen:
Wie sie die flammigen Furchen in langen Streifen dahinziehn,
Wo nur immer Natur den Fortgang ihnen gewährt hat!
Siehst du nicht Sterne herab vom Himmel fallen zur Erde?

Streuet nicht allerwärts vom erhabenen Gipfel die Sonne
Aus die strahlende Glut und besät mit Lichte die Felder?
Abwärts gießt sich demnach das Feuer der Sonne zur Erde.
Ebenso siehst du den Blitz die Gewitterwolken durchkreuzen;
Der sich entreißende Strahl trifft hier, trifft dorten zusammen,
Aber die flammende Kraft stürzt nieder gewöhnlich zur Erde.

  Noch verlang' ich, mein Memmius, dir zur Erkenntnis zu bringen,
Daß die Körper des Stoffs, da sie senkrecht fallen im Leeren
Durch ihr eignes Gewicht, in nicht zu bestimmenden Zeiten,
Noch am bestimmten Ort von der Bahn abtreiben ein wenig;
Wenig, soviel du nur magst die mindeste Änderung heißen.
Fände dieses nicht statt, so fielen die Körper gerade
Wie die Tropfen des Regens herab, durch Tiefen des Leeren:
Anstoß würde nicht sein, nichts würd' auch treffen zusammen;
Und so hätte Natur nichts bilden können noch schaffen.
  Möchte man sagen, vielleicht sind schwere Stoffe vorhanden,
Welche schneller deshalb in gerader Richtung durchs Leere
Fallen, getrieben von oben herab, auf die unteren leichtern,
Also bewirkend den Stoß zur lebenerzeugenden Regung.
Wer dies saget, verfehlt bei weitem die richtigen Gründe:
Denn in der Luft, im Wasser beschleuniget jeglicher Körper
Seinen natürlichen Fall, dem Maß nach seines Gewichtes,
Weil die leichtere Luft, das dichtere Wasser nicht können
Jegliches Ding aufhalten auf ein und die nämliche Weise;
Sondern wann schwereres drückt, so müssen sie schneller entweichen.
Aber der leere Raum setzt niemals sich einem der Dinge
Irgend auf eine Weis' entgegen, so daß es den Weg nicht
Nehmen könne dahin, wohin es die eigne Natur treibt.
Alles muß sich daher, ob bei ungleichem Gewichte,
Abwärts treiben mit nämlicher Eil' im ruhigen Leeren.
Nie kann also das Schwere herab aufs Leichtere stürzen,
Noch erzeugen den Stoß, der aller Entstehungen Grund wird.
Und so müssen durchaus sich ein wenig beugen die Stoffe;
Aber das mindeste nur; denn niemals geben wir eine
Schräge Bewegung zu; die Erfahrung streitet dagegen.
Zeigt ja der Augenschein, kein Körper, stürzend von oben,
Könne sich schräg hinab durch eigene Schwere bewegen:
Aber ob solcher durchaus vom geraden Wege nicht etwas
Abweicht, könnte das wohl die Schärfe des Auges bemerken?
Ferner, wenn alle Bewegung genau aneinander geknüpft ist,
Also daß stets ein Glied bestimmt erregte das andre;

Wenn nicht läge der Grund, der auf Abweichungen hinzielt,
Schon in den ersten Keimen des Stoffs, zu zerreißen des Schicksals
Bande, damit nicht ewig sich Folg' ankettet an Folge:
Woher ließe sich dann der freie Wille gedenken?
Dieser dem Schicksal entrissene Wille der lebenden Wesen,
Durch den jegliches geht, wohin es die eigene Lust führt.
Auch wir beugen die Richtung, in unbestimmetem Zeitlauf
Und an unbestimmetem Ort, nach eigener Willkür.
Denn wer zweifelte noch, daß unsrer Bewegungen jede
Erst im Willen entsteht, von da in die Glieder sich fortpflanzt?
Siehest du nicht, wann zum Lauf dem Renner die Schranken sich öffnen,
Daß sein Schenkel die Bahn so schnell durchbrechen nicht könne,
Als sie der Sinn schon erreicht? denn all die Fülle der Stoffe
Muß durch den ganzen Körper erregt, durch alle Gelenke
Sich versammeln, vereint dem Triebe des Sinnes zu folgen.
So, daß hieraus du erkennst, es entspringe die Regung im Herzen,
Geh' anfänglich hervor aus eigenem Willen der Seele
Und in den Körper von da und in alle Gelenke des Körpers.
Anders verhält es sich doch, wann überwiegende Kräfte
Auf uns stoßen und uns mit Gewalt hinzwingen zum Fortgang.
Klar ist's, daß sich alsdann die sämtliche Masse des Körpers
Wider den Willen bewegt und fortgerissen mit werde,
Bis der Wille zuletzt die Obhand wieder gewonnen.
Daraus magst du ersehn, obgleich die äußere Kraft oft
Viele treibet und zwingt, auch wider den eigenen Willen,
Ja, mit Gewalt sie reißt, daß dennoch in unserer Brust selbst
Etwas noch sei, das sich könn' entgegen ihr setzen und streiten;
Und auf dessen Geheiß die angehäuften Stoffe
Müssen Gehorsam leisten in allen Gelenken und Gliedern,
Daß sie den Fortschuß hemmen, sich wieder in Ruhe zurückziehn.
Eben dasselbe mußt du demnach erkennen im Grundstoff:
Daß noch ein anderes sei, das außer dem Stoß und der Schwere
Ihn in Bewegung setz' und erteile dies innre Vermögen:
Weil aus Nichts nichts wird, wie bereits die Erfahrung es lehret.
Eigene Schwere verhindert, daß äußere Wirkung des Stoßes
Alles allein nicht vermag. Daß aber im Innern der Geist selbst
Nicht notwendig bestimmt zu jeder der Handlungen werde,
Gleichsam gefesselt sei, jedwedes zu dulden und leiden,
Dieses bewirkt allein die geringe Beugung der Stoffe
Am verschiedenen Ort und in nicht zu bestimmenden Zeiten.

Dichter waren die Stoffe der Urmaterie niemals
Aneinander gedrängt, nie mehr auseinandergedehnt;
Denn sie vermehret sich nicht und nichts geht unter von solcher.
Um deswillen auch ist die Bewegung, in welcher die Stoffe
Gegenwärtig noch sind, schon seit undenklichen Zeiten
Eigen ihnen gewesen und wird auch ferner es noch sein.
Was sie erzeugten vordem, das wird auf nämliche Art auch
Künftig wieder erzeugt; denn dasselbe Maß und Bedingnis
Ihres Vermögens, Wachstums und Seins wird immerhin bleiben,
Wie die Natur nach ihrem Gesetz es jeglichem zuteilt:
Nichts, was irgend nur ist, mag ändern die Summe der Dinge.
Denn wo wäre der Ort, wohin die Teilchen des Urstoffs
Sollten dem All entfliehn? wo sollten auch wieder die neuen
Kräfte sich sammeln, zu dringen ins All, zu verändern der Dinge
Ganze Natur, den Lauf und die Ordnung ihrer Bewegung?

    Wundre dich übrigens nicht, daß bei dem beständigen Umtrieb
Aller Urelemente das Ganze doch scheine zu ruhen –
Ausgenommen was sich durch eigene Kräfte beweget –,
Weil von der Sinne Bezirk entfernt liegt alle Natur uns
Jener Urelemente. Da diese du selber nun nicht kannst
Sehen, entziehet sich auch den Augen ihre Bewegung.
Selbst die Dinge, die wir mit den Augen erkennen, verbergen
Ihre Bewegungen oft, durch weitere Fernen des Ortraums.
Gleiten über die Hügel die wolletragenden Herden,
Äsend die frohe Weidung, wo immer ein jegliches einlädt
Lieblicher Kräuter Genuß, vom frischen Taue beperlet;
Lämmerchen spielen gesättigt umher und stutzen zusammen:
Aber von weitem scheinet uns dies ein verworrener Haufe,
Gleichsam ein weißer Fleck auf grünlichem Boden bestehend.
Gleichermaßen, wenn nun, das Bild des Krieges erweckend,
Mächtige Legionen die Ort' im Laufe besetzen:
Auf zum Himmel steiget der Blitz, es leuchtet die Erde
Ringsum wider vom ehernen Glanz, und unter dem Fußtritt
Tönt von der Männer Gewalt der Boden; das laute Geschrei prallt
Weit von den Bergen zurück, bis hin zu Gestirnen des Himmels;
Scharen der Reiter fliegen umher und lassen im Fluge
Strecken der Felder zurück, die erzittern unter dem Hufschlag:
Dennoch scheinen sie uns, von gewissen Höhen des Berges,
Unbeweglich zu stehn, und der Blitz auf den Feldern zu weilen.

    Auf, und höre nunmehr die Eigenschaften der Körper
Urerzeugenden Stoffes: wie mannigfaltig an Formen

Diese sind, an Figur wie sehr voneinander verschieden.
Nicht, daß wenige nur sich ähnlich wären an Bildung,
Sondern weil alle durchaus nicht allen anderen gleich sind.
Auch begreiflich ist das; denn da die Menge so groß ist,
Daß, wie ich oben gelehrt, nicht Maß noch Summe sie kennet,
Können auch alle sie nicht gleich sein an Figur und an Umriß.

Nimm nun ferner das Menschengeschlecht der schuppigen Fische
Stumme Herden, das Vieh der Weide, die Tiere des Waldes
Und das bunte Geflügel, das teils an lustigen Wassern
Fröhlich zusammenkömmt, an Ufer der Quellen und Seen,
Teils, Bewohner des Waldes, die stillen Haine durchschwirren:
Sieh, wie jegliches doch, nach Art der eigenen Gattung,
Sich auszeichnet vom andern, an Farb' und Bildung verschieden.
Und wie könnte denn sonst das Junge die Mutter, die Mutter
Wieder ihr Junges erkennen? Und gleichwohl zeigt die Erfahrung
Daß sie sich untereinander so gut wie die Menschen erkennen.
Oft vor der Götter Bild, am weihrauchdampfenden Altar
Fällt das geschlachtete Kalb, die warmen Ströme des Blutes
Hauchend aus seiner Brust: dann irrt die verwaiste Mutter
Durch die grünenden Triften umher und läßt in den Boden
Eingedrücket die Spur der doppelt gespaltenen Klauen.
Jeglichen Ort durchspähet ihr Aug', ob irgend sie möchte
Wieder erblicken ihn, den Säugling, den sie vermisset.
Und nun stehet sie da und füllt mit Klagen den Laubwald,
Kehrt oft wieder zurück zum Stall, durchbohret von Sehnsucht.
Nicht die zarten Weiden, die Kräuter, erfrischet vom Taue,
Reizen sie nicht, noch der Strom, der hoch am Ufer dahinstreicht;
Nichts ergötzt ihr Gemüt, nichts kann den Kummer ihr wenden;
Nicht die übrige Zucht der Kälber auf fröhlichem Anger
Kann ihr anders richten den Sinn, noch heben die Sorge:
So sehr hanget das Herz an dem Eigenen, an dem Bekannten.
Auch das meckernde Böckchen erkennet die gehörnete Mutter,
Und das wollige Schaf am Geblök das stutzige Lämmchen.
Und so findet sich jegliches da, wohin die Natur ruft,
Auch das säugende Wild, am eigenen Euter der Mutter.

Nimm noch jegliche Art von Samen und Körnern; du wirst sie
Ganz gleich unter sich nie, auch selbst in der eigenen Gattung,
Finden; es läuft an Form stets etwas Verschiedenes unter.
Auch das Muschelgeschlecht malt, wie wir es sehen, der Erde
Schoß auf ähnliche Art allda, wo mit sanfterer Welle
Schläget das Meer den saugenden Sand der gekrümmeten Ufer.
Und so müssen aus ähnlichem Grund die Samen der Dinge,

Da sie das Werk der Natur und nicht nach bestimmtem Modelle
Sind von Menschen geformt, in Figur verschieden auch schweben.

Leicht begreift es sich nun, weswegen das Feuer des Blitzes
Schneller und heftiger wirkt als Feuer entstanden aus Fackeln:
Weil es sich sagen ließe, daß jenes Feuer des Himmels
Feiner in seinem Stoff', aus kleinern Figuren bestehe.
Deshalb dringet es auch durch Öffnungen, welche das Feuer
Nicht zu durchdringen vermag, das aus Holz und Kerzen erzeugt wird.
Licht durchdringet das Horn; doch dies drängt von sich das Wasser:
Aber warum? deshalb, weil kleiner die Stoffe des Lichtes
Körperlich sind, als woraus bestehet das lautere Wasser.
Schnell und ohne Verzug, wie man sieht, fließt Wein durch die Seihe,
Dahingegen das Öl nur langsam tröpfelt und zaudert,
Weil die Stoffe vielleicht von diesem größer, vielleicht auch
Mehr aneinandergehakt und mehr ineinander verschränkt sind:
Dies ist Ursach, warum so behend nicht einzelne Teilchen
Auseinandergezogen sich trennen können von andern,
Durchzufließen durch jedes der einzelnen Löcher der Seihe.
Kommt noch diesem hinzu, daß der Saft der Milch und des Honigs
Süß in dem Munde zerfließt, hingegen bitterer Wermut
Oder das strenge Centaurium ihn mit Ekel verziehen.
Leicht erkennt man daraus, was lieblich die Sinne berühret,
Müss' aus glatten bestehn und rundlichen Körpern des Urstoffs,
Dahingegen, was bitter und streng, den Sinnen zuwider,
Mehr sich verbindet in sich durch hakenförmige Körper.
Dieses pfleget daher die feineren Gänge der Sinne
Aufzureizen und durchzureißen die Teile des Körpers.
Endlich was bös oder gut, was hold oder widrig den Sinnen,
Streitet unter sich selbst durch verschiedenart'ge Figuren.
Denke dir etwa nicht, es bestehe der rasselnden Säge
Scharfes Geräusch aus ebenso glatten und schlüpfrigen Stoffen
Als das melodische Lied, das reg' durch die Saiten der Künstler
Mit dem belebenden Finger erweckt und bildet dem Ohre.
Auch ganz anderer Teilchen Figur dringt ein in die Nase
Von dem eklen Geruche der faulenden gärenden Äser,
Als wann der Bühne frisch nun enthaucht der cilicische Safran
Und der Altar aufdampft panchäische Opfergerüche.
Auch die gefälligen Farben, an welchen das Auge sich weidet,
Halte mit jenen du nicht aus ähnlichen Stoffen bestehend,
Welche durchstechen das Aug' und gleichsam Tränen erzwingen,
Oder den grauen und schmutzigen auch, die häßlich dem Anblick.

Denn was den Sinnen behagt und den Augen schmeichelt, das alles
Ist ursprünglich begabt mit einer gefälligen Glätte;
Alles, was widrig hingegen und rauh und ihnen beschwerlich,
Findet sich immer bereits schon harsch und widrig im Grundstoff.
   Aber es gibt der Körperchen auch, die weder für glatte
Noch für krumme zu halten, an denen die Spitzen gebogen;
Sondern sie scheinen vielmehr vorragende Eckchen zu haben,
Minder zu stechen damit die Sinne, als solche zu kitzeln:
Unter diese gehört Weinrahm und saftiger Alant.
   Endlich beweist auch noch das Gefühl, daß brennendes Feuer
Und der gefrorene Reif, gezahnt auf verschiedene Weise,
Auf verschiedene Art auch unsere Sinne verletzen.
   Denn das Gefühl, das Gefühl, bei allen unsterblichen Göttern!
Ist die Empfindung des Körpers, wann äußre Berührung entweder
Eindringt oder im Innern erzeugt uns etwas beleidigt;
Oder auch süßer Erguß ergötzet in Werken der Liebe;
Oder wann Teile des Stoffs selbst gegeneinander im Körper
Streiten und also erregt den Sinn ineinander verwirren:
Wie du es selber erfährst, wenn irgend an einen der Teile
Deines Körpers du dich mit deiner eigenen Hand schlägst.
Welches beweist, daß die Stoffe, die so verschiedne Gefühle
Wecken können, auch selbst gar sehr verschieden an Form sind.
   Endlich: alles, was dicht und hart den Sinnen erscheinet,
Muß durch Stoffe, die hakiger sind, zusammengehalten,
Gleichsam ästig verschränkt, fest aneinander sich schließen.
Unter diese gehört vor den übrigen allen der Demant,
Steht in der Reihe voran und scheut den gewaltsamen Schlag nicht:
Auch das Kieselgeschlecht und des Eisens trotzende Härte
Und das tönende Erz an den Angeln mächtiger Tore.
Aber was naß und feucht aus flüssigen Körpern besteht,
Muß aus glatten vielmehr und geründeten Stoffen erzeugt sein.
Auch das Gesäme des Mohns ergießt sich beinahe wie Wasser,
Weil die geballten Kügelchen, los von jeder Verbindung,
Frei fortschießen und leicht hinrollen von neigender Fläche.
Endlich, was irgend du siehst sich augenblicklich zerstreuen,
Als den Nebel, den Rauch, die Flamme, wofern auch die Stoffe
Alle nicht glatt und rund, so müssen doch nicht sie verschränkt sein,
Noch auch verwickelt in sich: wie könnten sie Steine durchdringen
Oder zerstechen die Haut? Auch nicht aneinander sich hängen,
Wie man an Kletten es sieht: woraus gar leicht du erkennest,
Daß sie aus spitzigen mehr als verwickelten Stoffen bestehen.
   Daß du Dinge bemerkst, die bittern Geschmackes, doch flüssig,

Wie die Nässe des Meers, darf keinesweges dich wundern:
Denn das Flüssige kommt von runden und schlüpfrigen Stoffen;
Aber mit diesen vermischt sind rauhe und schmerzliche Stoffe,
Welche doch nicht notwendig gehakt aneinander sich halten;
Kuglicht müssen sie sein, obgleich von höckriger Bildung,
Hinzurollen, und doch zugleich zu verletzen die Sinne.
Auch zum klaren Beweis, daß Rauhes und Glattes gemischt sei
In den Stoffen, woraus Neptunus' Körper bestehet,
Sind ja Mittel zu scheiden sie da, und sie einzeln zu sehen.
Eben dasselbe Naß wird süß, wann öfters geläutert
Durch den Boden es fließt und dann in der Grube sich mildert:
Denn es läßt an der Rinde zurück das widrige Seesalz,
Welches, da rauh sein Stoff, auch leicht an der Erde bekleibet.

 Füglich knüpfen wir hier an diese Lehre noch jene,
Die auch ihren Beweis von derselben entlehnet; daß nämlich
Alle Figuren des Stoffs in bestimmtem Maße nur wechseln.
Wär's nicht also, so müßt' ein Teil von denselben an Umfang
Unzuermessend sein; doch können bei ähnlicher Kleinheit
Ihrer Körper sie nicht so sehr in Verschiedenheit ändern.
Laß den winzigen Körper um drei, um mehrere Teile
Größer werden und nimm die Teile desselbigen Körpers
Alle, setze, was oben, zuunterst, zur Rechten, was links ist:
Alle verschiedne Figuren, die diese Versetzungen geben,
Hast du nun völlig versucht; und willst du sie weiter verändern,
Mußt du mehrere noch und andere Teile hinzutun,
Und stets mehrere noch, je mehr du zu ändern gedenkest.
Immer müßte daher mit neuer Bildung die Masse
Sich auch vergrößern; woraus hinlänglicher Grund sich ergibet,
Um zu glauben, es müsse begrenzt der Stoffe Figur sein:
Denn man müßte fürwahr von ungeheurer Größe
Manche sich denken; wozu, wie oben gesagt, der Beweis fehlt.

 Und nun lägen dir schon die barbarischen köstlichen Kleider,
Meliböischer Purpur, in Blut thessalischer Schnecken
Eingetaucht, es läge der goldenen Pfauengeschlechter
Lachender Reiz besiegt von neueren Farben darnieder.
Smyrnas Gerüche würden verschmäht, die Süße des Honigs
Und der Schwanengesang und die holden phöbeischen Lieder,
Wechselnd auf Saiten; auch sie verstummen aus ähnlichem Grunde:
Denn ein Neueres stets, ein Besseres, käme zum Vorschein.

 Rückwärts könnten auch so zum Schlimmern schreiten die Dinge:
Immer etwas dem Auge, dem Ohr, dem Geschmack und Geruche
Widriger als zuvor durch neue Veränderungen werden.

Aber da dies nicht ist, vielmehr da den Dingen gesetzt ist
Grenze von beiden Seiten, zusammenzuhalten das Ganze,
Muß die Verschiedenheit auch in der Stoffe Figuren begrenzt sein.

   Gleichergestalt auch ist das Maß der brennenden Hitze
Bis zu dem Winterfrost auf beiderlei Seiten bestimmet.
Denn das Ganze des Jahrs ist Kält' und Hitze; dazwischen
Liegen die lauen Wechsel, die Stufenleiter erfüllend.
Auseinander stehn sie daher in bestimmeten Grenzen,
Sind an beiderlei Enden mit schneidender Schärfe bezeichnet;
Hier mit Flammen besetzt, und dort mit dem starrenden Eisfrost.

   Füglich knüpf' ich annoch an diese Lehre die andre,
Die auch ihren Beweis von solcher entlehnet: daß nämlich
Sich die Zahl derjenigen Stoffe, die gleich an Figur sind,
Ins Unendliche hin erstrecke: sofern ja beschränkt ist
Ihrer Formen verschiedene Art, so folgt, daß die Anzahl
Jener unendlich sei, die an Form und an Bildung sich gleichen,
Oder es wäre beschränkt die gesamte Summe des Urstoffs
Selber; wovon ich jedoch zuvor schon zeigte den Urgrund.

   Nun da ich dieses gelehrt, so will ich, mein Memmius, annoch
Zwar in wenigen, doch süß redenden Versen dir dartun,
Daß die Körper des Stoffs durch ununterbrochenen Fortschuß
Seit undenklicher Zeit erhalten die sämtlichen Dinge.

   Seltner sehen wir zwar gewisse Geschlechter der Tiere,
Obgleich ihre Natur auf mehrere Fruchtbarkeit deutet;
Ebendieselben jedoch sind häufig in anderen Ländern,
Andern Orten und Strichen der Erd' und füllen die Zahl aus.
So wie vor andern man sieht im Geschlecht vierfüßiger Tiere,
Am Elefanten mit Schlangenrüssel; mit Tausenden ihrer
Gürtet India sich wie mit elfenbeinerner Brustwehr,
Daß man nicht durchzubrechen vermag: so groß ist die Anzahl
Derer, von welchen wir hier nur einzelne wenige sehen.
Aber gesetzt, es gäb' auch ein Ding von natürlichem Aufwuchs,
Einzig in seiner Art, wo nirgend das Gleiche sind fände:
Wäre der Vorrat nicht unendlich des ähnlichen Grundstoffs,
Aus dem erzeugt erwachsen es könnte, so wäre sein Dasein
Nimmer möglich, noch Nahrung dafür, noch weiterer Fortwuchs.
Stelle dir einmal vor, es sei zu den einzelnen Dingen
Nur ein beschränkter zeugender Stoff im Ganzen vorhanden:
Wie und wo, auf welcherlei Art, durch welches Vermögen
Sollte sich dieser zusammen, im Ozeane der Stoffe,
Unter den Strudel gemengt fremdartiger Teile, verbinden?
Nirgend kann ich den Grund von solcher Vereinigung finden:

Sondern, so wie die wogige See, nach gewaltigem Schiffbruch,
Ruderbänke und Mast und Segelstangen und Steuer,
Kiel und Schnäbel der Schiffe, das bunte flutende Schnitzwerk
Weit an alle Küsten zerstreut entlegener Länder,
Daß sie ein Zeichen werden, ein Beispiel lehrend die Menschen,
Nie des gewaltigen Meeres verborgener Tücke zu trauen,
Ja, noch dann es zu scheun und nicht sich darauf zu verlassen,
Wann sie die spielende Flut mit buhlender Freundlichkeit anlacht:
Ebenso würden, woferne die Zahl von einigen Stoffen
Eingeschränket man nimmt, von wechselnden Wogen des Urstoffs
Ewig umhergewälzt, sie nie zu Verbindung gelangen,
Nie festsetzen sich können und nie sich vergrößern durch Wachstum.
Aber daß dieses geschieht, das sehen wir dennoch vor Augen;
Daß sich Wesen erzeugen und daß das Erzeugte fortwächst:
Und wir schließen daraus, die Zahl ursprünglicher Körper
Sei in jeglicher Art, das Ganze zu stützen, unzählbar.

   Und so behalten denn nicht die Bewegungen, welche zerstören,
Immer die Oberhand, zu begraben ewig die Wohlfahrt
Aller Dinge; noch können auch die, die Zeugung und Wachstum
Fördern, erschaffende Wesen in ewiger Dauer erhalten.
Und so führt sich der Krieg der uranfänglichen Körper
Seit undenkbarer Zeit mit gleichem Verlust und Gewinn fort.
Hier erhalten den Sieg die lebenerweckenden Dinge,
Werden dort überwunden: es mischt ins Leichengepränge
Sich das Gewimmer des Kindes, das auf zur Schwelle des Tags blickt:
Niemals löset die Nacht den Tag ab, oder das Frührot
Wieder die Nacht, daß sie nicht das Wimmern hörten des Säuglings,
Eingemischt in Gestöhn, dem Begleiter des Tods und der Bahre.

   Eins nur präge dir fest in den Sinn und erhalt es darinnen:
Daß in der Dinge Natur, so weit uns diese bekannt ist,
Nichts sei, welches aus einerlei Art der Stoffe bestehe;
Nichts von allem, das nicht aus vermischtem Samen erzeugt sei:
Und je mannigfacher ein Ding an Vermögen und Kraft ist,
Um so verschiedener ist's an Art und Gestalten der Stoffe.

   Also die Erde vorerst: sie hat Urkörper, durch welche
Jenes unendliche Meer durch die Flüsse wälzenden Quellen
Immer sich wieder erneut: sie hat auch Stoffe des Feuers,
Denn der Boden der Erd' entbrennt an verschiedenen Orten;
Aber am heftigsten rast mit wütenden Flammen der Aetna.
Ferner noch hat sie die Stoffe, woraus sie glänzende Saaten,
Fröhliche Büsche läßt aufsteigen zum Nutzen des Menschen;
Auch daß sie hangende Zweige daraus und blühende Kräuter

Kann darreichen zum Futter dem bergdurchschweifenden Wilde.
Darum wird sie zugleich die große Mutter der Götter
Und der Tiere benannt, die Erzeugerin unsers Geschlechtes.
 Diese, so sangen vordem die weisen Dichter der Grajen,
Sitzt auf dem Wagen und treibt die doppelspännigen Löwen:
Anzudeuten damit, groß schwebe die Erd' in dem Luftraum,
Könn' auch wieder sich nicht auf die Erde stützen die Erde.
Wilde Tiere gesellte man bei; zu lehren, so wild auch
Sei ein Geschlecht, so werd' es bezähmt durch Liebe der Eltern.
Eine Mauerkron' umschließt das erhabene Haupt ihr,
Weil an erhabenen Orten sie Festen träget und Städte.
Also gekrönt durchzieht sie die weiten Strecken der Länder;
Schauer erregend erscheinet das Bild der göttlichen Mutter.
Auch wird diese von Völkern, nach altem geheiligtem Brauche,
Mutter von Ida benannt: sie geben auch Scharen der Phryger
Ihr zum Geleit, weil erst, wie sie sagen, von phrygischer Grenze
Über der Erde Kreis der Fruchtbau seie gekommen.
Auch entmannete Priester begleiten sie: also zu deuten,
Daß, wer die Mutter nicht ehrt, den Dank versaget den Eltern,
Unwert sei, ein lebend Geschlecht zum Lichte zu bringen.
Pauken donnern von schlagender Hand, die gehöhleten Zymbeln
Schallen umher, es brüllt mit heiserem Rufe das Krummhorn,
Phrygischer Pfeifen Ton reizt heftiger noch die Gemüter.
Spitzige Waffen trägt man voran, die Zeichen der Rachwut,
Um zu erschrecken, durch Furcht vor der Göttin erhabenen Hoheit,
Undankbare Gemüter, des Pöbels frevelnde Sinnen.
 Fährt sie in solchem Pomp nun durch die erhabenen Städte,
Stummbeglückend die Menschen mit ihrem schweigenden Segen,
Streuen sie Silber und Erz auf alle Straßen des Weges,
Spenden ihr reichliche Gaben und überschneien mit einem
Rosenschauer die Göttin und deren begleitend Gefolge.
Aber ein andrer bewaffneter Trupp, ihn nennen die Griechen
Phryg'sche Kureten: sie spielen verteilt in Reihen zusammen,
Stampfen nach Maß und Takt, beträgt mit Blute, den Boden.
Schüttelnd auf ihren Häuptern die furchtbar wallenden Büsche
Stellen sie jene Kureten aus Dikte vor, die man saget,
Daß in Kreta sie einst das Wimmern des Jupiters bargen,
Als die Knaben umtanzten in fliegenden Reihen den Knaben
Und bewaffnet im Takt an die Schilde schlugen die Schwerter,
Daß Saturnus ihn nicht, ihn ergreifend, möchte verschlingen
Und der Mutter ins Herz die ewige Wunde versetzte:
Darum begleiten sie auch die große Mutter in Waffen;

Oder auch anzudeuten, die Göttin verlange, mit Waffen
Und mit tapferem Mut sein väterlich Land zu verteid'gen,
Sich zu rüsten, der Schutz und die Zierde der Eltern zu werden.
 Ist dies alles nun gleich gar schön und trefflich ersonnen,
Weicht es doch gänzlich ab vom richtigen Grunde der Wahrheit.
Denn es müssen die Götter, durch sich und ihrer Natur nach,
In der seligsten Ruh unsterbliches Leben genießen,
Weit von unserm Tun und unseren Sorgen entfernet.
Frei von jeglichem Schmerz und befreit von allen Gefahren,
Selbst sich in Fülle genug, nicht unserer Dinge bedürftig,
Rührt sie nicht unser Verdienst noch reizet sie unser Vergehen.
Zwar Empfindung und Sinn ist gänzlich der Erde versaget;
Aber da solche besitzt die Stoffe zu mancherlei Dingen,
Bringt sie vieles hervor ans Licht auf vielerlei Weise.
Will nun einer das Meer Neptunus nennen, die Feldfrucht
Cres, vielmehr mißbrauchen des Bacchus göttlichen Namen,
Als das Getränk mit selbst ihm eigener Benennung bezeichnen:
Sei es doch unbenommen auch ihm zu sagen, der Erdkreis
Sei die Mutter der Götter, wofern nur die Sache gemeint ist.
 Grasend findet sich oft auf derselben Weide zusammen
Wolletragendes Vieh, die Zucht der kriegrischen Rosse
Und das gehörnete Rind: bedeckt vom nämlichen Himmel,
Von der nämlichen Flut getränket des strömenden Flusses;
Doch, ungleich an Gestalt, erhalten der Eltern Natur sie,
Ahmen sie nach die Sitten der Art, zu der sie gehören.
Solche Verschiedenheit ist der Grundmaterie eigen,
Selbst in jeglichem Gras und selbst in dem Wasser der Flüsse.
Ferner, das nämliche Blut, dieselbigen Knochen und Adern,
Farben und Feuchtigkeiten, Gedärm und Nerven und Sehnen
Sind bei jeglichem Tier nach dem Anschein immer dieselben,
Da sie doch unter sich selbst weit voneinander verschieden,
Ganz aus verschiedener Figur der Anfangsstoffe sich bilden.
 Ebenso ist es mit dem, was das Feuer flammend verzehret;
Nähret es sonst auch nichts, so sind doch Teilchen darinnen,
Feuer zu schleudern von sich, in die Höhe zu schießen den Lichtstrahl,
Funken zu sprühen und weit umher zu zerstreuen die Asche.
 Wenn du das übrige noch mit ähnlichem Geiste durchwanderst,
Wirst du finden, daß stets von mehreren Dingen die Körper
Samen verbergen in sich, verschiedne Figuren enthaltend.
 Endlich finden wir noch viel Dinge, worin sich die Farbe
Mit dem Geruch und Geschmacke vereint; besonders in Gaben,
Wo die Religion durch schändlichen Tausch sich versühnet:

Diese bestehen sonach aus vielgestaltetem Grundstoff.
Denn der Geruch dringt ein, wohin der Geschmack nicht gelanget;
Wieder zu anderem Sinn der Geschmack und die Nahrung des Saftes:
Welches den Unterschied der Grundgestalten erweiset.
Dieser verschieden gestaltete Stoff verbindet zu einer
Masse sich nun, und alles besteht aus gemischetem Samen.

  Also bemerkest du selbst zum Teil in unseren Versen
Lettern, die vielen Worten gemein, da die Wort' und die Verse
Immer zusammengesetzt aus andern Lettern bestehen.
Nicht weil diese vielleicht nur selten in jenen erschienen,
Oder der Worte nicht zwei aus sämtlichen ähnlich sich fänden;
Sondern indem überhaupt nicht alle in allem sich gleich sind.
Eben auch, wenn sich gemeinsamer Stoff bei anderen Dingen
Findet in großer Zahl, so können sie untereinander,
Was das Ganze betrifft, doch sehr verschiedner Natur sein:
Daß man behaupten könnte mit Recht, aus anderen Stoffen
Sei das Menschengeschlecht und Tier' und Pflanzen entstanden.

  Stelle dir aber nicht vor, daß alle auf allerlei Weise
Sich verbinden; du sähst voll Ungeheuer die Welt dann.
Menschen mit Tiergestalt, zuweilen aus lebenden Körpern
Wachsende Zweige des Baums, und oft mit Gliedern des Seetiers
In Verbindung gesetzt des Landtiers mancherlei Glieder.
Alsdann würde Natur auf allgebärender Erde
Wilde Chimären weiden, mit flammenschnaubendem Rachen.
Daß doch niemals dergleichen geschieht, ist klar; denn wir sehen,
Daß aus eigenem Samen erzeugt, in eigener Mutter,
Alles in seiner Art sich erhalten könne beim Fortwuchs.
Und dies muß notwendig geschehn nach bestimmten Gesetzen.
Denn die besonderen Stoffe, die jeglichem eigen gebühren,
Scheiden aus jeder Nahrung sich ab in die eignen Gefäße
Und erregen darin, sobald sie verbunden sich haben,
Schickliche Lebensbewegung; hingegen die Teile, die fremd sind,
Wirft die Natur von sich: viel andere fliehen unmerkbar
Aus dem Körper hinweg, von anderen wieder getrieben.
Sie sind's, welche sich nicht zum Gebrauch des Körpers verbinden,
Nicht zustimmen und nicht eintreten zur Lebensbewegung.

  Denke doch nicht, dies Gesetz beschränke die tierische Welt nur;
Irgend ein ähnlicher Grund setzt alle Ding' auseinander.
Denn wie jegliches Ding, das erzeugt wird, anderen ungleich
Ist in seiner Natur, so muß auch jedes beinahe
Aus verschiedner Figur ursprünglicher Stoffe bestehen:

Nicht daß wenige nur von ähnlichen Formen sich fänden,
Sondern indem überhaupt nicht alle in allem sich gleich sind.
Ist nun verschieden der Stoff, so sind verschieden die Räume,
Zwischengänge, Gewicht, die Art der Verbindung, der Forttrieb
Und der Zusammenstoß und Bewegung: welche die Tierwelt
Nicht nur, welche sogar das weite Meer und die Erde
Scheiden, und welche zurück von dem Erdraum halten den Himmel.

Auf, und vernehme du jetzt die Worte, die süßes Bemühen
Ausgeforschet: daß nicht, was weiß dem Auge sich darstellt,
Weiß erscheine deshalb, weil weiße Stoffe der Grund sind;
Oder, was schwarz aussieht, aus schwarzen Samen erzeugt sei:
Noch auch jegliches Ding, das irgend gefärbt wir erblicken,
Also sich zeige, dieweil schon ähnliche Farbe von dieser
In der Materie selbst, in dem Ursprungsstoffe, vorhanden.
Alle Materie ist ganz ohne Farbe; den Dingen
Weder hierinnen gleich, noch ungleich ihnen zu nennen.
Sagst du, der menschliche Geist vermöge nicht Körper zu fassen
Solcherlei Art, so irrest du sehr und täuschest dich gänzlich.
Nimm dir den Blindgebornen doch: die göttliche Sonne
Hat er nimmer gesehn, doch kennet er, durch das Gefühl bloß,
Dinge, die nie im Leben mit Farbe verbunden ihm waren.
Ebenso läßt sich verstehn, wie die Seele Begriffe von Körpern
Machen sich könnte, die nicht mit Farbe von außen getüncht sind.
Selbst die Dinge, die wir bei Nacht und im Dunkeln betasten,
Unterscheiden sich uns, obgleich wir die Farbe nicht fühlen.

Was die Erfahrung bezeugt, laß jetzt durch Gründe mich dartun.
Jegliche Farbe verwandelt sich leicht in jegliche Farbe;
Aber das dürfen doch nie die Urelemente der Dinge.
Stets muß etwas bestehn, das unveränderlich bleibe,
Soll nicht alles in Nichts von Grund aus wieder sich kehren:
Denn was irgend verläßt die Grenzen des eigenen Daseins,
Stirbt als das, was es war, wird augenblicklich ein andres.
Hüte dich also, den Stoff mit wechselnden Farben zu tünchen,
Soll ins völlige Nichts zuletzt nicht alles zurückgehn.

Sind die Stoffe nun gleich nicht farbig ihrer Natur nach,
Sind sie dennoch begabt mit mannigfaltigen Formen,
Wechselnde Farben daraus von allerlei Arten zu schaffen.
Dann auch lieget noch viel an Mischung und Lage der Stoffe,
Wie sich unter sich selbst und wieder zu andern verhalten,
Welche Bewegung sie geben und welche sie wieder empfangen;
Also daß leicht sich hieraus ein rechenschaftlicher Grund gibt,
Wie, was kurz noch zuvor von Farbe dunkel und schwarz war,

Könn' urplötzlich darauf sich in Marmorweiße verwandeln.
Ebenso wird auch das Meer, von heftigen Winden erreget,
Umgewandelt in Wogen von heller und glänzender Weiße.
Sagen ließe sich dann, daß das, was öfter wir schwarz sehn,
Wann es die Stoffe durchmischt, die Ordnung derselben verändert,
Einige sich vermindern und andre dagegen vermehren,
Dieses auf einmal alsdann sich weiß und glänzend erzeige.
Wären die Fluten des Meeres jedoch schon dunkel im Grundstoff,
Dann so könnten auf keinerlei Art ins Weiße sie wandeln;
Möchtest du noch so sehr ineinander jagen die Stoffe,
Nimmer würden ins Weiße sie übergehen, die dunkeln.
Wären die Samen jedoch, aus denen der einfache, klare
Meeresschimmer besteht, mit verschiedenen Farben gefärbet,
Wie man ein Viereck oft und andre bestimmte Figuren
Bildet aus anderen Formen und unterschiednen Figuren:
Müßte man auch, wie hier die verschiedenen Formen im Viereck,
So in der Fläche des Meers und in jeder lauteren Glanzflut
Bunte, und weit voneinander verschiedene Farben bemerken.

Übrigens zeigt sich die äußre Figur vollkommen im Viereck,
Sind auch die Glieder, woraus es besteht, verschieden an Bildung:
Aber verschiedene Farb' an den Dingen verhindert es gänzlich,
Daß dasselbige Ding einfarbig jemals erscheine.

Irgendein Grund, der uns noch verführen könnte, den Stoffen
Einzuräumen die Farbe, zerfällt und verlieret sich gänzlich,
Wenn man bedenket, daß nicht aus weißen entstünde das Weiße,
Noch, was Schwärze man nennt, aus schwarzen, vielmehr aus
verschiednen.
Weit natürlicher ist's, daß Weißes aus Stoffen entspringe
Ganz farbloser Natur, als das es aus schwarzen sich zeuge,
Oder aus jeglicher Farbe, mit welcher es gänzlich im Streit liegt.

Ferner, da ohne Licht nicht können bestehen die Farben,
Aber hervor aus Licht ursprüngliche Stoffe nicht treten,
Folgt natürlich hieraus, daß diese von Farben entblößt sind.
Wie kann Farbe sich eignen dem lichtberaubten Dunkel?
Sie, die sich selbst verändert im Licht und verschieden zurückglänzt,
Je nachdem sie der Strahl schief oder gerade getroffen.
An dem Gefieder der Tauben, womit sich Hals und ihr Nacken
Rings umkränzt, kannst dieses du schaun im Strahl der Sonne:
Anders gewandt erscheinet es rot, im Glanz des Pyropus,
Wieder anders Lasur, in grüne Smaragden gemischt.
So auch des Pfauen Schweif; zur volleren Sonne gewendet,
Wandelt auf ähnliche Art er die mannigfaltigen Farben.

Da nun des Lichtes eigener Wurf die Wirkung hervorbringt,
Ist es auch klar, daß, ohne das Licht, nicht solches geschähe.
Ferner noch, da die Pupille durch andere Stöße gereizt wird,
Wann sie das Weiße fühlt, durch andere wieder vom Schwarzen,
Wieder auf andere Art von jeglicher anderen Farbe,
Auch an der Farbe des Dinges, wofern du solches berührest,
Wenig lieget, vielmehr an der Form und an der eigenen Bildung:
Also erhellt, daß Stoffe durchaus nicht Farbe bedürfen,
Sondern verschiedener Formen, verschiedne Gefühle zu wecken.
  Sollte gewisser Farben Natur bestimmten Figuren
Eigen nicht sein, und könnte daher mit jeglicher Farbe
Jegliche Bildung der Stoffe bestehn: wie kommt es, daß Dinge
Nicht auf ähnliche Art in jegliche Farbe sich kleiden?
Dann so träf' es sich wohl, daß zuweilen den fliegenden Raben
Weißer Schimmer entglänzte, vom weißen Gefieder und Flügel;
Schwarze Schwanen entstünden, aus schwarzem Samen erzeuget,
Oder auch einfach und bunt, in jeder beliebigen Färbung.
  Ja du bemerkest sogar, je kleiner man Dinge zerteilet,
Desto mehr nur verliert sich die Farbe, die endlich verschwindet.
So wenn man Gold zerreibet zu feinem Staube, des Purpurs
Glänzendes Rot zerlegt in die allerzartesten Fäden:
Welches dir klar erweist, daß, ehe zum Stoffe sie kehren,
Alle die Teilchen zuvor aushauchen jegliche Farbe.
  Endlich, indem du Ton und Geruch nicht jeglichem Körper
Zugestehst, so räumest du ein, daß Körper es gebe
Ohne Ton und Geruch: auf ähnliche Weise begreift sich's,
Daß, indem wir nicht alles mit Augen zu fassen vermögen,
Dennoch Körper vorhanden, die also der Farbe beraubt sind,
Wie des Geruches und wie des tönenden Schalles die andern:
Und es erkennt der forschende Geist nicht minder dieselben,
Als die in anderen Dingen auch anderer Zeichen entbehren.
  Bilde dir aber nicht ein, als seien die Körper des Urstoffs
Nur der Farbe beraubt: auch mangelt es ihnen an Wärme,
Sowie an Kälte: sie sind tonlos und ledig des Saftes;
Auch verhauchen sie nicht aus dem Körper eigne Gerüche.
So, wann aus Majoran und Myrrhen und aus des Jasmines
Nektarblüten man Duft süß hauchender Salben bereitet,
Suchen vor allem man muß, wo möglich, geruchlosen Öles
Reine Natur, wovon kein Hauch die Nerven berühret:
Daß es im mindesten nicht die eingemischeten Düfte,
Mit dem eignen Geruch ansteck' und solche verderbe.

Und so müssen, aus ähnlichem Grund, ursprüngliche Stoffe
Weder Geruch noch Ton zu den Dingen bringen, die durch sie
Werden erzeugt: weil nichts aus sich selbst entlassen sie können.
Aus demselbigen Grund sind eben die Stoffe geschmacklos,
Können nicht Kälte von sich, noch Wärme, noch Hitze versenden.
Alles übrige noch, hinfällig der eigenen Natur nach:
Nämlich das Schmeidige, Brüchige, Hohle, von lockerem Körper,
Dies muß gänzlich getrennt von allem ursprünglichen Stoff sein,
Wenn wir auf unvergänglichen Grund das Wesen der Dinge
Wollen erbauen, worauf doch das Heil des Ganzen gestützt ist,
Und nicht wieder in Nichts hingeben, was irgend nur da ist.

 Nunmehr fordr' ich dich auf mir einzugestehen, daß alles,
Was nur Empfindung hat, aus unempfindlichen Stoffen
Sei zusammengesetzt. Dagegen streitet Erfahrung
Nicht noch der Augenschein; sie führen beide vielmehr uns
Selbst bei der Hand und zwingen zu glauben, daß, wie ich behaupte,
Aus unfühlendem Stoffe die lebenden Wesen erzeugt sind.
Siehet man nicht aus stinkendem Mist lebendige Maden
Kriechen, wenn häufiger Regen den Boden in Fäulnis gesetzt hat?
Siehet man nicht überdem, wie alle die Dinge sich wandeln?
Wasser sich wandelt in grünendes Laub, die blühenden Auen
In der Tiere Natur, in unsere Leiber die Tiere?
Ebenso geben wir auch, durch unsere Körper, dem Raubtier
Kräfte zuweilen, zuweilen den fittichmächtigen Vögeln.
Also verkehrt die Natur die Nahrung in lebende Wesen
Und erzielet aus ihr Sinn und Empfindung für alle:
Nicht auf andere Art, als wie sie die Flammen aus dürrem
Holz entwickelt und wie in Feuer sie alles verkehrt.

 Wirst du nunmehr es gewahr, daß es sei von großer Bedeutung,
Wie sich in Lage geordnet die Stoffe befinden, mit welchen
Anderen Stoffen gemischt sie Bewegung empfangen und geben?

 Ferner, was ist's, das selbst das Gemüt uns oftmals erschüttert,
Das uns erregt und in uns verschiedne Gefühle hervortreibt,
Wenn das Empfindliche nicht aus Unempfindlichem herkommt?

 Wahr ist's, Stein' und Holz und Erde, zusammengemischt,
Können war nicht die lebendige Kraft des Gefühls erzeugen:
Doch man erinnre sich nur der Bedingung, die ich gesetzet,
Daß nicht jeglicher Stoff, woraus die Erschaffungen werden,
Immer und alsogleich das Empfindungsvermögen erzeuge;
Sondern, daß viel zuvörderst daran gelegen, wie klein sie
Sind und von welcher Figur, sie, die das Empfindende wirken:
Dann an der Ordnung, Bewegung, der Lage gegeneinander,

Wo von allem du nichts an Holz und Schollen gewahr wirst.
Diese bringen jedoch, wofern sie in Fäulnis geraten,
Maden und Würmer hervor: weil, wann nun die Nässe hinzudringt,
Solche die Körper des Stoffs aus den vorigen Ordnungen rücket
Und sie also vereint, daß sie lebende Wesen gebären.

Ferner noch, wenn das Empfindende sie aus empfindlichen Stoffen
Lassen erzeugen und diese so fort aus Empfindlichem wieder,
Machen die Stoffe sie weich: denn alles Empfindende wohnt
Nur in den inneren Teilen, in Adern und Nerven; und diese
Sind von weicher Natur, in ihrer Erschaffung vergänglich.

Aber gesetzt, es könnten auch sie fortdauernd sich halten,
Müßten entweder sie doch Empfindung haben des Teiles,
Oder sie wären auch selbst gleichartig vollendeten Tieren.
Teile können jedoch durchaus nicht für sich empfinden;
Keiner der Teile nimmt der anderen Glieder Gefühl an:
Auch vermag nicht die Hand, noch irgendein anderes Gliedmaß
Abgetrennet vom Leib und allein Empfindung erhalten.
Übrigbleibt, daß sie ganz an Gefühl vollkommenen Tieren
Gleichen, von allen Seiten den Lebenssinn zu vereinen.
Aber wie hießen sie nun ursprüngliche Stoffe der Dinge?
Könnten, als wirkliche Tiere, vermeiden die Wege des Todes
Sie, die mit jedem Geschöpf, das sterblich, einer Natur sind?

Doch es sei ihm nun so; was könnte durch ihre Verbindung
Anders werden als bloßes Gemisch und Schwärme von Tieren?
So wie Menschen und zahmes Vieh und Tiere der Wildnis
Nicht, miteinander vereint, durch Zeugung etwas bewirken:
Immer müßten daher sie empfinden nach unserer Weise.

Aber verlieren vielleicht die empfindenden Stoffe, verbunden
Nun mit andern, das eigne Gefühl und nehmen ein anders?
Wozu gabst du, was wieder du nimmst? – So bleibet denn immer
Das, was zuvor wir gesucht: weil nämlich die Eier der Vögel
Können in Küchelchen sich verwandeln, und weil des Gewürmes
Wimmelnde Heere kriechen aus nassem und faulendem Boden,
Kann auch Sinn und Gefühl aus Nichtgefühle hervorgehn.

Möchte man sagen, aus Nichtempfindendem könn' insofern nur
Etwas Empfindendes kommen, als solches Veränderung leidet,
Gleichsam durch eine Geburt hervor zum Leben gebracht wird:
Dieser möge vorerst aus Gründen begreiflich sich machen,
Daß nichts kömmt zur Geburt als durch die Vereinung des Urstoffs,
Nichts verändert auch wird durch ähnliche Wiedervereinung:
So, daß Empfindung zuvor nicht statt hat, ehe das Tier nicht
Selbst gebildet schon ist. Die Stoffe, woraus es sich bildet,

Liegen im Wasser zuvor, in der Luft zerstreut, in der Erde
Und in dem Erderzeugten und können auch, wann sie zusammen
Sind getreten, sogleich die schickliche Lebensbewegung
Nicht ausfinden, wodurch des Tiers allschauende Sinnen
Angezündet, ihm selbst den Schutz zur Erhaltung gewähren.

Ferner, wann irgendein Tier ein Schlag trifft, härter als solchen
Seine Natur erträgt, so wirft er sogleich es danieder,
Und in dem Augenblick ist Sinn und Gefühl in Verwirrung.
Auseinander gelöst wird nämlich der Stoffe Verbindung
Und die Lebensbewegung gehemmt, bis gänzlich zerrüttet
Alle Materie nun im Baue der sämtlichen Glieder
Los von dem Körper trennet die Lebensknoten der Seele
Und dann diese zerstreut durch alle Kanäle hinausjagt.
Denn was könnte der Schlag wohl anders bewirken, als daß er
Alle Teile zerstößt und ihre Verbindungen aufhebt?

Doch es ereignet sich auch, wann minder gewaltig der Schlag traf,
Daß nun wieder die Reste der Lebensbewegungen siegen;
Siegen, und sie den Tumult des tödlichen Streiches besänft'gen,
Alles nun wieder in Gang und die vorige Lage versetzt wird,
Gleichsam die in dem Körper schon herrschende Todesbewegung
Wieder zerstreut und entzündet der halberloschene Sinn wird.
Denn was wäre der Grund, der diese Reste zum Leben
Wiederum riefe zurück, zur Besinnung vom Rande des Todes,
Nicht hingehen sie ließe die fast vollendete Laufbahn?

Überdieses; wo findet sich Schmerz als da, wo in Gliedern,
In den lebendigen Teilen die Stoffe gewaltig gereizet,
In dem innersten Sitz erschüttert werden? und wieder
Folgt ein schmeichelnd Gefühl bei hergestellter Ordnung.
Ist es hieraus nicht klar, daß weder Schmerz noch Vergnügen
Eigen den Stoffen sei? da sie selbst nicht Teilchen besitzen,
Die durch veränderten Gang Empfindungen litten des Schmerzes
Oder welche durch ihn des Vergnügens Süße genössen:
Und so sind sie durchaus beraubt jedweder Empfindung.

Endlich, wenn jeglichem Tiere zu seinem Empfindungsvermögen
Stoffe empfindsamer Art sind beizulegen, so möcht' ich
Wissen, woraus der Mensch doch eigentümlich bestünde?
Nämlich die Stoffe kichern und werden vom Lachen erschüttert,
Oder ein Tränentau fließt ihnen die Wangen herunter?
Auch verstehen sie klug von der Mischung der Dinge zu sprechen,
Forschen den Stoffen nach, aus welchen sie selber gemacht sind?
Sintemal sie belebt und gleich sind eignen Geschöpfen,
Müssen aus anderen Stoffen auch sie zusammengesetzt sein,

Diese wieder aus andern, daß nirgend ein Ende zu finden.
Denn ich folgere fort: was spricht und lacht, wie du sagest,
Klug auch ist, das besteht aus andern, die Gleiches vermögen.
Ist nun dieses, wie jeder erkennt, wahnsinnig und rasend,
Kann man lachen und sprechen und kluge Sachen bedenken,
Ohne aus Stoffen zu sein, die ähnliches tun und vermögen:
Sollten denn andere Dinge, die wir mit Empfindung begabt sehn,
Minder aus Elementen bestehn, die des Sinnes beraubt sind?

   Sind wir nicht alle zuletzt aus himmlischem Samen entsprungen,
Alle von Einem Vater? von ihm empfänget die Erde,
Sie, die gütige Mutter, die Tropfen schmelzenden Regens
Und erzeuget im Schoße die glänzenden Saaten und Bäume
Samt dem Menschengeschlecht und allen Geschlechten der Tiere,
Denen das Futter sie reicht, womit sie die Leiber ersätt'gen
und fortpflanzen die Art und der Süße des Lebens genießen:
Und so wird ihr mit Recht der Muttername gewähret.
Auch kehrt wieder zurück zur Erde, was aus ihr entstanden,
Was von dem Aether kam, steigt aufwärts wieder zum Aether,
Zu den Gewölben des Himmels. So ganz zerstöret der Tod nicht
Alle Dinge, daß selbst der Materie Grund er zernichte:
Sondern er trennt die Verbindungen nur; dann füget er anders
Wieder zusammen, bewirkt die Verwandlung der äußeren Formen,
Ändert Farb' und Gestalt, bis zuletzt zur Empfindung die Dinge
Wiedergelangen, die auch zur gesetzten Zeit sich verlieret.
Daraus magst du ersehn, von welcher Bedeutung es seie,
Wie, und mit welchen, die Stoffe gemischt und zusammengefügt sind,
Welche Bewegungen sie mitteilen und wieder erhalten.
Bilde dir auch nicht ein, daß minder deshalb die Stoffe
Ewiger Dauer sind, dieweil du in äußeren Dingen
Immer sie schwanken siehst, entstehen und plötzlich verschwinden.
Auch in unseren Versen sogar kommt vieles darauf an,
Wie sie zusammengestellt, wie jedes darinnen gemischt sei.
Eben dieselben Lettern bezeichnen Himmel und Erde
Und die Sonne, das Meer und die Flüss', und ebendieselben
Saaten und Bäum' und Tier'; und sind sie nicht alle die gleichen,
Ist's doch der größere Teil: die Stellung ändert die Sachen.
Ebenso ist's mit den Dingen auch selbst: verändern die Stoffe
Zwischenräume und Gäng' und Bindung, die Schwere, den Antrieb
Und den Zusammenstoß, Bewegung und Ordnung und Lage,
Ändern sie in der Figur, – so ändern auch selber die Dinge.

   Nunmehr wende den Geist auf tiefere Sätze der Wahrheit:
Neue Sache verlangt mit Gewalt ins Ohr dir zu dringen,

Neuer Dinge Gestalt dir hin vor die Augen zu treten.
Aber es ist kein Ding so leicht zu begreifen, daß anfangs
Schwerer den Eingang nicht zum Glauben es fände; und nichts ist
Wieder so wunderbar und so groß, das nicht durch Gewohnheit
Nach und nach die Bewundrung verlör', und mindre die Achtung.
  Nimm das glänzende Blau und die reine Farbe des Himmels
Und das strahlende Licht der irrenden Himmelsgestirne
Und den Mond und den herrlichen Glanz der leuchtenden Sonne:
Würde zum erstenmal dies alles dem Auge des Menschen
Dargestellet, als trät' es hervor nun eben am Schauplatz,
Könnte was Wundernswürdigers wohl man nennen, nur etwas,
Das die Menschen zuvor nie hoffen durften zu sehen?
Nein, in der Tat, so groß und so herrlich wäre der Anblick.
Dennoch würdiget kaum, des Schauspiels müde, nur einer,
Aufzuschlagen die Augen zum leuchtenden Tempel des Himmels.
Darum wolle du nicht, von der Neuheit selber erschrecket,
Werfen die Gründe von dir, vielmehr mit geschärfetem Urteil
Prüfen dieselben; und findst du sie wahr, so reiche die Hand mir;
Findest du aber sie falsch, so rüste dagegen zum Kampf dich.
Denn es suchet der denkende Geist, da unendlich der Raum ist
Außer den Mauern der Welt, was weiter noch möchte daselbst sein,
Das mit dem Sinn des Gemüts erreichen er könne; wohin er
Einen freieren Wurf des Gedankens zu richten vermöge.
  Erstlich, es ist in dem All, wie gesagt, kein Ende der Dinge;
Nirgends, von keiner Seite, nicht unten, noch oben; zur Rechten
Nicht, noch zur Linken: es spricht die Sache sich selbst durch sich laut aus,
Und es leuchtet hervor aus des Unbegrenzten Natur schon.
Unwahrscheinlich daher ist's, daß bei unendlichem Raume,
Bei unzählbarer Zahl der Stoffe, welche die Tiefen
Allenthalben durchschwärmen, von ewiger Rege getrieben,
Daß sich nur eine Welt, nur dieser Himmel gebildet,
Jener unendliche Stoff ohn alle Wirkung geblieben.
Und vorzüglich auch noch, da die Welt das Werk der Natur ist;
Selbst sich von ungefähr, aus freien Stücken, der Dinge
Samen gegeneinander auf mancherlei Weise getroffen,
Sonder Absicht und Zweck, zufällig zusammengedränget;
Endlich in solcher Gestalt sich vereinet haben zur Masse,
Daß sie im plötzlichen Wurfe der Ursprung wurden von großen
Dingen: der Erde, des Meers, des Himmels, der lebenden Wesen.
Daß kein Zweifel demnach zur Überzeugung dir obsteht,
Daß die Materie nicht an anderen mehreren Orten
Gleiche Verbindungen habe, wie diese Verbindung der Welt ist,

Welche der Aether umfaßt mit weit umschließenden Armen.
Wo die Materie nun in ergiebiger Menge vorhanden,
Wo es an Raum nicht gebricht, kein Ding, das hindert, im Weg ist,
Da muß etwas entstehn, da müssen die Wesen sich bilden.
Ist nun die Zahl der Stoffe so groß, daß solche zu zählen
Nicht hinreichte das Alter von allen erschaffenen Wesen;
Bleibt fortdauernd dieselbige Kraft, dieselbe Natur da,
Hinzuschleudern an jeglichen Ort die Samen der Dinge,
Auf die nämliche Art, wie sie hierher wurden geworfen:
Könntest du zweifeln, daß nicht in anderen Gegenden andre
Erden noch sind, ein andres Geschlecht der Tiere, der Menschen?

Dazu kömmt, daß in weiter Natur kein Wesen zu finden,
Das nur einzig in Art, nur einzig entstehet und aufwächst:
Immer gehört es zu einem Geschlecht, und eben der Art sind
Mehrere da. So ist's vorzüglich bei lebenden Wesen;
Mehrere sind der Arten des bergdurchschweifenden Wildes
Und des Doppelgeschlechts der Menschen, der schuppigen Fische
Stummen Herden, der sämtlichen Schar geflügelter Wesen.
Dieses beweiset uns klar, daß Erd' und Meer und der Himmel,
Und die Sonne, der Mond und alle die übrigen Dinge
Auf die nämliche Art, nicht einzig, sondern unzählbar
Da sind: ihnen das Ziel so gewiß vom Schicksal gesteckt sei,
Und sie eben sowohl aus sterblicher Masse bereitet
Als ein jedes Geschlecht, so zahlreich solches in Art ist.

Hast du dieses erkannt, so wird hinfort die Natur dir
Frei erscheinen und fern von der Herrschaft stolzer Gebieter,
Alles bewirkend durch sich, ohn allen göttlichen Einfluß.
Denn bei der Götter heiligem Sinn, die in friedlicher Ruhe
Ungestöret genießen ein ewig heiteres Leben:
Wer vermöchte dies All, das Unbegrenzte, zu lenken;
Wer mit mächtiger Hand zu halten die leitenden Zügel?
Wer vermöchte zugleich die Himmel alle zu drehen
Und mit ätherischem Feuer zu dünsten die fruchtbaren Erden?
Gegenwärtig zu sein an allen Orten, zu allen
Zeiten? Damit er den Tag in Wolken hülle, des Himmels
Augen mit Donner erschüttre; dann Blitze schleudre, die eignen
Tempel damit zu stürzen; darauf voll Grimm in die Wüsten
Ziehend übe noch da das Geschoß, des öfters vorüber
Schuldigen geht, hinschmettert den Unverschuldeten, Biedern?

Nach der Geburtszeit unserer Welt und nach dem entstandnen
Erstgeborenen Tag des Meeres, der Erde, der Sonne
Kamen von außen hinzu noch viele der Körper, noch viele

Samen von außen herbei, aus dem großen Ganzen geschleudert:
Daß die Erde, das Meer dadurch anwachsen noch könne
Und sich erweitern daraus der Raum des himmlischen Hauses,
Höher sich hebe sein Dach, von der Erd' aufsteige der Luftraum.
Denn aus jeglichem Ort wird jedem der eigene Grundstoff
Zugeteilt durch Trieb und wendet zu seiner Natur sich.
Wasser erwächst zum Wasser, durch erdige Stoffe die Erde,
Feuer schmiedet das Feuer, zum Aether steiget der Aether:
Bis die Vollenderin dann, die schaffende rege Natur, sie
Alle zum letzten Ziel des eigenen Wuchses gebracht hat.
Dieses geschiehet, sobald die schöpfenden Lebensgefäße
Mehr nicht fassen des Stoffs, als ihnen entweichet und abgeht:
Dann erreichen die Dinge die höchste Stufe des Zustands;
Hier beschränkt die Natur durch eigene Kräfte den Anwuchs.
Denn was immer in fröhlichem Wuchs aufschießet und groß wird,
Nach und nach zu den Stufen des reiferen Alters emporklimmt,
Nimmt mehr Stoffe zu sich, als es austreibt: weil die Gefäße
Leichter die Nahrung empfangen und selbst so weit nicht gedehnt sind,
Viel zu entlassen davon, den Aufwand größer zu machen,
Als der Ertrag einbringt und der Mensch durch die Speise zu sich nimmt:
Denn nur allzu gewiß entdünstet gar vieles den Dingen
Und entweichet davon; doch bis sie den Gipfel des Wachstums
Völlig haben erreicht, muß mehr ansetzen sich ihnen.
Nachher bricht allmählich die Zeit Vermögen und Mannkraft,
Und es schmilzt das Leben dahin zur schlimmeren Hälfte.
Denn je größer ein Ding an Umfang oder an Masse,
Nimmt man den Zuwachs ihm, so werden nur mehrere Teile
Allenthalben von ihm zerstreuet und weiter versendet:
Selbst auch die Nahrung verteilt nicht mehr so ganz und so leicht sich;
Und sie reichet nicht hin, bei solch ausströmender Menge,
Zu des Verlustes Ersatz, durch den die Natur sich erneuet.
Also verzehrt sich ein Ding, indem sich dasselbe durch Abgang
Mindert, auch alles zuletzt den äußeren Schlägen erlieget:
Denn die Nahrung entgeht mit dem hohen Alter dem Körper;
Niemals lassen auch ab die hämmernden Körper, von außen
Zu zermalmen ein Ding und feindlich es niederzuschlagen.

    Also werden, bekämpft von allen Seiten, des Weltbaus
Mächtige Mauern dereinst in Schutt und Ruinen zerfallen.
Alles muß sich allein durch Speise wieder ergänzen,
Wird durch Speise gestützt und unterhalten durch Speise.
Aber umsonst; es nehmen nicht mehr den nötigen Zufluß
Auf die Gefäße; hinlänglichen Dienst versagt die Natur auch.

Solches erweist die entkräftete Zeit: die erschöpfete Erde
Bringt kaum kleine Tiere hervor; sie, die alle Geschlechter
Sonst erzeugte, die Mutter von ungeheuern Gestalten.
Denn nicht hat, wie mich dünkt, die Geschlechter lebender Wesen
Niedergelassen ein goldenes Seil vom Himmel zur Erde,
Noch das Meer sie erzeugt, noch die klippenschlagenden Wogen,
Sondern die Erde, die jetzt sie ernährt, die hat sie geboren.
Auch hat üppige Saat, auch hat sie den fröhlichen Weinstock,
Selbst, aus eigener Kraft, zuerst dem Menschen gestiftet.
Sie gab liebliche Zucht auf fröhlichen Angern und Weiden,
Deren Gedeihen wir kaum durch Fleiß und Arbeit erzwingen.
Wir ermatten den Stier, erschöpfen die Kräfte des Landmanns;
Also verzehrt sich der Keim, so mehret sich Arbeit und Mühe!
Und schon schüttelt das Haupt der graue Pflüger und seufzet,
Daß ihm die Arbeit so oft hinab ins Eitle gefallen.
Dann vergleicht er die Zeit, die jetzt ist, mit der vergangnen,
Preiset der Väter Glück. Auch klaget der traurige Winzer,
Wann er die vorige Zeit durchschaut, die veraltete Rebe
Und die Götter an, den nicht mehr günstigen Himmel.
Schilt, wie doch ehemals, wo mehrere Frömmigkeit herrschte,
Auch bei begrenzetem Gut die Menschen gemächlicher lebten,
Als weit weniger Acker und Feld für den einzelnen da war.
Aber er sieht nicht ein, wie alles allmählich sich abzehrt,
Alles zu Grabe geht, von dem langen Alter ermattet.

Cicero

Das Zeitalter des Hellenismus ist philosophisch vor allem von der Stoa bestimmt worden. Doch ist uns von der eigentlichen Lehre der Stoiker wenig bekannt. Weder von Zeno, dem Gründer der Schule, noch von dem berühmten und schriftstellerisch überaus fruchtbaren Chrysipp, noch von der »mittleren Stoa«, von Panaitios und Poseidonios, besitzen wir Originalwerke. Die erhaltenen Bruchstücke sind Zitate späterer Schriftsteller, der Skeptiker, der gelehrten Peripatetiker, der Kirchenväter. Aber wichtiger als all diese Originalzeugnisse ist die lateinische Überlieferung, die mit Cicero beginnt.

Das Rom der späteren Republik war, nachdem Griechenland in dem römischen Imperium aufgegangen war, seinerseits von dem griechischen Geiste erobert worden – ein Vorgang von welthistorischer Bedeutung. Mit Cicero beginnt die Umgießung der griechischen Philosophie in die lateinische Sprache, die bis zum Ende des 18. Jahrhunderts die Philosophensprache des Abendlandes blieb. Cicero hatte in Rhodos griechische Philosophie studiert und übertrug in den Mußestunden, die ihm sein Leben als Anwalt und Politiker ließ, griechisches Denken in die römische Vorstellungswelt. Seine Schriften bilden ein Traditionsgut, mit dem fortan jeder Philosophierende so tief vertraut war, daß es ihm für sein Eigenstes galt.

Die glänzende Darstellungsgabe Ciceros mag ein Übriges getan haben. Gewiß ist die leise Distanz, die ein römischer Staatsmann den Graeculi, den bezahlten Lehrern griechischer Bildung, gegenüber empfand, auch bei Cicero spürbar. Aber er weiß sich voll Stolz als der Vermittler hellenistischen Denkens, der er noch heute für uns ist. Wir bringen einen Text, der das wichtigste Thema behandelt, das damals die Diskussion beherrschte: das Schicksal, das Fatum.

Die kleine Schrift *Vom Schicksal* stammt aus Ciceros letzten Lebensjahren. Auf Caesars Ermordung wird in ihr angespielt. Cicero ist als Staatsmann ›im Ruhestand‹ und nimmt seine früheren philosophischen Studien wieder auf. Die Schriften *Vom Wesen der Götter* und *Von der Weissagung* liegen schon vor, ebenso die *Tuskulanischen Gespräche*.

Leider ist das schmale Werk nur verstümmelt erhalten, sowohl am Anfang wie am Schluß sind Lücken. Einige Zitate späterer antiker Autoren stammen aus dem Verlorenen. Gleichwohl ist es ein kostbares Zeugnis hellenistischer Philosophie und ihrer subtilen dialektischen Kontroversen über die wichtigsten Probleme der Stoischen und Epikureischen Schule. Nicht als ob Cicero einen originellen Beitrag zu dem Problem des Schicksals und der Freiheit zu geben hätte. Aber seine Darstellung der Diskussionslage ist – trotz gelegentlicher Wiederholungen – von glänzender Klarheit. Sie verdient unser besonderes Interesse, weil sie alles in allem die älteste Darstellung eines Problems ist, das noch heute von echter Aktualität ist. Bekanntlich wissen wir über die ältere sog. mittlere Stoa überhaupt nur aus Cicero und anderen späteren Autoren. Die umfangreiche Sammlung aller Zeugnisse, die wir Hans von Arnim verdanken, atmet die Luft der hellenistischen Schulstube und gibt keinen geschlossenen Text, sondern ein Mosaik von systematisch geordneten Zitaten. Dagegen führt uns die freilich etwas abrupt einsetzende und nur unvollständig überlieferte Schrift Ciceros in die lebhafte Kontroverse ein, die der hellenistische Naturbegriff, insbesondere die stoische Lehre vom Allzusammenhang des Geschehens (series causarum) heraufbeschworen hatte: wie läßt sich die menschliche Freiheit und der Sinn der Moral noch rechtfertigen, wenn der Zusammenhang der Ursachen keine Unterbrechung duldet?

Der letzte Grund der stoischen Freiheitslehre ist die Unterscheidung zwischen den uns einnehmenden und bewegenden Vorstellungen (*phantasiai,* hier visum = das Gesehene) und unserer Zustimmung zu ihnen, die wir ihnen jederzeit auch verweigern können (Zustimmung = *synkatathesis,* hier adsensio). – Es ist eine Freiheit im Rückzug, in die Skepsis, in die Kritik und Selbstkritik, auf der das Pathos stoischer Weisheit beruht: die berühmte stoische Gefaßtheit und Unerschütterlichkeit des Gemüts, die selbst vor dem Einsturz des gesamten Weltbaues nicht erschrickt (si fractus illabatur orbis, impavidum ferient ruinae. Horaz). Cicero berührt die Lehre von der ›Zustimmung‹ hier nur, um ihre Vereinbarkeit mit dem Begriff des Natur- und Schicksalzusammenhangs zu erweisen, der alles beherrscht und keine grundlosen Zufälle erlaubt. In dem Verlorenen hat folgende Definition des Schicksals (fatum) gestanden: »Schicksal ist die Verknüpfung alles Seienden, die durch alle Ewigkeit in allem Wechsel sich erhaltend nach eigener Ordnung und nach eigenem Gesetz variiert, und zwar so, daß auch diese Variation noch Ewigkeit hat.« Cicero lehrt, daß die menschliche Freiheit in diesen Zusammenhang einzugreifen vermag, ohne ihn als solchen zu unterbrechen. Das mag keine Lösung des Problems darstellen, aber ich wüßte nicht, daß die neueren Philosophen, Kant oder wer immer, eine andere, bessere Lösung vorgeschlagen haben.

Kritischer verhält sich Cicero zur epikureischen Theorie der grundlosen Abweichung der Atome: er kann in solchem grundlosen Zufall nicht mit Epikur den Ausweg aus dem Fatalismus erkennen. Selbst bloße Abweichungen müßten in der Naturordnung (naturaliter) begründet sein: »von Natur« – das letzte Wort der Schrift, mit dem der uns erhaltene Teil abbricht. Ob dies nicht noch immer das letzte Wort ist, das denen entgegengehalten werden muß, die aus dem Indeterminismus im Atomgeschehen, wie ihn die heutige Physik wieder lehrt, moralphilosophische Konsequenzen zur ›Begründung‹ der Freiheit ziehen möchten?

Das Kernstück der Schrift aber ist der Frage gewidmet, ob mit der Idee der richtigen Zukunftsprophezeiung ein absoluter Determinismus gegeben ist, oder ob es einen Spielraum des Möglichen geben kann, der für den Eingriff freier Entschließungen Raum läßt. Die Argumentation mag oft spitzfindig klingen. Indessen ist die Unterscheidung von wesenhaften und bloßen Hilfs-Ursachen, die Cicero aus Chrysipp aufnimmt, keine leere Schuldistinktion, sondern enthält den richtigen Kern, daß alles Reden von ›Ursache‹ dem anthropologischen Modell des Handelns folgt, das sich an bestimmten gewollten Wirkungen ›schuld‹ weiß. Umgekehrt ist das fatalistische Argument der ›faulen Vernunft‹ unhaltbar, das aus der universalen Schicksalsbestimmtheit folgert, keine eigene Bemühung und Tätigkeit habe Sinn. Die Unabhängigkeit der ›Moral‹ von der ›Physik‹ mag theoretisch unverständlich sein – aber keine Argumentation, die diese Unabhängigkeit aufzuheben sucht, kann ›praktische‹ Zustimmung finden.

Vom Schicksal

[Das Schicksal ist seinem Wesen nach Gegenstand aller Teile der Philosophie. Denn zu untersuchen, ob alles schicksalhaft geschieht, ist Sache der Physiker. Dadurch entsteht aber das Problem, ob unser Wille frei sei – und das ist offenbar eine ethische Frage,]

I, 1: ... weil sie sich auf das Sittliche bezieht, welches die Griechen êthos nennen; wir bezeichnen diesen Teil der Philosophie gewöhnlich mit dem Titel ›von der Sitte‹, aber es ist hier angebracht, die lateinische Sprache zu bereichern und den Namen Moralphilosophie einzuführen. Außerdem ist die logische Bedeutung der Aussagesätze zu analysieren, welche die Griechen *axiomata* nennen; wenn diese über Zukünftiges etwas sagen und darüber, was möglich ist oder nicht, stellt sich das dunkle Problem, welche Geltung sie haben, ein Problem, welches die Philosophen als das des Möglichen *(peri dynatôn)* bezeichnen; das aber gehört ganz zur Logik, welche ich die Kunst des Erörterns nenne.

Wie ich aber in den Büchern vorgegangen bin, die von der Natur der Götter handeln, und ebenso in denen, die ich über die Weissagung publiziert habe, daß ich nämlich nach beiden Seiten hin die Argumente fortlaufend entwickelte, damit ein jeder es leichter hätte, anzunehmen, was ihm am annehmbarsten scheine, das wollte ich auch in dieser Erörterung über das Schicksal tun – ein Zufall aber hat mich gehindert.

2. Denn als ich auf meinem Landgut bei Puteoli war und am selben Orte unser Hirtius sich aufhielt, der designierte Konsul, der, mit mir eng befreundet, sich mit denselben Studien beschäftigt, in denen ich von Kindheit an lebe, waren wir viel beieinander. Meistens grübelten wir darüber nach, welche Maßnahmen zu Frieden und Eintracht unter den Bürgern führen könnten.

Da nämlich nach dem Tode Caesars alle möglichen revolutionären Verwicklungen geradezu in der Luft lagen und da wir der Ansicht waren, man müsse dem vorbeugen, galt fast unsere ganze Unterhaltung dem Nachdenken darüber, und das öfter, besonders aber an einem Tage, an dem wir freier als gewöhnlich und weniger von Besuchern gestört waren. Als er zu mir kam, sprachen wir zunächst kurz über die Dinge, die täglich, wie nach einem festen Brauch, unser Thema waren, nämlich über Frieden und Ruhe.

II, 3: Nachdem wir damit zu Ende waren, sagte er: »Also, wie ist das? Die rhetorischen Übungen wirst Du ja hoffentlich nicht ganz lassen, aber bestimmt stellst Du ihnen die Philosophie inzwischen voran. Kann ich nicht davon auch einmal etwas hören?« »O ja«, sagte ich, »das kannst Du schon. Hören, soviel Du willst, aber auch reden soviel Du willst. Denn Du hast ganz recht: die rhetorischen Studien habe ich nicht aufgegeben, für die ich auch Dich begeistert habe, d. h. eigentlich warst Du schon selber leidenschaftlich dafür eingenommen. Auch ist, was ich jetzt betreibe, jener Tätigkeit keineswegs hinderlich, sondern kommt ihr eher noch zugute. Denn mit der Art Philosophie, der ich folge, hat der Redner manches gemein: denn Schärfe des Gedankens gewinnt er von der Akademie und gibt ihr seinerseits Fülle der Rede und Schmuck des Ausdrucks zurück. Da also«, sagte ich, »beide Gebiete meine Domäne sind, sollst Du Dir aussuchen, aus welchem Du heute am liebsten etwas genießen willst.«

Darauf sagte Hirtius: »Das ist sehr liebenswürdig und ganz, wie Du immer bist: denn noch nie hast Du in Deiner Bereitwilligkeit meiner Bitte etwas verweigert.

4. Da mir nun Deine Lehre von der Redekunst bekannt ist und ich Dich darüber schon oft gehört habe und noch oft hören werde, und da die ›tuskulanischen Erörterungen‹ erkennen lassen, daß Du die Gewohnheit der Akademie übernommen hast, eine vorgelegte These zu widerlegen, so will ich Dir solch ein Thema vorlegen, um Dich dazu zu hören, wenn Dir das recht ist.«

»Kann mir denn etwas nicht recht sein«, sagte ich, »was Dir lieb ist? Du wirst freilich nur einen Römer hören, nur einen, der schüchtern an diese Art von Eröterungen herangeht, nur einen, der diese Studien nach langer Zwischenpause wieder aufnimmt.«

»Oh, nicht anders werde ich Dir beim Disputieren zuhören«, sagte er, »als ich lese, was Du schreibst. Also fange nur an. Setzen wir uns hier . . .«

III, 5: Es gibt Fälle, wo wie z. B. bei dem Dichter Antipater, bei den am Tag der Wintersonnenwende Geborenen, bei den Brüdern, die zugleich krank sind, beim Urin, bei den Nägeln und bei allem Übrigen dieser Art die Wirkung des allgemeinen Naturzusammenhangs vorliegt, den ich gewiß nicht aufheben will. In solchen Fällen gibt es kein Einwirken des Schicksals. In anderen Fällen aber kann es wirklich Zufälliges geben, wie bei jenem Schiffbrüchigen, wie bei Icadios und bei Daphitas. Manche Fälle scheint sich Poseidonios – der Lehrer verzeihe mir! – geradezu ausgeklügelt zu haben; so absurd sind sie. Zum Beispiel: Wenn es für Daphitas schicksalsbestimmt war, vom Pferd zu fallen und so umzukommen, konnte dann ›vom Pferd‹ auch etwas meinen, was gar kein Pferd war, sondern nur aus irgendeinem Grunde so genannt wurde? Oder: erhielt Philipp die Warnung, er müsse auch jene kleine Quadriga auf dem Schwertgriff meiden? Als ob er etwa von dem Griff getötet werden konnte. Und was ist da schon daran, daß jener namenlose Schiffbrüchige in einen Bach gefallen ist, dem es, wie Poseidonios schreibt, vorausgesagt war, er werde im Wasser umkommen. Beim Herkules, nein, nicht einmal im Falle des Straßenräubers Icadios sehe ich irgendeine Wirkung des Schicksals: Poseidonios erwähnt nämlich nicht, was ihm vorausgesagt worden wäre.

6: Was ist also Wunderbares daran, daß ihm von der Decke einer Höhle ein Felsbrocken auf die Beine gefallen ist? Es ist doch klar: auch wenn Icadios damals nicht in der Höhle gewesen wäre, wäre jener Felsbrocken trotzdem herabgefallen. Denn entweder ist überhaupt nichts zufällig, oder dies konnte sich genau so durch reinen Zufall ereignen. Ich frage also (und das eröffnet ein weites Feld), wenn überhaupt nicht vom Schicksal geredet würde, weder von dem, was es eigentlich ist, noch von seiner Macht, sondern das meiste oder alles zufällig, blind und von ungefähr geschähe, ob das überhaupt etwas änderte. Was hat es also für einen Sinn, das Schicksal hereinzuziehen, wenn doch ohne das Schicksal alles Geschehen auf die Natur oder den Zufall als auf seinen Grund zurückgeführt werden kann?

IV, 7: Aber Poseidonios wollen wir nun, wie es billig ist, in Frieden lassen und zu Chrysipps Fallstricken zurückkehren. Ihm wollen wir zuerst wegen des allgemeinen Naturzusammenhangs antworten; das übrige werden wir später verfolgen. Wie sehr sich ihrer Natur nach verschiedene Orte voneinander unterscheiden, sehen wir: die einen sind heilsam, die anderen schädlich; in der einen Gegend sind die Menschen schleimig-feucht und gewissermaßen überfließend, in anderen ausgetrocknet und dürr. Und noch vieles andere gibt es, worin sich ein Ort vom anderen in höchstem Maße unterscheidet. In Athen ist die Luft fein, weshalb, wie man glaubt, auch die Athener so scharfsinnig sind; dick ist die Luft in Theben, daher sind die Thebaner muskulös und kräftig.

Dennoch wird es weder jene feine Luft sein, die bewirkt, daß ein Student lieber bei Zeno oder Arcesilaos oder Theophrast hört, noch wird die dicke Luft in Theben bewirken, daß einer in Nemea lieber als auf dem Isthmus den Sieg sucht.

8: Aber man muß das Gespinst noch weiter auftrennen. Was kann die Natur eines Ortes dazu beitragen, daß ich eher in der Pompeiushalle als auf dem Marsfeld spazierengehe? mit dir eher als mit einem anderen? an den Iden eher als an den Kalenden? Wenn also auf manches die Natur eines Ortes einen gewissen Einfluß haben mag, auf anderes dagegen nicht, so mag ebenso die Stellung der Sterne, wenn du willst, auf manches eine Wirkung haben, auf alles hat sie es bestimmt nicht. Dagegen sagt Chrysipp: »Da in den menschlichen Naturen große Unterschiede sind, so daß dem einen Süßes, dem anderen Bitteres angenehm ist, die einen sinnlich, andere jähzornig, grausam oder überheblich sind, andere solchen Lastern aus dem Wege gehen; da sich also Natur von Natur in solchem

Grade unterscheidet, was ist dann verwunderlich daran, daß diese Unterschiede von verschiedenen Ursachen bewirkt worden sind?«

V, 9: Wenn er so schließt, sieht er gar nicht, worum es sich handelt und worin das Problem besteht. Wenn aus natürlichen und vorangehenden Ursachen die Neigungen des einen mehr hierhin, die des anderen mehr dorthin gehen, heißt das doch nicht, daß das, was wir wollen und begehren, natürliche und vorausliegende Ursachen haben muß. Denn überhaupt, nichts stände in unserer Macht, wenn es so wäre. Nun gestehen wir zwar zu, daß, ob wir scharfsinnig oder stumpf, kraftvoll oder schwach sind, nicht an uns liege. Wer aber glaubt, daraus folge, daß es auch nicht Sache unseres Willens sei, zu sitzen oder spazierenzugehen, der versteht nicht, was jeweils aus etwas folgt. Wiewohl es nämlich vorausliegende Ursachen hat, daß Begabte und geistig Träge geboren werden und ebenso Starke und Schwache, so folgt daraus noch lange nicht, daß es feste bestimmende Ursachen dafür gibt, daß sie sitzen oder spazierengehen oder irgend etwas tun.

10: Der megarische Philosoph Stilpo ist ein scharfsinniger und zu seiner Zeit anerkannter Mann gewesen, wie berichtet wird. Von ihm schreiben seine eigenen Freunde, er sei von Natur trunksüchtig und ein Weiberfeind gewesen; und nicht, um ihn zu tadeln, schreiben sie das, vielmehr zu seinem Lobe: denn seine lasterhafte Natur habe er so durch Vernunft bezwungen und unterdrückt, daß niemand ihn je weinselig, niemand an ihm je Spuren sinnlicher Leidenschaft gesehen habe. Und wie? Haben wir nicht gelesen, auf welche Weise Sokrates von dem Physiognomiker Zopyros charakterisiert worden ist, der seinen Beruf daraus machte, Charakter und Natur der Menschen aus Körper, Augen, Gesicht und Stirn zu erkennen: Sokrates sei dumm, sagt er, und schwerfällig. Denn weil er keine Schlüsselbeingruben habe, sei er dort zugebaut und verstopft. Er fügte hinzu, daß er auch ein Weiberfreund sei, wobei Alkibiades laut herausgelacht habe.

11: Wenn nun auch Laster gewiß aus natürlichen Ursachen entstehen können –, sie ausreißen und von Grund auf beheben, so daß einer, der zu so großen Lastern hinneigte, von ihnen loskommt, das liegt nicht an natürlichen Ursachen, sondern am Willen und an energischer Bemühung. Das alles würde aufgehoben, wenn Macht und Wesen des Schicksals in der Lehre von der Weissagung ihre Bestätigung finden.

Denn wenn es Weissagung gibt, von welchen theoretischen Grundlagen geht sie eigentlich aus? Theoretische Grundlagen nenne ich, was auf griechisch Theoreme (θεωρήματα) heißt. Ich glaube nämlich nicht, daß Sachverständige sich auf irgendeinem Gebiet ohne solche Grundlage bewegen können, ebensowenig könnten diejenigen, die Weissagung betreiben, ohne solche das Zukünftige voraussagen.

VI, 12: Studieren wir also die Grundlagen der Astrologen an einem Beispiel: ›Wenn z. B. einer beim Aufgang des Hundssterns geboren ist, der wird nicht im Meer den Tod finden.‹ Paß auf, Chrysipp, daß du deine Sache nicht aufgibst, um die zwischen Dir und dem mächtigen Dialektiker Diodoros ein großer Streit ist. Wenn nämlich wahr ist, was so verknüpft wird: ›Wenn einer beim Aufgang des Hundssterns geboren ist, der wird nicht im Meer den Tod finden‹, dann ist auch jenes wahr: ›Wenn Fabius beim Aufgang des Hundssterns geboren ist, wird Fabius nicht im Meer den Tod finden.‹ Es schließen einander also die Sätze aus: ›Fabius ist beim Aufgang des Hundssterns geboren‹ und ›Fabius wird im Meer den Tod finden‹; und da bei Fabius als sicher gesetzt wird, daß er beim Aufgang des Hundssterns geboren ist, schließen einander die Sätze aus: ›Fabius lebt‹ und ›er wird im Meer den Tod finden‹. Folglich stellt auch ihre Verbindung einen Widerspruch dar: ›Fabius lebt und wird im Meer den Tod finden‹, ja, nach der Voraussetzung ist das sogar unmöglich. Also gehört der Satz ›Fabius wird im Meer den Tod finden‹ zum Bereich des Unmöglichen. Also ist alles, was über Künftiges gesagt wird und falsch ist, unmöglich.

VII, 13: Das aber, Chrysipp, willst du auf keinen Fall zugeben, und vor allem darüber geht dein Streit mit Diodoros. Jener nämlich sagt, nur das sei möglich, was entweder wahr ist oder wahr sein wird; und alles, was einmal sein wird, das werde, so sagt er, notwendig eintreten; umgekehrt erklärt er alles, was nicht sein werde, für unmöglich. Du dagegen behauptest, auch was nie sein werde, ist möglich, wie z. B., daß dieser Stein zerbricht, auch wenn das niemals geschehen wird, und umgekehrt sei es nicht notwendig gewesen, daß Kypselos in Korinth König wurde, obwohl das vor tausend Jahren vom Orakel Apolls verkündet worden war. Aber wenn du diese als göttliche Voraussagen gelten läßt, dann wirst du auch, was für die Zukunft vorausgesagt wird und falsch ist, zu den unmöglichen Dingen rechnen müssen, und wenn etwas für die Zukunft vorausgesagt wird und so sein wird, mußt du es für notwendig erklären. Aber das ist genau die These deines Gegners Diodoros.

14: Denn wenn der Zusammenhang wahr ist: ›Wenn Du beim Aufgang des Hundssterns geboren bist, wirst Du nicht im Meer den Tod finden‹ und wenn das erste Glied des Zusammenhangs ›Du bist beim Aufgang des Hundssterns geboren‹ notwendig ist (alle Wahrheit über Vergangenheit ist aber notwendig, wie Chrysipp in Abweichung von seinem Lehrer Kleanthes zugibt, da das Vergangene unveränderlich ist und sich nicht mehr aus wahr in falsch verkehren kann), wenn also das erste Glied des Zusammenhangs notwendig ist, geschieht auch das folgende notwendig. Trotzdem scheint dies dem Chrysipp nicht in allen Fällen zu gelten; und doch gilt auf jeden Fall, daß, wenn es eine natürliche Ursache dafür gibt, daß

Fabius nicht im Meer den Tod findet, er nicht im Meer den Tod finden kann.

VIII, 15: Hier wird Chrysipp hitzig und hofft, die Chaldäer und die übrigen Weissager ließen sich beirren und würden vermeiden, derartige Verknüpfungen zu gebrauchen und solche theoretischen Grundsätze auszusprechen wie: ›Wenn einer beim Aufgang des Hundssterns geboren ist, wird er nicht im Meer den Tod finden.‹ Vielmehr würden sie nur so sagen: ›Es gibt niemanden, der beim Aufgang des Hundssterns geboren ist und im Meer den Tod finden wird.‹ Ein gewagter Scherz: Um nicht mit Diodoros in Übereinstimmung zu geraten, schreibt er den Chaldäern vor, wie sie ihre Erfahrungsgrundsätze formulieren sollen. Ich frage dagegen: wenn die Chaldäer so redeten, daß sie die Negation allgemeiner Verbindungen lieber setzen als die allgemeinen Verknüpfungen selbst, warum sollten das die Ärzte, die Geometer und alle anderen nicht auch können? Zunächst der Arzt. Was er auf Grund seiner Kunst durchschaut hat, soll er nicht so formulieren: ›Wenn einem die Pulse so und so schlagen, dann hat er Fieber‹, sondern lieber so: ›Es gibt niemanden, dem die Pulse so und so schlagen und der kein Fieber hat.‹ Ebenso soll der Geometer nicht sagen: ›Auf der Kugel schneiden alle größten Kreise einander in der Mitte‹, sondern lieber so: ›Es gibt keine größten Kreise auf der Kugel, die einander nicht in der Mitte schneiden.‹

16: Was gibt es, das sich nicht auf diese Weise aus einem positiven Zusammenhang in die Negation der Verknüpfung zweier Sätze überführen ließe? Wir können ja doch dieselben Dinge auf verschiedene Weise ausdrücken: Soeben sagte ich: ›Auf der Kugel schneiden die größten Kreise einander in der Mitte‹; ich kann aber auch sagen: ›Wenn es auf der Kugel größte Kreise gibt‹; ich kann sagen: ›sofern es auf der Kugel größte Kreise gibt‹. Es gibt viele Arten der Aussage, doch keine verdrehtere als die, mit der sich die Chaldäer, wie Chrysipp hofft, den Stoikern zuliebe zufriedengeben werden.

IX, 17: In Wahrheit drückt sich keiner von ihnen so aus; denn es ist schwerer, so verdrehte Reden zu lernen, als Auf- und Untergang aller Gestirne. – Aber wir wollen zu dem Streit des Diodoros, der *perì dynatôn* genannt wird, zurückkehren. Es geht um die Frage, was ›möglich‹ bedeutet. Diodoros also nimmt an, das allein sei möglich, was entweder wahr ist oder wahr sein wird. Dieser Satz berührt sich mit dem folgenden Problem: nichts geschehe, was nicht notwendig gewesen sei, und alles, was möglich sei, das sei entweder schon wirklich oder es werde es sein, und das Zukünftige könne sich ebensowenig aus Wahrem in Falsches verkehren, wie das Geschehene; nur sei bei Geschehenem die Unveränderlichkeit offenkundig, bei Zukünftigem manchmal so wenig, daß sie gar nicht darinzuliegen scheine; so sei es z. B. von einem, den eine tödliche Krankheit heimgesucht hat, wahr zu sagen: ›Er wird an dieser Krankheit sterben‹; genau dasselbe wird aber, wenn es nur wahr ist, es von ihm zu sagen, auch bei jemandem eintreffen, bei dem nichts von einer so schweren Krankheit zu bemerken ist. Es ergibt sich somit, daß eine Verkehrung vom Wahren ins Falsche nicht einmal bei Zukünftigem möglich ist. So hat der Satz: ›Scipio wird sterben‹, solche Geltung, daß er, wiewohl von Zukünftigem gesagt, sich dennoch nicht in Falsch verkehren kann: denn es wird von einem Menschen gesagt, – und für den gilt, daß er notwendig sterben muß.

18: Wenn man nun den Satz hätte: ›Scipio wird nachts in seinem Schlafgemach eines gewaltsamen Todes sterben‹, so würde man wieder Wahres haben; man würde damit ja nur voraussagen, was einmal in Zukunft gewesen sein wird; daß etwas aber einmal gewesen sein wird, läßt sich immer nur nachträglich daraus beweisen, daß es tatsächlich geschehen ist, und um nichts wahrer als ›Scipio wird sterben‹ ist darum: ›Er wird auf diese Art und Weise sterben‹; und für Scipio ist es um nichts notwendiger, überhaupt zu sterben, wie auf diese Art und Weise zu sterben; ebenso ist der Satz: ›Scipio ist getötet worden‹ um nichts unveränderlicher und weniger von wahr und falsch verkehrbar als der Satz ›Scipio wird getötet werden‹. Da das so ist, besteht kein vernünftiger Grund, weshalb Epikur das Schicksal fürchten und bei den Atomen Beistand suchen und sie von ihrer Bahn abweichen lassen sollte – nahm er doch damit zwei unauflösliche Schwierigkeiten gleichzeitig auf sich: die eine, daß etwas ohne Ursache geschieht; daraus ergäbe sich, daß aus nichts etwas würde – was weder er selbst noch irgendein Naturforscher lehrt –, die zweite, daß von zwei Atomen, die sich durch den leeren Raum bewegen, das eine seine senkrechte Bahn weiterverfolgt, während das andere von ihr abweicht.

19: Wenn Epikur zugibt, daß jeder Satz entweder wahr oder falsch ist, brauchte er nämlich gar nicht zu fürchten, daß dann alles schicksalhaft geschehen müsse; denn nicht aus ewigen, in der Notwendigkeit der Natur entspringenden Ursachen ist ein solcher Satz wahr wie: ›Kerneades geht zur Akademie‹, und doch ist er auch nicht ohne Ursachen; es besteht eben ein Unterschied zwischen Ursachen, die zufällig vorangegangen sind, und solchen, die eine in ihrem Wesen gelegene Wirkung enthalten. So ist zwar immer wahr gewesen: ›Epikur wird, nachdem er 72 Jahre gelebt hat, unter dem Archonten Pytharatos sterben‹, und doch waren es nicht vom Schicksal verhängte Ursachen, warum es so kam; sondern nur, weil es so gekommen ist, mußte es so bestimmt kommen, wie es gekommen ist.

20: Auch bestätigen diejenigen, die sagen, das Zukünftige sei unveränderlich und das zukünftig Wahre könne sich nicht in Falsches verkehren, damit keineswegs die Notwendigkeit des Schicksals, sondern legen lediglich aus, was die Worte bedeuten. Wohl aber berauben diejenigen, die eine immerwährende Ursachenkette einführen, den menschlichen

Geist des freien Willens und fesseln ihn ganz durch die Notwendigkeit des Schicksals.

X: Aber genug damit; fassen wir anderes ins Auge. Chrysipp schließt auf folgende Art: »Wenn es Bewegung ohne Ursache gibt, wird nicht jeder Satz – die Dialektiker sprechen von axioma (ἀξίωμα) – entweder wahr oder falsch sein; denn was keine bewirkenden Ursachen hat, wird weder wahr noch falsch sein; nun ist aber jeder Satz entweder wahr oder falsch; also gibt es keine Bewegung ohne Ursache.

21: Wenn das so ist, dann geschieht alles, was geschieht, aus vorausliegenden Ursachen; wenn das so ist, geschieht alles schicksalhaft; es ergibt sich also, daß alles, was geschieht, schicksalhaft geschieht.« Wenn ich hier zum ersten Male Epikur beipflichten und leugnen wollte, daß jeder Satz entweder wahr oder falsch sei, dann möchte ich diese Wunde immer noch lieber hinnehmen als anerkennen, daß schlechterdings alles schicksalhaft geschehe: denn über jene erstere Meinung läßt sich streiten, die letztere dagegen ist einfach nicht tragbar. So strengt denn Chrysipp alle Kräfte an, um überzeugend darzulegen, daß jedes axioma (ἀξίωμα) entweder wahr oder falsch sei. Denn wie Epikur befürchtet, er müsse, wenn er dies zugebe, auch zugeben, daß alles, was geschehe, schicksalhaft geschehe (wenn nämlich eines von beiden von Ewigkeit her wahr sei, sei es auch bestimmt und, wenn bestimmt, auch notwendig: so glaubt er, sowohl die Notwendigkeit als auch das Schicksal zu beweisen), so bangt Chrysipp, er könne, wenn er nicht festhält, daß jeder Satz entweder wahr oder falsch sei, auch nicht aufrechterhalten, daß alles schicksalhaft und aus das Zukünftige ewig bestimmenden Ursachen geschehe.

22: Nun meint Epikur, mit seiner Abweichung des Atoms, der Notwendigkeit des Schicksals entgehen zu können. Es entsteht eine dritte Bewegung neben der durch die Schwere und der durch Stoß, wenn nämlich ein Atom um ein kleinstes Intervall – sein Ausdruck dafür ist: eláchiston (ἐλάχιστον) abweicht. Daß diese Abweichung ohne Ursache geschieht, muß er, wenn nicht durch Worte, so doch durch die Sache gezwungen, eingestehen. Denn ein Atom soll ja nicht durch den Stoß eines anderen Atomes abweichen. Wie soll auch ein Atom von einem anderen angestoßen werden, wenn die unteilbaren Körper auf Grund der Schwere auf senkrechten Linien fallen, wie Epikur lehrt? Daraus folgt nämlich, daß nicht nur ein Atom nie von einem anderen weggestoßen werden kann, sondern auch, daß das eine das andere nicht einmal berühren kann. Woraus sich bereits ergibt, daß, wenn es doch ein Atom gibt, das abweicht, es ohne Ursache abweicht.

23: Diese Erklärung hat Epikur gegeben, weil er fürchtete, es bliebe uns, wenn sich das Atom immer seiner natürlichen und notwendigen Schwere zufolge bewege, keine Freiheit, da dann die Seele sich so bewege, wie sie durch die Bewegung der Atome gezwungen werde. Dagegen hat Demokrit, der Begründer der Atomlehre, es vorgezogen, daß alles mit Notwendigkeit geschehe, als daß den unteilbaren Körpern ihre natürliche Bewegung entrissen würde.

XI: Scharfsinniger ist Karneades: er lehrte, die Epikureer könnten ihre Sache ohne diese schwindelhafte Abweichung verteidigen. Denn da sie lehrten, es könne eine gewisse freiwillige Bewegung der Seele geben, so wäre es besser gewesen, das festzuhalten, als solch eine Abweichung einzuführen, zumal sie dafür kaum Ursache finden können: wenn sie das festhielten, würden sie Chrysipp leicht standhalten können. Denn hätten sie auch zugestanden, es gebe keine Bewegung ohne Ursache, so brauchten sie deswegen doch nicht zuzugestehen, daß alles, was geschehe, aus vorangehenden Ursachen geschehe: denn für unseren Willen gäbe es keine äußeren und vorangehenden Ursachen.

24: Wir erlägen also nur einem verkehrten allgemeinen Sprachgebrauch, wenn wir sagten, jemand wolle etwas (oder wolle etwas nicht) ohne Ursache; wir sagen nämlich ›ohne Ursache‹, meinen damit aber: ohne äußere und vorangehende Ursache, und nicht: überhaupt ohne Ursache. Genau wie wir von einem ›leeren‹ Gefäß reden und damit nicht die Sprache der Physiker sprechen, welche nichts als ›leer‹ ansehen, sondern nur meinen, daß das Gefäß beispielsweise ohne Wasser, ohne Wein, ohne Öl sei, genauso meinen wir es auch nur, wenn wir sagen, die Seele bewege sich ohne Ursache, sie bewege sich ohne vorangehende und äußere Ursache, und nicht: gänzlich ohne Ursache. Genauso kann man vom Atom selbst sagen, wenn es sich durch den leeren Raum durch seine Schwerkraft und sein Gewicht bewegt, es bewege sich ohne Ursache, weil dabei keine Ursache von außen hinzutritt.

25: Wir müssen also, wenn uns nicht alle Physiker auslachen sollen, einen Unterschied machen und wenn wir sagen, etwas geschehe ohne Ursache, damit nur sagen wollen, das sei die Natur des unteilbaren Körpers, sich durch sein Gewicht und seine Schwere zu bewegen, und das allein sei die Ursache seiner Bewegung. In gleicher Weise braucht man auch zu den freiwilligen Bewegungen der Seele keine äußere Ursache zu suchen: denn die freiwillige Bewegung hat das ihrer Natur nach an sich, in unserer Macht zu stehen und uns zu gehorchen, und das heißt nicht, daß das ohne Ursache geschehe; denn ihre Ursache ist ihre Natur selbst.

26: Wenn das so ist, wieso soll jeder Satz nur dann entweder wahr oder falsch sein können, wenn wir zugestehen, alles, was geschehen, geschehe schicksalhaft? Chrysipp sagt: weil das in der Zukunft Wahre nichts sein kann, was keine Ursachen dafür hat, daß es sein wird (denn, was wahr ist, habe notwendige Ursachen) so geschieht es schicksalhaft, wenn es geschieht.

XII: Die Sache ist wirklich erledigt, wenn man die Alternative zugibt, daß entweder alles schicksalhaft geschehe oder etwas ohne Ursache geschehen könne.

27: Aber kann dieser Satz: ›Scipio wird Numantia erobern‹ auf keine andere Weise wahr sein als nur dadurch, daß von Ewigkeit Ursache an Ursache geknüpft diese zukünftige Wirkung hervorbringt? Hätte das etwa falsch sein können, wenn es sechshundert Jahre zuvor vorausgesagt worden wäre? Und wenn damals dieser Satz ›Scipio wird Numantia erobern‹ nicht wahr gewesen wäre: wäre auch der Satz nicht wahr: ›Scipio hat Numantia erobert‹? Kann denn etwas geschehen sein, von dem es nicht wahr gewesen ist, daß es künftig sein werde? Denn wie wir dasjenige Vergangene wahr nennen, dessen Bevorstehen in früherer Zeit wahr gewesen ist, so nennen wir dasjenige Zukünftige wahr, dessen Bevorstehen in der Folgezeit wahr sein wird.

28: Aber daraus, daß jeder Satz entweder wahr oder falsch ist, folgt nicht sogleich, es gebe unveränderliche und sogar ewige Ursachen, die verhindern, daß etwas anders ausfällt, als es ausfallen sollte. Es sind z. B. zufällige Ursachen, die bewirken, daß der folgende Satz ein wahrer Satz ist: ›Cato wird in den Senat kommen‹; das sind keine Ursachen, die in der Natur der Dinge und in der Weltordnung beschlossen sind. Und doch ist sein zukünftiges Kommen, wenn es wahr ist, ebenso unabänderlich wie sein Gekommensein. Das ist also wirklich kein Grund, warum man das Schicksal oder die Notwendigkeit fürchten sollte. Es ist nämlich nötig, zuzugestehen: Wenn der Satz: ›Hortensius wird auf das tuskulanische Landgut kommen‹ nicht wahr ist, so folgt, daß er falsch ist. Die Epikureer wollen ein drittes anerkennen, das keines von beiden ist, und das ist unmöglich.

Wir werden uns auch nicht von dem sogenannten ›faulen Schluß‹ aufhalten lassen: die Philosophen sprechen nämlich von einem gewissen argòs lógos (ἀργὸς λόγος), welchem zu folgen gänzliche Tatenlosigkeit im Leben bedeutet. Sie schließen so: ›Wenn es dir vom Schicksal bestimmt ist, von dieser Krankheit zu genesen, so wirst du genesen, ob du nun den Arzt kommen läßt oder nicht.

29: Ebenso: wenn es dir vom Schicksal bestimmt ist, von dieser Krankheit nicht zu genesen, so wirst du nicht genesen, ob du nun den Arzt kommen läßt oder nicht. Eines von beiden ist vom Schicksal bestimmt: den Arzt kommen zu lassen, ist also zwecklos.‹

XIII: Mit Recht wird diese Denkweise faul und träge genannt, weil mit derselben Schlußweise jede Tätigkeit im Leben aufgehoben wird. Man kann sogar die Formulierung so ändern, daß man das Schicksal nicht namentlich mit der Argumentation verknüpft, und es behält dennoch denselben Sinn; nämlich so: ›Wenn von Ewigkeit her der Satz wahr gewesen ist: Du wirst von dieser Krankheit genesen, so wirst du genesen, ob du nun den Arzt kommen läßt oder nicht. Ebenso, wenn von Ewigkeit her der Satz falsch gewesen ist: Du wirst von dieser Krankheit genesen, so wirst du nicht genesen, ob du nun den Arzt kommen läßt oder nicht‹, und so weiter.

Dieses Schlußverfahren wird von Chrysipp getadelt.

30: Er sagt: Es gibt einfache und abhängige Sachverhalte. Einfach ist: ›Sokrates wird an jenem Tage sterben‹; ob er etwas tut oder nicht, ihm ist der Todestag bestimmt. Aber wenn vom Schicksal bestimmt ist: ›Dem Laios wird Ödipus geboren werden‹, wird man nicht sagen können: ›ob er nun seiner Frau beiwohnt oder nicht‹; denn das ist ein abhängiger, vom gleichen Schicksal bestimmter Sachverhalt. So nennt er es, weil es Schicksal ist sowohl, daß Laios seiner Gattin beiwohnen wird, als auch daß er mit ihr den Ödipus zeugen wird. Ebenso, wenn gesagt worden wäre: ›Milo wird bei den Olympischen Spielen ringen‹ und jemand erwiderte: ›Also, ob er nun einen Gegner hat oder nicht – er wird ringen‹, so irrte er. Denn ›er wird ringen‹ ist ein abhängiger Sachverhalt, weil es ohne Gegner keinen Ringkampf gibt. Alle Fangschlüsse dieser Art können auf dieselbe Weise widerlegt werden. ›Ob du nun den Arzt kommen läßt oder nicht, du wirst genesen‹ ist so ein Fangschluß: denn, den Arzt kommen zu lassen, ist ebenso vom Schicksal bestimmt wie zu genesen. Und das nennt, wie gesagt, Chrysipp »vom gleichen Schicksal bestimmt«.

XIV, 31: Karneades billigte diese ganze Argumentation nicht und meinte, die Schlußfolgerung würde allzu unbedacht gezogen. Deshalb setzte er Chrysipp auf andere Weise zu, ohne sich dabei unredlicher Mittel zu bedienen. Sein Schluß war dieser: »Wenn alles durch vorangehende Ursachen geschieht, dann geschieht alles durch natürliche Bindungen miteinander verknüpft und verwebt; wenn das so ist, dann bewirkt alles die Notwendigkeit; wenn das wahr ist, steht nichts in unserer Macht. Nun steht aber doch etwas in unserer Macht. Wenn alles schicksalhaft geschähe, geschähe jedoch alles durch vorangehende Ursachen. Also folgt: es geschieht nicht alles schicksalhaft, was geschieht.«

32: Knapper als so läßt sich der Schluß nicht fassen. Denn wenn einer es ihm ebenso zurückgeben wollte und sagte: ›Wenn alles Zukünftige von Ewigkeit her wahr ist, derart, daß es bestimmt auf diese Weise geschieht, wie es geschehen soll, dann ist notwendig, daß alles durch natürliche Bindungen miteinander verknüpft und verwebt geschieht‹, so sagte er nichts. Es ist nämlich ein großer Unterschied, ob eine natürliche Ursache von Ewigkeit her das in Zukunft Wahre bewirkt, oder ob auch ohne naturbestimmte Ewigkeit das, was geschehen wird, als wahr erkannt werden kann. Deshalb sagte Karneades, nicht einmal Apollo könne das Zukünftige sagen, es sei denn solche Ereignisse, deren Ursachen derart in der Natur lägen, daß sie notwendig geschehen müssen.

33: Was konnte denn der Gott im Auge haben, wenn er sagte, daß Marcellus – ich meine den, der dreimal Konsul war – im Meer umkommen werde? Das war zwar wahr von Ewigkeit her, aber bewirkende Ursachen enthielt es nicht in sich. Ebenso, urteilte er, nicht einmal das Vergangene, von dem keine Zeichen, gleichsam als Spuren, mehr bestünden, sei dem Apollo bekannt: um wieviel weniger das Zukünftige! Denn nur, wenn man die Ursachen kenne, die jeweils wirkten, könne man schließlich wissen, was geschehen werde. Also habe Apollo auch über Ödipus nichts voraussagen können, da in der Natur der Sache keine Ursachen dafür lagen, daß sein Vater von ihm getötet werden mußte, noch auch sonst etwas über Derartiges.

XV: Wenn es nun für die Stoiker, nach denen alles schicksalhaft geschieht, folgerichtig ist, Orakel dieser Art und das übrige alles, was mit der Weissagung zusammenhängt, anzuerkennen, diejenigen aber, nach denen das Zukünftige von Ewigkeit her wahr ist, dazu nicht gezwungen sind, so sieh dich vor, deren Sache und die der Stoiker in eins zu setzen: Die Stoiker sind nämlich durch ihre Schlüsse stark eingeengt; die Lehre jener ist gelöst und frei.

34: Gesteht man einmal zu, daß etwas nur durch eine vorausliegende Ursache geschehen könne, was ist gewonnen, wenn man diese Ursache dann nicht als mit ewigen Ursachen verknüpft denkt? Ursache ist doch, was das bewirkt, dessen Ursache so ist, wie die Wunde Ursache für den Tod ist, schlechte Verdauung für die Krankheit, Feuer für die Glut. Deshalb darf man Ursache nicht einfach so verstehen, daß das, was vorausgehe, für etwas Ursache sei; sondern erst das, was ihm so vorausgeht, daß es es bewirkt. Nicht, daß ich zum Marsfeld hinabging, war schon die Ursache dafür, daß ich Ball spielte, und nicht war Hekuba deshalb schuld am Untergang der Trojaner, weil sie Paris geboren hat, nicht Tyndareus schuld am Untergang des Agamemnon, weil er Klytemnästra gezeugt hat. Denn dann könnte man ebensogut behaupten, der allein gut gekleidete Reisende sei schuld daran gewesen, daß er vom Wegelagerer ausgeplündert werde.

35: Von solcher Art sind die Verse des Ennius:
»Oh, wäre nie im Hain Pelion, vom Beil gefällt,
gefall'n der Fichte Stamm zur Erde hin!«
Man könnte noch weiter zurückgehen: ›O wäre nie auf dem Pelion ein Baum gewachsen!‹ oder noch weiter: ›O gäbe es dort keinen Berg Pelion‹, und so könnte man immer weiter zurückgreifen und ins Unendliche zurückgehen. ›Und hätte doch daraus ein Schiff zu bau'n man nie begonnen!‹ wozu dies Vergangene? Weil folgt:

»Nie hätte Irrfahrt sonst die Herrin sich erwählt,
Medea, krank im Herzen, wilder Liebe wund.«
Als ob das als Ursache ihre Liebe herbeigeführt hätte.

XVI, 36: Auch sagen sie, es sei ein Unterschied, ob etwas so sei, daß ohne es etwas nicht herbeigeführt werden könne, oder so, daß mit ihm etwas notwendig herbeigeführt werde. Keines der obigen Dinge sei eigentlich Ursache, da keines aus eigener Kraft das bewirkt, dessen Ursache es genannt wird. Ebensowenig ist das, ohne welches etwas nicht geschieht, Ursache, sondern nur das, welches durch sein Eintreten das, dessen Ursache es ist, notwendig herbeiführt. Bevor nämlich Philoktet durch Biß der Schlange vergiftet war, welche Ursache soll da etwa in der Natur gelegen haben, daß er auf der Insel Lemnos zurückgelassen würde? Danach aber lag die Ursache ganz nahe und war mit dem, was schließlich herauskam, engstens verknüpft.

37: Die Einsicht in den Ausgang eines Ereignisses macht also erst seine Ursache offenbar. Aber trotzdem war von Ewigkeit her der Satz wahr: ›Philoktet wird auf der Insel zurückgelassen werden‹, und das konnte sich nicht aus wahr in falsch verkehren. Notwendig muß nämlich von zwei Gegensätzen – Gegensätze aber nenne ich hier zwei solche Sätze, von denen der eine das bejaht, was der andere verneint – von diesen also muß notwendig, mag es auch Epikur nicht wahr haben wollen, der eine wahr, der andere falsch sein. So war ›Philoktet wird verwundet werden‹ all die Jahrhunderte vorher wahr, ›Er wird nicht verwundet werden‹ falsch. Es sei denn, wir wollten der Meinung der Epikureer folgen, die behaupten, solche Sätze seien weder wahr noch falsch, oder, weil sie sich dessen schämen, doch folgendes behaupten, was noch schamloser ist: wohl sei die Alternative, die aus den Gegensätzen gefolgert werde, wahr, aber von den entgegengesetzten Behauptungen sei die eine so wenig wahr wie die andere. Eine erstaunliche Frechheit und erbärmliche Unkenntnis im Argumentieren! Wenn nämlich das Behauptete weder wahr noch falsch ist, dann ist es bestimmt nicht das Wahre; was nicht wahr ist, wie kann das aber nicht falsch sein? Oder, was nicht falsch ist, wie kann das nicht wahr sein? Man wird also festhalten, was von Chrysipp verteidigt wird, daß jeder Satz entweder wahr oder falsch sei. Die Sache selbst wird uns zwingen anzuerkennen, sowohl daß es von Ewigkeit her Wahres gibt, als auch, daß dies nicht an ewige Ursachen geknüpft zu sein braucht und daher frei von der Notwendigkeit des Schicksals ist.

XVII, 39: Mir wenigstens scheint die Sache so auszusehen: unter den alten Philosophen gab es zwei Lehrmeinungen. Nach der Ansicht der einen geschehe alles derart schicksalhaft, daß dies Schicksal die Macht der Notwendigkeit mit sich führe. Diese Lehrmeinung vertraten Demokrit, Heraklit, Empedokles und Aristoteles. Nach der Meinung der anderen gebe es freiwillige Bewegungen der Seele, ohne irgendwelchen Einfluß des Schicksals. Chrysipp hat gleichsam als amtlicher Schiedsrichter die Mitte treffen wollen. Dabei schließt er sich aber mehr an die an, die die Bewegungen der Seele von der Notwendigkeit befreit sehen wollen. Sowie er aber seine eigenen Worte gebrauchs, rutscht er in solche Schwierigkeiten hinein, daß er wider seinen Willen die Notwendigkeit des Schicksals bekräftigt.

40: Wie es sich damit verhält, wollen wir, wenn es dir recht ist, an der Frage der ›Zustimmungen‹ prüfen, über die ich zu Beginn meiner Darlegung gehandelt habe. Jene Alten nämlich, nach deren Ansicht alles schicksalhaft geschieht, behaupteten, die Zustimmung werde durch Gewalt und Notwendigkeit bewirkt. Die aber der gegenteiligen Ansicht waren, befreiten die Zustimmung ganz vom Schicksal; sie sagten, wenn das Schicksal überhaupt bei der Zustimmung beteiligt sei, jedenfalls könne man die Notwendigkeit einfach nicht mehr von ihr trennen. Sie argumentieren so: ›Wenn alles schicksalhaft geschieht, so geschieht alles durch eine vorangehende Ursache; gilt das für das Begehren, dann gilt es auch für das, was dem Begehren folgt, also auch für die Zustimmungen. Wenn aber die Ursache des Begehrens nicht in uns liegt, ist auch das Begehren selbst nicht in unserer Gewalt; wenn das nun so ist, dann liegt auch das, was durch das Begehren bewirkt wird, nicht in uns. Also sind weder Zustimmungen noch Handlungen in unserer Gewalt. Woraus sich ergibt, daß weder Lob noch Tadel, weder Ehren noch Strafen berechtigt sind.‹ Da das offenkundig falsch ist, glaubten sie, man müsse sich also auf den Wahrscheinlichkeitsschluß einlassen, daß nicht alles, was geschieht, schicksalhaft geschieht.

XVIII, 41: Chrysipp nun wollte einerseits die Notwendigkeit zurückweisen, aber andererseits nichts ohne vorangehende Ursachen geschehen lassen, und deshalb unterschied er zwei Arten von Ursachen, um einerseits der Notwendigkeit zu entgehen und andererseits doch das Schicksal beizubehalten. »Von den Ursachen«, sagt er, »sind die einen volle und souveräne, die anderen mithelfende und nächstbeteiligte. Wenn wir daher sagen, alles geschehe schicksalhaft durch vorangehende Ursachen, wollen wir das nicht im Sinne von vollen und souveränen Ursachen verstanden wissen, sondern von mithelfenden und nächstbeteiligten.« Und so begegnet er dem Schluß, den ich kurz zuvor gezogen habe, folgendermaßen: Wenn alles schicksalhaft geschehe, folgte zwar, daß alles durch vorangehende Ursachen geschehe, aber nicht durch souveräne und volle Ursachen, sondern durch mithelfende und nächstbeteiligte. Wenn diese selbst auch nicht in unserer Macht stehen mögen, so folgt daraus noch lange nicht, daß auch das Begehren nicht in unserer Macht stehe. Das würde nur folgen, wenn wir behaupteten, alles geschehe infolge voller und souveräner Ursachen, so daß, da diese Ursachen nicht in unserer Macht stünden, auch das Begehren nicht in unserer Macht stehen könne.

42: Deswegen gelte jener Schluß wohl gegen diejenigen, die einen solchen Schicksalsbegriff aufstellten, daß sie damit die Notwendigkeit verbinden; gegen diejenigen aber, die die vorangehenden Ursachen weder als volle noch souveräne verstehen, habe er keine Geltung. Hinsichtlich der Behauptung nämlich, die Zustimmungen erfolgten auf Grund der vorangehenden Ursache, ließe sich das, meint er, leicht aufklären. Denn wiewohl die Zustimmung nur erfolgt, wenn sie durch eine Vorstellung ausgelöst wird, gilt für sie dennoch, da sie dieses Vorstellungsbild nur als nächstbeteiligte, aber nicht als souveräne Ursache hat, die Erklärung, die wir schon gegeben haben – meint Chrysipp –; nicht als ob jene Zustimmung erfolgen könnte, ohne durch irgendeine Kraft von außen angereizt zu sein – es ist ja notwendig, daß die Zustimmung durch ein Vorstellungsbild ausgelöst werde – aber er kommt auf seinen Zylinder und Kreisel zurück, welche auch nicht ohne Anstoß anfangen können, sich zu bewegen. Sobald das aber einmal geschehen sei, rolle alles – meint er – auf Grund seiner eigenen Natur weiter, der Zylinder rotiere und der Kreisel tanze.

XIX, 43: »Wer den Zylinder angestoßen hat«, sagt Chrysipp, »hat diesem zwar den Anfang der Bewegung, nicht aber seine Drehbarkeit verliehen. Ebenso wird das vorgestellte Bild sich zwar in unsere Seele einprägen und gleichsam seine Gestalt einzeichnen, aber die Zustimmung wird in unserer Macht stehen, und wie es vom Zylinder gesagt worden ist, wird auch sie sich, einmal von außen angestoßen, weiterhin vermöge ihrer eigenen Kraft und Natur bewegen. Nur wenn etwas ganz ohne vorangehende Ursache bewirkt würde, wäre es falsch, daß alles schicksalhaft geschehe; wenn es jedoch wahrscheinlich ist, daß allem, was geschieht, eine Ursache vorangeht, was kann man dann dagegen sagen, daß alles schicksalhaft geschehe? Man muß eben nur die Unterscheidung und die Wesensverschiedenheit der Ursachen beachten.«

44: Zu dieser von Chrysipp gegebenen Erklärung meine ich: Wenn diejenigen, welche leugnen, daß die Zustimmung schicksalhaft erfolge, zugeben, daß sie doch nicht ohne ein vorangehendes Vorstellungsbild erfolge, so mag das etwas anderes sein; wenn sie aber zugeben, daß die Bilder vorangehen, die Zustimmung aber dennoch nicht schicksalhaft erfolge, weil jene nächstbeteiligte und anschließende Ursache die Zustimmung gar nicht bewirke – ob das nicht dasselbe ist? Denn Chrysipp wird, auch wenn er zugibt, daß die nächstbeteiligte und anschließende Ursache der Zustimmung im Vorstellungsbild liege, doch nicht zugeben, daß diese Ursache mit Notwendigkeit die Zustimmung bewirke, so daß, wenn alles schicksalhaft geschieht, alles durch vorangehende und notwendige Ursachen geschehe; und umgekehrt werden jene, die mit Chrysipp nicht übereinstimmen, gern eingestehen, daß Zustimmung nicht ohne vorangegangene Bilder erfolge, und doch nicht behaupten, alles geschehe schicksalhaft, wenn alles nur in dem Sinne schicksalhaft geschehe, daß nichts ohne Voraufgang einer Ursache geschähe. Woraus man leicht erkennen kann, beide sind, nachdem ihre Ansichten soweit geklärt und expliziert sind, daß sie zum selben Ergebnis führen, nur in den Worten, nicht in der Sache uneins.

45: Und überhaupt, wenn dieser Unterschied gemacht wird, daß es in bestimmten Fällen wahr ist, wenn bestimmte Ursachen vorangegangen sind, zu sagen, es stehe nicht in unserer Macht, daß das nicht geschehe, dessen Ursachen sie waren; daß es jedoch in anderen Fällen, auch wenn Ursachen vorangegangen sind, dennoch in unserer Macht steht, daß etwas anderes herauskommt, so können beide diesen Unterschied anerkennen – nur daß die einen meinen, in den Fällen, wo Ursachen vorangegangen seien und es nicht in unserer Macht stehe, daß anderes herauskomme, geschehe alles schicksalhaft; in den Fällen aber, die in unserer Macht stünden, habe das Schicksal überhaupt nichts zu schaffen.

XX, 46: Das ist die Art, wie man diese Frage analysieren muß, und man soll nicht bei abirrenden und von ihrer Bahn abweichenden Atomen Hilfe suchen. »Das Atom weicht ab«, sagt Epikur. Erstens: warum? Ihr hattet doch so schon eine andere Kraft für seine Bewegung, bei Demokrit jenen Impuls, den er Stoß nannte, und bei dir, Epikur, Schwere und Gewicht. Welche neue Ursache soll denn in der Natur noch sein, die das Atom zum Abweichen bringt? Oder losen sie etwa miteinander, welches abweichen solle, welches nicht? Und warum weichen sie immer nur um das kleinste Intervall ab und nie um ein größeres? Und warum weichen sie immer nur um das eine einzige ab und nicht um zwei oder drei? Das heißt doch reinweg sich etwas ausdenken, aber nicht die Sache erörtern.

47: Denn du sagst weder, daß das Atom sich infolge Anstoßes von außen von seiner Stelle bewege und abweiche, noch daß in jenem leeren Raum, durch den das Atom sich bewege, irgendeine Ursache gewesen sei, weshalb es sich nicht auf seiner senkrechten Bahn weiterbewegen sollte; noch kann im Atom selbst irgendeine Veränderung vorgegangen sein, weswegen es die natürliche Bewegung durch seine Schwere nicht beibehalten sollte. Obwohl er so keine Ursache beigebracht hat, welche seine Abweichung herbeiführen könnte, bildet er sich doch ein, etwas Richtiges zu sagen, wo er in Wahrheit etwas vorbringt, was der Verstand aller Menschen zurückweist und verwirft.

48: Ja, wahrhaftig, niemand scheint mir das Schicksal, aber auch die Notwendigkeit und ihre Macht für alle Dinge anzuerkennen und die freiwilligen Bewegungen der Seele so ganz aufzuheben, wie dieser Mann, der betont, er habe dem Schicksal nicht anders widerstehen können als durch die Flucht in diese schwindelhaften Abweichungen. Denn selbst wenn es Atome gäbe, von deren Existenz ich mich übrigens auf keine Weise überzeugen kann, ließen sich jene Abweichungen niemals erklären. Denn wie es den Atomen durch Naturnotwendigkeit zugewiesen ist, sich durch die Schwere zu bewegen, weil jedes Gewicht, wenn nichts es hindert, fallen muß, muß es auch für einige Atome, oder, wenn sie wollen, für alle, notwendig sein, daß sie abweichen, und zwar von Natur.

Boethius

Boethius, der Verfasser der berühmten Schrift über den *Trost der Philosophie*, hat um 500 am Hofe des Gotenkönigs Theoderich des Großen gelebt. Er entstammte einer alten, konservativen Senatsfamilie, in der griechische Kultur und besonders die Werke griechischer Schriftsteller gepflegt und überliefert wurden. Boethius genoß auch die besondere Gunst des Königs, der danach strebte, mit den staatstragenden Schichten Roms behutsam umzugehen. Er durchlief eine erfolgreiche Laufbahn als Gelehrter und Staatsmann, bis ihn ein jäher Sturz vernichtete. Boethius hegte den großen Plan einer Versöhnung der Lehren des Platon und des Aristoteles und begann ein Kommentarwerk zu den Schriften des Aristoteles, das freilich unvollendet blieb. Gleichwohl hat der von ihm geschriebene Kommentar zu einigen logischen Schriften des Aristoteles Epoche gemacht. Er hat den Typus mittelalterlich-philosophischer Wissenschaft geprägt.

Im Kerker, vor seiner Hinrichtung, schrieb Boethius sein wichtigstes Werk: die fünf Bücher über den Trost der Philosophie, eine Art Schwanengesang des antiken Geistes und ein Vermächtnis für die kommenden Jahrhunderte, das von ähnlicher Epochenbedeutung wurde wie jenes Ideal des sterbenden Sokrates, das Plato im Phaidon der griechischen Jugend als Leitbild aufgerichtet hatte. Es ist ein sehr persönliches Werk der Verteidigung, der Anklage, der Ergebung und der inneren geistigen Befreiung. Die Schrift enthält nichts vom christlichen Glauben Geprägtes, sie ist ein Bekenntnis zur Philosophie, die in allegorischer Gestalt zu dem Gestürzten und Eingekerkerten herantritt und ihm Trost spendet. Charakteristisch für den Stil der späteren Antike ist die Mischung von Prosa und Vers.

Wir geben das fünfte, letzte Buch wieder, das eine der Grundfragen des hellenistischen Zeitalters, das Problem der menschlichen Freiheit, der Vorsehung, der Weissagung, ausführlich entfaltet und einer tiefsinnigen Lösung im Geiste Platos entgegenführt. In seiner Gedankenführung ist dieses Buch ein Meisterwerk. Der Grundgedanke ist der: Das Ganze der Aporien der Zeitlichkeit, mit deren Rätseln sich die menschliche Vernunft ständig beschäftigt, reicht nicht in die Sphäre des Göttlichen hinein. Für den göttlichen Geist wird das Zeitliche nicht als ein in der Zeit Geschehendes vorherverkündet, sondern in einer zeitenthobenen Gegenwart, in einem *totum simul*, ist alles Zeitliche dem göttlichen Geiste gegenwärtig.

Die Übersetzung stammt von dem bedeutenden Heidelberger Kulturhistoriker Eberhard Gothein, den das Trostbüchlein des vornehmen Römers als eine Art privates Brevier durch sein ganzes Leben begleitet hatte. Marie-Luise Gothein hat die Übersetzung aus seinem Nachlaß und zu seinem Gedächtnis herausgegeben.

Trost der Philosophie (5. Buch)

So hatte sie gesprochen, und schon wandte sie sich, um anderes zu behandeln und zu entwickeln. Da sagte ich: Richtig ist deine Mahnung und durchaus deiner Autorität würdig; was du aber vor kurzem über die Frage der Vorsehung gesagt hast, daß sie mit sehr vielen anderen verflochten sei, das merke ich in der Tat. Ich muß nämlich jetzt fragen, ob irgend etwas überhaupt sein könne, was wir Zufall nennen, und was es denn sei.

Darauf sagte sie: Ich eile, die Schuld meines Versprechens zu lösen und dir den Weg zur Rückkehr in dein Vaterland zu öffnen. Was aber die von dir berührte Frage angeht, so ist es zwar überaus nützlich, in sie einzudringen; doch liegt sie etwas abseits von dem von uns eingeschlagenen Wege, so daß ich fürchte, du werdest, von dem Umweg ermüdet, den rechten Weg zu durchmessen nicht mehr imstande sein.

Dies ist durchaus nicht zu fürchten, sagte ich; denn das zu erkennen, was mich aufs höchste beglückt, wird mir als Ausruhen dienen; da überdies jeder Teil deiner bisherigen Ausführungen auf unbezweifelbarer Zuverlässigkeit beruhte, so soll auch nichts von dem Folgenden ungewiß bleiben.

Da sprach sie: Ich tue nach deinem Willen, und begann sogleich: Wenn jemand den Zufall so bestimmen wollte, daß er ein Ereignis sei, das durch eine willkürliche Bewegung und nicht durch irgendeine Verknüpfung von Ursachen hervorgebracht werde, so behaupte ich, daß es überhaupt keinen Zufall gibt, und erkläre, daß dies überhaupt keine zugrunde liegende Sache bezeichne, sondern ein durchaus leeres Wort sei. Denn wo kann, wenn das All der Odnung gemäß von Gott umschlossen ist, irgendein Ort für die Willkür übrigbleiben? Denn daß nichts aus nichts entstehen kann, ist ein wahrer Satz und gewissermaßen das Fundament aller Theorien über die Natur; keiner von den Alten hat ihn jemals bestritten, obschon jene nicht von dem wirkenden Prinzip, sondern von dem materialen Substrat ausgegangen sind. Wenn aber etwas ohne Ursachen entstehen sollte, so würde es scheinen, als ob es aus nichts entstehe. Wenn aber dies nicht geschehen kann, so ist es auch unmöglich, daß es irgendwie einen Zufall gibt, wie wir ihn soeben bestimmt haben.

Wie also, sagte ich, gibt es nichts, was mit Recht Zufall oder Willkür genannt werden könnte? Oder gibt es etwas, auf das doch, wenn auch der gemeinen Menge verborgen, diese Worte passen?

Mein Aristoteles, sagte sie, hat dies in der Physik mit kurzem und der Wahrheit nahe kommendem Beweis umgrenzt.

Auf welche Weise? fragte ich.

So oft etwas, sagt er, um irgendeiner Sache willen ausgeführt wird und aus irgendwelchen Ursachen etwas anders eintrifft als beabsichtigt war, wird dies Zufall genannt; wenn jemand den Erdboden durchgräbt, um den Acker zu bebauen, und eine Last vergrabenen Goldes findet, dann glaubt man, das sei irgendwie von ungefähr geschehen. In Wahrheit ist dies nicht grundlos so, sondern hat seine eigenen Ursachen; doch das unvorhergesehene, unerwartete Zusammentreffen von Ursachen erscheint als Zufall. Denn wenn der Bauer den Acker nicht umgegraben und wenn der Eigentümer nicht an diesem Orte seinen Schatz vergraben hätte, so wäre das Gold nicht gefunden worden. Hier also liegt die Ursache des zufälligen Gewinns darin, daß er aus Ursachen, die sich begegneten und zusammentrafen, und nicht aus einer beabsichtigten Handlung herrührte. Denn weder, wer das Gold vergrub, noch derjenige, der den Acker bearbeitete, beabsichtigte, daß jenes Geld gefunden werden sollte; aber es traf, wie ich gesagt habe, überein und zusammen, daß wo jener eingrub, dieser ausgrub. So darf also bestimmt werden: Zufall ist das unerwartete Ergebnis eines Zusammentreffens von Ursachen in dem, was zu irgendeinem Zweck unternommen wurde. Daß aber die Ursachen so zusammentreffen und zusammenfließen, bewirkt jene Ordnung, die aus unvermeidlicher Verknüpfung hervorgeht und die, aus der Quelle der Vorsehung fließend, alles an seinen Ort und in seine Zeit stellt.

Vom achämenischen Fels, wo trügerisch fliehend der Parther
   Rückgewandt mit dem Pfeil trifft des Verfolgers Brust,
Dort entspringen dem Quell gemeinsam Euphrat und Tigris.
   Doch nach kurzem getrennt, fließen die Wasser entzweit.
Wenn dann aufs neue ihr Lauf sich wieder zu einem verbindet,
   Strömt zusammen in eins, was beider Welle geführt,
Schiffe begegnen sich und Stämme, gewälzt in der Strömung,
   Und was von ungefähr sich mit den Wogen vermischt,
Aber ihr schwankender Fall folgt nur der Neigung der Erde,
   Und in Wirbel und Sturz herrschet der Strömung Gesetz.
Was so als Zufall scheint mit schleifendem Zügel zu fließen,
   Trägt geduldig den Zaum nach seinem eignen Gesetz.

Ich verstehe, sagte ich, was du gesagt hast, und gebe zu, daß es so ist. Aber besteht in dieser Reihe zusammenhängender Ursachen irgendeine Freiheit unseres Willens, oder umschließt die Kette des Schicksals sogar die Bewegungen der menschlichen Seelen?

Es gibt eine, sagte sie; es würde nämlich keine vernunftbegabte Natur existieren, wenn es keine Freiheit des Willens gäbe; denn was von Natur sich der Vernunft bedienen kann, das hat Urteil, womit es jegliches Ding unterscheidet; so vermag es aus sich zu erkennen, was zu vermeiden und was wünschenswert ist. Nach dem, was einer für wünschenswert hält, strebt er und vermeidet, was er für schädlich hält. Deshalb haben die, deren Vernunft ihnen selbst eingeboren ist, auch die Freiheit des Wollens oder Nichtwollens. Aber ich behaupte, daß dies nicht bei allen Wesen gleich ist. Die himmlischen und göttlichen Wesenheiten verfügen über ein durchdringendes Urteil, einen unverdorbenen Willen und über die Macht, das Gewünschte auch zu verwirklichen. Die menschlichen Seelen dagegen werden notwendigerweise um so freier sein, je mehr sie sich in der Betrachtung des göttlichen Geistes erhalten, weniger freilich, wenn sie zu den Körpern herabgleiten, am wenigsten, wenn sie mit irdischen Gliedern zusammengebunden werden. Äußerste Knechtschaft aber ist es, wenn sie sich, den Lastern ergeben, vom Besitz der eigenen Vernunft getrennt haben. Denn sobald sie die Augen vom Licht der höchsten Wahrheit zu Niederem und Dunklem abgewendet haben, umhüllen sie die Wolken der Unwissenheit; sie werden von verderblichen Leidenschaften umhergetrieben, und dadurch, daß sie diesen immer näher treten und ihnen zustimmen, befestigen sie die Knechtschaft, die sie selbst über sich gebracht haben, und sind so gewissermaßen aus freier Wahl Knechte. Dies aber sieht der von Ewigkeit her alles vorausschauende Blick der Vorsehung und ordnet ein jedes vorbestimmend nach Verdienst.

»Alles erschaue und alles erhorche«
Phoebus, in reinem Lichte erstrahlend,
So singt Homer süß strömenden Mundes;
Dennoch dringt nicht ins Innre der Erde
Noch in des Meeres Tiefen hinab
Seines ohnmächtigen Lichtes Strahl.
Nicht so der große Schöpfer der Welten.
Ihm, das All von oben durchschauend,
Steht nicht die Masse der Erde entgegen,
Nicht die Nacht voll finsterer Wolken.
Das, was ist, was war und was sein wird,
Faßt er mit Einem Blick seines Geistes.
Ihn, denn nur er überschauet das Ganze,
Kannst du die wahre Sonne nennen.

Darauf sagte ich: Nun bin ich in noch schwierigere Ungewißheit verstrickt.

Wie das? sprach sie; doch ich ahne schon, wodurch du verwirrt wirst.

Es scheint mir im höchsten Grade ein Gegensatz und Widerspruch zu sein, daß Gott alles im voraus kenne und zugleich irgendein freier Wille sei; denn wenn Gott alles voraussieht und auf keine Weise irren kann, so muß mit Notwendigkeit eintreffen, was die Vorsehung als künftig vorausgesehen hat. Deshalb, wenn sie von Ewigkeit nicht nur die Taten der Menschen, sondern auch deren Absichten und Willen voraus weiß, so gibt es keine Freiheit des Willens; denn es kann weder eine Handlung noch irgendein Wille existieren, den die göttliche Vorsehung nicht unfehlbar voraus weiß. Denn wenn sie in anderer Richtung abgebogen werden können als vorausgesehen war, dann wird das Vorauswissen der Zukunft nicht mehr sicher sein, sondern eher eine ungewisse Meinung, was ich von Gott zu glauben für ein Unrecht halte.

Auch billige ich nicht den Weg, auf dem einige meinen, den Knoten dieser Frage lösen zu können. Sie sagen nämlich: Nicht deshalb wird etwas geschehen, weil die Vorsehung es als künftig vorausgesehen hat, sondern im Gegenteil vielmehr, weil etwas geschehen wird, kann es der göttlichen Vorsehung nicht verborgen bleiben, und auf die Weise gleitet die Notwendigkeit auf den andern Teil hinüber; nicht ist nämlich notwendig, daß geschieht, was vorausgesehen wurde, sondern es ist notwendig, daß das, was zukünftig geschehen wird, vorausgesehen wird; als ob das Problem darin bestünde, welches die Ursache eines Dinges ist, das Vorauswissen die Ursache der Notwendigkeit des Zukünftigen oder die Notwendigkeit die Ursache der Voraussicht des Zukünftigen, und nicht vielmehr, was wir zu beweisen erstreben, daß, was auch immer die Ordnung der Ursachen sei, die vorausgesehenen Dinge mit Notwendigkeit eintreffen müssen, selbst wenn das Vorauswissen keine Notwendigkeit des Eintretens in die zukünftigen Dinge hineinzutragen scheint.

Denn wenn irgendwer sitzt, so muß die Meinung, welche aussagt, daß er sitzt, notwendig wahr sein, und ebenso umgekehrt: wenn man die wahre Meinung hat, daß jemand sitzt, so muß er auch notwendig sitzen. Beiden Fällen wohnt also Notwendigkeit inne, hier dem Sitzen, dort der Wahrheit; aber es sitzt nicht jemand, weil die Meinung wahr ist, sondern sie ist vielmehr wahr, weil das Sitzen vorausging. Wenn also auch die Ursache der Wahrheit aus dem andern Teile hervorgeht, so wohnt doch beiden gemeinsam die Notwendigkeit inne.

Ähnlich kann augenscheinlich über die Vorsehung und die zukünftigen Dinge geurteilt werden. Denn wenn auch diese deshalb vorausgesehen werden, weil sie geschehen werden, so geschehen sie doch nicht deshalb, weil sie vorausgesehen werden; nichtsdestoweniger ist es notwendig, daß von Gott die künftigen vorausgesehen und daß die vorausgesehenen eintreten werden; und dies ist allein genug, um die Freiheit des Willens zu vernichten. Ist es nicht überdies ganz verkehrt, das Eintreffen zeitlicher Dinge die Ursache der ewigen Vorsehung zu nennen? Denn wenn man behauptet, daß Gott das Künftige deshalb voraussähe, weil es eintreffen werde, was heißt dies anderes als meinen, daß das, was einst geschehen werde, die Ursache jener höchsten Vorsehung sei?

Wie ferner dasjenige, von dem ich weiß, daß es ist, auch notwendig ist, so ist das, was ich als zukünftig kenne, auch selbst notwendig zukünftig; es ergibt sich also, daß das Eintreffen vorausgewußter Dinge nicht vermieden werden kann.

Schließlich, wenn jemand in anderer Richtung denkt, als es sich wirklich verhält, so ist dies nicht nur kein Wissen, sondern eine falsche Meinung, völlig verschieden vom Wissen der Wahrheit. Wenn darum etwas in der Weise zukünftig ist, daß sein Eintreffen nicht sicher und notwendig ist, wie könnte er dann vorauswissen, daß es eintreffen wird? So wie das Wissen selbst mit Falschem nicht vermischt sein kann, so kann auch das, was von ihm erfaßt wird, nie anders sein, als es erfaßt wird. Das nämlich ist die Ursache, weshalb das Wissen der Falschheit entbehrt, weil jede Sache sich mit Notwendigkeit so verhält, wie das Wissen sie begreift. Wie also? Auf welche Weise sieht Gott dies unsicher Zukünftige voraus? Denn wenn er das für unvermeidlich eintreffend hält, was möglicherweise auch nicht eintreffen könnte, so würde er sich irren, was nicht nur zu denken ruchlos ist, sondern allein schon auszusprechen. Wenn er dagegen feststellt, daß die zukünftigen Dinge so sein werden, wie sie sind, also erkennen würde, daß sie sowohl geschehen wie auch nicht geschehen können, was ist dann dieses Vorauswissen, das nichts Sicheres und nichts Festes umgreift? Oder was ist dies Besseres als jene lächerliche Prophezeiung des Teiresias: »Was ich sage, wird geschehen oder auch nicht«? Worin würde die göttliche Vorsehung der menschlichen Meinung überlegen sein, wenn sie, ebenso wie die Menschen, dasjenige als ungewiß beurteilte, dessen Eintreffen ungewiß ist? Da aber bei dieser sichersten Quelle aller Dinge nichts ungewiß sein kann, so ist auch das Eintreffen der Dinge sicher, die jene als zukünftig fest vorausgewußt hat.

Deshalb gibt es für menschliche Planung und menschliche Taten keine Freiheit, wenn sie der göttliche Geist ohne Irrtum und Falschheit insgesamt voraussieht und zu eindeutigem Eintreffen festbindet und festhält.

Dies einmal zugegeben, ist klar, welch ein großer Zusammensturz der menschlichen Dinge daraus folgt. Umsonst nämlich wird ein Lohn der Guten oder eine Strafe der Bösen in Aussicht gestellt; es hat sie ja keine freie und willentliche Bewegung des Geistes verdient. Und was jetzt als das Billigste gilt, wird als die äußerste Unbilligkeit erscheinen, sowohl daß die Unredlichen bestraft wie auch daß die Redlichen belohnt werden, die beide nicht der eigne Wille zu dem einen oder zu dem andern führt, sondern die sichere Notwendigkeit des Künftigen zwingt. Es wird weder Laster noch Tugend mehr geben, sondern nur noch eine ununterscheidbare, wirre Vermischung aller Leistungen. Nichts Frevelhafteres läßt sich ausdenken als dies: Wenn die ganze Ordnung der Dinge sich von der Vorsehung herleitet und nichts den menschlichen Ratschlüssen freisteht, so ergibt sich, daß sogar unsere Laster auf den Urheber alles Guten bezogen werden müssen. Schließlich bleibt kein Grund mehr, irgend etwas zu hoffen, noch etwas zu erbitten. Wer denn wird etwas erhoffen oder erbitten, wenn alles Wünschenswerte in eine starre Kette verknüpft ist?

Zerrissen wird also jener einzige Verkehr zwischen Gott und den Menschen, nämlich die Hoffnung und das Gebet, wo wir doch um den Preis echter Demut die unschätzbare Gegengabe der göttlichen Gnade verdienen, was die einzige Art ist, auf die, wie es scheint, die Menschen sich mit Gott unterreden und sich mit jenem unzugänglichen Lichte verbinden können, und zwar allein schon durch die Tatsache des Gebetes, noch ehe sie etwas erlangt haben. Wenn aber, die Notwendigkeit alles Zukünftigen angenommen, jenes keine Kraft haben sollte, was wird es dann sein, wodurch wir uns dem höchsten Ursprung der Dinge verbunden fühlen und anhangen können? Deshalb wird das menschliche Geschlecht notwendig, wie du vor kurzem gesungen hast, abgeschnitten und abgetrennt von seiner Quelle, ermatten.

Welcher Zwiespalt löste der Dinge
Festes Bündnis? Und welch ein Gott nur
Führet zum Krieg die Doppelwahrheit,
Daß, was einzeln stückweis Bestand hat,
Sich, einander gemischt, nicht verbindet?
Oder ist kein Zwiespalt der Wahrheit?
Hängt das Sichere dauernd zusammen?
Schaut nur der Geist, in die blinden Glieder
Eingebettet, erloschenen Blickes
Nicht der Dinge zarte Verknüpfung?
Doch, was glüht er voll Eifer, zu finden
Die verdeckten Zeichen der Wahrheit?
Weiß er, was ängstlich er strebt zu wissen?
Doch wer sucht wohl bekannte Kenntnis?
Weiß er nicht? Wer strebt wohl nach Dunklem,
Wer wird Ungewußtes sich wünschen,
Wer vermag Unbekanntem zu folgen,
Und wer kann, auch wenn er gefunden,
Unbekannte Gestalt erkennen?
Hat vordem, als den Geist er schaute,
Er das Ganze gekannt samt den Teilen?
Jetzt, gehüllt in der Glieder Wolke,
Hat er nicht völlig seiner vergessen,

Er hält das Ganze, verlor nur die Teile.
So schwankt ein jeder, suchend die Wahrheit,
Keinem gehört sie ganz, weiß nicht alles,
Dennoch nicht völlig getrennt vom Wissen.
Aber gedenkt er des bleibenden Ganzen,
Fragt er nach dem, was er droben gesehen,
Daß die vergessenen Teile er wieder
Füge zum Ganzen.

Darauf sprach jene: Alt ist dieser Streit um die Vorsehung; er hat Marcus Tullius Cicero in seiner Schrift, in der er sich über die Weissagung ausläßt, auf das lebhafteste bewegt, und auch du selbst hast dieser Sache viel und sehr lange nachgeforscht, aber bisher ist sie von keinem von euch sorgfältig und sicher genug herausgearbeitet worden. Der Grund dieser Dunkelheit liegt darin, daß die Bewegung der menschlichen Vernunft nicht an die Einfachheit des göttlichen Vorauswissens herankommen kann. Wenn sie sie einmal zu denken vermöchte, so bliebe nichts Zweideutiges zurück. Ich werde versuchen, dies zuletzt zu erhellen und festzustellen, wenn ich zuvor geprüft haben werde, was dich jetzt bewegt hat.

Ich frage nämlich, warum du den folgenden Versuch der Lösung des Problems nicht für hinreichend schlüssig hältst: da das Vorauswissen nicht die zwingende Ursache der kommenden Dinge sei, könne es auch nicht die Freiheit des Wollens hindern. Entnimmst du denn anderswoher den Beweis der Notwendigkeit zukünftiger Dinge als daher, daß das, was vorausgewußt ist, notwendigerweise eintreffen muß? Wenn also die Vorauskenntnis den zukünftigen Dingen keine Notwendigkeit zufügt, wie du selbst vor kurzem zugegeben hast, was zwingt dann den freiwilligen Ausgang der Dinge zu notwendigem Geschehen? Nehmen wir einmal als These an, damit du besser bemerkst, was daraus folgt, es gebe kein Vorauswissen, werden dann, soweit das uns hier angeht, die aus Freiheit geschehenden Dinge zur Notwendigkeit gezwungen?

Keineswegs.

Nehmen wir nun wieder an, es bestehe, doch ohne den Dingen irgendeine Notwendigkeit aufzuerlegen, so würde, meine ich, die gleiche Unbeschränktheit des Willens und schrankenlose Freiheit bestehen bleiben.

Das Vorauswissen aber, wirst du sagen, ist, obwohl es keine Notwendigkeit für das Eintreffen des Zukünftigen darstellt, doch das Zeichen für das notwendig Kommende; auf diese Weise stünde fest, daß, auch wenn die Vorauskenntnis nicht wäre, dennoch der Ausgang des Künftigen notwendig wäre; denn jedes Zeichen zeigt nur auf, was ist, bewirkt aber nicht, was es bezeichnet. Deshalb wäre zuerst aufzuweisen, daß nichts ohne Notwendigkeit geschehen kann, damit das Vorauswissen als Zeichen für diese Notwendigkeit sichtbar würde. Denn wenn diese nicht ist, so kann jene durchaus kein Zeichen von etwas sein, das nicht ist. Aber nur jener Beweis steht fest, der mit sicheren Vernunftschlüssen begründet und nicht aus Zeichen oder äußeren Argumenten hergeholt ist, sondern der aus adäquaten und notwendigen Ursachen sich ergibt.

Aber wie ist das möglich, daß das nicht geschieht, was als Zukünftiges vorausgeschaut wird? Wie wenn wir glauben würden, daß das, was die Vorsehung als Zukünftiges voraus weiß, nicht eintreffen werde, und nicht vielmehr der Ansicht wären, daß dasjenige, was eintrifft, durchaus nicht seiner Natur nach mit Notwendigkeit hat eintreffen müssen; was du leicht aus dem Folgenden entnehmen kannst. Wir sehen nämlich vielerlei Dinge, während sie vor unsern Augen geschehen, so wie man etwa die Wagenlenker sieht, wie sie ihr Viergespann lenken und umwenden, und alles andere; zwingt nun dieses irgendeine Notwendigkeit, daß es so geschehe?

Keineswegs; sinnlos wäre die Bemühung der Kunst, wenn sich alles zwangsläufig bewegte.

Was also der Notwendigkeit des Soseins entbehrt, wenn es geschieht, wird ebenso, ehe es geschieht, ein ohne Notwendigkeit Künftiges sein. Gewisse kommende Ereignisse also gibt es, die von aller Notwendigkeit frei sind. Denn das, meine ich, wird niemand sagen, daß das, was jetzt geschieht, auch nicht zukünftig gewesen sei, ehe es geschah. Also hat es auch, wenn es vorausgewußt wird, eine Freiheit des Geschehens; denn wie das Wissen der gegenwärtigen Dinge diesen keine Notwendigkeit des Geschehens hinzufügt, so auch nicht das Vorherwissen denen, die geschehen werden. Dieses aber, sagst du, wird gerade bezweifelt, ob es von den Dingen, die keine Notwendigkeit des Geschehens haben, irgendeine Voraussehung geben könne. Darin scheint nämlich ein Widerspruch zu stecken, und du meinst, wenn etwas vorausgesehen werde, so folge damit auch die Notwendigkeit. Wenn umgekehrt die Notwendigkeit fehlt, könne nichts vorausgesehen werden; denn das Wissen könne nur Sicheres fassen, und wenn als angeblich sicher das vorausgesehen werde, dessen Eintreffen unsicher ist, so sei dies eine Unklarheit des Meinens und nicht die Wahrheit des Wissens. Mit der Reinheit des Wissens, so glaubst du, sei es unvereinbar, eine Sache anders zu beurteilen, als sie ist.

Die Ursache dieses Irrtums ist, daß man glaubt, daß alle Dinge, die man weiß, lediglich gemäß ihrer eigenen Fähigkeit und Natur als Gewußte erkannt werden. Doch das Entgegengesetzte ist der Fall; alles nämlich, was erkannt wird, wird nicht gemäß seiner eigenen Fähigkeit erkannt, sondern gemäß der Möglichkeit des Erkennenden, was aus folgendem kurzem Beispiel erhellt: Die Rundheit irgendeines Körpers erkennt das Gesicht anders als der Tastsinn; jenes, entfernt bleibend, schaut alles zusammen im Strahl seines Blicks, dieser aber, dem Kreise verhaftet und verbunden, begreift die Rundung, gleichsam um sie herumgehend, in ihren Teilen. So betrachten auch den Menschen selbst anders die Sinne, anders die Vorstellungskraft, anders die Vernunft, anders die höchste Einsicht. Die Sinne nämlich beurteilen die Gestalt, wie sie in der zugrunde liegenden Materie besteht, die Vorstellungskraft aber die Gestalt ohne Materie; die Vernunft überschreitet auch diese und behandelt die Form selbst, die den Einzelwesen innewohnt, unter dem Gesichtspunkt des Allgemeinen. Das Auge der Intelligenz steht noch höher; denn nachdem sie den Umkreis des Universums überschritten hat, schaut sie jene einfache Form selbst mit der reinen Schärfe des Geistes.

Dabei ist besonders zu beachten, daß die höhere Kraft des Begreifens die niedere umspannt, während die niedere sich auf keine Weise zur höheren erheben kann. So gelten die Sinne nichts außerhalb der Materie, noch schaut die Vorstellungskraft die allgemeinen Formen, noch begreift die Vernunft die einfache Form, aber die höchste Einsicht, gleichsam von oben schauend, begreift die Form und erkennt damit auch alles, was unter ihr ist, und zwar auf die Weise, wie sie die Form selbst, welche die anderen alle nicht erkennen können, umgreift; denn sie erkennt das Universum der Vernunft, die Gestalt der Vorstellungskraft und die wahrnehmbare Materie nicht, indem sie sich der Vernunft, der Vorstellungskraft, der Sinne bedient, sondern indem sie mit Einem Blick des Geistes gewissermaßen von der Form her das Ganze erschaut. Auch die Vernunft, wenn sie ein Allgemeines betrachtet, bedient sich weder der Vorstellungskraft noch der Sinne, um das Vorstellbare und Wahrnehmbare zu begreifen. Sie ist es nämlich, die das Allgemeine ihres Begreifens folgendermaßen bestimmt: Der Mensch ist ein zweifüßiges vernünftiges Lebewesen. Obschon dies ein Allgemeinbegriff ist, weiß doch jedermann, daß die gemeinte Sache vorstellbar und wahrnehmbar ist, die allerdings durch die Vernunft weder auf dem Wege der Vorstellungskraft noch auf demjenigen der Sinne, sondern über den Begriff erfaßt wird. Auch die Vorstellungskraft, obgleich sie von den Sinnen das Sehen und Formen der Gestalten herleitet, betrachtet bei Abwesenheit der Sinne das Wahrnehmbare nicht kraft ihres sinnlichen, sondern ihres Vorstellungsurteils.

Siehst du also, wie alles beim Erkennen sich mehr der eigenen Fähigkeit bedient als derjenigen des zu Erkennenden? Und dies nicht mit Unrecht; denn da jedes Urteil als ein Akt des Urteilenden besteht, ist notwendig, daß jedes seine Tätigkeit aus eigener Macht und nicht aus einer fremden vollbringe.

Einstmals brachte der Stoa Kreis
Alte, neblige Männer hervor,
Die da meinten, es sei dem Geist

Von den Körpern von außen her
Bild und Sinne so aufgeprägt,
Wie der emsige Griffel oft
Auf die ebene Tafel, die
Noch von Zeichen nicht eine Spur
Auf sich trägt, seine Lettern setzt.
Doch wie drückte lebendger Geist
Ohne eigne Bewegung sich aus,
Wenn er selbst nur geduldig liegt,
Sich dem Eindruck der Körper fügt,
Wenn er tot wie ein Spiegelglas
Gibt ein Abbild der Außenwelt?
Woher käm das Wissen dem Geist,
Das ihn stark macht, das All zu schaun?
Wo die Kraft, die das Einzelne sieht
Und die aufteilt, was sie erkennt,
Das Geteilte von neuem eint,
Daß sie wechselnd die Wege wählt,
Jetzt dem Höchsten das Haupt gesellt,
Jetzt zum Tiefsten heruntersteigt,
Wieder dann zu sich selber kehrt
Und mit Wahrheit das Falsche besiegt?
Dies ist der mächtig bewirkende Grund,
Weit über jenen andern hinaus,
Der in der Art des trägen Stoffs
Jeden Eindruck nur duldend trüg.
Freilich geht ihr erregend vor,
Was des Geistes Kräfte bewegt:
Lebender Körper Empfänglichkeit,
Wenn das Licht in die Augen fällt
Und die Stimme im Ohre schallt.
Dann erweckt auch des Geistes Kraft,
Was an innerer Schau er trägt,
Ruft zu gleicher Bewegung auf,
Paßt es äußerem Eindruck an
Und vermählt im Innern nun
Der verborgenen Form das Bild.

Wenn also bei der Wahrnehmung von Körpern, obwohl die Eigenschaften der Dinge von außen her die Werkzeuge unserer Sinne beeinflussen und der Kraft des handelnden Geistes das Erleiden des Körpers vorangeht, das die Tätigkeit des Geistes in ihm wachruft und dabei die im Innern ruhenden Formen erregt, wenn, sage ich, bei der Wahrnehmung von Körpern der Geist nicht duldend den Eindruck empfängt, sondern aus eigener Kraft über den vom Körper erfahrenen Eindruck urteilt, um wieviel mehr folgt das, was von allen Einwirkungen der Körper abgetrennt ist, beim Urteilen nicht den äußeren Gegenständen, sondern löst die selbständige Handlung seines Geistes aus. Aus diesem Grunde gehören den verschiedenen voneinander abweichenden Substanzen auch vielfältige Erkenntnisarten zu. Sinnesempfindung für sich allein, von aller andern Erkenntnis entblößt, gehört den unbeweglichen Lebewesen zu, wie Seemuscheln und was sonst, an Gestein haftend, sich ernährt, Vorstellungskraft aber den beweglichen Tieren, denen bereits ein gewisser Trieb zu meiden und zu begehren innezuwohnen scheint. Die Vernunft aber ist allein der menschlichen Art zu eigen, wie die Intelligenz nur der göttlichen. So kommt es, daß diejenige Erkenntnisart die übrigen überragt, die aus eigener Natur nicht nur die eigenen, sondern auch die Objekte der übrigen Erkenntnisarten kennt.

Was aber nun, wenn die Sinne und die Vorstellungskraft der Vernunft widerstrebten und sagten, daß jenes Allgemeine, das die Vernunft zu schauen meine, nicht sei? Was nämlich wahrnehmbar und vorstellbar ist, das könne nicht ein Allgemeines sein; entweder sei also das Urteil der Vernunft wahr, dann gebe es nichts Wahrnehmbares, oder da es ja an sich bekannt sei, daß es mancherlei Gegenstände der Wahrnehmung und der Vorstellungskraft gebe, so sei der Begriff der Vernunft leer, der, was nur wahrnehmbar und einzeln sei, betrachte, als wäre es etwas Allgemeines. Wenn nun die Vernunft dem entgegenhielte, daß sie zwar das, was zu den Sinnen und der Vorstellungskraft gehöre, gemäß der Allgemeinheit erblicke, jene hingegen zur Erkenntnis des Allgemeinen nicht zu gelangen vermöchten, da ja ihre Erkenntnis über die körperlichen Gestalten nicht hinausgehen könne, daß man sich aber hinsichtlich der Erkenntnis der Dinge eher dem verläßlicheren und vollkommeneren Urteil anvertrauen müsse? Würden wir bei einem Streite dieser Art, wir, denen ebenso die Kraft des Vernunftschlusses wie der Vorstellungskraft wie der Wahrnehmung eignet, nicht eher die Sache der Vernunft billigen?

Ähnlich ist es, wenn die menschliche Vernunft meint, daß die göttliche Einsicht die Zukunft nur so erschauen könne, wie sie sie selbst erkennt. Du schließest so: Wenn etwas nicht offenbar einen bestimmten und notwendigen Ausgang hat, so kann es auch kein Vorherwissen von seinem bestimmten Ausgang geben. Von solcherlei Dingen gibt es also kein Vorherwissen; wenn wir trotzdem an ein solches auch bei ihnen zu glauben hätten, so müßte eben alles aus Notwendigkeit hervorgehen. Wenn wir jedoch so, wie wir der Vernunft teilhaft sind, auch die Urteilskraft des göttlichen Geistes besitzen könnten, so würden wir, ebenso wie wir wissen, daß Vorstellungskraft und Sinne der Vernunft weichen müssen, es auch für höchst richtig halten, daß die menschliche Vernunft dem göttlichen Geist sich unterordne. Darum sollen wir uns, wenn wir es können, zum Gipfel jener höchsten Intelligenz emporrecken; denn dort wird die Vernunft sehen, was sie in sich nicht anschauen kann: auf welche Weise nämlich eine sichere und bestimmte Vorerkenntnis auch das, was keinen sicheren Ausgang hat, zu schauen vermag, und zwar nicht als bloßes Meinen, sondern vielmehr als die in keine Grenzen eingeschlossene Einfachheit des höchsten Wissens.

Mannigfaltig über die Erde hin wandern Tiergeschlechter,
Diese schleppen gestreckten Leibes sich hin in niederem Staube,
Ständig mit kräftigen Sehnen ziehen sie dauernd ihre Furche.
Schweifend leichtgefiederte gibt es, die mit dem Winde flattern,
Schwebend schwimmen sicheren Fluges sie weit durch Ätherräume.
Andre freut's, wenn mit festen Tritten sie auf dem Boden schreiten,
Bald durcheilen sie grüne Gefilde, bald schlüpfen sie in Wälder.
Doch wie mannigfach und wie wechselnd auch die Gestalten scheinen,
Erdwärts senkt sich ihr Angesicht, dumpf die Sinne beschwerend.
Einzig können der Menschen Geschlechter höher den Scheitel heben,
Recken leichte Glieder und blicken so auf die Erde nieder.
Hat nicht irdischer Sinn dich verwirrt, dann mahnt dich diese Gestaltung:
Der erhobnen Hauptes zum Himmel du mit der Stirne aufschaust,
Trag die Seele auf zum Erhabenen, daß nicht niedre Schwere
Tiefer als den aufrechten Körper dir deine Seele ziehe.

Da also, wie kurz zuvor gezeigt, alles, was gewußt wird, nicht gemäß seiner eigenen Natur, sondern gemäß der der Auffassenden erkannt wird, wollen wir nun, soweit es sich ziemt, betrachten, was die Beschaffenheit der göttlichen Substanz ist, damit wir erkennen können, welche Art von Wissen ihr eigen ist.

Daß Gott also ewig sei, ist die gemeinsame Überzeugung aller Vernunftbegabten. Wir wollen also untersuchen, was die Ewigkeit ist. Denn sie wird uns gleichermaßen die göttliche Natur und das göttliche Wissen klarmachen. Ewigkeit also ist der vollständige und vollendete Besitz unbegrenzbaren Lebens, was aus dem Vergleich mit dem Zeitlichen noch deutlicher erhellt. Denn alles, was in der Zeit lebt, das geht als ein Gegenwärtiges vom Vergangenen weiter in die Zukunft, und es gibt nichts, was in der Zeit besteht, das seinen ganzen Lebensraum gleichzeitig umfassen könnte. Das Morgige erfaßt es noch nicht, das Gestrige aber hat es schon verloren, und auch im heutigen Leben lebt ihr nicht weiter als in diesem einen bewegten und vorübergehenden Augenblick. Mag also auch das, was die Beschaffenheit der Zeit erfährt, weder jemals angefangen haben noch aufhören, wie Aristoteles von der Welt behauptete, und mag sich auch sein Leben in die Unendlichkeit der Zeit erstrecken, so ist es doch durchaus noch nicht so, daß man es mit Recht als ewig bezeichnen dürfte. Denn es erfaßt und umfaßt nicht gleichzeitig den ganzen Umkreis des wenn auch unbegrenzten Lebens, sondern es besitzt die Zukunft noch nicht und die Vergangenheit nicht mehr. Was jedoch die ganze Fülle des unbegrenzbaren Lebens gleichzeitig umgreift und besitzt, dem weder etwas am Zukünftigen abgeht noch vom Vergangenen verflossen ist, das wird mit Recht als ewig aufgefaßt, und das muß notwendigerweise, seiner selbst mächtig, immer als ein Gegenwärtiges in sich verweilen und die Unendlichkeit der bewegten Zeit als eine Gegenwart vor sich haben. Darum ist die Meinung derer nicht richtig, die, wenn sie hören, daß Platon glaubte, diese Welt habe weder Anfang in der Zeit gehabt, noch werde sie einen Untergang in ihr haben, annehmen, daß die geschaffene Welt auf diese Weise gleich ewig werde wie der Schöpfer. Etwas anderes ist es, wenn ein unbegrenzbares Leben geführt wird, was Platon der Welt zugebilligt hat, etwas anderes, wenn ein unbegrenzbares Leben gleichzeitig ganz in der Gegenwart erfaßt wird, was offenbar die Eigentümlichkeit des göttlichen Geistes ist.

Auch darf Gott nicht als älter als die erschaffene Welt nach der Ausdehnung der Zeit, sondern vielmehr nach der Eigentümlichkeit seiner einfachen Natur angesehen werden. Denn jene unbegrenzte Bewegung der zeitlichen Dinge ahmt diesen Stand des gegenwärtigen und unbewegten Lebens nur nach, und da sie ihn nicht abzubilden und ihm gleichzukommen vermag, verfällt sie aus der Unbewegtheit in die Bewegung, aus der Einfachheit der Gegenwart schwindet sie dahin zur unendlichen Ausdehnung der Zukunft und Vergangenheit, und da sie die ganze Fülle ihres Lebens nicht gleichzeitig besitzen kann, scheint sie darin, daß sie irgendwie zu sein niemals aufhört, mit dem, was sie doch nicht ausfüllen und ausdrücken kann, einigermaßen zu wetteifern, indem sie sich an die Gegenwart dieses wenn auch noch so geringen und flüchtigen Augenblicks heftet. Und da dieser ja ein gewisses Abbild jener beharrenden Gegenwart in sich trägt, so gewährt er all den Dingen, denen er zukommt, daß sie zu sein scheinen. Da er aber nicht beharren kann, hat er den unbegrenzten Weg der Zeit ergriffen, und so ist es gekommen, daß er durch sein Weiterschreiten jenes Leben ununterbrochen macht, dessen Fülle er im Beharren nicht zu umfassen vermochte. Wenn wir also den Dingen würdige Namen beilegen wollen, so wollen wir, Platon folgend, Gott zwar ewig, die Welt aber dauernd nennen.

Da nun jedes Urteil seiner Natur gemäß die Gegenstände erfaßt, die ihm vorliegen, Gott aber ein ewiger und stetsfort gegenwärtiger Zustand zukommt, so verharrt auch sein Wissen, das jede Bewegung der Zeit überschreitet, in der Einfachheit seiner Gegenwärtigkeit; und indem es die unendlichen Räume der Vergangenheit und Zukunft umfaßt, betrachtet es alles, als ob es schon geschähe, in seiner einfachen Erkenntnis. Wenn du also seine Voraussicht, mit der er alles erkennt, richtig einschätzen willst, so wirst du sie nicht als Vorherwissen einer etwaigen Zukunft, sondern viel richtiger als ein Wissen von einer niemals entschwindenden Gegenwart auffassen. Daher wird es nicht Vorhersehen, sondern lieber Vorsehung genannt, weil sie sich fern von den niederen Dingen aufhält und gewissermaßen vom erhabenen Gipfel der Dinge herunter alles vor sich sieht.

Warum also forderst du, daß das notwendig geschehe, was vom göttlichen Licht ins Auge gefaßt wird, wenn nicht einmal die Menschen das, was sie sehen, zur Notwendigkeit machen? Leiht etwa dein Schauen dem, was du als gegenwärtig betrachtest, irgendwelche Notwendigkeit?

Keineswegs.

Gleichwohl, wenn es überhaupt einen angemessenen Vergleich göttlicher und menschlicher Gegenwart gibt, so erblickt er alles in seiner ewigen Gegenwart, wie ihr einiges in eurer zeitlichen seht. Deshalb verändert diese göttliche Vorerkenntnis die Natur der Dinge und ihre Eigentümlichkeit nicht und erschaut bei sich jenes als gegenwärtig, was in der Zeit einst als zukünftig zum Vorschein kommen wird. Auch verwirrt sie nicht die Urteile über die Dinge, und in einem einzigen Schauen ihres Geistes erkennt sie ebenso das, was notwendig, wie das, was nicht notwendig kommen wird, so wie ihr tut, wenn ihr gleichzeitig einen Menschen auf der Erde wandeln und die Sonne am Himmel aufgehn seht; denn obwohl ihr beide zugleich erblickt, macht ihr doch einen Unterschied und stellt fest, daß jenes freiwillig, dieses notwendig geschehe. So verwirrt das das Weltall durchdringende Schauen Gottes die Eigenschaften der Dinge keineswegs, nur daß sie vor ihm gegenwärtig, in Beziehung zur Zeit aber zukünftig sind. Deshalb ist dies auch keine bloße Meinung, sondern vielmehr eine auf Wahrheit gestützte Erkenntnis, wenn Gott weiß, daß etwas sein werde, und zugleich, daß es die Notwendigkeit der Existenz entbehre.

Wenn du hier nun sagen wolltest, es könne nicht sein, daß das, was Gott als zukünftig geschehend erkenne, nicht eintreffen werde, was aber unmöglich nicht geschehen könne, das geschehe notwendig, und wenn du mich auf diesen Begriff der Notwendigkeit festlegen willst, so will ich gestehen, es sei dies als Tatsache eine festbegründete Wahrheit, doch könne an sie nur der heranreichen, der die Gottheit schaut. Ich werde weiterhin antworten, daß ein und dasselbe Zukünftige, wenn es auf die göttliche Erkenntnis bezogen wird, notwendig, wenn es aber nach seiner eigenen

Natur gewürdigt wird, völlig frei und unabhängig erscheint. Denn es gibt zweierlei Notwendigkeit; die eine einfach, nach der es etwa notwendig ist, daß alle Menschen sterblich sind; die andere bedingt, wie etwa, wenn du von einem weißt, daß er geht, sein Gehen notwendig ist; denn was ein jeder weiß, das kann nicht anders sein, als wie es gewußt wird. Aber diese Bedingtheit zieht keineswegs jene einfache Notwendigkeit als Folge nach sich; denn zur Notwendigkeit führt nicht ihre eigene Natur, sondern das Hinzutreten der Bedingung; keine Notwendigkeit zwingt den, der nach eigenem Willen daherschreitet, zu gehn, obwohl es notwendig ist, daß, wenn er schreitet, er geht. Auf eben dieselbe Weise ist das, was die Vorsehung als gegenwärtig sieht, notwendig, obwohl es keine Notwendigkeit von Natur hat.

Freilich schaut Gott das Zukünftige, das aus der Freiheit des Willens hervorgeht, als ein Gegenwärtiges. Also geschieht dies, auf das göttliche Schauen bezogen, mit Notwendigkeit, bedingt durch das göttliche Erkennen, für sich betrachtet aber läßt es nicht ab von der absoluten Freiheit seiner eigenen Natur. Also wird ohne Zweifel alles geschehen, was Gott als zukünftig geschehend zuvor erkennt; aber einiges hiervon leitet sich aus dem freien Willen ab. Dies verliert, obwohl es geschieht, durch sein Eintreffen nicht seine eigene Natur, vermöge deren es, bevor es geschah, auch hätte nicht geschehen können.

Was kommt es also darauf an, daß es nicht notwendig ist, wenn es, bedingt durch das göttliche Wissen, durchaus so geschieht, als ob es notwendig sei? Eben dies, was das vor kurzem von mir angeführte Beispiel der aufgehenden Sonne und des schreitenden Menschen zeigt: während dies geschieht, kann es unmöglich nicht geschehen, und doch mußte das eine, bevor es geschah, mit Notwendigkeit eintreten, das andre aber keineswegs. So wird auch das, was Gott gegenwärtig vor sich hat, ohne Zweifel eintreten, aber hiervon leitet sich dieses aus der Notwendigkeit der Dinge ab, jenes aus der Machtvollkommenheit der Handelnden. Also haben wir nicht mit Unrecht gesagt, daß dieses zweite, wenn es auf die göttliche Erkenntnis bezogen wird, notwendig, wenn es aber an sich betrachtet wird, von den Fesseln der Notwendigkeit gelöst ist; wie alles, was die Sinne wahrnehmen, wenn man es auf die Vernunft bezieht, ein Allgemeines, wenn man es an sich selbst betrachtet, ein Besonderes ist.

Aber, wirst du sagen, wenn es in meiner Gewalt liegt, den Vorsatz zu ändern, so mache ich die Vorsehung zunichte, wenn ich vielleicht verändere, was jene vorauserkannt hat. Darauf antworte ich: gewiß kannst du deinen Vorsatz ablenken, aber doch schaut die untrügliche Vorsehung sowohl, daß du das kannst, als auch, ob du es tust und wozu du dich wendest, als ein Gegenwärtiges. Du kannst das göttliche Vorherwissen nicht vermeiden, so wie du nicht dem Blick des gegenwärtigen Auges entfliehen kannst, obwohl du dich nach freiem Willen zu verschiedenen Handlungen wenden kannst.

Was also willst du sagen? Wird sich das göttliche Wissen nach meiner Verfügung ändern, so daß, wie ich bald dies, bald jenes will, auch jenes die Art seines Erkennens zu wechseln scheint?

Keineswegs.

Denn allem Zukünftigen eilt das göttliche Schauen voraus, wendet es um und ruft es zurück zur Gegenwärtigkeit des eigenen Erkennens und wechselt nicht, wie du meinst, veränderlich bald dies, bald jenes Vorhererkennen, sondern beharrend und mit einem Schlage kommt es deinen Veränderungen zuvor und umfaßt sie. Diese Gegenwart, alles zu umfassen und zu erblicken, besitzt Gott nicht vom Ablauf der künftigen Dinge her, sondern aus der Einfachheit seiner eigenen Natur.

Hieraus löst sich auch jenes andere Problem auf, das du kurz zuvor aufgeworfen hast, es sei unwürdig, unsere zukünftigen Handlungen zur Ursache des göttlichen Wissens zu machen. Denn diese Macht des Wissens, die durch gegenwärtige Erkenntnis alles umfaßt, setzt selbst allen Dingen ihr Maß fest und ist dem noch Kommenden nichts schuldig.

Da dies so ist, bleibt den Sterblichen eine unverletzte Willensfreiheit, und nicht unbillig stellen Gesetze dem von aller Notwendigkeit gelösten Willen Belohnungen und Strafen vor Augen. Auch bleibt, alle Dinge von oben überblickend, ein vorauswissender Gott, und die immer gegenwärtige Ewigkeit seines Schauens trifft mit der zukünftigen Beschaffenheit unserer Handlungen zusammen, den Guten Belohnungen, den Bösen Strafen austeilend. Nicht vergeblich bauen also Hoffnung und Gebet auf Gott. Sie können, wenn sie richtig sind, nicht unwirksam bleiben. Widersteht also den Lastern, pfleget die Tugenden, erhebt den Geist zu rechter Hoffnung, richtet demütiges Gebet nach oben. Euch ist, wenn ihr euch nicht betrügen wollt, eine gewaltige Notwendigkeit, rechtschaffen zu sein, auferlegt, da ihr vor den Augen des alles sehenden Richters handelt.

Plotin

Daß im Zeitalter der ausgehenden Antike, in einer Epoche tiefer seelischer und religiöser Unruhe Plato und seine geistige Welt mit neuer Inbrunst und Leidenschaft ergriffen und zu einem wahren Heilswege des Gedankens, einem Wege zur Erhebung aus den Wirrnissen des Seins ausgestaltet worden ist, hat den Platonismus zu einem Element unserer Welt werden lassen. Im christlichen Platonismus Augustins, in der religiösen und philosophischen Mystik, in der Platobegeisterung der Renaissance und der aus ihr sich nährenden Neuzeit tritt die Leidenschaft dieses Denkens machtvoll zutage. Es war nicht Plato selbst, sondern es war diese Rezeption und Erneuerung platonischen Denkens im späten Altertum, was uns die platonische Botschaft unüberhörbar vermittelte. Erst im Zeitalter der beginnenden historischen Forschung, also erst im 19. Jahrhundert, wurde das platonische Werk in seiner originalen literarischen Gestalt zum Gegenstand intensiver Studien, und im Zusammenhang dieser Forschungsbewegung vollzog sich erst die schwierige und bis heute umstrittene Sonderung zwischen dem ursprünglichen philosophischen Denken Platos und dem Denken jener Späteren, die wir Neuplatoniker nennen. Erst nachdem der Blick auf den ursprünglichen Plato frei geworden war, konnte auch die schöpferische Eigenart der Späteren ihrerseits in den Blick kommen. So ist es unserem Jahrhundert – nach wenigen Vorgriffen des romantischen Zeitalters – vorbehalten geblieben, unter diesen Platonikern des späteren Altertums einen großen und genialen Denker neu zu entdecken, der den alexandrinischen Gelehrtenstaub und alle doktrinäre Unfruchtbarkeit des Epigonentums auf eine unbegreifliche Weise hinter sich läßt. Das ist Plotin. Er lebte von 204 bis 270 n. Chr., war in Alexandria Schüler des in der Stille lehrenden Platonikers Ammonius und begann 244 in Rom zu lehren. Seine Vorträge und Vorlesungen haben einen meditativen Zug, der sich mit einer besonderen Intensität auf jeden Leser wie auf den eigens Angeredeten überträgt. Der Treue und der Begeisterung eines seiner Schüler, des Porphyrios, verdanken wir nun, daß seine lebendige Stimme für uns nicht verhallt ist. Er hat die gesamte literarische Hinterlassenschaft seines Meisters gesammelt und geformt, und seitdem ist sein Werk im Vermächtnis des antiken Denkens beständig mit gegenwärtig.

Unzweifelhaft waren es ursprünglich platonische Motive, die Plotin aufgriff und fortentwickelte. Daß über die Vielheit der Ideen hinaus auch die Frage des platonischen Denkens dem Einen galt, das als das Gute und als das Schöne selbst, wie ein jenseitiger Ursprung, das ganze Reich des wahren Seins überragt, ist klar. Und doch, wie nimmt dies urplatonische Denkmotiv eine neue Gestalt an, wenn Plotin mit visionärer Kraft die geistige Welt beschwört, die, von der sinnlichen Welt geschieden, der suchenden Seele den Aufstieg und Einblick in den Weltengrund verheißt. Es ist wie ein großes kosmisches Drama, dem sich dieser Seelenweg des Denkens einordnet. Ein Aufstieg vom Sinnlichen zum Geistigen und über die Mannigfaltigkeit der geistigen Welt hinaus zum Einen, Guten und Schönen, der ganz platonischen Geistes ist. Aber dieser Aufstieg ist ein Rückweg, der Weg einer Umkehr der Seele. Was vor ihm liegt, ist ein großes Weltgeschehen: der Austritt der Seele und der ganzen Vielfalt des Seienden aus der ursprünglichen Einheit. Ein unbegreiflicher Vorgang des Ausfließens, der Emanation, der einen wohlgestuften Kosmos ins Sein entlassener Gestalten bildet. Das Gesetz der Nähe und Ferne zum Einen beherrscht diese Ordnung. Wie eine Lichtquelle, die sich im dichteren Dunkel der Nacht verliert und bevor sie vom Dunkel ganz aufgeschluckt ist, das von ihr Angestrahlte erscheinen läßt, das Nächste am hellsten und klarsten, das Fernste ganz verschwimmend, so beschreibt Plotin den großen Weltenvorgang, in dem die verlorene und suchende Seele des einzelnen den Ort ihres eigenen irrenden Daseins hat. Die Einsicht in das große Weltendrama, die der meditativen Versenkung des Philosophierens gelingt, ist zugleich die Zurückführung der ins Sein hinausgestoßenen Seele zu dem lebendigen Grund alles geistigen und sinnlichen Seins. Man kann daher den christlichen Begriff der Gnosis auf dieses Denken anwenden. Es bietet einen Erlösungsweg nicht aus der Kraft der Offenbarung eines jenseitigen Gottes, sondern aus der Kraft der Vertiefung und Vergeistigung des eigenen irdisch-menschlichen Seins. Der große Seelenatem, der die verlorene Seele bis zur mystischen Einigung mit dem Urgrund heraufhebt, durchweht das Ganze der seienden Welt. Anschauende Versenkung in das Eine, unio mystica, bezeichnet nur die letzte Stufe der Rückkehr. Anschauung und Versenkung ins Sein, Zerstreuung in die Vielheit, die sich rückwendend an das eine ihres Ursprungs hält, macht das Sein alles Seienden aus. Die Plotinische Metaphysik ist eine Lehre vom Sein als dem Rückkehrenden, auf seinen Ursprung Zurückgewendeten. Es ist das Walten der ›Natur‹, die Ordnung der Wesen, die Ordnung der Seelen, die Ordnung der Geister, die aus ihr entspringt.

Die hier in neuer Übersetzung vorgelegte Schrift, der schon der Romantiker Friedrich Creuzer erstmals seine gelehrte Kenntnis und seine innige Sprachkraft widmete, gibt den Blick auf den ganzen geistigen Kosmos Plotins frei. Sie rührt überdies im neuzeitlichen Leser verwandte Saiten an, sofern das mystische Erbe des modernen Geistes stets etwas von der pantheistischen Naturfrömmigkeit in sich trägt, die hier zuerst ihre Stimme fand.

Von der Natur, von der Anschauung und von dem Einen

1. Wollten wir scherzen, bevor wir ernsthaft werden, und sagen, alles verlange nach Anschauung und blicke nach diesem Ziele hin, nicht nur die vernünftigen, sondern auch die unvernünftigen Geschöpfe und der Pflanzen Natur und die diese erzeugende Erde; und ein jegliches werde derselben teilhaftig, soweit es dazu von Natur fähig ist, doch erlange sie ein jedes auf andere Weise, das eine in Wahrheit, durch Nachahmung das andere und nur im Bilde – fürwahr, würde wohl jemand hinnehmen eine so sonderbare Rede? Oder wagen wir wohl nichts, da wir diese Rede an uns selber richten und gleichsam mit unserem Eigentume scherzen? Sind wir etwa gar auch in diesem Augenblicke des Scherzens beim Anschauen? Und tun alle, die gleich uns scherzen, eben dies? Und streben sie scherzend danach? Und scheint etwa der Knabe wie der Mann, ob er nun spiele oder ernsthaft handele, beides, das Spielen und das Ernsthaftsein, um der Anschauung willen zu tun? Und zielt nicht jegliche Handlung auf Anschauung, die notwendige, die die Anschauung weiter nach außen hinzieht, ebenso wie die sogenannte freie, die dies zwar weniger tut, aber doch auch aus einem Verlangen nach Anschauung geschieht?

Jedoch davon hernach. Vorerst reden wir von der Erde selbst und von den Bäumen und von den Pflanzen überhaupt, welcher Art die Anschauung bei ihnen sei und wie wir das von ihnen Hervorgebrachte und Erzeugte auf die Tätigkeit des Anschauens zurückführen wollen, und wie die Natur, die, wie sie sagen, der Vorstellung entbehrt und der Vernunft, in sich Anschauung hat und, was sie hervorbringt, durch Anschauung hervorbringt – die sie doch nicht hat.

2. Daß es dort nun weder Hände gibt, noch Füße, noch irgend ein angeborenes oder von außen empfangenes Werkzeug, daß es aber gleichwohl eines Stoffes bedarf, auf welchen die Natur wirke und in welchem sie eine Form hervorbringe, das sieht wohl ein jeder. Auch muß alle Bewegung des Hebels ferngehalten werden von dem Wirken der Natur. Denn welcher Stoß oder welche Hebelkraft könnte eine solche Menge mannigfaltiger Farben und Formen hervorbringen? Vermögen doch nicht einmal die Wachsbildner, an die man doch im allgemeinen denkt, wenn man der Natur eine solche Bildungskraft beilegt, Farben hervorzubringen, ohne von anderswoher Farben herzuholen. Wie man nun zugeben wird, daß in jedem Künstler etwas Bleibendes sein müsse, und daß sie diesem Bleibenden gemäß durch ihre Hände Werke bilden, so wird man sich auch in Ansehung der Natur auf denselben Standpunkt erheben müssen und bedenken, daß auch hier ein Bleibendes sein müsse: das Vermögen, das

nicht durch Hände wirkt und das ganz und gar bleibt. Denn fürwahr, sie bedarf nicht des einen als eines Bleibenden und des anderen als eines Bewegten. (Die Materie ist das Bewegte in der Natur, an ihr selbst aber ist nichts Bewegtes.) Denn sonst würde das Erstbewegende nicht sein können, noch würde die Natur dies sein, sondern sie wäre das Unbewegte im ganzen. Nun möchte jemand vielleicht sagen, der Gedanke sei wirklich unbeweglich, sie selbst aber sei verschieden von dem Gedanken und beweglich. Aber wenn das von der ganzen Natur gelten soll, so gilt es auch vom Gedanken. Ist aber etwas an ihr unbeweglich, so gehört dazu auch der Gedanke. Denn sie muß Form sein und nicht etwas aus Materie und Form. Wozu bedarf sie denn warmer Materie oder kalter? Die Materie, die vorliegt und bearbeitet wird, bringt das ja schon mit; oder sie wird eine solche, wenn sie noch frei von individueller Bestimmung war, durch den Gedanken. Jedenfalls braucht kein Feuer hinzuzukommen, damit die Materie Feuer werde, sondern Gedanke. Hier liegt kein geringer Beweis dafür, daß in den Tieren wie in den Pflanzen die Gedanken es sind, die das Hervorbringende sind, und daß die Natur Gedanke ist, der einen anderen Gedanken hervorbringt als ein Erzeugnis, etwas dem Vorliegenden mitteilend und doch selber bleibend. Nun ist der mit der sichtbaren Gestalt verknüpfte Gedanke schon der letzte, ein toter, der nicht wieder einen anderen hervorzubringen vermag. Ein anderer aber ist der, der Leben hat, der Bruder dessen, der die Gestalt bildete, und der besitzt selber das gleiche Vermögen und wirkt in dem Erzeugten.

3. Wie könnte er nun als Schaffender und so Schaffender an Anschauung teilhaben? Oder wird er, wenn er bleibend schafft, in sich selber bleibend und Gedanke ist, selber Anschauung sein? Denn die Handlung mag wohl nach einem Gedanken geschehen und dabei selbst von dem Gedanken verschieden sein, und ebenso ist der Gedanke, welcher die Handlung begleitet und ihr vorsteht, selber wohl keine Handlung. Ist er also nicht Handlung, sondern Gedanke, dann ist er Anschauung; und in der ganzen Sphäre der Gedanken ist es der letzte, der aus Anschauung ist, und der in dem Sinne Anschauung ist, daß er Angeschauter ist. Jeder der vor ihm ist, ist dagegen bald so, bald so und existiert nicht als Natur, sondern als Seele. Er dagegen ist in der Natur und ist die Natur. Ist er also aus Anschauung? Durchaus aus Anschauung. Ob aber auch so, daß er sich selber angeschaut hat? Jedenfalls ist er ein Produkt von Anschauung und von einem der angeschaut hat. Wie aber hat die Natur selber Anschauung? Die aus Gedanken hat sie offenbar nicht. Aus Gedanken würde ich nennen, was über das reflektiert, was in ihm ist. Warum sollte sie das nun nicht haben, wo sie doch Leben ist und Gedanke und wirkende Kraft? Etwa weil das Reflektieren ein Noch-nicht-haben ist? Wenn sie aber hat, so schafft sie doch auch gerade deswegen, weil sie hat. Das was ihr eigent-

liches Sein ausmacht, ist doch für sie ihr Schaffen. Sie ist also Anschauung und Angeschautes, denn sie ist Gedanke. Dadurch also, daß sie Anschauung und Angeschautes und Gedanke ist, dadurch wirkt sie, auf die Weise, wie sie das ist. Das Wirken selbst also ist demnach Anschauung. Das hat sich erwiesen. Denn es ist Produkt einer Anschauung, welche Anschauung bleibt und nicht etwas anderes tut, sondern dadurch gewirkt hat, daß sie Anschauung war.

4. Wollte nun jemand fragen, aus welchem Grunde sie wirke, dem möchte sie wohl, wenn sie ihn einer Antwort auf seine Frage würdigte, folgendes sagen: ›Du solltest mich nicht fragen, sondern schweigend verstehen, wie auch ich schweige und nicht zu reden pflege. Und das Verstehen? Daß, was da gezeugt wurde, mein Schaustück ist, die ich schwieg, und von Natur Angeschautes ist. Denn mir, die ich aus solcher Anschauung gezeugt bin, kommt es wohl zu, eine schaulustige Natur zu besitzen, und was in mir anschaut, wirkt ein Angeschautes. Gleichwie die Geometer anschauend ihre Figuren hinzeichnen. Mir freilich entstehen, ohne daß ich hinzeichne, nur dadurch daß ich schaue, die Linien der Körper wie von selber, so daß sie ins Sein fallen. Mir geht es da nicht anders als meiner Mutter und meinen Vätern. Denn auch diese sind aus Anschauung, und meine eigene Entstehung kommt von ihnen, ohne daß sie etwas taten; einzig dadurch, daß sie größere Gedanken sind und sich selber anschauen, bin ich geboren worden.‹

Was ist nun dieser Rede Sinn? Daß das, was wir Natur nennen, Seele, Erzeugnis einer früheren, lebenskräftigen Seele ist, ruhig in sich selbst die Anschauung verschließt, nicht nach oben und nicht nach unten blickt, sondern in sich selbst steht, in eigener Selbständigkeit und gleichsam Selbstempfindung. Durch dieses Selbstverständnis und dieses Selbstempfinden schaut sie nun das, was nach ihr ist, soweit sie vermag, und sucht nicht ferner einen anderen Anblick, da sie einen glänzenden und lieblichen zustande gebracht hat.

Wenn ihr nun jemand Verständnis oder Empfindung beilegen will, so tue er das nicht in dem Sinne, wie wir bei anderen Wesen von Empfinden oder Verständnis sprechen, sondern wie wenn er die Empfindung des Schlafes mit der des Wachens vergliche. Denn sie ruht ihre eigene Anschauung anschauend, die ihr dadurch geworden ist, daß sie in sich selbst und bei sich selbst bleibt und so ein Werk der Anschauung ist; eine Anschauung, die lautlos, aber auch dunkel ist. Es gibt Anschauungen, die klarer zu schauen sind als sie. Sie ist eben nur einer anderen Anschauung Bild. Aus diesem Grunde ist auch das von ihr Gezeugte recht schwach, weil eine schwache Anschauung ein schwaches Werk zeugt. Jagen doch auch Menschen, wenn sie nur schwach sind zum Anschauen, dem Schatten der Anschauung und des Gedankens nach, nämlich der Tätigkeit.

Denn weil ihre Anschauungskraft nicht hinreicht wegen der Schwäche ihrer Seele, vermögen sie das Schauspiel nicht hinlänglich zu fassen, und daher bleiben sie unerfüllt, und sich sehnend nach seinem Anblick stürzen sie sich in die Tätigkeit, damit sie dort erblicken, was sie im Geiste nicht zu erfassen vermochten. Denn offenbar wollen sie, wenn sie etwas machen, es selber sehen und anschauen und wahrnehmen und ebenso anderen zusehen, wenn diese sich eine Handlung vorgesetzt haben.

Überall also werden wir finden, daß das Vollbringen und das Handeln eine Schwäche der Anschauung oder eine Begleiterscheinung derselben ist. Schwäche, wenn jemand nach Vollendung des Handelns nichts davon behalten hat, eine bloße Begleiterscheinung, wenn er in sich etwas zum Anschauen besitzt, das besser ist, als dies Hervorgebrachte. Denn wer möchte wohl, wenn er das Wahre selber zu schauen vermöchte, absichtlich dem Schattenbilde des Wahren sich zuwenden? Das beweisen auch die stumpfen Gemüter unter den Knaben: Unfähig zum Erlernen der Wissenschaft und zum Schauen, wenden sie sich herab zu den Handwerkskünsten und zu den Gewerben.

5. Nachdem wir von der Natur geredet haben, auf welche Weise ihr Erzeugen Anschauung ist, wenden wir uns zu der Seele, die vor jener ist, und sagen: Ihre Anschauung, ihre Lernbegierde, die Forschungslust, die Wehen der Erkenntnis und der Schwangerschaft bewirkten, daß sie, selber ganz und gar ein Kind der Anschauung geworden, aus sich ein anderes Kind der Anschauung geboren hat. Genau wie das Wissen, das, wenn es schwanger ist von Erkenntnis, sozusagen ein zweites kleineres Wissen in einem Kinde zeugt, das ein Bild von allem in sich trägt. Doch freilich sind das nur dunkle Schauspiele und Anschauungen, die nicht imstande sind, einander zu helfen.

Der obere Teil, der sich im Höheren immer erfüllt und erleuchtet, bleibt daher dort. Der andere aber nimmt zuerst daran teil, aber als Teilnehmender geht er immer wieder als Leben aus Leben hervor, denn als Tätigkeit verbreitet er sich allenthalben, und es gibt nichts, wovon er fern bleibt. Im Fortschreiten aber läßt er den oberen Teil seiner selbst zurück, damit er dort bleibe, wo er ihn verließ. Ließe er das Obere ganz im Stich, dann würde er selber nicht mehr überall sein, sondern nur dort, wo dieses endigt. Das Fortschreitende ist aber dem Bleibenden nicht gleich. Wenn also es überall hingelangen muß und es keinen Punkt gibt, wo seine Tätigkeit nicht ist, und wenn immer das Frühere etwas anderes ist als das Spätere, und alle Tätigkeit aus Anschauung oder Handlung kommt, Handlung aber es noch gar nicht gab – denn die kann ja nicht vor der Anschauung sein –, so folgt notwendig, daß die eine Anschauung schwächer ist als die andere, daß sie aber alle Anschauung sind. Also muß die Handlung, da sie offenbar der Anschauung gemäß geschieht, die allerschwächste Anschauung sein, denn immer muß das Gezeugte vom gleichen Stamme sein, nur schwächer, weil es herabsteigend allmählich erblaßt.

Lautlos aber geschieht das alles, weil es der sichtbaren und äußeren Anschauung oder Handlung überhaupt nicht bedarf. Es ist Seele, was da anschaut, und was so anschaut, entäußert sich und ist nicht ebenso wie das vor ihm, indem es das Nach-ihm schafft und als Anschauen anschauend bewirkt. Auch hat die Anschauung kein Ziel und ebensowenig das Angeschaute. Warum? Weil sie überall ist. Denn wo wäre sie nicht, da ja in jeder Seele dasselbe ist. Sie ist nicht von umschriebener Größe. Freilich ist sie nicht in allem in gleicher Weise wie ja auch nicht in jedem Teile der Seele in gleicher Weise. Vielmehr ist es der Wagenlenker, der den Pferden teilgibt an dem, was er sah, und wenn sie es empfangen, dann verlangen sie nach dem, was sie sahen. Denn sie haben nicht alles bekommen. Wenn sie aber voll Verlangen tätig sind, dann sind sie um dessentwillen tätig, wonach sie verlangen. Das aber war Angeschautes und Anschauung.

6. So geschieht also die Handlung um des Angeschauten willen. Daher ist auch für die Handelnden selber die Anschauung ihr Ziel. Wie wenn sie es nicht auf geradem Wege zu erreichen vermöchten, suchen diese es auf Umwegen zu erlangen. Denn wenn sie das erreichen, was sie wollen, so ist das, was sie da erlangen wollten, offenbar nicht, daß sie es nicht erkennen, sondern daß sie es erkennen, und in der Seele als anwesend sehen, dargelegt zum Anschauen. Handeln sie doch auch um des Guten willen, und das nicht, damit es außer ihnen sei oder damit sie es nicht haben, sondern damit sie das aus der Handlung kommende Gute haben. Wo soll das aber sein? In der Seele. Die Handlung ist also wieder in die Anschauung zurückgekehrt. Denn was einer in der Seele, die Gedanke ist, faßt, was könnte das anderes sein als ein schweigender Gedanke. Und je mehr, desto mehr. Denn dann findet sie Ruhe und sucht nichts mehr, da sie erfüllt ist. Dann beruht ihre Anschauung in der Gewißheit des Habens. Und je lebendiger diese Gewißheit ist, um so ruhiger ist die Anschauung und um so mehr führt sie näher zum Einen, und das Erkennende, soweit es erkennt – denn jetzt wird es ernst –, gelangt mit dem Erkannten in eins. Wären es zwei, so wäre ja das eine dies, das andere ein anderes, so daß sie als nebeneinanderbestehend und als Zwiefaches einander noch nicht zu eigen wären, so wie Gedanken in der Seele, die noch nichts erzeugen. Daher darf der Gedanke nicht äußerlich sein, sondern mit der Seele des Lernenden vereint sein, bis sie ihn ganz als den eigenen gefunden hat. Ist die Seele so mit dem Gedanken vertraut geworden und mit ihm in Einstimmigkeit, so schreitet sie zum Werk und beginnt. Denn was sie ursprünglich hatte, das nimmt sie wahr, und durch ihr Vorhaben wird sie gleichsam eine andere, und so erblickt sie denkend es als ein Anderes, sie selbst eine andere. Und doch war auch sie Gedanke und sozusagen Geist,

freilich einer, der etwas anderes sieht. Denn sie ist noch nicht erfüllt, sondern sie bleibt zurück hinter dem, was vor ihr ist. Indessen sieht sie doch, wenn auch wortlos, was sie vor sich hat. Was sie vorher noch nicht wahrgenommen hat, das liegt ihr noch nicht vor, was ihr aber vorliegt, das bringt sie durch ihr eigenes Zurückbleiben vor, damit sie kennenlernt, was sie hat.

Dadurch, daß sie mehr in sich hat als die Natur, ist sie ruhiger, und dadurch, daß sie mehr erfüllt ist, ist sie mehr auf Anschauung aus. Da sie es aber nicht vollkommen in sich hat, empfindet sie ein Sehnen, die Erkenntnis des Angeschauten noch mehr zu haben und die aus der Betrachtung gewonnene Anschauung. Daher verläßt sie das Eine und ist bei den anderen Dingen. Nachher zurückkehrend, schaut sie sich erneut mit dem Teile ihrer selbst, den sie verließ, an. Die Seele dagegen, die mehr in sich selbst steht, tut das weniger. Daher ist der Weise schon ganz vergeistigt, und was an ihm ist, zeigt er anderen. Er selbst aber ist auf sich selbst gekehrt. Denn er ist schon bei dem Einen und bei dem Ruhigen, nicht nur weg von dem Äußeren, sondern hin auf sich selbst, und alles ist innen.

7. Daß nun alles, was wahrhaft ist, aus Anschauung ist und selbst Anschauung ist, daß auch das, was dadurch wird, daß jene Anschauung selber Anschauung wird, teils durch Wahrnehmung, teils durch Erkenntnis oder Vorstellung, und daß auch die Tätigkeiten ihr Ziel haben in der Erkenntnis, und daß auch das Verlangen nach Erkenntnis und ihre Geburt von der Anschauung in die Vollendung der Gestalt und wieder eines Angeschauten führt, und daß überhaupt ein jedes Ding, weil es Nachbild seines Schöpfers ist, selber Anschauungen und Gestalten schafft und daß die entstehenden Wesenheiten, die Abbilder vom Seienden sind, ihrerseits wieder beweisen, daß das, was hervorbringt, nicht in den Hervorbringungen oder den Tätigkeiten sein Ziel sieht, sondern die Vollendung darin liegt, daß es angeschaut wird, daß auch all unser Denken dies schauen will, und noch vorher die Sinne, deren Ziel die Erkenntnis ist, und noch vor diesen die Natur das in ihr Liegende zur Anschauung macht und einen Gedanken bildet, der wieder einen Gedanken vollendet, das alles ließ sich entweder unmittelbar einsehen oder wurde durch uns wieder in Erinnerung gebracht und ist jedenfalls klar. Denn auch das ist klar, daß wenn die ersten Dinge in Anschauung sind, notwendig auch alles andere danach streben muß, wenn anders alles Seienden Vollendung der Anfang ist. Daher auch die Tiere, wenn sie zeugen, durch die in ihnen liegenden Gedanken getrieben werden. Auch das ist Tätigkeit des Anschauens, und die Wehen dessen, das viele Gestalten schafft und viele Anblicke und alles mit Gedanken füllt, wie um ewig anzuschauen. Denn machen, daß etwas ist, heißt, eine Gestalt machen. Das aber heißt, alles mit Anschauung erfüllen. Selbst die Fehler, wie sie im Werden und im Handeln vorkom-

men, gehören zum Anschauen als eine Abirrung vom Angeschauten. Und sogar der schlechte Künstler ist ein solcher, der freilich häßliche Anblicke schafft. Ebenso gehören die Liebenden zu den Schauenden und auf den Anblick Drängenden.

8. So ist es. Wenn aber die Anschauung, die sich von der Natur zur Seele erhebt und von dieser zum Geist, und die Anschauungen immer mehr befreundet und vereinigt werden mit dem Anschauenden, und wenn in der Seele des Weisen das Erkannte immer mehr mit dem Erkennenden selbst zusammenfällt, weil es immer mehr auf den Geist hindrängt, so wird daran klar: in diesem ist eines aus zwei geworden, nicht durch bloße Aneignung, wie das bei der besten Seele der Fall war, sondern dem Sein nach, und weil Sein und Denken eins sind. Denn hier ist nicht mehr das eine das, das andere das. Denn sonst würde es wieder etwas anderes geben müssen, das nicht mehr bald dies, bald das ist. Dies muß also wirklich aus beidem eins sein. Das aber ist die lebendige Anschauung, nicht bloß ein Angeschautes, wie das in einem anderen Betrachtete. Denn was in einem anderen angeschaut ist, wäre wohl ein lebendes Wesen, aber nicht die Lebendigkeit selbst. Wenn also ein Angeschautes und Gedachtes wirklich lebendig sein soll, muß es Leben sein, aber nicht pflanzliches oder sinnliches oder sonstiges seelisches. Denken ist das freilich alles auch, aber das eine ein Pflanzendenken, das andere ein Sinnendenken, das andere ein Seelendenken. Wieso sind sie Denken? Weil sie Gedanke sind. Und jedes Leben ist ein Denken, aber eines ist dunkler als das andere und so auch Leben. Dies klarste und allererste Leben aber und dieser erste Geist sind einer. Denken also ist das erste Leben, und zweites Leben ist zweites Denken und letztes Leben letztes Denken. Alles Leben gehört der gleichen Gattung an und ist Denken. Beim Leben würden die Menschen vielleicht noch von Unterschieden reden, beim Denken aber nicht mehr, sondern die einen sind Denken, und die anderen überhaupt nicht, weil sie das Leben, was es eigentlich ist, überhaupt nicht mehr suchen.

Hier ist wiederum anzumerken, daß der Gedankengang zeigt, daß alles Seiende eine Nebenwirkung der Anschauung ist. Wenn also das wahrste Leben durch das Denken Leben ist, dieses aber mit dem wahrsten Denken zusammenfällt, dann ist das wahrste Denken lebendig, und die Anschauung und das so Angeschaute sind lebend und leben und sind; aus zwei ist eins. Wenn nun die Zwei das Eine ist, wie ist dann wiederum das Eine Vieles? Weil es nicht Eines anschaut? Denn selbst wenn es Eines anschaut, so schaut es es doch nicht als Eines an. Denn ohne das gäbe es kein Vernehmen des Geistes, sondern wenn er auch als Eines begonnen hat, konnte er doch nicht bleiben, wie er begonnen hat, sondern unversehens wurde er Vieles, wie wenn er belastet worden wäre. Nun beginnt er, sich auszufalten, weil er alles haben möchte – wenn es auch besser für ihn wäre, es nicht zu wollen, denn dadurch wird er ein Zweites –, so wie ein Kreis, indem er sich selbst ausfaltet, Figur und Fläche und Peripherie und Mittelpunkt und Linien und ein Oben und ein Unten wird. Besser ist immer das, von wo es kommt, geringer das, worein es geht. Denn das, von wo es kommt, war schließlich einmal nicht etwas, das sowohl von etwas her als auch in etwas hin ist, und umgekehrt das, was von etwas her und in etwas hin ist, ist nicht das, was nur da von etwas her ist. Außerdem ist der Geist nicht nur der Geist von etwas Einzigem, sondern ganz und gar. Ist er aber ganz Geist, so ist er es auch von allem. Demnach muß er, da er selbst alles ist und von allem ist, auch in seinem Teil ganz sein und alles enthalten; wo nicht, so würde er einen Teil haben, der nicht geistig wäre, und würde auch aus Ungeistigem bestehen und wäre ein zusammengekehrter Haufen, der erst aus allem Geist zu werden wartete. Daher ist er, so betrachtet, auch unendlich, und wenn etwas von ihm ausgeht, wird dadurch nichts weniger, weder das, was von ihm ausgeht, weil auch das alles ist, noch er selber, von dem alles ausgeht, weil er keine Zusammensetzung aus Teilen ist.

9. So also ist Geist. Er ist also nicht ursprünglich, sondern es muß etwas sein, was über ihn hinaus ist und um dessentwillen auch die ganze bisherige Erörterung angestellt wurde. Erstens nämlich, daß Vielheit später ist als das Eine, und so ist er Zahl. Für die Zahl aber und alles Derartige ist Ursprung das wahrhaft Eine. Und dies ist Geist und Gedachtes zugleich, also Zwei zugleich. Wenn aber zwei, muß man das vor der Zwei erfassen. Was ist es? Geist allein? Aber mit jedem Geist ist das Gedachte verbunden. Darf aber das Gedachte nicht damit verbunden sein, so kann auch Geist nicht sein. Wenn es also nicht Geist ist, sondern der Zwei sich entziehen soll, so muß es vor der Zwei und jenseits des Geistes sein. Warum könnte es nun nicht das Gedachte sein? Weil das Gedachte seinerseits mit dem Geist verbunden ist. Wenn es also weder Geist noch das Gedachte sein soll, was kann es dann sein? Wir werden sagen müssen, da, woraus der Geist und das mit ihm Gedachte ist. Was ist das nun? Und wie sollen wir es uns vorstellen? Denn wieder muß es doch entweder ein Denkendes sein oder ein Nichtdenkendes. Denkend ist der Geist, Nichtdenkendes kann auch sich selbst nicht erkennen. Was wäre es also? Wenn wir nun sagen würden, daß es das Gute sei und das Einfachste, so sagen wir doch damit auch nichts Klares und Verständliches, auch wenn wir etwas Wahres damit meinen, solange wir nicht etwas haben, worauf wir unser Denken fest richten können.

Und wiederum, da die Erkenntnis von allem durch den Geist geschieht und man nur durch den Geist ein Geistiges zu denken vermag, wie soll dann das, was die Natur des Geistes überschreitet, überhaupt mit einem

Schlage erfaßbar werden? Darauf läßt sich sagen, wie es möglich ist: Durch das Gleiche in uns. Es ist ja auch bei uns etwas von jenen oder besser, es gibt bei allem, was an ihm teilhaben kann, nichts, wo es nicht wäre. Denn was überall ist, das kann an jedem beliebigen Orte von dem empfangen werden, was empfangen kann; wie eine Stimme, die einen leeren Raum erfüllt, an jeder beliebigen Stelle für das hingewendete Ohr eines Menschen ganz vernehmbar ist – und doch auch wieder nicht ganz. Was werden wir denn nun aber empfangen, wenn wir den Geist darauf hinwenden? Vielleicht muß er gleichsam einen Schritt zurücktreten und sich gleichsam verlassen für das, was hinter ihm liegt, da er ein Doppelantlitz hat, und vielleicht muß er dort, wenn er es erblicken will, nicht mehr ganz Geist sein.

Denn er ist ja selber das ursprüngliche Leben, weil er Tätigkeit ist in alles durchlaufender Erkenntnis, jedoch nicht in einer durchlaufenden Erkenntnis, die noch dabei ist, sondern in einer, die schon alles durchlaufen hat. Wenn er also Leben ist und Durchlaufen zugleich und alles im einzelnen hat und nicht bloß im ganzen – denn dann hätte er es nur unvollkommen und ungegliedert –, so folgt daraus notwendig, daß er von etwas anderem her sei, was nicht mehr im Durchlaufen ist, sondern Ursprung des Durchlaufens und Ursprung des Lebens und Ursprung des Geistes und des Ganzen. Denn das Ganze ist nicht Ursprung, sondern aus dem Ursprung ist das Ganze. Er selbst ist freilich noch nicht das Ganze, noch auch etwas vom Ganzen, damit er nämlich das Ganze zeugen kann und damit er nicht Vielheit ist, sondern der Vielheit Ursprung. Denn einfacher als das Gezeugte ist überall das Zeugende. Wenn dies nun den Geist erzeugt hat, so muß es einfacher sein als der Geist.

Wenn aber einer meinte, das eine selbst sei das Ganze, dann wird es entweder eins nach dem anderen jedes Ganze sein oder alle zugleich. Wenn es nun alles zugleich als das Zusammengefaßte ist, dann muß es nach dem Ganzen sein. Ist es aber vor dem Ganzen, so ist das Ganze etwas anderes, und es selbst ist etwas anderes als das Ganze. Ist es aber es selbst und das Ganze zugleich, dann kann es wieder nicht Ursprung sein. Es muß aber Ursprung sein und vor dem Ganzen sein, damit nach ihm auch das Ganze sei. Wenn es aber jedes Einzelne ist, so wird erstens ein jedes mit jedem identisch sein, und dann wird obendrein alles zugleich sein, nämlich alles in eins sein, und man wird überhaupt nichts mehr unterscheiden können. Und so ergibt sich, es ist nichts vom Ganzen, sondern es ist noch vor dem Ganzen.

10. Was ist es denn dann? Die Kraft des Ganzen, ohne deren Dasein auch das Ganze nicht wäre und auch nicht der Geist, der das erste und ganze Leben ist. Was über dem Leben ist, ist des Lebens Grund. Denn der Vollzug des Lebens, der das Ganze ist, kann nicht das erste sein, er ist

vielmehr selbst entsprungen wie aus einer Quelle. Denke dir nämlich eine Quelle, die keinen anderen Ursprung mehr hat und die allen Strömen diesen Ursprung verliehe, nicht erschöpft durch die Ströme, sondern selber ruhig bleibend und in der die aus ihr hervorgegangenen Ströme, bevor ein jeder in seine Richtung fließt, noch ganz beisammen sind, doch so, daß jeder sich gleichsam schon bewußt ist, wohin er seine Gewässer ergießen werde. – Oder denke dir das Leben des größten Baumes, das ihn ganz und gar durchströmt, so daß der Ursprung bleibt, ohne sich durch das Ganze zu zerstreuen, als ob er in der Wurzel seinen Sitz hätte. Dieser verleiht dann dem Baume das ganze Leben in seiner Fülle, bleibt dabei doch selbst und ist nicht Vieles, sondern Ursprung des Vielen. Daran ist nichts zu staunen.

Oder es ist doch zum Staunen, wie die Vielheit des Lebens aus der Nichtvielheit ist, und wie es keine Vielheit gäbe, wenn nicht vor der Vielheit das wäre, was nicht Vielheit ist. Denn der Ursprung wird nicht in das Ganze geteilt. Würde er nämlich geteilt, dann würde auch das Ganze zugrunde gehen, und es würde auch gar nicht mehr entstehen können, wenn der Ursprung nicht bei sich bleibt und von ihm verschieden ist. Daher geschieht doch allenthalben die Zurückführung auf das Eine, und bei jeglichem gibt es eine Einheit, auf die du es zurückführen kannst. Auch das All wird zurückgeführt auf das vor ihm, das nicht schlechthin Eines ist, bis man schließlich zu dem schlechthin Einen gelangt. Das aber läßt sich nicht mehr auf ein anderes zurückführen. Stellt sich jemand daher das Eine der Pflanzen vor, welches ihr bleibender Ursprung ist, und das Eine des Tiers und das Eine der Seele und das Eine des Alls, dann stellt er sich jeweils das Mächtigste und das Vornehmste vor. Wenn er sich nun aber das Eine alles wahrhaft Seienden vorstellt, den Ursprung und die Quelle und die Macht, wollen wir dann ungläubig bleiben und es für das Nichts halten? Oder sagen wir lieber, es ist wirklich nichts – nämlich nichts von dem, dessen Ursprung es ist, ein solches, von dem sich selbst nicht aussagen läßt, nicht seiend, nicht sein, nicht Leben, weil es über all dem ist. Wenn du es dir aber vorstellst, indem du das Sein wegläßt, dann wird dich Staunen ergreifen. Hinzielend auf es und es treffend, ruhend in seinen Tiefen, werde seiner inne, in deiner Hinwendung es tiefer verstehend, gewahrend seine Größe an dem, was nach ihm ist und durch es ist.

11. Faß es aber auch noch so: Da der Geist ein Sehen ist und sehendes Sehen, ist er eine Kraft, die in Vollzug übergegangen ist. Also muß er teils Materie sein, teils Form, wie ja auch der Vollzug des Sehens dies beides hat. Denn ehe es erblickte, war es eins. Das Eins ist also Zwei geworden und die Zwei sind Eins. Dem Sehen geschieht nun das Erfülltwerden und gleichsam die Vollendung seitens des Sichtbaren. Für das Sehen des Geistes hingegen ist das Gute das Erfüllende. Wäre er nämlich selbst das

Gute, was brauchte er dann zu schauen oder überhaupt in Vollzug zu treten? Denn alles andere hat um des Guten willen und wegen des Guten seinen Vollzug. Das Gute dagegen bedarf keines Dinges. Daher ist für es nichts außer ihm selbst. Hast du also das Gute genannt, dann denke dir nichts weiter dazu, denn wenn du etwas hinzusetzt, so machst du ja damit das, dem du was auch immer hinzufügst, zu einem Bedürftigen. Folglich darfst du nicht einmal das Denken hinzufügen, damit du nicht auch so ein anderes hinzufügst und zwei machst: Geist und Gutes. Denn der Geist bedarf des Guten, das Gute dagegen bedarf nicht des Geistes. Daher nimmt auch der Geist, wenn er das Gute trifft, die Gestalt des Guten an und wird vom Guten vollendet, indem die in ihm liegende Gestalt, die von dem Guten kommt, ihn zu einem gut Gestalteten macht. Wie aber die Spur des Guten ist, die an ihm zu sehen ist, so läßt sich auch das Urbild selbst vor Augen stellen, indem man an der im Geiste abgedrückten Spur jenes wahrhaft Seienden inne wird. Seine Spur also gab es dem Geiste, damit er sie in sich anschaue und es besitze. Daher ist im Geiste das Verlangen und er ist immer ein Verlangender und immer ein Empfangender. Dort oben aber ist nicht einmal ein Verlangendes. Denn wonach sollte es verlangen? Noch auch etwas Empfangendes. Denn es verlangte ja nicht. Folglich ist da auch nicht Geist. Denn Verlangen ist in ihm und Hinneigung zu dessen Gestalt. Da nun der Geist schön ist und das Schönste von allem, in einem reinen Lichte und in einer reinen Helligkeit steht, und die Natur alles Existierenden in sich umfaßt – ist doch sogar dieser schöne Weltbau nur sein Schatten und Abbild –, und da er in vollstem Glanze steht, weil nichts Ungeistiges, nichts Finsteres, nichts Maßloses in ihm ist und er ein seliges Leben lebt: so muß wohl auch den ein Staunen erfassen, der ihn erblickt, und gar wenn er, wie es sich gebührt, sich ganz in ihn versenkt und mit ihm eins wird. So wie einer, der zum Himmel emporschaut und das Strahlen der Sterne erblickt, sich deren Schöpfer vor Augen stellt und nach ihm fragt, so muß auch, wer die geistige Welt erblickt und in sich anschaut und bewundert, ebenso fragen: Wer ist denn der, der dies hervorgebracht hat, wo und wie ist er, der einen solchen Sohn erzeugt hat, den Geist, schön in seiner jugendlichen Fülle, die er doch von ihm her hat. Auf alle Fälle ist jenes Selbst weder Geist noch Fülle der Jugend, sondern vor dem Geist und vor der Jugendfülle, denn nach ihm ist Geist und jugendliche Fülle, die dessen bedürfen, erfüllt zu sein und zu denken. Nahe sind sie frelich dem Unbedürftigen, das überhaupt nicht mehr des Denkens bedarf. Wahre Erfüllung aber und Geistigkeit haben diese, weil sie es vom Ursprung her haben. Das vor ihnen aber bedarf weder noch hat es – sonst wäre es nicht das Gute.

IV. Die christliche Philosophie des Mittelalters

Die christliche Philosophie des Mittelalters

Man teilt die Philosophie dieses Zeitraumes in der Regel in ein Zeitalter der Patristik und ein Zeitalter der Scholastik ein. Der große Philosoph unter den Kirchenvätern ist Augustin, der christliche Platoniker. In der Tat ist es die christliche Rezeption des Platonismus bzw. dessen, was wir Neuplatonimsus nennen, was dem philosophischen Denken des christlichen Weltalters zuerst Sprache geliehen hat. Der spekulative Aufschwung der Platonischen Denkbewegung konnte dem Aufschwung der gläubigen Seele zu Gott ein begriffliches Selbstverständnis vermitteln. So ist auf Augustin, der noch am Ende der antiken Kultur steht und den von der späteren Form der christlichen Kirchenlehre die Jahrhunderte der Völkerwanderung und des langsamen Neuaufbaus der germanisch-romanischen Staatenwelt Europas trennen, immer wieder zurückgegriffen worden, als sich die christliche Dogmatik systematisch und begrifflich zu ordnen begann. Hierbei hat vor allem der Sentenzenmeister Petrus Lombardus die entscheidende Vermittlerrolle gespielt.

Von Aristoteles kannte das frühe Mittelalter dagegen nur die logischen Schriften. So kam es, daß die Rezeption des Aristoteles durch die arabische Philosophie des Mittelalters die christlichen Denker zu einer Auseinandersetzung nötigte, die nur durch eine echt christliche Rezeption der Originalwerke des Aristoteles fruchtbar gestaltet werden konte. Die sogenannte Hochscholastik ist von da aus bestimmt. Sie hat die pantheistischen Irrlehren der arabisch, d. h. vor allem durch Averroes beeinflußten sogenannten Averroisten zu ihrem eigentlichen Gegner und formiert sich zu der Summe der philosophischen Glaubenslehre des Christentums in eigener Verarbeitung des Aristoteles. Thomas von Aquin, der Verfasser der ausgewogensten, zusammenfassenden Darstellung der christlichen Lehre, ist zugleich der umfassende Kommentator der Werke des Aristoteles, die er mit dem christlichen Glaubenskern synthetisch und kritisch vermittelt. Der ungeheure Reichtum begrifflicher Arbeit, der sich in den Jahrhunderten des hohen Mittelalters im Dienste dieser großen Aufgabe verzehrt, kann aus der repräsentativen Figur des Thomas nur indirekt erschlossen werden. Immerhin, das imponierende Gesamtwerk des Thomas, das bis heute in der Katholischen Kirche kanonische Geltung besitzt, ist das Werk eines Mannes, der noch nicht einmal fünfzig Jahre alt geworden ist. Das wäre schlechterdings unbegreiflich, wenn es nicht eine Schulkultur von bewundernswerter Höhe zur Grundlage hätte. Die theologisch-philosophischen Spannungen des ausgehenden Mittelalters, die ihrerseits dem Erfahrungsgeiste der neueren Jahrhunderte den Weg bereitet haben, sind für das allgemeine philosophische Bewußtsein im wesentlichen noch unerschlossen. Wenn wir mit Nicolaus Cusanus eine Gestalt beschwören, die auf der Schwelle zwischen Mittelalter und Neuzeit steht, so faßt sich in ihr das antike Erbe des Mittelalters auf eine besonders eindrucksvolle Weise zusammen. Hier ist nochmals und wieder ein Platoniker, der den ekstatischen Aufschwung des christlichen Platonismus in sich aufnimmt und die Schulstreitigkeiten des Aristotelismus durch die dialektische Kraft seines Geistes überwindet und damit der Stimme der Mystik einen philosophisch adäquaten Ausdruck verleiht.

Augustin

Unter den frühen Schriftstellern der christlichen Kirche, den sogenannten Vätern (Patristiker), hat Augustinus bei weitem die größte philosophische Bedeutung. Er ist nicht nur einer der einflußreichsten Kirchenfürsten seiner Zeit und die stärkste systematische Begabung unter allen gewesen. Sein eigentlicher Ruhm beruht auf der Stärke und Geprägtheit seiner Person. Die *Confessiones*, eine Schilderung seines Lebensganges und seiner schließlichen Einsicht in die Führung Gottes, ist eine der berühmtesten Schriften der Weltliteratur, voller psychologischer Wahrheit und zugleich von einem beinahe liturgischen Pathos der Erhebung zu Gott. Augustin war ursprünglich der dualistischen Theologie der Manichäer ergeben. Seine frühen Schriften spiegeln dann einen starken Einfluß der akademischen Skepsis; schließlich aber gerät er immer stärker unter den Einfluß der platonischen Tradition und insbesondere Plotins, den er in der Übersetzung des Marius Victorinus kennenlernte. So wird er nach seinem Übertritt zum Christentum der eigentliche Vertreter des christlichen Platonismus. Der Aufstieg der Seele zum Höchsten, wie er der philosophischen Gnosis Plotins entspricht, wird hier durch eine persönliche Gotteserfahrung getragen, und so gewinnt die innere Selbstgewißheit der Seele eine fundamentale Bedeutung. Der Begriff der *memoria*, des Gedächtnisses, tritt in den Vordergrund, und damit erschließt sich eine ganz neue Dimension der Innerlichkeit. Denn Gedächtnis und Erinnerung weisen auf eine innere Unendlichkeit der Seele, aus der alles Bewußte hervorgeht. Das christliche Mysterium der Trinität, das selbstverständlich für das natürliche Denken der Philosophie ein unauflösliches Geheimnis bleibt, wird immerhin durch die Analogien erhellt, die die Selbsterfahrung der Seele bietet. Eines der glänzendsten spekulativen Werke Augustins, die fünfzehn Bücher *de trinitate*, variieren solche Analogien mit spekulativem Tiefsinn.

Wir bringen das 11. Buch der *Confessiones*; es hat eine besondere innere Geschlossenheit, da es den autobiographischen Charakter, der im übrigen diese Schrift Augustins beherrscht, durchbricht und ein philosophisches Thema aufwirft, die Frage nach dem Sein der Zeit. Der Anlaß ist durch den Bericht der Bibel gegeben: Was war, bevor Gott sich zur Schöpfung entschloß? Man erkennt sofort, daß dies nicht nur eine Frage der christlichen Schöpfungslehre ist, sondern eine Aporie des philosophischen Bewußtseins überhaupt. Der Begriff eines zeitlichen Anfangs der Welt hat, wie zuletzt Kant unwiderleglich gezeigt hat, etwas Widersprüchliches. Man muß die Frage nach einem solchen Anfang stellen, und man kann der Gegenfrage nicht standhalten, was vor dem Anfang war. Aristoteles hat die

Grundverfassung der Zeit darin gesehen, daß jeder Zeitpunkt notwendig eine Grenze zwischen Vergangenheit und Zukunft ist und daß daher ein zeitlicher Anfang der Zeit ein Widerspruch in sich selbst ist, weil ein Zeitpunkt immer schon durch die hinter ihm liegende Vergangenheit mitbestimmt ist. Da aber Zeit nur ist, wo Bewegung ist, hat Aristoteles daraus die Anfangslosigkeit der Welt gefordert. – Für einen christlichen Denker konnte das keine Lösung sein, da für ihn die Schöpfung eines der Fundamente seiner Glaubensüberzeugung darstellt. Augustin entwickelte daher die seelische Problematik, die mit der Frage nach dem Sein der Zeit gegeben ist, die seltsame Flüchtigkeit und Ungreifbarkeit der Zeit, die im Vergehen ihr Sein hat und ihre Wirklichkeit an uns endlichen Wesen so unerbittlich dartut. Nicht als ein Seiendes im Gefüge des Weltganzen kann Zeit gedacht werden, sondern nur als eine Erfahrung der Seele, als ein inneres Bewußtsein der Ausgespanntheit zwischen Zukunft und Vergangenheit, Hoffnung und Unwiederbringlichkeit. Die innere Dimensionalität unseres Zeitbewußtseins, das Vergangenheit, Gegenwart und Zukunft umfaßt, hat ihren eigentlichen Grund in der Kraft der Seele, sich aus allem Zerstreuten zu sammeln und auf das Eine zu richten, das not tut.

So stellt die kleine Abhandlung eine fast dramatische Auseinandersetzung zwischen der christlichen Innerlichkeit auf der einen Seite und den nach außen gewendeten Weltbegriffen des antiken Denkens dar. Wenn noch Plotin das Schicksal der Seele, ihren Fall ins Sein und ihre Erhebung zum Ursprung und zum Einen, die ihr durch Erkenntnis und Reinigung von allem Sinnlichen gelingt, als Aspekte eines kosmischen Dramas entwickelt, einer Emanation aus dem Einen und einer Rückwendung zum Einen, die das Sein aller Dinge ausmacht, so lebt Augustinus derart im Element jüdisch-christlichen Denkens, daß das Drama der Seele, ihre Ferne und ihre Nähe zu Gott, die eigentliche Wirklichkeit darstellt. So nimmt er das Ganze des philosophischen Erbes der Antike in die christliche Seelenerfahrung auf und wird dadurch zum eigentlichen Stifter der christlichen Philosophie des Mittelalters.

Bekenntnisse (11. Buch)

Inhaltsübersicht.

Augustinus will Gott loben in dem Bekenntnisse seiner Kenntnis oder auch Unkenntnis der Heiligen Schrift und wendet sich darum zur Erklärung des Anfangs vom ersten Buch Moses, und zwar zunächst der Worte: »Im Anfange erschuf Gott Himmel und Erde.« Er weist dabei die Fragen zurück, was Gott vor Erschaffung von Himmel und Erde getan habe und wie es ihm endlich in den Sinn gekommen sei, sie zu schaffen. Dieses führt ihn zu einer weitläufigen Erörterung über die Zeit.

1. Warum bekennt er Gott, wenn dieser doch alles weiß?

Aber weißt du vielleicht nicht, o Herr, was ich dir sage, da die Ewigkeit dein ist, oder siehst du bloß eine Zeitlang, was in der Zeit geschieht? Warum also erzähle ich dir so viele Dinge? Wahrlich nicht, damit du sie von mir erfahrest, sondern ich lenke durch sie meinen und meiner Leser Sinn zu dir, daß wir alle sprechen: »Groß ist der Herr und preiswürdig gar sehr.«[1] Ich habe es bereits gesagt und will es wieder sagen: »Aus Liebe zu deiner Liebe tue ich dieses.« Wir beten ja auch, und doch sagt die ewige Wahrheit: »Euer Vater weiß, was euch Not tut, noch bevor ihr ihn darum bittet.«[2] Um also unsere Hingebung dir zu bezeigen, bekennen wir dir unser Elend, aber auch dein Erbarmen uns gegenüber, auf daß du uns vollends befreiest, wie du es begonnen, und wir in Zukunft nicht mehr unglücklich in uns, sondern glückselig in dir seien. Du hast uns ja berufen, arm zu sein im Geiste, sanftmütig, traurig, hungernd und dürstend nach der Gerechtigkeit, barmherzig reinen Herzens und friedfertig.[3] Siehe, so vieles habe ich dir bekannt, soweit ich konnte und wollte, da du zuvor gewollt, daß ich dir bekenne, meinem Herrn und Gott; »denn gütig bist du, und dein Erbarmen währet ewiglich«[4].

2. Er fleht zu Gott um das Verständnis der Heiligen Schrift.

Wann aber werde ich völlig imstande sein, mit der Sprache meiner Feder aufzuzeichnen alle deine Mahnungen, Drohungen, Tröstungen und Führungen, durch die du mich veranlaßt hast, deinem Volke dein Wort zu

---

1 Ps. 95, 4.
2 Matth. 6, 8.
3 Vgl. Matth. 5, 3–9.
4 Ps. 117, 1.

predigen und dein Sakrament auszuspenden? Und selbst, wenn ich alles ordnungsgemäß aufzuzählen vermöchte, so sind mir doch die Augenblicke zu kostbar dazu. Auch brenne ich längst danach, dein Gesetz zu betrachten und dir dabei zu bekennen, was ich weiß und was ich nicht weiß, die Anfänge deiner Erleuchtung und die Reste meiner Finsternis, bis meine Schwäche von deiner Stärke verschlungen wird. Auf nichts anderes sollen meine Stunden verwandt werden, soweit sie nicht durch notwendige körperliche Erholung oder geistige Arbeit oder die Liebesdienste, die wir pflichtgemäß oder freiwillig anderen erweisen, ausgefüllt werden.

O Herr, mein Gott, neige dein Ohr meinem Gebete, und dein Erbarmen erhöre mein Sehnen; nicht für mich allein schlägt heiß mein Herz, sondern in Liebe will es auch den Brüdern dienen. Und du weißt, daß mein Herz es so meint. Deinem Dienste möchte ich Gedanken und Sprache weihen; gib, was ich dir darbringen kann. Denn »elend bin ich und arm«[5], »du aber bist reich für alle, die dich anrufen«[6]; selbst frei von Sorgen, trägst du Vatersorge für uns. Reinige von aller Vermessenheit und aller Lüge das Sinnen meines Herzens und die Lippen meines Mundes. Deine Schrift sei meine keusche Wonne; möge sie mich nicht in die Irre führen, noch ich andere durch sie. Herr, achte auf mich und erbarme dich meiner, Herr mein Gott, du Licht der Blinden und Stärke der Starken: habe acht auf meine Seele und erhöre die Stimme des Rufenden aus der Tiefe. Denn wenn dein Ohr nicht auch in die Tiefe sich neigte, wohin sollen wir dann gehen, wohin unser Rufen richten? »Dein ist der Tag, und dein ist die Nacht«[7], und auf deinen Wink fliegen die Augenblicke vorüber. So gib du mir Zeit, die Geheimnisse deines Gesetzes zu betrachten, und verschließe es nicht denen, die anklopfen. Nicht umsonst hast du ja gewollt, daß auf so vielen Blättern so dunkle Geheimnisse verzeichnet wurden. Oder haben nicht auch die Wälder ihre Hirsche, die sich in sie zurückziehen, sich dort erquicken und ergehen, darin weiden, ruhen und wiederkäuen? O Herr, vollende dein Werk in mir und enthülle sie mir. Siehe, deine Stimme ist meine Freude, deine Stimme geht mir über alle Lust. Gib, was ich liebe; denn ich empfinde Liebe, und auch das ist dein Geschenk. Laß deine Geschenke nicht verlorengehen und verachte nicht dein dürstendes Pflänzlein. Ich will dir bekennen, was ich in deinen Büchern finde, und »ich will hören die Stimme deines Lobes«[8], in dir meinen Durst stillen und die Geheimnisse deines Gesetzes betrachten von dem Anfange an, in dem du Himmel und Erde geschaffen, bis zu dem Reiche deiner heiligen Stadt, das ewig mit dir währt.

5 Ps. 85, 1.
6 Röm. 10, 12.
7 Ps. 73,16.
8 Ebd. 25, 7.

O Herr, erbarme dich meiner und erhöre mein Sehnen. Denn es erstreckt sich nicht, so glaube ich fest, auf Irdisches, nicht auf Gold, Silber, Edelsteine und prächtige Gewänder, nicht auf Ehre, Macht und fleischliche Lüste oder auf das, was wir für den Körper und die Dauer unserer Pilgerfahrt bedürfen; dies »alles wird uns ja zugegeben, wenn wir nach deinem Reiche und deiner Gerechtigkeit«[9] trachten. Sieh, o Herr, wonach mein Verlangen steht! »Erzählt haben mir die Gottlosen von Freuden, aber sie waren nicht nach deinem Gesetze, o Herr.«[10] Sieh, wonach mein Verlangen steht. Sieh, o Vater, und schaue auf mich, sieh es an und billige es. Deine Gnade lasse mich Barmherzigkeit vor deinem Angesichte finden, daß sich mir, wenn ich anklopfe, die Geheimnisse deiner Worte erschließen. Ich beschwöre dich durch unsern Herrn Jesus Christus, deinen Sohn, »den Held deiner Rechten, den Menschensohn, den du eingesetzt hast«[11] zum Mittler zwischen dir und uns, durch den du uns gesucht, als wir dich nicht suchten; du aber hast uns gesucht, auf daß wir dich suchten, dein Wort, durch das du alles gemacht, darunter auch mich, deinen Eingeborenen, durch den du das gläubige Volk zur Kindschaft berufen hast und darunter wiederum mich; ich beschwöre dich bei dem, der »zu deiner Rechten sitzet und für uns bei dir fürbittet«[12] und »in dem alle Schätze der Weisheit und Wissenschaft verborgen sind«[13]. Nach ihnen suche ich in deinen Schriften. Moses hat von ihm geschrieben[14]; so sagt er selbst, so sagt es die Wahrheit.

3. Niemand versteht, was Moses über die Schöpfung geschrieben, es sei denn, daß Gott ihn erleuchte.

Ich will nun hören und verstehen, wie du geschaffen hast »im Anfang Himmel und Erde«[15]. So hat Moses geschrieben; er hat es geschrieben und ist geschieden, ist hinübergegangen von hinnen von dir zu dir und ist nun nicht mehr vor mir. Denn wäre er noch hier, so würde ich ihn festhalten und ihn fragen und ihn bei dir beschwören, daß er mir diese Worte erkläre; und meine Ohren würden lauschen auf die Worte, die seinem Munde entströmten. Wenn er aber hebräisch spräche, so würde er vergebens an mein Ohr anklopfen, und ich würde nichts verstehen; doch sprä-

---

9 Matth. 6, 33.
10 Ps. 118, 85.
11 Ps. 79, 18.
12 Röm. 8, 34.
13 Kol. 2, 3.
14 Vgl. Joh. 5, 46.
15 Gen. 1, 1.

che er lateinisch, so wüßte ich wohl, was er meinte. Doch woher soll ich wissen, daß er die Wahrheit spricht? Und wenn ich dies wüßte, wüßte ich es dann wohl von ihm? Denn innen in der Wohnstätte meiner Gedanken würde mir die Wahrheit, nicht in hebräischer, nicht in griechischer, nicht in lateinischer, nicht in einer anderen fremden Sprache, sondern ohne das Mittel von Mund und Zunge und ohne den Schall der Silben sagen: »Er redet die Wahrheit«, und ich würde vertrauensvoll sofort deinem Diener sagen: »Du redest die Wahrheit.« Da ich nun ihn nicht fragen kann, so flehe ich zu dir, o Wahrheit, so flehe ich zu dir, o mein Gott, denn von dir erfüllt, hat er die Wahrheit gesprochen: Sieh nicht auf meine Sünden, und wie du es deinem Knechte verliehen hast, die Wahrheit auszusprechen, so laß mich sie verstehen.

4. Die Schöpfung verkündet laut den Schöpfer.

Sieh, Himmel und Erde sind da; sie bekennen laut, daß sie geschaffen sind. Denn sie sind der Veränderung und dem Wechsel unterworfen. Was aber nicht geschaffen ist und doch besteht, an dem gibt es nichts, was vorher nicht war, d. h. es gibt keinen Wechsel und keine Veränderung. Laut bekennen sie auch, daß sie nicht selbst sich gemacht haben: »Deshalb sind wir, weil wir erschaffen sind.« Wir waren also nicht, bevor wir waren, so daß wir also durch uns selbst hätten entstehen können. Dieses Geständnis der Schöpfung ist durch sich selbst klar genug. Du also, o Herr, hast sie erschaffen; und du bist schön, denn sie sind schön, und du bist, denn sie sind. Aber sie sind nicht so schön, nicht so gut, ja sie sind nicht in dem Maße wie du, ihr Schöpfer; im Vergleiche mit dir sind sie weder schön noch gut noch sind sie überhaupt. Das wissen wir, und dafür danken wir dir. Doch unser Wissen ist verglichen mit dem deinen nur Nichtwissen.

5. Die Welt ist aus Nichts erschaffen.

Wie aber hast du Himmel und Erde geschaffen und mit welchem Werkzeuge dein großes Werk ausgeführt? Du hast sie nicht geschaffen wie ein Künstler, der einen Körper aus einem bereits vorhandenen bildet nach dem Ermessen seiner Seele, die die Fähigkeit besitzt, jedem Körper die Gestalt, die seinem Geiste vorschwebt, zu geben. Und hätte sie dieses überhaupt tun können, wenn du sie nicht geschaffen hättest? Dabei gibt der Künstler Form und Gestalt nur einem Gegenstande, der bereits vorhanden ist und Dasein schon besitzt, wie der Erde, dem Steine, dem Holze, dem Golde oder einem beliebigen anderen Stoffe dieser Art. Und woher wären diese, wenn du nicht ihnen Dasein verliehen hättest? Du hast dem Künstler den Leib gebildet, du ihm eine Seele geschaffen, die den Gliedern gebietet, du ihm den Stoff geliefert, aus dem er etwas bildet, du ihm das Talent gegeben, mit dem er die Kunst erfaßt und innerlich schaut, was er äußerlich darstellen soll, du die Sinne, durch deren Vermittlung er das Bild seines Geistes auf den Stoff überträgt und wiederum der Seele über die Verwirklichung der Idee berichtet, so daß dann dieser die in seinem Innern thronende Wahrheit fragen kann, ob das Abbild gut sei. Dich preist alles dieses als den Schöpfer aller Dinge. Allein wie erschaffest du sie? Wie hast du sie erschaffen, mein Gott, »Himmel und Erde«? Ganz bestimmt hast du nicht im Himmel und auch nicht auf der Erde Himmel und Erde geschaffen, auch nicht in der Luft oder im Wasser, da auch dieses zum Bereich von Himmel und Erde gehört. Auch hast du nicht im Weltall das Weltall geschaffen; denn es gab ja keinen Raum, wo etwas hätte ins Dasein treten können, bevor es überhaupt Erschaffenes gab. Auch hattest du nichts in der Hand, woraus du Erde und Himmel hättest bilden können. Woher auch solltest du es nehmen, was du nicht geschaffen hattest, um etwas daraus zu schaffen? Gibt es überhaupt ein Sein außer deinem Sinn? Du hast also gesprochen: »Und es ward«[16], und in deinem Wort hast du es erschaffen.

6. Wie hat Gott sein »Es werde!« gesprochen?

Aber wie hast du dieses »Es werde!« ausgesprochen? Etwa so, wie aus der Wolke deine Stimme erscholl: »Dieser ist mein geliebter Sohn«?[17] Denn jene Stimme ertönte und vertönte, begann und hörte wieder auf. Die Silben ertönten und verklangen, die zweite nach der ersten, die dritten nach der zweiten und so der Reihe nach, bis die letzte nach den übrigen ertönte und nach allen Stillschweigen eintrat. Hieraus geht klar und deutlich hervor, daß jenes Wort durch die Bewegung eines Geschöpfes hervorgerufen wurde, das, selbst zeitlich, deinem ewigen Willen diente. Und diese deine nur für den Augenblick geschaffenen Worte verkündete das äußere Ohr dem vernünftigen Geiste, dessen inneres Ohr auf dein ewiges Wort eingestellt ist. Der Geist aber verglich die nur in der Zeitlichkeit tönenden Worte mit deinem schweigenden ewigen Worte und sagte: »Etwas anderes ist dieses, etwas ganz anderes.« Jene Worte sind tief unter mir, ja sie sind eigentlich gar nicht, denn sie fliehen und vergehen, aber

---

16 Ps. 32, 9.
17 Matth. 3, 17 und 17, 5.

das Wort meines Gottes bleibt über mir in Ewigkeit. Wenn du also in tönenden und vergehenden Worten gesprochen hast, daß Himmel und Erde werden sollen, und wenn du so Himmel und Erde erschaffen hast, dann gab es ja schon vor Himmel und Erde eine Körperwelt, durch deren zeitliche Bewegungen jene Stimme in der Zeit dahinging. Aber vor Himmel und Erde war kein Körper da, oder wenn einer da war, so hattest du ihn sicherlich ohne ein vorübergehendes Wort geschaffen, um dadurch das vorübergehende Wort zu erschaffen, mit dem du sagen könntest: Es werde Himmel und Erde! Wie beschaffen auch immer sein mag, woraus jene Stimme hervorgebracht worden, es würde überhaupt gar nicht bestehen, wäre es nicht von dir geschaffen. Mit welchem Worte also hast du den Körper ins Dasein gerufen, der Ursache dieser Worte werden sollte?

7. Gottes Wort ist ewig in Gott selbst.

So rufest du uns also, o Gott, zur Erkenntnis des Wortes, das Gott ist bei dir, das von Ewigkeit her ausgesprochen wird und in dem alle Dinge von Ewigkeit her ausgesprochen werden. Denn das eine Wort wird nicht etwa beendet, damit ein anderes gesprochen und nach und nach alle gesprochen werden können, sondern alles ist zugleich und von Ewigkeit her ausgesprochen; sonst fände sich ja hierbei schon Zeit und Wechsel an Stelle von wahrer Ewigkeit und wahrer Unsterblichkeit. Dieses erkenne ich, mein Gott, und danke dir dafür. Ich erkenne und bekenne es dir, mein Herr und Gott, und mit mir erkennt es und preist dich ein jeder, der nicht undankbar ist gegen die lautere Wahrheit. Wir erkennen es, o Herr, wir erkennen es; denn insoweit ein Körper seine bisherige Wesenheit verliert und dafür eine neue annimmt, insoweit sagt man, er vergeht und entsteht; denn es ist in Wahrheit unsterblich und ewig. Und deshalb sprichst du mit deinem Wort, das gleich dir ewig ist, zugleich und von Ewigkeit her alles aus, was du aussprichst, und alles, was entstehen soll, entsteht. Und alles schaffst du durch dein Wort; doch haben deshalb nicht etwa auch alle Dinge, die du durch dein Wort ins Leben rufst, zugleich und von Ewigkeit her ihr Dasein.

8. Das ewige Wort Gottes ist auch das Prinzip unserer Erkenntnis der Wahrheit.

Warum nun dies? frage ich dich, mein Herr und Gott. Zwar erkenne ich dies einigermaßen, allein ich weiß nicht, wie ich mich anders ausdrücken soll als etwa so: Jedes Wesen, das zu sein anfängt und zu sein aufhört, beginnt und beendet mit dem Zeitpunkte sein Sein, wenn die ewige Vernunft, in der weder Anfang noch Ende ist, Anfang und Ende seines Seins bestimmt hat. Diese ewige Vernunft aber ist dein Wort, »es ist der Anfang, weil es auch zu uns spricht«[18]. Denn so spricht das fleischgewordene Wort im Evangelium, und es tönte von außen an die Ohren der Menschen, damit sie es glaubten, es in ihrem Herzen suchten und in der ewigen Wahrheit fänden, wo es als gütiger und alleiniger Lehrer alle seine Schüler unterweist. Dort vernehme ich deine Stimme, o Herr, und du sagst mir, daß jener zu uns spricht, der uns unterweist; wer uns aber nicht unterweist, der mag wohl sprechen, aber er redet nicht zu uns. Wer anders aber vermag uns zu lehren als die unwandelbare Wahrheit? Denn auch dann, wenn ein veränderliches Geschöpf uns unterweist, werden wir zur unwandelbaren Wahrheit geleitet; sie ist es, die uns in Wahrheit lehrt, wenn wir nur beständig sind, auf ihn hören und »uns innig an der Stimme des Bräutigams erfreuen«[19], indem wir uns an den wenden, von dem wir das Dasein haben. Und deshalb heißt jene ewige Vernunft auch der Anfang, weil, wenn sie nicht ewig bliebe, wir nicht wüßten, wohin wir aus dem Irrtume unsere Schritte rückwärts richten sollten. Wenn wir aber vom Irrtume zurückkehren, so geschieht es durch die Erkenntnis der Wahrheit; daß wir aber erkennen, lehrt sie uns, denn sie ist der Anfang und redet zu uns.

9. Wie redet das Wort Gottes zum Herzen?

In diesem Anfange hast du, o Gott, »Himmel und Erde« erschaffen; in deinem Worte, deinem Sohne, deiner Kraft, deiner Weisheit, deiner Wahrheit hast du in wunderbarer Weise gesprochen und auf wunderbare Weise geschaffen. Wer kann es erfassen? Wer erzählen? Was ist das da, das mir entgegenleuchtet und mein Herz trifft, ohne es zu verletzen, so daß ich erschaudere und erglühe – erschaudere, insoweit ich ihm unähnlich, und erglühe, insoweit ich ihm ähnlich bin? Die Weisheit, die Weisheit selbst ist es, die mir entgegenleuchtet, die den Nebel vor meinen Augen zerreißt, der mich wieder umhüllt, wenn ich mich von ihr in der Finsternis meiner Sünden und unter der Last meines Elends abkehre. Denn »so sehr ist meine Kraft in meiner Dürftigkeit geschwächt worden«[20], daß ich selbst das Gute an mir nicht zu ertragen vermag, bist du, o Herr, der »du dich aller meiner Sünden erbarmt hast«, auch all »mein Siechtum« hei-

---

18 Joh. 8, 25.
19 Joh. 3, 29.
20 Ps. 30, 11.

lest. Denn »du wirst auch vom Verderben mein Leben erlösen«, du wirst mich krönen »in Erbarmen und mit Barmherzigkeit«, du wirst sättigen »meine Sehnsucht mit Gütern«, daß »meine Jugend sich erneue wie die des Adlers«[21]. »Denn in Hoffnung sind wir erlöst geworden, und in Geduld erwarten wir deine Verheißungen«[22]. Hören soll, wer kann, deine Stimme in seinem Innern; ich aber will zuversichtlich mit deinem Psalmisten ausrufen: »Wie groß sind deine Werke, o Herr! Alles hast du mit Weisheit gemacht.«[23] Und diese Weisheit ist der Anfang, und »in diesem Anfange hast du Himmel und Erde geschaffen«.

10. Von dem Einwande, was Gott vor der Schöpfung getan habe.

Sind nicht ihrer alten Irrtümer noch voll, die zu uns sprechen: »Was tat Gott, bevor er Himmel und Erde schuf? Denn wenn er bis dahin ruhte und nichts wirkte, warum ist er nicht für alle Zeit in derselben Untätigkeit verblieben, in der er vor der Schöpfung verharrt hatte?« Wenn nämlich in Gott irgendeine neue Bewegung entstanden wäre und ein neuer Wille, ein Geschöpf ins Dasein zu rufen, das er zuvor noch nicht geschaffen hatte, könnte man da überhaupt noch von wahrer Ewigkeit sprechen, in der ein Wille entsteht, der vorher nicht da war? Denn der Wille Gottes ist kein Geschöpf, sondern er ist früher denn das Geschöpf, weil nichts geschaffen werden könnte, wenn nicht der Wille des Schöpfers vorhanden wäre. »Gottes Wille gehört also zur Wesenheit Gottes selbst. Wenn also etwas in der Wesenheit Gottes entstand, was vorher nicht da war, so kann man in Wahrheit jene Wesenheit nicht ewig nennen; wenn aber der Wille Gottes, daß es eine Kreatur gebe, von Ewigkeit her war, warum ist dann nicht auch die Schöpfung ewig?«

11. Widerlegung dieses Einwandes: Gottes Ewigkeit ist der Begriff Zeit fremd.

Die, welche so reden, erkennen dich noch nicht, o Weisheit Gottes, Licht des Geistes, sie erkennen noch nicht, wie entsteht, was durch dich und in dir entsteht. Sie erdreisten sich, das Ewige verstehen zu wollen, aber ihre unsteten Gedanken können sich nicht freimachen von dem Gehen und Kommen der Dinge. Wer wird sie festhalten und ein wenig zum Stillstand

---

21 Ebd. 102, 3–5.
22 Röm. 8, 24 f.
23 Ps. 103, 24.

bringen, damit sie nur ein wenig den Glanz der immer beständigen Ewigkeit erfassen, ihn mit der niemals stillstehenden Zeit vergleichen und dann erkennen, daß er gar keinen Vergleich mit sich duldet? Wird er dann nicht einsehen, daß ein langer Zeitraum nur durch viele vorübergehende Momente, deren Dauer nicht gleichzeitig ist, lang wird, daß aber in der Ewigkeit nichts vorübergeht, sondern in ihr alles gegenwärtig ist, daß dagegen keine Zeit ganz gegenwärtig ist? Wird er dann endlich nicht einsehen, daß alle Vergangenheit von der Zukunft verdrängt wird, daß alle Zukunft der Vergangenheit folgt und alle Vergangenheit und Zukunft von der ewigen Gegenwart erschaffen wird und ausgeht? Wer wird die Gedanken des Menschen festhalten, daß sie endlich zum Stillstand kommen und erkennen, wie die Ewigkeit stille steht und, ohne zukünftig oder vergangen zu sein, die zukünftigen wie die vergangenen Zeiten vorschreibt? Vermag etwa meine Hand dies, oder kann die Hand meines Mundes durch Worte ein so großes Werk vollbringen?

12. Was hat Gott vor Erschaffung der Welt getan?

Siehe, ich antworte nun dem, der fragt: »Was tat Gott, bevor er Himmel und Erde schuf?« Ich gebe ihm nicht die Antwort, die ein anderer gegeben hat, der der schwierigen Frage mit einem Scherze zu entgehen suchte. »Höllen«, sprach er, »bereitete er da für die, die so hohe Geheimnisse ergründen wollen.« Ein anderes ist wissen, ein anderes witzeln. Diese Antwort will ich deshalb nicht geben. Lieber möchte ich sagen: »Was ich nicht weiß, das weiß ich nicht«, als eine Antwort geben, die den zum Spotte macht, der nach so tiefen Geheimnissen fragt, aber dem Spötter selbst Lob einbringt. Aber ich nenne dich, unsern Gott, den Schöpfer der ganzen Schöpfung. Und wenn Himmel und Erde der Inbegriff der ganzen Schöpfung sind, so sage ich kühn: »Bevor Gott Himmel und Erde schuf, tat er nichts. Denn wenn er etwas getan hätte, so hätte er nur ein Geschöpf erschaffen können.« O wüßte ich doch alles, was ich zu meinem Nutzen zu gewinnen begehre, so gut, wie ich weiß, daß kein Geschöpf geschaffen wurde, bevor die Schöpfung stattfand.

13. Es gab auch keine Zeit, bevor sie von Gott geschaffen wurde.

Wenn aber jemand in seinen Phantasien sich in die sogenannten Zeiten vor der Schöpfung verliert und sich wundert, wie du, der allmächtige Gott, der Allerschaffer und Allerhalter, der Werkmeister des Himmels und der Erde, vor der Erschaffung dieses so großen Werkes unzählige

Jahrhunderte geruht hast, so möge er aufmerken und bedenken, wie unbegründet sein Verwundern ist. Denn wie war es möglich, daß unzählige Jahrhunderte vorübergehen konnten, wenn du, der Schöpfer und Urheber aller Jahrhunderte, sie nicht vorher geschaffen hattest? Oder wie hätte Zeit sein können, wenn sie nicht von dir aus festgesetzt war? Oder wie hätte sie vorübergehen können, wenn sie nie gewesen? Da du also aller Zeiten Schöpfer bist, wie kann man da behaupten, du habest damals nicht gewirkt, wenn es tatsächlich eine Zeit vor Erschaffung von Himmel und Erde gab? Denn eben diese Zeit hattest du geschaffen, und es konnte keine Zeit vorübergehen, bevor du die Zeit schufest. Gab es aber vor Himmel und Erde keine Zeit, wie kann man dann fragen, was du damals tatest? Denn wo noch keine Zeit war, gab es auch kein Damals.

Auch gehst du nicht in der Zeit der Zeit voraus, sonst würdest du ja nicht allen Zeiten vorausgehen. Aber du gehst von der hohen Warte der allzeit gegenwärtigen Ewigkeit allen vergangenen Zeiten voraus und überragst alle zukünftigen; denn alle Zeiten sind zukünftig und werden zu vergangenen, sobald sie gekommen sind. »Du aber bleibst derselbe, und deine Jahre werden nicht abnehmen.«[24] Deine Jahre gehen nicht und kommen nicht; unsere aber hienieden gehen und kommen, und schließlich kommen sie alle. Deine Jahre bestehen alle zugleich, weil sie eben bestehen; sie gehen nicht dahin, um von den nachkommenden verdrängt zu werden, weil sie eben nicht vorübergehen. Unsere Jahre aber werden erst dann alle sein, wenn unsere Zeitlichkeit alle ist. Deine Jahre sind ein Tag, und dein Tag erneuert sich nicht jeden Tag, sondern ist ein Heute, weil dein heutiger Tag keinem morgigen weicht und keinem gestrigen nachfolgt. Dein Heute ist die Ewigkeit; daher hast du auch gleichewig gezeugt, zu dem du gesprochen: »Heute habe ich dich gezeugt.«[25] Alle Zeiten hast du geschaffen, und vor allen Zeiten bist du, und nie gab es eine Zeit, wo keine Zeit war.

14. Von den drei verschiedenen Zeiten.

Niemals also hat es eine Zeit gegeben, wo du nicht schon etwas geschaffen hattest, weil du ja die Zeit selbst geschaffen. Und keine Zeit ist ewig wie du, weil du immerdar bleibst; bliebe auch sie immer, dann wäre es keine Zeit. Denn was ist Zeit? Wer könnte den Begriff leicht und kurz erklären? Wer könnte ihn auch nur in Gedanken erfassen, um ihn dann in Worten zu entwickeln? Was aber erwähnen wir öfter in unsern Gesprächen, was er-

---

24 Ps. 101, 28.
25 Ps. 2, 7 und Hebr. 5, 5.

scheint uns bekannter und vertrauter als die Zeit? Und wir verstehen in der Tat, wenn wir davon sprechen, den Begriff, wir verstehen ihn auch, wenn wir einen anderen davon sprechen hören. Was ist also Zeit? Wenn mich niemand fragt, so weiß ich es; will ich es aber jemandem auf seine Frage hin erklären, so weiß ich es nicht. Doch soviel kann ich gewiß sagen: ginge nichts vorüber, so gäbe es keine Vergangenheit, käme nichts heran, so gäbe es keine Zukunft, bestände nichts, so gäbe es keine Gegenwart. Wie kann man aber sagen, daß jene zwei Zeiten, Vergangenheit und Zukunft, sind, wenn die Vergangenheit nicht mehr und die Zukunft noch nicht ist? Wäre dagegen die Gegenwart beständig gegenwärtig, ohne sich je in die Vergangenheit zu verlieren, dann wäre sie keine Zeit mehr, sondern Ewigkeit. Wenn also die Gegenwart, um Zeit zu sein, in die Vergangenheit übergehen muß, wie können wir dann sagen, daß sie an das Sein geknüpft ist, da der Grund ihres Seins darin besteht, daß es sofort in das Nichtsein übergeht? Also müssen wir in Wahrheit sagen: die Zeit ist deshalb Zeit, weil sie zum Nichtsein hinstrebt.

15. Vom Maße der Zeit.

Und doch reden wir von langer und kurzer Zeit, aber das können wir nur von Vergangenheit und Zukunft sagen. Eine lange Zeit in der Vergangenheit nennen wir zum Beispiel die Zeit vor hundert Jahren, lang ebenso in der Zukunft die Zeit nach hundert Jahren. Kurz aber nennen wir die Zeit, wenn in der Vergangenheit etwa zehn Tage verflossen sind, und kurz in der Zukunft ist uns die Zeit nach zehn Tagen. Aber wie kann denn lang oder kurz sein, was gar nicht ist? Denn die Vergangenheit ist nicht mehr und die Zukunft noch nicht. Wir sollten daher nicht sagen: »Die Zeit ist lang«, sondern von der Vergangenheit: »Sie war lang« und von der Zukunft: »Sie wird lang sein.« O mein Herr, mein Licht, wird deine Wahrheit nicht auch hier den Menschen verlachen? War eine längst vergangene Zeit erst lang, als sie bereits Vergangenheit war oder als sie noch gegenwärtig war? Denn damals konnte sie lang sein, als sie etwas war, was lang sein konnte; als Vergangenheit aber war sie nicht mehr, als solche konnte sie auch nicht lang sein, da sie ja überhaupt gar nicht war. Wir sollten also nicht sagen: »Die vergangene Zeit war lang«; denn wir werden nichts an ihr finden, was lang war, da sie ja, seitdem sie vergangen, nicht mehr ist. Vielmehr müßten wir sagen: »Jene Gegenwart war lang«; denn nur, da sie Gegenwart war, war sie lang. Denn da war sie noch nicht ins Nichtsein übergegangen, und deshalb war etwas da, was lang sein konnte. Sobald sie aber vorübergegangen war, hörte sie zugleich auch auf, lang zu sein, weil sie überhaupt aufgehört hatte zu sein.

Laß uns denn sehen, o Menschenseele, ob die Gegenwart lang sein kann; denn dir ist's gegeben, die Zeiträume wahrzunehmen und zu berechnen. Was wirst du mir antworten? Sind hundert Jahre der Gegenwart eine lange Zeit? Sieh zuerst zu, ob überhaupt hundert Jahre gegenwärtig sein können. Wenn das erste dieser Jahre abläuft, so ist es selbst gegenwärtig, die andern neunundneunzig aber sind zukünftig und deshalb noch nicht; wenn aber das zweite Jahr abläuft, ist das erste bereits vergangen, das zweite gegenwärtig und die übrigen zukünftig. Wir können so weiter irgendein beliebiges Jahr aus der Mitte dieser hundertteiligen Reihe als gegenwärtig setzen: die Jahre vor ihm sind vergangen, die nach ihm zukünftig. Sieh zu, ob wenigstens das eine Jahr, das da abläuft, gegenwärtig ist. Auch dieses nicht! Wenn sein erster Monat abläuft, sind die übrigen zukünftig; wenn sein zweiter Monat abläuft, so ist der erste bereits vergangen, und die übrigen sind noch nicht. Also ist auch nicht das Jahr, das abläuft, in seiner Ganzheit gegenwärtig, und wenn es nicht in seiner Ganzheit gegenwärtig ist, dann ist das Jahr nicht gegenwärtig. Denn zwölf Monate sind ein Jahr, und ein beliebiger Monat von diesen, der da gerade abläuft, ist gegenwärtig, die anderen aber sind entweder vergangen oder noch zukünftig. Aber auch nicht einmal der Monat, der verläuft, ist gegenwärtig, sondern nur ein Tag. Ist es der erste, so sind die anderen zukünftig; ist es der letzte, so sind die anderen schon vergangen; ist es aber einer aus der Mitte, so hat er seinen Platz zwischen vergangenen und zukünftigen Tagen.

Sieh, so ist die Gegenwart, die, wie wir wähnten, allein lang genannt werden könne, kaum noch auf die Dauer eines Tages ausgedehnt. Aber laßt uns auch noch diesen selbst zerlegen, da auch nicht ein Tag in seiner Ganzheit gegenwärtig ist. Er wird von vierundzwanzig Tages- und Nachtstunden ausgefüllt; für die erste von ihnen sind alle anderen zukünftig, für die letzte alle anderen vergangen, für jede aber der dazwischenliegenden Stunden die vor ihr vergangen, die nach ihr zukünftig. Und selbst die eine Stunde verläuft in flüchtigen Augenblicken; was von ihr dahingeflogen, ist vergangen, was von ihr noch übrig ist, ist zukünftig. Könnte man sich irgendeine Zeit denken, die sich in keine, auch nicht die kleinsten Teilchen mehr teilen läßt, so kann man diese allein Gegenwart nennen; und doch geht auch dieses Zeitteilchen so schnell aus der Zukunft in die Vergangenheit über, daß es sich auch nicht *einen* Augenblick über seine Dauer hinaus ausdehnen läßt. Denn wenn es über seine Dauer hinaus sich ausdehnen ließe, so würde es wieder in Vergangenheit und Zukunft geteilt werden; für die Gegenwart aber bliebe dann kein Raum. Wo ist also die Zeit, die wir lang nennen können? Etwa die Zukunft? Wir sagen nicht von ihr: »Sie ist lang«, weil ja noch nichts da ist, was lang sein könnte, sondern wir sagen: »Sie wird lang sein.« Wann wird sie nun lang sein?

Denn solange sie noch zukünftig ist, wird sie nicht lang sein, weil noch nichts vorhanden ist, was lang sein kann; soll sie aber dann lang sein, wo sie aus der Zukunft, die noch nicht ist, allmählich ins Dasein tritt und zur Gegenwart wird, so ruft uns die Gegenwart zu, daß sie gemäß der obigen Auseinandersetzung nicht lang sein kann.

16. Welche Zeit kann man messen und welche nicht?

Und dennoch, o Herr, nehmen wir Zeitabschnitte wahr, vergleichen sie miteinander und erklären dann die einen für länger, die anderen für kürzer. Wir berechnen auch, um wieviel diese Zeit kürzer ist als jene, und antworten, sie sei doppelt oder dreimal so lang als jene, oder beide seien gleich lang. Aber wir messen die Zeiten nur, wenn wir sie, indem sie vorübergehen, wahrnehmen und messen. Wer aber kann die vergangenen Zeiten messen, die nicht mehr sind, oder die zukünftigen, die noch nicht sind? Keiner, oder er müßte behaupten, messen zu können, was nicht ist. Wenn also die Zeit vorübergeht, kann man sie wahrnehmen und messen; ist sie aber einmal vorübergegangen, so kann man dies nicht, weil dann die Zeit nicht mehr ist.

17. Wo ist Vergangenheit und Zukunft?

Ich forsche nur, o Vater, ich stelle keine Behauptungen auf; schütze und leite mich dabei, mein Gott. Würde einer im Ernste die Behauptung wagen, es gebe nicht, wie wir als Knaben es gelernt und wie wir die Knaben es gelehrt, drei Zeiten, Vergangenheit, Gegenwart und Zukunft, sondern nur Gegenwart, da ja die beiden andern nicht sind? Oder sind auch diese? Dann tritt wohl, wenn aus der Zukunft Gegenwart wird, jene aus irgendeinem Versteck hervor, dann geht wohl die Gegenwart, wenn aus ihr Vergangenheit wird, wieder in die Verborgenheit zurück? Denn wo haben die Propheten, die Zukünftiges vorhersagten, es gesehen, wenn es noch nicht ist? Denn was nicht ist, kann man auch nicht sehen. Und wer Vergangenes erzählt, würde sicherlich nichts Wahres erzählen, wenn er es nicht im Geiste schaute. Wäre es aber gar nicht, so könnte es auch gar nicht gesehen werden. Es gibt also eine Zukunft und eine Vergangenheit.

18. Wie sind Vergangenheit und Zukunft gegenwärtig?

Laß mich, o Herr, meine Hoffnung, noch weiter forschen; laß mein Bemühen nicht gestört werden. Wenn es also eine Zukunft und eine Vergangenheit gibt, so möchte ich gern wissen, wo sie sind. Kann ich das auch noch nicht, so weiß ich doch, daß, wo sie auch sein mögen, sie dort nicht Zukunft oder Vergangenheit sind, sondern Gegenwart. Denn wäre die Zukunft dort auch Zukunft, so könnte sie dort noch nicht sein; wäre die Vergangenheit dort auch Vergangenheit, so wäre sie dort nicht mehr. Mögen sie also sein, wo sie wollen, sie sind dort nur Gegenwart. Wenn wir Vergangenes der Wahrheit gemäß erzählen, so werden aus dem Gedächtnisse nicht etwa die Gegenstände selber, die vergangen sind, hervorgeholt, sondern die in Worte gefaßten Bilder der Gegenstände, die diese, da sie an den Sinnen vorübergezogen, gleichsam als Spuren im Geiste zurückließen. Meine Kindheit zum Beispiel, die nicht mehr ist, gehört der Vergangenheit an, die nicht mehr ist; wenn ich ihrer aber gedenke und von ihr erzähle, so schaue ich ihr Bild in der Gegenwart, weil es noch in meinem Gedächtnisse ist. Ob nun bei den Prophezeiungen die Sache sich ähnlich verhält, so daß von Dingen, die noch nicht sind, schon existierende Bilder dem Geiste vorschweben, das, mein Gott, weiß ich nicht, ich bekenne es dir. Das aber weiß ich sicher, daß wir sehr oft über unsere zukünftigen Handlungen im voraus nachdenken und daß diese Überlegung gegenwärtig ist, die Handlung dagegen, über die wir nachdenken, noch nicht ist, da sie in der Zukunft liegt. Wenn wir uns aber an die Sache heranmachen und, was wir vorher überlegten, auszuführen beginnen, dann tritt die Handlung ins Sein, weil sie dann nicht mehr zukünftig, sondern gegenwärtig ist.

Was es auch immer für eine Bewandtnis mit jenem geheimnisvollen Vorgefühle haben mag, sehen kann man immer nur, was wirklich ist. Was aber bereits ist, ist nicht zukünftig, sondern gegenwärtig. Wenn man also von einem Schauen in die Zukunft redet, so meint man damit nicht ein Schauen dessen, was noch nicht ist, also ein Schauen der eigentlichen Zukunft, sondern nur ihrer Ursachen und Anzeichen, die bereits sind; diese sind für den Seher nicht zukünftig, sondern gegenwärtig, aus ihnen ersieht er die Zukunft und sagt sie vorher. Auch diese Vorstellungen selbst sind, und die Vorherverkünder der Zukunft schauen diese als gegenwärtig in sich. Aus der übergroßen Zahl der Dinge soll ein Beispiel für mich sprechen. Ich schaue die Morgenröte, ich verkünde den Aufgang der Sonne. Was ich schaue, ist gegenwärtig, was ich verkünde, ist zukünftig: nicht die Sonne ist zukünftig, die ist bereits, sondern ihr Aufgang, der noch nicht ist; doch auch den Aufgang selbst könnte ich nicht voraussagen, wenn sein Bild nicht vorher in meinem Geiste wäre wie jetzt, da ich dieses rede. Doch ist weder jene Morgenröte, die ich am Himmel sehe, der Sonnenaufgang, obgleich sie ihm vorhergeht, noch ist es auch jene Vorstellung in meinem Geiste; ich sehe aber beide als gegenwärtig, und so kann ich den Aufgang, der noch zukünftig ist, vorhersagen. Das Zukünftige ist also noch nicht, und wenn es noch nicht ist, dann ist es überhaupt nicht, und wenn es nicht ist, so kann man es auch durchaus nicht sehen, wohl aber aus dem Gegenwärtigen, das bereits ist und gesehen wird, vorherverkünden.

19. Sein Staunen, wie wohl Gott uns die Zukunft lehre.

Du also, Beherrscher deiner Schöpfung, in welcher Weise lehrst du die Seelen das Zukünftige? Du hast es ja deine Propheten gelehrt. Welches ist die Art, wie du, für den es keine Zukunft gibt, die Zukunft lehrst? Oder lehrst du vielmehr die Zukunft wie etwas Gegenwärtiges? Denn was nicht ist, kann natürlich auch nicht gelehrt werden. Zu hoch ist diese Weise für meinen Verstand und zu schwer, und »ich vermag es nicht, mich zu ihr zu erheben«[26]. Aber ich vermag es wohl durch dich, wenn du es mir verleihest, du süßes »Licht meines inneren Auges«[27].

20. Wie ist der Unterschied in der Zeit zu bezeichnen?

Das hat sich bis hierher wohl als klar ergeben, daß weder die Zukunft noch die Vergangenheit ist und daß man eigentlich nicht sagen kann, es gebe drei Zeiten: Vergangenheit, Gegenwart und Zukunft. Genauer würde es vielmehr heißen: Es gibt drei Zeiten, eine Gegenwart in bezug auf die Vergangenheit, eine Gegenwart in bezug auf die Gegenwart und eine Gegenwart in bezug auf die Zukunft. Denn in unserer Seele sind die Zeiten in dieser Dreizahl vorhanden, anderswo aber finde ich sie nicht. Gegenwärtig in bezug auf die Vergangenheit ist das Gedächtnis, gegenwärtig in bezug auf die Gegenwart die Anschauung und gegenwärtig in bezug auf die Zukunft die Erwartung. Wenn ich so sagen darf, so erkenne ich auch drei Zeiten und bekenne: Es gibt drei. Man mag auch sagen: Es gibt drei Zeiten, Vergangenheit, Gegenwart und Zukunft, wie es eben mißbräuchliche Gewohnheit ist, man mag es ruhig sagen. Siehe, ich kümmere mich nicht darum, ich widersetze mich nicht, ich tadle es nicht, wofern man nur dabei versteht, was man sagt, und nicht der Meinung ist, als ob Zukunft

26 Ps. 138, 6.
27 Ebd. 37, 11.

oder Vergangenheit Gegenwart sei. Denn nur in seltenen Fällen bedienen wir uns des eigentlichen Ausdruckes, in den meisten des übertragenen; aber man weiß doch, was wir wollen.

21. Wie läßt sich die Zeit messen?

Ich habe vorhin gesagt: Wir messen die Zeit, indem sie vorübergeht, so daß wir zum Beispiel sagen können, dieser Zeitabschnitt ist im Vergleich zu jenem doppelt oder gerade so lang, und was wir sonst noch über die Teile der Zeit durch Messung bestimmen können. Deshalb, wie gesagt, messen wir die Zeit, indem sie vorübergeht. Und wenn mich jemand fragt: »Woher weißt du das?« so antworte ich ihm: »Ich weiß, daß wir sie messen; was aber nicht ist, können wir auch nicht messen, und Vergangenheit und Zukunft sind nicht.« Wie aber messen wir die Gegenwart, da sie keine Ausdehnung hat? Wir messen sie also, wenn sie vorübergeht; ist sie aber vorübergegangen, so messen wir sie nicht, weil dann nichts mehr da ist, was gemessen werden könnte. Aber woher, auf welchem Wege und wohin geht sie vorüber, wenn sie gemessen wird? Woher anders als aus der Zukunft? Auf welchem Wege, wenn nicht durch die Gegenwart? Wohin, wenn nicht in die Vergangenheit? Aus dem also, was noch nicht ist, über das, was keine Dauer hat, zu dem, was nicht mehr ist. Was anderes aber messen wir, wenn nicht die Zeit in irgendeiner Ausdehnung? Denn wenn wir sagen: das einfache, das doppelte, das dreifache und ähnliches, so sagen wir das nur von der Zeit in ihrer Ausdehnung und Dauer. Mit welchem Zeitmaße messen wir also die vorübergehende Zeit? Etwa in der Zukunft, woher sie vorübergeht? Aber was noch nicht ist, können wir nicht messen. Oder in der Gegenwart, über die sie vorüberzieht? Aber was keine Dauer hat, messen wir nicht. Oder in der Vergangenheit, wohin sie vorübergeht? Aber was nicht mehr ist, können wir nicht messen.

22. Er bittet Gott um Lösung dieses Rätsels.

Meine Seele brennt vor Verlangen, diesen so überaus verwickelten Knoten zu lösen. Verschließe doch, Herr, mein Gott, du gütiger Vater, ich bitte dich um Christi willen, verschließe doch diese so alltäglichen und doch so geheimnisvollen Dinge nicht meinem Verlangen; laß meinen Geist darin eindringen, auf daß sie mir im Lichte deiner Barmherzigkeit, o Herr, klar werden. Wen kann ich über diese Dinge befragen? Wem kann ich mit größerem Nutzen meine Unwissenheit bekennen als dir, der meinen Eifer nicht tadelt, wenn er mich in heißem Drange zu deinen heiligen

Schriften hinzieht. Gib mir, was ich liebe; denn ich liebe, und auch dies hast du mir gegeben. Gib es, o Vater, der du in Wahrheit »deinen Kindern gute Gaben zu geben«[28] weißt, gib es mir, denn ich habe es auf mich genommen, zur Erkenntnis zu gelangen, »und große Arbeit steht mir bevor«[29], bis du sie mir erschließt. Um Christi willen beschwöre ich dich, im Namen dieses Heiligen der Heiligen, laß niemanden mich bei diesem Vorhaben hindern! Und »ich habe geglaubt, darum redete ich auch«[30]. Das ist meine Hoffnung, und ihr gemäß lebe ich auch, »daß ich schauen darf die Freude des Herrn«[31]. »Siehe, du hast hinausgerückt das Ende meiner Tage«[32], und sie gehen vorüber, ich weiß nicht wie. Wir reden von Zeit und Zeit, von Zeiten und Zeiten und sprechen: »Wie lange hat er gelebt?« »Wann hat er das getan?« »Wie lange habe ich das schon nicht mehr gesehen?« »Diese Silbe da dauert doppelt so lange wie jene kurze.« So sagen wir, und so hören wir andere sagen; man versteht uns, und wir verstehen selbst. Es sind ganz gewöhnliche und gebräuchliche Dinge, und doch sind sie wiederum ganz dunkel, und die Lösung des Rätsels ist noch nicht gefunden.

23. Was ist die Zeit?

Ich habe einmal von einem gelehrten Manne gehört, die Bewegungen der Sonne, des Mondes und der Sterne seien die Zeiten; aber ich habe ihm nicht zugestimmt. Sollten nämlich nicht vielmehr die Bewegungen *aller* Körper die Zeit sein? Wie ferner: wenn alle Himmelslichter feierten und sich nur noch das Rad eines Töpfers drehte, gäbe es dann keine Zeit, die Bewegungen dieses Töpferrades zu messen? Könnten wir dann nicht sagen, es vollende seine Umläufe in gleichen Zwischenräumen, oder, wenn es sich bald langsamer, bald schneller drehte, die Umlaufszeiten seien bald länger bald kürzer? Oder wenn wir dies sagten, verliefe dann unsere Rede nicht in der Zeit? Oder gäbe es in unseren Worten nur deshalb lange und kurze Silben, weil jene eine längere Zeit tönten, diese eine kürzere? O Gott, verleihe du es den Menschen, daß sie am Kleinen die allgemeinen Begriffe der kleinen und großen Dinge kennenlernen! Ja auch die Gestirne und Lichter des Himmels sind Zeichen der Zeit, der Jahre und der Tage; das sind sie. Darf ich aber auch nicht die Umlaufzeit jenes hölzer-

---

28 Matth. 7, 11.
29 Ps. 72, 16.
30 Ps. 115, 10.
31 Ebd. 26, 4.
32 Ebd. 38, 6.

nen Rädchens einen Tag nennen, so darf jener Gelehrte auch nicht behaupten, dieser Umlauf sei gar keine Zeit.

Ich will zur Erkenntnis der *Bedeutung und des Wesens der Zeit* gelangen, mit der wir die Bewegungen der Körper messen und dann z. B. sagen, die eine Bewegung dauere doppelt so lange als eine andere. Denn ich frage danach, weil wir nicht nur den Zeitraum Tag nennen, da die Sonne über der Erde steht – danach scheiden wir Tag und Nacht –, sondern auch die Dauer des ganzen Umlaufs vom Aufgang bis wieder zum Aufgang, demgemäß wir sagen: »So viele Tage sind vorübergegangen.« Wir zählen nämlich die Nächte mit, wenn wir von »so vielen Tagen« sprechen, wir zählen sie nicht etwa besonders. Wenn also der Tag durch die Bewegung der Sonne und ihren Kreislauf vom Aufgange bis wieder zum Aufgange vollendet wird, dann frage ich: Ist die Bewegung selbst der Tag, oder ist es die Dauer, in der sich diese Bewegung vollzieht, oder beides? Denn wenn die Bewegung selbst der Tag wäre, dann müßte man von einem Tage sprechen, auch wenn die Sonne ihren Lauf innerhalb einer einzigen Stunde vollendete. Wäre die Dauer der Tag, so wäre dann kein Tag, wenn es von einem Sonnenaufgang bis zum anderen nicht länger als *eine* Stunde währte, so daß dann die Sonne vierundzwanzigmal ihren Umlauf vollenden müßte, damit *ein* Tag entstehe. Wären aber Bewegung und Dauer der Tag, so könnte man es weder einen Tag nennen, wenn die Sonne ihren Kreis in der Zeit einer Stunde vollendete, noch auch, wenn die Sonne etwa feierte und darüber soviel Zeit verginge, als sie in der Regel zur Vollendung ihres ganzen Umlaufs von einem Morgen bis zum anderen braucht. Ich will jetzt darum nicht weiter fragen, was eigentlich der Tag, sondern was die Zeit ist; mit ihr messen wir ja den Kreislauf der Sonne und sagen, dieser Kreislauf sei in der Hälfte der gewöhnlichen Zeit vollbracht worden, wenn er in der Zeit von zwölf Stunden vollbracht wurde. Und bei einem Vergleiche beider Zeiten würden wir jene die einfache, diese die doppelte nennen, auch wenn die Sonne bisweilen ihren Kreislauf von Osten zu Osten, bald in jener einfachen, bald in dieser doppelten Zeit durchliefe. Sage mir also keiner, die Bewegung der Himmelskörper sei die Zeit, weil ja auch damals, als auf eines Mannes Wunsch[33] die Sonne stille stand, damit er siegreich die Schlacht vollende, nur die Sonne stille stand, die Zeit aber weiter ging. Und jene Schlacht wurde geliefert und beendigt in dem Zeitraume, der für sie genügte. Ich sehe also, daß die Zeit eine gewisse Ausdehnung ist. Aber erkenne ich es, oder glaube ich es nur zu erkennen? Du, der du das Licht und die Wahrheit bist, du nur wirst es mich lehren.

---

33 Vgl. Jos. 10, 2f.

24. Mittels der Zeit messen wir die Bewegung der Körper.

Ist es nun dein Wille, daß ich zustimmen soll, wenn jemand behauptet, Zeit sei die Bewegung eines Körpers? Das ist nicht dein Wille. Denn wie ich gehört habe, bewegt sich jeder Körper nur in der Zeit: so sagst du. Daß aber die Bewegung eines Körpers selber die Zeit sei, höre ich nicht; davon sagst du nichts. Denn wenn sich ein Körper bewegt, so messe ich mittels der Zeit die Dauer der Bewegung von ihrem Anfange bis zu ihrem Ende. Und wenn ich den Anfang der Bewegung nicht gesehen habe, der Körper aber sich zu bewegen fortfährt, so daß ich auch das Ende der Bewegung nicht sehe, so kann ich die Dauer nicht messen, außer bloß vom Beginne meiner Beobachtung bis zu deren Ende. Schaue ich lange hin, so kann ich nur sagen, es sei eine lange Zeit, ich kann aber nicht sagen, wie lange sie dauert. Denn wenn wir wirklich die Dauer zu bestimmen suchten, so könnten wir es nur vergleichsweise tun, etwa: »Dieses dauert gerade so lange« oder »Dieses dauert doppelt so lange wie jenes« usw. Wenn wir aber die Punkte bezeichnen können, woher und wohin ein Körper bei seiner Bewegung gelangt oder woher und wohin seine Teile gelangen, wenn sich der Körper wie im Kreise dreht, so können wir auch angeben, wieviel Zeit er braucht, bis seine Eigen- oder Teilbewegung von einem Punkte zum andern vollendet ist. Da also etwas anderes die Bewegung eines Körpers ist, etwas anderes das Maß, mit dem wir die Bewegung messen, wer sieht da nicht ein, was wir von diesen beiden Begriffen Zeit nennen müssen? Denn wenn die Bewegung eines Körpers in verschiedener Weise vor sich geht, bald auch stillsteht, so messen wir nicht nur seine Bewegung, sondern auch die Dauer seines Stillstandes mit der Zeit und sagen: »Der Körper stand so lange still, als er sich bewegte« oder: »Er stand zwei- oder dreimal so lange, als er sich bewegte«, oder was sonst unsere Messung als genaues oder schätzungsweise abgegebenes Resultat gefunden hat. Die Zeit ist also nicht die Bewegung der Körper.

25. Er wendet sich abermals an Gott.

Und ich bekenne es dir, o Herr, daß ich immer noch nicht weiß, was die Zeit ist, und wiederum bekenne ich dir, o Herr, zu wissen, daß ich dieses in der Zeit sage, daß ich schon lange über die Zeit spreche und dieses »lange« nur durch die Dauer der Zeit lang ist. Wie also weiß ich dieses, wenn mir der Begriff Zeit fremd ist? Weiß ich etwa nicht, wie ich das, was ich weiß, in Worte kleiden soll? Weh über mich Armen, vielleicht weiß ich gar nicht, was ich nicht weiß! Sieh, mein Gott, vor dir ist es offenbar, daß ich nicht lüge; wie ich rede, so ist mein Herz. Du wirst Licht geben »meiner Leuchte, o Herr, mein Gott, du wirst erleuchten meine Dunkelheit«[34].

26. Wie messen wir also die Zeit?

Bekennt dir nicht mein Herz in aufrichtigem Bekenntnisse, daß ich die Zeiten messe? So messe ich also, mein Gott, ohne zu wissen, was ich messe. Ich messe die Bewegung des Körpers mit der Zeit. Und doch messe ich die Zeit selbst nicht? Oder könnte ich etwa die Bewegung eines Körpers messen, wie lang sie ist und in welcher Zeit er von einem Punkte zu einem andern gelangt, wenn ich nicht die Zeit, in der er sich bewegt, messe? Womit messe ich also die Zeit selbst? Messe ich etwa die längere Zeit mit einer kürzeren Zeit wie die Länge des Balkens mit der einer Elle? So messen wir ja wohl die Dauer einer langen Silbe mit der einer kurzen und nennen jene doppelt so lang wie diese. So messen wir die Länge der Gedichte durch die Zahl der Verse, die Zahl der Verse durch die Zahl der Füße, die Zahl der Füße durch die Zahl der Silben und die Dauer der langen Silben durch die der kurzen, nicht auf dem Papier, denn so messen wir räumliche, nicht zeitliche Ausdehnungen; sondern die Länge ergibt sich daraus, wenn die Worte beim Aussprechen vorübergehen und wir sagen: »Das Gedicht ist lang, denn es besteht aus so und so viel Versen; die Verse sind lang, denn sie bestehen aus so und so viel Füßen; die Füße sind lang, denn sie zählen so und so viel Silben; die Silbe ist lang, denn sie mißt das Doppelte einer kurzen.« Aber auch so erhalten wir noch kein sicheres Zeitmaß, da ja auch ein kürzerer Vers, wenn man ihn gedehnter vorträgt, einen längeren Zeitraum ertönt als ein längerer Vers, wenn man ihn rasch hersagt. So verhält es sich auch mit dem Gedicht, so mit dem Fuße, so mit der Silbe. Hieraus habe ich geschlossen, daß die Zeit nur eine Ausdehnung sei; aber wovon, das weiß ich nicht. Es wäre wunderbar, wenn sie nicht eine Ausdehnung des Geistes selbst wäre. Denn ich bitte dich, mein Gott, was messe ich, wenn ich entweder unbestimmt sage: »Diese Zeit ist länger als jene« oder auch bestimmt: »Diese Zeit mißt das Doppelte von jener«? Ich messe die Zeit, das weiß ich. Aber ich messe nicht die Zukunft, denn diese ist ja noch nicht, ich messe auch nicht die Gegenwart, denn sie hat keine Ausdehnung im Raume, ich messe auch nicht die Vergangenheit, denn sie ist nicht mehr. Was also messe ich? Etwa vorübergehende, nicht vorübergehende Zeiten? So war es oben gemeint.

---

34 Ps. 17, 29.

27. Die Zeit wird in ihrer Fortdauer in der Seele gemessen.

Meine Seele, halte inne und merke wohl auf: Gott ist unsere Hilfe; »er selbst hat uns geschaffen, und nicht wir etwa«[35]. Sieh zu, wo das Morgenrot der Wahrheit aufgeht. Denke dir, ein Körper beginnt einen Ton von sich zu geben, er tönt und tönt fort und verhallt; schon ist er stille geworden; der Ton ist verklungen, und der Ton ist nicht mehr da. Bevor der Ton erklang, war er zukünftig und konnte noch nicht gemessen werden, weil er noch nicht war, und jetzt kann er nicht gemessen werden, weil er nicht mehr ist. Damals also, während er tönte, konnte er gemessen werden, denn damals war er da und konnte also gemessen werden. Jedoch auch damals war er nicht von Dauer; er ging nämlich und ging über. Aber vielleicht ließ er sich gerade deshalb messen? Denn während er vorüber ging, dehnte er sich zu einer gewissen Dauer aus, in der man ihn messen konnte, während die reine Gegenwart keine Ausdehnung hat. Wenn er also damals gemessen werden konnte, so stelle dir etwas anderes vor: Ein anderer Ton fing zu tönen an, und er tönt noch fortwährend und ohne jede Unterbrechung. Messen wir ihn, während er tönt; denn wenn er zu tönen aufgehört hat, wird er bereits vorübergegangen sein und wird nicht mehr gemessen werden können. Messen wir ihn also wirklich und bestimmen wir seine Dauer! Allein er tönt ja noch und kann doch nur gemessen werden von dem Augenblicke ab, da er zu ertönen begann, bis zu dem, da er aufhört. Denn die Zwischenzeit können wir ja nur durch Anfang und Ende bestimmen. Daher kann man einen Ton, der noch nicht zu Ende ist, nicht messen und seine Länge und Kürze bestimmen, noch kann man sagen, er sei einem anderen gleich oder im Vergleich zu einem anderen einfach oder doppelt usw. Ist er aber zu Ende, so ist er überhaupt nicht mehr. Wie soll man ihn dann also messen können? Und doch messen wir die Zeiten, aber nicht die, die noch nicht sind, auch die nicht, die nicht mehr sind, noch die, die sich auf keine Dauer erstrecken, noch die, die keine Grenzen haben. Also messen wir weder die zukünftige noch die vergangene noch die gegenwärtige noch die vorübergehende Zeit, und dennoch messen wir die Zeit.

»O Gott, du Schöpfer dieser Welt«: dieser Vers besteht aus acht abwechselnd kurzen und langen Silben; vier also sind kurz, die erste, dritte, fünfte und siebte, und darum halb so lang als die vier langen, die zweite, vierte, sechste und achte. Diese letzteren erfordern im Vergleiche zu jenen kurzen die doppelte Zeitdauer; ich spreche sie aus, wiederhole sie, und es verhält sich tatsächlich so, soweit ich es mit meinen Sinnen offenbar wahrnehmen kann. Soweit nun die sinnliche Wahrnehmung zuverläs-

---

35 Ps. 99, 3.

sig ist, messe ich eine lange Silbe durch eine kurze und empfinde, daß sie doppelt so lang wie diese ist. Aber wenn die eine nach der anderen und zwar die kurze zuerst, die lange hinterher ertönt, wie soll ich die kurze festhalten und wie sie als Maßstab an die lange legen, um zu finden, daß diese doppelt so lang ist? Die lange Silbe fängt ja doch erst zu tönen an, wenn die kurze aufgehört hat. Messe ich etwa auch die lange Silbe nicht, während sie gegenwärtig ist, da ich sie nur messen kann, wenn sie bereits beendet ist? Ist sie aber zu Ende, so ist sie überhaupt nicht mehr. Was also messe ich denn da? Und wo ist die kurze Silbe, mit der ich messe? Und wo die lange, die ich messe? Beide sind erklungen, verklungen, vorübergezogen, beide sind nicht mehr. Und ich messe und antworte mit Bestimmtheit, soweit man sich auf ein scharfes Gehör verlassen kann, daß jene einfach, jene doppelt ist, nämlich in der Zeit. Das aber kann ich nur sagen, wenn die beiden Silben bereits vorübergegangen und beendet sind. Ich messe also nicht sie selbst, die bereits nicht mehr sind, sondern ich messe etwas, was sich meinem Gedächtnisse eingeprägt hat.

In dir also, mein Geist, messe ich meine Zeiten. Wende mir nicht ein: Wieso das? Laß dich selbst nicht irre machen durch die Scharen der Eindrücke, die du empfängst. In dir, sage ich, messe ich die Zeiten. Den Eindruck, den die vorübergehenden Dinge auf dich machen und der auch, nachdem sie vorübergegangen, bleibt, diesen mir gegenwärtigen Eindruck also messe ich, nicht das, was vorübergegangen ist und in dir den Eindruck hervorgerufen hat; diesen messe ich, wenn ich die Zeit messe. Entweder ist er also die Zeit, oder es ist nicht die Zeit, die ich messe. Wie nun, wenn wir das Stillschweigen messen und dann behaupten wollten, jenes Stillschweigen habe so lange gedauert, wie jene Stimme anhält? Dehnen wir da nicht unsere Gedanken nach der Dauer der Stimme, als wenn sie noch ertönte, um danach die Dauer der Stille angeben zu können? Denn auch Stimme und Mund schweigen, lassen wir in Gedanken Gedichte, Verse und jegliche Rede an unserem Geiste vorüberziehen und geben dann die betreffende Ausdehnung ihres Vorüberganges und das Verhältnis der Zeitdauer von einem zum anderen genau so an, wie wenn wir sie laut aussprächen, so daß sie ertönten. Wenn jemand einen längeren Ton hervorbringen und in seinem Geiste im voraus dessen Länge bestimmen wollte, so hat er jedenfalls schon im stillen den Zeitraum bestimmt und ihn seinem Gedächtnisse übergeben; und nun fängt er an, jenen Ton hervorzubringen. Und dieser ertönt nun, bis er die festgesetzte Dauer erreicht. Oder vielmehr: er ertönte und wird ertönen. Denn was von dem Tone vollendet ist, das hat getönt, was aber noch übrig ist, das wird noch ertönen. Und so wird der Ton vollendet, indem die gegenwärtige Tätigkeit die Zukunft in die Vergangenheit überführt, indem durch die Abnahme des Zukünftigen das Vergangene immer mehr zunimmt, bis schließlich das Zukünftige gänzlich aufgezehrt und in Vergangenheit übergeführt ist.

28. Das Zeitmaß ist der Geist.

Aber wie kann sich die Zukunft, die doch noch nicht ist, verzehren oder erschöpfen, wie kann die Vergangenheit, die nicht mehr ist, zunehmen, wenn nicht der Geist, in dem dieses vorgeht, eine dreifache Tätigkeit ausübt? Denn er erwartet, nimmt wahr und erinnert sich, so daß das von ihm Erwartete durch seine Wahrnehmung hindurch in Erinnerung übergeht. Wer leugnet nun, daß das Zukünftige noch nicht ist? Allein die Erwartung des Zukünftigen ist bereits im Geiste. Wer leugnet, daß das Vergangene nicht mehr ist? Aber die Erinnerung an die Vergangenheit ist noch im Geiste. Wer leugnet, daß die Gegenwart der Dauer entbehrt, da sie in einem Augenblicke vorübergeht? Allein es dauert doch die Wahrnehmung; durch sie soll das, was vorläufig erst herankommen soll, Dauer in der Vergangenheit erhalten. Also ist nicht die Zukunft lang, die ja nicht ist, sondern eine lange Zukunft ist nur eine lange Erwartung der Zukunft; ebenso ist nicht die Vergangenheit lang, die nicht mehr ist, sondern eine lange Vergangenheit ist nur eine lange Erinnerung an die Vergangenheit.

Ich will ein Lied vortragen, das ich auswendig kann; bevor ich anfange, richtet sich meine Erwartung auf das Ganze, habe ich aber angefangen, so erstreckt sich das, was ich von der Erwartung bereits der Vergangenheit zugeführt habe, innerhalb meines Gedächtnisses. So also ist diese meine Tätigkeit in ihrer Dauer geteilt in die Erinnerung, soweit ich es gesagt habe, und in Erwartung, soweit ich es sagen will; gegenwärtig dagegen ist meine Aufmerksamkeit, durch die das, was zukünftig war, hindurchgeht, um Vergangenheit zu werden. Je mehr nun dieses geschieht, um so mehr nimmt die Erwartung ab und die Erinnerung zu, bis die ganze Erwartung sich erschöpft, weil die ganze Handlung beendet und in Erinnerung übergegangen ist. Und was bei dem ganzen Liede geschieht, das geschieht auch bei seinen einzelnen Abschnitten und in seinen einzelnen Silben, dasselbe auch in einer längeren Handlung, von der das Lied vielleicht nur ein Teil ist, dasselbe im ganzen Leben des Menschen, dessen Teile alle einzelnen Handlungen des Menschen sind, dasselbe schließlich mit dem Sein des ganzen Menschengeschlechtes, das sich aus den Lebenszeiten der einzelnen Menschen zusammensetzt.

29. Er will sich in Gott aus der Zerstreuung ins Zeitliche sammeln.

Aber »da ja deine Barmherzigkeit besser ist als Leben«[36], darum ist mein Leben nur eine Ausdehnung; und deine Rechte hat mich aufgenommen in meinem Herrn, dem Menschensohne, dem Mittler zwischen dir, dem Einen, und uns, den Vielen, in Vielem durch Vieles, auf daß »ich dich durch ihn ergreife, da ich auch von dir ergriffen bin«[37], und mich von meiner Vergangenheit erhole und dem einen Ziele nachstrebe. »Vergessend, was da hinten ist«, mich ausstreckend nicht nach dem, was künftig und vorübergehend ist, sondern »zu dem, was vor mir liegt, strebend«, nicht »in Zerrissenheit, sondern in ernstlichem inneren Ringen eile ich der Palme der himmlischen Berufung zu«, wo »ich hören will die Stimme deines Lobes«[38], und »betrachten soll deine Wonne«[39], die nicht kommt und nicht geht. Jetzt aber sind »meine Jahre Jahre des Seufzens«[40]; du, o Herr, bist mein Trost, du bist mein ewiger Vater. Ich aber bin ganz aufgegangen in der Zeit, deren Ordnung ich nicht kenne; meine Gedanken, das innerste Leben meiner Seele, zerreißen sich in stürmischem Wechsel, bis ich gereinigt in dir und geläutert durch das Feuer deiner Liebe mich in dich ergieße.

30. Erneute Widerlegung des Einwandes, was denn Gott vor der Schöpfung der Welt getan habe.

Fest und fester will ich Stand fassen in dir, meinem Urbild, in deiner Wahrheit; ich will nicht dulden die Fragen der Menschen, die in sträflicher Neugierde mehr wissen möchten, als sie verstehen, und sprechen: »Was tat Gott, bevor er Himmel und Erde schuf?« oder »Wie kam es ihm in den Sinn, etwas zu tun, da er doch vorher ruhte?« Gib ihnen, o Herr, recht zu bedenken, was sie da sprechen, und recht einzusehen, daß man nicht von »niemals« sprechen kann, wo es keine Zeit gab. Sagt man also »er habe niemals vorher geschaffen«, so meint man »er habe nicht in der Zeit geschaffen«. Mögen sie also einsehen, daß die Zeit erst mit der Schöpfung begonnen hat, und aufhören, so törichtes Gerede zu schwatzen. Mögen sie dagegen erstrecken ihr Verlangen »nach dem, was vorn ist«, und einsehen, daß du vor aller Zeit der ewige Schöpfer aller Zeit bist, und daß

---

36 Ps. 62, 4.
37 Phil. 3, 12–14.
38 Ps. 25, 7.
39 Ebd. 26, 4.
40 Ps. 30, 11.

keine Zeit und kein Geschöpf dir gleichewig ist, auch wenn selbst eins vor die Zeit hinaufreichte.

31. Wie erkennt Gott und wie das Geschöpf?

Mein Herr und Gott, wie groß sind die Tiefen deiner Geheimnisse, und wie weit haben mich die Folgen meiner Sünden von ihnen verschlagen! Heile meine Augen, und ich will mich über dein Licht mit erfreuen. Fürwahr, wenn es einen Geist gäbe, der mit so großer Wissenschaft und so großer Kenntnis begabt ist, daß ihm alles Vergangene und Zukünftige so bekannt ist wie mir ein ganz bekanntes Lied, dann wäre er über die Maßen wunderbar und zum Erschrecken erstaunlich; denn alle Vergangenheit, alle Jahrhunderte lägen so offen vor ihm wie vor mir das Lied, wenn ich es singe; ich weiß, was und wieviel noch übrig ist. Aber ferne von mir, ganz fern sei die Annahme, du, der Schöpfer des Weltalls, der Schöpfer der Geister und der Körper, wüßtest in ähnlicher Weise alle Zukunft und Vergangenheit. Du weißt sie weit, weit wunderbarer und weit geheimnisvoller. Denn wenn einer ein bekanntes Lied singt oder hört, so wird er infolge der Erwartung der zukünftigen Töne und bei der Erinnerung an die verklungenen verschieden berührt und seine Aufmerksamkeit gespannt. Solches ist aber nicht der Fall bei dir, dem unwandelbar Ewigen, das ist dem wahrhaft ewigen Schöpfer der Geister. Wie du »im Anfange Himmel und Erde«[41] ohne Einbuße deiner Erkenntnis erkannt hast, so hast du »im Anfange Himmel und Erde« geschaffen ohne Änderung deiner Tätigkeit. Wer das versteht, möge dich preisen; wer das nicht versteht, auch der möge dich preisen. O wie erhaben bist du! Und die demütigen Herzen sind dein Haus! Denn du richtest auf, die zerschlagenen Herzens sind, und nicht fallen, deren Höhe du bist.

---

41 Gen. 1, 1.

Thomas von Aquin

Thomas ist der repräsentative Denker des hohen Mittelalters. Sohn eines neapolitanischen Grafen, wurde er jung schon Dominikaner und studierte vor allem in Paris und Köln bei Albertus Magnus; er war seit 1252 selbst als Lehrer in Paris, Köln, Bologna, Rom und Neapel tätig. Sein riesiges schriftliches Werk stellt die reifste Vermittlung zwischen der christlichen Gedankentradition und der aristotelischen Philosophie dar. Darin liegt seine eigentliche Bedeutung, daß er ein eigenes intensives Aristoteles-Studium leistete und die systematische Kraft besaß, mit den Denkmitteln der aristotelischen Tradition die christliche Dogmatik zu durchdringen. Eine wunderbare Leichtigkeit im Unterscheiden, Ordnen, Überschauen und Begrenzen zeichnet alle seine Schriften aus.

Die geschichtliche Aufgabe, die ihm zufiel, war dadurch gegeben, daß die aristotelische Philosophie im christlichen Mittelalter weitgehend unbekannt geblieben war und daß umgekehrt ein blühendes Zentrum aristotelischer Studien im arabisch-mohammedanischen Kulturkreis existierte. So waren es die Heiden, die *gentes*, deren Aristoteles-Auffassung den großen Gegner darstellte, gegen den sich die christliche Theologie zu verteidigen hatte. Der arabische Aristotelismus hatte vor allem die Frage der Ewigkeit der Welt, der Unsterblichkeit der menschlichen Seele und das Verhältnis zwischen Einzelseele und Gott in einem Sinne behandelt, der mit den Grundlehren der christlichen Kirche unvereinbar war. Nun hatte aber dieser averroistische Pantheismus, genannt nach einem seiner großen Vertreter, Averroes (Ibn Rochd, 1126–1198), durch seine Übersetzung ins Lateinische eine ungeheure Verbreitung unter den Gelehrten und Geistlichen Frankreichs und Italiens gefunden. Es war daher eine Art Lebensfrage für die christliche Kirche, daß sie sich dieser Überfremdung durch den griechisch-arabischen Geist erwehrte, und das konnte nur durch eine eigene Rezeption der aristotelischen Lehren und Aneignung seiner hohen Begriffskunst geschehen. Bisher waren nur die logischen Schriften des Aristoteles rezipiert gewesen. Es war das ungeheure Verdienst von Thomas, die gesamte aristotelische Wissenschaft von der Welt, von der Seele und von Gott systematisch durchdrungen und in eine Vorbereitung und Grundlage der christlichen Glaubenslehre verwandelt zu haben, eine große Vermittlungsleistung, die die gefährliche Schärfe des Zusammenstoßes zwischen der heidnischen Philosophie und der christlichen Dogmatik in einer überzeugenden Synthese antiken und christlichen Geistes aufhob.

Das philosophische Hauptwerk des Thomas von Aquin ist seine *Summa contra gentes*, d. h. eine Zusammenfassung der christlichen Glaubenslehre in der Verteidigung gegen heidnischen Aristotelismus. Daneben treten zwei große systematische Schriften, die sogenannte große oder *Theologische Summa* und die auf Disputationen zurückgehenden *Quaestiones*. Sein ganzes Denken beruht aber auf der bewunderungswürdigen Leistung einer Einzelerklärung der aristotelischen Hauptschriften. Noch heute sind diese Kommentare zu Aristoteles durch ihre logische Präzision und analytische Klarheit von großem Wert für die Aristoteles-Erklärung, obwohl sie natürlich den christlichen Standpunkt des Verfassers verraten und in der Einzelauslegung nicht immer auf der vollen Höhe dessen sind, was uns durch die antiken Kommentatoren aufgeschlossen worden ist. Doch es bleibt erstaunlich, mit welcher systematischen Kraft Thomas das aristotelische Werk durchdacht und rezipiert hat. Nur eine solche Leistung überlegener Aneignung konnte der Aufgabe genügen, den großen heidnischen Denker dem Selbstverständnis des christlichen Glaubens einzuordnen.

Die Grundlage der thomistischen Synthese ist seine Lehre von den natürlichen und von den geoffenbarten Wahrheiten. Daß die natürliche Vernunft und die Philosophie zur Erkenntnis wesentlicher Wahrheiten auch ohne die Erleuchtung durch den Glauben in der Lage ist, erlaubt, das ganze Wissen und die Frucht der großen Denkleistung der griechischen Philosophie positiv aufzunehmen. Auf der anderen Seite sind die eigentlichen Glaubenswahrheiten des Christentums durch den bloßen Gebrauch der natürlichen Vernunftgaben nicht zu erfassen. Hier schenkt nur das Licht der Offenbarung soviel Helligkeit, daß die menschliche Vernunft die großen Mysterien der heiligen Schriften geistig zu erfassen und mit dem Ganzen des natürlich-weltlichen Wissens zu vereinigen vermag. Thomas muß ein wunderbarer Disputierer gewesen sein, denn das Erstaunlichste an seinen Schriften ist die Kunst der Vermittlung und des Ausgleichs widerstreitender Denkmotive.

Wir bringen aus seinen großen *Quaestiones disputatae de veritate* ein geschlossenes Stück. Es ist in der meisterhaften Übersetzung von Edith Stein dem philosophischen Bewußtsein unseres Jahrhunderts vermittelt worden. Gegenstand dieses Stückes ist der Begriff des Wahren, der mit dem Begriff des Guten zusammen zu den sogenannten Transzendentalien, d. h. denjenigen Grundbegriffen der Philosophie gehört, die über alle gattungsmäßigen Grenzen innerhalb des Seienden, also auch über solche Bereiche wie den der Natur oder der Seele oder des Göttlichen hinausreichen, da sie allem Seienden als solchem unmittelbar zukommen.

Thomas wurde schon bald nach seinem Tode als ein großer Lehrer der Kirche anerkannt, aber auch viel bekämpft. Seine unbestrittene Stellung innerhalb des katholischen Denkens stammt jedenfalls erst aus dem letzten Jahrhundert. Die sogenannte Neuscholastik steht wesentlich auf dem Boden der Lehren des Thomas und weiß in immer wieder überraschender Weise neue produktive Motive in seinem Werke aufzuspüren und wirksam zu machen.

Aus der Quaestio über die Wahrheit

Was ist Wahrheit?

1. Artikel: Wie man bei Beweisführungen auf irgendwelche Prinzipien zurückführen muß, die dem Verstand durch sich selbst bekannt sind, so bei der Erforschung dessen, was ein jedes ist; sonst würde es hier wie dort ins Unendliche fortgehen, und es würde alles Wissen und Erfassen der Dinge zunichte. Das aber, was der Verstand zuerst gleichsam als das Bekannteste erfaßt und worin er alle Begriffe auflöst, ist das Seiende (Avicenna, Metaphysik I,9). Darum müssen alle anderen Begriffe, die der Verstand sich bildet, durch Hinzufügung zum Seienden gewonnen werden. Aber zum Seienden kann nicht etwas wie eine äußere Natur hinzugefügt werden, auf die Art, wie die Differenz zum Genus oder ein Accidens zum Subjekt hinzugefügt wird, denn jegliche Natur ist wesenhaft ein Seiendes; weshalb auch der Philosoph[1] beweist (Metaphysik III), daß ein Seiendes kein Genus sein kann, sondern insofern wird von Hinzufügung zum Seienden gesprochen, als etwas seinen Modus ausdrückt, der durch den Namen des Seienden selbst nicht zum Ausdruck kommt. Das kann auf doppelte Weise geschehen: einmal so, daß der ausgedrückte Modus ein spezieller Modus des Seienden ist, denn es gibt verschiedene Stufen des Seienden, denen entsprechend verschiedene Modi des Seins angenommen werden, und gemäß diesen Modi werden verschiedene Gattungen von Dingen angenommen; denn die Substanz fügt nicht zum Seienden irgendeine Differenz hinzu, die eine zum Seienden hinzugefügte Natur bezeichnen würde, sondern mit dem Namen Substanz wird ein spezieller Seinsmodus bezeichnet, nämlich ein für sich selbst Seiendes, und so ist es auch bei den anderen Gattungen. Auf die andere Weise so, daß der ausgedrückte Modus ganz allgemein jedem Seienden zugehört; und dieser Modus kann doppelt verstanden werden: einmal, sofern er jedem Seienden in sich zugehört; auf die andere Weise, sofern ein jedes Seiende in der Ordnung des Seins auf ein anderes folgt. Im ersten Fall besagt das, daß er in dem Seienden etwas affirmativ oder negativ ausdrückt. Es läßt sich aber keine affirmative, absolute Aussage finden, die in jedem Seienden angenommen werden könnte, außer seinem Seinsgehalt, gemäß dem

---

[1] Unter dem ›Philosophen‹ ist immer Aristoteles zu verstehen, unter dem ›Kommentator‹ Averroes.

von Sein die Rede ist; und so wird der Name *Ding* gegeben, der sich darin vom *Seienden* unterscheidet (nach Avicenna, Anfang der Metaphysik), daß das Seiende von der Aktualität des Seins hergenommen wird, der Name *Ding* aber die Washeit oder Wesenheit des Seienden ausdrückt. Die Negation aber, die jedem Seienden absolut zukommt, ist die Ungeteiltheit; und diese drückt das Wort *Eines* aus; denn nichts anderes ist Eines als ein ungeteiltes Seiendes. Wenn man aber den Modus des Seienden auf die zweite Weise versteht, nämlich entsprechend der geordneten Beziehung des einen auf das andere, so ist dies auf doppelte Weise möglich. Einmal gemäß der Trennung des Einen vom Anderen; und das drückt der Name *Etwas* aus, denn Etwas besagt soviel wie etwas anderes; wie also das Seiende Eines genannt wird, sofern es ungeteilt in sich ist, so wird es Etwas genannt, sofern es von anderem getrennt ist. Zum Zweiten gemäß der Übereinstimmung eines Seienden mit einem anderen; und das ist nur möglich, wenn man etwas annimmt, das geeignet ist mit einem anderen übereinzustimmen. Das aber ist die Seele, die gewissermaßen alles ist (Über die Seele, III Text 37). In der Seele aber ist Erkenntnis- und Strebevermögen. Die Übereinstimmung eines Seienden mit dem Streben drückt der Name ›*das Gute*‹ aus, wie es im Anfang der ›Ethik‹ heißt: *Das Gute ist das, wonach alles strebt.* Die Übereinstimnmung eines Seienden mit der Erkenntnis aber drückt der Name ›*das Wahre*‹ aus. Jedes Erkennen aber vollzieht sich durch eine Verähnlichung des Erkennenden mit der erkannten Sache, so daß die Verähnlichung die Ursache des Erkennens genannt worden ist: so wie das Sehen dadurch, daß es durch die Species der Farbe fähig gemacht wird, die Farbe erfaßt. Das erste Verhältnis des Seienden zum erkennenden Geist besteht also darin, daß das Seiende dem erkennenden Geist entspricht: dies Entsprechen aber wird als Übereinstimmung der Sache und der Erkenntnis bezeichnet; und darin bestimmt sich formaliter die Idee des Wahren. Das also ist es, was das Wahre noch zum Seienden hinzufügt, nämlich die Gleichförmigkeit oder Übereinstimmung der Sache und des erkennenden Geistes; auf diese Gleichförmigkeit folgt, wie gesagt, das Erkennen der Sache. So geht also der Seinsbestand der Sache dem Bereich der Wahrheit voraus, das Erkennen aber ist eine Auswirkung der Wahrheit. Dementsprechend findet sich eine dreifache Definition der Wahrheit und des Wahren. Einmal nach dem, was der Wahrheit ordnungsgemäß vorausgeht und worin das Wahre begründet ist; und so definiert Augustinus (Soliloqu. Kap. V): *Das Wahre ist das, was ist;* und Avicenna (Metaphysik XI, 2): *Die Wahrheit eines jeden Dinges ist die Eigentümlichkeit seines Seins, das für das Ding festgesetzt ist;* und ein anderer: *Das Wahre ist die Ungeteiltheit des Seins und dessen, was ist.* Auf die zweite Weise wird entsprechend dem definiert, was die Idee des Wahren formaliter abschließt; und so sagt Isaac, daß die *Wahrheit die Übereinstim-*

mung der Sache und der Erkenntnis ist, und Anselmus (Über die Wahrheit, Kap. XII): *Die Wahrheit ist die Richtigkeit, die nur mit dem Geiste faßbar ist.* Von dieser Richtigkeit nämlich spricht man im Sinn einer gewissen Übereinstimmung, wie der Philosoph (Metaphysik IV) sagt, daß wir in der Definition des Wahren sagen, es sei das, was ist, oder es sei das nicht, was nicht ist. Und auf die dritte Weise wird das Wahre entsprechend der nachfolgenden Auswirkung definiert; und so definiert Hilarius, daß *das Wahre das sich offenbarende und erklärende Sein sei*; und Augustinus (Über die wahre Religion. Kap. XXXVI.): *Die Wahrheit ist es, wodurch das, was ist, gezeigt wird,* und (Ib. Kap. XXXI): *Die Wahrheit ist es, nach der wir über das Irdische urteilen.*

Daß etwas ohne ein anderes erkannt werden kann, das kann in doppeltem Sinn verstanden werden: einmal so, daß das eine erkannt wird, ohne daß das andere erkannt wird: und so verhalten sich Dinge, die ihrem Bedeutungsgehalt nach verschieden sind, daß – in diesem Sinne – eins ohne das andere erkannt werden kann. Im zweiten Sinn kann das Erkanntwerden des einen ohne das andere so verstanden werden, daß es erkannt wird, ohne daß dieses existiert: und in diesem Sinne kann das Seiende nicht ohne das Wahre erkannt werden, weil das Seiende nicht erkannt werden kann, ohne daß es dem erkennenden Geist entspricht oder mit ihm übereinstimmt. Es ist jedoch nicht nötig, daß jeder, der das Gebiet des Seienden erkannt, auch das Gebiet des Wahren erkennt, sowie nicht jeder, der das Seiende erkennt, auch den tätigen Verstand erkennt, und doch vermag der Mensch ohne den tätigen Verstand zu erkennen. Wahrheit und Möglichkeit des Erkanntwerdens kommen jedem Seienden zu. »Das Wahre ist eine Disposition des Seienden, die nicht gleichsam noch eine Natur hinzufügt oder einen speziellen Modus des Seienden ausdrückt, sondern etwas, das sich ganz allgemein in jedem Seienden findet, das aber nicht durch den Namen des Seienden ausgedrückt ist.«

›Disposition‹ ist dabei nicht nach Art einer Qualität zu verstehen, sondern als eine Ordnung; »da nämlich das, was Ursache des Seins von anderem ist, im höchsten Grade seiend ist, so ist auch das, was Ursache der Wahrheit von anderem ist, im höchsten Grade wahr; der Philosoph schließt, daß der ordnungsmäßige Platz einer Sache im Sein und in der Wahrheit derselbe ist; in dem Sinne natürlich, daß dort, wo sich das im höchsten Grade Seiende findet, auch das im höchsten Grade Wahre zu finden ist. Und das ist nicht darum so, weil das Seiende und das Wahre ihrer Idee nach dasselbe sind, sondern, weil etwas entsprechend dem, was es vom Seinsbestand in sich hat, dazu geschaffen ist, mit dem erkennenden Geist übereinzustimmen; und so folgt der Idee nach das Wahre dem Seienden.«

Das Seiende und das Wahre unterscheiden sich auch, sofern »etwas im

Bereich des Wahren sein kann, ohne im Bereich des Seienden zu sein, nicht aber so, daß etwas im Bereich des Seienden sein könnte, ohne im Bereich des Wahren zu sein; sie unterscheiden sich weder dem Wesen nach noch durch entgegengesetzte Differenzen von einander«. ». . . . sofern das Nichtseiende vom erkennenden Geist erfaßt wird; darum . . . sagt der Philosoph, die Negation oder Privation des Seienden werde in einem Sinne seiend genannt; darum sagt auch Avicenna im Anfang seiner Metaphysik, es könne nur vom Seienden eine Aussage gemacht werden, weil das, worüber ein Satz gebildet werde, notwendig unter der Erkenntnis befaßt sein müsse; daraus wird es deutlich, daß alles Wahre in gewissem Sinne ein Seiendes sein muß.«

Findet sich die Wahrheit eher im Verstand als in den Dingen?

2. Artikel: *Findet sich die Wahrheit zuerst im erkennenden Geist oder in den Dingen?* Wo etwas von einem Gegenstand ›früher‹ als von den anderen ausgesagt wird, da muß nicht notwendig der Gegenstand, dem das gemeinsame Prädikat früher zugesprochen wird, Ursache des andern sein, sondern jenes ist die Ursache, »in dem sich zuerst die Idee jenes Gemeinsamen vollständig vorfindet; so wird das Gesunde z. B. zunächst von dem Lebewesen ausgesagt, in dem sich zuerst die Idee der Gesundheit in Vollkommenheit findet; obwohl die Medizin als die Gesundheit bewirkend gesund genannt wird. Und so muß auch das Wahre, wenn es von mehreren Dingen früher und später ausgesagt wird, von dem früher ausgesagt werden, in dem sich die Idee der Wahrheit in Vollkommenheit findet. Den Abschluß einer jeden Bewegung nun bildet ihr Ziel. Die Bewegung des Erkenntnisvermögens aber findet ihr Ziel in der Seele; denn das Erkannte muß im Erkennenden durch den Modus des Erkennenden sein: die Bewegung des Strebevermögens dagegen findet ihr Ziel in den Dingen; und darum stellt der Philosoph (Über die Seele III) in den Akten der Seele einen Kreislauf fest, sofern das Ding, das außerhalb der Seele ist, den erkennenden Geist in Bewegung setzt, das erkannte Ding das Streben weckt und das Streben dann zu dem führt, was zu dem Ding gelangt, von dem die Bewegung ihren Ausgang genommen hat. Und da das Gute, wie oben, im vorausgehenden Artikel, gesagt wurde, eine Hinordnung auf das Streben besagt, das Wahre aber auf das Erkennen, darum sagt der Philosoph (Metaphysik VI), das Gute und Böse seien in den Dingen, das Wahre und Falsche aber im Geist. Das Ding aber wird nur wahr genannt, sofern es mit dem erkennenden Geist in Übereinstimmung ist; darum findet sich das Wahre sekundär in den Dingen, primär aber im erkennenden Geist. Man muß aber wissen, daß das Ding in einem ande-

ren Verhältnis zur praktischen Erkenntnis steht als zur theoretischen. Denn die praktische Erkenntnis verursacht die Dinge, weshalb sie auch das Maß der Dinge ist, die durch sie zustande kommen: aber die theoretische Erkenntnis ist, weil sie von den Dingen empfängt, gewissermaßen von den Dingen selbst bewegt, und so leihen ihr die Dinge ihr Maß. Daraus erhellt, daß die Dinge der Natur, von denen unser Verstand sein Wissen empfängt, unserm Verstand ihr Maß verleihen (Metaphysik X): sie aber haben ihr Maß vom göttlichen Geist, in dem alles Geschaffene ist, wie alles durch den Menschengeist Hervorgebrachte im Geist des Künstlers. So ist also der göttliche Geist maßgebend, nicht maßempfangend, das Naturding aber maßgebend und maßempfangend; unser Geist dagegen ist maßempfangend und den Naturdingen gegenüber nicht maßgebend, sondern nur den durch menschliche Kunst geschaffenen Dingen. Das Naturding ist also zwischen erkennende Geister hineingestellt und wird entsprechend der Übereinstimmung mit beiden wahr genannt: entsprechend der Übereinstimmung mit dem göttlichen Geist wird es wahr genannt, sofern es das erfüllt, wozu es durch den göttlichen Geist bestimmt ist (Anselm, über die Wahrheit, und Augustin, über die wahre Religion, und Avicenna). Entsprechend der Übereinstimmung mit dem menschlichen Geist aber wird es wahr genannt, sofern es geeignet ist, von sich aus eine richtige Beurteilung zu begründen, sowie in Gegensatz dazu die Dinge falsch genannt werden, welche geeignet sind, etwas zu scheinen, was sie nicht sind, oder anders zu scheinen, als sie sind (Metaphysik V). In der ersten Bedeutung aber wohnt die Wahrheit dem Dinge eher inne als in der zweiten, denn die Angemessenheit an den göttlichen Geist ist früher als die an den menschlichen; darum würden die Dinge, auch wenn es keinen menschlichen Geist gäbe, doch wahr genannt werden in der Hinordnung auf den göttlichen Geist. Doch wenn man sich, was freilich unmöglich ist, den einen wie den anderen Geist beiseitig dächte, dann bliebe keinerlei Sinn von Wahrheit übrig.«

So »wird das Wahre in erster Linie vom erkennenden Geist ausgesagt und in zweiter Linie von dem Ding, das mit ihm übereinstimmt; und in beiderlei Sinn ist es aequivalent mit dem Seienden, aber auf verschiedene Weise; denn sofern es von den Dingen ausgesagt wird, ist es mit dem Seienden aequivalent der Praedikation nach; denn jegliches Seiende ist in Übereinstimmung mit dem göttlichen Geist und kann den menschlichen Geist mit sich in Übereinstimmung bringen, und umgekehrt. Wenn man aber das Wahre versteht, sofern es von der Erkenntnis ausgesagt wird, so ist es mit dem Seienden, das außerhalb der Seele ist, nicht der Praedikation nach aequivalent, sondern dem Zusammengehören nach, darum weil jeder wahren Erkenntnis notwendig ein Seiendes entspricht und umgekehrt.«

»Das, was in einem andern ist, ist nur dann abhängig von dem, in dem es ist, wenn es von dessen Prinzipien verursacht ist; darum ist das Licht, das in der Luft von außen her hervorgebracht wird, natürlich mehr von der Bewegung der Sonne abhängig als von der Luft. Ähnlich ist die Wahrheit, die von den Dingen in der Seele hervorgerufen wird, nicht von der Beurteilung der Seele abhängig, sondern von der Existenz der Dinge: je nachdem nämlich das Ding ist oder nicht ist, ist die Rede wahr oder falsch, und die Erkenntnis ebenso.«

»Es gibt freilich viele Dinge, die von unserem Verstande nicht erfaßt werden; doch kein Ding gibt es, das nicht vom göttlichen Verstand aktuell erkannt würde und vom menschlichen Verstand potenziell; denn der tätige Verstand wird beschrieben als das, dem es eigen ist, alles zu machen, und der erkenntnisfähige Verstand als das, dem es eigen ist, alles zu werden. Und so kann in die Definition des wahren Dinges das aktuelle Schauen des göttlichen Geistes aufgenommen werden, das Schauen des menschlichen Geistes aber nur als potenzielles...«

Gibt es Wahrheit im zusammenfassenden und zergliedernden Verstand?

3. Artikel: »Wie das Wahre sich früher im Verstand findet als in den Dingen, so findet es sich auch früher in der zusammenfassenden und zergliedernden Verstandestätigkeit als in der Verstandestätigkeit, welche die Washeit der Dinge formt. Denn die Idee des Wahren besteht in der Übereinstimmung des Dinges und der Erkenntnis; es stimmt aber nicht ein und dasselbe mit sich überein, sondern es ist eine Gleichheit von Verschiedenem; darum findet sich dort zuerst die Idee der Wahrheit im Verstande verwirklicht, wo der Verstand zuerst beginnt etwas Eigenes zu haben, was das Ding außerhalb der Seele nicht hat, sondern etwas, was ihm entspricht, so daß zwischen beiden Übereinstimmung angetroffen werden kann. Der Verstand aber, der die Washeiten formt, hat nur ein Bild des Dinges, das außerhalb der Seele existiert, sowie die Sinnlichkeit, sofern sie die Species des sinnenfälligen Dinges aufnimmt; doch wenn der Verstand anfängt, über das wahrgenommene Ding zu urteilen, dann ist eben dieses sein Urteil etwas ihm Eigenes, was sich nicht draußen im Dinge findet. Wenn aber das, was draußen im Dinge ist, mit ihm übereinstimmt, dann heißt das Urteil wahr. Der Verstand urteilt aber dann über ein wahrgenommenes Ding, wenn er sagt, daß etwas ist oder nicht ist, und das ist Sache des zergliedernden und zusammenfassenden Verstandes; darum sagt auch der Philosoph (Metaphysik VI, T. 8), das Zusammenfassen und Zergliedern sei im Verstand und nicht in den Dingen. Und daher kommt es, daß die Wahrheit sich zuerst in der zusammenfassenden und zerglie-

dernden Verstandestätigkeit findet; sekundär aber und nachfolgend wird vom Wahren auch bei der Definition bildenden Verstandestätigkeit gesprochen; darum heißt eine Definition wahr oder falsch, wo ein wahres oder falsches Zusammenfassen vorliegt, dann nämlich, wenn sie als Definition für etwas aufgestellt wird, dessen Definition sie nicht ist, z. B. wenn die Definition des Kreises dem Dreieck zugewiesen wird; oder auch, wenn die Teile der Definition nicht zusammengefaßt werden können: wenn z. B. die Definition eines empfindungslosen Lebewesens aufgestellt wird, so ist die darin enthaltene Zusammenfassung, daß nämlich ein Lebewesen empfindungslos sei, falsch. Und eine Definition wird nur mit Beziehung auf die Zusammenfassung wahr oder falsch genannt, so wie das Ding nur mit Beziehung auf den Verstand wahr genannt wird. Aus dem Gesagten geht also hervor, daß das Wahre in erster Linie von der zusammenfassenden und zergliedernden Verstandestätigkeit ausgesagt wird; in zweiter Linie von den Definitionen der Dinge, sofern darin eine wahre oder falsche Zusammenfassung enthalten ist; an dritter Stelle von den Dingen, sofern sie mit dem göttlichen Verstand übereinstimmen oder ihrer Natur nach dazu angetan sind, mit dem menschlichen Verstand übereinzustimmen; viertens vom Menschen, der die Wahl hat zwischen seinen Reden, wahren und falschen, oder der durch das, was er sagt oder tut, eine wahre oder falsche Einschätzung seiner selbst oder anderer vollzieht. Die Worte erhalten aber die Prädikation der Wahrheit in derselben Weise, wie die Erkenntnis, die sie ausdrücken.«

Gibt es nur eine Wahrheit, durch die alles wahr ist?

4. Artikel: »...ob es nur Eine Wahrheit gebe, durch die alles wahr sei.« »...wie aus dem Vorausgehenden...erhellt, findet sich die Wahrheit in eigentlichem Sinne im göttlichen oder menschlichen Verstand sowie die Gesundheit im Lebewesen. In anderen Dingen aber findet sie sich durch die Beziehung zur Erkenntnis, wie man auch bei gewissen andern Dingen von Gesundheit spricht, sofern sie die Gesundheit des Lebewesens bewirken oder erhalten. So ist denn die Wahrheit im göttlichen Verstand in eigentlichem Sinn und primär, im menschlichen Verstand in eigentlichem Sinn und sekundär, in den Dingen jedoch in uneigentlichem Sinn und sekundär, weil nur im Hinblick auf die eine oder andere der beiden eben genannten Wahrheiten. Die Wahrheit der göttlichen Erkenntnis also ist nur Eine, von der eine Mehrheit von Wahrheiten in menschlicher Erkenntnis abgeleitet wird, so wie ein Menschenantlitz eine Mehrheit von Spiegelbildern hervorruft, nach der Glosse Augustins zum XI. Psalm: *Die Wahrheiten sind entwertet worden von den Menschenkindern.* Die Wahr-

heit aber, die in den Dingen ist, ist eine mehrfache, sowie auch der Seinsbestand der Dinge. Die Wahrheit, welche von den Dingen in ihrem Verhältnis zum menschlichen Verstand ausgesagt wird, ist den Dingen gewissermaßen akzidentell, weil die Dinge in ihrem Wesen verharren würden, gesetzt den Fall, daß der menschliche Verstand nicht wäre noch sein könnte. Die Wahrheit jedoch, die von ihnen im Vergleich zum göttlichen Verstand ausgesagt wird, wohnt ihnen unabtrennbar inne, denn sie können nicht anders bestehen als durch den göttlichen Verstand, der sie ins Dasein fördert. Die Wahrheit wohnt also dem Dinge früher im Vergleich zum göttlichen als zum menschlichen Geist inne, denn dem göttlichen Geist wird es gegenübergestellt wie einer Ursache, dem menschlichen aber gewissermaßen wie einer Wirkung, sofern der Verstand sein Wissen von den Dingen empfängt. So wird also ein Ding ursprünglicher wahr genannt im Hinblick auf die Wahrheit der göttlichen Erkenntnis als im Hinblick auf die Wahrheit der menschlichen Erkenntnis. Wenn also unter der Wahrheit im eigentlichen Sinn die verstanden wird, der gemäß alles primär wahr ist, so ist alles wahr durch Eine Wahrheit, und das ist die Wahrheit des göttlichen Verstandes. Und in diesem Sinn spricht Anselm über die Wahrheit im Buch ›Über die Wahrheit‹, Kap. VIII u. XII. Wenn aber unter der Wahrheit im eigentlichen Sinne die verstanden wird, der gemäß die Dinge sekundär wahr heißen, so gibt es von einer Mehrheit von Wahrem eine Mehrheit von Wahrheiten in verschiedenen Seelen. Wenn man aber als die Wahrheit, der gemäß alles wahr heißt, die uneigentliche nimmt, so gibt es von mehrerem Wahren mehrere Wahrheiten; *ein* Ding aber hat nur *eine* Wahrheit. Es werden aber die Dinge wahr genannt nach der Wahrheit, die im göttlichen Verstand oder im menschlichen Verstand ist; so wie eine Speise gesund genannt wird nach der Gesundheit, die im Lebewesen ist, und nicht wie nach einer innewohnenden Form; nach der Wahrheit aber, die dem Ding selbst innewohnt (die nichts anderes ist als der Seinsbestand, der mit der Erkenntnis übereinstimmt oder sie mit sich in Übereinstimmung bringt), wie nach einer innewohnenden Form, so wie eine Speise gesund genannt wird nach einer eigenen Qualität, nach der sie gesund heißt.«

»Die Wahrheit der göttlichen Erkenntnis bleibt bestehen, auch wenn die Dinge vergehen, sie ist Eine und unveränderlich; – die Wahrheit aber, die in den Dingen oder in der Seele ist, wechselt mit dem Wechsel der Dinge.« Diese erste Wahrheit ist es, nach der die Seele alles beurteilt. »So wie nämlich von der Wahrheit des göttlichen Verstandes in den Verstand der Engel die eingeborenen Species der Dinge einfließen, gemäß denen er alles erfaßt, so geht von der Wahrheit des göttlichen Verstandes urbildlich auf unsere Erkenntnis die Wahrheit der ersten Prinzipien über, der gemäß wir über alles urteilen. Und da wir durch sie nur urteilen können, sofern sie ein Abbild der ersten Wahrheit ist, so heißt es, daß wir gemäß der ersten Wahrheit alles beurteilen.«

Die erste Wahrheit entzieht sich den Sinnen und ist, wie schon erwähnt, unveränderlich. Aber auch die Wahrheit, die in den Kreaturen ist, hat, obwohl alle Kreatur mit Mängeln behaftet und insofern ›falsch‹ ist, nichts von Falschheit an sich. Denn »die Wahrheit ist der Kreatur nicht eigen, sofern sie mangelhaft ist, sondern, sofern sie sich von der Mangelhaftigkeit befreit und mit der ersten Wahrheit gleichförmig geworden ist«.

Aus der Beziehung der Wahrheit als Übereinstimmung zwischen Seiendem und Erkenntnis ist nicht auf eine Vervielfältigung von Wahrheiten zu schließen. Denn diese Übereinstimmung ist keine Ähnlichkeit im gewöhnlichen Sinn. »Im eigentlichen Sinn findet sich die Ähnlichkeit in jedem von zwei ähnlichen Dingen; die Wahrheit aber, da sie ein Zusammenfallen des Verstandes mit dem Ding ist, findet sich im eigentlichen Sinn nicht in beidem, sondern im Verstand; da es nun nur einen Verstand gibt, nämlich den göttlichen, mit dem alles gleichförmig sein muß, um wahr zu heißen, so muß alles entsprechend Einer Wahrheit wahr genannt werden, obwohl es in einer Mehrheit von ähnlichen Dingen eine Mehrheit von Ähnlichkeiten gibt.«

». . . Wenn auch das, was von Seiten der Dinge verschiedenen Species zugehört, nicht in *einer* Übereinstimmung mit dem göttlichen Verstand, mit dem alles in Übereinstimmung gebracht wird, *einer,* und von seiner Seite gibt es nur *eine* Übereinstimmung mit allen Dingen, wenn auch nicht alles auf dieselbe Weise mit ihm in Übereinstimmung gebracht wird; und so ist . . . die Wahrheit aller Dinge *eine*.«

Die ›Wahrheiten‹ in vielen Menschenseelen sind viele Spiegelbilder der Einen Wahrheit, doch »die erste Wahrheit gehört in gewissem Sinne zur Gattung der Seele, wenn man ›genus‹ in einem weiten Sinne versteht, wonach alles Geistige oder Unkörperliche zu einem Genus gehörig heißt, auf die Art, wie es Act. XVII, 28 heißt: *Denn auch wir sind sein Geschlecht*«.

Gibt es noch eine andere ewige Wahrheit als die erste Wahrheit?

5. Artikel: *Nur die eine Wahrheit ist ewig.* ». . . Wahrheit bedeutet Übereinstimmung und Gleichmaß; darum wird etwas insofern wahr benannt, als es (mit etwas anderem) gleichmäßig benannt wird. Ein Körper wird aber an einem inneren Maß gemessen, wie die Linie oder die Oberfläche oder die Tiefe, und an einem äußeren Maß, wie das räumlich Bestimmte am Raum, die Bewegung an der Zeit, das Tuch an der Elle. Darum kann auch etwas auf doppelte Weise wahr benannt werden: einmal nach der

innewohnenden Wahrheit, sodann nach einer äußeren Wahrheit; und so werden alle wahren Dinge nach der ersten Wahrheit benannt; und da die Wahrheit, die in der Erkenntnis ist, an den Dingen selbst gemessen wird, so folgt, daß nicht nur die Wahrheit des Dinges, sondern auch die Wahrheit der Erkenntnis oder der Aussage, welche die Erkenntnis ausdrückt, nach der ersten Wahrheit benannt wird. Bei dieser Übereinstimmung oder dem Gleichmaß der Erkenntnis und des Dinges ist es aber nicht erforderlich, daß die beiden entgegengesetzten Glieder aktuelles Sein haben. Denn unsere Erkenntnis kann jetzt in Übereinstimmung sein mit Dingen, die künftig sein werden, jetzt aber nicht sind; sonst wäre der Satz: der Antichrist wird geboren werden, nicht wahr; darum wird dies wahr genannt nach der Wahrheit, die nur im Verstand ist, auch wenn das Ding selbst nicht ist. Ähnlich kann auch der göttliche Geist von Ewigkeit her mit etwas übereinstimmen, was nicht von Ewigkeit her gewesen ist, sondern in der Zeit geworden ist; und so kann das, was in der Zeit ist, von Ewigkeit her nach der ewigen Wahrheit wahr benannt werden. Wenn wir aber die Wahrheit als die Wahrheit des geschaffenen Wahren auffassen, die ihm innewohnt und die wir in den Dingen und im geschaffenen Verstand finden, so ist die Wahrheit nicht ewig, weder die der Dinge noch die der Aussagen, denn weder die Dinge selbst noch die Erkenntnis, denen die Wahrheiten innewohnen, sind von Ewigkeit her. Wenn aber die Wahrheit des geschaffenen Wahren, wonach alles wahr benannt wird, als das äußere Maß verstanden wird, das die erste Wahrheit ist, so ist jegliche Wahrheit, die der Dinge wie die der Aussagen und der Erkenntnisse, ewig und in diesem Sinn hat Augustin die Ewigkeit der Wahrheit in den Soliloquien im Sinn (II, Kap. 3, 4) und Anselm im Buch über die Wahrheit (Kap. 1 u. 2). Diese erste Wahrheit aber kann von allem nur *eine* sein. Denn in unserem Verstand differenziert sich die Wahrheit nur zweifach, einmal wegen der Verschiedenheit der erfaßten Dinge, von denen er verschiedene Vorstellungen hat, zu denen verschiedene Wahrheiten in der Seele gehören; sodann durch die Art des Erkennens. Denn der Lauf des Sokrates ist *eine* Sache, aber die Seele, die zusammenfassend und zergliedernd die Zeit miterkennt (Über die Seele III), erkennt auf verschiedene Weise den Lauf als gegenwärtig, vergangen und zukünftig und dem entsprechend bildet sie sich verschiedene Vorstellungen, in denen sich verschiedene Wahrheiten finden. Aber keine dieser beiden Arten der Verschiedenheiten kann in der göttlichen Erkenntnis angetroffen werden. Denn Er hat nicht von verschiedenen Dingen verschiedene Erkenntnisse; sondern mit Einer Erkenntnis erkennt Er alles, denn durch Eines, nämlich durch Sein Wesen, erkennt Er, nicht, indem Er in das Einzelne Seine Erkenntnis hineinsendet (Dionysius, Über die göttlichen Namen, Kap. 7). – Ähnlich sieht seine Erkenntnis nicht irgendwelche Zeit an, da sie nach der Ewigkeit gemessen wird, welche von aller Zeit absieht, indem sie alle Zeit in sich enthält. Daraus ergibt sich, daß es nicht eine Mehrheit von Wahrheiten von Ewigkeit her gibt, sondern nur die Eine.«

». . . finden wir außerhalb der Seele zweierlei, nämlich das Ding selbst und die Privationen und Negationen des Dinges, dies beides aber verhält sich nicht auf gleiche Weise zur Wahrheit, weil es sich nicht auf gleiche Weise zum erkennenden Geist verhält. Denn das Ding selbst ist auf Grund der Species, die es hat, mit dem göttlichen Geist in Übereinstimmung, so wie das durch menschliche Kunst Geschaffene mit dem Entwurf; und kraft seiner Species ist es dazu geschaffen, unsere Erkenntnis mit sich in Übereinstimmung zu bringen, sofern es durch sein Abbild, das in der Seele empfangen wird, ein Erfassen seiner selbst bewirkt. Betrachten wir aber das Nichtseiende außerhalb der Seele: es hat weder etwas, wodurch es mit dem göttlichen Geist in Übereinstimmung sein könnte, noch etwas, wodurch es ein Erfassen seiner in unserm Geist bewirken könnte. Wenn es also mit irgend einem erkennnenden Geist in Übereinstimmung sein kann, so beruht das nicht auf dem Nichtseienden in sich, sondern auf dem Verstande in sich, der die Idee des Nichtseienden in sich aufnimmt. Das Ding aber, das etwas Positives außerhalb der Seele ist, hat etwas in sich, wonach es wahr genannt werden kann. Mit dem Nichtsein des Dinges jedoch ist es nicht so, sondern, was immer ihm zugeschrieben wird, kommt von seiten des Verstandes. Wenn er also vom Nichtsein der Wahrheit spricht, so ist das wahr; denn wenn die Wahrheit, die hier gemeint ist, vom Nichtseienden gilt, so kommt ihr nichts außerhalb des Verstandes zu. Darum folgt auf die Zerstörung der Wahrheit, die im Dinge ist, nur das Sein der Wahrheit, die im Verstande ist. Und so kann daraus offenbar nur auf die Wahrheit geschlossen werden, die im Verstande ist und die ewig ist; und die ist notwendig im göttlichen Geist; und dies ist die ewige Wahrheit.«

. . . Ein Nichtsein der Wahrheit schlechthin ist unvorstellbar; »doch man kann sich vorstellen, daß es keine geschaffene Wahrheit gäbe, so wie man sich auch vorstellen kann, daß es keine Kreatur gäbe. Der erkennende Geist kann sich nämlich vorstellen, daß er nicht sei und nicht erkenne, obwohl er nicht vorstellen kann, ohne zu sein und zu erkennen; denn es muß nicht notwendig der erkennende Geist auf alles, was er im Erkennen besitzt, auch im Erkennen gerichtet sein, da er nicht immer auf sich selbst reflektiert; und so ist es absurd, wenn er sich vorstellt, daß die geschaffene Wahrheit, ohne die er nichts erkennen kann, nicht sei.«

». . . Was künftig ist, ist nicht, und ebenso das Vergangene, sofern es ein solches ist. Und so steht es ebenso mit der Wahrheit des Vergangenen und Künftigen wie mit der Wahrheit des Nichtseienden, aus der nicht auf die Ewigkeit irgendeiner Wahrheit, außer der ersten, geschlossen werden kann . . .«

».... Die Wahrheit aller Dinge war von Ewigkeit her, dadurch, daß sie im göttlichen Geist war; es kann jedoch nicht schlechthin zugestanden werden, daß die wahren Dinge von Ewigkeit her waren, weil sie im göttlichen Geist waren.«

»Wenn das Allgemeine beständig und unvergänglich genannt wird, so legt das Avicenna auf dieselbe Weise dar: einmal so, daß es beständig und unvergänglich genannt wird im Sinne des Besonderen, welches niemals angefangen hat noch aufhören wird, nach der Meinung derer, die die Ewigkeit der Welt behaupten; denn das Entstehen ist, nach dem Philosophen, dazu da, daß das Sein der Art erhalten werde, das individuell nicht erhalten werden kann. Auf die andere Weise so, daß es dauern genannt wird, weil es nicht von sich aus zerfällt, sondern akzidentell beim Zerfall des Individuums.«

(So steigt das Feuer an sich nach oben, aber im feurigen Eisen fällt es nach unten.) »Und so ... heißt das Allgemeine nicht in dem Sinne unvergänglich, als hätte es eine Form der Unvergänglichkeit in sich, sondern weil ihm an sich keine materiellen Dispositionen zugehören, die in den Individuen die Ursachen des Zerfalls sind; darum heißt es von dem Allgemeinen, das in den Dingen existiert schlechthin, daß es in diesem und in jenem vergehe.«

»... während alle anderen Kategorien als solche etwas in der Natur der Dinge setzen (denn die Quantität besagt ein Etwas eben darum, weil sie Quantität ist), hat allein die Relation als solche nichts, was etwas in der Natur der Dinge setzen würde, weil sie nicht ein Etwas aussagt, sondern ein ›zu Etwas‹. Darum finden sich gewisse Relationen, die nichts in der Natur der Dinge setzen, sondern nur in der logischen Sphäre; das kommt auf vierfache Weise vor ... Einmal, wenn etwas auf sich selbst bezogen wird, z. B. wenn wir seine Identität mit sich selbst aussagen; denn, wenn diese Relation in der Natur der Dinge etwas über das hinaus besagte, was dasselbe genannt wird, dann gäbe es einen unendlichen Fortgang in den Dingen, denn die Relation selbst, durch die ein Ding dasselbe genannt würde, wäre mit sich selbst identisch durch eine andere uns so in inf. Zweitens, wenn eine Relation selbst auf etwas bezogen wird. Man kann nämlich nicht sagen, die Vaterschaft beziehe sich auf ihr Subjekt durch eine andere vermittelnde Relation, denn auch jene vermittelnde Relation bedürfe einer anderen vermittelnden Relation und so in inf. Darum wird jede Relation, die in der Gegenüberstellung der Vaterschaft und des Subjekts ausgedrückt wird, nicht in der Natur der Dinge gesetzt, sondern nur in der logischen Sphäre. Drittens, wenn eines der Relationsglieder vom andern abhängt und nicht umgekehrt, wie das Wissen vom Gewußten abhängt und nicht umgekehrt; darum ist die Relation des Wissens zum Gewußten etwas in der Natur der Dinge, die Relation des Gewußten zum

Wissen aber nicht, sondern nur in der logischen Sphäre. Viertens, wenn Seiendes und Nichtseiendes gegenübergestellt werden, z. B. wenn wir sagen, daß wir früher sind als die, die nach uns sein werden; sonst würde sich ergeben, daß unendliche Relationen in denselben sein könnten, wenn die Zeugung unendlich in die Zukunft fortginge. Aus den beiden letzten Punkten geht hervor, daß jene Relation die Priorität nichts in der Natur der Dinge setzt, sondern nur im erkennenden Geist, sowohl, weil Gott nicht von den Geschöpfen abhängig ist, als weil eine solche Priorität eine Gegenüberstellung von Seiendem und Nichtseiendem besagt. Es würde sich also daraus nicht ergeben, daß es eine andere ewige Wahrheit gebe als die im göttlichen Geist, der allein ewig ist; und dies ist die erste Wahrheit.«

». . . der Bereich des Wahren ist auf das Seiende begründet. Obwohl aber im Göttlichen eine Mehrheit von Personen oder Eigentümlichkeiten gesetzt wird, so wird doch darin nur *ein* Sein gesetzt, denn das Sein wird im Göttlichen nur wesenhaft ausgesagt; und alle jene Aussagen: der Vater ist oder erzeugt; der Sohn ist oder ist erzeugt; haben, sofern sie auf die Sache bezogen werden, nur *eine* Wahrheit, und das ist die eine und ewige Wahrheit.«

»Obwohl der Vater auf andere Weise Vater ist als der Sohn Sohn, denn dies ist durch die Vaterschaft und jenes durch die Sohnschaft, so ist es doch dasselbe, wodurch der Vater ist und der Sohn ist, denn beides ist durch das göttliche Wesen, welches *eines* ist. Der Bereich der Wahrheit ist aber nicht auf die Vaterschaft als solche und die Sohnschaft als solche begründet, sondern auf das Seiende als solches. Vaterschaft und Sohnschaft aber sind *ein* Wesen und so gibt es nur *eine* Wahrheit beider.«

Ist die geschaffene Wahrheit unveränderlich?

6. Artikel: Von der Veränderung eines Gegenstandes kann in doppeltem Sinn die Rede sein: »einmal, weil er Subjekt der Veränderung ist, so wie wir einen Körper veränderlich nennen, und in diesem Sinn ist keine Form veränderlich; und so heißt es, daß die Form kraft unveränderlichen Wesens Bestand hat; wenn daher die Wahrheit im Sinne der Form verstanden werden soll, dann handelt es sich in der gegenwärtigen Untersuchung nicht darum, ob die Wahrheit in diesem Sinne unveränderlich sei. In anderm Sinne heißt es, daß etwas sich ändere, wenn im Hinblick darauf eine Veränderung sich vollzieht, wie wir z. B. von einer Änderung der Weiße sprechen, weil sich hinsichtlich ihrer der Körper verändert; und in diesem Sinne wird gefragt, ob die Wahrheit veränderlich sei.«[2]

---

2 Von ›Veränderung‹ spreche ich [d. Übers.], wenn ein Ding eine andere Qualität annimmt, von Änderung, wenn eine Qualität einer andern Platz macht, von Wandel

Um darüber zur Einsicht zu gelangen, muß man wissen, daß von einer Änderung dessen, im Hinblick worauf eine Veränderung geschieht, bisweilen gesprochen wird, bisweilen aber nicht; denn, wenn es dem innewohnt, das hinsichtlich seiner sich verändert, dann sagt man, daß es sich ebenfalls ändere, sowie man von einer Änderung der Weiße oder der Quantität spricht, wenn etwas hinsichtlich ihrer sich verändert, darum, weil sie selbst gemäß dieser Veränderung einander folgen: wenn aber jenes, hinsichtlich dessen von der Veränderung eines Gegenstandes die Rede ist, etwas Äußeres ist, dann ändert es sich bei dieser Veränderung nicht, sondern verharrt unbeweglich, wie z. B. nicht von einer Bewegung des Ortes gesprochen wird, wenn etwas einer Ortsbewegung unterliegt. Darum heißt es im IV. Buch der Physik, der Ort sei ein unveränderlicher Bestimmungspunkt für ein Kontinuierliches, weil mit der Ortsbewegung nicht eine Abfolge von Orten in einem Ortsbestimmten bezeichnet werde, sondern vielmehr eine Abfolge ortsbestimmter Gegenstände an einem Ort.

Die inhärenten Formen aber, von denen es heißt, daß sie sich bei der Veränderung des Subjekts ändern, zeigen eine doppelte Art der Änderung; denn in anderem Sinne wird bei den generellen Formen von Änderung gesprochen als bei den speziellen Formen; denn die spezielle Form bleibt nach der Änderung weder dem Sein noch dem Gehalt nach, wie z. B. die Weiße nach geschehener Änderung in keiner Weise bleibt; die generelle Form aber bleibt nach geschehener Änderung dem Gehalt nach dieselbe, aber nicht dem Sein nach; wie z. B. nach der Verwandlung des Weiß in Schwarz die Farbe, dem allgemeinen Gehalt nach als Farbe, dieselbe bleibt, aber nicht der Farbenspecies nach. Nun ist oben, im vorausgehenden Artikel, gesagt worden, daß etwas nach der ersten Wahrheit wie nach einem äußeren Maß wahr benannt werde, der inhärenten Wahrheit nach aber wie nach einem inneren Maß. Darum zeigen die geschaffenen Dinge einen Wechsel in ihrem Teilhaben an der ersten Wahrheit; die erste Wahrheit selbst aber, der gemäß von Wahrem gesprochen wird, ändert sich auf keine Weise; und das sagt Augustin im Buch über das liberum arbitrium III, 8: *Unser Geist sieht einmal mehr, einmal weniger von der Wahrheit selbst; sie aber verharrt in sich selbst und nimmt weder zu noch ab.* Wenn wir aber die Wahrheit als den Dingen inhärent auffassen, dann wird von einer Änderung der Wahrheit gesprochen, sofern etwas hinsichtlich der Wahrheit sich verändert. Darum findet sich, wie früher ... gesagt

---

oder ›Verwandlung‹, wenn der Übergang von einer Qualität in die andere oder eines dinglichen Zustands in einen andern bezeichnet werden soll. Im lateinischen Text steht für alles ›mutatio‹, allerdings bisweilen mit einem andern Ausdruck (alterari) wechselnd.

wurde, die Wahrheit in den Geschöpfen in zwei Sphären, in den Dingen selbst und in der Erkenntnis; denn die Wahrheit des Wirkens wird unter der Wahrheit des Dinges mitbegriffen, wie die Wahrheit der Aussage unter der Wahrheit der Erkenntnis, der sie Ausdruck gibt. Das Ding aber heißt wahr im Vergleich mit der göttlichen und menschlichen Erkenntnis.

Wenn also die Wahrheit des Dinges gemäß der Hinordnung auf den göttlichen Geist verstanden wird, dann verwandelt sich die Wahrheit des veränderlichen Dinges wohl in eine andere Wahrheit, aber nicht in Falschheit; denn die Wahrheit ist die allgemeinste Form, da das Wahre und das Seiende aequivalent sind: wie daher nach jeder beliebigen Veränderung das Ding im Sein verharrt, wenn auch gemäß einer andern Form, durch die es Sein hat; so bleibt es auch immer wahr, aber vermöge einer andern Wahrheit, denn welche Form oder auch Privation immer es durch die Veränderung erhält, gemäß der wird es gleichförmig mit dem göttlichen Geist, der es so erkennt, wie es gemäß irgendeiner Disposition ist. Wenn aber die Wahrheit des Dinges in der Hinordnung auf den menschlichen Verstand oder umgekehrt betrachtet wird, dann vollzieht sich bisweilen eine Wandlung von Wahrheit in Falschheit, bisweilen aber aus einer Wahrheit in eine andere. Da nämlich die Wahrheit die Übereinstimmung des Dinges und der Erkenntnis ist, wenn aber von Gleichem Gleiches weggenommen wird, Gleiches bleiben muß, wenn auch nicht von der gleichen Quantität, so muß, wenn sich Erkenntnis und Ding entsprechend verändern, zwar Wahrheit bleiben, aber eine andere; so erkennt man z. B., wenn Sokrates sitzt, daß Sokrates sitzt, wenn aber Sokrates danach nicht sitzt, erkennt man, daß er nicht sitzt. Wenn man aber von einem von zwei gleichen Dingen etwas wegnimmt und von dem andern nichts, so muß notwendig eine Ungleichheit herauskommen, die sich zur Falschheit verhält wie die Gleichheit zur Wahrheit; darum muß, wenn nach einer wahren Erkenntnis das Ding sich verändert, ohne daß die Erkenntnis sich verändert, aber nicht in gleicher Weise, Falschheit herauskommen; und so wird sich ein Wandel von Wahrheit in Falschheit vollziehen, wie es z. B. eine wahre Erkenntnis ist, wenn erkannt wird, daß Sokrates weiß ist, solange er weiß ist; wenn sie aber danach meint, daß er schwarz sei, während Sokrates weiß bleibt, oder umgekehrt Sokrates noch für weiß gehalten wird, nachdem er schwarz geworden ist, oder für rot gehalten wird, nachdem er bleich geworden ist, so ist Falschheit in der Erkenntnis. Und so ergibt sich, in welcher Weise die Wahrheit sich ändert und in welcher sie sich nicht ändert.

».. . Da die Erkenntnis sich auf sich selbst richtet und sich wie andere Dinge auch erkennt, – so kann das, was die Erkenntnis betrifft, sofern es den Bereich der Wahrheit angeht, auf doppelte Weise betrachtet werden. Einmal, sofern es Dinge sind; und so wird von ihnen im selben Sinne

Wahrheit ausgesagt wie von anderen Dingen; so wird, wie ein Ding wahr genannt wird, weil es das erfüllt, was es im göttlichen Geist empfangen hat, indem es seine Natur bewahrt, die Aussage wahr genannt, wenn sie ihre Natur bewahrt, die ihr im göttlichen Geist zuerteilt wurde und nicht von ihr entfernt werden kann, solange die Aussage selbst bestehen bleibt. Im andern Sinn, sofern die Aussagen an den erkannten Dingen gemessen werden, und in diesem Sinn heißt die Aussage wahr, wenn sie mit dem Ding übereinstimmt; und eine solche Wahrheit ändert sich, wie es im corpus articuli gesagt wurde.«

Was aber bleibt, wenn das Ding vernichtet wird, und unverändert bleibt, wenn das Ding sich ändert, das ist die erste Wahrheit. Ferner ist an den Dingen, solange sie bestehen, unveränderlich, was ihnen wesentlich ist. »So ist es der Aussage wesentlich, daß sie das bezeichnet, zu dessen Bezeichnung sie gebildet ist. Daraus folgt nicht, daß die Wahrheit des Dinges auf keine Weise veränderlich sei, sondern sie ist unveränderlich hinsichtlich dessen, was für das Ding wesentlich ist, solange das Ding bestehen bleibt; und so kann hinsichtlich des Akzidentellen die Wahrheit des Dinges sich ändern.« Doch nicht einmal durch das Beharren der dinglichen Grundlage ist das Beharren der Wahrheit eines Satzes verbürgt. Denn »die Identität der Wahrheit hängt nicht nur von der Identität der Sache ab, sondern auch von der Identität der Erkenntnis, wie auch die Identität einer Wirkung von der Identität des Wirkenden und des Leidenden abhängt. Obwohl es nur dieselbe Sachlage ist, die durch die drei Sätze Sokrates sitzt; Sokrates hat gesessen; Sokrates wird sitzen ausgedrückt wird, so ist doch die ihnen zugehörige Erkenntnis nicht dieselbe, weil in die zusammenfassende Erkenntnistätigkeit die Zeit mit eingeht; darum entsprechen dem Wechsel der Zeitbestimmung verschiedene Erkenntnisse.«

Wird von Wahrheit in der Gottheit im Sinne der Person oder des Wesens gesprochen?

7. Artikel: Als was ist nun diese göttliche Wahrheit aufzufassen, die eine, ewige, unveränderliche: als *Person oder Wesen?* Sie kann in doppeltem Sinne verstanden werden: einmal im eigentlichen Sinne, sodann gleichsam bildlich. Wenn nämlich die Wahrheit im eigentlichen Sinne verstanden wird, dann bedeutet sie die Gleichförmigkeit des göttlichen Geistes und der Sache. Und da der göttliche Geist zuerst die Sache erkennt, die sein Wesen ist und durch die er alles andere erkennt, darum bedeutet auch die Wahrheit in Gott in erster Linie die Gleichförmigkeit des göttlichen Geistes mit der Sache, die sein Wesen ist, und abgeleiteter Weise des gött-

lichen Geistes und der geschaffenen Dinge. Der göttliche Geist aber und sein Wesen stimmen nicht überein wie ein Maßgebendes und ein Gemessenes, da eins nicht das Prinzip des andern ist, sondern sie sind völlig dasselbe; darum bedeutet auch die Wahrheit, die sich aus einer solchen Gleichförmigkeit ergibt, nichts von der Art des ursprünglichen Seins, ob sie nun von Seiten des Wesens oder von Seiten des erkennenden Geistes genommen wird, was hier ein und dasselbe ist; so wie nämlich hier der Erkennende und die erkannte Sache dasselbe ist, so ist auch die Wahrheit der Sache und der Erkenntnis dieselbe, ohne daß ein Ursprung mitbezeichnet würde. Wenn aber die Wahrheit des göttlichen Geistes in dem Sinn verstanden wird, daß er mit den geschaffenen Dingen in Übereinstimmung ist, so wird immer noch dieselbe Wahrheit bestehen bleiben, wie ja Gott sich und das andere durch dasselbe erkennt; es wird jedoch in die Bedeutung der Wahrheit die Idee des ursprünglichen Seins im Verhältnis zu den Geschöpfen mitaufgenommen werden, denen der göttliche Geist gegenübergestellt wird wie das Maß und die Ursache. Jeder Name aber, der innerhalb des Göttlichen keinen Ursprung oder kein Herrühren vom Ursprung besagt oder auch ein ursprüngliches Sein gegenüber den Geschöpfen bedeutet, wird im Sinne des Wesens ausgesagt. Wenn daher innerhalb des Göttlichen die Wahrheit im eigentlichen Sinn verstanden wird, so wird sie im Sinne des Wesens ausgesagt, dennoch wird sie der Person des Sohnes im besonderen zugeschrieben, so wie auch die Erfindung und das übrige, was in den Bereich des Verstandes gehört. Bildlich aber oder gleichnisweise wird die Wahrheit innerhalb des Göttlichen verstanden, wenn wir sie in dem Sinne auffassen, wie sie sich in den geschaffenen Dingen findet, in denen von Wahrheit die Rede ist, sofern das geschaffene Ding seinen Ursprung, nämlich den göttlichen Geist, nachbildet. Darum wird auch in ähnlicher Weise innerhalb des Göttlichen in diesem Sinne die Wahrheit das höchste Abbild des Urbildes genannt, was dem Sohn zukommt; und gemäß dieser Auffassung der Wahrheit wird die Wahrheit im eigentlichen Sinn vom Sohn und im Sinne der Person ausgesagt.

»Die Gleichheit innerhalb des Göttlichen ist bisweilen im Sinne einer persönlichen Unterschiedenheit zu verstehen, so, wenn wir sagen, daß Vater und Sohn gleich sind; und demgemäß ist im Namen Gottes Gleichheit eine Realunterschiedenheit inbegriffen. Bisweilen aber ist im Namen Gleichheit keine reale, sondern nur eine gedankliche Unterschiedenheit inbegriffen, so, wenn wir die göttliche Weisheit und Güte gleich nennen. Darum braucht sie nicht notwendig eine persönliche Unterschiedenheit zu bedeuten; und so ist die Unterschiedenheit im Namen Wahrheit gemeint, wenn sie die Gleichheit der Erkenntnis und des Wesens ist.«

Stammt alle Wahrheit von der ersten Wahrheit her?

8. Artikel: »In den geschaffenen Dingen findet sich Wahrheit, wie aus dem Gesagten hervorgeht, einmal in den Dingen und außerdem im erkennenden Geist: im erkennenden Geist, sofern er mit den Dingen in Übereinstimmung ist, von denen er Kenntnis besitzt; in den Dingen aber, sofern sie den göttlichen Geist nachbilden, der ihr Maß ist, so wie die schöpferische menschliche Tätigkeit das Maß alles durch sie Hervorgebrachten ist; und in einer Weise auch, sofern sie dazu geeignet sind, eine richtige Auffassung ihrer im menschlichen Geist zu bewirken, der sein Maß von den Dingen empfängt (Metaphysik X). Das Ding aber, das außerhalb der Seele existiert, bildet durch seine Form den schöpferischen Entwurf des göttlichen Geistes nach und ist eben durch diese geeignet, eine richtige Auffassung seiner im menschlichen Geist zu bewirken, und durch die Form hat auch ein jedes Ding sein Sein; darum schließt die Wahrheit der Dinge in ihrem Sinn das Sein derselben mit ein und fügt dazu das Verhältnis der Übereinstimmung mit dem göttlichen oder menschlichen Verstand. Die Negationen oder Privationen aber, die außerhalb der Seele existieren, besitzen keine Form, durch die sie das Urbild des göttlichen Schöpferplanes nachbildeten oder eine Kenntnis ihrer im menschlichen Geist hervorriefen; sondern wenn sie mit dem Verstand in Übereinstimmung sind, so ist das im Verstand begründet, der ihren Sinn erfaßt. Wenn also von einem wahren (echten) Stein und von wahrer Blindheit gesprochen wird, so verhält sich offenbar die Wahrheit nicht im selben Sinn zu beidem; die Wahrheit nämlich, die von dem Stein ausgesagt wird, enthält in ihrem Sinn den Seinsbestand des Steines und fügt dazu das Verhältnis zum Verstand, das auch von Seiten des Dinges selbst verursacht wird, weil es etwas besitzt, das die Beziehung möglich macht; die Wahrheit hingegen, die von der Blindheit ausgesagt wird, schließt nicht die Privation in sich, in der die Blindheit besteht, sondern nur das Verhältnis der Blindheit zur Erkenntnis; und dieses hat keine Grundlage von Seiten der Blindheit, da die Blindheit nicht auf Grund von etwas, was sie in sich hat, mit der Erkenntnis in Übereinstimmung ist. Es ergibt sich also, daß die Wahrheit, die in den geschaffenen Dingen zu finden ist, nichts anderes in sich begreifen kann als den Seinsbestand des Dinges und seine Übereinstimmung mit der Erkenntnis und der Erkenntnis mit den Dingen oder den Privationen der Dinge; dies alles aber stammt von Gott, da auch die Form des Dinges, durch die die Übereinstimmung besteht, von Gott stammt und auch das Wahre selbst als der Wert, der dem Verstand eigen ist, wie es im VI. Buch der Ethik (Kap. 6 u. X,4) heißt, daß der Wert eines jeden Dinges in seinem vollkommenen Wirken besteht. Es gibt aber kein anderes vollkommenes Wirken des Verstandes, als daß er

das Wahre erkennt; so daß eben darin sein Wert besteht. Da nun alles Gute und jede Form von Gott stammt, so muß man uneingeschränkt sagen, daß alle Wahrheit von Gott stammt.«

...: »nicht in der Zusammenfügung, die in den Dingen ist, sondern in der Zusammenfügung, welche die Seele herstellt; und so besteht die Wahrheit nicht darin, daß der betreffende Akt in seiner Entartung dem Subjekt zugehört, denn das gehört in den Bereich des Guten und Bösen, sondern darin, daß dieser so dem Subjekt zugehörige Akt mit der Auffassung der Seele in Übereinstimmung ist.

Die Wahrheit, die dem Bösen zukommt, ist der gleichzusetzen, die bei der Erkenntnis des Nichtseienden erörtert wurde; sie hat nicht im Bösen ihre Grundlage, sondern allein in der Erkenntnis, und so kann die Wahrheit, vermöge deren das Böse wahr ist, von Gott stammen. Dabei wirkt das Böse auf die Seele nur durch die Species des Guten; da es aber ein mangelhaftes Gutes ist, stößt die Seele in sich auf den Mangel als solchen und darin begreift sie das Böse als solches; und so wird das Böse als Böses gesehen.«

Gibt es Wahrheit in den Sinnen?

9. Artikel: In der Tat wohnt Wahrheit »im Verstand und in den Sinnen, freilich nicht auf dieselbe Weise. Im Verstand nämlich ist sie wie etwas, was sich aus der Verstandestätigkeit ergibt, und wie etwas, was durch den Verstand erkannt wird; denn die Erkenntnis folgt dem Wirken, sofern das Urteil des Verstandes die Sache ihrem Sein nach betrifft; es wird aber vom Verstand erkannt, sofern der Verstand auf seinen eigenen Akt reflektiert, nicht nur, sofern er seinen eigenen Akt erkennt: das kann aber nur erkannt werden, wenn die Natur des Aktes selbst erkannt wird, und diese kann nur erkannt werden, wenn die Natur des aktiven Prinzips erkannt wird, und das ist der Verstand selbst, in dessen Natur es liegt, den Dingen gleichförmig zu werden; darum erfaßt der Verstand die Wahrheit, sofern er auf sich selbst reflektiert. In den Sinnen dagegen ist die Wahrheit wie etwas, was sich aus ihrer Tätigkeit ergibt, wofern nämlich das Urteil der Sinne die Sache betrifft, sofern sie ist; sie ist aber nicht in den Sinnen wie etwas, was von den Sinnen erkannt wurde: wenn nämlich die sinnliche Erkenntnis richtig über die Dinge urteilt, so erkennt sie doch nicht die Wahrheit, durch die sie richtig urteilt: obwohl nämlich die sinnliche Erkenntnis erkennt, daß sie in Tätigkeit ist, so erkennt sie doch nicht ihre eigene Natur und infolgedessen auch nicht die Natur der Tätigkeit noch deren Verhältnis zu den Dingen, daher auch nicht ihre Wahrheit. Der Grund dafür liegt darin, daß das Vollkommenste innerhalb des Seienden,

wie die geistigen Substanzen, in einer vollständigen Umkehr zu seinem eigenen Wesen zurückkehrt: damit nämlich, daß es etwas außerhalb seiner Gelegenes erfaßt, geht es gewissermaßen aus sich heraus; sofern es aber erkennt, daß es erkennt, beginnt es schon, zu sich zurückzukehren, denn der Akt des Erkennens steht in der Mitte zwischen dem Erkennenden und dem Erkannten. Aber jene Rückkehr vollendet sich, sofern es sein eigenes Wesen erkennt; darum heißt es im Buch über die Ursachen (Satz XV), daß jeder, der um sein eigenes Wesen wisse, in einer vollständigen Umkehr zu seinem Wesen zurückkehre. Die sinnliche Erkenntnis aber, die vor allem übrigen der geistigen Substanz nahesteht, die beginnt wohl zu ihrem eigenen Wesen zurückzukehren, denn sie erkennt nicht nur Sinnenfälliges, sondern erkennt auch, daß sie in Tätigkeit sei; aber ihre Rückkehr kommt nicht zum Abschluß, da die sinnliche Erkenntnis nicht ihr eigenes Wesen erkennt. Dafür führt Avicenna als Grund an, daß die sinnliche Erkenntnis nur durch ein körperliches Organ erkennt. Es ist aber nicht möglich, daß sich ein Organ zwischen die sinnliche Erkenntnisfähigkeit und sie selbst einschiebt. Die empfindungslosen natürlichen Potenzen aber kehren auf keine Weise zu sich zurück, denn sie erkennen nicht, daß sie wirken, so wie z. B. das Feuer nicht erkennt, daß es wärmt.«

Gibt es ein falsches Ding?

10. Artikel: Doch »wie die Wahrheit in der Gleichförmigkeit der Sache und der Erkenntnis besteht, so besteht die Falschheit in ihrer Ungleichförmigkeit. Das Ding aber wird mit der göttlichen und der menschlichen Erkenntnis verglichen, wie oben (Art. 5 und 8) gesagt wurde; mit dem göttlichen Geist aber wird es verglichen wie ein Gemessenes mit dem Maß, was das anbelangt, was von den Dingen positiv ausgesagt wird oder sich in ihnen findet; denn alles Derartige geht aus dem Schöpfungsplan des göttlichen Geistes hervor; ferner wie ein Erkanntes mit dem Erkennenden; und in diesem Sinn stimmen auch die Negationen und Mängel mit dem göttlichen Verstand überein, weil Gott alles Derartige erkennt, obwohl er es nicht verursacht. Demnach stimmt offenbar alles, soweit und unter welcher Form immer es im Dasein verharrt, auch nach Privation und Mangel, mit dem göttlichen Verstand überein. Und so ist es klar, daß jedes beliebige Ding im Vergleich mit dem göttlichen Verstand wahr ist, wie Anselm im Buch über die Wahrheit (Kapitel 7, 8, 11 und 12) sagt. Also ist Wahrheit in allem Seienden, denn es ist hier, was es in der höchsten Wahrheit ist. Darum kann im Vergleich mit dem göttlichen Verstand kein Ding falsch sein; aber beim Vergleich mit dem menschlichen Verstand findet sich bisweilen eine Ungleichheit des Dinges und der Erkennt-

nis, die gewissermaßen vom Dinge selbst verursacht wird; denn das Ding ruft durch das, was von ihm nach außen in Erscheinung tritt, eine Kenntnis seiner in der Seele hervor, denn unsere Erkenntnis nimmt ihren Anfang von den Sinnen, deren natürliches Objekt die sinnlichen Qualitäten sind; darum heißt es im I. Buch über die Seele, daß die Akzidentien viel zur Erkenntnis dessen, was etwas ist, beitragen; wenn darum an irgendeinem Dinge sinnliche Qualitäten in Erscheinung treten, die auf eine Natur hinweisen, welche ihnen nicht zu Grunde liegt, so sagt man, daß dieses Ding falsch sei; so sagt der Philosoph (Metaphysik VI, 5), falsch sei das, was dazu angetan sei entweder so zu scheinen, wie es nicht sei, oder als das, was es nicht sei; z. B. falsches Gold, an dem äußerlich die Farbe des Goldes und andere derartige Akzidentien in Erscheinung treten, während doch innerlich nicht die Natur des Goldes zu Grunde liegt. Und doch ist das Ding nicht in der Weise Ursache der Falschheit in der Seele, als ob es notwendig Falschheit erzeugte; denn Wahrheit und Falschheit haben ihr Dasein vornehmlich im Urteil der Seele; sofern aber die Seele über die Dinge urteilt, leidet sie nicht von den Dingen, sondern ist vielmehr in gewisser Weise tätig. Darum heißt das Ding nicht falsch, weil es immer eine falsche Beurteilung hervorruft, sondern, weil es dazu angetan ist, sie durch das, was von ihm in Erscheinung tritt, hervorzurufen. Da jedoch, wie gesagt (Art. 5 und 7) der Vergleich des Dinges mit dem göttlichen Verstand der wesentliche ist, so heißt es im Hinblick auf ihn an sich wahr; doch der Vergleich mit dem menschlichen Verstand, hinsichtlich dessen es nicht absolut wahr heißt, ist zufällig und so ist, schlechthin gesprochen, jedes Ding wahr und keines falsch; aber in gewisser Hinsicht, nämlich im Verhältnis zu unserer Erkenntnis, heißen manche Dinge falsch.«

Die ›falschen‹ Dinge rufen eine Täuschung hervor auf Grund einer Ähnlichkeit mit anderen, die aber keine völlige Gleichheit ist. Diese Vereinigung von Gleichheit und Ungleichheit nun ist charakteristisch für die *analogia entis*, das Verhältnis der Geschöpfe zu Gott. Es wäre aber verkehrt, im Hinblick darauf *alle* Dinge falsch zu nennen. Denn zu Falschheit gehört eine *erhebliche* Ähnlichkeit und eine solche, die nicht nur irgend jemanden täuscht, sondern dazu angetan ist, »die Mehrheit und auch die Weisen zu täuschen. Obwohl nun die Geschöpfe eine gewisse Ähnlichkeit mit Gott in sich haben, so liegt doch die größte Unähnlichkeit zu Grunde, so daß der Geist nur vermöge großer Torheit infolge solcher Ähnlichkeit getäuscht wird«.

Es wäre auch nicht richtig, darum alle Dinge falsch zu nennen, weil alle Dinge hinter dem zurückbleiben, wozu sie bestimmt sind (Anselm). Die Wahrheit oder die vollkommene Erkenntnis ist freilich das Ziel oder der eigentümliche Wert, zu dem der Verstand bestimmt ist; »denn insofern ist das Wirken des Verstandes vollkommen, als seine Erkenntnis wahr ist;

und weil die Aussage der Ausdruck der Erkenntnis ist, darum ist die Wahrheit ihr Ziel. Doch bei den anderen Dingen ist es nicht so, und so ist ihr Zurückbleiben hinter ihrem Ziel nicht als Falschheit zu bezeichnen.«

Gibt es Falschheit in den Sinnen?

11. Artikel: »... unsere Erkenntnis, die von den Dingen ihren Anfang nimmt, geht in der Ordnung vor, daß sie zunächst in den Sinnen beginnt und sodann sich im Verstand vollendet; so daß die Sinne gewissermaßen in der Mitte zwischen den Dingen und dem Verstand stehen: sie sind nämlich, mit den Dingen verglichen, gleichsam etwas Geistiges; und, mit der geistigen Erkenntnis verglichen, gleichsam Dinge: und so wird in doppeltem Sinne gesagt, daß Wahrheit und Falschheit in den Sinnen sei. Einmal entsprechend dem Verhältnis der sinnlichen zur geistigen Erkenntnis; und auf diese Weise heißen die Sinne wahr oder falsch wie ein Ding, sofern sie nämlich eine richtige oder falsche Beurteilung im Verstand hervorrufen. Ferner entsprechend dem Verhältnis der Sinne zu den Dingen: und in diesem Sinne heißt es, daß Wahrheit und Falschheit in den Sinnen auf dieselbe Weise wie im Verstand sei: sofern nämlich geurteilt wird, daß das ist, was ist, oder das nicht ist, was nicht ist. Wenn wir also von den Sinnen auf die erste Weise sprechen, dann ist in gewissem Sinne Falschheit in den Sinnen und in gewissem Sinne nicht; denn die Sinnlichkeit ist zugleich ein Ding und Hinweis auf ein anderes Ding. Wenn sie also dem Verstand gegenübergestellt wird, sofern sie ein Ding ist, so gibt es auf keine Weise Falschheit in den Sinnen im Vergleich zum Verstand: denn je nachdem die Sinnlichkeit angeregt wird, danach gibt sie ihre Verfassung dem Verstand kund; darum sagt Augustin (Über die wahre Religion, Kap. 36 gegen Ende und Kap. 38 etwa in der Mitte), sie könne gar nichts anderes aussagen als ihr Betroffensein. Wenn sie aber dem Verstand gegenübergestellt wird, sofern sie etwas anderes darstellt, heißt die Sinnlichkeit, da sie bisweilen ein Ding anders darstellt, als es ist, demgemäß falsch, soweit sie dazu angetan ist, eine falsche Beurteilung im Verstand hervorzurufen, obwohl sie das nicht notwendig tut, wie es auch von den Dingen gesagt wurde: denn wie der Verstand über die Dinge urteilt, so urteilt er auch über das, was von den Sinnen dargeboten wird. So ruft also die Sinnlichkeit, wenn sie dem Verstand gegenübergestellt wird, immer eine richtige Beurteilung bezüglich ihrer eigenen Verfassung im Verstand hervor, aber nicht bezüglich der Verfassung der Dinge. Betrachtet man also die Sinnlichkeit, sofern sie den Dingen gegenübergestellt wird, dann ist in der Sinnlichkeit Falschheit und Wahrheit, auf dieselbe Weise wie im Verstand. Im Verstand aber finden sich Wahrheit und Falschheit zuerst

und ursprünglich im Urteil der zusammenfassenden und zergliedernden Verstandestätigkeit; aber in der Formung der Washeiten nur durch das Verhältnis zu dem Urteil, das sich aus der erwähnten Formung ergibt; darum ist auch in der Sinnlichkeit von Wahrheit und Falschheit als etwas ihr Eigentümlichem die Rede, sofern sie über Sinnenfälliges urteilt; doch sofern sie ein Sinnenfälliges auffaßt, ist Wahrheit und Falschheit nicht als etwas ihr Eigentümliches darin, sondern nur gemäß dem Verhältnis zu dem Urteil (das sich aus der erwähnten Formung ergibt)[3]; sofern aus einer so und so gearteten Auffassung naturgemäß dieses oder jenes Urteil hervorgeht. Das Urteil eines Sinnes erfolgt aber über gewisse Dinge naturgemäß, z. B. über die ihm eigentümlichen Sinneseindrücke; über andere aber gleichsam durch eine Art Zusammenfassung, welche die verbindende und abschätzende Kraft im Menschen vornimmt, die ein Vermögen der Sinnlichkeit ist, wofür bei andern Lebewesen die instinktive Beurteilung steht; und so urteilt das sinnliche Vermögen über allgemeine Sinnesdaten und über akzidentelle Sinnesdaten. Die natürliche Betätigung eines jeden Dinges aber vollzieht sich immer auf ein und dieselbe Weise, wenn sie nicht durch etwas Akzidentelles gehindert wird, wegen eines inneren Mangels oder eines äußeren Hindernisses. So ist das Urteil eines Sinnes über die ihm zugehörigen Sinnesdaten immer wahr, wenn nicht ein Hindernis im Organ oder im Medium vorliegt; bei den allgemeinen Sinnesdaten jedoch und den akzidentellen täuscht sich bisweilen das Urteil der Sinne. Und so ist es klar, auf welche Weise im Urteil der Sinne Falschheit möglich ist.

Bezüglich der Auffassung der Sinne aber muß man wissen, daß es ein Auffassungsvermögen gibt, welches die sinnenfällige Species auffaßt, während das sinnenfällige Ding gegenwärtig ist, wie ein eigens dafür geschaffener Sinn; ein anderes aber erfaßt sie in Abwesenheit des Dinges, wie die Einbildungskraft; und so erfaßt die Sinnlichkeit das Ding immer, wie es ist, wenn kein Hindernis im Organ oder im Medium vorliegt; die Einbildungskraft aber faßt das Ding gewöhnlich auf, wie es nicht ist, weil sie das Ding als gegenwärtig auffaßt, während es abwesend ist; und so sagt der Philosoph im IV. Buch der Metaphysik, daß nicht die Sinne für die Falschheit verantwortlich sind, sondern die Phantasie.«

---

[3] Der eingeklammerte Zusatz steht in der Ausgabe Turin 1925, fehlt aber in der Handschrift des Quaestiones Disp. (Cod. Vat. lat. 781).

Gibt es Falschheit im Verstand?

12. Artikel: Doch nicht nur bei den Dingen und bei den Sinnen, sondern auch beim Verstand muß man von Falschheit sprechen. »Der Name des Verstandes ist davon hergekommen, daß er das Innerste des Dinges versteht; denn intelligere heißt gleichsam intus legere (innen lesen): die Sinne nämlich und die Einbildungskraft erfassen nur die äußeren Akzidentien; der Verstand allein dringt zum Wesen der Sache vor. Doch darüber hinaus betätigt sich der Verstand auf Grund der erfaßten Wesenheiten der Dinge auf verschiedene Weise in Schlußverfahren und Forschung. Der Name des erkennenden Geistes kann also auf doppelte Weise verstanden werden. Einmal nämlich nur im Verhältnis zu dem, wovon ihm zuerst der Name beigelegt wurde; und so sprechen wir in eigentlichem Sinne von Erkennen, wenn wir die Washeit der Dinge erfassen, oder wenn wir das erkennen, was dem Verstand sofort bekannt ist, wenn ihm die Washeiten der Dinge bekannt sind, wie die ersten Prinzipien, die wir erfassen, sobald wir die Termini erfassen; darum bezeichnet man den Verstand als den Habitus der Prinzipien. Die Washeit des Dinges aber ist das eigentliche Objekt des Verstandes; wie daher die sinnliche Auffassung der spezifischen Sinnesdaten immer wahr ist, so auch die geistige Erkenntnis in der Erfassung dessen, *was* etwas ist (Über die Seele III). Doch akzidentell kann auch dort Falschheit vorkommen, sofern der Verstand falsch zusammenfaßt und zergliedert; das geschieht auf doppelte Weise: entweder, indem er die Definition eines Dinges auf ein anderes anwendet, z. B. wenn er den Begriff eines vernünftigen, sterblichen Lebewesens als Definition des Esels bildete; oder indem er Definitionsteile miteinander verbindet, die nicht verbunden werden können, z. B. wenn er sich als Definition des Esels den Begriff eines unvernünftigen, unsterblichen Wesens bildete: denn das Urteil ›ein unvernünftiges Wesen ist unsterblich‹ ist falsch. Und so ergibt sich, daß eine Definition nur falsch sein kann, sofern sie eine falsche Behauptung einschließt. Dieser doppelte Sinn wird im V. Buch der Metaphysik berührt. Ähnlich gibt es auch bei den ersten Prinzipien keine Täuschung. So ist es klar, daß es im Verstand keine Falschheit gibt, wenn der Verstand entsprechend der Tätigkeit aufgefaßt wird, auf Grund deren ihm der Name Verstand beigelegt wird. In anderm Sinn kann der Verstand allgemein aufgefaßt werden, sofern er sich auf alle Betätigungen erstreckt; und so umfaßt er Meinung und Schlußverfahren; und in dem Sinne gibt es Falschheit im Verstand; jedoch niemals, wenn die Zurückführung auf die ersten Prinzipien in der richtigen Weise geschieht.«

Nicolaus Cusanus

Wir schließen den ersten Band unserer Textsammlung mit einem Denker ab, dessen Genialität und Bedeutung erst im letzten Jahrhundert voll erkannt worden ist. Nicolaus, aus dem deutschen Moselstädtchen Kues stammend, hat sich durch die Kraft seines Geistes und offenbar auch eine überzeugende Beredsamkeit schon mit jungen Jahren eine bedeutende Stellung innerhalb des kirchlichen Lebens seiner Zeit errungen. Er ist eine jener Figuren, die mit klarem Blick die Mängel und Schäden erkannten und bekämpften, die in der Kirche aufgetreten waren, insofern eine Art Vorläufer der Reformation der Kirche, aber zugleich ihr getreuer Sohn und insbesondere ein Mann, der die autoritative Führung der Kirche durch den Papst verteidigte. Als päpstlicher Legat und als Bischof hat er neben aller Verwaltungsarbeit eine größere Reihe philosophischer Schriften verfaßt, die gegenüber der scholastischen Tradition einen neuen Geist atmen. Anders als Thomas ist er niemals Lehrer der Philosophie gewesen, ihn hat bereits der Atem des Humanismus angeweht, der im damaligen Italien eine Rückwendung auf den Geist der Antike vollzog. Er hat aber vor allem der mystischen Theologie, die aus neuplatonischen Quellen fließend im späteren Mittelalter immer wieder hervortritt, durch die Schärfe und Originalität seines Denkens einen bleibenden Platz innerhalb des katholischen Denkens gesichert. Sein Grundsatz der docta ignorantia, des gelehrten Nichtwissens, ist eine Formulierung des Prinzips der negativen Theologie. Was man von Gott aussagen kann, sind nur Verneinungen. Er spitzt diese Lehre aber zu einer Lehre von der Koinzidenz der Gegensätze zu. In Gott ist das Größte und das Kleinste identisch, weil er das Unendliche ist, das weder groß noch klein ist. Dieses Prinzip wendet nun der Cusaner auch außerhalb der Theologie an, und zwar auf zwei Gebiete: auf die Lehre vom Weltganzen, vom Universum, und auf die Lehre vom menschlichen Geiste.

Das Universum ist nach dem Cusaner eine Kontraktion der göttlichen Unendlichkeit, d. h. selber ein konkret Unendliches. Daraus folgt, daß die herkömmlichen Bestimmungen der aristotelischen Physik oder auch des neuplatonischen Stufenkosmos das Sein des Universums verfehlen. Als Unendliches hat es z. B. keinen Mittelpunkt, da alles im Universum von ihm als dem unendlich Umfassenden wesenhaft unterschieden ist. Nichts Seiendes in der Welt ist wahrhaft seiend, d. h. als so und nicht anders mit sich selbst identisch und durch eine präzise Erkenntnis fixierbar. So ist es z. B. unmöglich, von irgendeinem Weltkörper zu sagen, daß er schlechthin ruhe. Das gilt auch von der Erde. Diese und ähnliche Anwendungen der platonischen Abwertung des Sinnlichen dienen nun aber einer neuen

Meßgesinnung, die sich mit dem Relativen und Ungenauen begnügt, da das Genaue selbst unserer Unwissenheit vorenthalten ist. Es läßt sich ermessen, wie diese Lehren des Cusaners der beginnenden Naturwissenschaft der Neuzeit, z. B. der Vorbereitung des kopernikanischen Systems, Vorschub geleistet haben.

Die zweite Lehre, durch die der Cusaner sich gegenüber dem mittelalterlichen Denken abhebt, ist seine Lehre vom Geist. Auch hier ist es ein altes theologisches Lehrstück, daß der menschliche Geist ein Abbild des Göttlichen ist und insbesondere ein christologisches Fundament hat. Nachdem aber Gott als jenes Unendliche, das alles in sich befaßt, gedacht wird, kann die Gottebenbildlichkeit des Menschen einen neuen Akzent erhalten, indem auch der menschliche Geist alles, was er zu denken vermag, in sich befaßt. Damit wird eines der umstrittensten Probleme der Hochscholastik, die Universalienfrage, auf eine produktive Weise ›hinterfragt‹. Was ist die Seinsweise von Allgemeinbegriffen? Sind sie die Seinsvorbilder der Dinge (universalia ante rem) oder sind sie nachträgliche geistige Zusammenfassungen des in den Dingen Gemeinsamen? Diese Positionen der Realisten und Nominalisten finden ihre Auflösung, wenn die Allgemeinbegriffe zwar Explikationen des menschlichen Geistes sind, aber deshalb keineswegs nur mentale Existenz besitzen, sondern vermöge der Gottebenbildlichkeit des menschlichen Geistes das wahre Sein selber sind, in das sich der göttliche Schöpfungsgeist entfaltet hat. Es ist das besondere Verdienst der Lehre des Cusaners, daß er den Wesensunterschied von Schöpfer und Geschöpf nicht verdunkelt und dennoch die innere Zugehörigkeit von Geist und Geist, menschlichem und göttlichem Geist anerkennt.

Wir bringen aus der nicht geringen Zahl kleiner Traktate des vielbeschäftigten Kardinals eine Schrift aus seiner Spätzeit, in der er auf seinen eigenen Denkweg mit dem Abstand der Reife zurückblickt und mit dem spekulativen Feuer seines Geistes den letzten Schritt auf demselben tut – zum ›Gipfel der Betrachtung‹. Hier wird alles Sein als Können verstanden. Grundsätzlich ist damit der Substanzgedanke der griechischen Metaphysik überwunden. Aber es ist nicht der von der neuzeitlichen Philosophie entwickelte Begriff des Subjekts als der eigentlichen und alleinigen Substanz, der des Cusaners letzten Blick auf das Mysterium des Seins leitet.

Vom Gipfel der Betrachtung

Peter. Ich sehe Dich schon einige Tage wie in tiefer Betrachtung ganz entrückt, so sehr, daß ich gefürchtet habe, Dir lästig zu fallen, wollte ich Dich mit Fragen über das, was mir einfiel, bedrängen. Nun aber, da ich Dich weniger angespannt finde und froh, so, als ob Du etwas Großes gefunden hättest, wirst Du, wie ich hoffe, verzeihen, wenn ich Dich über das gewohnte Maß hinaus befrage.

Kardinal. Es wird mich freuen; habe ich mich doch schon oft über Deine so lang anhaltende Schweigsamkeit gewundert, zumal Du mich doch schon vierzehn Jahre lang gehört hast, wie ich über das in Überlegungen mir Aufgegangene öffentlich und in persönlichem Gespräch viel rede, und Du doch mehrere der von mir geschriebenen kleinen Werke gesammelt hast. Und besonders, da Du nun durch Gottes Gnadengeschenk und meine Amtswaltung zu der erhabenen Würde des heiligen Priesteramtes gelangt bist, ist die Zeit gekommen, daß Du beginnest zu reden und zu fragen.

Peter. Ich scheue mich ob meiner Unerfahrenheit; dennoch wage ich, durch Deine Milde ermutigt, zu bitten: was ist das Neue, das Dir in diesen Ostertagen in den Sinn gekommen ist? Ich habe geglaubt gehabt, Du hättest jede Betrachtung schon abgeschlossen, wie Du sie in Deinen so vielen verschiedenen Schriften dargelegt hast.

Kardinal. Wenn selbst der Apostel Paulus, in den dritten Himmel entrückt, noch nicht den Unerfaßlichen erfaßte, so wird keiner irgend einmal von ihm, der über jede Erfassung hinaus ist, so erfüllt, daß er nicht immer dahin drängte, ihn besser zu erfassen. *Peter.* Was denn suchest Du? *Kardinal.* Du sagst es richtig. *Peter.* Ich frage Dich, und Du verlachst mich. Da ich erfrage, nach was Du suchst, erwiderst Du: Du sagst es richtig; ich sage aber doch nichts aus, sondern frage. *Kardinal.* Eben damit, daß Du sagtest: ›was suchest Du‹, hast Du es recht gesagt, weil ich ja etwas suche. Jeder, der sucht, sucht doch etwas. Suchte er nicht irgend etwas, eben ein Was, so suchte er überhaupt nicht. Wie alle Forschenden suche ich also etwas, weil ich aus ganzer Seele zu wissen begehre, was eben das Wasselbst oder das in sich erfüllte Wesenswas *(quidditas)* sei, das mit so viel Mühe gesucht wird. *Peter.* Glaubst Du denn, daß es gefunden werden kann. *Kardinal.* Ganz gewiß; denn der geistige Antrieb, der allen Forschern innewohnt, ist nicht vergeblich.

Peter. Wenn bisher noch niemand es fand, was versuchst Du Dich über alle hinaus? *Kardinal.* Ich glaube, viele haben es irgendwie gesehen und was sie geschaut in Aufzeichnungen hinterlassen. Denn das Wesenswas, das immer gesucht ward und gesucht wird und gesucht werden wird: auf welche Weise denn sollte es gesucht werden, wenn es gänzlich unbekannt wäre, bliebe es auch als Gefundenes immer unbekannt? Deshalb sagt ein Weiser, daß es, wenn auch nur von ferne, von allen erschaut werde.

Als ich schon viele Jahre hindurch gesehen hatte, daß es über alle erkennende Mächtigkeit hinaus vor jeder Verschiedenheit und Entgegengesetztheit gesucht werden müsse, habe ich nicht beachtet, daß dieses für und in sich bestehende *(subsistens)* Wesenswas der unveränderliche in sich selbst beruhende Wesensbestand *(subsistentia)* aller bestehenden Wesen ist, somit weder zu vervielfältigen noch zu vermehren, und daher nicht ein anderes und wieder anderes Wesenswas der immer wieder anderen Seienden, sondern das eine und selber ursprunghafte Wesen-sein *(hypostasis)* von allen. Späterhin sah ich, man müsse notwendig zugeben, dieses ursprunghafte Wesen-sein oder der in sich selbst beruhende Wesensbestand der Dinge *könne* sein. Und weil es sein kann, kann es durchaus nicht ohne eben das Können-selbst sein. Wie denn *könnte* es sein ohne das Können? Und so ist das Können selbst, ohne welches nichts irgend etwas kann, dasjenige, das von nichts anderem an wesenhaftem Für-sich-bestehen übertroffen werden könnte. Daher ist es das gesuchte Wasselbst oder das eigentliche Wesenswas, ohne welches nicht irgend etwas sein kann. Und über diesem Betrachtungegenstand habe ich während der Festtage mit unermeßlicher Ergötzung verweilt. *Peter.* Weil, wie Du sagst, ohne das Können nichts irgend etwas kann, und ich sehe, daß Du wahr redest, und weil ohne das Wesenswas ganz und gar nichts ist, so sehe ich wohl, daß man jenes Können-selbst das Wesenswas nennen kann. Doch wundere ich mich, da Du ja schon früher vieles über das Können-Sein gesagt und in einem Dreigespräch schriftlich auseinandergelegt hast, warum das nicht genügen sollte. *Kardinal.* Du wirst im Weiteren sehen, daß des ›Können selbst‹, über das hinaus nichts mächtiger, früher oder besser sein kann, weit angepaßter als das ›Können-Sein‹ oder was immer auch für eine andere Bezeichnung jenes benennt, ohne welches nichts irgend etwas je sein oder leben oder einsehen kann. Wenn es nämlich überhaupt genannt werden kann, wird ganz gewiß das ›Können selbst‹, über das hinaus es nichts Vollkommeneres geben kann, es am besten benennen. Und ich glaube nicht, daß es einen klareren, wahreren oder leichter verständlichen Namen gibt. *Peter.* Wieso nennst Du ihn leicht verständlich, indes ich nichts schwieriger finde als etwas, das immer gesucht und doch niemals vollends gefunden wird. *Kardinal.* Je klarer die Wahrheit, desto leichter faßlich ist sie; einst zwar glaubte ich, sie werde besser im Dunkel gehalten.

Von gewaltiger Mächtigkeit ist die Wahrheit, in der das Können-selbst machtvoll erstrahlt. Ruft sie doch laut in den Gassen, wie Du im Büchlein

Vom Laien gelesen hast. Wahrlich, sie erweist sich von überall her leicht zu finden. Welcher Knabe oder Jüngling kennt nicht das Können selbst, da doch ein jeder sagt, er könne essen, könne laufen oder reden. Auch ist kein Geistbegabter so gänzlich unerfahren, daß er nicht auch ohne Lehrer wüßte, daß nichts ist, es *könne* denn sein, und daß ohne das Können nichts irgend etwas kann, es sei sein oder haben, tun oder leiden. Welcher Jüngling, befragt, ob er einen Stein tragen könne, und der nach gegebener Antwort, daß er es könne, weiter noch gefragt wird, ob er es ohne das Können könne, gäbe erst noch lange zur Antwort: »Keineswegs«? Er hielte dies nämlich für eine abgeschmackte und überflüssige Befragung, wie wenn keiner, der bei gesundem Verstande ist, darüber eine Frage aufstellte, ob man wohl irgend etwas machen oder ob es werden könne ohne das Können selbst. Jeder Könnende setzt nämlich das Können-selbst als so notwendig voraus, daß, wäre es nicht vorausgesetzt, ganz und gar nichts sein könnte. Wenn nämlich irgend etwas bekannt sein kann, so doch wahrlich nichts bekannter als das Können selbst; wenn etwas sicher sein kann, so ist doch nichts sicherer als das Können selbst; wenn etwas leicht sein kann, so ist es doch gewiß nichts leichter als das Können selbst; eben so ist nichts früher, nichts stärker, nichts fester, nichts wesenhafter, nichts herrlicher; und so gilt es von allem. Ermangelte es aber des Könnens selbst, so könnte auch nicht das Gute sein und nicht irgendein anderes, das sein kann. *Peter.* Ich sehe nichts Sichereres als dies, und mir deucht, niemandem könne die Wahrheit davon verborgen bleiben.

Kardinal. Nur ist zwischen mir und Dir ein Unterschied in der Beachtung. Denn befragte ich Dich, was Du in allen Nachkommen Adams, die waren, sind und sein werden, siehst, auch wenn es unendlich viele sein sollten: würdest Du, wenn Du acht gäbest, nicht sofort antworten, daß Du nichts anderes als das väterliche Können des ersten Zeugenden in allen siehst? *Peter.* Ganz so ist es. *Kardinal.* Und wenn ich hinzu erfragte, was Du in den Löwen, den Adlern und allen Arten der Lebewesen siehst, würdest Du nicht in gleicher Weise antworten? *Peter.* Gewiß nicht anders. *Kardinal.* Und was bei allem aus einem Grunde Erfolgten und aus einem Ursprung Hervorgegangenen? *Peter.* Ich würde sagen, daß ich nichts anderes als das Können des ersten Grundes und des ersten Ursprungs sehe. *Kardinal.* Und wenn ich Dich noch weiter ausforschte: Da das Können aller solchen Ersten gänzlich unausschöpflich ist, woher hat solch ein Können so eine Wirkmächtigkeit? Würdest Du mir nicht alsbald antworten: Von dem in sich stehend unbedingten, dem uneingeschränkten, ganz und gar allmächtigen Können selbst, im Vergleich zu dem Mächtigeres weder empfunden noch vorgestellt noch eingesehen werden kann; ist dies doch das Können jedes Könnens; früher und vollkommener kann ja nichts sein; und wenn es dies nicht gäbe, könnte ganz und gar nichts Bestand haben. *Peter.* So würde ich in der Tat sagen. *Kardinal.* Daher ist das Können-selbst das Wesenwas und das ursprunghafte Wesen-sein von allem, in dessen Mächtigkeit notwendig sowohl das was ist wie das was nicht ist umfaßt wird. Würdest Du nicht meinen, daß dies ganz so zu behaupten wäre? *Peter.* Genau so würde ich sagen.

Kardinal. Das Können desselben wird daher von einigen Heiliges Licht genannt; das meint kein sinnlich erfahrbares oder erkennendes, einsehbares Licht, sondern das Licht alles dessen, was leuchten kann; vermag doch nichts leuchtender zu sein als das Können selbst, nichts klarer, nichts schöner. Sieh hin auf das sinnlich wahrnehmbare Licht, ohne welches es keine sinnliche Schau geben kann, und beachte, wie in jeder Farbe und jedem Sichtbaren es kein anderes ursprunghaftes Wesensein gibt als das Licht, das in den verschiedenen Seinsweisen der Farben verschiedenartig sichtbar wird, und wie, wäre das Licht hinweggenommen, weder die Farbe noch das Sichtbare noch das Sehen fortbestehen könnte. Der Glanz aber des Lichtes, so wie es in sich ist, geht über die Fassungskraft des Sehvermögens hinaus. Es wird also nicht gesehen, wie es selbst ist; sondern es offenbart sich in dem Sichtbaren, in dem einen glanzvoller, in dem anderen matter. Und je strahlender ein Sichtbares das Licht darstellt, desto edler und schöner ist es. Das Licht selbst aber faßt den Glanz und die Schönheit alles Sichtbaren in sich zusammen und überragt sie. Und nicht ist es so, daß das Licht sich in dem Sichtbaren offenbare, um sich als sichtbar zu zeigen, im Gegenteil, um sich vielmehr als unsichtbar zu offenbaren, da doch sein eigenes Strahlen in dem Sichtbaren nicht gefaßt werden kann. Wer nämlich das Strahlen des Lichtes in den sichtbaren Dingen als ein nicht sehbares ersieht, sieht es wahrer als sonstwie. Verstehst Du dies? *Peter.* Um so leichter fasse ich es, als ich schon öfter solches von Dir gehört habe.

Kardinal. Übertrage also dieses sinnlich Erfahrbare auf Geistiges, wie etwa das Können des Lichtes auf das Können schlechthin, das unbedingte Können selbst, und das Sein der Farbe auf das einfache Sein. Denn das nur im Geiste erschaubare einfache Sein verhält sich zum Geiste wie das Sein der Farbe zum Sehsinn. Und schaue näher zu, was denn der Geist in den verschiedenen Seienden erblicken mag, die ja nichts anderes sind, als was sie sein können, und die nur das haben können, was sie vom Können-selbst haben. Und Du wirst sehen, daß die verschiedenen Seienden nichts anderes sind als verschiedene Weisen der Sichtbarwerdung des Könnens selbst, daß aber das Wesenswas nicht ein verschiedenes sein kann, weil es das verschieden sichtbar werdende Könnenselbst ist. Und in dem, was ist oder lebt oder einsieht, kann nichts anderes gesehen werden als das Können selbst, von welchem Sein-können, Leben-können, Einsehen-können Offenbarmachungen sind. Was denn anderes kann in jeder Macht gesehen werden als das Können der ganzen und jeder Mächtigkeit? Dennoch kann in allen Mächtigkeiten des Seins oder Erkennens das Können selbst, wie es in sich ist, nicht ganz vollkommen gefaßt werden; sondern es wird in ihnen sichtbar, in dem einen machtvoller als in dem anderen, machtvoller gewiß im einsichtigen Können als im sinnlichen, entsprechend dem, wie die Einsicht mächtiger ist als der Sinn.

Trotzdem wird das Können-selbst in seinem Ansich – über jede Erkenntnismächtigkeit hinaus und doch mittels geistig schauenden *(intelligibilis)* Könnens – wahrheitsangenähert gesehen, wenn man sieht, daß es jede Fassungskraft des geistig schauenden Könnens übersteigt. Das was die Einsicht faßt, das sieht sie ein. Wenn nun der Geist sieht, daß in seinem eigenen Können das Können selbst ob seines Überragens nicht gefaßt werden kann, dann sieht er mit dem Blick über seine Fassungsmächtigkeit hinaus, wie ein Knabe sieht, daß die Größe eines Steines über das hinausgeht, was die Kraft seiner Mächtigkeit tragen könnte. Das Sehenkönnen des Geistes übertrifft also sein Fassen-können. – Und so ist die einfache Schau des Geistes keine erfassende Schau; sondern von der erfassenden erhebt sie sich zum Sehen des Unfaßlichen. Wenn sie z. B. in erfassender Weise das eine als größer sieht denn das andere, hebt sie sich empor, auf jenes zu schauen, im Vergleich zu dem es nicht größer sein kann. Und dieses ist das Unendliche, größer als jedes Meßbare oder Erfaßbare.

Und dies Sehen-können des Geistes über aller erfassenden Kraft und Mächtigkeit ist des Geistes höchstes Können, in welchem das Könnenselbst sich in einem äußersten Maße offenbart; und diesseits des Könnens-selbst ist es unbegrenzt. Denn dieses Sehen-können ist so sehr auf das Können-selbst hingeordnet, daß der Geist vorschauen kann, wohinwärts er strebt, wie ein Wanderer auf seines Wanderns Ziel zu Vorschau hält, um seine Schritte dem ersehnten Ziel zulenken zu können. Wenn also der Geist das Ziel der Ruhe, der Sehnsucht und der Freude und seiner Glückseligkeit nicht von ferne sehen könnte, wie würde er laufen, auf daß er es erreichte? Der Apostel ermahnte uns mit Recht, wir müßten so laufen, daß wir ergreifen. Fasse das also dahin zusammen, daß Du siehst, wie alles darauf hin geordnet ist, daß der Geist auf das Können selbst, welches er von ferne sieht, zulaufen könne und das Unerfaßliche auf die bestmögliche Weise erfasse. Ist doch das Können selbst, wenn es in der Herrlichkeit seiner Majestät erscheinen wird, allein mächtig, das Sehnen des Geistes zu stillen. Denn es ist jenes Was, das wir suchen.

Siehst Du das, was ich gesagt habe? *Peter.* Ich sehe, daß wahr ist, was Du gesagt hast, wenn es auch das Fassungsvermögen übersteigt. Was anderes denn könnte die Sehnsucht des Geistes stillen als das Können selbst, das Können jedes Könnens, ohne welches nichts irgend etwas kann?

Wenn nämlich etwas anderes sein kann als das Können selbst, wie könnte es ohne das Können? Und wenn es ohne das Können nicht könnte, hätte es also, was es kann, ganz nur vom Können selbst. Der Geist wird nicht anders gesättigt, er erfasse denn jenes, über das hinaus es nichts Besseres geben kann. Und nichts anderes vermag dies zu sein als das Können selbst, das heißt das Können jedes Könnens. Zu Recht also siehst Du, daß allein das Können selbst, jenes Was, das von jedem Geist gesucht wird, der Ursprung des geistigen Verlangens ist, zu dem es nichts Früheres geben kann, und daß es das Ziel dieses gleichen geistigen Verlangens ist, da über das Können selbst hinaus nichts ersehnt werden kann.

Kardinal. Du siehst nun aufs Beste, Peter, wie sehr Dir häufiges Gespräch und das Lesen meiner kleinen Werke förderlich ist, mich leicht zu verstehen; und ich zweifle nicht, daß, was immer ich über das Können-selbst sehe, auch Du bald in dafür bereit gewordenem Geiste sehen wirst. Denn da jede Frage über das ›kann‹ das Können-selbst voraussetzt, kann über dieses selbst kein Zweifel erstehen; keiner nämlich wird durchdringen bis zum Können selbst. Wer nämlich fragte, ob das Können-selbst sei, sieht, wenn er darauf achtet, sofort, daß die Frage ungehörig ist, da ja ohne das Können über das Können selbst nicht gefragt werden könnte. Weniger noch kann gefragt werden, ob das Können-selbst dies oder jenes sei, da doch ›sein können‹ und ›dies und jenes sein können‹ das Können-selbst voraussetzen. Und so steht fest, daß das Können-selbst jeder Bezweiflung, die vorgebracht werden kann, vorausgeht. Nichts Sicheres gibt es also als das Können selbst, wenn selbst der Zweifel nicht anders kann als es vorauszusetzen, und wenn nichts ausgedacht werden kann, das weiterreichend oder vollkommener wäre als es. So kann weder ihm irgend etwas hinzugefügt noch von ihm etwas abgetrennt oder gemindert werden.

Peter. Dies nur sag bitte jetzt an: ob Du über das Erste irgend etwas noch klarer enthüllen willst als bisher; denn Du hast schon oft sehr weitgehend, wenn auch noch nicht so weit, wie es gesagt werden kann, vieles darüber gesprochen. *Kardinal.* Ich möchte Dir nun die folgende leichte Lösung dartun, die ich bisher nicht so deutlich mitgeteilt habe und die ich für die geheimste halte: daß nämlich jede betrachtende Genauigkeit allein auf das Können selbst und seine Sichtbarwerdung zu gründen ist, und daß alle, die recht gesehen haben, dieses auszudrücken versuchten. Die nämlich sagten, wirklich sei nur ›das Eine‹, schauten hin auf das Können selbst. Die von ›dem Einen und dem Vielen‹ sprachen, zogen das Können selbst und die vielen Seinsweisen seiner Sichtbarwerdung in Betracht. – Die sagten, daß nichts Neues werden könne, hatten das Können selbst jedes Sein- und Werken-könnens im Auge. Die hingegen stete Neuheit der Welt und der Dinge behaupten, wandten ihren Geist der Sichtbarwerdung des Könnens-selbst zu. Es ist so, als ob einer den Blick des Geistes auf das Können der Einheit richtete: er würde sicherlich in jeder Zahl und Vielheit nichts anderes sehen als jenes Können-selbst der Einheit, über das hinaus nichts mächtiger sein kann; und jede Zahl sähe er nur als eine Sichtbarwerdung des Könnens-selbst der Einheit, für die es weder Zählung noch Begrenzung gibt. Die Zahlen sind nämlich nichts anderes als besondere Weisen der Sichtbarwerdung des Könnens-selbst der Einheit. Und besser wird dieses Können in der ungeraden Drei sichtbar als in der Vier, und besser in bestimmten vollkommenen Zahlen als in den übrigen. So sind die Gattungen und Arten und sonst dergleichen auf Seinsweisen der Sichtbarwerdung des Könnens-selbst zurückzuführen. – Die sagen, es gebe nicht mehrere seinverleihende Formen, haben auf das Können selbst hingeschaut, wie es in seinem Allen-genügen von nichts erreicht wird. Und die sagten, es gebe mehrere, je nach den Arten verschiedene Formen, richten ihr Augenmerk auf die je nach Art verschiedenen Seinsweisen der Sichtbarwerdung des Könnens selbst. Die gesagt haben, Gott sei der Quell der Ideen und es gebe deren eine Mehrheit, haben sagen wollen, was wir sagen, nämlich: Gott sei das Können selbst, das in verschiedenen und nach Arten unterschiedenen Seinsweisen sichtbar wird. Jene, welche die Ideen und derartige Formen verneinen, haben das Können-selbst in den Blick genommen, das allein das Was-selbst jedes Könnens ist. – Die sagen, nichts könne zugrunde gehen, schauen hin zum ewigen und unvergänglichen Können selbst. Die aussprechen, der Tod sei ein Etwas, und annehmen, daß die Dinge zugrunde gehen, blicken auf die Seinsweisen der Sichtbarwerdung jenes Könnens selbst. – Die Gott den allmächtigen Vater, den Schöpfer Himmels und der Erden nennen, sagen das Gleiche wie wir. Sie sagen nämlich, das Können selbst; allmächtig über alles hinaus, erschaffe durch seine Sichtbarwerdung Himmel und Erde und alles sonst. Denn in allem, was ist oder sein kann, kann nichts anderes gesehen werden als das Können selbst, wie in allen Taten und allem zu Tuenden das Können des ersten Tuers, und in allem Bewegten und zu Bewegenden das Können des ersten Bewegers. Bei solchen Lösungen siehst Du, wie alles im Grunde so leicht verstehbar ist und alle Verschiedenheit in Zusammenklang übergeht.

Mögest Du also, mein lieber Peter, das Auge des Geistes in durchdringender Aufmerksamkeit diesem Geheimnis zuwenden und mit dieser Lösung an meine Schriften und was immer anderes Du liesest herangehen und Dich vor allem einlesen in meine Bücher und Predigten, besonders in die Schrift Über das geschenkte Licht, die, recht verstanden, im Sinne des Vorausgeschickten das Gleiche enthält wie dieses Büchlein. Auch mögest Du die Schriften Vom Bilde oder Blicke Gottes und Vom Gottsuchen im Gedächtnis halten, auf daß Du in diesen theologischen Fragen um so besser zu Hause seiest. Und bringe damit mit möglichstem Wohlwollen das

Lesen der *Merksätze* Über den Gipfel der Betrachtung zusammen, die ich nun noch ganz kurz hinzufüge. Ich hoffe, Du wirst Gott ein willkommener Betrachter sein und für mich unablässig beim heiligen Opfer beten.

Der Gipfel der Betrachtung ist das Können selbst, das Können jedes Könnens, ohne welches gar nichts irgend etwas betrachten kann. Wie nämlich könnte es ohne das Können?

1. Zum Können selbst kann nichts hinzugefügt werden, weil es das Können jedes Könnens ist: Daher ist das Können-selbst nicht das Sein-können oder das Leben-können oder das Einsehen-können; und so gilt es von jedem Können mit irgendwelcher Beifügung, wenngleich das Können-selbst das Können eben des Sein-könnens-selbst und des Leben-könnens-selbst und des Einsehens-könnens-selbst ist.

2. Es ist nur, was sein kann. Das Sein ist also keine Hinzufügung zum Sein-können. So fügt der Mensch nichts zum ›Menschseinkönnen‹ hinzu und der junge Mensch nichts zum ›ein junger Mensch‹ oder ›ein stattlicher Mensch sein können‹. Und weil das Können mit einer Beifügung nichts zum Können-selbst hinzufügt, sieht der genau Betrachtende letztlich nichts anderes als das Können selbst.

3. Nichts kann früher sein als das Können selbst. Denn wie sollte es können ohne das Können? So kann nichts besser sein als das Können selbst, nichts mächtiger, vollkommener, einfacher, klarer, bekannter, wahrer, ausreichender, stärker, beständiger, leichter zugänglich und so fort. Und weil das Können-selbst jedem Können mit Beifügung vorausgeht, kann es weder sein noch genannt, weder empfunden noch vorgestellt noch eingesehen werden. Allem Derartigen geht nämlich das, was mit dem Können-selbst bezeichnet wird, voraus, ist es auch das ursprüngliche Wesen-sein von allem, wie es das Licht für die Farben ist.

4. Können mit einer Beifügung ist Abbild des Könnens selbst, das über alles hinaus einfach ist. So ist Sein-können Abbild des Könnens selbst, Leben-können Abbild des Könnens selbst, Einsehen-können Abbild des Könnens selbst. Ein wahreres Abbild freilich als das bloße Sein-können ist das Leben-können, und das noch wahrere das Einsehen-können. In allem sieht also der Betrachtende das Können selbst, wie im Abbilde die wahre Wirklichkeit gesehen wird. Und wie das Abbild die Sichtbarwerdung der wahren Wirklichkeit ist, so sind alle Dinge nichts anderes als Sichtbarwerdung des Könnens selbst.

5. Wie das Geisteskönnen des Aristoteles sich in seinen Schriften offenbart – nicht zwar so, daß sie das Können des Geistes vollkommen zeigten, mag auch die eine Schrift vollendeter sein als die andere – und wie die Bücher zu keinem anderen Zwecke verfaßt worden sind als dazu, daß der Geist sich zeige, und wie der Geist auch nicht etwa zum Verfassen der Schriften genötigt worden ist, weil vielmehr der freie und edle Geist sich

offenbaren wollte: so ist es mit dem Können-selbst in allen Dingen. Der Geist aber ist wie ein Buch, das lebendige Einsicht ist und das in sich selbst und in allem die geistige Ausrichtung des Schreibenden sieht.

6. Obwohl in den Büchern des Aristoteles nichts anderes enthalten ist als das Können seines Geistes, sehen doch Unwissende dies nicht. Und so, wiewohl in der ganzen Welt nichts anderes enthalten ist als das Können selbst, vermögen dennoch die des Geistes Entratenden nicht, dies zu sehen. Aber das lebendige, einsichtige Licht, das Geist genannt wird, betrachtet in sich das Können selbst. So ist alles um des Geistes willen da, und der Geist, um das Können-selbst zu sehen.

7. Das Erwählen-können faßt in sich Sein-können, Leben-können und Einsehen-können zusammen. Und das Können des freien Willens hängt keineswegs vom Körper ab, wie das Können der Begehrungskraft, des Verlangens als das des Lebewesens, abhängig ist. Daher folgt jenes nicht der Schwachheit des Körpers. Niemals nämlich altert oder schwindet es wie die Begierdekraft und der Sinn bei Greisen, sondern es besteht fort für immer und gebietet den Sinnen. Es läßt nämlich nicht stets das Auge anschauen, wenn es dazu neigt, sondern wendet es ab, auf daß es nicht auf Eitelkeit und Ärgernis sehe, so hält es den Hungernden davon ab, daß er esse, und entsprechend bei anderem. Der Geist sieht also Lobenswertes und Ärgerniserregendes, Tugenden und Laster, was der Sinn nicht sieht; und er kann die Sinne zwingen, zu seinem, des Geistes, Urteil zu stehen und nicht zu dem eigenen Verlangen. Und darin gewinnen wir die Erfahrung, daß das Können-selbst im Können des Geistes machtvoll und unzerstörbar wird und ein vom Körper gesondertes Sein besitzt. Darüber wundert sich nicht so sehr, wer die Kräfte bestimmter Kräuter so kennen lernt, wie sie, von der Stofflichkeit der Pflanzen-selbst herausgelöst, in Heilwassern enthalten sind, wenn er bei dem Heilwasser eben die Wirkung wahrnimmt, die dem Kraut eigen war, bevor es in das Wasser hineingetan wurde.

8. Was der Geist schaut, ist das Einsichtige und dem Sinnlichen Vorausgehende. Der Geist erblickt also sich selbst. Und weil er sieht, daß sein Können nicht das Können jedes Könnens ist, da ihm ja vieles unmöglich ist, so erblickt er von hier aus auch, daß er nicht das Können selbst, sondern dessen Abbild ist. Wenn er also in seinem Können das Können-selbst sieht, und er nichts anderes ist als sein Sein-Können, so erschaut er sich als eine Weise der Sichtbarwerdung des Könnens selbst. Und dies gleiche erblickt er entsprechenderweise in allem was ist. Alles also, was der Geist sieht, sind Weisen der Sichtbarwerdung des unzerstörbaren Könnens selbst.

9. Das Sein des Körpers, obwohl es das geringste und letzte ist, wird einzig durch den Geist erschaut. Was nämlich der Sinn sieht, ist Hinzu-

kommendes, Zu-fälliges, das nicht ist, sondern bei ist. Und dieses Sein des Körpers, das nichts anders ist als ein Sein-können, wird von keinem Sinn berührt, weil es nicht von bestimmtem Wie und Wieviel ist; es ist daher weder teilbar noch vergänglich. Teile ich nämlich einen Apfel, so teile ich nicht den Körper; ein Teil des Apfels ist ebenso Körper wie der ganze Apfel. Ein Körper aber ist lang, breit und tief; ohne dieses gibt es nicht Körper und nicht vollmäßliche Erstreckung. Das Sein des Körpers ist nämlich das Sein vollmäßlicher Erstreckung. Die Körperlänge ist nicht abgesondert von der Breite und Tiefe, wie auch die Breite nicht von der Länge und Tiefe und die Tiefe nicht von der Länge und Breite. Auch sind dies nicht Teile des Körpers, da ein Teil nicht Ganzes ist. Die Länge des Körpers ist nämlich der Körper, und so ist es die Breite und die Tiefe. Und nicht ist die Länge jenes Körper-seins, das der Körper ist, ein anderer Körper als die Breite oder die Tiefe dieses selben Körper-seins; sondern jede dieser drei ist der ein und selbe unteilbare und nicht zu vervielfältigende Körper. Obgleich die Länge nicht die Breite oder die Tiefe ist, so ist sie dennoch der Ursprung der Breite; und die Länge mit der Breite ist der Ursprung der Tiefe. So sieht der Geist im dreieinen Sein des Körpers das Können-selbst unzerstörbar sichtbar werden. – Und weil er es so in dem niedersten Sein erblickt, dem des bloßen Körpers, so sieht er es auch in jedem edleren Sein auf edlere und machtvollere Weise sichtbar werden, und somit in sich selber klarer als im nur lebendigen oder nur körperlichen Sein. Auf welche Weise aber im eingedenken, einsehenden und wollenden Geiste das dreieinige Können-selbst klar sichtbar wird, hat der Geist des heiligen Augustinus gesehen und enthüllt.

10. Im Wirken oder Tun sieht der Geist aufs sicherste das Können selbst sichtbar werden im Tun-können des Machenden, im Getan-werden-können des Machbaren und im Können der Verknüpfung beider. Und nicht sind es drei Können, sondern ein und dasselbe Können ist das des Machenden, des Machbaren und der Verknüpfung. So sieht der Geist im Empfinden, im Schauen, im Schmecken, im Sichvorstellen, im Einsehen, im Wollen, im Erwählen, im Betrachten und in allen guten und tauglichen Werken ein dreieines Können als Widerschein des Könnens selbst, über das hinaus es nichts Wirkmächtigeres und Vollkommeneres gibt. Die lasterhaften Werke aber erfährt der Geist, weil das Können-selbst in ihnen nicht widerscheint, als eitel, übel und tot, als etwas, das das Licht des Geistes verfinstert und zersetzt.

11. Es kann keinen anderen Ursprung geben, der wesenhaft in sich besteht oder Wesenswas ist, weder einen formhaften noch einen stofflichen, als das Können selbst. Und die von verschiedenen Formen und Formbindungen, Ideen und Musterbildern geredet haben, schauten nicht auf das Können selbst, welcherart es sich in den verschiedenen Gattungen

und Art-Seinsweisen, wie es will, zeigt. Und in was es nicht widerscheint, das ist ohne das ursprunghafte Wesensein, so wie Eitles, Mangel, Irrtum, Laster, Krankheit, Tod, Verderbnis und Derartiges jener Seinsheit ermangeln, weil es in ihnen keine Sichtbarwerdung des Könnens-selbst gibt.

12. Mit dem ›Können selbst‹ wird der dreifache und eine Gott bezeichnet, dessen Name ist ›der Allmächtige‹ oder das Können jeder Mächtigkeit, bei dem alles möglich und nichts unmöglich ist, der die Stärke der Starken und die Kraft der Kräfte ist. Seine vollkommenste Sichtbarwerdung, über die hinaus es keine vollkommenere geben kann, Christus, führt uns durch Wort und Beispiel zur klaren Betrachtung des Könnens selbst. Und dies ist die Glückseligkeit, welche allein das höchste Verlangen des Geistes stillt.

Dies ist nur Weniges, es mag genügen.

Anhang

Biographische Notizen
Verzeichnis der Quellen

PARMENIDES (geb. 540/39–nach 480), der großgriechischen Kolonie Elea in Unteritalien entstammend. Selber von Xenophanes angeregt – auch Berührung mit Pythagoreern ist überliefert –, wird er durch sein Lehrgedicht, das uns in größeren Bruchstücken erhalten ist, Begründer der eleatischen Philosophie, die seine Schüler Zenon und Melisos fortführen. Sein Verhältnis zur Lehre des wenig älteren Zeitgenossen Heraklit bleibt umstritten. Parmenides starb in hohem Alter.

Text: Aus dem Lehrgedicht des Parmenides. Übersetzung des Herausgebers, die in vielem dankbar dem sprachkräftigen Vorbild Kurt Riezlers folgt (s. H. Diels, Die Fragmente der Vorsokratiker, I)

HERAKLIT (zwischen 544/40–480/75) aus Ephesos, an der ionisch-kleinasiatischen Küste, die auch die Heimat der ersten vorsokratischen Physiologen war. Sein Geschlecht gehörte zu den vornehmsten der Stadt und führte sich auf deren Gründer, Androklos, zurück. In seinem Beinamen »der Dunkle« und den zahlreichen Anekdoten, die seiner Gestalt nachgehen, spiegelt sich die ungewöhnlich verschlossene Art des Denkers. Heraklit legte seine philosophische Schrift im berühmten Artemistempel seiner Heimatstadt nieder.

Text: Die Fragmente seiner Schrift. Übersetzung des Herausgebers. Die Zählung folgt der Ausgabe von H. Diels, Die Fragmente der Vorsokratiker II

EMPEDOKLES (483/2–um 423). Seine Heimat ist Akragas (Agrigent) im blühenden griechisch besiedelten Sizilien. Er unterstützte wie sein Vater die demokratische Partei und soll angebotene Königswürden abgelehnt haben. Ein magischer Ruf als Arzt, Wundertäter, Priester, Ingenieur ging seinen Wanderungen durch die sizilisch-unteritalischen Städte voraus. Sein philosophischer und dichterischer Ruhm gründet auf seinen zwei Werken »Peri physeos« (über die Natur des Weltseienden) und »Katharmoi« (Sühnungen), deren Eigenart und Zusammengehörigkeit die erhaltenen ca. 450 Verse recht deutlich erkennen lassen. Er starb als Verbannter im Peloponnes. An den Tod des erstaunlichen Mannes knüpften sich zahlreiche Sagen.

Text: Die Fragmente. Aus: Romain Rolland, Empedokles von Agrigent und das Zeitalter des Hasses. Übersetzung von E. Saenger. Leipzig 1930, S. 41–60. Der Abdruck geschieht mit freundlicher Genehmigung des Verlages Ph. Reclam jun., Stuttgart.

ANAXAGORAS (499/8–428/7), in Kleinasien (Klazomenai) zu Hause und wie seine Vorgänger aus angesehenem Geschlecht, wählt als erster den Ort seines Wirkens in Athen, etwa vierzigjährig. Freundschaft mit Perikles trägt ihm von dessen Feinden eine Klage wegen Gottlosigkeit ein (434), die eine naturwissenschaftliche Erklä -

rung der für die Griechen göttlichen Gestirne aus einer Schrift des Anaxagoras zum Angriffspunkt nimmt, so daß er Athen verläßt, hochbetagt nach Kleinasien zurückkehrt und in Lampsakos sein Leben beschließt. Der Tod wird auf 428/27 errechnet.

Text: Berichte über Anaxagoras und Fragmente seiner Schrift. Übersetzung des Herausgebers. Die Zählung der Fragmente folgt der Einteilung bei H. Diels, Die Fragmente der Vorsokratiker.

LEUKIPP (um 460 v. Chr.?), Milesier, wie die ältesten Naturphilosophen, ist so von seinem Nachfolger in der atomistischen Lehre, Demokrit, verdrängt worden, daß wir von ihm nur Spärliches wissen. Älter als Demokrit (geb. 460/59) und jünger als Parmenides, wird er Autor der Schriften »Große Weltordnung« und »Über den Geist« genannt. Aristoteles erwähnt ihn gewöhnlich zusammen mit Demokrit. Epikur schon hat seine Existenz überhaupt bezweifelt.

DEMOKRIT (460/59–371/70) entstammt dem kleinasiatischen Abdera und hat dort ein sehr hohes Alter erreicht. Von sich selbst sagt er, daß er noch jung gewesen sei, als Anaxagoras schon bejahrt war. Von der im damaligen Welthandel blühenden Heimatstadt aus unternahm er Studienreisen nach Ägypten und in den Orient. Er kam offenbar auch nach Athen. In der Philosophie lernte er bei Leukipp. Da von diesem fast nichts erhalten ist, können wir seine Lehrmeinungen kaum trennen von den in zahlreichen Fragmenten bezeugten Anschauungen Demokrits. Aus dessen atomistischer Naturlehre entfalten sich Seelenlehre und Erkenntniskritik. Das Verhältnis zu seiner Ethik ist freilich für uns nicht genau bestimmbar.

Text: Lehrberichte der aristotelischen Schule und Zitate aus Demokrits Werken. Übersetzung des Herausgebers. Die Zählung folgt der Ausgabe von H. Diels, Die Fragmente der Vorsokratiker II

PLATON (427–347), gebürtig aus einer der ersten Familien Athens, geriet nach einer sorgfältigen Ausbildung und ersten poetischen Versuchen einundzwanzigjährig in den Bann des Sokrates und seines Philosophierens, bis mit dem Tode des Lehrers 399 der Schülerkreis sich auflöste. Politische Ambitionen zunächst zurückstellend, entfaltete er in Athen eine erste Lehrtätigkeit und unternahm ab 390 Reisen nach Kyrene, Unteritalien, Sizilien und möglicherweise auch Ägypten. Er erweiterte seine Kenntnis der eleatischen und pythagoreischen Lehre sowie der Mathematik. Differenzen mit dem Tyrannen von Syrakus zwangen Platon zur Rückkehr nach Athen, wo er 387 die Akademie gründete. 367 und 361 reiste er wiederum nach Syrakus, um dort mit Hilfe seines Schülers und Freundes Dion seine politischen Vorstellungen zu verwirklichen. Nach zweimaligem Scheitern beschränkte sich Platon bis zu seinem Tode 347 auf die Tätigkeit in der Akademie. Von den überlieferten platonischen Schriften werden gemeinhin die »Dialoge« mit wenigen Ausnahmen, die »Apologie« und zumindest der »7. Brief« für echt gehalten. Man gliedert üblicherweise in Jugendwerke (Apologie, Kriton, Ion, Euthyphron, Laches, Charmides, Lysis, Protagoras), Übergangszeit (Gorgias, Euthydem, Kratylos, Menon, Staat I, Menexenos, klein. Hippias), Reife (Symposion, Phaidon, Staat II–X, Theätet, Parmenides, Phaidros), Alterswerke (Sophistes, Politikos, Philebos, Timaios, Kritias, Gesetze).

Texte: z. Brief (342a–344d, Stephanus). Übers. des Herausgebers. *Phaidon* (95b–118a) und: *Parmenides* (129–137c). Übersetzungen des Herausgebers.

ARISTOTELES (384–322), geb. in Stagira (Thrakien) als Sohn des Nikomachos, des Leibarztes des makedonischen Königs, trat mit 18 Jahren in die platonische Akademie ein und blieb Schüler Platos bis zu dessen Tod (347). Er ging danach für drei Jahre nach Assos (Troas), wo sich ein Akademikerkreis bildete. Nach einem weiteren Jahr in Mytilene (Lesbos) bei seinem späteren Schüler Theophrast wurde er 342 Lehrer Alexanders des Großen, bis dieser 336/5 die Regierung übernahm. Aristoteles gründete 335/4 in Athen seine eigene Schule, den Peripatos, den er etwa 12 Jahre leitete. Nach Alexanders Tod (323) mußte er vor einer antimakedonischen Bewegung aus Athen fliehen und starb 322 in Chalkis (Euböa). – Die frühen, unter dem Einfluß der Akademie veröffentlichten (exoterischen) Schriften sind nur fragmentarisch erhalten: der Dialog »Eudemos«, die Mahnrede zur Philosophie (Protreptikos) und »Über Philosophie«. Nur für den Lehrvortrag innerhalb der Schule waren die esoterischen Schriften bestimmt, die im Wesentlichen das uns Erhaltene ausmachen: logische Schriften (später als »Organon« zusammengefaßt), theoretische Wissenschaft: Physik und Metaphysik (»Erste Philosophie«), die naturwissenschaftlichen Einzelschriften, in deren Kreis auch die drei Bücher »Von der Seele« gehören, praktische Philosophie: die Ethiken (Hauptwerk: Nikomachische Ethik; früher Entwurf: Eudemische Ethik; nacharistotelische Auszüge: Große Ethik) und »Politik« und »Ökonomik«, dann die »Rhetorik« und »Poetik«.

Texte: Metaphysik (12. Buch). Übersetzung von Albert Schwegler. Die Sittenlehre des Aristoteles. I. und II. Buch. Übersetzung von Christian Garve. S. 397–485

EPIKUR (341–270), Athener, wuchs in Samos auf und befaßte sich nach eigenem Zeugnis schon früh mit Philosophie. Der Demokriteer Nausiphanes hat so starken Einfluß auf ihn genommen, daß sich Epikur zeitweilig selbst zu Demokrit bekannte. Seine eigene Schule, den »Garten«, gründete er 306 in Athen, wo sich dann eine Lebensgemeinschaft von Schülern zusammenfand, deren Art und Stimmung Epikur bis zu seinem Tode prägte. Von seinen zahlreichen Schriften sind uns nur drei Lehrbriefe, gesammelte Sprüche für den Schulgebrauch und eine Reihe von Fragmenten erhalten.

Text: Brief an Herodotus. Brief an Menoikeus. Beide aus: Diogenes Laertius, Über Leben und Lehren berühmter Philosophen. Bd. II, Leipzig 1921. Übersetzung: Otto Apelt. Griechisch in Usener, Epicurea, 1887; neueste Ausg. Diogenes Laertius, Vita philosophorum, ed. H. S. Long 1964, S. 204–225; S. 242–248. Abdruck mit freundl. Genehmigung des F. Meiner Verlages, Hamburg.

T. LUCRETIUS CARUS (97–55), wohl einem angesehenen ritterlichen Geschlecht Roms zugehörig, behält als biographische wie literarische Gestalt etwas eigentümlich Unbezogenes. Er mag an einer Geisteskrankheit gelitten und Selbstmord begangen haben. Sein großes Lehrgedicht »Über die Natur der Dinge« jedenfalls blieb unvollendet und wurde aus dem Nachlaß herausgegeben. Weiß Lukrez sich künstlerisch weitgehend Empedokles verpflichtet, so ist er philosophisch ganz Epikureer, wenn auch von unverkennbar römischer Prägung.

Text: Von der Natur der Dinge (2. Buch). Abdruck aus: Lukrez, Von der Natur der Dinge. Fischer Bücherei, Exempla Classica, Bd. 4, Frankfurt/M. 1960, S. 47–80 (Übersetzung von K. L. v. Knebel, 2. Auflage, Leipzig 1831)

M. TULLIUS CICERO (106–43), Sohn einer nicht sehr namhaften Familie aus der Provinz, widmete er sich in Rom ganz einer sorgfältigen Ausbildung, die er in Griechenland und Kleinasien, u. a. bei dem berühmten Stoiker Poseidonios, fortsetzt. Sein Ehrgeiz richtet sich auf öffentliche Wirksamkeit. Um das Jahr 80 tritt er schon als Redner und Anwalt auf. Der »homo novus« durchläuft die Ämterlaufbahn mit dem Höhepunkt des Konsulats (63), in dem er gegen die Catilinarische Verschwörung ankämpft. Der politische Wechsel brachte dem erfolgreichen Retter des Vaterlands nach 60 eine dreijährige Verbannung ein. Er versuchte, sich danach mit dem zur Macht strebenden Triumvirn Caesar zu arrangieren, zog sich aber bald enttäuscht aus der Politik zurück, um ganz seiner schriftstellerischen Tätigkeit zu leben. Neben rhetorischen Schriften entstehen zunächst »Über die Republik« und »Über die Gesetze«, nur äußerlich platonisierend, dann eine Trostschrift (»Consolatio«), der protreptische »Hortensius« (beide verloren); die Fülle der griechischhellenistische Philosophie eklektisch darstellenden Werke fällt in die drei Jahre bis zu seinem Tode (43): »Academica«, »Über das höchste Gut und Übel«, »Tusculanische Disputationen«, »Über die Natur der Götter«, »Cato über das Greisenalter«, »Über die Weissagung«, »Über das Schicksal«, »Über die Freundschaft«, »Über die Pflichten«.

Text: Vom Schicksal. Übersetzung des Herausgebers auf Grund eines Vorentwurfs von Dr. Ernst Schmidt

BOETHIUS (480–525), geboren nach dem Ende des Kaisertums (476), von vornehmer, altrömischer Herkunft, wurde nach langjährigen philosophischen und mathematischen Studien hoher Beamter unter Theoderich. (Die neuen germanischen Herren stützten sich auf den römischen Adel.) Aber 524 fiel Boethius in Ungnade, wurde gefangengesetzt und später hingerichtet. Obwohl Christ, blieb Boethius philosophisch ganz antiker Gelehrter und der klassischen Tradition verpflichtet. Er begann Übersetzungen und Kommentierungen aristotelischer Schriften. Der berühmte »Trost der Philosophie«, den er im Kerker schrieb, ist wie ein letztes Zeugnis des antiken Geistes.

Text: Trost der Philosophie (5. Buch), hrsg. u. übersetzt von Ernst Gegenschatz und Olof Gigon, Zürich 1969. 2., überarbeitete Auflage, S. 229–275. Abdruck mit freundlicher Genehmigung des Artemis Verlages, Zürich.

PLOTIN (204–270) war Ägypter und gelangte erst mit 28 Jahren zur Philosophie. Mit seinem Lehrer und philosophischen Erwecker, dem Alexandriner Ammonios Sakkas, verband ihn eine elfjährige Lehr- und Lebensgemeinschaft. Ammonios muß für ihn das gewesen sein, was Sokrates für Plato war. Nach seinem Tode nahm Plotin 243 an einem Feldzug gegen Persien teil, um dort das indische Denken kennenzulernen, und begann 244 in Rom seine eigene Lehrtätigkeit, zu der erst in späteren Jahren die Schriftstellerei hinzukam. Die allgemeine Hochschätzung seines philosophischen Wirkens reichte bis ins Kaiserhaus. Während 26 Jahren leitete er seine Schule, bis er sich erkrankt nach Campanien zurückzog, wo er im Alter von 66 Jahren starb. Sein Schüler Porphyrios hat seine Schriften zu sechs Neunergruppen (Enneaden) geordnet, herausgegeben und sein Leben beschrieben.

Text: Von der Natur, von der Anschauung und von dem Einen. Übersetzung des Herausgebers. (Enn. III 8)

AUGUSTINUS (354–430) entstammt dem Kleinbürgertum der nordafrikanischen Provinz. Seine Mutter war Christin. Über seine wenig asketische Jugend berichtet er selbst in den berühmten »Konfessionen« nach der Bekehrung zum christlichen Priester. Zunächst jedoch schlug er die Rhetorenlaufbahn ein und lehrte in Karthago, Rom und Mailand. Seine philosophischen Interessen machen mehrere Wandlungen durch, vom manichäischen Dualismus über die Skepsis der neueren Akademie und den Neuplatonismus, den er in der Übersetzung Plotins durch Marius Victorinus kennenlernte. In Mailand brachte der Einfluß des Ambrosius ihn 387 zum Christentum. In diesen Jahren beginnt seine umfangreiche schriftstellerische Produktion: »Gegen die Akademiker«, »Über das glückselige Leben«, »Über die Ordnung«, »Selbstgespräche«, »Über die wahre Religion«, »Über den freien Willen«. 395 wird Augustin Bischof von Hippo in Nordafrika. Neben zahlreichen Briefen und Predigten folgt das spekulative Hauptwerk »Über die Dreieinigkeit« und aus Anlaß der Eroberung Roms durch Alarich 410 »Über den Gottesstaat«, für das gesamte Mittelalter das Grundwerk christlicher Staats- und Geschichtslehre, das er zwei Jahre vor seinem Tode (430) erst abschloß.

Text: Bekenntnisse (11. Buch). Übertragung von A. Hoffmann. Abdruck aus: Des heiligen Kirchenvaters Aurelius Augustinus ausgewählte Schriften. Bd. 7. Bibliothek der Kirchenväter (18. Bd.)

THOMAS VON AQUINO (1225–1274) im Neapolitanischen, aus gräflichem und fürstlichem Geschlecht, kommt mit fünf Jahren ins Kloster Montecassino und tritt 1243 gegen den Willen seiner Familie in den Dominikanerorden ein. Er studiert in Rom und dann in Paris und Köln als hervorragender Schüler des Albertus Magnus. 1252 beginnt er seine Lehrtätigkeit in Paris, die er in Köln, Bologna, Rom und Neapel fortsetzt, mit Unterbrechung am Hof des Papstes und in kirchlichen Aufträgen. Für sein Studium der Werke des Aristoteles regt er deren lateinische Übersetzung durch seinen Freund Wilhelm v. Moerbeke an. Neben den Aristoteles-Auslegungen steht das dogmatische Hauptwerk des Thomas, die »Summe gegen die Heiden«, weiterhin die »Theologische Summe«, die »Erörterten Fragen« und »Opuscula«. Dieses umfangreiche Werk hatte Thomas geschaffen, bevor er kaum fünfzigjährig starb.

Text: Aus der Quaestio über die Wahrheit. Der Text folgt der von Edith Stein getroffenen Auswahl aus der »Quaestio De Veritate«, Quaestio I, 1–12. Die nicht in Anführungszeichen stehenden Sätze des Textes sind zusammenfassende Einschübe der Übersetzerin.

NICOLAUS VON CUES (1401–1464) wurde als Nicolaus Chrypffs (Krebs) in Kues an der Mosel geboren und im Geiste der niederländischen »Brüder vom gemeinsamen Leben« erzogen. Er studierte an der Heidelberger Universität, die damals unter occamistischem Einfluß stand, in Köln und Padua. Bald stieg er zu kirchlichen Würden auf und nahm starken Anteil an der Kirchenpolitik. So weilte er 1432 zum Konzil in Basel und reiste 1437 mit einer päpstlichen Gesandtschaft zur Ostkirche nach Konstantinopel, auch griff er literarisch immer wieder in die kirchliche Diskussion ein. 1440 verfaßt er sein philosophisches Hauptwerk »Über die gelehrte Unwissenheit« und »Über die Vermutungen«, 10 Jahre später entsteht das Dialogwerk des »Laien«. Es folgen zahlreiche Traktate, auch während der kampfreichen Zeit als Bischof von Brixen (ab 1450), so die Schriften »Vom verborgenen Gott«, »Von Gottes Sehen«, »Über den Beryll«, »Vom Können-Sein«, »Vom Globusspiel«, »Vom Nichtanderen«. Nicolaus stirbt während einer Reise nach Rom in Todi.

Text: Vom Gipfel der Betrachtung. Abdruck aus: Nikolaus von Cues. Vom Können-Sein. Vom Gipfel der Betrachtung. Schriften des Nikolaus von Cues. Im Auftrage der Heidelberger Akademie der Wissenschaften in deutscher Übers. hrsg. v. Ernst Hoffmann. Leipzig 1947, S. 59–76. Übers. von E. Bohnenstaedt. Abdruck mit freundlicher Genehmigung des F. Meiner Verlages, Hamburg.

Inzwischen liegt eine Neuübersetzung innerhalb einer zweisprachigen Ausgabe vor, die von Hans Gerhard Senger besorgt wurde. 1986. XXVIII, 169 S.

Vom Herausgeber empfohlene Literatur

Allgemeine Einführungen

HARTMANN, N.: *Einführung in die Philosophie.* Osnabrück 1965 (6. Aufl.)
JASPERS, K.: *Einführung in die Philosophie.* München 1981 (21. Aufl.)
MISCH, G.: *Der Weg in die Philosophie.* Bern/München 1951 (2. Aufl.)
SCHULZ, W.: *Philosophie in der veränderten Welt.* Pfullingen 1984 (5. Aufl.)
SIMMEL, G.: *Hauptprobleme der Philosophie.* Berlin 1964 (8. Aufl.)

Geschichte der Philosophie

BUBNER, R. (Hrsg.): *Geschichte der Philosophie in Text und Darstellung.* 8 Bde., Stuttgart 1978–1981
DILTHEY, W.: *Einleitung in die Geisteswissenschaften.* 1 Bd., 2. Buch: *Metaphysik als Grundlage der Geisteswissenschaften.* Gesammelte Schriften 1, S. 123–409, Göttingen 1973 (7. Aufl.)
TOTOK, W.: *Handbuch der Geschichte der Philosophie.* Frankfurt am Main 1964 ff. (bibliographisches Handbuch)
ÜBERWEG, F.: *Grundriß der Geschichte der Philosophie.* 5 Bde., Basel 1951–1953 (13. Aufl.)
VORLÄNDER, K.: *Geschichte der Philosophie.* 4 Bde., Hamburg 1949–1975 (auch Reinbek 1963 ff.)
WINDELBAND, W.: *Lehrbuch der Geschichte der Philosophie.* Tübingen 1980 (17. Aufl.)

Wörterbücher

BRUGGER SJ, W.: *Philosophisches Wörterbuch.* Freiburg im Breisgau 1976 (14. Aufl.)
HOFFMEISTER, J.: *Wörterbuch der philosophischen Begriffe.* Hamburg 1955 (2. Aufl.)
RITTER, J., GRÜNDER, K. u. a. (Hrsg.): *Historisches Wörterbuch der Philosophie.* Basel 1971 ff.

Philosophie der Antike

BRÖCKER, W.: *Aristoteles*. Frankfurt am Main 1964 (3., erw. Aufl.)
BURKERT, W.: *Weisheit und Wissenschaft*. Nürnberg 1962
BURNET, J.: *Die Anfänge der griechischen Philosophie*. Leipzig 1913
DIELS, H. (Hrsg.): *Die Fragmente der Vorsokratiker*. 3 Bde., Berlin 1957 (8. Aufl.)
FRÄNKEL, H.: *Parmenidesstudien*. In: *Wege und Formen frühgriechischen Denkens*. München 1960 (2. Aufl.)
FRIEDLÄNDER, P.: *Platon*. 3 Bde., Berlin 1964–1975 (3. Aufl.)
GADAMER, H.-G.: *Griechische Philosophie*. 2 Bde. *Gesammelte Werke* 5, 6. Tübingen
HEGEL, G. W. F.: *Vorlesungen über die Geschichte der Philosophie 1. Werke*, hrsg. v. E. Moldenhauer u. K. M. Michel, Bd. 18. Frankfurt am Main 1986
JAEGER, W.: *Aristoteles*. Nachdruck der 3. Aufl., Zürich 1985
JAEGER, W.: *Paideia. Die Formung des griechischen Menschen*. Nachdruck, Berlin 1973
JAEGER, W.: *Die Theologie der frühen griechischen Denker*. Stuttgart 1953
KIRK, G. S.; RAVEN, J. E.: *The presocratic philosophers*. Cambridge 1958
KRÄMER, H. J.: *Arete bei Platon und Aristoteles. Zum Wesen und zur Geschichte der platonischen Ontologie*. Heidelberg 1956
LANGERBECK, H.: *Doxis Epirhysmie. Studien zu Demokrits Ethik und Erkenntnistheorie*. Zürich 1967 (2. Aufl.)
PARMENIDES: *Vom Wesen des Seienden*. Die Fragmente, gr./dt. Hrsg. v. U. Hölscher. Frankfurt am Main 1986
REINHARDT, K.: *Parmenides und die Geschichte der griechischen Philosophie*. Frankfurt am Main 1985 (4. Aufl.)
REINHARDT, K.: *Vermächtnis der Antike. Gesammelte Essays zur Philosophie und Geschichtsschreibung*. Hrsg. v. C. Becker. Göttingen 1987 (3. Aufl.)
SCHADEWALDT, W.: *Die Anfänge der Philosophie bei den Griechen*. Frankfurt am Main 1978
SCHWABL, H.: *Sein und Doxa bei Parmenides*. In: Wiener Studien 66. 1953
SNELL, B.: *Die Entdeckung des Geistes*. Göttingen 1980 (5. Aufl.)
STENZEL, J.: *Kleine Schriften zur griechischen Philosophie*. Darmstadt 1957 (2. Aufl.)
STENZEL, J.: *Studien zur Entwicklung der platonischen Dialektik von Sokrates zu Aristoteles. Arete und Diairesis*. Breslau 1917
VERNANT, J.-P.: *Die Entstehung des griechischen Denkens*. Frankfurt am Main 1982
WUNDT, M.: *Platons Parmenides*. Tübingen 1935
ZIELINSKY, TH.: *Cicero im Wandel der Jahrhunderte*. Leipzig 1929 (4. Aufl.)

Die christliche Philosophie des Mittelalters

BAEUMKER, C.: *Witelo*. Münster 1908

FLASCH, K.: *Das philosophische Denken im Mittelalter*. Stuttgart 1986

GILSON, E. und BÖHNER, PH.: *Die Geschichte der christlichen Philosophie von ihren Anfängen bis Nicolaus von Cues*. Paderborn 1954 (3. Aufl.)

GRABMANN, M.: *Die Geschichte der scholastischen Methode*. Freiburg 1909–11. Nachdruck: Darmstadt 1957

UEBERWEG, F.: *Grundriß der Geschichte der Philosophie*. Bd. 2: *Die patristische und scholastische Philosophie*. Berlin 1928 (11., neubearb. Aufl.). Nachdruck: Tübingen 1951

VOLKMANN-SCHLUCK, K.-H.: Nikolaus Cusanus. *Die Philosophie im Übergang vom Mittelalter zur Neuzeit*. Frankfurt am Main 1984 (3. Aufl.)

VRIES, J. DE: *Grundbegriffe der Scholastik*. Darmstadt 1983 (2. Aufl.)

Max Horkheimer
Gesammelte Schriften
Herausgegeben von
Alfred Schmidt und Gunzelin Schmid Noerr

Die Bände der ›Gesammelten Schriften‹ erscheinen gleichzeitig in gebundener Ausgabe und als Taschenbuch.

Band 1:
»Aus der Pubertät. Novellen und Tagebuchblätter« (1914-1918)

Band 2:
Philosophische Frühschriften 1922-1932

Band 3:
Schriften 1931-1936

Band 4:
Schriften 1936-1941

Band 5:
»Dialektik der Aufklärung« und Schriften 1940-1950

Band 6:
»Zur Kritik der instrumentellen Vernunft« und »Notizen 1949-1969«

Band 7:
Vorträge und Aufzeichnungen 1949-1973

Band 8:
Vorträge und Aufzeichnungen 1949-1973

Band 9:
Nachgelassene Schriften 1914-1931

Band 10:
Nachgelassene Schriften 1914-1931

Band 11:
Nachgelassene Schriften 1914-1931

Band 12:
Nachgelassene Schriften 1931-1949

Band 13:
Nachgelassene Schriften 1949-1972

Band 14:
Nachgelassene Schriften 1949-1972

Band 15:
Briefwechsel 1913-1936

Band 16:
Briefwechsel 1937-1940

Band 17:
Briefwechsel 1941-1948

Band 18:
Briefwechsel 1949-1973
(erscheint im Frühjahr 1996)

Band 19:
Bibliographie und Register

S. Fischer / Fischer Taschenbuch Verlag

Die Geschichte des abendländischen Denkens präsentiert sich dem unvorbereiteten Leser zunächst als Ansammlung von Behauptungen, Argumenten und Fachbegriffen – ein weitläufiges Geflecht, in dem nur schwer Orientierung zu finden ist. Schmale Einführungen bieten meist nur ein Ideenskelett, mithin trockenen Wissensstoff, während mehrbändige Kompendien die Kenntnis der wichtigsten Motive schon voraussetzen.

Das dreibändige Lesebuch Hans-Georg Gadamers eröffnet einen dritten Weg: Anhand originaler, in sich geschlossener und ungekürzter Quellentexte wird der Leser mit Sprach- und Denkstil der bedeutendsten Philosophen unmittelbar bekannt gemacht. Einführende Essays erleichtern das Verständnis; die Texte selbst sind jedoch so ausgewählt, daß sie ganz ohne kommentierendes Beiwerk die wirkungsmächtigsten Ideen hervortreten lassen. Biographische und bibliographische Angaben zu Autoren und Texten geben empfehlende Hinweise zu weiterem Studium.

Der vorliegende *Band 2* führt ein in die Philosophie der Neuzeit. Ausgehend vom Umsturz des naturwissenschaftlichen Weltbilds (Kopernikus, Kepler) veranschaulichen die Texte die Entfaltung eines spezifisch modernen, rationalistischen Denkens (Descartes, Spinoza), das mit Kants Philosophie der Aufklärung seines vorläufigen Abschluß findet.

Hans-Georg Gadamer (1900–2002) lehrte Philosophie in Marburg, Leipzig, Frankfurt am Main und Heidelberg. Er veröffentlichte zahlreiche philosophiehistorische, ästhetische und geschichtsphilosophische Arbeiten. Die von ihm in *Wahrheit und Methode* begründete philosophische Hermeneutik zählt zu den bedeutendsten und einflußreichsten philosophischen Richtungen der Gegenwart.

Unsere Adressen im Internet: www.fischerverlage.de
www.hochschule.fischerverlage.de

Philosophisches Lesebuch

Band 2

N. Kopernikus, J. Kepler, G. Galilei, G. Bruno,
F. Bacon, R. Descartes, Th. Hobbes,
J. Locke, B. Spinoza, G. W. Leibniz,
D. Hume, G. E. Lessing, F. H. Jacobi, I. Kant

Herausgegeben
und mit Einführungen versehen von
Hans-Georg Gadamer

Fischer Taschenbuch Verlag

4. Auflage: Februar 2009

Veröffentlicht im Fischer Taschenbuch Verlag,
einem Unternehmen der S. Fischer Verlag GmbH,
Frankfurt am Main, Mai 2004 (Neuausgabe)

© 1965 Fischer Bücherei KG, Frankfurt am Main
Ergänzte Neuausgabe:
© 1988 Fischer Taschenbuch Verlag GmbH, Frankfurt am Main
Druck und Bindung: Druckerei C. H. Beck, Nördlingen
Printed in Germany
ISBN 978-3-596-16165-2

Inhalt

Einleitung. Die Philosophie der Neuzeit 7

Kopernikus, Kepler und Galilei 12
   Nikolaus Kopernikus: Commentariolus 15
   Vorrede von Osiander 18

Giordano Bruno 20
   Von der Ursache, dem Princip und dem Einen 22

Francis Bacon 49
   Aphorismen von der Auslegung der Natur und der
   Herrschaft des Menschen 51

René Descartes 71
   Principien der Philosophie 74

Thomas Hobbes 97
   Grundzüge der Philosophie 99

John Locke 127
   Von der Einerleyheit und Verschiedenheit 129

Baruch Spinoza 152
   Sittenlehre 154

Gottfried Wilhelm Leibniz 186
   Neues System der Natur und der Gemeinschaft
   der Substanzen 188
   Kritik der philosophischen Prinzipien des Malebranche . . . 198

David Hume 212
   Skeptische Zweifel in betreff der Verstandestätigkeiten . . . 214

Gotthold Ephraim Lessing 253
   Die Erziehung des Menschengeschlechts 255

Friedrich Heinrich Jacobi 270
  Brief über Spinoza 272

Immanuel Kant 288
  Vorrede zur zweiten Auflage der ›Kritik der reinen Vernunft‹ . . 290

Anhang 307
  Biographische Notizen. Verzeichnis der Quellen 309
  Vom Herausgeber empfohlene Literatur 315

Einleitung
Die Philosophie der Neuzeit

Die Philosophie der Neuzeit ist gegen die des Mittelalters auf eine eindeutige Weise abgesetzt. Sosehr auch der Begriff der Neuzeit und die Frage des Beginns der Neuzeit in der universal-historischen Forschung umstritten ist – für die Philosophie gibt es eine epochemachende Entdeckung und Veränderung, die man zwar nicht aufs Jahr datieren, aber deren grundlegende Bedeutung man nicht bestreiten kann. Das ist die Entstehung der modernen Naturwissenschaften im 17. Jahrhundert. Denn nun beginnt die Philosophie ihre bisher unangefochtene Stellung als die erste Wissenschaft bzw. als der Inbegriff aller Wissenschaft zu verlieren. Die Erfahrungswissenschaften lösen sich aus dem aristotelisch-scholastischen Kosmos des Wissens und gewinnen ihre Selbständigkeit auf der Grundlage mathematisch-quantitativer Abstraktion, mit der erklärten Absicht, alle Anthropomorphismen, allen Autoritätsglauben und insbesondere die Fesseln des Aristoteles – später auch die der biblischen Überlieferung – abzustreifen. Erst in der Neuzeit erhält daher der Begriff Philosophie den speziellen Sinn dessen, was wir unter diesem Worte verstehen: nicht Inbegriff aller Wissenschaft, sondern das alle Wissenschaft Übergreifende oder Begründende soll Philosophie sein. Auch der Name für die aristotelische Metaphysik, ›Erste Philosophie‹, verändert damit seinen Sinn. War es bei Aristoteles wirklich das Wissen vom obersten Seienden, das unter diesem Namen den gesamten Wissenskosmos krönte und damit vom Sein überhaupt, so ist nun ›Erste Philosophie‹ die oberste innerhalb der ›philosophischen‹ Disziplinen, jenseits derer der Weg der wissenschaftlichen Forschung seinen methodengerechten Gang geht. Eine der ersten Schriften der Philosophie, die diese neue Lage der Philosophie gegenüber den Wissenschaften reflektiert, sind Descartes' *Meditationen*. Die vom Kantianismus begründete Gewohnheit, die neue Philosophie mit Descartes' Auszeichnung des Selbstbewußtseins zu beginnen, hat darin ihre Rechtfertigung, daß der Gegenstand dieser Meditationen das alte Thema der Metaphysik die erste Philosophie ist und deren Fragen im Zeichen der neuen Methodengesinnung und Wissenschaftsübung neu stellt. Es ist symptomatisch für den Einfluß der Kantischen Metaphysik-Kritik, daß die gängigste deutsche Übersetzung der *Meditationen* statt ›Erste Philosophie‹ nun ›Die Grundlagen der Philosophie‹ schreibt. So sehr hat sich an die Stelle der ›dogmatischen‹ Metaphysik die Erkenntniskritik geschoben.

Das sinnfälligste Ereignis, durch das der Neuzeit ihr Weg in die Aufklärung und die Erfahrungswissenschaften vorgezeichnet wurde, war die Ablösung des geozentrischen Weltbildes der Antike durch die kopernikanische Theorie. Wenn die Erde nicht der Mittelpunkt des Weltalls ist (und es sind zunächst rein wissenschaftliche, astronomisch-technische Gründe, die dem Domherrn aus Thorn die neue Hypothese empfahlen), dann verliert die biblische Überlieferung von der Schöpfung ihr Erkenntnisgewicht. Eine solche neue Theorie mußte weitreichende Folgen haben, und es ist wohl begreiflich, daß die Kirche dieser Lehre Widerstand entgegensetzte, als sie sich durch populäre Schriften Galileis und Giordano Brunos zu verbreiten begann.

Was hat damals das geistige Klima Europas so grundlegend verändert? Noch immer ist Jakob Burckhardts Darstellung der Kultur der Renaissance in Italien (1860) das grundlegende Werk, in dem alle Seiten des beginnenden Neuen, in Kunst und Wissenschaft, Staat und Leben ihre umfassende Darstellung gefunden haben. Das neue Lebensgefühl, das von Italien aus Europa erfaßte, verstand sich als eine Erneuerung des klassischen Altertums. Das Studium der antiken Klassiker, die Erlernung der griechischen Sprache, die Nachahmung der antiken Stilvorbilder und Lebensformen breiteten das neue Klima aus, in dessen Schutz die neuen wissenschaftlichen Entdeckungen ihre Wirkung zu tun vermochten. ›Die Entdeckung der Welt und des Menschen‹, das ist die von J. Burckhardt geprägte Formel, die den Einsatz der neuen Epoche gültig beschreibt. Die historische Einzelforschung hat uns darüber belehrt, wie sich die Entwicklung der Neuzeit bereits im Mittelalter vorbereitet hat. Auch der Denker, mit dem der erste Band unseres Lesebuches schließt, Nicolaus Cusanus, ist dafür ein gutes Beispiel: ein Mann der Kirche und ein Humanist zugleich, steht er an der Schwelle eines neuen Zeitalters. Seine Erkenntnisse werden von den Späteren in einem neuen Geiste aufgenommen und umgewandelt. Bezeichnend, was Giordano Bruno, der enthusiastische Verkünder der neuen Unendlichkeit der Welt, von ihm sagt: »Hätte nicht die Priesterkutte sein Genie zuweilen verhüllt und gehemmt, Cusanus wäre größer als Pythagoras zu erachten.« Insbesondere ist es die nominalistische Schule des hohen Mittelalters, die man eine Art Wegbereiter der modernen Wissenschaft genannt hat (Duhem). Schon bei Nicolaus war nominalistischer Einfluß beteiligt, wenn er das menschliche Erkenntnisstreben in seiner Begrenztheit und relativen Unendlichkeit betont. Dem Verzicht auf den Anspruch, der göttlichen Weisheit unmittelbar mit der menschlichen Erkenntnis folgen und die Wahrheit in aller Genauigkeit erfassen zu können, entsprach auf der anderen Seite der Aufbau des menschlichen Wissens auf dem unsicheren Grunde der Mutmaßungen, wie sie die stets wachsende, stets sich selbst überholende Erfahrung erlaubt. Auch die kopernikanische Theorie, die gewiß von scholastischen Philosophemen unbeeinflußt war und ihre eigene, teils wissenschaftliche, teils humanistische Legitimation hatte, bezeugt den Abbau des doktrinalen Zwanges, der auf der Welterkenntnis seitens der kirchlichen Lehrüberlieferung lastete.

Das Bild, das uns durch Galilei von der scholastischen Naturwissenschaft der Zeit zugespiegelt wird, ist freilich eine grobe Verzerrung. Die Autorität des Aristoteles war keineswegs eine starre Schranke, weder für den Gedanken noch für die

Beobachtung. Vielmehr ging man im Durchdenken der Grundbegriffe der Naturerkenntnis oft genug über Aristoteles hinaus. Umgekehrt spricht aus der Rede von der Vorbereitung der neuen Naturwissenschaft durch die Scholastik selber eine schiefe Fragestellung. Richtiger ist es, von dem Fortleben scholastischer Begriffe inmitten der neuen Begriffsbildung der Naturwissenschaften zu reden. So reicht etwa der Kraftbegriff der modernen Dynamik von Leibniz über Gassendi und Galilei bis auf die Naturphilosophie des 14. Jahrhunderts zurück, wie die Forschungen von Anneliese Meier gezeigt haben.

Der humanistische Ausbruch aus der scholastischen Gebundenheit verstärkte sich dann durch das Auftreten Luthers und den Sieg der Reformation. Die Universität Wittenberg formte einen neuen Typus von Melanchthon geprägter protestantischer Scholastik, und es waren immerhin Wittenberger, die, sehr gegen die Meinung der Reformatoren selber, für die neue Astronomie des Kopernikus eintraten.

Nicht minder bedeutsam als der spätscholastische Nominalismus und die antiaristotelische Haltung der Reformatoren war aber für die Entstehung der modernen Wissenschaft die Renaissancephilosophie, die den Boden für das neue Erfahrungsdenken bereitete. Damals stand Italien an der Spitze, das von Petrarca über die Platoniker des 15. Jahrhunderts (Marsilius Ficinus, Pico della Mirandola), die Aristoteliker des 16. Jahrhunderts (Pomponazzi, Zabarella) und so einflußreiche Neuerer wie Telesio, Patrizzi und Campanella schließlich in Giordano Bruno den wirksamsten Verkünder des neuen Naturbegriffs hervorbrachte. Insbesondere hatte die Schule von Padua Bedeutung für die Entstehung der galileischen Wissenschaft von der Mechanik.

Überhaupt war Europa damals noch eine Einheit. Paris und Köln waren Hochburgen der Scholastik. Im 14. und 15. Jahrhundert studierte man viel in Italien, aber schon im 16. Jahrhundert ging man auch umgekehrt nach Deutschland, England und Frankreich. Es gab auch in Deutschland eine Naturphilosophie im Zeitalter der Renaissance, die vor allem durch den heute sehr beachteten Paracelsus sowie durch von Helmont und die Wittenberger Physik (Sennert) repräsentiert ist.

Den Hintergrund, auf dem sich das Denken der neueren Philosophie zu formieren hatte, bildete jedoch die durch die Gegenreformation vor allem in Spanien und Portugal erarbeitete ›moderne‹ Interpretation des Aristoteles, wie sie einmal durch die Schule von Coimbra unter dem Anstoß von Petrus Fonseca und dann durch die bewundernswerte systematische Leistung von Suarez und der Schule von Salamanca repräsentiert ist. Descartes war bekanntlich Schüler dieser jesuitischen Physik, und welcher methodischer Anstrengung es bedurfte, sich aus dem Konsistenten-System dieser gegenreformatorischen Scholastik zu befreien, hat er selbst geschildert. Zweifellos war es der gewaltige Eindruck, den Galileis Mechanik auf die Zeitgenossen machte, der die Idee einer neuen gesamten Wissenschaft nach dem Vorbild dieser Pionierleistung der Naturerkenntnis begründete. Seitdem steht das Denken der neueren Philosophie vor der Aufgabe, den neuen Erfahrungsstandpunkt, der sich im siegreichen Fortgang der Naturforschung schrittweise weiter vorschob, mit den geheiligten Traditionen der ersten Philosophie zu vermitteln.

In einem weiteren Sinne kann man die ersten Jahrhunderte der Neuzeit als das Zeitalter der Aufklärung bezeichnen. Zwar ist der Ausdruck Aufklärung eigentlich erst dort anwendbar, wo sich die Ergebnisse des modernen wissenschaftlichen Denkens gegen die religiöse Überlieferung des Christentums kehren. Was sich in diesen ersten Jahrhunderten der Neuzeit vollzog, die spannungsvolle Auseinandersetzung zwischen Tradition und Fortschritt, stellte eine einheitliche Bewegung dar, aus der das moderne Europa erwuchs. Erst mit der Philosophie Humes und Kants wurde schließlich die Metaphysik der traditionellen Art zerstört und durch eine skeptische bzw. kritische Philosophie ersetzt, die dem Fortschritt der modernen Wissenschaft seine Legitimation zu geben versprach. Kant selbst hat die Wendung, die der Gedanke der Kritik unseres Erkenntnisvermögens der Philosophie verliehen hat, eine kopernikanische Wendung genannt. Daß es der Verstand ist, der der Natur ihre Gesetze vorschreibt, diese Quintessenz seiner Lehre von dem Unterschied von Erscheinung und Ding an sich, erschien ihm als eine ebenso epochale Neuerung und Umkehrung gewohnter Vorstellungsweisen, wie es die kopernikanische Revolution war, derzufolge nicht die Erde, sondern die Sonne das ruhende Zentrum ist. Wenn man in der ›Kritik der reinen Vernunft‹ die Frage beantwortet sieht, wie reine Naturwissenschaft möglich ist, und von der positiven Intention hinter dem kritischen Geschäft der Zerstörung der dogmatischen Metaphysik absieht, erscheint die Aufgabe der Philosophie auf die Begründung der Wissenschaft beschränkt. Das Wiederaufleben der Kantischen Philosophie in der zweiten Hälfte des 19. Jahrhunderts hat diese Umkehrung des Verhältnisses von Philosophie und Wissenschaft vollendet. Terminologisch zeigte sich das in dem weit über Kants Intentionen hinausgehenden Absterben des Begriffs Metaphysik und in dem Siegeszug, den der Begriff Erkenntnistheorie antrat.

In Wahrheit war es gar nicht Kants Meinung gewesen, daß die Philosophie das Faktum der Wissenschaften voraussetzt und in Erkenntnistheorie aufgeht. Das ist vielmehr eine Entwicklung, die erst nach dem Verfall der großen idealistischen Philosophie einsetzt. Kant selber glaubte, durch seine kritische Zerstörung des rationalistischen Dogmatismus vielmehr eine dauerhafte Begründung der Metaphysik, gerade auch in ihren zentralen Themen Gott, Welt und Mensch, geleistet zu haben, indem er das Faktum der moralischen Unbedingtheit, also unser sittliches Freiheitsbewußtsein, zur einzigen, aber unerschütterlichen Grundlage allen Wissens vom Übersinnlichen erhob.

Kants Wirkung auf sein Zeitalter war außerordentlich. Zwar setzte sich die kritische Philosophie nicht sofort mit dem Erscheinen der *Kritik der reinen Vernunft* durch, aber ein Jahrzehnt genügte, um die philosophische Szene in Deutschland von Grund auf zu ändern. Die Nachfolger Kants lebten in dem Bewußtsein, auf einem völlig neuen Boden der Transzendentalphilosophie ihre Vollendung zu geen. Wir behalten die Texte, die diese Vollendung des Gedankens des Idealismus bringen – Texte von Fichte, Schelling und Hegel –, dem dritten Bande unseres Lesebuches vor, und das aus gutem Grunde. Denn der großartige Höhenschwung des spekulativen Denkens, den der deutsche Idealismus darstellt, war zugleich die Herausforderung an das neue Zeitalter, das mit der Französischen Revolution und ihren Folgen für die europäische Menschheit begann. Noch einmal versuchten diese Denker, die Philosophie zur Wissenschaft schlechthin auszubauen, den anhebenden Fortschritt der empirischen Wissenschaften, der Natur wie der Geschichte, unter das Gesetz des philosophischen Gedankens zu zwingen. In der Abwehr dieser Ansprüche der Spekulation ist das 19. Jahrhundert groß geworden.

Es war vor allem die historische Schule, die damals, im Wettbewerb mit dem Siegeszug der Naturwissenschaften, den Erkenntnisanspruch der Metaphysik verwarf. Die Philosophie begann, sich zu sich selbst historisch zu verhalten. Die Geschichte der Philosophie trat in den Vordergrund, methodisch gesehen als eine der Disziplinen des großen Kosmos der geschichtlichen Wissenschaften, die sich damals entfalteten. Umgekehrt wurde die Philosophie der Tradition in ihrem Erkenntnisanspruch nicht mehr wahrhaft ernst genommen. Man sah in den großen Systemen Begriffsdichtungen, die vor dem wissenschaftlichen Anspruch des Jahrhunderts versagten, und würdigte sie nur noch als Ausdruck der ›Weltanschauung‹. Denn Weltanschauung war es, wonach das philosophische Bedürfnis im Zeitalter der positiven Wissenschaft verlangte. Schopenhauer und Nietzsche waren die neuen repräsentativen Figuren, die dem entsprachen, was das öffentliche Bewußtsein unter ›Philosophie‹ verstand. Sie übertrafen die akademische Schulphilosophie an Resonanz und Breitenwirkung weit.

Der dritte Band unseres Lesebuches wird auf dem Hintergrunde der großen idealistischen Spekulation das Auseinandertreten von Weltanschauung und wissenschaftlicher Philosophie, das die neueste Zeit kennzeichnet, zu dokumentieren haben.

Kopernikus, Kepler und Galilei

Die kühne Hypothese, die der Thorner Domherr Kopernikus entwarf und durch mühevolle Berechnungen zu verifizieren suchte, war zunächst eine reine Angelegenheit der Fachleute. Unter diesen verbreitete sich die Kunde von der neuen Theorie schnell genug. Aber die schließliche Veröffentlichung der neuen Lehre erfolgte (1543) allein in lateinischer Sprache, so daß sie schon dadurch auf die Welt der Gelehrten beschränkt blieb. Obendrein erschien sie mit einem Vorwort Osianders, das das Revolutionäre der neuen kosmologischen Theorie abschwächte und sie als eine bloße mathematisch-technische Berechnungsweise der Himmelserscheinungen deklarierte. Wenn man das Buch des Kopernikus liest, so begegnen uns darin freilich eine Reihe von Argumenten, die eine solche Abschwächung Lügen strafen. Was Kopernikus bei seiner neuen Hypothese leitete, war ein neues Bild des Weltalls, das sich durch die große Einfachheit und organische Geschlossenheit, die mit der neuen Erklärungsweise gegeben war, empfahl. Das Harmonieideal altpythagoreischen Ursprungs fand in der kühnen Umkehrung des Augenscheins von Sonnenbewegung und ruhender Erde eine blendende geistige Erfüllung, und es war keineswegs so, daß die Berechnung der Phänomene so viel genauer gelang. Die dem Thorner Domherrn zur Verfügung stehenden Daten reichten dazu nicht aus. Es war vielmehr die Idee eines organischen Ganzen, die Kopernikus durch die neue Hypothese erfüllt sah: »Ich fand, daß die Ordnungen der Gestirne und aller Kreise, die Größen und der Himmel selbst so miteinander verbunden sind, daß an keinem Teil desselben etwas versetzt werden könnte, ohne eine Verwirrung der übrigen Teile und des ganzen Alls.« Die zahlreichen humanistischen Schriftbeweise, die Kopernikus in seiner Einleitung anführt, haben gegenüber dieser leitenden Intuition nur sekundäre Bedeutung.

Man kann von der gewaltigen Wirkung, die von Kopernikus ausgeht, nicht sprechen, ohne daß man die wissenschaftliche Durchführung seiner Theorie durch seine Nachfolger hinzunimmt. Das ist der Grund, warum in unserer Überschrift Kopernikus, Kepler und Galilei nebeneinandergestellt sind: Nur durch Kepler und Galilei ist der kopernikanische Gedanke zu einer wissenschaftlichen Wahrheit und einer revolutionären Veränderung des menschlichen Weltbildes geworden. Kepler konnte sich außer auf eigene Beobachtungen des Mars auf das Material stützen, das Tycho de Brahe erarbeitet hatte. Er erkannte schließlich die elliptische Bahn der Planeten und vermochte die Phänomene erstmals befriedigend auf der Basis der neuen Hypothese zu beschreiben: Aber welch eine Hypothese! Welche Kühnheit, die vom täglichen Himmelsumschwung abgeleitete Grundvorstellung von der

Kreisbewegung aufzugeben. Wir wissen von Kepler selbst, daß er sich mit der alten sphärischen Vorstellungsweise bis zum Wahnsinn abquälte, ohne daß es ihm gelang, auf diese Weise die Marsbahn darzustellen. Erst als Kepler die elliptische Bahn anzunehmen wagte, gelang ihm der neue Durchbruch zu einer echten Gesetzeserkenntnis.

Gleichzeitig mit Kepler und im Austausch mit ihm machte Galilei seine Beobachtungen am Fernrohr und begründete damit die Idee einer einheitlichen Erd- und Himmelsphysik. Man kann sich das Revolutionäre dieses Gedankens gar nicht groß genug vorstellen. Hatten doch Aristoteles und mit ihm die folgenden Zeiten den Augenschein in einem ganz anderen physikalischen Sinne gedeutet. Der Augenschein lehrt die vollkommene Andersartigkeit der Himmelserscheinungen im Vergleich zu den irdischen Vorgängen. Denn die himmlischen Körper bleiben unveränderlich dieselben und bewegen sich obendrein in regelmäßiger Kreisbewegung um die Erde, wenn man von den Planeten absieht, deren Bahnen ebenfalls aus Kreisbewegungen zu erklären die Aufgabe der antiken Astronomie war. Der Augenschein lehrt also, daß am Himmel ganz andere Dinge sein müssen als die Dinge, die wir auf der Erde finden. Denn diese verändern sich, befinden sich in wechselnden Konstellationen zueinander, und ihre Bewegung geht in den verschiedensten Richtungen vor sich. Aristoteles folgerte, daß die Himmelskörper aus einem anderen Stoffe sind als die irdischen Körper. Völlig getrennt von der irdischen Welt, gehorchen sie der Natur ihres Stoffes, indem sie um die Erde kreisen, während die Dinge auf Erden je nach der Natur ihrer Stoffe fallen oder steigen, weil sie Stein sind oder Feuer oder ein Mittleres zwischen ihnen.

Wenn nun Galilei durch eine Reihe glänzender Beobachtungen die Trennung von Erdphysik und Himmelsphysik aufhob und die Idee einer einheitlichen Physik konstruierte, war der Wissenschaft eine neue Möglichkeit eröffnet. Bis es wirklich gelingen sollte, die Idee der Mechanik einheitlich für die irdischen Erscheinungen wie für die Himmelskörper zur Durchführung zu bringen, darüber sollte freilich noch fast ein Jahrhundert vergehen. Newtons große Entdeckung des Prinzips der Gravitation brachte hier die Vollendung.

Die grundlegende Leistung war aber die Galileis, der die unserer Erfahrung begegnenden Bewegungen von allen anthropomorphen Zügen reinigte und als rein mathematischen Grundentwurf zur Darstellung brachte. (*Mente concipio*) Es war eine kühne methodische Umkehrung, die sich mit der des Kopernikus durchaus messen konnte, wenn Galilei den Begriff des freien Falls bildete, d. h. des durch keinen Reibungswiderstand gebremsten Falls. Denn auch hier mußte gegen den Augenschein gedacht werden. Daß alle Körper gleich schnell fallen, unabhängig von ihrem Gewicht, war vor der experimentellen Darstellung des Vakuums, die erst später gelang, eine nicht minder kühne Behauptung als die, daß nicht die Sonne, sondern die Erde sich bewegt. Diese ›Erfindung‹ Galileis nimmt ein aus Euklid und Archimedes bekanntes Verfahren, die problematische Analysis, auf. Das Gesuchte wird als gegeben gesetzt und seine Bedingungen werden gefragt. Die Anwendung dieses Verfahrens auf die Physik war seine erstaunliche Leistung. Wird doch bei einem solchen Gedankenexperiment, wie es die ›reine‹ Bewegung ist, etwas Wirkliches durch etwas Unmögliches erklärt. In solcher Abstraktion steckt ein eigentümlicher Erkenntnisverzicht in eins mit einem ungeahnten Erkenntnisgewinn. Verzichtet wurde auf jede Erklärung der Erscheinungen aus dem ›Wesen der Dinge‹. Nicht die Beschaffenheit der Dinge als solcher – ihre ›Substanz‹ oder ihr Wesen – ist für ihre Bewegungsweise entscheidend, wie das etwa bei den Tieren der Fall ist, deren Bewegungsarten (Laufen, Springen, Kriechen, Fliegen, Schwimmen usw.) Aristoteles aufs subtilste beschrieben hat, sondern der Bewegungsvorgang als reine Ortsveränderung ist der Gegenstand der Nachforschung und der mathematisch exakten Beschreibung.

Gerade der Verzicht auf das ›Verständnis‹ der Welt nach dem Muster unserer eigenen verständigen und verständlichen Verhaltungsweisen war der Preis, durch den die Beherrschung der Natur durch den Menschen möglich wurde. Natura parendo vincitur. Dieser Grundsatz gab Bacons Devise ›Wissen ist Macht‹ erst die Wirklichkeit, die das technische Zeitalter heraufführen sollte.

Eine indirekte Vorstellung von der großen Aufregung, die die neue Astronomie im 16. Jahrhundert herbeiführte, gibt das nachfolgende Dokument: die Einleitung zu der ersten Mitteilung, die Kopernikus über seine Theorie im Anfang der dreißiger Jahre machte – eine höchst nüchterne astronomische Darlegung. Gleichwohl wurde noch Galilei wegen des Eintretens für die Kopernikanische Theorie in seinem *Dialog über die beiden großen Weltsysteme* (1632) der Prozeß gemacht.

Nikolaus Kopernikus: Commentariolus* [Einleitung]

»Eine grosse Zahl von Kreisen zur Erklärung der Bewegungen am Himmel haben unsere Vorfahren hauptsächlich deshalb angenommen, damit die uns sichtbaren Bewegungen der Gestirne unter dem Gesetze der *Gleichförmigkeit* blieben. Denn es schien ungereimt, dass ein Himmelskörper, welcher die vollkommenste Rundung aufweist, nicht immer gleichförmig sich bewegen sollte. Dies, glaubte man nun, könne geschehen, wenn man annahm, dass durch eine Kombination und ein Zusammenwirken von gleichförmigen Bewegungen in verschiedener Zusammenstellung sich ein Körper nach einer gewissen Richtung bewege.

Kalippus und *Eudoxus* haben sich abgemüht, durch Annahme von koncentrischen Kreisen das Problem zu lösen. Ihr Mühen blieb vergeblich. Sie vermochten nicht den Erscheinungen in der Fortbewegung der Gestirne gerecht zu werden. Ausserdem schienen auch die Planeten bald aufzusteigen, bald wieder sich rückläufig zu bewegen. Dies konnte mit der Annahme koncentrischer Kreise durchaus nicht in Einklang gebracht werden. Daher schien eine andere Annahme zweckentsprechender, welcher schliesslich auch die Mehrzahl der Gelehrten beipflichtete: man versuchte durch excentrische Kreise und Epicykeln die Erscheinungen zu erklären.

Allein selbst nach Allem, was *Ptolemaeus* und sehr viele Andere an verschiedenen Orten hiebei erkundet hatten, blieben nicht geringe Bedenken übrig, wenngleich die Rechnung allenfalls zutraf. Es konnte den Erscheinungen nur dadurch Genüge geschehn, dass man noch einen dritten Hülfskreis, den sogenannten Abgleicher (›circulus aequans‹), hinzunahm. Und doch zeigte sich, dass der Planet, weder auf dem fortleitenden Kreise, noch von dem eigenen Mittelpunkte aus, sich mit stets gleichförmiger Geschwindigkeit bewege. Deshalb schien ein systematischer Aufbau, auch auf diesen Voraussetzungen, nicht genugsam begründet; es wollte ferner die Rechnung nicht recht stimmen.

Als ich nun dies Alles bei mir erwog, so drängte sich mir die Ueberzeugung auf, es müsste doch eine zweckmäßigere Anordnung von Kreisen gefunden werden können, durch welche die grosse Verschiedenheit der Erscheinungen zu erklären sei. Bei dieser Anordnung müsste Alles sich gleichmässig bewegen, wie es eben eine *vollendete* in sich *abgeschlossene Bewegung* erheischt (›quemadmodum ratio *absoluti motus* poscit‹).

---

* Vollständiger Titel: *De hypothesibus motuum coelestium a se constitutis commentariolus.*

Indem ich an diese gewiss schwierige und fast unlösbar scheinende Aufgabe heranging, zeigte es sich schliesslich, dass mit viel geringerem Aufwande, und in geeigneterer Weise als bisher, die Erklärung gegeben werden könne, wenn nur gewisse Grund-Voraussetzungen (›petitiones‹), welche man Axiome nennt, zugegeben werden. Nachstehend folgen sie der Ordnung gemäss:

Erstes Axiom.

Für alle Himmels-Körper und deren Bahnen giebt es nur *einen* Mittelpunkt.

Zweites Axiom.

Der Mittelpunkt der Erde ist nicht der Mittelpunkt der Welt, sondern nur der Mittelpunkt der Mondbahn, und der Schwerpunkt aller Dinge auf der Erde.

Drittes Axiom.

Alle Planeten umkreisen die Sonne, die im Mittelpunkte aller Bahnen steht; es ist deshalb um die Sonne der Mittelpunkt des Weltalls zu setzen (›ideoque *circa* Solem esse centrum mundi‹).

Viertes Axiom.

Das Verhältniss der Entfernung der Sonne und der Erde zur Weite des Firmamentes ist geringer als das Verhältnis des Halbmessers der Erde zur Entfernung der Sonne, und zwar in solchem Grade, dass das Verhältniss zur Höhe des Firmamentes gar nicht anzugeben ist.

Fünftes Axiom.

Was wir von Bewegungen am Himmel sehen, rührt nicht von einer Bewegung des Himmels her, sondern ist eine Folge der Bewegung der Erde. Die Erde nämlich mit ihrer nächsten Umgebung dreht sich einmal täglich um sich selbst ganz herum, indem ihre beiden Pole dabei unverändert ihre Richtung beibehalten, das Firmament aber und die letzten Himmels-Räume ganz unbewegt bleiben.

Sechstes Axiom.

Was wir von Bewegungen bei der Sonne sehen, das ist nicht eine Folge *ihrer* Bewegung, sondern rührt her von der Bewegung der Erde und ihrer Sphäre. Mit ihnen umkreisen wir die Sonne, gleichwie jeder andere Planet. Die Erde hat sonach eine mehrfache Bewegung.

Was uns an den Planeten als ein Zurückweichen und Vorschreiten erscheint, das ist nicht Folge *ihrer* Bewegung, sondern rührt von der Bewegung der Erde her. *Die Bewegung der Erde allein genügt sonach, um die Mannigfaltigkeit und Verschiedenheit der Erscheinungen am Himmel zu erklären.*«

»Nachdem ich die vorstehenden Sätze vorausgeschickt habe, will ich versuchen, in Kürze zu zeigen, wie ganz der Ordnung gemäss unter meinen Annahmen die Gleichförmigkeit der Bewegung gewahrt werden kann. Um aber wirklich kurz zu sein, glaube ich an diesem Orte jeder mathematischen Beweisführung entrathen zu dürfen, die ich für mein grösseres Werk mir vorbehalte. Nur die Grössen-Angaben der Halbmesser der Bahnen werden bei der Erläuterung dieser Kreise selbst beigefügt werden. Ein Jeder, der ein wenig Mathematik versteht, wird leicht erkennen, wie vortrefflich meine Anordnung für Rechnung und Beobachtung passt.

Damit übrigens nicht etwa Jemand glaube, wir hätten leichtfertig, nach dem Vorgange der Pythagoräer die Behauptung vertreten, dass die Erde sich bewege – dafür wird unsere Anordnung der Himmelskreise den gewichtigen Nachweis liefern. Denn die Gründe, wodurch die Naturkundigen vornämlich zu beweisen suchen, dass die Erde ruhe, stützen sie zumeist auf die Erscheinungen. Diese fallen aber zu allererst in sich zusammen, da auch wir eben der Erscheinungen wegen die Erde sich bewegen lassen.«

In den Haupt-Abschnitten des Commentariolus giebt Coppernicus zunächst im Allgemeinen seine Anordnung der Planeten und bestimmt die Länge der Umlaufs-Zeiten. Sodann erklärt er die dreifache Bewegung, welche er der Erde beilegt. In dem darauf folgenden Abschnitte wird ausgeführt, dass die Gleichförmigkeit der Bewegungen nicht auf die Aequinoktial-Punkte, sondern auf die Fixsterne zu beziehen sei. Hierauf entwickelt Coppernicus seine Mond-Theorie. In den drei letzten Abschnitten werden die Planeten behandelt, zunächst die drei obern (in einem gemeinsamen Abschnitte), sodann Venus und Merkur in gesonderten Kapiteln.

Der charakteristische Schluss-Satz der kleinen Schrift lautet:

»Demnach bedarf die Merkur-Bahn einer Kombination von sieben Kreisen, Venus braucht deren fünf, die Erde drei und der um sie kreisende Mond vier, Mars, Jupiter und Saturn endlich je fünf.« »Also genügen« – ruft Coppernicus aus, erfreut über die verhältnismässige Einfachheit seiner Kombination – »*also genügen überhaupt 34 Kreise, um den ganzen Bau der Welt, den ganzen Reigen-Tanz der Gestirne zu erklären!*«

Vorrede von Osiander
»An den Leser über die Hypothesen dieses Werkes«

Sicherlich werden manche Gelehrte, da der Ruf von den neuen Hypothesen dieses Werkes bereits sehr verbreitet ist, grossen Anstoss daran genommen haben, dass in demselben die Beweglichkeit der Erde gelehrt wird, die Sonne dagegen unbeweglich in der Mitte des Weltalls ruhen solle; man ist wohl allgemein der Ansicht, es dürfte die Wissenschaft, deren Grundlagen seit Alters richtig hingestellt seien, nicht in Verwirrung gebracht werden. Allein bei reiferer Ueberlegung wird man finden, dass der Verfasser dieses Werkes nichts unternommen hat, was Tadel verdiente. Denn es ist die eigentliche Aufgabe des Astronomen, die Geschichte der Bewegungen am Himmel nach sorgfältigen und scharfen Beobachtungen zusammenzutragen. Er muss sodann die Ursachen dieser Bewegungen ermitteln, oder, wenn er die wahren Ursachen schlechterdings nicht zu finden vermag, beliebige Hypothesen ausdenken und zusammenstellen, vermittelst deren man im Stande sei, jene Bewegungen nach geometrischen Sätzen, sowohl für die Zukunft als für die Vergangenheit, richtig zu berechnen. Beiden Forderungen hat der Meister in ausgezeichneter Weise Genüge geleistet.

Allerdings ist es *nicht erforderlich, dass seine Hypothesen wahr seien; sie brauchen nicht einmal wahrscheinlich zu sein. Es ist schon vollständig ausreichend, wenn sie auf eine Rechnung führen, welche den Himmels-Beobachtungen entspricht;* es müsste denn Jemand in der Mathematik und Optik so unerfahren sein, dass er den Epicykel der Venus für wahrscheinlich erachte und ihn für die Ursache ansehe, dass der Planet mitunter der Sonne um 40 Grade und darüber vorausgeht, mitunter ihr nachfolgt. Denn wer sieht nicht, dass der Durchmesser dieses Gestirns in der Erdnähe mehr als viermal, der Körper selbst aber mehr als sechzehnmal so gross erscheinen müsste, als in der Erdferne; dem widerspricht jedoch die Erfahrung aller Zeiten.

Es giebt noch andere nicht geringere Widersprüche in dieser Wissenschaft, deren Erörterung an diesem Orte nicht nothwendig erscheint. Genugsam bekannt ist ja, dass die Astronomie die Ursachen der anscheinend ungleichmässigen Bewegung schlechterdings nicht kennt. *Wenn die Wissenschaft aber dergleichen hypothetisch ersinnt* – und sie hat solche Hypothesen wirklich in grosser Zahl ersonnen – *so ersinnt sie dieselben keineswegs mit dem Anspruche, irgend Jemand zu überreden, dass die Sache sich wirklich so verhalte; es soll eben nur eine richtige Grundlage für die Rechnung aufgestellt werden.*

Da ferner für ein und dieselbe Bewegung sich zuweilen verschiedene Hypothesen darbieten (wie z. B. bei der Bewegung der Sonne die Annahme der Ekcentricität und des Epicykels), so wird der Astronom sich am liebsten derjenigen zuwenden, welche für das Verständniss am fasslichsten ist. Der Philosoph wird vielleicht eine grössere Wahrscheinlichkeit verlangen. *Keiner von Beiden wird jedoch etwas Gewisses zu ermitteln oder zu lehren im Stande sein, wenn es ihm nicht durch göttliche Offenbarung enthüllt worden ist.*

Gestatten wir demnach, dass auch die nachfolgenden neuen Hypothesen den alten angereiht werden, welche um nichts wahrscheinlicher sind. Sie sind überdies wirklich bewundernswerth und leicht fasslich; ausserdem führen sie mit sich einen grossen Schatz der gelehrtesten Beobachtungen.

Uebrigens möge Niemand in Betreff der Hypothesen Gewissheit von der Astronomie erwarten. Sie vermag diese nicht zu geben. Wer das, was zu einem andern Zwecke ersonnen ist, für Wahrheit nimmt, dürfte wohl unwissender von dieser Wissenschaft fortgehn, als er zu ihr gekommen ist. Hiermit lebe wohl, Leser!

Giordano Bruno

Unter den zahlreichen bedeutenden Renaissancephilosophen Italiens, die teils in der Nachfolge und Umbildung Platons, teils in der des Aristoteles die Grundlagen der modernen Naturwissenschaft spekulativ vorbereiteten (Marsilius Ficinus, Pico della Mirandola, Pomponazzi, Zabarella, Nizolius, Cardano, Patrizzi, Campanella), hat nur einer sich in das Buch der großen Philosophen der abendländischen philosophischen Tradition eingetragen, und auch er nur mit zweifelhaftem Recht: Giordano Bruno. Ein Mann von glänzenden dichterischen und rednerischen Gaben, der nach dem Bruch mit seinem Orden (er war Dominikaner) das Leben eines Wanderlehrers und Professors führte und vor allem in Paris, in England und in Deutschland durch seine Vorträge und Reden Aufsehen erregte. Er wurde zum Apostel eines neuen Weltbildes, das durch Kopernikus und seine Nachfolger geschaffen worden war. Die begrifflichen Mittel, mit denen er die schwärmerische Vision der neuen Unendlichkeiten in seinen Reden und Schriften hervorzauberte, entlehnte er der platonisch-neuplatonischen Tradition und vor allem den Schriften des Nicolaus Cusanus, den er ungeheuer bewunderte. Die Sprache der negativen Theologie konnte der neuen Vision einen angemessenen Ausdruck verleihen. Denn wie die negative Theologie von Gott nur zu reden lehrte, indem sie ihm jedes mögliche Prädikat absprach, und dabei auch einander entgegengesetzte Prädikate in gleicher Weise in der Anwendung auf ihn negierte, so ließ sich das Sein der Welt, diese neue Unendlichkeit, gegenüber allen Unterscheidungen, Ordnungen und Hierarchien des überlieferten scholastischen Weltbildes durch einen Sturm von Negationen umschreiben. Die Attitude eines humanistischen Rhetors mehr als die eines professionellen Philosophen, die er einnahm, verführte ihn dabei zu den sonderbarsten Ruhmredigkeiten und zu den billigsten Invektiven selbst gegen die Größten unter den Großen der Philosophie. Die Schrift, aus der wir einen geschlossenen und ungekürzten Text zum Abdruck bringen, war in italienischer Sprache geschrieben und trug den Titel *Von der Ursache, dem Princip und dem Einen* (1584). Adolf Lasson, einer der Späthegelianer, die das idealistische Erbe im späten 19. Jahrhundert noch weitertrugen, hat das Verdienst, die kleine Schrift in einer eleganten Übersetzung im Jahre 1872 vorgelegt zu haben. Der Zeitpunkt ist nicht zufällig, in dem er damit hervortrat. Es war die anti-römische, liberale Kulturpolitik in Deutschland, die sich damals vorbereitete und die in voller Übereinstimmung mit der antipäpstlichen Politik des neuen Italien Giordano Bruno, den von der Inquisition allein wegen seiner wissenschaftlichen Überzeugungen Verurteilten, zu dem Heros der Überzeugungstreue und zum Märtyrer der Glaubensfreiheit erhob. So ist der Ruhm Giordano Brunos mit der geistigen Geschichte des liberalen Zeitalters aufs engste verknüpft. Diltheys berühmte Darstellung in seinen Studien zur Renaissance und Reformation ist bis heute ein dafür sprechendes und überzeugendes Dokument.

Indessen hatte die Denkfigur, die Giordano Bruno mit südländischer Beredsamkeit vertrat, schon lange vorher Geschichte gemacht. Spinoza mit seiner pantheistischen Auflösung des Gottesbegriffs in den Naturbegriff der neuen Wissenschaft, Leibnizens spekulative Synthese des alten und des neuen Denkens und schließlich die große Welle idealistischer Spekulation, die in der Epoche nach Kant die deutsche Philosophie bestimmte und die von ihren Gegnern ebenfalls als philosophischer Pantheismus bekämpft und verdächtig wurde, sind Fortwirkungen von Giordano Brunos Wirksamkeit. F. M. Jacobi brachte in seinen Briefen über Spinoza (1785) Auszüge aus unserer Schrift, und Schelling hat geradezu den Namen dieses seines geistigen Vorfahren zum Titelhelden eines seiner spekulativen Dialoge über die Einheit von Natur und Geist und Gott erhoben (1804). Doch muß gesagt werden, daß Schärfe und Konsequenz des Denkens, Disziplin und Präzision des Begriffs, und die Bescheidenheit wahrhafter Größe, die die Großen unter den Philosophen des Abendlandes auszeichnet, bei Giordano Bruno nicht zu finden sind. Er ist mehr die Verkörperung der großartigen spekulativen Stimmung, die das Erwachen der Neuzeit erfüllte.

Von der Ursache, dem Princip und dem Einen
Vierter Dialog

[Gesprächspartner: Dicson, Teofilo, Poliinnio, Gervasio]
[...] *Teo.* Sehen wir nicht Peripatetiker und auch Platoniker die Substanz in körperliche und unkörperliche eintheilen? Wie nun diese Unterschiede in einer über ihnen stehenden Gattung dem Vermögen nach enthalten sind, so müssen auch die Formen von zwei Arten sein. Die einen nämlich sind transscendent, d. h. sie stehen höher als jeder Gattungsbegriff; diese nennt man Principien, z. B. Wesenheit, Einheit, Eines, Ding, Etwas und dergleichen. Andere gehören einer bestimmten Gattung an und sind von anderen Gattungen unterschieden, wie z. B. Substantialität, Accidentialität. Die Formen der erstgenannten Art setzen keine Unterschiede in der Materie und ertheilen ihr nicht ein Vermögen und dann wieder ein anderes, sondern als allgemeinste Bestimmungen, welche sowohl die körperlichen wie die unkörperlichen Substanzen unter sich befassen, bezeichnen sie das allerallgemeinste, gemeinsamste und einheitliche Vermögen beider Arten von Substanzen. In Anbetracht dessen sagt Avicebron: »Wenn wir doch, bevor wir die Materie der accidentiellen Formen, d. h. das Zusammengesetzte, setzen, die Materie der substantiellen Form, welche ein Theil von jener ist, setzen: was hindert uns, ebenso, bevor wir die bis zu körperlicher Existenzform contrahirte Materie setzen, ein Vermögen anzunehmen, welches, die Form der körperlichen und unkörperlichen, der vergänglichen und der unvergänglichen Natur noch ungeschieden in sich befasst?« Ferner, alles was ist, vom höchsten und obersten Wesen an, hält eine bestimmte Ordnung inne und bildet eine Reihenfolge, eine Stufenleiter, auf der man von dem Zusammengesetzten zum Einfachen, von diesem zum Einfachsten und Absolutesten durch Mittelglieder aufsteigt, welche zwischen beiden Extremen liegen, welche beiden analog beide verknüpfen, an beider Natur theilhaben, und in Bezug auf die besondere Beschaffenheit neutrale Wesen sind. Nun ist aber keine Ordnung denkbar, wo nicht ein Gemeinsames wäre, an dem die Verschiedenen Theil haben, kein solches Theilhaben, wo sich nicht ein bestimmter Zusammenhang fände; und wiederum kein Zusammenhang, wo die Verbundenen nicht auf irgend eine Weise an Gemeinsamem Theil hätten. Es muss also nothwendigerweise für alle subsistirenden Dinge *ein* Princip der Subsistenz geben. Nimm hinzu, dass die Vernunft selber nicht umhin kann, vor jedem von andern Unterscheidbaren ein noch ungeschiedenes vorauszusetzen; – ich spreche von den *Dingen,* welche sind; denn Sein und

Nichtsein, das beides, meine ich, ist nicht der Sache, sondern nur dem Wort und dem Namen nach verschieden. – Dieses noch Ungeschiedene ist ein allgemeiner Begriff, zu dem die Differenz und unterscheidende Form erst hinzukommt. Und gewiss lässt sich nicht bestreiten, dass wie alles Sinnliche ein Substrat der Sinnenwahrnehmung, so alles Intelligible ein Substrat der Intellectualität voraussetzt. Es muß also auch etwas geben, was dem gemeinsamen Begriffe beider Substrate entspricht. Denn jede Wesenheit gründet sich auf irgend ein Sein, ausgenommen jene oberste Wesenheit, welche mit ihrem Sein identisch ist, weil ihr Vermögen ihre Wirklichkeit, weil sie alles ist was sie sein kann, wie wir gestern gesagt haben. Ferner wenn die Materie nach unsern Gegnern selber kein Körper ist und ihrer Natur nach dem körperlichen Sein vorangeht, was kann sie dann von den Substanzen, die man unkörperlich nennt, so weit entfernen? Auch fehlt es nicht an Peripatetikern, welche sagen: so wie sich in den körperlichen Substanzen ein gewisses Etwas formaler und göttlicher Art findet, so muss entsprechend in den göttlichen ein Etwas von materieller Art sein, damit die niedriger stehenden Dinge den höher stehenden sich anschließen und die Reihe der einen in die Reihe der andern eingreifen könne. Und die Theologen, wenn auch manche von ihnen in der aristotelischen Lehre gross geworden sind, sollten mir dennoch darin nicht beschwerlich fallen, wofern sie wirklich glauben, dass sie mehr auf ihre Schrift, als auf die Philosophie und die natürliche Vernunft verpflichtet sind. »Bete mich nicht an«, sagt einer ihrer Engel zum Patriarchen Jacob, »denn ich bin dein Bruder.« Wenn also der, der da spricht, nach ihrer Auffassung eine intellectuelle Substanz ist und mit seiner Rede bestätigt, dass jener Mensch und er in der Realität *eines* Substrats sich vereinigen: mag dann auch jeder beliebige formale Unterschied bestehen bleiben, – es ist doch gewiss, dass die Philosophen einen Ausspruch des Orakels dieser Theologen als Zeugniss für sich anführen können.

Dic. Ich weiss, dass ihr das mit aller Ehrerbietung sagt; denn ihr wisst, dass es euch nicht zukommt, Beweisgründe von solchen Stellen zu entlehnen, die in unserer Messe nicht vorkommen.

Teo. Ganz richtig und wohl bemerkt; aber ich führe es auch nicht als Beweisgrund und Bestätigung an, sondern um so weit ich kann den Gewissensbedenken zu entgehn; denn ich fürchte ebenso sehr, ein Gegner der kirchlichen Lehre zu scheinen, als es zu sein.

Dic. Verständige Theologen werden uns die Forschungsweisen vermittelst des natürlichen Lichtes, so weit sie sich auch erstrecken mögen, immer gestatten, wenn sie sich nur keine definitive Entscheidung gegen die göttliche Autorität herausnehmen, sondern sich ihr zu unterwerfen bereit sind.

Teo. So gerade sind die meinigen gemeint und werden es immer sein.

Dic. Recht so! fahrt also fort!

Teo. Auch Plotinus sagt im Buche von der Materie, dass es in der intelligiblen Welt, wenn es daselbst eine Menge und Vielheit von Gattungen giebt, neben der Eigenthümlichkeit und dem Unterschiede einer jeden von ihnen auch ein Gemeinsames geben muss. Dieses Gemeinsame vertritt die Stelle der Materie, das Eigenthümliche und Unterscheidende die Stelle der Form. Er fügt hinzu, dass wenn diese Welt eine Nachahmung von jener ist, die Zusammensetzung derselben eine Nachahmung der Zusammensetzung von jener ist. Ferner, wenn diese Welt keine Verschiedenheit hat, hat sie auch keine Ordnung; hat sie keine Ordnung, dann auch keine Schönheit und keine Zier; alles dies hängt an der Materie. Deshalb muss diese höhere Welt nicht nur für ein untheilbares Ganzes, sondern auch für theilbar und unterschieden gehalten werden mit Bezug auf einige ihrer Bedingungen. Die Getheiltheit und Verschiedenheit dieser letzteren aber kann nicht begriffen werden ohne eine zu Grunde liegende Materie. Und sagst du, dass diese ganze Vielheit in einem untheilbaren Wesen sich vereinigt und jeder Art von räumlicher Ausdehnung fremd bleibt, so nenne ich eben das Materie, worin sich so viele Formen vereinigen. Dieses war, bevor es als mannichfach und vielgestaltig vorgestellt wurde, in einer einfachen Vorstellung, und bevor es in der Vorstellung als Geformtes war, war es in derselben als Formloses.

Dic. Wohl habt ihr in dem, was ihr in der Kürze ausgeführt habt, viele starke Gründe beigebracht, um zu erweisen, dass die Materie ein Einiges ist, ein Einiges das Vermögen, durch welches alles was ist in Wirklichkeit ist, und dass sie mit eben so gutem Grunde den unkörperlichen als den körperlichen Substanzen zukommt, indem jene auf keine andre Weise als diese das Sein haben vermöge des Seinkönnens. Wohl habt ihr auch noch mit andern Gründen, die für den, der sie nur kräftig genug betrachtet und begreift, auch kräftig genug sind, den Beweis geführt. Dennoch möchte ich, wenn nicht behufs der Vollendung der Lehre, doch behufs ihrer Deutlichkeit, dass ihr noch auf andere Weise im einzelnen darlegtet, wie sich in den erhabensten Dingen, – und das sind doch die unkörperlichen, – ein Formloses und Unbestimmtes finde; wie da eben dieselbe Materie sein kann, ohne dass sie doch durch das Hinzutreten der Form und Wirklichkeit gleichfalls Körper heissen; wie ihr da, wo keine Veränderung, kein Entstehen noch Vergehen ist, eine Materie annehmt, die man doch niemals zu einem andern als zu diesem Zwecke angenommen hat; ferner wie wir sagen können, dass die intelligible Natur einfach, und zugleich, dass in ihr Materie und Actus ist. Ich wünsche das nicht um meinetwillen, da mir die Wahrheit einleuchtet, aber für etwaige andere, die widerwilliger und schwieriger sein möchten, wie z. B. Magister Poliinnio und Gervasio.

Pol. Lasst 'mal sehen!

Gerv. Ich nehm's an und danke euch, Dicson, dass ihr auch das Bedürfnis derer bedenkt, die nicht den Muth haben zu fordern. So bringt es jenseits der Berge die Höflichkeit bei Tische mit sich; denen, die an zweiter Stelle sitzen, ist es nicht erlaubt, mit den Fingern über das eigene Näpfchen oder den eigenen Teller hinauszulangen, sondern es schickt sich abzuwarten, bis es einem in die Hand gelegt wird, damit man ja keinen Bissen nehme, den man nicht mit einem »Danke schön« bezahlt hätte.

Teo. Ich kann das alles folgendermassen abmachen. Wie der Mensch in Bezug auf seine eigenthümlich menschliche Natur vom Löwen in Bezug auf das Eigenthümliche der Löwennatur verschieden ist, aber in Bezug auf die gemeinsame Natur der lebenden Wesen, auf die körperliche Substanz und anderes ähnliches von ihm ununterschieden und mit ihm eins und dasselbe ist: auf ähnliche Weise ist die Materie der körperlichen Dinge in Bezug auf ihre eigenthümliche Art von derjenigen der unkörperlichen Dinge verschieden. Alles also was ihr mit Bezug darauf anführt, dass sie der constitutive Grund der körperlichen Natur, das Substrat für Veränderungen jeglicher Art und ein Theil der Zusammensetzung sei, das kommt dieser Materie nur in Bezug auf ihre unterscheidende Eigenthümlichkeit zu. Denn eben diese Materie, – ich will mich klarer ausdrücken, – eben das, was gewirkt werden oder sein *kann,* das ist entweder geworden und existirt vermittelst räumlicher Richtungen und der Ausdehnung des Substrats und vermittelst derjenigen Eigenschaften, welche ihr Sein in der Quantität haben; und das nun wird körperliche Substanz genannt und setzt eine körperliche Materie voraus. Oder es ist zwar geworden, – wenn es nämlich das Sein erst neu empfangen hat –, ist aber ohne jene räumlichen Richtungen, jene Ausdehnung und jene Eigenschaften; und dies heisst dann unkörperliche Substanz und setzt eine entsprechend benannte Materie voraus. So entspricht einem wirkenden Vermögen sowohl von körperlichen als von unkörperlichen Dingen, oder auch einem Sein, einem körperlichen sowohl wie einem unkörperlichen, dort ein körperliches Vermögen, hier ein unkörperliches leidendes Vermögen, und ein Seinkönnen, dort von körperlicher, hier von unkörperlicher Art. Wenn wir also von Zusammensetzung sowohl in der Körperwelt wie in der Welt des Unkörperlichen sprechen wollen, so müssen wir sie in diesem doppelten Sinne auffassen und erwägen, dass in dem Ewigen immer *eine* Materie unter *einer* Wirkungsform gedacht wird, dass sie aber in dem Vergänglichen immer bald die eine, bald eine andere in sich schliesst. In jenem hat die Materie alles was sie haben, und ist sie alles was sie sein kann, auf einmal, immer und zugleich; diese hingegen hat es und ist es zu mehreren Malen, zu verschiedenen Zeiten und in bestimmter Aufeinanderfolge.

Dic. Eine Materie in dem Unkörperlichen gestehen zwar manche zu; aber sie verstehen darunter etwas ganz anderes.

Teo. Der Unterschied sei so gross wie er wolle in Bezug auf die eigenthümliche Bestimmtheit, wonach die eine sich zu Körperlichkeit herablässt, die andere nicht, die eine sinnliche Eigenschaften annimmt, die andere nicht, und wonach jene Materie, welcher die quantitative Bestimmtheit und das Substratsein für solche Eigenschaften, die ihr Sein in räumlicher Ausdehnung haben, widerstrebt, nichts gemein haben zu können scheint mit dem Wesen, welchem keines von beiden widerstrebt. Dennoch sind beide eins und dasselbe, und wie wir öfter bemerkt haben, der ganze Unterschied liegt nur darin, dass die eine zu körperlicher Existenz contrahirt, die andere unkörperlich ist. Grade so ist alles Empfindende eins darin, dass es lebendig ist; aber wenn man dieses Allgemeine zu bestimmten Arten verengert, dann widerspricht es dem Menschen, Löwe zu sein, und diesem Lebendigen, jenes andere zu sein. Dazu füge ich mit deiner Erlaubnis noch Folgendes hinzu. Ihr würdet nämlich einwerfen, dass das, was niemals ist, eher für unmöglich und widernatürlich als für natürlich gehalten werden müsse, und dass man deshalb, da diese Materie niemals als räumlich ausgedehnte gefunden wird, die Körperlichkeit für ihrer Natur widersprechend halten müsse; wenn sich aber das so verhält, so sei es nicht wahrscheinlich, dass beide eine gemeinsame Natur haben, bevor man sich die eine als zu körperlicher Existenz contrahirt denkt. Ich füge also hinzu, dass wir dieser Materie ebenso gut die Nothwendigkeit, als, wie ihr möchtet, die Unmöglichkeit aller sich auf die räumliche Ausdehnung beziehenden Wirksamkeit zuschreiben können. Diese Materie, um in Wirklichkeit alles zu sein, was sie sein kann, hat alle Maasse, alle Arten von Gestalten und räumlichen Richtungen, und weil sie sie alle hat, so hat sie keine von allen; denn das, was so viel verschiedenes zugleich ist, kann unmöglich eines von jenen besonderen sein. Es kommt dem, was alles ist, zu, jedes particuläre Sein auszuschliessen.

Dic. Nimmst du denn an, dass die Materie Wirklichkeit sei? Nimmst du ferner an, dass die Materie in den unkörperlichen Dingen mit der Wirklichkeit zusammenfalle?

Teo. Grade so wie das Seinkönnen mit dem Sein zusammenfällt.

Dic. Sie unterscheidet sich also nicht von der Form?

Teo. In dem absoluten Vermögen und der absoluten Wirklichkeit durchaus nicht, welche deshalb Lauterkeit, Einfachheit, Untheilbarkeit und Einheit im höchsten Grade ist, weil sie auf absolute Weise alles ist. Hätte sie bestimmte räumliche Richtungen, bestimmtes Dasein, bestimmte Gestalt, bestimmte Eigenthümlichkeit, bestimmten Unterschied, so würde sie eben nicht absolut, nicht alles sein.

Dic. Jegliches also, was irgend eine beliebige Gattung umfasst, ist ein Untheilbares?

Teo. Gewiss; denn die Form, welche *alle* Qualitäten umfasst, ist keine einzige von ihnen; was *alle* Gestalten hat, hat keine von ihnen, was *alle* sinnliche Existenz hat, wird deshalb gar nicht sinnlich wahrgenommen. In höherem Sinne ein Untheilbares ist das, was alles natürliche Sein hat; in noch höherem Sinne das, was alles intelligible Sein hat; im allerhöchsten Sinne das, was alles Sein hat, was es überhaupt geben kann.

Dic. Nehmt ihr an, dass es nach Analogie dieser Stufenleiter des Seins eine Stufenleiter des Seinkönnens gebe, und dass wie der formale Grund so auch der materielle Grund höher und höher emporsteige?

Teo. Grade so.

Dic. Tief und hoch zugleich fasst ihr diesen Begriff von Materie und Vermögen.

Teo. Gewiss.

Dic. Aber diese Wahrheit wird nicht von allen verstanden werden können; denn es ist immerhin schwer, die Art und Weise zu fassen, wie etwas alle Arten von räumlicher Ausdehnung und keine von ihnen, alles formale Sein und keines haben kann.

Teo. Seht denn ihr die Möglichkeit ein?

Dic. Ich glaube, ja; denn ich verstehe ganz wohl, dass die Wirklichkeit, um alles zu sein, nicht etwas bestimmtes sein darf.

Pol. Non potest esse idem totum et aliquid; so viel capire ich auch davon.

Teo. Also werdet ihr zur Sache auch so viel begreifen können, dass selbst wenn wir die Ausdehnbarkeit im Raume als das Wesen der Materie setzen wollten, ein solcher Begriff keiner Art von Materie widerstreiten würde; aber dass sich wohl eine Materie von einer andern bloss durch die Freiheit von räumlicher Ausdehnung und durch die Gebundenheit an dieselbe unterscheiden würde. Ist sie frei, so steht sie über allen Arten der Ausdehnung und begreift sie alle; ist sie contrahirt, so wird sie von einigen derselben begriffen und existirt unter einigen derselben.

Dic. Ihr sagt mit Recht, dass die Materie an sich keine bestimmte Ausdehnung im Raume hat, dass sie deshalb als untheilbar aufgefasst wird und die Art ihrer Ausdehnung erst entsprechend der Art von Form erhält, welche sie annimmt. Sie hat eine andere Art von Ausdehnung unter der menschlichen, eine andere unter der Pferdeform, eine andere als Oelbaum und eine andere als Myrthe; bevor sie also unter irgend einer dieser Formen ist, hat sie der Anlage nach alle diese Ausdehnungen, grade wie sie das Vermögen hat, alle jene Formen anzunehmen.

Pol. Man judiciret jedoch eben derohalben, dass sie gar keine Art von Dimensionibus habe.

Dic. Und wir sagen, dass sie deshalb keine hat, um alle zu haben.

Gerv. Warum zieht ihr den Ausdruck, dass sie alle einschliesse, dem andern vor, dass sie sie alle ausschliesse?

Dic. Weil sie die Ausdehnung nicht wie von aussen aufnimmt, sondern sie wie aus ihrem Schoosse heraufsendet und hervortreibt.

Teo. Sehr gut bemerkt. Uebrigens ist dies eine auch bei den Peripatetikern gewöhnliche Ausdrucksweise, dass sie nämlich alle Wirklichkeit räumlicher Ausdehnung und alle Formen aus dem Vermögen der Materie hervorgehen und abstammen lassen. Dies erkennt zum Theil Averroës an, der, obgleich Araber und des Griechischen unkundig, dennoch innerhalb der peripatetischen Lehre mehr Einsicht hatte als irgend ein Grieche, den wir gelesen haben, und noch mehr verstanden haben würde, wenn er nicht seinem Götzen Aristoteles so sclavisch ergeben gewesen wäre. Er lehrt, die Materie umfasse in ihrer Wesenheit die Ausdehnung in unbegrenzter Weise; er will damit bezeichnen, dass diese sich bald mit dieser Figur und diesen Ausdehnungen, bald mit jener andern Figur und jenen andern Ausdehnungen begrenzen, je nachdem die in der Natur vorhandenen Formen wechseln. Aus dieser Auffassung ergiebt sich, dass die Materie sie gleichsam aus sich entlässt, nicht von aussen aufnimmt. Dies meinte zum Theil auch Plotinus, ein Haupt der Platoniker. Dieser unterscheidet zwischen einer Materie der höheren und einer Materie der niedern Dinge und behauptet dann, dass jene alles insgesamt sei und, da sie alles besitze, keiner Veränderung zugänglich sei; diese aber in bestimmter Reihenfolge in Bezug auf ihre Theile zu allem und nach und nach zu immer anderem werde, und deshalb an ihr immer Verschiedenheit, Veränderung und Bewegung erscheine. So ist denn jene Materie niemals formlos, so wenig wie diese es ist; doch beide in verschiedenem Sinne: jene im Momente der Ewigkeit, diese in zeitlichen Momenten; jene auf einmal, diese successiv; jene in unaufgeschlossener, diese in entfalteter Weise; jene als eines, diese als eine Vielheit; jene als Alles und Jegliches, diese in der Einzelheit und Ding für Ding.

Dic. Ihr wollt also nicht nur aus euren eigenen Principien, sondern auch aus denen der andern philosophischen Schulen erweisen, dass die Materie nicht jenes prope nihil, jenes reine, nackte Vermögen ohne Wirklichkeit, ohne Kraft und Energie sei.

Teo. So ist es. Sie ist nach mir, der Formen beraubt und ohne dieselben, nicht so, wie das Eis ohne Wärme, der Abgrund des Lichtes beraubt ist, sondern so, wie eine Schwangere noch ohne ihre Leibesfrucht ist, die sie erst aus sich entlassen und freigeben soll, oder wie die Erde auf dieser Halbkugel in der Nacht ohne Licht ist, es aber durch ihre Umdrehung wiederzuerlangen das Vermögen hat.

Dic. Da sieht man, wie auch in diesen niedern Dingen, wenn nicht durchaus, doch in hohem Grade die Wirklichkeit mit dem Vermögen zusammenfällt.

Teo. Darüber zu urtheilen, überlasse ich euch.

Dic. Und wenn dieses niedere Vermögen schliesslich mit dem oberen eins wäre, wie dann?

Teo. Urtheilt ihr! Ihr könnt von hier zu der Vorstellung aufsteigen, – ich meine nicht des allerhöchsten und besten Princips, welches von unserer Betrachtung ausgeschlossen bleibt, – sondern der Weltseele, wie sie die Wirklichkeit von allem und das Vermögen von allem und alles in allem ist. Zugegeben daher, dass es unzählige Individuen gebe: *zuletzt ist alles eins, und das Erkennen dieser Einheit bildet Ziel und Grenze aller Philosophie und aller Naturbetrachtung;* während die höhere Betrachtung, welche über die Natur hinaus sich erhebt, innerhalb ihres Gebietes bestehen bleibt, die für den der nicht glaubt doch etwas unmögliches und nichtiges ist.

Dic. Sehr wahr; denn dahin erhebt man sich durch ein übernatürliches, nicht durch ein natürliches Licht.

Teo. Dasselbe haben diejenigen nicht, welche alles für körperlich halten, entweder für einfache Körper wie den Aether, oder für zusammengesetzte wie die Sterne und was zu ihnen gehört, und welche die Gottheit nicht ausserhalb der unendlichen Welt und der unendlichen Dinge, sondern innerhalb jener und in diesen suchen.

Dic. Darin allein scheint mir der gläubige Theolog von dem wahren Philosophen unterschieden.

Teo. So denke ich auch. Ich glaube, ihr habt meine Meinung verstanden.

Dic. Sehr gut, deucht mir; daher schliesse ich aus eurer Rede, dass wir selbst dann, wenn wir die Materie immer nur auf die Naturerscheinungen beschränken und bei ihrer gebräuchlichen Definition, wie sie die landläufige Philosophie beibringt, fest bestehen bleiben, dennoch finden werden, dass sie einen höheren Rang behauptet, als diese ihr zuerkennt. Denn sie gesteht ihr schliesslich doch nichts anderes zu, als die Eigenschaft, Substrat der Formen, ein für die Formen der Natur empfängliches Vermögen ohne Namen, ohne Bestimmtheit, ohne irgend welche Begrenzungen, weil ohne alle Actualität zu sein. Dies schien einigen Männern im Mönchsgewande schwierig, welche in der Absicht, diese Lehre nicht etwa zu verklagen, sondern sie zu entschuldigen, der Materie nur eine »entitative« Wirklichkeit zuschreiben, d. h. eine solche, die von dem, was schlechthin nichts ist und in der Natur keinerlei Existenz hat, wie ein Hirngespinst oder sonst ein erdichtetes Ding, doch noch verschieden sei. Denn diese Materie hat schliesslich das Sein, und dies genügt ihr so auch ohne bestimmte Beschaffenheit und ohne die Würdigkeit, welche von der bei ihr nicht vorhandenen Actualität abhängt. Aber ihr würdet von Aristoteles Rechenschaft verlangen: Warum nimmst du, o Fürst der Peripatetiker, lieber an, dass die Materie nichts sei, weil sie keine Wirklichkeit habe, als dass sie alles sei, weil sie alle Arten der Wirklichkeit hat, habe sie nun dieselben in verworrener oder verworrenster Weise in sich, wie es dir gefällig ist? Bist du nicht eben der, der immer, wenn er von dem Entstehen der Formen in der Materie oder von der Erzeugung der Dinge spricht, behauptet, dass die Formen aus dem Innern der Materie hervorspriessen und frei werden, und den man niemals sagen hörte, dass sie vermittelst der bewirkenden Ursache von aussen kommen, sondern dass diese sie aus dem Innern hervorlockte? Ich sehe davon ab, dass du die bewirkende Ursache derjenigen Erscheinungen, die du mit gemeinsamem Namen Natur nennst, doch zu einem innern, und nicht zu einem äußern Princip machst, wie es bei den durch die Kunst erzeugten Dingen der Fall ist. In dem Falle nun, scheint mir, dass man ihr jede Form und Wirklichkeit bestreiten, nämlich wenn sie sie von aussen aufnimmt; in dem Falle, scheint mir, muss man sie ihr alle zuschreiben, wenn sie alle aus ihrem eigenen Schoosse hervortreiben soll. Bezeichnest nicht gerade du, wenn nicht durch die Vernunft gezwungen, doch durch die Gewohnheit im Sprechen getrieben, bei der Begriffsbestimmung der Materie dieselbe vielmehr als das, *aus* dem jede natürliche Art entspringt, als dass du jemals gesagt hättest, sie sei das, *an* dem alles wird, wie man sich doch ausdrücken müsste, wenn die Arten der Wirklichkeit nicht aus ihr hervorgingen und sie sie folglich auch nicht in sich hätte?

Pol. Freilich pflegt Aristoteles mit den Seinigen zu sagen, dass die Formae vielmehr aus der Potentia der Materia educiret, als in dieselbe induciret werden, dass sie vielmehr aus ihr emergiren, als in selbige ingeriret werden: aber ich möchte behaupten, dass es dem Aristoteles beliebet hat, als Actus vielmehr die Explicatio der Form und nicht die Implicatio derselbigen zu bezeichnen.

Dic. Und ich sage, dass etwas ausdrückliches, sinnlich wahrnehmbares und entfaltetes zu sein, nicht der wesentliche Grund der Wirklichkeit, sondern nur etwas aus ihr folgendes und durch sie bewirktes ist, sowie das Wesen des Holzes und der Grund seiner Wirklichkeit nicht darin besteht, dass es Bett ist, sondern darin, dass es von einer solchen Substanz und Beschaffenheit ist, dass es Bett, Bank, Balken, Götzenbild und jegliches sein kann, was aus Holz geformt wird. Nicht davon zu reden, dass aus der Materie der Natur alle natürlichen Dinge auf höhere Weise entstehen als aus der Materie der Kunst alle künstlichen Dinge. Denn die Kunst ruft aus der Materie die Formen hervor entweder durch Wegnahme, wie wenn man aus dem Steine eine Statue macht, oder durch Hinzufügung, wie wenn man ein Haus baut, indem man Stein zu Stein und Holz zu Erde zusammenfügt. Die Natur hingegen macht aus ihrer Materie alles auf dem Wege der Scheidung, der Geburt, des Ausfliessens, wie es die Pythagoreer, wie es Anaxagoras und Demokritus sich dachten und die Weisen

Babyloniens bestätigten, deren Meinung auch Moses sich anschloss. Denn wenn er die von der universellen bewirkenden Ursache befohlene Erzeugung der Dinge beschreiben will, drückt er sich folgendermaassen aus: »Es bringe die Erde ihre Thiere hervor«; »es bringen die Gewässer die lebenden Seelen hervor«; als ob er sagen wollte: es bringe sie die Materie hervor. Denn ihm zufolge ist das Materialprincip der Dinge das Wasser. Deshalb sagt er, dass die wirkende Vernunft, die er Geist nennt, über den Wassern schwebte, d. h. ihnen hervorbringende Kraft mittheilte und aus ihnen die natürlichen Formen erzeugte, die er hernach alle ihrer Substanz nach Gewässer nennt. Deshalb sagt er, von der Scheidung der niederen und höheren Körper sprechend, die Vernunft habe Gewässer von Gewässern geschieden, und aus deren Mitte lässt er das Trockene erschienen sein. Alle wollen also, dass die Dinge aus der Materie auf dem Wege der Scheidung und nicht auf dem der Hinzufügung und der Aufnahme von aussen kommen. Deshalb müsste man vielmehr sagen, dass die Materie die Formen enthält und einschliesst, als sich vorstellen, sie sei derselben baar und schliesse sie aus. Weil sie also entfaltet, was sie unentfaltet enthält, darum muss man sie ein Göttliches, die gütigste Ahnfrau, die Gebärerin und Mutter der natürlichen Dinge, ja der Substanz nach die ganze Natur selber nennen. Nicht wahr, das behauptet ihr und das ist eure Meinung, Teofilo?

Teo. Grade dies.

Dic. Ja, ich wundere mich sehr, dass unsere Peripatetiker die Analogie der Kunst nicht weiter durchgeführt haben. Aus vielen Materien, die sie kennt und behandelt, erachtet die Kunst diejenige für besser und werthvoller, welche weniger der Zerstörung ausgesetzt und hinsichtlich der Dauer beständiger ist, und aus welcher sich mehr Dinge erzeugen lassen. Deshalb gilt derselben Gold für etwas edleres als Holz, Stein und Eisen, weil es der Zerstörung weniger ausgesetzt ist, und weil seiner Schönheit, Beständigkeit, Formbarkeit und Vortrefflichkeit wegen dasselbe was aus Holz und Stein auch aus Gold gemacht werden kann, aber noch vieles andere ausserdem und zwar Grösseres und Besseres. Was sollen wir also von jener Materie sagen, aus der der Mensch, das Gold und alle Dinge der Natur gebildet werden? Muss sie nicht für werthvoller erachtet werden als die Materie der Kunst, und eine höhere Art von Wirklichkeit besitzen? Warum denn, o Aristoteles, willst du nicht, dass das, was aller Wirklichkeit, ich meine alles wirklich Existirenden, Fundament und Träger ist, und was nach dir immer ist, was ewig dauert: warum willst du nicht, dass dies in höherem Sinne wirklich sei als deine Formen, deine Entelechien, die da kommen und gehen? Wenn du doch diesem Formalprincip gleichfalls Dauer zusprechen wolltest.....

Pol. Weil es nothwendig ist, dass die Principia ewiglich permaniren.

Dic...... zu den phantastischen »Ideen« Platos, die dir doch so sehr zuwider sind, kannst du doch deine Zuflucht nicht nehmen – so würdest du also entweder zu der Erklärung gezwungen oder genöthigt sein, diese specifischen Formen hätten ihre dauernde Actualität in der Hand der bewirkenden Ursache – und so kannst du nicht sagen, da gerade du die wirkende Ursache als diejenige fasst, die die Formen aus dem Vermögen der Materie selber erweckt und auslöst, – oder zu der andern, sie hätten ihre dauernde Wirklichkeit im Schooss der Materie, – und so allerdings wirst du nothwendigerweise sagen müssen. Denn alle Formen, die nur gleichsam auf ihrer Oberfläche erscheinen, – du nennst sie individuell und in actu, – sowohl die, welche waren, als die, welche sind und sein werden, sind vom Princip gesetzt, nicht selbst Principien. Und gewiss, ich glaube, dass die particuläre Form gerade so auf der Oberfläche der Materie erscheint, wie das Accidens auf der Oberfläche der zusammengesetzten Substanz. Deshalb muss im Vergleich zur Materie die in ihr ausgeprägte Form eben so eine geringere Art von Actualität haben, wie die accidentielle Form eine geringere Art von Actualität hat im Vergleich mit der zusammengesetzten Substanz.

Teo. In der That, es ist eine armselige Entscheidung des Aristoteles, wenn er übereinstimmend mit allen antiken Philosophen behauptet, Principien müssten ewige Dauer haben, und dann, – wenn wir in seiner Lehre suchen, wo denn nun die natürliche Form, welche auf dem Rücken der Materie hin und her fluthet, ihre beständige Dauer habe, so werden wir sie nicht in den Fixsternen finden, – denn diese Einzelwesen, die wir sehen, steigen nicht aus ihrer Höhe herab, – nicht in den ideellen von der Materie getrennten Typen – denn diese sind jedenfalls, wenn nicht Missgeburten, schlimmer als das, ich meine Hirngespinste und leere Einbildungen. Wie also? Sie sind im Schoosse der Materie. Und dann? Die Materie ist also die Quelle der Actualität. Wollt ihr, dass ich euch noch mehr sage, und euch zeige, in welchen Abgrund von Absurdität Aristoteles gerathen ist? Er behauptet, die Materie sei dem Vermögen nach. Fragt ihn also, wann sie in Wirklichkeit sein werde. Der grosse Haufe wird mit ihm selbst antworten: Wenn sie die Form haben wird. Nun fahre fort und frage weiter: was ist denn das, was nun sein Sein neu bekommen hat? Sie werden sich selber zum Trotz antworten: Das Zusammengesetzte und nicht die Materie; denn dies ist immer sie selber, sie erneut, sie verändert sich nicht; wie wir bei den durch Kunst erzeugten Dingen, wenn aus Holz eine Statue gemacht worden ist, nicht sagen, dass dem Holze ein neues Sein zu Theil wird, – denn es ist jetzt um nichts mehr oder weniger Holz, als es dies früher war; – sondern was Sein und Wirklichkeit empfängt, ist das was erst neu hervorgebracht wird, das Zusammengesetzte, d. h. die Statue. Nun denn, wie könnt ihr dem die Möglichkeit zuschreiben, was niemals in Wirklichkeit sein oder Wirklichkeit haben wird? Also nicht die Materie ist im Zustande des Vermögens oder des Seinkönnens; denn sie ist immer dieselbe und unveränderlich, und sie ist das, in Bezug auf welches und an welchem die Veränderung geschieht, nicht selber das, was sich verändert. Das was sich verändert, sich vermehrt und vermindert, den Ort wechselt, untergeht, ist nach euch, den Peripatetikern selber, immer das Zusammengesetzte, niemals die Materie; warum also sagt ihr, die Materie sei jetzt dem Vermögen, jetzt der Wirklichkeit nach? Sicher darf niemald zweifeln, dass sie weder durch Annahme der Formen, noch durch Entlassen derselben aus sich, in Bezug auf ihre Wesenheit und Substanz, weder eine grössere noch eine geringere Art von Wirklichkeit empfängt, und dass deshalb keinerlei Grund ist, weshalb man sagen könnte, sie sei dem Vermögen nach. Dies passt vielmehr auf das, was an ihr in beständiger Bewegung ist, nicht auf sie, die in ewiger Ruhe, ja vielmehr die Ursache der Ruhe ist. Denn wenn die Form ihrem fundamentalen und specifischen Sein nach von einfacher und unveränderlicher Wesenheit ist, nicht nur in logischem Sinne in der Vorstellung und dem Begriff, sondern auch in physischem Sinne in der Natur, so wird sie in der beständigen Anlage der Materie sein müssen; dies aber ist ein von der Wirklichkeit ununterschiedenes Vermögen, wie ich es auf viele Weisen dargelegt habe, indem ich von dem Vermögen so viele Male gehandelt habe.

Pol. Ich bitt' euch, sagt nun auch etwas von dem Appetitus der Materia, damit wir über einen gewissen Streit zwischen mir und Gervasio eine Resolution gewinnen.

Gerv. Ich bitt' euch, thut's, Teofilo; denn dieser hat mir den Kopf mit der Analogie zwischen dem Weib und der Materie wüst gemacht; das Weib ersättige sich ebenso wenig an Männern, als die Materie an Formen, und in dem Stile weiter.

Teo. Wenn doch die Materie nichts von der Form empfängt, warum nehmt ihr denn an, dass sie etwas begehre? Wenn sie, wie wir gesagt haben, die Formen aus ihrem Schooss entlässt, und folglich dieselben in sich hat, wie wollt ihr, daß sie sie begehre? Sie begehrt nicht jene Formen, die sich täglich auf ihrem Rücken ändern. Denn jedes wohl eingerichtete Ding begehrt das, wovon es eine Förderung empfängt. Was kann ein vergängliches Ding einem ewigen geben? ein unvollkommenes, wie es die immer in Bewegung befindliche Form der sinnenfälligen Dinge ist, einem anderen so vollkommen, dass es, recht aufgefasst, etwas göttliches in den Dingen ist? Dies letztere vielleicht wollte David von Dinanto sagen, den einige, die über seine Meinung berichten, übel verstanden haben. Sie begehrt sie nicht, um von jener in ihrem Sein erhalten zu werden; denn das Vergängliche erhält nicht das Ewige; vielmehr erhält offenbar die Materie die Form. Deshalb muss manche Form vielmehr die Materie begehren, um Dauer zu erlangen; denn wenn sie sich von jener trennt, verliert *sie* das Sein und nicht jene, die alles das hat, was sie hatte, bevor jene da war, und die auch andere haben kann. Ausserdem, wenn die Ursache der Zerstörung angegeben wird, so sagt man nicht, dass die Form die Materie flieht oder verlässt, sondern vielmehr dass die Materie diese Form abwirft, um eine andere anzunehmen. Ueberdies haben wir nicht besseren Grund zu sagen, dass die Materie die Formen begehre, als im Gegentheil dass sie sie hasse; – ich spreche von denen, die entstehen und vergehen. – Denn die Quelle der Formen kann nicht begehren, was in ihr ist, da man doch nicht begehrt, was man schon besitzt; denn mit eben so gutem Grunde, wie man sagt, dass sie das begehrt, was sie manchmal empfängt oder hervorbringt, kann man auch sagen, wenn sie abwirft und beseitigt, dass sie es verabscheut, ja viel mächtiger verabscheut, als begehrt, da sie doch diese einzelne Form, die sie für kurze Zeit festgehalten hat, für ewig abwirft. Wenn du dich also dessen erinnerst, dass sie so viele Formen als sie annimmt, auch abwirft, so musst du mir gleicherweise auch erlauben zu sagen, dass sie einen Widerwillen gegen sie hat, wie ich dich sagen lasse, dass sie eine Sehnsucht nach ihnen hat.

Gerv. Nun sieh, da lägen ja die Festungen nicht nur des Poliinnio, sondern auch anderer Leute als er zu Boden.

Pol. Parcius ista viris!

Dic. Wir haben für heute genug gelernt. Auf Wiedersehn morgen!

Teo. Lebt denn wohl!

Fünfter Dialog

Teofilo, So ist denn also das Universum ein Einiges, Unendliches, Unbewegliches. Ein Einiges, sage ich, ist die absolute Möglichkeit, ein Einiges die Wirklichkeit; ein Einiges die Form oder Seele, ein Einiges die Materie oder der Körper; ein Einiges die Ursache; ein Einiges das Wesen, ein Einiges das Grösste und Beste, das nicht soll begriffen werden können, und deshalb Unbegrenzbare und Unbeschränkbare und insofern Unbegrenzte und Unbeschränkte, und folglich Unbewegliche. Dies bewegt sich nicht räumlich, weil es nichts ausser sich hat, wohin es sich begeben könnte; ist es doch selber alles. Es wird nicht erzeugt, denn es ist kein anderes Sein, welches es ersehnen oder erwarten könnte; hat es doch selber alles Sein. Es vergeht nicht; denn es giebt nichts anderes, worin es sich verwandeln könnte, – ist es doch selber alles. Es kann nicht ab- noch zunehmen, – ist es doch ein Unendliches, zu dem einerseits nichts hinzukommen, von dem andererseits nichts hinweggenommen werden kann, weil das Unendliche keine aliquoten Theile hat. Es ist nicht veränderlich zu anderer Beschaffenheit; denn es hat nichts äusseres, von dem es leiden und afficirt werden könnte. Ferner indem es in seinem Sein alle Gegensätze in Einheit und Harmonie umfasst und keine Hinneigung zu einem andern und neuen Sein oder doch zu einer andern und wieder andern Art des Seins haben kann: so kann es nicht Substrat der Bewegung gemäss irgend einer Eigenschaft sein, noch anderem gegenüber etwas entgegengesetztes oder verschiedenes haben: denn in ihm ist alles in Eintracht. Es ist nicht Materie, denn es ist nicht gestaltet noch gestaltbar, nicht begrenzt noch begrenzbar. Es ist nicht Form, denn es formt und gestaltet nicht anderes – es ist ja alles; es ist das Grösste, ist eins und universell. Es ist nicht messbar und misst nicht. Es umfasst nicht, denn es ist nicht grösser als es selbst; es wird nicht umfasst, denn es ist nicht kleiner als es selbst. Es wird nicht verglichen; denn es ist nicht eins und ein anderes, sondern eins und dasselbe. Weil es eins und dasselbe ist, so hat es nicht ein Sein und noch ein Sein, und weil es dies nicht hat, so hat es auch nicht Theile und wieder Theile, und weil es diese nicht hat, so ist es nicht zusammengesetzt. So ist es denn eine Grenze, doch so dass es keine ist; es ist Form, doch so dass es nicht Form ist; es ist so Materie, dass es nicht Materie ist; es ist so Seele, dass es nicht Seele ist; denn es ist alles ununterschieden, und deshalb ist es Eines; das Universum ist Eines. In ihm ist sicherlich die Höhe nicht grösser als die Länge und Tiefe; deshalb wird es auf Grund einer gewissen Analogie eine Kugel genannt, es ist aber keine Kugel. In der Kugel ist die Länge dasselbe wie Breite und Tiefe, weil sie dieselbe Begrenzung haben; in dem Universum aber ist Breite, Länge und Tiefe dasselbe, weil sie auf dieselbe Weise keine Begrenzung haben und unendlich sind. Haben sie keine Hälfte, kein Viertel und kein anderes Maass, giebt es also hier überhaupt kein Maass, so ist hier auch kein aliquoter Theil, also überhaupt kein Theil, der von dem Ganzen verschieden wäre. Denn wenn du von einem Theil des Unendlichen sprechen willst, so musst du ihn unendlich nennen; wenn er unendlich ist, so kommt er mit dem Ganzen in einem Sein zusammen: mithin ist das Universum ein Einiges, Unendliches, Untheilbares. Und wenn sich im Unendlichen kein Unterschied wie zwischen dem Ganzen und einem Theil, von Etwas und Anderem findet: so ist sicher das Unendliche ein Einiges. Innerhalb des Unendlichen ist kein grösserer und kein kleinerer Theil; denn dem Verhältnis des Unendlichen nähert sich ein noch so viel grösserer Theil nicht mehr an, als ein noch so viel kleinerer, und deshalb ist in der unendlichen Dauer die Stunde nicht vom Tage, der Tag nicht vom Jahr, das Jahr vom Jahrhundert, das Jahrhundert vom Moment verschieden; denn die Augenblicke und die Stunden haben nicht mehr Sein als die Jahrhunderte, und jene haben zur Ewigkeit kein geringeres Verhältniss als diese. Auf gleiche Weise ist im unermesslichen Raum der Zoll nicht verschieden vom

Fuss, der Fuss von der Meile; denn dem Verhältniss der Unermesslichkeit nähert man sich in Meilen nicht mehr an als in Zollen. Deshalb sind unendlich viele Stunden nicht mehr als unendlich viele Jahrhunderte, und unendlich viele Zolle keine grössere Menge als unendlich viele Meilen. Dem Verhältniss, dem Gleichniss, der Vereinigung und Identität mit dem Unendlichen näherst du dich nicht mehr, indem du Mensch bist, als wenn du Ameise, nicht mehr wenn du Stern, als wenn du Mensch bist: denn jenem Sein rückst du nicht näher, wenn du Sonne oder Mond, als wenn du Mensch oder Ameise bist; und deshalb sind diese Dinge im Unendlichen ununterschieden. Was ich nun von diesen sage, meine ich ebenso von allen andern Dingen, die als Einzelwesen existiren. Wenn nun alle diese besonderen Dinge im Unendlichen nicht eins und ein anderes, nicht verschieden, nicht Arten sind, so haben sie in nothwendiger Folge auch keine Zahl: also ist das Universum wiederum ein einiges Unbewegliches. Weil es alles umfasst und nicht ein Sein und noch ein anderes Sein erleidet, und weder mit sich noch in sich irgend eine Veränderung erfährt, so ist es demzufolge alles das was es sein kann, und es ist in ihm wie ich neulich sagte die Wirklichkeit nicht vom Vermögen verschieden. Ist dem aber so, so muss nothwendig in ihm der Punkt, die Linie, die Fläche und der Körper nichts verschiedenes sein. Denn dann ist jene Linie Fläche, da die Linie, indem sie sich bewegt, Fläche sein kann; dann ist jene Fläche bewegt und ein Körper geworden, da die Fläche sich bewegen und durch ihre Bewegung zum Körper werden kann. Also kann nothwendigerweise der Punkt im Unendlichen nicht verschieden sein vom Körper; denn der Punkt wird vom Punktsein sich losreissend zur Linie, vom Liniesein sich losreissend zur Fläche, vom Flächesein sich losreissend zum Körper: da also der Punkt das Vermögen hat, Körper zu sein, so ist er, wo Vermögen und Wirklichkeit eins und dasselbe ist, vom Körper nicht verschieden. Mithin ist das Untheilbare nicht verschieden vom Theilbaren, das Einfachste nicht vom Unendlichen, der Mittelpunkt nicht vom Umfang. Weil also das Unendliche alles ist, was es sein kann, so ist es unbeweglich; weil in ihm alles ununterschieden ist, so ist es eins; und weil es alle Grössen und Vollkommenheit hat, die etwas überhaupt haben kann, so ist es ein grösstes und bestes Unermessliches.

Wenn der Punkt nicht vom Körper, der Mittelpunkt nicht vom Umfang, das Endliche nicht vom Unendlichen, das Grösste nicht vom Kleinsten verschieden ist: so können wir mit Sicherheit behaupten, dass das Universum ganz Centrum oder das Centrum des Universums überall ist, und dass der Umkreis nicht in irgend einem Theile, sofern derselbe vom Mittelpunkt verschieden ist, sondern vielmehr, dass er überall ist; aber ein Mittelpunkt als etwas von jenem verschiedenes ist nicht vorhanden. So ist es denn nicht nur möglich, sondern sogar nothwendig, dass das Beste, Grösste,

Unbegreifliche alles ist, überall ist, in allem ist; denn als Einfaches und Untheilbares kann es alles, überall und in allem sein. Und also hat man nicht umsonst gesagt, dass Zeus alle Dinge erfülle, allen Theilen des Universums einwohne, der Mittelpunkt von dem sei, was das Sein hat, als eines in allem, und dass durch ihn Eines Alles ist. Da er nun alles ist und alles Sein in sich umfasst, so bewirkt er, daß Jegliches in Jeglichem ist.

Aber ihr werdet mir sagen: warum verändern sich denn die Dinge? warum wird die geordnete Materie in immer andere Formen gezwängt? Ich antworte, dass alle Veränderung nicht ein anderes *Sein,* sondern nur eine andere *Art* zu sein anstrebt. Und das ist der Unterschied zwischen dem Universum selber und den Dingen im Universum. Denn jenes umfasst alles Sein und alle Arten zu sein; von diesen hat jegliches das ganze Sein, aber nicht alle Arten des Seins, und es kann nicht alle Bestimmungen und Accidentien in Wirklichkeit haben. Denn viele Formen sind nicht zugleich an demselben Substrat möglich, entweder weil sie entgegengesetzt sind, oder weil sie verschiedene Arten bezeichnen; so kann z. B. dasselbe individuelle Substrat nicht zugleich unter der Accidenz eines Pferdes und eines Menschen existiren oder die Raumausdehnung einer Pflanze und die eines Thieres haben. Ferner umfasst das Universum alles Sein gänzlich; denn ausserhalb und über dem unendlichen Sein ist überhaupt nichts, da es kein Aussen und kein Jenseits für dasselbe giebt; von den Dingen im Universum aber umfasst jedes alles Sein, aber nicht gänzlich, weil jenseits eines jeden unendlich viel anderes ist. So seht ihr ein, dass alles in allem ist, aber in Jeglichem nicht gänzlich und auf jegliche Weise. So seht ihr ein, wie jedes Ding eines ist, aber nicht auf einheitliche Weise. So täuscht sich nicht, wer das Seiende, die Substanz und das Wesen eines nennt; als unendlich und unbegrenzt sowohl der Substanz als der Dauer nach, sowohl der Grösse als der Kraft nach hat es die Eigenschaft weder eines Princips noch eines Abgeleiteten; denn da jedes Ding in die Einheit und Identität einmündet, d. h. eins und dasselbe wird, so erlangt es die Eigenschaft des Absoluten, nicht des Relativen. In dem einen Unendlichen, Unbeweglichen, d. h. der Substanz, dem Wesen, findet sich die Vielheit, die Zahl; diese aber als Modus und als Vielgestaltigkeit des Wesens, welche Ding für Ding besonders bestimmt, macht deshalb doch nicht das Wesen zu mehr als Einem, sondern nur zu *einem* vielartigen, vielgestaltigen und vielförmigen Wesen. Wenn wir daher mit den Naturphilosophen in die Tiefe gehen und die Logiker mit ihren Einbildungen bei Seite lassen, so finden wir, dass alles, was Unterschied und Zahl bewirkt, blosses Accidenz, blosse Gestalt, blosse Complexion ist. Jede Erzeugung, von welcher Art sie auch sei, ist eine Veränderung, während die Substanz immer dieselbe bleibt, weil es nur eine giebt, *ein* göttliches, unsterbliches Wesen. Das hat Pythagoras wohl einzusehen vermocht, welcher den Tod nicht fürchtet, sondern nur eine Verwandlung erwartet; alle die Philosophen haben es einzusehen vermocht, die man gewöhnlich Naturphilosophen nennt, und welche lehren, dass nichts seiner Substanz nach entstehe oder vergehe: es sei denn dass wir auf diese Weise die Veränderung bezeichnen wollen. Das hat Salomo eingesehen, welcher lehrt, dass es nichts neues unter der Sonne gebe, sondern das was ist schon vorher war. Da seht ihr also, wie alle Dinge im Universum sind und das Universum in allen Dingen ist, wir in ihm, es in uns, und so alles in eine vollkommene Einheit einmündet. Da seht ihr, wie wir uns nicht den Geist abquälen, wie wir um keines Dinges willen verzagen sollten. Denn diese Einheit ist einzig und stätig und dauert immer; dieses eine ist ewig; jede Geberde, jede Gestalt, jedes andere ist Eitelkeit, ist wie nichts; ja, geradezu nichts ist alles was ausser diesem Einen ist. Diejenigen Philosophen haben ihre Freundin, die Weisheit, gefunden, welche diese Einheit gefunden haben. Weisheit, Wahrheit, Einheit sind durchaus eins und dasselbe. Dass das Wahre, das Eine und das Wesen eins und dasselbe sind, haben viele zu sagen gewusst, aber nicht alle haben's verstanden. Denn manche haben nur den Ausdruck sich angeeignet, aber nicht das Verständniss der wahrhaft Weisen erreicht. Aristoteles unter den anderen, der das Eine nicht fand, fand auch das Wesen nicht und nicht das Wahre. Denn er erkannte das Wesen nicht als Eines; und obgleich er freie Hand hatte, die Bedeutung des der Substanz und dem Accidenz gemeinsamen Wesens zu erfassen und dann weiterhin seine Kategorieen mit Rücksicht auf die Vielheit der Gattungen und Arten durch ebenso viele Unterschiede zu bestimmen, so ist er nichts desto weniger in die Wahrheit deshalb so wenig eingedrungen, weil er nicht bis zur Erkenntniss dieser Einheit und Ununterschiedenheit der bleibenden Natur und des bleibenden Wesens hindurch gedrungen ist, und als ein recht seichter Sophist mit boshaften Auslegungen und wohlfeilen Ueberredungskünsten die Meinungen der Alten verdreht und sich der Wahrheit widersetzt hat, vielleicht nicht so sehr aus Schwäche der Einsicht, als aus Missgunst und Ehrsucht.

Dic. Also ist diese Welt, dieses Wesen, das wahre, das universelle, das unendliche, unermessliche, in jedem seiner Theile ganz, und mithin das Ubique, die Allgegenwart selber. Was daher im Universum ist, ist in Bezug auf das Universum nach dem Maasse seiner Fähigkeit überall, sei es auch was es wolle in Bezug auf die anderen besondere Körper. Denn es ist über, unter, innerhalb, rechts, links und nach allen räumlichen Unterschieden; weil in dem ganzen Unendlichen alle diese Unterschiede und keiner von ihnen sind. Jedes Ding, das wir im Universum ergreifen, umfasst, weil es das was alles in allem ist in sich hat, in seiner Art die ganze Weltseele, obschon nicht gänzlich, wie wir oben gesagt haben, welche in jedem Theile desselben ganz ist. Wie daher die Wirklichkeit Eines ist und *ein* Sein bewirkt, wo es auch sei, so ist nicht zu glauben, dass es in der Welt eine Mehrheit von Substanzen und von dem was wahrhaft Wesen ist gebe. Sodann weiss ich, dass ihr es als ausgemacht anseht, dass jede von allen den unzähligen Welten, die wir im Universum sehen, darin nicht sowohl wie in einem sie umschließenden Raume und wie in einer Ausdehnung und an einem Orte ist, sondern vielmehr wie in einer umfassenden, erhaltenden, bewegenden, wirkenden Kraft, welche von jeder unter diesen Welten ebenso vollständig umfasst wird, wie die ganze Seele von jedem Theile derselben. Mag daher auch immer eine einzelne Welt sich auf die andere zu und um dieselbe drehen, wie die Erde zur Sonne und um die Sonne: in Bezug auf das Universum bewegt sich doch nichts desto weniger keine auf dasselbe zu, noch um dasselbe, sondern in demselben.

Ferner nehmt ihr an, dass, wie die Seele auch nach der gewöhnlichen Ansicht in der ganzen grossen Masse ist, der sie das Sein giebt, und doch zugleich ein Untheilbares und insofern auf dieselbe Weise im Ganzen und in jeglichem Theile ganz ist, so auch das Wesen des Universums Eines ist im Unendlichen und in jedem beliebigen Ding, dieses als ein Glied von jenem genommen: so daß in der That das Ganze und jeder Theil desselben der Substanz nach eines ist. Deshalb habe es Parmenides nicht unpassend Eines, unendlich, unbeweglich genannt, sei es auch mit seiner Ansicht sonst wie es wolle, welche unsicher, weil von einem nicht hinlänglich zuverlässigen Berichterstatter überliefert ist. Ihr lehrt, dass alle die Unterschiede, die man an den Körpern wahrnimmt in Bezug auf Form, Beschaffenheit, Gestalt, Farbe und anderes, was einzelnen eigenthümlich oder vielen gemeinsam ist, nichts anderes sind als die verschiedenen Erscheinungsweisen einer und derselben Substanz, die schwankende, bewegliche, vergängliche Erscheinung eines unbeweglichen, verharrenden und ewigen Wesens, in dem alle Formen, Gestalten und Glieder sind, aber in unterschiedenem und gleichsam ineinandergewickeltem Zustande, gerade wie im Samen der Arm noch nicht von der Hand, der Rumpf nicht vom Kopf, die Sehne nicht vom Knochen geschieden ist. Was aber durch die Sonderung und Scheidung erzeugt wird, das ist nicht eine neue und andere Substanz; sondern sie bringt nur gewisse Eigenschaften, Unterschiede, Accidentien und Abstufungen an jener Substanz zur Wirklichkeit und Erfüllung. Was man nun vom Samen mit Bezug auf die Glieder des Thieres sagt, dasselbe sagt man von der Nahrung mit Rücksicht auf die Daseinsform als Nahrungssaft, Blut, Schleim, Fleisch, Samen; dasselbe von jedem andern Dinge, welches ist, ehe es noch Speise oder etwas anderes wird; dasselbe von allen Dingen, indem wir von der untersten bis zur höchsten Stufe der Natur, von dem physischen Universum, welches von den Philosophen erkannt wird, zu der Hoheit des Urbildes aufsteigen, welches von den Theologen geglaubt wird, wenn du's gelten lässt, bis man zu der einen ursprünglichen und universellen, allem gemeinsamen Substanz gelangt, die so das Wesen, das Fundament aller verschiedenen Arten und Formen heisst, wie in der Kunst des Zimmermanns es *eine* Substanz, das Holz, giebt, welche für alle Maasse und Gestalten, die selbst nicht Holz, aber von Holz, im Holz, am Holz sind, als Substrat dient. Alles daher, was Verschiedenheit von Gattungen, Arten, was Unterschiede, Eigenthümlichkeiten bewirkt; alles was im Entstehen, Vergehen, in Veränderung und Wechsel existirt, ist nicht Wesen, nicht Sein, sondern Umstand und Bestimmung an Wesen und Sein; dieses aber ist ein einiges, unendliches, unbewegliches Substrat, Materie, Leben, Seele, Wahres und Gutes. Weil das Wesen untheilbar und schlechthin einfach ist, – weil es unendlich und ganz Wirklichkeit ist, ganz in allem und ganz in jedem Theile, so dass wir von Theilen *im* Unendlichen reden, nicht von Theilen *des* Unendlichen, – deshalb ist es eure Meinung, dass wir in keiner Weise die Erde als einen Theil des Wesens, die Sonne als einen Theil der Substanz ansehen können, da diese untheilbar ist; aber wohl ist es erlaubt, von der Substanz des Theiles oder besser von der Substanz in dem Theile zu sprechen, grade wie man nicht sagen darf, dass ein Theil der Seele im Arme, ein anderer im Kopfe ist, aber ganz wohl, dass die Seele in dem Theil, welcher Kopf ist, aber ganz wohl, dass die Seele in dem Theil, welcher Kopf ist, dass sie die Substanz des Theiles, oder in dem Theile ist, welcher Arm ist. Denn Theil, Stück, Glied, Ganzes, so viel als, grösser, kleiner, wie dies, wie jenes, als dies, als jenes, übereinstimmend, verschieden und andere Beziehungen drücken nicht ein Absolutes aus und können sich deshalb nicht auf die Subsztanz, auf das Eine, das Wesen beziehen, sondern nur vermittelst der Substanz an dem Einen und an dem Wesen als Modi, Beziehungen und Formen sein, wie man gemeinhin sagt, dass an einer Substanz die Quantität, Qualität, Relation, das Wirken, Leiden und andere Arten von Umständen sind. Solchergestalt ist das eine höchste Wesen, in welchem Wirklichkeit und Vermögen ungeschieden sind, welches auf absolute Weise alles sein kann und alles das ist, was es sei kann, in unentfalteter Weise ein Einiges, Unermessliches, Unendliches, was alles Sein umfasst; in entfalteter Weise dagegen ist es in den sinnlich wahrnehmbaren Körpern und in der Trennung von Vermögen und Wirklichkeit, wie wir sie in ihnen wahrnehmen. Deshalb ist es eure Ansicht, dass das, was erzeugt ist und erzeugt, sei es nun, um in der Redeweise der herkömmlichen Philosophie zu reden, ein anders benanntes oder ein gleichbenanntes Agens, und das, woraus erzeugt wird, immer von einer und derselben Substanz sind. Deshalb wird die Meinung des Heraklit eurem Ohr nicht übel klingen, welcher behauptete, alle Dinge seien ein Einiges, das vermöge der Veränderlichkeit alle Dinge in sich habe; und weil alle Formen in ihm seien, so kommen ihm demgemäss alle

Bestimmungen zu, und insofern seien die sich widersprechenden Sätze wahr. Das nun, was in den Dingen die Vielheit ausmacht, ist nicht das Wesen, nicht die Sache selber, sondern nur Erscheinung, die sich den Sinnen darstellt, und nur an der Oberfläche der Sache.

Teo. Ganz richtig. Weiter aber möchte ich, dass ihr euch mehrere Hauptpunkte dieser allerwichtigsten Erkenntniss und dieses zuverlässigsten Fundamentes für die Wahrheiten und Geheimnisse der Natur fester einprägt. Zuerst also merkt euch, dass es eine und dieselbe Stufenleiter ist, auf welcher die Natur zur Hervorbringung der Dinge herabsteigt, und auf welcher die Vernunft zur Erkenntniss derselben emporsteigt: beide gehen von der Einheit aus zur Einheit hin, indem sie durch die Vielheit der Mittelglieder sich hindurchbewegen. Ich bemerkte beiläufig, dass in ihrem philosophischen Verfahren die Peripatetiker und viele Platoniker der Vielheit der Dinge als der Mitte die absolute Wirklichkeit von dem einen Extrem und das absolute Vermögen vom andern Extrem aus vorangehen lassen, während wieder andere mit einer Art von Metapher die Finsterniss und das Licht zur Erzeugung unzähliger Stufen von Formen, Bildern, Gestalten und Farben zusammenwirken lassen. Hinter diesen, welche zwei Principien und zwei Herren ins Auge fassen, rücken andere heran, welche der Vielherrschaft feindlich und überdrüssig jene beiden in Einem sich vereinigen lassen, was zugleich Abgrund und Finsterniss, Klarheit und Licht, tiefes und undurchdringliches Dunkel, erhabenes und unzugängliches Licht ist. – Zweitens sollt ihr merken, dass die Vernunft, sobald sie sich von der Vorstellungskraft, mit der sie verbunden ist, soweit befreien und ablösen will, dass sie nur noch mathematische und vorstellbare Figuren verwendet, um entweder vermittelst derselben oder nach ihrer Analogie das Sein und die Substanz der Dinge zu begreifen, – dass also die Vernunft in dieser Absicht wiederum die Vielheit und Verschiedenheit der Arten auf eine und dieselbe Wurzel zurückführt. So dachte sich Pythagoras, der die Zahlen zu den specifischen Principien der Dinge machte, als das Fundament und die Substanz von allen die Einheit; Plato und andere, welche die dauernden Gattungen in die Formen setzten, dachten sich als den einen Stamm und die eine Wurzel von allen, als universelle Substzanz und Gattung den Punkt; und vielleicht die Fläche und Körper das, was Plato schliesslich unter seinem »Grossen« verstand, und Punkt und Atom das, was er sich bei seinem »Kleinen« dachte, den beiden artbildenden Principien der Dinge, welche nachher auf eines zurückgehen, wie jedes Theilbare auf das Untheilbare. Diejenigen also, welche als das substantielle Princip die Eins bezeichnen, sehen die Substanzen für Zahlen an; die andern, welche das substantielle Princip als Punkt fassen, denken sich die Substanzen der Dinge wie Figuren; alle aber kommen darin überein, als Princip ein Untheilbares zu setzen. Indes besser und befriedigender ist doch die Auffassung des Pythagoras als die des Plato; denn die Einheit ist Ursache und Grund der Untheilbarkeit und Punktualität und ein absoluteres und dem universellen Wesen angemesseneres Princip.

Gerv. Wie kommt's, dass Plato, der doch der Spätere ist, es nicht eben so gut oder besser gemacht hat als Pythagoras?

Teo. Weil er lieber für einen Meister angesehen werden wollte, wenn er eine weniger gute Lehre auf eine weniger passende und angemessene Weise vortrug, als für einen Schüler, wenn er für die bessere Lehre den besseren Audruck gebrauchte; ich will sagen, dass er bei seinem Philosophiren mehr den eignen Ruhm als die Wahrheit im Auge hatte. Kann ich doch nicht zweifeln, dass er recht gut wusste, dass seine Lehrart mehr auf die körperlichen und als körperlich angesehenen Dinge passte, während jene andere auf diese ganz eben so gut und passend anzuwenden war, wie auf alle anderen, welche Verstand, Einbildungskraft, Vernunft, die eine wie die andere Natur, erzeugen könnten. Jeder wird zugestehen, dass es dem Plato nicht verborgen blieb, dass Einheit und Zahl wohl unentbehrlich sind, um Figuren und Punkte zu untersuchen und verständlich zu machen; aber dass nicht umgekehrt Figuren und Punkte unentbehrlich sind, um von der Zahl ein Verständniss zu erlangen. Denn während die ausgedehnte und körperliche Substanz von der unkörperlichen und ungetheilten abhängt, ist diese doch von jener unabhängig, weil der Begriff der Zahl ohne den des Maasses gegeben ist, der Begriff des Maasses aber nicht von jenem abgelöst werden kann. Denn der Begriff des Maasses kommt nicht vor ohne den der Zahl. Deshalb ist die arithmetische Analogie und Proportion geeigneter als die geometrische, uns durch die Mitte der Vielheit zur Betrachtung und Auffassung jenes untheilbaren Princips zu führen, für welches es, weil es die einheitliche und wurzelhafte Substanz aller Dinge ist, unmöglich einen festen und bestimmten Namen und einen Ausdruck der Art geben kann, der positiv und nicht bloss negativ das Wesen desselben ausdrückte. Daher haben es einige Punkt, andere Einheit, andere Unendliches und auf verschiedene ähnliche Weisen benannt. Dazu kommt, dass die Vernunft einen Gegenstand, wenn sie das Wesen desselben begreifen will, soviel wie möglich vereinfacht, d. h. sich aus der Zusammensetzung und Vielheit zurückzieht, indem sie die vergänglichen Accidentien, die Ausdehnungen, die Zeichen, die Figuren auf das ihnen zu Grunde Liegende zurückführt. So verstehen wir ein langes Schriftstück, eine weitläufige Rede nur durch Zusammenziehung in einen einfachen Grundgedanken. Die Vernunft beweist darin offenbar, wie die Substanz der Dinge in der Einheit besteht, welche sie in voller Wahrheit oder wenigstens annähernd zu erfassen sucht. Glaube mir, derjenige würde der idealste und vollkommenste Mathematiker sein, der alle in den

Elementen des Euklides zerstreuten Sätze in einen einzigen Satz zusammenzuziehen vermöchte; der vollkommenste Logiker derjenige, welcher alle Gedanken auf einen einzigen zurückführte. Daher giebt es eine Stufenleiter der Intelligenzen. Die niederen vermögen eine Vielheit von Dingen nur vermittelst vieler Vorstellungen, Gleichnisse und Formen aufzufassen; die höheren verstehen sie besser vermittelst einer geringen Anzahl; die höchsten verstehen sie vollkommen vermittelst der allergeringsten Anzahl; die Ur-Intelligenz versteht das Ganze aufs vollkommenste in *einer* Anschauung; der göttliche Verstand und die absolute Einheit ist ohne irgend eine Vorstellung das was versteht und das was verstanden wird in einem zugleich. So lasst uns denn, zu der vollkommnen Erkenntnis emporsteigend, die Vielheit vereinfachen, wie die Einheit, wenn sie zur Hervorbringung der Dinge herabsteigt, sich vermannichfacht. Das Herabsteigen geschieht von *einem* Wesen zu unendlich vielen Individuen und unzähligen Arten, das Emporsteigen umgekehrt von diesen zu jenem.

Zum Beschluss dieser zweiten Betrachtung also bemerkte ich Folgendes. Wenn wir emporstreben und uns um das Princip und die Substanz der Dinge bemühen, so klimmen wir zur Unterschiedslosigkeit auf, und niemals glauben wir das erste Wesen und die universelle Substanz erreicht zu haben, so lange wir nicht zu jenem einen Unterschiedslosen gelangt sind, in welchem alles enthalten ist; so sehr glauben wir von Substanz und Wesen nicht mehr zu verstehen, als wir von der Unterschiedslosigkeit zu verstehen vermögen. Daher führen die Peripatetiker und die Platoniker unendlich viele Individuen auf einen ungeschiedenen Grund vieler Arten zurück; unzählige Arten befassen sie unter bestimmten Gattungen, wie deren Archytas zuerst zehn aufgestellt hat, die *einem* Wesen, *einem* Ding zukämen. Dieses reale Wesen haben jene nur als einen Namen und eine Wortbezeichnung, als einen logischen Begriff und schliesslich als ein Nichtiges gefasst; denn nachher, wenn sie von der Physik handeln, kennen sie ein solches Princip der Wirklichkeit und des Seins für alles Seiende nicht, wie sie einen Begriff und einen allem Sagbaren und Begreiflichen gemeinsamen Namen kennen, was ihnen sicher aus Schwäche des Verstandes begegnet ist.

Drittens merke Folgendes. Da Substanz und Sein von der Quantität gesondert und unabhängig und demzufolge Maass und Zahl nicht Substanz, sondern an der Substanz, nicht Wesen, sondern etwas am Wesen ist, so müssen wir nothwendigerweise die Substanz als ihrem Wesen nach von Zahl und Maass frei bezeichnen, und deshalb als ein ungetheiltes Einheitliches in allen besonderen Dingen, welche ihre Besonderheit von der Zahl, das heisst von dem haben, was *an* der Substanz ist. Wer daher den Poliinnio als Poliinnio wahrnimmt, nimmt keine particuläre Substanz, sondern die Substanz im Particulären und in den Unterschieden, welche an ihr sind, wahr; die Substanz setzt vermittelst der letzteren diesen Menschen unter einer bestimmten Art in Zahl und Vielheit. Wie hier bestimmte Accidentien der menschlichen Natur eine Vielfachheit derjenigen bewirken, welche individuelle Exemplare der Menschheit heissen, so bewirken gewisse Accidentien des thierischen Organismus eine Vielfachheit von Arten thierischer Organismen, bestimmte Accidentien des lebenden Wesens eine Vielfachheit von Beseeltem und Lebendigem, gewisse Accidentien der Körperlichkeit eine Vielfachheit der Körperlichkeit, gewisse Accidentien der Subsistenz eine Vielfachheit der Substanz. Gerade so bewirken gewisse Accidentien des Seins eine Vielfachheit der Wesenheit, der Wahrheit, der Einheit, des Wesens, des Wahren, des Einen.

Viertens, merke dir die Hindeutungen und die Mittel zur Bekräftigung, vermittelst deren wir schliessen wollen, dass die Gegensätze in Einem zusammentreffen; und daraus wird zuletzt sich unschwer erweisen lassen, dass alle Dinge Eines sind. Denn jede Zahl, ebensowohl die grade wie die ungrade, sowohl die unendliche, wie die endliche, geht auf die Einheit zurück, welche in endlicher Reihe wiederholt die Zahl setzt, in unendlicher die Zahl negirt. Die Hindeutungen werde ich der Mathematik, die Mittel der Bekräftigung den andern ethischen und speculativen Doctrinen entnehmen. Also zunächst die Hindeutungen. Sagt mir: was ist der graden Linie unähnlicher als der Kreis? was dem Graden entgegengesetzter als das Krumme? Dennoch stimmen sie im Princip und im kleinsten Theile überein. Denn welcher Unterschied liesse sich – wie Cusanus, der Enthüller der schönsten Geheimnisse der Geometrie so vortrefflich bemerkt hat, – zwischen dem kleinsten Bogen und der kleinsten Sehne entdecken? Ferner im Grössten: welcher Unterschied liesse sich zwischen dem unendlichen Kreise und der graden Linie finden? Seht ihr nicht, wie der Kreis, je grösser er ist, sich um so mehr mit seinem Bogen der Gradlinigkeit nähert? Wer ist so blind, dass er nicht sähe, wie der Bogen, je grösser er wird, und je grösser der Kreis, dessen Theil er ist, um so mehr sich der graden Linie annähert, die durch die Tangente bezeichnet wird? Hier muss man doch sicher sagen und glauben, dass wie die Linie, je mehr ihre Grösse zunimmt, um so mehr sich der graden annähert, so auch die grösste von allen im Superlativ mehr als alle andern grade sein muss, so dass zuletzt die unendliche Grade sich als der unendliche Kreis erweist. Da seht ihr, dass nicht nur das Grösste und Kleinste in *einem* Sein zusammentreffen, wie wir öfter ausgeführt haben, sondern auch im Grössten und im Kleinsten die Gegensätze eins und ununterschieden werden. Vielleicht möchtest du ferner die endlichen Arten mit dem Dreieck vergleichen, weil alle endlichen Dinge am Begrenzt- und Eingeschlossensein des ersten Begrenzten und des ersten Eingeschlossenen nach einer gewissen

Analogie theilnehmend gedacht werden, wie in allen Gattungen alle entsprechenden Prädikate ihren Rang und ihre Stellung vom ersten und grössten innerhalb derselben Gattung empfangen. Das Dreieck nun ist die erste Figur, die sich nicht mehr in eine andere noch einfachere Art von Figur auflösen lässt, während im Gegentheil das Viereck in Dreiecke aufgelöst wird. Es ist deshalb die Urform jedes endlichen und gestalteten Dinges. Du würdest aber finden, dass das Dreieck, wie es sich nicht in eine andere Figur auflösen lässt, sich auch nicht in solchen Dreiecken darstellen kann, in denen die Summe der drei Winkel größer oder kleiner wäre, mögen sie auch sonst noch so verschieden, von noch so verschiedener Gestalt, dem Rauminhalt nach noch so gross oder noch so klein sein. Setze nun ein unendlich großes Dreieck, – ich meine nicht auf reelle und absolute Weise; denn das Unendliche hat keine Gestalt, sondern unendlich meine ich in bloss hypothetischer Weise und soweit sich an einem Winkel das was wir zeigen wollen überhaupt zeigen lässt; – es wird keine grössere Winkelsumme haben, als das kleinste endliche Dreieck, nicht bloss keine grössere als die mittelgrossen oder ein anderes grösstes. Wenn wir nun die Vergleichung von Figuren und Figuren, ich meine von Dreiecken und Dreiecken bei Seite lassen, und Winkel gegen Winkel halten, so sind alle, so gross oder so klein sonst, dennoch gleich. Man sieht dies leicht, wo eine und dieselbe Linie die Diagonale mehrerer Quadrate von ungleicher Größe ist. Nicht nur die rechten Winkel der Quadrate sind einander gleich, sondern auch alle spitzen, welche durch die Theilung vermittelst der Diagonale entstehen, welche doppelt so viele Dreiecke von lauter gleichen Winkeln erzeugt. Dies ist ein sehr fassliches Gleichniss dafür, wie die eine unendliche Substanz in allen Dingen ganz sein kann, obgleich in den einen auf endliche, in den andern auf unendliche Weise, in diesen nach geringerem, in jenen noch grösserem Maassstab. Aber lass uns weiter sehen, wie in diesem Einen und Unendlichen die Gegensätze zusammenfallen. Der spitze und stumpfe Winkel sind solche Gegensätze; und doch siehst du sie aus einem untheilbaren und identischen Princip entstehen, d. h. aus einer Neigung des Perpendikels, welches sich mit einer andern Linie schneidet, gegen diese. Drehet sich das Perpendikel in der Ebene um den Punkt, in welchem es eine andere Linie schneidet, so bildet es jedesmal in einer und derselben Richtung in einem und demselben Punkte erst zwei einander durchaus gleiche rechte Winkel, dann einen spitzen und einen stumpfen Winkel von um so grösserem Unterschied, je grösser die Drehung wird; hat diese eine bestimmte Grösse erreicht, so tritt wieder die Indifferenz von Spitz und Stumpf ein, indem beide sich gleicherweise aufheben, weil sie in dem Vermögen einer und derselben Linie Eines sind. Und wie die Linien haben zusammenfallen und den Unterschied aufheben können, so kann sich die drehende Linie von der anderen auch wieder trennen und den Unterschied setzen, indem sie aus demselbigen einen und untheilbaren Princip die entgegengesetztesten Winkel erzeugt, nämlich den grössten spitzen und den grössten stumpfen bis zum kleinsten spitzen und kleinsten stumpfen und weiter bis zur Indifferenz des rechten Winkels und zu der Uebereinstimmung, welche in dem Zusammenfallen der Senkrechten mit der Wagerechten besteht.

Ich komme jetzt zu den Mitteln der Bekräftigung. Zunächst von den wirksamen Urqualitäten der körperlichen Natur. Wer wüsste nicht, dass das Princip der Wärme etwas untheilbares und darum von aller Wärme geschiedenes ist, weil das Princip keines von den abgeleiteten Dingen sein darf? Wenn dem so ist, wer kann etwas gegen die Behauptung einwenden, dass das Princip weder warm noch kalt, sondern eine Identität des Warmen und des Kalten ist? So ist denn ein Entgegengesetztes Princip des andern, und die Veränderungen bilden deshalb einen Kreislauf nur dadurch, dass es nur ein Substrat, ein Princip, ein Ziel, eine Fortentwickelung und eine Wiedervereinigung beider giebt. Das Minimum der Wärme und das Minimum der Kälte sind durchaus eins und dasselbe; von der Grenze, wo das Maximum der Wärme liegt, entspringt das Princip der Bewegung zur Kälte hin. Daher ist es offenbar, dass zuweilen nicht nur die beiden Maxima in dem Widerstreit und die beiden Minima in der Uebereinstimmung, sondern auch das Maximum und das Minimum im Wechselspiel der Veränderung zusammentreffen. Deshalb pflegen die Aerzte nicht ohne Grund grade bei der vollkommensten Gesundheit besorgt zu sein; im höchsten Grade des Glücks sind vorsichtige Leute am bedenklichsten. Wer sähe nicht, dass das Princip des Vergehens und Entstehens nur eines ist? Ist nicht der letzte Rest des Zerstörten Princip des Erzeugten? Sagen wir nicht zugleich, wenn jenes aufgehoben, dies gesetzt ist: jenes war, dieses ist? Gewiss, wenn wir recht erwägen, sehen wir ein, dass Untergang nichts anderes als Entstehung und Entstehung nichts anderes als Untergang ist: Liebe ist eine Art des Hasses, Hass endlich ist eine Art der Liebe. Hass gegen das Widrige ist Liebe zum Zusagenden: die Liebe zu diesem ist der Hass gegen jenes. Der Substanz und Wurzel nach ist also Liebe und Hass, Freundschaft und Streit eins und dasselbe. Woher entnimmt der Arzt das Gegengift sicherer als aus dem Gifte? Was liefert besseren Theriak als die Viper? In den schlimmsten Giften die besten Heilkräfte. Wohnt nicht *ein* Vermögen zwei entgegengesetzten Gegenständen bei? Nun, woher glaubst du denn kommt dies, wenn nicht davon, dass das Princip des Seins ebenso eins ist, wie das Princip des Begreifens beider Gegenstände eines ist, und dass die Gegensätze ebenso an einem Substrat sind, wie sie von einem und demselben Sinne wahrgenommen werden? Nicht zu reden davon, dass das Kugelförmige auf dem Ebenen ruht, das Concave im Convexen weilt und liegt, das Zornige mit dem Geduldigen verbunden lebt, dem Hoffährtigsten am allermeisten der Demütige, dem Geizigen der Freigebige gefällt.

Zum Schluss also: wer die tiefsten Geheimnisse der Natur ergründen will, der sehe auf die Minima und Maxima am Entgegengesetzten und Widerstreitenden und fasse diese ins Auge. Es ist eine tiefe Magie, das Entgegengesetzte hervorlocken zu können, nachdem man den Punkt der Vereinigung gefunden hat. Aristoteles bei aller seiner Dürftigkeit hat wohl an etwas derartiges gedacht, als er die Privation, mit welcher eine bestimmte Anlage verbunden ist, als Urheberin, Erzeugerin und Mutter der Form setzte; aber freilich vermag er nicht das Ziel zu erreichen. Er hat es nicht erreichen können, weil er bei der Gattung, dem Unterschiede überhaupt, stehen blieb und wie angefesselt nicht weiter kam bis zur Art, dem conträren Gegensatz. Deshalb hat er das Ziel nicht erreicht, nicht einmal sein Augenmerk darauf gerichtet; deshalb hat er den ganzen Weg mit der einen Behauptung verfehlt, Gegensätze könnten nicht in Wirklichkeit an einem und demselben Substrat zusammentreffen.

Pol. Sublim, seltsamlich und fürtrefflich habt ihr vom Ganzen, vom Maximo, vom Wesen, vom Principio, von dem Einen disseriret. Aber ich möchte euch von der Einheit nun auch die Unterschiede aufzeigen sehen; denn ich finde, dass geschrieben stehet: Es ist nicht gut, allein sein! Ueberdies empfinde ich auch grosse Angst, weil in meinem Geldbeutel und Geldsack nur ein verwitweter Groschen herberget.

Teo. Diejenige Einheit ist alles, die nicht entfaltet, nicht als etwas Vertheiltes und der Zahl nach Unterschiedenes, nicht in solcher Eigenthümlichkeit existirt, wie du es vielleicht verstehen würdest, sondern welche ein Umschliessendes und Umfangendes ist.

Pol. Ein Exemplum her! Denn die Wahrheit zu sagen, ich höre wohl, aber ich capire mit nichten.

Teo. So wie der Zehner auch eine Einheit, aber eine umschliessende ist, der Hunderter eben so sehr Einheit, aber eine noch mehr umschliessende, der Tausender eben so sehr Einheit ist, wie die andern, aber viel mehr enthaltend. Was ich euch hier in arithmetischem Gleichnis aufzeige, das musst du in höherem und abstracterem Sinne in allen Dingen verstehen. Das höchste Gut, der höchste Gegenstand des Begehrens, die höchste Vollkommenheit, die höchste Glückseligkeit besteht in der Einheit, welche alles in sich schliesst. Wir ergetzen uns an der Farbe, aber nicht so an einer entfalteten, welcher Art sie auch sei, sondern am meisten an einer solchen, welche alle Farben in sich schliesst. Wir erfreuen uns an dem Klange, nicht an einem besondern, sondern an einem inhaltsvollen, welcher aus der Harmonie vieler Töne sich ergibt. Wir freuen uns an einem sinnlich Wahrnehmbaren, aber zumeist an dem, welches alles sinnlich

Wahrnehmbare in sich fasst; an einem Erkennbaren, welches alles Erkennbare, an einem Begreiflichen, welches alles Begreifliche umfasst, an einem Wesen, welches alles umschliesst, am meisten an dem einen, welches das All selber ist. So würdest du, Poliinnio, dich auch mehr freuen an der Einheit eines Edelsteines, der so kostbar wäre, dass er alles Gold der Erde aufwöge, als an der Vielheit der Tausende von Tausenden solcher Groschen wie die, von denen du einen in der Börse hast.

Pol. Excellent!

Gerv. Nun bin ich also ein Gelehrter. Denn wie der, der das Eine nicht versteht, nichts versteht, so versteht der alles, wer wahrhaft das Eine versteht; und wer sich der Erkenntniss des Einen mehr annähert, kommt auch der Erkenntniss von allem näher.

Dic. So gehe ich, wenn ich's recht verstanden habe, durch die Auseinandersetzungen des Teofilo, des treuen Berichterstatters über die Lehre des Philosophen von Nola, wesentlich bereichert von dannen.

Teo. Gelobt seien die Götter, und gepriesen von allem was da lebt sei das Unendliche, das Einfachste, Einheitlichste, Erhabenste und Absoluteste: *Ursache, Princip und Eines!*

Francis Bacon

Der englische Kronjurist und Staatsmann Francis Bacon gilt seit langem als der Verkünder und Beginner einer neuen, auf Erfahrung gegründeten Wissenschaftsgesinnung. Sein Ruf wurde vor allem durch die französische Aufklärung begründet, aber schon Leibniz stellt ihn über Descartes, und die englische Tradition, im besonderen die Anhänger Newtons, beriefen sich stets auf ihn. Erst im 19. Jahrhundert, dem Jahrhundert einer neuen, konsequenten Entfaltung der Erfahrungswissenschaften, ist sein Ruhm angefochten worden, vor allem durch Justus von Liebig, den berühmten Chemiker. Wenn man Bacons Werk von der Gegenwart und der ihr selbstverständlich gewordenen Methodengesinnung herkommend ins Auge faßt, wird man seine Modernität in der Tat nur mühsam erkennen. Zwar gehört er zu den temperamentvollen Kritikern der Schullogik aristotelischer Prägung, von denen es damals viele gab, und er propagiert mit stolzem Selbstbewußtsein seine neue Logik. Sein Hauptwerk hat er *Novum Organon* genannt, das heißt, er hat es bewußt den logischen Schriften des Aristoteles, dem alten *Organon,* zur Seite oder besser entgegengestellt. Aber die Logik der Induktion, die er selber entwickelt, kann nur in einem sehr bedingten Sinne dem Wissenschaftsbedürfnis der Neuzeit Ausdruck geben. Sie tritt mehr wie eine polemische Gegenmethode auf. Was er in seinen zahlreichen Schriften fordert: durch Wissen Macht zu gewinnen und die Natur durch Gehorsam und Arbeit zu überwinden, hat er mehr programmatisch entwickelt als praktisch durchgeführt. Man sucht bei ihm vergebens haltbare neue Erkenntnisse, soviel er sich auch auf seine Ablehnung scholastischer Lehren zugute tat und sosehr er seine Methode in der Anwendung auf die Naturerkenntnis zu bewähren suchte. Was wir heute an ihm gewahren, ist mehr der scharfe Blick für die Schwächen einer wissenschaftlichen Methodik, die nur auf logische Schlüssigkeit Wert legt, ohne die Prämissen zu sichern, von denen die Schlüsse ausgehen. Seine Methode der Induktion und sein Verfechten der Bedeutung des Experimentes haben diese polemische Wahrheit.

Im Gegensatz zu der unkritischen Verallgemeinerung natürlicher Erfahrungen, die das herkömmliche aristotelisch-scholastische Weltbild begründet, fordert er eine kritische Überprüfung aller Annahmen durch Erprobung von Gegenannahmen, Durchprüfung der Annahmen auf weit auseinanderliegenden Feldern, lehrt die Bedeutung der ›negativen‹ Instanz und des experimentum crucis, alles uns selbstverständlich gewordene Grundsätze kritischer Wissenschaft, aber durchaus keine wirkliche Methodenlehre. Der heutige Philologe wird sich bei seinem Erkenntnisgebaren durch Bacons Beschreibung eher bestätigt fühlen können als der heutige Naturforscher. In der Tat ist der Gegenbegriff, den Bacon der vorschnellen Verallgemeinerung natürlicher Erfahrungenn, der Antizipation, entgegensetzt, der Begriff der Interpretation, das heißt die besonnene, Vorurteile eliminierende Verfahrensweise, mit der man ein Gesetz auslegt oder sonst einen schwer verständlichen oder umstrittenen Text.

Mit dem Wort ›Vorurteile‹ ist aber der Punkt berührt, der Bacons eigentlichen Ruhm als Wegbereiter der modernen Aufklärung rechtfertigt. Er hat die neue Methodik, die er forderte, auf eine systematische Theorie und Kritik der Vorurteile gegründet. Darin ist er wahrhaft epochemachend gewesen, daß er nicht von einer bloßen Anwendung eines methodischen Verfahrens auf die Naturerkenntnis, sondern von der Vorbereitung des menschlichen Geistes für solche methodische Anwendung seinen Ausgang nahm. Das von uns gewählte Stück aus dem *Novum Organon* (1620) gibt davon eine vortreffliche Vorstellung. Es enthält eine kritische Darstellung des bisherigen wissenschaftlichen Verfahrens und gipfelt in der Idolenlehre, das heißt in der Lehre von den Formen des Vorurteils, die dem menschlichen Geist bei der Erforschung der Wahrheit im Wege stehen.

Sehr viel schwieriger wäre es, den positiven Inhalten des wissenschaftlichen Werkes von Bacon gerecht zu werden. Nur ein Wink sei gegeben: die Lehre von der Form, die Bacon entwickelt, entspricht nicht mehr dem aristotelisch-scholastischen Formbegriff. Sie zielt vielmehr auf die Transformation, das heißt auf die bewußte Veränderung, Umordnung der einfachen Natur der Körper zwecks Entwicklung neuer Produkte. In diesem Sinne war Bacon bei aller methodischen Naivität von der Idee der Chemie erfüllt, deren späterer Siegeslauf freilich gerade dazu führte, die Grenzen seines eigenen methodischen Verfahrens bloßzustellen. Aber das ist die Ironie der Geschichte, und es verkleinert nicht den, der den ersten unvollkommenen Anstoß gibt, wenn die Entwicklung ihn bald weit hinter sich läßt.

Aphorismen von der Auslegung der Natur und der Herrschaft des Menschen*

1. Der Mensch, als der Diener und Ausleger der Natur, wirkt und versteht nur so viel, als er von der Ordnung der Natur entweder durch angestellte Versuche oder durch Beobachtung bemerkt hat, und über das weiß und vermag er nichts.

2. Weder die bloße Hand, noch der sich selbst überlaßne Verstand ist viel auszurichten im Stande; alles wird durch Werkzeuge und Hülfsmittel vollendet, deren wir nicht weniger zu geistigen Geschäften, als zu Handarbeiten bedürfen. So wie die Werkzeuge der Hand die Bewegung entweder erregen oder regieren: so bereichern oder bewahren die Werkzeuge des Geistes den Verstand.

3. Die Wissenschaft und die Macht des Menschen fallen in Eins zusammen, weil die Unkunde der Ursache uns um den Erfolg bringt. Denn der Natur bemächtigt man sich nicht anders, als dadurch, daß man ihr gehorcht, und, was in der Betrachtung die *Ursache* ausmacht, das dient in der Verrichtung zur *Regel*.

4. In Absicht der Werke vermag der Mensch nichts weiter, als daß er die natürlichen Körper in und außer Verbindung setzt; das Übrige vollzieht die Natur in ihrem Innern.

5. Es pflegen sich, was die Werke anbelangt, in die Natur zu mischen, die Mechaniker, die Mathematiker, die Ärzte, die Alchimisten, die Magier; aber alle, so wie die Sachen jetzt stehen, mit regelloser Strebsamkeit und unbedeutendem Erfolge.

6. Es wäre unsinnig und sich selbst widersprechend, wenn man glauben wollte, daß dasjenige, was noch niemals geschehen ist, anders geschehen könnte, als durch noch nie versuchte Methoden.

7. Die Erzeugnisse des Geistes und der Hand scheinen sehr zahlreich in Büchern und in Kunstwerken. Aber alle diese Mannigfaltigkeit liegt in einer ausnehmenden Spitzfindigkeit und in Ableitungen weniger uns bekannt gewordnen Dinge, nicht in der Menge der Grundsätze.

8. Auch die schon erfundnen Werke verdanken wir mehr dem Zufall und der Erfahrung, als den Wissenschaften; denn die Wissenschaften, welche wir gegenwärtig besitzen, sind nichts anders, als künstliche Zusammenordnungen vorhergegangener Entdeckungen, keine Erfindungsmethoden oder Entwürfe zu neuen Werken.

9. Die Ursache aber und die Wurzel fast aller Übel in den Wissenschaf-

---

* *Novum Organon*, zweiter Teil.

ten ist keine andre, als die einzige, daß wir, mit falscher Bewunderung für die Kräfte unsers Geistes erfüllt, die wahren Hülfsmittel für ihn aufzusuchen versäumen.

10. Die Feinheit der Natur übertrifft die Feinheit der Sinne und des Verstandes bei weitem, so daß jene herrlichen Meditationen und Speculationen und Sophistereien etwas durchaus Untaugliches sind, nur daß niemand da ist, der darauf merke.

11. So wie die gegenwärtigen Wissenschaften untüchtig sind zur Erfindung der Werke; so ist auch die gegenwärtige Logik untüchtig zur Erfindung der Wissenschaften.

12. Die gebräuchliche Logik trägt mehr zur Bevestigung und Begründung der auf den gewöhnlichen Begriffen beruhenden Irrthümer, als zur Erforschung der Wahrheit bei; so daß sie sich mehr schädlich, als nützlich erweist.

13. Der Syllogismus wird auf die höchsten Grundsätze der Wissenschaften gar nicht, und auf die Mittelsätze derselben, vergeblich angewandt, weil er der Feinheit der Natur bei weitem nicht gleich kommt; er bemächtigt sich also nicht der Dinge, sondern des Beifalls.

14. Der Syllogismus besteht aus Sätzen, die Sätze aus Worten, die Worte sind Zeichen der Begriffe. Wenn also die Begriffe selbst, als die Grundlage dieses Gebäudes, verwirrt, und flüchtig von den Dingen abgezogen sind; so kann alles darauf gebaute keine Vestigkeit haben. Unsre einzige Hoffnung beruht daher auf einer richtigen Induction.

15. An den Begriffen ist nichts Gesundes, weder an den logischen noch an den physischen: die Begriffe von Substanz, von Beschaffenheit, von Thun, von Leiden, und selbst von Seyn taugen nichts, und noch weit weniger diese andern vom Schweren und Leichten, vom Dichten und Dünnen, vom Feuchten und Trokncn, von Zeugung und Verwesung, von der anziehenden und zurückstoßenden Kraft, von Element, Materie und Form, und dergleichen mehr; sie sind alle phantastisch und unrichtig bestimmt.

16. Die Begriffe der niedern Arten, vom Menschen, vom Hunde, von der Taube, und der unmittelbaren Wahrnehmungen der Sinne, vom Warmen und Kalten, vom Weißen und Schwarzen, trügen zwar nicht sonderlich: dennoch werden auch diese durch den Fluß der Materie und durch die Vermischung der Dinge zuweilen schwankend gemacht; alle übrigen, deren man sich bisher bedient hat, sind Verirrungen, indem sie nicht auf die gehörige Weise aus den Dingen hergeleitet und ausgezogen sind.

17. Nicht geringer, als in Abziehung der Begriffe, ist die Übereilung und Verwirrung in Vestsetzung der Grundsätze, und zwar schon der ersten und höchsten, welche von der gemeinen Induction abhängen; den-

noch wird sie in den Axiomen und den niederen Sätzen, die der Syllogismus ans Licht bringt, immer größer.

18. Die bisherigen Erfindungen in den Wissenschaften sind von der Art, daß sie den gemeinen Begriffen schon zum Grunde liegen. Um aber in das entferntere Innere der Natur einzudringen, müssen wir sowohl die Begriffe, als die Axiome auf einem sicherern und vestern Wege von den Dingen herleiten und eine ganz bessere und zuverlässigere Bearbeitung des Verstandes in Gang bringen.

19. Es gibt nur zwei Wege zur Untersuchung und Erfindung der Wahrheit, und es kann auch nicht mehrere geben. Der eine erhebt sich von der sinnlichen Wahrnehmung und von einzelnen Fällen, gleichsam im Fluge, zu höchst allgemeinen Grundsätzen, und beurtheilt und erfindet sodann aus diesen Principien und ihrer unveränderlichen Wahrheit die mittleren Sätze; und dieß ist der gewöhnliche Weg. Der andre leitet aus den einzelnen Fällen, welche die Sinne hergeben, die Grundsätze so her, daß er nur bedachtsam und stufenweise höher steigt und ganz zuletzt erst zu den höchsten und allgemeinsten Sätzen gelangt; und dieß ist der richtige, aber noch unbetretne Weg.

20. Jenen erstern Weg geht der Verstand, sich selbst überlassen, eben so wohl, als nach der logischen Ordnung. Denn unser Geist wird der Erfahrung in kurzer Zeit überdrüssig, und sucht zu allgemeineren Sätzen überzuspringen, um sich seiner Ruhe zu nähern: aber diese Übel sind nachher von der Logik zur Auszierung der gelehrten Streitgefechte vergrößert worden.

21. Der sich selbst überlaßne Verstand pflegt in einem nüchternen, geduldigen und ernsthaften Kopfe (wenn er zumahl durch keine aufgenommene Lehre abgehalten wird) ein wenig jenen andern Weg zu versuchen, der unstreitig der richtige ist; aber alsdann nur nicht weit führen kann, weil der bloße Verstand ohne Leitung und Unterstützung zu schwach und gänzlich unfähig ist, um sich durch die Dunkelheit der Dinge hindurchzuarbeiten.

22. Beide Wege gehen von der sinnlichen Wahrnehmung und einzelnen Fällen aus und endigen sich in den höchsten Allgemeinsätzen; aber sie unterscheiden sich dennoch gewisser Maßen unendlich: weil der eine gleichsam nur im schnellen Vorüberstreifen die Erfahrung und die einzelnen Fälle berührt; der andre aber auf die gehörige und ordentliche Weise sich mit ihnen beschäftigt; – weil jener ferner gleich Anfangs gewisse abgezogne und unnütze Allgemeinsätze veststellt, dieser hingegen stufenweise sich zu solchen erhebt, die mit der Natur wirklich mehr übereinstimmen.

23. Nicht geringe ist der Unterschied zwischen den Schattenbildern des menschlichen, und den Ideen des göttlichen Verstandes, das heißt, zwi-

schen gewissen grundlosen Meinungen und zwischen den echten Siegeln an den Geschöpfen, so wie man sie von der Hand des Schöpfers ihnen aufgedrückt findet.

24. Es ist auf keine Weise möglich, daß durch Schlüsse vestgestellte Grundsätze zur Erfindung neuer Werke tauglich wären: weil die Feinheit der Natur die Feinheit der Schlüsse um vieles zurückläßt. Aber von einzelnen Fällen in der gehörigen Ordnung abgezogne Grundsätze zeigen und weisen leicht wieder auf einzelne Fälle hin, und machen also die Wissenschaften fruchtbar.

25. Die üblichen Grundsätze sind aus einer kleinen Hand voll Erfahrungen und aus wenigen einzelnen Fällen, die am öftersten vorkommen, geflossen, und fast nach dem Maße derselben gebildet und ausgedehnt, so daß man sich nicht wundern darf, wenn sie nicht wieder zu einzelnen Fällen führen. Bietet sich nun etwa irgend ein vorher noch nicht bemerktes oder erkanntes Beispiel dar, so wird der Grundsatz durch irgend eine nichtige Unterscheidung gerettet, ob es gleich weit richtiger wäre, ihn selbst zu verbessern.

26. Des Vortrags wegen pflege ich die Methode, deren man sich gewöhnlich bei der Natur bedient, (weil sie etwas Übereiltes und Unreifes ist) die *Anticipationen* der Natur; jene andre aber, die auf die geziemende Weise aus den Dingen selbst herausgezogen wird, die *Interpretation* der Natur zu nennen.

27. Die Anticipationen sind zuverlässig genug, um Übereinstimmung hervorzubringen, weil man selbst, wenn man auch phantasirte, dennoch, wofern es nur nach einer Methode und auf eine einförmige Weise geschieht, gut genug unter sich einverstanden seyn könnte.

28. Ja, zur Erschleichung des Beifalls sind die Anticipationen ungleich tauglicher, als die Auslegungen; weil sie aus wenigen und meistens aus den gewöhnlichsten Fällen gesammelt, den Verstand sogleich blenden und die Phantasie erfüllen; da hingegen die Interpretationen aus sehr mannigfaltigen und weit von einander entfernten Dingen hin und wieder zusammengelesen, auf den Verstand keinen plötzlichen Eindruck zu machen vermögen; so daß sie uns, in Bezug auf die verhärteten und entgegengesetzten Meinungen, fast wie Glaubensgeheimnisse erscheinen müssen.

29. In den Wissenschaften, die auf Meinungen und Gutachten beruhen, läßt sich von den Anticipationen und der Logik ein guter Gebrauch machen, wenn wir nicht die Dinge, sondern den Beifall uns zu unterwerfen für nöthig finden.

30. Wenn sich auch alle Köpfe aus allen Zeitaltern zusammengethan und ihre vereinten Arbeiten immerdar fortgesetzt hätten; so würden doch, vermittelst der Anticipationen, in den Wissenschaften keine großen Fortschritte geschehen seyn, weil Irrthümer, welche die Grundlage und

die erste Bearbeitung des Geistes betreffen, durch die Vortreflichkeit der nachfolgenden Verrichtungen und Hülfsmittel nicht berichtigt werden können.

31. Vergebens verspricht man sich einen großen Zuwachs in den Wissenschaften von der Einpfropfung und Aufthürmung des Neuen aufs Alte; vielmehr muß die Wiederherstellung von den ersten Gründen geschehen, wenn wir anders nicht Behagen daran finden, uns stets im Kreise herumzudrehn, und mit geringen und fast verächtlichen Fortschritten fürlieb zu nehmen.

32. Den alten Schriftstellern verbleibt hiebei ihre Ehre und sogar allen ohne Ausnahme, weil es hier nicht auf eine Vergleichung der Köpfe oder Fähigkeiten, sondern der Wege abgesehen ist, und ich nicht die Rolle eines Richters, sondern eines Wegweisers übernehme.

33. Es kann, offenherzig zu sagen, kein rechtmäßiges Urtheil, weder über meine Methode noch über das, was nach ihr erfunden ist, vermittelst der Anticipationen, als des jetzt üblichen Verfahrens, gefällt werden; weil niemand verlangen kann, daß man sich der Art zu urtheilen unterwerfe, die selbst in Untersuchung gezogen werden soll.

34. Auch ist die Art, wie meine Sätze vorgetragen oder erläutert werden sollen, nicht ohne Schwierigkeit, weil dasjenige, was an sich neu ist, dennoch immer in Gemäßheit des Alten wird verstanden werden.

35. *Borgia* sagte vom Feldzuge der Franzosen nach Italien, daß sie nicht zum Erobern mit Waffen; sondern zur Anzeichnung der Herbergen mit Kreide in der Hand gekommen wären. Eben so geht auch meine Absicht dahin, daß meine Lehre fähige und vorbereitete Gemüther vorfinde; denn Widerlegungen sind da nicht angebracht, wo man weder über die Principien, noch selbst über die Begriffe, und auch nicht über die Beweisformeln, einverstanden ist.

36. Es bleibt mir aber nur eine einzige und einfache Vortragsmethode übrig, daß ich die Menschen zu den einzelnen Dingen selbst und ihren Reihen und Ordnungen hinführe, wobei jene sich einstweilige Verläugnung ihrer Begriffe auferlegen und anfangen müssen, sich an die Dinge selbst zu gewöhnen.

37. Die Verfahrungsart derer, welche die Unbegreiflichkeit behaupteten, und meine Methode stimmen in ihrem Anfange gewisser Maßen überein; aber in ihrem Ausgange unterscheiden sie sich unendlich und sind einander sogar entgegengesetzt. Denn *jene* behaupten, schlechterdings, daß man gar nichts wissen könne; *ich* nur, daß man in Sachen der Natur, auf dem jetzt gebräuchlichen Wege, nicht viel wissen könne. Jene aber heben sodann die Glaubwürdigkeit der Sinne und des Verstandes auf; da *ich* hingegen Hülfsmittel für dieselbe erdenke und herbeischaffe.

38. Die Vorurtheilsgötzen, das heißt, die falschen Begriffe, die den

menschlichen Verstand bereits eingenommen und so tiefe Wurzel bei ihm geschlagen haben, erschweren nicht nur durch ihre Herrschaft der Wahrheit den Zugang; sondern sie werden auch, nach verstattetem Zugange, bei Wiederherstellung der Wissenschaften selbst, wieder zum Vorschein kommen und uns im Wege seyn, wofern sich nicht das Publicum, durch diese Erinnerung im Voraus gewarnt, gegen sie, so viel möglich, verwahrt.

39. Es gibt vier Arten von Vorurtheilsgötzen, die im Besitze des Menschlichen Gemüths sind. Ich bezeichne sie, des Vortrags wegen, mit folgenden Namen und nenne die erste Art *Vorurtheile der Gattung,* die zweite, *Vorurtheile des Standpuncts,* die dritte, *Vorurtheile der Gesellschaft* und die vierte, *Vorurtheile der Bühne.*

40. Gewiß ist die Abtheilung der Begriffe und Grundsätze vermittelst einer richtigen Induction das eigentliche Mittel zur Verhüthung und Vertreibung der Vorurtheile, deren bloße Anzeige jedoch auch schon erheblichen Nutzen gewährt. Denn die Lehre von den Vorurtheilen verhält sich eben so zur Auslegung, wie die Lehre von den sophistischen Beweiskünsten zur gemeinen Logik.

41. Die *Vorurtheile der Gattung* haben ihren Grund in der menschlichen Natur selbst oder in der Gattung und in dem Geschlechte der Menschen. Denn falsch und irrig ist die Behauptung, daß unsre Sinne der Maßstab der Dinge wären. Vielmehr sind alle Vorstellungen, sowohl der Sinne als des Geistes, dem Menschen und nicht dem Weltall analogisch; denn der menschliche Verstand ist einem unebnen Spiegel bei der Abbildung der Dinge gleich, indem er mit ihrer Natur seine eigne vermischt und jene dadurch verdreht und verdirbt.

42. Die *Vorurtheile des Standpuncts* sind die eigenthümlichen Vorurtheile des einzelnen Menschen. Ein jeder hat (außer den allgemeinen Verirrungen der Menschennatur) noch einen besondern Gesichtspunct, und eine eigne Höhle, welche das Licht der Natur bricht und verdirbt – entweder wegen der besondern Natur eines Jeden, oder wegen der Erziehung und des Umgangs mit andern, oder wegen der Lesung gewisser Bücher und wegen des Ansehns der Männer, die jemand vorzüglich schätzt und bewundert, oder wegen der Verschiedenheiten der Eindrücke (so wie man sie in einem vorher eingenommnen und durch eine gewisse Stimmung modificirten Gemüthe anders findet, als in einem unparteiischen und ruhigen Geiste) und dergleichen mehr. Der menschliche Geist ist also (so wie er in dem Einzelnen bestimmt wird) ein sehr ungleiches, durchaus schwankendes und gleichsam vom Zufalle abhängiges Ding. Sehr passend sagt daher *Heraklit,* »daß die Menschen ihre Wissenschaften aus den kleinen Welten und nicht aus der größern, oder gemeinschaftlichen schöpfen.«

43. Auch aus dem Vertrage und der Verbindung der Menschen ent-

springen gewisse Vorurtheile, die ich, wegen dieses ihres Ursprungs aus dem gegenseitigen Verkehre, *Vorurtheile der Gesellschaft* nenne. Denn die Menschen treten durch die Rede in Verbindung mit einander; aber die Worte werden nach der Fassungskraft des gemeinen Haufens gewählt: daher rührt ihre schlechte und thörichte Auswahl, die den Verstand auf eine unbegreifliche Weise beherrscht. Ihre Mängel werden auch keinesweges durch die Definitionen oder Erläuterungen wieder gut gemacht, vermittelst welcher die Gelehrten sich bei einigen zu sichern und zu verwahren pflegen; sondern sie thun dem Verstande wahre Gewalt an, verwirren alles und verführen uns zu unzähligen grundlosen Streitigkeiten und Einbildungen.

44. Es gibt endlich Vorurtheile, welche durch die verschiednen Lehrsätze der philosophischen Systeme, so wie auch durch die verkehrten Beweismethoden, in die Gemüther sind übergetragen worden und die ich *Vorurtheile der Bühne* nenne; weil ich glaube, daß alle bis jetzt erfundne und aufgenommene philosophische Systeme sämmtlich nichts anders, als Fabeln sind, die man ausheckte, vor dem Publicum aufführte, und worin man erdichtete und theatralische Welten zur Schau stellte. Doch rede ich von den bisherigen, oder wohl gar nur von den alten Lehrgebäuden und Secten nicht allein; indem dergleichen Fabeln noch viel können erdacht und zusammengesetzt werden, und ganz verschiedene Irrthümer nichts desto weniger fast gemeinschaftliche Ursachen haben. Ferner verstehe ich dieß nicht allein von den allgemeinen Systemen der Philosophie; sondern auch von mehreren Principien und Axiomen der Wissenschaften, welche der Überlieferung, dem blinden Glauben und der Nachlässigkeit ihr Ansehen verdanken. Aber ich muß jetzt von diesen einzelnen Arten von Vorurtheilen weitläuftiger und bestimmter reden, damit der menschliche Verstand vor ihnen gewarnt werde.

45. Der menschliche Verstand hat die Eigenheit, daß er leicht unter den Dingen eine größere Ordnung und Gleichheit voraussetzt, als er bei ihnen antrifft, und da doch viele Dinge in der Natur vereinzelt und völlig ungleich sind, so dichtet er gleichwohl parallele, correspondirende und relative Glieder hinzu, die nicht vorhanden sind. Daher jenes Vorgeben, daß sich die himmlischen Körper sämmtlich in vollkommnen Zirkeln bewegen, mit gänzlicher Verwerfung der Schlangen- und Spirallinien, fast bis auf den Namen. Eben deßhalb hat man das Feuer mit seinem Kreise als Element eingeführt, um mit den übrigen dreien, welche in die Sinne fallen, die Zahl Vier voll zu machen. Nicht weniger willkürlich legt man den Elementen, wie man sie nennt, ein zehnfach steigendes Verhältniß zu einander in Absicht ihrer Feinheit bei, und dergleichen Träume mehr. Und dieses grundlose Verfahren behauptet nicht bloß bei den Lehrsätzen, sondern auch bei einfachen Begriffen sein Ansehen.

46. Wenn der menschliche Verstand einmahl woran Gefallen gefunden hat, entweder weil es schon so angenommen und geglaubt ist, oder weil es ihm Vergnügen macht; so zwingt er alles übrige, sich gleichfalls darnach zu bequemen, und damit zusammenzustimmen. Wenn auch gleich die Instanzen für das Gegentheil an Beweiskraft und Anzahl überwiegend sind; so bemerkt er sie entweder nicht, oder er hält sie für unbedeutend, oder er schafft sie durch Unterscheidungen fort; und dieß alles vermöge des großen und schädlichen Vorurtheils für jene erste Combinationen, deren Ansehen er unverletzt zu erhalten wünscht. Jener, dem man im Tempel eine Tafel mit den Namen derjenigen zeigte, welche, dem Schiffbruch entgangen, ihre Gelübde erfüllt hatten, und dem man nun mit der Frage zusetzte: ob er nicht jetzt wenigstens die göttliche Weltregierung anerkennen wollte? that also ganz recht daran, daß er mit zurückgegebener Frage antwortete: aber wo stehen denn alle die verzeichnet, welche, Trotz ihrer gethanen Gelübde, dennoch im Wasser den Tod fanden? Fast eine gleiche Bewandniß hat es mit allem Aberglauben, mit der Sterndeuterei, mit Träumen, mit Vorbedeutungen, mit Strafgerichten u. s. w.; gehen sie in Erfüllung, so ermangeln die Liebhaber von dergleichen Possen niemals, den Erfolg anzumerken: treffen sie aber nicht ein, welches ungleich häufiger der Fall ist; so vernachlässigt und übergeht man das dennoch. In philosophischen Systemen und in den Wissenschaften ist die Verbreitung dieses Übels freilich feiner und versteckter; doch wird auch hier nach demjenigen, was einmahl angenommen ist, alles übrige, wäre es auch weit zuverlässiger und vorzüglicher, verunstaltet und umgeformt. Ja auch da sogar, wo solch eine thörichte Vorliebe nicht Statt findet, wird doch der menschliche Verstand, nach einer irrigen aber unvertilgbar ihm anklebenden Eigenheit, immer mehr durch bejahende als durch verneinende Sätze gereitzt und in Thätigkeit gesetzt; da er doch, wenn er richtig und regelmäßig verfahren wollte, für beide gleich unparteiisch gesinnt seyn müßte, und da sogar bei der Vestsetzung jedes richtigen Axioms die negative Instanz das überwiegende Recht hat.

47. Gegenstände, welche auf einmahl und plötzlich das Gemüth treffen und erschüttern, und wodurch die Phantasie gewöhnlich durchdrungen und gänzlich angefüllt wird, setzen den Verstand am meisten durch sich selbst in Thätigkeit: bei den übrigen aber schiebt er, freilich unbemerkbar, Dichtungen und Voraussetzungen unter, so wie es seinen wenigen herrschenden Begriffen gemäß ist. Zu jener Entdeckungsreise aber nach entfernten und fremdartigen Instanzen, welche eine Feuerprobe für die Axiome sind, hat der Verstand weder Anlage noch Lust, wenn sie ihm nicht durch unerlaßliche Gesetze und durch eine strenge Oberherrschaft geboten wird.

48. Der menschliche Verstand ist ungestüm: er vermag nicht still zu

stehen oder zu ruhn, sondern strebt immer weiter; aber vergeblich. So kann man sich nicht vorstellen, daß irgendwo der äußerste und letzte Theil der Welt sei; sondern unser Sinn ist durch eine fast unvermeidliche Nothwendigkeit immerfort auf etwas Weiteres gerichtet. Ferner ist es nicht denkbar, wie die Ewigkeit bis auf den gegenwärtigen Zeitpunkt abgeflossen sei, da jener gewöhnlich angenommene Unterschied zwischen einer vergangenen und zukünftigen Unendlichkeit (*a parte ante* und *a parte post*) keineswegs für gültig angesehen werden kann, weil sonst *ein* Unendliches größer als ein anderes seyn, weil es vollendet werden und sich dem Endlichen nähern könnte. Eben so verhält es sich mit der Spitzfindigkeit von unendlich theilbaren Linien, wobei sich gleichfalls das Unvermögen unserer Vorstellungskraft zeigt.

49. Einen wesentlich nachtheiligen Einfluß hat diese Ohnmacht unsers Geistes auf die Entdeckung der Ursachen geäußert. Denn obgleich das höchste Allgemeine in der Natur durch sich selbst gegründet (indemonstrabel) seyn muß, so wie wir es finden, und kein weiterer Grund davon angegeben werden kann; so strebt doch der menschliche Verstand, der von keinem Stillstande weiß, immerfort nach etwas noch Bekannterem. Indem er so nach dem Entfernteren ringt, fällt er auf das Nähere zurück, auf die Endursachen nämlich, die offenbar mehr aus der Natur des Menschen, als des Weltalls geschöpft sind, und die Philosophie, wie man nach dieser ihrer Quelle nicht anders erwarten kann, erstaunlich verunreinigt haben. Wer aber bei dem höchsten Allgemeinen noch nach einer weitern Ursache sucht, verräth eben so wohl seine Unerfahrenheit und Flüchtigkeit beim Philosophiren, als wer bei dem Niedern und Untergeordneten nach keiner Ursache fragt.

Der menschliche Verstand ist kein reines und unverfälschtes Licht, sondern er wird durch den Einfluß des Willens und der Begierde getrübt, wodurch dann die Wissenschaften alles werden *was man will*. Denn was der Mensch wünscht, das glaubt er leichter. Er verwirft also das Schwierige, weil er beim Untersuchen die Geduld verliert; das Nüchterne und Bescheidene, weil es seine Hoffnungen einengt; die geheimeren Triebfedern der Natur aus Aberglauben; das Licht der Erfahrung aus Hochmuth und Stolz, damit es nicht scheine, als ob sich sein Geist mit dem Niedrigen und Unbeständigen abgebe; auffallende Behauptungen endlich wegen der herrschenden Meinung: kurz unsere Neigungen durchdringen und vergiften den Verstand, auf unzählige, und oft auf eine unmerkliche Weise.

50. Aber die meisten Schwierigkeiten und Verirrungen des menschlichen Verstandes rühren von unsern stumpfen, unzulänglichen und täuschenden Sinnen her, vermöge deren die sinnlichen Eindrücke alles, was nicht so unmittelbar in die Sinne fällt, so wichtig es auch seyn mag, bei uns

überwiegen. Daher hört die Betrachtung fast mit der Wahrnehmung zusammen auf, und alles, was nicht unmittelbar angeschauet wird, ist auch fast gar kein Gegenstand für unsre Beobachtung mehr. Die ganze Wirksamkeit der in den Körpern befindlichen Kräfte entgeht also der Kenntniß des Menschen. Eben so verbirgt sich jede feinere Umwandelung in den Theilen der gröberen Dinge (die man gewöhnlich Veränderung nennt, ob sie gleich eigentlich nur in einer unendlich kleinen Bewegung besteht). Allein diese beiden Gegenstände müssen noch nothwendig erst erforscht und aufgehellt werden, bevor man in der Natur, was Erfindungen anbetrifft, irgend etwas Großes zu Stande bringen kann. Ferner ist uns die Natur der gemeinen Luft und die Natur aller noch feineren Körper, deren es doch so viele gibt, fast gänzlich unbekannt. Denn die Sinne an und für sich sind voller Schwächen und Irrthümer; auch vermögen keine Werkzeuge ihren Kreis um ein Beträchtliches zu erweitern, oder ihre Schärfe sehr zu erhöhen: sondern jede richtige Auslegung der Natur beruht auf Instanzen und auf zweckmäßigen und tauglichen Versuchen, wo alsdann die Sinne nur über den Versuch, und der Versuch erst über die Natur und über die Sache selbst urtheilt.

51. Der menschliche Verstand hat eine natürliche und eigenthümliche Neigung zu abgezogenen Sätzen und denkt sich gar gern das Unbeständige als beständig. Es ist aber besser, die Natur durch Zerlegung als durch Abstraction erforschen zu wollen. Dieß that *Demokrits* Schule, und kam daher in ihrer Erkenntniß weiter als die übrigen. Vorzügliche Aufmerksamkeit fordert die Materie, mit ihren Bildungen und Umbildungen, und der reine Zustand der Thätigkeit, nebst seinem Gesetze, welches in der Bewegung besteht. Denn die Formen sind Erdichtungen des menschlichen Geistes, wenn man nicht etwa jenen Gesetzen der Thätigkeit den Namen der Formen beilegen will.

52. Von der Art sind also die Vorurtheile, welche ich *Vorurtheile der Gattung* nenne. Sie entspringen entweder aus der wesentlichen Gleichheit des menschlichen Geistes, oder aus seiner vorläufigen Stimmung, oder aus seiner Eingeschränktheit, oder aus seiner unaufhörlichen Strebsamkeit, oder aus dem Einflusse der Neigungen, oder aus der Unzulänglichkeit der Sinne, oder endlich aus der Art des Eindrucks.

53. Die *Vorurtheile des Standpuncts* dagegen entstehn aus der besondern körperlichen oder geistigen Natur jedes Einzelnen, aus der Erziehung, dem Umgange und andern zufälligen Umständen. So mannigfaltig und verschieden sie auch sind; so will ich doch diejenigen von ihnen angeben, welche ganz besondere Vorsicht erfordern und zur Verunreinigung und Entstellung des Verstandes das meiste beitragen.

54. Manche Menschen verlieben sich in besondere Betrachtungen und Wissenschaften, weil sie sich entweder für Urheber und Erfinder davon

ansehn, oder weil sie sich am meisten damit beschäftigt und dazu gewöhnt haben. Wenden sich dann solche Leute zur Philosophie überhaupt und zu allgemeinen Betrachtungen; so verdrehen und verderben sie dieselben, je nachdem es ihre frühern Einbildungen erfordern. Das einleuchtendste Beispiel hiervon sehen wir am *Aristoteles,* welcher seine Naturlehre gänzlich seiner Logik unterwarf, wodurch er sie streitsüchtig und fast unbrauchbar machte. Auch die Chemiker haben auf einigen wenigen Versuchen im Schmelzofen ein Lehrgebäude errichtet, was auf Einbildungen beruht und nur auf Weniges hinweiset. Ja *Gilbert,* der sich lange Zeit mit den emsigsten Untersuchungen über den Magnet abgegeben hatte, ersann sogar plötzlich ein Lehrgebäude, welches dieser herrschenden Lieblingsidee völlig entsprach.

55. Der größte und am tiefsten liegende Unterschied zwischen verschiedenen Köpfen besteht darin, daß einige fähiger und geneigter sind, die Verschiedenheiten, andere wieder, die Ähnlichkeiten der Dinge zu bemerken. Denn beharrliche und scharfsinnige Köpfe wissen ihre Betrachtungen vestzuhalten, dabei zu verweilen, und in jeden noch so feinen Unterschied einzudringen: erhabene und lebhafte Köpfe hingegen erkennen und vergleichen die entferntesten Ähnlichkeiten im größten Ganzen und im kleinsten Detail. Beide aber fallen leicht ins Extrem und haschen nach unnützen und ungegründeten Distinctionen oder nach Schatten.

56. Man findet ferner manche Köpfe übermäßig geneigt, das Alte zu bewundern; andere wieder das Neue zu lieben und ihm anzuhängen: nur wenige besitzen die erforderliche Mäßigung, um in den gehörigen Gränzen zu bleiben, und weder die wahren Angaben der Alten zu verwerfen, noch die richtigen Entdeckungen der Neuern zu verschmähn. Dieß gereicht aber der Philosophie und den Wissenschaften zum größten Nachtheil, weil man in diesem Falle die Behauptungen der Alten und Neuen nur verficht und nicht untersucht. Die Wahrheit will nicht aus dem unbeständigen Glück irgend eines Zeitalters, sondern aus dem ewigen und beständigen Lichte der Natur und der Erfahrung geschöpft seyn. Wir müssen also dieser Parteisucht entsagen, und uns hüthen, daß sie ja niemals den Beifall unsers Verstandes erzwinge.

57. So betrachtet man auch die Natur und die Körperwelt entweder in ihren einfachen Bestandtheilen, oder in ihrer Zusammensetzung und in der Vereinigung zu Einem Ganzen; allein jener Gesichtspunct macht den Verstand kleinlich und beschränkt, dieser betäubt und zerstreut ihn. Am deutlichsten wird man dieß gewahr, wenn man die Schule des *Leucippus* und *Democritus* mit den übrigen Weltweisen vergleicht. Jene beschäftigt sich so sehr mit den Theilen der Dinge, daß sie darüber den Zusammenhang der Natur fast aus der Acht läßt: diese hingegen schauen ihre Gebäude mit solchem Erstaunen an, daß sie zu den einfachen Stoffen dersel-

ben gar nicht hindurch zu dringen vermögen. Die beiden Arten des Nachforschens müssen also abwechseln, und einander ablösen, damit der Verstand zugleich verfeinert und erweitert werde, und damit wir die erwähnten Unfälle und die daraus erwachsenden Vorurtheile vermeiden.

58. Durch diese Klugheit bei unsern Nachforschungen können wir die Vorurtheile des Standpuncts verhüthen und entfernen, deren Ursprung vorzüglich in herrschenden Lieblingsideen liegt; oder auch in übertriebener Neigung zum Vergleichen oder Unterscheiden; oder in der Vorliebe zu gewissen Zeiten; oder in der Kleinheit oder Größe der Gegenstände. Überhaupt aber muß jedem Forscher der Natur alles verdächtig vorkommen, was seinen Geist vorzüglich ergötzt, beschäftigt und einnimmt: bei Sätzen dieser Art muß er desto größere Vorsicht beobachten, um seinen Verstand in unparteiischer Reinheit und Gleichgültigkeit zu erhalten.

59. Beschwerlicher aber als alle übrigen sind die *Vorurtheile der Gesellschaft,* welche sich vermöge der Verbindung zwischen Wörtern und Benennungen in den Verstand eingeschlichen haben. Zwar glaubt man, die Vernunft führe die Herrschaft über die Worte. Allein die Worte üben nicht weniger ein Gegenrecht an dem Verstande aus, und eben dadurch ist die Philosophie nebst den Wissenschaften sophistisch und unfruchtbar geworden. Denn meistens werden Worte nach der Fassungskraft des großen Haufens geprägt, und scheiden die Dinge durch solche Linien, welche der gemeinen Einsicht am einleuchtendsten sind. Will nun der geschärftere Verstand oder eine genauere Beobachtung diese Gränzlinien verrücken und der Natur gemäß berichtigen; so empören sich die Worte dagegen. Daher eben endigen sich die größten und wichtigsten Disputationen der Gelehrten oftmals in einen Streit über Worte und Namen, da es doch rathsamer wäre, nach der klugen Gewohnheit der Mathematiker, von denselben anzufangen, und sie durch Definitionen in Ordnung zu bringen. Allein auch diese können bei natürlichen und materiellen Gegenständen dem Übel nicht abhelfen, weil sie ebenfalls aus Worten bestehn und Worte nur Worte erzeugen. Hier ist also kein anderer Rath, als seine Zuflucht zu einzelnen Instanzen nebst ihren Reihen und Ordnungen zu nehmen, wovon ich bald mehr sagen werde, wenn ich die Art und Weise abhandle, wie Begriffe und Grundsätze vestgesetzt werden müssen.

60. Die Vorurtheile, welche durch Worte in den Verstand gelangen, sind von einfacher Art. Entweder sind es Namen von gar nicht existirenden Dingen (denn so wie unbemerkte *Gegenstände* ohne *Namen* sind, so entstehen dagegen auch aus eingebildeten Voraussetzungen *Namen* ohne *Gegenstände*); oder es sind zwar Benennungen wirklicher Dinge, aber verwirrt, schlecht bestimmt, flüchtig und unregelmäßig von den Dingen abgezogen. Zur erstern Art gehören der Zufall, das *primum mobile,* die Planetenkreise, das Ungefähr, das Feuer als Element, und dergleichen

Erdichtungen mehr, die aus grundlosen und irrigen Theorieen entsprossen sind. Diese Gattung kann man noch am leichtesten los werden: man braucht nur jenen theoretischen Systemen zu entsagen und Abschied zu geben; so sind sie zugleich mit ihnen verbannt.

Die zweite Art aber ist enger verschlungen und tiefer eingewurzelt, weil sie aus einer irrigen und unverständigen Abstraction entstanden ist. Man nehme zum Beispiel irgend ein Wort, etwa das Wort »teucht«, und wenn wir nun sehen wollen, was eigentlich seine ausgemachte Bedeutung sei; so werden wir finden, daß es nichts anders, als einen verworrenen Begriff von verschiedenen Thätigkeiten darstelle, wobei gar nichts Vestes und Gemeinschaftliches zum Grunde liegt. Denn es bezeichnet

1) was sich leicht um einen andern Körper herumbegibt;
2) was an und für sich keinen bestimmten Raum einnimmt, keine eigne Figur ausmacht und durch etwas anders begränzt werden muß;
3) was leicht nach allen Seiten hin ausweicht;
4) was sich leicht theilt und zerstreut;
5) was sich leicht vereinigt und sammelt;
6) was leicht fließt und bei der Bewegung eine ebene Lage annimmt;
7) was sich leicht an einen andern Körper anschließt und ihn naß macht;
8) was leicht wieder flüssig wird und zusammen fließt, wenn es vorher vest war.

Wenn man nun zur Bestimmung und Anwendung dieses vieldeutigen Worts schreitet, so kann man in der einen Bedeutung die Flamme feucht nennen, in einer andern die Luft nicht dafür gelten lassen, in einer andern wieder den feinen Staub, und noch in einer andern das Glas feucht nennen. Hieraus sieht man nun leicht, daß dieser Begriff nur vom Wasser und von gemeinen, gewöhnlichen Flüssigkeiten, ohne gehörig bewahrheitet zu seyn, abgezogen ist.

Doch finden bei den Worten mancherlei Grade der Verdorbenheit und der Unrichtigkeit Statt. Weniger fehlerhaft sind die Benennungen wirklicher Dinge und zumahl der niedrigen und richtig hergeleiteten Arten (so haben wir z. B. von Kreide und Thon gute, von der Erde aber einen schlechten Begriff). Die Wirkungen sind schon fehlerhafter und unbestimmter benannt, z. B. erzeugen, verderben, verändern; am wenigsten aber taugen unsere Benennungen der Eigenschaften, wie z. B. schwer, leicht, dünn, dicht u. s. w. diejenigen ausgenommen, welche unmittelbar in die Sinne fallen: dennoch müssen in jeder dieser Gattungen einige Begriffe nothwendig besser, als andere seyn, je nachdem die Menge der darunter begriffenen Dinge mehr oder weniger in die Sinne fällt.

61. Aber die *Vorurtheile der Bühne* sind weder dem Verstande angeboren, noch ihm unmerklich eingeflößt, sondern offenbar aus fabelhaften Theorieen und verkehrten Beweismethoden ihm beigebracht und von

ihm aufgenommen. Sie widerlegen zu wollen, ist nach dem oben gesagten, keinesweges für mich thunlich. Denn da wir weder über Grundsätze, noch über Beweisarten einig sind; so ist alles Disputiren zwischen uns unnütz. Durch ein günstiges Schicksal aber bleibt bei dem allen die Ehre der Alten ungekränkt, indem nur vom Wege, und von nichts anderm die Rede ist. Auch der Lahme kommt, wie man zu sagen pflegt, in einem Wege weiter, als der Läufer außerhalb. Ja noch mehr! wer sieht nicht, daß derjenige, welcher einmahl vom rechten Wege gekommen ist, nur um desto weiter sich verirrt, je rascher und gewandter er ist, und je schneller er läuft?

Nach meiner Methode in Erfindung der Wissenschaften bleibt der Kraft und Schärfe des Genies eben kein großes Feld übrig; sondern größere und geringere Fähigkeiten des Geistes werden dadurch fast gleich. So wie nämlich, wenn man eine gerade Linie, oder eine richtige Kreislinie aus freier Hand ziehen will, sehr viel auf Vestigkeit und Übung derselben ankommt; fast gar nichts aber, sobald man ein Lineal oder einen Zirkel zu Hülfe nimmt: so ist's auch mit meiner Methode im Verhältniß, gegen die bisherige.

Obgleich aber besondere Widerlegungen hier nicht angebracht wären; so muß ich dennoch über die Secten und Arten solcher Theorieen, hernach auch über die äußern Kennzeichen ihres schlechten Zustandes, und endlich über die Ursachen dieses harten Mißgeschicks, und einer so allgemeinen und anhaltenden Übereinstimmung im Irrthume einiges sagen, damit der Zugang zur Wahrheit desto leichter werde, und sich der menschliche Verstand um so lieber von seinen Flecken reinigen und die Vorurtheile fahren lasse.

62. Die Vorurtheile der Bühne oder der Theorieen sind sehr zahlreich, und werden es vielleicht dereinst immer mehr. Wenn sich nämlich die geistigen Kräfte der Menschen nicht schon seit so vielen Jahrhunderten vorzüglich mit der Religion und Theologie beschäftigt hätten; und wenn nicht zugleich die bürgerlichen Verfassungen, vorzüglich die monarchische, allen Neuerungen, selbst in der Speculation, so ungünstig wären, daß die Urheber derselben nicht allein unbelohnt bleiben, sondern auch, dem Neide und der Verachtung bloß gestellt, ihre Glücksgüter in Gefahr setzen: so wären ohne Zweifel mehrere philosophische Secten, und speculative Systeme, in eben der Mannigfaltigkeit, wie sie vordem in Griechenland blüheten, auch bei uns schon im Gange. Denn so wie man nach den Erscheinungen des Äthers mancherlei Dollmetschungen des Himmels ersinnen kann: eben so, und noch weit leichter können auf den Erscheinungen, womit sich die Philosophie beschäftigt, vielerlei Lehrgebäude errichtet werden. Übrigens haben solche Fabeln der philosophischen Bühne auch das noch mit der Bühne der Dichter gemein, daß Erzählun-

gen, die man zur Schau ersonnen hat, angenehmer, zierlicher und jedermann willkommener sind, als die wahren Erzählungen der Geschichte.

Überhaupt nimmt man zum Stoff für die Philosophie bald viel aus Wenigem und bald wenig aus Vielem, so daß sie in beiden Fällen auf einer zu kleinen Grundlage von Erfahrung und Naturbeobachtung aufgeführt ist, und auf zu wenige Gründe ihre Aussprüche bauet.

Die Rationalisten raffen allerlei, und zwar das alltägliche aus der Erfahrung auf, ohne es sicher genug erfahren, genau geprüft und abgewogen zu haben; das übrige lassen sie auf dem Nachdenken und der Thätigkeit des Geistes beruhn.

Eine andre Art von Philosophie hat Anfangs wenige Versuche mit viel Fleiß und Genauigkeit ausgearbeitet; aber sich dann auch erdreistet, aus diesem kleinen Vorrath ganze selbst ersonnene philosophische Systeme herzuleiten und alles übrige gewaltsam darnach zu verdrehen.

Noch eine dritte Gattung mischt aus gläubiger Ehrfurcht Theologie und Überlieferungen mit hinein; ja einige von diesen waren Thoren genug, die Wissenschaften von Geistern und Genieen abzuleiten.

Der ganze Stamm aller Irrthümer also, oder die falsche Philosophie theilt sich in drei Hauptzweige: in die sophistische, empirische und religiöse Philosophie.

63. Von der ersten Art ist *Aristoteles* das anschaulichste Beispiel. Er verunstaltete seine Philosophie der Natur durch seine Logik: bauete eine Welt aus Kategorieen auf, rechnete die menschliche Seele, die edelste Substanz, zu den Wesen der zweiten Art: meinte, die Frage über das Dichte und Dünne, nach welchem die Körper größere oder kleinere Räume einnehmen, durch den frostigen Unterschied zwischen thätiger Kraft und dem bloßen Vermögen abgefertigt zu haben: schrieb den einzelnen Körpern nur eine einzige, ihnen eigenthümliche Bewegung zu, und behauptete, daß sie anderswoher bewegt würden, wenn sie an einer andern Bewegung Theil nähmen: und so bürdete er der Natur der Dinge nach Wohlgefallen, unzähliges andere auf, überall weit weniger bekümmert um die innere Wahrheit seiner Behauptungen, als vielmehr darum, wie man sich im Disputiren herauswickeln, und durch Terminologieen etwas vestsetzen könnte. Dieß zeigt sich auch sehr deutlich, wenn man dieses philosophische System mit andern Lehrgebäuden unter den Griechen vergleicht. Die Homoiomerieen des *Anaxagoras,* die Atomen des *Leucippus,* und *Demokritus,* der Himmel und die Erde des *Parmenides,* die Freundschaft und Feindschaft des *Empedocles,* die Auflösung der Körper in die gleichgültige Natur des Feuers, und die Zurückführung derselben zum Dichten von *Heraklitus* – – alle diese Theorieen verrathen einige Bekanntschaft mit der Natur und der Körperwelt, und tragen Spuren der Erfahrung und Beobachtung an sich; in der Physik des *Aristoteles* hingegen hört man meistentheils nichts anders

als die Sprache der Logik, die er denn auch in der Metaphysik – nur unter einem höhern Namen, als nicht mehr *nominal* sondern *real* – zu Markte bringt. Man lasse sich ja nicht dadurch irre machen, daß er sich in seinem Buche *von den Thieren,* in seinen Problemen und in seinen andern Abhandlungen häufig mit Versuchen beschäftigt. Sein Entschluß war schon vorher gefaßt: er zog nicht die Erfahrung zur Begründung seiner Beschlüsse und Grundsätze gehörig zu Rathe; sondern machte erst willkürliche Beschlüsse, und hernach führt er die Erfahrung, seinen Sätzen gemäß verdreht, als eine Gefangene auf, so daß er auch in dieser Rücksicht straffälliger ist, als seine neueren Nachfolger, die scholastischen Weltweisen, welche die Erfahrung gänzlich verlassen haben.

64. Noch unförmlicher und ungeheurer aber, als die Sätze der sophistischen oder der rationalen Philosophie, sind diejenigen, welche die *empirische Philosophie* zum Vorschein bringt; weil sie nicht einmal auf das Licht der gemeinen Begriffe, welches zwar schwach und oberflächlich, aber gewisser Maßen doch allgemein und vielumfassend ist, sondern auf wenige eingeschränkte und dunkle Versuche gebaut wird.

Solch eine Philosophie scheint denjenigen, welche sich täglich mit dergleichen Versuchen beschäftigen, und ihre Phantasie damit befleckt haben, sehr wahrscheinlich und so gut als gewiß, den übrigen Menschen insgesammt aber unglaublich und grundlos. Ein merkwürdiges Beispiel hievon haben uns die Chemiker und ihre Lehrsätze geliefert; außerdem aber finden wir bis jetzt fast nichts anders dieser Art als in dem philosophischen Systeme des *Gilbert.* Dennoch durfte ich nicht unterlassen, vor dergleichen Lehrgebäuden zu warnen, weil ich schon im Geiste vorhersehe und ahne, daß man von dieser Art zu philosophiren viel zu besorgen haben wird, wenn die Menschen durch meine Erinnerungen sich dahin bringen lassen, der sophistischen Lehrart Lebewohl zu sagen, und sich mit Ernst der Erfahrung widmen; weil der Verstand immerdar mit voreiliger Schnelligkeit, gleichsam im Fluge zu allgemeinen Sätzen und zu den ersten Gründen der Dinge überzuspringen pflegt. Auch diesem Übel muß ich jetzt begegnen.

65. Durch nichts aber wird die Philosophie so sehr verdorben, und in ihren ganzen Systemen sowol, wie in einzelnen Theilen verunstaltet, als durch den *Aberglauben* und die *Beimischung der Theologie,* weil der menschliche Verstand dem Einflusse der Phantasie nicht weniger, als dem Einflusse gemeiner Begriffe unterworfen ist. Die streitsüchtige und sophistische Art zu philosophiren mißleitet und verstrickt ihn; jene phantastische, schwülstige und gleichsam dichterische hingegen schmeichelt ihm und verblendet ihn mehr. Denn wir Menschen, und zumahl die großen und vorzüglichsten Köpfe unter uns, besitzen einen nicht geringeren Ehrgeiz des Verstandes, als des Willens.

Beispiele dieser Art finden wir unter den Griechen vorzüglich am *Pythagoras*, dessen Aberglaube jedoch gröber und schwerfälliger, und dann auch am *Plato* und seiner Schule, wo er spitzfindiger und gefährlicher war. Auch in einzelnen Theilen anderer Systeme finden wir dieß Übel geschäftig, wo es die abstracten Formen, die Endursachen und die ersten Ursachen eingeführt, und die Mittelursachen und dergleichen der Untersuchung entzogen hat. Hiebei muß man die größte Vorsicht beobachten. Die ärgste aller Apotheosen ist die Vergötterung des Irrthums; es ist eine Pest des Verstandes, die Thorheit zu verehren. Dennoch haben sich einige Neuere dieser Einbildung so ganz ergeben, daß sie aus dem ersten Kapitel des ersten Buchs Mose, aus dem Buch Hiob und andern Theilen der heiligen Schrift eine Naturlehre zu schöpfen vermeinten, und auf diese Weise die Todten unter den Lebendigen suchten. Dieser Verblendung muß man um so mehr wehren und Einhalt thun, da eine unverständige Vermischung göttlicher und menschlicher Dinge nicht nur eine phantastische Philosophie, sondern auch eine ketzerische Religion erzeugt. Es ist also sehr heilsam, dem Glauben nur das zu überlassen, was des Glaubens ist.

66. Bis jetzt habe ich von der geringen Glaubwürdigkeit der philosophischen Lehrgebäude gesprochen, die entweder auf *gemeine Begriffe,* oder auf *wenige Versuche,* oder auf *Aberglauben* gegründet sind. Jetzt muß ich auch von dem fehlerhaften Inhalt der Betrachtungen, vorzüglich in der Naturphilosophie, handeln.

Durch den Anblick der mechanischen Kunstwerke, wo die Körper vermöge neuer Zusammensetzungen und Trennungen die zahlreichsten Veränderungen annehmen, wird unser Verstand zu der Meinung verleitet, daß auch in der allgemeinen Natur der Dinge etwas Ähnliches vorgehe. Hieraus ist jenes Mährchen von den Elementen entsprungen, daß nämlich durch ihre mannigfache Vermischung und Zusammenwirkung die verschiedenen Naturproducte zusammengesetzt und gebildet würden. Wenn der Mensch ferner die Natur in ihrer Freiheit betrachtet, so stößt er auf die mancherlei Arten der Dinge an Thieren, Pflanzen und Mineralien: dadurch verfällt er dann leicht auf den Gedanken, es gebe gewisse Urbilder in der Natur, auf deren Hervorbringung ihre Arbeiten eigentlich abzielen, und die übrigen abweichenden Verschiedenheiten entständen theils aus Hinderungen und Verirrungen der Natur bei Ausführung ihrer Werke, theils aus der Vermischung der besonderen Arten und aus der Verpflanzung der einen in die andre. Aus jener Betrachtung sind die *ersten elementarischen Eigenschaften,* und aus dieser die *verborgenen Eigenthümlichkeiten* (*proprietates occultae*) und die *specifischen Kräfte* entsprungen, welche beiderseits zu den nichtigen Abkürzungen des Nachforschens gehören, wodurch unser Geist von einer gründlichern Untersuchung zur Ruhe abgerufen wird. Weit besser thun die Arzneikundigen daran, daß sie sich mit den abgeleiteten Eigenschaften und Wirkungen der Dinge beschäftigen, mit dem Anziehen, Zurückstoßen, Verdünnen, Verdichten, Verbreiten, Zusammenziehen, Zertheilen, mit der Reife u. s. w. Sie würden auch noch ungleich weiter gekommen seyn, hätten sie nicht ihre richtigen Angaben nach den beiden oben angeführten anmaßlichen Abkürzungen verdreht, hätten sie dieselben nicht auf die ersten Elementareigenschaften und die unendlich feinen und ungleichartigen Mischungen derselben zurückgeführt; sondern sie vielmehr durch anhaltendere und genauere Beobachtung bis zu Eigenschaften des dritten und vierten Ranges fortgeführt, und ihre Betrachtungen nicht zur Unzeit abgebrochen. Nach dergleichen Kräften aber, (ich meine nicht eben dieselben, sondern nur ähnliche) muß man nicht bloß bei den Heilmitteln für den menschlichen Körper, sondern auch bei den Veränderungen der übrigen Naturproducte forschen.

Weit nachtheiligere Folgen aber entspringen daraus, daß man unter den Principien der Dinge nur die ruhenden, *von welchen,* und nicht die thätigen, *durch welche* sie entstehn, zu betrachten und zu untersuchen gewohnt ist. Denn jene geben uns nur Stoff darüber zu sprechen, diese hingegen leiten zu Erfindungen. So haben jene in die Naturlehre aufgenommenen gewöhnlichen Eintheilungen aller Bewegungen in *Erzeugung* und *Verwesung,* in *Vermehrung* und *Verminderung,* in *Veränderung* und *Ortsbewegung* gar keinen Werth. Sie sagen nichts weiter, als: wenn ein übrigens unveränderter Körper sich bloß von der Stelle bewegt, so sei das eine *Ortsbewegung;* wenn er, mit Beibehaltung seiner Art und seiner Stelle in Rücksicht irgend einer Eigenschaft anders wird, so sei das eine *Veränderung;* wenn er aber bei einem Wechsel an Größe und Umfang gewinnt oder verliert, so sei es alsdann *Vermehrung* oder *Verminderung;* erstreckt sich aber die Veränderung bis auf die Merkmahle seiner Art, und auf sein Wesen, dergestalt daß er in andere Form übergeht, so sei dieß *Erzeugung* oder *Verwesung.* Alle diese Begriffe aber sind offenbar gemein und oberflächlich, und dringen keinesweges ins Innere der Natur. Sie geben bloß Maß und Zeitpunct der Bewegungen, aber nicht ihre Arten an. Sie beantworten nur das *wie weit?* nicht das *wie?* und *woher?* Zuvörderst lehren sie uns gar nichts von der Neigung der Körper gegen einander und von dem steten Fortgange der Bewegung in ihren Theilen; sondern nehmen ihre Eintheilung erst davon her, wenn eine Bewegung ihnen den Gegenstand offenbar ganz anders, als er vorher war, unter die Augen stellt. Wollen sie ferner auch die Ursachen der Bewegungen einiger Maßen erörtern, und darnach eine Eintheilung machen; so bringen sie mit unverzeihlicher Achtlosigkeit den Unterschied zwischen *natürlicher* und *gewaltsamer* Bewegung zum Vorschein, welcher wiederum keinem tiefern als dem gemeinen Begriff seinen Ursprung verdankt. Denn jede gewaltsame Bewegung ist auch in der That eine natürliche, indem die von außen wirkende Ursache die Natur auf eine andre Art als vorher in Wirksamkeit setzen wird.

Hätte sich jemand dagegen über diese unfruchtbaren Eintheilungen erhoben; hätte er z. B. bemerkt, daß die Körper einen Hang haben, sich einander zu berühren, wodurch sie eine gänzliche Trennung oder Unterbrechung des Zusammenhanges in der Natur und die Entstehung eines leeren Raums unmöglich machen: hätte ferner jemand bemerkt, daß sie eine Neigung haben, sich in ihrer natürlichen Ausdehnung und Spannung zu erhalten, so daß sie, wenn dieselbe durch Auseinanderziehen vermehrt, oder durch Zusammenpressen vermindert wird, mit Gewalt ihren vorigen Umfang und ihre eigenthümliche Ausdehnung wieder zu gewinnen suchen: oder wollte jemand behaupten, die Körper hätten eine Neigung sich zu den mit ihnen gleichartigen Massen zu sammeln, das Dichte nämlich neige sich gegen die Erde, das Feinere und Dünnere strebe zum Himmel hinauf: so wären dieß und ähnliche Eintheilungen wahre *physische* Classen der verschiedenen Bewegungen. Jene andern dagegen sind bloß *logisch* und scholastisch, wie aus dieser Vergleichung zwischen beiden klar genug erhellt.

Eben so übel ist es auch, daß in den philosophischen Lehrgebäuden und Meditationen alle Mühe nur auf die Erforschung und Darstellung der ersten Gründe der Dinge, und der letzten Ursachen der Natur verwandt wird: da doch aller Nutzen und die Erweiterung des Erfindungsvermögens von den Mittelursachen abhängt. Aus diesem Grunde hat man mit der *Abstraction* der Natur nicht eher aufgehört bis man auf die *in bloßem Vermögen bestehende, formenlose Materie,* und mit der *Zerlegung* nicht eher, bis man auf die *Atomen* gekommen ist. Selbst wenn dieß alles der Wahrheit gemäß wäre; so könnte es doch zur Beförderung der menschlichen Glückseligkeit nichts beitragen.

67. Auch muß man den menschlichen Verstand vor dem Übermaß der philosophischen Lehrgebäude im *Behaupten* und im *Zweifeln* verwahren, wodurch die Vorurtheile bevestigt, gleichsam verewigt, und gegen jeden Versuch der Wahrheit zu ihrer Ausrottung gesichert werden.

Dieses Übermaß ist aber von zwiefacher Art. Einige (die Dogmatiker) *behaupten* ohne die gehörigen Gründe, und machen die Wissenschaften entscheidend und dictatorisch; andere (die Skeptiker) haben die *Unbegreiflichkeit* (Akatalepsie) und dadurch zugleich eine schwankende und endlose Untersuchung eingeführt. Die einen unterdrücken, die andern entnerven den Verstand.

Denn die Philosophie des *Aristoteles* verfuhr erst gegen die übrigen philosophischen Lehrgebäude, wie die türkischen Despoten gegen ihre Brüder, und räumte sie durch ihre zänkischen Widerlegungen aus dem Wege: hernach sprach sie eigenmächtig über alles ab. Zwar staffirt ihr

Stifter seine Aufgaben ebenfalls nach Belieben aus; aber er endigt doch immer mit dem Schluß, daß alles erwiesen und ausgemacht sei. Dieß Verfahren ist auch bei allen Schulen, die ihm gefolgt sind, noch geltend und üblich.

Platons Schule führte dagegen die Unbegreiflichkeit ein, und zwar Anfangs nur als Scherz und Ironie, aus Haß gegen die alten Sophisten, Protagoras, Hippias u. s. w., welche nichts so sehr fürchteten, als über irgend etwas ungewiß zu scheinen. Die neue Akademie erst hat diese Behauptung zu einem förmlichen Lehrsatz in ihrem System erhoben. Auch verdient ihre Denkart zwar vor der Anmaßung des Dogmatismus um so mehr den Vorzug, da ihre Anhänger selbst für sich anführen, daß sie keinesweges, wie Pyrrho und die Ephektiker, die Untersuchung verwirren und zurückschrecken, sondern nach der *Wahrscheinlichkeit* streben und dieselbe anerkennen, wenn sie sich gleich auf keine *Gewißheit* Hoffnung machen: allein unsere Bemühungen müssen durchaus erschlaffen, so bald unser Geist der Hoffnung, bis zur Wahrheit hindurchzudringen, entsagt hat: und daher die Erscheinung, daß die Menschen, anstatt auf dem Wege strenger Untersuchung fortzufahren, belustigende Streitgefechte und Unterhaltungen lieb gewinnen.

Es bleibt also bei dem, was ich gleich Anfangs gesagt habe, und worauf alles bei mir ankommt: man muß den Sinnen und dem Verstande wegen ihrer Unzulänglichkeit nicht alle Glaubwürdigkeit absprechen, sondern sie mit Hülfsmitteln dagegen versehn.

68. So weit von den einzelnen Arten der Vorurtheile nebst ihrem Gefolge! Mit unerschütterlicher und feierlicher Entschlossenheit müssen wir sie verabschieden und ihnen auf immer entsagen, damit der Verstand in seiner Freiheit und Reinheit wieder hergestellt werde, weil wir zu dem Reiche des Menschen auf Erden, welches durch die Wissenschaften gegründet wird, eben nicht anders kommen können als ins Himmelreich, *wenn wir nicht umkehren und werden wie die Kinder*.

René Descartes

Mit Descartes beginnt die Geschichte der neueren Philosophie. So wenigstens lesen wir es in der Geschichtsschreibung des 19. Jahrhunderts, welche von der systematischen Konzeption des deutschen Idealismus aus Descartes als den Begründer des neuen Prinzips der Philosophie gefeiert hat. Das neue Prinzip aber ist das Selbstbewußtsein. Der Vorrang des Selbstbewußtseins, sein Gewißheits-Vorrang, ist in der Tat eine der wichtigsten Lehren, die Descartes zuerst aufgestellt hat. Indessen würde man die wahrhaft epochemachende Bedeutung, die das cartesianische Denken besitzt, nicht richtig erfassen, wenn man in ihr nur die Vorstufe des Idealismus des Selbstbewußtseins sähe, wie sie in der großen Periode des nachkantischen Denkens entwickelt worden ist. Was Descartes' Bedeutung ausmacht, ist vielmehr, daß er als erster eine bewußte Vermittlung zwischen der neuen Wissenschaftsidee seiner Zeit und der großen Tradition der antikmittelalterlichen Metaphysik gesucht hat. Es gilt also den erkenntnistheoretischen Aspekt, den Descartes an dem Verfahren der neuen Wissenschaft Galileischer Prägung gewann, auf die große Grundlage der Metaphysik zurückzubeziehen, auf der diese erwachsen war. Descartes ist vor allem der Denker des Methodengedankens. Methode aber bedeutet bei ihm und von nun an ein Universalverfahren für jegliche Erkenntnis, durch feste Regeln beschreibbar, von festen Prinzipien kontrollierbar und fähig, den Weg der Erkenntnis gegen Vorurteile, vorschnelle Annahmen und überhaupt gegen die Regellosigkeit der Ahnung und des Einfalls abzuschirmen. Descartes hat die Prinzipien der neuen Methode, die als eine einheitliche Verfahrensweise des Geistes wissenschaftliche Gewißheit garantieren sollte, in einer Schrift entwickelt, die zu seinen Lebzeiten nicht mehr erschienen ist – den Regeln zur Lenkung des Geistes. Hier wird das Prinzip der neuen Wissenschaft in aller Radikalität entfaltet, um gesicherte Annahmen zuzulassen, d. h. die Sorge um die Gewißheit vor die Frage der Wahrheit zu stellen. Das große Vorbild solcher Gewißheit war die Mathematik, wobei Descartes insbesondere auf Grund seiner eigenen Entdeckung der algebraischen Darstellung geometrischer Verhältnisse (die sogenannte analytische Geometrie) von dem Ideal einer Einheitswissenschaft beseelt war, die als ein deduktives Ganzes sämtliche Disziplinen nicht nur der Mathematik, sondern der Wissenschaft überhaupt zusammenfassen sollte. Descartes plante ein großes Werk über die Welt, in dem er die Fruchtbarkeit seiner methodischen Prinzipien anwenden und auf das gesamte naturwissenschaftliche und anthropologische Erkenntnisfeld des Menschen erweitern wollte. Bekanntlich hat er unter dem Eindruck des Prozesses, der Galilei wegen seiner Vertretung der kopernikanischen These gemacht worden war, von der Veröffentlichung dieses Werkes Abstand genommen. Indessen wäre es schwerlich richtig, wenn man darin nur einen Eskapismus opportunistischer Art sehen wollte. In Wahrheit haben die religiösen Probleme und ihre Vereinbarkeit mit der modernen Wissenschaft Descartes innerlich zutiefst bewegt. Die glänzende Autobiographie, die er unter dem Titel *Discours de la Méthode* (1637) veröffentlicht hat, gibt davon noch nicht einmal eine genügend vollständige Vorstellung. Zwingender ist die Tatsache, daß Descartes das Methodenideal der Mathematik, das er in der sogenannten Generalregel verkörpert sah – in der Regel nämlich, nichts für gewiß zu halten, was nicht klar und genau erfaßt sei –, in seinen Augen nicht genügt hat, um den Aufbau des Wissensganzen zu begründen. Seine berühmten Meditationen über die erste Philosophie stellen vielmehr die neue Wissenschaftsmethode und die von ihr erwartete Gewißheit erneut vor den Zweifel, der letzten Endes mit der Endlichkeit des menschlichen Verstandes und der Unbegreiflichkeit Gottes gegeben ist. Die Bemühung Descartes', den Weg der modernen Wissenschaft als einen zweifelsfreien Weg der Welterkenntnis zu rechtfertigen, mußte sich daher theologisch begründen. Es mußte gesichert sein, daß die Macht des menschlichen Verstandes ihrer Endlichkeit zum Trotz zum Erkennen der Welt ausreichte. Denn die alte Lehre von der Wahrheit, die das Christentum aus der Schöpfungslehre wie aus der Abbildtheorie der platonischen Philosophie zu begründen gelernt hatte, konnte vor der modernen Wissenschaft nicht mehr standhalten, insbesondere nicht mehr, nachdem die sogenannten sekundären Qualitäten auf die primären Bewegungsphänomene zurückgeführt worden waren, die in der Gestalt einer universalen Weltmechanik die Grundkonzeption des Zeitalters darstellten. Wenn die Farbe nicht mehr eine Eigenschaft der Dinge ist, dann ist die Wahrnehmung der Dinge auch nicht mehr die Aufnahme des Bildes der Dinge in den menschlichen Geist, sondern sie muß einer anderen Erfassung des Seienden unterworfen werden, eben der mechanischen Naturerklärung. Descartes' konsequente Unterscheidung der Seinsweise des menschlichen Geistes, der seiner selbst bewußt ist und der Seinsweise des Gegenstandes der mathematischen Naturerkenntnis, der durch Ausgedehntheit charakterisiert ist, hat dem ganzen Zeitalter die Aufgabe gestellt. Insbesondere war es der Zusammenhang von Leib und Seele, der damit zu einem unlösbaren Problem wurde, einem Problem, dessen Lösung auch der modernen Wissenschaft grundsätzlich so wenig gelungen ist, wie Descartes der Beweis seiner naiven Lehre von der zentralen Steuerungsfunktion der Zirbeldrüse gelang.

Nur wenn man den Anstoß im Auge behält, den das neue Erkenntnisverfahren für das Traditionsbewußtsein der Philosophie und der religiösen Überlieferung darstellte, kann man begreifen, daß auch sein großes systematisches Hauptwerk, die *Prinzipien der Philosophie* (1644), das von der Welt handelte und vieles von dem ehedem geplanten Werk zusammenfaßte, einen grundlegenden ersten Teil erhielt, in dem der Gedankengang der *Meditationen über die erste Philosophie* (1641) klar und präzise wiederholt wird. Es ist dieses erste Buch der *Prinzipien der*

Philosophie, das wir wiedergeben, ein Buch, das Descartes selber von überlegener Klarheit und Verständlichkeit fand, und wenn es dem heutigen Leser eine Überraschung sein mag, daß die erkenntnistheoretische Begründung der modernen Welterklärung durch die Wissenschaft eine subtile theologische Erörterung ist, so hat er aus dieser Tatsache zu lernen, daß die Autonomie der Wissenschaften als solche noch nicht die Begründung des menschlichen Selbstverständnisses zu leisten vermag, wie es die religiöse Überlieferung ihrerseits bereitgestellt hatte. Die eigentümliche Zwischenstellung der modernen Philosophie zwischen Theologie und Wissenschaft, die bis zu Hegel reicht, hat hier ihren tiefen und legitimen Grund. Descartes ist der erste, der nicht mehr eine Wissenschaft suchte, die mit der Kirchenlehre vereinbar blieb, sondern der zu seiner Wissenschaft eine Theologie erfand, die ihr entsprach.

Principien der Philosophie

Erster Teil
Von den Principien der menschlichen Erkenntniß

§ 1. Da wir als Kinder geboren werden und von den sinnlichen Dingen mancherlei geurtheilt haben, noch ehe wir den vollen Gebrauch unserer Vernunft hatten, so werden wir durch viele Vorurtheile von der Erkenntniß des Wahren abgewendet. Diese Vorurtheile können wir, so scheint es, nur los werden, wenn wir einmal im Leben geflissentlich an Allem *zweifeln,* worin sich auch nur der kleinste Verdacht der Unsicherheit findet.

§ 2. Ja, es wird sogar gut sein das Zweifelhafte geradezu für *falsch* zu halten, damit wir um so deutlicher entdecken, was ganz sicher und zu erkennen ganz leicht ist.

§ 3. Indessen ist dieser Zweifel blos auf die *theoretische* Beschäftigung mit der Wahrheit einzuschränken. Was nämlich das praktische Leben betrifft, so würde sehr oft die Gelegenheit zur That vorübergehen, bevor wir uns von allen unseren Bedenken befreien könnten, und so sind wir nicht selten nothgedrungen in der Lage, das blos Wahrscheinliche zu ergreifen oder auch, wenn von zwei Dingen das eine nicht wahrscheinlicher erscheint als das andere, doch eines von beiden zu wählen.

§ 4. Jetzt nun, wo wir mit der Erforschung der Wahrheit Ernst machen, werden wir vor allem zweifeln, ob es überhaupt sinnliche oder bildliche Dinge giebt. Erstens, weil wir bisweilen die Sinne auf *Täuschungen* ertappen und es die Vorsicht gebietet, denen nicht zu viel zu vertrauen, die uns auch nur einmal getäuscht haben; dann, weil wir im *Traum* zahllose Dinge zu empfinden oder vorzustellen meinen, die nirgends sind, und uns bei solchen Zweifeln kein Merkmal gegeben ist, um den Traum vom Wachen sicher zu unterscheiden.

§ 5. Wir werden noch an anderen Dingen zweifeln, die wir vorher für ganz sicher gehalten, sogar an den *mathematischen* Beweisführungen, selbst an den *Grundsätzen,* die uns bis jetzt unmittelbar gewiß schienen. Einmal deßhalb, weil wir gesehen, daß Manche auch in diesen Dingen irren und für ganz sicher und unmittelbar gewiß gelten ließen, was uns falsch schien; dann besonders deßhalb, weil wir gehört, es sei ein Gott, der Alles vermöge und uns geschaffen habe.

Wir wissen ja nicht, ob dieser Gott uns nicht etwa so habe schaffen wollen, daß wir in fortwährender Täuschung befangen bleiben, selbst in solchen Dingen, die uns als die bekanntesten erscheinen. Denn dies wäre ebenso gut möglich, als daß wir manchmal irren, und das ist der Fall, wie wir gesehen. Nehmen wir nun an, daß wir nicht von dem allmächtigen Gott, sondern von uns selbst oder irgend einem anderen Wesen unser Dasein haben, so wird, je ohnmächtiger das Wesen ist, das wir als Urheber unserer Entstehung bezeichnen, um so wahrscheinlicher unsere Unvollkommenheit so groß sein, daß wir fortwährend irren.

§ 6. Indessen wer es auch sei, von dem wir unser Dasein haben, und so mächtig und trügerisch er auch sei, so fühlen wir doch in uns eine *Freiheit,* vermöge deren wir uns des Glaubens an das Unsichere und wenig Begründete enthalten und also vor dem Irrthum hüten können.

§ 7. Verwerfen wir aber auf diese Weise alles irgend Zweifelhafte und denkbarer Weise Falsche, so läßt sich zwar leicht annehmen, daß kein Gott sei, kein Himmel, keine Körper, daß wir selbst weder Hände noch Füße noch überhaupt einen Körper haben, aber es läßt sich darum nicht annehmen, daß wir, die wir Solches denken, Nichts sind. Denn es widerspricht sich, daß ein denkendes Wesen im Augenblick, wo es denkt, nicht existiren solle. Demnach ist diese Erkenntniß: »*ich denke also bin ich*« von allen die erste und sicherste, die Jedem begegnet, der methodisch philosophirt.

§ 8. Und das ist der beste Weg, um die Natur des Geistes und dessen Unterschied vom Körper zu erkennen. Denn sobald wir untersuchen, was für ein Wesen eigentlich wir selbst sind, die wir alles von uns Verschiedene für falsch gelten lassen, so sehen wir deutlich, daß keine Ausdehnung, weder Figur noch Ortsveränderung, noch sonst Etwas, das dem Körper zukömmt, unserem Wesen angehört, sondern blos das *Denken.* Also wird das Denken auch eher und gewisser erkannt, als irgend ein körperliches Wesen. Denn jenes haben wir schon durchschaut, alles Andere dagegen ist uns noch zweifelhaft.

§ 9. Unter dem Worte *Denken* verstehe ich Alles, was in uns vorgeht, sofern wir unmittelbar uns dieser Vorgänge bewußt sind. In diesem Sinne ist nicht blos Erkennen, Wollen, Einbilden, sondern auch Empfinden dasselbe als Denken. Wenn ich sage: »ich sehe oder ich gehe spazieren, also bin ich«, und darunter den körperlichen Act des Sehens oder Gehens verstehe, so ist der Schluß nicht ganz sicher. Denn ich kann ja, wie häufig im Traum, zu sehen oder zu gehen meinen, obgleich ich die Augen nicht öffne und von meinem Ort mich nicht fortbewege und vielleicht nicht einmal einen Körper habe. Wenn ich es aber von der Empfindung selbst verstehe oder vom *bewußten* Sehen oder Gehen, so bezieht sich dieses auf den Geist, der allein empfindet, d. h. zu sehen oder zu gehen *denkt,* und dann ist der Schluß ganz sicher.

§ 10. Ich erläutere hier nicht erst die vielen anderen Ausdrücke, die ich bereits gebraucht habe oder im Folgenden brauchen werde, weil ich meine, daß sie durch sich hinlänglich bekannt sind. Auch habe ich häufig die Bemerkung gemacht, daß Philosophen gerade dadurch den Irrthum herbeiführten, daß sie das Einfachste und unmittelbar Bekannte durch logische Erklärungen zu erläutern versuchten. Denn auf diese Weise machten sie es nur dunkler. Wenn ich nun erklärt habe, der Satz: »*ich denke also bin ich*« sei vor allen der erste und gewisseste, den Jeder findet, der methodisch philosophirt, so habe ich damit nicht in Abrede gestellt, daß man vorher wissen müsse, was Denken, Existenz, Gewißheit sei, ebenso daß unmöglich ein denkendes Wesen nicht existire, und was dergleichen mehr ist; sondern weil diese Begriffe die einfachsten sind und für sich genommen von keinem existirenden Wesen eine Kenntniß geben, deßhalb habe ich geglaubt, sie nicht aufzählen zu dürfen.

§ 11. Um sich aber zu überzeugen, daß unser Geist nicht blos eher und gewisser, sondern auch einleuchtender als der Körper erkannt werde, muß man Folgendes bemerken. Es ist eine natürliche und aller Welt bekannte Wahrheit, daß keine Affectionen oder Beschaffenheiten gleich Nichts ist, und daß also, wo wir Etwas der Art antreffen, da nothwendig ein Ding oder eine Substanz, der jene angehören, sein müsse, und daß wir jenes Ding oder jene Substanz um so klarer erkennen, je mehr wir darin entdecken. Nun aber entdecken wir in unserem Geist mehr als in irgend einem anderen Wesen. Warum? Weil jedes andere Object unserer Erkenntniß uns zugleich noch weit gewisser unseren eigenen Geist erkennbar macht. Wenn ich z. B. urtheile, die Erde existirt, weil ich sie betaste oder sehe, so muß ich ja noch weit sicherer urtheilen, daß mein Geist existire. Es könnte ja sein, daß ich die Erde zu betasten meine, ohne daß die Erde existirt. Aber es kann nicht sein, daß ich diese Meinung habe, ohne daß mein Geist, der so urtheilt, existirt. Und so in anderen Fällen.

§ 12. Und denen, die unmethodisch philosophirten, ist die Sache nur darum anders erschienen, weil sie den Geist niemals sorgfältig genug vom Körper unterschieden haben. Sie haben wohl auch gemeint, ihre eigene Existenz sei gewisser als irgend etwas Anderes, aber sie haben nicht gesehen, daß unter ihrem *eigenen* Wesen hier blos ihr Geist zu verstehen war. Im Gegentheil haben sie vielmehr blos ihre Körper darunter verstanden, die sie mit Augen sahen, mit Händen faßten, und denen sie fälschlicher Weise das Empfindungsvermögen zuschrieben. Und dies hat sie von der Erkenntniß der geistigen Natur abgelenkt.

§ 13. Wenn nun der Geist, der erst seiner selbst gewiß und der anderen Dinge insgesammt noch nicht gewiß ist, überall umherblickt, um seine Erkenntniß weiter auszudehnen, so findet er zuerst bei sich die Idee vieler Dinge. So lange er blos diese Ideen betrachtet und es auf sich beruhen läßt, ob außer ihm etwas den Ideen Aehnliches existirt, kann er nicht irren. Weiter findet er gewisse Gemeinbegriffe und bildet daraus mannigfaltige Beweise, von deren Wahrheit er ganz überzeugt ist, so lange er blos auf sie achtet. So hat er z. B. die Ideen der Zahlen und Figuren in sich und unter den Gemeinbegriffen z. B. den Satz: »*Gleiches zu Gleichem addirt giebt Gleiches*« und ähnliche Sätze, woraus sich leicht beweisen läßt, daß die Winkel eines Dreiecks gleich zwei Rechten sind u. s. f. Von der Wahrheit dieser und ähnlicher Sätze ist er überzeugt, so lange er auf die Vordersätze, woraus er sie abgeleitet hat, achtet. Aber er kann nicht in dieser Richtung beharren. Der Gedanke tritt dazwischen, daß er ja noch nicht wisse, ob er nicht von der Natur so geschaffen sei, daß er sich auch in den Dingen täusche, die ihm die klarsten erscheinen. Und so sieht er, daß er auch an diesen Dingen mit Recht zweifle und nicht eher ein sicheres Wesen erreichen könne, als er den Urheber seiner Entstehung erkannt habe.

§ 14. Nun sieht er, daß unter den verschiedenen Ideen in seinem Innern *eine* sei, die Idee eines allwissenden, allmächtigen, vollkommensten Wesens, von allen Ideen die vornehmste, er anerkennt in ihr die Existenz, nicht blos als möglich und zufällig, wie in den Ideen aller anderen Wesen, die er deutlich einsieht, sondern als durchaus nothwendig und ewig. Er sieht ein, in der Idee des Dreiecks liege nothwendig, daß seine drei Winkel gleich zwei Rechten seien; er ist deßhalb vollkommen überzeugt, das Dreieck habe drei Winkel, die zwei Rechten gleich sind. Und ebenso sieht er ein, in der Idee des vollkommensten Wesens liege die nothwendige und ewige Existenz. Er muß deßhalb den Schluß machen: *das vollkommenste Wesen existirt*.

§ 15. Diese Ueberzeugung steigt, wenn er sieht, daß es in ihm keine Idee eines anderen Wesens gebe, in welcher sich ebenso die nothwendige Existenz entdecken lasse. Denn hieraus erhellt, daß jene Idee des vollkommensten Wesens nicht von ihm ausgebildet sei, daß sie keinerlei Chimäre, sondern eine wirkliche und unwandelbare Natur darstelle, die existiren muß, da die nothwendige Existenz in ihr liegt.

§ 16. Davon wird unser Geist leicht überzeugt sein, wenn er sich vorher aller Vorurtheile gänzlich entschlagen hat. Aber wir sind gewöhnt, in allen übrigen Dingen den Begriff von der Existenz zu unterscheiden und von Dingen, die nirgends sind oder waren, diese und jene Ideen nach Belieben zu bilden. Daher kommt es leicht, daß wir in der Betrachtung des vollkommensten Wesens nicht beharrlich verweilen und nun zweifeln, ob die Idee desselben etwa zu denen zählt, die wir nach Belieben gebildet haben, oder wenigstens eine von denen ist, zu deren Begriff die Existenz nicht gehört.

§ 17. Bei näherer Betrachtung unserer Ideen sehen wir, daß sie sich von einander wenig unterscheiden, sofern sie alle gewisse Denkweisen sind, daß sie aber sehr verschieden sind, sofern die eine dieses, die andere jenes

Wesen vorstellt, und daß, je mehr objective Vollkommenheit sie in sich enthalten, um so vollkommener ihre Ursache sein müsse. So kann z. B. wenn jemand die Idee einer sehr künstlichen Maschine in sich hat, mit Recht gefragt werden: woher er denn diese Idee habe? Ob er etwa irgendwo eine solche von einem Anderen verfertigte Maschine gesehen? Ob er die mechanischen Wissenschaften so genau erlernt, oder seine eigene Geisteskraft so groß sei, daß er im Stande gewesen, diese nie und nirgends gesehene Maschine selbst zu erdenken? Denn das ganze Kunstwerk, das in der Idee blos auf objective Weise oder wie im Bilde enthalten ist, muß in deren Ursache, was nun diese Ursache auch sei, wenigstens in der ersten und hauptsächlichen, nicht blos auf objective oder vorgestellte Weise, sondern in Wahrheit »formaliter« oder »eminenter« enthalten sein.

§ 18. Nun haben wir in uns die Idee *Gottes* oder des vollkommensten Wesens, also dürfen wir mit Recht untersuchen, woher wir jene Idee haben? In ihr finden wir eine solche unermeßliche Fülle, daß wir vollkommen gewiß sind: diese Idee können wir nur von einem Wesen empfangen haben, das alle Vollkommenheiten wirklich in sich begreift, d. h. nur von dem wahrhaft existirenden Gott. Denn es ist eine ganz bekannte natürliche Wahrheit, daß nicht blos aus Nichts Nichts wird, und das Vollkommene nie von dem Unvollkommenen als seiner bewirkenden Gesammtursache hervorgebracht werden könne, sondern auch, daß in uns keine Idee und kein Bild von irgend Etwas sein könne, ohne daß irgendwo, es sei in oder außer uns, der Archetypus existirt, der alle jene Vollkommenheiten in der That in sich enthält. Jene höchsten Vollkommenheiten nun, deren Idee wir haben, finden wir auf keine Weise in uns. Also schließen wir mit Recht, daß sie in einem andern von uns verschiedenen Wesen, nämlich in Gott, sind oder wenigstens einmal gewesen sind, woraus ganz einleuchtend folgt, daß sie es noch sind.

§ 19. Das ist für alle, die sich gewöhnt haben, die Idee Gottes zu betrachten und auf die darin enthaltenen höchsten Vollkommenheiten zu merken, eine sichere und offenbare Wahrheit. Wir können zwar jene Vollkommenheiten nicht begreifen, denn das unendliche Wesen läßt sich von uns, die wir endlich sind, nicht fassen; dennoch können wir sie klarer und deutlicher als alle körperliche Wesen einsehen, weil sie mehr als diese unser Denken erfüllen, einfacher sind und durch keine Schranken verdunkelt werden.

§ 20. Weil aber nicht Alle sich dessen bewußt sind und weil sie, wie bei der Idee einer künstlichen Maschine, gewöhnlich nicht wissen, woher sie jene Idee haben, und wir inne geworden sind, daß die Idee Gottes, wie wir dieselbe stets gehabt, uns einmal von Gott zugekommen sei, so müssen wir jetzt fragen, woher wir selbst sind, die wir jene Idee der höchsten Vollkommenheiten Gottes in uns haben? Denn es ist aus natürlichen

Gründen ganz klar, daß ein Wesen, welches etwas Vollkommeneres als sich selbst erkennt, nicht von sich selbst sein könne. Es würde sich sonst alle die Vollkommenheiten gegeben haben, deren Idee es in sich hat. Es kann mithin sein Dasein nur von einem Wesen haben, das alle jene Vollkommenheiten wirklich in sich hat, d. h. nur von *Gott*.

§ 21. Nichts kann die einleuchtende Klarheit dieses Beweises verdunkeln, achten wir nur auf das Wesen der Zeit oder der Dauer der Dinge. Denn es verhält sich mit der Zeit so, daß ihre Theile nicht von einander abhängen und nicht zugleich existiren. Also daraus, daß wir sind, folgt nicht, daß wir auch in der nächst folgenden Zeit sein werden, es müßte denn jenes Wesen, das uns zuerst hervorgebracht hat, uns immer wieder von neuem hervorbringen, d. h. uns *erhalten*. Denn wir sehen wohl, daß in uns keine Macht ist, durch die wir uns erhalten, und daß jenes Wesen, das mächtig genug ist, um uns, die wir von ihm verschieden sind, zu erhalten, um so mehr auch sich selbst erhält, oder vielmehr nicht nöthig hat, von einem Anderen erhalten zu werden, daß es also mit einem Wort Gott ist.

§ 22. Diese Art, das Dasein Gottes zu beweisen, nämlich durch die Idee Gottes, hat den großen Vorzug, daß wir zugleich, so weit es die Schwäche unserer Natur zuläßt, erkennen, was für ein Wesen Gott ist. Denn im Hinblick auf die uns eingeborene Idee Gottes sehen wir, daß er ewig, allwissend, allmächtig sei, Quell aller Güte und Wahrheit, Schöpfer aller Dinge, mit einem Worte, daß er Etwas in sich enthalte, worin wir irgend eine unendliche oder durch keinerlei Unvollkommenheit beschränkte Vollkommenheit deutlich erblicken können.

§ 23. Denn es giebt Mancherlei, worin zwar einige Vollkommenheit sich erkennen läßt, aber auch einige Unvollkommenheit und Beschränkung. Natürlich können solche Beschaffenheiten nicht auf Gott passen. So schließt z. B. die körperliche Natur mit der räumlichen Ausdehnung die Theilbarkeit in sich. Theilbar sein ist eine Unvollkommenheit. Also ist gewiß, daß Gott kein Körper ist. Empfinden ist freilich eine gewisse Vollkommenheit in uns, aber in jeder Empfindung ist ein Leiden, leiden aber heißt von irgend einem Wesen abhängig sein, also müssen wir dafürhalten, *daß Gott auf keine Weise empfinde, sondern nur denke und wolle,* aber auch nicht denke und wolle, wie wir, durch eine Reihe unterschiedener Thätigkeiten, sondern so, daß er durch einen einzigen, stets sich selbst gleichen, absolut einfachen Act Alles zugleich denkt, will, bewirkt. Ich sage *Alles, d. h. alle Wesen,* denn er will nicht das Böse, weil das Böse kein Wesen ist.

§ 24. Weil nun Gott von Allem, was ist oder sein kann, allein die wahre Ursache ausmacht, so ist klar, daß wir die beste Methode zu philosophiren befolgen werden, wenn wir aus der Erkenntniß Gottes selbst die von ihm geschaffenen Wesen darzuthun und abzuleiten suchen, um auf diese Weise die vollkommenste Wissenschaft zu erreichen, nämlich die Erkenntniß der Wirkungen durch die Ursachen. Um diese Aufgabe sicher und ohne Gefahr des Irrthums anzugreifen, müssen wir vorsichtig und mit aller Sorgfalt sowohl der Unendlichkeit Gottes als unserer eigenen Endlichkeit eingedenk sein.

§ 25. Wenn uns also Gott von seinem eigenen Wesen oder von anderen Dingen Etwas offenbart, das unsere natürlichen Geisteskräfte übersteigt, wie da sind die Mysterien der Menschwerdung und Dreieinigkeit, so werden wir uns nicht weigern, zu glauben, so wenig wir diese Dinge klar erkennen. Und überhaupt wird es uns nicht befremden, daß sowohl in seinem eigenen unermeßlichen Wesen als in den von ihm geschaffenen Dingen Vieles über unsere Fassungskraft hinausgeht.

§ 26. Wir wollen uns daher nicht mit Untersuchungen über das Unendliche ermüden. Da wir endliche Wesen sind, so würde es ungereimt sein, wollten wir in Betreff des Unendlichen etwas Bestimmtes aussagen und somit dasselbe zu begrenzen und zu begreifen suchen. Darum werden wir uns auch nicht mit jenen Fragen beunruhigen: ob bei einer gegebenen unendlichen Linie deren mittlerer Theil auch unendlich sei, oder ob eine unendlich große Zahl gleich oder ungleich sei, und was dergleichen mehr ist? Mit solchen Dingen plagen sich nur Leute, die ihren Geist für unendlich halten. Wir dagegen werden alle jene Dinge, bei denen sich in der Betrachtung kein Ende auffinden läßt, nicht als *unendliche,* sondern als *endlose* ansehen. So können wir uns keine Ausdehnung so groß vorstellen, daß nicht noch eine größere sich denken ließe. Darum werden wir erklären, die Größe der denkbaren Dinge sei endlos. Und weil kein Körper in so viele Theile getheilt werden kann, daß die einzelnen Theile nicht wieder theilbar erscheinen, so werden wir dafürhalten, daß die Quantität ins Endlose theilbar sei. Und weil die Zahl der Sterne sich nie so groß vorstellen läßt, daß nicht denkbarer Weise noch mehr von Gott konnten geschaffen werden, so werden wir annehmen, daß auch die Zahl der Sterne endlos sei. Und so in den anderen Fällen.

§ 27. Wir sagen in diesen Fällen lieber *endlos* als *unendlich,* einmal, um den Namen »unendlich« Gott allein vorzubehalten, weil wir in ihm allein in jeder Beziehung nicht blos keine Grenzen finden, sondern auch positiv erkennen, daß keine da sind; dann, weil wir bei anderen Dingen nicht ebenso positiv erkennen, daß sie in irgend einer Beziehung keine Grenzen haben, sondern nur negativ bekennen, daß wir die Grenzen, welche sie haben, nicht im Stande sind zu finden.

§ 28. So werden wir auch in Betreff der natürlichen Dinge niemals die Gründe von der *Absicht* hernehmen, die Gott oder die Natur sich bei der Entstehung jener Dinge gesetzt hat. Denn wir dürfen uns nicht anmaßen, uns für Theilnehmer an seinen Plänen zu halten. Sondern wir werden ihn selbst als die bewirkende Ursache aller Dinge betrachten und nun zusehen, was nach der natürlichen Einsicht, die er uns gegeben, aus seinen Eigenschaften, von denen er uns einige Kenntniß hat mittheilen wollen, in Beziehung auf seine Wirkungen folgt, die unsern Sinnen erscheinen. Dabei bleiben wir, wie gesagt, eingedenk, daß die natürliche Vernunft nur so lange Glauben verdient, als Gott nichts ihr Entgegengesetztes offenbart.

§ 29. Die erste Eigenschaft Gottes, die hier in Betrachtung kommt, besteht darin, daß er *absolut wahrhaft* ist und Geber alles Lichts. Darum ist es ungereimt, daß er uns täuschen oder im eigentlichen und positiven Sinn die Ursache der Irrthümer sein solle, denen wir, wie die Erfahrung zeigt, unterworfen sind. Täuschen *können* mag bei uns Menschen etwa als ein Zeichen von Geist gelten; täuschen *wollen* ist stets die unzweifelhafte Folge von Bosheit, Furcht oder Schwäche und kann darum nie von Gott gelten.

§ 30. Hieraus folgt, daß das Licht der Natur oder das uns von Gott verliehene Erkenntnißvermögen kein Objekt je erfassen könne, das nicht wahr ist, sofern es von dem Licht der Erkenntniß beleuchtet, d. h. sofern es klar und deutlich begriffen wird. Denn Gott würde mit Recht ein Lügengeist heißen, wenn er uns ein Vermögen gegeben hätte, das von Grund aus verkehrt ist und den Irrthum für Wahrheit nimmt. So ist jener gewaltige Zweifel gehoben, der daher kam, daß wir nicht wußten, ob wir nicht von Natur so beschaffen wären, daß wir uns auch in den scheinbar klarsten Dingen täuschten. Ja auch die anderen oben erwähnten Zweifelsgründe werden sich von hier aus leicht heben lassen. Denn die mathematischen Wahrheiten dürfen uns nicht weiter verdächtig sein, weil sie vollkommen durchsichtig sind. Und wenn wir darauf merken, was in den Sinnen, was im Wachen oder im Traum klar und deutlich ist, und es von dem Unklaren und Dunkeln unterscheiden, so werden wir leicht in jeder Sache erkennen, was darin als wahr gelten darf. Ich brauche hier nicht weitläufig zu sein, da ich diese Dinge schon in den metaphysischen Betrachtungen behandelt habe und ihre genauere Erörterung von dem Verständniß des Folgenden abhängt.

§ 31. Obgleich uns Gott nicht täuscht, so kommt es doch häufig, daß wir irren. Um nun Ursprung und Ursache unserer Irrthümer zu erforschen und zu lernen, wie man sich davor hütet, muß man wohl beachten, daß die Irrthümer nicht sowohl vom Verstande als vom *Willen* abhängen und nichts Reales sind, zu dessen Hervorbringung die thatsächliche Mitwirkung Gottes erforderlich ist, sondern daß sie in Rücksicht auf Gott nur Negationen, in Rücksicht auf uns Mängel sind.

§ 32. Alle Denkweisen nämlich, die wir in uns finden, lassen sich auf zwei Arten zurückführen: die eine ist *Vorstellung* oder Denkthätigkeit, die andere *Strebung* oder Willensthätigkeit. Denn Empfinden, Einbilden, reines Denken sind verschiedene Weisen des Vorstellens; wie Begehren, Verabscheuen, Bejahen, Verneinen, Zweifeln verschiedene Weisen des Wollens.

§ 33. Wenn wir nun Etwas vorstellen, ohne uns dazu irgend wie bejahend oder verneinend zu verhalten, so ist klar, daß wir uns nicht täuschen. Es ist ebenso klar, daß wir uns nicht täuschen, wenn wir nur das, was wir klar und deutlich vorstellen, als positiv oder negativ bejahen oder verneinen, sondern nur dann, wenn wir Etwas, wie es wohl geschieht, nicht richtig vorstellen und dennoch darüber urtheilen.

§ 34. Zum Urtheilen gehört zwar der Verstand, weil wir über Etwas, das wir auf keine Weise vorstellen, auch in keiner Weise urtheilen können, aber es gehört dazu auch der *Wille*, um das Vorgestellte zu bejahen. Es gehört aber nicht dazu, wenigstens nicht zum Urtheilen überhaupt, die vollständige und durchgängige Vorstellung eines Dinges, denn wir können Vielem beistimmen, das wir nur sehr dunkel und unklar erkennen.

§ 35. Und zwar erstreckt sich die Verstandeserkenntniß nur auf ein kleines, ihr offenes Gebiet und ist in allen Fällen sehr begrenzt. Dagegen kann der *Wille* in gewissem Sinne *unendlich* genannt werden, denn es giebt, so viel wir sehen, kein Object irgend eines anderen, sogar des unermeßlichen göttlichen Willens, worauf nicht auch unser Wille sich erstrekken kann. So läßt sich der Wille leicht über das Gebiet der klaren Einsicht hinaus (ins Unklare) ausdehnen, und sobald dies geschieht, ist es nicht mehr zu verwundern, wenn wir irren.

§ 36. Doch in keinem Falle darf man meinen, Gott sei der Urheber unserer Irrthümer, weil er uns einen nicht allwissenden Verstand gegeben habe. Denn es liegt in der Natur des creatürlichen Verstandes, daß er endlich, und in der Natur des endlichen Verstandes, daß er sich nicht auf Alles erstreckt.

§ 37. Daß aber der Wille den weitesten Spielraum hat, ist seinem Wesen gemäß, und es ist die höchste Vollkommenheit des Menschen, daß er durch den Willen d. h. *frei* handelt und somit auf eigene Art Urheber seiner Handlungen ist und um ihretwillen Lob verdient. Denn Automaten lobt man nicht, weil sie alle Bewegungen, zu denen sie eingerichtet sind, genau vollziehen, denn sie machen diese Bewegungen nothwendig so und nicht anders; man lobt den Künstler, der die Automaten so genau gemacht hat, denn der Künstler hat dieselben nicht nothwendig, sondern frei ins Werk gerichtet. Und so dürfen wir uns, daß wir die Wahrheit ergreifen, wenn wir sie nämlich ergreifen, fürwahr mehr zurechnen, weil diese Erkenntniß eine *Willensthat* ist, als wenn sie ein Act der Nothwendigkeit wäre.

§ 38. Daß wir aber in Irrthümer verfallen, ist wohl ein Mangel in unserem Handeln oder im Gebrauch der Freiheit, aber nicht in unserem Wesen, denn dieses Wesen bleibt sich gleich, ob wir richtig oder unrichtig urtheilen. Auch wenn Gott unserem Verstande einen so durchdringenden Blick hätte geben können, daß wir niemals irrten, so haben wir doch kein Recht, dies von Gott zu fordern. Wenn unter Menschen Einer die Macht hat, ein Uebel zu verhindern, und es nicht thut, so sagen wir, er sei die Ursache jenes Uebels. Aber so dürfen wir nicht von Gott meinen, daß er deßhalb die Ursache unserer Irrthümer sei, weil er es hätte machen können, daß wir niemals irren. Denn die Macht, welche die Menschen im Verhältniß zu einander haben, ist darauf angewiesen, daß man sie braucht, um sich gegenseitig vor Uebeln zu bewahren. Dagegen die Macht Gottes gegen alle übrige Wesen ist vollkommen unbedingt und frei. Darum sind wir ihm für das Gute, das er uns geschenkt, zwar allen Dank schuldig, aber haben kein Recht, darüber zu klagen, daß er uns nicht Alles geschenkt habe, was er nach unserer Ansicht uns hätte schenken können.

§ 39. Daß aber unser Wille frei und wir im Stande sind, vielen Dingen nach Belieben beizustimmen oder nicht beizustimmen, ist so offenbar, daß wir diese Einsicht unter die ersten und allgemeinsten uns angeborenen Begriffe rechnen müssen. Auch hat sich diese Freiheit schon kurz vorher gezeigt, als wir in unserem geflissentlichen Zweifel an Allem bis zu der Annahme gingen, ein allmächtiger Urheber unserer Entstehung suche uns auf alle erdenkbare Weise zu täuschen: da erfuhren wir doch in uns jene Freiheit, kraft deren wir uns enthalten können, das nicht ganz Sichere und Ausgemachte zu glauben. Und Nichts in der Welt kann unmittelbar gewisser und deutlicher sein, als was in jenem Augenblick des Zweifels zweifellos schien.

§ 40. Aber wir haben bei der Anerkennung des göttlichen Daseins zugleich begriffen, die Macht Gottes sei so unermeßlich, daß wir nicht meinen dürfen, wir vermöchten Etwas zu thun, das nicht vorher von Gott so geordnet war. Und so können wir uns leicht in große Schwierigkeiten verwickeln, wenn wir diese *göttliche Vorherbestimmung* mit unserer *Willensfreiheit* zu vereinigen und beide zusammen zu begreifen suchen.

§ 41. Doch werden wir uns von diesen Schwierigkeiten befreien, wenn wir bedenken, daß unser Geist endlich, Gottes Macht aber, kraft deren er alles Wirkliche und Mögliche nicht blos von Ewigkeit vorher gewußt, sondern auch gewollt und vorherbestimmt hat, unendlich sei; daß wir mithin diese Macht zwar soweit erfassen, daß wir klar und deutlich erkennen, sie sei in Gott, aber nicht soweit begreifen, um einzusehen, wie sie die freien Handlungen der Menschen unbestimmt läßt. Aber der Freiheit und Willkür in uns sind wir uns so sehr bewußt, daß wir Nichts einleuchtender und vollkommener begreifen. Es würde ja ungereimt sein, wollten wir, weil wir Eines nicht begreifen, das uns nach unserer Natur offenbar unbegreiflich sein muß, deßhalb an einem Anderen zweifeln, das wir innerlichst begreifen und in uns selbst erfahren.

§ 42. Wenn aber, wie wir begriffen haben, unsere Irrthümer alle vom *Willen* abhängen, so kann es befremdlich scheinen, daß wir jemals irren, weil doch Niemand irren *will*. Aber ein Anderes ist *irren* wollen, ein Anderes, solchen Vorstellungen beistimmen wollen, in denen sich Irrthum findet. Und wenn auch in Wahrheit Keiner ausdrücklich *irren* will, so ist doch kaum Einer, der nicht oft solchen Vorstellungen beistimmen will, in denen wider sein Wissen Irrthum enthalten ist. Ja sogar die Begierde nach Wahrheit erzeugt sehr häufig den Irrthum, weil die Leute ohne recht zu wissen, *wie* man die Wahrheit zu suchen habe, über Dinge urtheilen, die sie nicht erkennen.

§ 43. Gewiß werden wir aber niemals Irrthum für Wahrheit gelten lassen, wenn wir nur solchen Dingen beistimmen, die wir klar und deutlich erkennen. Ich sage *gewiß*, weil das Erkenntnißvermögen, das uns der wahrhaftige Gott gegeben hat, sich nicht auf den Irrthum hinrichten kann, und ebensowenig das Vermögen der Beistimmung, wenn es sich blos auf das erstreckt, was wir deutlich erkennen. Und selbst wenn dies durch keinen Grund bewiesen würde, so ist es doch allen Gemüthern von Natur so eingeprägt, daß wir unwillkürlich den Vorstellungen beistimmen, die wir klar erkennen, und auf keine Weise an ihrer Wahrheit zweifeln.

§ 44. Ebenso ist es gewiß, daß, wenn wir irgend einem Grunde, den wir nicht erkennen, beistimmen, wir entweder irren oder nur durch Zufall die Wahrheit treffen, und somit nicht wissen, daß wir recht haben. Indessen geschieht es in der That selten, daß wir den Objecten mit dem *Bewußtsein* der Nichterkenntniß beistimmen, denn die natürliche Vernunft heißt uns nur über erkannte Dinge urtheilen. *Darin aber irren wir am häufigsten, daß wir in vielen Dingen meinen, wir hätten sie längst erkannt, sie dem Gedächtniß überlassen und nun bejahen, als ob sie vollkommen erkannt wären, während wir sie in Wahrheit doch niemals erkannt haben.*

§ 45. Ja sehr viele Menschen begreifen in ihrem ganzen Leben Nichts so richtig, um sicher darüber zu urtheilen. Denn zu einer Einsicht, auf die ein sicheres und unbedenkliches Urtheil sich gründen kann, gehört nicht blos, daß sie klar, sondern auch, daß sie deutlich ist. *Klar* nenne ich die Vorstellung, welche dem aufmerksamen Geist gegenwärtig und offen ist, so wie wir sagen, wir sehen klar, wenn das Object dem anschauenden Auge gegenwärtig und der Gesichtseindruck stark und bestimmt genug ist. *Deutlich* aber nenne ich die Vorstellung, welche klar und zugleich von allem Anderen so geschieden und abgeschnitten ist, daß sie nur Klares in sich enthält.

§ 46. Wenn z. B. Jemand irgend einen heftigen *Schmerz* empfindet, so ist diese Vorstellung des Schmerzes in ihm zwar ganz klar, aber nicht immer deutlich, denn gewöhnlich verwirren die Menschen jene Vorstellung mit ihrem dunkeln Urtheile von dem Object, das ihrer Meinung nach an der schmerzhaften Stelle der Empfindung des Schmerzes, den sie allein klar vorstellen, ähnlich ist. Und so kann eine Vorstellung klar sein, die nicht deutlich ist, aber keine Vorstellung deutlich, ohne zugleich klar zu sein.

§ 47. Nun ist in der Kindheit der Geist so sehr in den Körper versenkt, daß er zwar Mancherlei klar, doch nie etwas deutlich vorgestellt hat, und da er in jener Zeit dennoch über Vieles geurtheilt, so stammen von hier die vielen Vorurtheile, welche die meisten Menschen auch später nie ablegen. Um uns von diesen Vorurtheilen losmachen zu können, will ich hier insgesammt alle die einfachen Begriffe aufzählen, aus denen unsere Gedanken bestehen, und ich will unterscheiden, was in einem jeden dieser Begriffe klar und was dunkel oder so beschaffen ist, daß wir darin irren können.

§ 48. Was auch nur unter unsere Vorstellung fällt, betrachten wir entweder als Dinge oder Beschaffenheiten der Dinge oder als ewige Wahrheiten, die keine Existenz außer unserem Denken haben.

Von den Begriffen, die sich auf Dinge beziehen, sind die allgemeinsten Substanz, Dauer, Ordnung, Zahl und andere der Art, die sich auf alle Gattungen der Dinge erstrecken. Doch erkenne ich nicht mehr als *zwei* oberste Gattungen der Dinge: die eine der intellectuellen Dinge oder Gedankenwesen, d. h. Alles, was zum *Geist* oder zur denkenden Substanz gehört, die andere der materiellen Dinge oder Alles, was zur ausgedehnten Substanz d. h. zum *Körper* gehört.

Vorstellung, Wille und alle Arten sowohl des Vorstellens als des Wollens gehören zur denkenden Substanz; zur ausgedehnten dagegen Größe oder die Ausdehnung selbst in Länge, Breite und Tiefe, Figur, Bewegung, auch Lage und Theilbarkeit der Theile und Anderes dergleichen.

Aber wir erfahren in uns noch manches Andere, das sich weder blos auf den Geist noch blos auf den Körper beziehen läßt, und das, wie unten an seinem Ort gezeigt werden wird, von der engen und innigen Vereinigung des Geistes mit dem Körper herrührt, nämlich die *Triebe* des Hungers, des Durstes u. s. f. Und ebenso die Gemüthsbewegungen oder *Leidenschaften*, die nicht blos im Denken bestehen, wie die Bewegung zum Zorn, zur Heiterkeit, Trauer, Liebe u. s. f. Und zuletzt alle *Empfindungen* z. B. Schmerz, Kitzel, Licht, Farbe, Töne, Geruch, Geschmack, Wärme, Härte und die anderen fühlbaren Beschaffenheiten.

§ 49. Dieses Alles betrachten wir gleichsam als Dinge oder als Beschaffenheiten oder Modi der Dinge. Wenn wir aber anerkennen, daß unmöglich aus Nichts Etwas werden könne, so wird dieser Satz: »*aus Nichts wird Nichts*« nicht als ein existirendes Ding, auch nicht als Modus eines Dinges angesehen, sondern als eine *ewige Wahrheit,* die unserem Geiste inwohnt und Gemeinbegriff oder Axiom heißt. Von dieser Art sind die Sätze: »unmöglich kann dasselbe zugleich sein und nicht sein«, »was geschehen ist, kann nicht ungeschehen gemacht werden«, »der Denkende muß, während er denkt, existiren«, und unzählige andere, die zwar nicht leicht alle aufzuzählen sind, doch nothwendig gewußt werden, sobald der Anlaß kommt, ihrer zu gedenken, und wir durch keine Vorurtheile verblendet werden.

§ 50. Was nun diese Gemeinbegriffe anlangt, so ist kein Zweifel, daß sie klar und deutlich zu erkennen sind, denn sonst würden sie nicht Gemeinbegriffe heißen. Wie denn auch einige darunter nicht gleichmäßig bei Allen jenen Namen verdienen, weil sie nicht gleichmäßig von Allen erkannt werden. Nicht deßhalb, glaube ich, weil das Erkenntnißvermögen bei dem Einen weiter reicht als bei dem Andern, sondern weil jene Grundbegriffe den vorgefaßten Meinungen gewisser Leute widerstreiten, die sie deßhalb nicht leicht fassen können, auch wenn manche Andere, die jene Vorurtheile nicht haben, diese Wahrheiten auf das Klarste einsehen.

§ 51. Was aber jene Objecte betrifft, die wir als *Dinge* oder deren *Modi* ansehen, so ist es der Mühe werth, sie einzeln jedes für sich zu betrachten.

Unter *Substanz* können wir nur ein Wesen verstehen, welches so existirt, daß es zu seiner Existenz keines anderen Wesens bedarf. Und zwar kann unter der Substanz, die in keiner Weise eines anderen Wesens bedarf, nur *eine einzige* verstanden werden, nämlich *Gott*. Alle anderen dagegen können begreiflicherweise nur unter der Mitwirkung Gottes existieren. Und so paßt der Name Substanz nicht »univoce«, wie sich die Schule ausdrückt, auf Gott und jene andere Wesen, d. h. es giebt keine Bedeutung des Wortes Substanz, die von Gott und den Creaturen gemeinschaftlich gelten könnte.

§ 52. Dagegen lassen sich die körperliche Substanz und der geschaffene Geist oder die denkende Substanz unter diesen gemeinschaftlichen Begriff fassen, *daß sie Wesens sind, die zu ihrer Existenz blos Gottes Mitwirkung bedürfen.*

Indessen läßt sich aus der bloßen Existenz die Substanz zunächst nicht wahrnehmen, denn die bloße Existenz an sich macht sich uns nicht wahrnehmbar, sondern wir anerkennen die Substanz leicht aus einem ihrer *Attribute* jenem Satze gemäß: daß Attribute oder Eigenschaften oder Beschaffenheiten unmöglich gleich Nichts sind. Daraus nämlich, daß wir erkennen, es sei irgend ein Attribut vorhanden, schließen wir leicht, daß auch ein existirendes Wesen oder eine Substanz, der jenes Attribut zukomme, dasein müsse.

§ 53. Und zwar wird aus jedem beliebigen Attribute die Substanz erkannt. Doch giebt es bei jeder Substanz *eine* hauptsächliche Eigenschaft, die deren Natur und Wesen ausmacht, und auf die sich alle übrigen zurückführen lassen. So macht die *Ausdehnung* in Länge, Breite und Tiefe das Wesen der körperlichen Substanz aus, und das *Denken* das der denkenden. Denn Alles, was sonst noch dem Körper zugeschrieben werden kann, setzt die Ausdehnung voraus und ist nur eine Art und Weise der Ausdehnung, und ebenso sind alle Vorgänge in unserm Geist nur verschiedene Weisen des Denkens. So läßt sich z. B. Figur nur in einem ausgedehnten Wesen, Bewegung nur im Raum, Einbildung, Empfindung, Wille nur in einem denkenden Wesen begreifen. Dagegen läßt sich die Ausdehnung ohne Figur und Bewegung, das Denken ohne Einbildung oder Empfindung begreifen, und so in anderen Fällen, wie es Jedem bei einiger Ueberlegung einleuchtet.

§ 54. So können wir leicht *zwei klare und deutliche Begriffe oder Ideen* haben: die einer geschaffenen Substanz, welche denkt, und die einer körperlichen Substanz, wenn wir nämlich alle Attribute des Denkens genau von den Attributen der Ausdehnung unterscheiden. Wie wir denn auch eine klare und deutliche Idee haben können von einer ungeschaffenen und unabhängigen Substanz, welche denkt, d. i. von Gott, wenn wir nur nicht dabei voraussetzen, daß diese Idee *Alles*, das in Gott ist, vollkommen ausdrücken solle, und wir auch selbst in dieser Idee nichts willkürlich annehmen, sondern nur darauf achten, was sie in Wahrheit in sich enthält, und was, wie wir klar erkennen, zur Natur des vollkommensten Wesens gehört.

§ 55. Dauer, Ordnung, Zahl werden von uns ganz deutlich erkannt werden, wenn wir ihnen keinen Substanzbegriff andichten, sondern dafür halten: die *Dauer* irgend eines Dinges sei blos ein Modus, unter welchem wir das Ding begreifen, sofern es zu sein beharrt, und ebenso seien *Ordnung* und *Zahl* nichts von den geordneten und gezählten Dingen Verschiedenes, sondern blos Modi, unter denen wir jene Dinge betrachten.

§ 56. Und zwar begreifen wir hier unter *Modi* ganz dasselbe als sonst unter *Attributen* oder *Beschaffenheiten*.

Erwägen wir, daß sie die Substanz afficiren und verändern, so nennen wir sie *Modi*; erwägen wir, daß die veränderliche Substanz als eine so oder anders beschaffene bezeichnet werden kann, so nennen wir jene Modi *Beschaffenheiten* (Qualitäten); sehen wir endlich im Allgemeinen, daß *nur* solche Beschaffenheiten der Substanz inwohnen, so nennen wir sie *Attribute*.

Darum sagen wir, daß es in Gott nicht eigentlich Modi oder Beschaffenheiten, sondern nur *Attribute* giebt, denn es läßt sich in Gott keine Veränderung denken. Und ebenso muß in den geschaffenen Dingen das, was darin sich immer gleich bleibt, wie in einem existirenden und dauernden Dinge die Existenz und Dauer, nicht Beschaffenheit oder Modus, sondern Attribut heißen.

§ 57. Die Einen sind in den Dingen selbst, deren Attribute oder Modi sie heißen, die Anderen nur in unserem Denken. So ist die *Zeit,* wenn wir sie von der Dauer im Allgemeinen genommen unterscheiden und sagen, sie sei die *Zahl der Bewegung,* blos ein Modus des Denkens. Denn die Dauer der Dinge ist offenbar in der Bewegung dieselbe als in der Ruhe, wie daraus erhellt, daß, wenn sich zwei Körper eine Stunde lang bewegen, der eine langsam, der andere schnell, wir bei dem einen ebenso viel Zeit als bei dem anderen, obgleich bei dem letzteren weit mehr Bewegung zählen. Um aber die Dauer der Dinge zu messen, so vergleichen wir sie mit der Dauer jener größten und gleichförmigsten Bewegungen, wodurch Jahr und Tag entstehen, und diese so gemessene Dauer nennen wir Zeit. Also ist die Zeit außer der Dauer im Allgemeinen genommen nichts weiter als eine Denkweise.

§ 58. Ebenso ist die *Zahl,* abgesehen von den einzelnen erschaffenen Dingen, im Abstracten und Allgemeinen betrachtet, nur eine Denkweise, wie überhaupt alle sogenannte Universalien.

§ 59. Diese Universalien kommen nur daher, daß wir ein und dieselbe Idee brauchen, um alle unter einander ähnliche Einzeldinge vorzustellen. Wie wir auch ein und dasselbe Wort allen durch jene Idee vorgestellten Dingen beilegen, und dieses Wort ist das Allgemeine.

Wenn wir z. B. zwei Steine sehen und nicht auf deren eigenthümliche Natur, sondern nur darauf achten, daß es zwei sind, so bilden wir die Idee der sogenannten *Zweizahl,* und wenn wir nachher zwei Vögel oder zwei Bäume sehen und ebenfalls nicht ihre eigenthümlichen Beschaffenheiten, sondern nur, daß sie zwei sind, beachten, so wiederholen wir dieselbe Idee als vorher. Diese Idee ist mithin allgemein, wie wir denn auch diese Zahl mit demselben allgemeinen Wort als »Zwei« bezeichnen. Ebenso, wenn wir eine von drei Linien eingeschlossene Figur betrachten, so bilden wir uns deren Idee und nennen sie die Idee eines Dreiecks und dann brauchen wir sie, um uns alle mögliche, von drei Linien begrenzte Figuren vorzustellen. Bemerken wir nun weiter, daß von den Dreiecken die einen einen rechten Winkel haben, die anderen ihn nicht haben, so bilden wir die allgemeine Idee eines rechtwinkligen Dreiecks, die in Rücksicht auf jene erste allgemeine Idee Art (Spezies) genannt wird. Und diese rechtwinklige Beschaffenheit des Dreiecks ist die *Gattungsdifferenz,* wodurch alle rechtwinklige Dreiecke von allen anderen unterschieden werden. Und daß in diesen Dreiecken das Quadrat der Hypotenuse gleich ist den summirten Quadraten der Katheten, das ist eine *Eigenthümlichkeit,* die allen rechtwinkligen Dreiecken und blos ihnen zukömmt. Endlich wenn wir den Fall haben, daß einige dieser so beschaffenen Dreiecke sich bewegen, andere ruhen, so wird dies eine allgemeine zufällige Beschaffenheit sein (accidens universale).

Und so werden gewöhnlich diese fünf Universalien aufgezählt: Gattung, Art, Artunterschied, Eigenthümlichkeit und zufällige Beschaffenheit (genus, species, differentia, proprium, accidens).

§ 60. Die Zahl aber in den Dingen selbst entsteht durch deren Unterscheidung. Diese Unterscheidung ist dreifach: real, modal, rational. Real ist sie im eigentlichen Sinn nur zwischen *zwei oder mehreren Substanzen.* Daß diese thatsächlich von einander verschieden sind, erkennen wir daraus allein, daß die eine ohne die andere sich klar und deutlich erkennen läßt. Indem wir Gottes Dasein anerkennen, sind wir gewiß, daß er in's Werk setzen könne Alles, was wir deutlich einsehen. So sind wir z. B. blos deßhalb, weil wir die Idee einer ausgedehnten oder körperlichen Substanz haben, so wenig wir schon wissen, ob eine solche Substanz in Wahrheit existirt, dennoch gewiß, daß sie existiren kann, und wenn sie existirt, daß jeder Theil derselben, den wir in Gedanken abgrenzen, von allen übrigen Theilen der Substanz zugleich unterschieden sei. Und daraus allein, daß ein Jeder sich als denkendes Wesen begreift, und daß er in Gedanken jedes andere Wesen, denkendes wie ausgedehntes, von sich ausschließen kann, folgt ebenfalls sicher, daß jeder Einzelne, so betrachtet, von jeder andern denkenden und von jeder körperlichen Substanz wirklich verschieden ist.

Und selbst bei der Annahme, Gott habe mit dem denkenden Wesen ein körperliches so eng als möglich verbunden und aus beiden gleichsam *eines* zusammengefügt, bleiben die beiden Substanzen dennoch realiter verschieden. Denn wie eng sie Gott auch vereinigt hat, so konnte er doch nicht selbst die Macht von sich abthun, die er vorher hatte, um jene Substanzen zu trennen oder die eine ohne die andere zu erhalten. Und was Gott von einander trennen oder abgesondert erhalten kann, das ist in Wirklichkeit unterschieden.

§ 61. Die *modale* Unterscheidung ist eine zweifache: die eine zwischen dem eigentlich sogenannten *Modus und der Substanz,* deren Modus er ist, die andre zwischen *zwei Modi eben derselben Substanz.* Der erste Unterschied erhellt daraus, daß wir zwar die Substanz ohne den von ihr verschiedenen Modus klar begreifen können, aber nicht umgekehrt diesen Modus ohne die Substanz. Wie Figur und Bewegung sich modaliter von der körperlichen Substanz unterscheiden, so auch Bejahung und Erinnerung vom Geist. Der zweite Unterschied erhellt daraus, daß wir wohl einen Modus ohne den andern und umgekehrt zu erkennen vermögen, aber keinen ohne die Substanz selbst, der sie inwohnen. Z. B. wenn ein Stein sich bewegt und viereckig ist, so kann ich wohl seine viereckige

Figur ohne Bewegung und umgekehrt seine Bewegung ohne die viereckige Figur begreifen, aber weder die Bewegung noch diese Figur ohne die Substanz des Steines.

Der Unterschied aber zwischen dem Modus einer Substanz und einer anderen Substanz oder dem Modus einer anderen Substanz, wie z. B. die Bewegung eines Körpers sich von einem andern Körper oder vom Geist unterscheidet, und wie die Bewegung vom Zweifel: dieser Unterschied muß eher real als modal heißen, weil jene Modi sich nicht klar erkennen lassen ohne die real verschiedenen Substanzen, deren Modi sie sind.

§ 62. Die *rationale* Unterscheidung endlich besteht zwischen der *Substanz und einem ihrer Attribute,* ohne welches sie selbst nicht begriffen werden kann, oder zwischen *zwei solchen Attributen* einer und derselben Substanz. Und daraus zeigt sich, daß wir die klare und deutliche Idee einer Substanz nicht bilden können, wenn wir das Attribut von ihr ausschließen, und ebenso wenig die Idee eines ihrer Attribute klar zu erkennen vermögen, wenn wir es von einem andern Attribute absondern.

Wenn z. B. eine Substanz aufhörte zu dauern, so hörte sie auch auf zu sein. Also war sie nur durch unser Denken von ihrer Dauer unterschieden. Und alle Denkweisen, die wir als Attribute der Dinge ansehen, sind nur durch unser Denken sowohl von den Dingen, denen sie zukommen, als auch in einem und demselben Dinge von einander verschieden.

Ich erinnere mich, diese Art der Unterscheidung mit der modalen einmal vermengt zu haben, nämlich am Ende meiner Erwiederung auf die ersten Einwürfe gegen die Betrachtungen über die Grundlegung der Philosophie; indessen hatte ich an jener Stelle keinen Anlaß, genauer hierüber zu handeln, und für meine damaligen Zwecke reichte es hin, jene beiden Arten von der realen zu unterscheiden.

§ 63. Denken und Ausdehnung lassen sich betrachten als die Wesenseigenthümlichkeiten der erkennenden und körperlichen Substanz, und sie müssen ganz so, *wie die denkende und ausgedehnte Substanz selbst,* d. h. wie Geist und Körper, begriffen werden. So werden sie auf das Klarste und Deutlichste erkannt. Ja, wir erkennen sogar die ausgedehnte oder auch die denkende Substanz leichter als die bloße Substanz, abgesehen von ihrer denkenden oder ausgedehnten Beschaffenheit, denn es hat einige Schwierigkeit, den Begriff der Substanz von den Begriffen des Denkens und der Ausdehnung zu abstrahiren. Diese nämlich sind von der Substanz selbst nur durch unser Denken unterschieden. Und der Begriff wird dadurch nicht deutlicher, daß wir weniger in ihm zusammenfassen, sondern nur dadurch, daß wir das in ihm Zusammengefaßte von allem Anderen genau unterscheiden.

§ 64. Denken und Ausdehnung kann man auch als Modi der Substanz gelten lassen, sofern nämlich ein und derselbe Geist mehrere verschiedene Gedanken haben kann, und ein und derselbe Körper bei gleicher Masse sich auf verschiedene Weise ausdehnen läßt, jetzt mehr nach der Länge und weniger nach Breite und Tiefe und bald weniger nach der Länge und weniger nach Breite und Tiefe und bald nachher in der entgegengesetzten Weise mehr nach der Breite und weniger nach der Länge. Dann werden sie von der Substanz modaliter unterschieden und eben so klar und deutlich als jene selbst erkannt, nur daß sie nicht als Substanzen oder besonders für sich existierende Dinge, sondern nur als Modi der Dinge angesehen werden.

Denn dadurch, daß wir sie in den Substanzen, deren Modi sie sind, betrachten, unterscheiden wir sie von den Substanzen und erkennen sie so, wie sie in Wahrheit sind. Wollten wir sie dagegen ohne die Substanzen, denen sie inwohnen, betrachten, so würden wir sie als für sich existirende Wesen ansehen und auf diese Weise die Begriffe Modus und Substanz verwirren.

§ 65. Auf dieselbe Weise werden wir die verschiedenen Modi des Denkens, wie Einsicht, Einbildung, Erinnerung, Begehrung u. s. f. und ebenso die verschiedenen Modi der Ausdehnung oder die zur Ausdehnung gehören, wie alle Figuren, Lage und Bewegung der Theile am besten erkennen, wenn wir sie nur als Modi der Dinge, denen sie inwohnen, betrachten, und was die Bewegung betrifft, wenn wir sie blos als Ortsveränderung nehmen und keine Untersuchung über die *Kraft*, die sie hervorbringt, anstellen. Doch werde ich an seinem Orte suchen, diesen Begriff der Kraft zu entwickeln.

§ 66. Es sind noch übrig die Empfindungen, Gemüthsbewegungen und Triebe, die zwar ebenfalls sich klar erkennen lassen, wenn man sich nur sorgfältig hütet, mehr davon auszusagen, als genau genommen in unserer Vorstellung liegt und dessen wir uns innerlich bewußt sind. Aber es ist sehr schwierig, dies zu beobachten, wenigstens in Betreff der Empfindungen. Denn wir Alle haben von Kindheit an gemeint, Alles, was wir empfunden, seien gewisse außer unserm Geist existirende und unsren Empfindungen, d. h. den Vorstellungen, die wir davon haben, ganz ähnliche Dinge. Sahen wir z. B. Farbe, so meinten wir, ein außer uns befindliches und jener in uns empfundenen Idee der Farbe ähnliches Ding zu sehen. Und aus Gewohnheit, so zu urtheilen, meinten wir, die Sache so klar und deutlich zu sehen, daß wir sie für gewiß und unzweifelhaft hielten.

§ 67. Dasselbe gilt ganz und gar auch von allen andern Empfindungen, sogar von *Kitzel* und *Schmerz*. Denn wenn man auch nicht meint, daß diese außer uns sind, so pflegt man sie doch nicht als blos im Geist oder in unserer Vorstellung, sondern als in der Hand oder im Fuß oder sonst wo in unserem Körper vorhanden zu betrachten. Wenn wir z. B. einen Schmerz gleichsam im Fuße fühlen, so scheint es, dieser Schmerz sei etwas außer unserem Geist im Fuß Existirendes. Wenn wir das Licht gleichsam in der Sonne sehen, so scheint es, dieses Licht existire außer uns in der Sonne. Der Schein hat in beiden Fällen die gleiche Gewißheit. Aber Beides sind kindische Vorurtheile, wie sich später deutlich zeigen wird.

§ 68. Um aber hier das Klare vom Dunkeln zu unterscheiden, müssen wir sehr sorgfältig beachten, daß Schmerz und Farbe und Anderes der Art klar und deutlich erkannt werden, wenn sie *nur als Empfindungen oder Gedanken* gelten. Wenn man aber meint, sie seien gewisse außer unserem Geist befindliche Dinge, so läßt sich in keiner Weise erkennen, was es für Dinge sind. Sondern, wenn Einer sagt, er sehe in einem Körper Farbe oder fühle in einem Gliede Schmerz, so heißt das ebenso viel, als wenn er sagte, er sehe oder fühle dort Etwas, wovon er ganz und gar nicht wisse, was es sei, d. h. er wisse nicht, was er sehe oder fühle. Verhält er sich weniger kritisch, so wird er zwar leicht glauben, daß er das Ding einigermaßen kenne; er setzt nämlich voraus, es sei jener Empfindung der Farbe oder des Schmerzes, die er in sich erfährt, ähnlich; untersucht er aber, was für ein Ding jene Empfindung der Farbe oder des Schmerzes, die gleichsam in dem farbigen Körper oder in dem schmerzhaften Theile existirt, eigentlich vorstelle, so wird er gleich merken, daß er es nicht weiß.

§ 69. Zumal wenn er bedenkt, wie ganz anders bei dem angeschauten Körper Größe oder Figur oder Bewegung (wenigstens die örtliche, denn die Philosophen haben auch andere von der örtlichen verschiedene Bewegungen erfunden und die Natur der Bewegung dadurch weniger begreiflich gemacht) oder Lage oder Dauer oder Zahl und ähnliche Beschaffenheiten des Körpers, die sich deutlich vorstellen lassen, erkennt, als Farbe oder Schmerz oder Geruch oder Geschmack, oder was sonst noch zu den Empfindungen gehört. Zwar sind wir beim Anblick eines Körpers seiner Existenz ebenso gewiß, weil er gestaltet als weil er gefärbt erscheint, aber wir erkennen weit einleuchtender, was es heißt, gestaltet sein, als gefärbt sein.

§ 70. Mithin erhellt: wenn wir sagen, wir nehmen in den Objecten Farben wahr, so ist es in der Sache ganz dasselbe, als wenn wir sagten, wir nehmen in den Objecten Etwas wahr, von dem wir gar nicht wissen, was es ist, von dem aber in uns selbst eine gewisse sehr offenbare und deutliche Empfindung herrührt, die wir Farbenempfindung nennen. Aber in der *Urtheilsweise* ist ein sehr großer Unterschied. Denn so lange wir nur urtheilen, es sei in den Objekten (d. h. in den Dingen, was es nun auch immer für Dinge sind, von denen uns die Empfindungen zukommen) Etwas, das wir nicht kennen, so irren wir so wenig, daß wir uns vielmehr in diesem Punkte vor dem Irrthum bewahren; denn in dem Bewußtsein, etwas nicht zu wissen, sind wir weniger leicht geneigt, in's Blaue darüber zu urtheilen. Setzen wir aber den Fall: wir meinen in den Objecten Farben wahrzunehmen, ohne doch zu wissen, was denn eigentlich das ist, was man Farbe nennt, und ohne daß wir eine Aehnlichkeit zu erkennen vermögen zwischen der Farbe, die im Object sein soll, und jener, die in unserer Empfindung ist; wir sind uns aber dieser unsrer Unwissenheit nicht bewußt; wissen jedoch, daß vieles Andre in den Körpern, wie Größe, Figur, Zahl ganz so, wie es in den Objecten ist oder sein kann, von uns empfunden oder erkannt wird: in *diesem* Falle gerathen wir in den Irrthum, zu urtheilen, es sei, was wir in den Objecten Farbe nennen, etwas der Farbe, die wir empfinden, ganz Aehnliches, und auf diese Weise zu meinen, wir erkennen klar, was wir gar nicht erkennen.

§ 71. Hier dürfen wir den ersten und hauptsächlichsten Grund aller unserer Irrthümer entdecken. In der Kindheit nämlich haftete unser Geist so eng an dem Körper, daß er nur für solche Gedanken Raum hatte, durch welche er die körperlichen Affectionen empfand. Und diese Gedanken bezog er nicht auf etwas außer ihm Befindliches, sondern er empfand nur Schmerz, sobald dem Körper etwas Unangenehmes zustieß, und im entgegengesetzten Falle Lust, und wenn der Körper weder sehr angenehm noch sehr unangenehm afficirt wurde, hatte er nach den verschiedenen Theilen, wo, und nach den verschiedenen Arten, wie die Affection stattfand, auch verschiedene Empfindungen, nämlich die sogenannten Empfindungen des Geschmacks und Geruchs, des Schalls, der Wärme und Kälte, des Lichts, der Farben u.s.f., die nichts außer dem Denken Befindliches vorstellen.

Zugleich hatte er auch die Wahrnehmung von Größen, Figuren, Bewegungen u.s.f., die sich ihm nicht als Empfindungen darstellten, sondern als Dinge oder Modi von Dingen, die außer dem Denken existiren oder wenigstens existiren können, obwohl er diesen Unterschied noch nicht bemerkte.

Und wenn dann die Maschine des Körpers, die von der Natur so eingerichtet ist, daß sie sich aus eigenem Vermögen auf verschiedene Weise bewegen kann, sich von ungefähr hierhin oder dahin wendete und durch Zufall etwas Angenehmes erreichte oder etwas Unangenehmes vermied, so begann der an dem Körper haftende Geist zu merken, es sei außer ihm, was er auf jene Weise erreichte oder vermied, und nun schrieb er diesen Objekten nicht blos Größe, Figur, Bewegung u.s.f. zu, die er als Dinge oder Modi der Dinge ansah, sondern auch Geschmack, Geruch u.s.f., seine eigenen Empfindungen, die er als Wirkungen jener Objecte betrachtete. Und da er Alles nur auf den Nutzen des Körpers bezog, in den er versenkt war, so meinte er, je mehr oder weniger er von einem Object afficirt würde, um so mehr oder weniger Realität sei in dem afficirenden Objecte enthalten. Daher war nach seiner Meinung weit mehr Substanz oder Körperlichkeit in Steinen oder Metallen, als in Wasser oder Luft, weil er in jenen mehr Härte und Gewichtigkeit spürte. Ja die Luft hielt er für gar Nichts, so lange er in ihr keinen Wind oder Kälte oder Wärme wahrnahm. Und weil ihm von den Sternen nicht mehr Licht, als von den kleinen Flammen der Laternen zustrahlte, so stellte er sich deßhalb vor, die Sterne seien nicht größer als jene Flammen. Und weil er weder die kreisförmige Drehung noch die kugelförmige Gestalt der Erde bemerkte, so mochte er deßhalb lieber die Erde für unbeweglich und ihre Oberfläche für eben halten. Und in tausend andere Vorurtheile der Art war unser Geist von der frühsten Kindheit an versunken. Nachher im Knabenalter dachte er nicht daran, daß er jene Vorurtheile ohne zureichende Prüfung aufgenommen habe, sondern als durch die Sinne erkannt oder von der Natur ihm angeboren ließ er sie gelten für vollkommen wahr und einleuchtend.

§ 72. Im reiferen Alter, wenn der Geist nicht mehr dem Körper ganz und gar unterworfen ist und nicht Alles auf ihn bezieht, sondern die wahre Beschaffenheit der Dinge, wie sie an sich sind, untersucht, entdeckt er wohl, daß sehr viele jener früheren Urtheile falsch sind. Doch deßhalb entläßt er diese Urtheile nicht aus dem *Gedächtniß,* und so lange sie hier haften, sind sie Ursache zu mannigfaltigen Irrthümern. So haben wir uns z. B. als Kinder eingebildet, die Sterne seien sehr klein, und wenn jetzt auch die astronomischen Gründe uns einleuchtend die ungeheure Größe der Sterne beweisen, so gilt doch jene vorgefaßte Meinung immer noch so viel, daß es uns sehr schwer fällt, die Sterne anders als ehedem vorzustellen.

§ 73. Dazu kommt, daß unser Geist auf einige Dinge nicht ohne Schwierigkeit und Ermüdung achten kann, und am schwierigsten von allen Objecten ist eben die Betrachtung solcher, die weder den Sinnen noch selbst der Einbildung gegenwärtig sind; sei es nun, weil seine Natur wegen ihrer Verbindung mit dem Körper eine solche Beschaffenheit hat, sei es, weil er in der Kindheit, wo er sich bloß mit Objecten der Sinne und der Einbildung beschäftigte, sich eine größere Uebung und Leichtigkeit angeeignet hat, über die sinnlichen Dinge zu denken als über die andern. Daher begreifen so Viele die Substanz nur als Objekt der Einbildung, als körperliches und sogar sinnliches Ding. Denn sie wissen nicht, daß sich nur solche Objecte einbilden lassen, die in der Ausdehnung, Bewegung, Gestalt bestehen, während doch viele andere Objecte *denkbar* sind. So meinen sie, es gebe keine andere Substanzen als *Körper* und keine andere Körper als *sinnliche.* Und weil wir, wie später sich deutlich zeigen wird, kein Wesen, wie es an sich ist, bloß durch die Sinne erkennen, so kommt es, *daß die meisten in ihrem ganzen Leben nur unklare Einsichten haben.*

§ 74. Endlich bringt es die Nothwendigkeit der Rede mit sich, daß wir alle unsere Begriffe an Worte, wodurch wir sie ausdrücken, heften und sie mit den Worten zugleich dem Gedächtniß anvertrauen. Da wir uns nun nachher leichter an die Worte als an die Sachen erinnern, so haben wir fast nie den Begriff einer Sache so deutlich, daß wir ihn von allem Wortbegriff absondern können. Und die Gedanken fast aller Menschen haben mehr mit den Worten, als mit den Dingen zu thun, so daß sie sehr häufig unverstandenen Worten ihren Beifall geben, weil sie meinen, sie hätten sie einst verstanden oder von Andern, die sie richtig begriffen, empfangen.

Alle diese Erklärungen, so wenig ich sie an dieser Stelle genau darlegen kann, denn ich habe die Natur des menschlichen Körpers noch nicht auseinandergesetzt und noch nicht bewiesen, daß überhaupt ein Körper existirt, scheinen doch begreiflich genug, um mit ihrer Hülfe die klaren und deutlichen Begriffe von den dunkeln und unklaren zu unterscheiden.

§ 75. Also um ernsthaft zu philosophiren und die Wahrheit aller erkennbaren Dinge zu erforschen, müssen vor allem die Vorurtheile abgelegt werden, oder man muß sich sorgfältig hüten, den überlieferten Meinungen Glauben zu schenken, es sei denn, daß wir sie nach einer neuen Prüfung als wahr befunden.

Dann müssen wir in geordneter Reihe auf die Begriffe unsere Aufmerksamkeit richten, die wir selbst in uns haben; und nur die Begriffe, welche wir bei einer solchen Betrachtung klar und deutlich erkennen, dürfen allein als wahr gelten.

Bei dieser Betrachtung werden wir zuerst beweisen, daß *wir existiren,* sofern wir denkender Natur sind, und zugleich, daß auch *ein Gott ist,* von dem wir abhängen, und daß aus der Betrachtung seiner Eigenschaften die Wahrheit aller übrigen Wesen erforscht werden könne, da er ja die Ursache derselben ist. Endlich, daß außer den Begriffen Gottes und unseres Geistes auch die Kenntniß vieler *ewiger Wahrheiten* in uns sei, wie z. B. daß aus Nichts Nichts wird u. s. f., und eben so die Kenntniß einer *körperlichen* oder ausgedehnten, theilbaren, beweglichen Natur, eben so die gewisser *Empfindungen,* die uns afficiren, wie des Schmerzes, der Farben, des Geschmacks u. s. f., obgleich wir noch nicht wissen, aus welcher Ursache sie uns so afficiren.

Und wenn wir dieses mit jenen unklaren Gedanken von ehedem vergleichen, so werden wir uns gewöhnen, von allen erkennbaren Dingen klare und deutliche Begriffe zu bilden.

In diesen wenigen Sätzen sind, so scheint mir, die hauptsächlichsten Principien der menschlichen Erkenntniß enthalten.

§ 76. Dazu müssen wir unserm Gedächtniß als oberste Regel einprägen: daß die göttlichen Offenbarungen zu glauben sind als unter allen Wahrheiten die sichersten. Und wenn auch das Licht der Vernunft uns auf das Klarste und Einleuchtendste etwas Anderes darzubieten den Schein hätte, so ist doch das göttliche Ansehen glaubwürdiger als unser eigenes Urtheil.

Aber in den Dingen, worüber die Religion Nichts lehrt, darf der Philosoph Nichts für wahr gelten lassen, das er nicht als wahr eingesehen hat, und *wenn er den Sinnen mehr Glauben schenkt, so heißt dies so viel, als den unbedachten Urtheilen des kindischen Alters mehr trauen, als der reifen Vernunft.*

Thomas Hobbes

Das Vorbild der galileischen Mechanik ist auch für einen älteren Zeitgenossen Descartes', für Thomas Hobbes, bestimmend. Thomas Hobbes hat in der Geschichte der politischen Theorien eine unbestrittene, bedeutende Stellung. Er verteidigte das Ideal der absoluten Staatsmacht – der Monarchie – in seinem berühmten Werk *Leviathan* (1651) und hat in der Untersuchung der Triebkräfte des menschlichen Zusammenlebens das Vorbild der Mechanik auf Staat und Gesellschaft angewendet. In der Folgezeit wie zu seinen Lebzeiten wurde er durch die Radikalität dieser Ansichten zum Gegenstand der heftigsten Angriffe, vor allem seitens der Kirche. Auch sonst schlug seine Stunde erst im Zeitalter der modernen Gesellschaftstheorien, d. h. erst nach Auguste Comtes »philosophie positive«. Wenn er in unserem Zusammenhang zu Worte kommt, so nicht mit seiner Staatstheorie, sondern mit einigen Kapiteln aus seiner Naturphilosophie. Tatsächlich verdient Hobbes gerade auch in dieser Hinsicht Beachtung. Sein Hauptwerk *De Corpore* (1655), über den Körper, bestimmt nicht einen Teilaspekt dieser Erkenntnis, sondern das Ganze des Gegenstandes der Philosophie. Denn seine erste und leitende Überzeugung ist, daß es nur Bewegung von Körpern gibt. Er gilt insofern als Materialist. Die von uns zum Abdruck gebrachten Kapitel aus seiner Schrift *De Corpore* haben aber ihr besonderes Interesse darin, daß Hobbes' konstruktives Ideal, dem er methodisch durch seine Rückwendung zum entschiedenen Nominalismus den Boden bereitete, erstaunliche Analogien zu entsprechenden Theorien des späteren Idealismus aufweist. Das konstruktive Programm, dem Hobbes folgt, indem er etwa die Begriffe von Raum und Zeit entwickelt, beruht auf der fiktiven Annahme, daß bis auf das denkende Ich die ganze Welt vernichtet sei, und er sucht zu zeigen, wie sich rein aus dem inneren Vorstellungsbesitz des Bewußtseins diese Grundkategorien der Naturerkenntnis und Welterfahrung erzeugen lassen. Es ist also eine eigentümliche, genetisch konstruktive Theorie des A priori, die er hier durchführt. Sie hat in der konstruktiven Phänomenologie Husserls in unserem Jahrhundert ihre genaue methodische Analogie gefunden.

Hobbes war aber nicht nur ein großer Bewunderer der galileischen Wissenschaft der Mechanik. Er hat auch die methodischen Ideale der mathematischen Erkenntnis auf seine logische Grundlegung der Philosophie übertragen, daher ein extremer Nominalismus. Denken heißt ihm rechnen mit Begriffen, und Begriffe sind ihm die zeichenhaften Festlegungen unseres Verstandes. Der Antrieb hinter allem ist, durch Erklärung des Zustandekommens von Wirkungen aus ihren Ursachen den Lauf der Dinge in die Hand zu bekommen. So steht als eigentliches Ideal der Wissenschaft hinter Hobbes' Aufbau einer rationalen Philosophie die Idee der Technik. Nicht zufällig war er in jungen Jahren in der nächsten Umgebung von Francis Bacon. ›Wissen ist Macht‹, das ist auch sein Leitspruch gewesen.

Grundzüge der Philosophie
Vom Körper

Von Ort und Zeit

1. Die Philosophie der Natur werden wir am besten (wie bereits oben erwähnt wurde) mit der Privation beginnen, d. h. mit der Idee einer allgemeinen Weltvernichtung. Gesetzt also, alle Dinge wären vernichtet, so könnte man fragen, was einem Menschen (der allein von dieser Weltvernichtung ausgenommen sein soll) noch als Gegenstand philosophischer Betrachtung und wissenschaftlicher Erkenntnis übrig bliebe oder was er zum Aufbau der Wissenschaft zu benennen dann noch Anlaß hätte.

Ich behaupte nun, daß diesem Menschen die Vorstellungen von der Welt und all den Körpern, die er vor ihrer angenommenen Vernichtung mit seinen Augen geschaut oder anderen Sinnen wahrgenommen hätte, zurückbleiben werden, d. h. Erinnerungen und Vorstellungen von Größen, Bewegungen, Tönen, Farben und entsprechend Vorstellungen ihrer Ordnung und ihrer Teile. Alle diese Dinge sind zwar bloß Ideen und Phantasmen, die nur in seiner Einbildung existieren; gleichwohl werden sie ihm als äußerliche erscheinen, als ob sie in keiner Weise von seinem Geiste abhängig wären. Und dies sind die Dinge, die er mit Namen belegen und gedanklich miteinander verbinden und voneinander trennen würde. Denn da nach Voraussetzung der nach der Zerstörung aller Dinge allein übrigbleibende Mensch denken, vorstellen und sich erinnern soll, so kann das, woran er denkt, nur das Vergangene sein. Ja, wenn wir genau betrachten, was wir tun, wenn wir denken und schließen, werden wir finden, daß auch dann, wenn alle Dinge in der Welt bestehen, wir doch immer nur unsere eigenen Phantasmen ins Auge fassen und vergleichen. Um Größen und Bewegungen am Himmel und auf Erden zu berechnen, steigen wir nicht zum Himmel empor, um ihn zu teilen und die Bewegungen dort zu messen, sondern wir tun das ruhig in unserem Studierzimmer oder im Dunkeln. Dinge können nämlich in doppelter Weise wissenschaftlich betrachtet werden; einmal als innere Zustände unseres Geistes, wie es geschieht, wenn es sich um Erforschung unserer geistigen Fähigkeiten handelt; oder als äußerer Dinge Bilder, die zwar nicht reell existieren, sondern nur zu existieren, d. h. ein Sein außerhalb unserer zu haben scheinen. Und in dieser Weise werden wir sie nunmehr zu betrachten haben.

2. Erinnern wir uns eines Dinges, das in der Welt vor deren angenommener Vernichtung war, oder vergegenwärtigen wir es uns in unserer Phantasie und achten wir (wobei wir seine Beschaffenheit außer Betracht lassen) nur darauf, daß es ein Sein außerhalb des Geistes hatte, so gelangen wir zu einer Vorstellung, die wir »Raum« nennen. Es ist dies zwar nur ein imaginärer Raum, da er lediglich ein Phantasma ist, aber es ist doch eben dieses Ding, das von allen so genannt wird. Denn niemand hält den Raum für etwas tatsächlich Ausgefülltes, sondern unter Raum wird nur verstanden, was ausgefüllt werden kann; wie auch niemand glaubt, daß die Körper den Raum, den sie einnehmen, mit sich fortbewegen, da doch derselbe Raum bald diesen, bald jenen Körper enthält, was unmöglich wäre, wenn der Raum den Körper, der sich einmal in ihm befindet, immer begleiten würde. Diese Tatsache ist so selbstverständlich, daß sie eigentlich keiner Erläuterung bedarf; doch scheint mir eine solche erforderlich, da sich bei gewissen Philosophen falsche Definitionen des Raumes finden, aus welchen dann falsche Schlüsse sich ergeben. So wird etwa der Raum als Ausdehnung des Körpers bestimmt, und, da Ausdehnung stetig zunehmen kann, schließt man, daß Körper unendlich ausgedehnt sein können, woraus sich ergibt, daß die Welt unendlich ist. Andere schließen aus der nämlichen Definition, daß es selbst für Gott unmöglich wäre, mehr als eine Welt zu schaffen; denn sollte eine andere Welt geschaffen werden, so müßte, da außerhalb der unserigen nichts ist, es also auch (nach jener Definition) keinen Raum gibt, die neue Welt in nichts gesetzt werden; in nichts kann aber nichts gesetzt werden. Das ist aber eine bloße Behauptung, die der Gründe ermangelt; gerade das Gegenteil vielmehr ist richtig. In einen ausgefüllten Raum kann man nichts mehr hineinbringen; ein leerer Raum ist viel geeigneter als ein voller, um neue Körper aufzunehmen. Nach diesem Abschweif, der nur um jener Philosophen und ihrer Anhänger willen nötig war, kehre ich zu meinem Thema zurück und definiere Raum folgendermaßen: Raum ist das Phantasma eines existierenden Dinges außer uns, sofern es schlechthin existiert, wobei wir kein anderes Accidenz betrachten, als eben dies, daß es außerhalb des vorstellenden Geistes existiert.

3. Wie ein Körper von seiner Größe, so läßt ein bewegter Körper von seiner Bewegung ein Phantasma im Geist zurück, nämlich die Vorstellung von einem Körper, wie er stetig seinen Ort ändert. Diese Vorstellung oder dieses Phantasma ist es, was ich als Zeit bezeichne, wobei ich mich wiederum weder von der allgemeinen Auffassung noch von des Aristoteles' Definition entferne. Alle Menschen geben zu, daß ein Jahr Zeit ist, und glauben doch nicht, daß das Jahr Accidenz oder Zustand oder Modus irgendeines Körpers sei; daher muß man auch zugeben, Zeit nicht in den Dingen an sich außerhalb von uns, sondern nur im

Denken des Geistes besteht. Spricht man etwa von der Zeit seiner Vorfahren, so glaubt man nicht, daß nach ihrem Tode ihre Zeit irgendwo anders sein kann als im Gedächtnis derjenigen, die sich ihrer erinnern. Wer aber behauptet, daß Tage, Jahre und Monate Bewegungen der Sonne und des Mondes seien (da vergangene Bewegung dasselbe sei wie vernichtete und zukünftige Bewegung dasselbe wie noch nicht begonnene) sagt, obwohl er es nicht will, doch dasselbe, nämlich, daß es Zeit an sich überhaupt nicht gäbe, noch gegeben habe, noch geben werde. Wovon man sagen kann: es ist gewesen oder es wird sein, von dem allein könnte man einmal sagen oder wird man einmal sagen können: es ist. Was können daher Tage, Monate und Jahre anders sein als Namen für Vorstellungen, die lediglich in unserem Geiste gebildet werden? Zeit ist sonach ein Phantasma der Bewegung. Denn wenn wir nämlich die Augenblicke, in denen die Zeit dahinfließt, erkennen wollen, nehmen wir irgendeine Bewegung zu Hilfe; so benutzen wir die Sonne, eine Maschine, eine Uhr, ein Stundenglas oder wir zeichnen eine Linie, an welcher entlang (so stellen wir uns vor) irgend etwas bewegt werden mag; auf andere Weise vermögen wir Zeit schlechterdings nicht wahrzunehmen. Aber der Satz, Zeit ist ein Phantasma von Bewegung, ist doch noch keine hinreichende Definition, da wir mit dem Worte Zeit auch das Früher und Später oder die Succession in der Bewegung eines Körpers bezeichnen, insofern er erst hier und dann dort ist. Die vollständige Definition der Zeit muß daher folgendermaßen lauten: Zeit ist das Phantasma des Früher und Später in der Bewegung. Diese Definition stimmt mit der des Aristoteles überein, nach welcher Zeit die Zahl der Bewegung dem Früher und Später gemäß ist, denn dieses Zählen ist ein Akt des Geistes, und daher ist es dasselbe, zu sagen: Zeit ist die Zahl der Bewegung dem Früher und Später gemäß, und: Zeit ist ein Phantasma gezählter Bewegung. Dagegen ist die andere Definition: die Zeit ist das Maß der Bewegung, nicht so exakt, da wir die Zeit durch die Bewegung, nicht aber die Bewegung durch die Zeit messen.

4. Ein Raum wird Teil eines anderen Raumes, eine Zeit Teil einer anderen Zeit genannt, wenn letztere jene und überdies noch anderes enthalten. Woraus folgt, daß im strengen Verstande als Teil nur das bezeichnet werden kann, was mit einem anderen, in dem es selbst enthalten ist, vergleichbar ist.

5. Demnach heißt Teile bilden oder teilen oder Raum oder Zeit zerlegen nichts anderes, als innerhalb ein und desselben etwas und dann etwas anderes und so fort betrachten. Zerlegt man Raum oder Zeit, so ist die Zahl der Vorstellungen, zu denen man gelangt, um eins größer, als die Zahl der Teile, die man bildet. Denn die erste Vorstellung, von der man ausgeht, ist die Vorstellung dessen, das geteilt werden soll; sodann erst

gelangt man zu der eines Teiles von ihm und sodann eines weiteren und so fort, solange man im Teilen fortschreitet.

Es ist aber hervorzuheben, daß unter teilen hier nicht die Trennung oder Auseinanderreißung eines Raumteils oder Zeitabschnitts von anderen, sondern nur gedankliche Scheidung zu verstehen ist; oder glaubt irgend jemand, daß wirklich eine Kugelhälfte von der anderen oder eine Stunde von der folgenden getrennt werden kann? Die Teilung, von der hier die Rede ist, ist nicht ein Werk der Hände, sondern eine Leistung des Geistes.

6. Wenn Raum und Zeit im Verhältnis zu anderen Räumen und Zeiten betrachtet werden, dann heißt jedes eins, nämlich eins von jenen anderen. Aber dies nur, damit ein Raum zu einem anderen hinzugefügt oder von ihm abgezogen werden kann; entsprechendes gilt von der Zeit. An und für sich würde es genügen, schlechthin von Raum oder Zeit zu reden. Könnten wir uns nicht vorstellen, daß es noch andere Räume und Zeiten gäbe, so wäre es überflüssig, von einem Raum oder einer Zeit zu reden. Die gewöhnliche Definition: eins sei dasjenige, was unteilbar ist, führt offenbar zu absurden Konsequenzen, denn man könnte daraus folgern, das, was teilbar ist, bestünde aus mehreren, d. h. alles Teilbare aus Geteilten, was aber nichtssagend ist.

7. Zahl ist eins und eins oder eins, eins und eins und so weiter; nämlich eins und eins ergibt die Zahl zwei; eins, eins und eins die Zahl drei und so entstehen alle die übrigen Zahlen; was dasselbe heißt, als wenn wir sagen würden: Zahl bedeutet Einheiten.

8. Raum aus Räumen oder Zeit aus Zeiten zusammensetzen heißt, sie zuerst nacheinander und dann sie alle zugleich als eins betrachten, wie wenn jemand zuerst Kopf, Füße, Arme und Körper einzeln aufzählt und dann für sie insgesamt Mensch setzt. Was so für die Gesamtheit der unterscheidbaren Einzelheiten, aus denen es besteht, gesetzt wird, wird das Ganze genannt. Und wenn jene Einzelheiten durch Zerlegung des Ganzen in sondernder Betrachtung erfaßt werden, nennt man sie seine Teile. Daher sind das Ganze und die Gesamtheit aller seiner Teile ein und dasselbe Ding. Wie ich schon bemerkte, daß bei der Division es nicht notwendig ist, daß die Teile auseinandergerissen werden, so versteht es sich auch bei der Komposition, daß, um ein Ganzes zu bilden, es nicht nötig ist, die Teile so zusammenzubringen, daß sie sich berühren, sondern nur, daß sie im Geiste summiert werden. Auf diese Weise bilden alle Menschen, zusammen betrachtet, das ganze menschliche Geschlecht, auch wenn sie durch Zeit und Ort noch so weit verstreut sind, und zwölf Stunden, seien es auch Stunden verschiedener Tage, lassen sich als zwölf zusammenfassen.

9. Hat man dies begriffen, so ist klar, daß man richtigerweise nur das

ein Ganzes nennen darf, von dem man einsieht, daß es aus Teilen zusammengesetzt und in Teile geteilt werden kann. Wenn wir deshalb verneinen, etwas könne geteilt werden und besitze Teile, so verneinen wir, daß es ein Ganzes sei. Wenn wir z. B. behaupten, die Seele könne nicht Teile haben, so behaupten wir damit auch, daß keine Seele eine ganze Seele sei. Es ist auch offenbar, daß nichts Teile besitzt, bevor es geteilt wird, und daß, wenn es geteilt worden ist, es nur so viele Teile besitzt, als man Teilungen vorgenommen hat. Ebenso ist der Teil des Teiles auch ein Teil des Ganzen. Denn ein Teil der Zahl vier, etwa zwei, ist auch ein Teil von acht. Denn vier setzt sich zusammen aus zwei und zwei, acht aber aus zwei, zwei und vier. Folglich ist die zwei, die ein Teil des Teiles war, nämlich der vier, wieder ein Teil der ganzen Zahl acht.

10. Zwei Räume, zwischen denen kein anderer Raum ist, werden einander angrenzend genannt. Zwei Zeiten aber, zwischen denen keine andre ist, heißen immediat wie A B, B C. Kontinuierlich heißen sowohl zwei Räume als auch zwei Zeiten, denen irgendein Teil gemeinsam ist, wie A C, B D, bei denen B C der gemeinsame Teil ist; und verschiedene Räume und Zeiten sind kontinuierlich, wenn die benachbarten kontinuierlich sind.

A B C

A B C D

11. Den Teil, der zwischen zwei andern Teilen liegt, nennt man den mittleren; derjenige aber, der nicht zwischen zwei andern Teilen liegt, heißt der äußerste. Von den äußersten Teilen nennt man den, der zuerst aufgezählt wird, Anfang, den, der zuletzt kommt, Ende; alle mittleren Teile aber zusammengenommen den Weg. Die äußersten Teile und die Grenzen sind ein und dasselbe. Hieraus ergibt sich, daß Anfang und Ende von der Reihenfolge unserer Aufzählung abhängen, und daß Raum oder Zeit begrenzen dasselbe ist, wie ihren Anfang und ihr Ende sich vorstellen; ferner, daß jedes einzelne begrenzt oder unbegrenzt ist, je nachdem wir, wie immer, es uns begrenzt vorstellen oder nicht. Die Grenzen einer Zahl sind Einheiten; diejenige Einheit, mit der wir zu zählen anfangen, ist der Anfang, jene aber, mit der wir aufhören, das Ende. Eine Zahl heißt unendlich, wenn von keiner bestimmten Zahl gesprochen wird. Denn wenn wir von den Zahlen: zwei, drei, tausend usw. reden, sind diese stets begrenzt. Wenn man aber den Satz ausspricht: die Zahl ist unendlich, muß man verstehen, daß damit nur so viel gemeint ist, als: dieser Name »Zahl« ist ein indefiniter Name.

12. Raum oder Zeit nennt man endlich oder begrenzt, wenn eine Zahl begrenzter Räume oder Zeiten, wie Schritte, Stunden, bestimmt werden kann, welche größer ist als jede andere Zahl desselben Maßes in jenen Räumen oder jener Zeit; Raum und Zeit sind unendlich, wenn dafür von den genannten Schritten oder Stunden eine größere Zahl als eine beliebig angenommene gegeben werden kann. Man muß aber bemerken, daß,

obgleich in diesem Raum oder in dieser Zeit, die unendlich sind, mehr Schritte oder Stunden gezählt werden können, als irgendeine Zahl anzugeben vermag, jene Zahl dennoch immer begrenzt sein wird; denn jede Zahl ist begrenzt. Also ist folgender Schluß auf die Endlichkeit der Welt falsch: Sollte die Welt unendlich sein, so betrachte man in ihr irgendeinen Teil, der von uns eine unendliche Zahl von Schritten entfernt liegt. Einen solchen Teil gibt es aber nicht, also ist die Welt nicht unendlich. Hier ist die Folgerung aus dem Obersatz falsch. Jede von uns betrachtete Stelle in einem unendlichen Raum wird eine endliche Strecke von uns entfernt sein; denn indem wir sie betrachten, setzen wir dort das Ende desjenigen Raumes, dessen Anfang wir selbst sind, und alles, was wir vom Unendlichen auf beiden Seiten abschneiden, das schließen wir ab, d. h. wir begrenzen es.

Von Raum und Zeit, die unbegrenzbar sind, läßt sich nicht sagen, daß sie ein Ganzes oder eine Einheit seien. Ein Ganzes deshalb nicht, weil es aus keinen Teilen zusammengesetzt werden kann; mag die Zahl der Teile noch so groß sein, falls sie einzeln begrenzt sind, bilden sie auch zusammengenommen ein begrenztes Ganzes. Und auch eine Einheit sind sie nicht, weil Einheit nur im Vergleich mit etwas anderem ausgesagt werden kann; es läßt sich aber nicht einsehen, daß es zwei unendliche Räume oder zwei unendliche Zeiten gibt. Wenn man schließlich fragt, ob die Welt endlich oder unendlich sei, so verliert das Wort Welt seinen Sinn; alles nämlich, was wir uns vorstellen, ist an sich begrenzt, ob wir nun bis zu den Fixsternen oder zur neunten, zehnten oder schließlich bis zur tausendsten Sphäre rechnen. Der Sinn der Frage kann allein sein, ob Gott wirklich so viel Körper häufte, wie wir vermögen Raum zu Raum hinzuzufügen.

13. Wenn man zu sagen pflegt, Raum und Zeit könne ins Unendliche geteilt werden, so darf das nicht so aufgefaßt werden, als ob irgendeine unendliche oder ewige Teilung stattfände; der Sinn dieser Behauptung wird besser auf folgende Weise erklärt: Alle Teile, in die etwas geteilt wird, können wieder geteilt werden; oder so: Es gibt kein kleinstes Teilbares, oder wie es die meisten Geometer formulieren: Keine Quantität ist so klein, daß nicht eine kleinere möglich wäre. Dies läßt sich leicht auf folgende Weise demonstrieren: Ein beliebiger Raum oder eine beliebige Zeit, von denen man meint, sie seien das kleinste Teilbare, werde in zwei gleiche Teile A und B geteilt, so kann, wie ich behaupte, jeder dieser Teile, zum Beispiel A, wieder geteilt werden. Angenommen nämlich, der Teil A berühre auf einer Seite den Teil B, auf der andern aber einen andern Raum, gleich B, so wird dieser ganze Rauam, der größer ist als der gegebene, auch teilbar sein. Ist er demnach in zwei gleiche Teile geteilt, so wird auch A, weil es in der Mitte liegt, in zwei gleiche Teile geteilt werden, also ist A teilbar.

Von Körper und Accidenz

1. Wir wissen nunmehr, was der imaginäre Raum ist, in dem sich, wie wir angenommen haben, nichts außer uns befindet, da alle Dinge, die durch ihre einstmalige Existenz Bilder in unserem Geiste erzeugt hatten, vernichtet sein sollten. Wir nehmen nunmehr an, daß irgendeines dieser Dinge wieder in die Welt gesetzt oder von neuem geschaffen werde. Es wird dann jenes Geschaffene oder wieder in die Welt Gesetzte nicht nur irgendeinen Teil des genannten Raumes einnehmen oder mit ihm zusammenfallen oder mit ihm sich ausdehnen, sondern es wird auch notwendigerweise von unserer Vorstellung ganz und gar unabhängig sein. Das ist es aber, was man wegen seiner Ausdehnung Körper zu nennen pflegt; andrerseits nennt man es wegen seiner Unabhängigkeit von unserm Denken ein Ding, das durch sich selbst besteht, und weil es außerhalb von uns ist, das Existierende; schließlich bezeichnet man es auch als Subjekt, weil es derart in den imaginären Raum gestellt ist und ihm unterliegen soll, daß es mit Sinnen und auch durch die Vernunft erkannt werde. Daher lautet die Definition des Körpers folgendermaßen: Körper ist alles, was unabhängig von unserm Denken mit irgendeinem Teile des Raumes zusammenfällt oder sich mit ihm zusammen ausdehnt.

2. Was aber Accidenz ist, das läßt sich nicht so leicht durch eine Definition als vielmehr durch Beispiele entwickeln. Denken wir uns also, ein Körper nehme irgendeinen Raum ein oder dehne sich mit ihm zusammen aus, so ist diese Ausdehnung doch nicht der ausgedehnte Körper selbst. Denken wir uns ebenso weiter, daß derselbe Körper seinen Ort ändere, so ist die Ortsänderung nicht der bewegte Körper selbst. Oder denken wir uns, daß jener Körper in seinem Ort verharre, so ist seine Ruhe nicht der ruhende Körper selbst. Was also sind diese Dinge? Sie sind die Accidenzien des Körpers. Aber die Frage lautet: Was ist ein Accidenz? Welche Frage auf etwas schon Bekanntes geht und keine neue Forschung erfordert. Jeder versteht Sätze, wie daß irgend etwas ausgedehnt sei oder sich bewege oder sich nicht bewege, immer in derselben Weise. Dennoch wünschen die meisten, daß man ihnen sagt: das Accidenz sei irgend etwas, nämlich irgendein Teil der natürlichen Dinge, während es in Wirklichkeit kein Teil davon ist. Die beste Antwort hierauf gibt die Definition des Accidenz, welche es als die Art und Weise bestimmt, in der ein Körper von uns vorgestellt wird; was so viel besagt wie: das Accidenz ist die Fähigkeit eines Körpers, durch die er in uns eine Vorstellung seiner selbst erwirkt. Obgleich diese Definition nicht eine Antwort auf die gestellte Frage ist, beantwortet sie jene andre Frage, die eigentlich hätte gestellt werden müssen, nämlich: Woher kommt es, daß ein Teil des Körpers hier, der andre dort gesehen wird? Die richtige Antwort lautet: Das geschieht

wegen seiner Ausdehnung. Oder: Woher kommt es, daß man den Körper nacheinander bald hier, bald dort erblickt? – Antwort: Wegen der Bewegung. Oder endlich: Woher kommt es, daß ein Körper denselben Raum eine Zeitlang einnimmt? worauf die Antwort lautet: Weil er nicht in Bewegung ist. Handelt es sich um einen konkreten Namen, um den Namen eines Körpers, so muß die Frage, was ist das? durch Definition beantwortet werden, seine Bedeutung muß angegeben werden. Wird aber gefragt, was ein abstrakter Name sei, so wird nach der Ursache gefragt, weshalb etwas so oder so erscheint. Wenn z. B. gefragt wird, was »hart« sei, so wird man antworten: hart ist dasjenige, dessen Teile nicht nachgeben. Wenn dagegen die Frage lautet: Was ist die Härte?, so muß man die Ursache nachweisen, weshalb ein Teil nicht nachgibt, sofern nicht das Ganze nachgibt. Wir definieren also, das Accidenz sei die Art unserer Wahrnehmung eines Körpers.

3. Wenn man behauptet, das Accidenz befinde sich in einem Körper, so ist das nicht so aufzufassen, wie wenn etwas in dem Körper enthalten wäre, z. B. das Rot im Blute in der Weise, wie das Blut im blutbefleckten Kleide, d. h. als Teil im Ganzen; denn dann wäre auch das Accidenz ein Körper – sondern wie die Größe oder Ruhe oder Bewegung in dem ist, was groß ist, was ruht oder was sich bewegt (und jeder wird verstehen, wie dies zu verstehen ist). In dieser und nur in dieser Weise ist ein jedes Accidenz in seinem Subjekte. Das ist auch von Aristoteles auseinandergesetzt worden, nur in negativer Form, nämlich, daß das Accidenz sich im Subjekte befinde, zwar nicht als Teil, sondern so, daß auch ohne dasselbe das Subjekt fortbesteht; was ganz richtig ist, wenn es auch gewisse Accidenzien gibt, die nicht vergehen, ohne daß nicht auch das Subjekt untergeht; denn ohne Ausdehnung oder ohne Form läßt sich kein Körper vorstellen. Die übrigen Accidenzien hingegen, die nicht allen Körpern gemeinsam, sondern nur einzelnen eigentümlich sind, wie: ruhen, sich bewegen, Farbe, Härte und dergleichen, vergehen fortgesetzt und werden durch andre ersetzt, ohne daß der Körper untergeht. Nun könnte es manchem scheinen, daß nicht alle Accidenzien sich in ihren Körpern so befinden wie die Ausdehnung, Bewegung, Ruhe oder Gestalt; z. B. befände sich Farbe, Wärme, Luft, Tugend, Laster und ähnliches, wie sie sagen, anders darin und sei ihnen inhärent. Ich wünschte, daß jene vorläufig ihr Urteil darüber verschieben möchten und etwas warteten, bis wissenschaftlich erforscht ist, ob nicht gerade diese Accidenzien auch gewisse Bewegungen sind, entweder im Geist des Wahrnehmenden oder der Körper selbst, die sinnlich wahrgenommen werden. Denn ein großer Teil der Naturphilosophie besteht gerade in ihrer Erforschung.

4. Die Ausdehnung des Körpers ist dasselbe wie seine Größe oder das, was manche den realen Raum nennen. Die Größe hängt indessen nicht

von unserm Bewußtsein ab wie der imaginäre Raum; dieser ist nämlich eine Wirkung auf unseren Geist, deren Ursache die reale Größe ist. Der imaginäre Raum ist ein Accidenz des Geistes, die Größe das eines Körpers, der außerhalb des Geistes existiert.

5. Der Raum, worunter ich immer den imaginären verstehe, welcher mit der Größe des Körpers zusammenfällt, heißt der Ort oder die Stelle des Körpers. Den Körper selbst nennt man das, was den Ort einnimmt. Nun unterscheiden sich Stelle und die Größe eines Dinges erstens dadurch, daß derselbe Körper immer dieselbe Größe behält, ob er ruht oder sich bewegt, dagegen nicht dieselbe Stelle, wenn er in Bewegung ist. Der zweite Unterschied liegt darin, daß die Stelle eines jeden Körpers von bestimmter Größe und Gestalt ein Phantasma, die Größe aber jedes Körpers sein ihm eigentümliches Accidenz ist; denn ein Körper kann zu verschiedenen Zeiten auch verschiedene Stellen einnehmen, aber behält immer ein und dieselbe Größe. Der dritte Unterschied ist, daß der Ort nichts außerhalb, die Größe nichts innerhalb des Geistes ist. Endlich ist der Ort eine scheinbare, die Größe eine wahre Ausdehnung, und der Körper, der einen Ort einnimmt, ist keine Ausdehnung, sondern etwas Ausgedehntes. Überdies ist der Ort oder die Stelle an sich unbeweglich; wenn sich nämlich etwas bewegt, so verändert es eben seinen Ort; bewegte sich der Ort, so würde auch er seinen Ort verlassen; daraus ergäbe sich als Notwendigkeit, daß ein Ort einen andern haben müßte und jener wieder einen und so endlos weiter, was lächerlich ist. Wenn aber jene die Unbeweglichkeit des Ortes beibehalten, die ihn in den realen Raum verlegen, so gelangen auch sie dazu, den Ort als Phantasma zu betrachten, obwohl sie das eigentlich gar nicht wollen. Wer nämlich behauptet, daß der Ort deswegen unbeweglich sei, weil der Raum es im allgemeinen ist, sollte nicht vergessen, daß außer den Namen nichts allgemein oder universal ist, also auch jener Raum im allgemeinen nichts anders ist, als ein in unserem Geist befindliches Phantasma irgendeines Körpers von bestimmter Größe und Gestalt. Wer endlich glaubt, der reale Raum werde nur durch Denken gesetzt, wie wenn wir die Oberfläche eines fließenden Wassers, das kontinuierlich strömt, für den unbeweglichen Ort des Flusses halten, behandelt der nicht auch den Ort als ein Phantasma, nur dunkel und mit verworrenen Worten? Überdies besteht das Wesen des Ortes nicht in der Oberfläche eines sich Bewegenden, sondern in Raumerfüllung. Denn ein Ding dehnt sich mit dem ganzen Orte und Teil mit Teil zusammen aus; da aber der Körper solid ist, ist nicht denkbar, daß er nur Flächen einnimmt. Wie kann außerdem irgendein ganzer Körper sich bewegen, ohne daß sich nicht seine einzelnen Teile zugleich bewegen? Oder wie können sich die innern Teile bewegen, ohne ihre Stelle zu verlassen? Der innere Teil eines Körpers kann aber die Oberfläche eines äußeren,

ihm angrenzenden Teiles nicht verlassen. Daraus folgt, daß wenn die Stelle die Oberfläche des sich Bewegenden ist, die Teile eines bewegten Körpers, d. h. bewegte Körper, nicht bewegt werden.

6. Der Raum, der von einem Körper eingenommen wird, heißt voll; derjenige, der keine Körper birgt, heißt leer.

7. Hier, dort, auf dem Lande, in der Stadt und ähnliche Namen, mit denen man auf die Frage: wo befindet sich das Ding? antwortet, sind nicht Namen des Ortes oder der Stelle selbst und rufen auch nicht den Ort an sich, nach dem gefragt wird, in den Geist zurück, denn hier und dort bezeichnen nur dann etwas, wenn zugleich mit dem Finger oder durch etwas anderes hingedeutet wird. Wenn aber durch den Finger oder einen andern Hinweis das Auge des Suchenden auf das gesuchte Ding gelenkt wird, dann wird nicht von dem Antwortenden die Stelle definiert, sondern von dem gefunden, der da sucht. Von den Hinweisen durch Worte allein (wenn man etwa sagt: auf dem Lande oder in der Stadt) geben die einen einen größeren Spielraum als die andern, z. B.: auf dem Lande, in der Stadt, in einer Stadtgegend, im Hause, im Zimmer, im Bett. Denn diese lenken den Suchenden immer näher der gemeinten Stelle zu; jedoch bestimmen sie nicht die letztere, sondern beschränken sie auf einen engeren Raum, indem sie nur bezeichnen, daß die Stelle des Dinges innerhalb eines gewissen, durch jene Worte bestimmten Raumes als Teil im Ganzen sich befinde. Alle Namen, mit denen man auf die Frage »wo« antwortet, haben als oberste Gattung das Wort »irgendwo«. Daraus erkennt man, daß alles, was irgendwo ist, sich an einem Ort im strengen Verstande befindet. Dieser Ort ist ein Teil jenes größern Raumes, der durch irgendeins der Worte: auf dem Lande, in der Stadt oder sonstwie bezeichnet wird.

8. Ein Körper, seine Größe und seine Stelle werden durch ein und denselben Geistesakt geteilt. Denn einen ausgedehnten Körper oder seine Ausdehnung oder die Vorstellung jener Ausdehnung, d. h. die Stelle, die er einnimmt, teilen, heißt zugleich sie alle teilen, da sie völlig miteinander zusammenfallen. Und das kann nur geistig, d. h. durch Teilung des vorgestellten Raumes, geschehen. Daraus ergibt sich, daß weder zwei Körper zugleich an demselben Orte, noch ein Körper zugleich an zwei Orten sein kann. Zwei Körper können sich nicht an demselben Orte befinden, da ja, wenn der Körper, der den ganzen Raum einnimmt, in zwei geteilt wird, auch der Raum sich in zwei teilt, also sich zwei Orte ergeben. Ein Körper kann auch nicht an zwei Orten sich befinden; denn wenn der vom Körper eingenommene Raum, d. h. sein Ort, in zwei geteilt ist, wird auch der Körper in zwei Teile geteilt; denn, wie schon gesagt, werden der Ort und der darin befindliche Körper zusammen geteilt; es werden also zwei Körper sich ergeben.

9. Zwei Körper heißen auch untereinander angrenzend und kontinu-

ierlich in demselben Sinne wie zwei Räume; sie sind nämlich dann angrenzend, wenn zwischen ihnen kein Raum ist. Unter Raum verstehen wir wie vorher die Vorstellung oder das Phantasma des Körpers. Mag daher zwischen zwei Körpern kein anderer Körper liegen und folglich auch keine Größe oder, wie man sagt, kein realer Raum: wenn jedoch zwischen ihnen ein Körper sich befinden könnte, d. h. wenn ein Raum dazwischen vorgestellt werden kann, fähig, einen Körper aufzunehmen, dann sind diese Körper nicht angrenzend. Und dies ist so leicht verständlich, daß es zu verwundern ist, wie sonst scharfsinnige Philosophen hier anders denken; aber wer einmal den Subtilitäten der Metaphysik sich ergeben hat, läßt sich von Irrlichtern leicht vom rechten Wege ablenken. Denn kann jemand, der seine Sinne zusammen hat, ernsthaft meinen, daß sich zwei Körper notwendigerweise berühren müssen, wenn zwischen ihnen kein andrer Körper sich befindet? Oder, daß es kein Vacuum geben kann, weil das Vacuum Nichts oder, wie es genannt wird, ein »non ens« ist? Das ist ebenso kindisch, als ob man beweisen wolle, daß niemand fasten könne, weil fasten so viel heißt als nichts essen; nichts aber kann nicht gegessen werden. Kontinuierlich sind zwei Körper, wenn sie einen Teil gemeinsam haben; mehr als zwei sind kontinuierlich, wenn je zwei, die einander nächst sind, auch kontinuierlich sind.

10. Bewegung ist stetige Ortsveränderung, nämlich das Verlassen eines Ortes und das Erreichen eines andern. Der Ort, welcher verlassen wird, pflegt terminus a quo, derjenige, welcher erreicht wird, terminus ad quem genannt zu werden. Ich nenne den Vorgang ununterbrochen, weil kein noch so kleiner Körper sich mit einem Male ganz von seinem früheren Orte so entfernen kann, daß nicht ein Teil von ihm sich in einem Teile befände, der beiden Orten, dem verlassenen und dem erreichten, gemeinsam ist. Es befinde sich z. B. ein beliebiger Körper an dem Orte A C B D, so kann er nicht nach B D E F gelangen, ohne zuvor in G H J K zu sein, dessen einer Teil G H B D gemeinsam den beiden Orten A C B D und G H J K, dessen andrer Teil B D J K gemeinsam den beiden Orten G H J K und B D E F ist.

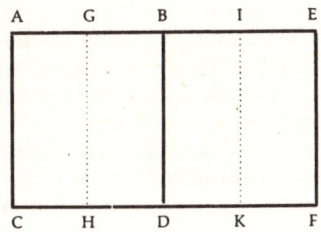

Nun läßt sich nicht begreifen, daß sich etwas zeitlos bewegt; die Zeit ist nämlich nach der Definition ein Phantasma, d. h. eine Vorstellung von Bewegung. Vorstellen, daß etwas sich zeitlos bewege, wäre daher ein Vorstellen der Bewegung ohne Bewegung, was unmöglich ist.

11. Ruhend wird das genannt, was sich eine Zeitlang an demselben Orte befindet; in Bewegung dagegen ist oder war das, was, ob es nunmehr ruht oder sich bewegt, vorher an einem andern Orte war, als es jetzt ist. Aus diesen Definitionen ergibt sich erstens, daß alles, was in Bewegung begriffen ist, auch vorher bewegt war; denn solange es sich noch an demselben Orte wie früher befindet, ruht es, d. h. bewegt sich nicht, nach der Definition der Ruhe; wenn es sich an einem andern Orte befindet, so ist es bewegt worden nach der Definition von Bewegung. Zweitens ergibt sich, daß das, was sich bewegt, sich auch weiter bewegen wird. Denn was sich bewegt, verläßt den Ort, in dem es sich befindet, und erreicht einen andern, bewegt sich also weiter. Drittens folgt, daß das, was sich bewegt, nicht an einem Orte bleibt, auch nicht die kürzeste Zeit. Denn was sich an einem Orte eine Zeitlang befindet, das ruht nach der Definition der Ruhe.

Es gibt einen gewissen Trugschluß, betreffend die Bewegung, der aus der Unkenntnis dieser Sätze zu entstehen scheint. Man behauptet nämlich: wenn sich irgendein Körper bewegt, so bewegt er sich entweder an dem Orte, wo er sich befindet, oder an dem, wo er sich nicht befindet, was beides falsch ist; also bewegt er sich überhaupt nicht. Der Obersatz ist jedoch falsch. Denn was sich bewegt, das bewegt sich weder an dem Orte, wo es sich befindet, noch an dem Orte, wo es sich nicht befindet, sondern es bewegt sich von dem Orte weg, wo es sich befindet, zu dem Orte hin, wo es sich nicht befindet. Es läßt sich nicht bestreiten, daß alles, was sich bewegt, sich irgendwo, h. h. innerhalb eines Raumes, bewegt. Der Ort eines solchen Körpers ist dagegen nicht jener ganze Raum, sondern ein Teil davon, wie oben im 7. Abschnitt dargelegt worden ist.

Aus unserm Beweis, daß alles, was sich bewegt, nicht nur bewegt worden ist, sondern auch bewegt sein wird, folgt, daß Bewegung nicht ohne Begriff sowohl der Vergangenheit als auch der Zukunft vorgestellt werden kann.

12. Obwohl es keinen Körper gibt, der nicht irgendeine Bewegung besitzt, so kann man doch bei seiner Bewegung von seiner Größe abstrahieren und allein den Weg, den er zurücklegt, ins Auge fassen; dieser Weg wird Linie oder einfache Dimension, der Raum aber, den er zurücklegt, wird Länge und der Körper selbst Punkt genannt, in demselben Sinne, in dem die Erde ein Punkt und ihr jährlicher Weg die ekliptische Linie genannt zu werden pflegt. Wenn nun aber der Körper schon als lang angenommen wird und sich so bewegt, daß seine einzelnen Teile verschiedene Linien be-

schreiben, so heißt der Weg eines jeden einzelnen Teiles von diesem Körper Breite, der Raum, der ausgefüllt wird, Fläche. Die Fläche besteht aus zwei Dimensionen, aus Breite und Länge, deren jede jedem Teil der anderen zukommt. Betrachtet man weiter den Körper, sofern er Flächen hat, und stellt man sich vor, er bewege sich so, daß seine verschiedenen Teile verschiedene Linien beschreiben, so heißt der Weg eines jeden einzelnen Teiles von jenem Körper Dicke oder Tiefe, der Raum, welcher ausgefüllt wird, undurchdringlich, und er setzt sich aus drei Dimensionen zusammen, von denen je zwei jedem Teil der dritten zukommen.

Wird aber ein Körper als solid betrachtet, so ist es unmöglich, daß seine einzelnen Teile verschiedene Linien beschreiben. Denn wie er sich auch immer bewegt, die Bahn des hinteren Teiles fällt in die Bahn des vorderen, und was zustande gekommen ist, wird ebenso dicht sein wie das, was die vordere Fläche an sich zustande gebracht hätte. Daher kann es andere Dimensionen in einem Körper, sofern es ein Körper ist, außer den drei vorhergenannten nicht geben. Immerhin kann die Geschwindigkeit, die, wie nachher zu zeigen ist, Bewegung bezüglich der Länge ist, eine Bewegungsgröße, aus vier Dimensionen bestehend, hervorbringen, wenn sie auf alle Teile eines soliden Körpers bezogen wird, wie ja auch der Wert des Goldes in dem seiner Teile besteht.

13. Körper sind, wie man sagt, gleich, wenn sie denselben Platz einnehmen können. Irgendein Körper vermag aber denselben Raum zu erfüllen, den ein anderer Körper inne hat, wenn er auch nicht dieselbe Gestalt hat, wofern er nur durch Biegung und Umstellung seiner Teile in dieselbe Gestalt gebracht werden kann.

Ein Körper ist im Verhältnis zu einem andern größer, wenn ein Teil von ihm dem andern ganzen Körper gleich ist. Er ist kleiner, wenn er in seiner ganzen Größe einem Teil von jenem gleich ist. In derselben Weise heißt eine Größe gegenüber einer andern gleich oder größer oder kleiner, natürlich nur dann, wenn die Körper, deren Größen sie sind, größer, gleich oder kleiner sind.

14. Ein und derselbe Körper hat immer ein und dieselbe Größe. Da nämlich ein Körper, seine Größe und sein Ort notwendig als zusammenfallend gedacht werden müssen, so würde, wenn ein Körper ruht, d. h. wenn er eine Zeitlang an demselben Orte bleibt, aber seine Größe bald größer, bald kleiner ist, während der Ort derselbe bleibt, er bald mit der größern, bald mit der kleinern Größe zusammenfallen, d. h. derselbe Ort würde größer und kleiner als er selbst sein, was unmöglich ist. Eine Tatsache, die so offenbar ist, brauchte nicht bewiesen zu werden, wenn nicht etliche glaubten, daß ein Körper unabhängig von seiner Größe existieren und bald mit einer größeren oder kleineren erscheinen könnte, um damit das Wesen des Dünnen und Dichten zu erklären.

15. Bewegung, soweit durch sie eine bestimmte Länge in einer bestimmten Zeit zurückgelegt wird, heißt Geschwindigkeit. Denn obgleich geschwind sehr oft gesagt wird mit Bezug auf langsamer oder weniger geschwind, wie »groß« mit Rücksicht auf das Kleinere, so kann dennoch, ebenso wie bei den Philosophen die Größe absolut als Ausdehnung genommen wird, auch die Geschwindigkeit absolut für die auf eine zurückgelegte Länge bezogene Bewegung gesetzt werden.

16. Verschiedene Bewegungen erfüllen gleiche Zeiten, wenn jede einzelne von ihnen mit irgendeiner andern Bewegung zugleich anfängt und zugleich aufhört, oder zugleich mit ihr aufhören würde, wenn sie zugleich mit ihr angefangen hätte. Die Zeit nämlich, die ein Phantasma der Bewegung ist, wird nur durch eine gegenwärtige Bewegung gemessen, wie bei den Uhren durch die Bewegung der Sonne oder des Zeigers. Fangen andere Bewegungen mit dieser Bewegung zugleich an und hören mit ihr auf, so werden sie als gleiche Zeiten dauernd angesehen. Woraus sich leicht ergibt, was es bedeutet, in größerer Zeit oder länger und in kürzerer Zeit oder weniger lange bewegt zu werden. Länger ist nämlich diejenige Bewegung, die zwar zugleich angefangen, jedoch später aufgehört oder, wenn sie zugleich aufgehört, früher angefangen hat.

17. Gleich schnell heißen Bewegungen, die gleiche Strecken in gleichen Zeiten durchlaufen; eine Geschwindigkeit ist größer, wenn durch sie eine größere Strecke in der gleichen Zeit oder eine gleiche Strecke in geringerer Zeit zurückgelegt wird. Eine Geschwindigkeit, durch welche in gleichen Zeitteilen gleiche Strecken zurückgelegt werden, heißt gleichförmig. Von den ungleichförmigen Bewegungen heißen jene, die in gleichen Zeitteilen um das Gleiche zu- oder abnehmen, gleichförmig beschleunigt oder gleichförmig verzögert.

18. Die Größe einer Bewegung hängt aber nicht nur von der in bestimmter Zeit durchlaufenen Strecke, sondern auch von der Geschwindigkeit aller Teilchen des bewegten Körpers ab. Denn wenn sich ein Körper bewegt, so bewegt sich auch jedes seiner Teilchen. Gesetzt, ein Körper habe zwei gleich große Teile, so sind die Geschwindigkeiten dieser Hälften gleich groß, nämlich so groß wie die des Ganzen. Die Bewegung des Ganzen ist aber gleich jenen zwei Bewegungen, von denen beide gleiche Geschwindigkeit wie jene besitzen. Daher ist es ein Unterschied, ob zwei Bewegungen gleich groß oder gleich schnell sind. Das wird z. B. deutlich an einem Zweigespanne, wo die Bewegung beider Pferde zwar ebenso schnell wie die Bewegung jedes einzelnen Pferdes ist, wo aber die Bewegung beider Pferde größer ist als die eines Pferdes, nämlich doppelt so groß. Daher sagen wir: Bewegungen sind gleich groß, wenn die Geschwindigkeit der einen, für alle Teile des bewegten Körpers gerechnet, gleich ist der anderen, ebenfalls für alle Teile des Bewegten gerechneten Geschwindig-

keit. Eine Bewegung ist größer als eine andere, wenn ihre auf die angegebene Weise berechnete Geschwindigkeit größer ist als die ebenso berechnete Geschwindigkeit der andern; sie ist kleiner, wenn jene kleiner ist. Die auf die eben angegebene Weise berechnete Größe der Bewegung ist das, was wir allgemein Kraft nennen.

19. Was ruht, wird so lange in Ruhe bleiben, bis ein anderer bewegter Körper seine Stelle einzunehmen strebt und so jene Ruhe aufhebt. Angenommen, es sei ein begrenzter Körper in einem leeren Raum gegeben und weiter angenommen, er beginne sich plötzlich zu bewegen, so bewegt er sich selbstverständlich in irgendeiner Richtung; da nun aber in ihm nichts war, was diese bestimmte Bewegung veranlassen konnte (da er nach Voraussetzung ruhen sollte), so liegt der Grund dafür in etwas außerhalb seiner; hätte er sich in anderer Richtung bewegt, so müßte auch der Grund dafür außerhalb seiner gesucht werden. Da aber vorausgesetzt worden ist, außerhalb seiner sei nichts, so wäre der Grund der Bewegung in einer Richtung derselbe wie der in jeder anderen Richtung. Also hätte der Körper sich nach allen Richtungen zugleich bewegen müssen; das ist jedoch unmöglich. Ähnlich wird dasjenige, was sich bewegt, immer weiter sich bewegen, es sei denn, daß sich ein anderer Körper außerhalb befände, der ihn zur Ruhe zwänge. Denn wenn wir annehmen, daß nichts außerhalb des Bewegten sei, so gibt es keinen Grund dafür, daß es jetzt eher ruhen müßte als zu einer andern Zeit. Daher würde seine Bewegung in jedem Zeitpunkt zugleich aufhören; das ist aber undenkbar.

20. Wenn wir sagen, daß ein Lebewesen, etwa ein Baum oder ein andrer Körper, entsteht oder untergeht, dürfen wir das nicht so verstehen, als ob ein Körper aus etwas, das kein Körper ist, oder ein Nichtkörper aus einem Körper entstände, sondern diese Worte besagen nur, daß aus einem Lebewesen ein Nicht-Lebewesen, aus einem Baum ein Nicht-Baum entsteht usw., das heißt, daß die Accidenzien zwar, um derentwillen wir das eine Ding Lebewesen, das andre Baum, ein andres wieder anders nennen, entstehen und untergehen und deshalb ihnen nicht dieselben Namen jetzt gegeben werden können wie vorher. Aber die Größe, wegen der wir etwas Körper nennen, wird nicht hervorgebracht, noch geht sie unter. Wenn wir uns nämlich im Geiste auch vorstellen können, daß irgendein Punkt zu einer ungeheuren Masse anschwillt und diese sich wieder zum Punkt zusammenzieht, d. h. wenn wir uns einbilden, daß aus Nichts Etwas und aus Etwas Nichts werde, können wir doch nicht begreifen, wie dies in der Welt vor sich geht. Deshalb nehmen Philosophen, die von der natürlichen Vernunft sich leiten lassen, an, daß ein Körper nicht erzeugt werden oder untergehen könne, sondern daß er uns nur unter verschiedenen »Species« bald auf die eine, bald auf die andere Weise erscheine und demnach bald so, bald anders genannt werde, so daß, was

jetzt Mensch heißt, bald darauf Nicht-Mensch genannt werde; was dagegen jetzt Körper heißt, kann nie Nicht-Körper heißen. Es ist jedoch klar, daß außer Größe oder Ausdehnung alle übrigen Accidenzien erzeugt werden oder untergehen können; wenn etwas Weißes schwarz gemacht wird, geht das Weiße in ihm unter und das Schwarze, das nicht in ihm war, entsteht. Daher unterscheiden sich die Körper und die Accidenzien, unter denen sie mannigfach erscheinen, in der Weise, daß die Körper Dinge sind und nicht entstehen, die Accidenzien dagegen entstehen und keine Dinge sind.

21. Wenn ein Ding bald in dieser, bald in anderer Weise wegen der wechselnden Accidenzien erscheint, so darf man indessen nicht meinen, daß das Accidenz aus einem Subjekt in das andere übergeht. Die Accidenzien befinden sich ja, wie oben ausgeführt, nicht in ihren Subjekten wie ein Teil im Ganzen oder wie ein Umschlossenes im Umschließenden oder wie ein Familienvater im Hause; sondern das eine Accidenz entsteht, das andere vergeht. Wenn z. B. die bewegte Hand den Schreibstift bewegt, so geht die Bewegung der Hand nicht in den Schreibstift über, sonst möchte das Schreiben weitergehen, auch wenn die Hand still bliebe; vielmehr wird eine neue und eigene Bewegung in dem Schreibstift erzeugt, welche die Bewegung der Feder ist.

22. Daher ist es auch nicht richtig zu sagen, ein Accidenz bewegt sich; gerade so wie Gestalt ein Accidenz des sich bewegenden, etwa sich entfernenden Körpers ist, aber der Körper nicht seine Gestalt entfernt.

23. Das Accidenz, um dessentwillen wir einem Körper einen bestimmten Namen beilegen, oder das Accidenz, das sein Subjekt benennt, heißt gewöhnlich das Wesen, die Essenz. So ist im Menschen das Wesen die Vernunft; an einem weißen Dinge das Weiße; am Körper die Ausdehnung. Dieselbe Essenz oder das Wesen, soweit es erzeugt ist, heißt Form. Der Körper wiederum, mit Rücksicht auf ein beliebiges Accidenz, wird Subjekt genannt; mit Rücksicht auf die Form heißt er Materie.

Die Erzeugung oder die Vernichtung eines beliebigen Accidenz führt dazu, daß man sagt, sein Subjekt werde verändert; aber allein die Erzeugung oder die Vernichtung der Form erlaubt zu sagen, daß es erzeugt wird oder untergeht. Der Name Materie bleibt indessen stets bei der Erzeugung sowie bei der Veränderung. Ein aus Holz verfertigter Tisch ist nicht nur hölzern, sondern Holz und die Bildsäule aus Erz nicht nur ehern, sondern Erz. Obgleich Aristoteles in seiner Metaphysik meint, jenes, was gemacht ist, dürfe nicht ἐκεῖνο, sondern ἐκείνινον und das aus Holz gemachte dürfe nicht ξύλον, sondern ξύλινον, d. h. nicht Holz, sondern hölzern genannt werden.

24. Die allen Dingen gemeinsame Materie, welche die Philosophen im Anschluß an Aristoteles materia prima zu nennen pflegten, ist kein von

den übrigen Körpern verschiedener Körper, auch nicht einer von ihnen selbst. Was ist sie dann? Nichts als ein Name; indessen ein Name von nützlichem Gebrauch. Er bezeichnet nämlich die Vorstellung eines Körpers ohne Rücksicht auf Form und Accidenz, mit alleiniger Ausnahme der Größe oder Ausdehnung und der Fähigkeit, Formen und Accidenzen anzunehmen. Nur soweit wir den Ausdruck Körper im allgemeinen Sinne gebrauchen können, haben wir ein Recht, den der materia prima anzuwenden. Fragt man etwa, was früher sei: Wasser oder Eis und welches von beiden ihre Materie sei, so würde man sonst genötigt sein, irgendeine dritte Materie anzunehmen, die keins von beiden wäre; ebenso müßte derjenige, welcher nach der Materie aller Dinge forscht, ein besonderes Ding annehmen, das doch nicht die Materie der vorhandenen Dinge ist. Deshalb ist die erste Materie kein Ding für sich, deshalb pflegt man ihr auch weder irgendeine Form noch ein anderes Accidenz mit Ausnahme der Quantität beizulegen; wo hingegen alle Einzeldinge ihre Formen und bestimmten Accidenzien haben. Die materia prima ist somit der Körper im allgemeinen, d. h. der Körper universal betrachtet, nicht als ob er keine Form oder kein Accidenz hätte, sondern wenn und soweit an ihm Form und Accidenzien mit Ausnahme der Quantität unberücksichtigt bleiben.

25. Aus dem oben Gesagten können die Axiome abgeleitet werden, die von Euklid am Anfang seiner ersten Elemente über die Gleichheit und Ungleichheit der Größen aufgenommen wurden. Von ihnen beweise ich hier nur den einen Satz: das Ganze ist größer als sein Teil, damit der Leser wisse, daß diese Axiome nicht unbeweisbar, also auch nicht erste Grundsätze der Beweisführung sind, und damit er sich deshalb davor hüte, etwas als Grundsatz zuzulassen, was nicht wenigstens ebenso klar ist wie diese Sätze. Größer ist, so war definiert, dasjenige, dessen Teil gleich einem andern Ganzen ist. Gesetzt nun, ein Ganzes wäre A und ein Teil davon B, so wird, da das Ganze B sich selbst gleich ist und dieses selbe B ein Teil von A ist, ein Teil von A gleich dem Ganzen B sein. Deshalb ist nach der Definition A größer als B, was zu beweisen war.

Von Ursache und Wirkung

1. Man sagt, ein Körper wirkt oder ist tätig, d. h. er tut einem andern Körper etwas, wenn er entweder irgendein Accidenz in jenem hervorruft oder zerstört; und der Körper, in welchem ein Accidenz hervorgerufen oder zerstört wird, erleidet etwas, d. h. ihm wird etwas von einem andern Körper getan. Wenn ein Körper, indem er einen andern vorwärts treibt, Bewegung in diesem hervorruft, wird er aktiver Körper (Agens) genannt; der Körper, in welchem Bewegung hervorgerufen wird, heißt ein passiver

Körper (Patiens). Das Feuer z. B., welches die Hand erwärmt, ist der aktive Körper, die Hand dagegen, welche warm wird, der passive. Das Accidenz, welches in dem passiven erzeugt wird, heißt Wirkung oder Effekt.

2. Wenn aktive und passive Körper einander berühren, so heißen Handlungen und Leiden unmittelbar, im andern Falle mittelbar. Ein Körper hingegen, der zwischen dem aktiven und passiven liegt, ist zugleich aktiv und passiv; aktiv nämlich hinsichtlich des Körpers, der auf ihn folgt und auf den er wirkt, passiv hinsichtlich des Körpers, der ihm vorangeht und von dem er Wirkung empfängt. Wenn mehrere Körper sich so folgen, daß immer die nächsten beiden aneinander grenzen, dann sind alle zwischen dem ersten und letzten sowohl aktiv als auch passiv; der allererste aber ist nur aktiv, der letzte nur passiv.

3. Der aktive Körper ruft im passiven eine bestimmte Wirkung hervor, entsprechend einem oder mehreren Accidenzien, die beiden zukommen, d. h. die Wirkung erfolgt nicht deswegen, weil der aktive Körper Körper ist, sondern weil er ein Körper von bestimmter Art und Bewegung ist. Denn sonst würden alle aktiven Körper in allen passiven ähnliche Wirkungen hervorrufen, da alle Körper als Körper gleich sind. Daher erwärmt z. B. das Feuer nicht deswegen, weil es ein Körper ist, sondern weil es ein warmer Körper ist, und ein Körper treibt nicht den andern, weil er ein Körper ist, sondern weil er sich an den Platz des andern bewegt. Daher besteht die Ursache aller Wirkungen in bestimmten Accidenzien der aktiven und passiven Körper; sobald sie vorhanden sind, wird die Wirkung hervorgerufen, fehlt irgendeins von ihnen, so wird sie nicht hervorgerufen. Das Accidenz nun des aktiven oder des passiven Körpers, ohne welches eine Wirkung nicht hervorgerufen werden kann, heißt »causa sine qua non« oder »denknotwendige Ursache«, wie auch »erforderlich, um die Wirkung hervorzurufen«. Die Ursache schlechthin (auch vollständige Ursache) ist die Summe aller Accidenzien in beiden Körpern, dem aktiven und dem passiven, mit deren Gegenwart das Nichteintreten der Wirkung im Augenblick undenkbar ist, deren jedes durch seine Abwesenheit den Eintritt der Wirkung undenkbar macht.

4. Die Summe der für die Wirkung erforderlichen Accidenzien, die in dem oder den aktiven Körpern liegen, heißt, sobald die Wirkung hervorgerufen ist, ihre wirkende Ursache (causa efficiens). Die Summe aber der Accidenzien in dem passiven Körper pflegt, sobald die Wirkung hervorgerufen ist, materiale oder stoffliche Ursache genannt zu werden. Ich sage: sobald die Wirkung hervorgerufen ist. Wo nämlich keine Wirkung ist, da gibt es auch keine Ursache. Denn man kann nichts Ursache nennen, wo es nichts gibt, was Wirkung heißt. Die wirkende und stoffliche Ursache sind Teilursachen, d. h. Teile jener Ursache, die wir ganz kurz vorher

Gesamtursache, die vollständige Ursache genannt haben. Hieraus ergibt sich, daß die Wirkung, die wir erwarten, ausbleibt, wenn in dem passiven Körper etwas fehlt, obwohl die erforderlichen Accidenzien in dem aktiven alle vorhanden sind oder umgekehrt.

5. Eine vollständige Ursache reicht immer aus, um ihre Wirkung hervorzurufen, sofern eine Wirkung überhaupt möglich ist. Denn was immer bewirkt worden ist: wenn die Wirkung sich wiederholt, ist offenbar, daß die Ursache, die sie hervorgerufen hat, hinreichend gewesen ist; wird sie jedoch nicht hervorgerufen und wäre sie dennoch möglich gewesen, so ist klar, daß entweder in dem aktiven oder dem passiven Körper etwas fehlte, ohne das sie nicht hervorgerufen werden konnte, d. h. daß irgendein Accidenz gefehlt hat, welches zu ihrer Entstehung erforderlich war. Daher war die Ursache nicht vollständig, was gegen die Annahme ist.

Daraus folgt auch, daß in demselben Augenblick, in dem die Ursache vollständig wird, auch die Wirkung hervorgerufen wird. Tritt sie nämlich nicht ein, so fehlt noch irgend etwas zu ihrer Erzeugung Erforderliches, es war also nicht, wie man annahm, eine vollständige Ursache vorhanden.

Wird nun weiter festgesetzt, daß unter einer notwendigen Ursache eine solche verstanden werden soll, die angenommen wird, damit die Wirkung unbedingt erfolgt, so folgt, daß jede Wirkung, die irgendwann hervorgerufen ist, von einer notwendigen Ursache herrührt; denn was hervorgerufen wird, hat, insofern es hervorgerufen wird, eine vollständige Ursache, nämlich all die Dinge, auf welche notwendig eine Wirkung erfolgt, d. h.: es hatte eine notwendige Ursache. Auf dieselbe Weise läßt sich zeigen, daß alle in der Zukunft jemals eintretenden Wirkungen ihre notwendige Ursache haben werden und daß alle Wirkungen in Zukunft oder in Vergangenheit ihre Notwendigkeit in den vorhergehenden Dingen haben.

6. Aus der Tatsache aber, daß in demselben Augenblick, in dem sich eine vollständige Ursache ergibt, auch eine Wirkung hervorgerufen wird, folgt offenbar, daß die Verursachung und Erzeugung der Wirkungen in einem bestimmten kontinuierlichen Prozeß erfolgt; so daß entsprechend der kontinuierlichen Veränderung des oder der aktiven Körper, die von andern an ihnen bewirkt werden, auch die passiven Körper, auf die sie wirken, kontinuierlich verändert werden. Wenn z. B. das Feuer in kontinuierlicher Zunahme immer wärmer wird, so nimmt zugleich auch seine Wirkung, nämlich die Wärme des nächsten und des zweitnächsten Körpers immer mehr zu; was übrigens ein wichtiger Beweisgrund dafür ist, daß Veränderung nur in Bewegung besteht, eine Behauptung, die sogleich im folgenden bewiesen werden soll. Hier ist nur wichtig, daß bei jeder gedanklichen Zerlegung des Wirkungsvorganges in Abschnitte das Anfangsglied der Reihe allein als aktiv oder Ursache vorgestellt werden kann; denn wenn es auch als Wirkung oder Leiden gedacht würde, müßte

vor ihm ein anderes als Tätigkeit und Ursache aufgefaßt werden. Das ist aber unmöglich; vor dem Anfang ist nichts. In ähnlicher Weise wird das letzte Glied nur als Wirkung vorgestellt, Ursache könnte es nämlich nur mit Bezug auf etwas Folgendes genannt werden; nach dem letzten jedoch folgt nichts. Daher kommt es, daß in jedem Wirkungsvorgang Anfang und Ursache für ein und dasselbe gehalten werden. Von den Zwischengliedern der Reihe ist jedes einzelne Tätigkeit und Leiden, Ursache und Wirkung, je nachdem es mit Beziehung auf das vorhergehende oder folgende Glied gedacht wird.

7. Die Ursache einer Bewegung kann nur in einem unmittelbar anstoßenden und bewegten Körper liegen. Angenommen, es seien zwei beliebige, nicht anstoßende Körper vorhanden, zwischen denen der Raum leer oder wenn voll, dann von einem ruhenden Körper erfüllt sei, angenommen ferner, einer von den gedachten Körpern befinde sich in Ruhe, so behaupte ich: er wird immer in Ruhe bleiben. Denn wenn er sich bewegt, so liegt nach Abs. 19 [S. 113] die Ursache dieser Bewegung in einem außerhalb befindlichen Körper. Befindet sich nun zwischen dem Körper selbst und jenem außerhalb liegenden Körper ein leerer Raum, so mögen sich die beiden Körper wie immer verhalten, so wird der nach Voraussetzung ruhende Körper offenbar so lange ruhen, bis er von einem anderen Körper angestoßen wird. Da aber die Ursache nach der Definition die Summe aller Accidenzien ist, die denknotwendig sind, damit eine Wirkung erfolge, so sind die Accidenzien, die sich entweder in den Außenkörpern oder in dem leidenden Körper selbst befinden, nicht Ursache der zukünftigen Bewegung. Und da in gleicher Weise einleuchtet, daß etwas, was schon ruht, auch weiterhin ruhen werde, selbst wenn es von einem andern Körper berührt werden sollte, wofern nur jener Körper sich nicht bewege, so folgt, daß die Ursache einer Bewegung nicht in einem angrenzenden, aber ruhenden Körper liegen kann. Ein Körper wird nur zur Ursache einer Bewegung, wenn er bewegt ist und an einen andern anstößt.

Auf dieselbe Art läßt sich beweisen, daß alles, was sich bewegt, sich immer in derselben Richtung und mit derselben Geschwindigkeit bewegen wird, wenn es nicht von einem andern anstoßenden und bewegten Körper daran gehindert wird, und es folgt weiter, daß weder ruhende noch irgendwie bewegte Körper Bewegung in einem andern Körper erzeugen oder vernichten oder vermindern können, sofern sich zwischen ihnen ein leerer Raum befindet. Irgendwo wird behauptet, daß ruhende Dinge bewegten mehr Widerstand leisten, als wenn sich die Dinge gegeneinander bewegen, da der Bewegung nicht so sehr die Bewegung als die Ruhe entgegengesetzt sei. Was hier irre führt, ist, daß die Namen Ruhe und Bewegung zwar kontradiktorisch sind, während doch in Wahrheit nicht Ruhe sich der Bewegung widersetzt, sondern nur Gegenbewegung.

8. Wenn einmal ein Körper auf einen andern und dann später wiederum derselbe Körper auf eben jenen einwirkt, und wenn beide, der aktive wie der passive Körper und alle ihre Teile dieselben geblieben sind und nur ein Unterschied der Zeit vorhanden ist, so daß die eine Wirkung früher, die andre später geschieht, so versteht es sich von selbst, daß die Wirkungen gleich und ähnlich, nur durch die Zeit verschieden, sein werden. Wie die Wirkungen aus ihren Ursachen hervorgehen, so hängt ihre Verschiedenheit von der Verschiedenheit ihrer Ursachen ab.

9. Steht dies fest, so folgt notwendigerweise, daß jede Änderung in einem Körper in einer Bewegung seiner Teile beruhen muß. Denn erstens sprechen wir nur von einer Veränderung, wenn etwas unsern Sinnen anders als vorher erscheint. Zweitens sind jene beiden Erscheinungen im Empfindenden hervorgerufene Wirkungen. Sind sie verschieden, so folgt aus dem im vorigen Abschnitt Erwähnten: entweder bewegt sich jetzt irgendein vorher ruhender Teil des aktiven Körpers; dann besteht die Veränderung in dieser Bewegung; oder ein Teil bewegt sich jetzt anders als vorher, dann besteht die Veränderung in der neuen Bewegung; oder er hat sich früher bewegt, ruht aber jetzt; dies kann aber, wie oben gezeigt, nur durch Bewegung eintreten, und so ist auch in diesem Fall die Veränderung eine Bewegung; oder endlich, in dem passiven Körper oder seinen Teilen finden die Bewegungen statt; auf jeden Fall besteht die Veränderung in Bewegung der Teile des Körpers, der empfunden wird oder selbst empfindet oder in Teilen von beiden. Daher ist die Veränderung eine Bewegung (nämlich von Teilen in dem Agens oder Patiens), was zu beweisen war. Als Folgerung ergibt sich hierbei, daß die Ruhe für nichts die Ursache ist und daß durch sie überhaupt nichts bewirkt wird, so daß sie weder für eine Bewegung noch für eine Veränderung die Ursache sein kann.

10. Zufällig heißen Accidenzien nur im Verhältnis zu Accidenzien, die vorhergehen oder der Zeit nach früher sind, wenn sie von ihnen nicht wie von Ursachen abhängen; ich sage mit Rücksicht auf solche, von denen sie nicht erzeugt werden. Denn auch sie haben ihre Ursachen, durch die sie mit gleicher Notwendigkeit zustande kommen. Sonst hätten sie überhaupt keine Ursachen. Das ist aber bei Dingen, die entstehen, denkunmöglich.

Von Möglichkeit und Wirklichkeit

1. Der Ursache und der Wirkung entsprechen Möglichkeit (potentia) und Wirklichkeit (actus). Ja, es sind sogar ein und dieselbe Sache, nur daß sie in verschiedener Betrachtung mit verschiedenen Namen bezeichnet werden. Wenn nämlich in einem beliebigen aktiven Körper alle Accidenzien

vorhanden sind, die beim Zusammentreffen mit einem anderen Körper Wirkungen in ihm hervorzurufen hinreichend sind, dann sagen wir, daß der aktive Körper die Möglichkeit oder Potenz zu jener Wirkung besitzt, wofern er nur an den passiven Körper herangebracht wird. Wie aber im vorigen Kapitel gezeigt worden ist, bilden jene Accidenzien die bewirkende Ursache, demnach sind es dieselben Accidenzien, die die bewirkende Ursache und auch die Potenz in dem aktiven Körper ausmachen. Möglichkeit oder Potenz und bewirkende Ursache sind der Sache nach dasselbe, nur verschieden in der Betrachtung. Von Ursache spricht man nämlich mit Bezug auf die Wirkung, sofern sie schon eingetreten ist, von Möglichkeit aber, wofern dieselbe erst eintreten wird. Ursache bezieht sich aufs Vergangene, Möglichkeit auf das Zukünftige. Die Potenz des aktiven Körpers selbst wird auch aktive Potenz genannt.

Sind in einem passiven Körper alle Accidenzien vorhanden, die von seiner Seite erforderlich sind, damit in ihm eine bestimmte Wirkung von einem aktiven Körper hervorgerufen werde, so sagen wir, daß er die Möglichkeit oder Potenz besitzt, jene Wirkung entstehen zu lassen, wenn er mit einem entsprechenden aktiven Körper zusammenkommt. Nun bilden nach der Definition im vorigen Kapitel jene Accidenzien die materielle oder stoffliche Ursache. Also ist die Möglichkeit oder Potenz in dem passiven Körper, die gewöhnlich auch passive Potenz genannt wird, und die materielle Ursache dasselbe. Wiederum wird in der Ursache das Vergangene, in der Potenz das Zukünftige berücksichtigt. Daher ist die Potenz des aktiven und passiven Körpers zusammengenommen, die vollständige oder volle Potenz genannt werden möge, dasselbe wie die vollständige Ursache, denn beide bestehen in der Summe aller Accidenzien, die in den beiden Körpern erforderlich sind, um die Wirkung hervorzurufen. Das Accidenz, welches erzeugt wird, wird in Hinsicht auf die Ursache Wirkung, in Hinsicht auf die Potenz Wirklichkeit oder Aktus genannt.

2. Wie in demselben Augenblick, da die Ursache vollständig ist, auch die Wirkung hervorgerufen wird, so tritt ebenfalls in demselben Augenblick, in dem die Potenz vollständig wird, die Aktualisierung ein. Und wie keine Wirkung entstehen kann, die nicht von einer zureichenden und notwendigen Ursache hervorgerufen ist, so auch keine Wirklichkeit (oder Aktus), die nicht von einer zureichenden Potenz, d. h. einer solchen, welche sie unbedingt hervorrufen mußte, stammt.

3. Gleichwie nach unserer Darlegung die bewirkende und materielle Ursache nur Teile der vollständigen Ursache sind und nur in ihrer Verbindung miteinander eine Wirkung hervorrufen, so sind auch die aktive und passive Potenz nur Teile der vollständigen und ganzen Potenz, und nur ihre Vereinigung erzeugt eine Aktualisierung. Und deshalb sind Potenzen, wie das im ersten Abschnitt ausgeführt ist, immer nur bedingt; der

aktive Körper besitzt eine Potenz, sofern er mit einem passiven Körper zusammentrifft und entsprechend der passive. An sich besitzt keiner von beiden Potenzen; daher können die Accidenzien, die sich in ihnen befinden, nicht im eigentlichen Sinne Potenz genannt werden; auch keine Wirkung kann mit Hinsicht auf die Potenz in dem aktiven oder passiven Körper allein als möglich bezeichnet werden.

4. Eine Wirkung oder Aktualisierung ist unmöglich, wenn keine vollständige Potenz da ist. Denn da in der vollständigen Potenz all das zusammentrifft, was erforderlich ist, um eine Wirkung oder den Aktus hervorzurufen, so wird immer, wenn die Potenz nicht vollständig ist, eins von den Dingen fehlen, ohne die eine Aktualisierung nicht eintritt. Die Wirkung erfolgt also nicht, sie ist unmöglich; jede Wirkung dagegen, die nicht unmöglich ist, ist möglich. Deshalb wird jedes mögliche Geschehen früher oder später einmal eintreten. Denn gesetzt, es erfolge niemals, so trifft auch niemals all das zusammen, was zu seiner Erzeugung erforderlich ist; d. h. es wäre unmöglich nach Definition, was indessen der Voraussetzung widerspricht.

5. Eine notwendige Wirkung nennen wir diejenige, die man unmöglich verhindern kann; daher ist alles Geschehen, das überhaupt eintritt, notwendig hervorgebracht; denn, wie soeben bewiesen, muß jedes mögliche Geschehen einmal eintreten. Der Satz: »Das Zukünftige wird künftig sein« ist gerade so notwendig wie die Behauptung: »Der Mensch ist Mensch.«

Hier mag sich aber die Frage erheben, ob auch das Zukünftige, das man zufällig zu nennen pflegt, notwendig ist. Ich antworte: alles, was geschieht, auch das Zufällige, geschieht, allgemein angesehen, aus notwendigen Ursachen, wie es im vorigen Kapitel gezeigt ist; zufällig heißt es nur mit Bezug auf Ereignisse, von denen es nicht abhängt. Der Regen, der morgen fällt, ist notwendig, nämlich durch notwendige Ursachen hervorgebracht. Wir sehen ihn aber als zufällig an und nennen ihn auch so, da wir seine Ursachen nicht kennen, obwohl sie jetzt schon existieren. Zufällig oder möglich heißt gemeinhin dasjenige, dessen notwendige Ursache man nicht durchschaut. So pflegt man auch von vergangenen Dingen zu sprechen; wenn man nicht weiß, ob etwas geschehen ist oder nicht, sagt man wohl, daß es möglicherweise nicht geschehen sei.

Alle Behauptungen über zukünftige Ereignisse (wie: »morgen wird es regnen« oder: »morgen wird die Sonne scheinen«), sind notwendig wahr oder notwendig falsch. Aber da wir noch nicht wissen, ob sie wahr oder falsch sind, nennen wir sie möglich oder zufällig; doch ihre Wahrheit hängt nicht von unserm Wissen, sondern davon ab, daß die erforderlichen Ursachen da sind. Es gibt aber Leute, die zwar die Notwendigkeit dieses ganzen Satzes: »Morgen wird es regnen oder nicht regnen« zugestehen, aber dennoch bestreiten, daß seinen einzelnen Teilen (morgen wird es regnen, oder morgen wird es nicht regnen) Wahrheit zukomme, weil, wie sie sagen, keiner von beiden bestimmt wahr ist. Was heißt jedoch dieses »bestimmt wahr« anders als: erkenntnisgemäß, d. h. evident wahr? Daher sagen sie nur: man wisse noch nicht, ob die Behauptung wahr sei oder nicht, jedoch äußern sie sich etwas versteckter und verdunkeln mit denselben Worten, mit denen sie ihre Unkenntnis zu verbergen suchen, gleichzeitig die Evidenz der Wahrheit.

6. Im vorigen Kapitel, Abschnitt 9, wurde gezeigt, daß die bewirkende Ursache jeder Bewegung und Veränderung in einer Bewegung des oder der aktiven Körper bestehe. Im ersten Abschnitt dieses Kapitels wurde dargelegt, daß die Potenz des aktiven Körpers dasselbe wie die bewirkende Ursache sei. Daraus folgt, daß alle aktive Potenz ebenfalls eine Bewegung ist. Die Möglichkeit oder Potenz ist nicht ein von jeder Wirklichkeit verschiedenes Accidenz, sondern selber eine Wirklichkeit, nämlich eine Bewegung, die nur deshalb Potenz heißt, weil durch sie eine andere Wirklichkeit hervorgebracht werden soll.

Wenn z. B. von drei Körpern der erste den zweiten und dieser den dritten vorwärts stößt, so ist die Bewegung des zweiten Körpers mit Bezug auf die des ersten, von der sie hervorgerufen wird, ein Aktus oder eine Verwirklichung in dem zweiten Körper; mit Bezug auf den dritten ist sie aber eine aktive Potenz desselben zweiten Körpers.

7. Außer der bewirkenden und der materiellen Ursache zählen Metaphysiker noch zwei Ursachen auf, nämlich die Essenz (die manche die formale Ursache nennen) und den Zweck oder die Zweckursache. In Wahrheit sind beide bewirkende Ursachen. Denn es ist unverständlich, was es heißen soll, die Essenz oder das Wesen eines Dinges sei dessen Ursache; der Satz etwa: »vernunftbegabt sein ist die Ursache des Menschen« ist jenen dasselbe wie: »Mensch sein ist die Ursache des Menschen«, was nicht gerade viel besagt. Die Erkenntnis des Wesens eines Dinges kann allerdings die Ursache der Erkenntnis dieses Dinges selber sein; weiß ich, daß etwas vernunftbegabt ist, dann weiß ich auch daher, daß dieses Etwas ein Mensch ist. Allein in diesem Falle handelt es sich um eine bewirkende Ursache. Die Zweckursache kommt nur für diejenigen Dinge in Betracht, die Empfindung und Willen besitzen; aber auch bei ihnen ist die Zweckursache, wie später zu zeigen ist, nichts anderes als eine wirkende Ursache.

Von Gleichheit und Verschiedenheit

1. Bisher wurde nur vom Körper und den allen Körpern gemeinsamen Accidenzien wie Größe, Bewegung, Ruhe, Tätigkeit, Leiden, Potenz, vom Möglichen usw. gesprochen. Nunmehr wäre von jenen Accidenzien zu handeln, durch die ein Körper von dem andern unterschieden wird. Aber zuvor ist zu erklären, was sich unterscheiden und sich nicht unterscheiden heißt, was Gleichheit und Verschiedenheit ist. Denn auch das ist allen Körpern gemeinsam, daß sie voneinander verschieden sind und unterschieden werden können.

Wir nennen nun zwei Körper verschieden, wenn von dem einen etwas ausgesagt werden kann, was zu derselben Zeit von dem andern nicht ausgesagt werden kann.

2. Zunächst ist ersichtlich, daß zwei Körper nicht ein und derselbe Körper sind, denn als zwei Körper befinden sie sich zu derselben Zeit an zwei Orten; ein und dasselbe Ding aber befindet sich zu derselben Zeit an demselben Orte. Alle Körper sind jedenfalls schon der Zahl nach verschieden, nämlich als einer und noch einer. »Dasselbe« und »verschieden nach Zahl« sind kontradiktorisch entgegengesetzte Namen.

Der Größe nach unterscheiden sich Körper, wenn einer mehr beträgt als ein anderer, wenn etwa der eine eine Elle, der andere zwei Ellen lang, der eine zwei, der andere drei Pfund schwer ist. Ihnen stehen die gleichen Körper gegenüber.

Diejenigen dagegen, die sich noch mehr als nur durch die Größe unterscheiden, nennt man unähnlich; die sich nur in der Größe unterscheiden, pflegen ähnlich genannt zu werden. Die Unähnlichkeit kann sich, wie man sagt, auf die Art oder auf die Gattung beziehen. Ein Unterschied der Art nach ist der zwischen weiß und schwarz, der durch einen und denselben Sinn, ein Unterschied der Gattung nach der zwischen weiß und warm, der durch verschiedene Sinne wahrgenommen wird.

3. Ähnlichkeit oder Unähnlichkeit, Gleichheit oder Ungleichheit von Körpern untereinander werden Beziehungen genannt. Deshalb heißen die Körper selbst untereinander in Beziehung oder in Wechselbeziehung stehend (relata oder correlata). Aristoteles nennt sie τά πρός τι; von ihnen pflegt der erste als Vorderglied (antecedens), der zweite als Hinterglied (consequens) bezeichnet zu werden. Die Beziehung des Vordergliedes zum Hinterglied nach der Größe (ob gleich oder größer oder kleiner) heißt ihre Proportion. Proportion ist nichts anderes als die Gleichheit oder Ungleichheit der Größe des Vordergliedes, verglichen entweder mit der Größe des Hintergliedes durch ihre einfache Differenz, oder verglichen mit dieser ihrer Differenz. Die Proportion drei zu zwei ist z. B. nichts anderes, als daß drei um eine Einheit mehr als zwei ist; und die Proportion

zwei zu fünf, daß zwei mit fünf verglichen um drei weniger ist als fünf. Bei den Proportionen von Ungleichen heißt das Verhältnis des Geringeren zu dem Größeren Defekt, das des Größeren zu dem Geringeren Exzeß.

4. Weiter können Differenzen mehrerer ungleicher Größen einander gleich oder ungleich sein. Daher gibt es außer Proportionen von Größen auch solche von Proportionen, z. B. wenn zwei ungleiche Größen zu zwei andern ebenfalls ungleichen Größen in Beziehung stehen. So kann man die Ungleichheit von 2 und 3 mit der von 4 und 5 vergleichen. Vier Größen sind hierbei allemal erforderlich, es sei den, daß, wenn nur drei Größen vorhanden sind, die mittlere doppelt gerechnet wird, was aber auf dasselbe herauskommt. Ist die Proportion der ersten Größe zur zweiten gleich der Proportion der dritten zur vierten, so heißen diese vier Glieder proportional; andernfalls nennt man sie nicht proportional.

5. Die Proportion von zwei Größen besteht aber nicht nur in ihrer einfachen Differenz, nämlich entweder in dem Teil des größeren von ihnen, um den sie die kleinere übersteigt, oder in dem Rest der größeren nach Abzug der kleineren, sondern auch in dem Verhältnis dieser Differenz zu einem der beiden Glieder. So ist z. B. die Proportion von 2 und 5 nicht einfach 3, um welche 5 2 übersteigt, sondern sie muß nun auch mit 5 oder 2 verglichen werden. Mag dieselbe Differenz zwischen 2 und 5 wie zwischen 9 und 12 bestehen, nämlich 3, so ist dennoch die Ungleichheit nicht dieselbe und auch die Proportion 2 zu 5 nur in arithmetischer Bedeutung, aber sonst nicht in allen Beziehungen dieselbe wie die von 9 zu 12.

6. Beziehungen sind nicht besondere Accidenzien, verschieden von den andern Accidenzien des verglichenen Dinges; sie sind vielmehr nur eins von denen, nämlich gerade das, auf Grund dessen die Vergleichung geschieht.

So ist z. B. die Ähnlichkeit eines Dinges von weißer Farbe mit einem andern weißen Ding oder seine Unähnlichkeit mit einem schwarzen eben diese weiße Farbe selbst, Gleichheit und Ungleichheit kein besonderes Accidenz neben dem Accidenz der Größe, sondern eben diese Größe selbst. Nur die Namen sind verschieden. Was man weiß oder groß nennt, wenn es nicht mit einem Andern verglichen wird, heißt ähnlich oder unähnlich, gleich oder ungleich, wenn es verglichen wird. Die Ursachen der Accidenzien, die in den verglichenen Körpern sind, sind zugleich die Ursachen ihrer Ähnlichkeit oder Unähnlichkeit, Gleichheit oder Ungleichheit. Wer zwei ungleiche Körper herstellt, stellt damit auch deren Ungleichheit her; wer Regeln setzt und danach handelt, ist der Urheber ihrer Übereinstimmung oder Nichtübereinstimmung. So viel über den Vergleich eines Körpers mit einem andern.

7. Es kann nun aber auch ein Ding mit sich selbst zu verschiedenen Zeiten verglichen werden. Hier erhebt sich das Problem der Individua-

tion, eine Streitfrage, die viel von den Philosophen verhandelt wird. In welchem Sinn bleibt ein Körper derselbe, in welchem wird er ein anderer als er vorher war? Ist ein Greis noch derselbe Mensch, der er einst als Jüngling war, bleibt ein Staat in verschiedenen Jahrhunderten derselbe? Einige setzen die Individuation in die Einheit der Materie, andre wieder verlegen sie in die Einheit der Form; auch in der Summe aller Accidenzien, in deren Einheit, soll die Identität beruhen. Für die Materie spricht der Umstand, daß ein Stück Wachs, sei es kugelförmig oder würfelförmig, immer doch dasselbe Wachs ist, da es dieselbe Materie bleibt. Für die Form spricht, daß der Mensch von seiner Kindheit bis zum Greisenalter, obgleich seine Materie sich ändert, immer numerisch derselbe Mensch ist; kann seine Identität nicht der Materie zugeschrieben werden, so scheint nichts anderes übrig zu bleiben, als sie der Form zuzuschreiben. Für die Summe der Accidenzien läßt sich kein Argument anführen. Wer in ihr den Grund der Individuation findet, wird, da bei Ergänzung eines neuen Accidenz Dingen ein neuer Name beigelegt zu werden pflegt, annehmen, daß deshalb auch das Ding selbst ein anderes geworden sei. Nach der ersten Ansicht wäre ein Mensch, der sündigt, nicht derselbe wie jener, der bestraft wird, weil der menschliche Körper sich im beständigen Wechsel befindet. Auch ein Staat, der seine Gesetze im Lauf der Jahrhunderte geändert hat, wäre nicht mehr derselbe, eine Folgerung, die indessen das gesamte Bürgerrecht in Verwirrung bringen würde. Nach der zweiten Ansicht würden unter Umständen zwei gleichzeitig existierende Körper numerisch ein und derselbe sein. So in dem Fall des berühmten Schiffs des Theseus, über das schon die Sophisten Athens so viel disputiert haben: werden in diesem Schiff nach und nach alle Planken durch neue ersetzt, dann ist es numerisch dasselbe Schiff geblieben; hätte aber jemand die herausgenommenen alten Planken aufbewahrt und sie schließlich sämtlich in gleicher Richtung wieder zusammengefügt und aus ihnen ein Schiff aufgebaut, so wäre ohne Zweifel auch dieses Schiff numerisch dasselbe wie das ursprüngliche. Wir hätten dann zwei numerisch identische Schiffe, was absurd ist. Nach der dritten Ansicht aber bleibt überhaupt nichts dasselbe; nicht einmal ein Mensch, der soeben saß, wäre stehend noch derselbe, und auch das Wasser, das sich in einem Gefäß befindet, wäre etwas anderes, wenn es ausgegossen ist. Das Prinzip der Individuation beruht eben weder allein auf der Materie noch allein auf der Form.

Wenn die Identität eines Gegenstandes in Frage steht, ist vielmehr der Name entscheidend, der ihm gegeben wurde. Es ist etwas anderes, zu fragen, ob Sokrates derselbe Mensch, und etwas anderes, ob er derselbe Körper bleibe; denn sein Körper kann als Greis nicht derselbe sein, wie er es als Kind war, schon der Größenunterschiede wegen. Ein Körper besitzt stets ein und dieselbe Größe. Trotzdem wird er derselbe Mensch sein. Ist einem Ding sein Name, der es als ein identisches bezeichnet, nur mit Rücksicht auf seine Materie gegeben, so wird das Ding so lange seine Identität und Individualität wahren, als die Materie dieselbe bleibt. Das Wasser im Meere und in der Wolke bleibt dasselbe Wasser, wie jeder Körper, ob kompakt oder aufgelöst, ob gefroren oder flüssig. Ist einem Ding dagegen sein Name um einer Form willen beigelegt worden, weil es ein Prinzip der Bewegung in sich trägt, so wird es, solange die Bewegung bleibt, dasselbe Individuum sein. Der Mensch bleibt derselbe, sofern alle seine Handlungen und Gedanken aus demselben Lebensprinzip der Bewegung, das von der Erzeugung in ihm war, fließen; wir sprechen auch von dem nämlichen Fluß, wenn er nur aus einer und derselben Quelle herfließt, mag auch das Wasser nicht das gleiche Wasser sein oder gar etwas ganz anderes als Wasser von dort fließen. Auch ein Staat bleibt derselbe, wenn seine Handlungen fortlaufend aus derselben Einrichtung hervorgehen, ob nun die Menschen in ihm dieselben oder andere sind. Ist schließlich einem Ding der Name wegen irgendeines Accidenz beigelegt worden, so hängt die Identität des Dinges von der Materie ab; denn wird Materie genommen oder hinzugetan, so schwinden Accidenzien und neue entstehen, die numerisch nicht dieselben sind. Ein Schiff, unter welchem Namen wir eine bestimmt gestaltete Materie verstehen, wird dasselbe sein, solange seine Materie dieselbe bleibt; ist kein Teil der letzteren mehr derselbe, dann ist es numerisch ein anderes Schiff geworden; sind Teile geblieben, andere ersetzt worden, so ist das Schiff teilweise dasselbe, teilweise ein anderes.

John Locke

John Locke gilt als der Begründer des englischen Empirismus. Man muß freilich begreifen, daß Empirismus nicht eine allgemeine Bevorzugung der Erfahrung aussagen will, sondern eine bestimmte Theorie über die Herkunft unserer Vorstellungen und insbesondere unserer allgemeinsten Begriffe, die ›Universalien‹, enthält. Vorstellungen nennt Locke Ideen, und in der Tat ist das die Streitfrage, die das damalige Denken beherrschte: was ist die Herkunft unserer Ideen, gibt es angeborene Ideen, die dem menschlichen Geiste einwohnen, oder ist der menschliche Geist eine tabula rasa, auf der sich durch die Arbeit des Wahrnehmens, der ›sensation‹, und des Nachdenkens, der ›reflection‹, die Vorstellungen (Ideen) bilden?

Der große *Essay concerning human understanding* (1689) von John Locke sucht in umfassender Durchführung die Geltung aller Vorstellungen des menschlichen Geistes aus ihrer Entstehung und Bildung zu erklären. Dabei ist es falsch, seine Position als eine streng sensualistische aufzufassen, denn die ›reflection‹ – das Nachdenken – enthält eigene Ursprünge von Ideenkomplexionen, von komplexen Vorstellungen, die nicht unmittelbare Abstraktionsprodukte der Sensation sind. Das Ziel, das dieser genealogische Nachweis aller unserer Ideen im Auge hat, ist geistige Aufklärung. Überkommene und unausgewiesene Vorstellungen sollen nicht länger durch die Berufung auf ihr natürliches Einwohnen in unserem Geiste Geltung besitzen. Auch hilft eine solche Herleitung der Ideen, ineinander verschwimmende scharf zu scheiden.

John Locke ist als Vater der philosophischen Aufklärung Englands anzusehen. Nicht etwa, daß sein beharrliches Festhalten an dem Nachweis der Entstehung aller Vorstellungen eine gegen das Christentum und die Kirche gerichtete Spitze gehabt hätte. Locke, der Freund des frommen Newton, stand selber frommen christlichen Kreisen nahe. Wohl aber war er ein Anwalt der Toleranz, des Geltenlassens der geistigen Freiheit. Seine *Briefe über die Toleranz* (1689 ff.) gehören zur Wegbereitung der Aufklärung, die damals in England nach der glorreichen Revolution Wurzeln faßte, um von da nach Frankreich überzugreifen, wo sie angesichts des dort bestehenden absoluten Königtums revolutionäre Formen annahm.

Wir geben hier, in einer Übersetzung des 18. Jahrhunderts, ein Kapitel über *Einerleiheit und Verschiedenheit,* das insofern eine gewisse stilistische Einheit und Selbständigkeit besitzt, als es erst in der 2. Auflage dem Essay eingefügt wurde. Es gibt ein Grundbeispiel für die systembildende Kraft, die in einer genetischen Analyse unserer Vorstellungen und Begriffe steckt. Wie Selbigkeit sich in der allgemeinen Frage nach dem Prinzip der Individuation beantwortet und wie sie über die

Organisation der Pflanzen und der Tiere schließlich zum Selbstsein des Menschen aufsteigt und wie innerhalb der Frage nach dem Selbstsein des Menschen die Frage nach der Selbigkeit der körperlichen Substanz sich als unangemessen erweist und wie sich daraus der juristische und moralische Begriff der ›Person‹ begründet, wird auf überaus anschauliche Weise herausgearbeitet. Es ist die grundlegende Bedeutung des Selbstbewußtseins, verbunden mit der Erinnerung, was die Zurechenbarkeit sittlicher und rechtlicher Handlungen trägt und die Einheit der Person allein zu begründen vermag. So bietet die Analyse der Selbigkeit einen Durchblick durch den Aufbau der Natur und der menschlichen Welt. Leibniz hat in seinen *Nouveaux Essais* (1704) die Auseinandersetzung auch mit diesem Kapitel des Essays von Locke auf geistreiche und instruktive Weise geführt.

Von der Einerleyheit und Verschiedenheit

§ 1. Selbst das wirkliche Daseyn der Dinge veranlasset uns auch oft, Vergleichungen anzustellen. Denn wenn wir ein Ding betrachten, in so fern es zu einer bestimmten Zeit, und in einem gewissen Orte wirklich vorhanden ist: so vergleichen wir dasselbe, wenn es noch zu einer andern Zeit seine Wirklichkeit behält, mit ihm selbst. Auf diese Weise bilden wir die Begriffe von der Einerleyheit und der Verschiedenheit. Wenn wir sehen, daß ein Ding sich eben diesen Augenblick in einem gewissen Orte befindt: so bin ich versichert, daß es, was für ein Ding es auch ist, eben dasselbe Ding sey, und nicht ein anders, das zu eben der Zeit in einem andern Orte vorhanden ist; so ähnlich auch dieses jenem in allen andern Verhältnissen seyn mag: und so wenig sie sich auch sonst unterscheiden lassen. Und hierinn besteht die *Einerleyheit,* nämlich, wenn die Begriffe, denen man dieselbe zueignet, im geringsten nicht von dem unterschieden sind, was sie in dem Augenblick waren, da wir ihr erstes Daseyn betrachten, und mit welchen wir das gegenwärtige Daseyn vergleichen. Denn da wir niemals sehen, noch es uns als möglich gedenken, daß zwey Dinge von eben der Art sich in demselbigen Orte zu gleicher Zeit befinden: so schließen wir ganz richtig, daß alles, was irgendwo zu einer gewissen Zeit wirklich ist, alle andere Dinge von eben der Art ausschließe, und ganz allein in solchem Orte sey. Wenn wir demnach fragen: ob ein Ding eben dasselbe sey oder nicht? so bezieht sich dieß allezeit auf etwas, das zu einer solchen Zeit, und in solchem Orte wirklich zugegen war, und wovon man gewiß versichert seyn konnte, daß es in solchem Augenblicke einerley mit ihm selbst war, und kein ander Ding ausmachete. Woraus denn folgt, daß ein Ding nicht einen zweyfachen Anfang des Daseyns haben kann, noch daß zwey Dinge zugleich einen einigen Anfang haben können; indem es unmöglich ist, daß zwey Dinge von einerley Art in eben dem Augenblicke, und an eben demselben Orte seyn oder entstehen können; oder daß ein und dasselbige Ding in verschiedenen Oertern seyn oder entstehen kann. Derowegen, was nur einen Anfang gehabt hat, das ist eben dasselbe Ding, und was einen Anfang gehabt hat, der der Zeit und dem Orte nach, von jenem unterschieden ist, das ist nicht dasselbige Ding, sondern von ihm unterschieden. Daß dieses Verhältniß Schwierigkeiten verursachet hat, ist daher gekommen, weil man so wenig Sorgfalt und Aufmerksamkeit angewendet, zu richtigen Begriffen von denen Dingen zu gelangen, welchen dasselbe zugeeignet wird.

§ 2. Wir haben nur von drey Gattungen der Substanzen Begriffe: erstlich von Gott; hernach von endlichen Geistern; sodann von Körpern.

Erstlich, Gott ist ohne Anfang, ewig, unveränderlich und allenhalben zugegen; daher kann dessen Einerleyheit in keinen Zweifel gezogen werden. Zweytens, da ieglicher der endlichen Geister seine bestimmte Zeit, und seinen bestimmten Ort gehabt hat, als er wirklich zu seyn angefangen: so wird auch das Verhältniß gegen solche Zeit, und gegen solchen Ort einem iedweden derselben seine Einerleyheit allezeit bestimmen, so lange er wirklich ist. Drittens, eben das kann man auch von ieglichen Theilchen der Materie sagen, welches dasselbige verbleibt, dafern kein Zusatz von Materie geschieht, oder ihm nicht Materie genommen wird. Denn obgleich diese drey Gattungen der Substanzen, wie wir sie nennen, einander nicht von demselbigen Orte ausschließen: so können wir sie dennoch uns nicht anders gedenken, als daß eine iede derselben diejenige, die von derselbigen Gattung ist, von eben demselben Orte nothwendig ausschließen müsse. Außerdem würden die Begriffe und Namen von der Einerleyheit und Verschiedenheit vergeblich, und ganz ohne Nutzen seyn; und man würde Substanzen oder andere Dinge nicht so von einander unterscheiden können. Z. E. könnten zweene Körper zu gleicher Zeit in eben demselben Ort seyn, so müßten alsdenn zwey gleiche Theilchen der Materie eines und eben dasselbe seyn; man nehme sie groß oder klein an: ja alle Körper müßten einen und denselbigen Körper ausmachen.

Denn aus eben der Ursache, daß zwei Theilchen der Materie in einem Orte seyn können, können sich auch alle Körper in einem Orte zugleich aufhalten: welches, wenn es voraus gesetzt werden könnte, den Unterschied unter der Einerleyheit und der Verschiedenheit unter einem und mehr Dingen aufhebt, und lächerlich machet. Da es nun aber ein Widerspruch ist, daß zwey oder mehrere eins seyn sollen: so sind die Einerleyheit und Verschiedenheit Verhältnisse und Vergleichungsarten, welche ihren guten Grund haben, und dem Verstande nutzbar sind. Da außer den Substanzen alle andere Dinge nur Zufälligkeiten oder Verhältnisse sind, die sich zuletzt in den Substanzen endigen: so läßt sich die Einerleyheit und Verschiedenheit eines ieden besondern Daseyns derselben auf eben die Weise bestimmen. Was aber die Dinge betrifft, deren Wirklichkeit in einer Folge auf einander besteht, dergleichen die Handlungen der endlichen Wesen sind, z. E. die Bewegung und ein Gedanken, welche beyde in einer immerwährenden Folge bestehen, so kann sich wegen ihrer Verschiedenheit kein Zweifel ereignen. Denn da iegliches den Augenblick, da es seinen Anfang nimmt, wieder vergeht: so können sie nicht zu verschiedenen Zeiten in verschiedenen Oertern wirklich zugegen seyn, so wie verbleibende Wesen zu verschiedenen Zeiten in entfernten Oertern daseyn können. Derowegen können keine Bewegung, kein Gedanken eben dieselben seyn, in so fern man sie so, wie sie sich zu unterschiedlichen Zeiten ereignen, betrachtet, indem jeder Theil davon einen verschiedenen Anfang seiner Wirklichkeit hat.

§ 3. Aus dem, was gesaget worden, läßt sich nun leicht der Grund der *Einzelnheit* entdecken, wornach man so sehr geforschet hat. Es ist aber ganz sonnenklar, daß derselbe in der That nichts anders ist, als eben das Daseyn, wodurch ein iegliches Wesen, von was für einer Art es auch seyn mag, nach einer besondern Zeit und nach einen besondern Orte eingeschränket und bestimmet wird, deren keines zweyen Wesen von eben derselben Art mitgetheilet werden kann. Ob nun wohl es das Ansehen hat, als ließe er sich bey einfachen Substanzen oder Zufälligkeiten leichter begreifen: so verursachet er dennoch, wenn man es erwäget, bey den zusammengesetzten Substanzen oder Zufälligkeiten keine größere Schwierigkeit, dafern man genau Acht hat, welchem Dinge derselbe zugeeignet wird. Wir wollen, zum Exempel, setzen: es wäre ein untheilbares Stäubchen, das ist, ein steter Körper mit einer unveränderlichen Fläche zu einer bestimmten Zeit, und in einem bestimmten Orte wirklich vorhanden: so ist es handgreiflich, wenn man dasselbe nach jedem Augenblicke seines Daseyns betrachtet, daß es in solchem Augenblicke eben dasselbige mit ihm selbst ist. Denn da es in solchem Augenblicke das ist, was es ist, und weiter nichts: so ist es dasselbige und muß es bleiben, so lange sein Daseyn dauret: denn so lange wird es dasselbige und kein ander Ding seyn. Gleichergestalt, wenn zwey oder mehr Stäubchen in eben dieselbe Masse vereiniget werden: so wird iegliches von diesen Stäubchen nach der vorigen Regel dasselbige seyn. So muß auch die Masse, die aus eben den Stäubchen besteht, dieselbige Masse und denselbigen Körper ausmachen, so lange sie mit einander vereinbaret da sind, wie verschiedentlich auch die Theile einer solchen Masse unter einander gemenget seyn mögen. Wird aber eines von diesen Stäubchen weggenommen, oder ein neues dazu gesetzt: so bleibt es nicht länger dieselbige Masse, oder eben derselbe Körper. Was die Geschöpfe anbetrifft, die ein Leben haben, so hängt die Einerleyheit derselben nicht von einer Masse, welche aus einerley Theilchen zusammengesetzt ist, sondern von etwas andern ab. Denn in selbigen verletzet die Veränderung der großen Theile der Materie die Einerleyheit im geringsten nicht. Eine Eiche, die aus einem kleinen Reiße ein großer Baum wird, und der man alsdenn die überflüssigen Aeste benommen, bleibt immer dieselbige Eiche; und ein Füllen, welches ein Pferd geworden, und zuweilen völlig, zuweilen mager ist, bleibt die ganze Zeit über ein Pferd; ungeachtet sich in beyden Fällen augenscheinlich eine Veränderung der Theile zeiget. Dergestalt machet in der That keines von beyden eben dieselbe Masse der Materie aus; obgleich das eine dieselbige Eiche, und das andere eben dasselbe Pferd ist. Die Ursache davon ist, weil in diesen beyden Fällen, was nämlich so wohl die Masse der Materie, als den lebendigen Körper betrifft, die Einerleyheit nicht eben demselben Dinge beygelegt wird.

§ 4. Wir müssen demnach erwägen, worinnen eine Eiche von einem Klumpen Materie unterschieden ist. Und mich dünket, der Unterschied ist dieser, daß das eine bloß der Zusammenhang der Theilchen der Materie ist, wie sie auch vereinigt seyn mögen; das andere aber ist die Einrichtung dieser Theilchen, welche die Theile einer Eiche ausmachen; es ist eine solche Bildung der organischen Theile, die da geschickt ist, Nahrung anzunehmen und sie auszutheilen, so daß sie bey einer Eiche Holz, Rinde, Blätter, und so weiter machen, und damit fortfahren kann, als worinn das Leben der Obererdgewächse und Pflanzen besteht. Da nun dasjenige, eine einzelne Pflanze ausmacht, was eine solche Bildung der organischen Theile in einem zusammenhängenden Körper hat, der an einem gemeinschaftlichen Leben Theil nimmt: so bleibt es dieselbige Pflanze, so lange es eben desselben Lebens theilhaftig ist; ungeachtet solches Leben den neuen Theilchen der Materie, welche mit der lebendigen Pflanze auf eine zum Leben derselben gehörige Art vereinbarer werden, vermöge einer fortgesetzten ähnlichen Bildung der organischen Theile mitgetheilet wird, die einer solchen Art von Pflanzen gleichförmig ist. Denn da diese Bildung sich in einem gewissen Augenblicke in einer gewissen Sammlung von Materie findet: so unterscheidet sie sich in solcher besondern zusammengewachsenen organischen Materie von aller andern organischen Bildung. Sie ist dasjenige individuale Leben, welches, da es von solchem Augenblicke an, so wohl vorwärts, als rückwärts, in einer und derselbigen Stetigkeit der unvermerkt auf einander folgenden, und sich mit dem lebendigen Körper der Pflanze vereinbarenden Theilen beständig vorhanden ist, diejenige Einerleyheit hat, welche machet, daß diese Pflanze eben dieselbe ist, und daß alle ihre Theile ebenfalls Theile von derselbigen Pflanze die ganze Zeit über verbleiben, so lange sie in derjenigen fortgesetzten Bildung der organischen Theile vereiniget da sind; die geschickt ist, das gemeinschaftliche Leben in alle andere so vereinigte Theile zu bringen.

§ 5. Bey den Thieren findt sich hierinn eben kein so gar großer Unterschied, daß nicht ein ieder daraus sehen könnte, was dasjenige sey, welches machet, daß ein Thier eben dasselbe ist und bleibt. Etwas ähnliches davon, das zu einer Erläuterung dienen kann, treffen wir in den Maschinen an. Z. E. was ist eine Uhr? Es ist klar, daß sie nichts anders ist, als eine Bildung oder ein Bau der organischen Theile, nach einer gewissen Absicht, die sie auch erreichen kann, wenn eine hinlängliche Kraft hinzu gefüget wird. Wollen wir nun setzen, daß diese Maschine ein fortdaurender Körper wäre, dessen organische Theile alle durch einen beständigen Zusatz, oder durch eine immerwährende Trennung der unmerklichen

Theile, nebst einem gemeinschaftlichen Leben, ergänzet, vergrößert oder vergeringert würden: so haben wir etwas, das dem Körper eines Thieres sehr ähnlich ist: wiewohl mit diesem Unterschiede, daß bey einem Thiere die Schicklichkeit der organischen Bildung und Bewegung, worinn eben das Leben besteht, zugleich den Anfang nimmt. Die Bewegung entsteht hier von neuen; in Maschinen aber fehlet oftmals die Kraft, die sichtbarlich von außen kömmt, wenn gleich das Werkzeug im Stande und wohl zubereitet ist, die Bewegung anzunehmen.

§ 6. Dieß zeiget auch, worinn die Einerleyheit von eben demselben Menschen besteht, nämlich in nichts anderm als in einer Gemeinschaft desselbigen Lebens, das bey den beständig verfliegenden Theilchen der Materie, die nach einander mit eben dem organischen Körper auf eine zum Leben desselbigen gehörige Art vereinbaret werden, fortdauret. Wer die Einerleyheit des Menschen in etwas anderm setzet, und nicht in dem, was die Einerleyheit der andern Thiere ausmachet, nämlich in einem Körper, der in einem gewissen Augenblicke schicklich gebildet ist, und von der Zeit an unter einer zum Leben gehörigen organischen Bildung, bey den verschiedenen und allmählig wieder verfliegenden Theilchen der Materie, die mit ihm vereiniget waren, fortdauret: der wird befinden, daß es schwer sey, ein unzeitiges Kind, eine erwachsene Person, einen Wahnwitzigen und einen vernünftigen Mann zu eben denselben Menschen zu machen, bey einer Voraussetzung, die es nicht möglich machen wird, daß Seth, Ismael, Sokrates, Pilatus, Sanct Augustin und Cäsar Borgia einen einigen und denselbigen Menschen abgeben. Denn wenn die Einerleyheit der Seele allein denselbigen Menschen ausmachet, und in der Natur der Materie kein Grund vorhanden ist, warum eben derselbe einzelne Geist nicht mit verschiedentlichen Körpern vereiniget werden kann; so wird es allerdings möglich seyn, daß diejenigen, die in entfernten Jahrhunderten gelebet haben, und von verschiedener Leibesbeschaffenheit gewesen sind, eben derselbe Mensch haben seyn können: welche Art zu reden sich von einem sehr seltsamen Gebrauche des Wortes *Mensch* herschreiben muß; indem es einem Begriffe zugeeignet wird, davon der Körper und die Gestalt ausgeschlossen werden. Und diese Art zu reden würde noch übler mit den Begriffen derjenigen Weltweisen übereinstimmen, die eine Wanderung der Seelen behaupten, und in der Meynung stehen, die Seelen der Menschen könnten wegen verübter böser Thaten in die Körper der Thiere, als in unbeqveme Wohnungen gestoßen werden, die mit Gliedmaßen versehen wären, welche sich zu der Sättigung ihrer viehischen Begierden schicketen. Jedoch, glaube ich nicht, daß iemand, dafern er versichert seyn könnte, daß die Seele des Heliogabals in eines seiner Schweine gefahren wäre, sagen würde, daß dieses Schwein ein Mensch, oder Heliogabal wäre.

§ 7. Demnach enthält die Einheit der Substanz nicht alle Arten der Einerleyheit in sich, noch bestimmet dieselbe in ieglichem Falle. Damit wir aber es verstehen, und davon recht urtheilen mögen, so müssen wir erwägen, was für einen Begriff das Wort bemerket, dem es zugeeignet wird; indem eben dieselbe Substanz seyn, eben derselbe Mensch seyn, und eben dieselbe Person seyn, drey unterschiedene Dinge sind, dafern Substanz, Mensch und Person drey Namen sind, die unterschiedliche Begriffe bemerken. Denn wie der Begriff ist, der solchem Namen zugehöret: so muß auch die Einerleyheit seyn. Und hätte man etwas sorgfältiger Acht darauf gehabt: so würde es vielleicht einen großen Theil von derjenigen Verwirrung verhütet haben, welche sich bey dieser Materie, nebst nicht gering scheinenden Schwierigkeiten, oft ereignet, absonderlich, was die persönliche Einerleyheit betrifft, die wir daher itzo in etwas betrachten werden.

§ 8. Ein Thier ist ein lebendiger und organischer Körper: folglich ist dasselbige Thier, wie wir angemerket haben, eben das fortwährende Leben, welches den verschiedenen Theilchen der Materie mitgetheilet ist, nachdem sie so zufälligerweise mit solchen organischen und lebendigen Körper nach und nach vereiniget werden. Und was man auch von andern Erklärungen sagen mag, so setzet es eine aufrichtige Beobachtung außer allen Zweifel, daß der Begriff in unserer Seele, wovon der Schall *Mensch* in unserm Munde das Zeichen ist, nichts anders sey, als der Begriff von einem Thiere, welches eine gewisse Gestalt hat. Denn ich bin gänzlich versichert, daß ein ieder, wenn er ein Geschöpfe von seiner eigenen Gestalt sehen sollte, dasselbe allezeit einen Menschen nennen würde; ungeachtet es in seinem ganzen Leben nicht mehr Vernunft, als eine Katze oder ein Papagey hätte; oder daß ein ieder, der einen Papagey vernünftig reden und philosophieren hörete, ihn einen Papagey nennen und für nichts anders halten würde. Er würde sagen, das eine wäre ein dummer Mensch, der keinen Verstand hätte; das andere ein überaus witziger und mit Vernunft begabter Papagey. Ein berühmter und angesehener Schriftsteller führt eine Geschichte an, welche das, was ich zuvor von einem vernünftigen Papagey voraus gesetzet, zur Genüge bestätigen kann. Seine Worte sind diese: »Ich habe immer gerne selbst von dem Prinzen Moriz von Oranien wissen wollen, ob die bekannte und vielen Glauben findende Geschicht Grund habe, die man mir so vielmal von einem alten Papagey erzählet, welchen er in Brasilien, in währender seiner Stadthalterschaft, daselbst gehabt hat. Dieser Papagey soll gleich einem vernünftigen Geschöpfe, geredet, gefraget, und auf die im gemeinen Leben vorkommenden Fragen geantwortet haben: so daß die Bedienten des Prinzens insgemein glaubeten, es wäre Hexerey, oder der Papagey wäre besessen. Dahero konnte auch einer von seinen Geistlichen, welcher hernach noch lange in Holland gelebet, von der Zeit an niemals einen Papagey leiden, sondern sagte, sie hätten alle den Teufel. Ich hatte von dieser Geschichte viele besondere Umstände vernommen, und ich wurde deren von Leuten versichert, deren Glaubwürdigkeit man eben nicht so leicht in Zweifel ziehen konnte: welches mich denn antrieb, den Prinzen selbst zu fragen. Er sagte, nach seiner gewöhnlichen Offenherzigkeit, und wie er pflegte, nicht viele Worte zu machen: etwas wäre von dem, was erzählet würde, wahr, vieles aber falsch. Ich verlangete nun das erstere zu wissen; und er erzählete mir kürzlich mit einer Gleichgültigkeit, daß er, als er in Brasilien angekommen, von einem solchen alten Papagey gehöret hätte. Und ob er wohl es nicht geglaubet, der Papagey auch weit von ihm gewesen: so wäre er doch so neugierig gewesen, selbigen holen zu lassen. Er wäre sehr groß und sehr alt gewesen. Als derselbe in das Zimmer gekommen, in welchem er sich, nebst sehr vielen Holländern um sich, befunden, hätte er alsbald gesaget: was für ein Haufen weiße Menschen sind nicht hier? Man hätte ihn gefraget: was er dächte, wer der Mann wäre? und hätte auf ihn gewiesen; er habe geantwortet: irgend ein General, oder ein anderer. Als man den Papagey näher zu ihm gebracht, und er selbigen gefraget hätte: wo kömmst du her? so wäre seine Antwort gewesen: von Marinnan. Er hätte weiter gefraget: wem gehörest du an? der Papagey habe geantwortet: einem Portugiesen. Auf die Frage: was machst du da? wäre die Antwort erfolget: ich hüte die Hüner. Darauf hatte er gelachet und gesagt: du hütest die Hüner? Ja, ich, hätte der Papagey zur Antwort gegeben; und ich weiß es wohl, wie ichs machen soll. Worauf er denn vier bis fünfmal das Tschuk hergesaget, so wie die Leute es zu machen pflegten, wenn sie die Hüner locketen. Ich führe die Worte dieses merkwürdigen Gespräches in französischer Sprache an, ebenso, wie sie mir der Prinz sagte. Ich fragte den Prinzen, in was für einer Sprache der Papagey geredet hätte? er sagte zu mir, in der brasilianischen. Ich fragte ihn weiter: ob er brasilianisch verstünde? worauf er mit Nein antwortete; jedoch wäre er besorget gewesen, zweene Dollmetscher bey sich zu haben, einen Holländer, der brasilianisch reden können, und einen Brasilianer, welcher holländisch gesprochen. Er hätte iedweden absonderlich und allein gefraget, und beyde wären in der Erzählung dessen, was der Papagey gesaget, genau überein gekommen. Ich habe es nicht unterlassen können, diese Geschicht anzuführen, weil sie so gar sonderbar, und so zu reden, von der ersten Hand ist, daß sie also für gewiß gehalten werden kann. Denn ich kann wohl sagen, daß wenigstens dieser Prinz alles selbst glaubete, was er mir erzählete; wie man denn ihn allezeit für einen redlichen und frommen Herrn gehalten hat. Im übrigen lasse ich die Naturforscher darüber urtheilen, und andere Leute davon glauben, soviel ihnen beliebet. Dem sey nun wie ihm wolle, so wird es nicht übel gethan seyn, wenn man eine ernsthafte und gar zu geschäfftige Schaubühne zuweilen mit solchen Ausschweifungen ergötzet, und sie erleichtert; es mag zum Vorhaben diensam seyn oder nicht...« Ich habe mir angelegen seyn lassen, dem Leser diese Geschicht weitläuftig mit des Verfassers eigenen Worten vorzutragen: weil es mir scheint, daß er sie nicht für unglaublich gehalten. Denn es ist nicht zu glauben, daß ein so geschickter Mann, wie er, der alle Zeugnisse, die er von sich selber giebt, sattsam zu bestätigen vermögend ist, sich so viel Mühe nehmen sollte, an einem Orte, wo es eben sein Werk nicht ist, auf Treu und Glauben nicht nur eines Mannes, dessen er als seines Freundes gedenket, sondern auch eines Fürsten, dem er eine so große Redlichkeit und Frömmigkeit zugestehen muß, eine Geschicht beyzubringen, die er auch für lächerlich achten müßte, dafern er dieselbe für unglaublich hielte. Beyde, sowohl der Prinz, der diese Geschicht bekräftiget, als unser Autor, der sie von jenem hat, nennen diesen Schwätzer ausdrücklich einen Papagey. Und ich frage einen ieden, der eine solche Geschicht noch der Erzählung werth achtet, dafern dieser Papagey und alle von seiner Art, allezeit so, wie dieser geredet hätten, wie es uns der Prinz dessen versichert: ob man sie nicht für eine Art vernünftiger Thiere würde gehalten haben; und ob man es, diesem ungeachtet, würde zugestanden haben, daß sie Menschen und keine Papageyen wären? denn ich glaube, daß eben nicht der Begriff von einem denkenden oder vernünftigen Wesen allein den Begriff von dem Menschen, in der meisten Leute ihren Gedanken ausmachet; sondern der Begriff von einem so und so gestallten Leibe, der mit solchem Wesen vereiniget ist. Und wenn das der Begriff von einem Menschen ist: so muß eben derselbe Körper, dessen organische Bildung durch nach und nach darzu kommende Theile unterhalten wird, und sich nicht ganz auf einmal ändert, sowohl als eben derselbe unmaterialische Geist denselbigen Menschen ausmachen.

§ 9. Nachdem dieses vorher beygebracht worden, um zu sehen, worinn die persönliche Einerleyheit bestehe: so müssen wir auch erwägen, was das Wort Person bemerket. Diese ist nun, meines Erachtens, ein denkendes und verständiges Wesen, welches nicht nur Vernunft hat, und eine Sache überdenken, sondern auch sich als sich selbst und als ein Ding betrachten kann, das in verschiedenen Zeiten und Orten denkt. Dieß thut es bloß durchs Bewußtseyn, welches sich von dem Denken nicht trennen läßt, und selbigem, meines Bedünkens, wesentlich ist; indem es unmöglich ist, daß einer etwas empfinden kann, ohne zu empfinden, daß er es empfindt. Wenn wir irgend etwas sehen, hören, riechen, schmecken, fühlen, betrachten und wollen: so wissen wir es, daß wir dieses thun. Und so ist es allezeit, was unsere gegenwärtigen sinnlichen Empfindungen und gegenwärtigen Vernehmungen betrifft. Ein iedweder ist sich dadurch das, was er das Selbst nennet; indem in diesem Falle nicht darauf gesehen wird, ob eben das Selbst in eben derselben, oder in verschiedenen Substanzen verbleibt. Denn weil das Bewußtseyn allezeit das Denken begleitet, und eben das ist, welches machet, daß ein ieder das ist, was er das Selbst nennet, und sich dadurch von allen andern denkenden Wesen unterscheidet: so besteht in diesem allein die persönliche Einerleyheit, das ist, die Einerleyheit eines vernünftigen Wesens. Und in so weit dieses Bewußtseyn rückwärts auf eine geschehene That, oder auf einen Gedanken, der vorbey ist, erstrecket werden kann: in soweit reichet auch die Einerleyheit dieser Person. Sie ist itzo eben das Selbst, das sie damals war: und diese That geschahe von derjenigen Selbstheit, die mit der gegenwärtigen eben das Selbst ausmachet, welches itzo auf die That zurück sieht, und sich dieselbe wieder vorstellet.

§ 10. Aber es fraget sich weiter: ob dieses Selbst in der That eben dieselbe Substanz sey? die wenigsten würden in den Gedanken stehen, daß sie daran zu zweifeln Ursache hätten, dafern diese Empfindungen mit einem Bewußtseyn derselben allezeit in der Seele gegenwärtig blieben, als wodurch dasselbige denkende Wesen sich bewußtlich gegenwärtig, und wie man glauben würde, ihm selber augenscheinlich eben dasselbe seyn würde. Was aber hierbey einige Schwierigkeit zu machen scheint, ist dieses, daß man zweifeln kann, ob wir dasselbige denkende Wesen, das ist, eben die Substanz allezeit sind, oder nicht: weil doch dieses Bewußtseyn immer durch die Vergessenheit unterbrochen wird, und es keinen Augenblick in unserm Leben giebt, da wir die ganze Reihe aller unserer Handlungen vor Augen haben, und auf einmal übersehen können: so daß auch diejenigen, welche das beste Gedächtniß haben, den einen Theil ihrer Handlungen, so zu reden, aus dem Gesichte verlieren, indem sie den andern beobachten. Wir sehen auch zuweilen, und zwar die meiste Zeit unsers Lebens, nicht auf unsere vergangene Selbstheiten zurück; indem wir uns bloß mit gegenwärtigen Gedanken beschäfftigen, und in tiefem Schlafe, entweder gar keine Gedanken haben, oder zum wenigsten uns keiner so bewußt sind, wie wir unsere Gedanken, vermittelst des Bewußtseyns wahrnehmen, wenn wir wachen. Da nun, sage ich, in allen diesen Fällen unser Bewußtseyn unterbrochen wird, und wir unsere vergangenen Selbstheiten aus dem Gesichte verlieren: so ereignen sich freylich verschiedene Zweifel, ob wir dasselbige denkende Wesen, oder eben die Substanz ausmachen, oder nicht. Allein es mögen dergleichen Zweifel vernünftig oder unvernünftig seyn: so gehen sie die persönliche Einerleyheit nicht im geringsten an, indem die Frage ist: was denn eigentlich dieselbige Person ausmache; und nicht: ob es eben dieselbige Substanz sey, die in der Person denkt? Es ist auch in diesem Falle eben nichts daran gelegen, weil verschiedene Substanzen vermittelst desselbigen Bewußtseyns, an welchem sie Theil nehmen, in einer Person sowohl, als verschiedene Körper, vermittelst eben desselben Lebens, in einem Thiere vereiniget seyn können, deren Einerleyheit bey solcher Veränderung der Substanzen durch die Einheit eines fortwährenden Lebens erhalten wird. Denn da eben das Bewußtseyn machet, daß ein Mensch sich selber derselbige Mensch ist: so hängt die persönliche Einerleyheit allein von selbigem ab; es mag nun solches nur mit einer absonderlichen Substanz verbunden sein, oder in verschiedenen Substanzen, die auf einander folgen, fortgesetzet werden können. Denn in so fern ein verständiges Wesen den Begriff von einer vormaligen Handlung nicht nur mit eben demselben Bewußtsein, welches es davon zuerst hatte, sondern auch mit eben demselben Bewußtseyn, welches es von einer gegenwärtigen Handlung hat, wiederholen kann: in so fern ist es dasselbige persönliche Selbst. Das Bewußtseyn, welches sich von seinen gegenwärtigen Gedanken und Thaten in ihm befindet, ist eben die Ursache, warum es itzo sich selbst eben dasselbige ist, und also wird es eben das Selbst seyn, in so weit es eben dieses Bewußtseyn auf die vergangenen und zukünftigen Handlungen erstrecken kann. Es würde durch eine Entfernung der Zeit oder Veränderung der Substanz so wenig zwo Personen ausmachen, als ein Mensch zweene Menschen ausmachen würde, der sich heute anders angekleidet hat, als gestern; er mag nun eine lange oder kurze Zeit geschlafen haben. Eben dasselbe Bewußtseyn vereiniget die entferntesten Thaten in eben der Person; was für Substanzen es auch seyn mögen, die zu der Hervorbringung derselben etwas beytragen.

§ 11. Daß dem also sey, davon finden wir einigen Beweiß selbst in unsern Körpern, deren Theilchen insgesammt einen Theil von uns selbst, das ist, von unserm denkenden und sich bewußten Selbst abgeben, so lange diese Theilchen mit diesem und eben dem denkenden Selbst auf eine zum Leben gehörige Art vereinbaret sind: so daß wir es fühlen, wenn sie angerühret werden, und das Gute oder Böse, welches ihnen widerfährt, empfinden, und uns dessen bewußt sind. Dergestalt sind einem ieglichen die Glieder seines Leibes ein Theil von ihm selbst; er leidet mit ihnen zugleich, und bekümmert sich um sie. Man haue ihm eine Hand ab, und trenne sie dadurch von demjenigen Bewußtseyn, welches er von ihrer Wärme, Kälte und andern Zufällen hat: so wird sie sodann nicht länger einen Theil von dem, was Erselbst genennet wird, abgeben, wo wenig, als der entfernteste Theil der Materie. Also sehen wir, daß die Substanz, aus welcher das persönliche Selbst zu der einen Zeit besteht, zu einer andern geändert werden kann, ohne daß mit der persönlichen Einerleyheit eine Aenderung vorgeht. Denn es wird nicht daran gezweifelt, ob es eben dieselbe Person bleibt, ungeachtet die Glieder, die itzo einen Theil davon waren, abgeschnitten oder abgehauen sind.

§ 12. Die Frage ist nur: ob eben die Substanz, welche denkt, eben dieselbe Person sey, wenn sie verändert wird; oder ob sie, wenn sie dieselbige bleibt, verschiedliche Personen ausmachen könne?

Ich antworte hierauf, *erstlich:* diese Frage geht diejenigen ganz und gar nicht an, welche das Denken auf eine bloß materialische und thierische Einrichtung, leer von einer unmaterialischen Substanz, gründen. Denn es mag ihre Meynung wahr seyn oder nicht: so ist es klar, daß sie sich einbilden, die persönliche Einerleyheit werde in etwas anderm, als in der Einerleyheit der Substanz erhalten; so wie die thierische Einerleyheit in der Einerleyheit des Lebens und nicht der Substanz erhalten wird. Daher müssen diejenigen, welche das Denken nur einer unmaterialischen Substanz beylegen, bevor sie sich mit diesen Leuten einlassen können, zeigen, warum die persönliche Einerleyheit bey einer Veränderung der unmaterialischen Substanzen, oder bey einer Verschiedenheit besonderer unmaterialischen Substanzen nicht so wohl erhalten werden könne, als die thierische Einerleyheit bey einer Veränderung der materialischen Substanzen, oder bey verschiedenen besondern Körpern erhalten wird. Es wäre denn, daß sie sagen wollten, eine unmaterialische Substanz, oder ein Geist mache allein in den unvernünftigen Thieren eben dasselbe Leben aus, so wie ein Geist eben dieselbe Person in den Menschen ausmachet: welches denn zum wenigsten die Cartesianer nicht zugeben werden, aus Furcht, sie möchten auch die unvernünftigen Thiere zu denkenden Wesen machen.

§ 13. Was hiernächst den ersten Theil der Frage betrifft: ob nämlich eben die denkende Substanz, gesetzt, daß nur unmaterialische Substanzen denken, eben dieselbe Person ausmachen könne, dafern sie geändert wird? so antworte ich, daß derselbe nur von denen erörtert werden kann, die da wissen, was für eine Art von Substanzen diejenigen sind, welche denken; und ob das Bewußtseyn der vormaligen Thaten von der einen denkenden Substanz in eine andere gebracht werden kann. Ich gebe zu, daß es nicht geschehen kann, dafern eben dasselbe Bewußtseyn dieselbige absonderliche und einzelne That wäre. Allein da es nur eine gegenwärtige Vorstellung einer geschehenen That ist, so ist noch zu erweisen, warum es nicht möglich, daß das, was niemals wirklich war, dem Verstande so vorgestellet werden kann, als wäre es wirklich gewesen. Und daher wird es uns schwer fallen zu bestimmen, in wie weit das Bewußtseyn vormaliger Thaten mit einem individualen wirkenden Wesen verknüpfet ist, so daß es sich in einem andern unmöglich finden kann, bevor wir nicht wissen, was für eine Gattung von Thaten es ist, die nicht ohne ein Bewußtseyn der Empfindung, das sie begleitet, geschehen können; und wie dieselben von denkenden Substanzen bewerkstelliget werden, welche nicht zu denken vermögend sind, ohne sich dessen bewußt zu seyn. Da aber dasjenige, was wir dasselbige Bewußtseyn nennen, nicht eben dieselbe besondere und einzelne Handlung ist: so wird es schwer seyn, aus der Natur der Dinge zu schließen, warum nicht einer mit Verstand begabten Substanz dasjenige, als von ihr gethan, vorgestellet werden kann, was sie niemals gethan hat, und vielleicht durch ein ander wirkendes Wesen bewerkstelliget worden ist: ich sage, warum eine solche Vorstellung, die keine wirklich geschehene That zum Gegenstande hat, nicht eben so möglich seyn kann, wie es verschiedene Vorstellungen in den Träumen sind, die wir gleichwohl, indem wir träumen, für wahre ansehen. Und daß dieses sich nicht so befinde, davon werden wir, bis wir eine klarere Einsicht in die Natur der denkenden Substanzen bekommen, nicht besser versichert seyn können, als daß wir es auf die Gültigkeit Gottes ankommen lassen, welcher in so fern die Glückseligkeit oder das Elend irgend eines von seinen mit Sinnen begabten Geschöpfen Theil daran nimmt, nicht aus einem so verhengetem Irrthume von dem einem auf das andere dasjenige Bewußtseyn bringen wird, das Belohnung oder Strafe nach sich zieht. In wie weit dieses einen Beweißgrund wider diejenigen abgeben kann, die das Denken in einer Vereinbarung verfliegender Lebensgeister gründen wollen, das überlasse ich anderer Ueberlegung. Jedoch wieder auf die vorhabende Frage zu kommen, so muß man allerdings zugestehen, daß es möglich seyn wird, daß zwo denkende Substanzen nur eine Person ausmachen können, dafern eben dasselbe Bewußtseyn, (welches, wie gezeiget worden, ein Ding ist, das von derselbigen und der Zahl nach einerleyen Figur oder Bewegung in dem Körper ganz und gar unterschieden ist,) von der einen denkenden Substanz in eine andere gebracht und versetzet werden kann. Denn wenn eben dasselbe Bewußtseyn erhalten wird, entweder in derselbigen oder in verschiedlichen Substanzen: so wird auch die persönliche Einerleyheit erhalten.

§ 14. Was den zweyten Theil der Frage anlanget, nämlich: ob zwo unterschiedene Personen seyn können, wenn dieselbige unmaterialische Substanz übrig bleibet: so scheint er mir auf diese Frage gegründet zu seyn: ob dasselbige unmaterialische Wesen, da es sich seiner vormaligen Thaten bewußt ist, alles Bewußtseyns seiner vergangenen Wirklichkeit gänzlich beraubet werden, und es verlieren könne, ohne im Stande zu seyn, selbiges iemals wieder zu bekommen? so daß es, da es gleichsam eine neue Rechnung von einem neuen Zeitbegriffe anfängt, zu einem Bewußtseyn gelange, das sich nicht noch über diesen neuen Zustand erstrecken kann. Alle diejenigen, welche ein Vorherdaseyn der Seelen behaupten, sind ganz unstreitig dieser Meynung: weil sie zugeben, daß die Seele sich nicht mehr dessen bewußt wäre, was sie in demjenigen Zustande gethan, da sie schon vorher, entweder ganz ohne einen Körper, oder in einem andern Körper wirklich gewesen ist. Und es würde auch die Erfahrung ihnen offenbar widersprechen, dafern sie es nicht zugeben sollten. Derowegen, da die persönliche Einerleyheit sich nicht weiter erstrecket, als das Bewußtseyn geht: so muß ein schon vorher vorhandener Geist, der nicht so viele Jahrhunderte in einem bewußtlosen Zustande zugebracht hat, nothwendig verschiedene Personen ausmachen. Wir wollen setzen: ein Christe wäre ein Platoniker oder ein Pythagoräer; er stünde, weil Gott am siebenden Tage seine Schöpfungswerke vollendet, in den Gedanken, daß seine Seele seit der Zeit immer existiret hätte, und bildete sich ein, sie hätte verschiedene menschliche Körper durchwandert; wie mir denn einer einsmal vorgekommen ist, welcher sich beredete, seine Seele wäre des Sokrates Seele gewesen: wer würde sagen, da sich derselbe keiner Thaten oder Gedanken des Sokrates bewußt ist, daß er eben dieselbe Person mit dem Sokrates seyn könnte? Mit was für Grunde aber er sich dieses beredete, will ich nicht ausmachen. Das weiß ich, daß er in der Bedienung, welche er bekleidete, und die eben nicht die schlechteste war, für einen sehr vernünftigen Mann gehalten wurde; und seine Schriften haben es auch gezeiget, daß es ihm an Verstande und an Gelehrsamkeit nicht gemangelt. Man lasse nur einen mit seinen Gedanken in sich gehen, und schließen, daß er einen unmaterialischen Geist in sich habe, der das sey, was in ihm denkt, und der bey der beständigen Veränderung seines Körpers mache, daß er eben derselbe, und das ist, was er das Ich selbst nennet. Man lasse ihn auch voraus setzen, daß es eben die Seele wäre, die in dem Nestor oder Thersites bey der Belagerung der Stadt Troja war, die sie auch damals so gut hat seyn können, als sie itzo die Seele eines andern Menschen ist. Denn da die Seelen, in so weit wir ihre Natur kennen, sich zu einem ieglichen Theile der Materie gleichgültig verhalten: so enthält diese Voraussetzung eben keine so offenbare Ungereimdheit in sich. Begreift aber wohl ein solcher Mensch, oder kann er es begreifen, daß er mit einem von diesen beyden eben dieselbe Person sey, da er sich doch keiner von den Thaten, weder des Nestors, noch des Thersites bewußt ist? Kann er wohl an ihren Thaten Theil haben? kann er sich dieselben zueignen, oder sie mehr für seine eigenen, als für Thaten eines andern Menschen halten, der allezeit existiret? so daß er, da sein Bewußtseyn sich auf keine von des Nestors oder des Thersites Thaten erstrecket, so wenig mit diesem oder jenem dieselbige Person ausmachet, als wenn die Seele oder der unmaterialische Geist, der itzo in ihm ist, erst geschaffen wäre, und da zu seyn angefangen hätte, da derselbe seinen itzigen Körper zu beseelen anfieng; obgleich es noch so wahr wäre, daß derselbige Geist, der den Körper des Nestors oder des Thersites beseelete, eben derselbe der Zahl nach sey, der itzo den seinigen beseelet. Dieß würde ihn so wenig zu eben der Person mit Nestorn machen, als wenn einige Theilchen der Materie, die einmal einen Theil des Nestors abgaben, itzt ein Theil von diesem Menschen wären. Denn eben dieselbe unmaterialische Substanz, in welcher sich eben dasselbe Bewußtseyn nicht findet, machet dadurch, daß sie mit einem Körper vereinbaret ist, so wenig eben die Person aus, als eben dasselbe Theilchen der Materie eben dieselbe Person ausmachet, welches ohne Bewußtseyn mit einem Körper vereiniget ist. Befände dieser Mensch nur einmal in sich, daß er sich einiger des Nestors Thaten bewußt wäre: so würde er sodann auch befinden, daß er einerley Person mit dem Nestor sey.

§ 15. Dergestalt können wir ohne einige Schwierigkeit begreifen, was bey der Auferstehung der Todten eben dieselbe Person ausmachet. Denn wenn auch gleich ein Körper nicht eben die Gestalt und eben die Theile vollkommen hätte, die er in dieser Welt hatte: so kömmt es doch darauf an, daß dasselbige Bewußtseyn diejenige Seele begleite, die ihn bewohnet. Gleichwohl aber wird bey der Veränderung der Körper nicht so leicht einem iedweden die Seele allein zulänglich seyn, denselbigen Menschen auszumachen; sondern nur demjenigen, der da behauptet, die Seele allein mache den Menschen. Denn sollte die Seele eines Fürsten, die sich seines geführten Lebens bewußt ist, in den Körper eines Schuhflickers fahren, und selbigen beseelen, so bald er von seiner eigenen Seele verlassen wäre: so sieht ein ieder, daß der Schuhflicker und der Fürst einerley Person seyn würden, die bloß für des Fürsten Thaten Rechenschaft zu geben hätte. Wer würde aber sagen, daß es eben der Mensch wäre? Auch der Körper machet den Menschen mit aus. Und ich glaube, iedweder würde der Meynung seyn, daß der Körper in diesem Falle den Menschen bestimme, und daß also die Seele mit allen ihren fürstlichen Gedanken, die sie darinn hätte, keinen andern Menschen ausmache. Ein ieglicher außer dem Fürsten würde sich bereden, daß es der Schuhflicker wäre. Ich weis es wohl, daß nach der gewöhnlichen Art zu reden, eben dieselbe Person und eben derselbe Mensch einerley bemerken. Nun hat zwar ein ieder allezeit die Freyheit zu reden, wie er will, und die vernehmlichen Töne nicht nur mit Begriffen zu verknüpfen, nach dem er es für gut befindt, sondern auch dieselben zu ändern, so oft es ihm beliebet. Gleichwohl aber wenn wir fragen: was denn eigentlich denselbigen Geist, denselbigen Menschen, und dieselbige Person mache? So müssen wir allerdings in unserer Seele die Begriffe von einem Geiste, von einem Menschen, und von einer Person festsetzen und bestimmen. Und wenn wir es bey uns ausgemachet haben, was wir dadurch meynen: so wird es nicht schwer fallen, in diesen und dergleichen Dingen es zu bestimmen, wenn es eben dasselbe sey, und es nicht sey.

§ 16. Allein, obgleich dieselbige unmaterialische Substanz oder Seele allein nicht denselbigen Menschen ausmachet; sie mag sich befinden, wo und in welchem Zustande sie will: so ist es dennoch sonnenklar, daß das Bewußtseyn, so weit dasselbe immer erstrecket werden kann, und sollte es auch in bereits verflossene Jahrhunderte geschehen, so wohl wirkliche Wesen und Thaten, die der Zeit nach sehr entfernet sind, als ein wirkliches Wesen und Thaten des unmittelbar vorhergegangenen Augenblickes in eben derselben Person vereiniget, so daß, was sich nur der gegenwärtigen und vormaligen Thaten bewußt ist, eben dieselbe Person ist, welcher solche Thaten eigen sind. Wäre ich mir es eben so bewußt, daß ich den Kasten des Noah, und die Sündfluth gesehen, als ich mir es bewußt bin, daß ich vergangenen Winter die Ueberschwemmung der Themse gesehen habe, oder daß ich itzt schreibe: so könnte ich so wenig zweifeln, daß ich, der ich itzt schreibe, der ich, im vorigen Winter die ausgetretene Themse sah, und die allgemeine Ueberschwemmung der Sündfluth in Augenschein genommen, nicht eben das Selbst seyn sollt; man setze auch solches Selbst, in was für einer Substanz man will, als daß ich, der ich dieses schreibe, itzo, da ich schreibe, eben das *Ich selbst* bin, als ich es gestern war; ich mag nun aus eben der Substanz, entweder aus einer materialischen oder unmaterialischen, ganz bestehen, oder nicht. Denn was diesen Punct betrifft, daß ich nämlich dasselbige *Selbst* bin, so ist nichts daran gelegen, ob dieses gegenwärtige Selbst aus eben der Substanz, oder aus verschiedenen andern zusammengesetzt ist. Ich nehme an einer That, die vor tausend Jahren geschehen, und die mir vermittelst dieses Selbstbewußtseyns zugeeignet wird, so viel Antheil, und ich muß von rechtswegen so viel Rechenschaft davon geben, als von einer That, die ich itzo den letzten Augenblick gethan habe.

§ 17. Das *Selbst* ist dasjenige sich bewußte denkende Wesen, welches Vergnügen oder Schmerz empfindet, oder sich dessen bewußt ist, das da der Glückseligkeit oder des Elendes fähig ist, und sich also um sich selbst bekümmert, in so weit solches Bewußtsein sich erstrecket. Und es ist nichts daran gelegen, aus was für einer Substanz dieses Wesen bestehe; es mag eine geistige, oder materialische, eine einfache oder zusammengesetzte seyn. Also wird ein ieglicher befinden, daß sein kleiner Finger, so lange er unter diesem Bewußtseyn mit begriffen ist, so wohl ein Theil von ihm selbst sey, als was das meiste von ihm ausmachet. Und sollte bey einer Trennung seines kleinen Fingers dieses Bewußtseyn solchen begleiten, und den übrigen Körper verlassen: so ist es sonnenklar, daß der kleine Finger die Person, ja eben dieselbe Person seyn würde; und sodann würde das *Selbst* mit dem übrigen Körper nichts zu schaffen haben. Wie in diesem Falle dasselbige Bewußtseyn die Substanz begleitet, wenn ein Theil von dem andern getrennet wird, welches denn eben dieselbe Person ausmachet, und dieses untrennbare *Selbst* bestimmet: so geschieht solches auch in Ansehung der Substanzen, die der Zeit nach entfernet sind. Es machet nur dasjenige, womit sich das Bewußtseyn dieses gegenwärtigen denkenden Wesens vereinigen kann, dieselbige Person aus, und ist ein

Selbst mit ihm, und sonst mit keinem andern Wesen. Folglich eignet es sich selbst alle die Handlungen dieses Wesens zu, und erkennet sie für die seinigen; nämlich in so weit sich solches Bewußtseyn erstrecket, weiter nicht; wie iedweder es sehen wird, der darauf Acht hat.

§ 18. Auf diese persönliche Einerleyheit gründet sich nun alles Recht, und alle Gerechtigkeit der Belohnung und Strafe; indem die Glückseligkeit und das Elend eben dasjenige sind, weswegen ein ieglicher für sich besorget ist, ohne sich darum zu bekümmern, wie es einer andern Substanz gehe, welche mit einem solchen Bewußtseyn nicht verbunden ist, oder keinen Theil daran nimmt. Denn wie aus dem Beyspiele, welches ich nur itzo beygebracht habe, klar erhellet, so würde der abgehauene kleine Finger, dafern ihn das Bewußtseyn begleitete, dasselbige Selbst seyn, welches sich gestern um den ganzen Körper, als mache er einen Theil von ihm aus, bekümmerte; da es denn dessen Thaten nunmehro für seine eigene nothwendig erkennen muß. Wiewohl, es würde dasselbe, wenn auch derselbige Körper stets am Leben bliebe, und nach der Trennung des kleinen Fingers unmittelbar sein eigenes und absonderliches Bewußtseyn hätte, davon der kleine Finger nichts wüßte, sich im geringsten nicht um selbigen, als einen Theil von ihm, bekümmern, noch sich zu irgend einer von seinen Handlungen verstehen; und man würde ihm auch keine davon zurechnen können.

§ 19. Dieß kann uns zeigen, worinn die persönliche Einerleyheit bestehet, nicht in der Einerleyheit der Substanz, sondern, wie ich gesaget habe, in der Einerleyheit des Bewußtseyns: so daß, wenn Sokrates, und der itzige Bürgermeister zu Qveenborough in der Einerleyheit des Bewußtseyns übereinkommen, sie eben dieselbe Person sind. Hingegen wenn eben der wachende und schlafende Sokrates nicht an eben denselben Bewußtseyn Theil hat: so ist der wachende und schlafende Sokrates nicht dieselbige Person. Dergestalt würde man, wenn man den wachenden Sokrates wegen desjenigen strafete, was der schlafende Sokrates gedacht hat, und wessen sich der wachende Sokrates nie bewußt ist, so ungerecht verfahren, als wenn man den einen Zwilling desjenigen wegen bestrafen wollte, was sein Zwillingsbruder gethan, wovon doch jenem nichts bewußt ist; nur weil sie dem äußerlichen Ansehen nach, einander so ähnlich sind, daß sie nicht unterschieden werden können: denn dergleichen Zwillinge hat man gesehen.

§ 20. Vielleicht wird man den Einwurf machen: gesetzt es wären mir einige Theile meines Lebens gänzlich entfallen, und es wäre mir unmöglich, mich darauf zu besinnen, so daß ich mir vielleicht niemals wieder derselben bewußt seyn werde: bin ich denn nicht, dem ungeachtet, dieselbige Person, welche diejenigen Handlungen unternommen, welche diejenigen Gedanken gehabt hat, deren ich mich einmal bewußt gewesen bin;

ob ich sie schon itzo vergessen habe? Ich antworte hierauf: wir müssen hierbey beobachten, was dasjenige sey, welchem das Wort Ich zugeeignet wird; welches denn in diesem Falle nur der Mensch ist. Und da man vermeynet, derselbige Mensch sey eben dieselbe Person: so nimmt man leicht für gewiß an, daß das Wort Ich auch dieselbige Person bemerke. Aber wofern es möglich ist, daß sich in eben demselben Menschen, zu verschiedenen Zeiten, ein ganz verschiedenes und unmittelbares Bewußtseyn finden kann: so ist es außer allem Zweifel, daß derselbige Mensch in verschiedenen Zeiten verschiedene Personen ausmachet. Daß es die Menschen in diesem Verstande nehmen, ersehen wir aus den öffentlichen und feyerlichen Erklärungen ihrer Meynungen. Die menschlichen Gesetze bestrafen keinen Wahnwitzigen wegen der Thaten eines vernünftigen Menschen, noch einen vernünftigen Menschen wegen desjenigen, was der Wahnwitzige gethan; und also machen sie aus ihnen zwo Personen. Dieß kann man einigermaßen durch die gewöhnliche Art zu reden, erläutern, da wir sagen: es ist nicht mehr derselbige Mensch; oder, er ist ganz außer sich. Mit welchen Redensarten denn zu verstehen gegeben wird, als hätten diejenigen, die sich itzo derselben bedienen, oder wenigstens sich zuerst derselben bedienet haben, dafür gehalten, das Selbst wäre verändert, und dieselbige Person wäre selbst nicht länger in solchem Menschen.

§ 21. Gleichwohl aber ist es schwer zu begreifen, daß Sokrates, derselbige einzelne Mensch, zwo Personen abgeben soll. Um uns nun einigermaßen daraus zu helfen, müssen wir erwägen, was man durch Sokrates, oder durch eben den einzelnen Menschen verstehe.

Erstlich, er muß entweder dieselbe einzelne unmaterialische und denkende Substanz seyn; kurz: er muß der Zahl nach dieselbe Seele, und nichts anders seyn.

Zweytens, oder er muß eben dasselbige Thier seyn, ohne einiges Absehen auf eine unmaterialische Seele.

Drittens, oder er muß derselbige unmaterialische Geist seyn, der mit demselbigen Thiere vereiniget ist. Nun nehme man von diesen Meynungen, welche man will: so kann man es unmöglich behaupten, daß die persönliche Einerleyheit in etwas anderm, als in dem Bewußtseyn bestehe; oder man versteht dadurch mehr, als was sie eigentlich ist.

Denn was die erste Meynung betrifft, so muß man es als möglich zugeben, daß der Mensch, der von verschiedenen Weibern, und in entfernten Zeiten gebohren ist, eben derselbe Mensch seyn kann. Eine Art zu reden, da ein ieder, der sie zuläßt, es auch als möglich zugestehen muß, daß derselbige Mensch zwo so verschiedene Personen ausmache, als es zweene Menschen sind, die in verschiedenen Jahrhunderten gelebet haben, ohne daß der eine von des andern seinen Gedanken eine Kenntniß gehabt hat.

Was die andere und dritte Meynung anlanget, so kann Sokrates in diesem Leben, und nach solchem, auf keinerley Weise derselbige Mensch seyn, als vermöge eben desselben Bewußtseyns. Derowegen, wenn man die menschliche Einerleyheit eben darauf gründet, worinn wir die persönliche Einerleyheit setzen: so wird man ohne Schwierigkeit zugeben, daß derselbige Mensch auch eben dieselbe Person sey. Aber sodann müssen diejenigen, welche die menschliche Einerleyheit in dem Bewußtseyn allein setzen, und nicht in etwas andern, auch erwägen, wie sie den Sokrates, als ein Kind, mit dem Sokrates nach der Auferstehung zu eben denselben Menschen machen wollen. Was nun aber auch bey gewissen Leuten einen Menschen, und folglich denselbigen einzelnen Menschen machen mag, worinn vielleicht wenige einstimmig sind: so können wir doch die persönliche Einerleyheit in nichts, als in dem Bewußtseyn, gründen; als welches eben alleine das ist, was wir das Selbst nennen, ohne uns in große Ungereimtheiten einzulassen.

§ 22. Aber ist denn nicht ein Betrunkener, der wieder nüchtern geworden, eben dieselbe Person? Warum wird er wegen der That, die er in der Trunkenheit begangen, gestrafet; ungeachtet er sich derselben niemals bewußt ist? Ich antworte: er ist fast eben so dieselbige Person, wie ein Mensch, der im Schlafe herumgeht, und andere Dinge thut, eben dieselbe Person ist, und für jeden Schaden, den er in solchem Zustande thun wird, Rechenschaft zu geben verbunden ist. Die menschlichen Gesetze bestrafen beydes mit einer Gerechtigkeit, die ihrer Art der Erkenntniß gemäß ist: weil sie in diesen Fällen nicht gewiß unterscheiden können, was wirklich, und was verstellet ist: folglich wird die Unwissenheit in der Trunkenheit oder im Schlafe nicht als eine Entschuldigung zugelassen. Denn obgleich die Bestrafung mit der Persönlichkeit, und die Persönlichkeit mit dem Bewußtseyn verknüpfet ist; und ein Trunkenbold sich vielleicht dessen nicht bewußt ist, was er begangen hat: so bestrafen ihn gleichwohl die menschlichen Gerichte mit Recht, weil die That wider denselben erwiesen wird; ungeachtet der Mangel des Bewußtseyns für ihn nicht erhärtet werden kann. Allein an jenem großen Tage, an welchem das Verborgene aller Herzen offenbar werden wird, wird keiner, wie gar wohl zu glauben ist, gehalten seyn, für das, wovon er nichts weis, Rechenschaft zu geben; sondern jeder wird sein Urtheil empfangen, nach dem ihn sein Gewissen anklaget, oder entschuldiget.

§ 23. Nichts als das Bewußtseyn kann entfernte Dinge in derselbigen Person vereinbaren: die Einerleyheit der Substanz kann es nicht bewerkstelligen. Denn was für eine Substanz es auch seyn mag, und wie sie auch immer gebildet ist: so ist sie ohne Bewußtseyn keine Person. Ein Todtengerippe kann so gut eine Person seyn, als es irgend eine Substanz ohne Bewußtseyn ist. Könnten wir für gewiß annehmen, daß ein zweyfaches, verschiedenes und unmittelbares Bewußtseyn in eben demselben Körper, und zwar das eine beständig am Tage, das andere des Nachts wirkete; und daß hingegen dasselbige Bewußtseyn sich in zweenen verschiedenen Körpern wechselweise thätig erwiese: so frage ich, ob nicht im ersten Falle der Tagemensch und der Nachtmensch sowohl zwo unterschiedene Personen seyn würden, als es Sokrates und Plato sind? und ob nicht in dem andern Falle eine Person in zweenen unterschiedenen Körpern seyn würde, sowohl als ein Mensch in verschiedenen Kleidern eben derselbe ist? Es hat auch eben nicht so gar viel auf sich, wenn man saget, daß dieses ein und dasselbige, und dieses unterschiedene Bewußtseyn in obenerwähnten Fällen denselbigen verschiedenen unmaterialischen Substanzen zugehöre, die es mit sich in solche Körper bringen. Denn es mag solches wahr seyn oder nicht: so ändert es die Sache im geringsten nicht; weil es sonnenklar ist, daß die persönliche Einerleyheit auf gleiche Weise durch das Bewußtseyn würde bestimmt werden; es mag dasselbe mit einer einzelnen unmaterialischen Substanz verbunden seyn, oder nicht. Denn wenn man es auch zugiebt, daß von der denkenden Substanz in dem Menschen, nothwendig müsse voraus gesetzet werden, daß dieselbe aus keiner Materie bestehe: so ist es doch ganz unstreitig, daß ein unmaterialisches denkendes Wesen zuweilen sein vormaliges Bewußtseyn kann fahren lassen, und wieder darauf gebracht werden; wie solches an der Vergessenheit der Menschen zu ersehen ist, da ihnen ihre unternommene Thaten oft entfallen, und die Seele sich vielmals eines ehedessen bewußten Dinges wieder erinnert, welches zwanzig Jahr vergessen war. Man setze: diese Zeiten der Erinnerung und Vergessenheit hielten Tag und Nacht ihre ordentlichen Abwechselungen: so wird man so gut zwo Personen mit demselbigen unmaterialischen Geiste, als in dem vorigen Exempel, zwo Personen mit eben demselben Körper haben. Dergestalt wird dieses Selbst nicht durch die Einerleyheit oder Verschiedenheit der Substanz bestimmt, als wovon man nicht versichert seyn kann; sondern bloß durch die Einerleyheit des Bewußtseyns.

§ 24. Zwar das Selbst kann sichs gedenken, daß die Substanz, aus welcher es voritzo zusammengesetzt ist, vormals in demselbigen sich bewußten Wesen vereiniget, da gewesen ist. Allein nimmt man davon das Bewußtseyn weg: so ist diese Substanz so wenig solches Selbst, oder machet so wenig einen Theil davon aus, als irgend eine andere Substanz, wie aus dem Beyspiele klar erhellet, welches wir von einem abgehauenen Gliede bereits gegeben haben. Denn da der Mensch sich der Hitze, oder Kälte oder anderer Zufälle eines solchen Gliedes nicht länger bewußt ist: so gehöret es so wenig zu seiner Selbstheit, als irgend eine andere Materie in der Welt. Auf gleiche Weise verhält es sich, im Absehen auf eine unmaterialische Substanz, die von demjenigen Bewußtseyn leer ist, dadurch ich mir selbst das *Ich selbst* bin. Denn findt sich ein Theil von ihrer Wirklichkeit, den ich nicht vermittelst eines Besinnens mit demjenigen gegenwärtigen Bewußtseyn vereinigen kann, dadurch ich itzo das *Ich selbst* bin: so ist sie, in Ansehung eines solchen Theiles, ihrer Wirklichkeit so wenig das *Ich selbst,* als es ein ander unmaterialisches Wesen ist. Denn was auch nur eine Substanz gedacht oder gethan haben mag: so wird es, dafern ich nicht wieder daran gedenken, noch es durchs Bewußtseyn zu meinem Gedanken und zu meiner Handlung machen kann, mich nicht mehr angehen, als wenn es eine andere unmaterialische Substanz, die irgendwo wirklich ist, gedacht oder getan hätte; es mag nun ein Theil von mir solches gedacht oder gethan haben, oder nicht.

§ 25. Ich bin ganz einstimmig, daß es die wahrscheinlichste Meynung ist, daß dieses Bewußtseyn mit einer absonderlichen und unmaterialischen Substanz verbunden sey, und eine Eigenschaft von demselben ausmache; iedoch die Leute mögen dieses nach ihren verschiedenen und angenommenen Meynungen erörtern, wie es ihnen beliebet. Jedwedes vernünftiges Wesen, welches eine Kenntniß von der Glückseligkeit oder dem Elende hat, muß dieses zugestehen, daß in ihm etwas sey, welches das *Er selbst* ist, um welches es sich bekümmert, und dessen Glückseligkeit es begehret; daß dieses Selbst in einer fortwährenden Dauer länger, als einen Augenblick da gewesen, und daß es daher möglich sey, daß dasselbe auch künftig, wie bisher geschehen, viele Monate und Jahre wirklich seyn könne, ohne daß seiner Dauer gewisse Schranken gesetzet werden können; ja daß es vermittelst desselbigen, und auch in Zukunft währenden Bewußtseyns, eben dasselbe seyn könne. Und auf solche Weise befindet es sich vermittelst dieses Bewußtseyns, daß es eben das Selbst sey, welches, seit einigen Jahren, eine solche oder solche Handlung unternommen hat, vermittelst deren es itzo glückselig oder unglückselig ist. In dieser ganzen Betrachtung der Selbstheit wird nicht auf dieselbige Substanz der Zahl nach, gesehen, als mache sie eben das Selbst. Man sieht vielmehr auf dasselbige beharrliche Bewußtseyn, in welchem verschiedene Substanzen vereiniget, und wieder davon getrennet gewesen seyn können: die denn einen Theil von solchem und demselbigen Selbst ausmachen, so lange sie in einer belebten Vereinigung mit demjenigen, in welchem dieses Bewußtseyn damals seinen Sitz hatte, verbleiben. Dergestalt machet ein ieder Theil unserer Körper, der auf eine zum Leben gehörige Art mit dem vereiniget ist, was sich in uns bewußt ist, einen Theil von unserm Selbst aus. Wird er aber von der belebten Vereinigung, dadurch ihm solches Bewußtseyn mitgetheilet wird, getrennet: so ist das, was, seit einem Augenblicke, ein Theil von unserer Selbstheit war, itzo so wenig ein Theil davon, als ein Theil von der Selbstheit eines andern Menschen einen Theil der meinigen abgiebt. Es ist auch nicht unmöglich, daß er nicht in kurzer

Zeit ein wirklicher Theil einer andern Person werden könnte. Also sehen wir, daß dieselbige Substanz der Zahl nach, ein Theil zwo verschiedener Personen wird; und daß eben dieselbe Person sich unter der Veränderung verschiedener Substanzen erhält. Könnten wir einen Geist voraussetzen, der aller Erinnerung oder alles Bewußtseyns seiner vormaligen Thaten gänzlich beraubet wäre, wie wir sehen, daß unsere Seelen dessen allezeit, in Ansehung unserer meisten Thaten, und zuweilen, in Ansehung aller unserer Thaten, beraubet werden: so würde die Vereinbarung oder Trennung einer solchen geistigen Substanz keine größere Aenderung in der persönlichen Einerleyheit verursachen, als die Vereinbarung oder Trennung eines Theilchens der Materie. Eine iede Substanz, auf eine belebte Art mit dem gegenwärtigen denkenden Wesen vereiniget, ist ein Theil von demjenigen und demselbigen Selbst, das itzo wirklich ist; ja ein iedes Ding, daß mit diesem Wesen, vermittelst eines Bewußtseyns der vormaligen Thaten, vereiniget ist, machet auch einen Theil von demselbigen Selbst aus, welches im Absehen sowohl auf die vergangene, als gegenwärtige Zeit eben dasselbe ist.

§ 26. Das Wort *Person,* wie ich es nehme, ist der Name für dieses Selbst. Wo nur einer das antrifft, was er *Er selbst* nennet; so glaube ich, daß ein anderer sagen kann: da ist eben dieselbe Person. Das Wort Person, ist ein Gerichtswort, welches einem die Handlungen und deren Verdienste zueignet; und also geht es nur vernünftige Wesen an, die eines Gesetzes und der Glückseligkeit, oder des Elendes fähig sind. Diese Persönlichkeit erstrecket sich über das gegenwärtige Daseyn auf das, was vergangen ist, bloß vermittelst des Bewußtseyns, wodurch sie an den vormaligen Handlungen Theil hat, und schuldig wird, Rechenschaft dafür zu geben. Sie erkennet dieselben für die ihrigen, und rechnet sich selbige zu, aus eben dem Grunde und der Ursache, wie sie sich die gegenwärtigen Thaten zueignet. Alles dieses gründet sich auf eine Bemühung und Sorge für die Glückseligkeit, mit welcher das Bewußtseyn unumgänglich vergesellschaftet ist; indem dasjenige, was sich des Vergnügens oder Schmerzes bewußt ist, wünscht, daß dieses Selbst, das sich bewußt ist, glückselig seyn möge. Daher kann es um alle vergangene Thaten, die es durchs Bewußtseyn mit solcher gegenwärtigen Selbstheit vereinigen oder ihm zueignen kann, sich so wenig bekümmern, als wenn sie niemals geschehen wären: so daß, wenn es wegen einer solchen That Vergnügen oder Schmerz empfinden sollte, es so viel seyn würde, als wäre es in dem ersten Augenblicke seines Seyns glückselig oder elend gemacht, ohne es im geringsten verdienet zu haben. Denn gesetzt, ein Mensch würde itzo deswegen zur Strafe gezogen, was er in einem andern Leben begangen hätte, und man könnte machen, daß er sich dessen ganz und gar nicht bewußt wäre: was für ein Unterschied würde wohl zwischen dieser Bestrafung und derjenigen seyn, da er zur Unglückseligkeit geschaffen wäre? Mit diesem stimmet der Apostel ein, wenn er uns saget, daß an jenem großen Tage, da ein ieglicher empfangen wird, nachdem er gehandelt hat, bey Leibes Leben, das Verborgene aller Herzen offenbar werden würde. Das Urtheil wird durch das Bewußtseyn gerechtfertigt werden, welches sich bey allen Personen finden wird, daß sie eben dieselben sind, die solche und solche Thaten begangen haben, und dafür solche Strafe verdienen; in was für Körpern sie auch sodann erscheinen, und mit was für Substanzenn solches Bewußtseyn verknüpfet seyn mag.

§ 27. Ich kann gar leicht glauben, daß ich bey Abhandlung dieser Materie Dinge zum Voraus gesetzet habe, die einigen Lesern ganz seltsam vorkommen werden; und vielleicht sind sie auch, an sich betrachtet, nicht anders beschaffen. Doch es sind, denke ich, diese Voraussetzungen noch bey derjenigen Unwissenheit verzeihlich, in welcher wir uns, im Absehen auf die Natur desjenigen denkenden Wesens, befinden, welches in uns ist, und welches wir als das Selbst von uns ansehen. Wüßten wir, was es wäre, oder wie es mit einem gewissen Baue von flüchtigen Lebensgeistern verbunden wäre, oder ob es seine Wirkungen des Denkens und Gedächtnisses außer einem organischen Körper, wie der unsrige ist, vollziehen könnte, oder es nicht könnte; und ob es Gott so gefallen, daß niemals ein solcher Geist mit einem andern, sondern nur mit einem solchen Körper vereiniget werden soll, von dessen Werkzeugen und deren rechten Beschaffenheit sein Gedächtniß abhängt: so möchten wir die Ungereimtheiten einiger Dinge, die ich voraus gesetzet habe, sehen können. Allein, nehmen wir die Seele des Menschen, wie wir itzo insgemein thun, da wir uns bey dieser Materie in lauter Finsterniß befinden, für eine unmaterialische Substanz, die von der Materie unabhängend ist, und der alle Materie gleich gilt: so kann es, nach der Natur der Dinge, gar keine Ungereimtheit seyn, wenn man voraus setzet, daß dieselbige Seele in verschiedenen Zeiten mit verschiedenen Körpern vereiniget werde, und mit ihnen sodann einen Menschen ausmache. Dieß ist so wenig ungereimt, als wenn wir voraus setzen, daß das, was gestern ein Theil von einem Schafskörper war, morgen ein Theil eines menschlichen Körpers seyn, und in dieser Vereinigung so wohl einen belebten Theil des Meliböus selbst ausmachen könne, als es vorher einen Theil von seinem Widder abgab.

§ 28. Endlich so muß eine iegliche Substanz, welche da zu seyn anfängt, in währendem ihren Daseyn nothwendig eben dieselbe seyn. Bey einer jeden Zusammensetzung von Substanzen, die wirklich zu seyn anfängt, muß das Zusammengesetzte ebenfalls in währender Vereinigung solcher Substanzen dasselbige verbleiben. Auch eine iede Zufälligkeit, die da zur Wirklichkeit gedeihet, ist eben dieselbe, so lange ihre Wirklichkeit dauret. Und diese Regel findet auch Statt, wenn die Zusammensetzung aus verschiedenen Substanzen und Zufälligkeiten bestehet. Woraus denn erhellet, daß die Schwierigkeit oder die Dunkelheit bey dieser Sache vielmehr von den unrecht angewandten Namen entstehe, als von einiger Dunkelheit in den Dingen selbst. Denn was es auch immer seyn mag, das den eigentlichen Begriff ausmachet, dem der Name zugeeignet wird: so wird sich, dafern solcher Begriff beständig mit solchem Namen verknüpfet ist, der Unterschied unter der Einerleyheit und Verschiedenheit eines Dinges leicht begreifen lassen; und es kann darüber kein Zweifel entstehen.

§ 29. Denn gesetzt, ein vernünftiger Geist wäre der Begriff von einem Menschen: so kann man leicht wissen, was eben derselbige Mensch ist, nämlich eben derselbe Geist wird derselbige Mensch seyn; er mag von dem Körper abgesondert, oder in einem Körper seyn. Setzen wir ferner, daß ein mit Vernunft begabter Geist mit einem Körper von einer gewissen Bildung der Theile auf eine zum Leben gehörige Art vereinbaret wäre, um einen Menschen zu machen: so würde er derselbige Mensch seyn, so lange ein solcher vernünftiger Geist mit dieser zum Leben gehörigen Bildung der Theile vereiniget bleibt; obschon dieselbe in einem Körper, dessen Theile nach und nach verfliegen, fortgesetzet wird. Steht man aber in den Gedanken, der Begriff von dem Menschen wäre nur die zum Leben gehörige Vereinigung der Theile, nebst einer gewissen Gestalt: so wird er so lange derselbige Mensch seyn, so lange solche zum Leben diensame Vereinigung und Gestalt in einer zusammengesetzten Substanz bleibt, die auf keine andere Weise dieselbige ist, als nur vermittelst einer immerwährenden Ansetzung neuer Theilchen, anstatt der verfliegenden. Denn was für eine Zusammensetzung es auch ist, woraus der zusammengesetzte Begriff gebildet wird: so wird sie, so lange das Daseyn selbige zu einem absonderlichen Dinge, unter einer gewissen Benennung, machet, durch das fortgesetzte Daseyn, unter derselbigen Benennung erhalten, daß sie eben das absonderliche und einzelne Ding verbleibt.

Baruch Spinoza

In der Reihe der großen Individuen, welche in der beginnenden Neuzeit den Geist wissenschaftlicher Aufklärung repräsentieren und zum Siege führen, nimmt Spinoza eine extreme Stellung ein. War es schon für die andern, für Descartes oder Bacon, für Hobbes oder John Locke oder für Leibniz bezeichnend, daß sie nicht an den Universitäten, den eigentlichen Stätten der philosophischen Lehre, tätig waren, sondern als unabhängige Privatleute, meist als weit gereiste und weltkundige Männer, den freien und hellen Blick des Geistes auf das Ganze der durch die Schule geheiligten Überlieferung richteten, so ist der frühreife, geniale junge Spinoza ein Abseitiger in noch weit höherem Grade. Ihn hat seine geistige Überlegenheit über die Mitglieder der jüdischen Gemeinde, in der er aufwuchs, aber auch sein entschiedenes Verhalten in Sachen der modernen Wissenschaft und der religiösen Überlieferung sehr früh in Konflikte gebracht, denen er durch Rückzug auswich – Rückzug nicht in dem Sinne, daß er irgend etwas von seinen Lehren und Überzeugungen preisgab, sondern in dem Sinne, daß er ein bescheidenes und unauffälliges Dasein im Umgang mit wenigen Gesinnungsgenossen der Wirkung ins Breite vorzog. Das Bild des brillenschleifenden Spinoza ist fast so etwas wie ein moralisches Vorbild der Unabhängigkeit und Genügsamkeit eines modernen Weisen geworden.

Dabei hat das ungewöhnliche Genie des jungen Spinoza in der geistig aufgeregten und allseitig regsamen Epoche, in die er geboren war, sehr schnell in der gelehrten Welt Aufsehen erregt. Bedeutende Zeitgenossen haben seine Bekanntschaft gesucht. Bekanntlich hat er sogar einen Antrag erhalten, an der Universität Heidelberg eine Professur zu übernehmen. Aber er ist dem ausgewichen, und man muß zugeben, er tat gut daran. Seine rationalistische Kritik an der religiösen Überlieferung – aus Gründen der Vorsicht und der Strategie zunächst auf die Religion seines eigenen Volkes beschränkt – mußte ihn mit der Kirche, auch der christlichen Kirche und der mit ihr verbündeten Staatsautorität, in Konflikt bringen. Der Ruf des Atheismus hat sich so sehr an seinen Namen geheftet, daß Spinozist zu sein in den Augen der Gegner dem Wort ›Atheismus‹ mit allen seinen abwertenden, negativen Nebenbedeutungen völlig gleichkam.

In den Augen des zur Freiheit des Geistes durchgedrungenen späteren 18. Jahrhunderts galt er umgekehrt als der Vorkämpfer des Pantheismus, der vor allem in der deutschen Geistesgeschichte große Wirkung hatte – man denke an Lessing, an Herders Rezeption Spinozas, an seine Wirkung auf Goethe und die zentrale Bedeutung, die er für die Grundlehren des nachkantischen deutschen Idealismus gewann.

Das metaphysische Hauptwerk Spinozas ist seine *Ethik* (1662 bis 1665). Schon durch seinen Titel verrät sich, was Spinoza die hergebrachte Metaphysik im Grunde bedeutete. Am Ende waren seine Ziele die des Moralisten, der das hohe Glück der Kontemplation sucht, einer Befriedigung der Vernunft durch steigende Einsicht in den Weltlauf. Es versteht sich von selber, daß das erste Buch der *Ethik,* das von Gott handelt, in unserer Sammlung Platz finden mußte. Die Art freilich, wie hier von Gott geredet wird, ist viel weiter entfernt von aller Theologie als etwa Descartes' Grundlegung seiner Philosophie. Gott ist für Spinoza gleichbedeutend mit der Natur – Deus sive natura, d. h. er ist das einzige Seiende, das wahrhaft von sich aus ist und von nichts abhängt. Spinoza nennt es causa sui. Es ist als einziges ›Substanz‹ und hat in allen Erscheinungen der Natur und des Menschenlebens seine Manifestation.

Spinoza sucht auf diese Weise eine Antwort auf die durch Descartes gestellte Aufgabe, zwei so wesensverschiedene Seinsweisen, wie die des Bewußtseins und des Ausgedehntseins, in ihrer Beziehung zu denken. Weder das Selbstbewußtsein noch das ausgedehnte Sein sind für Spinoza wahrhaftes Sein, d. h., beide sind nicht Substanz, sondern etwas an ihr, was wechseln kann und dessen gesetzmäßige Veränderungen zu erkennen die Aufgabe des menschlichen Verstandes ist. Das steht in bestem Einklang mit dem Ideal der modernen Wissenschaft, die sich seit Galilei des Verzichtes auf die Erkenntnis der Substanzen bewußt war und die ›Affektionen‹ allein zu erkennen beanspruchte. Bis in den Ausdruck ›Affektionen‹ hinein folgt Spinoza dem Selbstverständnis der neueren Naturwissenschaft und, wie man nicht leugnen kann, mit einem richtigen Blick für den Schwund des Seinsanspruches der Dinge angesichts eines Wissenschaftsideals, das durch Berechnung zu beherrschen und durch Erklärung machen zu lernen trachtet. Seine eigene Gestalt behält aber etwas Doppelgesichtiges, sofern das rationalistische Ideal der Geometrie, der mos geometricus, auf der einen Seite, das Aufgehen aller endlichen Bestimmtheiten in der unendlichen Wirklichkeit Gottes auf der anderen Seite in Spinozas Geist eine Spannung zwischen Rationalismus und Mystik bilden, die sich sowohl in seiner Wirkung wie in dem Stand der modernen Forschung spiegelt.

Der Sittenlehre erster Theil, von Gott

Erklärungen

1. Durch die Ursache seiner selbst verstehen wir dasjenige, dessen Wesen zugleich das Daseyn in sich schließet: oder, dessen Natur man nicht anders, als daseyend, gedenken kann.

2. Dasjenige Ding nennen wir nach seiner Art endlich, welches durch ein anderes von gleichem Wesen Grenzen erhalten kann. Ein Körper, zum Beyspiel, heißet endlich, weil wir uns immer einen größern gedenken. So erhält auch ein Denken durch das andere Denken seine Grenzen. Aber der Körper kann durch kein Denken, und das Denken durch keinen Körper begrenzet werden.

3. Durch ein bestehendes Ding verstehen wir dasjenige, was in sich ist und für sich selbst sich gedenken lässet: oder dasjenige, dessen Begriff des Begriffs eines andern Dinges, von welchem er gemacht werden müßte, nicht bedarf.

4. Die Eigenschaft heißet bey uns dasjenige, was der Verstand von einem bestehenden Dinge auf solche Art begreifet, daß es das Wesen desselben ausmachet.

5. Die Weise nennen wir die Beschaffenheiten eines bestehenden Dinges, oder dasjenige, was in einem andern ist, durch welches man auch solches gedenket.

6. Durch Gott verstehen wir das schlechterdings unendliche Wesen, oder das bestehende Ding, welches unendliche Eigenschaften in sich fasset, deren jede ein ewiges und unendliches Wesen ausdrücket.

Erläuterung
Wir sagen, das schlechterdings, und nicht nach seiner Art, unendliche Wesen. Denn, was nur bloß nach seiner Art unendlich ist, davon kann man die unendlichen Eigenschaften verneinen: was aber schlechterdings unendlich ist; zu dessen Wesen gehöret alles, was nur ein Wesen ausdrücket und keine Verneinung in sich schließet.

7. Dasjenige Ding werden wir frey nennen, welches bloß nach der Nothwendigkeit seiner Natur da ist, und durch sich allein zum Wirken bestimmet wird. Nothwendig aber, oder vielmehr gezwungen werden wir nennen, was durch ein anderes zum Daseyn und Wirken auf gewisse und begrenzte Weise bestimmet wird.

8. Durch die Ewigkeit verstehen wir das Daseyn, so ferne wir uns solches gedenken als etwas, welches aus der bloßen Erklärung eines ewigen Dinges nothwendig folget.

Erläuterung
Denn ein solches Daseyn, dergleichen eine ewige Wahrheit ist, gedenken wir uns eben so, wie das Wesen des Dinges, und es kann daher durch keine Dauer oder Zeit erkläret werden, gesetzt auch, man stellte sich eine Dauer vor, die weder Anfang noch Ende hätte.

Grundsätze

1. Alles, was da ist, ist entweder in sich selbst, oder in etwas anderem.
2. Dasjenige, was sich nicht durch ein anderes gedenken lässet, muß durch sich selbst gedacht werden.
3. Aus einer gegebenen bestimmten Ursache erfolget die Wirkung nothwendig. Und auch umgekehrt: wenn keine bestimmte Ursache vorhanden ist; so ist es unmöglich, daß die Wirkung erfolgen sollte.
4. Die Erkenntniß der Wirkung beruhet auf der Erkenntniß der Ursache, und schließet dieselbe in sich.
5. Dinge, welche nichts mit einander gemein haben, von denen kann auch eines durch das andere nicht verstanden werden, oder der Begriff des einen schließet den Begriff des andern nicht in sich.
6. Ein wahrer Begriff muß mit der begriffenen Sache übereinkommen.
7. Alles, was man als nicht daseyend gedenken kann, dessen Wesen schließet das Daseyn nicht in sich.

Der 1 Satz
Ein bestehendes Ding ist der Natur nach eher, als seine Beschaffenheiten.
Beweis
Dieser erhellet aus der 3 und 5 Erklärung.

Der 2 Satz
Zwey bestehende Dinge, welche verschiedene Eigenschaften besitzen, haben nichts mit einander gemein.
Beweis
Dieser ist aus der 3 Erklärung offenbar. Denn ein jedes von ihnen muß in sich seyn, und für sich selbst sich gedenken lassen: oder, der Begriff des einen schließet den Begriff des andern nicht in sich.

Der 3 Satz
Von Dingen, welche nichts mit einander gemein haben, kann nicht eines des andern Ursache seyn.
Beweis
Wenn sie nichts mit einander gemein haben: so können sie nicht eines durch das

andere verstanden werden; und daher kann auch nicht eines des andern Ursache seyn. W.z.e.w.*

Der 4 Satz
Zwey oder mehrere verschiedene Dinge lassen sich von einander unterscheiden, entweder durch die Verschiedenheit in den Eigenschaften der bestehenden Dinge, oder durch die Verschiedenheit in den Beschaffenheiten derselben.

Beweis
Alles, was da ist, ist entweder in sich selbst, oder in etwas anderem: das ist, außerhalb des Verstandes ist nichts zu finden, als bestehende Dinge und derselben Beschaffenheiten. Es giebt also nichts außerhalb des Verstandes, wodurch mehrere Dinge von einander könnten unterschieden werden, als bestehende Dinge, oder, welches einerley ist, ihre Eigenschaften, und ihre Beschaffenheiten.

Der 5 Satz
In der ganzen Natur können nicht zwey oder mehrere bestehende Dinge gleiches Wesens oder gleicher Eigenschaft seyn.

Beweis
Wenn mehrere verschiedene dergleichen Dinge wären: so müßten sie entweder durch die Verschiedenheit der Eigenschaften, oder durch die Verschiedenheit der Beschaffenheiten von einander unterschieden werden. Wenn es bloß durch die Verschiedenheit der Eigenschaften geschehen soll: so wird man uns eben dadurch zugestehen, daß es nicht mehr als ein einziges von derselben Eigenschaft giebt. Soll es aber durch die Verschiedenheit der Beschaffenheiten geschehen, und man sondert diese Beschaffenheiten von dem Dinge ab, [weil ein bestehendes Ding der Natur nach eher ist, als seine Beschaffenheiten] und betrachtet solches für sich, das ist, nach der Wahrheit: so wird man es nicht mehr als von dem andern unterschieden gedenken können; das ist, es können ihrer nicht mehrere, sondern nur ein einziges seyn. W.z.e.w.

Der 6 Satz
Ein bestehendes Ding kann nicht von einem andern bestehenden Dinge hervorgebracht werden.

Beweis
In der ganzen Natur können nicht zwey bestehende Dinge gleicher Eigenschaft seyn: das ist, solche, welche etwas mit einander gemein hätten. Es kann also auch nicht eines des andern Ursache seyn, oder, welches einerley ist, eines kann nicht von dem andern hervorgebracht werden.

Zusatz
Hieraus folgt, daß ein bestehendes Ding überhaupt nicht von etwas anderem kann hervorgebracht werden. Denn in der ganzen Natur ist nichts zu finden, als beste-

---
* Was zu erklären war.

hende Dinge und derselben Beschaffenheiten, wie aus dem obigen erhellet. Nun kann aber solches nicht von einem bestehenden Dinge hervorgebracht werden: daher kann ein bestehendes Ding überhaupt von nichts anderem hervorgebracht werden.
Anders
Man kann solches noch leichter aus der Ungereimtheit des Gegensatzes erweisen. Denn, wenn ein bestehendes Ding von etwas anderem könnte hervorgebracht werden: so würde die Erkenntniß desselben auf der Erkenntniß seiner Ursache beruhen; und also wäre es kein bestehendes Ding.

Der 7 Satz
Es gehöret mit zu dem Wesen eines bestehenden Dinges, daß es da ist.
Beweis
Ein bestehendes Ding kann nicht von etwas anderem hervorgebracht werden. Es muß also die Ursache seiner selbst seyn: das ist, das Wesen desselben schließet zugleich das Daseyn in sich, oder, es gehöret mit zu seiner Natur, daß es da ist. W.z.e.w.

Der 8 Satz
Ein iedes bestehendes Ding ist nothwendiger Weise unendlich.
Beweis
Es giebt nicht mehr als ein einziges bestehendes Ding von einerley Eigenschaft, und zu dessen Wesen gehöret, daß es da ist. Also muß solches, kraft seiner Natur, entweder als endlich, oder als unendlich da seyn. Nun ist es aber nicht endlich. Denn sonst müßte es von einem andern gleiches Wesens Grenzen bekommen, welches folglich ebenfalls nothwendig da seyn müßte: und also wären zwey bestehende Dinge von einerley Eigenschaft vorhanden; welches ungereimt ist. Daher ist es da als unendlich. W.z.e.w.
Die 1 Anmerkung
Da das Endlichseyn in der That zum Theil eine Verneinung, und das Unendlichseyn eine unbedingte Bejahung des Daseyns von einem Wesen ist: so folgt schon allein aus dem vorigen Satze, daß ein iedes bestehendes Ding unendlich seyn müsse.
Die 2 Anmerkung
Wir können uns leicht vorstellen, daß es allen denjenigen, welche aus undeutlichen Begriffen von den Dingen urtheilen, und nicht gewohnt sind, dieselben aus ihren ersten Ursachen zu erkennen, schwer fallen werde, den vorigen Satz zu gedenken: weil sie nämlich keinen Unterschied machen unter den Abwechselungen der Weisen in den bestehenden Dingen, und unter den bestehenden Dingen selbst; und nicht wissen, wie die Dinge entstehen. Daher geschiehet es, daß sie den Anfang, welchen sie die natürlichen Dinge nehmen sehen, den bestehenden Dingen andichten. Denn, weil ihnen die wahren Ursachen der Dinge unbekannt sind: so verwirren sie alles, und empfinden nicht die geringste Schwierigkeit bey sich, zu dichten, daß die Bäume eben sowohl reden könnten, als die Menschen. Sie bilden sich daher ein, daß die Menschen eben so gut aus Steinen, als aus dem Samen, entste-

hen, und eine iede Gestalt in eine iede andere verwandelt werden könnte. So schreiben auch diejenigen, welche die göttliche Natur mit der menschlichen vermengen, Gott gar leicht menschliche Affekten zu, sonderlich, wenn ihnen dabey unbekannt ist, wie die Affekten in der Seele entstehen. Wenn aber die Menschen auf die Natur eines bestehenden Dinges Acht hätten: so würden sie an der Wahrheit des obigen Satzes gar nicht zweifeln können. Jedermann würde denselben als einen Grundsatz annehmen, und man würde ihn unter die gemeinen Begriffe zählen. Denn die Menschen würden alsdann durch ein bestehendes Ding dasjenige verstehen, was in sich ist und für sich selbst sich gedenken lässet, oder, dessen Erkenntniß der Erkenntniß keines andern Dinges bedarf. Durch die Weisen hingegen würden sie dasjenige verstehen, was in etwas anderem ist, und dessen Begriff aus dem Begriffe desjenigen Dinges, in welchem es ist, gemacht wird. Aus diesem Grunde können wir wahre Begriffe auch von nicht daseyenden Weisen haben. Denn ob sie gleich außerhalb des Verstandes nicht vorhanden sind: so ist doch ihr Wesen in dem andern Dinge enthalten, und kann durch dasselbe gedacht werden. Allein, die Wahrheit der bestehenden Dinge ist außerhalb des Verstandes nirgends zu finden, als in ihnen selbst, weil man sie für sich gedenket. Wenn also iemand sagte: Er hätte einen klaren und deutlichen, das ist, einen wahren Begriff von einem bestehenden Dinge; und wollte doch noch zweifeln, ob ein solches bestehendes Ding auch wirklich da sey: so würde dieses in der That eben so viel seyn, als wenn er sagte: Er hätte einen wahren Begriff; zweifelte aber dennoch, ob er nicht vielleicht falsch sey (wie ein ieder, der die gehörige Aufmerksamkeit hat, offenbar sehen muß). Wer also glaubet, daß ein bestehendes Ding erschaffen werde: der muß zugleich glauben, daß ein falscher Begriff in einen wahren sey verwandelt worden; da doch nichts ungereimteres seyn kann, als dieses. Man muß also nothwendig eingestehen, daß das Daseyn eines bestehenden Dinges, so gut wie das Wesen desselben, eine ewige Wahrheit sey. Hieraus lässet sich nun noch auf andere Art erweisen, daß nicht mehr als ein einziges bestehendes Ding von demselben Wesen vorhanden ist, welches wir hier noch zu zeigen der Mühe werth achten. Um aber hierinnen ordentlich zu verfahren: so ist zu merken, 1) daß die wahre Erklärung eines jeden Dinges nichts anderes in sich fasset noch ausdrücket, als das Wesen des erklärten Dinges. Woraus 2) dieses folget, daß keine Erklärung eine gewisse Anzahl der Dinge in sich schließet noch ausdrücket: weil sie nämlich sonst nichts, als das Wesen des erklärten Dinges, ausdrücket. Zum Beyspiel, die Erklärung des Dreyeckes drücket nichts anderes aus, als das bloße Wesen des Dreyeckes, nicht aber eine gewisse Anzahl der Dreyecke. 3) ist zu merken, daß von iedem daseyenden Dinge nothwendig eine gewisse Ursache vorhanden seyn muß, um welcher willen dasselbe da ist. Endlich 4) ist zu merken, daß diese Ursache, um welcher willen eine Sache da ist, entweder in dem Wesen selbst oder der Erklärung des daseyenden Dinges (weil es nämlich mit zu den Wesen desselben gehöret, daß es da ist), oder aber außer demselben vorhanden seyn muß. Aus diesen vorausgesetzten Gründen folget nun: wenn in der Natur eine gewisse Anzahl einzeler Dinge da ist, daß auch nothwendig eine Ursache vorhanden seyn muß, warum diese einzelen Dinge, und ihrer nicht mehr oder weniger, da sind. Wenn, zum Beyspiel, zwanzig Menschen da sind (von welchen wir, um mehrerer Deutlichkeit willen, annehmen wollen, daß sie zugleich da und vorher noch keine andere in der Natur vorhanden gewesen sind): so ist nicht genug (nämlich, wenn man Grund angeben will, warum zwanzig Menschen da sind), daß man die Ursache der menschlichen Natur überhaupt zeiget; sondern es wird noch überdieß erfordert, daß man die Ursache zeige, warum ihrer nicht mehr noch weniger, als zwanzig, da sind: denn es muß nothwendig von einem ieden derselben eine Ursache vorhanden seyn, warum er da ist (3 Num.). Diese Ursache aber kann nicht in der menschlichen Natur selbst enthalten seyn; denn die wahre Erklärung eines Menschen fasset die Zahl zwanzig nicht in sich (2, 3 Num.): daher muß die Ursache, warum diese zwanzig Menschen da sind, und folglich, warum ein ieder von ihnen da ist, nothwendig außer einem ieden vorhanden seyn (4 Num.); und also machen wir daraus überhaupt den Schluß, daß alles, wovon mehrere einzele Dinge desselben Wesens seyn können, zu ihrem Daseyn nothwendig eine Ursache außer sich haben müssen. Da nun mit zu dem Wesen eines bestehenden Dinges gehöret, daß es da ist (wie in der gegenwärtigen Anmerkung dargethan worden): so muß die Erklärung davon das nothwendige Daseyn desselben in sich schließen; und folglich muß sein Daseyn aus der bloßen Erklärung desselben hergeleitet werden. Aus seiner Erklärung aber lässet sich das Daseyn mehrerer bestehender Dinge nicht schließen (wie bereits in dem 2 und 3 Numer gezeiget worden): daher muß aus derselben nothwendig folgen, daß nur ein einziges bestehendes Ding von demselben Wesen vorhanden sey, welches wir uns zu erweisen vorgenommen hatten.

Der 9 Satz
Je mehr Wirkliches oder Wesentliches ein Ding besitzet, desto mehr Eigenschaften kommen demselben zu.
Beweis
Dieser erhellet aus der 4 Erklärung.

Der 10 Satz
Eine iede von den Eigenschaften eines einzelnen bestehenden Dinges muß für sich gedacht werden.
Beweis
Eine Eigenschaft ist dasjenige, was der Verstand von einem bestehenden Dinge auf solche Art begreifet, daß es das Wesen desselben ausmachet. Sie muß also für sich gedacht werden. W.z.e.w.
Anmerkung
Man ersiehet hieraus, ob man gleich zwo Eigenschaften sich als wirklich unterschieden, das ist, eine ohne Hülfe der andern, vorstellet, daß man dennoch daher nicht schließen könne, dieselben machten zwey Wesen oder zwey verschiedene bestehende Ding aus. Denn es gehöret zu der Natur eines bestehenden Dinges, daß eine iede von seinen Eigenschaften für sich gedacht wird: weil nämlich alle Eigenschaften, welche es besitzet, sich beständig in demselben befunden haben, und keine davon durch die andere hat können hervorgebracht werden; sondern eine iede von ihnen drücket das Wirkliche oder Wesentliche des bestehenden Dinges aus. Es ist daher nichts weniger als ungereimt, daß man einem bestehenden Dinge mehrere Eigenschaften zuschreibet: vielmehr ist in der Natur nichts klarer, als daß

man sich ein iedes Ding unter einer gewissen Eigenschaft vorstellen müsse; und je mehr Wirkliches oder Wesentliches es besitzet, desto mehr Eigenschaften habe dasselbe, welche sowol die Nothwendigkeit oder Ewigkeit, als auch die Unendlichkeit ausdrücken. Folglich kann auch nichts klarer seyn, als daß das schlechterdings unendliche Wesen nothwendig so erkläret werden müsse, wie wir vorhin gethan haben: nämlich als ein Ding, welches unendliche Eigenschaften in sich fasset, deren iede ein ewiges und gewisses unendliches Wesen ausdrücket. Wenn nun aber iemanden hiebey die Frage einfällt; aus welchem Merkmaale wir denn die Verschiedenheit der bestehenden Dinge erkennen könnten: so lese er nur die folgenden Sätze, als worinnen gezeiget wird, daß in der ganzen Natur nicht mehr als ein einziges bestehendes Wesen vorhanden, und daß dasselbe schlechterdings unendlich sey. Es würde also vergebens seyn, nach dergleichen Merkmaalen zu fragen.

Der 11 Satz
Gott, oder das bestehende Ding, welches unendliche Eigenschaften in sich fasset, deren iede ein ewiges und unendliches Wesen ausdrücket, ist nothwendig da.
Beweis
Will man es leugnen: so stelle man sich vor, wenn es geschehen kann, daß Gott nicht da sey. Solchergestalt wird das Wesen desselben das Daseyn nicht in sich schließen. Dieses aber ist ungereimt: daher ist Gott nothwendig da. W.z.e.w.
Anders
Von einem ieden Dinge muß sich eine Ursache oder ein Grund angeben lassen, sowol warum es da ist, als warum es nicht da ist. Zum Beyspiel, wenn das Dreyeck da ist; so muß ein Grund oder eine Ursache vorhanden seyn, warum es da ist: ist es aber nicht da; so muß es abermal einen Grund oder eine Ursache geben, welche hindert, daß es nicht da ist, oder welche das Daseyn desselben aufhebet. Dieser Grund oder diese Ursache aber, muß entweder in dem Wesen des Dinges, oder außer demselben befindlich seyn. Zum Beyspiel, den Grund, warum kein viereckiger Zirkel vorhanden ist, giebt das Wesen desselben selbst zu erkennen: weil es nämlich einen Widerspruch in sich fasset. Und so folgt im Gegenteil auch aus dem bloßen Wesen des bestehenden Dinges, daß es da ist, weil solches nämlich das Daseyn zugleich in sich schließet. Allein der Grund, warum ein Zirkel oder ein Dreyeck da ist, oder warum es nicht da ist, kann nicht aus ihrem Wesen, sondern er muß aus der Ordnung der gesamten Natur der Körper hergeleitet werden: denn daraus muß folgen, entweder, daß itzt das Dreyeck nothwendig da sey, oder es sey unmöglich, daß es itzo da seyn könne. Dieses alles ist für sich offenbar genug. Hieraus folgt nun, daß dasjenige nothwendig da ist, wovon kein Grund oder keine Ursache vorhanden ist, welche hinderte, daß es nicht da wäre. Wenn es also keinen Grund und keine Ursache giebt, welche hindert, daß Gott nicht da seyn sollte, oder welche sein Daseyn aufhebet: so müssen wir allerdings daraus den Schluß machen, daß derselbe nothwendig da sey. Nun müßte dieser Grund oder diese Ursache, wenn es dergleichen gäbe, entweder in dem Wesen Gottes selbst, oder außer demselben, das ist, in einem andern bestehenden Dinge von anderem Wesen vorhanden seyn. Denn wenn es einerley Wesen mit demselben haben sollte: so würde man

eben dadurch zugeben, daß ein Gott sey. Das bestehende Ding aber, welches von anderem Wesen wäre, könnte nichts mit Gott gemein haben, und folglich das Daseyn desselben weder setzen noch aufheben. Da nun der Grund oder die Ursache, welche das Daseyn Gottes aufheben sollte, außer dem göttlichen Wesen nicht vorhanden seyn kann: so wird sie nothwendig, wenn kein Gott seyn soll, in seinem Wesen selbst enthalten seyn müssen; und also würde dieses einen Widerspruch in sich fassen. Dieses aber von dem schlechterdings unendlichen und allervollkommensten Wesen zu sagen, ist ungereimt. Es giebt also weder in Gott noch außer Gott einige Ursache oder einigen Grund, welcher das Daseyn desselben aufheben sollte: folglich ist Gott nothwendig da. W.z.e.w.

Noch anders

Nicht daseyn können, zeiget ein Unvermögen, und im Gegentheil daseyn können, eine Kraft an: welches für sich klar ist. Wenn nun dasjenige, was itzo nothwendig da ist, nichts als endliche Dinge sind: so müssen die endlichen Dinge mächtiger seyn, als das schlechterdings unendliche Ding. Dieses aber, wie man für sich siehet, ist ungereimt: daher ist entweder gar nichts vorhanden, oder das schlechterdings unendliche Wesen muß nothwendig auch mit vorhanden seyn. Nun sind wir entweder in uns selbst, oder in einem andern Dinge, welches nothwendig da ist: daher ist das schlechterdings unendliche Wesen, oder Gott, nothwendig vorhanden. W.z.e.w.

Anmerkung

In diesem letzten Beweise haben wir das Daseyn Gottes aus der Erfahrung darthun wollen, damit man den Beweis desto leichter fassen möchte: nicht aber deswegen, als wenn das Daseyn Gottes nicht aus eben dieser Quelle, als aus seinen Gründen, könnte hergeleitet werden. Denn, weil daseyn können ein Vermögen anzeiget: so folgt, je mehr Wirkliches ein Ding seinem Wesen nach besitzet, daß es auch alsdann desto mehr Kräfte von sich selbst habe, da zu seyn; und daß daher das schlechterdings unendliche Ding, oder Gott, ein schlechterdings unendliches Vermögen da zu seyn von sich selbst habe, und also schlechterdings da sey. Wir vermuthen aber, daß viele die Bündigkeit dieses Beweises nicht werden einsehen können, weil sie gewohnt sind, nur auf diejenigen Dinge Acht zu haben, welche von äußerlichen Ursachen herrühren: imgleichen, weil sie sehen, daß solche unter ihnen, welche bald entstehen, das ist, bald da sind, auch bald wieder vergehen; und folglich auf das Gegentheil schließen, daß diejenigen Dinge schwerer hervorzubringen, das ist, nicht so leicht zum Daseyn zu bringen seyen, von welchem sie sich vorstellen, daß mehreres dazu erfordert werde. Allein, um sie von diesen Vorurtheilen abzubringen, finden wir nicht für nöthig hier zu zeigen, in wie ferne dieser Satz: was bald entstehet, das vergehet bald; der Wahrheit gemäß sey, noch auch, ob in Ansehung der gesamten Natur alles gleich leicht sey oder nicht. Sondern es wird genug seyn, nur dieses anzumerken, daß wir hier nicht von solchen Dingen reden, welche von äußerlichen Ursachen entstehen: sondern nur bloß von bestehenden Dingen, welche von keiner äußerlichen Ursache können hervorgebracht werden. Denn diejenigen Dinge, welche von äußerlichen Ursachen herrühren, sie mögen gleich aus viel oder wenig Theilen bestehen, haben alle Vollkommenheit oder alles Wirkliche, welches sie besitzen, der Kraft der äußerlichen Ursache zu danken: und also entspringet das Daseyn derselben bloß aus der Vollkommenheit der äußerlichen Ursache, und nicht aus ihrer eigenen. Im Gegentheil ist alle Vollkommenheit, welche ein bestehendes Ding besitzet, keiner äußerlichen Ursache zuzuschreiben: daher muß auch sein Daseyn bloß allein aus der Natur desselben folgen, und ist folglich nichts anderes, als sein Wesen. Die Vollkommenheit hebet daher das Daseyn eines Dinges nicht auf, sondern sie setzet solches vielmehr: die Unvollkommenheit hingegen hebet dasselbe auf. Wir können also von keines Dinges Daseyn mehrere Gewißheit haben, als von dem Daseyn des schlechterdings unendlichen oder vollkommenen Dinges, das ist, Gottes. Denn, weil das Wesen desselben alle Unvollkommenheiten ausschließet und eine Vollkommenheit ohne Schranken in sich fasset: so nimmt solches eben dadurch alle Ursache, an seinem Daseyn zu zweifeln, weg, und giebt die höchste Gewißheit davon; wie ein jeder, der nur eine mittelmäßige Aufmerksamkeit gebrauchet, deutlich sehen wird.

Der 12 Satz
Man kann sich keine Eigenschaft von dem bestehenden Dinge wahrhaftig gedenken, woraus folgen sollte, daß ein bestehendes Ding könnte getheilet werden.
Beweis
Denn die Theile, in welche man das solchergestalt gedachte bestehende Ding theilen wollte, würden das Wesen des bestehenden Dinges entweder behalten, oder nicht. Wenn man das erste annimmt: so würde ein ieder Theil davon unendlich, und die Ursache seiner selbst seyn, auch eine verschiedene Eigenschaft in sich fassen; welches ungereimt ist. Hierzu kommt, daß die Theile nichts mit dem Ganzen gemein hätten, und das Ganze ohne seine Theile sowol seyn als gedacht werden könnte: welches nach iedermanns Geständnisse ungereimt ist. Wollte man aber das andere setzen, daß nämlich die Theile das Wesen des bestehenden Dinges nicht behielten: so müßte, wenn das ganze bestehende Ding in gleiche Theile getheilet wäre, dasselbe das Wesen des bestehenden Dinges verlieren und aufhören zu seyn; welches ungereimt ist.

Der 13 Satz
Das schlechterdings unendliche bestehende Ding ist untheilbar.
Beweis
Denn, wenn es theilbar wäre: so müßten die Theile, worein man es theilete, das Wesen des schlechterdings unendlichen bestehenden Dinges entweder behalten, oder nicht. Soll das erste gelten: so werden mehrere bestehende Dinge gleiches Wesen seyn; welches ungereimt ist. Setzet man aber das letzte: so wird, eben wie vorhin, das schlechterdings unendliche bestehende Ding aufhören können zu seyn; welches ebenfalls ungereimt ist.
Zusatz
Hieraus folgt, daß kein bestehendes Ding, und folglich auch kein körperliches bestehendes Ding, so ferne solches ein bestehendes Ding ist, theilbar sey.
Anmerkung
Daß ein bestehendes Ding untheilbar sey, lässet sich auch nur allein daraus erkennen, daß man das Wesen des bestehenden Dinges nicht anders, als unendlich, ge-

denken kann: imgleichen, daß durch einen Theil des bestehenden Dinges nichts anderes kann verstanden werden, als ein endliches bestehendes Ding; welches einen offenbaren Widerspruch in sich fasset.

Der 14 Satz
Es giebt kein anderes bestehendes Ding außer Gott, und man kann sich auch kein anderes gedenken.

Beweis
Gott ist das schlechterdings unendliche Ding, von welchem keine Eigenschaft, welche das Wesen des bestehenden Dinges ausdrücket, kann verneinet werden: und dieser ist nothwendig da. Wenn es also außer Gott noch ein anderes bestehendes Ding gäbe: so müßte solches durch eine gewisse Eigenschaft Gottes erkläret werden; und also wären zwey bestehende Dinge von gleicher Eigenschaft, welches ungereimt ist. Daher kann kein bestehendes Ding außer Gott seyn, folglich kann man sich auch keines dergleichen gedenken. Denn wenn man es gedenken könnte: so müßte man es nothwendig als daseyend gedenken; dieses aber ist (nach dem ersten Theile des gegenwärtigen Beweises) ungereimt. Es giebt also außer Gott kein anderes bestehendes Ding, und man kann sich auch kein anderes gedenken. W.z.e.w.

Der 1 Zusatz
Hieraus folget dieses unwidersprechlich: 1) es ist nur ein einziger Gott: das ist, es giebt in der ganzen Natur nicht mehr als ein bestehendes Ding, und dieses ist schlechterdings unendlich, wie wir bereits vorhin angemerket haben.

Der 2 Zusatz
Es folget 2) daraus, daß ausgedehnte und denkende Dinge entweder Eigenschaften Gottes, oder Beschaffenheiten der Eigenschaften desselben seyen.

Der 15 Satz
Alles, was da ist, ist in Gott, und ohne Gott kann nichts seyn, noch gedacht werden.

Beweis
Außer Gott giebt es kein bestehendes Ding, und es lässet sich auch sonst keines gedenken: das ist, kein Ding, welches in sich wäre und für sich selbst sich gedenken ließe. Die Weisen aber können ohne ein bestehendes Ding weder seyn noch gedacht werden: sie können also nur bloß in dem Wesen Gottes seyn, und lassen sich durch dasselbe allein gedenken. Nun ist außer den bestehenden Dingen und den Weisen gar nichts mehr: daher kann nichts ohne Gott seyn, noch gedacht werden. W.z.e.w.

Anmerkung
Es giebt Leute, welche sich Gott wie einen Menschen einbilden, als wenn derselbe aus Leib und Seele bestünde, und Affekten unterworfen wäre: wie weit diese aber von der wahren Erkenntniß Gottes entfernet sind; das ist aus den bisher erwiesenen Sätzen deutlich zu ersehen. Doch, wir lassen diese fahren: denn alle diejenigen, welche dem göttlichen Wesen auf einige Weise nachgedacht haben, leugnen, daß Gott körperlich sey. Sie erweisen auch solches ganz recht daraus, daß wir

durch den Körper eine iede Größe verstehen, welche lang, breit und dick, und in eine gewisse Figur eingeschlossen ist: indem freylich nichts ungereimteres von Gott, als dem schlechterdings unendlichen Dinge, kann gesagt werden. Inzwischen geben sie doch durch andere Gründe, woraus sie eben dieses zu erweisen bemüht sind, deutlich zu erkennen, daß sie das körperliche oder ausgedehnte bestehende Ding selbst, von dem göttlichen Wesen ausschließen und solches von Gott erschaffen zu seyn glauben. Sie können aber nicht sagen, aus welcher göttlichen Kraft es hätte können erschaffen werden: und lassen also gar deutlich merken, daß sie selbst nicht wissen, was sie sagen. Zum wenigsten haben wir, so viel wir urtheilen, auf das klareste erwiesen, daß kein bestehendes Ding von etwas anderem könne hervorgebracht oder erschaffen werden. Ferner haben wir gezeiget, daß außer Gott kein anderes bestehendes Ding seyn noch gedacht werden könne: und daraus haben wir den Schluß gemacht, daß das ausgedehnte bestehende Ding eines von den unendlichen Eigenschaften Gottes sey. Zu mehrerer Erläuterung aber wollen wir noch auf die Einwürfe der Gegenpartey antworten. Sie kommen allesamt darauf an. Erstlich, daß das körperliche bestehende Ding, so ferne es ein bestehendes Ding ist, wie sie glauben, aus Theilen bestehe: daher leugnen sie, daß solches unendlich seyn, und folglich, daß es zu dem Wesen Gottes gehören könne. Dieses erläutern sie durch viele Beyspiele, wovon wir eines und das andere anführen wollen. Sie sagen: wenn das körperliche bestehende Ding unendlich ist: so stelle man sich vor, daß solches in zweene Theile getheilet sey. Ein ieder Theil davon wird entweder endlich oder unendlich seyn. Soll ienes seyn: so ist das Unendliche aus zweenen endlichen Theilen zusammengesetzet; welches ungereimt ist. Nimmt man aber dieses an: so giebt es ein unendliches Ding, welches zweymal so groß ist, als ein anderes unendliches Ding; und dieses ist wieder ungereimt. Weiter sagen sie: wenn eine unendliche Größe mit Theilen ausgemessen wird, die einen Fuß groß sind: so wird es aus unendlichen solchen Theilen bestehen müssen; und eben so wird es auch seyn, wenn man dasselbe mit Theilen, einen Zoll groß, ausmisset, in welchem Fall eine unendliche Zahl zwölfmal so groß seyn wird, als eine andere unendliche Zahl. Endlich: wenn man sich vorstellet, daß aus einem gewissen Punkte einer unendlichen Größe zwo Linien, wie AB und AC, in einer gewissen am Anfange bestimmten Weite von einander, fortgezogen werden; so ist gewiß,

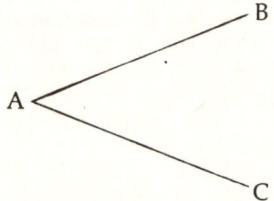

daß die Weite BC beständig zunehmen, und endlich, da sie vorher bestimmt gewesen, gar nicht mehr zu bestimmen seyn wird. Da nun diese Ungereimtheiten, wie sie glauben, daher folgen, daß man die Größe unendlich annimmt: so schließen sie daraus, das körperliche bestehende Ding müsse endlich seyn, und könne folglich nicht zu dem göttlichen Wesen gehören. Sie bringen auch noch einen anderen Einwurf vor, von der höchsten Vollkommenheit Gottes. Denn, sagen sie, da Gott das allervollkommenste Wesen ist: so kann derselbe nicht leiden. Das körperliche bestehende Ding aber, indem solches theilbar ist, kann leiden: es folget dahero, daß dasselbe nicht zu dem göttlichen Wesen gehöre. Dieses sind die Gründe, welche wir bey den Schriftstellern finden, wodurch sie zu erhärten bemühet sind, daß das körperliche bestehende Ding der göttlichen Natur unanständig sey, und zu derselben nicht gehören könne. Allein, wenn man die gehörige Aufmerksamkeit gebrauchet: so wird man wahrnehmen, daß wir hierauf bereits geantwortet haben. Denn diese Entwürfe beruhen bloß darauf, daß man sich das körperliche bestehende Ding aus Theilen zusammengesetzt einbildet, wovon wir vorhin gezeiget haben, daß es ungereimt sey. Ferner wird iedermann, wenn er nur recht Acht haben will, deutlich erkennen, daß alle die Ungereimtheiten (wenn es anders lauter Ungereimtheiten sind, welches wir itzo nicht untersuchen wollen), woraus man schließen will, daß das ausgedehnte bestehende Ding endlich sey, im geringsten nicht daher folgen, weil man die Größe unendlich annimmt: sondern daher, weil man voraussetzet, daß eine unendliche Größe sich ausmessen lasse, und aus endlichen Theilen zusammengesetzt sey. Es lässet sich also aus den Ungereimtheiten, welche daher folgen, weiter nichts schließen, als daß eine unendliche Größe sich nicht ausmessen lasse, und daß sie nicht aus Theilen könne zusammengesetzt werden. Und dieses ist es eben, was wir vorhin schon erwiesen haben. Der Pfeil, den die Gegner auf uns abschießen wollen, trifft sie also in der That selbst. Wenn sie daher aus diesem ihrem ungereimten Satze dennoch den Schluß machen wollen, daß das ausgedehnte bestehende Ding endlich seyn müsse: so verfahren sie wahrhaftig nicht anders, als wenn iemand daher, weil er sich selbst einbildet, oder ihm erzer Vierekes angedichtet hat, schließen wollte; der Zirkel hätte keinen solchen Mittelpunkt, daß alle aus demselben gegen den Umkreis gezogenen Linien einander gleich wären. Denn, damit sie den Schluß machen können, daß das körperliche bestehende Ding, welches man sich nicht anders als unendlich, einzig und untheilbar gedenken kann, endlich sey: so stellen sie sich solches vor, als wenn es aus endlichen Theilen zusammengesetzt, als wenn es vielfach, als wenn es theilbar wäre. So machen es auch andere: nachdem sie gedichtet haben, die Linie sey aus Punkten zusammengesetzt; so wissen sie viele Gründe zu ersinnen, um zu zeigen, daß eine Linie nicht auf unendlich könne getheilet werden. Es ist wahrhaftig eben so ungereimt, wenn man annimmt, daß das körperliche bestehende Ding aus Körpern oder Theilen zusammengesetzet sey: als wenn man sich einbildet, daß der Körper aus Flächen, die Flächen aus Linien, und die Linien endlich aus Punkten zusammengesetzet wären. Dieses müssen alle diejenigen zugeben, welche wissen, daß ein deutlich begriffener Grund nicht triegen kann: sonderlich aber diejenigen, welche den leeren Raum leugnen. Denn, wenn das körperliche bestehende Ding solchergestalt könnte getheilet werden, daß seine Theile wirklich von einander unterschieden wären: warum könnte es denn nicht geschehen, daß ein Theil vernichtet würde, und die übrigen dennoch, wie vorhin, an einander hängen blieben? und warum müssen sie allesamt so zusammengefügt seyn, daß kein leerer Raum übrig bleibet? Dinge, welche wirklich von einander unterschieden sind, können ja eines ohne das andere seyn und in ihrem Stande verbleiben. Da es nun keinen leeren Raum in der Natur giebt (wovon anderswo soll gehandelt werden), sondern alle Theile dergestalt an einander gefüget seyn müssen, daß kein leerer Raum übrig bleibet: so folget auch hieraus, daß dieselben nicht wirklich von einander unterschieden, oder, daß das körperliche bestehende Ding, so ferne es ein bestehendes Ding ist, nicht könne getheilet werden. Wenn aber nun iemand fraget: warum wir denn von Natur so sehr geneigt seyen, die Größe zu theilen? So antworten wir: wir können uns die Materie auf zweyerley Art vorstellen; nämlich entweder abgesondert oder obenhin, wie sie unserer Einbildungskraft vorkommt: oder aber als ein bestehendes Ding, wie sie von dem Verstande allein begriffen wird. Wenn wir nun auf die Größe Acht haben, wie sie sich in der Einbildungskraft zeiget, welches oft und sehr leicht von uns geschiehet: so treffen wir sie an als endlich, theilbar und aus Theilen zusammengesetzet. Wenn wir aber dieselbe betrachten, wie sie sich dem Verstande vorstellet, und sie als ein bestehendes Ding gedenken, welches sehr schwer zu bewerkstelligen ist: so befinden wir, daß sie unendlich, einzig und untheilbar ist. Dieses werden alle diejenigen, welche einen Unterschied unter der Einbildungskraft und dem Verstande zu machen wissen, deutlich genug einsehen. Insonderheit erkennet man solches, wenn man dabey bedenket, daß die Materie an allen Orten einerley ist und sich in derselben keine Theile unterscheiden lassen, außer in so ferne, als wir uns die Materie in verschiedener Beschaffenheit vorstellen. Man unterscheidet also die Theile derselben nur bloß nach den Weisen, nicht aber nach der Wirklichkeit. Zum Beyspiel das Wasser, so ferne es Wasser ist, stellen wir uns vor, daß es könne getheilet und seine Theile von einander abgesondert werden: nicht aber, so ferne es ein körperliches bestehendes Ding ist; denn in so ferne lässet es sich weder absondern noch theilen. Imgleichen das Wasser, so ferne es Wasser ist, wird erzeuget und verdirbet: so ferne es aber ein bestehendes Ding ist; so wird es weder erzeuget noch verdirbet auch. Und hiemit glauben wir zugleich auf den andern Einwurf geantwortet zu haben, indem dieser sich mit darauf gründet, daß die Materie, so ferne sie ein bestehendes Ding ist, theilbar und aus Theilen zusammengesetzt sey. Wenn aber auch dieses nicht wäre: so können wir doch nicht sehen, warum dasselbe dem göttlichen Wesen unanständig seyn sollte; weil außer Gott kein anderes bestehendes Ding seyn kann, von welchem es leiden könnte. Wir sagen so: alles ist in Gott, und alles, was geschiehet, das geschiehet bloß nach den Gesetzen der unendlichen Natur Gottes, und folget aus der Nothwendigkeit seiner Natur (wie wir bald zeigen werden). Man kann daher auf keine Weise sagen, daß Gott von etwas anderem leide, oder daß das ausgedehnte bestehende Ding der göttlichen Natur unanständig sey, gesetzt, man nähme es auch als theilbar an: wenn man nur dabey einräumet, daß es ewig und unendlich ist. Jedoch, genug hievon für diesesmal.

Der 16 Satz

Aus der Nothwendigkeit der göttlichen Natur muß Unendliches auf unendliche Weisen folgen: das ist alles, dessen ein unendlicher Verstand fähig ist.

Beweis

Dieser Satz muß iedermann deutlich seyn, wenn er nur darauf Acht hat, daß der

Verstand aus der gegebenen Erklärung einer ieden Sache vieles der Sache zukommendes herleitet, welches wirklich aus derselben (das ist, aus dem Wesen der Sache selbst) nothwendig folget: und zwar um so viel Mehreres, ie mehr Wirkliches die Erklärung der Sache ausdrücket; das ist, ie mehr Wirkliches das Wesen der erklärten Sache in sich fasset. Da nun aber die göttliche Natur schlechterdings unendliche Eigenschaften besitzet, deren iede zugleich ein unendliches Wesen in ihrer Art ausdrücket: so muß auch aus der Nothwendigkeit derselben Unendliches auf unendliche Weisen (das ist alles, dessen ein unendlicher Verstand fähig ist) nothwendig folgen. W.z.e.w.

Der 1 Zusatz
Hieraus folget, daß Gott von allen Dingen, welche ein unendlicher Verstand sich vorzustellen fähig ist, die wirkende Ursache sey.

Der 2 Zusatz
Es folget 2), daß Gott eine Ursache für sich, und nicht zufälliger Weise sey.

Der 3 Zusatz
Es folget 3), daß Gott schlechterdings die erste Ursache sey.

Der 17 Satz
Gott handelt bloß nach den Gesetzen seiner Natur, und wird von niemanden gezwungen.

Beweis
Wir haben nur erst gezeigt, daß aus der bloßen Nothwendigkeit der göttlichen Natur, oder, welches einerley ist, aus den bloßen Gesetzen seiner Natur, schlechterdings Unendliches folge: und noch vorher haben wir erwiesen, daß nichts ohne Gott seyn oder gedacht werden könne, sondern, daß alles in Gott sey. Es kann also nichts außer ihm seyn, wovon derselbe zum Thun bestimmet oder gezwungen würde. Daher handelt Gott bloß nach den Gesetzen seiner Natur, und wird von niemanden gezwungen. W.z.e.w.

Der 1 Zusatz
Hieraus folget 1), daß es keine Ursache geben kann, welche Gott von außen oder von innen zum Thun antreiben sollte, ausgenommen die Vollkommenheit seiner eigenen Natur.

Der 2 Zusatz
Es folget 2), daß Gott allein eine freye Ursache sey. Denn Gott allein ist bloß wegen der Nothwendigkeit seines Wesens da, und handelt bloß nach der Nothwendigkeit seiner Natur. Er ist daher allein eine freye Ursache. W.z.e.w.

Anmerkung
Andere meinen, Gott sey deßwegen eine freye Ursache, weil er, wie sie glauben, machen könne, daß dasjenige, was wir hier sagen, daß es aus seiner Natur folge, das ist, was in seiner Macht stehet, nicht geschehe, oder daß es nicht von ihm hervorgebracht werde. Dieses ist aber eben so viel, als wenn man sagte: Gott könnte machen, daß aus dem Wesen des Dreyeckes nicht folgte, daß die drey Winkel desselben zweenen rechten gleich wären, oder daß aus einer gegebenen Ursache die Wirkung nicht erfolgte; welches ungereimt ist. Ferner werden wir unten ohne Hülfe des gegenwärtigen Satzes zeigen, daß zu dem göttlichen Wesen weder Verstand noch Wille gehöre. Wir wissen zwar wol, daß viele sind, welche glauben

erweisen zu können, es gehöre zu dem göttlichen Wesen der höchste Verstand und ein freyer Wille: denn wie sie sagen, so können sie sich nichts vollkommeneres gedenken, welches sie Gott beyzulegen hätten, als dasjenige, was in uns die höchste Vollkommenheit ausmachet. Weiter, ob sie gleich sich Gott so vorstellen, daß er wirklich die höchste Erkenntniß besitze: so glauben sie doch nicht, daß er machen könne, daß alles, was er wirklich erkennet, da sey; denn auf diese Weise, bilden sie sich ein, würde die Macht Gottes sich selbst vernichten. Wenn Gott, sagen sie, alles erschaffen hätte, was in seinem Verstande zu finden ist: so würde er weiter nichts haben erschaffen können; welches sie der göttlichen Allmacht zuwider zu seyn erachten. Sie haben also lieber glauben wollen, daß Gott sich gegen alles gleichgültig verhielte, und nichts anderes erschüfe, als was er nach einem gewissen unbedingten Willen zu erschaffen beschlossen habe. Allein, wir vermeinen vorhin deutlich genug gezeiget zu haben, daß aus der höchsten Macht Gottes, oder aus seinem unendlichen Wesen, Unendliches auf unendliche Weisen, das ist alles, nothwendig ausgeflossen sey, oder nach gleicher Nothwendigkeit beständig erfolge: auf eben die Art, als aus dem Wesen des Dreyeckes von Ewigkeit her und in alle Ewigkeit hinaus folget, daß die drey Winkel desselben zweenen rechten gleich sind. Die Allmacht Gottes ist daher von Ewigkeit her wirksam gewesen, und wird in Ewigkeit in gleicher Wirksamkeit bleiben. Auf diese Weise wird auch die Allmacht Gottes, so viel wir urtheilen, weit vollkommener vorgestellet. Ja, wenn man es frey sagen darf: so scheinet es, daß die Gegenpartey die göttliche Allmacht leugnet. Denn sie müssen nothwendig eingestehen, daß Gott unendliche zu erschaffen mögliche Dinge erkenne, welche er doch niemals werde erschaffen können: weil derselbe sonst, wenn er nämlich alles, was er erkennet, erschüfe, seine Allmacht, wie sie sich einbilden, erschöpfen und sich selbst unvollkommen machen würde. Damit sie nun Gott für vollkommen halten mögen: so gerathen sie dahin, daß sie zugleich glauben müssen, derselbe könne nicht alles thun, worauf sich seine Macht erstrekket; welches so ungereimt ist und der Allmacht Gottes so sehr widerspricht, als man irgend etwas erdenken kann. Um aber auch von dem Verstande und Willen, welche man Gott gemeiniglich zuschreibt, hier etwas zu erwähnen: so muß man dadurch, wenn solche, nämlich Verstand und Wille, zu dem Wesen Gottes gehören sollen, beyderseits ganz etwas anderes verstehen, als die Menschen sich insgemein vorstellen. Denn derjenige Verstand und Wille, welche das Wesen Gottes ausmachten, müßten von unserem Verstand und Willen himmelweit unterschieden seyn, und könnten in nichts, als in dem Namen, übereinkommen: nicht weiter nämlich, als der Hund, das Gestirne am Himmel, und der Hund, das bellende Thier, mit einander übereinkommen. Dieses wollen wir auf folgende Art beweisen. Wenn der Verstand zu dem Wesen Gottes gehöret: so kann er nicht, wie unser Verstand, nach den erkannten Dingen (wie die meisten dafür halten) oder mit denselben zugleich seyn; weil Gott, als die Ursache aller Dinge, vor derselben ist; sondern die Wahrheit und das ausmachende Wesen der Dinge ist deßwegen also beschaffen, weil es sich auf diese Art in dem göttlichen Verstande vorgestellter Weise befindet. Daher ist der Verstand Gottes, so ferne man sich ihn als etwas gedenket, welches das göttliche Wesen ausmachet, in der That die Ursache der Dinge, sowol ihres Wesens als auch ihres Daseyns: und dieses scheinen auch diejenigen erkannt zu haben, welche geglaubet, daß der Verstand, Wille und die Macht

Gottes eines und eben dasselbe sey. Da nun der Verstand Gottes die einzige Ursache der Dinge ist; nämlich, wie wir gezeiget haben, sowol ihres Wesens als ihres Daseyns: so muß solcher nothwendig, sowol dem Wesen als dem Daseyn nach, von denselben unterschieden seyn. Denn das Gewirkte ist von seiner wirkenden Ursache gerade in demjenigen unterschieden, was es von der Ursache hat. Zum Beyspiel, ein Mensch ist die Ursache des Daseyns, nicht aber des Wesens, von einem andern Menschen (denn dieses ist eine ewige Wahrheit): daher können sie beyde dem Wesen nach völlig mit einander übereinkommen; nach dem Daseyn aber müssen sie unterschieden seyn. Wenn daher das Daseyn des einen untergehet: so vergehet deßwegen nicht das Daseyn des andern zugleich mit. Wenn aber das Wesen des einen zerstöret und falsch werden könnte: so würde auch das Wesen des andern zerstöret werden. Ein Ding also, welches eine wirkende Ursache sowol des Wesens als des Daseyns einer gewissen gewirkten Sache ist, muß von einem solchen Gewirkten sowol dem Wesen als dem Daseyn nach unterschieden seyn. Nun ist aber der göttliche Verstand die wirkende Ursache sowol des Wesens als des Daseyns von unserem Verstande: daher ist der göttliche Verstand, so ferne man sich ihn als etwas gedenket, welches das Wesen Gottes ausmachet, von unserm Verstande sowol dem Wesen als dem Daseyn nach unterschieden, und kann in keinem Stücke, außer in dem Namen, mit demselben übereinkommen; welches wir erweisen wollten. Von dem Willen wird solches auf eben die Art erwiesen, wie ein ieder leicht vorher siehet.

Der 18 Satz
Gott ist die inwohnende, und nicht die vorübergehende Ursache aller Dinge.
Beweis
Alles, was da ist, das ist in Gott und muß durch Gott gedacht werden: und also ist Gott die Ursache der Dinge, welche in ihm sind; welches das erste war. Ferner kann außer Gott kein bestehendes Ding seyn: das ist, ein Ding, welches außer Gott in sich selbst wäre; welches das andere war. Daher ist Gott die inwohnende, und nicht die vorübergehende Ursache aller Dinge. W.z.e.w.

Der 19 Satz
Gott, oder alle Eigenschaften Gottes, sind ewig.
Beweis
Denn Gott ist ein bestehendes Ding, welches nothwendig da ist: das ist, ein solches, zu dessen Wesen es mit gehöret, daß es da ist; oder, welches einerley ist, aus dessen Erklärung es folget, daß dasselbe da ist. Er ist daher ewig. Ferner muß man durch die Eigenschaften Gottes dasjenige verstehen, was das Wesen des göttlichen bestehenden Dinges ausdrücket; das ist dasjenige, was zu dem bestehenden Dinge gehöret: dieses, sagen wir, müssen die Eigenschaften eben in sich fassen. Nun gehöret aber zu dem Wesen des bestehenden Dinges die Ewigkeit, wie wir nur itzo aus dem obigen erwiesen haben: daher muß eine iede Eigenschaft die Ewigkeit in sich fassen; und folglich sind sie insgesamt ewig. W.z.e.w.
Anmerkung
Dieser Satz erhellet auch ganz deutlich aus der Art, auf welche wir vorhin den 11

Satz erwiesen haben: aus dem dasigen Beweise, sagen wir, ist klar zu ersehen, daß das Daseyn Gottes, so gut als das Wesen desselben, eine ewige Wahrheit sey. Wir haben auch schon anderswo die Ewigkeit Gottes noch auf andere Art erwiesen, welches aber hier zu wiederholen unnöthig ist.

Der 20 Satz
Das Daseyn Gottes und sein Wesen sind eines und eben dasselbe.

Beweis
Gott und alle seine Eigenschaften sind ewig: das ist, eine iede Eigenschaft desselben drücket das Daseyn aus. Eben dieselben göttlichen Eigenschaften, welche das Wesen Gottes erklären, erklären also auch zugleich das ewige Dasein desselben: das ist, eben dasselbe, was das Wesen Gottes ausmachet, machet zugleich sein Daseyn aus; und also ist dieses und sein Wesen eines und eben dasselbe. W.z.e.w.

Der 1 Zusatz
Hieraus folget 1), daß das Daseyn Gottes, so gut als sein Wesen, eine ewige Wahrheit ist.

Der 2 Zusatz
Es folget 2), daß Gott, oder alle Eigenschaften Gottes, unveränderlich sind. Denn, wenn dieselben dem Daseyn nach verändert werden sollten: so müßten sie auch dem Wesen nach verändert werden, das ist (wie für sich klar ist) aus wahren falsche werden; welches ungereimt ist.

Der 21 Satz
Alles, was aus der uneingeschränkten Natur einer göttlichen Eigenschaft folget, das muß allezeit und als unendlich da gewesen seyn, oder, es ist kraft derselben Eigenschaft ewig und unendlich.

Beweis
Will man es leugnen: so stelle man sich vor, wenn es geschehen kann, daß etwas in einer göttlichen Eigenschaft aus der uneingeschränkten Natur derselben folge, welches endlich sey und ein bestimmtes Daseyn oder eine bestimmte Dauer habe; zum Beyspiel den Begriff von Gott in dem Denken. Nun ist das Denken, indem solches als eine Eigenschaft Gottes angesehen wird, nothwendig seinem Wesen nach unendlich. So ferne es aber den Begriff von Gott in sich fasset: so wird solches als endlich angenommen. Allein, man kann es anders nicht als endlich gedenken, als so, daß es durch das Denken selbst bestimmet wird. Nun wird es nicht durch das Denken bestimmet, so ferne dasselbe zu dem Begriffe von Gott gehöret; denn in so ferne setzet man, daß es endlich sey: daher geschiehet es durch das Denken, so ferne es nicht zu dem Begriffe von Gott gehöret; welches iedoch nothwendig da seyn muß. Es giebt also ein Denken, welches nicht zu dem Begriffe von Gott gehöret: und daher folget aus der Natur desselben, so ferne diese in einem uneingeschränkten Denken bestehet, der Begriff von Gott nicht nothwendig (denn man gedenket sich dasselbe, wie es zu dem Begriffe von Gott gehöre, und auch nicht gehöre); welches dem angenommenen Satze widerspricht. Wenn also der Begriff von Gott, oder etwas anderes in einer göttlichen Eigenschaft (es ist gleich viel, was man setzet, denn der Beweis ist allgemein), aus der Nothwendigkeit der uneinge-

schränkten Natur derselben Eigenschaft folget: so muß solches nothwendig unendlich seyn; welches das erste war.

Ferner kann dasjenige, was aus der Nothwendigkeit der Natur einer Eigenschaft solchergestalt folget, keine bestimmte Dauer haben. Denn, wenn man es leugnen will: so setze man, daß eine Sache, welche aus der Nothwendigkeit der Natur einer Eigenschaft folget, in einer gewissen Eigenschaft Gottes befindlich sey, zum Beyspiel, der Begriff von Gott in dem Denken; man setze weiter, daß solches einmal nicht da gewesen sey, oder nicht da seyn werde. Da man aber das Denken als eine Eigenschaft Gottes annimmt: so muß solches sowol nothwendig als unveränderlich da seyn. Daher wird das Denken, über den Schranken der Dauer des Begriffes von Gott (denn man setzet, daß dieser einmal nicht da gewesen sey, oder nicht da seyn werde), ohne den Begriff von Gott da seyn. Dieses widerspricht aber dem angenommenen Satze: indem man annimmt, daß der Begriff von Gott aus einem gegebenen Gedanken nothwendig folge. Daher kann der Begriff von Gott in dem Denken, oder etwas anderes, welches aus der uneingeschränkten Natur einer göttlichen Eigenschaft nothwendig folget, keine bestimmte Dauer haben; sondern er ist, kraft derselben Eigenschaft, ewig: welches das andere war. Es ist hiebey zu merken, daß eben dieses von einer ieden andern Sache wahr sey, welche in einer göttlichen Eigenschaft aus der uneingeschränkten Natur Gottes nothwendig folget.

Der 22 Satz
Was aus einer göttlichen Eigenschaft folget, so ferne sie eine bestimmte Weise an sich hat, welche kraft derselben nothwendig da und unendlich ist: das muß eben sowol nothwendig da und unendlich seyn.
Beweis
Der Beweis dieses Satzes wird auf eben die Art angestellet, als bey dem vorhergehenden Satze.

Der 23 Satz
Eine iede Weise, welche nothwendig da und unendlich ist, hat nothwendig erfolgen müssen, entweder aus der uneingeschränkten Natur einer göttlichen Eigenschaft, oder aus einer Eigenschaft in dem Stande einer bestimmten Weise, welche nothwendig da und unendlich ist.
Beweis
Die Weise ist in einem andern, durch welches man sie auch gedenken muß: das ist, sie ist in Gott und kann nur durch Gott allein gedacht werden. Wenn man daher sich vorstellet, daß die Weise nothwendig da und unendlich sey: so muß dieses beyderseits sich aus einer Eigenschaft Gottes nothwendig herleiten und gedenken lassen, so ferne man sich solche vorstellet als etwas, welches die Unendlichkeit und Nothwendigkeit des Daseyns, oder [welches nach dem obigen einerley ist] die Ewigkeit ausdrücket; das ist, so ferne man sie überhaupt und für sich betrachtet. Die Weise also, welche nothwendig da und unendlich ist, hat aus der uneingeschränkten Natur einer göttlichen Eigenschaft erfolgen müssen: und dieses entweder unmittelbar [wovon vorhin geredet worden]; oder mittelst einer bestimmten

Weise, welche aus der uneingeschränkten Natur derselben folget, das ist, welche nothwendig da und unendlich ist. W.z.e.w.

Der 24 Satz
Das Wesen der von Gott hervorgebrachten Dinge schließet das Daseyn nicht in sich.
Beweis
Dieser ist aus der 1 Erklärung zu ersehen. Denn dasjenige, dessen Wesen (nämlich für sich betrachtet) das Daseyn in sich schließet, ist die Ursache seiner selbst, und ist bloß kraft seiner eigenen Natur da.
Zusatz
Hieraus folgt, daß Gott nicht nur die Ursache sey, daß die Dinge anheben da zu seyn: sondern auch, daß sie in dem Daseyn verharren; oder (daß wir die Redensart der Schullehrer gebrauchen), daß Gott die Ursache zu seyn von den Dingen sey. Denn, die Dinge mögen gleich da seyn oder nicht da seyn: so oft wir nur auf das Wesen derselben Acht haben; so befinden wir, daß solches weder das Daseyn noch die Dauer in sich schließet. Daher kann das Wesen derselben die Ursache weder von ihrem Daseyn, noch von ihrer Dauer seyn: sondern nur bloß Gott, zu dessen Wesen allein mit gehöret, daß es da ist.

Der 25 Satz
Gott ist die wirkende Ursache nicht nur von dem Daseyn, sondern auch von dem Wesen der Dinge.
Beweis
Wenn man es leugnen will: so sey Gott nicht die Ursache von dem Wesen der Dinge. Man wird also das Wesen der Dinge ohne Gott gedenken können. Dieses aber ist ungereimt: daher ist Gott die Ursache auch von dem Wesen der Dinge. W.z.e.w.
Anmerkung
Dieser Satz ist aus dem vorigen 16 Satze noch deutlicher zu ersehen. Denn aus demselben folgt, daß man aus der gegebenen Natur Gottes sowol das Wesen als das Daseyn der Dinge nothwendig schließen müsse. Und, damit wir es kurz ausdrücken: in eben dem Verstande, als man von Gott saget, daß er die Ursache seiner selbst sey, muß man ihn auch die Ursache aller Dinge nennen; welches noch klarer aus dem folgenden Zusatze erhellen wird.
Zusatz
Die besondern Dinge sind nichts anderes, als Beschaffenheiten der göttlichen Eigenschaften, oder Weisen, durch welche die Eigenschaften Gottes auf gewisse und bestimmte Art ausgedrückt werden. Der Beweis hievon ist aus dem Vorhergehenden deutlich zu ersehen.

Der 26 Satz
Ein Ding, welches bestimmt ist, etwas zu wirken, ist von Gott nothwendig auf diese Art bestimmt worden: und dasjenige, was von Gott nicht bestimmt ist, kann sich selbst nicht zum Wirken bestimmen.

Beweis
Dasjenige, wodurch man saget, daß die Dinge etwas zu wirken bestimmet würden, muß nothwendig etwas Wirkliches seyn: welches für sich klar ist. Gott muß also, der Nothwendigkeit seiner Natur nach, die wirkende Ursache sowol von dem Wesen, als von dem Daseyn desselben seyn: welches das erste war. Hieraus folget auch das andere, was wir erweisen müssen. Denn, wenn ein Ding, welches von Gott nicht bestimmt ist, sich selbst bestimmen könnte: so müßte der erste Theil des gegenwärtigen Satzes falsch seyn, welches, wie wir gezeigt haben, ungereimt ist.

Der 27 Satz
Ein Ding, welches von Gott bestimmt ist, etwas zu wirken, kann nicht machen, daß es nicht bestimmet wäre.
Beweis
Dieser ist aus dem 3 Grundsatze deutlich zu erkennen.

Der 28 Satz
Einzelne Dinge, oder ein iedes Ding, welches endlich ist und ein bestimmtes Daseyn hat, kann nicht da seyn noch auch zum Wirken bestimmt werden, es sey dann, daß es zum Daseyn und Wirken durch eine andere Ursache bestimmt werde, welche gleichfals endlich ist und ein bestimmtes Daseyn hat: und diese Ursache kann wiederum nicht da seyn, noch zum Wirken bestimmt werden, wenn sie nicht von einer andern, welche eben sowol endlich ist und ein bestimmtes Daseyn hat, zum Daseyn und Wirken bestimmt wird: und so unendlich fort.
Beweis
Alles, was zum Daseyn und Wirken bestimmt ist, das ist von Gott solchergestalt bestimmet. Was aber endlich ist und ein bestimmtes Daseyn hat, das konnte nicht von der uneingeschränkten Natur einer göttlichen Eigenschaft hervorgebracht werden: denn was aus der uneingeschränkten Natur einer göttlichen Eigenschaft folget, das ist unendlich und ewig. Es mußte also aus Gott oder einer Eigenschaft desselben folgen, so ferne diese in einer gewissen Beschaffenheit betrachtet wird: denn außer dem bestehenden Dinge und den Weisen, giebt es weiter nichts, und die Weisen sind nichts anderes, als Beschaffenheiten der göttlichen Eigenschaften. Nun konnte solches aus Gott oder einer Eigenschaft desselben auch nicht erfolgen, so ferne diese sich in dem Stande einer Weise befindet, welche ewig und unendlich ist; daher mußte es erfolgen, oder aber von Gott oder einer Eigenschaft desselben zum Daseyn und Wirken bestimmt werden, so ferne diese sich in dem Stande einer Weise befindet, welche endlich ist und ein bestimmtes Daseyn hat. Welches das erste war. Ferner mußte (aus eben dem Grunde, wodurch wir den ersten Theil dieses Satzes nur erst erwiesen haben) diese Ursache oder diese Weise wiederum von einer andern bestimmt werden, welche ebenfals endlich ist und ein bestimmtes Daseyn hat: diese leztere (aus eben dem Grunde) wieder von einer andern, und so (aus gleichem Grunde) immer fort, bis in das Unendliche hinaus. W.z.e.w.
Anmerkung
Da es nicht anders seyn kann, als daß einiges von Gott unmittelbar hervorgebracht

worden; indem dasjenige, was aus der uneingeschränkten Natur desselben nothwendig folgt, mittelst dieser ersten Dinge erfolget, unerachtet solches ohne Gott weder seyn noch gedacht werden kann: so folget 1), daß Gott die schlechterdings nächste Ursache der unmittelbar von ihm hervorgebrachten Dinge sey; und nicht die nächste Ursache in ihrer Art, wie man sie nennet. Denn das von Gott Gewirkte kann ohne seine Ursache weder seyn noch gedacht werden. Es folget 2), daß Gott eigentlich nicht die entfernte Ursache einzeler Dinge könne genennet werden: außer etwann um deßwillen, damit man solche von denen, welche er unmittelbar hervorgebracht hat, oder vielmehr, welche aus seiner uneingeschränkten Natur folgen, unterscheiden möge. Denn durch die entfernte Ursache verstehen wir diejenige, welche mit dem Gewirkten auf keine Weise verknüpfet ist. Nun ist aber alles, was da ist, in Gott und beruhet dergestalt auf Gott, daß es ohne denselben weder seyn noch gedacht werden kann.

Der 29 Satz
Es ist in der ganzen Natur nichts Zufälliges: sondern alles ist durch die Nothwendigkeit der göttlichen Natur bestimmet, auf gewisse Weise zu seyn und zu wirken.
Beweis
Alles, was da ist, das ist in Gott. Gott aber kann man kein zufälliges Ding nennen: denn er ist nothwendig, und nicht zufälliger Weise da. Ferner sind auch die Weisen der göttlichen Natur aus derselben nothwendig, und nicht auf zufällige Art erfolget: und dieses entweder, so ferne die göttliche Natur als uneingeschränkt, oder so ferne sie also betrachtet wird, wie sie auf gewisse Art zum Thun bestimmet ist. Weiter ist Gott von diesen Weisen nicht allein die Ursache, so ferne dieselben schlechtweg da sind, sondern auch, so ferne man sie also betrachtet, wie sie etwas zu wirken bestimmet sind. Wenn sie also von Gott nicht bestimmet sind; so ist es unmöglich, und nicht zufällig, daß sie sich selbst bestimmen sollten: und umgekehrt, wenn sie von Gott bestimmet sind; so ist es unmöglich, und nicht zufällig, daß sie machen sollten, daß sie nicht bestimmet wären. Daher ist alles durch die Nothwendigkeit der göttlichen Natur bestimmet, nicht allein da zu seyn, sondern auch auf gewisse Weise da zu seyn und zu wirken, und es giebt gar nichts Zufälliges. W.z.e.w.
Anmerkung
Ehe wir weiter fortfahren: so wollen wir hier noch erklären, was man durch die ursprüngliche Natur (*natura naturans*) und die entsprungene Natur (*natura naturata*) verstehen müsse, oder wir wollen es vielmehr nur erinnern. Denn wir glauben, daß solches schon aus dem Vorhergehenden deutlich ist: nämlich daß wir durch die ursprüngliche Natur dasjenige verstehen, was in sich ist und für sich kann gedacht werden, oder solche Eigenschaften des bestehenden Dinges, welche ein ewiges und unendliches Wesen ausdrücken; das ist Gott, so ferne derselbe als eine freye Ursache betrachtet wird. Durch die entsprungene Natur aber verstehen wir alles, was aus der Nothwendigkeit der göttlichen Natur oder einiger von desselben Eigenschaften folget: das ist, alle Weisen der göttlichen Eigenschaften, so ferne sie betrachtet werden als Dinge, welche in Gott sind, und welche ohne Gott weder seyn noch gedacht werden können.

Der 30 Satz
Ein wirklicher endlicher oder auch unendlicher Verstand, muß die Eigenschaften und Beschaffenheiten Gottes in sich fassen, und nichts anderes.
Beweis
Ein wahrer Begriff muß mit der begriffenen Sache übereinkommen: das ist (wie für sich klar ist), was der Verstand vorgestellter Weise in sich fasset, das muß nothwendig in der Natur vorhanden seyn. Nun giebt es aber in der Natur nicht mehr als ein bestehendes Ding, nämlich Gott, auch keine andere Beschaffenheiten, als welche in Gott sind, und welche ohne Gott weder verstanden noch gedacht werden können. Daher muß ein endlicher oder auch unendlicher Verstand, die Eigenschaften und Beschaffenheiten Gottes, und nichts anderes, in sich fassen. W.z.e.w.

Der 31 Satz
Der wirkende Verstand, er mag endlich oder unendlich seyn, imgleichen auch der Wille, die Begierde, Liebe, u. s. w. müssen zu der entsprungenen Natur, und nicht zu der ursprünglichen, gerechnet werden.
Beweis
Denn durch den Verstand (wie man für sich siehet) verstehen wir nicht das uneingeschränkte Denken: sondern nur eine gewisse Weise zu denken, welche Weise von andern, nämlich der Begierde, Liebe, u. s. w. unterschieden ist, und also durch das uneingeschränkte Denken muß begriffen werden; das ist, sie muß durch eine gewisse Eigenschaft Gottes, welche das ewige und unendliche Wesen des Denkens ausdrücket, dergestalt gedacht werden, daß sie ohne denselben weder seyn noch gedacht werden kann. Daher muß solcher zu der entsprungenen Natur, und nicht zu der ursprünglichen, gerechnet werden: und dieses gilt auch von allen andern Weisen zu denken. W.z.e.w.
Anmerkung
Die Ursache, warum wir hier von einem Verstande nach der Wirklichkeit reden, ist nicht diese, als wenn wir einräumten, daß es einen Verstand nach dem bloßen Vermögen gäbe: sondern, weil wir alle Verwirrung zu vermeiden suchen; so wollten wir von nichts anderem reden, als von etwas, welches wir auf das klareste begriffen, nämlich von der Handlung des Verstehens selbst, welche wir klarer begreifen, als alles andere. Denn wir können nichts wirklich verstehen, was nicht zugleich zu vollkommener Erkenntniß des Verstehens gereiche.

Der 32 Satz
Der Wille kann keine freye, sondern bloß eine nothwendige Ursache genennet werden.
Beweis
Der Wille ist nichts als eine gewisse Weise zu denken, wie der Verstand auch. Ein einzeles Wollen kann also nicht da seyn, noch auch zum Wirken bestimmt werden, es sey dann, daß es durch eine andere Ursache bestimmt werde, ferner, diese wiederum durch eine andere, und so unendlich fort. Setzet man, daß der Wille unendlich sey: so muß derselbe eben sowol von Gott zum Daseyn und Wirken bestimmt werden, nicht so ferne dieser ein schlechterdings unendliches bestehen-

des Ding ist, sondern so ferne er eine Eigenschaft besitzt, welche das ewige und unendliche Wesen des Denkens audrücket. Man mag also denselben, auf welche Weise man will, sich gedenken, endlich oder unendlich: so erfordert er eine Ursache, wodurch er zum Daseyn und Wirken bestimmet wird; und also kann derselbe keine freye, sondern nur bloß eine nothwendige oder gezwungene Ursache genennet werden. W.z.e.w.

Der 1 Zusatz
Hieraus folget 1), daß Gott nicht aus freyem Willen wirke.

Der 2 Zusatz
Hieraus folget 2), daß Wille und Verstand sich zu dem Wesen Gottes eben so verhalten, wie Bewegung und Ruhe: und überhaupt, wie alle natürlichen Dinge, welche von Gott da zu seyn und auf gewisse Weise zu wirken, bestimmet werden müssen. Denn der Wille, wie alles andere, bedarf einer Ursache, von welcher er da zu seyn und auf gewisse Weise zu wirken bestimmet werde. Ob auch gleich aus einem gegebenen Willen oder Verstand Unendliches folget: so kann doch von Gott deßwegen eben so wenig gesaget werden, daß er aus freyem Willen handelte; als man wegen dessen, was aus der Bewegung und Ruhe erfolget (denn aus diesen erfolget eben sowol Unendliches), sagen kann, daß derselbe aus freyer Bewegung und Ruhe handelte. Es gehöret daher der Wille zu dem göttlichen Wesen nicht anders, als die übrigen natürlichen Dinge: sondern er verhält sich zu demselben auf eben die Weise, wie die Bewegung und Ruhe, und wie alle andere Sachen, wovon wir gezeiget haben, daß sie aus der Nothwendigkeit der göttlichen Natur folgen, und von derselben da zu seyn und auf gewisse Art zu wirken bestimmet werden.

Der 33 Satz
Die Dinge konnten auf keine andere Weise, auch in keiner andern Ordnung von Gott hervorgebracht werden, als sie wirklich sind hervorgebracht worden.

Beweis
Denn die Dinge sind insgesamt aus der gegebenen Natur Gottes nothwendig erfolget, und von der Nothwendigkeit der göttlichen Natur, auf gewisse Weise da zu seyn und zu wirken, bestimmet worden. Wenn daher Dinge von anderem Wesen seyn oder auf andere Weise zum Wirken hätten können bestimmet werden, so, daß eine andere Ordnung der Natur wäre: so könnte auch eine andere Natur Gottes seyn, als itzo ist, und also müßte auch diese da seyn; folglich könnten zween und mehrere Götter seyn, welches ungereimt ist. Daher konnten die Dinge auf keine andere Weise und in keiner andern Ordnung u.s.w. W.z.e.w.

Die 1 Anmerkung
Nachdem wir bisher sonnenklar gezeiget haben, daß in den Dingen schlechterdings nichts zu finden ist, weßwegen man sie zufällig nennen könnte: so wollen wir nunmehr mit wenigem erklären, was wir durch das Zufällige verstehen. Vorher aber wollen wir anführen, was nothwendig und unmöglich ist. Ein Ding heißt nothwendig, entweder in Ansehung seines Wesens, oder in Ansehung seiner Ursache: denn das Daseyn eines Dinges folgt nothwendig entweder aus seinem Wesen und seiner Erklärung, oder aus einer gegebenen wirkenden Ursache. Aus eben diesen Grün-

den wird ferner auch ein Ding unmöglich genennet: nämlich, weil entweder sein Wesen oder seine Erklärung einen Widerspruch in sich fasset; oder weil keine äußere Ursache vorhanden ist, welche zur Hervorbringung eines solchen Dinges bestimmet wäre. Allein, den Namen zufällig führet ein Ding aus keiner andern Ursache, als in Ansehung eines Mangels in unserer Erkenntniß. Denn, wenn wir uns ein Ding vorstellen, wovon uns unbekannt ist, daß sein Wesen einen Widerspruch in sich fasset, oder wovon wir wol wissen, daß solches keinen Widerspruch in sich fasset; und wir dennoch von seinem Daseyn deßwegen nichts Gewisses bejahen können, weil die Ordnung der Ursachen uns verborgen ist: so kann uns dasselbe niemals weder nothwendig, noch unmöglich vorkommen; daher nennen wir es zufällig oder möglich.

Die 2 Anmerkung
Aus dem Vorhergehenden kann man deutlich schließen, daß die Dinge in der höchsten Vollkommenheit von Gott hervorgebracht worden sind: indem solche aus der gegebenen vollkommensten Natur nothwendig erfolget sind. Gott wird auch hierdurch keiner Unvollkommenheit beschuldiget: denn seine Vollkommenheit nöthiget uns, dieses zu glauben. Ja, aus dem Gegentheile davon würde offenbar folgen (wie wir nur erst gezeiget haben), daß Gott nicht im höchsten Grade vollkommen wäre: weil man nämlich, wenn die Dinge auf andere Weise wären hervorgebracht worden, Gott eine andere Natur zuschreiben müßte, welche von derjenigen unterschieden wäre, welche wir durch Betrachtung des vollkommensten Wesens demselben beyzulegen genöthiget sind. Allein, wir vermuthen, daß Viele diesen Satz als ungereimt verspotten; und sich nicht einmal entschließen werden, solchen zu überlegen: und dieses aus keiner andern Ursache, als weil sie gewohnt sind, Gott eine andere Freyheit zuzuschreiben, welche von derjenigen ganz und gar unterschieden ist, die wir oben angeführet haben; nämlich einen unbestimmten Willen. Wir zweifeln aber auch nicht im geringsten, wenn sie der Sache nachsinnen und unsere Beweise in ihrer Verbindung ordentlich überdenken wollten: sie würden endlich eine solche Freyheit, welche sie itzo Gott beylegen, nicht nur als ein leeres Geschwätze, sondern auch als eine wichtige Hinderniß der Wissenschaften, gänzlich verwerfen. Es ist unnöthig, daß wir dasjenige, was vorhin gesaget worden, hier wiederholen. Jedoch wollen wir diesen Leuten zu Gefallen noch zeigen: wenn man gleich zugäbe, daß der Wille zu dem Wesen Gottes gehörete; so würde nichts desto weniger aus seiner Vollkommenheit folgen, daß die Dinge auf keine andere Art und in keiner andern Ordnung konnten erschaffen werden. Es wird leicht seyn, dieses zu zeigen, wenn wir nur dasjenige vorher betrachten, was sie selbst einräumen, nämlich: es beruhe bloß auf dem göttlichen Rathschlusse und Willen, daß ein jedes Ding dasjenige sey, was es ist; denn sonst wäre Gott nicht die Ursache aller Dinge. Ferner: alle Rathschlüsse Gottes seyen von Ewigkeit her von Gott selbst gefasset worden; denn sonst würde man ihn einer Unvollkommenheit und Unbeständigkeit beschuldigen. Da aber in der Ewigkeit keine Zeit, nichts Vorhergehendes und nichts Nachfolgendes ist: so folget daher, nämlich bloß aus der Vollkommenheit Gottes, daß Gott weder etwas anderes iemals beschließen könne, noch iemals habe beschließen können; oder, daß Gott vor seinen Rathschlüssen weder gewesen sey, noch ohne dieselben seyn könne. Wenn man aber auch gleich annähme, sagen die andern, daß Gott eine andere Natur der Dinge erschaffen, oder daß

derselbe von Ewigkeit her einen andern Rathschluß wegen der Natur der Dinge und der Ordnung derselben gefasset hätte: so würde doch daher keine Unvollkommenheit in Gott folgen. Indem sie aber dieses sagen: so müssen sie auch zugleich zugeben, daß Gott seine Rathschlüsse ändern könne. Denn, wenn Gott von der Natur und ihrer Ordnung einen andern Rathschluß gefasset hätte, als er wirklich getan hat; das ist, also, daß er der Natur wegen etwas anderes gewollt und sich davon einen andern Begriff gemacht hätte: so hätte er nothwendig einen andern Verstand, als itzo, und nothwendig einen andern Willen, als itzo, haben müssen. Wenn man aber Gott einen andern Verstand und einen andern Willen beylegen kann, ohne die geringste Veränderung seines Wesens und seiner Vollkommenheit: was ist denn die Ursache, daß er itzo seine Rathschlüsse von den erschaffenen Dingen nicht ändern, und dessen ungeachtet eben so vollkommen, als er ist, bleiben kann? Denn es wird gleich viel seyn, wie man sich seinen Verstand und Willen wegen der erschaffenen Dinge und der Ordnung derselben, in Ansehung ihres Wesens und ihrer Vollkommenheit, vorstellet. Weiter gestehen auch alle Weltweisen, welche wir noch gesehen haben, daß es keinen Verstand bloß dem Vermögen nach, sondern allein der Wirklichkeit nach, in Gott gebe. Da aber der Verstand und Wille desselben von seinem Wesen nicht unterschieden ist, wie iedermann einräumet: so folgt auch daher, wenn Gott wirklich einen andern Verstand und einen andern Willen gehabt hätte, daß nothwendig auch sein Wesen anders seyn müßte. Und also erhellet, wie wir gleich anfangs geschlossen haben: wenn die Dinge anders von Gott wären hervorgebracht worden, als es nunmehr geschehen ist; so müßte der Verstand und Wille Gottes, das ist, wie man zugiebt, sein Wesen, anders seyn; welches aber ungereimt ist.

Da nun die Dinge auf keine andere Weise und in keiner andern Ordnung von Gott konnten hervorgebracht werden; und diese Wahrheit aus der höchsten Vollkommenheit Gottes folget: so ist wahrhaftig keine gesunde Vernunft fähig, uns zu überreden und glaubend zu machen, daß Gott nicht alles, was sich in seinem Verstande befindet, in eben der Vollkommenheit, als er solches erkennet, habe erschaffen wollen. Jedoch man wird hiebey einwenden: in den Dingen sey weder Vollkommenheit noch Unvollkommenheit anzutreffen; sondern dasjenige, was in ihnen zu finden ist, um wessentwillen sie vollkommen oder unvollkommen seyen und gut oder bös genennet werden, beruhe bloß allein auf dem göttlichen Willen. Wenn daher Gott gewollt hätte: so hätte er machen können, daß dasjenige, was itzo eine Vollkommenheit ist, die größte Unvollkommenheit wäre; und so auch umgekehrt. Allein, was wäre dieses anderes, als daß man deutlich heraus sagte: Gott, welcher dasjenige, was er will, nothwendig erkennen muß, könnte durch seinen Willen machen, daß er die Dinge auf andere Weise erkennete, als er sie wirklich erkennet; welches, wie wir erst gezeiget haben, die größte Ungereimtheit ist. Wir können also den Einwurf umwenden, und damit wider die andern auf folgende Weise schließen. Damit die Dinge anders beschaffen seyn könnten: so müßte der göttliche Wille nothwendig anders beschaffen seyn. Nun kann aber der göttliche Wille nicht anders beschaffen seyn (wie wir nur vorhin aus der Vollkommenheit Gottes offenbar dargethan haben): daher können auch die Dinge nicht anders beschaffen seyn. Inzwischen müssen wir bekennen, daß diese Meinung, da man glaubet, es sey alles einem gewissen gleichgültigen Willen Gottes unterworfen, und alles beruhe auf desselben Belieben, nicht so sehr von der Wahrheit abweiche, als die Meinung derer, welche annehmen, daß Gott alles unter der Vorstellung des Guten thue. Denn diese setzen, wie es scheinet, etwas außer Gott, welches Gott nicht unterworfen ist, wornach sich derselbe, als nach einem Muster, in seinem Thun richte, oder wornach er, als nach einem gewissen Zwecke, ziele. Dieses aber ist wahrhaftig nichts anderes, als daß man Gott einem blinden Schicksale unterwirft: welches so ungereimt ist, als etwas von Gott kann gesaget werden; indem wir erwiesen haben, daß derselbe die erste und einzige freye Ursache sowol von dem Wesen, als dem Daseyn aller Dinge sey. Es ist also unnöthig, daß wir mit Widerlegung dieses ungereimten Satzes die Zeit verderben.

Der 34 Satz
Die Macht Gottes ist nichts anderes, als sein Wesen selbst.
Beweis
Denn es folgt aus der Nothwendigkeit des göttlichen Wesens, daß Gott die Ursache seiner selbst und aller Dinge sey. Daher ist die Macht Gottes, durch welche sowol er, als alles übrige sind und wirken, nichts anderes, als sein Wesen selbst. W.z.e.w.

Der 35 Satz
Alles, wovon wir gedenken können, daß es in der Macht Gottes sey, das ist nothwendig.
Beweis
Alles, was in der Macht Gottes ist, das muß in seinem Wesen enthalten seyn, dergestalt, daß es aus demselben nothwendig folgt. Es ist daher nothwendig. W.z.e.w.

Der 36 Satz
Es ist nichts vorhanden, aus dessen Natur nicht eine gewisse Wirkung erfolgen sollte.
Beweis
Alles, was da ist, das drücket die Natur oder das Wesen Gottes auf gewisse und bestimmte Weise aus: das ist, alles, was da ist, das drücket die Macht Gottes, welche die Ursache aller Dinge ist, auf gewisse und bestimmte Weise aus. Daher muß daraus eine gewisse Wirkung folgen. W.z.e.w.

Anhang
Solchergestalt haben wir nun das Wesen und die Eigenschaften Gottes erkläret: nämlich, daß er nothwendig da sey; daß er ein einziger sey; daß er bloß wegen der Nothwendigkeit seiner Natur sey und handele; daß er eine freye Ursache aller Dinge, und auf welche Weise er es sey; daß alles in Gott sey und dergestalt auf ihm beruhe, daß es ohne ihn weder seyn noch gedacht werden könne; endlich, daß alles von Gott vorherbestimmt sey, nicht zwar aus einer Freyheit des Willens oder unbedingten Willkühr, sondern nach der uneingeschränkten Natur Gottes, oder nach dessen unendlicher Macht. Wir sind zugleich bey jeder gegebenen Gelegen-

heit bemühet gewesen, diejenigen Vorurtheile wegzuräumen, welche verhindern möchten, daß man unsere Beweise nicht recht einsähe. Weil aber nicht wenige solcher Vorurtheile noch zurück sind, welche eben so gut, ja wol noch mehr, im Wege stehen mochten, und noch itzo stehen mögen, daß die Leute die Verknüpfung der Dinge auf die Weise, wie wir dieselbe erkläret haben, nicht annehmen können: so achten wir es der Mühe werth, solche hier nach den Gründen der Vernunft zu untersuchen. Es beruhen aber alle Vorurtheile, welche wir itzo anführen wollen, auf diesem einzigen: nämlich, daß die Menschen insgemein glauben, alle natürlichen Dinge handelten, eben so wie sie selbst, nach einer gewissen Absicht. Ja, sie halten festiglich dafür, daß Gott selbst alles nach einem gewissen Endzwekke richte: denn sie sagen; Gott habe alles um des Menschen willen gemacht, den Menschen aber um deßwillen, damit er ihn verehren sollte. Wir wollen also dieses allein zuerst erwägen, und anfangs die Ursache untersuchen, warum die Meisten es bey diesem Vorurtheile bewenden lassen, und warum alle Menschen von Natur so sehr geneigt sind, solches anzunehmen. Ferner wollen wir die Falschheit desselben darthun, und endlich zeigen, wie daraus die Vorurtheile von dem Guten und Bösen, Verdienste und Verbrechen, Lobe und Schande, Ordnung und Verwirrung, Schönheit und Häßlichkeit, und andere dergleichen mehr, entstanden sind. Es ist aber hier der Ort nicht, dieses alles aus der Natur der menschlichen Seele herzuleiten: sondern es wird genug seyn, wenn wir nur solche Sätze zum Grunde legen, welche iedermann eingestehen muß; nämlich: alle Menschen werden so geboren, daß ihnen die Ursachen der Dinge unbekannt sind; imgleichen, alle Menschen haben eine Begierde in sich, ihren Nutzen zu befördern, und sind sich dessen bewußt. Denn daraus folgt erstlich, daß die Menschen sich einbilden, sie handeln nach freyer Willkühr, weil sie nämlich ihres Wollens und ihrer Begierde sich bewußt sind; von den Ursachen aber, wodurch sie zum Begehren und Wollen vermocht werden, als solchen Dingen, welche sie nicht wissen, sich nicht das mindeste einfallen lassen. Zum andern folgt daraus, daß die Menschen alles um einer gewissen Absicht willen thun: nämlich um des Nutzens willen, nach welchem sie streben. Daher kommt es, daß sie nur bloß die Absichten der vorgegangenen Dinge zu wissen verlangen, und wenn sie solche vernommen haben, sich damit beruhigen: weil sie nämlich keine Ursache finden, noch weiter zu zweifeln. Wenn sie aber dieselben von andern nicht erfahren können: so bleibet ihnen nichts zu thun übrig, als daß sie in sich selbst kehren, und auf die Absichten Acht haben, welche sie zu ähnlichen Handlungen anzutreiben pflegen; so, daß sie andere nach ihrem eigenen Sinne beurtheilen. Ferner treffen sie sowol in sich selbst, als außer sich gar verschiedene Mittel an, welche zur Erhaltung ihrer Vorurtheile nicht wenig beytragen: zum Beyspiel, Augen zum Sehen, Zähne zum Käuen, Kräuter und Thiere zur Speise, die Sonne zum Leuchten, die See zur Ernährung und Aufenthalte der Fische, u. s. w. Daher ist es geschehen, daß sie alle natürlichen Dinge als Mittel, ihren Nutzen zu befördern, angesehen haben: und weil sie wissen, daß diese Mittel von ihnen selbst zwar erfunden, aber nicht angeschaffet worden sind; so hat ihnen solches Anlaß gegeben, zu glauben, daß iemand anderes wäre, welcher diese Mittel zu ihrem Besten angeschaffet hätte. Denn, als sie darauf verfielen und die Dinge als Mittel betrachteten: so konnten sie sich nicht einbilden, daß dieselben sich selbst gemacht hätten; sondern sie mußten aus den Mitteln, welche sie sich selbst zu verschaffen pflegen, nothwendig den Schluß machen: es wären ein oder mehrere mit menschlicher Freyheit begabte Regirer der Natur, welche in allem für sie gesorget und alles zu ihrem Nutzen verfertiget hätten. Den Sinn dieser Regirer, weil sie niemals etwas davon gehöret hatten, konnten sie nicht anders beurtheilen, als nach ihrem eigenen Sinne: daher glaubten sie, die Götter richteten alles zum Nutzen der Menschen ein, damit sie die Menschen sich verbindlich machen und von diesen aufs höchste möchten verehret werden. Hieraus erfolgte nun, daß ein jeder mancherley Arten des Gottesdienstes ausdachte, damit die Götter ihn vor andern lieben, und die ganze Natur zur Erfüllung seiner blinden Begierden und seines unersättlichen Geizes lenken sollten. Solchergestalt ist also dieses Vorurtheil zum Aberglauben ausgeschlagen, und in die Gemüther der Menschen tief eingewurzelt: und dieses hat noch weiter verursacht, daß ein jeder mit der größten Bemühung sich bestrebete, die Absichten der Dinge zu erkennen und solche zu erklären. Indem sie sich aber befleißigten, zu zeigen, daß die Natur nichts vergebens thäte (das ist, nichts, welches den Menschen nicht zum Nutzen gereichte): so gaben sie in der That dadurch weiter nichts zu erkennen, als daß die Natur und die Götter eben so unsinnig wären, als die Menschen. Man höre ferner, was aus dieser Sache endlich herausgekommen ist! Unter so vielen Vortheilen der Natur mußten die Menschen auch nicht wenige Beschwerlichkeiten gewahr werden; als Ungewitter, Erdbeben, Krankheiten, u. s. w. Von diesen glaubten sie nun, daß sie deßwegen erfolgten, weil die Götter zornig wären über die Beleidigungen, welche ihnen die Menschen angethan, oder über die Versehen, welche bey ihrem Dienste vorgegangen wären. Ob nun gleich die tägliche Erfahrung diesem widersprach, und durch unzählige Beyspiele bewiese, daß vortheilhaft und widerwärtige Begebenheiten den Frommen sowol, als den Ruchlosen ohne Unterschied begegneten: so sind sie doch deßwegen von ihrem eingewurzelten Vorurtheile nicht abgestanden; denn es kam ihnen leichter an, dieses unter die übrigen verborgenen Dinge, deren Nutzen ihnen unbekannt wäre, zu setzen, und solchergestalt in ihrem gegenwärtigen und angebornen Stande der Unwissenheit zu verharren, als ihr ganzes Gedankengebäude einzureißen und ein neues auszusinnen. Sie nahmen daher für gewiß an, daß das Urtheil der Götter den menschlichen Begriff sehr weit überstiege: und dieses hätte ganz allein verhindern können, daß die Wahrheit dem menschlichen Geschlechte auf ewig verborgen geblieben wäre; wenn nicht die Mathematik, welche nichts mit den Absichten zu thun hat, sondern nur bloß mit dem Wesen und den Eigenschaften der Figuren umgehet, den Menschen einen andern Weg zur Wahrheit gezeiget hätte. Wiewol außer der Mathematik sich auch noch andere Ursachen angeben lassen (welche hier zu erzählen überflüßig wäre), welche verursachen konnten, daß die Menschen diese Vorurtheile wahrnahmen und dadurch zur wahren Erkenntniß der Dinge geleitet wurden.

Wir haben nunmehr dasjenige zur Genüge erkläret, was wir zuerst auszuführen versprochen hatten. Itzo müssen wir auch zeigen, daß die Natur keinen vorgesetzten Endzweck habe, und daß alle Absichten der Dinge nichts anderes, als Erdichtungen der Menschen seyen: und hiezu werden wir nicht viel Worte nöthig haben. Wir glauben, daß solches bereits klar genug sey, sowol aus den Quellen und Ursachen, woher dieses Vorurtheil gezeigtermaßen entstanden ist; als auch aus den obigen und überhaupt allen denjenigen Sätzen, in welchen wir bewiesen haben, daß alles nach einer gewissen Nothwendigkeit der Natur, und nach der höchsten Vollkommenheit erfolge. Jedoch wollen wir noch folgendes hinzusetzen. Erstlich, daß diese Lehre von den Absichten, die Natur ganz und gar über einen Haufen wirft: denn dasjenige, was in der That die wirkende Ursache ist, siehet sie als die Wirkung an, und so auch umgekehrt. Ferner verkehret sie dasjenige, was der Natur nach vorhergehet, in das Nachfolgende. Endlich machet sie aus dem höchsten und vollkommensten Wesen, das allerunvollkommenste. Denn (die zwey erstern Stükke wollen wir weglassen, weil sie für sich offenbar sind) diejenige Wirkung ist die vollkommenste (wie aus dem obigen erhellet), welche von Gott unmittelbar hervorgebracht wird: und ie mehrerer mittlerer Ursachen etwas bedarf, wenn es hervorgebracht werden soll; desto unvollkommener ist es. Wenn nun diejenigen Dinge, welche Gott unmittelbar hervorgebracht hat, deßwegen wären gemacht worden, damit Gott seine Absicht erhalten möchte: so müßten nothwendig die letzten Dinge, um derentwillen die vorhergehenden gemacht worden, unter allen die vortrefflichsten seyn. Weiter hebet auch diese Lehre die Vollkommenheit Gottes auf: denn, wenn Gott wegen einer Absicht handelt; so muß er nothwendig etwas begehren, welches ihm mangelt. Ob nun gleich die Gottesgelehrten und metaphysischen Weltweisen einen Unterschied machen, zwischen der Absicht der Bedürfniß, und der Absicht der Aehnlichkeit nach: so gestehen sie doch, daß Gott alles um sein selbst, und nicht um der hervorzubringenden Dinge willen, gethan habe; weil sie vor der Schöpfung außer Gott nichts angeben können, um wessentwillen Gott hätte handeln sollen. Sie sind also nothwendig gezwungen, zu bekennen, daß Gott desjenigen, wozu er Mittel anzuschaffen sich entschlossen, ermangelt und solches begehret habe, wie für sich klar genug ist. Wir müssen auch nicht vorbeylassen, hier anzumerken, daß die Anhänger dieser Lehre, welche in Anzeigung der Absichten der Dinge ihren Witz wollten sehen lassen, zum Beweis dieser ihrer Lehre eine neue Art zu schließen auf die Bahn gebracht haben; indem sie ihre Schlüsse nicht auf die Unmöglichkeit, sondern auf die Unwissenheit hinaus führeten: woraus man siehet, daß kein anderes Mittel übrig gewesen ist, diese Lehre zu erhärten. Denn, wenn zum Beyspiel, von einer Höhe ein Stein einem Menschen auf den Kopf fället und ihn tod schläget: so beweisen sie auf diese Art, daß der Stein deßwegen herunter gefallen sey, den Menschen umzubringen. Denn, sagen sie, wenn derselbe nicht nach göttlichem Willen zu dieser Absicht herunter gefallen wäre: wie hätten doch so viele Umstände (denn es vereinigen sich öfters ihrer viele zu gleicher Zeit mit einander) durch einen Zufall zusammen kommen können? Ihr werdet vielleicht antworten: es sey daher gekommen; weil der Wind gewehet und der Weg des Menschen da vorbey gegangen sey. Allein, sie werden euch darauf versetzen: warum hat denn der Wind eben zu der Zeit gewehet? und warum hat des Menschen Weg gerade zu der Zeit da vorbey gehen müssen? Wenn ihr wieder die Antwort darauf gebet: der Wind sey damals entstanden, weil die See des Tages vorher, da es noch stille gewesen, in Bewegung gekommen sey; und der Mensch sey eben zu einem Freunde eingeladen gewesen: so werden sie abermals versetzen (denn man kann hiebey so lange fragen, als man nur will); warum kam denn die See in Bewegung, und warum wurde der Mensch gerade auf diese Zeit eingeladen? Und so werden sie immer fortfahren, die Ursachen von den Ursachen von euch auszufragen, bis ihr endlich zu dem göttlichen Willen, als dem Schlupfwinkel der

Unwissenheit, eure Zuflucht nehmet. So machen sie es auch, wann sie das Gebäude des menschlichen Leibes betrachten. Sie erstaunen über dasselbe, und weil sie die Ursachen eines so künstlichen Werkes nicht wissen: so schließen sie daraus, es müsse nicht durch mechanische, sondern durch eine göttliche oder übernatürliche Kunst aufgeführt und so eingerichtet worden seyn, daß ein Theil den andern nicht verletzte. Daher geschiehet es nun, daß diejenigen, welche die wahren Ursachen bey den Wundern untersuchen, und die natürlichen Dinge, wie es Gelehrten geziemet, gerne verstehen, und nicht wie die Thoren, bewundern wollen: hier und da von denen, welche das gemeine Volk als Ausleger der Natur und Abgesandten der Götter verehrt, für Ketzer und gottlose Leute gehalten und ausgeschrien werden. Sie wissen nämlich wol, daß, wenn man die Unwissenheit wegnimmt, auch das Erstaunen, das ist, das einzige Mittel, ihre Sache zu beweisen und ihr Ansehen zu beschützen, ihnen zugleich mit weggenommen werde. Doch, wir wollen weiter nichts hinzusetzen, sondern zu demjenigen fortgehen, was wir zum dritten hier abzuhandeln uns vorgenommen haben.

Nachdem die Menschen einmal die Einbildung gefasset hatten, daß alles, was da geschiehet, um ihrentwillen geschähe: so mußten sie hernach bey jeder Sache dasjenige für das Vornehmste halten, was ihnen den meisten Nutzen brachte; und überhaupt alles dasjenige als das Vortrefflichste schätzen und achten, wovon sie das größte Vergnügen schöpfeten. Daher war es nun ganz natürlich, daß sie sich folgende Gedanken machten, und daraus die Natur der Dinge erklären wollten: nämlich von dem Guten und Bösen, der Ordnung und Verwirrung, Wärme und Kälte, Schönheit und Häßlichkeit. Und weil die Menschen glauben, sie handelten aus freyer Willkühr: so sind daraus entsprungen die Gedanken vom Lobe und der Schande, dem Verbrechen und Verdienste. Von diesen wollen wir unten reden, wann wir die Natur der Menschen werden abgehandelt haben: jene Wörter aber wollen wir hier kürzlich erklären. Nämlich alles dasjenige, was die Gesundheit und den Gottesdienst befördert, haben die Menschen gut, und was diesen zuwider ist, bös genennet. Da auch diejenigen, welche die Natur der Dinge nicht verstehen, nichts aus Gründen von den Dingen behaupten; sondern die Dinge sich nur bloß einbilden, und ihre Einbildungskraft für den Verstand halten: so haben sie daher festiglich geglaubet, es wäre eine Ordnung in den Dingen zu finden; weil sie nämlich weder von der Natur der Dinge noch ihrer eigenen, das geringste verstunden. Denn, wenn die Dinge in einer solchen Reihe bey einander sind, daß wir sie, indem sie uns durch die Sinne vorgestellt werden, uns leicht einbilden und folglich uns deren auch leicht wieder erinnern können; so nennen wir dieselben ordentlich: wenn aber das Gegenteil ist; so heißen wir sie übel geordnet oder verwirret. Weil nun dasjenige uns vor andern angenehm ist, was wir uns leicht einbilden können: so geben die Menschen der Ordnung den Vorzug vor der Verwirrung (eben als wenn die Ordnung außerhalb unserer Einbildungskraft etwas Wirkliches in der Natur wäre), und sagen; Gott habe alles in einer gewissen Ordnung erschaffen. Da sie dann unwissender Weise Gott eine Einbildungskraft zuschreiben: es müßte dann seyn, daß sie es also meineten; Gott hätte aus Vorsorge für die Einbildungskraft der Menschen, die Dinge in einer solchen Reihe zu einander gesetzet, wie sie sich solche am leichtesten einbilden könnten. Es wird ihnen auch vielleicht dieses keine Schwierigkeit dabey verursachen, daß es unendliche Dinge giebt, welche unsere

Einbildungskraft weit übersteigen, und auch viele, welche dieselbe, weil sie zu schwach ist, verwirren. Doch, genug hievon. Was die übrigen Gedanken betrifft: so sind solche gleichfalls nichts, als bloße Weisen sich etwas einzubilden, welche die Einbildungskraft verschiedentlich rühren; und dennoch werden sie von den Unwissenden für die vornehmsten Eigenschaften der Dinge gehalten. Dieses kommt daher, weil sie glauben, wie wir bereits gedacht haben, daß alles um ihrentwillen gemacht sey: und weil sie gewohnt sind, die Natur einer Sache gut oder bös, gesund oder faul und verdorben zu nennen, nachdem sie von derselben gerühret werden. Zum Beyspiel, wenn die Bewegungen, welche die Nerven von den durch die Augen vorgestellten Gegenständen bekommen, der Gesundheit dienlich sind; so nennet man die Gegenstände, welche dieselben verursachen, schön: diejenigen aber, welche die entgegengesetzte Bewegung erregen, nennt man häßlich. Ferner, was durch die Nase eine Empfindung erwecket, das nennen die Menschen wohlriechend oder stinkend: was solches durch die Zunge thut, süß oder bitter, wohlschmeckend oder unschmackhaft, u. s. w. was durch das Gefühle eine Bewegung machet, hart oder weich, rauh oder glatt, u. s. w. Endlich, was das Ohr in Bewegung setzet, davon saget man, daß es ein Geräusche, einen Schall oder eine Zusammenstimmung von sich gebe: welche leztere die Menschen dergestalt bethöret hat, daß sie geglaubet haben, Gott selbst ergetzte sich an der Zusammenstimmung der Töne. Wie es dann auch Weltweisen gegeben, welche sich eingebildet haben, als wenn die himmlischen Körper durch ihre Bewegungen zusammenstimmende Töne machten. Aus welchem allem deutlich genug zu erkennen ist, daß ein ieder nach der Beschaffenheit seines Gehirnes von den Dingen geurtheilet, oder vielmehr den Zustand seiner Einbildungskraft für die Dinge selbst gehalten habe. Es ist daher kein Wunder (daß wir dieses noch im Vorbeygehen erwähnen), daß unter den Menschen so mancherley Streitigkeiten entstanden sind, als wir aus der Erfahrung sehen, woraus endlich die Zweifelung an allen Dingen entsprungen ist. Denn, obzwar die menschlichen Leiber in vielen Stücken mit einander übereinkommen: so sind sie doch auch in sehr vielen von einander unterschieden. Und daher rühret es, daß, was dem einen als gut vorkommt, dem andern bös zu seyn scheinet; was einer für ordentlich hält, dem andern verwirrt dünket; was einem Annehmlichkeit verursachet, dem andern widerlich ist: und so von andern Dingen mehr, welche wir hier alle anzuführen überhoben seyn können, theils weil es der gegenwärtige Ort nicht ist, hievon ausdrücklich zu handeln; theils, weil es alle Leute genugsam aus der Erfahrung wissen. Denn iedermann führet die Redensarten im Munde: viel Köpfe, viel Sinne; einem ieden gefällt seine Kappe; ein ieder hat seine eigene Meynung, so wie seinen eigenen Geschmack. Welche Sprichwörter sattsam anzeigen, daß die Menschen nach dem Zustande ihres Gehirnes von den Dingen urtheilen, und solche mehr mit der Einbildungskraft, als mit dem Verstande, fassen. Denn, wenn sie die Dinge verstanden hätten: so würden sie durch dieselben insgesamt, wie die Mathematik bezeuget, wo nicht angelocket, doch zum wenigsten überführet worden seyn.

Wir sehen also hieraus, daß alle Gründe, aus welchen die gemeinen Leute die Begebenheiten der Natur zu erklären pflegen, bloße Weisen sind, sich etwas einzubilden, und daß solche niemals das Wesen eines Dinges, sondern nur die Beschaffenheit ihrer Einbildungskraft anzeigen. Weil sie nun Namen haben, welche lauten, als wenn dieselben Dinge bedeuteten, die außerhalb der Einbildungskraft wirklich vorhanden wären: so wollen wir solche nicht vernünftige, sondern eingebildete Dinge nennen. Solchergestalt lassen sich nun alle Einwürfe, welche man aus dergleichen Einbildungen gegen uns machet, gar leicht ablehnen. Viele nämlich pflegen also zu schließen. Wenn alles aus der Nothwendigkeit der vollkommensten Natur Gottes erfolget ist: woher sind doch so viele Unvollkommenheiten in der Natur entstanden? als da sind die Fäulniß der Dinge, bis sie einen Gestank von sich geben; die Häßlichkeit der Dinge, so daß sie einen Ekel verursachen; die Verwirrung; das Böse; die Sünde; u.s.w. Allein, wie gesagt, dieses lässet sich leicht widerlegen. Denn die Vollkommenheit der Dinge muß allein nach der Natur und den Kräften derselben geschätzet werden: und die Dinge sind deßwegen nicht mehr oder weniger vollkommen, weil sie die Sinne der Menschen entweder ergetzen oder beleidigen, und weil sie der menschlichen Natur entweder dienlich oder derselben entgegen sind. Denjenigen aber, welche fragen: warum Gott nicht alle Menschen so geschaffen habe, daß sie bloß nach dem Antriebe der Vernunft lebeten? geben wir keine andere Antwort, als diese: weil es ihm nicht an Zeuge gemangelt hat, alles, von dem obersten bis zum untersten Grade der Vollkommenheit, zu erschaffen; oder noch eigentlicher zu reden: weil die Gesetze seiner Natur einen solchen weiten Umfang hatten, daß sie zureicheten zur Hervorbringung alles dessen, was ein unendlicher Verstand sich nur vorstellen kann, wie wir oben erwiesen haben. Dieses sind dann die Vorurtheile, welche wir hier zu widerlegen uns vorgenommen hatten. Sollten noch einige andere dieses Gelichters übrig seyn: so wird ein ieder solche nach einem kleinen Nachdenken selbst beantworten können.

Gottfried Wilhelm Leibniz

Das Auftreten von Gottfried Wilhelm Leibniz in der gelehrten Welt seiner Zeit war ein europäisches Ereignis. Das durch die Religionskriege geschlagene Deutschland lag damals weit hinter den führenden Positionen, hinter Frankreich und England zurück. Mit Leibniz änderte sich das sehr schnell. In ihm war ein ebenbürtiger, ja ein überlegener Partner im europäischen Gelehrtengespräch aufgetreten. Er war von unbegreiflich leichtem Verstande, vielseitig, schnell, scharfsinnig, elegant in seiner Argumentationskunst und dazu von ungewöhnlicher Arbeitskraft.

Der Beitrag, den Leibniz auf dem Gebiete der Philosophie leistete, hatte größte geschichtliche Wirkung. Zwar hat die Schulmetaphysik, die sich an Leibniz und seine Popularisierung durch Christian Wolff anschloß, dem kritischen Einsatz Kants die Folie gegeben und ist dadurch selber in den Schatten getreten, den dieses neu aufstrahlende Licht der Kritik der reinen Vernunft warf. Leibniz selbst aber wirkte auf vielen Wegen weiter und fand in der Philosophie des deutschen Idealismus seine größte Fortbildung und Bestätigung. Sein Werk ist freilich nicht so einfach zu überschauen, wie es sonst bei dem Produkt eines Gelehrtenlebens der Fall zu sein pflegt. Ein Gelehrter im Berufssinne des Wortes war Leibniz nicht. Seine vielseitige Tätigkeit als Diplomat, als Politiker, als Ökonom, als Wissenschaftsorganisator, die unzähligen Funktionen, Projekte, Unternehmen, Ämter, die er im Laufe seines Lebens übernahm und von denen die allermeisten trotz ihrer produktiven Grundlage unrealisiert blieben, gaben ihm nur die Möglichkeit, seine philosophischen Beiträge in kurzen Aufsätzen zu veröffentlichen. Nur zwei richtige Bücher in unserem Sinne hat er hinterlassen, die *Theodicee* (1710) und die *Nouveaux Essais* (1704); beides sind Werke, die sich an einen weiteren Kreis von Gebildeten wenden und einen wie zufälligen Ausgangspunkt haben. Die kurzen Darstellungen seines Systems, die wir besitzen und die sich aus einer gewaltigen Handschriftensammlung, die heute in Hannover liegt, ergänzen ließen, beweisen aber zur Genüge die Ungewöhnlichkeit seines Genies.

Er hat wirklich auf den Kern der Dinge geschaut, d. h., er hat die innere Problematik durchdacht, die der Aufgang der neuen Wissenschaft in unser Weltverständnis brachte. Ehedem in Vorstellungen einer nominalistischen Spätscholastik erzogen, konnte er sich der überlegenen Evidenz des modernen wissenschaftlichen Denkens nicht entziehen. Indessen, so glänzend sein eigenes Eingreifen in die Diskussion der modernen Wissenschaft verlief – er hat gleichzeitig mit Newton die Fluxionsrechnung erfunden, er hat in exakten Untersuchungen die Schwäche der cartesianischen Bewegungslehre aufgewiesen und die Grundlagen der Dynamik geschaffen, er hat bahnbrechende mathematische und logische Arbeiten verfaßt –, wichtiger aber als all diese Leistungen war, daß er die Grenzen, an die die Verfahrensweisen der Wissenschaft stießen, zum Ansatzpunkt einer Erneuerung der Metaphysik nahm. So griff er die Lehre von den substantialen Formen, dieses alte Lehrstück der aristotelischen Scholastik, neu auf, freilich indem er es zugleich mit dem Kraftbegriff durchdrang, um auf diese Weise zwischen der modernen Physik und dem überlieferten Wissen der Metaphysik eine fruchtbare Vermittlung zu schaffen. Seine Lehre von den Monaden, die die wahren Einheiten der Natur sind und deren jede das Universum von ihrem ›Sehepunkte‹ aus repräsentiert, bilden zusammen eine von ihnen selbst her nicht begründbare Harmonie. Sie kann nur als eine prästabilierte, durch den Entschluß Gottes herbeigeführte Harmonie gelten. In großartigen Gleichnissen wurde Leibniz nicht müde, dieses sein System der prästabilierten Harmonie als die einfachste aller möglichen Hypothesen zur Erklärung unserer Erfahrungswelt auszugeben.

Der Begriff des Gottes, der mit überlegener Weisheit alles auf Zusammenstimmung hin angelegt hat, besitzt sein metaphysisches Fundament in dem Begriff der Möglichkeit. Leibniz verstand die Wirklichkeit unserer Welt als die Folge einer Wahl zwischen Möglichkeiten, die die überlegene Weisheit Gottes zu treffen hatte. Es bleibt die Aufgabe der menschlichen Vernunft, die Weisheit dieser Wahl nachzuvollziehen, d. h., in dieser unserer Welt die beste aller möglichen Welten zu erkennen und für alles Seiende seinen zureichenden Grund. Bekanntlich hat der großartige Optimismus, der alles Negative, alles Leid, alles Böse in dieser Welt mit der Weisheit Gottes in Einklang findet – sofern es eben trotz aller Mängel die beste aller möglichen Welten ist, die Gott realisiert hat –, den Spott Voltaires herausgefordert. Auch sind alle modernen Versuche, die Monadologie zu erneuern, der inneren Schwierigkeiten dieser Lehre nicht Herr geworden. Leibnizens kunstvolle Hypothese behält das Verdienst, durch die Künstlichkeit ihrer Annahme die Spannweite des Abstandes aufgewiesen zu haben, der zwischen Physik und Metaphysik, zwischen Körperwelt und Seele, zwischen dem Außenaspekt und dem Innenaspekt des Universums liegt.

Wir bringen im Text zwei kurze Darstellungen, die er von seinem System gegeben hat und die ihn in enger Verflechtung mit dem zeitgenössischen Denken, mit Descartes, mit Malebranche, mit Spinoza und anderen zeigen.

Neues System der Natur und der Gemeinschaft der Substanzen, wie der Vereinigung zwischen Körper und Seele
(1695)

Dieses System habe ich vor mehreren Jahren aufgestellt und es verschiedenen Gelehrten mitgeteilt, vor allem einem der größten Theologen und Philosophen unsrer Zeit, der durch eine hochstehende Person von meinen Ansichten gehört und sie sehr paradox gefunden hatte. Als er aber meine näheren Aufklärungen erhalten hatte, nahm er in der edelsten und erfreulichsten Weise sein Urteil zurück und trat teils meinen Sätzen bei, teils zog er in Betreff der andren, in denen er noch nicht mit mir übereinstimmte, seinen Tadel zurück. Seit dieser Zeit habe ich so, wie sich die Gelegenheit dazu bot, mein Nachdenken über diese Probleme fortgesetzt, um der Allgemeinheit nur völlig durchgeprüfte Ansichten vorzulegen; auch habe ich versucht, den Einwänden Genüge zu leisten, die man gegen meine Dynamik erhoben hat, die mit diesen Fragen in Verbindung steht. Schließlich habe ich, da Männer von Bedeutung meine Ansichten, die sich inzwischen weiter geklärt hatten, kennen zu lernen wünschten, die folgenden Betrachtungen gewagt, obgleich sie keineswegs populär gehalten und durchaus nicht nach dem Geschmack von jedermann sind. Ich habe mich dazu hauptsächlich deshalb entschlossen, um aus dem Urteil derer, die in diesen Fragen sachverständig sind, Nutzen zu ziehen, da es ja zu lästig wäre, im einzelnen alle die aufzusuchen und aufzufordern, die geneigt wären, mir Belehrungen zu geben: Belehrungen, die ich immer sehr gerne annehmen werde, wenn es die Liebe zur Wahrheit und nicht die leidenschaftliche Voreingenommenheit für die einmal gefaßten Ansichten ist, die sich in ihnen bekundet.

Obgleich ich zu denen gehöre, die sich eingehend und eifrig mit Mathematik beschäftigt haben, so habe ich trotzdem seit meiner Jugend den Fragen der Philosophie nachgesonnen: denn es schien mir immer, daß es auch hier ein Mittel geben müsse, um vermittels klarer Beweise etwas Haltbares festzustellen. Ich war in dem Lande der Scholastiker schon sehr weit vorgedrungen, als die Mathematiker und die modernen Schriftsteller mich noch als ganz jungen Mann bestimmten, es zu verlassen. Ihre vortreffliche Methode, die Natur mechanisch zu erklären, entzückte mich, und ich verachtete mit Recht die Methode derer, die nur Formen und Fähigkeiten, von denen man nicht das geringste versteht, gebrauchen. Seither aber habe ich bei dem Versuch, die Prinzipien der Mechanik selbst tiefer zu begründen, um von den Naturgesetzen Rechenschaft zu geben, die die Erfahrung uns lehrt, erkannt, daß die alleinige Betrachtung einer *ausgedehnten Masse* nicht ausreicht, und daß man den Begriff der *Kraft* hinzunehmen muß, der für den Verstand völlig erfaßbar ist, wenngleich er ins Gebiet der Metaphysik gehört. Auch schien mir, daß die Meinung derer, die die Tiere zu bloßen Maschinen umgestalten und herabwürdigen, wenngleich sie im Bereiche der Möglichkeit liegt, doch aller Wahrscheinlichkeit entbehrt, ja, daß sie gegen die Ordnung der Dinge verstößt. Im Anfang, als ich mich vom Joche des Aristoteles befreit hatte, war ich für das Leere und die Atome, weil diese Prinzipien die sinnliche Anschauung am besten befriedigen. Als ich aber davon nach vielem Nachdenken zurückgekommen war, sah ich ein, daß es nicht möglich ist, die *Prinzipien einer wahrhaften Einheit* in der bloßen Materie oder in dem Passiven zu finden, weil hier alles nur eine Ansammlung oder Anhäufung von Teilen bis ins Unendliche ist. Nun kann die Vielheit ihre Realität nur von den *wahrhaften Einheiten* haben, die einen andren Ursprung haben und ganz etwas andres sind, als die mathematischen Punkte, die nur die Grenzen und Modifikationen des Ausgedehnten sind, und die zweifellos das *Kontinuum* nicht durch Zusammensetzung aus sich hervorgehen lassen können. Um also *diese reellen Einheiten* zu finden, mußte ich zu einem *reellen und sozusagen beseelten Punkte* zurückgehen, d. h. zu einem substantiellen Atome, das etwas Formales oder Aktives einschließen muß, um ein vollständiges Wesen zu bilden. Ich sah mich also gezwungen, die *heute so verschrieenen substantiellen Formen* zurückzurufen und gewissermaßen wieder zu Ehren zu bringen: in einer Art jedoch, vermöge deren sie verständlich wurden und vermöge deren eine scharfe Scheidung zwischen der richtigen Anwendung, die man von ihnen machen soll, und dem Mißbrauch, den man mit ihnen treibt, möglich war. Ich fand nun, daß ihre Natur in der Kraft besteht und daß daraus etwas dem Vorstellen und Begehren Verwandtes folgt, daß man sie demnach analog der Art, in der wir die *Seele* denken, auffassen muß. Wie man aber die Seele nicht verwenden darf, um von den Einzelheiten des inneren Baues des tierischen Körpers Rechenschaft zu geben, so meinte ich ebenso, daß man diese Formen nicht gebrauchen dürfe, um die besondren Probleme der Natur zu erklären, wenngleich sie zur Feststellung der wahren allgemeinen Prinzipien notwendig sind. Aristoteles nennt sie *erste Entelechien;* ich bezeichne sie, vielleicht verständlicher, als *ursprüngliche Kräfte* (forces primitives), da sie nicht nur die *Aktualität* oder die Ergänzung zur Möglichkeit, sondern außerdem eine ursprüngliche *Tätigkeit* enthalten.

Ich sah ein, daß diese Formen und diese Seelen, ebenso wie unser Geist, unteilbar sein mußten, wie ich mich denn in der Tat entsann, daß dies die Ansicht des hl. Thomas mit Bezug auf die Tierseelen war. Diese

Wahrheit erneuerte jedoch die großen Schwierigkeiten betreffs des Ursprungs und der Dauer der Seelen und Formen. Denn da jede *einfache Substanz,* die eine wahrhafte Einheit hat, nur durch ein Wunder entstehen oder vergehen kann, so folgt daraus, daß sie nur durch Schöpfung entstehen und nur durch Vernichtung vergehen können. So mußte ich – abgesehen von den Seelen, die Gott noch ausdrücklich erschaffen will – anerkennen, daß die konstituierenden Formen der Substanzen mit der Welt geschaffen worden sind und daß sie dauernd fortbestehen. Auch einige Scholastiker, wie Albert der Große und Johannes Bacon, hatten einen Teil der Wahrheit betreffs ihres Ursprunges geahnt. Auch darf die Sache nicht außerordentlich erscheinen, da hier den Formen nur dieselbe Dauer zugeschrieben wird, die die Anhänger Gassendis ihren Atomen zugestehen.

Dennoch war ich der Ansicht, daß man die *Geister* nicht unterschiedslos mit den übrigen Formen oder Seelen zusammenwerfen und verwechseln dürfe, da sie von einer höheren Ordnung sind und unvergleichlich mehr Vollkommenheit haben, als diese in die Materie versenkten Formen, die sich meiner Meinung nach überall vorfinden. Im Vergleich zu ihnen sind die Geister wie kleine Götter, die nach dem Bilde der Gottheit gemacht sind und einen Abglanz des göttlichen Lichtes in sich tragen. Deshalb regiert Gott die Geister, wie ein Fürst seine Untertanen, ja, sorgt für sie, wie ein Vater für seine Kinder Sorge trägt, während er über die andren Substanzen wie ein Ingenieur über seine Maschinen verfügt. Es gelten somit für die Geister besondre Gesetze, die sie über die Umwälzungen der Materie vermöge der Ordnung, die Gott in ihr festgestellt hat, erheben. So kann man sagen, daß alles übrige nur für sie geschaffen ist, da diese Umwälzungen selbst der Glückseligkeit der Guten und der Strafe der Bösen angemessen sind.

Um indessen auf die gewöhnlichen Formen oder die *tierischen Seelen* zurückzukommen, so könnte die Fortdauer, die man ihnen hier, wie früher den Atomen, zuspricht, den Zweifel erwecken, ob sie nicht durch *Metempsychose* von Körper zu Körper übergehen, ungefähr so, wie sich manche Philosophen die Übertragung der Bewegung und der Spezies gedacht haben. Diese Erdichtung ist jedoch von dem Wesen der Dinge weit entfernt. Es gibt keinen solchen Übergang; vielmehr sind mir hier die Umformungen zustatten gekommen, die von Swammerdam, Malpighi und Leewenhoek – den ausgezeichnetsten Beobachtern unsrer Zeit – entdeckt worden sind. Ihnen zufolge durfte ich annehmen, daß das Tier und jede andre organisierte Substanz keineswegs zu dem Zeitpunkt entsteht, wenn wir es annehmen, und daß die anscheinende Zeugung vielmehr nur eine Entwicklung und eine Art Wachstum ist. Auch habe ich bemerkt, daß der Verfasser der »Recherche de la Vérité«, daß ferner H. Regis,

H. Hartsoeker und andre tüchtige Gelehrte dieser Ansicht nahe gekommen sind.

Es blieb jedoch noch die größte Frage zurück, was nämlich aus diesen Seelen oder Formen beim Tode des Tieres oder bei der Zerstörung des Individuums der organischen Substanz wird. Dieser Punkt macht nun die größten Schwierigkeiten, umsomehr, als es der Vernunft wenig angemessen erscheint, daß die Seelen unnützerweise in einem Chaos von verworrener Materie verbleiben. Dies hat mich schließlich zu der Ansicht gebracht, daß man hier vernunftgemäß nur *eine* Partei ergreifen kann, nämlich annehmen muß, daß sich nicht nur die Seele, sondern auch das Tier selbst und seine organische Maschine erhält, wenngleich die Zerstörung der groben Teile es zu einer Kleinheit reduziert hat, in der es ebenso wie vor seiner Geburt unsren Sinnen entgeht. Auch kann niemand den wahren Zeitpunkt des Todes genau angeben: denn was man für den Tod hält, kann eine bloße Aufhebung der wahrnehmbaren Tätigkeiten sein, ja, ist im Grunde bei den einfachen Tieren niemals etwas andres. Erwiesen wird dies durch *Wiedererweckungen* von ertränkten und dann unter zerstoßener Kreide begrabenen Fliegen, sowie durch eine Reihe ähnlicher Beispiele, die zur Genüge erkennen lassen, daß es viele andre Erweckungen und in viel weiterem Umfange gäbe, wenn die Menschen die Maschine wieder instand zu setzen vermöchten. Höchstwahrscheinlich hat der große Demokrit, so sehr er auch Atomist war, von etwas Ähnlichem gesprochen, obgleich Plinius sich darüber lustig macht. Es ist doch ganz natürlich, daß, da das Tier stets lebendig und organisiert gewesen ist – wie Männer von großem Scharfsinn zu erkennen beginnen – es dies auch für immer bleibt. Da es demnach weder eine erste Geburt, noch eine gänzlich neue Zeugung des Tieres gibt, so folgt daraus, daß es auch keine endgültige Auslöschung und keinen völligen Tod im strengen metaphysischen Sinne gibt. An Stelle der *Wanderung* der Seelen tritt somit nur die *Umgestaltung* eines und desselben Tieres, je nachdem die Organe in verschiedener Weise entfaltet und mehr oder weniger entwickelt sind.

Die vernunftbegabten Seelen jedoch folgen höheren Gesetzen und sind von all dem befreit, wodurch sie ihrer Eigenschaft als Bürger der Gesellschaft der Geister verlustig gingen, da Gott dafür gesorgt hat, daß alle Veränderungen der Materie nicht den Verlust der moralischen Eigenschaften ihrer Persönlichkeit herbeiführen können.

Man kann also sagen, daß alles nicht nur im allgemeinen auf die Vollkommenheit des Universums, sondern auch im besondren auf die Vollkommenheit dieser Geschöpfe angelegt ist. Sie sind zu einem so hohen Grade von Glück bestimmt, daß das Universum selbst seine Teilnahme für die Erreichung dieses Zieles beweist: kraft der göttlichen Güte, die sich einem jeglichen in dem Grade mitteilt, den die höchste Weisheit zulassen kann.

Was den gewöhnlichen Körper der Tiere und andrer körperlicher Substanzen betrifft, an deren gänzliche Vernichtung man bisher geglaubt hat und deren Veränderungen mehr von mechanischen Regeln, als von moralischen Gesetzen abhängen, so nahm ich mit Freuden wahr, daß der antike Verfasser des Buches »de Diaeta«, das man dem Hippokrates zuschreibt, eine Ahnung von der Wahrheit besessen hat, wenn er mit ausdrücklichen Worten sagt, daß die Tiere weder geboren werden noch sterben, und daß die Dinge, von denen man glaubt, sie entständen oder vergingen, nur erscheinen und wieder verschwinden. Es war dies nach Aristoteles auch die Ansicht des Parmenides und des Melissos. Überhaupt waren diese Alten gründlicher, als man gemeinhin annimmt.

Ich bin gewiß, wenn irgend einer, geneigt, den Modernen Gerechtigkeit widerfahren zu lassen, finde jedoch, daß sie die Reform zu weit getrieben haben, indem sie unter anderm die natürlichen Dinge mit den künstlichen verwechselt haben, weil sie zu kleine Vorstellungen von der Erhabenheit der Natur besaßen. Sie meinen, daß der Unterschied zwischen den Maschinen der Natur und den unsren nur ein Gradunterschied sei. Das hat vor kurzem einen sehr tüchtigen Mann (den Verfasser der »Entretiens sur la pluralité des Mondes«) zu dem Ausspruche verleitet, daß man die Natur bei näherer Betrachtung weniger bewundernswürdig fände, als man zuvor geglaubt habe, da sie nicht anders sei, als der Laden eines Handwerkers: eine Vorstellung, die ich weder für richtig noch für würdig halte. Einzig und allein unser System läßt endlich den wahren und unermeßlichen Abstand erkennen, der zwischen den geringsten Erzeugnissen und Mechanismen der göttlichen Weisheit und den größten Kunstwerken eines begrenzten Geistes besteht: ein Unterschied, der nicht nur den Grad, sondern die Art selbst betrifft. Die Maschinen der Natur haben eine wahrhaft unendliche Anzahl von Organen und sind so gut ausgestattet und so gegen alle Zufälle gerüstet, daß es nicht möglich ist, sie zu zerstören. Eine natürliche Maschine bleibt, was von noch größerer Bedeutung ist, stets dieselbe Maschine, die sie gewesen ist, da sie durch die verschiedenen Falten, die sie erhält, nur umgestaltet und bald ausgedehnt, bald eingeengt und gleichsam konzentriert wird, wenn man schon glaubt, sie sei zugrunde gegangen.

Vermöge der Seele oder Form gelangt man nun auch zu einer wahrhaften Einheit, die dem entspricht, was man in uns das »Ich« nennt. Eine solche aber besteht weder in den künstlichen Maschinen, noch in der materiellen Masse als solcher, so organisiert diese auch sein mag. Sie ist alsdann doch immer nur wie ein Heer oder eine Herde zu betrachten, oder wie ein Teich voller Fische, oder auch wie eine aus Federn und Rädern zusammengesetzte Uhr. Gäbe es jedoch keine wahren substantiellen Einheiten, so enthielte auch die Ansammlung nichts Substantielles und Reelles. Diese Erwägung hatte Cordemoy veranlaßt, sich von Descartes abzuwenden und die Lehre von den Atomen des Demokrit anzunehmen, um so eine wahre Einheit zu finden. Die *materiellen Atome* aber widerstreiten der Vernunft, abgesehen davon, daß auch sie sich aus Teilen zusammensetzen, da der unüberwindliche Zusammenhang zweier Teile – selbst wenn man ihn mit Recht annehmen oder voraussetzen könnte – ihre Verschiedenartigkeit keineswegs aufhebt. Nur die *substantiellen Atome*, d. h. die reellen und jeder Teilung enthobenen Einheiten sind die Quellen der Tätigkeiten, die ersten absoluten Prinzipien der Zusammensetzung der Dinge und gleichsam die letzten Elemente der Analyse der Substanzen. Man könnte sie *metaphysische Punkte* nennen; sie tragen etwas wie *Leben* und eine Art von *Perzeption* in sich und die *mathematischen Punkte* sind ihre *Gesichtspunkte,* denen gemäß sie das Universum ausdrücken. Wenn aber die körperlichen Substanzen sich in zusammengedrängtem Zustande befinden, dann bilden alle ihre Organe für uns nur einen *physischen Punkt*. Demnach sind die physischen Punkte nur scheinbar unteilbar, während die mathematischen Punkte zwar exakt, aber bloße modale Bestimmungen sind. Nur die metaphysischen oder substantiellen Punkte – die durch die Formen oder Seelen gebildet werden – sind exakt *und* reell, und ohne sie würde es nichts Reelles geben, da ja ohne die wahren Einheiten keine Vielfalt möglich wäre.

Nachdem ich diese Dinge festgestellt hatte, glaubte ich, in den Hafen einlaufen zu können, aber als ich nun anfing, über die Vereinigung der Seele mit dem Körper nachzudenken, wurde ich wieder ins offene Meer zurückgeworfen. Denn ich fand kein Mittel, mir zu erklären, wie der Körper etwas in die Seele hinein übertragen könne oder *umgekehrt* – noch wie eine geschaffene Substanz mit einer andren in Verbindung stehen kann. Descartes hatte an diesem Punkte, soviel man wenigstens aus seinen Schriften ersehen kann, das Spiel aufgegeben; seine Schüler jedoch, die die Unbegreiflichkeit der gemeinen Ansicht einsahen, nahmen an, daß wir die Eigenschaften der Körper wahrnehmen, weil Gott bei Gelegenheit bestimmter, materieller Bewegungen in der Seele bestimmte Gedanken entstehen ließe. Wenn umgekehrt unsre Seele den Körper bewegen will, so meinten sie, daß Gott es an ihrer Statt tut. Da ihnen nun die Übertragung der Bewegung gleichfalls unbegreiflich erschien, so glaubten sie, daß Gott es sei, der gelegentlich der Bewegung des einen Körpers auf einen andren Bewegung überträgt. Es ist dies *das sogenannte System der Gelegenheitsursachen,* das durch die schönen Reflexionen des Verfassers der »Recherche de la Vérité« sehr in Aufnahme gekommen ist.

Man muß zugestehen, daß in ihm die Schwierigkeit insofern richtig durchschaut ist, als man das, was *unmöglich* ist, richtig bezeichnet, dagegen glaube ich nicht, daß man sie durch Erklärung des tatsächlichen Sachverhalts wirklich gehoben hat. Es gibt allerdings im strengen, metaphysischen Sinne keinen reellen Einfluß einer geschaffenen Substanz auf eine andre, vielmehr werden alle Dinge, mitsamt allen ihren Realitäten, unaufhörlich durch die Macht Gottes hervorgebracht. Will man indessen Probleme wirklich lösen, so genügt es nicht, sich auf die allgemeine Ursache zu berufen und einen »*Deus ex machina*« einzuführen. Denn tut man dies, ohne eine andre Erklärung zu besitzen, die aus der Ordnung der sekundären Ursachen stammt, so heißt das recht eigentlich zum Wunder seine Zuflucht nehmen. Aufgabe der Philosophie ist es, eine Vernunfterklärung zu geben, indem man zeigt, auf welche Weise die Dinge, kraft der göttlichen Weisheit, jedoch entsprechend dem besondren Begriffe des Gegenstandes, um den es sich handelt, zustande kommen.

Da ich also zugeben mußte, daß die Seele oder eine andre wahre Substanz unmöglich etwas von außen empfangen kann, so wurde ich unmerklich zu einer Ansicht geführt, die mich selbst überraschte, die mir aber unvermeidlich schien, und die in der Tat sehr große Vorzüge und bedeutsame Schönheiten aufweist. Danach muß man sagen, daß Gott vom Beginn der Welt an die Seele oder jede andre Einheit so geschaffen hat, daß ihr notwendig alles aus ihrem eignen Grunde emporquillt, kraft einer vollkommenen *Selbsttätigkeit,* die dennoch in steter *Entsprechung* zu den Außendingen verbleibt. Da demnach unsre inneren Empfindungen – die sich in der Seele selbst und nicht im Gehirne oder in feinen, materiellen Teilchen befinden – bloße Phänomene sind, die mit dem äußeren Sein Hand in Hand gehen, oder aber wahrhafte Erscheinungen wie wohl geregelte Träume, so müssen diese inneren Vorstellungen in der Seele selbst aus ihrer eignen, ursprünglichen Verfassung, d. h. ihrer repräsentativen Natur herstammen. Diese Natur, vermittels deren sie imstande ist, die außer ihr befindlichen Dinge gemäß deren Beziehung auf ihre Organe auszudrücken, ist ihr bei ihrer Schöpfung verliehen worden und macht ihren individuellen Charakter aus. Es besteht daher unter allen Substanzen eine vollkommene Übereinstimmung, da jede von ihnen das ganze Universum nach ihrer Art und aus einem bestimmten Gesichtspunkte exakt ausdrückt, und da die Perzeptionen oder die Darstellungen der Außendinge in der Seele, als einer besondren Welt, zur rechten Zeit kraft ihrer eignen Gesetze entstehen, wie wenn nichts als Gott und sie selbst existierte – um mich der Ausdrucksweise eines Mannes zu bedienen, der gleich sehr um seiner Geistesgröße, wie um seiner Frömmigkeit willen verehrt wird.

Diese Übereinstimmung bringt dieselbe Wirkung hervor, wie wenn die Substanzen mit einander durch eine Übertragung der »Spezies« oder

»Qualitäten«, an welche die Schulphilosophie glaubt, in Verbindung ständen. Da ferner die Seele die organisierte Masse, die ihr als Gesichtspunkt dient, näher als alles übrige darstellt, und da diese Masse von selbst gemäß den Gesetzen der körperlichen Maschine in dem Augenblicke tätig ist, in dem die Seele es will, ohne daß eins die Gesetze des andren stört, sodaß die Lebensgeister und das Blut gerade zu diesem Zeitpunkt die erforderlichen Bewegungen besitzen, die den Affekten und Perzeptionen der Seele entsprechen, so ist es diese gegenseitige, im voraus in jeder Substanz des Universums geregelte Beziehung, die das hervorbringt, was wir ihre wechselseitige Einwirkung nennen, und die einzig und allein die *Vereinigung von Seele und Körper* bewirkt. Man kann hieraus verstehen, auf welche Weise die Seele im Körper so unmittelbar, als nur möglich, gegenwärtig ist, da sie sich ja zu ihm verhält wie die Einheit zur Vielheit als dem Ergebnis der Einheiten.

Diese Hypothese bleibt durchaus in den Grenzen des Möglichen. Denn warum sollte Gott nicht von Anfang an der Substanz eine *Natur* oder eine innere Kraft verleihen, die alle ihre Bestimmungen, d. h. alle Erscheinungen und Vorstellungen, die sie jemals haben wird, der Ordnung nach und ohne Mitwirkung irgend eines andren Geschöpfes hervorbringen könnte, gleichsam als geistiger oder formeller Automat, der aber bei den Substanzen, die der Vernunft teilhaftig sind, frei ist. Umsomehr, als die Natur der Substanz notwendig einen Fortschritt fordert und wesentlich eine Veränderung einschließt, da sie sonst keine Kraft zu handeln besäße. Und da diese Natur der Seele das Universum in sehr exakter, obwohl in mehr oder weniger distinkter Weise darstellt, so wird die Folge der Vorstellungen, die die Seele sich erzeugt, natürlicherweise der Folge der Veränderungen des Universums selbst entsprechen, sowie andrerseits der Körper ebenfalls der Seele angepaßt ist in allen Fällen, in denen sie als nach außen wirkend angesehen wird. Es entspricht dies umsomehr der Vernunft, als die Körper nur für die Geister geschaffen sind, die mit Gott in Gemeinschaft zu treten und seinen Ruhm zu preisen vermögen. Hat man also einmal die Möglichkeit dieser *Hypothese der Übereinstimmung* eingesehen, so sieht man auch, daß sie der Vernunft am besten entspricht und daß sie eine wunderbare Vorstellung von der Harmonie des Universums und von der Vollkommenheit der Werke Gottes gibt.

Sie enthält auch den großen Vorteil, daß man, statt zu sagen, daß wir nur scheinbar und in einer Weise, die der Praxis genügt, frei sind – wie mehrere geistvolle Männer angenommen haben – vielmehr sagen muß, daß wir nur scheinbar unfrei sind, und daß wir im strengen metaphysischen Sinne uns in vollkommener Unabhängigkeit von dem Einfluß aller andren Geschöpfe befinden. Es wirft dies auch ein helles Licht auf die Unsterblichkeit unsrer Seele und auf die stets gleichförmige Erhaltung unsrer Individualität. Unsre Seele ist also durch ihr eignes Wesen vollkommen in sich selbst geregelt und gegen alle Unfälle von außen geschützt, so sehr auch das Gegenteil der Fall zu sein scheint. Niemals hat irgend ein System die Erhabenheit unsrer Natur klarer und deutlicher gezeigt. Da jeder Geist gleichsam eine Welt für sich ist, da er sich selbst genügt, da er von jedem andren Geschöpfe unabhängig ist, da er ferner das Unendliche einschließt und das Universum ausdrückt, so ist er ebenso dauerhaft, ebenso beständig und ebenso unbedingt wie das Universum der Geschöpfe selbst. Die Rolle, die er in ihm spielt, muß also stets derart sein, daß sie am besten zur Vervollkommnung der Gemeinschaft aller Geister beiträgt, in der ihre moralische Vereinigung zum Gottesstaat besteht. Es liegt darin auch ein neuer Beweis für die Existenz Gottes, der von überraschender Klarheit ist; denn die vollkommne Übereinstimmung so vieler Substanzen, die nicht in Verbindung unter einander stehen, kann nur aus der gemeinsamen Ursache stammen.

Abgesehen von all den Vorzügen, die diese Hypothese empfehlenswert machen, darf man wohl auch sagen, daß sie etwas mehr ist, als eine bloße Hypothese, da es ja kaum möglich scheint, die Dinge in andrer Weise verständlich zu erklären, und da eine Reihe gewaltiger Schwierigkeiten, mit denen man sich bisher geplagt hat, von selbst verschwindet, sobald man diese Annahme einmal richtig erfaßt hat. Die gewöhnlichen Ausdrucksweisen behalten dabei immer noch ihren guten Sinn. Denn man kann sagen, daß diejenige Substanz, deren Disposition die begriffliche Erklärung der Veränderung enthält, sodaß man annehmen kann, daß alle andren *ihr* in diesem Punkte vom Beginn der Dinge an gemäß der Ordnung der Verfügungen Gottes angepaßt worden sind, als auf die andren *»einwirkend«* anzusehen ist. Somit ist die Einwirkung, die eine Substanz auf eine andre ausübt, nicht, wie man insgemein glaubt, der Ausfluß oder die Übertragung irgend einer *Wesenheit,* sondern kann vernünftigerweise nur in der von mir angegebenen Art aufgefaßt werden. Man versteht wohl bei der *Materie,* was die Abstoßung oder die Aufnahme von Teilen bedeutet und darf sich dieser Annahme bedienen, um alle Phänomene der Physik auf mechanische Weise zu erklären; da aber die materielle Masse keine Substanz ist, so ist es klar, daß die Tätigkeit der Substanz selbst keine andre als die von mir dargelegte sein kann.

So metaphysisch diese Betrachtungen auch erscheinen, so sind sie doch in der Physik von außerordentlichem Nutzen, um die Bewegungsgesetze festzustellen, wie unsre *dynamischen Abhandlungen* es erkennen lassen werden. Denn man kann sagen, daß beim Stoße der Körper jeder einzelne nur durch seinen eignen Rückstoß leidet, welcher von der schon in ihm befindlichen Bewegung herrührt. Was aber die absolute Bewegung anbetrifft, so kann sie auf keine Weise mathematisch bestimmt werden, da ja alles sich zuletzt in Beziehungen auflöst. Es besteht demnach eine vollkommene Äquivalenz der Hypothesen, wie in der Astronomie, sodaß es, eine wie große Anzahl von Körpern man auch nimmt, ganz willkürlich ist, welchem von ihnen man die Ruhe oder einen bestimmten Grad von Geschwindigkeit zuschreiben will, ohne daß die Erscheinungen der geradlinigen, kreislinigen oder zusammengesetzten Bewegung der Annahme jemals widersprechen könnten. Es erscheint jedoch vernunftgemäß, den Körpern wahrhafte Bewegungen zuzuschreiben, gemäß der Annahme, die von den Erscheinungen in der verständlichsten Weise Rechenschaft ablegt, da diese Bestimmung dem von uns oben festgestellten Begriffe der Tätigkeit entspricht.

Kritik der philosophischen Prinzipien des Malebranche (1711)

Die folgende Abhandlung ist – entsprechend der Form, die Leibniz in den »Nouveaux Essais« durchgeführt hatte – als Dialog zwischen zwei Freunden gefaßt, von denen der eine, Ariste, die Philosophie des Malebranche vertritt, während der andere, Philarète, ihm gegenüber den Leibnizschen Standpunkt behauptet. Ariste beginnt mit der Wiedergabe seines Gesprächs, das er soeben mit Théodore – durch welch fiktiven Namen Malebranche selbst bezeichnet wird – geführt hat.

Ariste. Erstlich hat Théodore unternommen, mir zu zeigen, daß jenes »Ich, welches denkt«, in keinem Falle ein Körper ist, weil Gedanken nicht Bestimmungen der Ausdehnung sind, in dieser aber das Wesen des Körpers besteht. Ich bat ihn, mir zu beweisen, daß mein Körper nichts als Ausdehnung ist und mir schien auch, als glückte ihm dieser Beweis, der mir jetzt jedoch durch irgend einen Umstand entfallen ist. Doch ich komme nach und nach wieder darauf. Die Ausdehnung, so sagte er wohl, genügt, um den Körper zu bilden und ihre Aufhebung durch Gott würde auch die Vernichtung des Körpers zur Folge haben.

Philarète. Die Philosophen werden, soweit sie nicht Kartesianer sind, nicht zugeben, daß die Ausdehnung genügt, um einen Körper zu bilden. Sie werden noch ein anderes Etwas fordern, das die Alten »Antitypie« nannten, und das den Grund der Undurchdringlichkeit des Körpers enthält. Die Ausdehnung gibt nach ihnen nur den Ort oder den Raum, in dem die Körper sich befinden. Mir scheint in der Tat, daß Descartes und seine Anhänger in ihren Versuchen, diese Ansicht zu widerlegen, sich nur auf willkürliche Annahmen, oder, um die Sache beim richtigen Namen zu nennen, auf eine petitio principii stützen.

A. Beweist denn aber nicht der Umstand, daß der Körper vernichtet wird, wenn man die Ausdehnung in Gedanken aufhebt, daß nur in ihr seine Weisheit besteht?

Ph. Es beweist das nur, daß die Ausdehnung zum Wesen oder zur Natur des Körpers mit gehört, nicht aber, daß sie sein ganzes Wesen ausmacht, ähnlich wie etwa die Größe zum Wesen der Ausdehnung gehört, aber nicht genügt, es vollständig zu bestimmen. Denn auch Zahl, Zeit und Bewegung sind Größen, und trotzdem von der Ausdehnung verschieden. Wenn Gott alle wirklich vorhandene Größe vernichtete, so würde er damit auch die Ausdehnung aufheben, wenn er aber die Größe erzeugte, so gilt nicht der umgekehrte Schluß, daß er zugleich mit ihr auch die Ausdehnung erzeugen müßte; denn er könnte ebensogut nur die Zeit erschaffen.

Das Gleiche gilt von Ausdehnung und Körper: mit der Vernichtung der Ausdehnung durch Gott wäre freilich auch der Körper zerstört, mit ihrer Erschaffung dagegen vielleicht nur der Raum ohne Körper gesetzt, – wenigstens nach einer verbreiteten Ansicht, deren Widerlegung den Kartesianern noch nicht recht gelungen ist.

A. Es tut mir leid, daß ich diese Schwierigkeit nicht sogleich bemerkt habe, ich werde sie mir aber merken, um sie Théodore vorzutragen. Indessen führte er mir, wenn ich mich recht entsinne, noch einen anderen Beweis desselben Satzes an, der mir jedoch sehr subtil zu sein schien, da er sich auf den Begriff der Substanz stützte. Théodore bewies mir, daß die Ausdehnung eine Substanz ist und wollte daraus wohl den Schluß ziehen, daß der Körper durch sie völlig bestimmt sein muß, da er andernfalls aus einer Mehrheit von Substanzen sich zusammensetzte. Aber ich möchte mich nicht verbürgen, daß dies wirklich Théodores Meinung ist; ich kann mich täuschen und seine Worte in einem unrichtigen Zusammenhang wiedergeben; ich will mich daher nochmals genauer unterrichten.

Ph. Ich finde auch in dem Schluß, den Sie Théodore, wenngleich nicht mit voller Sicherheit, zuschreiben, eine Schwierigkeit. Wie Sie wissen, lassen die Peripatetiker den Körper aus zwei substantiellen Prinzipien, aus Stoff und Form, zusammengesetzt sein. Man müßte demnach die Unmöglichkeit beweisen, daß der Körper gleichzeitig aus zwei Substanzen, nämlich aus der Ausdehnung, – wenn man zugibt, daß diese eine Substanz ist – und noch aus irgend einer anderen Substanz zusammengesetzt ist. Prüfen wir jedoch zunächst Théodores Beweis dafür, daß die Ausdehnung eine Substanz ist; denn dieser Punkt ist von großer Bedeutung.

A. Ich werde versuchen, mir ihn ins Gedächtnis zurückzurufen: Alles das, was man für sich selbst und ohne den Gedanken an irgend etwas anderes begreifen kann, was man also für sich ohne die Vorstellung eines anderen Gegenstands zu Hilfe zu nehmen, *vorstellen* oder in gesonderter Existenz, unabhängig von allem anderen, *denken* kann, all das ist eine Substanz; was man dagegen nicht für sich oder ohne daß man gleichzeitig etwas anderes in Gedanken faßt, begreifen kann, ist eine Beschaffenheit oder Modifikation der Substanz. Dies meint man, wenn man die Substanz als ein Wesen erklärt, das in sich selbst seinen Bestand hat, und es gibt für uns keinen anderen Weg, um die Substanzen von den Modifikationen zu unterscheiden. Nun zeigte mir Théodore, daß ich die Ausdehnung denken könne, ohne dabei irgend etwas anderes in Gedanken zu fassen.

Ph. Diese Definition der Substanz ist nicht ohne Schwierigkeiten. Im Grunde genommen kann man nur Gott allein in völliger Unabhängigkeit von allen anderen Dingen denken. Sollen wir also mit einem nur zu bekannten Neuerer sagen, Gott sei die einzige Substanz, die Geschöpfe nichts als seine Modifikationen? Schränken Sie dagegen Ihre Definition durch den Zusatz ein, daß Substanz alles das ist, was sich unabhängig von einem anderen *geschaffenen* Objekt begreifen läßt, so werden wir vielleicht manches finden, dem dieselbe Unabhängigkeit wie der Ausdehnung zukommt, ohne daß es darum Substanz ist. So sind z. B. die tätige Kraft, das Leben, der Widerstand etwas Wesentliches und Ursprüngliches, was man unabhängig von anderen Begriffen und selbst von ihren eigenen Subjekten abstrakt erfassen kann. Ja, die Subjekte selbst werden umgekehrt erst vermittels dieser Attribute erkannt, die indes von den Substanzen, denen sie zugehören, verschieden sind. Es gibt demnach etwas, das nicht Substanz ist, und das man dennoch ebensowenig wie die Substanz selbst als abhängig von einem anderen denken kann. Also ist diese Unabhängigkeit des Begriffes kein auszeichnendes Charakteristikum der Substanz, da es als solches ja nur ihr allein und wesentlich zukommen müßte.

A. Ich glaube, daß man solche Abstrakta nicht unabhängig von allem anderen auffassen kann, zum mindesten nicht unabhängig von dem konkreten Subjekt, dem sie zugehören. Dieses Subjekt wäre für sich allein freilich ungenügend, und wird erst durch die Verbindung mit einem solchen ursprünglichen, hinreichenden und wesentlichen Attribut vollständig bestimmt. Um uns aber all diesen heiklen Fragen zu entziehen, wollen wir die Definition nur für die Konkreta gelten lassen: die Substanz soll also ein Konkretum sein, das von jedem anderen konkreten erschaffenen Gegenstande unabhängig ist.

Ph. Damit schränken Sie Ihre Definition von neuem ein; sie enthält jedoch immer noch große Schwierigkeiten. Denn 1. Die Erklärung des Konkreten selbst setzt möglicherweise die Substanz bereits voraus, und so würde unsere Definition einen Zirkel enthalten. 2. Gebe ich Ihnen nicht zu, daß die Ausdehnung ein Konkretum ist, denn sie ist das Abstraktum des ausgedehnten Inhalts. 3. Folgt daraus, daß das bestimmte, obzwar für sich allein ungenügende, Subjekt, d. h. das einfache und ursprüngliche Konkretum – das allerdings erst zusammen mit dem wesentlichen Attribute die vollständige Substanz ausmacht – allein den Namen der Substanz verdient, weil die Abstrakta sowohl, wie die vollständigen Konkreta nur seiner bedürfen, um begriffen zu werden oder um zu existieren. 4. Bei den Schwierigkeiten, die aus der theologischen Lehre entstehen, daß im Sakrament des Abendmahles die Accidentien ohne ihr Subjekt existieren, wollen wir uns hier nicht aufhalten; danach nämlich wären sie vom Subjekt wesentlich unabhängig und es träfe daher Ihre Definition auf sie zu.

A. Wir geraten hier in rechte Spitzfindigkeiten, und es ist nur gut, daß ich die scholastischen Termini vom Kollegium her noch nicht gänzlich vergessen habe. Indessen sind diese Spitzfindigkeiten, wie ich gestehe, hier unvermeidlich; auch bringen Sie sie in klarer und verständlicher Weise vor und ermöglichen mir dadurch, Ihnen zu antworten. Ich erwidere also auf den *ersten* Punkt, daß die Definition des Konkretums der Substanz nicht bedarf; denn auch Accidentien können Konkreta sein. So kann man z. B. der Wärme eine »Größe« zusprechen, »groß« aber ist ein Konkretum; ebenso kann man eine Zahl als groß oder proportional oder kommensurabel bezeichnen. Was den *zweiten* Punkt betrifft, so wird für Théodore die Ausdehnung – da sie nach ihm mit Raum und Körper gleichbedeutend ist – ein Konkretum sein. Auf den *dritten* Einwand erwidere ich, daß eben die Ausdehnung oder der Körper das erste Subjekt und der Grundstoff ist, der durch Gestalt und Bewegung weiterhin seine bestimmte Form erhält, um dadurch zum vollständigen Subjekt zu werden. Bezüglich des *vierten* Punktes wird Théodore vielleicht die Möglichkeit von Accidentien ohne Subjekt nicht zugeben; wer dies jedoch tut und trotzdem unsere Definition aufrecht erhalten will, wird unter »Substanz« ein Konkretum verstehen, das unter natürlichen Bedingungen von jedem anderen geschaffenen Konkretum unabhängig ist.

Ph. Ihre Antwort auf den ersten Punkt scheint mir treffend, doch müßte man die Begriffe des Konkreten und Abstrakten noch schärfer bestimmen. Betreffs des zweiten Punktes aber kann man Ihnen nicht zugestehen, daß Ausdehnung und Ausgedehntes dasselbe sind; es gibt unter den Objekten der Schöpfung kein einziges Beispiel für die Identität von Abstraktum und Konkretum. Die Erwiderung auf den dritten Punkt mag hingehen, ebenso die Antwort, die Sie auf den vierten Einwand vom Standpunkt derer geben, die das gesonderte Dasein der Accidentien außerhalb des Subjektes leugnen. Wer aber die Definition durch eine Einschränkung auf das, was unter den natürlichen Bedingungen gilt, berichtigen will, der wird eine ähnliche Erklärung zustande bringen, wie die Definition des Menschen, die man Plato zuschreibt. Man erzählt nämlich, er habe ihn als zweibeiniges, ungefiedertes Tier definiert, worauf Diogenes einen Hahn gerupft und ihn mit dem Ausruf: »Da habt ihr einen Platonischen Menschen!« in den Hörsaal geworfen habe. Ein Platoniker hätte hier auch zu Gunsten seiner Erklärung sagen können, daß in ihr nur von einem Tiere unter seinen natürlichen Bedingungen die Rede sei. Was man jedoch verlangt, sind Definitionen, die das Wesen der Dinge darstellen. Allerdings können auch Definitionen, die sich nur auf das beziehen, was an und für sich und unter den natürlichen Umständen gilt, wohl ihren Nutzen haben, und es lassen sich drei Abstufungen in den Prädikaten unterscheiden: das Wesentliche, das Natürliche und das schlechthin Zufällige. In der Metaphysik aber möchte man wesentliche Attribute haben, d. h. solche, die den sogenannten »formellen Grund« des Gegenstands wiedergeben.

A. Soweit ich sehe, bleibt somit unter uns nur noch die Frage offen, ob die Ausdehnung ein Abstraktum oder ein Konkretum ist?

Ph. Ich könnte gegen Ihre Definition noch einwenden, daß die Körper gegenseitig voneinander nicht unabhängig sind, und daß sie z. B. einer Einwirkung oder Anregung von ihrer Umgebung bedürfen; doch könnten Sie mir hier meine eigene Erwiderung, daß es hinreichend ist, wenn eine Erklärung das Wesentliche enthält, entgegenhalten: da es freilich in Gottes Macht stünde, den einzelnen Körper hiervon unabhängig zu machen und ihn selbst nach Vernichtung aller anderen äußeren Materie in seinem Zustande zu erhalten. Ich bestehe also nur noch auf meiner früheren Behauptung, daß die Ausdehnung nur ein Abstraktum ist und ein Etwas voraussetzt, das ausgedehnt ist. Sie bedarf, genau wie die Dauer, eines Subjektes, auf das sie sich bezieht. Sie setzt weiterhin in diesem Subjekte selbst eine andere, ursprüngliche Eigenschaft – sie setzt eine Qualität, ein Attribut, eine Natur dieses Subjektes voraus, die sich ausdehnt, ausbreitet und kontinuierlich fortsetzt. In der Ausdehnung erscheint diese ursprünglich einfache Qualität oder Natur gleichsam verstreut und auseinandergelegt. So ist z. B. in der Milch eine Ausdehnung oder Verbreitung der weißen Farbe, in dem Diamanten eine Ausdehnung oder Verbreitung der Härte, in dem Körper ganz allgemein eine Ausdehnung oder Verbreitung des Widerstands oder der Stofflichkeit gegeben. Sie erkennen hierin zugleich, daß es im Körper eine ursprünglichere Bestimmung als die Ausdehnung gibt. Diese verhält sich zum Raume etwa, wie die Dauer zur Zeit. Dauer und Ausdehnung sind Attribute der Dinge, Zeit und Raum jedoch gelten uns gleichsam als etwas außerhalb der Dinge und dienen dazu, diese zu messen.

A. Wer das Dasein eines vom Körper verschiedenen Raumes annimmt, sieht ihn als Substanz an, die den Ort ausmacht – die Kartesianer und Théodore dagegen fassen die Materie so auf, wie Sie den Raum, nur daß sie ihm außer der Ausdehnung auch das Prädikat der Beweglichkeit zuschreiben.

Ph. Damit geben Sie also stillschweigend zu, daß die Ausdehnung nicht zureicht, um die Materie oder den Körper zu konstituieren, da Sie doch die Beweglichkeit hinzufügen müssen, die eine Folge der Antitypie oder der Widerstandskraft ist, ohne welche ein Körper durch einen anderen keinen Stoß oder Antrieb erhalten könnte.

A. Sie werden die Beweglichkeit als eine Folgeerscheinung der Ausdehnung erklären, sofern alle Ausdehnung teilbar ist, ihre Teile somit auch voneinander trennbar sind.

Ph. Wer einen leeren oder wenigstens einen reellen, von dem Stoffe, der ihn erfüllt, unterschiedenen Raum annimmt, wird diese Folgerung nicht zugeben. Er wird sagen, man könne zwar im Raume die verschiedenen Teile (gedanklich absondern und) bezeichnen, nicht aber sie wirklich voneinander trennen. Ich selbst mache einen begrifflichen Unterschied zwischen Ausdehnung und Körper, glaube indeß, daß es kein Leeres, ja auch keine *Substanz* gibt, die man Raum nennen könnte. Ich möchte immer unterschieden wissen zwischen der *Ausdehnung* oder Extension und dem *Attribut,* auf das sie als *relativer* Begriff sich zurück bezieht. Dies wäre in diesem Falle die *Lage* oder *örtliche Bestimmtheit.* Es würde also die Ausbreitung des *Ortes* den Raum erzeugen, der gleichsam das πρῶτον δεκτικόν, die erste Grundlage der Ausdehnung darstellte, vermöge deren sie sich erst auf andere *Dinge* im Raum beziehen ließe. So ist die Ausdehnung, als Attribut des Raumes, die Verbreitung oder stetige Wiederholung der Lage oder der örtlichen Bestimmtheit; – als Attribut des materiellen Körpers dagegen die Verbreitung des Widerstandes oder der stofflichen Bestimmtheit. Denn das Prädikat des Ortes kommt dem Punkte sowohl wie dem Raume zu, kann also ohne Ausdehnung oder Verbreitung gedacht werden. Die Verbreitung nach der bloßen Längendimension erzeugt sodann eine räumlich ausgedehnte Linie. Das Gleiche gilt von der materiellen Bestimmtheit, auch sie kommt wie dem Körper, ebenso bereits dem Punkte zu und ihre Verbreitung in der Längendimension erschafft eine materielle Linie. Die anderen stetigen Wiederholungen nach Breite und Tiefe bilden sodann die Fläche und den Körper der Geometrie; sie erzeugen, kurz gesagt, im Bereich der bloßen Ortsbeziehungen den Raum, im Bereich der Materie den physischen Körper.

A. Diese genaue Entsprechung der Bestimmungen des Ortes und der Materie, des Raumes und des Körpers, gefällt mir. Die Betrachtung dieser Verhältnisse wird für die Exaktheit des Ausdrucks förderlich sein; – es wird danach gut sein, all dies, wie auch die Dauer von der Zeit, die Ausdehnung vom Raume genau zu unterscheiden. Ich muß doch Théodore hierüber um seine Meinung fragen.

Ph. Um schließlich noch weiter zu gehen, so kann man, glaube ich, nicht nur die Ausdehnung, sondern auch den Körper selbst für sich und unabhängig von anderen Dingen nicht begreifen. Man müßte also sagen, daß die Körper keine Substanzen sind oder aber, daß die Forderung der unabhängigen Begreiflichkeit, wenngleich nur von Substanzen, so doch nicht von allen Substanzen gleichmäßig befriedigt werde. Denn da der Körper ein Ganzes ist, so ist er seinem Wesen nach von anderen Körpern abhängig, aus denen er sich zusammensetzt, und die seine Teile ausmachen. Die *Monaden* allein, d. h. die einfachen und unteilbaren Substanzen, sind wahrhaft von allen geschaffenen und konkreten Dingen unabhängig.

A. So werde ich denn die Substanz ein Konkretum nennen, das von jedem anderen erschaffenen Konkretum, das *außerhalb* ihrer selbst liegt, unabhängig ist. Die Abhängigkeit der Substanz von ihren eigenen Attributen und Teilen wird uns sodann in unseren Erwägungen keine Schwierigkeit mehr machen.

Ph. Das ist nun die dritte Einschränkung Ihrer Definition. Es ist dies ja allerdings gestattet, aber, die Wahrheit zu sagen, gibt es so manches, was zwar erlaubt, aber darum doch nicht angebracht ist: Non omne quod licet expedit. Was tut es, ob der Wurm, der an mir nagt, in mir oder außer mir ist; bin ich darum weniger von ihm abhängig? Nur die unkörperlichen Substanzen sind von jeder anderen Substanz der Schöpfung unabhängig. Im streng philosophischen Sinne kommt daher den Körpern der Name »Substanz« gar nicht zu; eine Ansicht, die offenbar bereits Plato vertritt, indem er sie vergängliche Wesenheiten nennt, die niemals länger als einen Augenblick fortbestehen. Es ist dies jedoch ein Punkt, der einer ausführlicheren Erörterung bedarf. Auch habe ich noch andere wichtige Gründe dafür, den Körpern, in der Sprache der Metaphysik, Namen und Anspruch der Substanzen zu versagen. Denn – um dies mit einem Worte zu erwähnen – der Körper hat keine wahrhafte Einheit; er ist nichts als ein *Aggregat,* schulmäßig ausgedrückt, ein »Ens per accidens«, ein Beisammen wie eine Herde. Seine Einheit stammt nur aus unserer (subjektiven) Auffassung. Er ist somit ein bloßes Vernunftwesen oder vielmehr ein Gebilde unserer sinnlichen Ausschauung: ein Phänomen.

A. Ich hoffe, Th. wird alle diese Schwierigkeiten richtig zu lösen wissen. Nehmen wir einstweilen an, daß Körper und Ausdehnung nicht allzusehr voneinander verschieden sind, da Sie ja einen leeren Raum leugnen, oder stellen wir wenigstens diese Frage bis zu einer ausführlicheren Erörterung zurück und gehen wir zum zweiten Teil des Beweises von Th. über. Er läuft auf folgendes hinaus: jeder Gegenstand, dessen Bestimmungen sich nicht aus der Ausdehnung ableiten lassen, ist damit vom Körper verschieden, vorausgesetzt, daß Körper und Ausdehnung einerlei sind, oder sich doch nur wie der Raum und das Subjekt der einfachen Raumerfüllung unterscheiden, dem, wie Sie anzunehmen scheinen, außer der Ausdehnung noch eine Art Widerstand und Beweglichkeit zukommt. Nun besitzt die Seele Bestimmungen, die weder der Ausdehnung als solcher zukommen, noch auch aus dem Prinzip des Widerstands, also von dem Subjekt der Raumerfüllung, ableitbar sind. Th. tritt hierfür selbst den Beweis an: die Freude, das Begehren, die Gedanken in mir sind keine Verhältnisse des Nebeneinander und der Entfernung, die man, wie den Raum oder was ihn erfüllt, nach Fuß und Zoll messen könnte.

Ph. Ich bin ganz Th.'s Ansicht, daß die Bestimmungen der Seele nicht die gleichen wie die der Materie sind, daß die Seele demnach immateriell ist. Sein Beweis aber hat noch eine gewisse Schwierigkeit. Die Gedanken sollen nach ihm keine Verhältnisse des Nebeneinander sein, weil wir sie nicht messen können. Ein Anhänger Epikurs wird hierauf erwidern, daß dies nur an einem Mangel unserer Einsicht liegt und daß, wenn wir erst einmal von den materiellen Teilen, die das Denken zustande bringen und den Bewegungen, die hierzu notwendig sind, genaue Kenntnis hätten, die Gedanken sich uns als meßbar und als Spiele bestimmter, feiner Maschinen erweisen würden. So scheint uns etwa auch die innere Natur der Farbe zunächst nicht auf etwas Meßbarem zu beruhen, trotzdem aber würden sich all diese Qualitäten, wenn es richtig ist, daß ihr Grund in bestimmten Konfigurationen und Bewegungen zu suchen ist – wie z. B. die Weiße des Schaumes von den kleinen hohlen Blasen kommt, die wie lauter kleine Spiegel glänzen, – schließlich auf etwas Meßbares, Materielles und Mechanisches zurückführen lassen.

A. Demnach geben Sie den Gegnern alle Beweise preis, die man für die Unterscheidung von Seele und Körper anführen kann?

Ph. Keineswegs; – meine Absicht ist nur, sie zu vervollkommnen. Um Ihnen davon eine kleine Probe zu geben, so gehe ich davon aus, daß die Materie lediglich passiv ist: eine Voraussetzung, der, so viel ich sehe, die Demokriter, wie auch alle anderen Anhänger einer mechanischen Betrachtungsweise zustimmen müssen. Denn nicht nur die Ausdehnung, sondern auch der Widerstand, den man den Körpern zuschreibt, ist etwas rein Passives, – der Ursprung der Tätigkeit kann demnach in keiner Bestimmung der Materie liegen. Daher müssen Bewegung wie Gedanke aus einer anderen Quelle stammen.

A. Gestatten auch Sie mir nun, Ihnen zu zeigen, worin Ihr Argument mir mangelhaft erscheint; lehren Sie mich doch, bis zur Strenge exakt zu sein. Ich werde also vor allem sagen, daß Ihr Beweisgrund nur ein Argument *ad hominem* ist, nämlich nur für die Anhänger der Philosophie Demokrits und Descartes' gilt. Die Platoniker aber und Aristoteliker, ferner die modernen Verteidiger ursprünglicher, unableitbarer Lebenskräfte, schließlich auch die neuesten Anhänger der Sympathie, die die Anziehung der Körper in die Ferne behaupten, denken sich in den Körpern selbst Qualitäten, die mechanisch nicht erklärbar sind und werden demgemäß nicht zugeben, daß sie sich nur leidend verhalten. Ich entsinne mich selbst, daß ein Schriftsteller, der Ihnen nahe steht, obgleich er für die ausschließlich mechanische Erklärung der körperlichen Phänomene ist, in einigen Essais, die in den Leipziger »Acta Eruditorum« abgedruckt sind, zu zeigen gesucht hat, daß den Körpern eine tätige Kraft innewohnt und daß sie somit aus zwei Prinzipien bestehen, – der ursprünglichen tätigen Kraft, der aristotelischen *ersten Entelechie* und der *Materie* oder der ursprünglichen *passiven Kraft,* die, wie es scheint, mit der »Antitypie« gleichbedeutend ist. Deshalb läßt sich – wie er annimmt – in den materiellen Dingen alles mechanisch erklären, außer den Prinzipien des Mechanismus selbst, die sich aus der bloßen Betrachtung der Materie nicht ableiten lassen.

Ph. Ich stehe mit diesem Autor in Verbindung und verstehe mich ein wenig auf seine Lehren. Jene ursprüngliche tätige Kraft, die man *das Leben* nennen könnte, gibt sich uns nach ihm eben in dem zu erkennen, was wir eine Seele oder eine einfache Substanz nennen. Es ist dies eine immaterielle, unteilbare und unzerstörbare Realität, die nach ihm überall in den Körpern anzunehmen ist, da es seiner Ansicht nach keinen Teil des Stoffes gibt, in dem sich nicht ein organischer Körper befindet, dem irgend eine Perception oder eine Art von Seele zukommt. So führt uns diese Erwägung unmittelbar auf die Unterscheidung von Seele und Materie. Will man diese Vereinigung eines seelischen Prinzips mit einer stofflichen Masse »Körper« nennen, während ich sie lieber mit ihm als »körperliche Substanz« bezeichnen möchte, so ist das nur eine terminologische Frage. Die tätige Kraft zeigt am besten und recht augenfällig den Unterschied zwischen Seele und Materie. Denn die Prinzipien des Mechanismus, aus denen sich die Bewegungsgesetze ergeben, lassen sich nicht von etwas rein Passivem, Geometrischem oder Materiellem ableiten, noch auch aus bloßen Axiomen der Mathematik beweisen. Derselbe Autor hat zu verschiedenen Malen im Pariser »Journal des savans«, in den Leipziger »Acta Eruditorum« und sonst, wo er von seiner ›Dynamik‹ gesprochen hat, schließlich auch vor kurzem in seiner Theodicee gezeigt, daß man zur Rechtfertigung der dynamischen Gesetze notwendig auf die reale Metaphysik und die Prinzipien der Zweckmäßigkeit zurückgreifen muß, – Prinzipien, die dem Bereich des Seelischen angehören, an Genauigkeit aber dem Geometrischen nicht nachstehen. In dem Briefwechsel mit Herrn Hartsoeker, der in den »Mémoires de Trevoux« abgedruckt ist, werden Sie sodann auch finden, wie er durch tiefere Betrachtungen die Begriffe des Leeren und der Atome zunichte gemacht hat, wobei er seine Dynamik teilweise zu Grunde legt. Wer jedoch bei der Betrachtung der materiellen Natur stehen bleibt, kann diese Frage nicht zur Entscheidung bringen. Die Modernen waren daher, da sie meist zu materialistisch dachten, und nicht auf eine Vereinigung der Metaphysik mit der Mathematik gerichtet waren, nicht imstande, über die Realität der Atome und des Leeren zu entscheiden; manche neigen sogar dieser Annahme zu, glauben also entweder an das Leere und die Atome oder doch an Atome, die in einem vollkommenen Fluidum, das an die Stelle des leeren Raumes tritt, umherschwimmen. Der Verfasser zeigt jedoch, daß all diese Begriffe: das Leere, die Atome, die vollkommene Härte und endlich die vollkommene Fluidität in gleicher Weise der Harmonie und Ordnung widerstreiten.

A. Hierin mag etwas Richtiges liegen, das ich zusammen mit Ihnen noch weiter verfolgen möchte – besonders soweit die Dynamik und ihre Bedeutung für unsere Erkenntnis der immateriellen Substanzen, sowie die Unmöglichkeit der Atome und des Leeren in Frage kommt. Ich möchte Ihnen indes noch einen anderen Einwand machen. Alles nämlich, was Sie den Seelen zuschreiben, könnte Gott für sich allein und unmittelbar bewirken; die Bestimmungen und Wirkungsarten, die über die bloße Materie hinausgehen, würden alsdann nicht zu Seelen führen, die von der Materie verschieden sind, sondern wären direkte göttliche Wirkungen. Allerdings richtet sich dieser Einwand auch gegen Th. selbst und gegen ihn vielleicht am meisten, da er, wie Sie wissen, die sekundären Ursachen nur als Gelegenheitsursachen betrachtet.

Ph. Selbst wenn die fraglichen Wirkungen der unmittelbaren Tätigkeit Gottes entspringen würden, so können doch die Bestimmungen, die man den Seelen zuschreibt und die wir in unserem eigenen Bewußtsein wahrnehmen, nicht als Bestimmungen Gottes betrachtet werden. Und selbst wenn man nur die Tätigkeit in Betracht zieht, so kann man uns selbst ein inneres, eigenes Tun nicht abstreiten. Dies aber wäre hier schon genug, da die bloß passive Materie dessen nicht fähig ist. Die ganze Ansicht aber, die alle äußeren Handlungen Gott allein zuschreibt, läuft schließlich auf die Annahme von Wundern hinaus und sogar von solchen Wundern, die widervernünftig und der göttlichen Weisheit wenig angemessen sind. Mit demselben Rechte, wie man solche Fiktionen macht, für deren Möglichkeit man sich allein auf die wunderbare Allmacht Gottes berufen kann, könnte man die Behauptung durchführen, daß Ich allein in der Welt bin und Gott alle Erscheinungen in meiner Seele in der Art hervorruft, als ob es andere Dinge außer mir gäbe, ohne daß dies doch der Fall ist. Selbst wenn indessen die gegenwärtige Erwägung zur Begründung des Unterschiedes zwischen Seele und Materie, sofern sie sich auf die äußeren Wirkungsweisen oder die Dynamik stützt, nur unter der Voraussetzung Geltung hätte, daß die Dinge im gewöhnlichen Lauf der Natur und durch natürliche Kräfte vor sich gehen, ohne daß Gott auf sie einen anderen Einfluß, als den ihrer Erhaltung ausübte, – so wäre damit schon viel gewonnen. Denn es wäre damit entweder der Unterschied von Seele und Körper oder aber die Existenz der Gottheit bewiesen. Wir könnten noch weiter gehen und zeigen, wie die Dynamik für die eine, wie die andere dieser wichtigen Grundlehren die Bestätigung enthält, doch würde hierzu eine ausführlichere Erörterung gehören, in die wir uns für jetzt nicht einlassen dürfen.

A. Wir werden darüber, ganz nach Ihrem Belieben, ein anderes Mal weitersprechen; ich finde indessen, daß schon viel damit gewonnen ist, daß die Gegner der Religion nunmehr Ihrem Beweis für die Unsterblichkeit der Seele nichts entgegenstellen können, – es sei denn, daß sie – was sie ja am meisten scheuen – sich selbst auf Gott berufen. Haben sie aber erst einmal die Existenz Gottes, d. h. eines Geistes von unendlicher Macht und Weisheit, zugestanden, so wird es nicht mehr schwer halten, daraus den Schluß zu ziehen, daß er auch endliche Geister geschaffen hat, die, gleich ihm, unkörperlich sind und daß es seiner Gerechtigkeit widerspräche, wenn unsere Seelen mit den Körpern zugrunde gingen.

Ph. Es läßt sich sogar mit gutem Grund bezweifeln, ob Gott überhaupt etwas anderes als Monaden, d. h. ausdehnungslose Substanzen, erschaffen hat, und ob die Körper mehr sind, als die Phänomene, die sich aus diesen Substanzen ergeben. Mein Freund, dessen Ansichten ich Ihnen mitgeteilt habe, neigt ersichtlich dieser Auffassung zu, indem er alles auf die *Monaden,* d. h. die einfachen Substanzen und ihre Bestimmungen zurückführt, mit Einschluß der Phänomene, die aus ihnen resultieren, und deren Realität durch die gesetzmäßige Verknüpfung gewährleistet wird, die sie von Träumen unterscheidet. Ich habe diese Frage bereits mehrmals gestreift – will also jetzt zunächst den Fortgang in den Schlußfolgerungen Ihres vortrefflichen Th. anhören.

A. Nach der Feststellung des Unterschieds von Seele und Körper, – als Grundlage der wichtigsten Sätze der Philosophie und des Beweises der Unsterblichkeit der Seele – wies er mich auf die Ideen hin, deren die Seele sich bewußt wird. Er behauptet, diese Ideen seien Realitäten; – mehr noch: er spricht ihnen ewige und notwendige Existenz zu und sieht in ihnen das Urbild der sichtbaren Welt, während die Dinge, die wir außer uns wahrzunehmen glauben, häufig bloße Einbildungen und stets flüchtig und ohne Dauer sind. Er hat auch das folgende Argument vorgebracht: Angenommen, Gott vernichtete alles, was er erschaffen, mit Ausnahme von uns beiden, angenommen ferner, er wirke in unserem Geiste dieselben Ideen, die sich ihm jetzt vermöge der Gegenwart der Objekte darstellen, so würde uns dieselbe Ordnung und Schönheit wie jetzt erscheinen. Die Schönheit des Alls, die wir wahrnehmen, ist also nichts Materielles, sondern etwas Intelligibles.

Ph. Ich bin mit Ihnen ganz einig darin, daß die materiellen Dinge nicht der unmittelbare Gegenstand des Bewußtseins sind, finde jedoch in dieser Beweisart und Erklärung noch manche Schwierigkeit und wünschte eine genauere Entwicklung. Enthält der hypothetische Obersatz des Arguments wirklich eine sichere Schlußfolgerung? Da wir nach Aufhebung der äußeren Dinge alle Inhalte ebenso in einer rein intelligiblen Welt wahrzunehmen vermöchten, so folgt, daß auch alles, was wir jetzt wahrnehmen, einer rein intelligiblen Welt angehört. Ist, frage ich, dieser Schluß wirklich unumstößlich? Könnte nicht unsere jetzige, gewöhnliche Art der Perzeption von gänzlich anderer Natur, als jene außergewöhnliche Form des Bewußtseins sein? – Der Untersatz lautet: Im Falle der Vernichtung der äußeren Gegenstände würden wir die Inhalte ebenso in einer rein intelligiblen Welt wahrnehmen. Aber auch er wird manchem zweifelhaft erscheinen. Ein Gegner, der eine Einwirkung des Körpers auf die Seelen annimmt, wird einwenden, daß im Falle der Vernichtung der Körper Gott selbst an ihre Stelle tritt, um in unseren Seelen unmittelbar die Eindrücke zu erzeugen, die sonst die Körper hervorriefen, ohne daß man deshalb der ewigen Ideen und einer intelligiblen Welt bedürfte. Und selbst zugegeben, daß im gewöhnlichen Vorstellungsverlauf der Vorgang der gleiche ist, wie er nach Aufhebung aller äußeren Dinge wäre, daß also (wie ich es in der Tat glaube) wir selbst, oder (nach der Meinung Th.'s) Gott unsere inneren Phänomene beständig erzeugen, ohne daß der Körper einen Einfluß auf uns ausübt: ist es dann notwendig, daß äußere Ideen hierbei eine Rolle spielen? Genügt es nicht, daß diese Phänomene einfach neue veränderliche Bestimmungen unseres Bewußtseins sind?

A. Ich entsinne mich nicht, daß Th. mir einen allgemeinen Beweis dafür gegeben hätte, daß die Ideen, die wir wahrnehmen, ewige Realitäten sind; er hat dies nur im besonderen für die Idee des Raumes unternommen. Damit allein ist jedoch schon eine gewisse Wahrscheinlichkeit gegeben, daß der Satz auch für die sonstigen Ideen von Gegenständen gilt, in die ja die Idee des Raumes zumeist als Bestandstück eingeht. Auch die Gegengründe, die ich ihm meinerseits vorgehalten, hat er vortrefflich widerlegt. Ich habe ihm eingewendet, daß die Erde mir Widerstand leistet, und daß dem doch etwas Solides zugrunde liegen muß: er hat mir erwidert, dieser Widerstand könne, wie etwa in einem lebhaften Traum, rein imaginär sein, während die Ideen nicht trügen. Im übrigen hat er mir jedoch, wie gesagt, bewiesen, daß die Idee des Raumes notwendig, ewig, unveränderlich und für alle denkenden Subjekte dieselbe ist.

Ph. Man wird Ihnen zugeben, daß es ewige *Wahrheiten* gibt, aber nicht jedermann wird zugestehen, daß es ewige *Realitäten* gibt, die sich unserem Bewußtsein bei der Betrachtung dieser Wahrheiten darstellen. Es genügt, wird man sagen, daß unsere Gedanken hierbei eine Beziehung zu den Gedanken Gottes haben, in dem allein die ewigen Wahrheiten realisiert sind.

A. Das Argument, das Th. vorbrachte, um seine Behauptung zu beweisen, ist folgendes: Wenn wir die Idee des Raumes haben, so haben wir damit die Idee des Unendlichen, diese aber ist selbst unendlich, und kann somit nicht eine abhängige Bestimmung unserer endlichen Seele sein. Es gibt also Ideen, deren wir uns bewußt werden, die jedoch keine bloßen Bestimmungen unserer eigenen Seele sind.

Ph. Dieses Argument ist der Erwägung und einer eingehenden Entwicklung wohl wert. Ich gebe zu, daß wir die Idee einer unendlichen Vollkommenheit besitzen: man braucht, um sich das zu vergegenwärtigen, nur den Begriff des Absoluten zu fassen, indem man alle Einschränkungen beiseite läßt. Diese Perzeption des Absoluten ist uns möglich, weil wir in bestimmtem Sinne, sofern wir nämlich an der Vollkommenheit Anteil haben, auch an ihm teilnehmen. Bezweifeln darf man indes, ob wir die Idee eines unendlichen *Ganzen* oder eines Unendlichen, das sich aus Teilen zusammensetzt, besitzen: denn ein Aggregat ist niemals etwas Absolutes. Man wird z. B. sagen, daß wir sehr wohl einsehen, daß jede gerade Linie verlängert werden kann, daß es, mit anderen Worten, stets eine Gerade gibt, die größer als die gegebene ist, daß wir aber dennoch nicht die Idee einer unendlichen Geraden oder einer solchen, die größer wäre, als alle anderen angebbaren Linien, besitzen.

A. Nach Th.'s Meinung ist zwar unsere *Idee* der Ausdehnung unendlich, unser *Gedanke* von ihr aber, der eine Bestimmung in unserer Seele ist, ist es nicht.

Ph. Wie will man aber beweisen, daß wir mehr brauchen als unsere Gedanken und deren Gegenstände in uns, und daß wir für unseren Zweck, und um einen bestimmten, in sich begrenzten Gedanken zu fassen, einer unendlichen Idee, die in Gott existiert, bedürfen? Ist es nicht genug, daß – wenn nun einmal »Ideen« im Unterschiede von Gedanken uns notwendig sein sollen, – diese nur den Gedanken selbst proportional sind? Man wird daher sagen müssen, daß es kein Mittel gibt, um sich der (unendlichen) Ideen im Sinne Th.'s zu versichern.

A. Th. hat mir hierzu doch einen Weg angegeben. Der Geist sieht nach ihm das Unendliche nicht in der Art, als könne er es durch seine Gedanken ausmessen; es genügt auch, um den Begriff des Unendlichen zu fassen nicht, daß er bei irgend einem Fortschritt ein Ende nur *nicht wahrnimmt* (denn er könnte hierbei trotzdem immer noch hoffen, es dereinst zu finden), sondern er muß in begrifflicher Strenge einsehen, daß ein Abschluß nicht existiert. So begreifen z. B. die Geometer, daß, wie weit man auch die Teilung fortsetzt, man doch niemals einen auch noch so kleinen aliquoten Teil der Quadratseite finden kann, der zugleich ein aliquoter Teil der Diagonale, somit imstande wäre, sie exakt zu messen. Ebenso sehen sie ein, daß die Asymptoten der Hyperbel diese niemals schneiden können, obgleich sie sich ihr ohne Ende annähern.

Ph. Diese Methode der Erkenntnis des Unendlichen ist sicher und unbestreitbar; in ihr wird *bewiesen,* daß die Gegenstände, um die es sich handelt, keine Grenzen haben; – aber wenngleich wir daraus schließen können, daß es kein letztes endliches Ganzes gibt, so folgt daraus doch nicht, daß wir die Vorstellung eines unendlichen Ganzen besitzen. Es gibt keine unendliche, gerade Linie, aber jede Gerade kann verlängert oder von einer anderen größeren übertroffen werden. Demnach beweist auch das Beispiel des Raumes im besonderen nicht die Notwendigkeit von

Ideen, denen im Gegensatz zu den vergänglichen Bestimmungen unseres Denkens ein losgelöstes, dauerndes Dasein zukäme; unsere Gedanken selbst, wie es zunächst scheint, sind in dieser Frage völlig zureichend.

A. Wenn ich den Raum und die Gestalten betrachte, so sehe ich in ihnen nicht mich selbst; es ist also etwas außer mir, das ich in ihnen anschaue.

Ph. Warum sollte ich all dies nicht in mir selbst erblicken? Die Möglichkeit davon erkenne ich freilich, ohne zuvor die Existenz dieser Objekte wahrzunehmen; – ebenso begreife ich, daß diese Möglichkeiten, auch wenn wir unseren Blick nicht auf sie lenken, immer noch als ewige Wahrheiten von möglichen Dingen fortbestehen, deren Realität in etwas Wirklichem, nämlich in Gott, vollständig gegründet ist. Die Frage ist aber, ob wir deshalb sagen dürfen, daß wir sie in Gott schauen. Wie ich indeß den schönen Gedanken Th.'s im großen Ganzen beizustimmen vermag, so läßt sich auch für diese seine Anschauung, so paradox sie denen scheint, die sich über das Sinnliche nicht zu erheben vermögen, eine Rechtfertigung finden. Ich bin überzeugt, daß Gott das einzige unmittelbare, äußere Objekt der Seele ist, weil es, abgesehen von ihm, nichts außerhalb der Seelen gibt, das unmittelbar auf sie einwirkt. Alle unsere Gedanken, alles, was in uns ist, ist, sofern ihm irgendwelche Vollkommenheit zukommt, ein Erzeugnis seiner stetigen, unausgesetzten Schöpfertätigkeit. Sofern wir also unsere begrenzten Vollkommenheiten von ihm, der an Vollkommenheit unendlich ist, empfangen, stehen wir unmittelbar unter seiner Einwirkung. In diesem Sinne berührt sich unser Geist unmittelbar mit den ewigen Ideen in Gott, sofern er Gedanken faßt, die sich auf sie beziehen und an ihnen Teil haben: und so verstanden, können wir sagen, daß er alles in Gott schaut.

A. Ich hoffe, daß Ihre Einwände und Ihre Erläuterungen Th. nicht mißfallen, ja, daß sie ihm Freude machen werden. Er liebt es, seine Ansichten anderen mitzuteilen; die Mitteilung unseres Gesprächs wird ihn veranlassen, uns mehr und mehr mit seinen tiefen Einsichten bekannt zu machen. Ich schmeichle mir sogar, daß ich Sie, indem ich Sie miteinander bekannt mache, beide verpflichten kann; ich selbst werde dabei am meisten gewinnen.

David Hume

Wir sind gewohnt, David Hume mit den Augen Kants zu lesen, d. h., wir sehen in ihm den Vorbereiter der endgültigen Kritik der rationalistischen Metaphysik des 18. Jahrhunderts. Hatte Kant doch selber zugegeben, Hume habe ihn aus dem dogmatischen Schlummer geweckt. Er meinte vor allem seine Kritik an der Geltung oder besser an der rationalen Notwendigkeit, die dem Begriff der Kausalität, des Verhältnisses von Ursache und Wirkung, zukommen soll. In der Tat ist das eines der Hauptanliegen Humes, die angeblich apriorischen Grundbegriffe unserer Erkenntnis ihres theoretischen Geltungsanspruches zu entkleiden und ihre rein praktische, aus Übung und Gewohnheit erworbene Geltung zu behaupten. Es gibt, das ist der Kern seiner Lehre, keine einsehbare Notwendigkeit, die eine Erscheinung als Wirkung einer Ursache zu denken nötige. Die Evidenz einsehbarer Notwendigkeit, die jedem mathematischen Sachverhalt zukommt, fehlt hier.

Nun hat Kant den Anstoß, den ihm Humes Kritik an der Kausalität gab, nicht schlechthin gegen alle Metaphysik gekehrt, sondern nur gegen den Anspruch der theoretischen Vernunft, über die Grenzen möglicher Erfahrung hinaus aus der Analyse von bloßen Begriffen zu wirklichen Erkenntnissen zu gelangen. Hume kann aber auch, statt als Vorbereiter der vermittelnden These Kants angesehen zu werden, selber als Ende und Vollendung einer gegen alle Metaphysik gerichteten kritischen Denkbewegung gelten. So ist seine Stellung vor allem innerhalb der angelsächsischen Welt zu beschreiben. In der Tat war er fast ein Zeitgenosse Kants.

Sein allerdings in sehr viel jüngeren Jahren schon zur Wirksamkeit gekommenes Denken stellt eine extrem antimetaphysische Position dar. Er nimmt dabei Motive der antiken Skepsis auf, ohne sich in vollem Umfange der skeptischen Argumentation anzuschließen. Er ist daher im 19. und 20. Jahrhundert nicht nur für die Abkehr von allen metaphysischen und idealistischen Vorannahmen beansprucht worden, sondern auch als Zeuge für eine positivistische Wissenschaftsgesinnung, die alle Reste von Metaphysik, auch die in der ›Verhexung‹ durch die Worte gelegenen, austilgen will.

Hume hat sehr schnell auch jenseits der Grenzen seines eigenen Landes die Aufmerksamkeit auf sich gezogen. Schon in der Mitte des 18. Jahrhunderts erschien eine deutsche Übersetzung. Der bekannte Freund Goethes und der großen philosophischen Kultur Deutschlands, Johann Heinrich Jacobi, hat schon 1787 einige Auszüge aus seinem Werk und eine Darstellung seines Denkens gebracht. Für ihn war Hume eine Bestätigung seiner eigenen entschiedenen Trennung von Beweisbarkeit des Wissens und innerer Gewißheit des Glaubens. Der Begriff des Glaubens, der in der Tat bei Hume eine entscheidende Rolle spielt, wird hier freilich im Sinne der überlieferten christlichen Religion enger gefaßt, als es in Humes Sinne war.

Wir bringen Kapitel vier bis sieben des *Essay über den menschlichen Verstand* (1748), später *Enquiry* betitelt, eine glänzend geschriebene Abhandlung, die allein schon als literarisches Dokument Bewunderung verdient und die Hume verfaßte, um das Durchdringen seiner Gedanken, die er in seinem großen Jugendwerk, dem *Treatise of human nature* (1739/40) erstmalig ausgebreitet hatte, zu befördern. Die kleine, neue Schrift ist der Wegbereiter seines Ruhmes geworden.

Es ist schwer, sich dem Reiz der Humeschen Argumentationskunst zu entziehen. Mit der größten Suggestion weiß er das Selbstverständliche als theoretisch fragwürdig zu entlarven und wird eine beunruhigende und zum Denken weckende Wirkung auf niemanden verfehlen, der sich auf seinen Gedankengang einläßt. Der Begriff der Gewohnheit, durch die der Gebrauch von allgemeinen Begriffen eingeübt wird und auf der das Zutrauen zur Geltung dieser Begriffe allein beruht, darf freilich nicht in einem zu engen Sinne verstanden werden. Wenn man unter diesem Begriff ›Gewohnheit‹ das Ganze des Aufbaus einer menschlich verständlichen Welt in Institutionen und Konventionen, die das Leben der Menschen regeln, versteht, dann behält seine These etwas Überzeugendes. Hume hat auch die Theorie der Sprache im gleichen Sinne von allzu rationalistischen Theoremen gereinigt. Wenn er Sprache auf Übereinkunft zurückführt, so meint er nicht Verabredung, wenn er Staatsautorität auf Übereinkunft zurückführt, so meint er nicht Vertragsschließung, sondern er meint die tatsächliche Zusammenstimmung der Menschen, die sich aus ihrem Zusammenleben und in ihm aufbaut. Der Blick für die realen und produktiven Kräfte im Sozialleben der Menschen hat ihm auch das Phänomen der Religion in einem überzeugenden und verständlichen Lichte gezeigt. Seine *Geschichte der Religionen* (1757) ebenso wie seine Analyse des Begriffs der *natürlichen Religion* (1779) stehen am Anfang der modernen religionswissenschaftlichen Forschung.

Skeptische Zweifel in betreff der Verstandestätigkeiten

Erster Teil

Alle Gegenstände der menschlichen Vernunft und Forschung lassen sich naturgemäß in zwei Arten zerlegen, nämlich in *Beziehungen von Vorstellungen* und in *Tatsachen*. Von der ersten Art sind die Wissenschaften der Geometrie, Algebra und Arithmetik; und kurz gesagt, jede Behauptung von entweder intuitiver oder demonstrativer Gewißheit. *Daß das Quadrat der Hypothenuse gleich ist den Quadraten der beiden Seiten,* ist ein Satz, der eine Beziehung zwischen diesen Figuren ausdrückt. *Daß dreimal fünf gleich der Hälfte von dreißig ist,* drückt eine Beziehung zwischen diesen Zahlen aus. Sätze dieser Art sind durch die reine Tätigkeit des Denkens zu entdecken, ohne von irgend einem Dasein in der Welt abhängig zu sein. Wenn es auch niemals einen Kreis oder ein Dreieck in der Natur gegeben hätte, so würden doch die von Euklid demonstrierten Wahrheiten für immer ihre Gewißheit und Evidenz behalten.

Tatsachen, der zweite Gegenstand der menschlichen Vernunft sind nicht in gleicher Weise als gewiß verbürgt; ebensowenig ist unsre Evidenz von ihrer Wahrheit, wenn auch noch so stark, von der gleichen Art wie bei der vorhergehenden. Das Gegenteil jeder Tatsache bleibt immer möglich, denn es kann niemals einen Widerspruch in sich schließen und wird vom Geist mit derselben Leichtigkeit und Deutlichkeit vorgestellt, als wenn es noch so sehr mit der Wirklichkeit übereinstimmte. *Daß die Sonne morgen nicht aufgehen wird,* ist ein nicht minder verständlicher Satz und nicht widerspruchsvoller, als die Behauptung, *daß sie aufgehen wird*. Wir würden daher vergeblich versuchen, seine Falschheit zu demonstrieren. Wäre er demonstrativ falsch, so enthielte er einen Widerspruch und ließe sich niemals deutlich vom Geiste vorstellen.

Es dürfte also des Interesses wert sein, die Natur jener Evidenz zu erforschen, die uns jede wirkliche Existenz und Tatsache sicherstellt, welche über das gegenwärtige Zeugnis der Sinne oder die Angaben unseres Gedächtnisses hinausgehen. Es fällt auf, daß dieser Teil der Philosophie bei den Alten wie bei den Neueren wenig gepflegt worden ist; und daher mögen unsere Zweifel und Irrtümer bei der Verfolgung einer so wichtigen Untersuchung um so entschuldbarer sein, als wir diese schwierigen Pfade ganz ohne Führer und Weiser beschreiten. Sie können sich sogar als nützlich erzeigen, wenn sie die Wißbegierde wecken und jenes unbedingte Vertrauen und Sicherheitsgefühl zerstören, welches Gift für alle Vernunfttätigkeit und freie Forschung ist. Die Entdeckung von Mängeln in der üblichen Philosophie wenn solche vorhanden, wird meines Erachtens nicht entmutigen, sondern gerade, wie so oft, ein Ansporn sein, etwas Vollständigeres und Befriedigenderes zu erstreben, als bisher dem Publikum geboten wurde.

Alle Denkakte, die Tatsachen betreffen, scheinen sich auf die Beziehung von *Ursache* und *Wirkung* zu gründen. Einzig mit Hilfe dieser Beziehung können wir über die Evidenz unseres Gedächtnisses und unserer Sinne hinausgehen. Würde man jemanden fragen, warum er irgend eine Tatsache glaubt, die nicht gegenwärtig ist, z. B. daß sein Freund auf dem Lande oder in Frankreich sich befindet, so würde er einen Grund angeben, und dieser Grund würde eine andere Tatsache sein, etwa ein von ihm erhaltener Brief, oder die Kenntnis seiner früheren Entschließungen und Zusagen. Findet jemand auf einer wüsten Insel eine Uhr oder sonst eine Maschine, so würde er schließen, daß einst Menschen auf dieser Insel gewesen sind. All unsere Gedankengänge, die Tatsachen betreffen, sind von derselben Art. Es wird hier beständig vorausgesetzt, daß zwischen der gegenwärtigen Tatsache und der aus ihr abgeleiteten eine Verknüpfung besteht. Wäre kein Band zwischen ihnen vorhanden, so wäre die Ableitung völlig haltlos. Eine in der Dunkelheit vernommene artikulierte Stimme und vernünftige Rede versichern uns der Gegenwart irgend einer Person. Und warum? weil dies die Wirkungen menschlicher Bildung und Beschaffenheit und eng mit dieser verknüpft sind. Zergliedern wir alle anderen Gedankengänge solcher Art, so werden wir finden, daß sie sich auf die Beziehung von Ursache und Wirkung gründen und daß diese Beziehung eine nahe oder entfernte, eine direkte oder parallele ist. Hitze und Helligkeit sind Parallelwirkungen des Feuers, und die eine Wirkung kann mit Recht aus der anderen abgeleitet werden.

Wollen wir also eine befriedigende Aufklärung über die Natur jener Evidenz erhalten, die uns der Tatsachen versichert, so müssen wir untersuchen, wie wir zur Kenntnis von Ursache und Wirkung gelangen.

Ich wage es als einen allgemeinen und ausnahmelosen Satz hinzustellen, daß die Kenntnis dieser Beziehung in keinem Falle durch Denkakte a priori gewonnen wird; sondern daß sie ganz und gar aus der Erfahrung stammt, indem wir finden, daß gewisse Gegenstände beständig in Zusammenhang stehen. Es werde einem Manne von noch so starker natürlicher Vernunft und Begabung ein Gegenstand vorgelegt – ist dieser ihm gänzlich fremd, so wird er selbst bei der genauesten Prüfung der sinnlichen Eigenschaften desselben nicht imstande sein, irgend welche von seinen Ursachen oder Wirkungen zu entdecken. Gesetzt den Fall, Adam hätte anfänglich durchaus vollkommene Vernunftkräfte besessen, so hätte er doch aus der Flüssigkeit und Durchsichtigkeit des Wassers nicht herleiten können, daß es ihn ersticken, noch aus der Helligkeit und Wärme des Feuers, daß es ihn verzehren würde. Kein Gegenstand enthüllt jemals durch die Eigenschaften, die den Sinnen erscheinen, die Ursachen, die ihn hervorgebracht haben, noch die Wirkungen, die aus ihm entspringen werden; auch kann unsere Vernunft ohne Beistand der Erfahrung niemals irgendwelche Ableitungen in bezug auf wirkliches Dasein und Tatsachen vollziehen.

Dieser Satz: *daß Ursachen und Wirkungen nicht durch die Vernunft, sondern durch die Erfahrung zu entdecken sind,* wird leicht für solche Gegenstände zugegeben werden, von denen wir uns erinnern, daß sie uns früher gänzlich unbekannt gewesen sind; müssen wir uns doch bewußt sein, daß wir damals völlig unfähig waren, vorauszusagen, was aus ihnen entstehen werde. Man gebe einem Menschen, der keinen Schimmer von Naturwissenschaft hat, zwei glatte Marmorstücke; und er wird nie entdecken, daß sie in einer Weise aneinander haften werden, die große Kraft erfordert, wenn man sie in senkrechter Richtung trennen will, während sie dem seitlichen Druck nur geringen Widerstand entgegensetzen. Bei Vorgängen, die wenig Analoges im gewöhnlichen Naturlauf besitzen, gibt man ebenfalls anstandlos zu, daß man sie nur aus der Erfahrung kennt; auch bildet niemand sich ein, daß die Entladung des Schießpulvers oder die Anziehungskraft eines Magneten je durch Begründungen a priori entdeckt werden könnte. Ebenso sträuben wir uns nicht, all unsere Kenntnis von Wirkungen, deren Abhängigkeit von einem verwickelten Getriebe oder einem verborgenen Aufbau der Teile angenommen wird, der Erfahrung zuzuschreiben. Wer wollte behaupten, den letzten Grund dafür angeben zu können, daß Milch und Brot eine geeignete Nahrung für Menschen, aber nicht für Löwen oder Tiger ist?

Doch die gleiche Wahrheit scheint vielleicht auf den ersten Blick nicht die gleiche Evidenz zu haben, wenn sie sich auf Ereignisse bezieht, die uns von unserem ersten Eintritt in die Welt an vertraut geworden sind, die eine genaue Analogie zu dem ganzen Naturlauf zeigen, und die von den einfachen Eigenschaften der Dinge abhängen sollen, nicht von einem verborgenen Aufbau der Teile. Wir sind geneigt, uns einzubilden, wir können diese Wirkungen ohne Erfahrung durch reine Tätigkeit unserer Vernunft entdecken. Wir meinen, wenn wir plötzlich in die Welt gestellt würden, so hätten wir von Anfang an herleiten können, daß eine Billardkugel durch Stoß einer anderen Bewegung mitteilen würde, und daß wir nicht auf das Ereignis hätten zu warten brauchen, um mit Gewißheit darüber auszusagen. So groß ist der Einfluß der Gewohnheit, daß da, wo sie am stärksten ist, sie nicht nur unsere natürliche Unwissenheit verdeckt, sondern auch sich selbst verbirgt, und nur deshalb nicht da zu sein scheint, weil sie in höchstem Grade vorhanden ist.

Um uns aber zu überzeugen, daß alle Naturgesetze und alle Vorgänge an Körpern ausnahmelos nur durch Erfahrung gekannt werden, mögen vielleicht folgende Überlegungen genügen. Wird uns ein beliebiger Gegenstand vorgelegt und wir sollen die von ihm ausgehende Wirkung angeben, ohne frühere Beobachtungen zu Rate zu ziehen – auf welche Weise, in aller Welt, soll der Geist dabei zu Werke gehen? Er muß sich ein Ereignis erfinden oder ausdenken, das er dem Gegenstand als dessen Wirkung zuschreibt; es ist aber klar, daß diese Erfindung nur durchaus willkürlich sein kann. Der Geist kann unmöglich je die Wirkung in der angenommenen Ursache finden, selbst bei der genauesten Untersuchung und Prüfung. Denn die Wirkung ist von der Ursache ganz und gar verschieden und kann folglich niemals in dieser entdeckt werden. Die Bewegung der zweiten Billardkugel ist ein völlig verschiedenes Ereignis von der Bewegung der ersten; auch ist in der einen nichts enthalten, das die leiseste Andeutung der anderen lieferte. Ein Stein oder ein Metallstück, das in die Luft erhoben und dort ohne Stütze gelassen wird, fällt sofort nieder; betrachten wir aber die Sache a priori, läßt sich wohl irgend etwas an dieser Lage entdecken, das die Vorstellung einer Bewegung des Steins oder Metalls nach unten eher als nach oben oder nach irgend einer anderen Richtung erzeugte?

Und wie die erste Einbildung oder Erfindung einer besonderen Wirkung in allen Naturvorgängen da willkürlich bleibt, wo wir nicht die Erfahrung befragen, so müssen wir als willkürlich auch das angenommene Band oder die Verknüpfung zwischen Ursache und Wirkung ansehen, die sie zusammenhält und es unmöglich macht, daß eine andere Wirkung aus der Tätigkeit dieser Ursache folge. Sehe ich z. B. eine Billardkugel sich in gerader Linie gegen eine andere bewegen – selbst angenommen, die Bewegung der zweiten Kugel falle mir zufällig als das Ergebnis der Berührung oder des Stoßes ein – kann ich mir nicht vorstellen, daß hundert verschiedene Ereignisse ebensogut aus dieser Ursache hervorgehen könnten? Könnten nicht alle beiden Kugeln in voller Ruhe verharren? Könnte nicht der erste Ball in gerader Linie zurückprallen, oder von dem zweiten nach irgend einer Seite oder Richtung abspringen? All diese Annahmen sind widerspruchslos und vorstellbar. Weshalb sollten wir also der einen den Vorzug geben, die nicht widerspruchsloser oder vorstellbarer ist als die übrigen? Alle Denkakte a priori werden nie imstande sein, uns eine Unterlage für diese Bevorzugung zu liefern.

Mit einem Wort, jede Wirkung ist ein von ihrer Ursache verschiedenes Ereignis. Sie kann daher in der Ursache nicht entdeckt werden, und was man sich zuerst a priori von ihr erfindet oder vorstellt, muß gänzlich willkürlich sein. Und selbst nachdem sie uns in den Sinn gekommen, muß ihr Zusammenhang mit der Ursache ebenso willkürlich scheinen; weil es immer eine Menge anderer Wirkungen gibt, die der Vernunft genau so widerspruchslos und natürlich dünken müssen. Vergeblich würden wir uns also anmaßen, den Ablauf eines einzelnen Ereignisses zu bestimmen, oder irgend eine Ursache oder Wirkung herzuleiten, ohne den Beistand von Beobachtung und Erfahrung.

Hieraus läßt sich der Grund entnehmen, warum kein Philosoph, der verständig und bescheiden ist, sich jemals angemaßt hat, die letzte Ursache irgend eines Naturvorgangs anzugeben oder deutlich die Betätigung jener Kraft aufzuzeigen, welche jede einzelne Wirkung im Weltall hervorbringt. Es gilt als höchstes Bestreben der menschlichen Vernunft, die Prinzipien, welche die Naturerscheinungen erzeugen, einfacher zu gestalten und die vielen einzelnen Wirkungen durch Denkakte auf Grund von Analogie, Erfahrung und Beobachtung in einige wenige allgemeine Ursachen einmünden zu lassen. Aber die Ursachen dieser allgemeinen Ursachen würden wir vergeblich zu entdecken suchen, und wir werden auch niemals imstande sein, in irgend einer bestimmten Erklärung derselben Befriedigung zu finden. Diese letzten Grundkräfte und Prinzipien sind ganz und gar der menschlichen Wißbegierde und Forschung verschlossen. Elastizität, Schwerkraft, Kohäsion der Teile, Mitteilung der Bewegung durch Stoß: dies sind wahrscheinlich die letzten Ursachen und Prinzipien, die wir jemals in der Natur entdecken werden; wir können uns noch glücklich genug schätzen, wenn wir durch sorgfältige Untersuchung und Vernunfttätigkeit die besonderen Erscheinungen bis oder nahe bis auf diese allgemeinen Prinzipien zurückführen können. Die vollkommenste Naturwissenschaft schiebt nur unsere Unwissenheit ein wenig weiter zurück, wie vielleicht die vollkommenste Geisteswissenschaft nur dazu dient, weitere Gebiete unserer Unwissenheit aufzudecken. So ist die Betrachtung der menschlichen Blindheit und Schwäche das Ergebnis aller Philosophie und begegnet uns bei jeder Wendung, trotz all unserer Versuche, sie zu umgehen oder zu vermeiden.

Ebensowenig ist die Geometrie, wenn die Naturwissenschaft sie zu Hilfe nimmt, jemals imstande, diesem Mangel abzuhelfen, oder uns zur Kenntnis letzter Ursachen zu führen, trotz aller Genauigkeit in ihrem Gedankengang, die man mit Recht von ihr rühmt. Jeder Teil der angewandten Mathematik geht von der Annahme aus, daß die Natur ihren Vorgängen gewisse Gesetze zugrunde legt; und abstrakte Gedankengänge werden nur herangezogen, um die Erfahrung bei der Entdeckung dieser Gesetze zu unterstützen, oder deren Einfluß in besonderen Fällen, in denen es auf genaue Grade der Entfernung oder Maße ankommt, zu bestimmen. So ist es ein durch Erfahrung entdecktes Bewegungsgesetz, daß das Moment oder die Kraft eines bewegten Körpers in geradem Verhältnis proportional ist zum Produkt aus der Masse in die Geschwindigkeit und folglich, daß eine geringe Kraft das größte Hindernis forträumen oder das größte Gewicht heben kann, wenn durch irgend eine Einrichtung oder ein Getriebe wir die Schnelligkeit dieser Kraft so weit verstärken, daß sie die Übermacht über ihre Gegenkraft erhält. Die Geometrie hilft uns bei der Anwendung dieses Gesetzes, durch Angabe der richtigen Größenverhältnisse aller Teile und Formen, die in einer beliebigen Maschine verwendet werden können; doch die Entdeckung des Gesetzes selbst verdankt man allein der Erfahrung, und alle abstrakten Denkakte der Welt könnten uns auch keinen Schritt diesem Wissen näherbringen. Wenn wir a priori Denkakte vollziehen und einen Gegenstand oder eine Ursache rein, wie sie dem Geist erscheint, betrachten, unabhängig von aller Beobachtung, dann könnte sie uns niemals den Begriff eines so unterschiedenen Gegenstandes, wie es ihre Wirkung ist, nahelegen; viel weniger, uns die untrennbare und unverletzliche Verknüpfung zwischen ihnen anzeigen. Es müßte ein höchst scharfsinniger Mensch sein, der durch Vernunfttätigkeit allein entdecken könnte, daß Kristalle die Wirkung der Hitze und Eis die Wirkung der Kälte seien, wenn er nicht vorher mit der Wirksamkeit dieser Eigenschaften vertraut war.

Zweiter Teil

Indes haben wir noch keine befriedigende Antwort der zuerst aufgeworfenen Frage gewonnen. Jede Lösung erweckt eine neue Frage, die ebenso schwierig wie die frühere ist und uns zu weiteren Forschungen treibt. Auf die Frage: *was ist das Wesen all unserer Denkakte in betreff von Tatsachen*, scheint die richtige Antwort zu sein, daß sie sich auf die Beziehung von Ursache und Wirkung gründen. Auf die weitere Frage: *was ist die Grundlage all unserer Denkakte und Schlüsse in betreff dieser Beziehung*, kann man mit einem Wort erwidern: *Erfahrung*. Treibt uns aber die Neigung, noch feiner zu zergliedern und zu fragen: *was ist die Grundlage aller Schlüsse aus der Erfahrung, so* schließt dies eine neue Frage ein, deren Lösung und Erklärung schwieriger sein dürfte. Philosophen, welche die Miene höherer Weisheit und Zuständigkeit aufsetzen, haben schweren Stand, wenn sie fragedurstigen Leuten begegnen, die sie aus jedem Schlupfwinkel vertreiben und schließlich sicher in ein gefährliches Dilemma bringen. Der beste Ausweg, diese Beschämung zu vermeiden, ist der, bescheiden in unseren Ansprüchen zu sein und lieber selbst die Schwierigkeit zu entdecken, ehe sie uns vorgehalten wird. Auf diese Weise können wir sogar aus unserer Unwissenheit eine Art von Verdienst machen.

Ich werde mich in diesem Abschnitt mit einer leichten Aufgabe begnügen und nur eine verneinende Antwort auf die hier gestellte Frage zu geben beanspruchen. Ich behaupte also, daß, selbst nachdem wir den Ablauf von Ursache und Wirkung erfahren haben, unsere Schlüsse aus dieser Erfahrung *nicht* auf einem Denkakt oder sonst irgend einem Verstandesvorgang beruhen. Diese Antwort müssen wir zu erklären und zu verteidigen versuchen.

Es muß sicherlich eingeräumt werden, daß die Natur uns in großem Abstand von all ihren Geheimnissen hält und uns nur die Kenntnis weniger oberflächlicher Eigenschaften der Dinge ermöglicht, während sie jene Kräfte und Prinzipien vor uns verbirgt, von denen allein der Einfluß abhängt, den diese Dinge ausüben. Unsere Sinne belehren uns über Farbe, Gewicht und Festigkeit des Brotes; aber weder Sinne noch Vernunft können uns je über jene Eigenschaften belehren, die es für die Ernährung und Erhaltung geeignet machen. Das Gesicht oder Getast vermittelt eine Vorstellung von der augenblicklichen Bewegung der Körper; aber von der wunderbaren Kraft oder Macht, die einen sich bewegenden Körper ewig in dauerndem Ortswechsel erhalten würde und die ein Körper nur durch Mitteilung an andere verliert – von ihr können wir uns nicht das blasseste Vorstellungsbild machen. Doch ungeachtet diese Unwissenheit über die natürlichen Kräfte und Prinzipien setzen wir immer dort, wo wir gleiche Eigenschaften bemerken, gleiche geheime Kräfte voraus und erwarten den Eintritt von Wirkungen aus ihnen, die den früher erfahrenen gleichen. Wird uns ein Körper von gleicher Farbe und Beschaffenheit wie die des früher gegessenen Brotes vorgelegt, so wiederholen wir ohne Bedenken diese Erfahrung und erwarten mit Gewißheit gleiche Nahrung und Kräftigung. Dieser Fortschritt im Geist oder im Denken ist es, von dem ich gern die Grundlage kennen möchte. Allseitig räumt man ein, daß es keine bekannte Verknüpfung gibt zwischen den sinnlichen Eigenschaften und den geheimen Kräften, und daß folglich der Geist nicht durch etwas, das ihm von der Natur bekannt wäre, zu einem solchen Schluß über ihren dauernden und regelmäßigen Zusammenhang geführt wird. Was die vergangene *Erfahrung* betrifft, so kann nur eingeräumt werden, daß sie uns *unmittelbare* und *gewisse* Belehrung über jene ganz bestimmten Gegenstände und jenen ganz bestimmten Zeitpunkt bietet, die zu ihrer Kenntnisnahme gelangten. Aber warum diese Erfahrung auf die Zukunft ausgedehnt werden sollte und auf andere Gegenstände, die, soviel wir wissen können, nur in der Erscheinung gleichartig sein mögen: dies ist die Hauptfrage, die ich betonen möchte. Das Brot, das ich früher gegessen, ernährte mich; das heißt, ein Körper von solchen sinnlichen Eigenschaften war zu jener Zeit mit solchen geheimen Kräften begabt. Folgt aber daraus, daß anderes Brot mich zu anderer Zeit auch ernähren muß, und daß gleiche sinnliche Eigenschaften immer von gleichen geheimen Kräften begleitet sein müssen? Diese Folgerung scheint keineswegs notwendig. Wenigstens muß man anerkennen, daß hier eine vom Geist gezogene Folgerung vorliegt, daß hier ein bestimmter Schritt getan wird: ein Fortgang im Denken und eine Ableitung, die der Erklärung bedarf. Die zwei Sätze sind weit davon entfernt, dasselbe auszusagen: *ich habe gefunden, daß ein solcher Gegenstand immer von einer solchen Wirkung begleitet gewesen ist*, und: *ich sehe voraus, daß andere Gegenstände, die in der Erscheinung gleichartig sind, von gleichartigen Wirkungen begleitet sein werden*. Ich will gern zugeben, daß der eine Satz mit Recht aus dem anderen abgeleitet werden kann; ich weiß sogar, daß er immer so abgeleitet wird. Betont man aber, daß diese Ableitung durch eine Kette von Denkakten gewonnen wird, so bitte ich mir diese Denkakte aufzuzeigen. Die Verknüpfung zwischen diesen Sätzen ist nicht intuitiver Art; es bedarf eines Mittelgliedes, das den Geist befähigt, solche Ableitung zu vollziehen, wenn sie in der Tat durch Gedankengänge und durch Begründung vollzogen sein sollte. Welcher Art dieses Mittelglied ist, das übersteigt, gestehe ich, mein Verständnis; und es liegt jenen ob, es aufzuweisen, die behaupten, daß es wirklich bestehe und der Ursprung unserer Schlußfolgerungen in bezug auf Tatsachen sei.

Diese negative Begründung muß sicherlich im Verlauf der Zeit völlig überzeugen, wenn recht viele scharfsinnige und fähige Philosophen ihre Forschungen in diese Bahnen lenkten und doch keiner je imstande wäre, irgend einen verknüpfenden Satz oder vermittelnden Schritt zu entdecken, der den Verstand bei dieser Schlußfolgerung unterstützt. Aber da die Fragestellung noch neu ist, vertraut vielleicht nicht jeder Leser seinem eigenen Scharfsinn so weit, daß er den Schluß wagte: eine Begründung existiere deshalb nicht wirklich, weil sie sich seiner Nachforschung entzieht. Aus diesem Grunde ist es wohl erforderlich, eine schwierigere Aufgabe in Angriff zu nehmen und durch Aufzählung aller Zweige des menschlichen Wissens den Nachweis zu versuchen, daß keiner von ihnen eine solche Begründung liefern kann.

Alle Denkakte lassen sich in zwei Arten einteilen, nämlich in demonstrative Denkakte, d. h. solche, die Beziehungen zwischen Vorstellungen betreffen, und moralisch-gewisse Denkakte, d. h. solche, die Tatsachen und Dasein betreffen. Daß keine demonstrativen Begründungen in unserem Fall vorhanden sind, erscheint einleuchtend; denn es liegt kein Widerspruch darin, daß der Naturlauf wechsle und daß ein Gegenstand, der anscheinend Dingen gleicht, die wir durch Erfahrung kennen gelernt haben, von andersartigen oder widerstreitenden Wirkungen begleitet sei. Kann ich mir nicht klar und deutlich vorstellen, daß ein Körper, der aus den Wolken fällt und in jeder anderen Hinsicht dem Schnee ähnlich ist, doch wie Salz schmeckt und sich wie Feuer anfühlt? Gibt es einen verständlicheren Satz als die Behauptung, daß alle Bäume im Dezember und

Januar blühen und im Mai und Juni welken werden? Nun enthält aber das, was verständlich ist und sich deutlich vorstellen läßt, keinen Widerspruch und kann durch keinerlei demonstrative Begründung oder abstrakten Gedankengang a priori je als falsch bewiesen werden.

Werden wir also durch Begründungen veranlaßt, vergangener Erfahrung zu vertrauen und sie zum Maßstab unserer künftigen Urteile zu nehmen, so können diese Begründungen nur wahrscheinliche, d. h. solche sein, welche nach der obigen Einteilung Tatsachen und wirkliches Dasein betreffen. Daß es aber eine solche Begründung hier nicht gibt, muß einleuchten, wenn unsere Erklärung dieser Art von Vernunfttätigkeit als zuverlässig und befriedigend angesehen wird. Wir sagten, daß alle Begründungen, die das Dasein betreffen, auf der Beziehung von Ursache und Wirkung beruhen, daß unsere Kenntnis dieser Beziehung einzig aus der Erfahrung hergeleitet wird und daß endlich alle unsere Erfahrungsschlüsse von der Voraussetzung ausgehen, daß die Zukunft mit der Vergangenheit gleichförmig sein werde. Wer den Beweis dieser letzteren Voraussetzung durch wahrscheinliche Gründe, d. h. durch Gründe, welche das Dasein betreffen, zu führen versucht, muß sich ersichtlich im Kreise drehen und das für zugestanden nehmen, was gerade der in Frage stehende Punkt ist.

In Wirklichkeit beruhen alle Erfahrungsbegründungen auf der Gleichartigkeit, die wir unter den Naturgegenständen entdecken und die uns dazu führt, Wirkungen von gleicher Art zu erwarten wie jene, die wir als Folge solcher Gegenstände angetroffen haben. Zwar wird nur ein Narr oder Wahnsinniger je das Ansehen der Erfahrung bestreiten oder diesen großen Führer durch das Menschenleben abweisen wollen. Ein Philosoph aber wird doch soviel Wißbegierde haben dürfen, wenigstens das Prinzip der menschlichen Natur zu untersuchen, das der Erfahrung dieses mächtige Ansehen verleiht und uns aus jener Gleichartigkeit, die von Natur zwischen verschiedenen Gegenständen besteht, Vorteil ziehen läßt. Von Ursachen, welche *gleichartig* erscheinen, erwarten wir gleichartige Wirkungen. Dies ist die Summe all unserer Erfahrungsschlüsse. Nun leuchtet es wohl ein, daß dieser Schluß, wäre er von der Vernunft gebildet, gleich zu Anfang und auf Grund eines Falles ebenso vollkommen gültig sein würde, wie nach einer noch so langen Reihe von Erfahrungen. Aber die Sache liegt ganz anders. Was ist einander so ähnlich wie Eier? Und doch erwartet niemand dieser scheinbaren Gleichartigkeit wegen von allen denselben Geschmack und Genuß. Nur nach einer langen Reihe gleichförmiger Erfahrungstatsachen irgendwelcher Art erreichen wir feste Zuversicht und Sicherheit über ein bestimmtes Ereignis. Wo gibt es in der Vernunfttätigkeit ein solches Vorgehen, das aus einem Fall einen ganz anderen Schluß zieht, als aus hundert Fällen, die sich in keiner Weise von jenem einzelnen unterscheiden? Diese Frage stelle ich ebenso um der Belehrung willen, wie in der Absicht, Schwierigkeiten hervorzuheben. Ich kann einen solchen Denkakt nicht auffinden, nicht ersinnen; aber ich halte meinen Geist noch der Belehrung offen, wenn irgendwer sie mir gütig gewähren will.

Sollte jemand sagen, aus einer Anzahl gleichförmiger Erfahrungsfälle *leiteten* wir eine Verknüpfung zwischen den sinnlichen Eigenschaften und den geheimen Kräften ab; so muß ich gestehen, daß mir dies die gleiche Schwierigkeit, nur anders ausgedrückt, zu sein scheint. Immer kehrt die Frage wieder: auf welchem Begründungsverlauf beruht diese *Ableitung*? Wo ist das Mittelglied, die Zwischenvorstellungen, die so sehr weit voneinander getrennte Sätze verbinden? Man gibt zu, daß die Farbe, Festigkeit und andere sinnliche Eigenschaften des Brotes an sich selbst gar keine Verknüpfung mit den geheimen Kräften der Ernährung und Erhaltung haben. Denn sonst könnten wir diese geheimen Kräfte aus der ersten Erscheinung dieser sinnlichen Eigenschaften, ohne die Hilfe der Erfahrung ableiten, gegen die Ansicht aller Philosophen und gegen den einfachen Tatbestand. Hier zeigt sich denn unser natürlicher Zustand der Unwissenheit in Hinsicht auf die Kräfte und Einwirkungen aller Gegenstände. Wie hilft die Erfahrung dem ab? Sie zeigt uns nur eine Anzahl gleichförmiger Wirkungen, die sich aus gewissen Gegenständen ergeben, und lehrt uns, daß diese bestimmten Gegenstände zu dieser bestimmten Zeit mit solchen Kräften und Vermögen begabt waren. Zeigt sich ein neuer Gegenstand, mit gleichartigen sinnlichen Eigenschaften begabt, so erwarten wir gleichartige Kräfte und Vermögen und sind einer gleichen Wirkung gewärtig. Von einem Körper, der die gleiche Farbe und Festigkeit wie das Brot besitzt, erwarten wir die gleiche Ernährung und Erhaltung. Dies ist doch sicherlich ein Schritt oder ein Fortgang im Geiste, der einer Erklärung bedarf. Wenn jemand sagt: *ich habe in allen vergangenen Fällen solche sinnlichen Eigenschaften mit solchen geheimen Kräften in Zusammenhang gefunden;* und wenn er sagt: *gleichartige sinnliche Eigenschaften werden immer mit gleichartigen geheimen Kräften in Zusammenhang stehen,* so macht er sich keiner Tautologie schuldig, und diese Sätze sind auch in keiner Hinsicht dasselbe. Man wird sagen, der eine Satz ist vom anderen abgeleitet. Aber es muß doch zugegeben werden, daß die Ableitung nicht intuitiver Art ist; aber demonstrativ ist sie auch nicht; welcher Art ist sie also? Die Behauptung, sie stamme aus Erfahrung, setzt voraus, was in Frage steht. Denn alle Ableitung aus Erfahrung setzt als ihre Grundlage voraus, daß die Zukunft der Vergangenheit ähnlich sein wird, und daß gleichartige Kräfte mit gleichartigen sinnlichen Eigenschaften zusammenhängen werden. Schöpfte man irgendwie Verdacht, daß der Naturlauf sich ändern könne und daß in der Vergangenheit nicht die

Regel für die Zukunft enthalten sei, so würde jede Erfahrung nutzlos und könnte zu keinem Ableiten oder Schließen Veranlassung geben. Daher ist es unmöglich, daß irgendwelche Erfahrungsbegründungen diese Ähnlichkeit der Vergangenheit mit der Zukunft belegen können, denn all diese Begründungen beruhen ja auf der Voraussetzung dieser Ähnlichkeit. Mag der Lauf der Dinge bisher noch so regelmäßig gewesen sein – das allein, ohne eine neue Begründung oder Ableitung, beweist nicht, daß es in Zukunft so bleiben muß. Vergeblich behauptet man, die Natur der Körper aus vergangener Erfahrung kennen gelernt zu haben. Ihre verborgene Natur und folglich alle ihre Wirkungen und Äußerungen können wechseln, ohne jeden Wechsel in ihren sinnlichen Eigenschaften. Das trifft manchmal und für manche Gegenstände zu; warum sollte es nicht immer und für alle Gegenstände zutreffen? Welche Logik, welches Verfahren der Begründung sichert uns gegen diese Annahme? Mein Handeln, sagt man, widerlegt meine Zweifel. Aber dies heißt die Absicht meiner Frage verkennen. Als Handelnder bin ich über den Punkt vollständig im reinen, aber als Philosoph, der einige Wißbegierde, um nicht zu sagen Zweifelsucht, sein eigen nennt, wünsche ich die Grundlage dieser Ableitung kennen zu lernen. Kein Studium, keine Forschung hat bisher mir die Schwierigkeit beheben oder mich in einer so wichtigen Sache befriedigen können. Was kann ich besseres tun, als die Schwierigkeit der Öffentlichkeit vorzulegen, wenn ich auch vielleicht geringe Hoffnung auf eine Lösung hege? Wir werden auf diese Weise wenigstens unserer Unwissenheit inne, wenn wir unser Wissen auch nicht vermehren.

Ich gebe zu, daß jeder sich unverzeihlicher Anmaßung schuldig macht, der den Schluß zieht: weil eine Begründung sich seiner eigenen Nachforschung entzogen hat, deshalb gebe es sie auch wirklich nicht. Ich gebe ferner zu: wenn sich auch alle Gelehrten durch mehrere Zeitalter fruchtlos mit der Ergründung eines Problems abgegeben haben, so ist es doch vielleicht voreilig, bestimmt zu schließen, daß das Problem deshalb alle menschliche Fassungskraft übersteigen müsse. Selbst wenn wir alle Quellen unseres Wissens prüfen und sie für ein solches Problem ungeeignet befinden, kann immer noch der Verdacht bleiben, daß die Aufzählung nicht vollständig oder die Untersuchung nicht genau gewesen sei. Gerade für unser gegenwärtiges Problem bieten sich aber einige Erwägungen, die diesen Vorwurf der Anmaßung sowie den Verdacht eines Irrtums ganz zu beseitigen scheinen.

Es ist gewiß, daß ganz unwissende und stumpfe Bauern, ja kleine Kinder, ja selbst die unvernünftigen Tiere durch Erfahrung klüger werden und die Eigenschaften der natürlichen Dinge durch Beobachtung der von ihnen ausgehenden Wirkungen kennen lernen. Ein Kind, das die Wahrnehmung des Schmerzes bei Berührung einer Kerzenflamme gemacht hat, wird sich hüten, je seine Hand einer Kerze zu nähern, denn es wird eine gleichartige Wirkung von einer Ursache gleichartiger sinnlicher Beschaffenheit und Erscheinungen erwarten. Behauptet also jemand, daß der kindliche Verstand zu diesem Schluß durch irgend ein Verfahren der Begründung oder eine Vernunfterwägung geführt sei, so darf ich mit Recht von ihm fordern, diese Begründung beizubringen; und er hat auch keinen Vorwand, ein so billiges Verlangen abzuschlagen. Er kann nicht sagen, daß die Begründung schwer zu führen ist und sich vielleicht seiner Nachforschung entzieht, denn er gibt zu, daß dieselbe der geringen Fähigkeit eines Kindes zugänglich ist. Zögert er also nur einen Augenblick oder bringt er nach Überlegung eine verwickelte oder tiefsinnige Begründung vor, so gibt er gewissermaßen die Sache verloren und gesteht ein, daß nicht Vernunfttätigkeit uns zu der Annahme bestimme, die Vergangenheit habe Ähnlichkeit mit der Zukunft, und zu der Erwartung gleichartiger Wirkungen von anscheinend gleichartigen Ursachen. Das ist der Satz, den ich im vorliegenden Abschnitt zur Anerkennung bringen wollte. Habe ich recht, so will ich damit nicht behaupten, eine großartige Entdeckung gemacht zu haben. Habe ich aber unrecht, so muß ich in der Tat in der Gelehrsamkeit arg zurückgeblieben sein – da ich noch jetzt eine Begründung nicht entdecken kann, die mir anscheinend durchaus vertraut war, lang ehe ich die Wiege verließ.

Skeptische Lösung dieser Zweifel

Erster Teil

Der philosophische Eifer, ebenso wie der religiöse, scheint die eine Unzuträglichkeit nach sich zu ziehen: daß er trotz seines Strebens nach Verbesserung unserer Sitten und Ausrottung unserer Laster durch unvorsichtige Handhabung leicht eine herrschende Vorliebe großzuziehen dient und den Geist mit heftigerer Entschiedenheit gerade nach der Seite drängt, die schon zu viel Anziehung durch das Übergewicht und den Hang des natürlichen Temperaments ausübt. Gewiß kann unsere Philosophie, während wir der großherzigen Seelenstärke des philosophischen Weisen nachstreben und unsere Genüsse ausschließlich auf die geistigen zu beschränken suchen, am Ende der Epiktets und anderer Stoiker gleich werden, nämlich nur ein verfeinertes System der Selbstsucht, und wir vernünfteln uns ebenso aus aller Tugend wie aus allen geselligen Freuden heraus. Während wir aufmerksam die Eitelkeit des menschlichen Lebens beobachten und alle Gedanken auf die leere und vergängliche Natur von Reichtum und Ehren richten, schmeicheln wir vielleicht dabei nur unserer natürlichen Trägheit, die aus Haß auf das unruhige Treiben der Welt und die Mühen der Geschäfte einen Vernunftvorwand sucht, um sich ganz und unbeschränkt gehen zu lassen.

Eine Art der Philosophie scheint indessen dieser Unzuträglichkeit weniger unterworfen, und zwar deshalb, weil sie mit keinem herrischen Affekt des menschlichen Geistes zusammentrifft und mit keiner natürlichen Neigung oder Liebhaberei verschmelzen kann; das ist die *akademische* oder *skeptische* Philosophie. Die Akademiker reden immerfort von Zweifeln und Zurückhaltung des Urteils, von der Gefahr übereilter Bestimmungen, von sehr engen Schranken, die den Untersuchungen des Verstandes zu ziehen sind, und vom Verzicht auf alle Spekulationen, die nicht in den Grenzen des gewöhnlichen Lebens und Handelns liegen. Nichts widerstrebt daher mehr als diese Philosophie der lässigen Trägheit des Geistes, seiner vorlauten Anmaßung, seinen stolzen Ansprüchen und seinem abergläubischen Vertrauen. Sie unterdrückt jeden Affekt außer der Liebe zur Wahrheit, und dieser Affekt wird nie und kann nie einen zu hohen Grad erreichen. Es ist daher erstaunlich, daß diese Philosophie, die beinahe überall nur harmlos und unschuldig sein kann, zum Gegenstand so vieler grundloser Vorwürfe und übler Nachreden gemacht wird. Vielleicht aber setzt sie gerade der Umstand, der sie so unschuldig macht, hauptsächlich dem Haß und Groll der Menge aus. Da sie den ausschweifenden Affekten nicht schmeichelt, gewinnt sie wenig Anhänger; da sie sich vielen Lastern und Torheiten entgegenstellt, erweckt sie sich Feinde im Überfluß, die sie als freigeistig, lästerlich und irreligiös brandmarken.

Wir brauchen auch nicht zu befürchten, daß diese Philosophie bei ihren Versuchen, unsere Forschungen auf das gewöhnliche Leben zu beschränken, jemals die Gedankengänge des gewöhnlichen Lebens untergraben und ihre Zweifel bis zur Zerstörung alles Handelns wie alles Spekulierens treiben würde. Die Natur wird immer ihre Rechte wahren und zuletzt über jedwede abstrakte Vernunfttätigkeit obsiegen. Sollten wir z. B. wie im vorigen Abschnitt zu dem Schlusse gelangen, daß in allen Denkakten auf Grund von Erfahrung der Geist einen Schritt tut, der nicht durch eine Begründung oder ein Verstandesverfahren gestützt wird, so ist doch keine Gefahr, daß diese Denkakte, von denen fast unser ganzes Wissen abhängt, je durch solche Entdeckung getroffen werden könnten. Wird der Geist nicht durch eine Begründung zu diesem Schritte veranlaßt, so muß er durch ein anderes Prinzip von gleichem Gewicht und Wert dazu geführt werden; und dieses Prinzip wird seinen Einfluß so lange erhalten, wie die menschliche Natur sich gleich bleibt. Was das für ein Prinzip ist, mag wohl der Mühe einer Untersuchung wert sein.

Angenommen, ein Mensch von ausgezeichneten Fähigkeiten der Vernunft und der Überlegung würde plötzlich in diese Welt gestellt, so würde er freilich sofort eine stetige Folge von Gegenständen und Ereignissen beobachten; aber irgend etwas weiteres zu entdecken, wäre er nicht imstande. Er würde anfangs durch keinen Denkakt imstande sein, die Vorstellung von Ursache und Wirkung zu fassen, weil die besonderen Kräfte, durch welche alle Naturvorgänge sich vollziehen, niemals den Sinnen erscheinen. Ebensowenig ist es ein vernünftiger Schluß: bloß weil *ein* Ereignis in *einem* Falle dem anderen vorhergeht, deshalb sei das eine die Ursache, das andere die Wirkung. Ihr Zusammenhang kann ja willkürlich und zufällig und kein Grund vorhanden sein, das Dasein des einen aus dem Auftreten des anderen abzuleiten. Kurz, solch ein Mensch könnte ohne weitere Erfahrung nie Vermutungen oder Gedankengänge über Tatsachen bilden oder irgend einer Sache sicher sein, die nicht unmittelbar seinem Gedächtnis und seinen Sinnen gegenwärtig ist.

Weiter angenommen, daß er mehr Erfahrung gewonnen und lange genug in der Welt gelebt hat, um den ständigen Zusammenhang gleichartiger Gegenstände oder Ereignisse beobachtet zu haben – was ist die Folge dieser Erfahrung? Er leitet unmittelbar das Dasein des einen Gegenstandes aus dem Auftreten des anderen ab. Dennoch hat ihm all seine Erfahrung keinerlei Vorstellung oder Kenntnis der geheimen Kraft geliefert, durch die der eine Gegenstand den anderen hervorbringt, noch wird er durch irgend einen Prozeß der Vernunfttätigkeit darauf geführt, diese Ableitung zu vollziehen. Trotzdem fühlt er sich gedrungen, es zu tun, und sollte er auch überzeugt sein, daß sein Verstand keinen Anteil an dem Vorgang hat, so würde er nichtsdestoweniger bei derselben Denkweise verharren. Es gibt also ein anderes Prinzip, das ihn zu dieser Schlußfolgerung bestimmt.

Dies Prinzip ist *Gewohnheit* oder *Übung*. Wo immer die Wiederholung einer bestimmten Handlung oder Tätigkeit die Neigung hervorruft, dieselbe Handlung oder Tätigkeit ohne irgend einen Anstoß durch einen Denkakt oder Verstandesvorgang zu erneuern: da sagen wir stets, diese Neigung sei die Wirkung der *Gewohnheit*. Wir behaupten nicht, mit der Anwendung dieses Wortes den letzten Grund einer solchen Neigung angegeben zu haben. Wir deuten damit nur auf ein Prinzip der menschlichen Natur, das allgemein anerkannt und durch seine Wirkungen uns wohl vertraut ist. Vielleicht können wir unsere Nachforschungen nicht weiter treiben noch uns anmaßen, die Ursache dieser Ursache anzugeben, sondern müssen daran als an dem letzten aufweisbaren Prinzip all unserer Erfahrungsschlüsse uns genügen lassen. Wir können ganz zufrieden sein, so weit zu kommen und sollten uns nicht über die Beschränktheit unserer Fähigkeiten beklagen, die uns nicht weiter bringen. Und soviel ist gewiß, wir stellen hiermit einen wenigstens sehr verständlichen, wenn nicht wahren Satz auf, indem wir behaupten: anläßlich des beständigen Zusammenhangs zweier Gegenstände, z. B. Hitze und Flamme, Gewicht und Masse, werden wir allein durch Gewohnheit bestimmt, das eine beim Auftreten des anderen zu erwarten. Ja, diese Hypothese scheint die einzige zu sein, welche das schwierige Problem erklärt, warum wir aus tausend Fällen etwas ableiten, das wir aus *einem* Falle, der in keiner Hinsicht von jenen abweicht, abzuleiten nicht in der Lage waren. Die Vernunft ist eines so verschiedenen Verfahrens nicht fähig. Die Schlüsse, die sie aus der Betrachtung *eines* Kreises zieht, sind die nämlichen, die sie aus einem Überblick über alle Kreise des Weltalls bilden würde. Aber niemand, der nur *einen* Körper auf Anstoß eines anderen sich hat bewegen sehen, könnte daraus ableiten, daß jeder andere Körper auf einen gleichen Anstoß hin sich bewegen würde. Alle Ableitungen aus Erfahrung sind daher Wirkungen der Gewohnheit, nicht der Vernunfttätigkeit.

So ist die Gewohnheit die große Führerin im menschlichen Leben. Dieses Prinzip ist es allein, das unsere Erfahrung uns nutzbringend gestaltet und uns für die Zukunft eine Kette gleichartiger Ereignisse erwarten läßt, wie die in der Vergangenheit aufgetretenen. Ohne den Einfluß der Gewohnheit blieben wir gänzlich in Unwissenheit über jede Tatsache, die über das unmittelbar dem Gedächtnis und den Sinnen Gegenwärtige hinausreicht. Wir würden niemals die Mittel den Zwecken anzupassen wissen, noch unsere natürlichen Kräfte zur Erzeugung irgend einer Wirkung anzuwenden verstehen. Es wäre auf einmal mit allem Handeln und mit dem besten Teil geistiger Arbeit vorüber.

Hier ist indes die Bemerkung am Platze, daß uns zwar unsere Schlüsse aus der Erfahrung über Gedächtnis und Sinne hinausführen und uns Sicherheit über Tatsachen geben, die an den fernsten Orten und in frühesten Zeiten geschehen sind; daß aber immer irgend eine Tatsache den Sinnen oder dem Gedächtnis gegenwärtig sein muß, von der diese unsere Schlüsse den ersten Ausgang nehmen. Findet jemand in einem wüsten Lande die Überreste prächtiger Architektur, so wird er schließen, daß das Land in alten Zeiten von gesitteten Einwohnern angebaut worden ist; begegnete er nichts derartigem, so könnte er solche Ableitung nie vollziehen. Wir lernen die Ereignisse früherer Zeiten aus der Geschichte; aber dazu müssen wir die Bände durcharbeiten, in denen diese Belehrung enthalten ist, und von da mit unseren Ableitungen von einem Zeugnis zum anderen fortschreiten, bis wir bei den Augenzeugen und Zuschauern dieser fernen Ereignisse anlangen. Kurz, wenn wir nicht von einer dem Gedächtnis oder den Sinnen gegenwärtigen Tatsache ausgehen, so bleiben unsere Gedankengänge reine Hypothesen; wie eng miteinander verknüpft die einzelnen Glieder auch sein mögen, die ganze Kette von Ableitungen hätte keine Grundlage, noch könnten wir je durch sie zur Kenntnis eines wirklich Seienden gelangen. Wenn ich jemand frage, warum er eine bestimmte Tatsache glaubt, die er berichtet, so muß er irgend einen Grund nennen, und dieser Grund wird eine andere damit verknüpfte Tatsache sein. Da sich dies aber nicht auf solche Weise in infinitum fortsetzen läßt, so muß er schließlich bei einer Tatsache Halt machen, die seinem Gedächtnis oder seinen Sinnen gegenwärtig ist, oder aber zugeben, daß sein Glaube gänzlich unbegründet ist.

Was ist nun das Schlußergebnis von alledem? Ein einfaches – wenn auch allerdings recht weit ab von den gewöhnlichen Theorien der Philosophie. Aller Glaube an Tatsachen oder wirkliches Sein stammt lediglich von irgend einem Gegenstand, der dem Gedächtnis oder den Sinnen gegenwärtig ist, und von einem gewohnheitsmäßigen Zusammenhang zwischen diesem und einem anderen Gegenstande. Oder mit anderen Worten: hat man gefunden, daß in vielen Fällen zwei Arten von Dingen, Flamme und Hitze, Schnee und Kälte, stets miteinander in Zusammenhang standen, so wird, wenn sich den Sinnen Flammen oder Schnee erneut darbieten, der Geist durch Gewohnheit getrieben, Hitze oder Kälte zu erwarten und zu *glauben,* daß eine derartige Eigenschaft besteht und sich bei größerer Annäherung offenbaren wird. Dieser Glaube ist das notwendige Ergebnis, wenn der Geist in solche Umstände gerät. Es ist ein seelischer Vorgang, der in dieser Lage so unvermeidlich ist, wie der Affekt der Liebe, wenn wir Wohltaten empfangen, oder des Hasses, wenn man uns Leid antut. All diese Vorgänge sind eine Gattung natürlicher Instinkte, welche keine Vernunfttätigkeit, d. h. kein gedankliches und verstandesmäßiges Verfahren hervorzubringen noch zu verhüten fähig ist.

An diesem Punkt dürften wir uns wohl gestatten, mit unseren philosophischen Nachforschungen inne zu halten. In den meisten Fragen sind wir beim ersten Schritt hier angelangt, und in allen Fragen müssen wir zuletzt hier enden nach noch so rastlosen und eifrigen Untersuchungen. Indes wird unser Eifer zu entschuldigen, ja zu loben sein, wenn er uns dazu führt, noch weiter zu forschen und die Natur dieses *Glaubens* und des *gewohnheitsmäßigen Zusammenhangs,* von dem er stammt, genauer zu prüfen. Auf diese Weise ließen sich vielleicht einige Erklärungen und Analogien auffinden, die Befriedigung gewähren – wenigstens solchen, die abstrakte Wissenschaft lieben und sich an Spekulationen erfreuen, welche trotz aller erreichbaren Genauigkeit dennoch in gewissem Grade zweifelhaft und ungewiß bleiben dürften. Für Leser von anderem Geschmack ist der übrige Teil dieses Abschnitts nicht berechnet, und die späteren Untersuchungen können ganz wohl verstanden werden, auch wenn man ihn beiseite läßt.

Zweiter Teil

Nichts ist so frei, wie die menschliche Einbildungskraft; kann sie auch den ursprünglichen Vorrat an Vorstellungen nicht überschreiten, den die inneren und äußeren Sinne liefern, so hat sie doch unbeschränkte Macht, diese Vorstellungen zu all den mannigfaltigen Gebilden, die sie dichtet und schaut, zu mischen, zusammenzusetzen, zu trennen und zu teilen. Sie kann eine Kette von Ereignissen erfinden, mit allem Anschein der Wirklichkeit, kann ihnen eine bestimmte Zeit und Stelle zuschreiben, sie sich als daseiend vorstellen und sie sich mit allen Umständen ausmalen, wie sie zu einer geschichtlichen Tatsache gehören, an die sie mit der größten Gewißheit glaubt. Worin besteht denn nun der Unterschied zwischen einer solchen Erdichtung und dem Glauben? Er liegt nicht einfach in einer besonderen Vorstellung, die solch einem Vorstellungsbild anhängt, das unsere Zustimmung erzwingt, und jeder uns bisher bekannten Erdichtung fehlt. Denn da der Geist Gewalt über all seine Vorstellungen hat, so könnte er nach Willen diese bestimmte Vorstellung jeder Erdichtung anfügen und folglich imstande sein, alles zu glauben, was ihm beliebte, während die tägliche Erfahrung das Gegenteil zeigt. Wir können in unserem Vorstellungsbild den Kopf eines Mannes dem Körper eines Pferdes aufsetzen; aber es steht nicht in unserer Macht, zu glauben, daß solch ein Geschöpf jemals wirklich existiert habe.

Es folgt also hieraus, daß der Unterschied zwischen *Erdichtung* und *Glaube* in einem Gefühl oder einer Empfindung liegt, welche sich nur dem letzteren, nicht der ersteren anschließt, und nicht vom Willen abhängt, noch beliebig zu Diensten steht. Die Natur muß es erregen, wie alle anderen Gefühle; es muß aus dem bestimmten Zustand erwachsen, in dem sich der Geist unter bestimmten Umständen befindet. Jeder Gegenstand, der sich dem Gedächtnis oder den Sinnen bietet, führt die Einbildung unmittelbar durch die Kraft der Gewohnheit dazu, sich denjenigen Gegenstand vorzustellen, der gewöhnlich mit ihm zusammenhängt, und dieses Vorstellungsbild ist von einer Empfindung oder einem Gefühl begleitet, das sich von den ungebundenen Träumereien der Phantasie unterscheidet. Hierin besteht das ganze Wesen des Glaubens. Denn da es keine Tatsache gibt, an die wir so fest glauben, daß wir uns nicht ihr Gegenteil vorstellen könnten, so gäbe es keinen Unterschied zwischen dem Vorstellungsbild, dem man zustimmt, und jenem, das man verwirft, wenn es nicht ein Gefühl gäbe, das eines vom anderen unterscheidet. Sehe ich eine Billardkugel auf einem glatten Tisch sich gegen eine andere bewegen, so kann ich mir leicht vorstellen, daß sie bei der Berührung stillstehen wird. Dieses Vorstellungsbild enthält keinen Widerspruch; dennoch fühlt man dabei ganz anders als bei jenem Vorstellungsbild, durch das ich mir den

Stoß und die Mitteilung der Bewegung von einer Kugel zur anderen vergegenwärtige.

Wollten wir eine *Definition* dieses Gefühls zu geben versuchen, so würden wir vielleicht darin eine sehr schwierige, wenn nicht unmögliche Aufgabe erkennen, gleicherweise wie bei dem Versuch, die Empfindung der Kälte oder den Affekt des Zorns einem Geschöpf zu definieren, das nie diese Gefühle erfahren hätte. *Glaube* ist das wahre und richtige Wort für dies Empfinden, und niemand ist je im unklaren über die Bedeutung dieses Ausdruckes; denn jeder ist in jedem Augenblick sich des Gefühls bewußt, das er bezeichnet. Dennoch möchte der Versuch einer *Beschreibung* dieses Gefühls nicht unangebracht sein; in der Hoffnung, auf diesem Wege zu einigen Analogien zu gelangen, die eine vollkommenere Erklärung davon ermöglichen. Ich sage also, daß Glaube weiter nichts ist als ein gegenständliches Vorstellungsbild von größerer Lebendigkeit, Lebhaftigkeit, Eindringlichkeit, Festigkeit und Beständigkeit, als sie die Einbildung allein je zu erreichen fähig ist. Diese Mannigfaltigkeit von Ausdrücken, die so unphilosophisch erscheinen mag, soll nur dazu dienen, jenen Akt des Geistes auszudrücken, der Wirklichkeiten, oder was dafür gehalten wird, uns gegenwärtiger macht als Erdichtungen, ihnen mehr Gewicht im Denken gibt und einen überlegenen Einfluß auf die Affekte und die Einbildungskraft verleiht. Vorausgesetzt, daß wir in der Sache übereinstimmen, ist es unnötig, um die Ausdrücke zu streiten. Die Einbildungskraft hat Gewalt über alle Vorstellungen und kann sie auf alle mögliche Weise verbinden, mischen und abwandeln. Sie kann sich erdichtete Gegenstände mit allen Einzelheiten des Orts und der Zeit vorstellen. Sie kann sie uns gewissermaßen vor Augen führen, in ihren wahren Farben, gerade so wie sie auch hätten da sein können. Aber da es unmöglich ist, daß dies Vermögen der Einbildung je aus sich heraus dem Glauben gleichkommen kann, so besteht ersichtlich der Glaube nicht in der besonderen Natur oder Ordnung der Vorstellungen, sondern in der *Art,* wie sie vorgestellt werden und wie der Geist sie *empfindet*. Ich gestehe, daß es unmöglich ist, diese Empfindung oder diese Art des Vorstellens völlig zu erklären. Wir mögen Wörter gebrauchen, die etwas Annäherndes ausdrücken. Aber der wahre und richtige Name dafür, wie ich vorher schon bemerkte, ist *Glaube;* ein Ausdruck, den jedermann im gewöhnlichen Leben genügend versteht. In der Philosophie können wir nicht weiter gehen als bis zu der Behauptung, daß der *Glaube* etwas vom Geist Empfundenes ist, was die Vorstellungen der Urteilskraft von den Erdichtungen der Einbildung unterscheidet. Er gibt ihnen mehr Gewicht und Einfluß, läßt sie bedeutsamer scheinen, drückt sie dem Geist auf und macht sie zum herrschenden Prinzip unserer Handlungen. Ich höre z. B. gerade jetzt die Stimme eines Bekannten; der Ton kommt aus dem Nebenzimmer. Der Eindruck auf die Sinne führt augenblicklich meine Gedanken zu diesem Menschen und zugleich zu allen ihn umgebenden Gegenständen. Ich male sie mir aus als gegenwärtig existierend mit allen Eigenschaften und Beziehungen, die ich früher an ihnen kannte. Diese Vorstellungen gewinnen festeren Halt in meinem Geiste als Vorstellungen von einem verwunschenen Schlosse. Wir empfinden sie ganz anders und sie haben in jeder Weise viel größeren Einfluß darauf, Lust oder Leid, Freude oder Kummer entstehen zu lassen.

Fassen wir also diese Lehre in ihrem vollen Umfang zusammen und nehmen wir an, daß das Gefühl des Glaubens nur ein Vorstellungsbild von größerer Intensität und mehr Beständigkeit ist, als sie die bloßen Erdichtungen der Einbildungskraft begleiten; und daß diese *Art* des Vorstellens aus einem gewohnheitsmäßigen Zusammenhang des Gegenstandes mit etwas dem Gedächtnis oder den Sinnen Gegenwärtigem entspringt: so wird es, glaube ich, unter diesen Voraussetzungen nicht schwer sein, andere Geistestätigkeiten zu finden, die dieser analog sind, und die Erscheinungen zu noch allgemeineren Prinzipien hinauf zu verfolgen.

Wir haben schon bemerkt, daß die Natur Verknüpfungen zwischen bestimmten Vorstellungen eingerichtet hat, und daß die eine Vorstellung, sobald sie in unserem Denken auftaucht, auch sogleich die ihr zugehörige einführt und unsere Aufmerksamkeit durch eine leise und unmerkliche Bewegung auf sie lenkt. Diese Prinzipien der Verknüpfung oder Assoziation haben wir auf drei zurückgeführt, nämlich *Ähnlichkeit, Berührung* und *Verursachung;* dies sind die einzigen Bande, die unsere Gedanken miteinander vereinigen und jenen regelmäßigen Ablauf der Überlegung oder des Gesprächs erzeugen, der in größerem oder geringerem Grade überall bei den Menschen stattfindet. Hier erhebt sich nun eine Frage, von der die Lösung der gegenwärtigen Schwierigkeit abhängen wird. Ist es bei all diesen Beziehungen der Fall, daß wenn der eine Gegenstand den Sinnen oder dem Gedächtnis sich bietet, der Geist nicht nur auf das Vorstellungsbild des zugehörigen gebracht wird, sondern auch ein beständigeres und stärkeres Vorstellungsbild davon gewinnt, als er sonst hätte erreichen können? Bei jenem Glauben scheint es der Fall zu sein, der aus der Beziehung von Ursache und Wirkung entspringt; ist es der gleiche bei den anderen Beziehungen oder Prinzipien der Assoziation, so darf es als allgemeines Gesetz aufgestellt werden, das bei jeder Tätigkeit des Geistes in Kraft tritt.

Wir können demnach als erste Erfahrungstatsache für unseren gegenwärtigen Zweck beobachten, daß beim Anblick des Porträts eines abwesenden Freundes unsere Vorstellung von ihm durch die *Ähnlichkeit* augenscheinlich belebt wird und daß jeder Affekt, den diese Vorstellung verursacht, der Freude wie des Kummers, neue Kraft und Frische erlangt.

Um dieses Ergebnis hervorzubringen, wirkt hier beides, eine Beziehung und ein gegenwärtiger Eindruck zusammen. Wäre das Bild dem Freunde gar nicht ähnlich oder mindestens sollte es ihn nicht darstellen, so würde es niemals unsere Gedanken zu ihm hinleiten. Und wäre es ebensowenig gegenwärtig wie die dargestellte Person, so würde der Geist zwar vielleicht von dem Gedanken an das eine zum Gedanken an das andere übergehen, aber seine Vorstellung durch diese Wanderung eher geschwächt als belebt finden. Wir haben Freude am Anblick des Porträts eines Freundes, wenn es uns vor Augen gebracht wird; wird es aber entfernt, so betrachten wir lieber ihn selbst unmittelbar, als im Spiegel eines Bildes, das ebenso fern und undeutlich ist.

Die Zeremonien der römisch-katholischen Religion können als Beispiele derselben Art aufgefaßt werden. Die Bekenner dieses Aberglaubens führen gewöhnlich zur Entschuldigung des Mummenschanzes, den man ihnen vorwirft, an, daß sie die gute Wirkung solcher äußerlichen Bewegungen, Stellungen und Handlungen an der Belebung ihrer Andacht und Steigerung ihrer Inbrunst empfinden, die sonst, einzig auf entfernte und unsinnliche Gegenstände gerichtet, nachlassen würden. Wir verdichten die Gegenstände unseres Bekenntnisses, so sagen sie, zu sinnlichen Symbolen und Bildern und machen sie uns durch die unmittelbare Gegenwart dieser Symbole gegenwärtiger, als es uns durch eine bloß intellektuelle Anschauung und Betrachtung möglich wäre. Sinnliche Gegenstände haben immer einen größeren Einfluß auf die Einbildung als alle anderen; und diesen Einfluß übertragen sie leicht auf jene Vorstellungen, zu denen sie in Beziehung stehen und denen sie ähnlich sind. Ich will nur aus diesen Gebräuchen und diesem Gedankengang ableiten, daß die Wirkung der Ähnlichkeit zur Belebung von Vorstellungen etwas sehr Gewöhnliches ist; und da jedesmal eine Ähnlichkeit und ein gegenwärtiger Eindruck zusammenkommen müssen, so haben wir Erfahrungstatsachen in Fülle, um die Wirklichkeit des aufgestellten Prinzips zu beweisen.

Wir können diese Erfahrungstatsachen durch anders geartete bekräftigen, wenn wir die Wirkungen der *Berührung* ebenso in Betracht ziehen, wie die der *Ähnlichkeit*. Sicherlich verringert die Entfernung die Stärke jeder Vorstellung, und ein Gegenstand, dem wir uns nur nähern, wenn sich dieser auch nicht unseren Sinnen darbietet, übt auf den Geist einen Einfluß aus, der einem unmittelbaren Eindruck nahekommt. Das Denken an einen Gegenstand führt den Geist mit Leichtigkeit zu dessen Umgebung; aber nur die tatsächliche Gegenwart eines Dinges führt ihn mit gesteigerter Lebendigkeit darauf. Wenn ich nur wenige Meilen von meiner Heimat entfernt bin, so berührt mich alles, was zu ihr in Beziehung steht, näher, als wenn ich mich 600 Meilen weit davon befinde; doch ruft selbst bei dieser Entfernung die Besinnung auf irgend etwas, das sich in der Nachbarschaft meiner Freunde oder Angehörigen befindet, naturgemäß die Vorstellung von ihnen hervor. Weil aber in diesem letzteren Falle die vom Geiste erfaßten Gegenstände beides Vorstellungen sind: so ist der Übergang von der einen zur anderen zwar ein leichter, aber dennoch ist dieser Übergang allein nicht imstande, einer der Vorstellungen eine größere Lebendigkeit zu verleihen, weil eben der unmittelbare Eindruck fehlt.

Niemand kann bezweifeln, daß das Ursachverhältnis den nämlichen Einfluß besitzt, wie die beiden anderen Beziehungen der Ähnlichkeit und der Berührung. Abergläubische Leute halten viel auf Reliquien von Heiligen und frommen Männern, aus dem nämlichen Grunde, aus dem sie nach Symbolen und Bildern verlangen, um ihre Andacht zu beleben und ein vertrauteres und kräftigeres Vorstellungsbild jener musterhaften Lebensläufe zu gewinnen, denen sie nacheifern. Nun leuchtet ein, daß eine der besten Reliquien, die sich ein Schwärmer verschaffen könnte, Dinge wären, die ein Heiliger mit eigenen Händen gearbeitet hat; und werden seine Kleider und Geräte auch im nämlichen Lichte betrachtet, so geschieht es, weil sie einst zu seiner Verfügung standen und er sie in Händen gehabt und gebraucht hat. In dieser Hinsicht lassen sie sich als unvollkommene Wirkungen betrachten, die mit ihm durch eine kürzere Folgenreihe verknüpft sind, als jede andere wäre, die uns von der Wirklichkeit seines Daseins unterrichtet.

Angenommen, der Sohn eines seit lange verstorbenen oder abwesenden Freundes träte vor uns hin – so würde ersichtlich dieser Gegenstand sofort die ihm zugehörige Vorstellung wieder aufleben lassen und in unseren Gedanken alle einstige Innigkeit und Vertraulichkeit wachrufen, und zwar in lebhafteren Farben, als wir ihnen sonst geliehen hätten. Dies ist eine andere Erscheinung, welche das oben erwähnte Prinzip beweisen dürfte.

Wir beobachten nun, daß bei diesen Erscheinungen der Glaube an den zugehörigen Gegenstand stets vorausgesetzt ist; denn ohne ihn könnte die Beziehung keine Wirkung üben. Die Beeinflussung durch das Bild setzt voraus, daß wir *glauben*, unser Freund habe einst existiert. Die Nähe der Heimat kann niemals Vorstellungen von der Heimat in uns erwecken, es sei denn, daß wir an ihr wirkliches Dasein *glauben*. Nun behaupte ich, daß dieser Glaube, auch wo er über den Bereich des Gedächtnisses und der Sinne hinausgreift, von gleichartiger Natur ist und gleichartigen Ursachen entspringt, wie der eben auseinandergesetzte Übergang des Denkens und die Lebendigkeit des Vorstellungsbildes. Werfe ich ein Stück trockenes Holz ins Feuer, so wird mein Geist sogleich dazu getrieben, sich vorzustellen, daß die Flamme dadurch verstärkt, nicht ausgelöscht werde. Dieser Übergang des Denkens von der Ursache zur Wirkung entspringt nicht aus der Vernunft. Er leitet seinen Ursprung einzig aus Gewohnheit und Erfahrung her. Und da er zunächst von einem Gegenstand, der den Sinnen gegenwärtig ist, ausgeht, so macht er die Vorstellung oder das Vorstellungsbild der Flamme stärker und lebhafter als irgend ein haltloses, verschwimmendes Traumbild der Einbildungskraft. Jene Vorstellung steigt unmittelbar auf, der Gedanke wendet sich augenblicklich zu ihr und trägt ihr all jene Kraft des Vorstellungsbildes zu, die aus dem gegenwärtigen sinnlichen Eindruck sich herleitet. Wenn ein Schwert gegen meine Brust gezückt wird, steigen da nicht eindringlicher die Vorstellungen von Wunde und Schmerz in mir auf, als wenn mir ein Glas Wein vorgesetzt wird – sollten auch zufällig diese Vorstellungen nach dem Erscheinen des letzteren Gegenstandes auftauchen? Aber was anders kann in diesem ganzen Tatbestand ein so kräftiges Vorstellungsbild verursachen, außer allein ein gegenwärtiges Ding und ein gewohnheitsmäßiger Übergang zu der Vorstellung eines anderen Dinges, das wir mit dem ersteren in Zusammenhang zu bringen pflegten. Das ist der ganze geistige Vorgang bei all unseren Schlüssen, die Tatsachen und Dasein betreffen; es dient zur Befriedigung, hierzu einige Analogien zu finden, durch die er sich erläutern läßt. Der Übergang von einem uns gegenwärtigen Gegenstand verleiht in allen Fällen der verwandten Vorstellung Stärke und Beständigkeit.

Wir finden hier also eine Art prästabilierter Harmonie zwischen dem Laufe der Natur und der Abfolge unserer Vorstellungen; und obgleich die Macht und die Kräfte, welche den ersteren regieren, uns völlig unbekannt sind, so haben doch unsere Gedanken und Vorstellungsbilder, wie wir sehen, dieselbe Bahn verfolgt wie die anderen Naturwerke. Die Gewohnheit ist dasjenige Prinzip, durch welches diese Übereinstimmung bewirkt wurde, die so notwendig ist zur Erhaltung unserer Art und zur Regelung unseres Verhaltens in allen Lagen und Vorkommnissen des menschlichen Lebens. Würde nicht die Anwesenheit eines Gegenstandes sogleich die Vorstellung jener Gegenstände erregen, die gewöhnlich mit ihm in Zusammenhang stehen, so hätte unser ganzes Wissen auf den engen Umkreis unseres Gedächtnisses und unserer Sinne beschränkt bleiben müssen; wir wären nie imstande gewesen, Mittel den Zwecken anzupassen, noch unsere natürlichen Kräfte entweder zur Erzeugung des Guten oder zur Vermeidung des Übels anzuwenden. Diejenigen, die sich an der Entdeckung und Betrachtung von *Zweckursachen* ergötzen, haben hier ein weites Feld zur Betätigung des Staunens und der Bewunderung.

Ich füge noch eins hinzu, als weitere Bestätigung der eben entwickelten Lehre. Da nämlich diese Tätigkeit des Geistes, durch welche wir gleiche Wirkungen aus gleichen Ursachen ableiten und umgekehrt, durchaus wesentlich ist zur Erhaltung aller menschlichen Geschöpfe, so ist es nicht wahrscheinlich, daß sie den trügerischen Deduktionen unserer Vernunft anvertraut werden konnte; Denn diese ist langsam in ihrer Tätigkeit, tritt in den ersten Kindheitsjahren nicht in nennenswertem Grade in die Erscheinung und ist bestenfalls in jedem Alter oder Zeitpunkt des Menschenlebens dem Irrtum und Fehlgreifen in hohem Maße ausgesetzt. Es entspringt mehr der üblichen Weisheit der Natur, einen so notwendigen Akt des Geistes durch einen Instinkt oder eine mechanische Tendenz sicherzustellen; denn diese kann unfehlbar in ihrer Wirksamkeit sein, kann sich beim ersten Auftreten des Lebens und Denkens zeigen und unabhängig von all den mühsam erarbeiteten Deduktionen des Verstandes bleiben. Wie die Natur uns den Gebrauch unserer Glieder gelehrt hat, ohne uns Kenntnis von den Muskeln und Nerven zu geben, die sie bewegen, so hat sie uns einen Instinkt eingepflanzt, welcher unser Denken in einer Richtung vorwärts treibt, die mit jener übereinstimmt, die sie für die äußeren Dinge festgesetzt hat; obwohl wir die Mächte und Kräfte nicht kennen, von denen diese regelmäßige Reihe und Folge von Gegenständen ganz und gar abhängt.

Über die Wahrscheinlichkeit

Ob es gleich in der Welt so etwas wie *Zufall* nicht gibt – so hat unsere Unkenntnis der wirklichen Ursache eines Ereignisses denselben Einfluß auf den Verstand und erzeugt eine ähnliche Art von Glauben oder Meinung.

Gewiß gibt es eine Wahrscheinlichkeit, die aus einer Überlegenheit der günstigen Fälle auf der einen Seite entspringt; und wie diese Überlegenheit wächst und die entgegengesetzten Fälle übertrifft, erhält die Wahrscheinlichkeit einen entsprechenden Zuwachs und erzeugt einen immer höheren Grad des Glaubens und der Zustimmung für die Seite, auf der wir die Überlegenheit entdecken. Wären bei einem Würfel vier Seiten mit ein und derselben Figur oder Anzahl von Punkten gezeichnet und die übrigen zwei Seiten mit einer anderen Figur oder Anzahl von Punkten, so wäre es wahrscheinlicher, daß die erstere, als daß die letztere obenauf zu liegen käme; jedoch, wenn der Würfel tausend gleich gezeichnete Seiten und nur eine Seite verschieden davon hätte, so wäre die Wahrscheinlichkeit viel höher und unser Glaube oder unsere Erwartung des Ereignisses fester und sicherer. Dieser Verlauf im Denken oder der Vernunfttätigkeit mag allbekannt und selbstverständlich erscheinen; denen aber, die ihn genauer erwägen, dürfte er wohl Stoff zu interessanten Spekulationen bieten.

Es scheint einleuchtend, daß der Geist, wenn er vorausschauend den möglichen Erfolg beim Wurf eines solchen Würfels zu entdecken sucht, das Obenliegen einer jeden einzelnen Seite als gleich wahrscheinlich ansieht; und dies ist das wahre Wesen des Zufalls, daß er alle einzelnen Ereignisse, deren Möglichkeit er einschließt, einander gänzlich gleich stellt. Da aber der Geist eine größere Anzahl von Seiten findet, die zur Herbeiführung des einen Ereignisses beitragen, als zu der des anderen, so wird er öfter auf dies Ereignis geführt, er trifft es öfter an, wenn er die verschiedenen Möglichkeiten oder Zufälle erwägt, von denen das endliche Ergebnis abhängt. Dieses Zusammenwirken mehrerer möglichen Aussichten für das Eintreffen eines bestimmten Ereignisses erzeugt unmittelbar, durch eine unerklärliche Einrichtung der Natur, das Gefühl des Glaubens und gibt jenem Ereignis das Übergewicht über das Entgegenstehende, das nur von einer kleineren Zahl von Aussichten unterstützt wird und sich minder häufig dem Geist darbietet. Wenn wir einräumen, daß der Glaube nur ein festeres und stärkeres Vorstellungsbild eines Gegenstandes ist als dasjenige, welches bloße Erdichtungen der Einbildungskraft begleitet, so läßt sich über diesen Vorgang vielleicht in gewissem Maße Rechenschaft geben. Das Zusammenwirken dieser verschiedenen Gesichtspunkte oder Aussichten prägt die Vorstellung der Einbildungskraft tiefer ein, gibt ihr überlegene Stärke und Frische, macht ihren Einfluß auf die Affekte und Gemütsbewegungen fühlbarer und, kurz gesagt, erzeugt jene Zuversicht oder Sicherheit, die das Wesen des Glaubens und Meinens ausmacht.

Es verhält sich ebenso mit der Wahrscheinlichkeit der Ursachen wie mit der des Zufalls. Es gibt einige Ursachen, die in der Erzeugung einer bestimmten Wirkung sich durchaus einförmig und beständig verhalten; und bisher hat sich kein Fall gefunden, in dem ihre Wirksamkeit irgend versagt oder sich als unregelmäßig erwiesen hätte. Das Feuer hat noch immer jedes menschliche Wesen verbrannt und das Wasser es erstickt; die Erzeugung von Bewegung durch Stoß und Schwerkraft ist ein allgemeines Gesetz, das bisher keine Ausnahme erlitten hat. Aber es gibt andere Ursachen, die sich als unregelmäßiger und ungewisser erwiesen haben; so hat der Rhabarber nicht immer dort purgiert, noch das Opium dort eingeschläfert, wo diese Arzneien genommen wurden. Allerdings schreiben Philosophen, wenn eine Ursache verfehlt, ihre übliche Wirkung hervorzubringen, dies nicht irgend einer Unregelmäßigkeit in der Natur zu; vielmehr nehmen sie an, daß geheime Ursachen in dem besonderen Aufbau der Teile die Wirksamkeit verhindert haben. Indes sind unsere Denkakte und Schlüsse über den Erfolg die gleichen, als wenn dies Prinzip nicht gälte. Durch Gewohnheit bestimmt, in all unseren Ableitungen die Vergangenheit auf die Zukunft zu übertragen, erwarten wir dort, wo die Vergangenheit durchaus regelmäßig und einförmig verlaufen ist, den Erfolg mit größter Sicherheit und geben keiner widerstreitenden Annahme Raum. Wo man aber verschiedene Wirkungen aus *anscheinend* genau gleichartigen Ursachen hat folgen sehen, da müssen all diese unterschiedlichen Wirkungen unserem Geiste einfallen, wenn er die Vergangenheit auf die Zukunft überträgt, und in unsere Betrachtung eingehen, wenn wir die Wahrscheinlichkeit des Erfolgs bestimmen. Geben wir auch der am häufigsten Aufgetretenen den Vorzug und glauben an das Eintreffen dieser Wirkung, so dürfen wir doch die anderen Wirkungen nicht übersehen, sondern müssen einer jeden nach Maßgabe ihres häufigeren oder selteneren Vorkommens ein bestimmtes Gewicht und Ansehen beilegen. So ist es für fast alle Länder Europas wahrscheinlicher, daß irgendwann im Januar Frost eintritt, als daß während dieses ganzen Monats mildes Wetter anhält; jedoch schwankt diese Wahrscheinlichkeit je nach den verschiedenen Klimaten und nähert sich in den nördlichen Reichen der Gewißheit. Hier scheint es also offenbar, daß dort, wo wir die Vergangenheit auf die Zukunft übertragen, um die spätere Wirkung irgend einer Ursache zu bestimmen, wir all die verschiedenen Erfolge in demselben Maße, in dem sie sich in der Vergangenheit gezeigt haben, übertragen, und uns z. B. vorstellen, daß der eine hundertmal eingetreten ist, ein anderer zehnmal, ein dritter nur einmal. Da eine große Zahl möglicher Aussichten hier auf dem einen Erfolg zusammentreffen, so stärken und bestätigen sie ihn in der Einbildung, erzeugen jenes Gefühl, das wir *Glauben* nennen, und verleihen dessen Gegenstand den Vorzug vor dem ihm widerstreitenden Erfolg, der nicht durch eine gleiche Zahl von Erfahrungstatsachen gestützt wird und sich bei der Übertragung der Vergangenheit auf die Zukunft nicht so oft dem Denken bietet. Man versuche einmal, über diese geistige Tätigkeit von irgend einem der anerkannten philosophischen Systeme aus Rechenschaft abzulegen, so wird man sich der Schwierigkeit bewußt werden. Ich meinesteils möchte mich damit zufrieden geben, wenn die gegenwärtigen Andeutungen die Wißbegierde der Philosophen erregen und ihnen zum Bewußtsein bringen, wie mangelhaft alle bisher üblichen Theorien solche interessanten und bedeutenden Fragen behandelt haben.

Von der Vorstellung der notwendigen Verknüpfung

Erster Teil

Die mathematischen Wissenschaften haben gegenüber den Geisteswissenschaften den großen Vorteil, daß ihre Vorstellungen als sinnliche stets klar und bestimmt sind, daß an ihnen jeder kleinste Unterschied sofort zu bemerken ist und daß dieselben Ausdrücke immer dieselben Vorstellungen bezeichnen, ohne Zweideutigkeit oder Abweichung. Ein Eirund wird nie mit einem Kreis, noch eine Hyperbel mit einer Ellipse verwechselt. Das gleichschenklige und das ungleichschenklige Dreieck sind durch genauere Grenzen unterschieden als Laster und Tugend, Recht und Unrecht. Wird irgend ein Ausdruck in der Geometrie definiert, so setzt der Geist von selbst bei jeder Gelegenheit anstandslos die Definition für den definierten Ausdruck ein; und auch da, wo keine Definition gebraucht wird, kann der Gegenstand selbst den Sinnen vorgeführt und auf diesem Wege fest und klar erfaßt werden. Die feineren Gefühle des Geistes aber, die Tätigkeiten des Verstandes, die mannigfachen Erregungen der Affekte, obwohl in Wirklichkeit an sich unterschieden, entgehen uns leicht, wenn wir sie in der Selbstbesinnung überblicken; es liegt auch nicht in unserer Macht, den ursprünglichen Gegenstand uns so oft zurückzurufen, wie wir Anlaß hätten, ihn zu betrachten. Auf diese Weise wird allmählich in unsere Gedankengänge Zweideutigkeit getragen; gleichartige Gegenstände werden leicht für dieselben genommen, und der Schluß entfernt sich zuletzt weit von seinen Voraussetzungen.

Indes darf man ruhig behaupten, daß bei diesen Wissenschaften, wenn man sie im rechten Lichte betrachtet, die Vorzüge und Nachteile sich nahezu aufheben und beide einander gleichwertig machen. Hält der Geist leichter die Vorstellungen der Geometrie in Klarheit und Bestimmtheit fest, so hat er dafür eine weit längere und verwickeltere Kette von Denkakten durchzuführen und einander viel ferner liegende Vorstellungen in Vergleich zu setzen, wenn er zu den tieferen Wahrheiten dieser Wissenschaft vordringen will. Und sind die Vorstellungen der Geisteswissenschaften in Gefahr, bei Mangel an äußerster Sorgfalt in Dunkelheit und Verworrenheit zu verfallen, so ist die Herleitung in diesen Untersuchungen stets viel kürzer und es sind weniger Zwischenstufen bis zum Schlußsatz, als in den Wissenschaften, die von Größe und Zahl handeln. Und wirklich gibt es bei Euklid kaum einen noch so einfachen Lehrsatz, der nicht aus mehr Teilen bestünde, als sich in einem jeden Gedankengang der Geisteswissenschaften vorfinden, welcher nicht in Hirngespinste und Phantasien einmündet. Wo wir die Prinzipien des menschlichen Geistes durch ein paar Stufen wirklich verfolgen, da können wir sehr wohl mit unserem Fortschritt zufrieden sein, in der Erwägung, wie bald die Natur all unseren Untersuchungen über Ursachen einen Riegel vorschiebt und uns zum Eingeständnis unserer Unwissenheit nötigt. Das Haupthindernis unseres Vorwärtskommens in den Geistes- und metaphysischen Wissenschaften ist demnach die Dunkelheit der Vorstellungen und die Zweideutigkeit der Bezeichnungen. Die Hauptschwierigkeit in der Mathematik besteht in der Länge der Ableitungen und dem Umfang des Gedankenkreises, dessen man zur Gewinnung eines Schlußergebnisses bedarf. Vielleicht wird unser Fortschritt in der Naturwissenschaft hauptsächlich durch den Mangel geeigneter Erfahrungstatsachen und Erscheinungen verzögert, welche oft durch Zufall, und nicht immer, selbst bei emsiger und vorsichtigster Forschung, gefunden werden, wenn man sie braucht. Da die Geisteswissenschaft bisher weniger gefördert zu sein scheint als sowohl Geometrie wie Physik, so dürfen wir schließen: wenn in dieser Hinsicht Unterschiede zwischen den genannten Wissenschaften bestehen, so werden die Schwierigkeiten, die den Aufstieg der ersteren hindern, eben größere Sorgfalt und Fähigkeit zu ihrer Überwindung erfordern.

In der Metaphysik werden keine dunkleren und ungewisseren Vorstellungen angetroffen, als die der *Macht, Kraft, Energie* oder der *notwendigen Verknüpfung*, von welchen wir jeden Augenblick in all unseren Auseinandersetzungen zu handeln genötigt sind. Wir werden deshalb in diesem Abschnitt versuchen, womöglich die genaue Bedeutung dieser Ausdrücke festzustellen und dadurch teilweise die Dunkelheit zu beseitigen, über die in dieser Gattung der Philosophie so viel geklagt wird.

Vermutlich wird der Satz kaum bestritten werden, daß all unsere Vorstellungen nichts sind als Abbilder unserer Eindrücke, oder mit anderen Worten, daß es uns unmöglich ist, ein Ding zu *denken,* daß wir nicht zuvor entweder durch unsere äußeren oder inneren Sinne *empfunden* haben. Ich habe mich bemüht, diesen Satz zu erläutern und zu beweisen und die Hoffnung ausgesprochen, daß durch rechte Anwendung desselben die Menschen in ihren philosophischen Gedankengängen größere Klarheit und Bestimmtheit gewinnen mögen, als sie bisher je zu erlangen imstande waren. Zusammengesetzte Vorstellungen lassen sich vielleicht durch Definition gut kennen lernen, die ja nichts ist als eine Aufzählung jener Teile oder einfachen Vorstellungen, die sie zusammensetzen. Sind wir aber mit den Definitionen bis zu den einfachsten Vorstellungen gekommen und stoßen wir immer noch auf Zweideutigkeit und Dunkelheit: welche Hilfsquellen stehen uns dann noch zu Gebote? Durch welchen Einfall können wir Licht auf diese Vorstellungen werfen und sie dem geistigen Blick völlig scharf und bestimmt darstellen? Man zeige die Eindrücke oder ursprünglichen Gefühle auf, denen die Vorstellungen nachgebildet sind. Diese Eindrücke sind alle stark und sinnfällig. Sie lassen keine Zweideutigkeit zu. Sie liegen nicht nur selbst im hellen Licht, sondern könnten auch auf die ihnen entsprechenden Vorstellungen, die im Dunkel liegen, Licht werfen. Durch dies Mittel läßt sich vielleicht eine neue Art von Vergrößerungsglas oder Sehwerkzeug gewinnen, welches in den Geisteswissenschaften die feinsten und einfachsten Vorstellungen soweit vergrößert, daß sie leicht von uns erfaßt und uns ebensowohl bekannt werden, wie die gröbsten und sinnfälligsten Vorstellungen, die jemals unserer Untersuchung begegnen können.

Um uns also mit der Vorstellung der Kraft oder der notwendigen Verknüpfung ganz vertraut zu machen, wollen wir den ihr zugrunde liegenden Eindruck prüfen; und um diesen Eindruck mit größerer Gewißheit aufzufinden, wollen wir all die Quellen aufsuchen, aus denen er möglicherweise herstammen könnte.

Wenn wir uns unter äußeren Gegenständen umsehen und die Wirksamkeit der Ursachen betrachten, so sind wir in keinem einzigen Fall imstande, irgend eine Kraft oder notwendige Verknüpfung zu entdecken, irgendwelche Eigenschaft, die die Wirkung an die Ursache bände und die eine zur unfehlbaren Folge der anderen machte. Wir bemerken nur, daß die eine tatsächlich, in Wirklichkeit der anderen folgt. Den Anstoß der einen Billardkugel begleitet eine Bewegung der zweiten. Dies ist alles, was den *äußeren* Sinnen erscheint. Der Geist hat kein Gefühl oder keinen *inneren* Eindruck von dieser Folge der Gegenstände. Demgemäß gibt es in keinem einzelnen, bestimmten Falle von Ursache und Wirkung irgend etwas, das die Vorstellung der Kraft oder der notwendigen Verknüpfung erweckte.

Aus der ersten Erscheinung eines Gegenstandes läßt sich nie mutmaßen, welche Wirkung aus ihm entspringen wird. Könnte aber unser Geist die Kraft oder die Energie einer Ursache entdecken, so könnten wir die Wirkung, selbst ohne Erfahrung, vorhersehen und von vornherein mit Gewißheit darüber Aussage machen, durch die bloße Anstrengung des Denkens und der Vernunfttätigkeit.

In Wirklichkeit enthüllt uns kein Stück Materie je durch seine sinnlichen Eigenschaften irgend eine Kraft oder Energie, noch gibt es Veranlassung zu der Annahme, daß es irgend etwas hervorbringen oder einen anderen Gegenstand im Gefolge haben könne, den wir als seine Wirkung bezeichnen dürften. Festigkeit, Ausdehnung, Bewegung, diese Eigenschaften sind alle in sich abgeschlossen und weisen nie auf ein anderes Ereignis hin, das aus ihnen hervorgehen könnte. Die Weltbegebenheiten ziehen in stetigem Wechsel vorüber, ein Gegenstand reiht sich dem andern in ununterbrochener Folge an; aber die Macht oder Kraft, welche die ganze Maschine in Tätigkeit erhält, ist uns gänzlich verborgen und enthüllt sich nie in einer sinnlichen Eigenschaft der Körper. Wir wissen, daß tatsächlich die Hitze beständig die Flamme begleitet; was aber die Verknüpfung zwischen ihnen ausmacht, das auch nur zu vermuten oder zu ersinnen fehlt uns jeder Anhalt. Unmöglich kann daher die Vorstellung der Kraft von der Betrachtung der Körper in Einzelfällen ihrer Tätigkeit herstammen; denn kein Körper zeigt je eine Kraft, die das Urbild dieser Vorstellung abgeben könnte.

Da uns also äußere Gegenstände, wie sie den Sinnen erscheinen, durch ihre Tätigkeit in Einzelfällen keine Vorstellung von Kraft oder notwendiger Verknüpfung bieten, so wollen wir zusehen, ob diese Vorstellung durch Selbstbesinnung auf Tätigkeiten unseres eigenen Geistes gewonnen worden und einem inneren Eindruck nachgebildet sein könne. Es ließe sich behaupten, daß wir jeden Augenblick uns einer inneren Kraft bewußt sind; dort nämlich, wo wir empfinden, daß wir durch den bloßen Befehl unseres Willens die Glieder unseres Körpers bewegen oder die Vermögen des Geistes lenken können. Ein Willensakt erzeugt Bewegung unserer Gliedmaßen oder läßt eine neue Vorstellung in unserer Einbildung aufsteigen. Diesen Einfluß des Willens kennen wir durch unser Bewußtsein. Daher gewinnen wir die Vorstellung der Kraft oder Energie und die Gewißheit, daß wir selbst und alle vernünftigen Wesen mit Kraft begabt sind. Diese Vorstellung ist also eine Vorstellung der Selbstbesinnung, denn sie entspringt aus der Besinnung auf die eigenen geistigen Tätigkeiten und die Herrschaft des Willens über die Glieder des Körpers wie über die Vermögen der Seele.

Prüfen wir einmal diese Behauptung, und zwar zuerst den Einfluß des Wollens auf die Glieder unseres Leibes. Dieser Einfluß ist sicherlich eine Tatsache, die gleich allen anderen natürlichen Ereignissen einzig aus der Erfahrung bekannt werden kann, und niemals vorauszusehen ist aus irgend einer uns erscheinenden Energie oder Kraft in der Ursache, die letztere mit der Wirkung verknüpfte und die eine zur unfehlbaren Folge der anderen machte. Die Bewegung unseres Körpers folgt dem Befehl unseres Willens. Dessen sind wir uns jederzeit bewußt. Aber die Mittel, durch die dies bewirkt wird, die Energie, vermöge deren der Wille eine so außerordentliche Wirksamkeit entfaltet, sie sind uns so wenig unmittelbar bewußt, daß sie sich vielmehr für immer unserem eifrigsten Forschen entziehen.

Denn *ernstlich:* gibt es in der ganzen Natur ein geheimnisvolleres Prinzip, als die Verbindung von Seele und Körper, durch welche eine geistige Substanz, die wir voraussetzen, solchen Einfluß auf eine körperliche Substanz erlangt, daß der feinste Gedanke imstande ist, die gröbste Materie zu bewegen? Hätten wir die Macht, durch einen geheimen Wunsch Berge zu versetzen oder Planeten in ihrer Bahn zu beherrschen, so würde diese weitreichende Macht nicht außerordentlicher sein, noch in höherem Grade unser Verständnis übersteigen. Faßten wir durch unser Bewußtsein einer Kraft oder Energie in unserem Willen auf, so müßten wir diese Kraft auch kennen; so müßten wir ihre Verknüpfung mit der Wirkung kennen; so müßten wir die geheime Verbindung von Seele und Körper und die Natur dieser beiden Substanzen kennen, wodurch die eine befähigt ist, in so vielen Fällen auf die andere einzuwirken.

Zweitens: wir beherrschen die Bewegung aller Körperglieder nicht gleichmäßig; dennoch läßt sich kein anderer Grund außer der Erfahrung für solche merkwürdige Verschiedenheit zwischen den einen und den anderen beibringen. Warum hat der Wille Einfluß auf Zunge und Finger und nicht auf Herz und Leber? Diese Frage könnte uns nie in Verlegenheit setzen, wenn wir uns einer Kraft in ersterem Falle bewußt wären und in letzterem nicht. Wir würden dann unabhängig von Erfahrung auffassen, warum die Gewalt des Willens über die Glieder des Körpers in so besondere Grenzen eingeschlossen ist. In dem einen Falle durchaus mit der Kraft oder Macht vertraut, aus welcher er seine Wirksamkeit schöpft, wüßten wir auch, warum sein Einfluß genau bis zu diesem Umkreis reicht und nicht weiter.

Ein Mensch, der von plötzlicher Lähmung des Beines oder Armes befallen wird oder eben eines dieser Glieder verloren hat, bemüht sich häufig zuerst, sie zu bewegen und ihren gewohnten Dienst verrichten zu lassen. Hierbei hat er gerade so viel Bewußtsein von seiner Kraft, solche Gliedmaßen zu beherrschen, als ein völlig gesunder von der Kraft, ein in natürlichem Zustand befindliches Glied zu bewegen. Das Bewußtsein aber täuscht niemals. Folglich sind wir uns weder in dem einen noch in dem anderen Falle jemals irgend einer Kraft bewußt. Wir lernen den Einfluß des Willens lediglich aus der Erfahrung kennen; und die Erfahrung lehrt uns nur, wie ein Ereignis beständig dem anderen folgt, ohne uns über die geheime Verknüpfung zu unterrichten, die sie zusammenhält und unzertrennlich macht.

Drittens lehrt uns die Anatomie, daß der unmittelbare Gegenstand der Kraft bei freiwilliger Bewegung nicht das bewegte Glied selbst ist, sondern gewisse Muskeln, Nerven, Lebensgeister und vielleicht etwas noch Zarteres und Unbekannteres, wodurch sich die Bewegung fortgesetzt mitteilt, bevor sie das Glied selbst erreicht, dessen Bewegung der unmittelbare Gegenstand des Wollens ist. Kann es einen schlagenden Beweis dafür geben, daß die Kraft, durch welche dieser ganze Vorgang zustande kommt, anstatt uns durch ein inneres Gefühl oder Bewußtsein direkt und völlig bekannt zu sein, vielmehr im äußersten Grade rätselhaft und unbegreiflich ist? Der Geist will einen bestimmten Erfolg: unmittelbar wird ein anderer Erfolg hervorgerufen, uns selbst unbekannt und gänzlich verschieden von dem beabsichtigten; dieser Erfolg ruft einen anderen gleich unbekannten hervor, bis schließlich durch eine lange Reihenfolge der gewünschte Erfolg eintritt. Würde aber die ursprüngliche Kraft von uns empfunden, so müßte sie uns bekannt sein; wäre sie uns bekannt, so müßte auch ihre Wirkung uns bekannt sein, denn alle Kraft besteht in der Beziehung zu ihrer Wirkung. Und umgekehrt: ist die Wirkung nicht bekannt, so kann die Kraft weder gewußt noch empfunden werden. Wie sollten wir uns auch einer Kraft, unsere Glieder zu bewegen, bewußt sein, wenn wir solche Kraft gar nicht haben, vielmehr nur die, gewisse Lebensgeister zu bewegen, welche zwar zuletzt die Bewegung unserer Glieder hervorrufen, aber doch in einer uns ganz unbegreiflichen Weise wirksam sind?

Wir dürfen nun wohl aus alledem hoffentlich ohne Übereilung, wenn auch mit Sicherheit schließen, daß unsere Vorstellung der Kraft nicht das Abbild ist irgend eines Gefühls oder Bewußtseins von Kraft in unserem eigenen Innern beim Hervorrufen einer Bewegung in unserem Körper oder bei der zweckmäßigen Benutzung unserer Glieder. Daß deren Bewegung die Befehle des Willens befolgt, ist eine Tatsache der gemeinen Erfahrung, gleich anderen Naturereignissen; aber die Kraft oder Energie, durch welche dies bewirkt wird, ist gleich jener in anderen Naturvorgängen unbekannt und unvorstellbar.

Oder wollen wir jetzt behaupten, wir seien uns einer Kraft oder Energie in unserem eigenen Geiste da bewußt, wo wir durch einen Akt oder Befehl unseres Willens eine neue Vorstellung aufsteigen lassen, den Geist auf deren Betrachtung einstellen, sie nach allen Seiten wenden und sie endlich, wenn wir sie eingehend genug betrachtet zu haben glauben, für eine andere Vorstellung fahren lassen. Ich denke, dieselben Begründungen werden beweisen, daß selbst dieser Willensbefehl uns keine wirkliche Vorstellung von Kraft oder Energie verschafft.

Erstens muß man einräumen, daß wir mit der Kenntnis einer Kraft gerade den Umstand in der Ursache kennen müssen, durch den sie imstande ist, die Wirkung hervorzubringen. Denn beides gilt als gleichbedeutend. Wir müßten also sowohl die Ursache und die Wirkung, als auch die Beziehung zwischen ihnen kennen. Aber maßen wir uns an, mit dem Wesen der menschlichen Seele und dem Wesen einer Vorstellung, oder mit der Fähigkeit der einen, die andere hervorzubringen, vertraut zu sein? Dies ist eine wirkliche Schöpfung, eine Erschaffung des Etwas aus dem Nichts. Und dies schließt eine so große Kraft ein, daß sie auf den ersten Blick das Vermögen jedes nicht unendlichen Wesens zu übersteigen scheint. Mindestens muß zugegeben werden, daß eine solche Kraft nicht empfunden noch gewußt wird, ja sogar dem Geiste unvorstellbar ist. Wir empfinden nur das Ereignis, nämlich das Vorhandensein einer Vorstellung als Folge eines Willensbefehls; aber die Art, in der dieser Vorgang sich vollzieht, die Kraft, durch die er hervorgebracht wird, übersteigt völlig unser Verständnis.

Zweitens: die Gewalt des Geistes über sich selbst ist ebenso beschränkt wie die über den Leib; und diese Schranken lernt man nicht durch die Vernunft oder eine Einsicht in die Natur von Ursache und Wirkung kennen, sondern allein aus Erfahrung und Beobachtung, wie bei allen anderen Naturereignissen und Vorgängen der Außenwelt. Unsere Herrschaft über die Gefühle und Affekte ist weit schwächer als die über unsere Vorstellungen, und selbst die letztere ist in sehr enge Grenzen eingeschlossen. Wer getraute sich, den tiefsten Grund für diese Grenzen anzugeben oder zu zeigen, warum die Kraft in einem Falle versagt und in einem anderen nicht?

Drittens: Diese Beherrschung unseres Selbst ist zu verschiedenen Zeiten sehr verschieden. Ein Gesunder besitzt sie in höherem Maße als ein durch Krankheit Geschwächter. Wir sind am Morgen mehr Herr unserer Gedanken als am Abend, in nüchternem Zustande mehr, als nach einer reichlichen Mahlzeit. Können wir einen anderen Grund außer der Erfahrung für diese Abweichungen angeben? Wo bleibt also die Kraft, deren wir uns angeblich bewußt sind? Besteht nicht hier entweder in einer geistigen oder einer körperlichen Substanz oder in beiden ein geheimes Triebwerk oder ein Aufbau der Teile, von dem die Wirkung abhängt und der, uns gänzlich unbekannt, auch die Kraft oder Energie des Willens ebenso unbekannt und unbegreiflich macht?

Das Wollen ist unzweifelhaft ein geistiger Akt, mit dem wir hinlänglich vertraut sind. Denken wir einmal über ihn nach; betrachten wir ihn von allen Seiten. Findet sich darin irgend etwas, das dieser schöpferischen Kraft gliche, vermöge deren der Wille aus dem Nichts eine neue Vorstellung entstehen läßt und mit einer Art von »Es werde!« die Allmacht seines Schöpfers, wenn ich so sagen darf, nachahmt, der all die vielfältigen Erscheinungen der Natur ins Dasein rief? Wir sind weit entfernt, uns dieser Energie des Willens bewußt zu sein; vielmehr bedarf es einer so gesicherten Erfahrung, wie wir sie besitzen, um uns zu überzeugen, daß so außerordentliche Wirkungen je aus einem einfachen Akt des Wollens hervorgehen.

Die meisten Menschen finden es gar nicht schwer, die gewöhnlicheren und bekannteren Naturvorgänge zu erklären; so den Fall schwerer Körper, das Wachstum der Pflanzen, die Erzeugung der Tiere oder die Ernährung der Körper durch Lebensmittel. Sie bilden sich ein, in all diesen Fällen die Kraft oder Energie selbst aufzufassen, durch welche die Ursache mit der Wirkung verknüpft und ihre Wirksamkeit auf immer unfehlbar bestimmt ist. Durch lange Gewohnheit bildet sich eine solche Geistesrichtung bei ihnen aus, daß sie beim Auftreten der Ursache unmittelbar mit Sicherheit deren gewöhnliche Begleitung erwarten und es kaum für möglich halten, daß irgend ein anderer Erfolg daraus hervorgehen könne. Erst beim Auftreten außerordentlicher Erscheinungen, wie Erdbeben, Seuchen und Ungeheuerliches allerart, finden sie sich außerstande, eine passende Ursache anzugeben und die Art, wie die Wirkung aus ihr folgt, zu erklären. Gewöhnlich nimmt der Mensch in solcher Verlegenheit seine

Zuflucht zu einem unsichtbaren vernünftigen Prinzip als der unmittelbaren Ursache des überraschenden Ereignisses, das seiner Meinung nach durch die gewöhnlichen Naturkräfte nicht erklärt werden kann. Philosophen aber, die ihre Prüfung etwas weiter treiben, bemerken sofort, daß selbst in den gewohntesten Ereignissen die Energie der Ursache genau so unverständlich ist wie in den ungewohntesten, und daß wir nur durch Erfahrung den häufigen *Zusammenhang* von Gegenständen kennen lernen, ohne je etwas einer *Verknüpfung* ähnliches erfassen zu können. Da halten sich nun viele Philosophen aus Vernunftgründen für verpflichtet, in allen Lagen auf jenes selbe Prinzip zurückzugreifen, auf das der gewöhnliche Mensch nur in solchen Fällen, die wunderbar und übernatürlich erscheinen, sich beruft. Sie machen Geist und Intelligenz nicht zur letzten und ursprünglichen Ursache aller Dinge, sondern zur unmittelbaren und alleinigen Ursache jedes Ereignisses, das in der Natur erscheint. Sie behaupten, daß die gewöhnlich *Ursachen* benannten Dinge in Wirklichkeit lediglich *Gelegenheiten* sind und daß das wahre und unmittelbare Prinzip jeder Wirkung nicht irgend eine Macht oder Kraft in der Natur, sondern ein Willensakt des höchsten Wesens ist, welches bestimmt, daß solche besonderen Gegenstände auf immer miteinander zusammenhängen sollen. Anstatt zu sagen, eine Billardkugel bewege die andere durch eine Kraft, die sie von dem Schöpfer der Natur bezogen hat, erklären sie, es sei die Gottheit selbst, die durch einen besonderen Willensakt die zweite Kugel in Bewegung setzt, hierzu bestimmt durch den Anstoß der ersten Kugel, und zwar infolge jener allgemeinen Gesetze, welche sie sich selbst zur Regel in der Regierung der Welt gemacht hat. Nun entdecken aber die Philosophen im Fortgange der Untersuchung, daß wir nicht nur in gänzlicher Unwissenheit über die Kraft sind, auf der die gegenseitige Einwirkung der Körper beruht, sondern ebensowenig von jener Kraft wissen, auf der die Einwirkung von Geist auf Körper, oder von Körper auf Geist, beruht; auch sind wir weder durch unsere Sinne noch durch unser Bewußtsein imstande, das letzte Prinzip im einen Falle mehr als im anderen anzugeben. Die gleiche Unwissenheit nötigt sie also zum gleichen Schlusse: Sie behaupten, daß die Gottheit die unmittelbare Ursache der Einheit von Seele und Leib ist und daß es nicht die Sinnesorgane sind, die, durch äußere Gegenstände erregt, im Geiste Wahrnehmungen hervorbringen, sondern daß ein besonderer Willensakt unseres allmächtigen Schöpfers eine solche Wahrnehmung als Folge einer solchen Erregung im Organ auslöst. Gleicherweise ist es keinerlei Energie des Willens, die örtliche Bewegungen unserer Glieder hervorruft; es ist Gott selbst, dem es beliebt, unseren an sich ohnmächtigen Willen zu unterstützen und jene Bewegung zu gebieten, die wir irrtümlich unserer eigenen Kraft und Wirksamkeit zuschreiben. Auch bei dieser Schlußfolgerung bleiben die

Philosophen nicht stehen; manchesmal dehnen sie dieselbe auf den Geist selbst bei seiner inneren Tätigkeit aus. Unsere geistige Anschauung oder Bildung von Vorstellungen ist nur eine von unserem Schöpfer uns gewordene Offenbarung. Wenn wir unsere Gedanken freiwillig auf einen Gegenstand richten und sein Bild in der Einbildung erstehen lassen, so ist es nicht der Wille, der jene Vorstellung schafft; der Weltschöpfer entdeckt sie dem Geist und macht sie uns gegenwärtig.

So ist diesen Philosophen jedes Ding von Gott erfüllt. Nicht zufrieden mit dem Prinzip, daß nichts ohne seinen Willen besteht, daß keinem Ding Kraft eignet, die er nicht verleiht, berauben sie die Natur und alle erschaffenen Wesen jeder Kraft, um so ihre Abhängigkeit von der Gottheit fühlbarer und unmittelbarer zu machen. Sie übersehen, daß sie durch diese Theorie die Erhabenheit jener Eigenschaften verkleinern, nicht vergrößern, die sie so sehr zu rühmen vorgeben. Es spricht doch gewiß in höherem Maße für die Macht der Gottheit, wenn sie den untergeordneten Geschöpfen einen gewissen Grad von Kraft überweist, als wenn sie jedes Ding durch eigenen unmittelbaren Willensakt hervorbringt. Es zeugt von größerer Weisheit, von Anfang an das Weltgebäude mit solch vollendeter Voraussicht einzurichten, daß es von selbst und durch eigene Wirksamkeit allen Absichten der Vorsehung dienen kann, als wenn der große Schöpfer sich jeden Augenblick genötigt sähe, seine Teile zurechtzurükken und alle Räder jenes staunenswerten Triebwerks mit seinem Atem zu beleben.

Wünschen wir indessen eine mehr philosophische Widerlegung dieser Theorie, so genügen vielleicht die folgenden zwei Überlegungen:

Erstlich scheint mir, daß diese Theorie von der allgemeinen Energie und Wirksamkeit des höchsten Wesens zu kühn ist, um je Überzeugung bei einem Menschen hervorzurufen, der mit der Schwäche menschlicher Vernunft und den enggezogenen Grenzen all ihrer Tätigkeiten genügend vertraut ist. Wäre die Kette der Begründungen, die zu dieser Theorie führt, noch so logisch, es muß ein starker Verdacht, wenn nicht die volle Sicherheit entstehen, daß sie uns durchaus über den Bereich unserer Fähigkeiten gebracht hat, wenn sie zu so außerordentlichen, dem gewöhnlichen Leben und der Erfahrung so fernliegenden Schlüssen führt. Wir sind ins Märchenland geraten, lange ehe wir noch die letzten Stufen unserer Theorie erreichten; und *dort* haben wir keinen Grund, uns auf unsere gewöhnlichen Begründungsmethoden zu verlassen oder unseren üblichen Analogien und Wahrscheinlichkeiten Geltung zuzutrauen. Unsere Senkleine ist nicht lang genug, so ungeheure Abgründe zu loten. Und wie wir uns auch schmeicheln mögen, daß wir bei jedem unserer Schritte eine gewisse Wahrheitsähnlichkeit und Erfahrung zum Führer haben, so können wir doch sicher sein, daß diese vermeintliche Erfahrung dann ihre

Geltung besitzt, wenn wir sie so auf Gegenstände anwenden, die gänzlich außer dem Umkreis der Erfahrung liegen. Doch es bietet sich später Gelegenheit, diesen Punkt zu berühren.

Zweitens vermag ich in den Begründungen, auf die sich diese Theorie stützt, keine Überzeugungskraft zu sehen. Wir kennen allerdings nicht die Art, in der Körper aufeinander wirken; ihre Kraft oder Energie ist gänzlich unbegreiflich. Aber kennen wir nicht die Art oder Kraft ebensowenig, durch welche ein Geist, und selbst der höchste Geist, auf sich oder auf Körper wirkt? Woher, frage ich, gewinnen wir irgend eine Vorstellung davon? In uns haben wir kein Gefühl oder Bewußtsein dieser Kraft. Von dem höchsten Wesen haben wir keine andere Vorstellung, als wir aus der Selbstbesinnung auf unsere eigenen Fähigkeiten gewinnen. Wäre unsere Unkenntnis also ein guter Grund, irgend etwas zu verwerfen, so würde das uns zu dem Prinzip führen, jedwede Energie ebenso im höchsten Wesen wie in der gröbsten Materie zu verneinen. Wir begreifen doch sicherlich die Wirksamkeit des einen so wenig wie die der anderen. Ist es schwieriger, sich vorzustellen, daß Bewegung durch einen Anstoß, oder daß sie durch eine Willensregierung entsteht? Alles, was wir kennen, ist unsere tiefe Unwissenheit in beiden Fällen.

Zweiter Teil

Es wird Zeit, mit dieser Beweisführung, die sich schon zu sehr in die Länge zieht, abzuschließen: Wir haben vergebens nach einer Vorstellung von Kraft oder notwendiger Verknüpfung in all den Quellen gesucht, aus denen sie unserer Ansicht nach abfließen konnte. Es zeigt sich, daß wir in Einzelfällen der Wirksamkeit von Körpern auch mit äußerster Genauigkeit der Prüfung nie etwas anderes entdecken können, als daß ein Ereignis dem anderen folgt; aber wir sind nicht imstande, irgendwelche Kraft oder Macht zu begreifen, durch welche die Ursache wirkt, oder irgend eine Verknüpfung zwischen ihr und der angenommenen Wirkung. Dieselbe Schwierigkeit erhebt sich, wenn wir die Wirksamkeit des Geistes auf den Körper betrachten; hierbei beobachten wir, daß die Bewegung des letzteren der Willensregung des ersteren folgt, sind aber außerstande, das Band zu beobachten oder uns vorzustellen, das die Bewegung an die Willensregung knüpft, oder die Energie, vermittels deren der Geist diese Wirkung hervorbringt. Die Gewalt des Willens über seine eigenen Vermögen und Vorstellungen ist nicht eine Spur begreiflicher, so daß, im ganzen genommen, überall in der ganzen Natur sich nicht ein einziges Beispiel von Verknüpfung darbietet, das uns vorstellbar wäre. Alle Ereignisse erscheinen durchaus unzusammenhängend und vereinzelt. Ein Ereignis folgt dem anderen; aber nie können wir irgend ein Band zwischen ihnen beobachten. Sie scheinen *zusammenhängend,* doch nie *verknüpft:* Und da wir keine Vorstellung von etwas haben können, das nie unseren äußeren Sinnen noch dem inneren Gefühl sich darbot, so *scheint* die notwendige Schlußfolgerung zu lauten: daß wir überhaupt gar keine Vorstellung von Verknüpfung oder Kraft besitzen, und daß diese Wörter gänzlich ohne jeden Sinn sind, ob sie nun in philosophischen Gedankengängen oder im gewöhnlichen Leben angewandt werden.

Indes bleibt noch ein Weg, diesem Schluß zu entgehen, und eine Quelle, die wir noch nicht geprüft haben. Wenn sich uns ein Gegenstand oder Ereignis in der Natur darbietet, so ist es uns ohne Erfahrung unmöglich, mit noch so eindringlichem Scharfsinn zu entdecken, ja auch nur zu erdenken, was für ein Ereignis aus ihm folgen wird, oder mit unserer Voraussicht über den Gegenstand hinauszugelangen, der unmittelbar dem Gedächtnis oder den Sinnen vorliegt. Selbst wenn *ein* Beispiel oder eine Erfahrungstatsache uns beobachten ließ, daß ein bestimmtes Ereignis einem anderen folgte, so sind wir nicht berechtigt, eine allgemeine Regel zu bilden oder vorauszusagen, was in gleichen Fällen eintreten wird; denn mit Recht gilt es als unverzeihlicher Vorwitz, aus einer einzelnen, auch noch so genauen und gewissen Erfahrungstatsache, ein Urteil über den gesamten Naturlauf abzugeben. Wenn aber eine besondere Art von Ereignissen immer in allen Fällen im Zusammenhang mit einer anderen aufgetreten ist, so scheuen wir uns nicht, beim Erscheinen der einen die andere vorherzusagen und jenen Denkakt anzuwenden, der uns allein Tatsachen oder Dasein sicherstellt. Wir nennen dann den einen Gegenstand *Ursache,* den anderen *Wirkung.* Wir nehmen an, daß es irgend eine Verknüpfung zwischen beiden gibt, irgendwelche Kraft im einen, durch die er unfehlbar den anderen hervorbringt und mit größter Gewißheit und strengster Notwendigkeit wirkt.

Hiernach scheint es, daß die Vorstellung einer notwendigen Verknüpfung von Ereignissen ihren Ursprung in einer Häufung eingetretener gleichartiger Fälle hat, in denen beständig, diese Ereignisse im Zusammenhang standen; ein einzelner solcher Fall kann nie jene Vorstellung eingeben, wenn man ihn auch von allen Seiten beleuchtet und prüft. In einer Mehrzahl von Fällen findet sich aber nichts von jedem Einzelfalle Verschiedenes, der als ganz gleichartig mit ihnen angenommen wird, ausgenommen, daß nach einer Wiederholung gleichartiger Fälle der Geist aus Gewohnheit veranlaßt wird, beim Auftreten des einen Ereignisses dessen übliche Begleitung zu erwarten und zu glauben, daß sie ins Dasein treten werde. Diese Verknüpfung also, die wir im Geist *empfinden,* dieser gewohnheitsmäßige Übergang der Einbildung von einem Gegenstand zu seinem üblichen Begleiter ist das Gefühl oder der Eindruck, nach dem wir die Vorstellung von Kraft oder notwendiger Verknüpfung bilden. Weiter steckt nichts dahinter. Auch bei allseitiger Betrachtung der Frage läßt sich niemals ein anderer Ursprung jener Vorstellung auffinden. Es gibt nur diesen einen Unterschied zwischen einem Einzelfall, von dem wir nie die Vorstellung der Verknüpfung erhalten, und einer Anzahl gleichartiger Fälle, die uns dieselbe eingibt. Als zum ersten Male die Mitteilung einer Bewegung durch Stoß, wie etwa bei dem Zusammenpralle zweier Billardkugeln, von einem Menschen beobachtet wurde, konnte dieser nicht aussagen, daß das eine Ereignis mit dem anderen *verknüpft* war, sondern nur, daß das eine mit dem anderen in *Zusammenhang* stand. Nachdem er mehrere Beispiele dieser Art gesehen hat, erklärt er sie für *verknüpft*. Was hat sich so geändert, daß diese neue Vorstellung der *Verknüpfung* entstand? Weiter nichts, als daß er nun diese Ereignisse als in seiner Einbildung *verknüpft empfindet* und leicht das Dasein des einen aus dem Auftreten des anderen vorhersagen kann. Behaupten wir also, daß ein Gegenstand mit einem anderen verknüpft ist, so meinen wir nur, daß sie in unserem Denken eine Verknüpfung eingegangen sind und die Ableitung veranlassen, durch die sie zu Beweisen ihres beiderseitigen Daseins werden. Ein etwas außergewöhnlicher Schluß; doch er scheint sich auf ausreichende Evidenz zu gründen. Auch wird seine Evidenz durch mangelndes Selbstvertrauen des Verstandes im allgemeinen oder durch skeptischen Verdacht gegen jede Schlußfolgerung, die neu und außerordentlich ist, nicht geschwächt werden. Können doch keine Schlüsse dem Skeptizismus besser behagen als solche, welche die Schwäche und enge Begrenztheit der menschlichen Vernunft und Begabung aufdecken.

Läßt sich aber wohl ein schlagenderes Beispiel für die erstaunliche Unwissenheit und Schwäche des Verstandes beibringen, als eben dieses? Wenn es eine Beziehung zwischen Gegenständen gibt, deren vollkommene Kenntnis uns von Wichtigkeit ist, so ist es doch sicherlich die von Ursache und Wirkung. Auf sie gründen sich alle Denkakte in bezug auf Tatsachen oder Dasein. Nur durch sie allein erhalten wir Sicherheit über Gegenstände, die dem augenblicklichen Zeugnis des Gedächtnisses und der Sinne entrückt sind. Der einzige unmittelbare Nutzen aller Wissenschaften besteht darin, uns die Beherrschung und Regelung künftiger Ereignisse durch ihre Ursachen zu lehren. Unser Denken und Forschen ist demnach jederzeit mit dieser Beziehung beschäftigt: Und doch sind die Vorstellungen, die wir uns von ihr machen, dermaßen unvollkommen, daß es unmöglich ist, irgend eine andere richtige Definition der Ursache zu geben, als allein eine solche, die von einem außer ihr stehenden und ihr fremden Etwas abgezogen ist. Untereinander gleichartige Gegenstände hängen stets mit wieder untereinander gleichartigen zusammen. Dies sagt uns die Erfahrung. In Übereinstimmung mit dieser Erfahrung mögen wir also eine Ursache definieren als: *einen Gegenstand, dem ein anderer folgt, wobei allen Gegenständen, die dem ersten gleichartig sind, Gegenstände folgen, die dem zweiten gleichartig sind.* Oder mit anderen Worten: *wobei, wenn der erste Gegenstand nicht bestanden hätte, der zweite nie ins Dasein getreten wäre.* Die Erscheinung einer Ursache führt stets den Geist, durch einen gewohnheitsmäßigen Übergang, zur Vorstellung der Wirkung. Auch dies lehrt uns die Erfahrung. Deshalb mögen wir, jetzt in Übereinstimmung mit dieser Erfahrung, eine andere Definition der Ursache bilden und sie bezeichnen als: *einen Gegenstand, dem ein anderer folgt, und dessen Erscheinen stets das Denken zu jenem andern führt.* Haben wir nun auch diese beiden Definitionen von Umständen hergeleitet, die der Ursache fremd sind, so läßt sich diesem Übelstand eben nicht abhelfen und eine vollkommenere Definition nicht erreichen, die jenen Umstand in der Ursache aufzeigte, der ihr eine Verknüpfung mit ihrer Wirkung gibt. Wir haben keine Vorstellung von dieser Verknüpfung, nicht einmal irgend einen deutlichen Begriff dessen, was wir eigentlich zu kennen wünschen, wenn wir uns um ein Vorstellungsbild von ihr bemühen. Wir sagen z. B., die Schwingung dieser Saite ist die Ursache dieses bestimmten Tons. Was aber meinen wir mit dieser Behauptung? Entweder meinen wir: *daß auf diese Schwingung dieser Ton folgt und daß allen gleichartigen Schwingungen gleichartige Töne gefolgt sind;* oder: *daß auf diese Schwingung dieser Ton folgt und daß beim Erscheinen des einen der Geist den Sinnen vorgreift und unmittelbar die Vorstellung des anderen bildet.* Die Beziehung von Ursache und Wirkung läßt sich unter diesen beiden Gesichtspunkten betrachten, darüber hinaus haben wir von ihr keine Vorstellung.

Fassen wir die Gedankengänge dieses Abschnitts zusammen, so ist jede Vorstellung einem vorhergehenden Eindruck oder Gefühl nachgebildet; und wo keinerlei Eindruck sich finden läßt, da können wir gewiß sein, daß keine Vorstellung vorhanden ist. In allen Einzelfällen von körperlicher oder geistiger Wirksamkeit hinterläßt nichts den Eindruck und kann folglich auch nichts die Vorstellung von Kraft oder notwendiger Verknüpfung eingeben. Wenn aber viele gleichförmige Beispiele auftreten und demselben Gegenstand immer dasselbe Ereignis folgt, dann beginnen wir den Begriff von Ursache und Verknüpfung zu bilden. Wir *empfinden* nun ein neues Gefühl oder einen Eindruck, nämlich eine gewohnheitsmäßige Verknüpfung im Denken oder der Einbildung zwischen einem Gegenstand und seiner üblichen Begleitung; und dieses Gefühl ist das Urbild jener Vorstellung, das wir suchen. Da nämlich diese Vorstellung aus einer Anzahl gleichartiger Fälle entsteht, dagegen nicht aus irgend einem Einzelfalle, so muß sie aus jenem Umstand entstehen, worin die Anzahl von Fällen sich von jedem einzelnen Fall unterscheidet. Nun ist diese gewohnheitsmäßige Verknüpfung oder Überleitung der Einbildung der einzige

Umstand, in dem sie sich unterscheiden. In jeder anderen Eigenschaft sind sie sich gleich. Der erste Fall von vermittelter Bewegung durch den Zusammenstoß zweier Billardkugeln, den wir gesehen haben (um dies einleuchtende Beispiel wieder aufzunehmen), gleicht durchaus jedem möglichen Falle, der uns heute begegnen könnte; nur darin nicht, daß wir zuerst nicht ein Ereignis aus dem anderen *ableiten* konnten, jetzt aber nach einer so langen Reihe gleichförmiger Erfahrungen hierzu instand gesetzt sind. Ich weiß nicht, ob der Leser diesen Gedankengang leicht fassen wird; nur fürchte ich, wenn ich mehr Worte darüber verlöre oder den Gegenstand noch von verschiedenen Seiten beleuchtete, so würde er dadurch nur dunkler und verwickelter werden. In allen abstrakten Gedankengängen gibt es einen Gesichtspunkt, der, wenn wir ihn glücklich treffen, besser zur Verdeutlichung des Gegenstandes dient, als alle Beredsamkeit und aller Wortreichtum der Welt. Diesen Gesichtspunkt sollten wir zu gewinnen trachten und die Blüten der Redekunst für Gegenstände sparen, die sich besser dazu eignen.

Gotthold Ephraim Lessing

Lessings Lebenszeit fällt zusammen mit der Blütezeit der deutschen Aufklärung. In seinem Todesjahr erschien Kants *Kritik der reinen Vernunft*. Sein eigenes Denken, das auch in seinen Dichtungen mannigfache Widerspiegelung findet, ist durch seine ungewöhnliche Rezeptivität geprägt. Die Ideen der englischen wie der französischen Aufklärung sind dem ungeheuer belesenen Lessing auf mannigfachen Wegen zugeströmt, und wenn er auch weniger ein Philosoph als ein philosophischer Kritiker aller orthodoxen Rückständigkeit war, faßt sich in seinem scharfen und hellen Geiste doch das Wesentliche dessen zusammen, was die großen Klassiker der philosophischen Aufklärung, insbesondere Spinoza und Leibniz, der künftigen Entwicklung des Denkens vorgearbeitet hatten. Die Schrift *Die Erziehung des Menschengeschlechts* vom Jahre 1780, der letzte von Lessing herausgegebene Traktat, zieht aus den philosophischen Ideen der Leibnizschen Monadologie geschichtsphilosophische Folgerungen. Dabei hat Lessing selber die Schrift als exoterisch gekennzeichnet, indem er die Fiktion machte, nur als Herausgeber eines Manuskriptes unbekannter Herkunft tätig zu sein. Die eigentliche Fiktion aber, die den gedanklichen Aufbau der Schrift trägt, ist der Gedanke der Erziehung, durch den sich die Einsicht natürlicher Vernunft mit der Weisheit der übernatürlichen Offenbarung vermittelt. Es ist nicht leicht auszumachen – und soll wohl auch nicht klar sein –, ob die Versöhnung von Vernunft und Offenbarung, die Lessing hier vorträgt, einen echten Offenbarungsglauben voraussetzt. Das aus der gleichen Zeit berichtete Gespräch Jacobis mit Lessing über Spinoza, das wir in unserem Jacobi-Text wiedergeben, spricht eher dafür, daß Lessing sich hier den offiziellen Anschauungen einer mit dem Christentum verbündeten Aufklärung angepaßt hat. Kühn genug bleibt die Weise, wie er die Geschichte des auserwählten Volkes als eine Erziehung zum wahren Gottesglauben deutet, wie er die hohe Kultur und Weisheit des heidnischen Denkens, mit dem er vor allem das der Perser und der Griechen gemeint haben wird, mit dem durch Gottes Vorsehung erzogenen jüdischen Volke verbündet und in Christus den ersten praktischen Lehrer des Menschengeschlechts und insbesondere den Lehrer der Unsterblichkeit der Seele sieht. Die Mittel, mit denen er die christliche Dogmatik der Vernunfteinsicht anzunähern sucht, sind nicht immer sehr wählerisch. Wichtiger ist der Grundsatz, daß die Anwendung der Vernunft auf die Lehren der christlichen Offenbarung niemals eine Gefahr für den Glauben oder die bürgerliche Gesellschaft bedeuten kann. Daß am Ende der Zeiten eine Versöhnung von Offenbarung und Vernunft kommen werde, die Zeit eines neuen, ewigen Evangeliums, erscheint ihm als eine logische Notwendigkeit, sofern der ganze Weg des Menschengeschlechtes überhaupt auf ein Ziel bezogen werden soll. Das aber ist die Grundannahme, von der er in seiner Schrift ausgeht, daß die göttliche Weisheit es mit dem Menschengeschlechte nicht schlechter anfangen werde, als die menschliche Weisheit von Eltern und Erziehern es mit dem einzelnen Kinde tut: in Anpassung an sein Lebensalter und seine Entwicklung den Übergang zur mündigen Reife, wenn auch vielleicht mit vielen Umwegen und Rückschlägen, herbeizuführen.

Lessings kleine Schrift sprengt das Schultempo der Paragrapheneinteilung immer wieder durch dramatische Exklamationen und verwegene Fragen. Das hier angeschlagene Thema, von dem Entwicklungsgedanken der Leibnizschen Philosophie getragen, leitet in den idealistischen Gedanken der Selbstentwicklung des Geistes hinüber. Das macht seinen eigentümlichen Reiz aus. Auch in der zahmen Verstellung eines exoterischen Versuchs bleibt Lessings Handschrift unverkennbar die des unerschrockenen Kämpfers für die Vernunft.

Die Erziehung des Menschengeschlechts

> Haec omnia inde esse in quibusdam vera,
> unde in quibusdam falsa sunt.
> Augustinus

Vorbericht des Herausgebers

Ich habe die erste Hälfte dieses Aufsatzes in meinen *Beiträgen* bekannt gemacht. Itzt bin ich imstande, das übrige nachfolgen zu lassen.

Der Verfasser hat sich darin auf einen Hügel gestellt, von welchem er etwas mehr als den vorgeschriebenen Weg seines heutigen Tages zu übersehen glaubt.

Aber er ruft keinen eilfertigen Wanderer, der nur das Nachtlager bald zu erreichen wünscht, von seinem Pfade. Er verlangt nicht, daß die Aussicht, die ihn entzücket, auch jedes andere Auge entzücken müsse.

Und so, dächte ich, könnte man ihn ja wohl stehen und staunen lassen, wo er stehet und staunt!

Wenn er aus der unermeßlichen Ferne, die ein sanftes Abendrot seinem Blicke weder ganz verhüllt noch ganz entdeckt, nun gar einen Fingerzeig mitbrächte, um den ich oft verlegen gewesen!

Ich meine diesen. – Warum wollen wir in allen positiven Religionen nicht lieber weiter nichts als den Gang erblicken, nach welchem sich der menschliche Verstand jedes Ortes einzig und allein entwickeln können und noch ferner entwickeln soll; als über eine derselben entweder lächeln oder zürnen? Diesen unseren Hohn, diesen unseren Unwillen verdiente in der besten Welt nichts: und nur die Religionen sollten ihn verdienen? Gott hätte seine Hand bei allem im Spiel: nur bei unseren Irrtümern nicht?

Die Erziehung des Menschengeschlechts

§ 1. Was die Erziehung bei dem einzelnen Menschen ist, ist die Offenbarung bei dem ganzen Menschengeschlechte.

§ 2. Erziehung ist Offenbarung, die dem einzelnen Menschen geschieht: und Offenbarung ist Erziehung, die dem Menschengeschlechte geschehen ist und noch geschieht.

§ 3. Ob die Erziehung aus diesem Gesichtspunkte zu betrachten in der Pädagogik Nutzen haben kann, will ich hier nicht untersuchen. Aber in der Theologie kann es gewiß sehr großen Nutzen haben und viele Schwierigkeiten heben, wenn man sich die Offenbarung als eine Erziehung des Menschengeschlechts vorstellet.

§ 4. Erziehung gibt dem Menschen nichts, was er nicht auch aus sich selbst haben könnte: sie gibt ihm das, was er aus sich selber haben könnte, nur geschwinder und leichter. Also gibt auch die Offenbarung dem Menschengeschlechte nichts, worauf die menschliche Vernunft, sich selbst überlassen, nicht auch kommen würde: sondern sie gab und gibt ihm die wichtigsten dieser Dinge nur früher.

§ 5. Und so wie es der Erziehung nicht gleichgültig ist, in welcher Ordnung sie die Kräfte des Menschen entwickelt; wie sie dem Menschen nicht alles auf einmal beibringen kann: ebenso hat auch Gott bei seiner Offenbarung eine gewisse Ordnung, ein gewisses Maß halten müssen.

§ 6. Wenn auch der erste Mensch mit einem Begriffe von einem einigen Gott sofort ausgestattet wurde, so konnte doch dieser mitgeteilte und nicht erworbene Begriff unmöglich lange in seiner Lauterkeit bestehen. Sobald ihn die sich selbst überlassene menschliche Vernunft zu bearbeiten anfing, zerlegte sie den Einzigen, Unermeßlichen in mehrere Ermeßlichere und gab jedem dieser Teile ein Merkzeichen.

§ 7. So entstand natürlicherweise Vielgötterei und Abgötterei. Und wer weiß, wie viele Millionen Jahre sich die menschliche Vernunft noch in diesen Irrwegen würde herumgetrieben haben – ungeachtet überall und zu allen Zeiten einzelne Menschen erkannten, daß es Irrwege waren – wenn es Gott nicht gefallen hätte, ihr durch einen neuen Stoß eine bessere Richtung zu geben!

§ 8. Da er aber einem jeden *einzelnen Menschen* sich nicht mehr offenbaren konnte, noch wollte, so wählte er sich ein *einzelnes Volk* zu seiner besonderen Erziehung; und eben das ungeschliffenste, das verwildertste, um mit ihm ganz von vorne anfangen zu können.

§ 9. Dies war das israelitische Volk, von welchem man gar nicht einmal weiß, was es für einen Gottesdienst in Ägypten hatte. Denn an dem Gottesdienste der Ägyptier durften so verachtete Sklaven nicht teilnehmen, und der Gott seiner Väter war ihm gänzlich unbekannt geworden.

§ 10. Vielleicht, daß ihm die Ägyptier allen Gott, alle Götter ausdrücklich untersagt hatten; es in den Glauben gestürzt hatten, es habe gar keinen Gott, gar keine Götter; Gott, Götter haben, sei nur ein Vorrecht der besseren Ägyptier, und das, um es mit so viel größerem Anscheine von Billigkeit tyrannisieren zu dürfen. – Machen Christen es mit ihren Sklaven noch itzt viel anders? –

§ 11. Diesem rohen Volke also ließ sich Gott anfangs bloß als den Gott seiner Väter ankündigen, um es nur erst mit der Idee eines auch ihm zustehenden Gottes bekannt und vertraut zu machen.

§ 12. Durch die Wunder, mit welchen er es aus Ägypten führte und in Kanaan einsetzte, bezeigte er sich ihm gleich darauf als einen Gott, der mächtiger sei als irgendein anderer Gott.

§ 13. Und indem er fortfuhr, sich ihm als den Mächtigsten von allen zu bezeigen – welches doch nur *einer* sein kann, – gewöhnte er es allmählich zu dem Begriffe des *Einigen.*

§ 14. Aber wie weit war dieser Begriff des Einigen noch unter dem wahren transzendentalen Begriffe des Einigen, welchen die Vernunft so spät erst aus dem Begriffe des Unendlichen mit Sicherheit schließen lernen!

§ 15. Zu dem wahren Begriffe des Einigen – wenn sich ihm auch schon die Besseren des Volks mehr oder weniger näherten – konnte sich doch das Volk lange nicht erheben: und dieses war die einzige wahre Ursache, warum es so oft seinen Einigen Gott verließ und den Einigen, d. i. Mächtigsten, in irgendeinem andern Gotte eines andern Volks zu finden glaubte.

§ 16. Ein Volk aber, das so roh, so ungeschickt zu abgezogenen Gedanken war, noch so völlig in seiner Kindheit war, was war es für einer *moralischen* Erziehung fähig? Keiner andern, als die dem Alter der Kindheit entspricht. Der Erziehung durch unmittelbare sinnliche Strafen und Belohnungen.

§ 17. Auch hier also treffen Erziehung und Offenbarung zusammen. Noch konnte Gott seinem Volke keine andere Religion, kein anderes Gesetz geben als eines, durch dessen Beobachtung oder Nichtbeobachtung es hier auf Erden glücklich oder unglücklich zu werden hoffte oder fürchtete. Denn weiter als auf dieses Leben gingen noch seine Blicke nicht. Es wußte von keiner Unsterblichkeit der Seele; es sehnte sich nach keinem künftigen Leben. Ihm aber nun schon diese Dinge zu offenbaren, welchen seine Vernunft so wenig gewachsen war: was würde es bei Gott anders gewesen sein, als der Fehler des eitlen Pädagogen, der sein Kind lieber übereilen und mit ihm prahlen als gründlich unterrichten will.

§ 18. Allein wozu, wird man fragen, diese Erziehung eines so rohen Volkes, eines Volkes, mit welchem Gott so ganz von vorne anfangen mußte? Ich antworte: um in der Folge der Zeit einzelne Glieder desselben so viel sicherer zu Erziehern aller übrigen Völker brauchen zu können. Er erzog in ihm die künftigen Erzieher des Menschengeschlechts. Das wurden Juden, das konnten nur Juden werden, nur Männer aus einem so erzogenen Volke.

§ 19. Denn weiter. Als das Kind unter Schlägen und Liebkosungen aufgewachsen und nun zu Jahren des Verstandes gekommen war, stieß es der Vater auf einmal in die Fremde; und hier erkannte es auf einmal das Gute, das es in seines Vaters Hause gehabt und nicht erkannt hatte.

§ 20. Während daß Gott sein erwähltes Volk durch alle Staffeln einer kindischen Erziehung führte, waren die andern Völker des Erdbodens bei dem Lichte der Vernunft ihren Weg fortgegangen. Die meisten derselben waren weit hinter dem erwählten Volke zurückgeblieben, nur einige waren ihm zuvorgekommen. Und auch das geschieht bei Kindern, die man für sich aufwachsen läßt; viele bleiben ganz roh, einige bilden sich zum Erstaunen selbst.

§ 21. Wie aber diese glücklicheren einige nichts gegen den Nutzen und die Notwendigkeit der Erziehung beweisen, so beweisen die wenigen heidnischen Völker, die selbst in der Erkenntnis Gottes vor dem erwählten Volke noch bis itzt einen Vorsprung zu haben schienen, nichts gegen die Offenbarung. Das Kind der Erziehung fängt mit langsamen, aber sicheren Schritten an; es holt manches glücklicher organisierte Kind der Natur spät ein; aber es holt es doch ein und ist alsdann nie wieder von ihm einzuholen.

§ 22. Auf gleiche Weise. Daß, – die Lehre von der Einheit Gottes beiseite gesetzt, welche in den Büchern des Alten Testaments sich findet und sich nicht findet – daß, sage ich, wenigstens die Lehre von der Unsterblichkeit der Seele und die damit verbundene Lehre von Strafe und Belohnung in einem künftigen Leben darin völlig fremd sind, beweist ebensowenig wider den göttlichen Ursprung dieser Bücher. Es kann demungeachtet mit allen darin enthaltenen Wundern und Prophezeiungen seine gute Richtigkeit haben. Denn laßt uns setzen, jene Lehren würden nicht allein darin *vermißt,* jene Lehren wären auch sogar *nicht* einmal *wahr;* laßt uns setzen, es wäre wirklich für die Menschen in diesem Leben alles aus: wäre darum das Dasein Gottes minder erwiesen? stünde es darum Gott minder frei, würde es darum Gott minder ziemen, sich der zeitlichen Schicksale irgendeines Volkes aus diesem vergänglichen Geschlechte unmittelbar anzunehmen? Die Wunder, die er für die Juden tat, die Prophezeiungen, die er durch sie aufzeichnen ließ, waren ja nicht bloß für die wenigen sterblichen Juden, zu deren Zeiten sie geschahen und aufgezeichnet wurden: er hatte seine Absichten damit auf das ganze jüdische Volk, auf das ganze Menschengeschlecht, die hier auf Erden vielleicht ewig dauern sollen, wenn schon jeder einzelne Jude, jeder einzelne Mensch auf immer dahin stirbt.

§ 23. Noch einmal. Der Mangel jener Lehren in den Schriften des Alten Testaments beweiset wider ihre Göttlichkeit nichts. Moses war doch von Gott gesandt, obschon die Sanktion seines Gesetzes sich nur auf dieses Leben erstreckte. Denn warum weiter? Er war ja nur an das *israelitische* Volk, an das *damalige* israelitische Volk gesandt, und sein Auftrag war den Kenntnissen, den Fähigkeiten, den Neigungen dieses *damaligen* israelitischen Volks, sowie der Bestimmung des *künftigen,* vollkommen angemessen. Das ist genug.

§ 24. So weit hätte *Warburton* auch nur gehen müssen, und nicht weiter. Aber der gelehrte Mann überspannte den Bogen. Nicht zufrieden, daß der Mangel jener Lehren der göttlichen Sendung Mosis nichts schade: er sollte ihm die göttliche Sendung Mosis sogar beweisen. Und wenn er diesen Beweis noch aus der Schicklichkeit eines solchen Gesetzes für ein solches Volk zu führen gesucht hätte! Aber er nahm seine Zuflucht zu einem von Mose bis auf Christum ununterbrochen fortdauernden Wunder, nach welchem Gott einen jeden einzelnen Juden gerade so glücklich oder unglücklich gemacht habe, als es dessen Gehorsam oder Ungehorsam gegen das Gesetz verdiente. Dieses Wunder habe den Mangel jener Lehren, ohne welche kein Staat bestehen könne, ersetzt; und eine solche Ersetzung eben beweise, was jener Mangel auf den ersten Anblick zu verneinen scheine.

§ 25. Wie gut war es, daß *Warburton* dieses anhaltende Wunder, in welches er das Wesentliche der israelitischen Theokratie setzte, durch nichts erhärten, durch nichts wahrscheinlich machen konnte. Denn hätte er das gekonnt, wahrlich – alsdann erst hätte er die Schwierigkeit unauflöslich gemacht. – Mir wenigstens. – Denn was die Göttlichkeit der Sendung Mosis wieder herstellen sollte, würde an der Sache selbst zweifelhaft gemacht haben, die Gott zwar damals nicht mitteilen, aber doch gewiß auch nicht erschweren wollte.

§ 26. Ich erkläre mich an dem Gegenbilde der Offenbarung. Ein Elementarbuch für Kinder darf gar wohl dieses oder jenes wichtige Stück der Wissenschaft oder Kunst, die es vorträgt, mit Stillschweigen übergehen, von dem der Pädagog urteilte, daß es den Fähigkeiten der Kinder, für die er schrieb, noch nicht angemessen sei. Aber es darf schlechterdings nichts enthalten, was den Kindern den Weg zu den zurückbehaltenen wichtigen Stücken versperre oder verlege. Vielmehr müssen ihnen alle Zugänge zu denselben sorgfältig offen gelassen werden, und sie nur von einem einzigen dieser Zugänge ableiten oder verursachen, daß sie denselben später betreten, würde allein die Unvollständigkeit des Elementarbuches zu einem wesentlichen Fehler desselben machen.

§ 27. Also auch konnten in den Schriften des Alten Testaments, in diesen Elementarbüchern für das rohe und im Denken ungeübte israelitische Volk, die Lehre von der Unsterblichkeit der Seele und künftigen Vergeltung gar wohl mangeln: aber enthalten durften sie schlechterdings nichts, was das Volk, für das sie geschrieben waren, auf dem Wege zu dieser großen Wahrheit auch nur verspätet hätte. Und was hätte es, wenig zu sagen, mehr dahin *verspätet,* als wenn jene wunderbare Vergeltung in diesem Leben darin wäre versprochen, und von dem wäre versprochen worden, der nichts verspricht, was er nicht hält?

§ 28. Denn, wenn schon aus der ungleichen Austeilung der Güter dieses Lebens, bei der auf Tugend und Laster so wenig Rücksicht genommen zu sein scheinet, eben nicht der strengste Beweis für die Unsterblichkeit der Seele und für ein anderes Leben, in welchem jener Knoten sich auflöse, zu führen: so ist doch wohl gewiß, daß der menschliche Verstand ohne jenen Knoten noch lange nicht – und vielleicht auch nie – auf bessere und strengere Beweise gekommen wäre. Denn was sollte ihn antreiben können, diese besseren Beweise zu suchen? Die bloße Neugierde?

§ 29. Der und jener Israelite mochte freilich wohl die göttlichen Versprechungen und Androhungen, die sich auf den gesamten Staat bezogen, auf jedes einzelne Glied desselben erstrecken und in dem festen Glauben stehen, daß, wer fromm sei, auch glücklich sein müsse, und, wer unglücklich sei oder werde, die Strafe seiner Missetat trage, welche sich sofort wieder in Segen verkehre, sobald er von seiner Missetat ablasse. – Ein solcher scheinet den Hiob geschrieben zu haben; denn der Plan desselben ist ganz in diesem Geiste. –

§ 30. Aber unmöglich durfte die tägliche Erfahrung diesen Glauben bestärken: oder es war auf immer bei dem Volke, das diese Erfahrung hatte, *auf immer* um die Erkennung und Aufnahme der ihm noch ungeläufigen Wahrheit geschehen. Denn wenn der Fromme schlechterdings glücklich war, und es zu seinem Glücke doch wohl auch mit gehörte, daß seine Zufriedenheit keine schrecklichen Gedanken des Todes unterbrachen, daß der alt und *lebenssatt* starb, wie konnte er sich nach einem andern Leben sehnen? wie konnte er über etwas nachdenken, wonach er sich nicht sehnte? Wenn aber der Fromme darüber nicht nachdachte, wer sollte es denn? Der Bösewicht? der die Strafe seiner Missetat fühlte, und wenn er dieses Leben verwünschte, so gern auf jedes andere Leben Verzicht tat?

§ 31. Weit weniger verschlug es, daß der und jener Israelite die Unsterblichkeit der Seele und künftige Vergeltung, weil sich das Gesetz nicht darauf bezog, geradezu und ausdrücklich leugnete. Das Leugnen eines einzelnen – wäre es auch ein Salomo gewesen – hielt den Fortgang des gemeinen Verstandes nicht auf und war an und für sich selbst schon ein Beweis, daß das Volk nun einen großen Schritt der Wahrheit näher gekommen war. Denn einzelne leugnen nur, was mehrere in Überlegung ziehen; und in Überlegung ziehen, warum man sich vorher ganz und gar nicht bekümmerte, ist der halbe Weg zur Erkenntnis.

§ 32. Laßt uns auch bekennen, daß es ein heroischer Gehorsam ist, die Gesetze Gottes beobachten, bloß weil es Gottes Gesetze sind, und nicht, weil er die Beobachter derselben hier und dort zu belohnen verheißen hat; sie beobachten, ob man schon an der künftigen Belohnung ganz verzweifelt und der zeitlichen auch nicht so ganz gewiß ist.

§ 33. Ein Volk, in diesem heroischen Gehorsame gegen Gott erzogen, sollte es nicht bestimmt, sollte es nicht vor allen andern fähig sein, ganz besondere göttliche Absichten auszuführen? – Laßt den Soldaten, der seinem Führer blinden Gehorsam leistet, nun auch von der Klugheit seines Führers überzeugt werden, und sagt, was dieser Führer mit ihm auszuführen sich nicht unterstehen darf! –

§ 34. Noch hatte das jüdische Volk in seinem Jehovah mehr den mächtigsten, als den weisesten aller Götter verehrt; noch hatte es ihn als einen eifrigen Gott mehr gefürchtet als geliebt: auch dieses zum Beweise, daß die Begriffe, die es von seinem höchsten einigen Gott hatte, nicht eben die rechten Begriffe waren, die wir von Gott haben müssen. Doch nun war die Zeit da, daß diese seine Begriffe erweitert, veredelt, berichtiget werden sollten, wozu sich Gott eines ganz natürlichen Mittels bediente; eines besseren, richtigeren Maßstabes, nach welchem es ihn zu schätzen Gelegenheit bekam.

§ 35. Anstatt daß es ihn bisher nur gegen die armseligen Götzen der kleinen benachbarten rohen Völkerschaften geschätzt hatte, mit welchen es in beständiger Eifersucht lebte, fing es in der Gefangenschaft unter dem weisen Perser an, ihn gegen das Wesen aller Wesen zu messen, wie das eine geübtere Vernunft erkannte und verehrte.

§ 36. Die Offenbarung hatte seine Vernunft geleitet, und nun erhellte die Vernunft auf einmal seine Offenbarung.

§ 37. Das war der erste wechselseitige Dienst, den beide einander leisteten; und dem Urheber beider ist ein solcher gegenseitiger Einfluß so wenig unanständig, daß ohne ihn eines von beiden überflüssig sein würde.

§ 38. Das in die Fremde geschickte Kind sah andere Kinder, die mehr wußten, die anständiger lebten, und fragte sich beschämt: warum weiß ich das nicht auch? warum lebe ich nicht auch so? Hätte in meines Vaters Hause man mir das nicht auch beibringen, dazu mich nicht auch anhalten sollen? Da sucht es seine Elementarbücher wieder vor, die ihm längst zum Ekel geworden, um die Schuld auf die Elementarbücher zu schieben. Aber siehe! es erkennet, daß die Schuld nicht an den Büchern liege, daß die Schuld ledig sein eigen sei, warum es nicht längst eben das wisse, ebenso lebe.

§ 39. Da die Juden nunmehr, auf Veranlassung der reineren persischen Lehre, in ihrem Jehovah nicht bloß den größten aller Nationalgötter, sondern Gott erkannten; da sie ihn als solchen in ihren wieder hervorgesuchten heiligen Schriften um so eher finden und andern zeigen konnten, als er wirklich darin war; da sie vor allen sinnlichen Vorstellungen desselben einen ebenso großen Abscheu bezeigten oder doch in diesen Schriften zu haben angewiesen wurden, als die Perser nur immer hatten: was Wunder, daß sie vor den Augen des Cyrus mit einem Gottesdienste Gnade fanden, den er zwar noch weit unter dem reinen Sabeismus, aber doch auch weit über die groben Abgöttereien zu sein erkannte, die sich dafür des verlassenen Landes der Juden bemächtiget hatten?

§ 40. So erleuchtet über ihre eigenen unerkannten Schätze kamen sie zurück und wurden ein ganz anderes Volk, dessen erste Sorge es war, diese Erleuchtung unter sich dauerhaft zu machen. Bald war an Abfall und Abgötterei unter ihm nicht mehr zu denken. Denn man kann einem Nationalgott wohl untreu werden, aber nie Gott, sobald man ihn einmal erkannt hat.

§ 41. Die Gottesgelehrten haben diese gänzliche Veränderung des jüdischen Volkes verschiedentlich zu erklären gesucht; und einer, der die Unzulänglichkeit aller dieser verschiedenen Erklärungen sehr wohl gezeigt hat, wollte endlich »die augenscheinliche Erfüllung der über die Babylonische Gefangenschaft und die Wiederherstellung aus derselben ausgesprochenen und aufgeschriebenen Weissagungen«, für die wahre Ursache derselben angeben. Aber auch diese Ursache kann nur insofern die wahre sein, als sie die nun erst veredelten Begriffe von Gott voraussetzt. Die Juden mußten nun erst erkannt haben, daß Wunder tun und das Künftige vorhersagen nur Gott zukomme; welches beides sie sonst auch den falschen Götzen beigeleget hatten, wodurch eben Wunder und Weissagungen bisher nur einen so schwachen, vergänglichen Eindruck auf sie gemacht hatten.

§ 42. Ohne Zweifel waren die Juden unter den Chaldäern und Persern auch mit der Lehre von der Unsterblichkeit der Seele bekannter geworden. Vertrauter mit ihr wurden sie in den Schulen der griechischen Philosophen in Ägypten.

§ 43. Doch da es mit dieser Lehre, in Ansehung ihrer heiligen Schriften, die Bewandtnis nicht hatte, die es mit der Lehre von der Einheit und den Eigenschaften Gottes gehabt hatte; da jene von dem sinnlichen Volke darin war gröblich übersehen worden, diese aber gesucht sein wollte; da auf diese noch *Vorübungen* nötig gewesen waren, und also nur *Anspielungen* und *Fingerzeige* stattgehabt hatten: so konnte der Glaube an die Unsterblichkeit der Seele natürlicherweise nie der Glaube des gesamten Volkes werden. Er war und blieb nur der Glaube einer gewissen Sekte desselben.

§ 44. Eine *Vorübung* auf die Lehre von der Unsterblichkeit der Seele nenne ich z. E. die göttliche Anordnung, die Missetat des Vaters an seinen Kindern bis ins dritte und vierte Glied zu strafen. Dies gewöhnte die Väter in Gedanken mit ihren spätesten Nachkommen zu leben, und das Unglück, welches sie über diese Unschuldige gebracht hatten, vorauszufühlen.

§ 45. Eine *Anspielung* nenne ich, was bloß die Neugierde reizen und eine Frage veranlassen sollte. Als die oft vorkommende Redensart: *zu seinen Vätern versammlet werden,* für »sterben«.

§ 46. Einen *Fingerzeig* nenne ich, was schon irgendeinen Keim enthält, aus welchem sich die noch zurückgehaltene Wahrheit entwickeln läßt.

Dergleichen war Christi Schluß aus der Benennung *Gott Abrahams, Isaaks* und *Jakobs*. Dieser Fingerzeig scheint mir allerdings in einen strengen Beweis ausgebildet werden zu können.

§ 47. In solchen Vorübungen, Anspielungen, Fingerzeigen besteht die *positive* Vollkommenheit eines Elementarbuches; sowie die oben erwähnte Eigenschaft, daß es den Weg zu den noch zurückgehaltenen Wahrheiten nicht erschwere oder versperre, die *negative* Vollkommenheit desselben war.

§ 48. Setzt hierzu noch die Einkleidung und den Stil – 1. die Einkleidung der nicht wohl zu übergehenden abstrakten Wahrheiten in Allegorien und lehrreiche einzelne Fälle, die als wirklich geschehen erzählet werden. Dergleichen sind die Schöpfung unter dem Bilde des werdenden Tages; die Quelle des moralischen Bösen in der Erzählung vom verbotenen Baume; der Ursprung der mancherlei Sprachen in der Geschichte vom Turmbaue zu Babel, usw.

§ 49. 2. den Stil – bald plan und einfältig, bald poetisch, durchaus voll Tautologien, aber solchen, die den Scharfsinn üben, indem sie bald etwas anderes zu sagen scheinen und doch das Nämliche sagen, bald das Nämliche zu sagen scheinen und im Grunde etwas anderes bedeuten oder bedeuten können: –

§ 50. Und ihr habt alle gute Eigenschaften eines Elementarbuches, sowohl für Kinder als für ein kindisches Volk.

§ 51. Aber jedes Elementarbuch ist nur für ein gewisses Alter. Das ihm entwachsene Kind länger, als die Meinung gewesen, dabei zu verweilen, ist schädlich. Denn um dieses auf eine nur einigermaßen nützliche Art tun zu können, muß man mehr hineinlegen, als darin liegt; mehr hineintragen, als es fassen kann. Man muß der Anspielungen und Fingerzeige zu viel suchen und machen, die Allegorien zu genau ausschütteln, die Beispiele zu umständlich deuten, die Worte zu stark pressen. Das gibt dem Kinde einen kleinlichen, schiefen, spitzfindigen Verstand; das macht es geheimnisreich, abergläubisch, voll Verachtung gegen alles Faßliche und Leichte.

§ 52. Die nämliche Weise, wie die Rabbinen ihre heiligen Bücher behandelten! Der nämliche Charakter, den sie dem Geiste ihres Volkes dadurch erteilten!

§ 53. Ein besserer Pädagog muß kommen, und dem Kinde das erschöpfte Elementarbuch aus den Händen reißen. – Christus kam.

§ 54. Der Teil des Menschengeschlechts, den Gott in *einen* Erziehungsplan hatte fassen wollen – er hatte aber nur denjenigen in einen fassen wollen, der durch Sprache, durch Handlung, durch Regierung, durch andere natürliche und politische Verhältnisse in sich bereits verbunden war – war zu dem zweiten großen Schritte der Erziehung reif.

§ 55. Das ist: dieser Teil des Menschengeschlechts war in der Ausübung seiner Vernunft so weit gekommen, daß er zu seinen moralischen Handlungen edlere, würdigere Bewegungsgründe bedurfte und brauchen konnte, als zeitliche Belohnung und Strafen waren, die ihn bisher geleitet hatten. Das Kind wird Knabe. Leckerei und Spielwerk weicht der aufkeimenden Begierde, ebenso frei, ebenso geehrt, ebenso glücklich zu werden, als es sein älteres Geschwister sieht.

§ 56. Schon längst waren die Besseren von jenem Teile des Menschengeschlechts gewohnt, sich durch einen *Schatten* solcher edleren Bewegungsgründe regieren zu lassen. Um nach diesem Leben auch nur in dem Andenken seiner Mitbürger fortzuleben, tat der Grieche und Römer alles.

§ 57. Es war Zeit, daß ein anderes *wahres* nach diesem Leben zu gewärtigendes Leben Einfluß auf seine Handlungen gewönne.

§ 58. Und so ward Christus der erste *zuverlässige, praktische* Lehrer der Unsterblichkeit der Seele.

§ 59. Der erste *zuverlässige* Lehrer. – Zuverlässig durch die Weissagungen, die in ihm erfüllt schienen; zuverlässig durch die Wunder, die er verrichtete; zuverlässig durch seine eigene Wiederbelebung nach einem Tode, durch den er seine Lehre versiegelt hatte. Ob wir noch itzt diese Wiederbelebung, diese Wunder beweisen können, das lasse sich dahingestellt sein. So, wie ich es dahingestellt sein lasse, wer die Person dieses Christus gewesen. Alles das kann damals zur *Annehmung* seiner Lehre wichtig gewesen sein, itzt ist es zur Erkennung der Wahrheit dieser Lehre so wichtig nicht mehr.

§ 60. Der erste *praktische* Lehrer. – Denn ein anderes ist, die Unsterblichkeit der Seele als eine philosophische Spekulation vermuten, wünschen, glauben: ein anderes, seine inneren und äußeren Handlungen danach einrichten.

§ 61. Und dieses wenigstens lehrte Christus zuerst. Denn ob es gleich bei manchen Völkern auch schon vor ihm eingeführter Glaube war, daß böse Handlungen noch in jenem Leben bestraft würden: so waren es doch nur solche, die der bürgerlichen Gesellschaft Nachteil brachten und daher auch schon in der bürgerlichen Gesellschaft ihre Strafe hatten. Eine innere Reinigkeit des Herzens in Hinsicht auf ein anderes Leben zu empfehlen, war ihm allein vorbehalten.

§ 62. Seine Jünger haben diese Lehre getreulich fortgepflanzt. Und wenn sie auch kein ander Verdienst hätten, als daß sie einer Wahrheit, die Christus nur allein für die Juden bestimmt zu haben schien, einen allgemeineren Umlauf unter mehreren Völkern verschafft hätten: so wären sie schon darum unter die Pfleger und Wohltäter des Menschengeschlechts zu rechnen.

§ 63. Daß sie aber diese *eine* große Lehre noch mit andern Lehren versetzten, deren Wahrheit weniger einleuchtend, deren Nutzen weniger erheblich war, wie konnte das anders sein? Laßt uns sie darum nicht schelten, sondern vielmehr mit Ernst untersuchen, ob nicht selbst diese beigemischten Lehren ein neuer *Richtungsstoß* für die menschliche Vernunft geworden.

§ 64. Wenigstens ist es schon aus der Erfahrung klar, daß die Neutestamentlichen Schriften, in welchen sich diese Lehren nach einiger Zeit aufbewahret fanden, das zweite bessere Elementarbuch für das Menschengeschlecht abgegeben haben und noch abgeben.

§ 65. Sie haben seit siebzehnhundert Jahren den menschlichen Verstand mehr als alle andere Bücher beschäftiget, mehr als alle andere Bücher erleuchtet, sollte es auch nur durch das Licht sein, welches der menschliche Verstand selbst hineintrug.

§ 66. Unmöglich hätte irgendein ander Buch unter so verschiedenen Völkern so allgemein bekannt werden können, und unstreitig hat das, daß so ganz ungleiche Denkungsarten sich mit diesem nämlichen Buche beschäftigten, den menschlichen Verstand mehr fortgeholfen, als wenn jedes Volk für sich besonders sein eigenes Elementarbuch gehabt hätte.

§ 67. Auch war es höchst nötig, daß jedes Volk dieses Buch eine Zeitlang für das Non plus ultra seiner Erkenntnisse halten mußte. Denn dafür muß auch der Knabe sein Elementarbuch vors erste ansehen; damit die Ungeduld, nur fertig zu werden, ihn nicht zu Dingen fortreißt, zu welchen er noch keinen Grund gelegt hat.

§ 68. Und was noch itzt höchst wichtig ist: – Hüte dich, du fähigeres Individuum, der du an dem letzten Blatte dieses Elementarbuches stampfest und glühest, hüte dich, es deine schwächere Mitschüler merken zu lassen, was du witterst oder schon zu sehen beginnest.

§ 69. Bis sie dir nach sind, diese schwächere Mitschüler, – kehre lieber noch einmal selbst in dieses Elementarbuch zurück und untersuche, ob das, was du nur für Wendungen der Methode, für Lückenbüßer der Didaktik hältst, auch wohl nicht etwas Mehreres ist.

§ 70. Du hast in der Kindheit des Menschengeschlechts an der Lehre von der Einheit Gottes gesehen, daß Gott auch bloße Vernunftwahrheiten unmittelbar offenbaret; oder verstattet und einleitet, daß bloße Vernunftwahrheiten als unmittelbar geoffenbarte Wahrheiten eine Zeitlang gelehret werden, um sie geschwinder zu verbreiten und sie fester zu gründen.

§ 71. Du erfährst in dem Knabenalter des Menschengeschlechts an der Lehre von der Unsterblichkeit der Seele das Nämliche. Sie wird in dem zweiten besseren Elementarbuche als Offenbarung *gepredigt,* nicht als Resultat menschlicher Schlüsse *gelehret.*

§ 72. So wie wir zur Lehre von der Einheit Gottes nunmehr des Alten Testaments entbehren können; so wie wir allmählich zur Lehre von der Unsterblichkeit der Seele auch des Neuen Testaments entbehren zu können anfangen: könnten in diesem nicht noch mehr dergleichen Wahrheiten vorgespiegelt werden, die wir als Offenbarungen so lange anstaunen sollen, bis sie die Vernunft aus ihren andern ausgemachten Wahrheiten herleiten und mit ihnen verbinden lernen?

§ 73. Z. E. die Lehre von der Dreieinigkeit. – Wie, wenn diese Lehre den menschlichen Verstand, nach unendlichen Verirrungen rechts und links, nur endlich auf den Weg bringen sollte, zu erkennen, daß Gott in dem Verstande, in welchem endliche Dinge *eins* sind, unmöglich *eins* sein könne; daß auch seine Einheit eine transzendentale Einheit sein müsse, welche eine Art von Mehrheit nicht ausschließt? – Muß Gott wenigstens nicht die vollständigste Vorstellung von sich selbst haben? d. i. eine Vorstellung, in der sich alles befindet, was in ihm selbst ist. Würde sich aber alles in ihr finden, was in ihm selbst ist, wenn auch von seiner *notwendigen Wirklichkeit,* sowie von seinen übrigen Eigenschaften, sich bloß eine Vorstellung, sich bloß eine Möglichkeit fände? Diese Möglichkeit erschöpft das Wesen seiner übrigen Eigenschaften, aber auch seiner notwendigen Wirklichkeit? Mich dünkt nicht. – Folglich kann entweder Gott gar keine vollständige Vorstellung von sich selbst haben, oder diese vollständige Vorstellung ist ebenso notwendig wirklich, als er es selbst ist usw. – Freilich ist das Bild von mir im Spiegel nichts als eine leere Vorstellung von mir, weil es nur das von mir hat, wovon Lichtstrahlen auf seine Fläche fallen. Aber wenn denn nun dieses Bild *alles,* alles ohne Ausnahme hätte, was ich selbst habe: würde es sodann auch noch eine leere Vorstellung oder nicht vielmehr eine wahre Verdoppelung meines Selbst sein? – Wenn ich eine ähnliche Verdoppelung in Gott zu erkennen glaube, so irre ich mich vielleicht nicht so wohl, als daß die Sprache meinen Begriffen unterliegt; und so viel bleibt doch immer unwidersprechlich, daß diejenigen, welche die Idee davon populär machen wollen, sich schwerlich faßlicher und schicklicher hätten ausdrücken können, als durch die Benennung eines *Sohnes,* den Gott von Ewigkeit zeugt.

§ 74. Und die Lehre von der Erbsünde. – Wie, wenn uns endlich alles überführte, daß der Mensch auf der *ersten und niedrigsten* Stufe seiner Menschheit schlechterdings so Herr seiner Handlungen nicht sei, daß er moralischen Gesetzen folgen könne?

§ 75. Und die Lehre von der Genugtuung des Sohnes. – Wie, wenn uns endlich alles nötigte, anzunehmen, daß Gott, ungeachtet jener ursprünglichen Unvermögenheit des Menschen, ihm dennoch moralische Gesetze lieber geben und ihm alle Übertretungen, in Rücksicht auf seinen *Sohn,* d. i. in Rücksicht auf den selbständigen Umfang aller seiner Vollkommenheiten, gegen den und in dem jede Unvollkommenheit des einzelnen verschwindet, lieber verzeihen wollen, als daß er sie ihm nicht geben, und ihn von aller moralischen Glückseligkeit ausschließen wollen, die sich ohne moralische Gesetze nicht denken läßt?

§ 76. Man wende nicht ein, daß dergleichen Vernünfteleien über die Geheimnisse der Religion untersagt sind. – Das Wort Geheimnis bedeutete in den ersten Zeiten des Christentums ganz etwas anderes, als wir itzt darunter verstehen; und die Ausbildung geoffenbarter Wahrheiten in Vernunftwahrheiten ist schlechterdings notwendig, wenn dem menschlichen Geschlechte damit geholfen sein soll. Als sie geoffenbaret wurden, waren sie freilich noch keine Vernunftwahrheiten; aber sie wurden geoffenbaret, um es zu werden. Sie waren gleichsam das Facit, welches der Rechenmeister seinen Schülern voraussagt, damit sie sich im Rechnen einigermaßen danach richten können. Wollten sich die Schüler an dem vorausgesagten Facit begnügen, so würden sie nie rechnen lernen und die Absicht, in welcher der gute Meister ihnen bei ihrer Arbeit einen Leitfaden gab, schlecht erfüllen.

§ 77. Und warum sollten wir nicht auch durch eine Religion, mit deren historischen Wahrheit, wenn man will, es so mißlich aussieht, gleichwohl auf nähere und bessere Begriffe vom göttlichen Wesen, von unserer Natur, von unseren Verhältnissen zu Gott, geleitet werden können, auf welche die menschliche Vernunft von selbst nimmermehr gekommen wäre?

§ 78. Es ist nicht wahr, daß Spekulationen über diese Dinge jemals Unheil gestiftet und der bürgerlichen Gesellschaft nachteilig geworden. – Nicht den Spekulationen: dem Unsinne, der Tyrannei, diesen Spekulationen zu steuern, Menschen, die ihre eigenen hatten, nicht ihre eigenen zu gönnen, ist dieser Vorwurf zu machen.

§ 79. Vielmehr sind dergleichen Spekulationen – mögen sie im einzelnen doch ausfallen, wie sie wollen – unstreitig die *schicklichsten* Übungen des menschlichen Verstandes überhaupt, so lange das menschliche Herz überhaupt höchstens nur vermögend ist, die Tugend wegen ihrer ewigen glückseligen Folgen zu lieben.

§ 80. Denn bei dieser Eigennützigkeit des menschlichen Herzens auch den Verstand nur allein an dem üben wollen, was unsere körperlichen Bedürfnisse betrifft, würde ihn mehr stumpfen als wetzen heißen. Er will schlechterdings an geistigen Gegenständen geübt sein, wenn er zu seiner völligen Aufklärung gelangen und diejenige Reinigkeit des Herzens hervorbringen soll, die uns die Tugend um ihrer selbst willen zu lieben fähig macht.

§ 81. Oder soll das menschliche Geschlecht auf diese höchste Stufen der Aufklärung und Reinigkeit nie kommen? Nie?

§ 82. Nie? – Laß mich diese Lästerung nicht denken. Allgütiger! – Die

Erziehung hat ihr *Ziel:* bei dem Geschlechte nicht weniger als bei dem einzelnen. Was erzogen wird, wird zu etwas erzogen.

§ 83. Die schmeichelnden Aussichten, die man dem Jünglinge eröffnet, die Ehre, der Wohlstand, die man ihm vorspiegelt: was sind sie mehr, als Mittel, ihn zum Manne zu erziehen, der auch dann, wenn diese Aussichten der Ehre und des Wohlstandes wegfallen, seine Pflicht zu tun vermögend sei.

§ 84. Darauf zweckte die menschliche Erziehung ab: und die göttliche reichte dahin nicht? Was der Kunst mit dem Einzelnen gelingt, sollte der Natur nicht auch mit dem Ganzen gelingen? Lästerung! Lästerung!

§ 85. Nein; sie wird kommen, sie wird gewiß kommen, die Zeit der Vollendung, da der Mensch, je überzeugter sein Verstand einer immer besseren Zukunft sich fühlt, von dieser Zukunft gleichwohl Bewegungsgründe zu seinen Handlungen zu erborgen nicht nötig haben wird; da er das Gute tun wird, weil es das Gute ist, nicht weil willkürliche Belohnungen darauf gesetzt sind, die seinen flatterhaften Blick ehedem bloß heften und stärken sollten, die inneren besseren Belohnungen desselben zu erkennen.

§ 86. Sie wird gewiß kommen, die Zeit eines *neuen ewigen Evangeliums,* die uns selbst in den Elementarbüchern des Neuen Bundes versprochen wird.

§ 87. Vielleicht, daß selbst gewisse Schwärmer des dreizehnten und vierzehnten Jahrhunderts einen Strahl dieses neuen ewigen Evangeliums aufgefangen hatten und nur darin irrten, daß sie den Ausbruch desselben so nahe verkündigten.

§ 88. Vielleicht war ihr *dreifaches Alter der Welt* keine so leere Grille; und gewiß hatten sie keine schlimme Absichten, wenn sie lehrten, daß der Neue Bund ebensowohl *antiquieret* werden müsse, als es der Alte geworden. Es blieb auch bei ihnen immer die nämliche Ökonomie des nämlichen Gottes. Immer – sie meine Sprache sprechen zu lassen – der nämliche Plan der allgemeinen Erziehung des Menschengeschlechts.

§ 89. Nur daß sie ihn übereilten, nur daß sie ihre Zeitgenossen, die noch kaum der Kindheit entwachsen waren, ohne Aufklärung, ohne Vorbereitung, mit eins zu Männern machen zu können glaubten, die ihres *dritten Zeitalters* würdig wären.

§ 90. Und eben das machte sie zu Schwärmern. Der Schwärmer tut oft sehr richtige Blicke in die Zukunft: aber er kann diese Zukunft nur nicht erwarten. Er wünscht diese Zukunft beschleuniget, und wünscht, daß sie durch ihn beschleuniget werde. Wozu sich die Natur Jahrtausende Zeit nimmt, soll in dem Augenblicke seines Daseins reifen. Denn was hat er davon, wenn das, was er für das Bessere erkennt, nicht noch bei seinen Lebzeiten das Bessere wird? Kömmt er wieder? Glaubt er wieder zu kommen? – Sonderbar, daß diese Schwärmerei allein unter den Schwärmern nicht mehr Mode werden will!

§ 91. Geh deinen unmerklichen Schritt, ewige Vorsehung! Nur laß mich dieser Unmerklichkeit wegen an dir nicht verzweifeln! – Laß mich an dir nicht verzweifeln, wenn selbst deine Schritte mir scheinen sollten zurückzugehen! – Es ist nicht wahr, daß die kürzeste Linie immer die gerade ist.

§ 92. Du hast auf deinem ewigen Wege so viel mitzunehmen! so viel Seitenschritte zu tun! – Und wie? wenn es nun gar so gut als ausgemacht wäre, daß das große, langsame Rad, welches das Geschlecht seiner Vollkommenheit näher bringt, nur durch kleinere schnellere Räder in Bewegung gesetzt würde, deren jedes sein Einzelnes eben dahin liefert?

§ 93. Nicht anders! Eben die Bahn, auf welcher das Geschlecht zu seiner Vollkommenheit gelangt, muß jeder einzelne Mensch (der früher, der später) erst durchlaufen haben. – »In einem und ebendemselben Leben durchlaufen haben? Kann er in ebendemselben Leben ein sinnlicher Jude und ein geistiger Christ gewesen sein? Kann er in ebendemselben Leben beide überholet haben?«

§ 94. Das wohl nun nicht! – Aber warum könnte jeder einzelne Mensch auch nicht mehr als einmal auf dieser Welt vorhanden gewesen sein?

§ 95. Ist diese Hypothese darum so lächerlich, weil sie die älteste ist? weil der menschliche Verstand, ehe ihn die Sophisterei der Schule zerstreut und geschwächt hatte, sogleich darauf verfiel?

§ 96. Warum könnte auch ich nicht hier bereits einmal alle die Schritte zu meiner Vervollkommnung getan haben, welche bloß zeitliche Strafen und Belohnungen der Menschen bringen können?

§ 97. Und warum nicht ein andermal alle die, welche zu tun uns die Aussichten in ewige Belohnungen so mächtig helfen?

§ 98. Warum sollte ich nicht so oft wiederkommen, als ich neue Kenntnisse, neue Fertigkeiten zu erlangen geschickt bin? Bringe ich auf einmal so viel weg, daß es der Mühe wiederzukommen etwa nicht lohnet?

§ 99. Darum nicht? – Oder, weil ich es vergesse, daß ich schon da gewesen? Wohl mir, daß ich das vergesse. Die Erinnerung meiner vorigen Zustände würde mir nur einen schlechten Gebrauch des gegenwärtigen zu machen erlauben. Und was ich auf itzt vergessen *muß,* habe ich denn das auf ewig vergessen?

§ 100. Oder, weil so zu viel Zeit für mich verloren gehen würde? – Verloren? – Und was habe ich denn zu versäumen? Ist nicht die ganze Ewigkeit mein?

Friedrich Heinrich Jacobi

Friedrich Heinrich Jacobi gehört gewiß nicht in die Reihe der großen Denker des Abendlandes. Goethes Freund Fritz, der im literarischen und geistigen Leben in der 2. Hälfte des 18. Jahrhunderts eine höchst anregende Rolle gespielt hat, Verfasser mehrerer Romane und Verteidiger einer christlichen Gesinnung im Zeitalter der Aufklärung, hat seine geschichtliche Bedeutung vor allem durch seine Hinwendung zu der Philosophie Spinozas, nicht als sein Anhänger, sondern mit der Behauptung, daß alle rationale Philosophie am Ende in die atheistischen Konsequenzen Spinozas einmünden müsse. Auf erklärte Weise diente ihm die Auseinandersetzung und Darstellung der spinozistischen Philosophie als Vorbereitung für den Anspruch des Glaubens.

Die Schrift, die wir von ihm wiedergeben, ist ein stilisierter Brief, in dem Jacobi auf höchst anschauliche Weise über einen Besuch bei Lessing berichtet. Es ist ein Dokument allererster Ranges. Es besteht in jenen *Briefen über die Lehre des Spinoza* (1785), durch die sich Jacobi in einen Streit über den angeblichen Spinozismus Lessings mit dem Berliner Aufklärungsphilosophen Moses Mendelssohn verstrickte. Goethe erzählt uns in *Dichtung und Wahrheit,* welche explosionsähnliche Wirkung Jacobis Berichte über den Spinozismus Lessings in den Kreisen der damaligen Aufklärung gehabt haben. Wenn wir das Gespräch selber auf uns wirken lassen, so trägt das im eigentlichen Sinne Erzählte alle Farben der Wahrheit an sich. So war Lessing, so ironisch, so impulsiv, so dialektisch und so fern von jeder Art von Dogmatik. Goethe war in diesen Streit über Lessings Atheismus oder Pantheismus auf eine eigentümliche Weise hineinverwickelt. Jacobi druckte nämlich in seiner Schrift das noch unveröffentlichte Manuskript von Goethes Prometheus-Ode ab, mit der wenig treffenden Interpretation, daß diese Ode ein dichteriches Gegenstück zu dem atheistischen Spinozismus bilde, zu dem sich Lessing im Gespräch mit Jacobi bekannt habe.

In Wahrheit dürfte Lessings tolerantes Eingehen auf die Spinoza-Begeisterung Jacobis nur von zufälligem Wahrheitsgehalt sein. Worin Lessing gewiß mit Spinoza übereinstimmt, das war die Ablehnung des Eingreifens eines überweltlichen Gottes in den Weltlauf. Eine causa transiens schien ihm mit dem ganzen wissenschaftlichen Weltsystem der Neuzeit nicht mehr vereinbar. Ob sich freilich Lessing damit zum Atheimus bekannt hat, ob er nicht vielmehr die Weltordnung selber in der deistischen Manier des Zeitalters auf einen außerweltlichen Urheber zurückführte, ist durch Jacobis Bericht nicht entschieden. Was die Mitteilung dieses Gesprächs in Wahrheit bezeugt, gehört in einem weiteren Sinne vielleicht auch in die

Wirkungsgeschichte Spinozas, aber eines Spinoza, der selber nicht als Atheist verstanden wird, sondern als der Verkünder der innerweltlichen Allgegenwart Gottes. Im übrigen konnte sich Jacobi mit den großen Freunden, mit denen er in vertrautem Verkehr stand, nicht messen. Herders Schrift *Gott* (1787), die einen pantheistisch verstandenen Spinoza glanzvoll zur Darstellung brachte, ebenso wie Schellings überlegene Abrechnung mit dem Irrationalismus Jacobis (1804) oder Hegels Kritik des Glaubensstandpunktes, den Jacobi in der Philosophie einnahm (1802), waren eine fast unverdiente Ehre für diesen enthusiastischen Liebhaber des philosophischen Gedankens und der religiösen Spekulation. Wir bringen den Brief über Lessings Pantheismus nach der vorzüglichen und reich erläuterten Ausgabe, die Heinrich Scholz in der Sammlung *Die Hauptschriften zum Pantheismusstreit* 1916 herausgegeben hat.

Brief über Spinoza

Pempelfort bey Düsseldorf, den 4. November 1783.

Sie wünschen wegen gewisser Meynungen, die ich in einem Briefe an (Elise Reimarus) dem verewigten Lessing zugeschrieben habe, das Genauere von mir zu erfahren; und da scheint es mir am besten, mich mit dem, was ich davon mitzutheilen fähig bin, an Sie unmittelbar zu wenden.

Es gehört zur Sache, wenigstens zu ihrem Vortrage, daß ich einiges mich selbst betreffendes voraus schicke. Und indem ich Sie dadurch in eine etwas nähere Bekanntschaft mit mir setze, werde ich mehr Muth gewinnen, alles frey heraus zu sagen, und vielleicht vergessen, was mich sorgsam oder schüchtern machen will.

Ich ging noch im Polnischen Rocke, da ich schon anfing, mich über Dinge einer andern Welt zu ängstigen. Mein kindischer Tiefsinn brachte mich im achten oder neunten Jahre zu gewissen sonderbaren – Ansichten (ich weiß es anders nicht zu nennen), die mir bis auf diese Stunde ankleben. Die Sehnsucht, in Absicht der besseren Erwartungen des Menschen zur Gewißheit zu gelangen, nahm mit den Jahren zu, und sie ist der Hauptfaden geworden, an den sich meine übrigen Schicksale knüpfen mußten. Ursprüngliche Gemüthsart, und die Erziehung, welche ich erhielt, vereinigten sich, mich in einem billigen Mißtrauen gegen mich selbst, und nur zu lange in einer desto größeren Erwartung von dem, was andre leisten könnten, zu erhalten. Ich kam nach Genf, wo ich vortreffliche Männer fand, die sich mit großmüthiger Liebe mit wirklicher Vatertreue meiner annahmen. Andere von gleichem, viele von noch größerem Rufe, die ich später kennen lernte, verschafften mir nicht die Vortheile, die ich von jenen genossen hatte; und ich mußte mich von mehr als Einem unter diesen zuletzt mit Verdruß und Reue über eingebüßte Zeit und verschwendete Kräfte zurückziehen. Diese und noch andere Erfahrungen stimmten mich allmählich zu mir selbst mehr herab; ich lernte, meine eigenen Kräfte sammeln und zu Rathe halten.

Wenn es zu allen Zeiten nur wenige Menschen gegeben hat, die mit innigem Ernste nach der Wahrheit rangen; so hat sich dagegen auch die Wahrheit jedem unter diesen Wenigen auf irgend eine Weise mitgeteilt. Ich entdeckte diese Spur; verfolgte sie unter Lebendigen und Todten; und wurde je länger je inniger gewahr: daß ächter Tiefsinn eine gemeinschaftliche Richtung hat, wie die Schwerkraft in den Körpern; welche Richtung aber, da sie von verschiedenen Puncten der Peripherie ausgeht, eben so wenig parallele Linien geben kann, als solche die sich kreuzen. Mit dem Scharfsinne, welchen ich den Sehnen des Zirkels vergleichen möchte, und der oft für Tiefsinn gehalten wird, weil er tiefsinnig über Verhältnisse und Form ist, verhält es sich nicht eben so. Hier durchschneiden sich die Linien so viel man will, und laufen zuweilen auch einander parallel. Eine Sehne kann so nah am Durchmesser gezogen werden, daß man sie für den Durchmesser selbst ansieht; sie durchschneidet aber dann nur eine größere Menge Radien, ohne aufzuhören eine Sehne zu seyn.

Verzeihen Sie mir, Verehrungswürdigster, diesen Bilderkram. – Ich komme zu Lessing.

Immer hatte ich den großen Mann verehrt, aber die Begierde, näher mit ihm bekannt zu werden, hatte sich erst seit seinen theologischen Streitigkeiten, und nachdem ich die *Parabel* gelesen hatte, lebhafter in mir geregt. Mein günstiges Schicksal gab, daß ihn *Allwill* interessirte; daß er mir, erst durch Reisende, manche freundliche Botschaft sandte, und endlich, im Jahre neun und siebenzig an mich schrieb. Ich antwortete ihm, daß ich im folgenden Frühjahr eine Reise vorhätte, die mich über Wolfenbüttel führen sollte, wo ich mich sehnte, in ihm die Geister mehrerer Weisen zu beschwören, die ich über gewisse Dinge nicht zur Sprache bringen könnte.*

Meine Reise kam zu Stande, und den fünften Julius Nachmittags, hielt ich Lessingen zum erstenmal in meinen Armen.

Wir sprachen noch an demselbigen Tage über viele wichtige Dinge; auch von Personen, moralischen und unmoralischen, Atheisten, Theisten und Christen.

Den folgenden Morgen kam Lessing in mein Zimmer, da ich mit einigen Briefen, die ich zu schreiben hatte, noch nicht fertig war. Ich reichte ihm verschiedenes aus meiner Brieftasche, daß er unterdessen sich die Zeit damit vertriebe. Bey'm Zurückgeben fragte er: ob ich nicht noch mehr hätte das er lesen dürfte. »Doch!« sagte ich (ich war im Begriff zu siegeln): »Hier ist noch ein Gedicht; – Sie haben so manches Aergerniß gegeben, so mögen Sie auch wohl einmal eines nehmen«...

Lessing. (Nachdem er das Gedicht gelesen, und indem er mir's zurück gab) Ich habe kein Aergerniß genommen; ich habe das schon lange aus der ersten Hand. *Ich.* Sie kennen das Gedicht? *Lessing.* Das Gedicht hab' ich nie gelesen; aber ich find' es gut. *Ich.* In seiner Art, ich auch; sonst hätte ich es Ihnen nicht gezeigt. *Lessing.* Ich mein' es anders... Der Gesichtspunct, aus welchem das Gedicht genommen ist, das ist mein eigener Gesichtspunct... Die orthodoxen Begriffe von der Gottheit sind nicht

---

* [Die eignen Worte meines Briefes, den ich jetzt wieder habe, und von welchem ich keine Abschrift besaß, waren diese: »Ich sehne mich unaussprechlich nach jenen Tagen; auch darum, weil ich die Geister einiger Seher in Ihnen beschwören und zur Sprache bringen möchte, die mir nicht genug antworten.«]

mehr für mich; ich kann sie nicht genießen. Ἓν καὶ Πᾶν! Ich weiß nichts anders. Dahin geht auch dieses Gedicht; und ich muß bekennen, es gefällt mir sehr. *Ich.* Da wären Sie ja mit Spinoza ziemlich einverstanden. *Lessing.* Wenn ich mich nach jemand nennen soll, so weiß ich keinen andern. *Ich.* Spinoza ist mir gut genug: aber doch ein schlechtes Heil, das wir in seinem Namen finden! *Lessing.* Ja! Wenn Sie wollen!... Und doch... Wissen Sie etwas besseres?...

Der Dessauische Director Wolke war unterdessen hereingetreten, und wir gingen zusammen auf die Bibliothek.

Den folgenden Morgen, als ich, nach dem Frühstück, in mein Zimmer zurück gekehrt war, um mich anzukleiden, kam mir Lessing über eine Weile nach. So bald wir allein waren, hub er an: Ich bin gekommen über mein Ἓν χαὶ Πᾶν mit Ihnen zu reden. Sie erschracken gestern. *Ich.* Sie überraschten mich, und ich fühlte meine Verwirrung. Schrecken war es nicht. Freilich war es gegen meine Vermuthung, an Ihnen einen Spinozisten oder Pantheisten zu finden; und noch weit mehr dagegen, daß Sie mir es gleich und so blank und baar hinlegen würden. Ich war großen Theils (in der Absicht) gekommen, von Ihnen Hülfe gegen den Spinoza zu erhalten. *Lessing.* Also kennen Sie ihn doch? *Ich.* Ich glaube ihn zu kennen, wie nur sehr wenige ihn gekannt haben mögen. *Lessing.* Dann ist Ihnen nicht zu helfen. Werden Sie lieber ganz sein Freund. Es giebt keine andre Philosophie, als die Philosophie des Spinoza. *Ich.* Das mag wahr seyn. Denn der Determinist, wenn er bündig seyn will, muß zum Fatalisten werden: hernach giebt sich das Uebrige von selbst. *Lessing.* Ich merke, wir verstehen uns. Desto begieriger bin ich, von Ihnen zu hören: was Sie für den *Geist* des Spinozismus halten; ich meyne den, der in Spinoza selbst gefahren war. *Ich.* Das ist wohl kein anderer gewesen, als das Uralte: a nihilo nihil fit; welches Spinoza, nach abgezogenern Begriffen, als die philosophirenden Cabbalisten und andre vor ihm, in Betrachtung zog. Nach diesen abgezogenen Begriffen fand er, daß durch ein jedes Entstehen im Unendlichen, mit was für Bildern oder Worten man ihm auch zu helfen suche, durch einen jeden Wechsel in demselben, ein *Etwas aus dem Nichts* gesetzt werde. Er verwarf also jeden *Uebergang* des Unendlichen zum Endlichen; überhaupt alle Causas transitorias, secundarias oder remotas; und setzte an die Stelle des emanirenden ein nur *immanentes* Ensoph; eine inwohnende, ewig in sich unveränderliche Ursache der Welt, welche mit allen ihren Folgen zusammengenommen – Eins und dasselbe wäre.

......*

---

* [Ich fahre in dieser Darstellung fort, und ziehe, um nicht zu weitläufig zu werden, so viel ich kann, zusammen, ohne die Zwischenreden aufzuschreiben. Was unmittelbar

Diese inwohnende unendliche Ursache hat, als solche, explicite, weder Verstand noch Willen: weil sie, ihrer transcendentalen *Einheit* und durchgängigen absoluten Unendlichkeit zufolge, keinen Gegenstand des Denkens und des Wollens haben kann; und ein Vermögen einen Begriff *vor dem Begriffe* hervorzubringen, oder einen Begriff der vor seinem Gegenstande und *die vollständige Ursache seiner selbst* wäre, so wie auch ein Wille, der das Wollen wirkte und *durchaus* sich selbst bestimmte, lauter ungereimte Dinge sind...

...Der Einwurf, daß eine unendliche Reihe von Wirkungen unmöglich sey, (*bloße* Wirkungen sind es nicht, weil die inwohnende Ursache immer und überall ist), widerlegt sich selbst, weil jede Reihe, die nicht aus *Nichts* entspringen soll, schlechterdings eine unendliche seyn muß. Und daraus folgt denn wieder, da jeder einzelne Begriff aus einem andern einzelnen Begriffe entspringt, und sich auf einen *wirklich vorhandenen Gegenstand unmittelbar* beziehen muß: daß in der ersten Ursache, die unendlicher Natur ist, weder einzelne Gedanken, noch einzelne Bestimmungen des Willens [angetroffen werden können]; – sondern nur der innere, erste, allgemeine Urstoff [derselben]... Die erste Ursache kann eben so wenig nach Absichten oder Endursachen handeln, als sie selbst um einer gewissen Absicht oder Endursache willen da ist; eben so wenig einen *Anfangs*-Grund oder *Endzweck* haben etwas zu verrichten, als in ihr selbst *Anfang* oder *Ende* ist... Im Grunde aber ist, was wir Folge oder Dauer nennen, bloßer Wahn; denn da die *reelle Wirkung* mit ihrer *vollständigen reellen* Ursache zugleich, und allein der Vorstellung nach von ihr verschieden ist: so muß Folge und Dauer, *nach der Wahrheit,* nur eine gewisse Art und Weyse seyn, das Mannichfaltige in dem Unendlichen anzuschauen.

Lessing. ...Ueber unser Credo also werden wir uns nicht entzweyen. *Ich.* Das wollen wir in keinem Falle. Aber im Spinoza steht mein Credo nicht. – *Ich glaube eine verständige persönliche Ursache der Welt. Lessing.* O, desto besser! Da muß ich etwas ganz neues zu hören bekommen. *Ich.* Freuen Sie sich nicht zu sehr darauf. Ich helfe mir durch einen Salto mortale aus der Sache; und Sie pflegen am *Kopf-unten* eben keine sonderliche Lust zu finden. *Lessing.* Sagen Sie das nicht; wenn ich's nur nicht nachzuahmen brauche. Und Sie werden schon wieder auf Ihre Füße zu stehen kommen. Also – wenn es kein Geheimniß ist – so will ich mir es ausgebeten haben. *Ich.* Sie mögen mir (das Kunstück) immer absehen. Die ganze Sache bestehet darinn, daß ich aus dem Fatalismus unmittelbar gegen den

---

hier folgt, wurde herbeygeführt, indem Lessing als des Dunkelsten im Spinoza erwähnte, was auch Leibniz so gefunden und nicht ganz verstanden hätte (Theod. § 173). Ich mache diese Erinnerung hier Ein für Allemal, und werde sie in der Folge, wo ich mir ähnliche Freyheiten nehme, nicht wiederholen.]

Fatalismus, und gegen alles, was mit ihm verknüpft ist, schließe. – Wenn es lauter wirkende und keine Endursachen giebt, so hat das denkende Vermögen in der ganzen Natur bloß das Zusehen; sein einziges Geschäft ist, den Mechanismus der wirkenden Kräfte zu begleiten. Die Unterredung, die wir gegenwärtig miteinander haben, ist nur ein Anliegen unserer Leiber; und der ganze Inhalt dieser Unterredung, in seine Elemente aufgelöst: Ausdehnung, Bewegung, Grade der Geschwindigkeit, nebst den Begriffen davon, und den Begriffen von diesen Begriffen. Der Erfinder der Uhr erfand sie im Grunde nicht; er sah nur ihrer Entstehung aus blindlings sich entwickelnden Kräften zu. Eben so Raphael, da er die Schule von Athen entwarf; und Lessing, da er seinen Nathan dichtete. Dasselbe gilt von allen Philosophieen, Künsten, Regierungsformen, Kriegen zu Wasser und zu Lande: kurz von allem Möglichen. Denn auch die Affecten und Leidenschaften wirken nicht, in so fern sie Empfindungen und Gedanken sind; oder richtiger: – in so fern sie Empfindungen und Gedanken *mit sich führen*. Wir *glauben* nur, daß wir aus Zorn, Liebe, Großmuth, oder aus vernünftigem Entschlusse handeln. Lauter Wahn! In allen diesen Fällen ist im Grunde das, was uns bewegt, *ein Etwas,* das von allem dem *nichts weiß,* und das, *in so fern,* von Empfindung und Gedanke schlechterdings entblößt ist. Diese aber, Empfindung und Gedanke, sind nur Begriffe von Ausdehnung, Bewegung, Graden der Geschwindigkeit, u. s. w. – Wer nun dieses annehmen kann, dessen Meynung weiß ich nicht zu widerlegen. Wer es aber nicht annehmen kann, der muß der Antipode von Spinoza werden.* *Lessing.* Ich merke, Sie hätten gern Ihren Willen frey. Ich begehre keinen freyen Willen. Ueberhaupt erschreckt mich, was Sie eben sagten, nicht im mindesten. Es gehört zu den menschlichen Vorurtheilen, daß wir den Gedanken als das erste und vornehmste betrachten, und aus ihm alles herleiten wollen; da doch alles, [die Vorstellungen mit einbegriffen,] von höheren Principien abhängt. Ausdehnung, Bewegung, Gedanke, sind offenbar in einer höheren Kraft gegründet, die noch lange nicht damit erschöpft ist. Sie muß unendlich vortrefflicher seyn, als diese oder jene Wirkung; und so kann es auch eine Art des Genusses für sie geben, der nicht allein alle Begriffe übersteigt, sondern völlig *ausser* dem Begriffe liegt. Daß wir uns nichts davon denken können, hebt die Möglichkeit nicht auf. *Ich.* Sie gehen weiter als Spinoza; diesem galt *Einsicht* über alles. *Lessing.* Für den *Menschen*! Er war aber [weit davon entfernt,] unsere elende Art, nach Absichten zu handeln, für die höchste Methode auszugeben, und den Gedanken oben an zu setzen. *Ich.* Einsicht ist bey Spinoza in *allen endlichen* Naturen der beste Theil, weil sie

---

* Vgl. die Abhandlung über die *Unzertrennlichkeit* des Begriffes der Freyheit und Vorsehung von dem Begriffe der Vernunft im zweiten Bande der Werke Jacobis.

derjenige Theil ist, womit jede endliche Natur über ihr Endliches hinausreicht. Man könnte gewissermaßen sagen: auch er habe einem jeden Wesen zwey Seelen zugeschrieben: Eine, die sich nur auf das gegenwärtige einzelne Ding, und eine andre, die sich auf das Ganze bezieht.* Dieser zweiten Seele giebt er auch Unsterblichkeit. Was aber die unendliche Einzige Substanz des Spinoza anbelangt, so hat diese, für sich allein, und ausser den einzelnen Dingen, kein [eigenes oder besonderes] Daseyn. Hätte sie für ihre Einheit (daß ich mich so ausdrücke) eine eigene, besondere, individuelle Wirklichkeit; hätte sie Persönlichkeit und Leben: so wäre Einsicht auch an ihr der beste Theil. *Lessing.* Gut. Aber nach was für Vorstellungen nehmen Sie denn Ihre persönliche extramundane Gottheit an? Etwa nach den Vorstellungen des Leibnitz? Ich fürchte, der war selbst im Herzen ein Spinozist. *Ich.* Reden Sie im Ernste? *Lessing.* Zweifeln Sie daran im Ernste? – Leibnitzens Begriffe von der Wahrheit waren so beschaffen, daß er [es] nicht (ertragen) konnte, wenn man ihr zu enge Schranken setzte. Aus dieser Denkungsart sind viele seiner Behauptungen geflossen; und es ist, bey dem größten Scharfsinne, oft sehr schwer, seine eigentliche Meynung zu entdecken. Eben darum halt' ich ihn so werth; ich meyne: wegen dieser großen Art zu denken, und nicht, wegen dieser oder jener Meynung, die er nur zu haben schien, oder auch wirklich haben mochte. *Ich.* Ganz recht. Leibnitz mochte gern »*aus jedem Kiesel Feuer schlagen.*« Sie aber sagten von einer gewissen Meynung, dem Spinozismus, daß Leibnitz derselben *im Herzen zugethan gewesen [sey.]* *Lessing.* Erinnern Sie sich einer Stelle des Leibnitz, wo von Gott gesagt ist; derselbe befände sich in einer immerwährenden Expansion und Contraction: dieses wäre die Schöpfung und das Bestehen der Welt? *Ich.* Von seinen Fulgurationen weiß ich; aber diese Stelle ist mir unbekannt. *Lessing.* Ich will sie aufsuchen, und Sie sollen mir dann sagen, was ein Mann, wie Leibnitz, dabey denken – konnte, oder *mußte. Ich.* Zeigen Sie mir die Stelle. Aber ich muß Ihnen zum voraus sagen, daß mir bey der Erinnerung so vieler andern Stellen eben dieses Leibnitz, so vieler seiner Briefe, Abhandlungen, seiner Theodicee und nouveaux Essais, seiner philosophischen Laufbahn überhaupt – vor der Hypothese schwindelt, daß dieser Mann keine Supramundane, sondern nur eine Intramundane Ursache der Welt angenommen haben sollte. *Lessing.* Von dieser Seite muß ich Ihnen

---

* Wiewohl auch nur mittelst dieses Körpers, der kein absolutes Individuum seyn kann (indem ein absolutes Individuum eben so unmöglich, als ein individuelles Absolutum ist. Determinatio est negatio. Opp. posth. p. 558.); sondern allgemeine unveränderliche Eigenschaften und Beschaffenheiten, die Natur und den Begriff des Unendlichen enthalten muß. Mit dieser Unterscheidung hat man einen von den Hauptschlüsseln zu dem System des Spinoza, ohne welche man in demselben überall Verworrenheit und Widersprüche findet.

nachgeben. Sie wird auch das Uebergewicht behalten; und ich gestehe, daß ich etwas zu viel gesagt habe. Indessen bleibt die Stelle die ich meyne – und noch manches andre – immer sonderbar. – Aber nicht zu vergessen! Nach welchen Vorstellungen glauben Sie denn nun das Gegentheil des Spinozismus? Finden Sie, daß Leibnitzens Principia ihm ein Ende machen? *Ich.* Wie könnte ich, bey der festen Ueberzeugung, daß der bündige Determinist vom Fatalisten sich nicht unterscheidet?... Die Monaden, sammt ihren Vinculis, lassen mir Ausdehnung und Denken, überhaupt *Realität,* so unbegreiflich als sie mir schon waren; und ich weiß da weder rechts noch links... Uebrigens kenne ich kein Lehrgebäude, das so sehr, als das Leibnitzische, mit dem Spinozismus übereinkäme; und es ist schwer zu sagen, welcher von ihren Urhebern uns und sich selbst am mehrsten zum besten hatte: wiewohl in allen Ehren!... Mendelssohn hat öffentlich gezeigt, daß die Harmonia praestabilita im Spinoza steht. Daraus allein ergiebt sich schon, daß Spinoza von Leibnitzens Grundlehren noch viel mehr enthalten muß, oder Leibnitz und Spinoza (dem schwerlich Wolfens Unterricht angeschlagen hätte*) wären die bündigen Köpfe nicht gewesen, die sie doch unstreitig waren. Ich getraue mir aus dem Spinoza Leibnitzens ganze Seelenlehre darzulegen... Im Grunde haben beyde von der Freyheit auch dieselbe Lehre, und nur ein Blendwerk unterscheidet ihre Theorie. Wenn Spinoza (Epist. LXII. Opp. Posth. p. 584. et 585.) unser Gefühl von Freyheit durch das Beyspiel eines Steins erläutert, welcher dächte und wüßte, daß er sich bestrebt, so viel er kann, seine Bewegung fortzusetzen: so erläutert Leibnitz dasselbe (Theod. §. 50.) mit dem Beyspiele einer Magnetnadel, welche Lust hätte sich gegen Norden zu bewegen, und in der Meynung stände, sie drehte sich unabhängig von einer andern Ursache, indem sie der unmerklichen Bewegung der magnetischen Materie nicht inne würde.** –... Die Endursachen erklärt Leibnitz durch einen Appetitum, einen Conatum immanentem (conscientia sui praeditum). Eben so Spinoza, der, in diesem Sinne, sie vollkommen gelten lassen konnte; und bey welchem *Vorstellung des Aeusserlichen und Begierde,* wie bei Leibnitz, *das Wesen der Seele ausmachen.* – Kurz, wenn

---

* [S. Mendelssohns Philosoph. Schriften, das 3te Gespräch, am Ende.]
** Atque haec humana illa libertas est, quam omnes habere jactant, et quae in hoc solo consistit, *quod homines sui appetitus sunt conscii, et causarum, a quibus determinantur, ignari* – sagt *Spinoza,* in demselbigen 63ten Briefe.
Von jener Wendung, womit die Deterministen dem Fatalismus auszuweichen glauben, *mangelte Spinoza keinesweges der Begriff.* Sie schien ihm aber so wenig ächt philosophischer Art zu sein, daß ihm das Arbitrium indifferentiae, oder die Voluntas aequilibrii sogar noch lieber war. Man sehe, unter anderm im I. Th. der Ethik, das 2te Schol. der 33ten Prop. am Schlusse. Ferner im III. Theile des Sch. der 9ten Prop. und vornehmlich die Vorrede zum IV. Theile.

man in das Innerste der Sache dringt, so findet sich, daß bey Leibnitz, eben so wie bey Spinoza, eine jede Endursache eine wirkende voraussetzt... Das Denken ist nicht die Quelle der Substanz; sondern die Substanz ist die Quelle des Denkens. Also muß vor dem Denken etwas Nichtdenkendes als das Erste angenommen werden; etwas, das, wenn schon nicht durchaus in der Wirklichkeit, doch der Vorstellung, dem Wesen, der inneren Natur nach, als das Vorderste gedacht werden muß. Ehrlich genug hat deßwegen Leibnitz die Seelen, das automates spirituels genannt.*
Wie aber (ich rede hier nach Leibnizens tiefstem und vollständigstem Sinne, so weit ich ihn verstehe) das Principium aller Seelen für sich *bestehen* könne und *wirken...*; Der Geist vor der Materie; der Gedanke vor dem Gegenstande: diesen großen Knoten, den er hätte lösen müssen, um uns wirklich aus der Noth zu helfen, diesen hat er so verstrickt gelassen als er war...

Lessing. ... Ich lasse Ihnen keine Ruhe, Sie müssen mit diesem Parallelismus an den Tag... Reden die Leute doch immer von Spinoza, wie von einem todten Hunde... *Ich.* Sie würden vor wie nach so von ihm reden. Den Spinoza zu fassen, dazu gehört eine zu lange und zu hartnäckige Anstrengung des Geistes. Und keiner hat ihn gefaßt, dem in der Ethik eine Zeile dunkel blieb: keiner, der es nicht begreift, wie dieser große Mann von seiner Philosophie die feste innige Ueberzeugung haben konnte, die er so oft und so nachdrücklich an den Tag legt. Noch am Ende seiner Tage schrieb er: ... non praesumo, me optimam *invenisse* philosophiam, *sed veram me intelligerescio.*** – Eine solche Ruhe des Geistes einen solchen Himmel im Verstande, wie sich dieser helle reine Kopf geschaffen hatte, mögen wenige gekostet haben. *Lessing.* Und Sie sind kein Spinozist, Jacobi! *Ich.* Nein, auf Ehre! *Lessing.* Auf Ehre, so müssen Sie ja, bey Ihrer Philosophie, aller Philosophie den Rücken kehren. *Ich.* War-

---

* Dieselbige Benennung findet sich auch beym Spinoza, wiewohl nicht in seiner Ethik; sondern in dem Bruchstücke: Die Intellectus Emendatione. Die Stelle verdient, daß ich sie abschreibe. At ideam veram simplicem esse ostendimus, aut ex simplicibus compositam, et quae ostendit, quomodo, et cur aliquid sit, aut factum sit, et quod ipsius effectus objectivi in anima procedunt ad rationem formalitatis ipsius objecti; id, quod idem est, quod veteres dixerunt, nempe veram scientiam porcedere a causa ad effectus; *nisi quod nunquam, quod sciam, conceperunt, uti nos hic, animam secundum certas leges agentem, et quasi aliquod automa spirituale* (Opp. Posth. p. 384.). Die Ableitung des Wortes αυτοματον, und was Bilfinger dabey erinnert, ist mir nicht unbekannt.

** In seinem Briefe an Albert Burgh. Er fügt hinzu: »Quomodo autem id sciam, si roges, respondebo, eodem modo, ac tu scis tres angulos Trianguli aequales esse duobus rectis, et hoc sufficere negabit nemo, cui sanum est cerebrum nec spiritus immundos somniat, qui nobis ideas falsas inspirant veris similes: est enim verum index sui et falsi.« - Spinoza machte einen großen Unterschied, zwischen gewiß seyn und nicht zweifeln.

um aller Philosophie den Rücken kehren? *Lessing.* Nun, so sind Sie ein vollkommener Skeptiker. *Ich.* Im Gegentheil, ich ziehe mich aus einer Philosophie zurück, die den vollkommenen Skepticismus nothwendig macht. *Lessing.* Und ziehen dann – wohin? *Ich.* Dem Lichte nach, wovon Spinoza sagt, daß es sich selbst, und auch die Finsterniß erleuchtet. – Ich liebe den Spinoza, weil er, mehr als irgend ein andrer Philosoph, zu der vollkommenen Überzeugung mich geleitet hat, daß sich gewisse Dinge nicht entwickeln lassen: vor denen man darum die Augen nicht zudrükken, sondern sie nehmen muß, wie man sie findet. Ich habe keinen Begriff, der (mir) inniger als der von den Endursachen wäre; keine lebendigere Ueberzeugung, als, *daß ich thue was ich denke;* anstatt, *daß ich nur denken sollte was ich thue.* Freylich muß ich dabey eine Quelle des Denkens und Handelns annehmen, die mir durchaus unerklärlich bleibt. Will ich aber schlechterdings erklären, so muß ich auf den zweyten Satz gerathen, den, in seinem ganzen Umfange betrachtet, und auf einzelne Fälle angewandt, kaum ein menschlicher Verstand ertragen kann. *Lessing.* Sie drücken sich beynah so herzhaft aus, wie der Reichstagsschluß zu Augsburg; aber ich bleibe ein ehrlicher Lutheraner, und behalte »den mehr viehischen als menschlichen Irrthum und Gotteslästerung, daß kein freyer Wille sey,« worin der *helle reine Kopf* Ihres Spinoza sich doch auch zu finden wußte. *Ich.* Auch hat Spinoza sich nicht wenig krümmen müssen, um seinen Fatalismus bey der Anwendung auf menschliches Betragen zu verstecken, besonders in seinem vierten und fünften Theile, wo ich sagen möchte, daß er dann und wann bis zum Sophisten sich erniedrigt. – Und das war es ja was ich behauptete: daß auch der größte Kopf, wenn er alles schlechterdings erklären, nach deutlichen Begriffen mit einander reimen, und sonst nichts gelten lassen will, auf ungereimte Dinge kommen muß. *Lessing.* Und wer nicht erklären will? *Ich.* Wer nicht erklären will was unbegreiflich ist, sondern nur die Grenze wissen wo es anfängt, und nur erkennen, daß es da ist: von dem glaube ich, daß er den mehresten Raum für ächte menschliche Wahrheit in sich ausgewinne. *Lessing.* Worte, lieber Jacobi; Worte! Die Grenze, die Sie setzen wollen, läßt sich nicht bestimmen. Und an der andern Seite geben Sie der Träumerey, dem Unsinne, der Blindheit freyes offenes Feld. *Ich.* Ich glaube, jene Grenze wäre zu bestimmen. *Setzen* will ich keine, sondern nur die schon gesetzte finden, und sie lassen. Und was Unsinn, Träumerey und Blindheit anbelangt... *Lessing.* Die sind überall zu Hause, wo verworrene Begriffe herrschen. *Ich.* Mehr noch, wo *erlogene* Begriffe herrschen. Auch der blindeste, unsinnigste Glaube, wenn schon nicht der dummste, hat da seinen hohen Thron. Denn wer in gewisse Erklärungen sich einmal verliebt hat, der nimmt jede Folge blindlings an, die nach einem Schlusse, den er nicht entkräften kann, daraus gezogen wird, und wär' es, daß er auf dem Kopfe ginge.

... Nach meinem Urtheil ist das größeste Verdienst des Forschers, *Daseyn* zu enthüllen, und zu offenbaren... Erklärung ist ihm Mittel, Weg zum Ziele, nächster – niemals letzter Zweck. Sein letzter Zweck ist, was sich nicht erklären läßt: das Unauflösliche, Unmittelbare, Einfache.

... Ungemessene Erklärungssucht läßt uns so hitzig das Gemeinschaftliche suchen, daß wir darüber des Verschiedenen nicht achten; wir wollen immer nur verknüpfen, da wir doch oft mit ungleich größerem Vortheile trennten... Es entsteht auch, indem wir nur, was erklärlich an den Dingen ist, zusammen *stellen* und zusammen *hängen,* ein gewisser Schein in der Seele, der sie mehr verblendet als erleuchtet. Wir opfern dann, was Spinoza tiefsinnig und erhaben – die Erkenntniß der obersten Gattung nennt, der Erkenntniß der untern Gattungen auf; wir verschließen das Auge der Seele, womit sie Gott und sich selbst ersiehet, um desto unzerstreuter mit den Augen nur des Leibes zu betrachten...

Lessing. Gut, sehr gut! Ich kann das alles auch gebrauchen; aber ich kann nicht dasselbe damit machen. Ueberhaupt gefällt Ihr Salto mortale mir nicht übel; und ich begreife, wie ein Mann von Kopf auf diese Art Kopf-unten machen kann, um von der Stelle zu kommen. Nehmen Sie mich mit, wenn es angeht. *Ich.* Wenn Sie nur auf die elastische Stelle treten wollen, die mich fortschwingt, so geht es von selbst. *Lessing.* Auch dazu gehörte schon ein Sprung, den ich meinen alten Beinen und meinem schweren Kopfe nicht mehr zumuthen darf.

Diesem Gespräche, wovon ich nur das Wesentliche hier geliefert habe, folgten andere, die uns, auf mehr als einem Wege, zu denselben Gegenständen zurückführten.

Einmal sagte Lessing, mit halbem Lächeln: Er selbst wäre vielleicht das höchste Wesen, und gegenwärtig in dem Zustande der äußersten Contraction. – Ich bat um meine Existenz. – Er antwortete, es wäre nicht allerdings so gemeynt, und erklärte sich auf eine Weise, die mich an Heinrich Moore und (F. Merc.) van Helmont, (philosophus per unum in quo omnia), erinnerte. Lessing erklärte sich noch deutlicher; doch so, daß ich ihn abermals, zur Noth, der Caballisterey verdächtig machen konnte. Dieß ergötzte ihn nicht wenig, und ich nahm daher Gelegenheit für das Kibbel, oder die Cabbala, im *eigentlichsten Sinne, aus dem Gesichtspuncte* zu reden: daß es an und für sich selbst unmöglich sey, (aus dem sich uns darstellenden Endlichen das Unendliche zu erfinden, dann ihr Verhältniß gegen einander zu begreifen und durch irgend eine Formel auszudrücken.) Folglich, wenn man etwas darüber sagen wollte, so müßte man aus Offenbarung reden. Lessing blieb dabey: daß er sich alles »*natürlich ausgebeten haben wollte;*« und ich: daß es keine natürliche Philosophie des Uebernatürlichen geben könnte, und doch beydes (Natürliches und Uebernatürliches) offenbar vorhanden wäre.

Wenn sich Lessing eine *persönliche* Gottheit vorstellen wollte, so dachte er sie als die Seele des Alls; und das Ganze, nach der Analogie eines organischen Körpers. Diese Seele des Ganzen wäre also, wie es alle andere Seelen, nach allen möglichen Systemen sind, *als Seele*, nur Effect.* Der

---

* Auch nach dem System des Leibnitz. – Die Entelechie wird durch den *Körper* (oder den Begriff des Körpers) erst zum *Geiste*. – [Die Richtigkeit dieses etwas hart ausgesprochenen Satzes ist in meinem Schreiben an Mendelssohn vom 21ten April 1785. bewiesen worden, und findet sich in dem Gespräche über Idealismus und Realismus noch ausführlicher dargethan. *Hansch* erzählt von Leibnitz, derselbe hätte einmal beym Caffeetrinken zu ihm gesagt, es möchten wohl in der Tasse heißen Caffee's, die er gegenwärtig zu sich nähme, Monaden seyn, die einst als vernünftige Menschliche Seelen leben würden (Hansch Leibn. Princ. Ph. demonstr. § 16. Sch. 3.). Leipnitz selbst schrieb an Des Bosses (Opp. II. P. I. p. 283): »Entelechia nova creari potest, etsi nulla nova pars massae creetur, quia etsi jam massa habeat unitates, *tamen novas semper capit, pluribus aliis dominantes;* ut si fingas Deum ex massa quoad totum non organica, v. g. ex rudi saxo, facere corpus organicum, eique suam animam preaficere.« – Und in einem andern Briefe an eben diesen Des Bosses (ibid. p. 269.): »Finge animal se habere ut guttam olei, et animam ut punctum aliquod in gutta. Si jam divellatur gutta in partes, cum quaevis pars rursus in guttam globosam abeat, punctum illud existet in aliqua guttarum novarum. Eodem modo anima permanebit in ea parte, in qua anima manet, et quae ipsi animae maxime convenit. Et uti natura liquidi in alio fluido affectat rotunditatem, ita natura materiae a sapientissimo auctore constructae, semper affectat ordinem, seu organizationem. Hinc neque animae, neque animalia destrui possunt; *etsi possint diminui, atque obvolvi, ut vita eorum nobis non appareat.«* – Weder die Erzählung von Hansch, noch die Stellen von Leibnitz selbst stehen zum Beweise hier; denn ich habe den *vollständigen* Beweis an den angezeigten Orten schon geführt: sie sollen nur an dasjenige, was dort gesagt und mit *entscheidenden* Stellen belegt ist, erinnern.

Ueber den Text zu dieser Anmerkung hat sich *Herder* in seinem *Gott* auf eine Weise ausgelassen, die ich noch mit ein Paar Worten berühren muß.

»Erwägen Sie«, sagte *Theophron* (S. 175. der ersten Ausg.), »die ungeheuren Folgen eines trüglichen Bildes: Gott, die Seele des Ganzen, sey ein Effect; nichts als ein Effect der Welt; alle andere Seelen, nach allen möglichen Systemen, seyen als Seelen nur Effecte. Wahrscheinlich nur Effecte der Zusammensetzung ohne etwas Zusammensetzendes« u. s. w.

Gott, die Seele des Ganzen – Nichts als ein Effect der Welt? Die Seelen – wahrscheinlich nur Effect der Zusammensetzung ohne Zusammensetzendes? Wo hat Herder dieses gelesen? – – Ich verweise auf mein Schreiben an Mendelssohn vom 21ten April 1785, in welchem die Sache hinlänglich auseinander gesetzt ist. Auch Mendelssohn glaubte gelesen zu haben, *Lessing muche die Entelechien des Leibnitz zu bloßen Wirkungen des Körpers*. Ich zeigte ihm seinen Irrthum, und hatte folgendes hinzugesetzt: »Letzteres (nämlich: *die Entelechie des Leibnitz sey bloß Effect des Körpers;* wie ich in der Note, welche Mendelssohn in den Text zog, gesagt haben sollte) »könnte ich nicht im Traume, nicht in der Fieberhitze gesagt haben; geschweige, daß es gesund und wachend schriftlich von mir gegeben hätte.« Ein berühmter Gelehrter, welchem ich eine Abschrift meines Aufsatzes geschickt hatte, rieth mir diese letzten Zeilen, in denen man etwas beleidigendes für Mendelssohn finden könnte, zu vertilgen, welches ich bey der öffentlichen Bekanntmachung auch gethan habe. Herder wußte um diesen guten Rath, und hatte das Schreiben an Mendelssohn vom 21ten April wahrscheinlich mehr als Einmal gelesen: wie war es denn möglich, daß er eine ungereimte Meynung,

organische Umfang derselben könnte aber nach der Analogie der organischen *Theile* dieses Umfanges in so fern nicht gedacht werden, als er sich auf nichts, das außer ihm vorhanden wäre, beziehen, von ihm nehmen und ihm wiedergeben könnte. Also, um sich im Leben zu erhalten, müßte er, von Zeit zu Zeit, sich in sich selbst gewissermaßen zurückziehen; Tod und Auferstehung, mit dem Leben, in sich vereinigen. Man könnte sich aber von der inneren Oekonomie eines solchen Wesens mancherley Vorstellungen machen.

Lessing hing sehr an dieser Idee, und wendete sie, bald im Scherze, bald im Ernst, auf allerley Fälle an. – Da bey Gleim in Halberstadt (wohin mich Lessing, nach meinem zweiten Besuche bey ihm, begleitet hatte) während wir zu Tische saßen, unversehens ein Regen kam, und Gleim es bedaurete, weil wir nach Tische in seinen Garten sollten, sagte Lessing, der neben mir saß: »Jacobi, Sie wissen, das thue *ich* vielleicht«*. Ich antwortete: »Oder *ich*.« [Gleim sah uns etwas verwundert an; aber ohne weiter nachzufragen.]

Mit der Idee eines persönlichen schlechterdings unendlichen Wesens, in dem unveränderlichen Genusse seiner allerhöchsten Vollkommenheit, konnte sich Lessing nicht vertragen. Er verknüpfte mit derselben eine solche Vorstellung von *unendlicher Langerweile,* daß ihm angst und weh dabey wurde.

Eine mit Persönlichkeit verknüpfte Fortdauer des Menschen nach dem Tode, hielt er nicht für unwahrscheinlich. Er sagte mir, er hätte im Bonnet, den er eben jetzo nachläse, Ideen angetroffen, die mit den seinigen über diesen Gegenstand, und überhaupt mit seinem System sehr zusammenträfen. Der Lauf des Gesprächs, und meine genaue Bekanntschaft mit Bonnet (dessen sämmtliche Schriften ich ehedem beynah auswendig wußte) war Schuld, daß ich hierüber weiter nachzufragen unterließ: und

---

wider die ich mich so nachdrücklich erklärt hatte, Lessingen oder mir von neuem aufbürden konnte?

Ich möchte wissen, wie Herder sich eine Seele – *nicht als Substanz,* nicht als denkende Kraft *überhaupt* – sondern bloß als die Seele *eines gewissen bestimmten Leibes,* als die *ausschließliche bloße Vorstellung* desselben denken wollte, wenn nicht als Wirkung der gewissen, bestimmten, ausschließlichen Form, deren Vorstellung *in so fern* allein ihr Wesen ausmacht. Freylich ist dieser Gedanke Lessings äusserst abgezogen; aber er mußte so scharf gegriffen werden, wenn er in der Verbindung, worin er vorkommt, Bedeutung und Anwendung haben sollte.

Herder findet überhaupt das Bild einer Weltseele bedenklich, welches einigermaßen befremden könnte, da seine Verbesserung des Spinozismus darauf allein hinausläuft, den Gott dieses Systems in eine Weltseele zu verwandeln. Er scheint aber nur zu fürchten, daß man durch dieses Bild oder Wort sich verführen lasse, eine *persönliche* Gottheit zu träumen. (S. Herders Gott, S. 174–177.)]

* In dem Verstande, worin man sagt: ich verdaue, ich mache gute oder schlimme Säfte, u. d. m.

da mir Lessings System weder dunkel noch zweifelhaft geblieben war, so habe ich auch seitdem den Bonnet nie in dieser Absicht nachgeschlagen, bis mich endlich die gegenwärtige Veranlassung heute dazu brachte. Die Schrift des Bonnet, welche Lessing damals nachlas, ist wohl keine andere, als die Ihnen wohl bekannte Palingenesie, gewesen; und der VII. Abschnitt des I. Theils, in Verbindung mit dem XIII. Hauptstücke des IV. Abschnittes der Contemplation de la nature, worauf Bonnet sich daselbst bezieht, wird vermuthlich die Ideen, welche Lessing meynte, enthalten. Eine Stelle (S. 246. der ersten Originalausgabe) ist mir aufgefallen, wo Bonnet sagt: Seroit-ce donc qu'on imagineroit que l'univers seroit moins *harmonique*, j'ai presque dit, moins *organique*, qu'un *Animal*?

An dem Tage da ich mich von Lessing trennte, um meine Reise nach Hamburg fortzusetzen, wurde über alle diese Gegenstände noch viel und ernsthaft geredet. Wir waren in unserer Philosophie sehr wenig auseinander, und nur im Glauben unterschieden. Ich gab Lessingen drey Schriften des Philosophen Hemsterhuis, von dem er, ausser dem Briefe über die Bildhauerey, nichts kannte: Lettre sur l'homme et ses rapports, Sophile, und Aristée. Den Aristée, den ich zu Münster bey meiner Durchreise erst erhalten und noch nicht gelesen hatte, ließ ich ihm ungern; aber Lessings Verlangen war zu groß.*

Von eben diesem Aristée fand ich Lessing bey meiner Zurückkunft ganz bezaubert, so daß er entschlossen war, ihn selbst zu übersetzen. – Es wäre der offenbare Spinozismus, sagte Lessing, und in einer so schönen exotischen Hülle, daß selbst diese Hülle zur Entwickelung und Erläuterung der innerlichen Lehre wieder beytrüge. – Ich versicherte, Hemsterhuis, so viel ich von ihm wüßte (ich kannte ihn damals noch nicht persönlich), wäre kein Spinozist; dieß hätte mir Diderot sogar von ihm bezeugt. – »Lesen Sie das Buch, erwiderte Lessing, und sie werden nicht mehr

---

* [Lessing hatte mich nach Braunschweig begleitet, und es fügte sich, daß wir den Abend, ohne Abschied zu nehmen, von einander kamen. Lessing schrieb mir ein Billet, welches mich nicht mehr traf, und das er selbst mir bey meiner Zurückkunft einhändigte. Da es in Beziehung auf den Faden meiner Erzählung nicht ganz unbedeutend, und nicht ohne urkundliche Kraft ist, so mag es, ob es übrigens gleich unbedeutend ist, hier dennoch seinen Platz behaupten.
Lieber Jacobi,
Mündlich habe ich von Ihnen nicht Abschied nehmen *sollen*. Schriftlich *will* ich es nicht thun. Oder welches einerley ist, und mir die kindische Antithese erspart; *soll* ich es auch nicht.

Ich werde oft genug in Gedanken bey Ihnen seyn. Und wie kann man denn sonst beyeinander seyn, als in Gedanken?

Reisen Sie glücklich, und kommen Sie gesund und vergnügt wieder. Ich will indeß alles mögliche anwenden, daß ich sodann weiter mit Ihnen reisen kann.

Meinen besten Empfehl an Ihre Schwester.
Wolfenbüttel den 11ten Jul. 1780.   Der Ihrige *Lessing.*]

zweifeln. In dem Briefe sur l'homme et ses rapports hinkt es noch ein wenig, und es ist möglich, daß Hemsterhuis seinen Spinozismus damals noch nicht völlig selbst erkannte; jetzt aber ist er damit ganz gewiß im Klaren.«

Um dieses Urtheil nicht paradox zu finden, muß man mit dem Spinozismus so vertraut seyn, als es Lessing war. Was er die exoterische Hülle des Aristée nannte, kann mit allem Fug als eine bloße Entwickelung der Lehre von der unzertrennlichen, innigen und ewigen Verknüpfung des Unendlichen mit dem Endlichen; der allgemeinen (so weit) unbestimmten Kraft, mit der bestimmten einzelnen; und des nothwendig Entgegengesetzten in ihren Richtungen, betrachtet werden. Das übrige im Aristée wird schwerlich jemand wider einen Spinozisten brauchen wollen. – Hiebey muß ich dennoch feyerlich bezeugen, daß Hemsterhuis gewiß kein Spinozist, sondern dieser Lehre, in ihren wesentlichen Puncten, ganz zuwider ist.

Den Aufsatz sur les désirs von Hemsterhuis, hatte Lessing damals noch nicht gelesen. Er kam an, in einem Paket an mich, da ich eben weg war.* Lessing schrieb mir, seine ungeduldige Neugierde hätte ihm keinen Frieden gelassen, bis er das Couvert erbrochen hätte, und schickte mir den übrigen Inhalt nach Cassel. »Von der Schrift selbst, (fügte er hinzu) die mir ungemeines Vergnügen macht, nächstens ein mehreres.«

Nicht lange vor seinem Ende, den vierten Dec. schrieb er mir: »Bey (Woldemar) fällt mir ein, daß ich mich anheischig gemacht, Ihnen meine Gedanken über des Hemsterhuis System von der Liebe mitzutheilen. Und Sie glauben nicht wie genau diese Gedanken mit diesem System zusammenhangen, das, meiner Meynung nach, eigentlich nichts erklärt, und mir nur, mit den Analysten zu sprechen, die Substition einer Formel für die andere zu seyn scheinet, wodurch ich eher auf neue Irrwege gerathe, als dem Aufschlusse näher komme. – Aber bin ich jetzt im Stande, zu schreiben was ich will? – Nicht einmal, was ich muß, u.s.w.**.«

---

* Ich hatte, während meines ersten Aufenthalts zu Wolfenbüttel, um Lessings großes Verlangen nach dieser Schrift zu befriedigen, darum schreiben müssen.

** [Hier der ganze Brief; vielleicht einer der letzten, die Lessing geschrieben hat.
Wolfenbüttel den 4ten Dec. 1780.

Lieber Jacobi,
Langer, von dem ich diesen Augenblick einen Brief aus Amsterdam erhalte, kann Ihnen gesagt haben, daß er mich im Begriff verlassen, nach Hamburg zu reisen. Da bin ich so lange gewesen, als ich Hoffnung hatte, meine verlorene Gesundheit und Laune unter meinen alten Freunden wieder zu finden. Ich weiß selbst nicht mehr, wie lange das war. Freylich sollte ich sie eher aufgegeben haben, diese Hoffnung. Aber wer giebt die Hoffnung gern anders, als gezwungen auf? Endlich bin ich ohnlängst wieder zurückgekommen. Am Körper, bis auf die Augen, allerdings etwas besser: aber am Geiste weit unfähiger. Unfähig zu allem, was die geringste Anstrengung erfordert.

Ehe mir Lessings Meynungen auf die bisher erzählte Weise waren bekannt geworden, und in der festen Ueberzeugung, die sich auf *Zeugnisse* stützte: Lessing sey ein rechtgläubiger Theist, war mir in seiner *Erziehung des Menschengeschlechts* einiges ganz unverständlich; besonders der 73 §. Ich möchte wissen, ob sich jemand diese Stelle anders, als nach Spinozistischen Ideen deutlich machen kann. Nach diesen aber wird der Commentar sehr leicht. Der Gott des Spinoza ist das lautere Principium der Wirklichkeit in allem Wirklichen, des *Seyns* in allem Daseyn, durchaus ohne Individualität, und schlechterdings unendlich. Die Einheit dieses Gottes beruhet auf der Identität des Nichtzuunterscheidenden, und schließt folglich eine Art der Mehrheit nicht aus. *Bloß* in dieser transcendentalen Einheit angesehen, muß die Gottheit aber schlechterdings der Wirklichkeit entbehren, die nur im bestimmten Einzelnen sich ausgedrückt finden kann. Diese, die *Wirklichkeit,* mit ihrem Begriffe, beruhet also auf der Natura naturata (dem Sohne von Ewigkeit); so wie jene, *die Möglichkeit,*

Würde ich Ihnen nicht schon längst geschrieben haben? – Möchten Sie doch in meiner Seele eben so fertig lesen können, als ich mich in Ihrer zu lesen getraue. Ich verstehe es sehr wohl, was Ihnen ekeln mußte, mir noch einmal zu schreiben, nachdem Sie es * * schon einmal geschrieben hatten......... (Die hier ausgelassene Stelle betrifft meine damalige politische Lage).... Auch wüßte ich nicht, was ich nicht lieber von Ihnen lesen möchte, als eine Rechtfertigung Ihrer selbst. Der Mann, wie Sie, hat bey mir niemals Unrecht, wenn er es auch gegen eine ganze Welt haben könnte, *in die er sich nicht hätte mengen sollen.*

Hängen Sie, lieber Jacobi, Ihren Cameralgeist ganz an Nagel, und setzen sich ruhig hin, und vollführen Ihren Woldemar.

Bey Woldemar fällt mir ein, daß ich mich anheischig gemacht, Ihnen meine Gedanken über des Hemsterhuis System von der Liebe mitzutheilen. Und Sie glauben nicht, wie genau diese Gedanken mit diesem System zusammenhängen, das, meiner Meynung nach, eigentlich nichts erklärt, und mir nur, mit den Analysten zu sprechen, die Substitution einer Formel für die andere zu seyn scheint, wodurch ich eher auf neue Irrwege gerathe, als dem Aufschlusse näher komme. – Aber bin ich jetzt im Stande zu schreiben, was ich *will*? – Nicht einmal, was ich *muß.* – Denn *eins* muß ich doch noch wohl; fragen muß ich doch noch wohl, ob der T * * ganz und gar in die Jülichische und Bergische Geistlichkeit gefahren sey? Ich denke, Sie sind es wohl selbst, der mir das Proclama, oder wie die Abscheulichkeit sonst heißt, zugeschickt hat. Gott! der Nichtswürdigen! Sie sind es werth, daß sie von dem Papstthum wieder unterdrückt, und Sklaven einer grausamen Inquisition werden! Was Sie näheres von diesem unlutherischen Schritte wissen, das melden Sie mir doch.

Empfehlen Sie mich allen den Ihrigen, besonders denen, die ich kenne. Daß unsere Neigung noch immer einen Unterschied zwischen Leuten macht, die man gesehen, und die man nicht gesehen hat; wissen Sie wohl, »ist nicht *meine* Erfindung.« (Diese letzten Worte beziehen sich auf eine Stelle in Hemsterhuis sur les désirs.)

Ihrem Herrn Bruder, der nun bald wieder hier durchkommt, sagen Sie, daß D* nicht zu Hause, und alle Wirthshäuser hier, bis auf meines, wegen der Pest verschlossen sind.]

das Wesen, das Substanzielle des Unendlichen, mit seinem Begriffe, auf der Natura naturanti (dem Vater).*

Was ich vom Geiste des Spinozismus vorhin darzustellen mich bemühet habe, läßt mich eine weitere Entwickelung hier für überflüssig halten.

Unter wie mancherley Bildern diese nämlichen Vorstellungen, minder oder mehr verworren, seit dem grauesten Alterthume bey den Menschen gewohnt haben, wissen Sie so gut als ich. – »Die Sprache unterliegt hier den Begriffen allerdings,«** so wie ein Begriff dem andern.

Daß Lessing das Ἓν καὶ Πᾶν, als den Inbegriff seiner Theologie und Philosophie, öfter und mit Nachdruck anführte, können mehrere bezeugen. Er sagte und er schrieb es, bey Gelegenheiten, als seinen ausgemachten Wahlspruch. So steht es auch in Gleims Gartenhause, unter einem Wahlspruche von mir.

Was ich erzählt habe, ist nicht der zehnte Theil von dem, was ich hätte erzählen können, wenn mir mein Gedächtniß, in Absicht der Einkleidung und des Ausdrucks genug hätte beystehen wollen. Aus eben diesem Grunde habe ich in dem wirklich Erzählten, Lessing, so sparsam als ich konnte, redend eingeführt. Wenn man ganze Tage, und von vielen sehr verschiedenen Dingen mit einander spricht, muß sich die Erinnerung des Details verlieren. Hiezu kommt noch dieses. Da ich einmal ganz entschieden wußte: *Lessing glaubt keine von der Welt unterschiedene Ursache der Dinge; oder, Lessing ist ein Spinozist* – so drückte, was er nachher darüber nur auf diese oder jene neue Weise sagte, sich mir nicht tiefer ein als andere Dinge. Seine Worte behalten zu wollen, konnte mir nicht einfallen; und daß Lessing ein Spinozist war, schien mir sehr begreiflich. Hätte er das Gegenteil behauptet, worauf meine Wißbegierde gespannt war, so würde ich, sehr wahrscheinlich, von jedem bedeutenden Worte noch Rechenschaft zu geben wissen.

---

* Ich ersuche den Leser sich bey diesem zu sehr in die Kürze gedrängten, und daher äusserst dunkel gewordenen Commentar nicht aufzuhalten. In den folgenden Briefen wird die Sache klar genug erscheinen.
** [Erziehung des Menschengeschlechts §. 73. am Ende] (Vgl. Tennemann Gesch. der Phil. Th. 9. S. 133, über die Meynungen des Nic. Cusanus; besonders folgende Stelle aus dessen Schrift *de docta ignorantia*: Ab unitate gignitur unitatis aequalitas; connexio vero ab unitate procedit et ab unitatis aequalitate. – Quemadmodum generatio unitatis ab unitate est una unitatis repetitio, ita processio ab utroque est repetitionis illius unitatis, sive mavis dicere, unitatis et aequalitatis unitatis ipsius unitio.)

Immanuel Kant

Worauf beruht eigentlich die zentrale Stellung, die Kant innerhalb der neueren Philosophie einnimmt? Nicht als ob er, bis heute der meistgelesene Autor der Philosophie, unbestrittene Anerkennung genösse. Gerade innerhalb der modernen Naturwissenschaft, deren natürliche Philosophie der Positivismus ist, wird seine Leistung oft durchaus als fragwürdig, wenn nicht als hemmend bestritten. Gleichwohl hat er anderthalb Jahrhunderte eine in der ganzen Welt anerkannte geistige Herrschaft ausgeübt, und man ist versucht, seiner eigenen Darstellung in der Vorrede zur *Kritik der reinen Vernunft* (1781) recht zu geben, wenn er seine kritische Transzendentalphilosophie mit der kopernikanischen Wendung vergleicht. Eine Revolution der Denkungsart ist es in der Tat, die mit ihm einsetzt und die sich sehr wohl mit der kosmologischen Revolution vergleichen läßt, die Kopernikus brachte. Denn die Sonne in den Mittelpunkt des Systems zu setzen, dem die Erde angehört, diese große Leistung der Abstraktion und der Befreiung von der Evidenz des Augenscheins, findet eine echte Entsprechung in Kants kritischer Wendung, der zufolge es der Verstand ist, der der Natur ihr Gesetz vorschreibt.

Freilich war diese revolutionäre Umkehrung von Denkgewohnheiten auch eine vermittelnde Leistung, die zwischen den Ansprüchen der Erfahrung und den Ansprüchen der Vernunft einen schlichtenden Schiedsspruch fällte. Es mag zu der großen Wirkung von Kants kritischer Wendung beigetragen haben, daß dieselbe in seinem Schaffen erst im Alter zu vollem Durchbruch kam. Er war längst ein geschätzter, wenn nicht berühmter philosophischer Lehrer und Schriftsteller, als sein Hauptwerk mit seinem revolutionären Anspruch ans Licht trat. Dann hat es eine Reihe von Jahren gedauert, bis sich sein Gedanke durchsetzte, nun aber mit einer ungewöhnlichen Schnelligkeit und Breitenwirkung. Am Anfang der neunziger Jahre ist die kritische Philosophie bereits die beherrschende Schule im deutschen Sprachgebiet.

Die Denkfigur, die Kant darstellt, hat dabei etwas eigentümlich Doppelgesichtiges. Erschien er den Vertretern der rationalistischen Metaphysik der Aufklärung als der »Alles-Zermalmer« (Mendelssohn), sofern er die großen Themen der Schul-Metaphysik – Unsterblichkeit der Seele, Freiheit, Gott, Welt – dem Erkenntnisbereich des theoretischen Begriffs entzog, so rechtfertigte er doch zugleich den Gebrauch der Grundbegriffe der Metaphysik in der Anwendung auf unsere Erfahrung. Er begrenzte also in einem die Ansprüche der Schul-Metaphysik, die aus bloßen Begriffen über Gott, Freiheit und Unsterblichkeit etwas zu wissen und beweisen zu können meinte, und den radikalen Skeptizismus im Stile von Hume, der unseren Begriffen überhaupt keine theoretische Legitimation mehr zuerkannte. Das aber war erst die eine Seite seiner Wirkung. Sie hat vor allem im 19. Jahrhundert unter der Parole ›Zurück zu Kant‹ die Gestalt der ›Erkenntnistheorie‹ angenommen.

Die andere, vielleicht noch großartigere Wirkung seines Denkens war aber seine Freiheitslehre, d. h. seine Begründung der Moralphilosophie auf reine Vernunft. Hier wies er alle Ansprüche des Erfahrungsstandpunktes ab. Sittliche Verpflichtung hat eine einsehbare Notwendigkeit und verbietet sich selbst den vergleichenden Blick auf das Verhalten anderer. So ist hier Vernunft Herr ihrer selbst und ihrer inneren Gewißheiten. Kants kritische Leistung will durch die Zurückweisung der Ansprüche der theoretischen Vernunft der praktischen Vernunft die Legitimation sichern. Die berühmte Wendung, die Kant dafür gebraucht hat, lautet: Ich mußte also das Wissen aufheben, um zum Glauben Platz zu bekommen. Während wir im Bereiche der theoretischen Erkenntnis auf Erfahrung angewiesen sind und nur in der Anwendung auf Erfahrung die Begriffe der Metaphysik sinnvoll gebrauchen können, läßt sich auf die praktische Gewißheit unseres Freiheitsbewußtseins eine Metaphysik aufbauen, in der die großen alten Themen der Religion und der Metaphysik legitime Geltung haben. Kant hat alle Gottesbeweise verworfen bis auf den einen, der aus unserem Freiheitsbewußtsein und unserer sittlichen Autonomie folgt. Das kritische Geschäft, das er als das seine ergriff, sah sich so in äußerster Gegnerschaft zu den dogmatischen Anmaßungen der Schulphilosophie, aber zugleich in einem tiefen Einklang mit dem natürlichen Bewußtsein des Menschen als sittlichen Wesens. So versteht man eine Notiz, die sich in seinen Papieren gefunden hat: »Rousseau hat mich zurecht gebracht.« Der moralische Fortschrittsoptimismus der Aufklärung hat in seiner Kritik seine Grenze gefunden.

Kants Wirkung auf die Folgezeit bestand zunächst darin, daß seine unmittelbaren Nachfolger und Zeitgenossen die eine Seite seiner Gedankenbildung in den Vordergrund stellten, nämlich die Autonomie der menschlichen Vernunft. Reinholds *Theorie des Vorstellungsvermögens* (1789) liegt der ganzen Entwicklung des spekulativen Idealismus von Fichte bis Hegel zugrunde. Es ist die große Zeit der deutschen Bewegung, in der in unwahrscheinlich schneller Folge ein kühner gedanklicher Entwurf den anderen überholte. Es war vor allem Fichte, der das praktische Freiheitsbewußtsein, die Autonomie der Vernunft, auch für den Aufbau der theoretischen Erkenntnis, der sogenannten Wissenschaftslehre, in Anspruch nahm.

Es ist äußerst schwierig, von Kants Gedanken durch Auswahl eines kleineren Stückes einen Begriff zu vermitteln. Er war ein Meister der Architektonik der reinen Vernunft, ein wahrer Baumeister des Gedankens, und es ist im Grunde nicht möglich, einzelne Bauglieder herauszulösen. So begnügen wir uns mit einem programmartigen Stück: der Vorrede zur 2. Auflage der *Kritik der reinen Vernunft*. Hier wird die Idee der Transzendentalphilosophie auf einleuchtende und glänzende Weise entwickelt. Ihre Ausführung liegt in den drei großen Kritiken Kants vor.

Vorrede zur zweiten Auflage der ›Kritik der reinen Vernunft‹ (1787)

Ob die Bearbeitung der Erkenntnisse, die zum Vernunftgeschäfte gehören, den sicheren Gang einer Wissenschaft gehe oder nicht, das lässt sich bald aus dem Erfolg beurtheilen. Wenn sie nach viel gemachten Anstalten und Zurüstungen, sobald es zum Zweck kommt, in Stecken geräth, oder, um diesen zu erreichen, öfters wieder zurückgehen und einen andern Weg einschlagen muss; imgleichen wenn es nicht möglich ist, die verschiedenen Mitarbeiter in der Art, wie die gemeinschaftliche Absicht verfolgt werden soll, einhellig zu machen: so kann man immer überzeugt sein, dass ein solches Studium bei weitem noch nicht den sicheren Gang einer Wissenschaft eingeschlagen, sondern ein blosses Herumtappen sei, und es ist schon ein Verdienst um die Vernunft, diesen Weg wo möglich ausfindig zu machen, sollte auch manches als vergeblich aufgegeben werden müssen, was in dem ohne Ueberlegung vorher genommenen Zwecke enthalten war.

Dass die *Logik* diesen sicheren Gang schon von den ältesten Zeiten her gegangen sei, lässt sich daraus ersehen, dass sie seit dem *Aristoteles* keinen Schritt rückwärts hat thun dürfen, wenn man ihr nicht etwa die Wegschaffung einiger entbehrlicher Subtilitäten, oder deutlichere Bestimmung des Vorgetragenen als Verbesserungen anrechnen will, welches aber mehr zur Eleganz, als zur Sicherheit der Wissenschaft gehört. Merkwürdig ist noch an ihr, dass sie auch bis jetzt keinen Schritt vorwärts hat thun können, und also allem Ansehen nach geschlossen und vollendet zu sein scheint. Denn, wenn einige Neuere sie dadurch zu erweitern dachten, dass sie theils *psychologische* Kapitel von den verschiedenen Erkenntnisskräften (der Einbildungskraft, dem Witze), theils *metaphysiche* über den Ursprung der Erkenntniss oder der verschiedenen Art der Gewissheit nach Verschiedenheit der Objecte (dem Idealismus, Skepticismus u. s. w.) theils *anthropologische* von Vorurtheilen (den Ursachen derselben und Gegenmitteln) hineinschoben, so rührt dieses von ihrer Unkunde der eigenthümlichen Natur dieser Wissenschaft her. Es ist nicht Vermehrung, sondern Verunstaltung der Wissenschaften, wenn man ihre Grenzen in einander laufen lässt; die Grenze der Logik aber ist dadurch ganz genau bestimmt, dass sie eine Wissenschaft ist, welche nichts als die formalen Regeln alles Denkens (es mag a priori oder empirisch sein, einen Ursprung oder Object haben, welches es wolle, in unserem Gemüthe zufällige oder natürliche Hindernisse antreffen) ausführlich dargelegt und strenge beweist.

Dass es der Logik so gut gelungen ist, diesen Vortheil hat sie bloss ihrer Eingeschränktheit zu verdanken, dadurch sie berechtigt, ja verbunden ist, von allen Objecten der Erkenntniss und ihrem Unterschiede zu abstrahiren, und in ihr also der Verstand es mit nichts weiter, als sich selbst und seiner Form, zu thun hat. Weit schwerer musste es natürlicher Weise für die Vernunft sein, den sicheren Weg der Wissenschaft einzuschlagen, wenn sie nicht bloss mit sich selbst, sondern auch mit Objecten zu schaffen hat; daher jene auch als Propädeutik gleichsam nur den Vorhof der Wissenschaften ausmacht, und wenn von Kenntnissen die Rede ist, man zwar eine Logik zur Beurtheilung derselben voraussetzt, aber die Erwerbung derselben in eigentlich und objectiv so genannten Wissenschaften suchen muss.

Sofern in diesen nun Vernunft sein soll, so muss darin etwas a priori erkannt werden, und ihre Erkenntniss kann auf zweierlei Art auf ihren Gegenstand bezogen werden, entweder diesen und seinen Begriff (der anderweitig gegeben werden muss) bloss zu *bestimmen,* oder ihn auch *wirklich zu machen.* Die erste ist *theoretische,* die andere *praktische Erkenntniss* der Vernunft. Von beiden muss der *reine* Theil, so viel oder so wenig er auch enthalten mag, nämlich derjenige, darin Vernunft gänzlich a priori ihr Object bestimmt, vorher allein vorgetragen werden, und dasjenige, was aus anderen Quellen kommt, damit nicht vermengt werden; denn es giebt üble Wirthschaft, wenn man blindlings ausgiebt, was einkommt, ohne nachher, wenn jene in Stecken geräth, unterscheiden zu können, welcher Theil der Einnahme den Aufwand tragen könne, und von welchem man denselben beschneiden muss.

Mathematik und *Physik* sind die beiden theoretischen Erkenntnisse der Vernunft, welche ihre *Objecte* a priori bestimmen sollen, die erstere ganz rein, die zweite wenigstens zum Theil rein, dann aber auch nach Massgabe anderer Erkenntnissquellen als der der Vernunft.

Die *Mathematik* ist von den frühesten Zeiten her, wohin die Geschichte der menschlichen Vernunft reicht, in dem bewundernswürdigen Volke der Griechen den sicheren Weg einer Wissenschaft gegangen. Allein man darf nicht denken, dass es ihr so leicht geworden, wie der Logik, wo die Vernunft es nur mit sich selbst zu thun hat, jenen königlichen Weg zu treffen, oder vielmehr sich selbst zu bahnen; vielmehr glaube ich, dass es lange mit ihr (vornehmlich noch unter den Aegyptern) beim Herumtappen geblieben ist, und diese Umänderung einer *Revolution* zuzuschreiben sei, die der glückliche Einfall eines einzigen Mannes in einem Versuche zu Stande brachte, von welchem an die Bahn, die man nehmen musste, nicht mehr zu verfehlen war, und der sichere Gang einer Wissenschaft für alle Zeiten und in unendliche Weiten eingeschlagen und vorgezeichnet war. Die Geschichte dieser Revolution der Denkart, welche viel wichtiger war, als die Entdeckung des Weges um das berühmte Vorgebirge, und des Glücklichen, der sie zu Stande brachte, ist uns nicht aufbehalten. Doch beweist die Sage, welche *Diogenes der Laertier* uns überliefert, der von den kleinsten, und, nach dem gemeinen Urtheil, gar nicht einmal eines Beweises benöthigten, Elementen der geometrischen Demonstrationen den angeblichen Erfinder nennt, dass das Andenken der Veränderung, die durch die erste Spur der Entdeckung dieses neuen Weges bewirkt wurde, den Mathematikern äußerst wichtig geschienen haben müsse, und dadurch unvergesslich geworden sei. Dem ersten, der den *gleichschenkligen Triangel* demonstrirte (er mag nun *Thales* oder wie man will geheissen haben,) dem ging ein Licht auf; denn er fand, dass er nicht dem, was er in der Figur sah, oder auch dem blossen Begriffe derselben nachspüren und gleichsam davon ihre Eigenschaften ablernen, sondern durch das, was er nach Begriffen selbst a priori hineindachte und darstellte (durch Construction), hervorbringen müsse, und dass er, um sicher etwas a priori zu wissen, der Sache nichts beilegen müsse, als was aus dem nothwendig folgte, was er seinem Begriffe gemäss selbst in sie gelegt hat.

Mit der Naturwissenschaft ging es weit langsamer zu, bis sie den Heeresweg der Wissenschaft traf; denn es sind nur etwa anderthalb Jahrhunderte, dass der Vorschlag des sinnreichen *Baco von Verulam* diese Entdeckung theils veranlasste, theils, da man bereits auf der Spur derselben war, mehr belebte, welche eben sowohl durch eine schnell vorgegangene Revolution der Denkart erklärt werden kann. Ich will hier nur die Naturwissenschaft, so fern sie auf *empirische* Principien gegründet ist, in Erwägung ziehen.

Als *Galilei* seine Kugeln die schiefe Fläche mit einer von ihm selbst gewählten Schwere herabrollen, oder *Torricelli* die Luft ein Gewicht, was er sich zum voraus dem einer ihm bekannten Wassersäule gleich gedacht hatte, tragen liess, oder in noch späterer Zeit *Stahl* Metalle in Kalk und diesen wiederum in Metall verwandelte, indem er ihnen etwas entzog und wiedergab;* so ging allen Naturforschern ein Licht auf. Sie begriffen, dass die Vernunft nur das einsieht, was sie selbst nach ihrem Entwurfe hervorbringt, dass sie mit Principien ihrer Urtheile nach beständigen Gesetzen vorangehen und die Natur nöthigen müsse auf ihre Fragen zu antworten, nicht aber sich von ihr allein gleichsam am Leitbande gängeln lassen müsse; denn sonst hängen zufällige, nach keinem vorher entworfenen Plane gemachte Beobachtungen gar nicht in einem nothwendigen Gesetze zusammen, welches doch die Vernunft sucht und bedarf. Die Vernunft muss mit ihren Principien, nach denen allein übereinkommende Erscheinun-

---

* Ich folge hier nicht genau dem Faden der Geschichte der Experimentalmethode, deren erste Anfänge auch nicht wohl bekannt sind.

gen für Gesetze gelten können, in einer Hand, und mit dem Experiment, das sie nach jenen ausdachte, in der anderen, an die Natur gehen, zwar um von ihr belehrt zu werden, aber nicht in der Qualität eines Schülers, der sich alles vorsagen lässt, was der Lehrer will, sondern eines bestallten Richters, der die Zeugen nöthigt, auf die Fragen zu antworten, die er ihnen vorlegt. Und so hat sogar Physik die so vortheilhafte Revolution ihrer Denkart lediglich dem Einfalle zu verdanken, demjenigen, was die Vernunft selbst in die Natur hineinlegt, gemäss, dasjenige in ihr zu suchen (nicht ihr anzudichten), was sie von dieser lernen muss, und wovon sie für sich selbst nichts wissen würde. Hiedurch ist die Naturwissenschaft allererst in den sicheren Gang einer Wissenschaft gebracht worden, da sie so viel Jahrhunderte durch nichts weiter als ein blosses Herumtappen gewesen war.

Der *Metaphysik,* einer ganz isolirten speculativen Vernunfterkenntniss, die sich gänzlich über Erfahrungsbelehrung erhebt, und zwar durch blosse Begriffe (nicht wie Mathematik durch Anwendung derselben auf Anschauung), wo also Vernunft selbst ihr eigener Schüler sein soll, ist das Schicksal bisher noch so günstig nicht gewesen, dass sie den sicheren Gang einer Wissenschaft einzuschlagen vermocht hätte; ob sie gleich älter ist, als alle übrigen, und bleiben würde, wenn gleich die übrigen insgesammt in dem Schlunde einer alles vertilgenden Barbarei gänzlich verschlungen werden sollten. Denn in ihr geräth die Vernunft continuirlich in Stecken, selbst wenn sie diejenigen Gesetze, welche die gemeinste Erfahrung bestätigt, (wie sie sich anmasst) a priori einsehen will. In ihr muss man unzählige Male den Weg zurück thun, weil man findet, dass er dahin nicht führt, wo man hin will, und was die Einhelligkeit ihrer Anhänger in Behauptungen betrifft, so ist sie noch so weit davon entfernt, dass sie vielmehr ein Kampfplatz ist, der ganz eigentlich dazu bestimmt zu sein scheint, seine Kräfte im Spielgefechte zu üben, auf dem noch niemals irgend ein Fechter sich auch den kleinsten Platz hat erkämpfen und auf seinen Sieg einen dauerhaften Besitz gründen können. Es ist also kein Zweifel, dass ihr Verfahren bisher ein blosses Herumtappen, und, was das Schlimmste ist, unter blossen Begriffen, gewesen sei.

Woran liegt es nun, dass hier noch kein sicherer Weg der Wissenschaft hat gefunden werden können? Ist er etwa unmöglich? Woher hat denn die Natur unsere Vernunft mit der rastlosen Bestrebung heimgesucht, ihm als einer ihrer wichtigsten Angelegenheiten nachzuspüren? Noch mehr, wie wenig haben wir Ursache, Vertrauen in unsere Vernunft zu setzen, wenn sie uns in einem der wichtigsten Stücke unserer Wissbegierde nicht bloss verlässt, sondern durch Vorspiegelungen hinhält und am Ende betrügt! Oder ist es bisher nur verfehlt; welche Anzeige können wir benutzen, um bei erneuertem Nachsuchen zu hoffen, dass wir glücklicher sein werden, als andere vor uns gewesen sind?

Ich sollte meinen, die Beispiele der Mathematik und Naturwissenschaft, die durch eine auf einmal zu Stande gebrachte Revolution das geworden sind, was sie jetzt sind, wären merkwürdig genug, um dem wesentlichen Stücke der Umänderung der Denkart, die ihnen so vorteilhaft geworden ist, nachzusinnen, und ihnen, so viel ihre Analogie, als Vernunfterkenntnisse, mit der Metaphysik verstattet, hierin wenigstens zum Versuche nachzuahmen. Bisher nahm man an, alle unsere Erkenntniss müsse sich nach den Gegenständen richten; aber alle Versuche über sie a priori etwas durch Begriffe auszumachen, wodurch unsere Erkenntniss erweitert würde, gingen unter dieser Voraussetzung zu nichte. Man versuchte es daher einmal, ob wir nicht in den Aufgaben der Metaphysik damit besser fortkommen, dass wir annehmen, die Gegenstände müssen sich nach unserem Erkenntniss richten, welches so schon besser mit der verlangten Möglichkeit einer Erkenntniss derselben a priori zusammenstimmt, die über Gegenstände, ehe sie uns gegeben werden, etwas festsetzen soll. Es ist hiemit ebenso, als mit den ersten Gedanken des *Kopernikus* bewandt, der, nachdem es mit der Erklärung der Himmelsbewegungen nicht gut fort wollte, wenn er annahm, das ganze Sternenheer drehe sich um den Zuschauer, versuchte, ob es nicht besser gelingen möchte, wenn er den Zuschauer sich drehen, und dagegen die Sterne in Ruhe liess. In der Metaphysik kann man nun, was die *Anschauung* der Gegenstände betrifft, es auf ähnliche Weise versuchen. Wenn die Anschauung sich nach der Beschaffenheit der Gegenstände richten müsste, so sehe ich nicht ein, wie man a priori von ihr etwas wissen könne; richtet sich aber der Gegenstand (als Object der Sinne) nach der Beschaffenheit unseres Anschauungsvermögens, so kann ich mir diese Möglichkeit ganz wohl vorstellen. Weil ich aber bei diesen Anschauungen, wenn sie Erkenntnisse werden sollen, nicht stehen bleiben kann, sondern sie als Vorstellungen auf irgend etwas als Gegenstand beziehen und diesen durch jene bestimmen muss, so kann ich entweder annehmen, die *Begriffe,* wodurch ich diese Bestimmung zu Stande bringe, richten sich auch nach dem Gegenstande, und dann bin ich wiederum in derselben Verlegenheit, wegen der Art, wie ich a priori hievon etwas wissen könne; oder ich nehme an, die Gegenstände oder, welches einerlei ist, die *Erfahrung,* in welcher sie allein (als gegebene Gegenstände) erkannt werden, richte sich nach diesen Begriffen, so sehe ich sofort eine leichtere Auskunft, weil Erfahrung selbst eine Erkenntnissart ist, die Verstand erfordert, dessen Regel ich in mir, noch ehe mir Gegenstände gegeben werden, mithin a priori voraussetzen muss, welche in Begriffen a priori ausgedrückt wird, nach denen sich also alle Gegenstände der Erfahrung nothwendig richten und mit ihnen übereinstimmen müssen. Was Gegenstände betrifft, sofern sie bloss durch Vernunft und zwar nothwendig gedacht, die aber (so wenigstens, wie die Vernunft sie denkt) gar nicht in der Erfahrung gegeben werden können, so werden die Versuche sie zu denken (denn denken müssen sie sich doch lassen,) hernach einen herrlichen Probirstein desjenigen abgeben, was wir als die veränderte Methode der Denkungsart annehmen, dass wir nämlich von den Dingen nur das a priori erkennen, was wir selbst in sie legen.*

Dieser Versuch gelingt nach Wunsch, und verspricht der Metaphysik in ihrem ersten Theile, da sie sich nämlich mit Begriffen a priori beschäftigt, davon die correspondirenden Gegenstände in der Erfahrung jenen angemessen gegeben werden können, den sicheren Gang einer Wissenschaft. Denn man kann nach dieser Veränderung der Denkart die Möglichkeit einer Erkenntniss a priori ganz wohl erklärenn, und, was noch mehr ist, die Gesetze, welche a priori der Natur, als dem Inbegriffe der Gegenstände der Erfahrung, zum Grunde liegen, mit ihren genugthuenden Beweisen versehen, welches beides nach der bisherigen Verfahrungsart unmöglich war. Aber es ergiebt sich aus dieser Deduction unseres Vermögens a priori zu erkennen, im ersten Theile der Metaphysik ein befremdliches und dem ganzen Zwecke derselben, der den zweiten Theil beschäftigt, dem Anscheine nach sehr nachtheiliges Resultat, nämlich dass wir mit ihm nie über die Grenze möglicher Erfahrung hinauskommen können, welches doch gerade die wesentlichste Angelegenheit dieser Wissenschaft ist. Aber hierin liegt eben das Experiment einer Gegenprobe der Wahrheit des Resultats jener ersten Würdigung unserer Vernunfterkenntniss a priori, dass sie nämlich nur auf Erscheinungen gehe, die Sache an sich selbst dagegen zwar als für sich wirklich, aber von uns unerkannt, liegen lasse. Denn das, was uns nothwendig über die Grenze der Erfahrung und aller Erscheinungen hinaus zu gehen treibt, ist das *Unbedingte,* welches die Vernunft in den Dingen an sich selbst nothwendig und mit allem Recht zu allem Bedingten, und dadurch die Reihe der Bedingungen als voll-

---

* Diese dem Naturforscher nachgeahmte Methode besteht also darin: die Elemente der reinen Vernunft in dem zu suchen, *was sich durch ein Experiment bestätigen oder widerlegen lässt.* Nun lässt sich zur Prüfung der Sätze der reinen Vernunft, vornehmlich wenn sie über alle Grenze möglicher Erfahrung hinaus gewagt werden, kein Experiment mit ihren Objecten machen (wie in der Naturwissenschaft): also wird es nur mit *Begriffen* und *Grundsätzen,* die wir a priori annehmen, thunlich sein, indem man sie nämlich so einrichtet, dass dieselben Gegenstände *einerseits* als Gegenstände der Sinne und des Verstandes für die Erfahrung, *andererseits* aber doch als Gegenstände, die man bloss denkt, allenfalls für die isolirte und über Erfahrungsgrenze hinausstrebende Vernunft, mithin von zwei verschiedenen Seiten betrachtet werden können. Findet es sich nun, dass, wenn man die Dinge aus jenem doppelten Gesichtspunkte betrachtet, Einstimmung mit dem Princip der reinen Vernunft stattfinde, bei einerlei Gesichtspunkte aber ein unvermeidlicher Widerstreit der Vernunft mit sich selbst entspringe, so entscheidet das Experiment für die Richtigkeit jener Unterscheidung.

endet verlangt. Findet sich nun, wenn man annimmt, unsere Erfahrungserkenntniss richte sich nach den Gegenständen als Dingen an sich selbst, dass das Unbedingte *ohne Widerspruch gar nicht gedacht* werden könne; dagegen, wenn man annimt, unsere Vorstellung der Dinge, wie sie uns gegeben werden, richte sich nicht nach diesen, als Dingen an sich selbst, sondern diese Gegenstände vielmehr, als Erscheinungen, richten sich nach unserer Vorstellungsart, *der Widerspruch wegfalle;* und dass folglich das Unbedingte nicht an Dingen, sofern wir sie kennen, (sie uns gegeben werden,) wohl aber an ihnen, sofern wir sie nicht kennen, als Sachen an sich selbst, angetroffen werden müsse: so zeigt sich, dass, was wir anfangs nur zum Versuche annahmen, gegründet sei.* Nun bleibt uns immer noch übrig, nachdem der speculativen Vernunft alles Fortkommen in diesem Felde des Uebersinnlichen abgesprochen worden, zu versuchen, ob sich nicht in ihrer praktischen Erkenntniss Data finden, jenen transscendenten Vernunftbegriff des Unbedingten zu bestimmen, und auf solche Weise, dem Wunsche der Metaphysik gemäss, über die Grenze aller möglichen Erfahrung hinaus mit unserem, aber nur in praktischer Absicht möglichen Erkenntnisse a priori zu gelangen. Und bei einem solchen Verfahren hat uns die speculative Vernunft zu solcher Erweiterung immer noch wenigstens Platz verschafft, wenn sie ihn gleich leer lassen musste, und es bleibt uns also noch unbenommen, ja wir sind gar dazu durch sie aufgefordert, ihn durch praktische Data derselben, wenn wir können, auszufüllen.**

In jenem Versuche, das bisherige Verfahren der Metaphysik umzuän-

---

* Dieses Experiment der reinen Vernunft hat mit dem der *Chemiker,* welches sie manchmal den Versuch der *Reduction,* im Allgemeinen aber das *synthetische Verfahren* nennen, viel Aehnliches. Die *Analyse* des *Metaphysikers* schied die reine Erkenntnis a priori in zwei sehr ungleichartige Elemente, nämlich die der Dinge als Erscheinungen, und dann der Dinge an sich selbst. Die *Dialektik* verbindet beide wiederum zur *Einhelligkeit* mit der nothwendigen Vernunftidee des *Unbedingten* und findet, dass diese Einhelligkeit niemals anders, als durch jene Unterscheidung herauskomme, welche also die wahre ist.

** So verschafften die Centralgesetze der Bewegung der Himmelskörper dem, was *Kopernikus* anfänglich nur als Hypothese annahm, ausgemachte Gewissheit und bewiesen zugleich die unsichtbare, den Weltbau verbindende Kraft (der *Newtonischen* Anziehung), welche auf immer unentdeckt geblieben wäre, wenn der erstere es nicht gewagt hätte, auf eine widersinnische, aber doch wahre Art, die beobachteten Bewegungen nicht in den Gegenständen des Himmels, sondern in ihrem Zuschauer zu suchen. Ich stelle in dieser Vorrede die in der Kritik vorgetragene, jener Hypothese analogische, Umänderung der Denkart auch nur als Hypothese auf, ob sie gleich in der Abhandlung selbst aus der Beschaffenheit unserer Vorstellungen von Raum und Zeit und den Elementarbegriffen des Verstandes, nicht hypothetisch, sondern apodiktisch bewiesen wird, um nur die ersten Versuche einer solchen Umänderung, welche allemal hypothetisch sind, bemerklich zu machen.

dern, und dadurch, dass wir nach dem Beispiele der Geometer und Naturforscher eine gänzliche Revolution mit derselben vornehmen, besteht nun das Geschäft dieser Kritik der reinen spekulativen Vernunft. Sie ist Tractat von der Methode, nicht ein System der Wissenschaft selbst; aber sie verzeichnet gleichwohl den ganzen Umkreis derselben sowohl, in Ansehung ihrer Grenzen, als auch den ganzen inneren Gliederbau derselben. Denn das hat die reine spekulative Vernunft Eigenthümliches an sich, dass sie ihr eigen Vermögen, nach Verschiedenheit der Art, wie sie sich Objecte zum Denken wählt, ausmessen, und auch selbst die mancherlei Arten, sich Aufgaben vorzulegen, vollständig vorzählen, und so den ganzen Vorriss zu einem System der Metaphysik verzeichnen kann und soll; weil, was das erste betrifft, in der Erkenntniss a priori den Objecten nichts beigelegt werden kann, als was das denkende Subject aus sich selbst hernimmt, und, was das zweite anlangt, sie in Ansehung der Erkenntnissprincipien eine ganz abgesonderte, für sich bestehende Einheit ist, in welcher ein jedes Glied, wie in einem organisirten Körper, um aller anderen und alle um eines willen da sind, und kein Princip mit Sicherheit in *einer* Beziehung genommen werden kann, ohne es zugleich in der *durchgängigen* Beziehung zum ganzen reinen Vernunftgebrauch untersucht zu haben. Dafür aber hat auch die Metaphysik das seltene Glück, welches keiner anderen Vernunftwissenschaft, die es mit Objecten zu thun hat, (denn die *Logik* beschäftigt sich nur mit der Form des Denkens überhaupt,) zu Theil werden kann, dass, wenn sie durch diese Kritik in den sicheren Gang einer Wissenschaft gebracht worden, sie das ganze Feld der für sie gehörigen Erkenntnisse völlig befassen und also ihr Werk vollenden und für die Nachwelt, als einen nie zu vermehrenden Hauptstuhl, zum Gebrauche niederlegen kann, weil sie es bloss mit Principien und den Einschränkungen ihres Gebrauchs zu thun hat, welche durch jene selbst bestimmt werden. Zu dieser Vollständigkeit ist sie daher, als Grundwissenschaft, auch verbunden, und von ihr muss gesagt werden können: *nil actum reputans, si quid superesset agendum.*

Aber was ist denn das, wird man fragen, für ein Schatz, den wir der Nachkommenschaft mit einer solchen durch Kritik geläuterten, dadurch aber auch in einen beharrlichen Zustand gebrachten Metaphysik, zu hinterlassen gedenken? Man wird bei einer flüchtigen Uebersicht dieses Werks wahrzunehmen glauben, dass der Nutzen davon doch nur *negativ* sei, uns nämlich mit der speculativen Vernunft niemals über die Erfahrungsgrenze hinaus zu wagen, und das ist auch in der That ihr erster Nutzen. Dieser aber wird alsbald *positiv,* wenn man inne wird, dass die Grundsätze, mit denen sich speculative Vernunft über ihre Grenze hinauswagt, in der That nicht *Erweiterung,* sondern, wenn man sie näher betrachtet, *Verengung* unseres Vernunftgebrauchs zum unausbleiblichen

Erfolg haben, indem sie wirklich die Grenzen der Sinnlichkeit, zu der sie eigentlich gehören, über alles zu erweitern und so den reinen (praktischen) Vernunftgebrauch gar zu verdrängen drohen. Daher ist eine Kritik, welche die erstere einschränkt, sofern zwar *negativ*, aber, indem sie dadurch zugleich ein Hinderniss, welches den letzteren Gebrauch einschränkt oder gar zu vernichten droht, aufhebt, in der That von *positivem* und sehr wichtigem Nutzen, sobald man überzeugt wird, dass es einen schlechterdings nothwendigen praktischen Gebrauch der reinen Vernunft (den moralischen) gebe, in welchem sie sich unvermeidlich über die Grenzen der Sinnlichkeit erweitert, dazu sie zwar von der speculativen keiner Beihülfe bedarf, dennoch aber wider ihre Gegenwirkung gesichert sein muss, um nicht in Widerspruch mit sich selbst zu gerathen. Diesem Dienste der Kritik den *positiven* Nutzen abzusprechen, wäre eben so viel, als sagen, dass Polizei keinen positiven Nutzen schaffe, weil ihr Hauptgeschäft doch nur ist, der Gewaltthätigkeit, welche Bürger von Bürgern zu besorgen haben, einen Riegel vorzuschieben, damit ein jeder seine Angelegenheit ruhig und sicher treiben könne. Dass Raum und Zeit nur Formen der sinnlichen Anschauung, also nur Bedingungen der Existenz der Dinge als Erscheinungen sind, dass wir ferner keine Verstandesbegriffe, mithin auch gar keine Elemente zur Erkenntniss der Dinge haben, als sofern diesen Begriffen correspondirende Anschauung gegeben werden kann, folglich wir von keinem Gegenstande als Dinge an sich selbst, sondern nur sofern er Object der sinnlichen Anschauung ist, d. i. als Erscheinung, Erkenntniss haben können, wird im analytischen Theile der Kritik bewiesen; woraus denn freilich die Einschränkung aller nur möglichen speculativen Erkenntniss der Vernunft auf blosse Gegenstände der *Erfahrung* folgt. Gleichwohl wird, welches wohl gemerkt werden muss, doch dabei immer vorbehalten, dass wir eben dieselben Gegenstände auch als Dinge an sich selbst, wenn gleich nicht *erkennen*, doch wenigstens müssen *denken* können.* Denn sonst würde der ungereimte Satz daraus folgen, dass Erscheinung ohne etwas wäre, was da erscheint. Nun wollen wir annehmen, die durch unsere Kritik nothwendig gemachte Unterscheidung der Dinge als Gegenstände der Erfahrung, von eben denselben als Din-

---

* Einen Gegenstand *erkennen,* dazu wird erfordert, dass ich seine Möglichkeit (es sei nach dem Zeugniss der Erfahrung aus seiner Wirklichkeit, oder a priori durch Vernunft) beweisen könne. Aber *denken* kann ich, was ich will, wenn ich mir nur nicht selbst widerspreche, d. i. wenn mein Begriff nur ein möglicher Gedanke ist, ob ich zwar dafür nicht stehen kann, ob im Inbegriffe aller Möglichkeiten diesem auch ein Object correspondire oder nicht. Um einem solchen Begriffe aber objective Gültigkeit (reale Möglichkeit, denn die erstere war bloss die logische) beizulegen, dazu wird etwas mehr erfordert. Dieses Mehrere aber bracht eben nicht in theoretischen Erkenntnissquellen gesucht zu werden, es kann auch in praktischen liegen.

gen an sich selbst, wäre gar nicht gemacht, so müsste der Grundsatz der Causalität und mithin der Naturmechanismus in Bestimmung derselben durchaus von allen Dingen überhaupt als wirkenden Ursachen gelten. Von eben demselben Wesen also, z. B. der menschlichen Seele, würde ich nicht sagen können, ihr Wille sei frei, und er sei doch zugleich der Naturnothwendigkeit unterworfen, d. i. nicht frei, ohne in einen offenbaren Widerspruch zu gerathen; weil ich die Seele in beiden Sätzen in *eben derselben Bedeutung,* nämlich als Ding überhaupt (als Sache an sich selbst) genommen habe, und, ohne vorhergehende Kritik, auch nicht anders nehmen konnte. Wenn aber die Kritik nicht geirrt hat, da sie das Objekt in *zweierlei Bedeutung* nehmen lehrt, nämlich als Erscheinung, oder als Ding an sich selbst; wenn die Deduction ihrer Verstandesbegriffe richtig ist, mithin auch der Grundsatz der Causalität nur auf Dinge im ersten Sinne genommen, nämlich sofern sie Gegenstände der Erfahrung sind, geht, eben dieselben aber nach der zweiten Bedeutung ihm nicht unterworfen sind, so wird eben derselbe Wille in der Erscheinung (den sichtbaren Handlungen) als dem Naturgesetz nothwendig gemäss und sofern *nicht frei,* und doch andererseits, als einem Dinge an sich selbst angehörig, jenem nicht unterworfen, mithin als *frei* gedacht, ohne dass hiebei ein Widerspruch vorgeht. Ob ich nun gleich meine Seele, von der letzteren Seite betrachtet, durch keine speculative Vernunft (noch weniger durch empirische Beobachtung,) mithin auch nicht die Freiheit als Eigenschaft eines Wesens, dem ich Wirkungen in der Sinnenwelt zuschreibe, *erkennen* kann, darum weil ich ein solches seiner Existenz nach, und doch nicht in der Zeit, bestimmt erkennen müsste, (welches, weil ich meinem Begriffe keine Anschauung unterlegen kann, unmöglich ist,) so kann ich mir doch die Freiheit *denken,* d. i. die Vorstellung davon enthält wenigstens keinen Widerspruch in sich, wenn unsere kritische Unterscheidung beider (der sinnlichen und intellectuellen) Vorstellungsarten und die davon herrührende Einschränkung der reinen Verstandesbegriffe, mithin auch der aus ihnen fliessenden Grundsätze, statt hat. Gesetzt nun, die Moral setze nothwendig Freiheit (im strengsten Sinne) als Eigenschaft unseres Willens voraus, indem sie praktische in unserer Vernunft liegende ursprüngliche Grundsätze als *Data* derselben a priori anführt, die ohne Voraussetzung der Freiheit schlechterdings unmöglich wären, die speculative Vernunft aber hätte bewiesen, dass diese sich gar nicht denken lasse, so muss nothwendig jene Voraussetzung, nämlich die moralische, derjenigen weichen, deren Gegentheil einen offenbaren Widerspruch enthält, folglich *Freiheit* und mit ihr Sittlichkeit (denn deren Gegentheil enthält keinen Widerspruch, wenn nicht schon Freiheit vorausgesetzt wird,) dem *Naturmechanismus* den Platz einräumen. So aber, da ich zur Moral nichts weiter brauche, als dass Freiheit sich nur nicht selbst widerspreche, und sich also doch wenigstens denken lasse, ohne nöthig zu haben, sie weiter einzusehen, dass sie also dem Naturmechanismus eben derselben Handlung (in anderer Beziehung genommen) gar kein Hinderniss in den Weg lege: so behauptet die Lehre von der Sittlichkeit ihren Platz, und die Naturlehre auch den ihrigen, welches aber nicht stattgefunden hätte, wenn nicht Kritik uns zuvor von unserer unvermeidlichen Unwissenheit in Ansehung der Dinge an sich selbst belehrt, und alles, was wir theoretisch *erkennen* können, auf blosse Erscheinungen eingeschränkt hätte. Eben diese Erörterung des positiven Nutzens kritischer Grundsätze der reinen Vernunft, lässt sich in Ansehung des Begriffs von *Gott* und der *einfachen Natur* unserer *Seele* zeigen, die ich aber der Kürze halber vorbeigehe. Ich kann also *Gott, Freiheit* und *Unsterblichkeit* zum Behuf des nothwendigen praktischen Gebrauchs meiner Vernunft nicht einmal *annehmen,* wenn ich nicht der speculativen Vernunft zugleich ihre Anmassung überschwenglicher Einsichten *benehme,* weil sie sich, um zu diesen zu gelangen, solcher Grundsätze bedienen muss, die, indem sie in der That bloss auf Gegenstände möglicher Erfahrung reichen, wenn sie gleichwohl auf das angewandt werden, was nicht ein Gegenstand der Erfahrung sein kann, wirklich dieses jederzeit in Erscheinung verwandeln, und so alle *praktische Erweiterung* der reinen Vernunft für unmöglich erklären. Ich musste also das *Wissen* aufheben, um zum *Glauben* Platz zu bekommen, und der Dogmatismus der Metaphysik, d. i. das Vorurtheil, in ihr ohne Kritik der reinen Vernunft fortzukommen, ist die wahre Quelle alles der Moralität widerstreitenden Unglaubens, der jederzeit gar sehr dogmatisch ist. – Wenn es also mit einer nach Massgabe der Kritik der reinen Vernunft abgefassten systematischen Metaphysik eben nicht schwer sein kann, der Nachkommenschaft ein Vermächtniss zu hinterlassen, so ist dies kein für gering zu achtendes Geschenk; man mag nun bloss auf die Kultur der Vernunft durch den sicheren Gang einer Wissenschaft überhaupt, in Vergleichung mit dem grundlosen Tappen und leichtsinnigen Herumstreifen derselben ohne Kritik sehen, oder auch auf bessere Zeitanwendung einer wissbegierigen Jugend, die beim gewöhnlichen Dogmatismus so frühe und so viel Aufmunterung bekommt, über Dinge, davon sie nichts versteht, und darin sie, so wie niemand in der Welt, auch nie etwas einsehen wird, bequem zu vernünfteln, oder gar auf Erfindung neuer Gedanken und Meinungen auszugehen, und so die Erlernung gründlicher Wissenschaften zu verabsäumen; am meisten aber, wenn man den unschätzbaren Vortheil in Anschlag bringt, allen Einwürfen wider Sittlichkeit und Religion auf *sokratische* Art, nämlich durch den klarsten Beweis der Unwissenheit der Gegner, auf alle künftige Zeit ein Ende zu machen. Denn irgend eine Metaphysik ist immer in der Welt gewesen, und wird auch wohl ferner, mit ihr aber auch eine Dialektik der reinen Vernunft, weil sie ihr natürlich ist, darin anzutreffen sein. Es ist also die erste und wichtigste Angelegenheit der Philosophie, einmal für allemal ihr dadurch, dass man die Quelle der Irrthümer verstopft, allen nachtheiligen Einfluss zu benehmen.

Bei dieser wichtigen Veränderung im Felde der Wissenschaften, und dem *Verluste,* den speculative Vernunft an ihrem bisher eingebildeten Besitze erleiden muss, bleibt dennoch alles mit der allgemeinen menschlichen Angelegenheit, und dem Nutzen, den die Welt bisher aus den Lehren der reinen Vernunft zog, in demselben vortheilhaften Zustande, als es jemalen war, und der Verlust trifft nur das *Monopol der Schulen,* keineswegs aber das *Interesse der Menschen.* Ich frage den unbiegsamsten Dogmatiker, ob der Beweis von der Fortdauer unserer Seele nach dem Tode aus der Einfachheit der Substanz, ob der von der Freiheit des Willens gegen den allgemeinen Mechanismus durch die subtilen, obzwar ohnmächtigen Unterscheidungen subjectiver und objectiver praktischer Nothwendigkeit, oder ob der vom Dasein Gottes aus dem Begriffe eines allerrealsten Wesens, (der Zufälligkeit des Veränderlichen, und der Nothwendigkeit eines ersten Bewegers), nachdem sie von den Schulen ausgingen, jemals haben bis zum Publikum gelangen und auf dessen Ueberzeugung den mindesten Einfluss haben können? Ist dieses nun nicht geschehen, und kann es auch, wegen der Untauglichkeit des gemeinen Menschenverstandes zu so subtiler Speculation, niemals erwartet werden; hat vielmehr, was das erstere betrifft, die jedem Menschen bemerkliche Anlage seiner Natur, durch das Zeitliche (als zu den Anlagen seiner ganzen Bestimmung unzulänglich) nie zufrieden gestellt werden zu können, die Hoffnung eines *künftigen Lebens,* in Ansehung des zweiten die blosse klare Darstellung der Pflichten im Gegensatze aller Ansprüche der Neigungen das Bewusstsein der *Freiheit,* und endlich, was das dritte anlangt, die herrliche Ordnung, Schönheit und Fürsorge, die allerwärts in der Natur hervorblickt, allein den Glauben an einen weisen und grossen *Welturheber,* die sich aufs Publikum verbreitende Ueberzeugung, sofern sie auf Vernunftgründen beruht, ganz allein bewirken müssen: so bleibt ja nicht allein dieser Besitz ungestört, sondern er gewinnt vielmehr dadurch noch an Ansehen, dass die Schulen nunmehr belehrt werden, sich keine höhere und ausgebreitetere Einsicht in einem Punkte anzumassen, der die allgemeine menschliche Angelegenheit betrifft, als diejenige ist, zu der die grosse (für uns achtungswürdigste) Menge auch ebenso leicht gelangen kann, und sich also auf die Kultur dieser allgemein fasslichen und in moralischer Absicht hinreichenden Beweisgründe allein einzuschränken. Die Veränderung betrifft also bloss die arroganten Ansprüche der Schulen, die sich gerne hierin (wie sonst mit Recht in vielen anderen Stükken) für die alleinigen Kenner und Aufbewahrer solcher Wahrheiten möchten halten lassen, von denen sie dem Publikum nur den Gebrauch, mittheilen, den Schlüssel derselben aber für sich behalten (*quod mecum nescit, solus vult scire videri*). Gleichwohl ist doch auch für einen billigeren Anspruch des speculativen Philosophen gesorgt. Er bleibt immer ausschliesslich Depositär einer dem Publikum ohne dessen Wissen nützlichen Wissenschaft, nämlich der Kritik der Vernunft; denn die kann niemals populär werden, hat aber auch nicht nöthig, es zu sein; weil, so wenig dem Volke die fein gesponnenen Argumente für nützliche Wahrheiten in den Kopf wollen, eben so wenig kommen ihm auch die eben so subtilen Einwürfe dagegen jemals in den Sinn; dagegen weil die Schule, so wie jeder sich zur Speculation erhebende Mensch, unvermeidlich in beide geräth, jene dazu verbunden ist, durch gründliche Untersuchung der Rechte der speculativen Vernunft einmal für allemal dem Scandal vorzubeugen, das über kurz oder lang selbst dem Volke aus den Streitigkeiten aufstossen muss, in welche sich Metaphysiker (und als solche endlich auch wohl Geistliche) ohne Kritik unausbleiblich verwickeln, und die selbst nachher ihre Lehren verfälschen. Durch diese kann nun allein dem *Materialismus, Fatalismus, Atheismus,* dem freigeisterischen *Unglauben,* der *Schwärmerei* und dem *Aberglauben,* die allgemein schädlich werden können, zuletzt auch dem *Idealismus* und *Skepticismus,* die mehr den Schulen gefährlich sind und schwerlich ins Publikum übergehen können, selbst die Wurzel abgeschnitten werden. Wenn Regierungen sich ja mit Angelegenheiten der Gelehrten zu befassen gut finden, so würde es ihrer weisen Fürsorge für Wissenschaften sowohl als Menschen weit gemässer sein, die Freiheit einer solchen Kritik zu begünstigen, wodurch die Vernunftbearbeitungen allein auf einen festen Fuß gebracht werden können, als den lächerlichen Despotismus der Schulen zu unterstützen, welche über öffentliche Gefahr ein lautes Geschrei erheben, wenn man ihre Spinneweben zerreisst, von denen doch das Publikum niemals Notiz genommen hat, und deren Verlust es also auch nie fühlen kann.

Die Kritik ist nicht dem *dogmatischen Verfahren* der Vernunft in ihrem reinen Erkenntniss als Wissenschaft entgegengesetzt, (denn diese muss jederzeit dogmatisch, d. i. aus sicheren Principien a priori strenge beweisend sein), sondern dem *Dogmatismus* d. i. der Anmassung, mit einer reinen Erkenntniss aus Begriffen (der philosophischen), nach Principien, so wie sie die Vernunft längst im Gebrauche hat, ohne Erkundigung der Art und des Rechts, wodurch sie dazu gelangt ist, allein fortzukommen. Dogmatismus ist also das dogmatische Verfahren der reinen Vernunft, *ohne vorangehende Kritik ihres eigenen Vermögens.* Diese Entgegensetzung soll daher nicht der geschwätzigen Seichtigkeit, unter dem angemassten Namen der Popularität, oder wohl gar dem Skepticismus, der mit der ganzen Metaphysik kurzen Prozess macht, das Wort reden; vielmehr ist die Kritik die nothwendige vorläufige Veranstaltung zur Beförderung einer gründlichen Metaphysik als Wissenschaft, die nothwendig dogmatisch und nach der strengsten Forderung systematisch, mithin schulgerecht (nicht populär) ausgeführt werden muss; denn diese Forderung an sie, da sie sich anheischig macht, gänzlich a priori, mithin zu völliger Befriedigung der speculativen Vernunft ihr Geschäft auszuführen, ist unnachlässlich. In der Ausführung also des Plans, den die Kritik vorschreibt, d. i. im künftigen System der Metaphysik, müssen wir dereinst der strengen Methode des berühmten *Wolf,* des grössten unter allen dogmatischen Philosophen, folgen, der zuerst das Beispiel gab, (und durch dies Beispiel der Urheber des bisher noch nicht erloschenen Geistes der Gründlichkeit in Deutschland wurde,) wie durch gesetzmässige Feststellung der Principien, deutliche Bestimmung der Begriffe, versuchte Strenge der Beweise, Verhütung kühner Sprünge in Folgerungen der sichere Gang einer Wissenschaft zu nehmen sei, der auch eben darum eine solche, als Metaphysik ist, in diesen Stand zu versetzen vorzüglich geschickt war, wenn es ihm beigefallen wäre, durch Kritik des Organs, nämlich der reinen Vernunft selbst, sich das Feld vorher zu bereiten: ein Mangel, der nicht sowohl ihm, als vielmehr der dogmatischen Denkungsart seines Zeitalters beizumessen ist, und darüber die Philosophen seiner sowohl, als aller vorigen Zeiten einander nichts vorzuwerfen haben. Diejenigen, welche seine Lehrart und doch zugleich auch das Verfahren der Kritik der reinen Vernunft verwerfen, können nichts anderes im Sinne haben, als die Fesseln der *Wissenschaft* gar abzuwerfen, Arbeit in Spiel, Gewissheit in Meinung und Philosophie in Philodoxie zu verwandeln.

Was diese zweite Auflage betrifft, so habe ich, wie billig, die Gelegenheit derselben nicht vorbei lassen wollen, um den Schwierigkeiten und der Dunkelheit so viel wie möglich abzuhelfen, woraus manche Missdeutungen entsprungen sein mögen, welche scharfsinnige Männern, vielleicht nicht ohne meine Schuld, in der Beurtheilung dieses Buchs aufgestossen sind. In den Sätzen selbst und ihren Beweisgründen, imgleichen der Form sowohl als der Vollständigkeit des Plans, habe ich nichts zu ändern gefunden; welches theils der langen Prüfung, der ich sie unterworfen hatte, ehe ich sie dem Publikum vorlegte, theils der Beschaffenheit der Sache selbst, nämlich der Natur einer reinen speculativen Vernunft, beizumessen ist, die einen wahren Gliederbau enthält, worin alles Organ ist, nämlich alles um eines willen und ein jedes Einzelne um aller willen, mithin jede noch so kleine Gebrechlichkeit, sie sei ein Fehler (Irrthum) oder Mangel, sich im Gebrauche unausbleiblich verrathen muss. In dieser Unveränderlichkeit wird sich dieses System, wie ich hoffe, auch fernerhin behaupten. Nicht Eigendünkel, sondern bloss die Evidenz, welche das Experiment der Gleichheit des Resultats, im Ausgange von den mindesten Elementen bis zum Ganzen der reinen Vernunft, und im Rückgange vom Ganzen, (denn auch dieses ist für sich durch die Endabsicht derselben im Praktischen gegeben) zu jedem Theile bewirkt, indem der Versuch, auch nur den kleinsten Theil abzuändern, sofort Widersprüche, nicht bloss des Systems, sondern der allgemeinen Menschenvernunft herbeiführt, berechtigt mich zu diesem Vertrauen. Allein in der *Darstellung* ist noch viel zu thun, und hierin habe ich mit dieser Auflage Verbesserungen versucht, welche theils dem Missverstande der Aesthetik, vornehmlich dem im Begriffe der Zeit, theils der Dunkelheit der Deduction der Verstandesbegriffe, theils dem vermeintlichen Mangel einer genugsamen Evidenz in den Beweisen der Grundsätze des reinen Verstandes, theils endlich der Missdeutung der der rationalen Psychologie vorgerückten Paralogismen abhelfen sollen. Bis hieher (nämlich nur bis zu Ende des ersten Hauptstücks der transscendentalen Dialektik) und weiter nicht erstrecken sich meine Abänderungen der Darstellungsart,* weil die Zeit zu kurz und mir in An-

---

* Eigentliche Vermehrung, aber doch nur in der Beweisart, könnte ich nur die nennen, die ich durch eine neue Widerlegung des psychologischen *Idealismus,* und einen strengen (wie ich glaube auch einzig möglichen) Beweis von der objectiven Realität der äusseren Anschauung S. 275 gemacht habe. Der Idealismus mag in Ansehung der wesentlichen Zwecke der Metaphysik für noch so unschuldig gehalten werden, (das er in der That nicht ist,) so bleibt es immer ein Scandal der Philosophie und allgemeinen Menschenvernunft, das Dasein der Dinge ausser uns (von denen wir doch den ganzen Stoff zu Erkenntnissen selbst für unseren inneren Sinn her haben) bloss auf *Glauben* annehmen zu müssen, und, wenn es jemand einfällt es zu bezweifeln, ihm keinen genugthuenden Beweis entgegen stellen zu können. Weil sich in den Ausdrücken des Beweises von der dritten Zeile bis zur sechsten einige Dunkelheit findet, so bitte ich diese Periode so umzuändern: »*Dieses Beharrliche aber kann nicht eine Anschauung in mir sein. Denn alle Bestimmungsgründe meines Daseins, die in mir angetroffen werden können, sind Vorstellungen, und bedürfen, als solche, selbst ein von ihnen unterschiedenes Beharrliches, worauf in Beziehung der Wechsel derselben, mithin mein Dasein in der Zeit, darin sie wechseln, bestimmt werden könne.*« Man wird gegen diesen Beweis vermuthlich sagen: ich bin mir doch nur dessen, was in mir ist, d. i. meiner *Vorstellung* äußerer Dinge, unmittelbar bewusst; folglich bleibe es immer noch unausgemacht, ob etwas ihr Korrespondierendes ausser mir sei, oder nicht. Allein ich bin mir *meines Daseins in der Zeit* (folglich auch der Bestimmtheit desselben in dieser) durch innere *Erfahrung* bewusst, und dieses gilt mehr, als bloss mir meiner Vorstellung bewusst zu sein, doch aber einerlei mit dem *empirischen Bewusstsein meines Daseins,* welches nur durch Beziehung auf etwas, was mit meiner Existenz verbunden, *ausser mir ist,* bestimmbar ist. Dieses Bewusstsein meines Daseins in der Zeit ist also mit dem Bewusstsein eines Verhältnisses zu etwas ausser mir identisch verbunden, und es ist also Erfahrung und nicht Erdichtung, Sinn und nicht Einbildungskraft, welches das Aeussere mit meinem inneren Sinn unzertrennlich verknüpft; denn der äussere Sinn ist schon an sich Beziehung der Anschauung auf etwas Wirkliches ausser mir, und die Realität desselben, zum Unterschiede von der Einbildung, beruht nur darauf, dass er mit der inneren Erfahrung selbst, als die Bedingung der Möglichkeit derselben unzertrennlich verbunden werde, welches hier geschieht. Wenn ich mit dem *intellectuellen Bewusstsein* meines Daseins, in der Vorstellung *Ich bin,* welche alle meine Urtheile und Verstandeshandlungen begleitet, zugleich eine Bestimmung meines Daseins durch *intel-*

sehung des übrigen auch kein Missverstand sachkundiger und unparteiischer Prüfer vorgekommen war, welche, auch ohne dass ich sie mit dem ihnen gebührenden Lobe nennen darf, die Rücksicht, die ich auf ihre Erinnerungen genommen habe, schon von selbst an ihren Stellen antreffen werden. Mit dieser Verbesserung aber ist ein kleiner Verlust für den Leser verbunden, der nicht zu verhüten war, ohne das Buch gar zu voluminös zu machen, nämlich dass verschiedenes, was zwar nicht wesentlich zur Vollständigkeit des Ganzen gehört, mancher Leser aber doch ungern missen möchte, indem es sonst in anderer Absicht brauchbar sein kann, hat weggelassen oder abgekürzt vorgetragen werden müssen, um meiner, wie ich hoffe, jetzt fasslicheren Darstellung Platz zu machen, die im Grunde in Ansehung der Sätze und selbst ihrer Beweisgründe schlechterdings nichts verändert, aber doch in der Methode des Vortrags hin und wieder so von der vorigen abgeht, dass sie durch Einschaltungen sich nicht bewerkstelligen liess. Dieser kleine Verlust, der ohnedem, nach jedes Belieben, durch Vergleichung mit der ersten Auflage ersetzt werden kann, wird durch die größere Fasslichkeit, wie ich hoffe, überwiegend ersetzt. Ich habe in verschiedenen öffentlichen Schriften (theils bei Gelegenheit der Recension mancher Bücher, theils in besonderen Abhandlungen) mit dankbarem Vergnügen wahrgenommen, dass der Geist der

---

lektuelle Anschauung verbinden könnte, so wäre zu derselben das Bewusstsein eines Verhältnisses zu etwas ausser mir nicht nothwendig gehörig. Nun aber jenes intellectuelle Bewusstsein zwar vorangeht, aber die innere Anschauung, in der mein Dasein allein bestimmt werden kann, sinnlich und an Zeitbedingung gebunden ist, diese Bestimmung aber, mithin die innere Erfahrung selbst, von etwas Beharrlichem, welches in mir nicht ist, folglich nur in etwas ausser mir, wogegen ich mich in Relation betrachten muss, abhängt: so ist die Realität des äusseren Sinnes mit der des inneren, zur Möglichkeit einer Erfahrung überhaupt, nothwendig verbunden: d. i. ich bin mir eben so sicher bewusst, dass es Dinge ausser mir gebe, die sich auf meinen Sinn beziehen, als ich mir bewusst bin, dass ich selbst in der Zeit bestimmt existire. Welchen gegebenen Anschauungen nun aber wirklich Objecte ausser mir correspondiren, und die also zum äusseren *Sinne* gehören, welchem sie und nicht der Einbildungskraft zuzuschreiben sind, muss nach den Regeln, nach welchen Erfahrung überhaupt (selbst innere) von Einbildung unterschieden wird, in jedem besonderen Falle ausgemacht werden, wobei der Satz: dass es wirklich äussere Erfahrung gebe, immer zum Grunde liegt. Man kann hiezu noch die Anmerkung fügen: die Vorstellung von etwas *Beharrlichem* im Dasein ist nicht einerlei mit der *beharrlichen Vorstellung;* denn diese kann sehr wandelbar und wechselnd sein, wie alle unsere und selbst die Vorstellungen der Materie, und bezieht sich doch auf etwas Beharrliches, welches also ein von allen meinen Vorstellungen unterschiedenes und äusseres Ding sein muss, dessen Existenz in der *Bestimmung* meines eigenen Daseins nothwendig mit eingeschlossen wird, und mit derselben nur eine einzige Erfahrung ausmacht, die nicht einmal innerlich stattfinden würde, wenn sie nicht (zum Theil) zugleich äusserlich wäre. Das Wie? lässt sich hier eben so wenig weiter erklären, als wie wir überhaupt das Stehende in der Zeit denken, dessen Zugleichsein mit dem Wechselnden den Begriff der Veränderung hervorbringt.

Gründlichkeit in Deutschland nicht erstorben, sondern nur durch den Modeton einer geniemässigen Freiheit im Denken auf kurze Zeit überschrieen worden, und dass die dornigen Pfade der Kritik, die zu einer schulgerechten, aber als solche allein dauerhaften und daher höchstnothwendigen Wissenschaft der reinen Vernunft führen, muthige und helle Köpfe nicht gehindert haben, sich derselben zu bemeistern. Diesen verdienten Männern, die mit der Gründlichkeit der Einsicht noch das Talent einer lichtvollen Darstellung (dessen ich mir eben nicht bewusst bin) so glücklich zu verbinden, überlasse ich meine in Ansehung der letzteren hin und wieder etwa noch mangelhafte Bearbeitung zu vollenden; denn widerlegt zu werden ist in diesem Falle keine Gefahr, wohl aber nicht verstanden zu werden. Meinerseits kann ich mich auf Streitigkeiten von nun an nicht einlassen, ob ich zwar auf alle Winke, es sei von Freunden oder Gegnern, sorgfältig achten werde, um sie in der künftigen Ausführung des Systems dieser Propädeutik gemäss zu benutzen. Da ich während dieser Arbeiten schon ziemlich tief ins Alter fortgerückt bin (in diesem Monate ins vierundsechzigste Jahr,) so muss ich, wenn ich meinen Plan, die Metaphysik der Natur sowohl als der Sitten, als Bestätigung der Richtigkeit der Kritik der speculativen sowohl als praktischen Vernunft, zu liefern, ausführen will, mit der Zeit sparsam verfahren, und die Aufhellung sowohl der in diesem Werke anfangs kaum vermeidlichen Dunkelheiten, als die Vertheidigung des Ganzen von den verdienten Männern, die es sich zu eigen gemacht haben, erwarten. An einzelnen Stellen lässt sich jeder philosophische Vortrag zwacken, (denn er kann nicht so gepanzert auftreten, als der mathematische,) indessen, dass doch der Gliederbau des Systems, als Einheit betrachtet, dabei nicht die mindeste Gefahr läuft, zu dessen Uebersicht, wenn es neu ist, nur wenige die Gewandtheit des Geistes, noch wenigere aber, weil ihnen alle Neuerung ungelegen kommt, Lust besitzen. Auch scheinbare Widersprüche lassen sich, wenn man einzelne Stellen, aus ihrem Zusammenhange gerissen, gegeneinander vergleicht, in jeder, vornehmlich als freie Rede fortgehenden Schrift ausklauben, die in den Augen dessen der sich auf fremde Beurtheilung verlässt, ein nachtheiliges Licht auf diese werfen, demjenigen aber, der sich der Idee im Ganzen bemächtigt hat, sehr leicht aufzulösen sind. Indessen, wenn eine Theorie in sich Bestand hat, so dienen Wirkung und Gegenwirkung, die ihr anfänglich grosse Gefahr drohten, mit der Zeit nur dazu, um ihre Unebenheiten abzuschleifen, und wenn sich Männer von Unparteilichkeit, Einsicht und wahrer Popularität damit beschäftigen, ihr in kurzer Zeit auch die erforderliche Eleganz zu verschaffen.

Anhang

Biographische Notizen
Verzeichnis der Quellen

KOPERNIKUS, NIKOLAUS, geb. am 19. Februar 1473 zu Thorn. K. studierte in Krakau, Bologna und Padua und wurde 1503 zum Doktor des kanonischen Rechts in Ferrara promoviert. Während eines zweiten Aufenthaltes in Padua (1503–06) beschäftigte sich K. mit medizinischen Studien. In die Heimat zurückgekehrt, wandte er sich, in das Domstift zu Frauenburg aufgenommen, ganz dem Studium der Astronomie und der Ausarbeitung seiner Lehren zu. Eine Aufforderung zur Mitwirkung an der Kalenderreform auf dem Lateranischen Konzil 1514 lehnte er ab. Erst kurz vor seinem Todesjahr (1543) veröffentlichte er auf Drängen seiner Freunde sein Hauptwerk: »De revolutionibus orbium coelestium libri VI«, nachdem eine erste Darstellung seiner Lehre durch seinen Schüler Rheticus (Danzig 1540, Narratio prima) erfolgt war. K. starb am 24. Mai 1543 zu Frauenburg.

Text: I. Einleitung zu »de hypothesibus motuum coelestium commentariolus« (ca. 1532). Übers. v. L. Prowe, N. C., S. 288–292, Berlin 1883. Originaltext in: Mitteilg. d. K.-Vereins, II. Vorrede von Osiander, a.a.O. S. 526–528, Thorn 1878.

BRUNO, GIORDANO, geb. 1548 zu Nola in Campanien, gest. 1600 in Rom. Mit fünfzehn Jahren trat er in den Dominikanerorden ein, dem er sich 1576 wegen der Anklage der Ketzerei durch Flucht entzog. Fortan durchwanderte er, seine Lehre verteidigend, die Städte Europas: Genua, Venedig, Genf, Lyon, Toulouse, Paris, Oxford, London, Marburg, Wittenberg, Helmstedt, Frankfurt/M. Zu einem längeren Aufenthalt kam es nur in London und Wittenberg, da B. durch seine aggressive Kritik an der aristotelischen Kosmologie und den Dogmen der christlichen Weltansicht beständig neue Feindschaften auf sich zog. In London entstehen die Hauptschriften auf italienisch: »Von der Ursache, dem Princip und dem Einem« (1584); »Vom Unendlichen, dem All und den Welten« (1584); die »Heroischen Leidenschaften« (1585). Bei dem Versuch, nach Italien zurückzukehren, fällt B. am 23. Mai 1592 in Venedig in die Hände der Inquisition. Anfänglich zum Widerruf bereit, wächst sein Widerstand, als er, nach Rom ausgeliefert, sich während siebenjähriger Haft unzähligen Verhören unterziehen muß. 1599 lehnt er endgültig den Widerruf von acht als ketzerisch bezeichneten Sätzen ab und wird am 17. Februar 1600 auf dem Campofiore in Rom öffentlich verbrannt.

Text: Von der Ursache, dem Princip und dem Einen. Vierter u. Fünfter Dialog. Übers. von A. Lasson. Philos. Bibliothek, S. 79–115, Leipzig 1872 (Originaltext: Opere italiane I, ed. G. Gentile, Bari 1925).

BACON, FRANCIS, Baron von Verulam, wurde am 22. Januar 1561 zu London als Sohn des Nicolaus Bacon, Großsiegelbewahrers von England, geboren. Bereits mit zwölf Jahren begann er in Cambridge seine Studien. 1575 reist er im Gefolge des englischen Gesandten nach Paris und übt, nach England zurückgekehrt, seit 1579 den Beruf eines Rechtsanwalts aus. 1595 im Parlament, 1603 zum Ritter geschlagen, 1604 Kronadvokat, 1613 Oberstaatsanwalt (Attorney General), 1617 Großsiegelbewahrer von England, 1618 Lordkanzler und Baron von Verulam und schließlich 1621 Viscount of St. Albans. Diese glanzvolle diplomatische Laufbahn wurde beendet durch Anklage wegen Bestechlichkeit. B. bekannte sich in allen Punkten als schuldig und verzichtete auf Wunsch des Königs auf seine Verteidigung. Die Strafe wurde jedoch durch königliche Begnadigung erlassen. Am 9. April 1626 ist er in seinem Schloß bei London gestorben. Bacons literarischen Ruhm begründen seine Essays (1597) nach dem Vorbild Montaignes, seine Abhandlung über »Advancement of Learning« (1605, lat. 1623) und das »Novum Organon scientiarum« (1620).

Text: Aphorismen von der Auslegung der Natur und der Herrschaft des Menschen. Novum Organon. 2. Teil: Aphorismen 1–70 übers. v. G. W. Bartholdy, S. 49–89, Berlin 1793 (Originaltext: Works I, ed. J. Spedding u. a., London 1879).

DESCARTES, RENÉ (de Quartus, Renatus Cartesius, Des Cartes, M. du Perron), geb. am 31. März 1596 in La Haye in der Touraine. 1604 bis 1612 im Jesuitenkolleg zu La Flèche. Nach anfänglichen Rechtsstudien in Poitiers nahm er seit 1618 freiwillig an den Feldzügen Moritz von Nassaus (dem Sohne des Prinzen Wilhelm von Oranien) und (später) Maximilians von Bayern teil. Während der langen Quartieraufenthalte widmete er sich mathematischen Studien und machte die Bekanntschaft namhafter Gelehrter, insbesondere von Mathematikern (Beeckmann, Faulhaber). Die folgenden Jahre reiste D. durch Ungarn, Deutschland, Holland, die Schweiz und Italien; nach dreijährigem Aufenthalt in Paris (1625–28) zog er sich nach Holland zurück und widmete sich in völliger Zurückgezogenheit der Ausarbeitung seiner Philosophie. Durch seine Schriften »Discours de la méthode«, »Dioptrik«, 1637; »Meditationen über die erste Philosophie«, lat. 1647; »Prinzipien der Philosophie«, lat. 1644, erregte er in der wissenschaftlichen Öffentlichkeit Aufsehen. Um Streitigkeiten, insbesondere mit der holländischen Geistlichkeit, zu entgehen, folgte er 1649 einer Einladung der Königin Christine zum Philosophieunterricht am Hof in Stockholm, wo er Anfang des folgenden Jahres (1650) starb.

Text: Hauptschriften zur Grundlegung seiner Philosophie. Principien der Philosophie. 1. Teil. Übers. v. K. Fischer, S. 165–203, Mannheim 1863 (Originaltext: Œuvres, ed. Adam-Tannery, VIII, Paris 1905).

HOBBES, THOMAS, geb. am 5. April 1588 zu Malmesbury. 1603–1608 Studium unter dem Einfluß scholastischer Philosophie in Oxford. Hofmeister bei dem Baron Cavendish. Begegnungen mit Bacon und Herbert v. Cherbury. Übersetzung des Thukydides 1629. In seiner Stellung war H. auch Reisebegleiter im Ausland und verlebte zahlreiche Jahre in Frankreich. Während seines dritten Aufenthalts in Paris fand er die Freundschaft von Mersenne und damit den Zugang zu den gelehrten Kreisen von Paris und zu der cartesischen Gedankenwelt. In Italien trat er zu Galilei in Beziehung. Vor der Revolution in England flüchtete H. nach Frankreich; er lebte 1640–1651 in Paris und lernte Gassendi und Descartes kennen. Es war die fruchtbarste Zeit seiner literarischen Produktion, in der er unter anderem den staatsphilosophischen »Leviathan« schrieb. Nach der Amnestie 1651 kehrte er nach England zurück, wo er in London im Mittelpunkt des sich entfaltenden wissenschaftlichen Lebens stand. 1655: »Vom Körper«, 1658: »Vom Menschen«. Nach der Wiederherstellung der Monarchie durch Karl II. fand H. wieder Zutritt zum Hof, der ihm eine Pension aussetzte. Er starb 1679 im Alter von 91 Jahren.

Text: Grundzüge der Philosophie. Erster Teil. Vom Körper. Teil 2. Übers. von M. Frischeisen-Köhler, Philos. Bibliothek, Bd. 157, S. 97–143, Meiner-Verlag, Leipzig 1915 (Originaltext: Opera philosophica, ed. G. Molesworth, I, S. 81–123, 1839, Nachdruck Aalen 1961).

LOCKE, JOHN, geb. am 29. August 1632 als Sohn des Juristen J. L. zu Wrington bei Bristol. Nach erster Ausbildung auf der Westminster-Schule zu London studierte er seit 1652 in Oxford Medizin und Naturwissenschaften. Daneben widmete er sich der Philosophie Wilhelms von Occam. Starke Einflüsse durch Descartes. Während dieser Zeit machte L. die Bekanntschaft des Physikers und Chemikers Robert Boyle. 1665 besuchte er in Begleitung des englischen Gesandten Brandenburg. Von 1667 bis 1675 weilte er als Arzt und zugleich Erzieher im Hause des befreundeten Lord Anthony Ashley, des späteren Earl of Shaftesbury. Nachdem sein Gönner Shaftesbury in Ungnade gefallen war, ging L. 1675 nach Frankreich. Er kehrte zurück, als jener wieder bei Hofe aufgenommen wurde. Kurz danach wurde Shaftesbury wegen seines Widerstandes gegen die absolutistischen Tendenzen des Königs der Prozeß gemacht, der jedoch mit Freispruch endete. Um sich den auch gegen ihn gerichteten Verfolgungen zu entziehen, ging L. nach Holland (1683), wo er zeitweise unter falschem Namen lebte. Hier vollendet er das Hauptwerk »Essay concerning human understanding« (1687) und entwirft die ersten »Briefe über Toleranz«. Nachdem Wilhelm von Oranien englischer Herrscher geworden war, konnte L. 1689 in die Heimat zurückkehren. Er veröffentlichte anonym zwei Abhandlungen über die Regierung und weitere Schriften unter seinem Namen. Er starb am 28. Oktober 1704 im Alter von 73 Jahren.

Text: Versuch vom menschlichen Verstande. 2. Buch, 27. Kapitel: Von der Einerleyheit und Verschiedenheit. Übers. v. H. E. Poley, S. 332–355, 1757 (Originaltext: Essay, ed. A. Fraser, Oxford 1894).

SPINOZA, BARUCH (lat. Benedictus, eigentl. D'Espinoza), geb. 24. November 1632 in Amsterdam, stammte aus einer vornehmen Familie spanischer oder portugiesischer Juden, die sich auf der Flucht vor Verfolgungen in den Niederlanden angesiedelt hatten. Erster Unterricht bei Talmudlehrern. Früh schon kritische Haltung zum überlieferten Glauben, durch den ehemaligen Jesuiten Franz von den Enden bestärkt, der ihn in Latein und Griechisch unterrichtete. Spinozas kritische Haltung zu der Glaubensgemeinschaft seiner Väter, durch die Kenntnis Descartes' und der Naturwissenschaften untermauert, führte 1656 zum äußeren Bruch. Er wurde mit dem großen Bann belegt, der ihn aus der Amsterdamer Synagoge ausschloß, und zog sich in kleine Orte Hollands zurück, wo ihm die finanzielle Unterstützung von Freunden die Fortsetzung seiner Arbeit ermöglichte. 1663 erschien seine Darlegung der cartesianischen Metaphysik. Einen Ruf an die Universität Heidelberg lehnte Spinoza 1673 ab. Zu den zahlreichen Besuchern des durch Abschriften seiner Manuskripte und seinen Briefwechsel berühmt gewordenen Philosophen gehörte auch G. W. Leibniz, der Spinoza kurz vor dessen Tod besuchte. Spinoza starb am 21. Februar 1677. Posthum erschien das systematische Hauptwerk, die »Ethik«, 1670 anonym der »Theologisch-politische Tractat«, der die Bevormundung durch jeden mit der Religion verbundenen Staat kritisiert.

Text: Ethik. 1. Teil. Übers. v. J. L. Schmidt, S. 4–86, Frankfurt/Leipzig 1744 (Originaltext: Opera, II, ed. C. Gebhardt, Heidelberg).

LEIBNIZ, GOTTFRIED WILHELM, Frhr. v., geb. am 1. Juli 1646 zu Leipzig, besuchte die Leipziger Nicolaischule und studierte seit 1661 in Leipzig und Jena Philosophie und Jurisprudenz. 1663 Baccalaureusdisputation über seine erste akademische Schrift: »De principio Individui«; Studium der Mathematik, Promotion in Jurisprudenz 1667 in Altorf. Eine Professur schlug er aus und ging nach Nürnberg, von dort trat er in kurmainzische Dienste (Bearbeitung des Corpus iuris). 1670 wurde Leibniz Rat beim Kurfürstl. Revisionsgericht und wirkte zusammen mit seinem Gönner Frhrn. v. Boyneburg an den Reunionsbestrebungen des Protestantismus und Katholizismus mit, die an dem aus politischen Gründen einsetzenden Widerstand Frankreichs scheiterten. 1672 reiste L. im Auftrag des Kurfürsten nach Paris; der diplomatische Auftrag mißlingt, aber in Paris und London trifft L. mit den berühmtesten Gelehrten seiner Zeit zusammen (Huygens, Arnauld, Malebranche, Newton, Mariotte und Boyle) und wird Mitglied der Royal Society. Nach seiner Entlassung aus den mainzischen Diensten nimmt L. bei Herzog Johann Friedrich in Hannover das Amt eines Rates und Bibliothekars an. Unübersehbare Pläne und Aufgaben beschäftigen L., darunter das Vorhaben der Errichtung einer deutschen Akademie der Wissenschaften, deren erster Präsident L. 1700 wird. Zeitweise ist er in Berlin und dann in Wien, wo er für den Prinzen Eugen seine »Prinzipien der Natur und der Gnade« ausarbeitet. Zu Lebzeiten erschienen meist nur kleinere Schriften von Leibniz, größtenteils in gelehrten Zeitschriften. 1710 gab er die »Theodizee« heraus, und wichtige Werke sind z. T. erst lange Zeit nach seinem Tod publiziert worden. L. starb am 14. November 1716 in Hannover.

Text: I. Neues System der Natur und der Gemeinschaft der Substanzen, wie der Vereinigung zwischen Körper und Seele (1695). Abdruck aus: Hauptschriften zur Grundlegung der Philosophie. Übers. v. A. Buchenau, hrsg. v. E. Cassirer. Bd. II, S. 258–271, Leipzig 1906.

II. Kritik der philosophischen Prinzipien des Malebranche (1711), a.a.O. Bd. I, S. 335–354.

HUME, DAVID, geb. 7. Mai 1711 zu Edinburgh, studierte anfänglich Jurisprudenz. Während eines Aufenthalts in Frankreich (1734–37) verfaßte er sein großes philosophisches Werk, den »Treatise of human nature«; 1744 mißglückte eine erste Bewerbung um die Professur für Moralphilosophie in Edinburgh. 1745–1746 war H. der Gesellschafter des Marquis von Annandale, 1746 Sekretär des Generals Saint Clair und reiste 1748 als Mitglied einer Gesandtschaft nach Wien und Turin. 1748 erscheint der »Philosophical Essay concerning human unterstanding«, später »Enquiry« genannt. Eine erneute Bewerbung um eine Professur (1751) schlug wiederum fehl. Im selben Jahr erscheint »An Enquiry concerning the principles of morals«. 1752 übernahm H. das Amt eines Bibliothekars in Edinburgh und reiste 1763 mit dem Grafen von Hertford als Sekretär nach Versailles. In Paris pflegte er den Umgang mit den Enzyklopädisten und Rousseau, der ihn Anfang des Jahres 1766 nach England begleitete. 1767 wurde H. Unterstaatssekretär im Auswärtigen Amt und lebte seit 1768 als unabhängiger Privatmann in Edinburgh. Am 25. August 1776 ist er gestorben.

Text: Eine Untersuchung über den menschlichen Verstand. Abschnitt IV-VII: Skeptische Zweifel in betreff der Verständigkeiten. Übers. v. R. Richter. Philos. Bibliothek Bd. 35, S. 35-95, Leipzig 1907 (Originaltext: Philosophical Works, ed. Th. Green/Th. Grose, London 1882, Nachdr. Aalen 1964).

LESSING, GOTTHOLD EPHRAIM (1729-1781), seine Lebenszeit liegt zwischen der beginnenden Herrschaft der Schulphilosophie (Chr. Wolff) und dem Erscheinungsdatum von Kants »Kritik der reinen Vernunft« und umfaßt die Blütezeit der deutschen Aufklärung. Er wurde als Sohn eines Hilfsgeistlichen in Kamenz/Lausitz geboren und in der Meißener Fürstenschule erzogen. Nach kurzem Theologiestudium in Leipzig widmet er sich der Literatur und dem Theater. 1748-1755 Aufenthalt in Berlin, zuletzt als Redakteur; es folgen größere Reisen und die Tätigkeit als Sekretär eines Generals in Breslau. 1767/68 Dramaturg am neu gegründeten Hamburger Theater und ab 1769 Bibliothekar in Wolfenbüttel.

Text: Die Erziehung des Menschengeschlechts. Abdruck aus: P. Lorentz (Hrsg.). Lessings Philosophie. Philos. Bibliothek, Bd. 119, S. 209-228. Leipzig 1909.

JACOBI, FRIEDRICH HEINRICH, geb. 25. Januar 1743 in Düsseldorf als Sohn eines Fabrikherrn, selber Kaufmann, ab 1772 im Staatsdienst, aus dem er sich nach Ausbruch der Französischen Revolution löste. Er lebte auf seinem Düsseldorfer Landgut Pempelfort und wich vor dem Revolutionskrieg nach Hamburg und Holstein aus. Später lebte er in München; von 1807-1813 war er Präsident der Akademie der Wissenschaften. 1819 in München gestorben. Von ihm sind bekannt zwei Romanfragmente: »Allwill« (1775) und »Woldemar« (1777). Seine Schrift über die Lehre des Spinoza erschien 1785, eine Schrift über D. Hume 1787. Sendschreiben an Fichte 1799. Literarische Auseinandersetzungen mit Fichte und Schelling (1799, 1802, 1811).

Text: Brief über Spinoza. Abdruck aus: H. Scholz (Hrsg.). Hauptschriften zum Pantheismusstreit. S. 72-103. Berlin 1916.

KANT, IMMANUEL, Sohn des Sattlers Johann Georg Kant in Königsberg, geb. 22. April 1724 in Königsberg. Den näheren Umkreis seiner Vaterstadt hat K. zeit seines Lebens nie verlassen. Erste Studien absolvierte er im pietistischen Collegium Fridericianum; seit 1740 Studium der Philosophie, Mathematik und Theologie an der Universität. Bis 1755 verkehrte K. als Hauslehrer in verschiedenen Familien, 1755 promovierte er zum Magister und erhält die Venia legendi. K. blieb fünfzehn

Jahre Privatdozent und schlug andere Berufungen aus, bis er die erhoffte Professur für Logik und Metaphysik 1770 in Königsberg erhält. Von 1766–1772 Unterbibliothekar an der Königlichen Schloßbibliothek. Nachdem er bis dahin nur mit wenigen Publikationen an die Öffentlichkeit getreten war, erschien als Frucht langjähriger Arbeit 1781 die »Kritik der reinen Vernunft«, die die gesamte philosophische Szene revolutionierte. Das Werk wird durch die »Kritik der praktischen Vernunft« (1788) und die »Kritik der Urteilskraft« (1790) vervollkommnet. Zusammen mit zahlreichen anderen Schriften aus dieser Zeit machen sie Kant zur beherrschenden Figur der Philosophie und zu einer Berühmtheit. 1792–1797 geriet K. in einen Konflikt mit dem preußischen König über die Zuständigkeiten in Fragen der Religion. Darauf veröffentlichte K. 1798 die Schrift »Der Streit der Fakultäten«. Seine Vorlesungen hielt er bis zum Jahre 1796. Am 12. Februar 1804 ist er gestorben.

Text: Vorrede zur 2. Auflage der »Kritik der reinen Vernunft«. Riga 1787. Abdruck aus: Sämtl. Werke, hrsg. von K. Vorländer. Bd. 1, S. 22–46, Leipzig 1922.

Vom Herausgeber empfohlene Literatur

Allgemeine Einführungen

HARTMANN, N.: *Einführung in die Philosophie.* Osnabrück 1965 (6. Aufl.)
JASPERS, K.: *Einführung in die Philosophie.* München 1981 (21. Aufl.)
MISCH, G.: *Der Weg in die Philosophie.* Bern/München 1951 (2. Aufl.)
SCHULZ, W.: *Philosophie in der veränderten Welt.* Pfullingen 1984 (5. Aufl.)
SIMMEL, G.: *Hauptprobleme der Philosophie.* Berlin 1964 (8. Aufl.)

Geschichte der Philosophie

BUBNER, R. (Hrsg.): *Geschichte der Philosophie in Text und Darstellung.* 8 Bde., Stuttgart 1978–1981
DILTHEY, W.: *Einleitung in die Geisteswissenschaften,* 1 Bd., 2. Buch: *Metaphysik als Grundlage der Geisteswissenschaften.* Gesammelte Schriften 1, S. 123–409, Göttingen 1973 (7. Aufl.)
TOTOK, W.: *Handbuch der Geschichte der Philosophie.* Frankfurt am Main 1964ff. (bibliographisches Handbuch)
ÜBERWEG, F.: *Grundriß der Geschichte der Philosophie.* 5 Bde., Basel 1951–1953 (13. Aufl.)
VORLÄNDER, K.: *Geschichte der Philosophie.* 4 Bde., Hamburg 1949–1975 (auch Reinbek 1963ff.)
WINDELBAND, W.: *Lehrbuch der Geschichte der Philosophie.* Tübingen 1980 (17. Aufl.)

Wörterbücher

BRUGGER, S. J. W.: *Philosophisches Wörterbuch.* Freiburg im Breisgau 1976 (14. Aufl.)
HOFFMEISTER, J.: *Wörterbuch der philosophischen Begriffe.* Hamburg 1955 (2. Aufl.)
RITTER, J., GRÜNDER, K. u. a. (Hrsg.): *Historisches Wörterbuch der Philosophie.* Basel 1971ff.

Philosophie der Neuzeit

ALQUIÉ, F.: *Descartes*. Übers. v. Ch. Schwarze mit einem Beitrag von I. Fetscher, Stuttgart 1962

BAEUMLER, A.: *Kants Kritik der Urteilskraft, ihre Geschichte und Systematik*. Halle 1923

BLUMENBERG, H.: *Die Legitimität der Neuzeit*. 3 Bde., Frankfurt am Main 1973–1976 (erw. u. überarb. Neuaufl.)

CASSIRER, E.: *Das Erkenntnisproblem in der Philosophie und Wissenschaft der neueren Zeit*, 3 Bde., Hildesheim 1971–1973 (Nachdruck)

DILTHEY, W.: *Gesammelte Schriften*, Bd. 2, Göttingen 1964 (7. Aufl.)

DILTHEY, W.: *Grundriß der allgemeinen Geschichte der Philosophie*, hrsg. v. H.-G. Gadamer, Frankfurt am Main 1949

DILTHEY, W.: *Leibniz und sein Zeitalter*. In: *Gesammelte Schriften*, Bd. 3. Göttingen 1962 (3. Aufl.)

DUHEM, P.: *Le système du monde, histoire des doctrines cosmologiques de Platon à Copernikus*. Bd. 1–7, 1913

FOUCAULT, M.: *Die Ordnung der Dinge. Eine Archäologie der Humanwissenschaften*. Frankfurt am Main 1971

HEIDEGGER, M.: *Kant und das Problem der Metaphysik*. Bonn 1951 (2. Aufl.)

HERTLING, G. V.: *John Locke und die Schule von Cambridge*. Freiburg 1892

KONDYLIS, P.: *Die Aufklärung im Rahmen des neuzeitlichen Rationalismus*. Stuttgart 1981

KRISTELLER, P. O.: *Humanismus und Renaissance*, 2 Bde., München 1974–1976

KRÜGER, G.: *Philosophie und Moral in der kantischen Kritik*. Tübingen 1931

MAIER, A.: *Die Vorläufer Galileis im 14. Jahrhundert*. Rom 1949

PATON, H.: *Der kategorische Imperativ. Eine Untersuchung über Kants Moralphilosophie*. Berlin 1962

RIEHL, A.: *Der philosophische Kritizismus. Geschichte und System*. 3 Bde., Leipzig 1908, 1925 u. 1926

RÖD, W.: *Descartes. Die innere Genesis des cartesianischen Systems*. München, Basel 1964

STRAUSS, L.: *Hobbes' politische Wissenschaft*, Neuwied u. Berlin 1965

STRAUSS, L.: *Die Religionskritik Spinozas als Grundlage seiner Bibelwissenschaft*. Berlin 1930

TÖNNIES, F.: *Thomas Hobbes Leben und Lehre*. Stuttgart 1925 (3., verm. Aufl.)

ÜBERWEG, F.: *Grundriß der Geschichte der Philosophie*, Bd. 3, bearb. v. M. Frischeisen-Köhler und W. Moog, Tübingen 1953 (12. Aufl.)

WOHLWILL, E.: *Galilei und sein Kampf für die Copernikanische Lehre*. 2 Bde., Hamburg/Leipzig 1909

Peter Bieri
Das Handwerk der Freiheit
Über die Entdeckung des eigenen Willens
Band 15647

Philosophie muß nicht schwierig sein: das beweist Peter Bieri mit diesem Buch, das nicht nur von einem großen Thema der Philosophie handelt, sondern auch selbständiges Denken lehrt.

»Ist über die Freiheit nicht schon
viel, allzu viel, alles gesagt worden? Nein.
Das Buch von Peter Bieri entdeckt die Freiheit, die
wir haben – ob wir wollen oder nicht –, wieder neu. Es ist
klar bis zur Schönheit, spannend wie ein Roman, mit
Anschauung gesättigt. Ein notwendiges Buch auch,
weil zur Zeit die Versuche, Freiheit wegzuerklären,
hohe Konjunktur haben. Ein befreiendes Buch.«
Rüdiger Safranski

Fischer Taschenbuch Verlag

Ansichten der Wissenschaftsgeschichte
Herausgegeben von Michael Hagner
Band 15261

»Die Wissenschaftsgeschichte könnte ein prominenter Ort werden, an dem die strikte Trennung der Denk- und Forschungshorizonte in Geistes- und Naturwissenschaften aufgehoben wird.«
Michael Hagner

Eine Einführung in die neuere Wissenschaftsgeschichte an Hand von exemplarischen Studien zu den Naturwissenschaften von der frühen Neuzeit bis ins 20. Jahrhundert. Mit Beiträgen von Soraya de Chadarevian, Lorraine Daston, Peter Galison, Michael Hagner, Donna Haraway, Christoph Hoffmann, Lily E. Kay, Bruno Latour, Hans-Jörg Rheinberger, Simon Schaffer, Londa Schiebinger und Steven Shapin. Einleitung, Kommentare und Literaturhinweise ergänzen diesen Reader.

Fischer Taschenbuch Verlag

Pierre Hadot
Philosophie als Lebensform
Antike und moderne Exerzitien der Weisheit
Band 15517

Pierre Hadot hat mit seinen Büchern und Studien das moderne Bild der antiken Philosophie nachhaltig geprägt. Im Zentrum seines Interesses steht die wieder zu gewinnende Aufmerksamkeit für die existenzformende Funktion philosophischer Lehren und Exerzitien.

»Ich habe erkannt, dass die Philosophie nicht nur eine bestimmte Art ist, die Welt zu sehen, sondern eine Art zu leben, und dass alle theoretischen Diskurse nichts sind im Vergleich mit dem konkreten gelebten philosophischen Leben.« Pierre Hadot

Fischer Taschenbuch Verlag

Lorraine Daston
Wunder, Beweise und Tatsachen
Zur Geschichte der Rationalität
Aus dem Englischen von Gerhard Herrgott,
Christa Krüger und Susanne Scharnowski
Band 14763

Die Aufsätze dieses Bandes verstehen sich als Versuche zu einer Geschichte der Rationalität. Rationalität läßt sich, das ist der methodische Leitgedanke, am besten in ihren besonderen Ausprägungen studieren, in den Techniken, durch die ästhetische Prinzipien mit der innerweltlichen Praxis verlötet werden. Die hier versammelten Aufsätze stellen sich nicht zuletzt die Aufgabe, diese hochtönenden Abstraktionen in konkrete Arten des Denkens, Fühlens und Handelns zu transformieren, die ihrerseits geschichtliche Errungenschaften sind.

Fischer Taschenbuch Verlag

Die Geschichte des abendländischen Denkens präsentiert sich dem unvorbereiteten Leser zunächst als Ansammlung von Behauptungen, Argumenten und Fachbegriffen – ein weitläufiges Geflecht, in dem nur schwer Orientierung zu finden ist. Schmale Einführungen bieten meist nur ein Ideenskelett, mithin trockenen Wissensstoff, während mehrbändige Kompendien die Kenntnis der wichtigsten Motive schon voraussetzen.

Das dreibändige Lesebuch Hans-Georg Gadamers eröffnet einen dritten Weg: Anhand originaler, in sich geschlossener und ungekürzter Quellentexte wird der Leser mit Sprach- und Denkstil der bedeutendsten Philosophen unmittelbar bekannt gemacht. Einführende Essays erleichtern das Verständnis; die Texte selbst sind jedoch so ausgewählt, daß sie ganz ohne kommentierendes Beiwerk die wirkungsmächtigsten Ideen hervortreten lassen. Biographische und bibliographische Angaben zu Autoren und Texten geben empfehlende Hinweise zu weiterem Studium.

Der vorliegende *Band 3* führt ein in die Philosophie des neunzehnten und zwanzigsten Jahrhunderts. Der deutsche Idealismus (Hegel, Fichte) wird konfrontiert mit einem ganzen Spektrum von Gegenbewegungen, aus denen die Denkmotive der Gegenwart sich entfalten (Schopenhauer, Kierkegaard, Marx, Nietzsche). Die Herrschaft von Wissenschaft und Technik wird dann zum zentralen Problem des Selbstverständnisses von Philosophie (Cohen, Russell, Heidegger).

Hans-Georg Gadamer (1900–2002) lehrte Philosophie in Marburg, Leipzig, Frankfurt am Main und Heidelberg. Er veröffentlichte zahlreiche philosophiehistorische, ästhetische und geschichtsphilosophische Arbeiten. Die von ihm in *Wahrheit und Methode* begründete philosophische Hermeneutik zählt zu den bedeutendsten und einflußreichsten philosophischen Richtungen der Gegenwart.

Unsere Adressen im Internet: www.fischerverlage.de
www.hochschule.fischerverlage.de

Philosophisches Lesebuch

**Band 3
Der deutsche Idealismus
Der Aufstand der Weltanschauungen
Das Faktum der Wissenschaft**

Herausgegeben
mit Einführungen versehen
und durch ein Nachwort zur Neuauflage ergänzt von
Hans-Georg Gadamer

Fischer Taschenbuch Verlag

4. Auflage: Februar 2009

Veröffentlicht im Fischer Taschenbuch Verlag,
einem Unternehmen der S. Fischer Verlag GmbH,
Frankfurt am Main, Mai 2004 (Neuausgabe)

© 1965 Fischer Bücherei KG, Frankfurt am Main
Ergänzte Neuausgabe:
© 1988 Fischer Taschenbuch Verlag GmbH, Frankfurt am Main
Druck und Bindung: Druckerei C. H. Beck, Nördlingen
Printed in Germany
ISBN 978-3-596-16165-2

Inhalt

Einleitung 9

I. Der deutsche Idealismus 11

Johann Gottlieb Fichte 13
   Erste Einleitung in die Wissenschaftslehre 15

Friedrich Wilhelm Joseph von Schelling 38
   Erlanger Vorträge: Über die Natur
   der Philosophie als Wissenschaft 40

Georg Wilhelm Friedrich Hegel 69
   Differenz des Fichteschen und Schellingschen
   Systems der Philosophie: Mancherlei Formen,
   die bei dem jetzigen Philosophieren vorkommen 71
   Grundlinien der Philosophie des Rechts: Vorrede 97

II. Der Aufstand der Weltanschauungen 111

Ludwig Feuerbach 115
   Das Wesen des Christentums: Das Wesen des Menschen im
   Allgemeinen 116

Karl Marx 126
   Zur Kritik der Hegelschen Rechtsphilosophie: Einleitung . . . 129
   Thesen über Feuerbach 142
   Der Fetischcharakter der Ware und sein Geheimnis 145

Søren Kierkegaard 154
   Abschließende unwissenschaftliche Nachschrift:
   Möglichkeit höher als Wirklichkeit. Wirklichkeit höher
   als Möglichkeit. Die poetische und intellektuelle Idealität;
   die ethische Idealität 157

Arthur Schopenhauer 178
   Die Welt als Wille und Vorstellung, §§ 17–22.
   Der Welt als Wille erste Betrachtung:
   Die Objektivation des Willens 180

Friedrich Nietzsche 197
   Über Wahrheit und Lüge im außermoralischen Sinn 200
   Götzendämmerung: Wie die ›wahre Welt‹
   endlich zur Fabel wurde 211

III. Das Faktum der Wissenschaft 213

1. Neukantianismus: Hermann Cohen, Wilhelm Windelband ... 215

Hermann Cohen
   [Aus der Rezension einer Festschrift für E. Zeller] 219

Wilhelm Windelband
   Geschichte und Naturwissenschaft 233

2. Pragmatismus: William James 249

William James
   Was will der Pragmatismus? 251

3. Positivismus: Moritz Schlick, Bertrand Russell 269

Moritz Schlick
   Über das Fundament der Erkenntnis 271

Bertrand Russell
   Bezeichnen 289

4. Phänomenologie und Ontologie:
   Edmund Husserl, Martin Heidegger 304

Edmund Husserl
   Die Pariser Vorträge 308

Martin Heidegger
   Was heißt Denken?   338

Anhang   349

   Biographische Notizen. Verzeichnis der Quellen   351

   Vom Herausgeber empfohlene Literatur   357

   Hans-Georg Gadamer
   Zur deutschen Philosophie im 20. Jahrhundert *360*

Einleitung

Den dritten Band des Philosophischen Lesebuches beginnen wir mit der Epoche des deutschen Idealismus. Es ist der Abschnitt in der Geschichte der Philosophie, der als der eigentliche Höhepunkt der Enfaltung des philosophischen Genius der Deutschen gilt, eine jener seltenen Konzentrationen schöpferischer Geister, wie sie etwa Athen im tragischen Zeitalter der Griechen oder auch im philosophischen Zeitalter Platons und Aristoteles' aufwies, oder Paris im großen Jahrhundert Ludwigs XIV. oder ein Jahrhundert später Wien mit seinen großen Klassikern der Musik. – Die Philosophen der idealistischen Bewegung vollbringen eine unbegreiflich dichte Folge genialer Denkleistungen, die durch Kühnheit der systematischen Konstruktion, durch Kraft der Abstraktion und durch mitreißenden Enthusiasmus der denkerischen Phantasie ihresgleichen suchen. Im idealistischen Denken hat der Begriff der Freiheit, die führende Parole der großen Französischen Revolution und das Grundpathos der kantischen Moralphilosophie, eine Auszeichnung erfahren, die die Philosophie zu einer echten geschichtlichen Macht über mehr als ein Jahrhundert werden ließ.

Dabei mag die Frage offenbleiben, ob der deutsche Idealismus, auf das Ganze der Weltgeschichte des Gedankens hin betrachtet, wirklich die zentrale Bedeutung hat, die ihm unter innerdeutscher Perspektive zukommt. Man kann zweifeln, ob nicht alles in allem die Methodengesinnung der neueren mathematischen Naturwissenschaft und die Aufklärung den Fortgang der Geschichte der modernen Welt stärker bestimmt haben. Insbesondere scheint heute, in der zweiten Hälfte des 20. Jahrhunderts, die allgemeine Wiederanknüpfung an die Parolen der Aufklärung den Idealismus und seine Wirkungen zu einer Art von romantischem Zwischenspiel herabzusetzen. Wie dem aber auch sei, die Präsenz der von Kant ausgehenden Bewegung des spekulativen Gedankens ist in der Folgezeit überall spürbar. Das gilt einmal von dem Materialismus, dessen 18. Jahrhundert in den Augen von Feuerbach, Marx und ihren Nachfolgern als eine unhaltbare Dogmatik erscheint, sofern erst durch den Gedanken der Dialektik, und das heißt nur im Durchgang durch die spekulative Philosophie des deutschen Idealismus der Materialismus eine echte wissenschaftliche Gestalt wurde. Erst die Dialektik bot das Mittel, durch das das Schrittgesetz der Geschichte vom materialistischen Standpunkt aus beschreibbar wurde; ohne die Rätsel der Geschichte in das Denken hineinzunehmen, war aber nach Hegel kein Denken mehr möglich.

Präsent war der deutsche Idealismus aber auch inmitten des damals zur Herrschaft gelangenden englischen Empirismus. Zwar war die Enttäuschung an den großen spekulativen Systembauten des deutschen Idealismus einer der Hauptgründe für das Vordringen des englischen Empirismus in der Welt. Aber auch der Standpunkt der Erfahrungswissenschaften konnte sein idealistisches Erbe nicht ganz verleugnen, wie sowohl die großen Naturforscher als auch die großen Historiker der Epoche bezeugen. Vollends beruht der Kantianismus, den wir Neukantianismus nennen, bei aller kritischen Abkehr von den spekulativen Gedankenträumen der Idealisten auf dem methodischen Grundgedanken eines Fichte und eines Hegel weit mehr als auf dem Kants.

Alles in allem war es folgerichtig, daß die Geltung der Epoche des deutschen Idealismus trotzdem im Zeitalter der Wissenschaft angefochten wird. Damals hat die Philosophie zum letzten Mal den Versuch gewagt, sich als Gesamtwissenschaft zu verstehen und in ihrem Begriffsganzen die empirischen Wissenschaften wie in einer Enzyklopädie des Geistes mitzuumfassen. Mit dem Ende dieser Epoche ist das Auseinandertreten von Philosophie und Wissenschaft endgültig geworden. Wissenschaftliche Philosophie will seitdem nicht mehr die Totalität alles Wissens, nicht einmal in seinen Grundlagen und Grundlinien, in sich versammeln, sondern begnügt sich mit der philosophischen Rechtfertigung der Methoden der Wissenschaft. Was sie damit preisgibt, kehrt in Formen des Geistes wieder, die ausdrücklich die Grenzen der Wissenschaft überschreiten. Es meldet sich in der Gestalt der ›Weltanschauungen‹ und des ›Kampfes der Weltanschauungen‹.

So bietet das 19. Jahrhundert bis in unsere Zeit hinein in philosophischer Hinsicht ein deutlich gegliedertes Bild. An seinem Anfang steht die siegreiche ›deutsche Bewegung‹ des spekulativen Idealismus, der in Hegels System seine großartige Vollendung erfuhr. Auf ihn folgte ein so plötzlicher Zusammenbruch, daß seither die klassische Tradition der Philosophie nur noch in der Gebrochenheit eines geschichtlichen Bewußtseins weiterlebt. Es entstehen zwei neue Formen, in denen die Philosophie Gestalt wird: Auf der einen Seite große Schriftsteller, die als Ausnahmeexistenzen die Möglichkeit des Philosophierens im Stile der französischen Moralisten verwirklichen und das Bedürfnis nach ›Weltanschauung‹ befriedigen – auf der anderen Seite die akademische Philosophie der Schule und der Schulen, die das Faktum der Wissenschaft, d.h. die methodischen Grundlagen der neuen Erfahrungswissenschaften, zu rechtfertigen sucht.

Was beide Gestalten des philosophischen Gedankens verbindet, ist die Kritik an dem Vernunftglauben des Idealismus und das Bestehen auf einer dem Begriff unzugänglichen Wirklichkeit, über die nur Erfahrung, religiöse, politische, wissenschaftliche Erfahrung, belehren kann.

I. Der deutsche Idealismus

Johann Gottlieb Fichte

Fichte ist mit dem Anspruch aufgetreten, die kantische Philosophie als einziger verstanden zu haben und in seiner *Wissenschaftslehre* zu ihrer Vollendung zu führen. Welch anderer Ton, der uns hier entgegenschallt; nichts mehr von der förmlichen Feinheit und kunstvollen Umständlichkeit kantischer Diktion, die selbst in der äußersten Abstraktion oder in dem elegantesten Sarkasmus etwas gesellschaftlich Verbindliches behält. Zopf und Perücke sind verschwunden und ebenso die gesittete Humanität des Weltmannes. Ein gewaltiges Denktemperament und Lehrtemperament spricht aus jeder Zeile, die Fichte geschrieben hat. Daneben versucht eine fast ruppige Tyrannei des Willens, die bis in die Titel hinein hörbar ist, den Leser ›zum Verstehen zu zwingen‹. So heißt es im Untertitel der Schrift Fichtes von 1801 (*Sonnenklarer Bericht*) und gilt im Grunde für alle seine Schriften. Sein Hauptwerk ist die 1794 erschienene *Grundlage der gesamten Wissenschaftslehre*. Es unternimmt den groß angelegten Versuch, den ganzen Inhalt unseres Bewußtseins aus einem einzigen obersten Grundsatz zu entwickeln, aus einer einzigen Grundtatsache, einer Tatsache, die eigentlich keine Tatsache ist, sondern im Handeln selber besteht: ich meine die berühmte Tathandlung Fichtes, in der sich das denkende Bewußtsein als Selbstbewußtsein zum Gegenstand macht, um in der systematischen Ausfaltung dessen, was ihm da Gegenstand ist, den Inbegriff von Wissenschaft, d. h. das Ganze der Erfahrung und nicht nur die theoretische, sondern erst recht die moralisch-praktische auf rational apriorischem Wege zu erzeugen. Die innere Sicherheit, mit der Fichte seine Gedankenführung vorträgt, ist erstaunlich. Unermüdlich hat er seine Zeitgenossen zum Verstehen zu zwingen gesucht. Eine Einleitung oder Darstellung der gesamten Wissenschaftslehre nach der anderen, von der ersten bis zu den letzten Fassungen derselben, die er kurz vor seinem Tode vorgetragen hat, durchherrscht sie ein einheitlicher Ductus. Die Wandlungen seines Denkens sind nach seiner eigenen Überzeugung gar keine, sondern nur Ausfaltungen des von Anfang an Gemeinten. Man pflegt seinen Standpunkt seit Hegel als den des ›subjektiven Idealismus‹ zu bezeichnen. Insoweit mit Recht, als in der Tat aus dem Subjekt und seiner Selbstsetzung alles abgeleitet werden soll. Indessen ist ›Subjekt‹ hier alles andere als ein Gegenbegriff zu ›Objekt‹. Es ist das Absolute selbst, das sich in der Gestalt des sich explizierenden Selbstbewußtseins vollzieht. Insofern ist es kein ›neuer Standpunkt‹, wenn der spätere Fichte nicht vom Begriff des Bewußtseins, sondern vom Begriff des ›Lebens‹ ausgeht. Fichtes Darstellungen seiner Lehre haben eine sehr große Ähnlichkeit miteinander, weil sie alle dasselbe anstreben: das Verständnis seiner Wissenschaftslehre dem Leser zu erleichtern. Unter den zahlreichen Einführungen und Einleitungen in die Wissenschaftslehre, die er veröffentlicht hat, drucken wir die sogenannte erste Einleitung ab. Sie will ganz ohne Vorkenntnisse, d. h. ohne philosophisch vorgeschulte Leser zu meinen, den Grundgedanken der Wissenschaftslehre entwickeln. In der Tat ist die Darstellung insofern sehr einfach, als sie den Gegensatz von Dogmatismus und Idealismus aufbaut und den transzendentalen Gesichtspunkt in sorgsamer Abwägung als den überlegenen zu erweisen sucht. Freilich bedient sich Fichte auch hier einer sehr abstrakten Sprache, die das Verständnis erschwert. In dieser Beziehung sind die frühen Einleitungen in die Wissenschaftslehre allesamt der vollendeten rhetorischen Kraft der späteren, populär gemeinten Schriften, z. B. der *Grundzüge des gegenwärtigen Zeitalters* oder der *Reden an die deutsche Nation*, unterlegen. Aber auch eine Schrift wie die *Anweisung zum seligen Leben*, die den geklärten und vollendeten Begriff der Wissenschaftslehre zusammenfassend darstellt, hat einen ganz anderen Grad von evokativer Suggestivität. Immerhin ist der neue Standpunkt Fichtes, seine Stellung zu Kant und seine Stellung zu den Kantianern, in unserer Einleitung genau umrissen. Es wird vollkommen klar, warum sich Fichte als den eigentlichen Vollender der kantischen Philosophie fühlt, der den dogmatischen Rest des ›Dings an sich‹ als ein Selbstmißverständnis Kants eliminiert. Er mußte es freilich hinnehmen, daß der greise Kant selber seinen Anspruch, das System der Kritischen Transzendentalphilosophie vollendet zu haben, desavouierte.

Erste Einleitung in die Wissenschaftslehre

Vorerinnerung

> Baco de Verulamio
> De re, quae agitur, petimus, ut homines eam non opinionem, sed opus esse, cogitent ac pro certo habeant, non sectae non alicujus, aut placiti, sed utilitatis et amplitudinis humanae fundamenta moliri. Deinde, ut, suis commodis aequi, in commune consulant, et ipsi in partem veniant.

Der Verfasser der Wissenschaftslehre wurde durch eine geringe Bekanntschaft mit der philosophischen Literatur seit der Erscheinung der Kantischen Kritiken sehr bald überzeugt, dass diesem grossen Manne sein Vorhaben, die Denkart des Zeitalters über Philosophie, und mit ihr über alle Wissenschaft, aus dem Grunde umzustimmen, gänzlich mislungen sey; indem kein einziger unter seinen zahlreichen Nachfolgern bemerkt, wovon eigentlich geredet wurde. Der Verfasser glaubte das letztere zu wissen; er beschloss, sein Leben einer von Kant ganz unabhängigen Darstellung jener grossen Entdeckung zu widmen, und wird diesen Entschluss nicht aufgeben. Ob es ihm besser gelingen werde, sich in seinem Zeitalter verständlich zu machen, wird die Zeit lehren. Auf jeden Fall weiss er, dass nichts wahres und nützliches, was einmal in die Menschheit gekommen, verloren geht; gesetzt auch, erst die späte Nachkommenschaft wisse es zu gebrauchen.

Durch meinen akademischen Beruf bestimmt, schrieb ich zunächst für meine Zuhörer, wo ich es in meiner Gewalt hatte, mündlich so lange zu erklären, bis ich verstanden war.

Es gehört nicht hieher, zu bezeugen, wie viele Ursache ich habe, mit diesen zufrieden zu seyn, und von sehr vielen unter ihnen die besten Hoffnungen für die Wissenschaft zu hegen. Jene Schrift ist auch auswärts bekannt worden, und es sind mancherlei Vorstellungen über sie unter den Gelehrten. Ein Urtheil, wo Gründe auch nur vorgewendet würden, habe ich nicht gelesen oder gehört, ausser von meinen Zuhörern; wohl aber Spöttereien, Schmähungen und die allgemeine Bezeugung, dass man dieser Lehre von Herzen abgeneigt sey, wie auch, dass man sie nicht verstehe. Was das letztere betrifft, so will daran ich alle Schuld allein haben, bis man etwa anderwärtsher mit dem Inhalte meines Systems bekannt ist, und finden möchte, dass es dort denn doch so ganz unvernehmlich nicht vorgetragen ist; oder ich will sie auch ganz unbedingt und auf immer auf mich nehmen, wenn dem Leser dadurch Lust gemacht werden kann, auf die gegenwärtige Darstellung, in welcher ich mich der höchsten Klarheit befleissigen werde, einzugehen. Ich werde diese Darstellung fortsetzen, so lange ich nicht überzeugt bin, dass ich ganz vergebens schreibe. Vergebens aber schreibe ich, wenn niemand auf meine Gründe eingeht.

Noch bin ich folgende Erinnerungen den Lesern schuldig. Ich habe von jeher gesagt, und sage es hier wieder, dass mein System kein anderes sey als das Kantische. Das heisst: es enthält dieselbe Ansicht der Sache, ist aber in seinem Verfahren ganz unabhängig von der Kantischen Darstellung. Ich habe dies gesagt, nicht um durch eine grosse Autorität mich zu decken, oder meiner Lehre eine Stütze ausser ihr selbst zu suchen; sondern um die Wahrheit zu sagen, um gerecht zu seyn.

Bewiesen möchte es etwa nach zwanzig Jahren werden können. Kant ist bis jetzt, einen neuerlich gegebenen Wink abgerechnet, den ich tiefer unten bezeichnen werde, ein verschlossenes Buch, und was man aus ihm herausgelesen hat, ist gerade dasjenige, was in ihn nicht passt, und was er widerlegen wollte.

Meine Schriften wollen Kant nicht erklären, oder aus ihm erklärt seyn; sie selbst müssen für sich stehen, und Kant bleibt ganz aus dem Spiele. Es ist mir – dass ich es gerade heraus sage – nicht um Berichtigung und Ergänzung der philosophischen Begriffe, die etwa im Umlaufe sind, mögen sie Anti-Kantisch oder Kantisch heissen, es ist mir um ihre gänzliche Ausrottung und die völlige Umkehrung der Denkart über diese Puncte des Nachdenkens zu thun, so dass in allem Ernste, und nicht bloss so zu sagen, das Object durch das Erkenntnissvermögen, und nicht das Erkenntnissvermögen durch das Object gesetzt und bestimmt werde. Mein System kann sonach nur aus sich selbst, nicht aus den Sätzen irgend einer Philosophie geprüft werden; es soll nur mit sich selbst übereinstimmen; es kann nur aus sich selbst erklärt, nur aus sich selbst bewiesen oder widerlegt werden; man muss es ganz annehmen, oder ganz verwerfen.

»Wenn dieses System wahr seyn sollte, so können gewisse Sätze nicht bestehen,« ist hier nichts gesagt: denn es ist meine Meinung gar nicht, dass bestehen sollte, was durch dasselbe widerlegt ist.

»Ich verstehe diese Schrift nicht,« bedeutet mir weiter nichts, als wie die Worte lauten: und ich halte ein solches Geständniss für höchst uninteressant und höchst unbelehrend. Man kann meine Schriften nicht verstehen, und soll sie nicht verstehen, ohne sie studirt zu haben; denn sie enthalten nicht die Wiederholung einer schon ehemals gelernten Lection, sondern, nachdem Kant nicht verstanden worden, etwas dem Zeitalter ganz neues.

Tadel ohne Gründe sagt mir weiter nichts, als dass diese Lehre nicht gefalle, und dieses Geständniss ist abermals äusserst unwichtig; es ist gar nicht die Frage davon, ob es euch gefalle oder nicht, sondern ob es bewiesen sey? Ich werde in dieser Darstellung, um die Prüfung nach Gründen zu erleichtern, allenthalben hinzufügen, wo das System angegriffen werden müsste. Ich schreibe nur für solche, in denen noch immer[1] Sinn wohnt für die Gewissheit oder Zweifelhaftigkeit, für die Klarheit oder Verworrenheit ihrer Erkenntniss, denen Wissenschaft und Ueberzeugung etwas gilt, und die von einem lebendigen Eifer getrieben werden, sie zu suchen. Mit denjenigen, die durch langwierige Geistesknechtschaft sich selbst, und mit sich selbst ihr Gefühl für eigene Ueberzeugung, und ihren Glauben an die Ueberzeugung Anderer verloren haben, denen es Thorheit ist, dass jemand selbstständig Wahrheit suchen solle, die in den Wissenschaften nichts erblicken, als einen bequemeren Broterwerb, und vor jeder Erweiterung derselben, als vor einer neuen Arbeit erschrecken, denen kein Mittel schändlich ist, den Verderber des Gewerbes zu unterdrücken – mit ihnen habe ich nichts zu thun.

Es würde mir leid seyn, wenn sie mich verstünden. Bisher ist es mir mit ihnen nach Wunsche gelungen, und ich hoffe auch jetzt, diese Anrede werde sie so verwirren, dass sie von nun an nichts weiter erblicken als Buchstaben, indess das, was bei ihnen die Stelle des Geistes vertritt, durch die innerlich verschlossene Wuth hierhin und dorthin gerissen wird.

Einleitung

1.

Merke auf dich selbst: kehre deinen Blick von allem, was dich umgiebt, ab, und in dein Inneres – ist die erste Forderung, welche die Philosophie an ihren Lehrling thut. Es ist von nichts, was ausser dir ist, die Rede, sondern lediglich von dir selbst.

Auch bei der flüchtigsten Selbstbeobachtung wird jeder einen merkwürdigen Unterschied zwischen den verschiedenen unmittelbaren Bestimmungen seines Bewusstseyns, die wir auch Vorstellungen nennen können, wahrnehmen. Einige nemlich erscheinen uns als völlig abhängig von unserer Freiheit, aber es ist uns unmöglich zu glauben, dass ihnen etwas ausser uns, ohne unser Zuthun, entspreche. Unsere Phantasie, unser Wille erscheint uns als frei. Andere beziehen wir auf eine Wahrheit, die, unabhängig von uns, festgesetzt seyn soll, als auf ihr Muster; und unter der Bedingung, dass sie mit dieser Wahrheit übereinstimmen sollen, finden wir uns in Bestimmung dieser Vorstellung gebunden. In der Erkenntniss halten wir uns, was ihren Inhalt betrifft, nicht für frei. Wir kön-

---

1 innerer. (2ter Abdruck.)

nen kurz sagen: einige unserer Vorstellungen sind von dem Gefühle der Freiheit, andere von dem Gefühle der Nothwendigkeit begleitet.

Es kann vernünftigerweise nicht die Frage entstehen: warum sind die von der Freiheit abhängigen Vorstellungen gerade so bestimmt, und nicht anders? – denn indem gesetzt wird, sie seyen von der Freiheit abhängig, wird alle Anwendung des Begriffs vom Grunde abgewiesen; sie sind so, weil ich sie so bestimmt habe, und hätte ich sie anders bestimmt, so würden sie anders seyn.

Aber es ist allerdings eine des Nachdenkens würdige Frage: welches ist der Grund des Systems der vom Gefühle der Nothwendigkeit begleiteten Vorstellungen, und dieses Gefühls der Nothwendigkeit selbst? Diese Frage zu beantworten ist die Aufgabe der Philosophie; und es ist, meines Bedünkens, nicht Philosophie, als die Wissenschaft, welche diese Aufgabe löset. Das System der von dem Gefühle der Nothwendigkeit begleiteten Vorstellungen nennt man auch die *Erfahrung*: innere sowohl, als äussere. Die Philosophie hat sonach – dass ich es mit anderen Worten sage – den Grund aller Erfahrung anzugeben.

Gegen das soeben behauptete kann nur dreierlei eingewendet werden. Entweder dürfte jemand läugnen, dass Vorstellungen von dem Gefühle der Nothwendigkeit begleitet, und auf eine ohne unser Zuthun bestimmt seyn wollende Wahrheit bezogen, im Bewusstseyn vorkommen. Ein solcher läugnete entweder gegen besseres Wissen, oder er wäre anders beschaffen als andere Menschen; es wäre dann für ihn auch nichts da, was er abläugnete, und kein Abläugnen, und wir könnten gegen seinen Einspruch uns ohne weiteres hinwegsetzen. Oder es dürfte jemand sagen, die aufgeworfene Frage sey völlig unbeantwortlich, wir seyen über diesen Punct in unüberwindlicher Unwissenheit, und müssten in ihr bleiben. Mit einem solchen auf Gründe und Gegengründe sich einzulassen, ist ganz überflüssig. Er wird am besten durch die wirkliche Beantwortung der Frage widerlegt, und es bleibt ihm nichts übrig, als unseren Versuch zu prüfen, und anzugeben, wo und warum er ihm nicht hinlänglich scheine. Endlich könnte jemand die Benennung in Anspruch nehmen, und behaupten: Philosophie sey überhaupt, oder sie sey ausser dem angegebenen auch noch mit, etwas Anderes. Ihm würde leicht nachzuweisen seyn, dass von jeher von allen Kennern gerade das angeführte für Philosophie gehalten worden, dass alles, was er etwa dafür ausgeben möchte, schon andere Namen habe; dass, wenn dieses Wort etwas bestimmtes bezeichnen solle, es gerade die bestimmte Wissenschaft bezeichnen müsse.

Da wir jedoch auf diesen unfruchtbaren Wortstreit[2] uns einzulassen nicht Willens sind, so haben wir an unserem Theile diesen Namen schon

---

2 Streit über ein Wort. (2ter Abdruck.)

längst Preis gegeben, und die Wissenschaft, welche ganz eigentlich die angezeigte Aufgabe zu lösen hat, *Wissenschaftslehre* genannt.

2.

Nur bei einem als zufällig beurtheilten, d. h. wobei man voraussetzt, dass es auch anders seyn könne, das jedoch nicht durch Freiheit bestimmt seyn soll, kann man nach einem Grunde fragen; und gerade dadurch, dass er nach seinem Grunde fragt, wird es dem Frager ein zufälliges. Die Aufgabe, den Grund eines zufälligen zu suchen, bedeutet: etwas Anderes aufzuweisen, aus dessen Bestimmtheit sich einsehen lasse, warum das begründete, unter den mannigfaltigen Bestimmungen, die ihm zukommen könnten, gerade diese habe, welche es hat. Der Grund fällt, zufolge des bloßen Denkens eines Grundes, ausserhalb des begründeten; beides, das begründete und der Grund, werden, inwiefern sie dies sind, einander entgegengesetzt, an einander gehalten, und so das erstere aus dem letzteren erklärt.

Nun hat die Philosophie den Grund aller Erfahrung anzugeben; ihr Object liegt sonach nothwendig *ausser aller Erfahrung*. Dieser Satz gilt für alle Philosophie, und hat auch, bis auf die Epoche der Kantianer und ihrer Thatsachen des Bewusstseyns, und also der inneren Erfahrung, wirklich allgemein gegolten.

Gegen den hier aufgestellten Satz lässt sich gar nichts einwenden: denn der Vordersatz unserer Schlussfolge ist die blosse Analyse des aufgestellten Begriffs der Philosophie, und aus ihm wird gefolgert. Wollte etwa jemand erinnern, dass der Begriff des Grundes anders erklärt werden müsse, so können wir demselben allerdings nicht verwehren, bei dieser Benennung sich zu denken, was er will: wir erklären aber mit unserem guten Rechte, dass *wir* in obiger Beschreibung der Philosophie nichts Anderes, als das angegebene darunter verstanden wissen wollen. Es müsste sonach, wenn diese Bedeutung nicht stattfinden soll, die Möglichkeit der Philosophie überhaupt in der von uns angegebenen Bedeutung geläugnet werden, und darauf haben wir schon oben Rücksicht genommen.

3.

Das endliche Vernunftwesen hat nichts ausser der Erfahrung; diese ist es, die den ganzen Stoff seines Denkens enthält. Der Philosoph steht nothwendig unter den gleichen Bedingungen; es scheint sonach unbegreiflich, wie er sich über die Erfahrung erheben könne.

Aber er kann abstrahiren, das heisst: das in der Erfahrung verbundene durch Freiheit des Denkens trennen. In der Erfahrung ist *das Ding*, dasjenige, welches unabhängig von unserer Freiheit bestimmt seyn, und wonach unsere Erkenntniss sich richten soll, und die *Intelligenz*, welche erkennen soll, unzertrennlich verbunden. Der Philosoph kann von einem von beiden abstrahiren, und er hat dann von der Erfahrung abstrahirt und über dieselbe sich erhoben. Abstrahirt er von dem ersteren, so behält er eine Intelligenz *an sich*, das heisst, abstrahirt von ihrem Verhältniss zur Erfahrung; abstrahirt er von dem letzteren, so behält er ein Ding *an sich*, das heisst, abstrahirt davon, dass es in der Erfahrung vorkommt, – als Erklärungsgrund der Erfahrung übrig. Das erste Verfahren heisst *Idealismus*, das zweite *Dogmatismus*.

Es sind, wovon man durch das gegenwärtige eben überzeugt werden sollte, nur diese beiden philosophischen Systeme möglich. Nach dem ersten Systeme sind die von dem Gefühle der Nothwendigkeit begleiteten Vorstellungen Producte der ihnen in der Erklärung vorauszusetzenden Intelligenz; nach dem letzteren, Producte eines ihnen vorauszusetzenden Dinges an sich.

Wollte jemand diesen Satz läugnen, so hätte er zu erweisen, entweder, dass es noch einen anderen Weg sich über die Erfahrung zu erheben, als den der Abstraction gebe, oder dass in dem Bewusstseyn der Erfahrung mehr, als die beiden genannten Bestandtheile, vorkommen.

Nun wird zwar in Absicht des ersten tiefer unten erhellen, dass dasjenige, was Intelligenz seyn soll, unter einem anderen Prädicate im Bewusstseyn wirklich vorkomme, also nicht etwas lediglich durch Abstraction hervorgebrachtes sey; es wird sich aber doch zeigen, dass das Bewußtsein derselben durch eine, dem Menschen freilich natürliche, Abstraction bedingt ist.

Es wird gar nicht geläugnet, dass es wohl möglich sey, aus Bruchstükken dieser ungleichartigen Systeme ein ganzes zusammen zu schmelzen, und dass diese inconsequente Arbeit wirklich sehr oft gethan worden: aber es wird geläugnet, dass bei einem consequenten Verfahren mehrere, als diese beiden Systeme, möglich seyen.

4.

Zwischen den Objecten – wir wollen den durch eine Philosophie aufgestellten Erklärungsgrund der Erfahrung *das Object der*[3] *Philosophie* nennen, da es ja nur durch und für dieselbe da zu seyn scheint – zwischen dem Object des *Idealismus* und dem des *Dogmatismus* ist, in Rücksicht ihres Verhältnisses zum Bewusstseyn überhaupt, ein merkwürdiger Unterschied. Alles, dessen ich mir bewusst bin, heisst Object des Bewusstseyns. Es giebt dreierlei Verhältnisse dieses Objects zum Vorstellenden. Entweder erscheint das Object als erst hervorgebracht durch die Vorstellung der Intelligenz, oder, als ohne Zuthun derselben vorhanden: und, im letzteren Falle, entweder als bestimmt auch seiner Beschaffenheit nach; oder

---

3 dieser. (2ter Abdruck.)

als vorhanden lediglich seinem Daseyn nach, der Beschaffenheit nach aber bestimmbar durch die freie Intelligenz.

Das erste Verhältniss kommt zu einem lediglich erdichteten, es sey ohne Zweck, oder mit Zweck, das zweite einem Gegenstande der Erfahrung, das dritte nur einem einzigen Gegenstande, den wir sogleich aufweisen wollen.

Nemlich ich kann mich mit Freiheit bestimmen, dieses oder jenes zu denken, z. B. das Ding an sich des Dogmatikers. Abstrahire ich nun von dem gedachten, und sehe lediglich auf mich, so werde ich mir selbst in diesem Gegenstande das Object einer bestimmten Vorstellung. Dass ich mir gerade so bestimmt erscheine und nicht anders, gerade als denkend, und unter allen möglichen Gedanken gerade das Ding an sich denkend, soll meinem Urtheil nach abhangen von meiner Selbstbestimmung: ich habe zu einem solchen Objecte mit Freiheit mich gemacht. Mich selbst an sich aber habe ich nicht gemacht, sondern ich bin genöthigt, mich als das zu bestimmende der Selbstbestimmung voraus zu denken. Ich selbst also bin mir Object, dessen Beschaffenheit unter gewissen Bedingungen lediglich von der Intelligenz abhängt, dessen Daseyn aber immer vorauszusetzen ist.

Nun ist gerade dieses Ich an sich[4] das Object des Idealismus. Das Object dieses Systems kommt noch als etwas reales wirklich im Bewusstseyn vor, nicht als ein *Ding an sich*, wodurch der Idealismus aufhören würde zu seyn, was er ist, und in Dogmatismus sich verwandeln würde, aber als *Ich an sich*, nicht als Gegenstand der Erfahrung: denn es ist nicht bestimmt, sondern es wird lediglich durch mich bestimmt, und ist ohne diese Bestimmung nichts, und ist überhaupt ohne sie nicht; sondern als etwas über alle Erfahrung erhabenes.

Das Object des Dogmatismus im Gegentheil gehört zu den Objecten der ersten Klasse, die lediglich durch freies Denken hervorgebracht werden; das Ding an sich ist eine blosse Erdichtung, und hat gar keine Realität. Es kommt nicht etwa in der Erfahrung vor: denn das System der Erfahrung ist nichts Anderes, als das mit dem Gefühle der Nothwendigkeit begleitete Denken, und kann selbst von dem Dogmatiker, der es, wie jeder Philosoph, zu begründen hat, für nichts Anderes ausgegeben werden. Der Dogmatiker will ihm zwar Realität, das heisst, die Nothwendigkeit, als Grund aller Erfahrung gedacht zu werden, zusichern, und er wird es, wenn er nachweist, dass die Erfahrung dadurch wirklich zu erklären, und ohne dasselbe nicht zu erklären ist; aber gerade davon ist die Frage, und es darf nicht vorausgesetzt werden, was zu erweisen ist.

---

4 Ich habe bisher diesen Ausdruck vermieden, um nicht zur Vorstellung eines Ich als Dinges an sich zu veranlassen. Meine Sorgfalt war vergeblich: ich nehme ihn daher jetzt auf, weil ich nicht einsehe, wen ich zu schonen hätte.

Also das Object des Idealismus hat vor dem des Dogmatismus den Vorzug, dass es, nicht als Erklärungsgrund der Erfahrung, welches widersprechend wäre, und dieses System selbst in einen Theil der Erfahrung verwandeln würde, aber doch überhaupt, im Bewusstseyn nachzuweisen ist, dahingegen das letztere für nichts Anderes gelten kann, als für eine blosse Erdichtung, die ihre Realisation erst von dem Gelingen des Systems erwartet.

Dies ist bloss zur Beförderung der deutlichen Einsicht in die Unterschiede beider Systeme angeführt, nicht aber, um daraus etwas gegen das letztere zu folgern. Dass das Object jeder Philosophie, als Erklärungsgrund der Erfahrung, ausserhalb der Erfahrung liegen müsse, erfordert schon das Wesen der Philosophie, weit entfernt, dass es einem Systeme zum Nachtheil gereichen solle. Warum jenes Object noch überdies auf eine besondere Weise im Bewusstseyn vorkommen solle, dafür haben wir noch keine Gründe gefunden.

Sollte jemand von dem soeben behaupteten sich nicht überzeugen können, so würde, da es nur eine beiläufige Bemerkung ist, seine Ueberzeugung von dem Ganzen dadurch noch nicht unmöglich gemacht. Jedoch will ich, meinem Plane gemäss, auch hier auf mögliche Einwürfe Bedacht nehmen. Es dürfte jemand das behauptete unmittelbare Selbstbewusstseyn in einer freien Handlung des Geistes läugnen. Einen solchen hätten wir nur nochmals an die von uns angegebenen Bedingungen desselben zu erinnern. Jenes Selbstbewusstseyn dringt sich nicht auf, und kommt nicht von selbst; man muss wirklich frei handeln, und dann vom Objecte abstrahiren, und lediglich auf sich selbst merken. Niemand kann genöthigt werden, dieses zu thun, und wenn er es auch vorgiebt, kann man immer nicht wissen, ob er richtig und, wie gefordert werde, dabei verfahre. Mit einem Worte, dieses Bewusstseyn kann keinem nachgewiesen werden; jeder muss es durch Freiheit in sich selbst hervorbringen. Gegen die zweite Behauptung, dass das Ding an sich eine blosse Erdichtung sey, könnte nur darum etwas eingewendet werden, weil man sie misverstände. Wir würden einen solchen an die obige Beschreibung von der Entstehung dieses Begriffs zurückverweisen.

5.

Keines der beiden Systeme kann das entgegengesetzte direct widerlegen: denn ihr Streit ist ein Streit über das erste, nicht weiter abzuleitende Princip; jedes von beiden widerlegt, wenn ihm nur das seinige zugestanden wird, das des anderen; jedes läugnet dem entgegengesetzten alles ab, und sie haben gar keinen Punct gemein, von welchem aus sie sich einander gegenseitig verständigen und sich vereinigen können. Wenn sie auch über die Worte eines Satzes einig zu seyn scheinen, so nimmt jedes sie in einem anderen Sinne.[5]

Zuvörderst der Idealismus kann den Dogmatismus nicht widerlegen. Der erstere zwar hat, wie wir gesehen haben, das vor dem letzteren voraus, dass er seinen Erklärungsgrund der Erfahrung, die freihandelnde Intelligenz, im Bewusstseyn nachzuweisen vermag. Das Factum, als solches, muss ihm auch der Dogmatiker zugeben: denn ausserdem macht er sich aller ferneren Unterhandlung mit ihm unfähig; aber er verwandelt es durch eine richtige Folgerung aus seinem Princip in Schein und Täuschung, und macht es dadurch untauglich zum Erklärungsgrunde eines anderen, da es in seiner Philosophie sich selbst nicht behaupten kann. Nach ihm ist alles, was in unserem Bewusstseyn vorkommt, Product eines Dinges an sich, sonach auch unsere vermeinten Bestimmungen durch Freiheit, mit der Meinung selbst, dass wir frei seyen. Diese Meinung wird durch die Einwirkung des Dinges in uns hervorgebracht, und die Bestimmungen, die wir von unserer Freiheit ableiten, werden gleichfalls dadurch hervorgebracht: nur wissen wir das nicht, darum schreiben wir sie keiner Ursache, also der Freiheit zu. Jeder consequente Dogmatiker ist nothwendig Fatalist; er läugnet nicht das Factum des Bewusstseyns, dass wir uns für frei halten: denn dies wäre vernunftwidrig; aber er erweist aus seinem Princip die Falschheit dieser Aussage. – Er läugnet die Selbstständigkeit des Ich, auf welche der Idealist bauet, gänzlich ab, und macht dasselbe lediglich zu einem Producte der Dinge, zu einem Accidens der Welt; der consequente Dogmatiker ist nothwendig auch Materialist. Nur aus dem Postulate der Freiheit und Selbstständigkeit des Ich könnte er widerlegt werden; aber gerade das ist es, was er läugnet.

Ebensowenig kann der Dogmatiker den Idealisten widerlegen.

Das Princip desselben, das Ding an sich, ist nichts, und hat, wie der

---

5 Daher kommt es, dass Kant nicht verstanden worden und die Wissenschaftslehre keinen Eingang gefunden hat und ihn wohl so bald nicht finden wird. Das Kantische System und das der Wissenschaftslehre sind, nicht in dem gewöhnlichen unbestimmten, sondern in dem soeben angegebenen bestimmten Sinne des Worts *idealistisch*; die modernen Philosophen aber sind insgesamt *Dogmatiker*, und sind festiglich entschlossen, es zu bleiben. Kant ist bloss darum geduldet worden, weil es möglich war, ihn zum Dogmatiker zu machen; die Wissenschaftslehre, mit der eine solche Verwandlung sich nicht vornehmen lässt, ist diesen Weltweisen nothwendig unausstehlich. Die schnelle Verbreitung der Kantischen Philosophie, nachdem sie gefasst worden, wie sie gefasst wurde, ist nicht ein Beweis von der Gründlichkeit, sondern von der Seichtigkeit des Zeitalters. Theils ist sie in dieser Gestalt die abenteuerlichste Misgeburt, welche je von der menschlichen Phantasie erzeugt worden, und es macht dem Scharfsinn ihrer Vertheidiger wenig Ehre, dass sie dies nicht einsehen: theils lässt sich leicht nachweisen, dass sie nur dadurch sich empfahl, weil man durch sie alle ernsthafte Speculation über die Seite gebracht, und sich mit einem Majestätsbriefe versehen glaubte, des beliebten, oberflächlichen Empirismus ferner zu pflegen.

Vertheidiger desselben selbst zugeben muss, keine Realität, ausser diejenige, die es dadurch erhalten soll, dass nur aus ihm die Erfahrung sich erklären lasse: Diesen Beweis vernichtet der Idealist dadurch, dass er die Erfahrung auf andere Weise erklärt, also gerade dasjenige, worauf der Dogmatismus baut, abläugnet. Das Ding an sich wird zur völligen Chimäre; es zeigt sich gar kein Grund mehr, warum man eins annehmen sollte; und mit ihm fällt das ganze dogmatische Gebäude zusammen.

Aus dem gesagten ergiebt sich zugleich die absolute Unverträglichkeit beider Systeme, indem das, was aus dem einen folgt, die Folgerungen aus dem zweiten aufhebt; sonach die nothwendige Inconsequenz ihrer Vermischung zu Einem. Allenthalben, wo so etwas versucht wird, passen die Glieder nicht aneinander, und es entsteht irgendwo eine ungeheure Lükke. – Die Möglichkeit einer solchen Zusammensetzung, die einen stätigen Uebergang von der Materie zum Geiste, oder umgekehrt, oder, was ganz dasselbe heisst, einen stätigen Uebergang von der Nothwendigkeit zur Freiheit, müsste derjenige nachweisen, der das soeben behauptete in Anspruch nehmen wollte.

Da, soviel wir bis jetzt einsehen, in speculativer Rücksicht beide Systeme von gleichem Werthe zu seyn scheinen, beide nicht beisammen stehen, aber auch keines von beiden etwas gegen das andere ausrichten kann, so ist es eine interessante Frage, was wohl denjenigen, der dieses einsieht – und es ist ja so leicht einzusehen, – bewegen möge, das eine dem anderen vorzuziehen, und wie es komme, dass nicht der Skepticismus, als gänzliche Verzichtleistung auf die Beantwortung des aufgegebenen Problems, allgemein werde.

Der Streit zwischen dem Idealisten und Dogmatiker ist eigentlich der, ob der Selbstständigkeit des Ich die Selbstständigkeit des Dinges, oder umgekehrt, der Selbstständigkeit des Dinges die des Ich aufgeopfert werden solle. Was ist es denn nun, das einen vernünftigen Menschen treibt, sich vorzüglich für das Eine von beiden zu erklären?

Der Philosoph findet auf dem angegebenen Gesichtspuncte, in welchen er sich nothwendig stellen muss, wenn er für einen Philosophen gelten soll, und in welchen beim Fortgange des Denkens der Mensch auch ohne sein wissentliches Zuthun über kurz oder lang zu stehen kommt, nichts weiter, *als dass er sich vorstellen müsse*, er sey frei, und es seyen ausser ihm bestimmte Dinge. Bei diesem Gedanken ist es dem Menschen unmöglich, stehen zu bleiben; der Gedanke der blossen Vorstellung ist nur ein halber Gedanke, ein abgebrochenes Stück eines Gedankens; es muss etwas hinzugedacht werden, das ihm[6] unabhängig vom Vorstellen entspreche. Mit anderen Worten: die Vorstellung kann für sich allein nicht

---

6 der Vorstellung – (2ter Abdruck.)

bestehen, sie ist nur mit einem anderen verbunden etwas, und für sich nichts. Diese Nothwendigkeit des Denkens ist es eben, die von jenem Gesichtspuncte aus zu der Frage treibt: welches ist der Grund der Vorstellungen, oder, was ganz dasselbe heisst, welches ist das ihnen entsprechende?

Nun kann allerdings die Vorstellung von der Selbstständigkeit des Ich, und der des Dinges, nicht aber die Selbstständigkeit beider selbst, bei einander bestehen. Nur eines kann das erste, anfangende, unabhängige seyn: das, welches das zweite ist, wird nothwendig dadurch, dass es das zweite ist, abhängig von dem ersten, mit welchem es verbunden werden soll.

Welches von beiden soll nun zum ersten gemacht werden? Es ist kein Entscheidungsgrund aus der Vernunft möglich; denn es ist nicht von Anknüpfung eines Gliedes in der Reihe, wohin allein Vernunftgründe reichen, sondern von dem Anfange der ganzen Reihe die Rede, welches, als ein absolut erster Act, lediglich von der Freiheit des Denkens abhängt. Er wird daher durch Willkür, und da der Entschluss der Willkür doch einen Grund haben soll, durch *Neigung* und *Interesse* bestimmt. Der letzte Grund der Verschiedenheit des Idealisten und Dogmatikers ist sonach die Verschiedenheit ihres Interesse.

Das höchste Interesse und der Grund alles übrigen Interesse ist das *für uns selbst*. So bei dem Philosophen. Sein Selbst im Raisonnement nicht zu verlieren, sondern es zu erhalten und zu behaupten, dies ist das Interesse, welches unsichtbar alles sein Denken leitet. Nun giebt es zwei Stufen der Menschheit; und im Fortgange unseres Geschlechts, ehe die letztere allgemein erstiegen ist, zwei Hauptgattungen von Menschen. Einige, die sich noch nicht zum vollen Gefühl ihrer Freiheit und absoluten Selbstständigkeit erhoben haben, finden sich selbst nur im Vorstellen der Dinge; sie haben nur jenes zerstreute, auf den Objecten haftende, und aus ihrer Mannigfaltigkeit zusammen zu lesende Selbstbewusstseyn. Ihr Bild wird ihnen nur durch die Dinge, wie durch einen Spiegel zugeworfen; werden ihnen diese entrissen, so geht ihr Selbst zugleich mit verloren; sie können um ihrer selbst willen den Glauben an die Selbstständigkeit derselben nicht aufgeben: denn sie selbst bestehen nur mit jenem. Alles, was sie sind, sind sie wirklich durch die Aussenwelt geworden. Wer in der That nur ein Product der Dinge ist, wird sich auch nie anders erblicken, und er wird recht haben, so lange er lediglich von sich und seines gleichen redet. Das Princip der Dogmatiker ist Glaube an die Dinge, um ihrer selbst willen: also mittelbarer Glaube an ihr eigenes zerstreutes und nur durch die Objecte getragenes Selbst.

Wer aber seiner Selbstständigkeit und Unabhängigkeit von allem, was ausser ihm ist, sich bewusst wird, – und man wird dies nur dadurch, dass man sich, unabhängig von allem, durch sich selbst zu etwas macht, – der bedarf der Dinge nicht zur Stütze seines Selbst, und kann sie nicht brauchen, weil sie jene Selbstständigkeit aufheben, und in leeren Schein verwandeln. Das Ich, das er besitzt, und welches ihn interessirt, hebt jenen Glauben an die Dinge auf; er glaubt an seine Selbstständigkeit aus Neigung, ergreift sie mit Affect. Sein Glaube an sich selbst ist unmittelbar.

Aus diesem Interesse lassen sich auch die Affecte erklären, die sich in die Vertheidigung der philosophischen Systeme gewöhnlich einmischen. Der Dogmatiker kommt durch den Angriff seines Systems wirklich in Gefahr sich selbst zu verlieren; doch ist er gegen diesen Angriff nicht gewaffnet, weil in seinem Inneren selbst etwas ist, das es mit dem Angreifer hält; er vertheidigt sich daher mit Hitze und Erbitterung. Der Idealist im Gegentheil kann sich nicht wohl enthalten, mit einer[7] Nichtachtung auf den Dogmatiker herabzublicken, der ihm nichts sagen kann, als was der erstere schon längst gewusst und als irrig abgelegt hat; indem man, wenn auch nicht durch den Dogmatismus selbst, doch zum wenigsten durch die Stimmung dazu zu dem Idealismus hindurchgeht. Der Dogmatiker ereifert sich, verdreht, und würde verfolgen, wenn er die Macht dazu hätte: der Idealist ist kalt, und in Gefahr, des Dogmatikers zu spotten.

Was für eine Philosophie man wähle, hängt sonach davon ab, was man für ein Mensch ist: denn ein philosophisches System ist nicht ein todter Hausrath, den man ablegen oder annehmen könnte, wie es uns beliebte, sondern er ist beseelt durch die Seele des Menschen, der es hat. Ein von Natur schlaffer oder durch Geistesknechtschaft, gelehrten Luxus und Eitelkeit erschlaffter und gekrümmter Charakter wird sich nie zum Idealismus erheben.

Man kann dem Dogmatiker die Unzulänglichkeit und Inconsequenz seines Systems zeigen, wovon wir sogleich reden werden: man kann ihn verwirren und ängstigen von allen Seiten; aber man kann ihn nicht überzeugen, weil er[8] nicht ruhig und kalt zu hören und zu prüfen vermag, was er schlechthin nicht ertragen kann. Zum Philosophen – wenn der Idealismus sich als die einzige wahre Philosophie bewähren sollte – zum Philosophen muss man geboren seyn, dazu erzogen werden, und sich selbst dazu erziehen: aber man kann durch keine menschliche Kunst dazu gemacht werden. Darum verspricht auch diese Wissenschaft sich unter den *schon gemachten* Männern wenige Proselyten; darf sie überhaupt hoffen, so hofft sie mehr von der jungen Welt, deren angeborene Kraft noch nicht in der Schlaffheit des Zeitalters zu Grunde gegangen ist.

---

7 gewissen – (2ter Abdruck.)
8 eine Lehre –, die er (2ter Abdruck.)

6.

Aber der Dogmatismus ist gänzlich unfähig, zu erklären, was er zu erklären hat, und dies entscheidet über seine Untauglichkeit.

Er soll die Vorstellung erklären, und macht sich anheischig, sie aus einer Einwirkung des Dinges an sich begreiflich zu machen. Nun darf er, was das unmittelbare Bewusstseyn über die erstere aussagt, nicht abläugnen. – Was sagt es denn nun über sie aus? Es ist nicht meine Absicht, hier in Begriff zu fassen, was sich nur innerlich anschauen lässt, noch dasjenige zu erschöpfen, für dessen Erörterung ein grosser Theil der Wissenschaftslehre bestimmt ist. Ich will bloss ins Gedächtniss zurückrufen, was jeder, der nur einen festen Blick in sich geworfen, schon längst gefunden haben muss.

Die Intelligenz, als solche, *sieht sich selbst zu*; und dieses sich selbst Sehen ist mit allem, was ihr zukommt, unmittelbar vereinigt[9], und in dieser *unmittelbaren* Vereinigung des Seyns und des Sehens besteht die Natur der Intelligenz. Was in ihr ist, und was sie überhaupt ist, ist sie *für sich selbst*; und nur, inwiefern sie es für sich selbst ist, ist sie es, die Intelligenz. Ich denke mir dieses oder jenes Object: was heisst denn das, und wie erscheine ich mir denn in diesem Denken? Nicht anders als so: ich bringe gewisse Bestimmungen in mir hervor, wenn das Object eine blosse Erdichtung ist; oder sie sind ohne mein Zuthun vorhanden, wenn es etwas wirkliches seyn soll; *und ich sehe jenem Hervorbringen, diesem Seyn, zu.* Sie sind in mir nur, inwiefern ich ihnen zusehe: Zusehen und Seyn sind unzertrennlich vereinigt. – Ein Ding dagegen soll gar mancherlei seyn; aber sobald die Frage entsteht: *für Wen* ist denn das? wird niemand, der das Wort versteht, antworten: für sich selbst, sondern es muss noch eine Intelligenz hinzugedacht werden, *für* welche es sey; da hingegen die Intelligenz nothwendig für sich selbst ist, was sie ist, und nichts zu ihr hinzugedacht zu werden braucht. Durch ihr Gesetztseyn, als Intelligenz, ist das, für welches sie sey, schon mit gesetzt. Es ist sonach in der Intelligenz – dass ich mich bildlich ausdrücke – eine doppelte Reihe, des Seyns und des Zusehens, des reellen und des idealen; und in der Unzertrennlichkeit dieses Doppelten besteht ihr Wesen (sie ist synthetisch); da hingegen dem Dinge nur eine einfache Reihe, die des reellen (ein blosses Gesetztseyn), zukommt. Intelligenz und Ding sind also geradezu entgegengesetzt: sie liegen in zwei Welten, zwischen denen es keine Brücke giebt.

Diese Natur der Intelligenz überhaupt und ihre besonderen Bestimmungen will der Dogmatismus durch den Satz der Causalität erklären: sie soll bewirktes, sie soll zweites Glied in der Reihe seyn.

Aber der Satz der Causalität redet von einer *reellen* Reihe, nicht von

---

9 Dieses sich selbst Sehen geht unmittelbar auf alles, was sie ist. – (2ter Abdruck.)

einer doppelten. Die Kraft des wirkenden geht über auf ein anderes, ausser ihm liegendes, ihm entgegengesetztes, und bringt in ihm ein Seyn hervor, und weiter nichts; ein Seyn für eine mögliche Intelligenz ausser ihm und nicht für dasselbe. Gebt ihr dem Gegenstande der Einwirkung auch nur eine mechanische Kraft, so wird es den erhaltenen Eindruck fortpflanzen auf das ihm zunächst liegende, und so mag die von dem ersten ausgegangene Bewegung hindurchgehen durch eine Reihe, so lang ihr sie machen wollt; aber nirgends werdet ihr ein Glied in derselben antreffen, das in sich selbst zurückgehend wirke. Oder gebt dem Gegenstande der Einwirkung das höchste, was ihr einem Dinge geben könnt, gebt ihm Reizbarkeit, so dass es, aus eigener Kraft, und nach den Gesetzen seiner eigenen Natur, nicht nach dem ihm von dem Wirkenden gegebenen Gesetze, wie in der Reihe des blossen Mechanismus, sich richte: so wirkt es nun zwar auf den Anstoss zurück, und der Bestimmungsgrund seines Seyns in diesem Wirken liegt nicht in der Ursache, sondern nur die Bedingung, überhaupt etwas zu seyn; aber es ist und bleibt ein blosses, einfaches Seyn: ein Seyn für eine mögliche Intelligenz ausser demselben. Die Intelligenz erhaltet ihr nicht, wenn ihr sie nicht als ein erstes, absolutes hinzudenkt, deren Verbindung mit jenem von ihr unabhängigen Seyn zu erklären, euch schwer ankommen möchte. – Die Reihe ist und bleibt, nach dieser Erklärung, einfach, und es ist gar nicht erklärt, was erklärt werden sollte. Den Uebergang vom Seyn zum Vorstellen sollten sie nachweisen; dies thun sie nicht, noch können sie es thun? denn in ihrem Princip liegt lediglich der Grund eines Seyns, nicht aber des dem Seyn ganz entgegengesetzten Vorstellens. Sie machen einen ungeheuren Sprung in eine ihrem Princip ganz fremde Welt.

Diesen Sprung suchen sie auf mancherlei Weise zu verbergen. Der Strenge nach – und so verfährt der consequente Dogmatismus, der zugleich Materialismus wird – müßte die Seele gar kein Ding, und überhaupt nichts, sondern nur ein Product, nur das Resultat der Wechselwirkung der Dinge unter sich seyn.

Aber dadurch entsteht nur etwas in den Dingen, aber nimmermehr etwas von den Dingen abgesondertes, wenn nicht eine Intelligenz hinzugedacht wird, die die Dinge beobachtet. Die Gleichnisse, die sie anführen, um ihr System begreiflich zu machen, z. B. das von der Harmonie, die aus dem Zusammenklang mehrerer Instrumente entstehe, machen gerade die Vernunftwidrigkeit desselben begreiflich. Der Zusammenklang und die Harmonie ist nicht in den Instrumenten; sie ist nur in dem Geiste des Zuhörers, der in sich das mannigfaltige in Eins vereinigt; und wenn nicht ein solcher hinzugedacht wird, ist sie überhaupt nicht.

Doch, wer könnte es dem Dogmatismus verwehren, eine Seele als eines von den Dingen an sich anzunehmen? Diese gehört dann unter das von ihm zur Lösung der Aufgabe postulirte, und dadurch nur ist der Satz von einer Einwirkung der Dinge auf die Seele anwendbar, da im Materialismus nur eine Wechselwirkung der Dinge unter sich, durch welche der Gedanke hervorgebracht werden soll, stattfindet. Um das undenkbare denkbar zu machen, hat man das wirkende Ding, oder die Seele, oder beide, gleich so voraussetzen wollen, dass durch die Einwirkung Vorstellungen entstehen könnten. Das *einwirkende* Ding sollte so seyn, dass seine Einwirkungen Vorstellungen würden, etwa wie im Berkeley'schen Systeme *Gott*. (Welches System ein dogmatisches, und keinesweges ein idealistisches ist.) Hierdurch sind wir um nichts gebessert; wir verstehen nur mechanische Einwirkung, und es ist uns schlechthin unmöglich, eine andere zu denken; jene Voraussetzung also enthält blosse Worte, aber es in ihr kein Sinn. Oder die Seele soll von der Art seyn, dass jede Einwirkung auf sie zur Vorstellung würde. Aber hiermit geht es uns eben so, wie mit dem ersten Satze; wir können ihn schlechterdings nicht verstehen.

So verfährt der Dogmatismus allenthalben und in jeder Gestalt, in der er erscheint. In die ungeheure Lücke, die ihm zwischen Dingen und Vorstellungen übrig bleibt, setzt er statt einer Erklärung einige leere Worte, die man zwar auswendig lernen und wieder sagen kann, bei denen aber schlechthin noch nie ein Mensch etwas gedacht hat, noch je einer etwas denken wird. Wenn man nemlich sich bestimmt die Weise denken will, *wie* das vorgegebene geschehe, so verschwindet der ganze Begriff in einen leeren Schaum.

Der Dogmatismus kann sonach sein Princip nur wiederholen, und unter verschiedenen Gestalten wiederholen, es sagen, und immer wieder sagen; aber er kann von ihm aus nicht zu dem zu erklärenden übergehen, und es ableiten. In dieser Ableitung aber besteht eben die Philosophie. Der Dogmatismus ist sonach, auch von Seiten der Speculation angesehen, gar keine Philosophie, sondern nur eine ohnmächtige Behauptung und Versicherung. Als einzig-mögliche Philosophie bleibt der Idealimus übrig.

Das hier aufgestellte wird es nicht mit den Einwürfen des Lesers zu thun haben: denn es ist schlechterdings nichts dagegen aufzubringen, wohl aber mit der absoluten Unfähigkeit Vieler, es zu verstehen. Dass alle Einwirkung mechanisch sey, und dass durch Mechanismus keine Vorstellung entstehe, kann kein Mensch, der nur die Worte versteht, läugnen. Aber gerade da liegt die Schwierigkeit. Es gehört schon ein Grad der Selbstständigkeit und Freiheit des Geistes dazu, um das geschilderte Wesen der Intelligenz, worauf unsere ganze Widerlegung des Dogmatismus sich gründete, zu begreifen. Viele sind nun einmal mit ihrem Denken nicht weiter gekommen, als zum Fassen der einfachen Reihe des Naturmechanismus; sehr natürlich fällt ihnen nun auch die Vorstellung, wenn sie dieselbe doch denken wollen, in diese Reihe, die einzige, welche in ihrem Geiste gezogen ist. Die Vorstellung wird ihnen zu einer Art vom Dinge[10]; wovon wir bei den berühmtesten philosophischen Schriftstellern Proben finden. Für diese ist der Dogmatismus ausreichend; für sie giebt es keine Lücke, weil die entgegengesetzte Welt für sie gar nicht da ist. – Man kann sonach den Dogmatiker durch den geführten Beweis nicht widerlegen, so klar er auch ist; denn er ist nicht an denselben zu bringen, weil ihm das Vermögen fehlt, womit seine Prämisse aufgefasst wird.

Auch verstösst die Weise, wie hier der Dogmatismus behandelt wird, gegen die milde Denkart unseres Zeitalters, welche zwar in allen Zeitaltern ungemein verbreitet gewesen, aber erst in dem unsrigen sich zu einer in Worten ausgedrückten Maxime erhoben hat: man müsse nicht so streng seyn im Folgern, es sey in der Philosophie mit den Beweisen nicht so genau zu nehmen, wie etwa in der Mathematik. Wenn diese Denkart nur ein paar Glieder der Kette sieht, und die Regel, nach welcher geschlossen wird, erblickt, so ergänzt sie sogleich den übrigen Theil in Bausch und Bogen durch die Einbildungskraft, ohne weiter nachzuforschen, woraus er bestehe. Wenn ihnen etwa ein Alexander von Joch sagt: Alle Dinge sind durch die Naturnothwendigkeit bestimmt, nun hangen unsere Vorstellungen ab von der Beschaffenheit der Dinge, unser Wille aber von den Vorstellungen, mithin ist alles unser Wollen durch die Naturnothwendigkeit bestimmt, und unsere Meinung von der Freiheit unseres Willens ist Täuschung: so ist ihnen dies ungemein verständlich und einleuchtend, unerachtet kein Menschenverstand darin ist, und sie gehen überzeugt, und erstaunt über die Schärfe dieser Demonstration, von dannen. Ich muss erinnern, dass die Wissenschaftslehre aus dieser milden Denkart weder hervorgeht, noch auf sie rechnet. Wenn auch nur ein einziges Glied in der langen Kette, die sie zu ziehen hat, an das folgende nicht streng anschliesst, so will sie überhaupt nichts erwiesen haben.

7.

Der Idealismus erklärt, wie schon oben gesagt worden, die Bestimmungen des Bewusstseyns aus dem Handeln der Intelligenz. Diese ist ihm nur thätig und absolut, nicht leidend; das letzte nicht, weil sie seinem Postulate zufolge erstes und höchstes ist, dem nichts vorhergeht, aus welchem ein Leiden desselben sich erklären liesse. Es kommt aus dem gleichen Grunde ihr auch kein eigentliches *Seyn, kein Bestehen* zu, weil dies das Resultat einer Wechselwirkung ist, und nichts da ist, noch angenommen wird, womit die Intelligenz in Wechselwirkung gesetzt werden könnte. Die Intelligenz ist dem Idealismus ein *Thun*, und absolut nichts weiter; nicht einmal

---

10 eine sonderbare Täuschung, wovon wir –. (2ter Abdruck.)

ein *Thätiges* soll man sie nennen, weil durch diesen Ausdruck auf etwas bestehendes gedeutet wird, welchem die Thätigkeit beiwohne. So etwas anzunehmen aber hat der Idealismus keinen Grund, indem in seinem Princip es nicht liegt, und alles übrige erst abzuleiten ist. Nun sollen aus dem Handeln dieser Intelligenz abgeleitet werden *bestimmte* Vorstellungen, die von einer Welt, einer ohne unser Zuthun vorhandenen, materiellen, im Raume befindlichen Welt u.s.w., welche bekanntermaassen im Bewusstseyn vorkommen; aber von einem unbestimmten lässt sich nichts bestimmtes ableiten, die Formel aller Ableitung, der Satz des Grundes, findet da keine Anwendung. Mithin müsste jenes zum Grunde gelegte Handeln der Intelligenz ein *bestimmtes* Handeln seyn, und zwar, da die Intelligenz selbst der höchste Erklärungsgrund ist, ein *durch sie selbst* und ihr Wesen, nicht durch etwas ausser ihr, bestimmtes Handeln. Die Voraussetzung des Idealismus wird sonach diese seyn: die Intelligenz handelt, aber sie kann vermöge ihres eigenen Wesens nur auf eine gewisse Weise handeln. Denkt man sich diese nothwendige Weise des Handelns abgesondert vom Handeln, so nennt man sie sehr passend die Gesetze des Handelns; also es giebt nothwendige Gesetze der Intelligenz. – Hierdurch ist denn auch zugleich das Gefühl der Nothwendigkeit, welches die bestimmten Vorstellungen begleitet, begreiflich gemacht: die Intelligenz fühlt dann nicht etwa einen Eindruck von aussen, sondern sie fühlt in jenem Handeln die Schranken ihres eigenen Wesens. Inwiefern der Idealismus diese einzig vernunftmässige bestimmte, und wirklich erklärende Voraussetzung von nothwendigen Gesetzen der Intelligenz macht, heisst er der *kritische*, oder auch der *transcendentale*. Ein transcendentaler Idealismus würde ein solches System seyn, welches aus dem freien und völlig gesetzlosen Handeln der Intelligenz die bestimmten Vorstellungen ableitete; eine völlig widersprechende Voraussetzung, indem ja, wie soeben erinnert worden, auf ein solches Handeln der Satz des Grundes nicht anwendbar ist.

Die anzunehmenden Handelnsgesetze der Intelligenz machen selbst, so gewiss sie in dem Einen Wesen der Intelligenz begründet seyn sollen, ein System aus; das heisst: dass die Intelligenz unter dieser bestimmten Bedingung gerade so handelt, lässt sich weiter erklären, und daraus erklären, weil sie unter einer Bedingung überhaupt eine bestimmte Handelnsweise hat; und das letztere lässt sich abermals erklären aus einem einzigen Grundgesetze. Sie giebt im Verlaufe ihres Handelns sich selbst ihre Gesetze; und diese Gesetzgebung geschieht selbst durch ein höheres nothwendiges Handeln oder Vorstellen. Z. B. das Gesetz der Causalität ist nicht ein erstes ursprüngliches Gesetz, sondern es ist nur eine von den mehreren Weisen der Verbindung des Mannigfaltigen, und lässt sich aus dem Grundgesetze dieser Verbindung ableiten; und das Gesetz dieser

Verbindung des Mannigfaltigen lässt sich, so wie das Mannigfaltige selbst, abermals aus höheren Gesetzen ableiten.

Zufolge dieser Bemerkung kann nun selbst der kritische Idealismus auf zweierlei Art zu Werke gehen. Entweder er leitet jenes System der nothwendigen Handelnsweisen, und mit ihm zugleich die dadurch entstehenden objectiven Vorstellungen wirklich von den Grundgesetzen der Intelligenz ab, und lässt so unter den Augen des Lesers oder Zuhörers den ganzen Umfang unserer Vorstellungen allmählig entstehen: oder er fasst diese Gesetze etwa so, wie sie schon unmittelbar auf die Objecte angewendet werden, also auf ihrer tieferen[11] Stufe (man nennt sie auf dieser Stufe Kategorien) irgend woher auf, und behauptet nun: durch diese würden die Objecte bestimmt und geordnet.

Dem Kritiker von der letzten Art, der die angenommenen Gesetze der Intelligenz nicht aus dem Wesen derselben ableitet, woher mag ihm doch auch nur die materielle Kenntniss derselben, die Kenntniss, dass es gerade diese sind, das Gesetz der Substantialität der Causalität, herkommen? Denn ich will ihn noch nicht mit der Frage belästigen, woher er wisse, dass es blosse immanente Gesetze der Intelligenz sind. Es sind Gesetze, die unmittelbar auf die Objecte angewandt werden: und er kann sie nur durch Abstraction von diesen Objecten, also nur aus der Erfahrung geschöpft haben. Es hilft nichts, wenn er sie etwa durch einen Umweg aus der Logik hernimmt; denn die Logik selbst ist ihm nicht anders, als durch Abstraction von den Objecten entstanden, und er thut nur mittelbar, was unmittelbar gethan uns zu merklich in die Augen fallen würde. Er kann daher durch nichts erhärten, dass seine postulirten Denkgesetze wirklich Denkgesetze, wirklich nichts als immanente Gesetze der Intelligenz sind: der Dogmatiker behauptet gegen ihn, es seyen allgemeine, in dem Wesen der Dinge begründete Eigenschaften derselben, und es lässt sich nicht einsehen, warum wir der unbewiesenen Behauptung des einen mehr Glauben zustellen sollten, als der unbewiesenen Behauptung des anderen. – Es entsteht bei diesem Verfahren keine Einsicht, dass und warum die Intelligenz gerade so handeln müsse. Zur Beförderung einer solchen müsste in Prämissen etwas aufgestellt werden, das nur der Intelligenz zukommen kann, und aus jenen Prämissen müssten vor unseren Augen jene Denkgesetze abgeleitet werden.

Besonders sieht man bei diesem Verfahren nicht ein, wie denn das Object selbst entstehe; denn, wenn man auch dem Kritiker seine unbewiesenen Postulate zugeben will, so wird durch sie doch nichts weiter als die *Beschaffenheit* und *Verhältnisse* des Dinges erklärt; dass es z.B. im Raume sey, in der Zeit sich äussere, seine Accidenzen auf etwas Substan-

---

11 tiefsten. (2ter Abdruck.)

tielles bezogen werden müssen, u.s.w. Aber woher denn das, welches diese Verhältnisse und Beschaffenheiten hat; woher denn der Stoff, der in diese Formen aufgenommen wird? In diesen Stoff flüchtet sich der Dogmatismus, und ihr habt übel nur ärger gemacht.

Wir wissen es wohl, das Ding entsteht allerdings durch ein Handeln nach diesen Gesetzen, das Ding ist gar nichts anderes, als – *alle diese Verhältnisse durch die Einbildungskraft zusammengefaßt,* und alle diese Verhältnisse mit einander sind das Ding; das Object ist allerdings die ursprüngliche Synthesis aller jener Begriffe. Form und Stoff sind nicht besondere Stücke; die gesammte Formheit ist der Stoff, und erst in der Analyse bekommen wir einzelne Formen. Aber das kann der Kritiker nach der angegebenen Methode auch nur versichern; und es ist sogar ein Geheimniss, woher er selbst es weiss, wenn er es weiss. So lange man nicht das ganze Ding vor den Augen des Denkers entstehen lässt, ist der Dogmatismus nicht bis in seinen letzten Schlupfwinkel verfolgt. Aber dies ist nur dadurch möglich, dass man die Intelligenz in ihrer ganzen, nicht in ihrer getheilten Gesetzmässigkeit handeln lasse.

Ein solcher Idealismus ist sonach unerwiesen und unerweislich. Er hat gegen den Dogmatismus keine anderen Waffen, als die Versicherung, dass er recht habe; und gegen den höheren vollendeten Kriticismus keine anderen, als ohnmächtigen Zorn, und die Behauptung, dass man nicht weiter gehen könne, die Versicherung, dass über ihn hinaus kein Boden mehr sey, dass man dann *ihm* unverständlich werde, und dergleichen; welches alles gar nichts bedeutet.

Endlich werden in einem solchen Systeme nur diejenigen Gesetze, nach welchen durch die lediglich subsumirende Wechselkraft nur die Objecte der äusseren Erfahrung bestimmt werden, aufgestellt. Aber dies ist bei weitem der kleinste Theil des Vernunftsystems. In dem Gebiete der praktischen Vernunft und der reflectirenden Urtheilskraft tappt daher dieser halbe Kriticismus, da es ihm an der Einsicht in das ganze Verfahren der Vernunft fehlt, ebenso blind herum, als der blosse Nachbeter, und schreibt, ebenso unbefangen, ihm selbst völlig unverständliche Ausdrükke nach.[12]

---

12 Ein solcher kritischer Idealismus ist von Herrn Prof. Beck in seinem *Einzig-möglichen Standpuncte der kritischen Philosophie* aufgestellt worden. Unerachtet ich nun in dieser Ansicht die oben gerügten Mängel finde, so soll mich dies doch nicht abhalten, dem Manne, der aus der Verworrenheit des Zeitalters selbstständig sich zur Einsicht erhoben, dass die Kantische Philosophie keinen Dogmatismus, sondern einen transcendentalen Idealismus lehre, und dass nach ihr das Object weder ganz noch halb gegeben, sondern gemacht werde, die gebührende Hochachtung öffentlich zu bezeugen, und es von der Zeit zu erwarten, dass er sich noch höher erhebe. Ich halte die angeführte Schrift für das zweckmässigste Geschenk, das dem Zeitalter

Die Methode des vollständigen transcendentalen Idealismus, den die Wissenschaftslehre aufstellt, habe ich schon einmal an einem anderen Orte ganz klar auseinandergesetzt.[13] Ich kann mir nicht erklären, wie man jene Auseinandersetzung nicht habe verstehen müssen; genug es wird versichert, man habe sie nicht verstanden.

Ich bin sonach genöthigt, das gesagte wieder zu sagen, und erinnere, dass auf das Verständniss desselben in dieser Wissenschaft alles ankomme.

Dieser Idealismus geht aus von einem einzigen Grundgesetze der Vernunft, welches er im Bewusstseyn unmittelbar nachweist. Er verfährt dabei folgendermaassen. Er fordert den Zuhörer oder Leser auf, mit Freiheit einen bestimmten Begriff zu denken; werde er dies, so werde er finden, dass er genöthigt sey, auf eine gewisse Weise zu verfahren. Es ist hier zweierlei zu unterscheiden: der geforderte Denk-Act; dieser wird durch Freiheit vollzogen, und wer ihn nicht mit vollzieht, sieht nichts von dem, was die Wissenschaftslehre aufzeigt: – und die nothwendige Weise, wie er zu vollziehen ist; diese ist in der Natur der Intelligenz gegründet, und hängt nicht ab von der Willkür; sie ist etwas *nothwendiges*, das aber nur in und bei einer freien Handlung vorkommt; etwas *gefundenes*, dessen Finden aber durch Freiheit bedingt ist.

Insoweit weiset der Idealismus im unmittelbaren Bewusstseyn nach, was er behauptet. Blosse Voraussetzung aber ist, dass jenes Nothwendige Grundgesetz der ganzen Vernunft sey, dass aus ihm das ganze System unserer nothwendigen Vorstellungen, nicht nur von einer Welt, wie ihre Objecte durch subsumirende und reflectirende Urtheilskraft bestimmt werden, sondern auch von uns selbst, als freien und praktischen Wesen unter Gesetzen, sich ableiten lassen. Diese Voraussetzung hat er zu erweisen durch die wirkliche Ableitung, und darin eben besteht sein eigentliches Geschäft.

---

gemacht werden konnte, und empfehle sie denen, welche aus meinen Schriften die Wissenschaftslehre studiren wollen, als die beste Vorbereitung. Sie führt nicht auf den Weg dieses Systemes; aber sie zerstört das mächtigste Hinderniss, das denselben so vielen verschliesst. – Man hat sich durch den Ton jener Schrift beleidigt finden wollen, und noch neuerlich fordert ein wohlführnehmer Rec. – (2ter Abdruck) in einem berühmten Journale mit deutlichen Worten: *crustula, elementa velit ut discere prima*; ich für meine Person finde ihren Ton nur noch zu milde; denn ich sehe wahrhaftig nicht ein, welchen Dank man gewissen Schriftstellern noch dafür haben soll, dass sie ein Jahrzehend, und darüber, die geistvollste und erhabenste Lehre verwirrt und herabgewürdigt, und warum man sich erst ihre Erlaubniss erbitten solle, um Recht haben zu dürfen. – Wegen der Eilfertigkeit, mit welcher derselbe Schriftsteller in einer anderen Gesellschaft, für welche er viel zu gut ist, über Bücher herfährt, von welchen sein eigenes Gewissen ihm sagen musste, dass er sie nicht verstehe, und dass er doch nicht recht wissen könne, wie tief die Sache gehen möge, kann ich ihn nur um seiner selbst willen bedauern.

13 In der Schrift: *Ueber den Begriff der Wissenschaftslehre*, Weimar, 1794.

Hierbei verfährt er auf folgende Weise. *Er zeigt, dass das zuerst als Grundsatz aufgestellte und unmittelbar im Bewusstseyn nachgewiesene nicht möglich ist, ohne dass zugleich noch etwas anderes geschehe, und dieses andere nicht, ohne dass zugleich etwas drittes geschehe; so lange, bis die Bedingungen des zuerst aufgewiesenen vollständig erschöpft, und dasselbe, seiner Möglichkeit nach, völlig begreiflich ist.* Sein Gang ist ein ununterbrochenes Fortschreiten vom Bedingten zur Bedingung. Die Bedingung wird wieder ein Bedingtes, und es ist ihre Bedingung aufzusuchen.

Ist die Voraussetzung des Idealismus richtig, und ist in der Ableitung richtig gefolgert worden: so muss als letztes Resultat, als Inbegriff aller Bedingungen des zuerst aufgestellten, das System aller nothwendigen Vorstellungen, oder die gesammte Erfahrung herauskommen; welche Vergleichung gar nicht in der Philosophie selbst, sondern erst hinterher gestellt wird.

Denn der Idealismus hat nicht etwa diese Erfahrung als das ihm schon vorher bekannte Ziel, bei welchem er ankommen müsse, im Auge; er weiss bei seinem Verfahren nichts von der Erfahrung, und sieht auf sie überhaupt gar nicht; er geht von seinem Anfangspuncte nach seiner Regel fort, unbekümmert, was am Ende herauskommen werde. – Der rechte Winkel, von welchem aus er seine gerade Linie zu ziehen hat, ist ihm gegeben; bedarf er wohl noch eines Punctes, nach welchem er hinziehe? Ich meine, alle Puncte seiner Linie sind ihm zugleich mitgegeben. Es ist euch eine bestimmte Zahl gegeben. Ihr vermuthet, dass sie das Product aus gewissen Factoren sey. So habt ihr nur, nach der euch wohlbekannten Regel, das Product dieser Factoren zu suchen. Ob es mit der gegebenen Zahl übereinstimme, wird sich hinterher, wenn ihr das Product erst habt, schon finden. Die gegebene Zahl ist die gesammte Erfahrung; die Factoren sind, – jenes im Bewusstseyn Nachgewiesene und die Gesetze des Denkens; das Multipliciren ist das Philosophiren. Diejenigen, welche euch anrathen, beim Philosophiren immer auch ein Auge mit auf die Erfahrung gerichtet zu haben, rathen euch an, die Factoren ein wenig zu ändern, und ein wenig falsch zu multipliciren, damit doch ja übereinstimmende Zahlen kommen: ein Verfahren, das so unredlich, als seicht ist.

Inwiefern man jene letzten Resultate des Idealismus ansieht, als solche, als Folgen des Raisonnements, sind sie das *a priori*, im menschlichen Geiste; und inwiefern man ebendasselbe, falls Raisonnement und Erfahrung wirklich übereinstimmen, ansieht, als in der Erfahrung gegeben, heisst es *a posteriori*. Das *a priori* und das *a posteriori* ist für einen vollständigen Idealismus gar nicht zweierlei, sondern ganz einerlei; es wird nur von zwei Seiten betrachtet, und ist lediglich durch die Art unterschieden, wie man dazu kommt. Die Philosophie anticipirt die gesammte Erfahrung, *denkt* sie sich nur als nothwendig, und insofern ist sie, in Vergleich mit der wirklichen Erfahrung, *a priori*. *A posteriori* ist die Zahl, inwiefern sie als gegebene betrachtet wird; *a priori* dieselbe Zahl, inwiefern sie als Product aus den Factoren gezogen wird. Wer hierüber anders meint, der weiss selbst nicht, was er redet.

Stimmen die Resultate mit der Erfahrung nicht überein, so ist diese Philosophie sicher falsch: denn sie hat ihrem Versprechen, die gesammte Erfahrung abzuleiten und aus dem nothwendigen Handeln der Intelligenz zu erklären, nicht Genüge geleistet. Entweder ist dann die Voraussetzung des transcendentalen Idealismus überhaupt unrichtig, oder er ist nur in der bestimmten Darstellung, welche nicht leistet, was sie sollte, unrichtig behandelt worden. Da die Aufgabe, die Erfahrung aus ihrem Grunde zu erklären, einmal in der menschlichen Vernunft liegt, da kein vernünftiger annehmen wird, dass in ihr eine Aufgabe liegen könne, deren Auflösung schlechterdings unmöglich sey; da es nur zwei Wege giebt, sie zu lösen, den des Dogmatismus, und den des transcendentalen Idealismus, und dem ersten ohne weiteres nachzuweisen ist, dass er nicht leisten könne, was er verspreche: so wird der entschlossene Denker immer für das letztere, dass man sich bloss im Schliessen geirrt habe, und die Voraussetzung an sich wohl richtig sey, entscheiden, und durch keinen mislungenen Versuch sich abhalten lassen, es wieder zu versuchen, bis es doch endlich einmal gelinge.

Der Weg dieses Idealismus geht, wie man sieht, von einem im Bewusstseyn, aber nur zufolge eines freien Denk-Acts, Vorkommenden zu der gesammten Erfahrung. Was zwischen beiden liegt, ist sein eigenthümlicher Boden. Es ist nicht Thatsache des Bewusstseyns, gehört nicht in den Umfang der Erfahrung; wie könnte so etwas je Philosophie heissen, da ja diese den Grund der Erfahrung aufzuweisen hat, aber der Grund nothwendig ausserhalb des begründeten liegt. Es ist ein durch freies, aber gesetzmässiges Denken hervorgebrachtes. – Dieses wird sogleich ganz klar werden, wenn wir die Grundbehauptung des Idealismus noch etwas näher ansehen.

Das schlechthin postulirte ist nicht möglich, erweiset er, ohne die Bedingung eines zweiten, dieses zweite nicht, ohne die Bedingung eines dritten u.s.f., also, es ist unter allem, was er aufstellt, gar keines einzeln möglich, sondern nur in der Vereinigung mit allen ist jedes einzelne möglich. Sonach kommt, seiner eigenen Behauptung nach, nur das Ganze im Bewusstseyn vor, und dieses Ganze ist eben die Erfahrung. Er will es näher kennen lernen, darum muss er es analysiren, und zwar nicht durch ein blindes Herumtappen, sondern nach der bestimmten Regel der Composition, so dass er unter seinen Augen das Ganze entstehen sehe. Er vermag dies, weil er zu abstrahiren vermag; weil er im freien Denken allerdings das Einzelne allein aufzufassen vermag. Denn es kommt im Bewusstseyn nicht bloss Nothwendigkeit der Vorstellungen, sondern auch Freiheit derselben vor: und diese Freiheit hinwiederum kann entweder gesetzmässig oder nach Regeln verfahren. Das Ganze ist ihm auf dem Gesichtspuncte des nothwendigen Bewusstseyns gegeben; er findet es, so wie er sich selbst findet. Die durch die Zusammensetzung dieses Ganzen entstandene Reihe nur wird durch die Freiheit hervorgebracht. Wer diesen Act der Freiheit vornimmt, der wird derselben sich bewusst, und er legt gleichsam ein neues Gebiet in seinem Bewusstseyn an: wer ihn nicht vornimmt, für den ist das durch ihn bedingte gar nicht da. – Der Chemiker setzt einen Körper, etwa ein bestimmtes Metall, aus seinen Elementen zusammen. Der gemeine Mann sieht das ihm wohl bekannte Metall; der Chemiker die Verknüpfung des Körpers und der bestimmten Elemente. Sehen denn nun beide etwas anderes? Ich dächte nicht; sie sehen dasselbe, nur auf eine andere Art. Das des Chemikers ist das *a priori*, er sieht das Einzelne: das des gemeinen Mannes ist das *a posteriori*, er sieht das Ganze. – Nur ist dabei dieser Unterschied: der Chemiker muss das Ganze erst analysiren, ehe er es componiren kann, weil er es mit einem Gegenstande zu thun hat, dessen Regel der Zusammensetzung er von der Analyse nicht kennen kann; der Philosoph aber kann ohne vorhergegangene Analyse componiren, weil er die Regel seines Gegenstandes, die Vernunft, schon kennt.

Es kommt sonach dem Inhalte der Philosophie keine andere Realität zu, als die des nothwendigen Denkens, unter der Bedingung, dass man über den Grund der Erfahrung etwas denken wolle. Die Intelligenz lässt sich nur als thätig denken, und sie lässt sich nur als auf diese bestimmte Weise thätig denken, behauptet die Philosophie. Diese Realität ist ihr völlig hinreichend; denn es geht aus ihr[14] hervor, dass es überhaupt keine andere gebe.

Den jetzt beschriebenen vollständigen kritischen Idealismus will die Wissenschaftslehre aufstellen. Das zuletzt gesagte enthält den Begriff derselben, und ich habe über diesen keine Einwürfe zu hören; denn was ich thun will, kann niemand besser wissen, als ich selbst. Demonstrationen der Unmöglichkeit einer Sache, die realisirt wird, und zum Theil schon realisirt ist, sind nur lächerlich. Man hat lediglich sich an die Ausführung zu halten, und zu untersuchen, ob sie leiste, was sie versprochen hat.

---

14 der Philosophie – (2ter Abdruck.)

Friedrich Wilhelm Joseph von Schelling

Welch ein Gegensatz, wenn man von dem schulmeisterlich despotischen Pathos Fichtes zu der ganz andersartigen, musisch sensiblen und zugleich formalistisch spröden Gedankenführung Schellings kommt. Schelling, der geniale Jüngling, der die Fichtesche Idee der Wissenschaftslehre und ihre Ableitung aus der Subjektivität des Subjekts in seinem Erstling *Vom Ich als Prinzip der Philosophie* aufgreift, geht sehr bald über diesen Standpunkt des transzendentalen Idealismus hinaus, indem er ihn durch eine Art von Kontrapost, durch seine Idee der Naturphilosophie, ergänzt. Die eigentümliche Aufgabe, die sich Schelling in seinem Denken gestellt hat, ist, wie er es selbst genannt hat, den ›physikalischen‹ Beweis für den Idealismus zu führen. Er meinte damit, daß die Position des transzendentalen Idealismus ihre realphilosophische Begründung erhalten müsse. Das sich selber wissende Wissen, das Selbstbewußtsein, in dessen souveräner Selbstgewißheit sich das Ganze aller möglichen Wahrheit zusammenfaßt, ist doch selber ein abhängiges Glied in der realen Welt, aufgebaut auf der großen Gestaltenordnung der Natur. Die einleuchtende Ordnung, die dem Aufbau der Natur liegt, sofern sie von der mineralogisch-anorganischen Welt über die Pflanzenwelt zur Tierwelt und innerhalb der Tierwelt zu dem Einbruch des Selbstbewußtseins und der Freiheit führt, der den Menschen auszeichnet, entwickelt Schelling als eine sich steigernde Form der Reflexivität, der Bezogenheit auf sich selbst. Er nennt diese Seinsform Potenz. Potenz ist auch Können, und Können ist durch das An-sich-halten und Bei-sich-sein des Könnens ausgezeichnet. Wer kann, der hat auch noch gegenüber der Ausführung, Tun oder Handeln, die auf sich selbst gestellte Freiheit des Nicht-tuns oder Nicht-handelns in seiner Gewalt. Insofern ist Können ein Bei-sich-selbst-sein. Die Stufenfolge der Naturgestalten hat Schelling daher als Steigerung des Beisichselbstseins gedeutet. Sich ständig steigernde Potenz, stärkere Rückbindung an die Einheit des Selbst, zeichnet in der Tat die Architektonik der realen Welt aus. Pflanzen sind mehr zur Einheit zurückgebunden als anorganische Stoffe. Der Schritt von der Pflanze zum Tier ist ein Schritt zu gesteigerter Einheit. Die Sensibilität des Tieres ist Ausdruck derselben, und der abermalige Schritt über die animalische Natur zur menschlichen ist wiederum ein Schritt qualitativer Art zu einer abermals höheren Einheit hin, der Einheit des Selbstbewußtseins, das wie ein ›Blitzschlag aus dem Absoluten‹ die Sphäre der Freiheit, das freie Sich-zu-sich-selbst-verhalten, aufreißt. Zwischen Schelling und Fichte ist es gerade über diesem Punkt der ›physikalischen‹ Beweisführung für den Idealismus zur Entzweiung gekommen. Der inhaltliche Reichtum, der in die mit dem Geiste der Romantik verschwisterte

Gedankenführung Schellings eingegangen ist, darf einen nicht darüber täuschen, daß der kahle und streng transzendentale Gedankenzug Fichtescher Argumentation das Prinzip der Transzendentalphilosophie treuer festhält. Trotzdem läßt sich der Versuch Schellings, Natur und Geist in einen großen Zusammenhang zu binden, nicht einfach als ein Rückfall in Dogmatismus und als Abirrung vom transzendental-philosophischen Prinzip auffassen. Es macht vielmehr die eigentümliche Tiefe des Schellingschen Denkens aus, daß es seinem eigenen Prinzip der Indifferenz von Natur und Geist, der Identität der realen und idealen Reihe, anschauliche Erfüllung zu verschaffen weiß, vor allem auch durch seine Philosophie der Kunst. Vollends reicht seine Schrift vom *Wesen der menschlichen Freiheit* (1809) weit über eine bloße Ergänzung des Idealismus hinaus und rührt an die Grenze des transzendental-philosophischen Prinzips überhaupt. Man hat in neuerer Zeit deswegen Schelling geradezu als den wahren Vollender des transzendentalen Idealismus gedeutet, weil er die Grenze des Idealismus in seiner Spekulation über das ›Unvordenkliche‹ wirklich zum Thema machte (Walter Schulz).

Wir drucken eine sehr charakteristische Vorlesung Schellings aus dem Jahre 1821 ab, die er in Erlangen gehalten hat, ein Gemisch von Tiefsinn und Formalismus, von geistiger Penetrationskraft und schwärmerischer Verstiegenheit, ein echter Schelling in der Größe und in der Fragwürdigkeit seines der ›Ahndungen‹ vollen Philosophierens. Es ist mehr als ein historischer Zufall, daß der leidenschaftliche Kritiker des spekulativen Idealismus, Søren Kierkegaard, sein Berliner Hörer war.

Erlanger Vorträge

Über die Natur der Philosophie als Wissenschaft

Der Gedanke oder das Bestreben, ein System des menschlichen Wissens zu finden, oder, anders und besser ausgedrückt, das menschliche Wissen im System, im Zusammenbestehen zu erblicken, setzt natürlich voraus, daß es ursprünglich und von sich selbst nicht im System – daß es also ein ἀσύστατον, ein nicht Zusammenbestehendes, sondern vielmehr sich Widerstreitendes ist. Um diese Asystasie, diesen Unbestand, diese Uneinigkeit, gleichsam dieses bellum intestinum in dem menschlichen Wissen zu erkennen – (denn dieser innere Widerstreit muß offenbar werden), mußte der menschliche Geist sich in allen möglichen Richtungen schon versucht haben. Daher mußten z. B. in Griechenland a) die bloßen Physiker vorausgehen, die da glaubten, alles auf bloße Naturursachen zurückführen zu können, b) der Dualismus des Anaxagoras, c) die Lehre der Eleaten, welche, um allen Widerstreit aufzuheben, die bloße *Einheit* setzten, während der Gegensatz oder die Nicht-Einheit gleiche Rechte hat, und das wahre System eben nur dasjenige seyn kann, welches Einheit der Einheit und des Gegensatzes ist, d. h. welches zeigt, wie die Einheit mit dem Gegensatz und der Gegensatz mit der Einheit zugleich bestehe, ja wie es zum Besten des anderen nothwendig sey – dieß alles mußte vorausgehen, ehe im Platon auch nur die wahre *Idee* eines Systems erscheinen konnte. Also der Zeit nach sind die *Systeme* vor dem System. Bedürfniß der Harmonie kommt erst aus Disharmonie.

Endlich muß, damit das Streben nach dem System wirklich vorhanden sey, die Einsicht hinzukommen, daß jener Widerstreit der Ansichten nicht etwas Zufälliges, in subjektiver Unvollkommenheit, etwa oberflächlichem Denken oder Verkehrtheit der Einzelnen, oder gar, wie manche Seichtlinge sich vorstellen, in bloßen Logomachien Gegründetes sey. Man muß sich überzeugt haben, daß dieser Widerstreit einen objektiven Grund hat, daß er in der Natur der Sache selbst, in den ersten Wurzeln alles Daseyns gegründet ist. Man muß eben darum die Hoffnung aufgegeben haben, diesen Widerstreit, dieses bellum omnium contra omnes damit zu beendigen, daß irgend eine einzelne Ansicht der andern absolut Meister werden, ein System das andere unterjochen könne. Dieß kann freilich scheinbar oft der Fall seyn. Nämlich obwohl alle ausschließenden Systeme dieß miteinander gemein haben, nicht das System, und insofern etwas Partielles, Untergeordnetes zu seyn, so kann doch eins allerdings auf einer höhern Stufe stehen als das andere. Oder – denn dieß verdient genauere Darstellung – eigentlich verhält es sich so. In allen Widersprüchen der Systeme untereinander ist doch zuletzt nur Ein großer Widerspruch, Ein Urzwist. Wir wollen denselben so ausdrücken, daß nach der einen Behauptung A = B, nach der andern = C ist. Nun kann es aber geschehen, daß beide Systeme, das, welches A = B, und das, welches A = C setzt, auf einer sehr untergeordneten Stufe aufgefaßt werden und so gegeneinander auftreten. Mittlerweile findet sich einer, der über diesen untergeordneten Standpunkt sich erhebt, aber auf dem höhern nicht etwa das aufstellt, wodurch A = B und A = C vereinigt werden, sondern wieder nur A = B, aber auf einer höhern Stufe, in einer höhern Potenz; – sehr häufig aber ist, daß die Einseitigkeit nur greller ausgebildet wird, denn wie einmal die Zerlegung angefangen, schreitet sie natürlich fort und zuletzt dahin, wo nur die Individualität entscheidet, wodurch man aber gesteht, daß keines des anderen absoluter Meister; – hat sich aber A = B wirklich gesteigert (ohne übrigens im Wesentlichen verändert zu seyn), während A = C sich nicht gesteigert hat, sondern geblieben ist, so wird vor der Hand A = B Meister von A = C. Aber dieß dauert nicht lang, A = C wird endlich seines Nachtheils gewahr und steigert sich ebenfalls, so daß sie sich, nur auf dem höhern Standpunkt, wieder ebenso gut entgegenstehen als vorher auf dem niederen.

Eine andere, noch zufälligere Möglichkeit ist diese: Wenn A = B und A = C sich vollkommen die Wage halten, so wird es eben darauf ankommen, wer von beiden, der 1, oder der 2 behauptet, der bessere Kämpfer ist. Allein dieß ist ein Sieg, der durchaus nichts entscheidet.

Also allerdings scheinbar und für eine Zeit kann ein System des andern Meister werden, wirklich und in die Länge nicht, und daß dieß unmöglich sey – daß an sich jedes System gleiches Recht habe, gleichen Anspruch zu gelten – dieß ist die Einsicht, welche der Idee des Systems im großen Sinn – des Systems par excellence – vorausgehen muß. Solange der Materialist noch dem Intellektualisten oder der Idealist dem Realisten sein Recht nicht zugesteht, ist an das System κατ' εξοχήν nicht zu denken. Ich bemerke übrigens, daß hier nur von Systemen die Rede ist, die wirkliche Momente der Entwicklung darstellen, nicht von solchen, denen etwa nur ihre Urheber diese Titel geben, und denen man zu viel Ehre anthun würde, wenn man sie auch nur eines *Irrthums* fähig halten wollte. Wer *irren* will, der muß wenigstens auf dem Wege seyn; wer aber gar nicht einmal sich auf den Weg macht, sondern völlig zu Hause sitzen bleibt, kann nicht irren. Wer sich in die See wagt, kann durch Stürme oder eigne Ungeschicklichkeit freilich vom Wege abkommen und verschlagen werden, wer aber gar nicht aus dem Hafen ausläuft, dessen ganzes Bestreben vielmehr darin besteht, nicht auszulaufen, sondern durch ein ewiges Philosophiren über Philosophie zu verhindern, daß es gar nie zur Philosophie komme, der hat freilich keine Gefahren zu befürchten.

Also die Idee des Systems überhaupt setzt den nothwendigen und unauflöslichen Widerstreit der Systeme voraus: ohne diesen würde sie gar nicht entstehen.

Oft genug ist der Philosophie diese Asystasie, dieser innere Widerstreit vorgeworfen worden. Kant in verschiedenen Stellen seiner Schriften stellte der Metaphysik gleichsam zur Lehre und Besserung als beschämendes Beispiel die Mathematik vor, und nach ihm andere. »Seht hier, sagen sie, wie in der Geometrie z. B. alle einig sind von jetzt an bis zu Euklides hinauf und von da bis zu Thales und zu den ägyptischen Priestern, während es in der Philosophie heißt: quot capita, tot sensus, wie viel Köpfe, so viel Systeme, und jeder Tag ein neues gebiert«. Was nun diese über Nacht entstehenden betrifft, so habe ich schon meine Meinung gesagt. Wenn man aber die Philosophie darum geringschätzt, weil es in ihr Systeme gebe, in der Geometrie nicht, so sage ich: Freilich in der Geometrie gibt es keine Systeme, weil es kein System gibt – und in der Philosophie muß es wohl Systeme geben, weil es ein System gibt. Es ist gerade, als ob man den stereometrisch regelmäßigen Krystall der menschlichen Gestalt darum vorziehen wollte, weil in jenem keine Möglichkeit zur Krankheit liegt, im menschlichen Körper aber die Keime aller möglichen Krankheiten. Denn so ungefähr wie Krankheit und Gesundheit verhält sich das einzelne System zu dem System κατ' ἐξοχήν. Auch im menschlichen Organismus unterscheiden die Ärzte einzelne Systeme. Wer nun an einem dieser Systeme leidet, d. h. bei wem es besonders hervortritt, der ist gleichsam gebunden an dieses System, in seiner Freiheit gehemmt, recht eigentlich ein Sklave desselben. Der Gesunde aber fühlt keines dieser Systeme insbesondere, er *weiß* nicht, wie man zu sagen pflegt, daß er ein Verdauungs- etc. System hat; er ist frei von allem System. Warum? Nicht darum, daß nicht diese Systeme in seinem Organismus lägen – da wär' ihm schlecht damit gedient –, sondern weil er nur im Ganzen lebt, im Totalsystem, in welchem alle jene einzelnen Systeme gleichsam verstummen und unmöglich werden (das Wort »gesund« ist höchst wahrscheinlich soviel als *ganz*). Ebenso in der Philosophie: wer bis zum Ende durchgedrungen ist, sieht sich wieder in völliger Freiheit, er ist frei vom System – *über* allem System.

Wir haben also bis jetzt Folgendes bestimmt. 1) Die *äußere Möglichkeit des Systems*, gleichsam die Materie, der Stoff dazu, ist eben der innere unauflösliche Widerstreit im menschlichen Wissen. 2) Dieser Streit muß offenbar geworden seyn, er muß sich in allen möglichen Richtungen gezeigt und ausgebildet haben. 3) Man muß einsehen, daß in diesem Streit nichts Zufälliges, sondern alles ein in den ersten Principien selbst Gegründetes sey. 4) Man muß die Hoffnung aufgeben, diesen Streit jemals dadurch zu beendigen, daß ein System Meister werde über das andere. Wenn es aber unmöglich ist, einseitig eins durch das andere zu unterjochen, so muß man sich 5) – und dieß ist eine neue Bestimmung – man muß sich auch nicht vorstellen, eine Einheit zu finden, in welcher sie sich alle gegenseitig *vertilgen*, denn auch damit ginge ja der Begriff des Systems unter, sondern die Aufgabe ist eben, daß sie wirklich *zusammenbestehen*. Im ersten Fall (wenn sie sich alle gegenseitig vertilgten) würde man statt des Systems nur einen bodenlosen Abgrund vor sich sehen, in den alles versinkt, und in dem sich nichts mehr unterscheiden läßt. Nicht vertilgt werden sollen die Systeme, sondern zusammenbestehen, wie die verschiedenen Systeme in einem Organismus, und durch dieses ihr Zusammenbestehen eine Ansicht erzeugen, die über allen einzelnen liegt, die gesunde Ansicht, bei der der Mensch sich wohl fühlt, wie im gesunden menschlichen Körper alle Differenzen der Organe und Funktionen in Ein untheilbares Leben sich auflösen, dessen Empfindung Wohlseyn ist.

Irgend ein wirkliches System vertilgen, vernichten zu wollen, wäre gerade gegen den Zweck. Denn woraus entsteht die Einseitigkeit der Systeme? Antwort: wie *Sie* bereits deutlich einsehen müssen, nicht aus dem, was man behauptet, sondern aus dem, was man *leugnet*. Schon Leibniz sagt irgendwo sehr naiv: »Ich habe gefunden, daß der größte Theil der Sekten Recht haben in einem guten Theil dessen, was sie behaupten, aber nicht so sehr in dem, was sie leugnen«. Leibniz fühlte wohl, daß eben das Ausschließende das Falsche ist, und doch stellte er selbst wieder ein offenbar einseitiges System auf, wenn er behauptete, alles komme in der Welt auf Vorstellkräfte zurück. Derselbe Leibniz sagt an einer andern Stelle seiner Schriften: »Je tiefer man in den Grund der Dinge eindringt, desto mehr Wahrheit läßt sich in den Lehren der meisten Sekten entdecken. Man kommt endlich auf einen perspektivischen Mittelpunkt, in welchem man alles vereinigt findet. Stellt man sich in diesen Mittelpunkt, so sieht man nur Regelmäßigkeit und Übereinstimmung; entfernt man sich von diesem, und je weiter man sich entfernt, desto mehr verwirrt sich alles, ein Theil deckt den andern, die Linien verschieben sich«. Aber er setzt auch hier hinzu: »Sektengeist ist bisher der Fehler gewesen. Man hat sich selbst eingeschränkt, indem man verworfen hat, was andere lehrten«. Also auch hier wird der Fehler ins Verwerfen gesetzt. Warum ist aber derselbe Leibniz eben in denselben Fehler verfallen? Antwort: Sein System stand allerdings auf einer hohen Stufe, und so war freilich auch in diesem System ein gewisser, aber doch immer partiell-perspektivischer Mittelpunkt, von welchem aus manche tiefer stehende Lehren und Behauptungen übereinstimmend erscheinen konnten.

Ich habe bisher von dem äußern Grund des Systems oder dem Bestreben gesprochen, das menschliche Wissen im System – im Zusammenbestehen zu sehen. Dieser äußere Grund ist der an sich unauflösbare Widerstreit im menschlichen Wissen. Ich habe diesen nicht dargethan, bewiesen; ich habe ihn vorausgesetzt und voraussetzen müssen. Hätte ich mich darauf einlassen wollen, so hätte ich statt des Systems selbst auch die Vorbereitung dazu – die Propädeutik desselben – geben müssen. Nämlich die beste Propädeutik ist eben, diesen nothwendigen Widerspruch, in den das erwachende Bewußtseyn, die erwachende Reflexion geräth, von den ersten Wurzeln an durch alle seine Verzweigungen bis zur Verzweiflung zu verfolgen, wo dann der Mensch gleichsam gezwungen ist, die Idee jenes höheren Ganzen zu fassen, in welchem die widerstreitenden Systeme durch ihr Zusammenbestehen jenes höhere Bewußtseyn erzeugen, in dem er wieder frei ist von allem System, über allem System. Dieses Geschäft ist eigentlich das der bloßen Dialektik, welche keineswegs die Wissenschaft selbst, wohl aber die Vorbereitung zu ihr ist.

Also der äußere Grund des Systems ist die ursprüngliche ἀσυστασία des menschlichen Wissens. Was ist nun aber das *Princip* seiner Möglichkeit? Nämlich das Wünschenswerthe eines solchen alles Widerstreitende in Einklang bringenden Ganzen sehen wir wohl ein, aber wie ist es möglich, und unter welchen Voraussetzungen ist es allein denkbar? – Die erste Voraussetzung hierzu ist unstreitig 1) die allgemeine Idee der Fortschreitung, der *Bewegung* in dem System. Denn es ist allerdings unmöglich, daß widerstreitende Behauptungen, wie man zu reden pflegt, *zugleich* – nämlich in einem und demselben Moment der Entwicklung wahr seyen. Wohl möglich aber ist, daß für einen gewissen Punkt der Entwicklung der Satz: A ist B wahr sey, für einen andern A ist nicht B. Hier hält die Bewegung die widerstreitenden Sätze auseinander. 2) Aber zu dieser Bewegung bedarf es eines Subjekts der Bewegung und Fortschreitung, worunter das sich Bewegende und Fortschreitende selbst verstanden wird, und in Ansehung dieses Subjekts werden zwei Voraussetzungen gemacht: a) es ist nur *Ein* Subjekt, das durch alles geht; denn wäre ein ander Subjekt in B, und wieder ein anderes in C, so wäre B und C völlig geschieden, und es wäre kein Zusammenhang. Wie es nur ein und dasselbe Subjekt ist, das in den verschiedenen Gliedern eines Organismus lebt, so muß es nur Ein Subjekt seyn, das durch alle Momente des Systems geht – darum sind aber nicht die Glieder, durch welche es geht, auch einerlei. – Aber b) dieses Eine Subjekt muß durch alles gehen und in nichts bleiben. Denn wo es bliebe, wäre das Leben und die Entwicklung gehemmt. *Durch alles durchgehen und nichts seyn,* nämlich nichts *so seyn,* daß es nicht auch anderes seyn könnte – dieses ist die Forderung.

Was ist dieses Subjekt, das in allem ist, und in nichts bleibt? Wie sollen wir es nennen? – (Im Vorbeigehen, diese Frage ist identisch mit der sonst so gewöhnlichen, was Princip der Philosophie sey. Nämlich das Princip der Philosophie ist das, was nicht etwa nur im Anfang Princip ist und dann aufhört es zu seyn, sondern was überall und immer, was im Anfang, Mittel und End' gleicherweise Princip ist. – Ferner hat man sonst wohl auch unter Princip einen obersten Satz verstanden. Da man nämlich die Philosophie nur als eine Kette von auseinander folgenden Sätzen betrachtete, stellte man sich vor, daß es einen obersten Ring in dieser Kette geben müsse – einen ersten Satz, aus welchem sodann ein zweiter, aus diesem wieder ein dritter folgt u.s.f. So hatte Cartesius als obersten Satz sein: Cogito ergo sum. Fichte: Ich bin Ich. Allein in einem lebendigen System, das nicht eine Folge von Sätzen ist, sondern von Momenten des Fortschreitens und der Entwicklung, kann von einem solchen obersten Satze nicht die Rede seyn). Also *was* ist Princip des Systems, was ist jenes Eine Subjekt, das durch alles geht, und in nichts bleibt? Wie sollen wir es nennen, was von ihm aussagen? – Wir wollen erst sehen, was die Frage: *was* ist es? selbst bedeutet. »*Etwas* namhaft machen, das ist es«. Nun dieß ist leicht. Soll ich etwa sagen: A ist B? Freilich! Aber es ist auch nicht B. Allein ich verlange eine genaue Bestimmung desselben, ich verlange, daß sein Begriff mit festen Grenzen umschrieben, *definirt* werde. Wenn man eine Definition verlangt, so will man wissen, was das Subjekt definitiv ist, und nicht bloß *so* ist, daß es auch etwas anderes oder gar das Gegentheil davon seyn kann. Dieß ist hier der Fall. Ich kann weder bestimmt sagen, A sey B, noch bestimmt, es sey nicht B. Es ist sowohl B als nicht B, und es ist weder B noch nicht B. Es ist nicht so B, daß es nicht auch B wäre, und es ist nicht so nicht B, daß es schlechterdings und auf keine Weise B seyn könnte. Und dasselbe würde der Fall seyn mit jeder andern Bestimmung, mit C, mit D u.s.f. Was bleibt nun übrig? Soll ich etwa die ganze Reihe hersagen, soll ich sagen: es ist A, B, C, D u.s.f. Aber, meine Herrn, das ist ja eben die ganze Wissenschaft, das ist ja eben schon das System selbst. Was bleibt also übrig? Antwort: ich muß eben das Indefinible, das nicht zu Definirende des Subjekts selbst zur Definition machen. Was heißt definiren? Dem Worte nach: in bestimmte Grenzen einschließen. Definiren läßt sich daher nichts, als was von Natur in bestimmte Grenzen eingeschlossen ist. Daher die Definition einer geometrischen Figur etwas ganz Einfaches, weil eben ihr Wesen in der Begrenzung besteht. Hier ist das Definiendum schon ein Definitum – ich definire sie eigentlich nicht, sie ist schon definirt, und wenn ich sage, ich gebe eine Definition, z. B. von der Ellipse, so heißt dieß nur so viel: ich werde mir der Definition der Ellipse – der in ihr selbst liegenden – nur bewußt. Daher Geometrie = definible Wissenschaft. Allein mit dem Subjekt der Philosophie ist es etwas ganz anderes. Dieses ist schlechthin indefinibel. Denn 1) es ist nichts – nicht *etwas*, und selbst dieß wäre wenigstens eine negative Definition; allein es ist auch nichts nicht, d. h. es ist alles. Es ist nur nichts einzeln, stillstehend, insbesondere; es ist B, C, D u.s.w. nur, sofern jeder dieser Punkte zu dem Fluß der unzertrennlichen Bewegung gehört. Es ist nichts, das es wäre, und es ist nichts, das es nicht wäre. Es ist in einer unaufhaltsamen Bewegung, in keine Gestalt einzuschließen, das Incoercible, das Unfaßliche, das wahrhaft Unendliche. Zu diesem muß sich erheben, wer der vollkommen freien, sich selbst erzeugenden Wissenschaft mächtig werden will. Hier muß alles Endliche, alles, was noch ein Seyendes ist, verlassen werden, die letzte Anhänglichkeit schwinden; hier gilt es *alles* zu lassen – nicht bloß, wie man zu reden pflegt, Weib und Kind, sondern was nur Ist, selbst *Gott*, denn auch Gott ist auf diesem Standpunkt nur ein Seyendes. Hier, wo wir diesen Begriff (Gott) zuerst nennen, mögen wir an ihm als dem höchsten Beispiel jenes Frühere nachweisen. Wir sagten: es ist nichts, das das absolute Subjekt nicht wäre, und es ist nichts, das jenes Subjekt wäre. Nämlich das absolute Subjekt *ist* nicht nicht Gott, und es ist doch auch nicht Gott, es ist auch das, was nicht Gott ist. Es ist also insofern über Gott, und wenn selbst einer der vorzüglichsten Mystiker früherer Zeit gewagt hat von einer Übergottheit zu reden, so wird dieß auch uns verstattet seyn, und es wird ausdrücklich hier bemerkt, damit nicht etwa das Absolute – jenes absolute Subjekt – geradezu mit Gott verwechselt werde. Denn dieser Unterschied ist sehr wichtig. Also selbst Gott muß der lassen, der sich in den Anfangspunkt der wahrhaft freien Philosophie stellen will. Hier heißt es: Wer es erhalten will, der wird es verlieren, und wer es aufgibt, der wird es finden. Nur derjenige ist auf den Grund seiner selbst gekommen und hat die ganze Tiefe des Lebens erkannt, der einmal alles verlassen hatte, und selbst von allem verlassen war, dem alles versank, und der mit dem Unendlichen sich allein gesehen: ein großer Schritt, den Platon mit dem Tode verglichen. Was Dante an der Pforte des Infernum geschrieben seyn läßt, dieß ist in einem andern Sinn auch vor den Eingang zur Philosophie zu schreiben: »Laßt alle Hoffnung fahren, die ihr eingeht«. Wer wahrhaft philosophiren will, muß aller Hoffnung, alles Verlangen, aller Sehnsucht los seyn, er muß nichts wollen, nichts wissen, sich ganz bloß und arm fühlen, alles dahingeben, um alles zu gewinnen. Schwer ist dieser Schritt, schwer, gleichsam noch vom letzten Ufer zu scheiden. Dieß sehen wir daraus, daß so wenige von jeher dieß im Stand waren. Wie hoch erhebt sich Spinoza, wenn er lehrt, daß wir von allen einzelnen und endlichen Dingen uns scheiden und zum Unendlichen erheben sollen, und wie tief sinkt wieder eben derselbe, wenn er dieses Unendliche zur Substanz, d. h. zu etwas Todtem, Stillstehendem, macht, und wenn er diese Substanz als Einheit des ausgedehnten und des denkenden Wesens erklärt, gleichsam zwei Gewichte, wodurch er sie ganz niederzieht in die Sphäre der Endlichkeit! So zu unserer Zeit

Fichte, der vor mir an dieser Stelle stand, der zuerst wieder kräftig zur Freiheit aufrief, dem wir es eigentlich verdanken, daß wir wieder frei, ganz von vorn philosophiren, wie tief sieht er unter sich alles Seyn, in welcher er nur eine Hemmung freier Thätigkeit sieht! Aber indem ihm alles äußere und objektive Seyn verschwunden ist, – im Augenblick, da man erwartet, ihn über alles Seyende sich erheben zu sehen, klammert er sich wieder an das eigne Ich an. Aber nicht bloß die Objekte, auch sich selbst muß der lassen, der sich in jenen freien Äther erschwingen will. Man gesteht dem Menschen zu, sein sittliches Leben durch einen großen Entschluß mitten in der Zeit wie von vorn beginnen zu können. Sollte dieß nicht auch im Geistigen geschehen können? Aber eben hierzu muß er schlechthin von vorn, von neuem geboren werden.

Ich sagte: eben das Indefinible jenes absoluten Subjekts müsse selbst zur Definition gemacht werden. Allein wenn wir genauer zusehen, so überfällt es uns, daß wir *damit* von jenem absoluten Subjekt doch nichts als einen verneinenden Begriff gewonnen, und so überhaupt Gefahr ist, ins Verneinen zu gerathen. Denn selbst das Wort *unendlich* drückt ja doch eigentlich nur die Negation der Endlichkeit aus. Ebenso: indefinibel, incoercibel, unfaßlich. Also wissen wir doch eigentlich nur, was jenes Subjekt nicht ist, nicht aber, was es ist. Darum lassen wir aber nun doch nicht ab, sondern streben auf alle Weise den bejahenden Begriff desselben zu erlangen.

Wir wollen zusehen, wodurch wir in jene Gefahr des Verneinens gerathen. Was haben wir gethan? Wir sagten uns bestimmt und kategorisch, jenes absolute Subjekt sey das Indefinible, das Unfaßliche, das Unendliche. Aber eben damit haben wir ja gegen unseren eignen Grundsatz gehandelt, nämlich daß von jenem absoluten Subjekt nichts schlechthin, nichts so auszusagen sey, daß nicht auch das Gegentheil möglich wäre. Dieß muß nun auch seine Anwendung haben auf den Begriff des Indefinibeln. Nämlich es ist nicht so indefinibel, daß es nicht auch ein Definibles werden könnte, es ist nicht so unendlich, daß es nicht auch endlich werden könnte, nicht so unfaßlich, daß es nicht auch faßlich. Und wenn *Sie* nun dieß recht festhalten, so haben *Sie* den positiven Begriff. Nämlich um sich in eine Gestalt einschließen zu können, muß es freilich außer aller Gestalt seyn, aber nicht dieses, das außer aller Gestalt, das unfaßlich-Seyn ist das Positive an ihm, sondern, daß es sich in eine Gestalt einschließen, daß es sich faßlich machen kann, also daß es frei ist, sich in eine Gestalt einzuschließen und nicht einzuschließen. Denn auch gleich anfangs wurde ja nicht behauptet, daß es schlechthin das Form- und Gestaltlose sey, sondern nur, daß es in keiner Gestalt bleibe, von keiner gefesselt werde. Wir setzten also ausdrücklich voraus, *daß* es Gestalt annehme; denn nur indem es Gestalt annimmt, aber aus jeder wieder siegreich heraustritt, zeigt es sich als das an sich Unfaßliche, Unendliche. Es würde aber nicht frei seyn, aus jeder Gestalt hervorzutreten, wenn es nicht von Anfang an frei gewesen, Gestalt anzunehmen und nicht anzunehmen. Ich sage von Anfang an – denn nachdem es einmal Gestalt angenommen, so ist es vielleicht nicht fähig, unmittelbar wieder in seine ewige Freiheit durchzubrechen, sondern nur indem es durch alle Gestalten hindurch geht. Aber ursprünglich ist es doch frei, sich in eine Gestalt einzuschließen und nicht einzuschließen.

Ich möchte es aber nicht so ausdrücken: es ist das, was frei ist, Gestalt anzunehmen. Denn so würde diese Freiheit als *Eigenschaft* erscheinen, die ein von ihr noch verschiedenes und unabhängiges Subjekt voraussetzt – sondern die Freiheit ist das Wesen des Subjekts, oder es ist selbst *nichts anderes als die ewige Freiheit*.

Unter dieser ist aber wieder nicht die bloße Unabhängigkeit von äußerer Bestimmung zu denken, sondern eben die Freiheit, sich in eine Gestalt einzuschließen. Nämlich es ist die ewige Freiheit, aber es ist auch diese nicht so, daß es sie nicht auch nicht seyen könnte, nämlich eben durch Übergehen in eine andere Gestalt – und hier sehen wir denn, woher eigentlich jene Duplicität des Seyns und nicht-Seyns, jene natura anceps in ihm kommt, nämlich eben davon, daß es die lautere absolute Freiheit selbst ist. Denn wäre es nur so die Freiheit, daß es nicht auch Nicht-Freiheit werden könnte, daß es Freiheit bleiben müßte, so wäre ihm die Freiheit selbst zur Schranke, selbst zur Nothwendigkeit geworden, es wäre nicht wirklich absolute Freiheit.

Nun haben wir endlich den Begriff ganz und vollständig, und so, daß wir ihn nicht wieder verlieren können. Alles, was wir noch zusetzen könnten, ist bloße weitere Auswickelung und Erklärung, und so nehmen *Sie* es auch auf. Nämlich statt wesentlicher Freiheit können wir auch sagen: 1) es sey das ewige, lautere Können, nicht das Können von etwas (womit schon ein Beschränktes), sondern das Können um des Könnens willen, das absicht- und gegenstandlose Können: dieß ist überall das Höchste, und wo wir es sehen, glauben wir einen Strahl jener ursprünglichen Freiheit zu sehen; 2) es sey Wille – nicht Wille eines von ihm verschiedenen Wesens, sondern es sey nichts als Wille – der lautere Wille selbst, auch nicht der Wille von Etwas (denn damit schon beschränkt), sondern der Wille an sich, nicht der Wille, der wirklich will, doch auch nicht der, der nicht will, nämlich abstößt, sondern der Wille, sofern er weder will noch nicht will, sondern in völliger Gleichgültigkeit ist (einer Gleichgültigkeit, die sich selbst wieder und die Nichtgleichgültigkeit einschließt) – und historisch wenigstens ist *Ihnen* vielleicht bekannt, daß eben diese Gleichgültigkeit – diese Indifferenz als Form des eigentlichen Absoluten angegeben worden.

Wie nun diese ewige Freiheit sich zuerst in eine Gestalt – in ein Seyn – eingeschlossen, und wie sie durch alles hindurchgehend und in nichts bleibend endlich wieder hindurchbricht in die ewige Freiheit – als die ewig ringende, aber nie besiegte, stets unüberwindliche Kraft, die jede Form, in die sie sich eingeschlossen, immer selbst wieder verzehrt, also aus jeder wieder als Phönix aufsteht und durch Flammentod sich verklärt – dieß ist *Inhalt* der höchsten Wissenschaft.

Aber *wie können wir jene ewige Freiheit innewerden*, wie jene Bewegung wissen? Das ist jetzt die nächste Frage.

Es ist eine uralte Lehre, daß Gleiches nur von Gleichem erkannt werde.[1] Das Erkennende muß seyn wie das Erkannte und das Erkannte wie das Erkennende: So ist auch das Auge dem Licht ähnlich nach jenem alten Spruch, welchen Goethe in die Vorrede zu seiner Farbenlehre aufgenommen hat:

Wär' nicht das Auge sonnenhaft,
Wie könnten wir das Licht erblicken?
Lebt' nicht in uns des Gottes eigne Kraft,
Wie könnt' uns Göttliches entzücken?

Hier handelt es sich insbesondere nicht um eine historische Kenntniß jener Bewegung, sondern um eine Mitwissenschaft, *conscientia*. Hieraus folgt also, daß in uns selbst etwas jener ewigen Freiheit Ähnliches und Gleiches – oder noch bestimmter: jene ewige Freiheit muß selbst in uns seyn, selbst in uns das Erkennende von sich seyn.

Wie ist dieß möglich? – Ich frage: ist denn der Begriff der ewigen Freiheit überhaupt so entfernt von unserem Wissen? Was ist die ewige Freiheit? Wie wir schon gesehen, ist sie a) = dem ewigen, lauteren *Können*. Jedes Können aber ist ein *Wissen*, wenn auch nicht umgekehrt. b) Das Können in Wirkung ist das *Wollen*: ehe es zur Wirkung übergeht, das ruhende Wollen. Der Wille, inwiefern er nicht will, Gleichgültigkeit, Indifferenz. Nun aber was ist jedes Wollen? Es ist ein Anziehen, ein sich zum Gegenstand Machen, d. h. ein Wissen, denn auch das Wissen ist ein sich zum Gegenstand Machen, und wenn die ewige Freiheit in ihrer Gleichgültigkeit der ruhende Wille, so ist sie auch das ruhende Wissen = nicht wissendes Wissen. (Meine Behauptung ist übrigens nicht, daß Wollen und Wissen einerlei seyen, sondern nur, daß in jedem Wollen ein Wissen, denn das Wollen kann ohne Wissen nicht gedacht werden).

c) Die Begriffe von Können und Wollen sind vereinigt in dem deutschen Wort *mögen*. Ich mag nicht = Ich will nicht. »Mag auch ein Blinder dem andern den Weg weisen« = Kann auch etc. Die ewige Freiheit ist das

---

[1] Sextus Empiricus adv. Gramm. Lib. I, c .13.

ewige Mögen, das Mögen nicht von etwas, das Mögen an sich, oder, wie wir dieß auch ausdrücken können, die ewige Magie: – ich gebrauche dieses Wort, weil es meinen Begriff ausdrückt; es ist zwar ein fremdes Wort, wenn wir es aber für uns gebrauchen, so nehmen wir nur unser Eigenthum zurück. Ob wir sagen, das ewige Können, oder ob wir sagen, die ewige Magie, ist einerlei. Nur empfiehlt sich das Wort dadurch, daß es zugleich jenes Vermögen ausdrückt, in alle Gestalten sich zu begeben und in keiner zu bleiben. Eben dieß gilt aber auch vom Wissen. Auch das ruhende Wissen ist an sich unendlich, das in jede Form sich geben kann. Jene Magie, solang sie unwirkend, ist = ruhendem Wissen. Indem sie wirkend wird, in eine Form sich einschließt, wird sie wissend, sie erfährt ein Wissen, geht so von Formen zu Formen, schreitet von Wissen zu Wissen, aber nur um zuletzt in die Seligkeit des Nichtwissens (welches dann ein wissendes Nichtwissen ist) wieder durchzubrechen. Diese Bewegung erzeugt also Wissenschaft (es ist natürlich hier nicht von menschlicher Wissenschaft die Rede). Wissenschaft entsteht ursprünglich nur dann, wenn ein Princip aus dem ursprünglichen Zustand des Nichtwissens heraustritt und wissenschaftlich wird, und nachdem es alle Formen durchgangen, in das ursprüngliche Nichtwissen zurückkehrt. Was der absolute Anfang ist, kann sich nicht wissen; übergehend ins Wissen hört es auf der Anfang zu seyn und muß darum fortschreiten, bis es sich als Anfang wieder findet. Der als sich selbst wissender Anfang wiederhergestellte Anfang ist das Ende alles Wissens.

In der *ursprünglichen* Magie liegt aber mehr als bloßes Wissen, nämlich objektive Hervorbringung. Und daher *jenes* Wissen, das zugleich ein objektives Hervorbringen und Erzeugen ist, von dem *bloßen* Wissen zu unterscheiden, das nur eine ideale Wiederholung des ursprünglichen Wissens ist, mußte man in der Sprache einen eignen Ausdruck suchen, nämlich *Weisheit*. Weisheit ist noch mehr als Wissen, es ist das *wirkende* Wissen, es ist das Wissen in That und Leben, oder sofern es zugleich praktisch. Daher können auch wir jene ewige Freiheit die *Weisheit* nennen, die Weisheit par excellence in dem hohen Sinne, in welchem dieses Wort besonders von den Morgenländern und namentlich im A.T. gebraucht wird. Das hebräische Wort, das Weisheit bedeutet, zeigt eigentlich seinem Ursprung nach Herrschaft, Macht, Stärke an. Nur in der Weisheit ist die Macht und die Stärke, denn sie ist das, was in allem, aber eben darum auch über allem ist. Aber nur in der Einheit ist Stärke, in der Zertrennung Schwäche. Von dieser Weisheit fragt ein altmorgenländisches Gedicht[2]: »Wo will man Weisheit finden, und wo ist die Stätte des Verstandes? Niemand weiß, wo sie lieget, sie wird nicht funden im Land der Lebendigen.

---

2 Hiob 28.

Der Abgrund spricht: sie ist in mir nicht, und das Meer spricht: sie ist nicht bei mir«. Der Sinn ist: die Weisheit ist in nichts *Einzelnem*, sie weilt nicht im Lande der Lebendigen, denn sie bleibt überhaupt nicht, sie fährt durch alles, wie der Wind, dessen Sausen man wohl hört, aber niemand kann sagen, wo seine Stätte ist. Daß dieß der Sinn ist, erhellt aus der Fortsetzung der Rede, wo es heißt: »Sie ist verhohlen vor den Augen aller Menschen, die Verdammniß und der Tod sprechen: Wir haben mit unseren Ohren ihr Gerücht gehört«, d. h. sie ist an uns vorübergegangen, wir haben von ihr nur gehört in transitu, im Vorbeigehen. »Selbst Gott weiß nur den *Weg* zu ihr«, nämlich sie ist ihrer *Natur nach* nichts Stillstehendes, und auch bei Gott kann sie nicht als ein Stillstehendes seyn. »Gott weiß nur den Weg zu ihr, denn er sieht die Enden der Erde«, d. h. alles menschlichen Lebens, und die Weisheit ist nicht im Anfang, nicht im Mittel, nicht im Ende allein, – sie ist im Anfang, Mittel und Ende.

Also hier ist die Weisheit = ewiger Freiheit.

Nun aber im Menschen ist nicht mehr diese Weisheit, in ihm ist kein objektives Hervorbringen, sondern bloß ideales Nachbilden; er ist nicht der magische Beweger aller Dinge; in ihm ist *nur noch* Wissen. Aber in diesem Wissen *sucht* er die ewige Freiheit oder Weisheit. Wie könnte er sie aber suchen, *wenn sie nicht sich selbst in ihm suchte*? Denn das Erkannte muß seyn wie das Erkennende. *Wie aber könnte die ewige Freiheit sich in seinem subjektiven Wissen suchen, wenn sie sich noch objektiv suchen könnte?* Denn ihre ganze Bewegung ist allerdings ein Suchen ihrer selbst. Wenn sie sich also im Menschen, im subjektiven Wissen sucht, so kommt dieß nur daher, daß sie in ihrem objektiven Suchen gehemmt worden ist. Eben dieß ist der Fall. Wir haben sie beschrieben als die in nichts bleibt. Nun *sehen* wir freilich, daß sie in nichts bleibt, jede Form wieder zerstört, aber was sie an die Stelle der zerstörten setzt, ist nur wieder dieselbe Form. Also darin ist kein Fortschritt, vielmehr Hemmung zu erkennen. Unwillig treibt sie jede Form bis zur Selbstzerstörung (z. B. die Pflanze bis zur Samenbildung), immer hoffend, daß etwas Neues entstehe. Woher dieser Stillstand, läßt sich nicht erklären, aber der Anblick der Welt überzeugt uns von demselben. Der regelmäßige Lauf der Gestirne, der stets wiederkehrende Cirkel der allgemeinen Erscheinungen deutet auf ihn. Die Sonne geht auf, um unter-, sie geht unter, um wieder aufzugehen. Das Wasser läuft ins Meer, um wieder aus ihm zu kommen. Ein Geschlecht kommt, das andere geht, alles arbeitet, um sich aufzureiben und zu zerstören, und es kommt doch nichts Neues. Objektiv also ist die Fortschreitung gehemmt. Nur im *Wissen* ist noch der offene Punkt, hier kann sich die Weisheit noch suchen und finden. Darum liegt sie dem Menschen an, sie in sein Inneres aufzunehmen. Zwar das Wirkende, das objektiv Hervorbringende ist aus diesem Wissen verschwunden, die Magie ist daraus hinweg. Was in jener objektive Bewegung, That und Leben war, ist im Menschen nur noch Wissen, aber dieses Wissen ist doch dem Wesen nach dasselbe: es ist die ewige Freiheit, die in ihm noch als Wissen ist; es ist dieselbe Magie, die alles hervorbringt, die aller Kunst Meister ist, aber die jetzt in dem Menschen beschränkt ist auf das Wissen, auf die bloß ideelle Wiederholung des Processes.

Wie können *wir* jenes absolute Subjekt, die ewige Freiheit wissen; dieser Frage liegt die noch allgemeinere zu Grunde: Wie kann sie *überhaupt* gewußt werden? Nämlich:
1) Es ist ein Widerspruch darin, daß die ewige Freiheit erkannt werden soll. Sie ist absolutes Subjekt = Urstand; wie kann sie denn Gegenstand werden? Unmöglich kann sie es werden *als* absolutes Subjekt, denn als solches steht sie zu nichts in gegenständlichem Verhältniß; es ist das absolut Urständliche, dem nichts etwas anhaben kann, insofern das eigentlich Transcendente. Statt absolutes Subjekt ist es auch das reine Wissen zu nennen, und es kann also als solches nicht das Gewußte seyn. Dieß ist an allen den Begriffen zu zeigen, mit denen wir den des absoluten Subjekts oder der ewigen Freiheit verglichen haben. Z. B. wir sagten, es sey ewiges, lauteres Können. Aber das lautere Können entzieht sich allem, es ist ungegenständlich, absolute Innerlichkeit. Das Gleiche ist der Fall mit dem lauteren Wollen und mit dem Mögen.

Wenn nun jene ewige Freiheit als absolutes Subjekt nicht gegenständlich ist, so kommt es darauf an, daß sie Objekt, gegenständlich *werde*. Dieß aber ist wohl möglich. Denn da sie *absolute* Freiheit, d. h. Freiheit, auch nicht Freiheit (nicht Subjekt) zu seyn, so *kann* sie als Subjekt heraustreten. Als Objekt ist sie dann freilich zu wissen, wir sehen sie in allen ihren Gestalten, aber nicht *als* die ewige Freiheit, nicht *als* Subjekt, nicht *wie sie an sich ist*.

Es scheint also, daß sie überall und auf keine Weise zu erkennen sey. Als absolutes Subjekt ist sie über aller Erkenntniß, als Objekt ist sie nicht in ihrem An-sich. Nur auf Eine Art könnte dennoch das absolute Subjekt *als* solches erkannt werden. Nämlich dann, wenn es aus dem Objekt wiederhergestellt würde zum Subjekt. Denn dann ist es nicht mehr *bloß* Subjekt, und doch auch nicht so Objekt, daß es darüber als Subjekt verloren wäre, sondern es ist als Objekt Subjekt und als Subjekt Objekt, ohne darum zwei zu seyn, *als* das Erkannte das Erkennende und *als* das Erkennende das Erkannte. Dann erkennt die ewige Freiheit sich, wie sie erkannt war.

Da nur in jener Umwandlung aus Objekt in Subjekt die Möglichkeit eines *Selbsterkennens* der ewigen Freiheit liegt, so ist also auch das absolute Subjekt sich nicht erkennend a) im *Anfang* – denn da ist es das bloße reine Wissen (ruhendes Wissen = nicht wissendes Wissen); ebenso ist es nicht *sich* erkennend b) im *Mittel* oder im Übergang, da erkennt es sich, aber als ein anderes, nicht *als* die ewige Freiheit, c) nur im Ende ist es sich erkennend *als sich*.

Sie soll sich freilich erkennen, es ist darauf abgesehen: was wäre für sie auch anderes zu erkennen *als sich selbst, da nichts außer ihr*? Also sie *soll* Subjekt und Objekt von sich seyn, aber die zwei Pole sind durch die ganze Bewegung auseinander gehalten, eben dieß macht erst die Bewegung, die beiden Enden dürfen nicht zusammenfallen, denn sowie sie zusammentreffen, hört die Bewegung auf. Man kann sich dieß durch eine Magnetnadel deutlich machen: wenn die beiden Pole in der Magnetnadel zusammenkommen könnten, würde das Leben derselben aufhören.

Also die *ganze* Bewegung ist nur Bewegung zur Selbsterkenntniß. Der Imperativ, der Impuls der ganzen Bewegung, ist das Γνῶϑι Σεαυτόν, Erkenne dich selbst, dessen Ausübung *allgemein* als Weisheit angesehen wird. Erkenne, was du bist, und *sey*, als was du dich erkannt hast, dieß ist die höchste Regel der Weisheit.

So also ist die ewige Freiheit in der Indifferenz die *ruhende* Weisheit, in der Bewegung die sich suchende, nirgends ruhende, im Ende die verwirklichte. Wenn also in der ganzen Bewegung die sich suchende Weisheit ist, so ist die ganze Bewegung Streben nach Weisheit, es ist die – objektive – Philosophie.

Nun könnte man sagen: hier (im Ende) ist die ewige Freiheit also als absolutes Subjekt erkennbar. Ja, aber *nur für sich selbst*. Die ewige Freiheit kann daher überhaupt nur sich selbst erkennen; es gibt überhaupt keine Erkenntniß von ihr, als in welcher *dasselbe dasselbe* erkennt. Also für den Menschen scheint es keine Erkenntniß der ewigen Freiheit zu geben. Nun fordern wir aber doch eine solche, und zwar unmittelbare Erkenntniß. Die einzige Möglichkeit einer solchen wäre, wenn jenes Selbsterkennen der ewigen Freiheit *unser Bewußtseyn*, also umgekehrt *unser Bewußtseyn ein Selbsterkennen der ewigen Freiheit* wäre. Oder, da dieses Selbsterkennen auf der Umwendung aus dem Objektiven ins Subjektive beruht, wenn jene Umwendung *in uns* geschähe, d. h. wenn wir selbst die aus dem Objekt ins Subjekt wiederhergestellte ewige Freiheit wären.

Vor diesem Gedanken dürfen wir nicht erschrecken. Denn a) im Menschen allein ist wieder jene abgründliche Freiheit, er ist mitten in der Zeit nicht in der Zeit, ihm ist verstattet wieder Anfang zu seyn, er ist also der wiederhergestellte Anfang. b) Eine dunkle Erinnerung, einmal der Anfang, die Macht, das absolute Centrum von allem gewesen zu seyn, rührt sich offenbar in dem Menschen. Er wäre es nämlich zweimal, 1) inwiefern er dieselbe ewige Freiheit ist, die im Anfang war, nur die wiedergebrachte, er wäre also das absolute Centrum als jener Anfang, und er wäre es 2) als die wiedergebrachte Freiheit.

Allein *wenn* auch der Mensch nur die zu sich gekomne Freiheit ist – wie er sie wirklich ist, denn der Mensch ist seinem Innern nach nichts anderes als *Ichheit, Bewußtseyn*, alles Bewußtseyn setzt aber ein zu sich selbst Gekommenseyn voraus – wenn nun aber auch der Mensch dieser wiedergebrachte Anfang ist, so *weiß er sich nicht als solchen*. Denn wüßte er sich als solchen, wüßte er sich als die zu sich gekommene Freiheit, so bedürfte es gar der Frage nicht, wie wir jene ewige Freiheit erkennen, wir würden sie *unmittelbar* erkennen, wir *wären* eben nur jenes Wissen der ewigen Freiheit um sich selbst. Da wir nun dieses Wissen der ewigen Freiheit zwar sind, aber es nicht wissen, so müssen wir in das Wissen dieses Wissens erst wieder geführt werden durch die Wissenschaft. Allein die Wissenschaft hat dazu auch keinen andern Weg, kann es sich nicht leisten, als *indem sie von der ewigen Freiheit ausgeht*; von dieser kann sie aber nicht ausgehen, ohne von ihr zu wissen. Hier ist also ein offenbarer Cirkel. Wir müßten das Resultat der Wissenschaft schon haben, um die Wissenschaft nur anfangen zu können. Hier sind wir an dem Punkt, wo die Schwierigkeit offenbar ist, die bisher nur dunkel vorschwebte. Was bleibt also übrig? Sollen wir uns etwa mit dem *Ahnden* helfen? Aber ahnden ist ein unvollkommenes Wissen. Ahnden bezieht sich eigentlich nur aufs Zukünftige. Nun kann man zwar nicht widersprechen, daß wir mit dem ersten Schritt in der Philosophie auch das Ende ahnden, es gibt keine Wissenschaft ohne Divination. Es ist aber nicht gleich, ob ich im Anfang das *Ende* divinire, oder aber den Anfang selbst ahnde, denn letzteres ist ein Widerspruch. Dasselbe ist mit dem *Glauben* der Fall. Ich halte den Glauben in Ehren, aber gleich an das *Princip* glauben, ist lächerlich. – Oder sollen wir etwa mit einer *Hypothese* anfangen, die erst zur Gewißheit wird am Ende? Dieß läßt sich hören, aber es genügt nicht. Jedenfalls wäre immer hier *ich* das Setzende der Wissenschaft und des Princips. Aber in der Philosophie gilt es, sich zu erheben über alles Wissen, das bloß *von mir* ausgeht. Was ist nun aber zu thun? Wovon sollen wir ausgehen? – Hier muß denn ausgesprochen werden, was die meisten hindert auch nur in die Philosophie hineinzukommen: es ist die Vorstellung, daß sie hier mit einer demonstrativen Wissenschaft zu thun haben, die gleich zuerst von einem Gewußten ausgeht, um von diesem zu anderem Gewußten, von diesem wieder zu anderem u.s.f. zu gelangen. Aber Philosophie ist nicht demonstrative Wissenschaft, Philosophie ist, um es mit Einem Wort auszusprechen, *freie Geistesthat*; ihr erster Schritt ist nicht ein Wissen, sondern vielmehr ausdrücklich ein Nichtwissen, ein Aufgeben alles *Wissens* für den Menschen. So lang *Er* noch wissen will, wird ihm jenes absolute Subjekt zum Objekt werden, und er wird es eben darum nicht an sich erkennen. Indem er sagt: ich, als ich, kann nicht wissen, *ich – will* nicht wissen, indem *Er* sich des Wissens begibt, macht er Raum für das, was das Wissen ist, nämlich für das absolute Subjekt, von dem gezeigt ist, daß es eben das Wissen selbst ist. In diesem Akt, da er sich selbst bescheidet, nicht zu wissen, setzt er eben das absolute Subjekt *als* das Wissen ein. In dem Akt dieses Einsetzens werde ich nun freilich seiner inne als des Überschwänglichen. Dieses Innewerden könnte man wohl auch ein Wissen nennen. Aber es muß gleich dazu gesetzt werden: es ist ein Wissen, das in Ansehung meiner vielmehr ein Nichtwissen ist. Jenes absolute Subjekt ist nur da, sofern ich es nicht zum Gegenstande mache, d. h. nicht weiß, mich des Wissens begebe; sowie aber dieses Nichtwissen sich wieder aufrichten will zum Wissen, verschwindet es wieder, denn *es kann* nicht Objekt seyn.

Man hat dieses ganz eigenthümliche Verhältniß sonst wohl auszudrükken gesucht durch das Wort *intellektuelle Anschauung*. Anschauung nannte man es, weil man annahm, daß im Anschauen oder (da dieß Wort gemein geworden) im *Schauen* das Subjekt sich verliert, außer sich gesetzt ist: *intellektuelle* Anschauung, um auszudrücken, daß das Subjekt hier nicht in das sinnliche Anschauen, in ein wirkliches Objekt verloren sey, sondern verloren, sich selbst aufgebend in dem, was *gar nicht Objekt* seyn kann. Allein eben weil dieser Ausdruck erst der Erklärung bedarf, so ist es besser, ihn ganz bei Seite zu setzen. Eher könnte man für jenes Verhältniß die Bezeichnung *Ekstase* gebrauchen. Nämlich unser Ich wird *außer* sich, d. h. außer seiner Stelle, gesetzt. Seine Stelle ist die, Subjekt zu seyn. Nun kann es aber gegen das absolute Subjekt nicht Subjekt seyn, denn dieses kann sich nicht als Objekt verhalten. Also es muß den *Ort* verlassen, es muß außer sich gesetzt werden, als ein gar nicht mehr Daseyendes. Nun in dieser Selbstaufgegebenheit kann ihm das absolute Subjekt aufgehen in der Selbstaufgegebenheit, wie wir sie auch in dem *Erstaunen* erblicken. Dieses ist etwa der sanftere Ausdruck, dessen sich der milde Platon bedient, wenn er sagt: »Vor allem ist dieß der Affekt des Philosophen – das Erstaunen«, τὸ θαυμάζειν, und hinzusetzt: »denn es *gibt* keinen andern Anfang der Philosophie als das Erstaunen«[3]. Herrlicher Ausdruck, den *Sie* sich tief in Ihre Seele schreiben sollen, besonders da es so viele dumpfsinnige Menschen gibt, die dem Anfänger in der Philosophie immer zurufen, in sich selbst hineinzugehen – in seine tiefsten Tiefen, wie sie sagen, was aber nur so viel heißt: immer tiefer in seine eigne Beschränktheit. Nicht das in sich hinein, das außer sich Gesetztwerden ist dem Menschen Noth. Eben durch das in sich selbst Hineingehen ist er zuerst um das gekommen, was er seyn sollte. Nämlich *Er* war die ewige Freiheit, die sich selbst verloren hatte, die durch die ganze Natur sich

---

3 Theaet. p. 76.

wieder suchte – *er* war diese wieder zu sich selbst gebrachte Freiheit, und sollte also auch diese bleiben; aber indem er sich nur wieder in ihr selbst beschauen, sie ergründen, sie sich anziehen, also sich zum Subjekt machen wollte, so blieb er freilich Subjekt, aber die ewige Freiheit blieb ihm nun auch bloßes Objekt. Wie kann er es anders anfangen, um wieder zu werden, was er war – die Weisheit, nämlich die Selbsterkenntniß der ewigen Freiheit – als indem er sich selbst wieder jenes Orts entsetzt, sich selbst außer sich setzt?

Ich bemerke hierbei, Ἔκστασις ist eine vox anceps, die im besseren und schlimmeren Sinn genommen werden kann. Nämlich jede Entfernung oder Entsetzung von einer Stelle ist Ekstase. Es kommt nur darauf an, ob etwas entfernt wird von einer ihm zukommenden, gebührenden Stelle, oder von der ihm nicht gebührenden Stelle. Im letzteren Fall ist es eine heilsame Ekstase, die zur Besinnung führt, während die andere zur Sinnlosigkeit führt.

Wie kann aber der Mensch zu dieser Ekstase gebracht werden, welches so viel heißt als: wie wird der Mensch zur Besinnung gebracht? Ich will dieß im Allgemeinen hier zeigen (nicht die ganze Genesis).

Also indem der Mensch jene ursprüngliche Freiheit sich zum Objekt macht, es mit ihr zum Wissen bringen will, entsteht nothwendig folgender Widerspruch: er will die ewige Freiheit als Freiheit wissen und empfinden, aber indem er sie zum Gegenstand macht, wird sie ihm unter der Hand zur Nichtfreiheit, und doch sucht und will er sie *als* Freiheit. Er will sich ihrer als Freiheit bewußt werden, und macht sie doch in eben diesem Anziehen zu nichte. Es entsteht daher im Innern des Menschen ein Umtrieb, eine rotatorische Bewegung, indem der Mensch beständig nach der Freiheit sucht, diese aber ihn flieht. Dieser innere Umtrieb ist der Zustand des zerreißendsten Zweifels, der ewigen Unruhe. Nicht bloß die Freiheit hört auf, auch jener, der sie wissen will, ist im Zustand der höchsten Unfreiheit – in beständiger Spannung gegen die Freiheit, die er ewig sucht, und die ihm beständig entflieht. Diese auch auf Seite des Menschen stattfindende Spannung (Spannungslosigkeit = Freiheit) erreicht endlich ihren höchsten Punkt, eine ἀκμή, welche eine Entladung zur Folge haben muß, wodurch das, was sich zum Wissenden der ewigen Freiheit *in ihr selbst* machen wollte, hinausgeworfen – in die Peripherie gesetzt – zum schlechterdings *Nichtwissenden* gemacht wird. Hier erst ist ihm wieder wohl. Diese Krisis ist aber nur *Anfang*, Bedingung des eigentlichen Processes, der jetzt beschrieben werden soll. Durch die Entscheidung nämlich sind nun zwei gesetzt, auf der einen Seite unser Bewußtseyn im Zustand des absoluten Nichtwissens, auf der andern das absolute Subjekt, welches nun als ewige Freiheit dem Bewußtseyn aufgeht und sich verkündet als das, was das andere nicht weiß. Diese beiden sind nun zwar außereinander, aber sie bleiben nicht in der Trennung. Sie verließen nur die *falsche Einheit*, in der sie befangen waren, um die wahre, rechte und freie zu gewinnen; aber eben *weil* sie aus einer und derselben Einheit ausgeschieden werden, so verhalten sie sich fortwährend als gleichsam sympathisirende Organe, wo in dem einen keine Veränderung vorgehen kann, die sich nicht im andern reflektirt. Eine Veränderung aber ist nothwendig, denn das absolute Subjekt kann in dieser Enge (der absoluten Innerlichkeit) nicht bleiben, es begibt sich gleich wieder in Bewegung. Diese Bewegung hat, wie jede Bewegung, drei große Momente. 1) Der *erste* Moment nämlich ist der, wo das absolute Subjekt in der absoluten Innerlichkeit sich findet = A. Diesem entspricht in dem Wissen der Moment, wo es absolute Äußerlichkeit, d. h. Nichtwissen, ist = B. Nun aber kann das absolute Subjekt in diesem absoluten Ansich nicht verharren, es geht nothwendig über in die Äußerlichkeit, oder A wird Objekt = B. Also 2) *zweiter* Moment, A wird B. Im ersten Moment blieb dem Wissen nichts übrig als absolut nicht wissendes zu seyn; im zweiten, wo A = B wird, geht das schlechthin Nichtwissende selbst in Wissen = A über; das als absolutes Nichtwissen, als B, als Äußerliches gesetzte Wissen erhebt sich wieder zum Innerlichen – Wissenden – = A. Der Übergang aus Subjekt in Objekt reflektirt sich durch das Übergehen aus Objekt in Subjekt. Daher braucht man den Ausdruck Reflexion. Wie sich der Gegenstand im Wasser abspiegelt, gerade so steht das absolute Subjekt im umgekehrten Verhältniß zum Bewußtseyn. Das absolute Subjekt läßt nur übrig absolutes Nichtwissen. Wird aber A B, so wird in dem gleichen Verhältnis B A, d. h. Wissen.

Im Moment seiner Äußerlichkeit bleibt aber das absolute Subjekt nicht stehen, es wird c) in einem *dritten* Moment wieder A aus B, es wird wieder aufgerichtet in Subjekt; nur ist es jetzt das aus B wiederhergestellte A. In dem Verhältniß wird das mit ihm im Rapport stehende Wissen sein Verhältniß auch ändern; indem das absolute Subjekt wiederhergestellt wird, muß das Wissen absterben zum Nichtwissen, B, das A geworden, wieder B, d. h. *Nichtwissen*, werden, aber als aus Wissen zurückgebracht, ist es nicht mehr schlechthin Nichtwissen, sondern es ist wissendes Nichtwissen; es ist Nichtwissen, aber nicht äußerlich, wie im Anfang, sondern innerliches, es *hat* sich die ewige Freiheit, von der es in jener Krisis ausgestoßen war, wieder zum Innern, *innerlich gemacht*, oder: es hat sich die ewige Freiheit wieder *erinnert* – jetzt weiß es sie, und zwar unmittelbar, nämlich *als* das selbst Innere von ihr. Daher die uralte Lehre, daß alle Philosophie nur in Erinnerung bestehe. (Um wieder zu sich als ursprüngliches Innere der ewigen Freiheit – denn es entstand ja *in* ihr – zu kommen, mußte es erst außer sich gesetzt werden).

Man kann jenes Verhältniß des Wissens zum absoluten Subjekt durch zwei Linien anschaulich machen. Man denke sich zwei Linien.

$$
\begin{array}{ccc}
A \underline{B} & B = A \\
B \underline{A} & A = B
\end{array}
$$

In diesen Linien ist in der einen das absolute Subjekt (A) der Anfang, in der andern das Wissen im Nichtwissen = B. Beide sind Correlate. Das absolute Subjekt geht nun in einem Punkt seiner Bewegung über ins Objekt (B); in demselben Moment reflektirt sich das B der oberen Linie in der unteren als A, oder das Nichtwissen geht über in das Wissen (A). Nun wird aber im dritten Moment das absolute Subjekt der oberen Linie (A), das im zweiten Moment in das Objekt (B) übergegangen war, wieder aus demselben in das Subjekt zurückgebracht, oder mit andern Worten: B wird wieder A, und in demselben Moment reflektirt sich das B = A der oberen Linie wieder in der Unteren, und es erscheint da A = B oder das Wissen vereinigt mit dem Nichtwissen.

So viel im Allgemeinen. Es ist dieß der Grundriß einer eigentlichen Theorie der Philosophie.

Nun noch einzelne Erläuterungen und Corrollarien.

Der Proceß beruht auf einem *Auseinanderhalten* des absoluten Subjekts und unseres Wissens, wobei aber doch ein beständiger Rapport zwischen beiden, so daß mit jeder Bewegung des absoluten Subjekts sich auch das Verhältniß des Wissens ändert. Es kann nach dieser Ansicht nicht mehr die Frage seyn, wie ich mich der *Realität dieses Wissens* versichere. Denn a) in jener Selbstaufgegebenheit, jener Ekstasis, da ich, als ich, mich erkenne als völliges Nichtwissen, wird mir unmittelbar jenes absolute Subjekt zur höchsten Realität. Ich *setze* das absolute Subjekt durch mein Nichtwissen (in jener Ekstasis). Es ist mir nicht *Objekt*, das ich wissend weiß, sondern absolutes Subjekt, das ich nichtwissend weiß und eben durch mein Nichtwissen setze. Dieser Rapport zwischen meinem Wissen und dem absoluten Subjekt, kraft dessen in dem absoluten Subjekt ebenso viel Realität als in meinem Wissen nicht-Realität, ist allerdings nur dadurch möglich, daß beide ursprünglich eins, daß die ewige Freiheit ursprünglich *in* unserm Bewußtseyn oder *unser* Bewußtseyn ist, ja daß jene ewige Freiheit gar keine Stätte hat, wo sie zu sich kommen kann, als in unserm Bewußtseyn. b) Was von diesem ersten Setzen des absoluten Subjekts gilt, nämlich daß das absolute Subjekt als solches mich nichtwissend, und umgekehrt ich als nichtwissend das absolute Subjekt setze, gilt auch von jedem *einzelnen* Wissen in dieser Fortschreitung. Nämlich α) das Wissen ist in einer beständigen Veränderung, es ist stets *ein anderes und doch dasselbe*, aber β) nicht mein Wissen gestaltet sich um, sondern es *wird* gestaltet; *seine* jedesmalige Gestalt ist nur der Reflex (das *Umgekehrte*, daher Reflexion!) von der in der ewigen Freiheit, und γ) ich appercipire *jene* Gestalt unmittelbar durch den Reflex in mir, d. h. durch die Veränderung in meinem Wissen. δ) Also geht auch alles Wissen nur *innerlich* auf. Wir sind nicht bloß die *müßigen* Zuschauer, sondern selbst in einer beständigen Umwandlung bis zur Gestalt der vollkommenen Erkenntniß; es ist kein oberflächlicher, es ist ein tiefgehender Proceß, der die Züge seiner Bewegung in unser eigenes Innere eingräbt. Und so muß es auch seyn. Nichts kann bloß äußerlich an den Menschen gebracht werden. Durch innerliche Scheidung und Befreiung muß das Licht der Wissenschaft uns aufgehen.

In der Philosophie läßt sich nichts als reiner fertiger Satz hingeben; nur allmählich läßt sich der vollständige Begriff erzeugen. Ich gehe jetzt nochmals auf den schon beschriebenen Proceß zurück, und knüpfe wieder an die oben erwähnte Krisis an, in Folge deren das absolute Subjekt und das Bewußtseyn auseinander treten. Ursprünglich nämlich ist das menschliche Bewußtseyn das Innere, zu Grund Liegende, Tragende oder Subjekt der zu sich selbst kommenden ewigen Freiheit, aber das stille, d. h. nichtwissende, nicht thätige, nicht hervortretende Innere. Das Zusichkommen der ewigen Freiheit beruht darauf, daß es aus dem Objekt ins Subjekt wieder umgewandelt wird, aus B in A. B ist also das zu Grunde Liegende, gleichsam das Untergelegte dieses A. Nun ist B einzelne Form oder Gestalt – die des Menschen. Also der Mensch oder das menschliche Bewußtseyn ist das stille Innere der zu sich gekommenen ewigen Freiheit, das *einzelne* menschliche Bewußtseyn nur die Grundlage des absoluten oder allgemeinen Bewußtseyns. Dabei jedoch bleibt es nicht stehen. Denn *sonst weiß zwar die ewige Freiheit sich selbst, aber nicht der Mensch weiß sie*. Es kann daher nicht fehlen, daß der Mensch jene ewige Freiheit, die er ist (der er Subjekt ist), sich anziehe, sie *für sich* wolle. Das particulare Princip, das *einzelne* menschliche Bewußtseyn, welches nur die *Grundlage* des absoluten oder allgemeinen Bewußtseyns ist, der Mensch also möchte gern das Universalbewußtseyn als *sein* individuelles. Aber damit hebt er das allgemeine Bewußtseyn selbst auf. Denn dieß beruhte ja eben darauf, daß jenes B *in* A, das stille, verborgene, unmerkliche Innere des A war. Also indem er jenes lautere Bewußtseyn anziehen will, zerstört er es. Hier also der Widerspruch, daß der Mensch das, was er will, *durch* sein Wollen zunichtemacht. Aus diesem Widerspruch entsteht jene innere umtreibende Bewegung, indem das Suchende das, was es sucht, gleichsam in einer beständigen Flucht vor sich her treibt. Daher zuletzt jene Krisis, in welcher jene Einheit, die wir durch B umgewandelt in A ausdrücken – das Bewußtseyn der ewigen Freiheit (= das Urbewußtseyn) zerrissen wird. Durch die Krisis sind wir wieder in den Anfang gestellt, A ist wieder reines, absolutes Subjekt, so sehr Subjekt, daß es nicht einmal um sich selbst weiß; das einzig Neue, das stehen bleibt, gleichsam als Ruine des vorhergehenden Processes ist das herausgesetzte und zum Nichtwissen gebrachte B. Dieses ist durch das Heraussetzen frei geworden, es ist der erste Augenblick seiner Besinnung, es genießt das erstemal die Freiheit und Seligkeit des Nichtwissens. Es ist nun – um den positiven Ausdruck anzugeben – das, was wir das *freie Denken* nennen können. Denken ist Aufgeben von Wissen; Wissen ist gebunden, Denken in völliger Freiheit, und schon das *Wort* deutet darauf, daß alles freie Denken das Resultat einer aufgehobenen Spannung, eines Auseinanderhaltens, einer Krisis ist. Nämlich entweder kommt es her α) von dehnen, oder β) von dem hebräischen Wort ʃ·זך, oder γ) von δῖνος, das einer wirbelnden Bewegung Entkomme. Immer deutet es auf den Ursprung aus einem Streit. Dasselbe Resultat ergibt sich, wenn wir auf einen alten Gebrauch des Worts »denken« zurückgehen, wie er noch z. B. in der Redensart vorkommt: »Vornehme Leute denken lange«, d. h. ihre Erinnerung währt lange. Auch hier ist das Denken als das Herausgesetzte, zuvor Wissende bezeichnet.

Die jetzt auseinander Getretenen sind doch nur das auseinander getretene Urbewußtseyn selbst. In ihrem Eins- und Zusammenseyn *war* das Urbewußtseyn, in ihrem Auseinandergehen ist es auch noch, aber als ein Zerrissenes, das sich wiederherzustellen sucht, das auch *potentiell* im Keim nämlich, als ein Wiederherstellbares darin liegt. Dieses Urbewußtseyn selbst in seiner Potentialität, in seiner bloßen Wiederherstellbarkeit ist die *Vernunft*, oder noch bestimmter: das Urbewußtseyn, das in jenem Außereinander sich wiederherzustellen strebt, das wir nur als eine Anregung, als eine Meldung, als einen Zug in uns empfinden, ist die *Vernunft*. Hieraus erhellt die potentielle, die bloß leidende Natur der Vernunft, aber eben daraus auch, daß die Vernunft nicht das thätige Princip in der Wissenschaft seyn kann.

Da in beiden nur das Urbewußtseyn auseinander getreten ist, so ist nicht bloß das freie, nicht wissende Denken, sondern auch das ihm entgegenstehende absolute Subjekt ist also nur ein Ausgeschiedenes jenes Urbewußtseyns, und nur als solches, als Correlatum meines nichtwissenden, gegenstandlosen Wissens, kann es überhaupt gesetzt seyn, und inwiefern dieses nichtwissende Wissen freies Denken, so kann ich sagen: *es ist durch mein freies Denken gesetzt*, es ist mein Gedanke, aber nicht in dem Sinn, wie auch eine Chimäre mein Gedanke ist, sondern weil es ursprünglich mit dem, was jetzt das Denken ist, eins und beisammen war. Deßwegen wird es eben *im* Denken ausgeschieden von dem Urbewußtseyn, das auch *mein* Bewußtseyn war. Ich kann sagen: es ist mein *Begriff* – dieß heißt aber nicht so viel: a) es ist *Gegenstand* meines Begriffs, sondern es ist der Begriff selbst; b) es ist nicht, wie man zu reden pflegt, *bloßer* Begriff, sondern es ist die ewige Freiheit selbst, die nur darum mein Begriff heißt, weil sie im Urbewußtseyn, das auch mein Bewußtseyn war, *ursprünglich* begriffen ist; denn jeder Begriff ist nur ein Ausgeschiedenes aus meinem Bewußtseyn, und heißt eben darum Begriff, weil es in ihm begriffen war. Auch ist es nicht etwa so vorzustellen, als ob das *Denken* voranginge und das absolute Subjekt setzte, sondern in einem und demselben Akt – in derselben Entscheidung – treten beide hervor; beide werden miteinander geboren und treten zugleich hervor aus der Ureinheit. Das freie, alles Wissens sich erwehrende Denken sieht sich nun gegenüber dem absoluten Subjekt. Es ist ein großer Moment, die eigentliche Geburtsstunde der Philosophie.

Jene Ureinheit aber sucht beständig sich herzustellen. Denn auch jene Scheidung ist ein gewaltsamer Zustand – und zwar ist das Verhältniß der beiden Entgegenstehenden dieses, daß das als absolutes Subjekt, als A, Gesetzte sich herzustellen sucht in B = A, d. h. in das sich selbst Wissende. Es kann in dieser Abstraktion nicht bleiben, denn es hat sein Inneres, seine Erfüllung verloren; es ist das reine Wissen selbst, aber das nicht weiß, es ist das leere Wesen des Bewußtseyns, das Erfüllung sucht; aber seine Erfüllung ist eben in B. Auch A will sich *erinnern* seines Wissens, d. h. B, welches eben sein *Subjekt*, sein *Wissen* war, sich wieder innerlich machen. Nun wird aber A, dieses absolute Subjekt, in seiner Abstraktion nur erhalten durch B, durch die Gewalt des nichtwissenden, sich alles Wissens begebenden Wissens. Seiner Natur nach hält es gleichsam keinen Augenblick Stand, weil es natura anceps ist, Freiheit, die es ist, und auch nicht ist, also sogleich sich entscheiden muß. Also es ist, kann ich sagen, mein Begriff, aber es ist ein Begriff, der stärker ist als ich, ein lebendiger, ein treibender Begriff, es ist das seiner Natur nach Beweglichste, ja die Beweglichkeit selbst. Dagegen verhält sich nun das nichtwissende Wissen zu ihm als die anhaltende, retardirende Kraft dieser Bewegung. Denn eben weil es nur durch die Gewalt des nichtwissenden Wissens erhalten ist in jener Abstraktion, eben darum kann es sich nicht bewegen, wie man zu sagen pflegt, ohne Wissen und Willen dieses Wissens, das sich der Freiheit des Nichtwissens nicht begeben will, und auf diese Weise ist mein Wissen freier, ruhig beschauender, die Bewegung Schritt vor Schritt begleitender Zeuge. – So darf ich denn freilich nicht mehr fragen, *wie ich jene Bewegung wisse*. Denn die Bewegung selbst und mein Wissen dieser Bewegung, jeder Moment der Bewegung und mein Wissen dieses Moments sind jeden Augenblick eins, und dieses anhaltende, retardirende, reflektirende Wissen ist eigentlich das Wissen des Philosophen, ist das, was er in dem Proceß eigentlich *sein* nennen kann. Denn die Bewegung selbst ist völlig unabhängig von ihm, und – *was sehr wichtig ist* – nicht er bewegt sich in seinem Wissen und erzeugt dadurch Wissen (ein so erzeugtes Wissen ist subjektiv, ein bloßes Begriffswissen, ohne Realität), sondern im Gegentheil *sein* Wissen ist das an sich Unbewegliche, nicht bloß Nichtwissen, sondern gegen das Wissen sich Setzende, der Bewegung Widerstrebende, sie Aufhaltende, was sie nöthigt in jedem Moment Stand zu halten, zu verweilen und keinen zu überspringen. In diesem Retardiren zeigt sich also auch die eigentliche Kraft des Philosophen; derjenige ist Meister dieser Kunst, der stets besonnen bleibt, der im Stand ist, die Bewegung anzuhalten, sie zu nöthigen, daß sie verweile, der der Bewegung also gleichsam keinen Schritt verstattet, als der nothwendig ist, und ihr auch jederzeit nur *den* Schritt verstattet, der nothwendig ist, keinen größern und kleinern. *Darin* also die philosophische Kunst; sowie ja überhaupt der wahre Künstler überall mehr an der anhaltenden und retardirenden als an der producirenden, treibenden, beschleunigenden Kraft erkannt wird.

Man kann sagen: der Philosoph oder jenes Wissen befinde sich mit dem *Treibenden*, gleichsam unaufhaltsam nach Wissen Verlangenden in beständiger Unterhandlung; er muß ihm jeden Schritt schwer machen, sich gleichsam um jeden Schritt mit ihm streiten. Dieser innere Verkehr, dieß beständige Gespräch, in dem zwei Principien sind, eines, das das Wissen selbst, das Wissen als Wesen ist, aber nicht weiß, das andere, das *wissend* ist, aber nicht das Wesen, nicht das *Wissen selbst* – nur nichtwissendes Wissen – eines, das sich erinnern will, und das andere, das ihm zur Erinnerung hilft. Diese innere Unterredungskunst ist es, von welcher die äußere, die *bloß* davon Dialektik heißt, nur das Nachbild, und wo sie zur bloßen Form geworden, der leere Schein und Schatten ist. Dieses Verhältniß hat gleichsam in seiner Person dargestellt jener, nicht wie man in Hyperbeln zu reden pflegt, sondern wahrhaft göttliche Mann, dessen innere Größe und Herrlichkeit zu begreifen schon allein den Weg zur wahren Philosophie zeigen könnte, – Sokrates, ohne alle Frage der Lichtpunkt, die hellste Erscheinung des ganzen Alterthums, in welchem die Vorsehung zeigen wollte, was die ursprüngliche Vortrefflichkeit der Natur vermöge, Sokrates, der, wenn er sagte, er wisse nur, daß er nicht wisse, dadurch sein Verhältniß bezeichnen wollte zu jenem eigentlich Wissen Erzeugenden, das er überall und wo er konnte zu erregen suchte. Er selbst sagte, er gebäre nicht mehr – wie es auch jenem nichtwissenden Wissen nicht gebührt, das gleichsam das Abgestorbene ist, die gebärenden Kräfte liegen nur in der ewigen Freiheit – er gebäre nicht mehr, wohl aber helfe er zu gebären und leite die Geburt, sich mit seiner Mutter, der Hebamme, vergleichend. Wie eine verständige Hebamme die Geburt nicht übereilt, sondern die Gebärende ermahnt, auszuhalten und auszuharren im Geburtsschmerz, bis die rechte Stunde zur Geburt gekommen ist, so verhielt sich auch er, nicht als der beschleunigende, sondern als der durch beständigen Widerspruch aufhaltende Leiter der Bewegung oder Geburt.

Indem nun, um die Bewegung noch mit wenigen Worten zu beschreiben, indem die Ureinheit, B = A wiederhergestellt wird, kann sich das mit ihm in Rapport stehende B nicht mehr verhalten a) als schlechthin Nichtwissendes (denn es ist nicht mehr bloß Subjekt); b) nicht mehr als Wissendes, denn es hat kein Objekt mehr. Es ist also überhaupt kein Raum für B, und da es doch nicht vernichtet werden kann, so bleibt ihm nichts übrig als selbst aufzugehen in dem B = A, d. h. *sich selbst* zu erkennen als das in A verwandelte B, und so sich dem A wieder innerlich oder erinnerlich zu machen. Es ist also jetzt a) wieder was zuerst, das stille Innere der ewigen Freiheit (denn es braucht die ewige Freiheit nicht mehr anzuziehen), und doch zugleich das Wissende von ihr, weil es eben aus der Bewegung das ganze vollständige Wissen mit zurückbringt – denn es hat die ewige Freiheit in allen ihren Momenten gesehen, und es ist b) das *sich selbst* wissende, denn es hat sich in allen seinen Tiefen kennen gelernt. Aber eben dieß sollte erreicht werden, daß es sich selbst wisse *als* das Innere der ewigen Freiheit. Vorher *war* es das Innere der ewigen Freiheit, aber nichtwissend. –

Das *Ziel* also ist das *unmittelbare* Wissen der ewigen Freiheit. Aber um dieses Ziel zu erreichen, müssen auch hier, wie in der ursprünglichen Bewegung, die Pole auseinander gehalten werden.

Zur Begründung der Philosophie als Wissenschaft gehört auch, daß ihre *Nothwendigkeit* dargethan werde. Dieß ist nun aber im Grunde schon durch das Bisherige geleistet. Die Nothwendigkeit der Philosophie geht unmittelbar hervor aus jenem unvermeidlichen inneren Streit, von dem die Rede war. Ich sage unvermeidlichen. Denn das menschliche Bewußtseyn kann einmal nicht dabei stehen bleiben, das stille Innere, das bloß Tragende der ewigen Bewegung, der Bewegung der ewigen Freiheit selbst zu seyn. Nicht eben gezwungen, aber doch nothwendig und unausbleiblich wird der Mensch sich die ewige Freiheit, die *er ist*, anziehen, sie für sich wollen, um eigenmächtig mit ihr zu wirken. Denn es ist nicht zu denken, als wäre dieß bloß im Anfange der Dinge geschehen. Jedes einzelne menschliche Bewußtseyn ist wieder ein Zusichkommen der ewigen Freiheit. Aber in jedem menschlichen Bewußtseyn geschieht wieder dieselbe Anziehung.

So würde also, könnte man sagen, jeder Mensch von Natur sich in jener innern umtreibenden Bewegung befinden? – Aber *ist* denn dem nicht auch so, und müssen wir nicht gestehen, daß der größte Theil der Menschen in einem besinnungslosen Zustande dahin wandelt? Wenn auch die Spannung, zu welcher innere Thätigkeit gehört, nicht als solche erscheint, so ist sie doch da in ihrem Resultat, der Besinnungslosigkeit; und wenn man jene Spannung in den meisten Menschen nicht mehr wahrnimmt, so ist es nur darum, weil sie nicht einmal bis zu diesem Punkt innerer Thätigkeit gelangen, sondern frühzeitig zerstreut, von ihrem Innern abgezogen in eine für sie wohlthätige Betäubung versetzt werden. So geschieht es, daß ein innerer Kampf in den meisten nicht zum Ausbruch, oder wenigstens nicht zu jenem Grade von Spannung gelangt, der Entscheidung nothwendig macht. Daß der Grund und Anlaß zu jenem innern Widerstreit in der menschlichen Natur liege, erhellt daraus, daß fast in jedem Zeitalter Ununterrichtete und Ungelehrte aufstehen, in denen eben jener innere Kampf von selbst und freiwillig entsteht, und die dann trotz des Widerspruchs der Schulgelehrten auf ihre eigne Hand philosophiren und eine bald mehr bald weniger glückliche Krisis bestehen. Wo aber jener innere Streit ursprünglich erregt ist, ohne durch jene Krisis und Scheidung in besonnenes Wissen sich aufzulösen, da erzeugt er nothwendig das, was wir *Irrthümer* nennen, und alle Irrthümer sind nur Erzeugnisse jener innern, in wildem Kampf sich untereinander bekämpfenden geistigen Kräfte.

Der Irrthum ist nichts Gleichgültiges, nicht bloßer Mangel, sondern eine Verkehrtheit der Erkenntniß (er gehört in die Kategorie von Bösem, Krankheit). Wäre aller Irrthum nur schlechterdings falsch, nämlich von aller Wahrheit entblößt, so wäre er ungefährlich. Von dieser ungefährlichen Art sind freilich manche Behauptungen, denen man zu viel Ehre erweisen würde, wollte man sie für Irrthümer erklären. Denn auch der Irrthum hat etwas Ehrwürdiges, es ist stets etwas von der Wahrheit in ihm, aber eben diese Entstellung, diese Verkehrung der Wahrheit, diese in dem schrecklichsten Irrthum noch erkennbaren oder wenigstens dunkel gefühlten Züge der ursprünglichen Wahrheit sind das Entsetzliche des Irrthums. Die sanfteste Kraft – die in den Bildungen organischer Wesen wirkende –, wenn sie gehemmt wird, erzeugt das Monstrose, das uns schrecklich ist nicht wegen seiner Unähnlichkeit, sondern eben wegen seiner Ähnlichkeit mit dem wahren Gebild, weil noch immer die menschliche Gestalt erkennbar ist. Auch jene innere Rotation entsteht durch eine Hemmung, eine Anziehung, aber die bewegende Kraft hört nicht auf, denn sie strömt aus ewiger Quelle.

Man könnte sagen: der Irrthum entsteht durch das bloße wissen *Wollen*. Man darf also nur nicht wissen *wollen*, so ist man vor dem Irrthum gesichert. Dieß ist allerdings das Hausmittel, dessen sich die meisten bedienen. Allein 1) wissen *wollen* hängt nicht von dem Menschen ab, er *will* wissen, eh' er weiß, daß er wissen will. Denn schon jedes einzelne Bewußtseyn entsteht im Menschen aus einer Anziehung, ein sich zum Gegenstand Machen dessen, was er ist. Der Mensch befindet sich also schon von Natur in einem Wissen, – eben in jenem Wissen, in das er sich versetzt, indem er gegen die ewige Freiheit, die er seyn sollte, sich zum wissenden Subjekt macht. Da nun dieses Wissen entstanden ist dadurch, daß er die ewige Freiheit zum Objekt machte, sie gleichsam von ihrer Stelle rückte, so hat dieß natürlich nur *Entstellung* des Wissens zur Folge, und ein *Gemisch* von Wahrem und Falschem müßte in seiner Erkenntniß entstehen. In diesem gemischten, unreinen Wissen leben wir von Natur – daher auch das »natürliche« Wissen. Menschen, welche ohne erst gereinigt zu seyn und gleichsam ganz bedeckt von der Unreinheit dieses Wissens sich der Philosophie nahen, müssen nothwendig in noch größere Verwirrung gerathen, als in der sie sich ohnedieß befinden. Natürlich kann ihr ganzes Dichten und Trachten nur dahin gehen, eben jenes verkehrte Wissen zu behaupten, und sich für dieses wie für ihr Leben zu wehren: – ganz recht, denn ihr Leben ist nur in diesem Wissen. Daher sie, was sie in diesem Wissen finden, als allgemein-gültige ewige Wahrheiten aufstellen: Z. B.: »das Natürliche ist außer dem Übernatürlichen«. Freilich ist es jetzt so, und schmerzlich empfinden wir diese Trennung, und eben von diesem Schmerz verlangten wir durch höheres Wissen befreit zu werden. Aber weil jene ganz von der Gegenwart, von dem Stillstehenden befangen, sehen sie weder, daß es einen Punkt gab, wo das Natürliche im Uebernatürlichen war (jene ewige Freiheit, aus der alles herkommt, ist über alle Natur), und einen Punkt, wo es wieder darin ist, wie es denn im Menschen wieder darin seyn sollte. Jene wunderbare Verknüpfung von Freiheit und Nothwendigkeit im Menschen sagt ihnen nichts: beide sind sich unendlich fern und unendlich nah; die sich selbst entfremdete Freiheit ist Natur, die wieder in sich zurückgenommene Natur ist Freiheit. Es bedarf bloß der Wiederumwendung. Der Mensch ist eben dadurch in Irrthum gefallen, daß er das Natürliche in sich vom Übernatürlichen schied. Die also für jenen Dualismus kämpfen, streiten im Grunde eben für jene *Schuld* des Menschen, und wollen das, was bloß Schuld des Menschen ist, auf die Natur, den Gegenstand selbst werfen.

Besser als diese Versuche, mit jenem ungeläuterten und gemischten Wissen es zur Wissenschaft bringen zu wollen, ist allerdings noch die übrigens trostlose Lehre, daß wir überhaupt nichts zu wissen vermögen; sie sehen, daß mit *diesem* Wissen nichts zu wissen ist, und wollen es doch nicht aufgeben, jene Krisis nicht zu bestehen. Kant nennt seine Philosophie eine *kritische*, und hätte sie es wirklich bis zu jener Krisis gebracht, möchte sie wohl den Namen führen. Allein sie ist doch nur ein Anfang zur eigentlichen Krisis, denn wenn Kant z. B. sagt, daß wir mit den Formen unseres endlichen Verstandes das Übersinnliche, Göttliche nicht zu erkennen vermögen, so hat er darin ganz recht und hat nichts gesagt, als was sich eigentlich von selbst versteht. Allein er setzt dabei immer voraus, daß es mit diesen Formen erkannt werden müßte, wenn es erkennbar wäre.

Diesem natürlichen Wissen soll also der Mensch absterben. In der Philosophie ist nicht der Mensch der Wissende, sondern er ist das dem eigentlich Wissenerzeugenden widerstrebende, durch beständigen Widerspruch es anhaltende – reflektirende –, aber eben darum für sich gewinnende freie Denken. Jenes Wissenerzeugende aber *vermag* alles, denn es ist der Geist, der durch alles geht, die ewige Magie, die Weisheit, die aller Kunst Meister ist. In ihr ist, wie ein späteres morgenländisches Buch sich ausdrückt[4], der Geist, der verständig ist, einig und doch mannichfaltig zugleich (dieß eine sehr wichtige Bestimmung) und gehet durch alle *Geister*, wie verständig, scharf und lauter sie seyen – also auch durch den höchsten Geist; denn die Gottheit selbst, obwohl die Lauterkeit selbst, ist nicht lauterer als sie – sie geht durch alle Geister, denn sie ist das Allerbehendeste oder, wie es in dem griechischen Grundtext heißt: πάσης γὰρ κινήσεως κινητικώτερον σοφία, διήκει δὲ καὶ χωρεῖ διὰ πάντων κ. τ. λ., beweglicher als alles Bewegliche, was mit dem übereinstimmt, was ich schon sagte: sie ist die Beweglichkeit selbst und darum beweglicher als jede einzelne Bewegung; sie ist einig und kann – vermag – macht (auch das deutsche Wort machen kommt von mögen her) – und macht doch alles, sie bleibt, das sie ist, und erneuert doch alles, d. h. schafft stets Neues, bringt stets Neues aus Neuem hervor: dieß beständig eins- und doch immer ein-anderes-Seyn ist das Eigenthümliche des Wissens; Wissen ist weder in dem, das immer eins bleibt, nicht aus sich hinausgeht, noch in dem, das schlechthin auseinander fällt, im Einheits-, im Zusammenhanglosen; Wissen ist Cohärenz, eins und doch vieles, stets ein anderes und doch immer eins.

Diese Weisheit ist nicht fern von dem Menschen, denn sie ist nur das Ausgeschiedene des Urbewußtseyns, das ursprünglich auch sein Bewußtseyn war. Der Mensch sollte das stille Innere der zu sich gekommenen ewigen Freiheit seyn, die eben durch dieses zu-sich-Kommen die verwirklichte Weisheit war. Wenn dieses zu-sich-selbst-Kommen nicht gestört wurde, so war die im Menschen zu sich selbst gebrachte, also sich selbst wissende Freiheit auch die ihrer selbst mächtige, und auch die jetzt nicht ihrer selbst mächtige – die wir in der Natur sehen – wurde zur besonnenen, und die sich selbst wissende ewige Freiheit – und durch sie der Mensch – war die besonnene Macht oder Magie aller Dinge. Aber der Mensch störte jenes zu-sich-selbst-Kommen, indem er die ewige Freiheit für sich wollte. Doch konnte er nur *die* sich anziehen, die er *war*, d. h. die in ihm zu sich selbst gekommen *war*, nicht jene, welche eben dieser untergeordnet und dadurch auch frei werden sollte. Diese also blieb äußerlich stehen, wo sie noch immer ihre Wunder hervorbringt, zwecklos insofern als sie das Hervorgebrachte immer wieder aufreibt und zerstört, nur um

---

4 Sapient. c. 7.

wieder dasselbe hervorzubringen – in einer gleichsam eitlen Geschäftigkeit, die aber nicht *ihr Wille* ist, die sie gegen ihren Willen treibt.

Die ewige Freiheit aber, die er war, verdrängte er von ihrer Stelle; eben dadurch, daß er sie anziehen wollte, also sich zum Subjekt gegen sie machte, schloß er sie aus (dieß der oft erwähnte Widerspruch); darum wird die Weisheit in jenem alten morgenländischen Buch beständig vorgestellt als die *ausgeschlossene* – »sie klagt auf den Gassen«[5], und wer sie sucht, findet sie leicht, er findet sie »vor seiner *Thür'* auf ihn warten«[6]. Beständig fordert sie den Menschen auf, jene innere Spannung aufzugeben, *sich selbst* und dadurch auch sie wieder, soweit es seyn kann, in Freiheit zu setzen, welches eben in jener Krisis geschieht, die wir als den Anfang der Philosophie, d. h. der Liebe zur Weisheit, bezeichneten.

Auch jene ihm äußerliche, in der Natur stehen gebliebene Freiheit ist mit der im Menschen gefesselten einverstanden, auf deren Befreiung auch sie wartet. Sie zeigt sich einverstanden mit jener inneren, indem sie dem Menschen das äußere Leben ebenso erschwert wie jene das innere. Den Unerfahrenen zieht sie durch ihren unwillkürlichen Reiz an – ihren unwillkürlichen, denn sie möchte ihn gern verhüllen, aber sie warnt ihn selbst sich *ihr* zu geben, und lehrt ihn bald schmerzliche Erfahrung, lehrt ihn mit Schaudern von diesem Abgrund zurücktreten. Sie verbirgt ihm nicht, hat es gleichsam keinen Hehl vor ihm, sagt es ihm selbst, daß sie ihn nur täusche. Und da sie als diese *stillstehende* recht eigentlich das Werk des Menschen ist, zeigt sie auf alle Weise, daß sie ihm keinen Dank dafür weiß.

Alles also fordert den Menschen zu jenem Aufgeben seines Wissens, zu jener Scheidung auf, durch die er zuerst *sich* in völliger Freiheit erblickt, aber auch ihm gegenüber die vorige Freiheit in ihrer uranfänglichen Lauterkeit.

Hiemit beschließe ich die Untersuchung über die Natur der Philosophie als Wissenschaft. Es ist immer schon ein bleibender Gewinn, zu wissen, was wahre Philosophie sey, und wie sie sich zu dem Menschen und zu den andern Bestrebungen des Menschen verhalte. Der Begriff der Weisheit ist selbst für den nicht unfruchtbar, der auf eigentliche Philosophie verzichten wollte. Nicht bloß in dem, was die Schule so nennt, zeigt sich die Liebe zur Weisheit. Die Weisheit ist in allem; der sie sucht, dem kommt sie aus allem entgegen. In allen möglichen Gegenständen, in allen Wissenschaften ist sie verborgen, und diese Liebe, dieses Suchen der Weisheit veredelt jedes Studium. Wer sie findet, der besitzt einen eigentlichen Schatz

---

5 Prov. 1, 20.
6 Sapient. 6, 15.

in ihr, sie veredelt das Gemeinste, und macht ihm hinwiederum das Edelste und Höchste gemein, daß er damit umgeht als mit täglichem Brod. Aber nur den reinen Seelen gibt sie sich. Denn nur dem Reinen offenbart sich das Reine.

Georg Wilhelm Friedrich Hegel

Hegel gilt als der Vollender der idealistischen Bewegung. Seine Herrschaft über das Denken seiner Zeit war von imperialer Großartigkeit, und der Rückschlag, der sehr bald nach seinem Tode (1831) eintrat, bewies nochmals die Macht des geistigen Reiches, das er beherrscht hatte und das selbst hinter dem Erfahrungsstandpunkt des 19. Jahrhunderts die Grundlage lieferte.

Wir bringen zwei Stücke, die Hegels philosophische Position darstellen. Das eine ist eine allgemeine Einleitung zu einer seiner ersten Jenenser Schriften, der Schrift über die *Differenz des Fichteschen und Schellingschen Systems* (1801). Wie schon der Titel dieser Schrift sagt, stellt sich hier Hegel als der Schiedsrichter und der vermittelnde Vollender der philosophischen Gedankenbildungen Fichtes und Schellings vor. Es ist durch seine überlegene Verarbeitung der beiden Positionen zum Begründer einer philosophiegeschichtlichen Selbstdeutung geworden, wonach seine eigene Philosophie die Einseitigkeiten seiner Vorgänger überwinde und in der hohen Synthese seines dialektischen Systems vereinigt. Es ist das bekannte Schema, demzufolge Fichte den subjektiven Idealismus, Schelling den objektiven Idealismus, d. h. die Naturphilosophie, und Hegel selber den absoluten Idealismus verkörpere. Die Nachwirkung dieses Schemas reicht bis in die heutige Philosophie-Geschichtsschreibung hinein.

Man kann zweifeln, ob Hegel damit Fichte gerecht wird. Auf alle Fälle aber ist die allgemeine Einleitung, die er seiner Differenzschrift vorausschickt, ein Meisterwerk der Einführung in den gemeinsamen Standpunkt, den der nachkantische Idealismus sich erobert hat. Man pflegt zu sagen, daß diese Einleitung noch viel von Schellings Geist enthält, und das hat insoweit Berechtigung, als der absolute Standpunkt der Philosophie hier noch in einer an Schelling erinnernden Weise mit dem Standpunkt der Kunst in Parallele gesetzt wird. Dagegen hat Hegel später den Standpunkt der Kunst zwar als einen absoluten Standpunkt angesehen, aber doch dem Standpunkt des Begriffs und der Philosophie untergeordnet. Vielleicht sollte man aber diese systematische Unterordnung nicht überbewerten und darf vielmehr in der Darstellung dieser allgemeinen Einleitung einen gültigen Ausdruck der inneren Nachbarschaft von Kunst und Philosophie erkennen.

Im übrigen hat die Abhandlung den Vorzug, das Prinzip der eigenen dialektischen Methode Hegels kritisch aus der Absetzung gegen das Philosophieren aus einem obersten Grundsatz abzuheben, womit vor allem C. L. Reinhold gemeint ist. Die Fortspinnung des dialektischen Gedankenganges, die in Hegels Denken eine Bestimmung aus der anderen hervorgehen läßt, ist tatsächlich seine ihn auszeichnende Eigenart. Der Gebrauch der Dialektik bei Fichte und Schelling behält stets etwas von der Spontaneität eines inneren Dialogs, sosehr auch die spekulative Aufgabe die gleiche ist, und hat nichts von der methodischen und monologischen Einlinigkeit immanenter Fortbildung, der die Seele des Hegelschen philosophischen Vortrags bildet, aber auch seine schwere Zugänglichkeit ausmacht. In dieser Schrift aus dem Jahre 1801 paßt sich Hegel noch den allgemeinen Gewohnheiten des philosophischen Vortrags an. Dadurch hat sie auch für uns eine besondere Eingängigkeit und eignet sich als Einführung.

Neben diese frühe Schrift stellen wir die berühmte Vorrede zu Hegels Rechtsphilosophie. Die *Grundlinien der Philosophie des Rechts*, die Hegel in Berlin wiederholt vorzutragen pflegte und die er 1821 in lehrbuchähnlicher Gestalt erstmals publizierte, ist ohne Zweifel die wirkungsmächtigste seiner Publikationen. An sie hat die junghegelianische Polemik, insbesondere die von Karl Marx geübte Kritik, sich angelehnt, und wenn Karl Marx Hegels Mystizismus angreift, so hat er vor allem den dialektischen Aufbau des Kapitels ›Die Sittlichkeit‹ im Auge, wo Hegel von der Familie über die bürgerliche Gesellschaft zum Staat hinführt und, wie man zugeben muß, damit von Familie, Gesellschaft und Staat wie von handelnden Personen redet. Die ›Vorrede‹ zur Rechtsphilosophie ist eine großartige Bestätigung und Darstellung seines philosophischen Ethos, das sich in der Kritik an dem Moralismus der kantisch-fichteschen Philosophie wie in der Hinwendung zur Wirklichkeit ausspricht, deren innere Vernünftigkeit es einzusehen gilt. Vernünftigkeit besteht nicht nur in der Innerlichkeit des Gedankens und der Forderung des Sollens, sondern ebensosehr und vor allem in der Weisheit der Institutionen, die das menschliche Leben ordnen und die eigentliche Verwirklichung des Geistes darstellen. Die programmatische Vorrede zur Rechtsphilosophie stellt den großartigen Anspruch Hegels ins hellste Licht, die Vernunft nicht nur in griechischer Weise als das Wesen der Welt, sondern ebenso auch als das Wesen der menschlichen Gesellschaft und Geschichte zu erweisen. Hegel kann daher gerade durch seine Ausweitung des Grundbegriffs des Logos oder der Vernunft, die Natur, Geist und Gott umfaßt, als der letzte und radikalste ›Grieche‹ der abendländischen Philosophie bezeichnet werden.

Differenz des Fichteschen und Schellingschen Systems der Philosophie

Mancherlei Formen, die bei dem jetzigen Philosophieren vorkommen

Geschichtliche Ansicht philosophischer Systeme

Ein Zeitalter, das eine solche Menge philosophischer Systeme, als eine Vergangenheit hinter sich liegen hat, scheint zu derjenigen Indifferenz kommen zu müssen, welche das Leben erlangt, nachdem es sich in allen Formen versucht hat. Der Trieb zur Totalität äußert sich noch als Trieb zur Vollständigkeit der Kenntnisse, wenn die verknöcherte Individualität sich nicht mehr selbst ins Leben wagt. Sie sucht sich durch die Mannigfaltigkeit dessen, was sie hat, den Schein desjenigen zu verschaffen, was sie nicht ist. Indem sie die Wissenschaft in eine Kenntniß umwandelt, hat sie den lebendigen Antheil, den die Wissenschaft fordert, ihr versagt; sie in der Ferne, und in rein objektiver Gestalt, und sich selbst gegen alle Ansprüche, sich zur Allgemeinheit zu erheben, in ihrer eigenwilligen Besonderheit ungestört erhalten. Für diese Art der Indifferenz, wenn sie bis zur Neugierde aus sich herausgeht, giebt es nichts Angelegentlicheres, als einer neuen ausgebildeten Philosophie einen Namen zu geben, und, wie Adam seine Herrschaft über die Thiere dadurch ausgesprochen hat, daß er ihnen Namen gab, die Herrschaft über eine Philosophie durch Findung eines Namens auszusprechen. Auf diese Weise ist sie in den Rang der Kenntnisse versetzt. Kenntnisse betreffen fremde Objekte; in dem Wissen von Philosophie, das nie etwas Anderes, als eine Kenntniß war, hat die Totalität des Innern sich nicht bewegt, und die Gleichgültigkeit ihre Freiheit vollkommen behauptet.

Kein philosophisches System kann sich der Möglichkeit einer solchen Aufnahme entziehen; jedes ist fähig, geschichtlich behandelt zu werden. Wie jede lebendige Gestalt zugleich der Erscheinung angehört, so hat sich eine Philosophie, als Erscheinung, derjenigen Macht überliefert, welche es in eine todte Meinung und von Anbeginn an in eine Vergangenheit verwandeln kann. Der lebendige Geist, der in einer Philosophie wohnt, verlangt, um sich zu enthüllen, durch einen verwandten Geist geboren zu werden. Er streift vor dem geschichtlichen Benehmen, das aus irgend einem Interesse auf Kenntnisse von Meinungen auszieht, als ein fremdes Phänomen vorüber, und offenbart sein Inneres nicht. Es kann ihm gleichgültig seyn, daß er dazu dienen muß, die übrige Kollektion von Mumien und den allgemeinen Haufen der Zufälligkeiten zu vergrößern; denn er selbst ist dem neugierigen Sammeln von Kenntnissen unter den Händen entflohen. Dieses hält sich auf seinem gegen Wahrheit gleichgültigen Standpunkte fest; und behält seine Selbstständigkeit, es mag Meinungen annehmen, oder verwerfen, oder sich nicht entscheiden. Es kann philosophischen Systemen kein anderes Verhältniß zu sich geben, als daß sie Meinungen sind; und solche Accidenzien, wie Meinungen, können ihm nichts anhaben. Es hat nicht erkannt, daß es Wahrheit giebt.

Die Geschichte der Philosophie gewinnt aber, wenn der Trieb, die Wissenschaft zu erweitern, sich darauf wirft, eine nützlichere Seite, indem sie nämlich nach Reinhold dazu dienen soll, »in den Geist der Philosophie, tiefer als je geschah, einzudringen, und die eigenthümlichen Ansichten der Vorgänger über die Ergründung der Realität der menschlichen Erkenntniß durch neue eigenthümliche Ansichten weiter zu führen;« ... »nur durch eine solche Kenntniß der bisherigen vorübenden Versuche, die Aufgabe der Philosophie zu lösen, könne endlich der Versuch wirklich gelingen, wenn anders dieß Gelingen der Menschheit beschieden ist.«[1]

Man sieht, daß dem Zwecke einer solchen Untersuchung eine Vorstellung von Philosophie zu Grunde liegt, nach welcher diese eine Art von Handwerkskunst wäre, die sich durch immer neu erfundene Handgriffe verbessern läßt. Jede neue Erfindung setzt die Kenntniß der schon gebrauchten Handgriffe und ihrer Zwecke voraus. Aber nach allen bisherigen Verbesserungen bleibt immer noch die Hauptaufgabe, die sich Reinhold nach Allem so zu denken scheint, daß nämlich ein »allgemeingültiger« letzter Handgriff zu finden wäre, wodurch für jeden, der sich nur damit bekannt machen mag, sich das Werk selbst macht. Wenn es um eine solche Erfindung zu thun, und die Wissenschaft ein todtes Werk fremder Geschicklichkeit wäre: so käme ihr freilich diejenige Perfektibilität zu, deren mechanische Künste fähig sind, und jeder Zeit wären allemal die bisherigen philosophischen Systeme für weiter nichts zu achten, als für Vorübungen großer Köpfe. Wenn aber das Absolute, wie seine Erscheinung die Vernunft, ewig Ein und dasselbe ist, (wie es denn ist): so hat jede Vernunft, die sich auf sich selbst gerichtet und sich erkannt hat, eine wahre Philosophie producirt, und sich die Aufgabe gelöst, welche, wie ihre Auflösung, zu allen Zeiten dieselbe ist. Weil in der Philosophie die Vernunft, die sich selbst erkennt, es nur mit sich zu thun hat, so liegt auch in ihr selbst ihr ganzes Werk wie ihre Thätigkeit; und in Rücksicht aufs innere Wesen der Philosophie giebt es weder Vorgänger nach Nachgänger.

Ebenso wenig, als von beständigen Verbesserungen, kann von »*eigenthümlichen Ansichten*« der Philosophie die Rede seyn. Wie sollte das Ver-

---

1 Reinhold's Beiträge 1stes Heft, S. 5–6, 4.

nünftige eigenthümlich seyn? Was einer Philosophie eigenthümlich ist, kann eben darum, weil es eigenthümlich ist, nur zur Form des Systems, nicht zum Wesen der Philosophie gehören. Wenn ein Eigenthümliches wirklich das Wesen einer Philosophie ausmachte, so würde es keine Philosophie seyn. Und wenn ein System selbst ein Eigenthümliches für sein Wesen erklärt, so konnte es dessen ungeachtet aus ächter Spekulation entsprungen seyn, die nur im Versuch, in der Form einer Wissenschaft sich auszusprechen, gescheitert ist. Wer von einer Eigenthümlichkeit befangen ist, sieht in anderen nichts als Eigenthümlichkeiten. Wenn partikularen Ansichten im Wesen der Philosophie ein Platz verstattet wird, und wenn Reinhold dasjenige, zu welchem er sich in neueren Zeiten gewendet hat, für eine eigenthümliche Philosophie ansieht, – dann ist es freilich möglich, überhaupt alle bisherigen Arten, die Aufgabe der Philosophie darzustellen und aufzulösen, mit Reinhold für weiter nichts als für Eigenthümlichkeiten und Vorübungen anzusehen; durch welche aber doch, – weil (wenn wir auch die Küsten der glückseligen Inseln der Philosophie, wohin wir uns sehnen, nur mit Trümmern gescheiterter Schiffe bedeckt, und kein erhaltenes Fahrzeug in ihren Buchten erblicken) wir die teleologische Ansicht nicht fahren lassen dürfen, – der gelingende Versuch, vorbereitend herbeigeführt werde.

Nicht weniger muß auch aus der Eigenthümlichkeit der Form, in welcher sich die Fichtesche Philosophie ausgesprochen hat, erklärt werden, daß Fichte von Spinoza sagen konnte, Spinoza könne an seine Philosophie nicht geglaubt, nicht die volle innere lebendige Überzeugung gehabt haben, – und von den Alten, daß selbst dieß zweifelhaft sey, ob sie sich die Aufgabe der Philosophie mit Bewußtseyn gedacht haben.

Wenn hier die Eigenthümlichkeit der Form des eigenen Systems, die ganze sthenische Beschaffenheit derselben eine solche Äußerung producirt, so besteht dagegen die Eigenthümlichkeit Reinholdischer Philosophie in der Ergründungs- und Begründungs-Tendenz, die sich mit eigenthümlichen philosophischen Ansichten, und einem geschichtlichen Bemühen um dieselben viel zu schaffen macht. Die Liebe und der Glauben an Wahrheit hat sich in eine so reine und ekle Höhe gesteigert, daß *er*, damit der Schritt in den Tempel recht ergründet und begründet werde, einen geräumigen Vorhof erbaut, in welchem *sie*, um den zu ersparen, sich mit Analysiren und Methodisiren und Erzählen so lange zu thun macht, bis sie zum Trost ihrer Unfähigkeit für Philosophie sich beredet, die kühnen Schritte Anderer seyen weiter nichts, als Vorübungen oder Geistesverirrungen gewesen.

Das Wesen der Philosophie ist gerade bodenlos für Eigenthümlichkeiten, und um zu ihr zu gelangen, ist es (wenn der Körper die Summe der Eigenthümlichkeiten ausdrückt) nothwendig, sich à corps perdu hineinzustürzen. Denn die Vernunft, die das Bewußtseyn in Besonderheiten befangen findet, wird allein dadurch zur philosophischen Spekulation, daß sie sich zu sich selbst erhebt, und allein sich selbst und dem Absoluten, das zugleich ihr Gegenstand wird, sich anvertraut. Sie wagt nichts daran als Endlichkeiten des Bewußtseyns, und, um diese zu überwinden und das Absolute im Bewußtseyn zu konstruiren, erhebt sie sich zur Spekulation, und hat in der Grundlosigkeit der Beschränkungen und Eigenthümlichkeiten ihre eigene Begründung in sich selbst ergriffen. Weil die Spekulation die Thätigkeit der einen und allgemeinen Vernunft auf sich selbst ist: so muß sie, (statt in den philosophischen Systemen verschiedener Zeitalter und Köpfe, nur verschiedene Weisen und rein-eigenthümliche Ansichten zu sehen), wenn sie ihre eigene Ansicht von den Zufälligkeiten und Beschränkungen befreit hat, durch die besonderen Formen hindurch sich selbst, – sonst eine bloße Mannigfaltigkeit verständiger Begriffe und Meinungen finden; und eine solche Mannigfaltigkeit ist keine Philosophie. Das wahre Eigenthümliche einer Philosophie ist die interessante Individualität, in welcher die Vernunft aus dem Bauzeug eines besonderen Zeitalters sich eine Gestalt organisirt hat; die besondere spekulative Vernunft findet darin Geist von ihrem Geist, Fleisch von ihrem Fleisch, sie schaut sich in ihm als Ein und dasselbe, und als ein anderes lebendiges Wesen an. Jede Philosophie ist in sich vollendet, und hat, wie ein ächtes Kunstwerk, die Totalität in sich. So wenig des Apelles und Sophokles Werke, wenn Raphael und Shakespeare sie gekannt hätten, diesen als bloße Vorübungen für sich hätten erscheinen können, – sondern als eine verwandte Kraft des Geistes: – so wenig kann die Vernunft in früheren Gestaltungen ihrer selbst nur nützliche Vorübungen für sich erblicken. Und wenn Virgil den Homer für eine solche Vorübung für sich und sein verfeinertes Zeitalter betrachtet hat, so ist sein Werk dafür eine Nachübung geblieben.

Bedürfniß der Philosophie

Betrachten wir die besondere Form näher, welche eine Philosophie trägt, so sehen wir sie einer Seits aus der lebendigen Originalität des Geistes entspringen, der in die zerrissene Harmonie durch sich hergestellt und selbstthätig gestaltet hat; anderer Seits aus der besonderen Form, welche die Entzweiung trägt, aus der das System hervorgeht. Entzweiung ist der Quell *des Bedürfnisses der Philosophie*, und als Bildung des Zeitalters die unfreie gegebene Seite der Gestalt. In der Bildung hat sich das, was Erscheinung des Absoluten ist, vom Absoluten isolirt, und als ein Selbstständiges fixirt. Zugleich kann aber die Erscheinung ihren Ursprung nicht verläugnen, und muß darauf ausgehen, die Mannigfaltigkeit ihrer Beschränkungen als ein Ganzes zu konstituiren. Die Kraft des Beschränkens, der Verstand, knüpft an sein Gebäude, das er zwischen den Menschen und das Absolute stellt, Alles, was dem Menschen werth und heilig ist, befestigt es durch alle Mächte der Natur und der Talente, und dehnt es in die Unendlichkeit aus. Es ist darin die ganze Totalität der Beschränkungen zu finden, nur das Absolute selbst nicht; in den Theilen verloren treibt es den Verstand zu seiner unendlichen Entwickelung von Mannigfaltigkeit, – der, indem er sich zum Absoluten zu erweitern strebt, aber endlos nur sich selbst producirt, seiner selbst spottet. Die Vernunft erreicht das Absolute nur, indem sie aus diesem mannigfaltigen Theilwesen heraustritt. Je fester und glänzender das Gebäude des Verstandes ist, desto unruhiger wird das Bestreben des Lebens, das in ihm als Theil befangen ist, aus ihm sich heraus in die Freiheit zu ziehen. Indem es als Vernunft in die Ferne tritt, ist die Totalität der Beschränkungen zugleich vernichtet, in diesem Vernichten auf das Absolute bezogen, und zugleich hiermit als bloße Erscheinung begriffen und gesetzt; – die Entzweiung zwischen dem Absoluten und der Totalität der Beschränkungen ist verschwunden.

Der Verstand ahmt die Vernunft im absoluten Setzen nach, und giebt sich durch diese Form selbst den Schein der Vernunft, wenn gleich die Gesetzten an sich Entgegengesetzte, also Endliche sind. Er thut dieß mit so viel größerem Schein, wenn er das vernünftige Negiren in ein Product verwandelt und fixirt. Das Unendliche, insofern es dem Endlichen entgegengesetzt wird, ist ein solches vom Verstand gesetztes Vernünftiges: es drückt für sich als Vernünftiges nur das Negiren des Endlichen aus; indem der Verstand es fixirt, setzt er es dem Endlichen absolut entgegen. Und die Reflexion, die sich zur Vernunft erhoben hatte, indem sie das Endliche aufhob, hat sich wieder zum Verstand erniedrigt, indem sie das Thun der Vernunft in Entgegensetzung fixirte; überdem macht sie nun die Prätension, auch in diesem Rückfall vernünftig zu seyn. Solche Entgegengesetzte, die als Vernunftprodukte und Absolute gelten sollten, hat die Bildung verschiedener Zeiten in verschiedenen Formen aufgestellt, und der Verstand an ihnen sich abgemüht. Die Gegensätze, die sonst unter der Form von Geist und Materie, Seele und Leib, Glauben und Verstand, Freiheit und Nothwendigkeit u.s.w. und in eingeschränkten Sphären noch in mancherlei Arten bedeutend waren, und alle Gewichte menschlicher Interessen an sich anhenkten, sind im Fortgang der Bildung in die Form der Gegensätze von Vernunft und Sinnlichkeit, Intelligenz und Natur, für den allgemeinen Begriff, von absoluter Subjektivität und absoluter Objektivität übergegangen.

Solche festgewordene Gegensätze aufzuheben, ist das einzige Interesse der Vernunft. Dieß ihr Interesse hat nicht den Sinn, als ob sie sich gegen die Entgegensetzung und Beschränkung überhaupt setzte; denn die nothwendige Entzweiung ist Ein Faktor des Lebens, das ewig entgegensetzend sich bildet: und die Totalität ist, in der höchsten Lebendigkeit, nur durch Wiederherstellung aus der höchsten Trennung möglich. Sondern die Vernunft setzt sich, gegen das absolute Fixiren der Entzweiung durch den Verstand, und um so mehr, wenn die absolut Entgegengesetzten selbst aus der Vernunft entsprungen sind.

Wenn die Macht der Vereinigung aus dem Leben der Menschen verschwindet, und die Gegensätze ihre lebendige Beziehung und Wechselwirkung verloren haben, und Selbstständigkeit gewinnen, entsteht das Bedürfniß der Philosophie. Es ist insofern eine Zufälligkeit; aber, unter der gegebenen Entzweiung, der nothwendige Versuch, die Entgegensetzung der festgewordenen Subjektivität und Objektivität aufzuheben, und das Gewordenseyn der intellektuellen und reellen Welt als ein Werden, ihr Seyn (als Produkte) als ein Produciren zu begreifen. In der unendlichen Thätigkeit des Werdens und Producirens hat die Vernunft das, was getrennt war, vereinigt, und die absolute Entzweiung zu einer relativen heruntergesetzt, welche durch die ursprüngliche Identität bedingt ist. Wann? und wo? und in welcher Form? solche Selbstreproduktionen der Vernunft als Philosophien auftreten, ist zufällig. Diese Zufälligkeit muß daraus begriffen werden, daß das Absolute als eine objektive Totalität sich setzt. Die Zufälligkeit ist eine Zufälligkeit in der Zeit, insofern die Objektivität des Absoluten als ein Fortgehen in der Zeit angeschaut wird; insofern sie aber als Nebeneinander im Raum erscheint, ist die Entzweiung klimatisch. In der Form der fixirten Reflexion, als eine Welt von denkendem und gedachtem Wesen, im Gegensatz gegen eine Welt von Wirklichkeit, fällt diese Entzweiung in den westlichen Norden.

Je weiter die Bildung gedeiht, je mannigfaltiger die Entwickelung der Äußerungen des Lebens wird, in welche die Entzweiung sich verschlingen kann, desto größer wird die Macht der Entzweiung, desto fester ihre klimatische Heiligkeit, desto fremder dem Ganzen der Bildung und bedeutungsloser die Bestrebungen des Lebens, sich zur Harmonie wieder zu gebären. Solche in Beziehung aufs Ganze wenige Versuche, die gegen die neuere Bildung Statt gefunden haben, und die bedeutendern schönen Gestaltungen der Vergangenheit oder der Fremde haben nur diejenige Aufmerksamkeit erwecken können, deren Möglichkeit übrig bleibt, wenn die tiefere ernste Beziehung lebendiger Kunst nicht verstanden werden kann. Mit der Entfernung des ganzen Systems der Lebens-Verhältnisse von ihr ist der Begriff ihres allumfassenden Zusammenhangs verloren, und in den Begriff entweder des Aberglaubens oder eines unterhaltenden Spiels übergegangen. Die höchste ästhetische Vollkommenheit, – wie sie sich in einer bestimmten Religion formt, in welcher der Mensch sich über alle

Entzweiung erhebt, und im Reich der Gnade die Freiheit des Subjekts und die Nothwendigkeit des Objekts verschwinden sieht, – hat nur bis auf eine gewisse Stufe der Bildung und in allgemeiner oder in Pöbel-Barbarei energisch seyn können. Die fortschreitende Kultur hat sich mit ihr entzweit, und sie *neben* sich, oder sich *neben* sie gestellt; und weil der Verstand seiner sicher geworden ist, sind beide zu einer gewissen Ruhe nebeneinander gediehen, dadurch daß sie sich in ganz abgesonderte Gebiete trennen, für deren jedes dasjenige keine Bedeutung hat, was auf dem andern vorgeht.

Aber der Verstand kann auch unmittelbar auf seinem Gebiete durch die Vernunft angegriffen, und die Versuche, durch die Reflexion selbst, die Entzweiung und somit seine Absolutheit zu vernichten, können eher verstanden werden. Deswegen hat die Entzweiung, die sich angegriffen fühlte, sich so lange mit Haß und Wuth gegen die Vernunft gekehrt, bis das Reich des Verstandes zu einer solchen Macht sich empor geschwungen hat, in der es sich vor der Vernunft sicher halten kann. So wie man aber von der Tugend zu sagen pflegt, daß der größte Zeuge für ihre Realität der Schein sey, den die Heuchelei von ihr borgt: so kann sich auch der Verstand der Vernunft nicht erwehren. Und er sucht gegen das Gefühl der innern Gehaltosigkeit, und gegen die geheime Furcht, von der die Beschränktheit geplagt wird, sich durch einen Schein von Vernunft zu bewahren, womit er seine Besonderheiten übertüncht. Die Verachtung der Vernunft zeigt sich nicht dadurch am Stärksten, daß sie frei verschmäht und geschmäht wird, sondern daß die Beschränktheit sich der Meisterschaft über die Philosophie und der Freundschaft mit ihr rühmt. Die Philosophie muß die Freundschaft mit solchen falschen Versuchen ausschlagen, die sich unredlicher Weise der Vernichtung der Besonderheiten rühmen, von Beschränkung ausgehen, und, um solche Beschränkungen zu retten und zu sichern, Philosophie als ein Mittel anwenden.

Im Kampfe des Verstandes mit der Vernunft kommt jenem eine Stärke nur insoweit zu, als diese auf sich selbst Verzicht thut. Das Gelingen des Kampfs hängt deswegen von ihr selbst ab, und von der Ächtheit des Bedürfnisses nach Wiederherstellung der Totalität, aus welchem sie hervorgeht.

Das Bedürfniß der Philosophie kann als ihre *Voraussetzung* ausgedrückt werden, wenn der Philosophie, die mit sich selbst anfängt, eine Art von Vorhof gemacht werden soll; und es ist in unsern Zeiten viel von einer absoluten Voraussetzung gesprochen worden. Das, was man Voraussetzung der Philosophie nennt, ist nichts Anderes, als das ausgesprochene Bedürfniß. Weil das Bedürfniß hierdurch für die Reflexion gesetzt ist, so muß es zwei Voraussetzungen geben.

Die eine ist das Absolute selbst; es ist das Ziel, das gesucht wird. Es ist schon vorhanden, – wie könnte es sonst gesucht werden? Die Vernunft produciert es nur, indem sie das Bewußtseyn von den Beschränkungen befreit; dieß Aufheben der Beschränkungen ist bedingt durch die vorausgesetzte Unbeschränktheit.

Die andere Voraussetzung würde das Herausgetretenseyn des Bewußtseyns aus der Totalität seyn, die Entzweiung in Seyn und Nicht-Seyn, in Begriff und Seyn, in Endlichkeit und Unendlichkeit. Für den Standpunkt der Entzweiung ist die absolute Synthese ein Jenseits, – das ihren Bestimmtheiten entgegengesetzte Unbestimmte und Gestaltlose. Das Absolute ist die Nacht, und das Licht jünger als sie, und der Unterschied beider, so wie das Heraustreten des Lichts aus der Nacht, eine absolute Differenz; – das Nichts das Erste, woraus alles Seyn, alle Mannigfaltigkeit des Endlichen hervorgegangen ist. Die Aufgabe der Philosophie besteht aber darin, diese Voraussetzungen zu vereinen, das Seyn in das Nichtseyn, – als Werden; die Entzweiung in das Absolute, – als dessen Erscheinung; das Endliche in das Unendliche, – als Leben zu setzen.

Es ist aber ungeschickt, das Bedürfniß der Philosophie als eine Voraussetzung derselben auszudrücken; denn hierdurch erhält das Bedürfniß eine Form der Reflexion. Diese Form der Reflexion erscheint als widersprechende Sätze, wovon unten die Rede seyn wird. Es kann an Sätze gefordert werden, daß sie sich rechtfertigen; die Rechtfertigung dieser Sätze, als Voraussetzungen, soll noch nicht die Philosophie selbst seyn, und so geht das Ergründen und Begründen vor und außer der Philosophie los.

Reflexion als Instrument des Philosophirens

Die Form, die das Bedürfniß der Philosophie erhalten würde, wenn es als Voraussetzung ausgesprochen werden sollte, giebt den Übergang vom Bedürfnisse der Philosophie, zum *Instrument des Philosophirens, der Reflexion* als Vernunft. Das Absolute soll fürs Bewußtseyn construirt werden, ist die Aufgabe der Philosophie; da aber das Produciren, so wie die Produkte der Reflexion nur Beschränkungen sind, so ist dieß ein Widerspruch. Das Absolute soll reflektirt, gesetzt werden: damit ist es aber nicht gesetzt, sondern aufgehoben worden; denn indem es gesetzt wurde, wurde es beschränkt. Die Vermittlung dieses Widerspruchs ist die philosophische Reflexion. Es ist vornehmlich zu zeigen, inwiefern die Reflexion das Absolute zu fassen fähig ist; und in ihrem Geschäft, als Spekulation, die Nothwendigkeit und Möglichkeit trägt, mit der absoluten Anschauung synthetisirt, und für sich, subjektiv, ebenso vollständig zu seyn, als es ihr Produkt, das im Bewußtseyn construirte Absolute, als Bewußtes und Bewußtloses zugleich, seyn muß.

Die isolirte Reflexion, als Setzen Entgegengesetzter, wäre ein Aufheben des Absoluten; sie ist das Vermögen des Seyns und der Beschränkung. Aber die Reflexion hat, als Vernunft, Beziehung auf das Absolute, und sie ist nur Vernunft durch diese Beziehung; die Reflexion vernichtet insofern sich selbst und alles Seyn und Beschränkte, indem sie es aufs Absolute bezieht. Zugleich aber eben durch seine Beziehung auf das Absolute hat das Beschränkte ein Bestehen.

Die Vernunft stellt sich als Kraft des negativen Absoluten, damit als absolutes Negiren, und zugleich als Kraft des Setzens der entgegengesetzten objektiven und subjektiven Totalität dar. Einmal erhebt sie den Verstand über ihn selbst, treibt hin zu einem Ganzen nach seiner Art; sie verführt ihn, eine objektive Totalität zu produciren. Jedes Seyn ist, weil es gesetzt ist, ein Entgegengesetztes, Bedingtes und Bedingendes; der Verstand vervollständigt diese seine Beschränkungen durch das Setzen der entgegengesetzten Beschränkungen, als der Bedingungen; diese bedürfen derselben Vervollständigung, und seine Aufgabe erweitert sich zur unendlichen. Die Reflexion scheint hierin nur verständig, aber diese Leitung zur Totalität der Nothwendigkeit ist der Antheil und die geheime Wirksamkeit der Vernunft. Indem sie den Verstand grenzenlos macht, findet er und seine objektive Welt in dem unendlichen Reichthum den Untergang. Denn jedes Seyn, das der Verstand producirt, ist ein Bestimmtes, und das Bestimmte hat ein Unbestimmtes vor sich und hinter sich; und die Mannigfaltigkeit des Seyns liegt zwischen zwei Nächten, haltungslos, sie ruht auf dem Nichts: denn das Unbestimmte ist Nichts für den Verstand, und endet im Nichts. Der Eigensinn des Verstandes vermag die Entgegensetzung des Bestimmten und Unbestimmten, der Endlichkeit und der aufgegebenen Unendlichkeit unvereinigt neben einander bestehen zu lassen; und das Seyn gegen das ihm ebenso nothwendige Nicht-Seyn festzuhalten. Weil sein Wesen auf durchgängige Bestimmung geht, sein Bestimmtes aber unmittelbar durch ein Unbestimmtes begrenzt ist: so erfüllt sein Setzen und Bestimmen nie die Aufgabe; im geschehenen Setzen und Bestimmen selbst liegt ein Nicht-Setzen und ein Unbestimmtes, also immer wieder die Aufgabe selbst, zu setzen und zu bestimmen.

Fixirt der Verstand diese Entgegengesetzten, das Endliche und Unendliche, so daß beide zugleich als einander entgegengesetzt bestehen sollen: so zerstört er sich; denn die Entgegensetzung des Endlichen und Unendlichen hat die Bedeutung, daß insofern Eines derselben gesetzt, das Andere aufgehoben ist. Indem die Vernunft dieß erkennt, hat sie den Verstand selbst aufgehoben, sein Setzen erscheint ihr als ein Nicht-Setzen, seine Produkte als Negationen. Dieses Vernichten, oder das reine Setzen der Vernunft ohne Entgegensetzen wäre, wenn sie der objektiven Unendlichkeit entgegengesetzt wird, die subjektive Unendlichkeit, – das der objektiven Welt entgegengesetzte Reich der Freiheit. Weil dieses in dieser Form selbst entgegengesetzt und bedingt ist, so muß die Vernunft, um die Entgegensetzung absolut aufzuheben, auch dieß in seiner Selbstständigkeit vernichten. Sie vernichtet beide, indem sie beide vereinigt; denn sie sind nur dadurch, daß sie nicht vereinigt sind. In dieser Vereinigung bestehen zugleich beide; denn das Entgegengesetzte, und also Beschränkte, ist hiermit aufs Absolute bezogen. Es besteht aber nicht für sich, nur insofern es in dem Absoluten, d. h. als Identität gesetzt ist. Das Beschränkte, insofern es einer der entgegengesetzten, also relativen Totalitäten angehört, ist entweder nothwendig, oder frei; insofern es der Synthese beider angehört, hört seine Beschränkung auf, es ist frei und nothwendig zugleich: Bewußtes und Bewußtloses. Diese bewußte Identität des Endlichen und der Unendlichkeit, die Vereinigung beider Welten, der sinnlichen und der intellektuellen, der nothwendigen und der freien, im Bewußtseyn, ist *Wissen*. Die Reflexion als Vermögen des Endlichen, und das ihr entgegengesetzte Unendliche sind in der Vernunft synthetisirt, deren Unendlichkeit das Endliche in sich faßt.

Insofern die Reflexion sich selbst zu ihrem Gegenstand macht, ist ihr höchstes Gesetz, das ihr von der Vernunft gegeben und wodurch sie zur Vernunft wird, ihre Vernichtung. Sie besteht, wie Alles, nur im Absoluten, aber als Reflexion ist sie ihm entgegengesetzt; um also zu bestehen, muß sie sich das Gesetz der Selbstzerstörung geben. Das immanente Gesetz, wodurch sie sich aus eigner Kraft als absolut konstituirte, wäre das Gesetz des Widerspruchs; nämlich daß ihr Gesetztseyn sey und bleibe. Sie fixirte hierdurch ihre Produkte als dem Absoluten absolut entgegengesetzte, machte es sich zum ewigen Gesetz Verstand zu bleiben und nicht Vernunft zu werden, und an ihrem Werk, das in Entgegensetzung zum Absoluten Nichts ist, – (und als Beschränktes ist es dem Absoluten entgegengesetzt), – festzuhalten.

So wie die Vernunft dadurch ein Verständiges, und ihre Unendlichkeit eine subjektive wird, wenn sie in eine Entgegensetzung gesetzt ist: so ist die Form, welche das Reflektiren als Denken ausdrückt, eben dieser Zweideutigkeit und dieses Mißbrauchs fähig. Wird das Denken nicht als die absolute Thätigkeit der Vernunft selbst gesetzt, für die es schlechthin keine Entgegensetzung giebt, sondern gilt Denken nur für ein reineres Reflektiren, d. i. ein solches, in welchem von der Entgegensetzung nur abstrahirt wird: so kann ein solches abstrahirendes Denken aus dem Verstande nicht einmal zur Logik herauskommen, welche die Vernunft in sich begreifen soll, vielweniger zur Philosophie. »Das Wesen oder der innere Charakter des Denkens als Denkens« wird von Reinhold[2] gesetzt als »die

---

2 Beiträge 1stes Heft, S. 106 flg.

unendliche Wiederholbarkeit von Einem und Ebendemselben als Eins und Ebendasselbe, in Einem und Ebendemselben und durch Eins und Ebendasselbe; oder als Identität.« Man könnte durch diesen scheinbaren Charakter einer Identität verleitet werden, in diesem Denken die Vernunft zu sehen. Aber durch den Gegensatz desselben a) gegen eine »Anwendung des Denkens« b) gegen eine absolute Stoffheit wird es klar, daß dies Denken nicht die absolute Identität, die Identität des Subjekts und Objekts, welche beide in ihrer Entgegensetzung aufhebt und in sich faßt; sondern eine *»reine«* Identität, d. h. eine durch Abstraktion entstandene und durch Entgegensetzung bedingte ist, – der abstrakte Verstandes-Begriff der Einheit, Eines von fixirten Entgegengesetzten.

Reinhold sieht den Fehler aller bisherigen Philosophie in der »unter den Philosophen unserer Zeit so weit verbreiteten und so tief eingewurzelten Gewohnheit, sich das Denken, überhaupt und in seiner Anwendung, als ein bloß subjektives vorzustellen.«[3] Wenn es mit der Identität und Nicht-Subjektivität dieses Denkens ein rechter Ernst wäre, so könnte Reinhold schon gar keinen Unterschied zwischen Denken und Anwendung des Denkens machen. Wenn das Denken wahre Identität, kein subjektives ist, wo soll noch so was von Denken Unterschiedenes, eine Anwendung herkommen, vom Stoff gar nicht zu sprechen, der »zum Behuf der Anwendung postulirt« wird? Wenn die analytische Methode eine Thätigkeit behandelt, so muß diese, weil sie analysirt werden soll, ihr als eine synthetische erscheinen; und durchs Analysiren entstehen nunmehr die Glieder: der Einheit, und einer ihr entgegengesetzten Mannigfaltigkeit. Was die Analyse als Einheit darstellt, wird subjektiv genannt; und als eine solche dem Mannigfaltigen entgegengesetzte Einheit, als eine abstrakte Identität wird das Denken charakterisirt. Es ist auf diese Art ein rein Beschränktes, und seine Thätigkeit ein gesetzmäßiges und regelrechtes Anwenden auf eine sonst vorhandene Materie, das nicht zum Wissen durchdringen kann.

Nur insofern die Reflexion Beziehung aufs Absolute hat, ist sie Vernunft, und ihre That ein Wissen. Durch diese Beziehung vergeht aber ihr Werk, und nur die Beziehung besteht, und ist die einzige Realität der Erkenntniß; es giebt deswegen keine Wahrheit der isolirten Reflexion, des reinen Denkens, als die ihres Vernichtens. Aber das Absolute, weil es im Philosophiren von der Reflexion fürs Bewußtseyn producirt wird, wird hierdurch eine objektive Totalität, ein Ganzes von Wissen, eine Organisation von Erkenntnissen. In dieser Organisation ist jeder Theil zugleich das Ganze; denn er besteht als Beziehung auf das Absolute. Als Theil, der andere außer sich hat, ist er ein Beschränktes und nur durch die andern;

---

3 Ebendaselbst S. 96.

isolirt als Beschränkung, ist er mangelhaft, Sinn und Bedeutung hat er nur durch seinen Zusammenhang mit dem Ganzen. Es kann deswegen nicht von einzelnen Begriffen für sich, einzelnen Erkenntnissen, als einem Wissen die Rede seyn. Es kann eine Menge einzelner empirischer Kenntnisse geben. Als Wissen der Erfahrung zeigen sie ihre Rechtfertigung in der Erfahrung auf, d. h. in der Identität des Begriffs und des Seyns, des Subjekts und Objekts. Sie sind eben darum kein wissenschaftliches Wissen, weil sie nur diese Rechtfertigung in einer beschränkten, relativen Identität haben; und sich weder als nothwendige Theile eines im Bewußtseyn organisirten Ganzen der Erkenntnisse legitimiren, noch die absolute Identität, die Beziehung auf das Absolute in ihnen durch die Spekulation erkannt worden ist.

Verhältniß der Spekulation zum gesunden Menschenverstand

Auch das Vernünftige, was der sogenannte gesunde Menschenverstand weiß, sind gleichfalls Einzelheiten, aus dem Absoluten ins Bewußtseyn gezogen, lichte Punkte, die für sich aus der Nacht der Totalität sich erheben, mit denen der Mensch sich vernünftig durchs Leben durchhilft. Es sind ihm richtige Standpunkte, von denen er ausgeht, und zu denen er zurückkehrt.

Aber wirklich hat auch der Mensch nur solches Zutrauen zu ihrer Wahrheit, weil ihn das Absolute in einem Gefühl dabei begleitet, und dieß ihnen allein die Bedeutung giebt. So wie man solche Wahrheiten des gemeinen Menschenverstands für sich nimmt, sie bloß verständig, als Erkenntnisse überhaupt, isolirt, so erscheinen sie schief und als Halbwahrheiten. Der gesunde Menschenverstand kann durch die Reflexion in Verwirrung gesetzt werden. So wie er sich auf sie einläßt, so macht dasjenige, was er jetzt als Satz für die Reflexion ausspricht, Anspruch, für sich als ein Wissen, als Erkenntniß zu gelten; und er hat seine Kraft aufgegeben, nämlich seine Aussprüche nur durch die dunkle, als Gefühl vorhandene Totalität zu unterstützen, und allein mit demselben sich der unstäten Reflexion entgegenzustemmen. Der gesunde Menschenverstand drückt sich wohl für die Reflexion aus, aber seine Aussprüche enthalten nicht auch fürs Bewußtseyn ihre Beziehung auf die absolute Totalität, sondern diese bleibt im Innern und unausgedrückt.

Die Spekulation versteht deswegen den gesunden Menschenverstand wohl, aber der gesunde Menschenverstand nicht das Thun der Spekulation. Die Spekulation anerkennt als Realität der Erkenntniß nur das Seyn der Erkenntniß in der Totalität; alles Bestimmte hat für sie nur Realität und Wahrheit in der erkannten Beziehung aufs Absolute. Sie erkennt deswegen auch das Absolute in demjenigen, was den Aussprüchen des gesunden Menschenverstandes zum Grunde liegt; aber weil für sie die Erkenntniß nur, insofern sie im Absoluten ist, Realität hat: ist vor ihr das Erkannte und Gewußte, wie es für die Reflexion ausgesprochen ist, und dadurch eine bestimmte Form hat, zugleich vernichtet. Die relativen Identitäten des gesunden Menschenverstands, die ganz, wie sie erscheinen, in ihrer beschränkten Form auf Absolutheit Anspruch machen, werden Zufälligkeiten für die philosophische Reflexion. Der gesunde Menschenverstand kann es nicht fassen, wie das für ihn unmittelbar Gewisse für die Philosophie zugleich ein Nichts ist. Denn er fühlt in seinen unmittelbaren Wahrheiten nur ihre Beziehung aufs Absolute, aber trennt dieß Gefühl nicht von ihrer Erscheinung, durch welche sie Beschränkungen sind, und doch auch, als solche, Bestand und absolutes Seyn haben sollen, aber vor der Spekulation verschwinden.

Nicht nur aber kann der gesunde Menschenverstand die Spekulation nicht verstehen, sondern er muß sie auch hassen, wenn er von ihr erfährt; und, wenn er nicht in der völligen Indifferenz der Sicherheit ist, sie verabscheuen und verfolgen. Denn wie für den gesunden Menschenverstand die Identität des Wesens und des Zufälligen seiner Aussprüche absolut ist, und er die Schranken der Erscheinung nicht von dem Absoluten zu trennen vermag: so ist auch dasjenige, was er in seinem Bewußtseyn trennt, absolut entgegengesetzt; und was er als beschränkt erkennt, kann er mit dem Unbeschränkten nicht im Bewußtseyn vereinigen. Sie sind wohl in ihm identisch, aber diese Identität ist und bleibt ein Inneres, ein Gefühl, ein Unerkanntes und ein Unausgesprochenes. So wie er an das Beschränkte erinnert, und es ins Bewußtseyn gesetzt wird: so ist für dieses das Unbeschränkte dem Beschränkten absolut entgegengesetzt.

Dieß Verhältniß oder Beziehung der Beschränktheit auf das Absolute, – in welcher Beziehung nur die Entgegensetzung im Bewußtseyn, hingegen über die Identität eine völlige Bewußtlosigkeit vorhanden ist, – heißt *Glaube*. Der Glaube drückt nicht das Synthetische des Gefühls oder der Anschauung aus; er ist ein Verhältniß der Reflexion zum Absoluten, welche in diesem Verhältniß zwar Vernunft ist, und sich als Trennendes und Getrenntes, so wie ihre Produkte – (ein individuelles Bewußtseyn) – zwar vernichtet, aber die Form der Trennung noch behalten hat. Die unmittelbare Gewißheit des Glaubens, von der, als dem Letzten und Höchsten des Bewußtseyns, so viel gesprochen worden ist, ist nichts als die Identität selbst, die Vernunft, die sich aber nicht erkennt, sondern vom Bewußtseyn der Entgegensetzung begleitet ist. Aber die Spekulation erhebt die dem gesunden Menschenverstand bewußtlose Identität zum Bewußtseyn; oder sie konstruirt das im Bewußtseyn des gemeinen Verstandes nothwendig Entgegengesetzte zur bewußten Identität. Und diese Vereinigung des im Glauben Getrennten ist ihm ein Greuel. Weil das Heilige und Göttliche in seinem Bewußtseyn nur als Objekt besteht, so erblickt er in der aufgehobenen Entgegensetzung, in der Identität fürs Bewußtseyn, nur Zerstörung des Göttlichen.

Besonders muß aber der gemeine Menschenverstand nichts als Vernichtung in denjenigen philosophischen Systemen erblicken, welche die Forderung der bewußten Identität in einer solchen Aufhebung der Entzweiung befriedigen, wodurch Eins der Entgegengesetzten, besonders wenn ein solches durch die Bildung der Zeit sonst fixiert ist, zum Absoluten erhoben und das Andere vernichtet wird. Hier hat wohl die Spekulation, als Philosophie, die Entgegensetzung aufgehoben, aber als System ein seiner gewöhnlichen bekannten Form nach Beschränktes zum Absoluten erhoben. Die einzige Seite, die hierbei in Betracht kommt, nämlich die spekulative, ist für den gemeinen Menschenverstand gar nicht vorhanden. Von dieser spekulativen Seite ist das Beschränkte ein ganz Anderes, als es dem gemeinen Menschenverstand erscheint; dadurch nämlich, daß es zum Absoluten erhoben worden ist, ist es nicht mehr dieß Beschränkte. Die Materie des Materialisten, oder das Ich des Idealisten, ist – jene nicht mehr die todte Materie, die ein Leben zur Entgegensetzung und Bildung hat; – dieses nicht mehr das empirische Bewußtseyn, das, als ein Beschränktes, ein Unendliches außer sich setzen muß. Die Frage gehört der Philosophie an, ob das System die endliche Erscheinung, die es zum Unendlichen steigerte, in Wahrheit von aller Endlichkeit gereinigt hat: ob die Spekulation, in ihrer größten Entfernung vom gemeinen Menschenverstande und seinem Fixiren Entgegengesetzter, nicht dem Schicksal ihrer Zeit unterlegen ist, eine Form des Absoluten, also ein seinem Wesen nach Entgegengesetztes, absolut gesetzt zu haben. Hat die Spekulation das Endliche, das sie unendlich machte, wirklich von allen Formen der Erscheinung befreit, so ist es der Name zunächst, an dem sich hier der gemeine Menschenverstand stößt, wenn er sonst vom spekulativen Geschäfte keine Notiz nimmt. Wenn die Spekulation die Endlichen nur der That nach zum Unendlichen steigert, und dadurch vernichtet, – (und Materie, Ich, insofern sie die Totalität umfassen sollen, sind nicht mehr Ich, nicht mehr Materie): – so fehlt zwar der letzte Akt der philosophischen Reflexion, nämlich das Bewußtseyn über ihre Vernichtung. Und wenn auch, dieser der That nach geschehenen Vernichtung ungeachtet, das Absolute des Systems noch eine bestimmte Form behalten hat: so ist doch wenigstens die ächt spekulative Tendenz nicht zu verkennen, von der aber der gemeine Menschenverstand nichts versteht. Indem er nicht einmal das philosophische Princip, die Entzweiung aufzuheben, sondern nur das systematische Princip erblickt, Eins der Entgegengesetzten zum Absoluten erhoben und das Andere vernichtet findet: so war auf seiner Seite noch ein Vortheil in Rücksicht auf die Entzweiung. In ihm, so wie im System, ist eine absolute Entgegensetzung vorhanden; aber er hatte doch die *Vollständigkeit* der Entgegensetzung, und wird doppelt geärgert.

Sonst kommt einem solchen philosophischen System, dem der Mangel anklebt, ein von irgend einer Seite noch Entgegengesetztes zum Absoluten zu erheben, außer seiner philosophischen Seite noch ein Vortheil und Verdienst zu, von denen der gemeine Verstand nicht nur nichts begreift, sondern die er auch verabscheuen muß: – der Vortheil, durch die Erhebung eines Endlichen zum unendlichen Princip, die ganze Masse von Endlichkeiten, die am entgegengesetzten Princip hängt, mit einem Mal niedergeschlagen zu haben, – das Verdienst, in Rücksicht auf die Bildung, die Entzweiung um so härter gemacht, und das Bedürfniß der Vereinigung in der Totalität um so viel verstärkt zu haben.

Die Hartnäckigkeit des gesunden Menschenverstandes, sich in der Kraft seiner Trägheit, das Bewußtlose in seiner ursprünglichen Schwere und Entgegensetzung gegen das Bewußtseyn, die Materie gegen die Differenz gesichert zu halten, die das Licht nur darum in sie bringt, um sie in einer höheren Potenz wieder zur Synthese zu konstruiren – erfordert wohl unter nördlichen Klimaten eine längere Zeitperiode; um vor der Hand nur so weit überwunden zu werden, daß die atomistische Materie selbst mannigfaltiger, die Trägheit zunächst durch ein mannigfaltigeres Kombiniren und Zersetzen derselben und durch die hiermit erzeugte größere Menge fixer Atomen in eine Bewegung auf ihrem Boden versetzt wird: so daß der Menschenverstand in seinem verständigen Treiben und Wissen sich immer mehr verwirrt, bis er sich fähig macht, die Aufhebung dieser Verwirrung und der Entgegensetzung selbst zu ertragen.

Wenn für den gesunden Menschenverstand nur die vernichtende Seite der Spekulation erscheint, so erscheint ihm auch dieß Vernichten nicht in seinem ganzen Umfange. Wenn er diesen Umfang fassen könnte, so hielte er sie nicht für seine Gegnerin. Denn die Spekulation fordert in ihrer höchsten Synthese des Bewußten und Bewußtlosen, auch die Vernichtung des Bewußtseyns selbst; und die Vernunft versenkt damit ihr Reflektiren der absoluten Identität und ihr Wissen und sich selbst in ihren eigenen Abgrund. Und in dieser Nacht der bloßen Reflexion und des raisonnirenden Verstandes, die der Mittag des Lebens ist, können sich beide begegnen.

Princip einer Philosophie in der Form eines absoluten Grundsatzes

Die Philosophie, als eine durch Reflexion producirte Totalität des Wissens, wird ein System, ein organisches Ganzes von Begriffen, dessen höchstes Gesetz nicht der Verstand, sondern die Vernunft ist. Jener hat die Entgegengesetzten seines Gesetzten, seine Grenze, Grund und Bedingungen richtig aufzuzeigen; aber die Vernunft vereint diese Widersprechenden, setzt beide zugleich und hebt beide auf. An das System, als eine Organisation von Sätzen, kann die Forderung geschehen, daß ihm das Absolute, welches der Reflexion zum Grunde liegt, auch nach der Weise der Reflexion, als oberster absoluter Grundsatz vorhanden sey. Eine solche Forderung trägt aber ihre Nichtigkeit schon in sich; denn ein durch die Reflexion Gesetztes, ein Satz ist für sich ein Beschränktes und Bedingtes, und bedarf einen anderen zu seiner Begründung, u.s.f. ins Unendliche. Wenn das Absolute in einem durch und für das Denken gültigen Grundsatze ausgedrückt wird, dessen Form und Materie gleich sey, so ist entweder die bloße Gleichheit gesetzt, und die Ungleichheit der Form und Materie ausgeschlossen, und der Grundsatz durch diese Ungleichheit bedingt: in diesem Fall ist der Grundsatz nicht absolut, sondern mangelhaft, er drückt nur einen Verstandesbegriff, eine Abstraktion aus; – oder die Form und Materie ist, als Ungleichheit, zugleich in ihm enthalten, der Satz ist analytisch und synthetisch zugleich: so ist der Grundsatz eine Antinomie, und dadurch nicht ein Satz, er steht als Satz unter dem Gesetz des Verstandes, daß er sich nicht in sich widerspreche, nicht sich aufhebe, sondern ein Gesetztes sey, als Antinomie aber hebt er sich auf.

Dieser Wahn, daß ein nur für die Reflexion Gesetztes nothwendig an der Spitze eines Systems als oberster Grundsatz stehen müsse, oder daß das Wesen eines jeden Systems in einem Satze, der fürs Denken absolut sey, sich ausdrücken lasse, – macht sich mit einem System, auf das er seine Beurtheilung anwendet, ein leichtes Geschäft. Denn von einem Gedachten, das der Satz ausdrückt, läßt sich sehr leicht erweisen, daß es durch ein Entgegengesetztes bedingt, also nicht absolut ist: es wird von diesem dem Satze Entgegengesetzten erwiesen, daß es gesetzt werden müsse, daß also jenes Gedachte, das der Satz ausdrückt, nichtig ist. Der Wahn hält sich um so mehr für gerechtfertigt, wenn das System selbst das Absolute, das sein Princip ist, in der Form eines Satzes oder einer Definition ausdrückt, die aber im Grunde eine Antinomie ist, und sich deswegen als ein Gesetztes für die bloße Reflexion selbst aufhebt. So hört z. B. Spinoza's Begriff der Substanz, die als Ursache und Bewirktes, als Begriff und Seyn zugleich, erklärt wird, auf, ein Begriff zu seyn, weil die Entgegengesetzten in einen Widerspruch vereinigt sind.

Kein Anfang einer Philosophie kann ein schlechteres Aussehen haben, als der Anfang mit einer Definition, wie bei Spinoza; – ein Anfang, der mit dem Begründen, Ergründen, Deduciren der Principien des Wissens, dem mühsamen Zurückführen aller Philosophie auf höchste Thatsachen des Bewußtseyns u.s.w. den seltsamsten Kontrast macht. Wenn aber die Vernunft von der Subjektivität des Reflektirens sich gereinigt hat, so kann auch jene Einfalt Spinoza's, welche die Philosophie mit der Philosophie selbst anfängt, und die Vernunft gleich unmittelbar mit einer Antinomie auftreten läßt, gehörig geschätzt werden.

Soll das Princip der Philosophie in formalen Sätzen für die Reflexion ausgesprochen werden, so ist zunächst als Gegenstand dieser Aufgabe nichts vorhanden, als das Wissen, im Allgemeinen die Synthese des Subjektiven und Objektiven, oder das absolute Denken. Die Reflexion aber vermag nicht die absolute Synthese in einem Satz auszudrücken, wenn nämlich dieser Satz als ein eigentlicher Satz für den Verstand gelten soll. Sie muß, was in der absoluten Identität Eins ist, trennen, und die Synthese und die Antithese getrennt, in zwei Sätzen, in einem die Identität, im anderen die Entzweiung ausdrücken.

In A = A, als dem Satze der Identität, wird reflektirt auf das Bezogenseyn: und dieß Beziehen, dieß Einsseyn, die Gleichheit ist in dieser reinen Identität enthalten; es wird von aller Ungleichheit abstrahirt. A = A, der Ausdruck des absoluten Denkens, oder der Vernunft, hat für die formale, in verständigen Sätzen sprechende Reflexion nur die Bedeutung der Verstandes-Identität, der reinen Einheit, d.h. einer solchen, worin von der Entgegensetzung abstrahirt ist.

Aber die Vernunft findet sich in dieser Einseitigkeit der abstrakten Einheit nicht ausgedrückt. Sie postulirt auch das Setzen desjenigen, wovon in der reinen Gleichheit abstrahirt wurde, das Setzen des Entgegengesetzten, der Ungleichheit; das eine A ist Subjekt, das andere Objekt, und der Ausdruck für ihre Differenz ist A nicht = A, oder A = B. Dieser Satz widerspricht dem vorigen geradezu; in ihm ist abstrahirt von der reinen Identität, und die Nicht-Identität, die reine Form des »Nichtdenkens«[4] gesetzt: wie der erste die Form »des reinen Denkens« ist, das ein Anderes ist, als das absolute Denken, die Vernunft. Nur weil auch das Nichtdenken gedacht, A nicht = A durchs Denken gesetzt wird, kann er überhaupt gesetzt werden. In A nicht = A, oder A = B ist die Identität, das Beziehen, das = des ersten Satzes ebenfalls, aber nur subjektiv, d.h. nur insofern das Nichtdenken durchs Denken gesetzt ist. Aber dies Gesetztseyn des Nichtdenkens fürs Denken ist dem Nichtdenken durchaus zufällig, eine bloße Form für den zweiten Satz, von der, um seine Materie rein zu haben, abstrahirt werden muß.

---

4 Reinhold's Beiträge 1stes Heft, S. 111.

Dieser zweite Satz ist so unbedingt, als der erste, und insofern Bedingung des ersten, so wie der erste Bedingung des zweiten Satzes ist. Der erste ist bedingt durch den zweiten, insofern er durch die Abstraktion von der Ungleichheit, die der zweite Satz enthält, besteht; der zweite, insofern er, um ein Satz zu seyn, einer Beziehung bedarf.

Der zweite Satz ist sonst unter der subalternen Form des Satzes des Grundes ausgesprochen worden; oder vielmehr er ist erst in diese höchst subalterne Bedeutung dadurch herabgezogen worden, daß man ihn zum Satze der Kausalität gemacht hat. A hat einen Grund, heißt: dem A kommt ein Seyn zu, das nicht ein Seyn des A ist: A ist ein Gesetztseyn, das nicht das Gesetztseyn des A ist; also A nicht = A, A = B. Wird davon abstrahirt, daß A ein Gesetztes ist, wie abstrahirt werden muß, um den zweiten Satz rein zu haben, so drückt er überhaupt ein Nichtgesetztseyn des A aus. A als Gesetztes und als Nichtgesetztes zugleich zu setzen, ist schon die Synthese des ersten und zweiten Satzes.

Beide Sätze sind Sätze des Widerspruchs nur im verkehrten Sinne. Der erste, der der Identität sagt aus: daß der Widerspruch = 0 ist; der zweite, insofern er auf den ersten bezogen wird: daß der Widerspruch ebenso nothwendig ist, als der Nichtwiderspruch. Beide sind, als Sätze, für sich Gesetzte von gleicher Potenz. Insofern der zweite so ausgesprochen wird, daß der erste zugleich auf ihn bezogen ist, so ist er der höchst mögliche Ausdruck der Vernunft durch den Verstand. Diese Beziehung beider ist der Ausdruck der Antinomie; und als Antinomie, als Ausdruck der absoluten Identität, ist es gleichgültig, $A = B$, oder $A = A$ zu setzen, wenn nämlich $A = B$, und $A = A$ als Beziehung beider Sätze genommen wird. $A = A$ enthält die Differenz des A als Subjekts und A als Objekts, zugleich mit der Identität: so wie $A = B$ die Identität des A und B, mit der Differenz beider.

Erkennt der Verstand im Satze des Grundes, als eine Beziehung beider, nicht die Antinomie, so ist er nicht zur Vernunft gediehen, und formaliter ist der zweite Satz kein neuer für ihn. Für den bloßen Verstand sagt $A = B$ nicht mehr aus, als der erste Satz; der Verstand begreift alsdann nämlich das Gesetztseyn des A als B nur als eine Wiederholung des A, d. h. er hält nur die Identität fest, und abstrahirt davon, daß, indem A als B, oder in B gesetzt wiederholt wird, ein Anderes, »ein Nicht-A« gesetzt ist, und zwar als A, also A als Nicht-A. Wenn man bloß auf das Formelle der Spekulation reflektirt, und die Synthese des Wissens in analytischer Form festhält: so ist die Antinomie, der sich selbst aufhebende Widerspruch, der höchste formelle Ausdruck des Wissens und der Wahrheit.

In der Antinomie, wenn sie für den formellen Ausdruck der Wahrheit anerkannt wird, hat die Vernunft das formale Wesen der Reflexion unter sich gebracht. Das formale Wesen hat aber die Oberhand, wenn das Denken in der einzigen Form des ersten dem zweiten entgegengesetzten Satzes, mit dem Charakter einer abstrakten Einheit als das erste Wahre der Philosophie gesetzt, und aus der Analyse der Anwendung des Denkens ein System der Realität der Erkenntniß errichtet werden soll. Alsdann ergiebt sich der ganze Verlauf dieses rein analytischen Geschäfts auf folgende Art.

Das Denken ist, – als unendliche Wiederholung des A, als A, – eine Abstraktion: der erste Satz als Thätigkeit ausgedrückt. Nun fehlt aber der zweite Satz, das Nichtdenken; nothwendig muß zu ihm als der Bedingung des ersten übergegangen, und auch dieses, die Materie, gesetzt werden. Hiermit sind die Entgegengesetzten vollständig, und der Übergang ist eine gewisse Art von Beziehung beider auf einander, welche eine Anwendung des Denkens heißt, und eine höchst unvollständige Synthese ist. Aber auch diese schwache Synthese ist selbst gegen die Voraussetzung des Denkens, als Setzens des A als A ins Unendliche fort; denn in der *Anwendung* wird A zugleich als Nicht-A gesetzt, und das Denken in seinem absoluten Bestehen als ein unendliches Wiederholen des A als A aufgehoben.

Das dem Denken Entgegengesetzte ist durch seine Beziehung aufs Denken bestimmt als Gedachtes: = A. Weil aber ein solches Denken, Setzen = A durch eine Abstraktion bedingt ist, und also ein Entgegengesetztes ist: so hat auch das Gedachte, außerdem daß es Gedachtes = A ist, noch andere Bestimmungen = B, die vom bloßen Bestimmtseyn durchs reine Denken ganz unabhängig sind; und diese sind dem Denken bloß gegeben. Es muß also für das Denken, als Princip des analytischen Philosophirens, einen absoluten Stoff geben; wovon weiter unten die Rede seyn wird. Die Grundlage dieser absoluten Entgegensetzung läßt dem formalen Geschäfte, worin die berühmte Erfindung, »die Philosophie auf Logik zurückzuführen«[5] beruht, keine andere immanente Synthese, als die der Verstandes-Identität, A ins Unendliche zu wiederholen. Aber selbst zur Wiederholung braucht sie eines B, C u.s.w., in denen das wiederholte A gesetzt werden kann. Diese B, C, D u.s.w. sind um der Wiederholbarkeit des A willen »ein Mannigfaltiges«, sich Entgegengesetztes, – (jedes hat durch A nicht gesetzte besondere Bestimmungen), – d. h. ein absolut mannigfaltiger Stoff, dessen B, C, D u.s.w. sich mit dem A *fügen* muß, wie es kann; – eine solche Ungereimtheit des Fügens kommt an die Stelle einer ursprünglichen Identität. Der Grundfehler kann so vorgestellt werden, daß in formaler Rücksicht auf die Antinomie des A = A, und des A = B nicht reflektirt ist. Einem solchen analytischen Wesen liegt das Bewußtseyn nicht zum Grunde, daß die rein formale Erscheinung des

---

5 Reinhold's Beiträge 1stes Heft, S. 98.

Absoluten der Widerspruch ist; – ein Bewußtseyn, das nur entstehen kann, wenn die Spekulation von der Vernunft, und dem A = A, als absoluter Identität des Subjekts und Objekts, ausgeht.

Transcendentale Anschauung

Insofern die Spekulation von der Seite der bloßen Reflexion angesehen wird, erscheint die absolute Identität in Synthesen Entgegengesetzter, also in Antinomien. Die relativen Identitäten, in die sich die absolute differenzirt, sind zwar beschränkt, und insofern für den Verstand und nicht antinomisch. Zugleich aber, weil sie Identitäten sind, sind sie nicht reine Verstandesbegriffe; und sie müssen Identitäten seyn, weil in einer Philosophie kein Gesetztes ohne Beziehung aufs Absolute stehen kann. Von der Seite dieser Beziehung aber ist selbst jedes Beschränkte eine (relative) Identität, und insofern für die Reflexion ein Antinomisches; – und dieß ist die negative Seite des Wissens, das Formale, das von der Vernunft regiert, sich selbst zerstört. Außer dieser negativen Seite hat das Wissen eine positive Seite, nämlich die Anschauung. Reines Wissen (das hieße: Wissen ohne Anschauung) ist die Vernichtung der Entgegengesetzten im Widerspruch; Anschauung ohne diese Synthese Entgegengesetzter ist empirisch, gegeben, bewußtlos. Das transcendentale Wissen vereinigt Beides, Reflexion und Anschauung; es ist Begriff und Seyn zugleich. Dadurch, daß die Anschauung transcendental wird, tritt die Identität des Subjektiven und Objektiven, welche in der empirischen Anschauung getrennt sind, ins Bewußtseyn; das Wissen, insofern es transcendental wird, setzt nicht bloß den Begriff und seine Bedingung, – oder die Antinomie beider, das Subjektive, – sondern zugleich das Objektive, das Seyn.

Im philosophischen Wissen ist das Angeschaute eine Thätigkeit der Intelligenz und der Natur, des Bewußtseyns und des Bewußtlosen zugleich. Es gehört beiden Welten, der ideellen und reellen zugleich an: – der ideellen, indem es in der Intelligenz, und dadurch in Freiheit gesetzt ist; – der reellen, indem seine Stelle in der objektiven Totalität, als ein Ring in der Kette der Nothwendigkeit deducirt wird. Stellt man sich auf den Standpunkt der Reflexion oder der Freiheit, so ist das Ideelle das Erste, und das Wesen und das Seyn nur die schematisirte Intelligenz; stellt man sich auf den Standpunkt der Nothwendigkeit oder des Seyn, so ist das Denken nur ein Schema des absoluten Seyns. Im transcendentalen Wissen ist Beides vereinigt, Seyn und Intelligenz. Ebenso ist transcendentales Wissen und transcendentales Anschauen Eins und dasselbe; der verschiedene Ausdruck deutet nur auf das Überwiegende des ideellen oder reellen Faktors.

Es ist von der tiefsten Bedeutung, daß mit so vielem Ernst behauptet worden ist: ohne transcendentale Anschauung könne nicht philosophirt werden. Was hieße denn: ohne Anschauung philosophiren? – In absoluten Endlichkeiten sich endlos zerstreuen. Diese Endlichkeiten seyen subjektive oder objektive, Begriffe oder Dinge, oder es werde auch von einer Art zu der anderen übergegangen: so geht das Philosophiren ohne Anschauung an einer endlosen Reihe von Endlichkeiten fort, und der Übergang vom Seyn zum Begriffe, oder vom Begriff zum Seyn ist ein ungerechtfertigter Sprung. Ein solches Philosophiren heißt ein formales; denn Ding wie Begriff ist jedes für sich nur Form des Absoluten. Es setzt die Zerstörung der transcendentalen Anschauung, eine absolute Entgegensetzung des Seyns und Begriffs voraus; und wenn es vom Unbedingten spricht, so macht es selbst dieß wieder, etwa in der Form einer Idee, die dem Seyn entgegengesetzt sey, zu einem Formalen. Je besser die Methode ist, desto greller werden die Resultate. Für die Spekulation sind die Endlichkeiten Radien des unendlichen Fokus, der sie ausstrahlt, und zugleich von ihnen gebildet ist; in ihnen ist der Fokus, und im Fokus sie gesetzt. In der transcendentalen Anschauung ist alle Entgegensetzung aufgehoben, aller Unterschied der Konstruktion des Universums durch und für die Intelligenz, und seiner als ein Objektives angeschauten, unabhängig erscheinenden Organisation vernichtet. Das Produciren des Bewußtseyns dieser Identität ist die Spekulation, und weil Idealität und Realität in ihr Eins ist, ist sie Anschauung.

Postulate der Vernunft

Die Synthese der zwei von der Reflexion gesetzten Entgegengesetzten forderte, als Werk der Reflexion, ihre Vervollständigung; als Antinomie, die sich aufhebt, ihr Bestehen in der Anschauung. Weil das spekulative Wissen als Identität der Reflexion und der Anschauung begriffen werden muß: so kann man, – insofern der Antheil der Reflexion (der, als vernünftig, antinomisch ist) allein gesetzt wird, aber in nothwendiger Beziehung auf die Anschauung steht, – in diesem Fall von der Anschauung sagen, sie werde von der Reflexion postulirt. Es kann nicht davon die Rede seyn, Ideen zu postuliren; denn diese sind Produkte der Vernunft, oder vielmehr das Vernünftige durch den Verstand als Produkt gesetzt. Das Vernünftige muß seinem bestimmten Inhalte nach, nämlich aus dem Widerspruch bestimmter Entgegengesetzter, deren Synthese das Vernünftige ist, deducirt werden; nur die dieß Antinomische ausfüllende und haltende Anschauung ist das Postulable. Eine solche sonst postulirte Idee ist der unendliche Progreß, eine Vermischung von Empirischem und Vernünftigem; jenes ist die Anschauung der Zeit, dieß die Aufhebung aller Zeit, die Verunendlichung derselben. Im empirischen Progreß ist sie aber nicht rein verunendlicht; denn sie soll in ihm als Endliches (als beschränkte

Momente) bestehen, er ist eine empirische Unendlichkeit. Die wahre Antinomie, die Beides, das Beschränkte und Unbeschränkte, nicht nebeneinander, sondern zugleich als identisch setzt, muß damit zugleich die Entgegensetzung aufheben. Indem die Antinomie die bestimmte Anschauung der Zeit postulirt, muß diese – beschränkter Moment der Gegenwart und Unbeschränktheit seines Außersichgesetztseyns – Beides zugleich, also Ewigkeit seyn.

Ebenso wenig kann die Anschauung als ein der Idee, oder besser der nothwendigen Antinomie Entgegengesetztes gefordert werden. Die Anschauung, die der Idee entgegengesetzt ist, ist beschränktes Daseyn, eben weil sie die Idee ausschließt. Die Anschauung ist wohl das von der Vernunft Postulirte, aber nicht als Beschränktes, sondern zur Vervollständigung der Einseitigkeit des Werks der Reflexion: nicht daß sie sich entgegengesetzt bleiben, sondern Eyns seyen. Man sieht überhaupt, daß diese ganze Weise des Postulirens darin allein ihren Grund hat, daß von der Einseitigkeit der Reflexion ausgegangen wird; diese Einseitigkeit bedarf es, zur Ergänzung ihrer Mangelhaftigkeit, das aus ihr ausgeschlossene Entgegengesetzte zu postuliren. Das Wesen der Vernunft erhält aber in dieser Ansicht eine schiefe Stellung; denn sie erscheint hier als ein nicht sich selbst Genügendes, sondern als ein Bedürftiges. Wenn aber die Vernunft sich als absolut erkennt, so fängt die Philosophie damit an, womit jene Manier, die von der Reflexion ausgeht, aufhört: mit der Identität der Idee und des Seyns. Sie postulirt nicht das Eine, denn sie setzt mit der Absolutheit unmittelbar beide; und die Absolutheit der Vernunft ist nichts Anderes, als die Identität beider.

Verhältniß des Philosophirens zu einem philosopischen System

Das Bedürfniß der Philosophie kann sich darin befriedigen, zum Princip der Vernichtung aller fixirten Entgegensetzung und zu der Beziehung des Beschränkten auf das Absolute durchgedrungen zu seyn. Diese Befriedigung im Princip der absoluten Identität findet sich im Philosophiren überhaupt. Das Gewußte wäre seinem Inhalte nach ein Zufälliges, die Entzweiungen, auf deren Vernichtung es ging, gegeben, und verschwunden, und nicht selbst wieder construirte Synthesen; der Inhalt eines solchen Philosophirens hätte überhaupt keinen Zusammenhang unter sich, und machte nicht eine objektive Totalität des Wissens aus. Wegen des Unzusammenhängenden seines Inhalts allein ist dieß Philosophiren gerade nicht nothwendig ein Raisonniren. Letzteres zerstreut die Gesetzten nur in größere Mannigfaltigkeit, und wenn es in diesen Strom gestürzt, haltungslos schwimmt, so soll die ganze selbst haltungslose Ausdehnung der verständigen Mannigfaltigkeit bestehen bleiben; dem wahren obschon unzusammenhängenden Philosophiren dagegen verschwindet das Gesetzte und seine Entgegengesetzten, indem es dasselbe nicht bloß in Zusammenhang mit anderen Beschränkten, sondern in Beziehung aufs Absolute bringt, und dadurch aufhebt. Weil aber diese Beziehung des Beschränkten auf das Absolute ein Mannigfaltiges ist, da die Beschränkten es sind: so muß das Philosophiren darauf ausgehen, diese Mannigfaltigkeit als solche in Beziehung zu setzen. Es muß das Bedürfniß entstehen, eine Totalität des Wissens, ein System der Wissenschaft zu produciren. Hierdurch erst befreit sich die Mannigfaltigkeit jener Beziehungen von der Zufälligkeit; indem sie ihre Stellen im Zusammenhang der objektiven Totalität des Wissens erhalten, und ihre objektive Vollständigkeit zu Stande gebracht wird. Das Philosophiren, das sich nicht zum System konstruirt, ist eine beständige Flucht vor den Beschränkungen, – mehr ein Ringen der Vernunft nach Freiheit, als reines Selbsterkennen derselben, das seiner sicher, und über sich klar geworden ist. Die freie Vernunft und ihre That ist Eins, und ihre Thätigkeit ein reines Darstellen ihrer selbst.

In dieser Selbstproduktion der Vernunft gestaltet sich das Absolute in eine objektive Totalität, die ein in sich selbst getragenes und vollendetes Ganze ist, – keinen Grund außer sich hat, sondern durch sich selbst in ihrem Anfang, Mittel und Ende begründet ist. Ein solches Ganzes erscheint als eine Organisation von Sätzen und Anschauungen. Jede Synthese der Vernunft, und die ihr korrespondirende Anschauung (die beide in der Spekulation vereinigt sind) ist, als Identität des Bewußten und Bewußtlosen, für sich im Absoluten und unendlich; zugleich aber ist sie endlich und beschränkt, insofern sie in der objektiven Totalität gesetzt ist, und andere außer sich hat. Die unentzweiteste Identität objektiv – die Materie, subjektiv – das Fühlen (Selbstbewußtseyn) ist zugleich eine unendlich entgegengesetzte, eine durchaus relative Identität. Die Vernunft, das Vermögen (insofern) der objektiven Totalität vervollständigt sie durch ihr Entgegengesetztes; und producirt durch die Synthese beider eine neue Identität, die selbst wieder vor der Vernunft eine mangelhafte ist, die ebenso sich wieder ergänzt. Am Reinsten giebt sich die weder synthetisch noch analytisch zu nennende Methode des Systems, wenn sie als eine Entwickelung der Vernunft selbst erscheint; welche die Emanation ihrer Erscheinung, als eine Duplicität, nicht in sich immer wieder zurückruft, – (hiermit vernichtete sie dieselbe nur), – sondern sich in ihr zu einer durch jene Duplicität bedingten Identität konstruirt, diese relative Identität wieder sich entgegensetzt: so daß das System bis zur vollendeten objektiven Totalität fortgeht, sie mit der entgegenstehenden subjektiven zur unendlichen Weltanschauung vereinigt, deren Expansion sich damit zugleich in die reichste und einfachste Identität kontrahirt hat.

Es ist möglich, daß eine ächte Spekulation sich in ihrem System nicht vollkommen ausspricht, oder daß die Philosophie des Systems und das System selbst nicht zusammenfallen; daß ein System aufs Bestimmteste die Tendenz, alle Entgegensetzungen zu vernichten, ausdrückt, und für sich nicht zur vollständigsten Identität durchdringt. Die Unterscheidung dieser beiden Rücksichten wird besonders in Beurtheilung philosophischer Systeme wichtig. Wenn in einem System sich das zum Grunde liegende Bedürfniß nicht vollkommen gestaltet hat, und ein Bedingtes, nur in der Entgegensetzung Bestehendes zum Absoluten erhoben hat, so wird es als System Dogmatismus; aber die wahre Spekulation kann sich in den verschiedensten sich gegenseitig als Dogmatismen und Geistesverirrungen verschreiender Philosophien finden. Die Geschichte der Philosophie hat allein Werth und Interesse, wenn sie diesen Gesichtspunkt festhält. Sonst giebt sie nicht die Geschichte der in unendlich mannigfaltigen Formen sich darstellenden ewigen und einen Vernunft; sondern nichts als eine Erzählung zufälliger Begebenheiten des menschlichen Geistes, und sinnloser Meinungen, die der Vernunft aufgebürdet werden, da sie doch allein demjenigen zur Last fallen, der das Vernünftige in ihnen nicht erkannt, und sie deswegen verkehrt hat.

Eine ächte Spekulation, die aber nicht zu ihrer vollständigen Selbstkonstruktion im System durchdringt, geht nothwendig von der absoluten Identität aus; die Entzweiung derselben in Subjektives und Objektives ist eine Produktion des Absoluten. Das Grundprincip ist also völlig transcendental, und von seinem Standpunkt aus giebt es keine absolute Entgegensetzung des Subjektiven und Objektiven. Aber somit ist die Erscheinung des Absoluten eine Entgegensetzung. Das Absolute ist nicht in seiner Erscheinung; beide sind selbst entgegengesetzt. Die Erscheinung ist nicht Identität. Diese Entgegensetzung kann nicht transcendental aufgehoben werden, d. h. nicht so, daß es an sich keine Entgegensetzung gebe. Hiermit wäre die Erscheinung nur vernichtet, und die Erscheinung soll doch gleichfalls seyn; es würde behauptet, daß das Absolute in seiner Erscheinung aus sich herausgegangen wäre. Das Absolute muß sich also in der Erscheinung selbst setzen, d. h. diese nicht vernichten, sondern zur Identität konstruiren.

Eine falsche Identität ist das Kausalverhältniß zwischen dem Absoluten und seiner Erscheinung; denn diesem Verhältniß liegt die absolute Entgegensetzung zum Grunde. In ihm bestehen beide Entgegengesetzte, aber in verschiedenem Rang; die Vereinigung ist gewaltsam. Das Eine bekommt das Andre unter sich; das Eine herrscht, das Andre wird botmäßig. Die Einheit ist in einer nur relativen Identität erzwungen; die Identität, die eine absolute seyn *soll*, *ist* eine unvollständige. Das System ist zu einem Dogmatismus, – zu einem Realismus, der die Objektivität, oder zu einem Idealismus, der die Subjektivität absolut setzt, – wider seine Philosophie geworden; wenn beide (was bei jenem zweideutiger ist, als bei diesem) aus wahrer Spekulation hervorgegangen sind.

Der reine Dogmatismus, der ein Dogmatismus der Philosophie ist, bleibt auch seiner Tendenz nach in der Entgegensetzung immanent; das Verhältniß der Kausalität, in seiner vollständigern Form als Wechselwirkung, die Einwirkung des Intellektuellen auf das Sinnliche, oder des Sinnlichen auf das Intellektuelle ist in ihm als Grundprincip herrschend. Im konsequenten Realismus und Idealismus spielt es nur eine untergeordnete Rolle, wenn es auch zu herrschen scheint, und in jenem das Subjekt als Produkt des Objekts, in diesem das Objekt als Produkt des Subjekts gesetzt wird; das Kausalitätsverhältniß ist aber dem Wesen nach aufgehoben, indem das Produciren ein absolutes Produciren, das Produkt ein absolutes Produkt ist, d. h. indem das Produkt keinen Bestand hat, als nur im Produciren, nicht gesetzt ist als ein Selbstständiges, vor und unabhängig von dem Produciren Bestehendes. Wie im reinen Kausalitätsverhältniß, dem formellen Princip des Dogmatismus der Fall ist; in diesem ist es ein durch A Gesetztes, und zugleich auch nicht durch A Gesetztes, A also absolut nur Subjekt: und A = A drückt nur die Verstandesidentität aus. Wenn auch die Philosophie in ihrem transcendentalen Geschäft sich des Kausalitätsverhältnisses bedient, so ist B, das dem Subjekt entgegengesetzt erscheint, seinem Entgegengesetztseyn nach eine bloße Möglichkeit, und bleibt absolut eine Möglichkeit, d. h. es ist nur Accidenz; und das wahre Verhältniß der Spekulation, das Substantialitätsverhältniß ist unter dem Schein des Kausalverhältnisses das transcendentale Princip. Formell läßt sich dieß auch so ausdrücken: Der wahre Dogmatismus anerkennt beide Grundsätze A = A und A = B, aber sie bleiben in ihrer Antinomie, unsynthesirt neben einander. Er erkennt nicht, daß hierin eine Antinomie liegt, und darum auch nicht die Nothwendigkeit, das Bestehen der Entgegengesetzten aufzuheben; der Übergang von Einem zum Andern durch Kausalitätsverhältniß ist die einzige ihm mögliche unvollständige Synthesis.

Ungeachtet nun die Transcendental-Philosophie diesen scharfen Unterschied von dem Dogmatismus hat, so ist sie, insofern als sie sich zum System konstruirt, fähig, in ihn überzugehen; wenn sie nämlich, – insofern nichts ist, als die absolute Identität, und in ihr alle Differenz und das Bestehen Entgegengesetzter sich aufhebt, – kein reelles Kausalverhältniß gelten läßt: aber, – insofern die Erscheinung zugleich bestehen, und hiermit ein anderes Verhältniß des Absoluten zur Erscheinung, als das der Vernichtung der letztern vorhanden seyn soll, – das Kausalitätsverhältniß einführt, die Erscheinung zu einem Botmäßigen macht, und also die transcendentale Anschauung nur subjektiv, nicht objektiv, oder die Identität nicht in Erscheinung setzt. A = A und A = B bleiben beide unbedingt; es *soll* nur A = A gelten: d. h. aber ihre Identität ist nicht in ihrer wahren Synthese, die kein bloßes Sollen ist, dargestellt.

So ist im Fichteschen System Ich = Ich das Absolute. Die Totalität der Vernunft führt den zweiten Satz herbei, der ein Nicht-Ich setzt; es ist nicht nur in dieser Antinomie des Setzens beider, Vollständigkeit vorhanden, sondern auch ihre Synthese wird postulirt. Aber in dieser bleibt die Entgegensetzung; es sollen nicht beide, Ich wie Nicht-Ich, vernichtet werden, sondern der eine Satz soll bestehen, der eine höher an Rang seyn, als der andere. Die Spekulation des Systems fordert die Aufhebung der Entgegengesetzten, aber das System selbst hebt sich nicht auf; die absolute Synthesis, zu welcher dieses gelangt, ist nicht Ich = Ich, sondern Ich *soll* gleich Ich seyn. Das Absolute ist für den transcendentalen Gesichtspunkt, aber nicht für den der Erscheinung konstruirt; beide widersprechen sich noch. Weil die Identität nicht zugleich in die Erscheinung gesetzt worden, oder die Identität nicht auch vollkommen in die Objektivität übergegangen ist: so ist die Transcendentalität selbst ein Entgegengesetztes, das Subjektive, und man kann auch sagen, die Erscheinung ist nicht vollständig vernichtet worden.

Es soll in der folgenden Darstellung des Fichteschen Systems versucht werden, zu zeigen, daß das reine Bewußtseyn, die im System als absolut aufgestellte Identität des Subjekts und Objekts, eine subjektive Identität des Subjekts und Objekts ist. Die Darstellung wird den Gang nehmen, Ich, das Princip des Systems, als subjektives Subjekt-Objekt zu erweisen, sowohl unmittelbar: als an der Art der Deduktion der Natur: und besonders an den Verhältnissen der Identität in den besonderen Wissenschaften der Moral und des Naturrechts, und dem Verhältniß des ganzen Systems zum Ästhetischen.

Es erhellt schon aus dem Obigen, daß in dieser Darstellung zunächst von dieser Philosophie als System die Rede ist, und nicht insofern es die gründlichste und tiefste Spekulation, ein ächtes Philosophiren, und durch die Zeit, in welcher sie erscheint, und in der auch die Kantische Philosophie der Vernunft nicht zu dem abhanden gekommenen Begriff ächter Spekulation hatte erregen können, um so merkwürdiger ist.

Grundlinien der Philosophie des Rechts

Vorrede

Die unmittelbare Veranlassung zur Herausgabe dieses Grundrisses ist das Bedürfniß, meinen Zuhörern einen Leitfaden zu den Vorlesungen in die Hände zu geben, welche ich meinem Amte gemäß über die *Philosophie des Rechts* halte. Dieses Lehrbuch ist eine weitere, insbesondere mehr systematische Ausführung derselben Grundbegriffe, welche über diesen Theil der Philosophie in der von mir sonst für meine Vorlesungen bestimmten *Encyklopädie der philosophischen Wissenschaften* (Heidelberg 1817) bereits enthalten sind.

Daß dieser Grundriß aber im Druck erscheinen sollte, hiemit auch vor das größere Publikum kommt, wurde die Veranlassung, die *Anmerkungen*, die zunächst in kurzer Erwähnung die verwandten oder abweichenden Vorstellungen, weitern Folgen und dergleichen andeuten sollten, was in den Vorlesungen seine gehörige Erläuterung erhalten würde, manchmal schon hier weiter auszuführen, um den abstraktern Inhalt des Textes zuweilen zu verdeutlichen, und auf nahe liegende in dermaliger Zeit gäng und gäbe Vorstellungen eine ausgedehntere Rücksicht zu nehmen. So ist eine Anzahl weitläuftigerer Anmerkungen enstanden, als der Zweck und Styl eines Kompendiums sonst mit sich bringt. Ein eigentliches Kompendium jedoch hat den für fertig angesehenen Umkreis der Wissenschaft zum Gegenstande, und das ihm Eigenthümliche ist, vielleicht einen kleinen Zusatz hie und da ausgenommen, vornehmlich die Zusammenstellung und Ordnung der wesentlichen Momente eines Inhalts, der längst ebenso zugegeben und bekannt ist, als jene Form ihre längst ausgemachten Regeln und Manieren hat. Von einem philosophischen Grundriß erwartet man diesen Zuschnitt schon etwa darum nicht, weil man sich vorstellt, das, was Philosophie vor sich bringe, sey ein so übernächtiges Werk, als das Gewebe der Penelope, das jeden Tag von Vorne angefangen werde.

Allerdings weicht dieser Grundriß zunächst von einem gewöhnlichen Kompendium durch die Methode ab, die darin das Leitende ausmacht. Daß aber die philosophische Art des Fortschreitens von einer Materie zu einer andern und des wissenschaftlichen Beweisens, diese spekulative Erkenntnißweise überhaupt, wesentlich sich von anderer Erkenntnißweise unterscheidet, wird hier vorausgesetzt. Die Einsicht in die Nothwendigkeit einer solchen Verschiedenheit kann es allein seyn, was die Philosophie aus dem schmählichen Verfall, in welchen sie in unsern Zeiten versunken ist, herauszureißen vermögen wird. Man hat wohl die Unzulänglichkeit der Formen und Regeln der vormaligen Logik, des Definirens, Eintheilens und Schließens, welche die Regeln der Verstandeserkenntniß enthalten, für die spekulative Wissenschaft erkannt, oder mehr nur gefühlt als erkannt, und dann diese Regeln nur als Fesseln weggeworfen, um aus dem Herzen, der Phantasie, der zufälligen Anschauung willkürlich zu sprechen; und da denn doch auch Reflexion und Gedanken-Verhältnisse eintreten müssen, verfährt man bewußtlos in der verachteten Methode des ganz gewöhnlichen Folgerns und Raisonnements. – Die Natur des spekulativen Wissens habe ich in meiner *Wissenschaft der Logik* ausführlich entwickelt; in diesem Grundriß ist darum nur hier und da eine Erläuterung über Fortgang und Methode hinzugefügt worden. Bei der konkreten und in sich so mannigfaltigen Beschaffenheit des Gegenstandes ist es zwar vernachlässigt worden, in allen und jeden Einzelnheiten die logische Fortleitung nachzuweisen und herauszuheben. Theils konnte dieß, bei vorausgesetzter Bekanntschaft mit der wissenschaftlichen Methode für überflüssig gehalten werden, Theils wird aber es von selbst auffallen, daß das Ganze wie die Ausbildung seiner Glieder auf dem logischen Geiste beruht. Von dieser Seite möchte ich auch vornehmlich, daß diese Abhandlung gefaßt und beurtheilt würde. Denn das, um was es in derselben zu thun ist, ist die *Wissenschaft*, und in der Wissenschaft ist der Inhalt wesentlich an die *Form* gebunden.

Man kann zwar von denen, die es am gründlichsten zu nehmen scheinen, hören, die Form sey etwas Äußeres und für die Sache Gleichgültiges, es komme nur auf diese an; man kann weiter das Geschäft des Schriftstellers, insbesondere des philosophischen darein setzen, *Wahrheiten* zu entdecken, *Wahrheiten* zu sagen, *Wahrheiten* und richtige Begriffe zu verbreiten. Wenn man nun betrachtet, wie solches Geschäft wirklich betrieben zu werden pflegt, so sieht man eines Theils denselben alten Kohl immer wieder aufkochen und nach allen Seiten hin ausgeben – ein Geschäft, das wohl auch sein Verdienst um die Bildung und Erweckung der Gemüther haben wird, wenn es gleich mehr als ein vielgeschäftiger Überfluß angesehen werden könnte – »denn sie haben Mosen und die Propheten, laß sie dieselbigen hören.« Vornehmlich hat man vielfältige Gelegenheit, sich über den Ton und die Prätension, die sich dabei zu erkennen giebt, zu verwundern, nämlich als ob es der Welt nur noch an diesen eifrigen Verbreitern von Wahrheiten gefehlt hätte, und als ob der aufgewärmte Kohl neue und unerhörte Wahrheiten brächte, und vornehmlich immer »in jetziger Zeit« hauptsächlich zu beherzigen wäre. Andern Theils aber sieht man, was von solchen Wahrheiten von der einen Seite her ausgegeben wird, durch eben dergleichen von andern Seiten her ausgespendete Wahrheiten verdrängt und weggeschwemmt werden. Was nun in diesem Gedränge von Wahrheiten weder Altes noch Neues, sondern Bleibendes sey, wie soll dieses aus diesen formlos hin und her gehenden Betrachtungen sich herausheben – wie anders sich unterscheiden und bewähren, als durch die *Wissenschaft*?

Ohnehin über *Recht, Sittlichkeit, Staat* ist die *Wahrheit* eben *so sehr alt*, als in *den öffentlichen Gesetzen, der öffentlichen Moral und Religion offen dargelegt und bekannt*. Was bedarf diese Wahrheit weiter, insofern der denkende Geist sie in dieser nächsten Weise zu besitzen nicht zufrieden ist, als sie auch zu *begreifen*, und dem schon an sich selbst vernünftigen Inhalt auch die vernünftige Form zu gewinnen, damit er für das freie Denken gerechtfertigt erscheine, welches nicht bei dem *Gegebenen*, es sey durch die äußere positive Autorität des Staats oder der Übereinstimmung der Menschen, oder durch die Autorität des innern Gefühls und Herzens und das unmittelbar beistimmende Zeugniß des Geistes unterstützt, stehen bleibt, sondern von sich ausgeht und eben damit fordert, sich im Innersten mit der Wahrheit geeint zu wissen?

Das einfachste Verhalten des unbefangenen Gemüthes ist, sich mit zutrauensvoller Überzeugung an die öffentlich bekannte Wahrheit zu halten, und auf diese feste Grundlage seine Handlungsweise und feste Stellung im Leben zu bauen. Gegen dieses einfache Verhalten thut sich etwa schon die vermeinte Schwierigkeit auf, wie aus den unendlich *verschiedenen Meinungen* sich das, was darin das allgemein Anerkannte und Gültige sey, unterscheiden und herausfinden lasse; und man kann diese Verlegenheit leicht für einen rechten und wahrhaften Ernst um die Sache nehmen. In der That sind aber die, welche sich auf diese Verlegenheit etwas zu Gute thun, in dem Falle, den Wald vor den Bäumen nicht zu sehen, und es ist nur die Verlegenheit und Schwierigkeit vorhanden, welche sie selbst veranstalten; ja diese ihre Verlegenheit und Schwierigkeit ist vielmehr der Beweis, daß sie etwas anderes als das allgemein Anerkannte und Geltende, als die Substanz des Rechten und Sittlichen wollen. Denn es ist darum wahrhaft, und nicht um die *Eitelkeit* und *Besonderheit* des Meinens und Seyns zu thun, so hielten sie sich an das substantielle Rechte, nämlich an die Gebote der Sittlichkeit und des Staats, und richteten ihr Leben darnach ein. – Die weitere Schwierigkeit aber kommt von der Seite, daß der Mensch *denkt* und im Denken seine Freiheit und den Grund der Sittlichkeit sucht. Dieses Recht, so hoch, so göttlich es ist, wird aber in Unrecht verkehrt, wenn nur dieß für Denken gilt und das Denken nur dann sich frei weiß, insofern es vom *Allgemein-Anerkannten und Gültigen abweiche* und sich etwas *Besonderes* zu erfinden gewußt habe.

Am festesten konnte in unserer Zeit die Vorstellung, als ob die Freiheit des Denkens und des Geistes überhaupt sich nur durch die Abweichung, ja Feindschaft gegen das öffentlich Anerkannte beweise, in *Beziehung auf den Staat* eingewurzelt, und hiernach absonderlich eine Philosophie über den Staat wesentlich die Aufgabe zu haben scheinen, *auch* eine *Theorie* und eben eine neue und besondere zu erfinden und zu geben. Wenn man diese Vorstellung und das ihr gemäße Treiben sieht, so sollte man meinen, als ob noch kein Staat und Staatsverfassung in der Welt gewesen, noch gegenwärtig vorhanden sey, sondern als ob man *jetzt* – und dieß *Jetzt* dauert immer fort – ganz von Vorne anzufangen, und die sittliche Welt nur auf ein solches *jetziges* Ausdenken und Ergründen und Begründen gewartet habe. Von der *Natur* giebt man zu, daß die Philosophie sie zu erkennen habe, *wie sie ist*, daß der Stein der Weisen *irgendwo*, aber *in der Natur selbst* verborgen liege, daß sie *in sich vernünftig* sey und das Wissen diese in ihr gegenwärtige, *wirkliche* Vernunft, nicht die auf der Oberfläche sich zeigenden Gestaltungen und Zufälligkeiten, sondern ihre ewige Harmonie, aber als ihr *immanentes* Gesetz und Wesen zu erforschen und begreifend zu fassen habe. Die *sittliche Welt* dagegen, der Staat, sie, die Vernunft, wie sie sich im Elemente des Selbstbewußtseyns verwirklicht, soll nicht des Glücks genießen, daß es die Vernunft ist, welche in der That in diesem Elemente sich zur Kraft und Gewalt gebracht habe, darin behaupte und inwohne.[1] Das geistige Universum soll vielmehr dem Zufall und

---

1 Es giebt zweierlei Arten von Gesetzen, Gesetze der Natur und des Rechts: die Gesetze der Natur sind schlechthin, und gelten so, wie sie sind: sie leiden an keiner Verkümmerung, obgleich man sich in einzelnen Fällen dagegen vergehen kann. Um zu wissen was das Gesetz der Natur ist, müssen wir dieselbe kennen lernen, denn diese Gesetze sind richtig: nur unsere Vorstellungen davon können falsch seyn. Der Maaßstab dieser Gesetze ist außer uns, und unser Erkennen thut nichts zu ihnen hinzu, befördert sie nicht: nur unsere Erkenntniß über sie kann sich erweitern. Die Kenntniß des Rechts ist einer Seits ebenso, anderer Seits nicht. Wir lernen die Gesetze ebenso kennen wie sie schlechthin sind: so hat sie mehr oder weniger der Bürger, und der positive Jurist bleibt nicht minder bei dem was gegeben ist stehen. Aber der Unterschied ist, daß bei den Rechtsgesetzen sich der Geist der Betrachtung erhebt, und schon die Verschiedenheit der Gesetze darauf aufmerksam macht, daß sie nicht absolut sind. Die Rechtsgesetze sind *Gesetztes* von Menschen *Herkommendes*. Mit diesem kann nothwendig die innere Stimme in Kollision treten, oder sich ihm anschließen. Der Mensch bleibt bei dem Daseyenden nicht stehen, sondern behauptet in sich den Maaßstab zu haben von dem, was recht ist: er kann die Nothwendigkeit und der Gewalt äußerer Autorität unterworfen seyn, aber niemals der Nothwendigkeit der Natur, denn ihm sagt immer sein Inneres, wie es seyn solle, und in sich selbst findet er die Bewährung oder Nichtbewährung dessen was gilt. In der Natur ist die höchste Wahrheit, daß ein Gesetz *überhaupt ist*: in den Gesetzen des Rechts gilt die Sache nicht, weil sie ist, sondern jeder fordert, sie solle seinem eigenen Kriterium entsprechen. Hier also ist ein Widerstreit möglich dessen, was ist, und dessen, was seyn soll, des an und für sich seyenden Rechts, welches unverändert bleibt, und der Willkürlichkeit der Bestimmung dessen, was als Recht gelten solle. Solche Trennung und solcher Kampf findet sich nur auf dem Boden des Geistes, und weil der Vorzug des Geistes somit zum Unfrieden und zur Unseligkeit zu führen scheint, so wird man häufig zur Betrachtung der Natur aus der

der Willkür preisgegeben, es soll *Gottverlassen* seyn, so daß nach diesem Atheismus der sittlichen Welt das *Wahre* sich *außer* ihr befinde, und zugleich, weil doch *auch* Vernunft darin seyn soll, das Wahre nur ein Problema sey. Hierin aber liege die Berechtigung, ja die Verpflichtung für jedes Denken, auch seinen Anlauf zu nehmen, doch nicht um den Stein der Weisen *zu suchen*, denn durch das Philosophiren unserer Zeit ist das Suchen erspart und Jeder gewiß, so wie er steht und geht, diesen Stein in seiner Gewalt zu haben. Nun geschieht es freilich, daß diejenigen, welche in dieser Wirklichkeit des Staats leben und ihr Wissen und Wollen darin befriedigt finden, – und deren sind Viele, ja mehr als es meinen und wissen, denn im *Grunde* sind es *Alle*, – daß also wenigstens diejenigen, welche *mit Bewußtseyn* ihre Befriedigung im Staate haben, jener Anläufe und Versicherungen lachen und sie für ein bald lustigeres oder ernsteres, ergötzliches oder gefährliches, leeres Spiel nehmen. Jenes unruhige Treiben der Reflexion und Eitelkeit, so wie die Aufnahme und Begegnung, welche sie erfährt, wäre nun eine Sache für sich, die sich auf diese Weise in sich entwickelt; aber es ist *die Philosophie* überhaupt, welche sich durch jenes Getreibe in mannigfaltige Verachtung und Miskredit gesetzt hat. Die schlimmste der Verachtungen ist diese, daß wie gesagt jeder, wie er so steht und geht, über die Philosophie überhaupt Bescheid zu wissen und abzusprechen im Stande zu seyn überzeugt ist. Keiner andern Kunst und Wissenschaft wird diese letzte Verachtung bezeigt, zu meinen, daß man sie geradezu inne habe.

In der That, was wir von der Philosophie der neuern Zeit mit der

Willkür des Lebens zurückverwiesen, und soll sich an derselben ein Muster nehmen. Gerade in diesen Gegensätzen aber des an und für sich seyenden Rechts, und dessen, was die Willkür als Recht geltend macht, liegt das Bedürfniß, gründlich das Rechte erkennen zu lernen. Seine Vernunft muß dem Menschen im Rechte engegenkommen; er muß also die Vernünftigkeit des Rechts betrachten und dieß ist die Sache unserer Wissenschaft, im Gegensatz der positiven Jurisprudenz, die es oft nur mit Widersprüchen zu thun hat. Die gegenwärtige Welt hat dazu noch ein dringenderes Bedürfniß, denn vor alten Zeiten war noch Achtung und Ehrfurcht vor dem bestehenden Gesetz da: jetzt aber hat die Bildung der Zeit eine andere Wendung genommen, und der Gedanke hat sich an die Spitze alles dessen gestellt, was gelten soll. Theorien stellen sich dem Daseyenden gegenüber, und wollen als an und für sich richtig und nothwendig erscheinen. Nunmehr wird es specielleres Bedürfniß, die Gedanken des Rechts zu erkennen und zu begreifen. Da sich der Gedanke zur wesentlichen Form erhoben hat, so muß man auch das Recht als Gedanken zu fassen suchen. Dieß scheint zufälligen Meinungen Thür und Tor zu öffnen, wenn der Gedanke über das Recht kommen soll; aber der wahrhafte Gedanke ist keine Meinung über die Sache, sondern der Begriff der Sache selbst. Der Begriff der Sache kommt uns nicht von Natur. Jeder Mensch hat Finger, kann Pinsel und Farben haben, darum aber ist er noch kein Maler. Ebenso ist es mit dem Denken. Der Gedanke des Rechts ist nicht etwa, was jedermann aus erster Hand hat, sondern das richtige Denken ist das Kennen und Erkennen der Sache, und unsere Erkenntniß soll daher wissenschaftlich seyn.

größten Prätension über den Staat haben ausgehen sehen, berechtigte wohl jeden, der Lust hatte mitzusprechen, zu dieser Überzeugung, eben solches von sich aus geradezu machen zu können und damit sich den Beweis, im Besitz der Philosophie zu seyn, zu geben. Ohnehin hat die sich so nennende Philosophie es ausdrücklich ausgesprochen, daß das *Wahre selbst nicht erkannt werden* könne, sondern daß dies das *Wahre* sey, was jeder über die sittlichen Gegenstände, vornehmlich über Staat, Regierung und Verfassung, sich *aus seinem Herzen, Gemüth* und *Begeisterung aufsteigen* lasse. Was ist darüber nicht alles der Jugend insbesondere zum Munde geredet worden? Die Jugend hat es sich denn auch wohl gesagt seyn lassen. *Den Seinen giebt Er's schlafend*, – ist auf die Wissenschaft angewendet worden, und damit hat jeder Schlafende sich zu den *Seinen* gezählt; was er so im Schlafe der Begriffe bekommen, war denn freilich auch Waare darnach. – Ein Heerführer dieser Seichtigkeit, die sich Philosophiren nennt, Herr *Fries*[2], hat sich nicht entblödet bei einer feierlichen, berüchtigt gewordenen öffentlichen Gelegenheit in einer Rede, über den Gegenstand von Staat und Staatsverfassung die Vorstellung zu geben: »in dem Volke, in welchem ächter Gemeingeist herrsche, würde jedem Geschäft der öffentlichen Angelegenheiten *das Leben von unten aus dem Volke* kommen, würden jedem einzelnen Werke der Volksbildung und des volksthümlichen Dienstes, sich *lebendige* Gesellschaften weihen, *durch die heilige Kette der Freundschaft* unverbrüchlich vereinigt,« und dergleichen. – Dieß ist der Hauptsinn der Seichtigkeit, die Wissenschaft statt auf die Entwickelung des Gedankens und Begriffs, vielmehr auf die unmittelbare Wahrnehmung und die zufällige Einbildung zu stellen, ebenso die reiche Gliederung des Sittlichen in sich, welche der Staat ist, die Architektonik seiner Vernünftigkeit, die durch die bestimmte Unterscheidung der Kreise des öffentlichen Lebens und ihrer Berechtigungen und durch die Strenge des Maaßes, in dem sich jeder Pfeiler, Bogen und Strebung hält, die Stärke des Ganzen aus der Harmonie seiner Glieder hervorgehen macht, – diesen gebildeten Bau in den Brei des »Herzens, der Freundschaft und Begeisterung« zusammenfließen zu lassen. Wie nach Epikur die Welt überhaupt, so *ist* freilich nicht, aber so sollte, die sittliche Welt nach solcher Vorstellung, der subjektiven Zufälligkeit des Meinens und der Willkür übergeben werden. Mit dem einfachen Hausmittel, auf das *Gefühl* das zu stellen, was die und zwar mehrtausendjährige Arbeit der Vernunft und ihres Verstandes ist, ist freilich alle die Mühe der von dem denkenden Begriffe geleiteten Vernunfteinsicht und Erkenntniß erspart. *Mephistopheles* bei Göthe, –

---

[2] Von der Seichtigkeit seiner Wissenschaft habe ich sonst Zeugniß gegeben; s. Wissenschaft der Logik (Nürnberg 1812) Einl. S. XVII.

eine gute Autorität, – sagt darüber ungefähr, was ich auch sonst angeführt:

»Verachte nur Verstand und Wissenschaft,
des Menschen allerhöchste Gaben –
so hast dem Teufel dich ergeben
und mußt zu Grunde gehn.«

Unmittelbar nahe liegt es, daß solche Ansicht sich auch die Gestalt der *Frömmigkeit* annimmt; denn mit was Allem hat dieses Getreibe sich nicht zu autorisiren versucht! Mit der Gottseligkeit und der Bibel aber hat es sich die höchste Berechtigung, die sittliche Ordnung und die Objektivität der Gesetze zu verachten, zu geben vermeint. Denn wohl ist es auch die Frömmigkeit, welche die in der Welt zu einem organischen Reiche auseinander geschlagene Wahrheit zur einfachern Anschauung des Gefühls einwickelt. Aber sofern sie rechter Art ist, giebt sie die Form dieser Region auf, sobald sie aus dem Innern heraus in den Tag der Entfaltung und des geoffenbarten Reichthums der Idee eintritt, und bringt aus ihrem innern Gottesdienst die Verehrung gegen eine an und für sich seyende, über die subjektive Form des Gefühls erhabene, Wahrheit und Gesetze mit.

Die besondere Form des üblen Gewissens, welche sich in der Art der Beredsamkeit, zu der sich jene Seichtigkeit aufspreitzt, kund thut, kann hierbei bemerklich gemacht werden; und zwar zunächst, daß sie da, wo sie am *geistlosesten* ist, am meisten vom *Geiste* spricht, wo sie am todtesten und ledernsten redet, das Wort *Leben* und ins *Leben einführen*, wo sie die größte Selbstsucht des leeren Hochmuths kund thut, am meisten das Wort *Volk* im Munde führt. Das eigenthümliche Wahrzeichen aber, das sie an der Stirne trägt, ist der Haß gegen das Gesetz. Daß Recht und Sittlichkeit, und die wirkliche Welt des Rechts und des Sittlichen sich durch den *Gedanken* erfaßt, durch Gedanken sich die Form der Vernünftigkeit, nämlich Allgemeinheit und Bestimmtheit giebt; dieß, *das Gesetz*, ist es, was jenes sich das Belieben vorbehaltende Gefühl, jenes das Rechte in die subjektive Überzeugung stellende Gewissen, mit Grund als das sich feindseligste ansieht. Die Form des Rechten als einer *Pflicht* und als eines *Gesetzes* wird von ihm als ein *todter, kalter Buchstabe* und als eine *Fessel* empfunden; denn es erkennt in ihm nicht sich selbst, sich in ihm somit nicht frei, weil das Gesetz die Vernunft der Sache ist, und diese dem Gefühl nicht verstattet, sich an der eigenen Partikularität zu wärmen. Das *Gesetz* ist darum, wie im Laufe dieses Lehrbuchs irgendwo angemerkt worden, vornehmlich das Schiboleth, an dem die falschen Brüder und Freunde des sogenannten Volkes sich abscheiden.

Indem nun die Rabulisterei der Willkür sich des Namens der *Philoso-*

phie bemächtigt und ein großes Publikum in die Meinung zu versetzen vermocht hat, als ob dergleichen Treiben Philosophie sey, so ist es fast gar zur Unehre geworden, über die Natur des Staats noch philosophisch zu sprechen; und es ist rechtlichen Männern nicht zu verargen, wenn sie in Ungeduld gerathen, sobald sie von philosophischer Wissenschaft des Staats reden hören. Noch weniger ist sich zu verwundern, wenn die Regierungen auf solches Philosophiren endlich die Aufmerksamkeit gerichtet haben, da ohnehin bei uns die Philosophie nicht wie etwa bei den Griechen, als eine private Kunst exercirt wird, sondern sie eine öffentliche, das Publikum berührende Existenz, vornehmlich oder allein im Staatsdienste, hat. Wenn die Regierungen ihren diesem Fache gewidmeten Gelehrten das Zutrauen bewiesen haben, sich für die Ausbildung und den Gehalt der Philosophie auf sie gänzlich zu verlassen, – wäre es hier und da, wenn man will, nicht so sehr Zutrauen, als Gleichgültigkeit gegen die Wissenschaft selbst gewesen, und das Lehramt derselben nur traditionell beibehalten worden (– wie man denn, so viel mir bekannt ist, in Frankreich die Lehrstühle der Metaphysik wenigstens, hat eingehen lassen) – so ist ihnen vielfältig jenes Zutrauen schlecht vergolten worden, oder wo man, im andern Fall, Gleichgültigkeit sehen wollte, so wäre der Erfolg, das Verkommen gründlicher Erkenntniß, als ein Büßen dieser Gleichgültigkeit anzusehen. Zunächst scheint wohl die Seichtigkeit etwa am allverträglichsten, wenigstens mit äußerer Ordnung und Ruhe zu seyn, weil sie nicht dazu kommt, die Substanz der Sachen zu berühren, ja nur zu ahnden; sie würde somit zunächst wenigstens polizeilich nichts gegen sich haben, wenn nicht der Staat noch das Bedürfniß tieferer Bildung und Einsicht in sich schlösse und die Befriedigung desselben von der Wissenschaft forderte. Aber die Seichtigkeit führt von selbst in Rücksicht des Sittlichen, des Rechts und der Pflicht überhaupt, auf diejenigen Grundsätze, welche in dieser Sphäre das Seichte ausmachen, auf die Principien der *Sophisten*, die wir aus *Plato* so entschieden kennen lernen, – die Principien, welche das, was Recht ist, auf die *subjektiven Zwecke und Meinungen*, auf das *subjektive Gefühl* und die *partikuläre Überzeugung* stellen, – Principien, aus welchen die Zerstörung ebenso der innern Sittlichkeit und des rechtschaffenen Gewissens, der Liebe und des Rechts unter den Privatpersonen, als die Zerstörung der öffentlichen Ordnung und der Staatsgesetze folgt. Die Bedeutung, welche dergleichen Erscheinungen für die Regierungen gewinnen müssen, wird sich nicht etwa durch den Titel abweisen lassen, der sich auf das geschenkte Zutrauen selbst und auf die Autorität eines Amtes stützte, um an den Staat zu fordern, daß er das, was die subsidiäre Quelle von den Thaten, die allgemeinen Grundsätze, verdirbt, und sogar dessen Trotz, als ob es sich so gehörte, gewähren und walten lassen solle. *Wem Gott ein Amt giebt, dem giebt er auch Verstand,* –

ist ein alter Scherz, den man wohl in unsern Zeiten nicht gar für Ernst wird behaupten wollen.

In der Wichtigkeit der Art und Weise des Philosophirens, welche durch die Umstände bei den Regierungen aufgefrischt worden ist, läßt sich das Moment des Schutzes und Vorschubs nicht verkennen, dessen das Studium der Philosophie nach vielen andern Seiten hin bedürftig geworden zu seyn scheint. Denn liest man in so vielen Produktionen aus dem Fache der positiven Wissenschaften, ingleichen der religiösen Erbaulichkeit und anderer unbestimmter Literatur, wie darin nicht nur die vorhin erwähnte Verachtung gegen die Philosophie bezeigt ist, daß solche, die zugleich beweisen, daß sie in der Gedankenbildung völlig zurück sind und Philosophie ihnen etwas ganz fremdes ist, doch sie als etwas bei sich Abgethanes behandeln, – sondern wie daselbst ausdrücklich gegen die Philosophie logezogen und ihr Inhalt, die *begreifende Erkenntniß Gottes* und der physischen und geistigen Natur, *die Erkenntnis der Wahrheit* als für eine thörichte, ja sündhafte Anmaßung erklärt, wie die *Vernunft*, und wieder die *Vernunft*, und in unendlicher Wiederholung die *Vernunft* angeklagt, herabgesetzt und verdammt, – oder wie wenigstens zu erkennen gegeben wird, wie unbequem bei einem großen Theile des wissenschaftlich seyn sollenden Treibens die doch unabwendbaren Ansprüche des Begriffes fallen, – wenn man, sage ich, dergleichen Erscheinungen vor sich hat, so möchte man beinahe dem Gedanken Raum geben, daß *von dieser Seite* die Tradition nicht mehr ehrwürdig, noch hinreichend wäre, dem philosophischen Studium die *Toleranz* und die öffentliche Existenz zu sichern.[3] – Die zu unserer Zeit gäng und gäben Deklamationen und Anmaßungen gegen die Philosophie bieten das sonderbare Schauspiel dar, daß sie durch jene Seichtigkeit, zu der diese Wissenschaft degradirt worden ist, einer Seits ihr Recht haben, und anderer Seits selbst in diesem Elemente wurzeln, gegen das sie undankbar gerichtet sind. Denn indem jenes sich so nennende Philosophiren die Erkenntniß der Wahrheit für einen thörichten Versuch erklärt hat, hat es, wie der Despotismus der Kaiser *Roms* Adel und Sklaven, Tugend und Laster, Ehre und Unehre, Kenntniß und

---

[3] Dergleichen Ansichten fielen mir bei einem Briefe Joh. v. Müllers (Werke Theil VIII. S. 56.) ein, wo es vom Zustande *Roms* im Jahre 1803, als diese Stadt unter französischer Herrschaft stand, unter anderem heißt: »Befragt, wie es um die öffentlichen Lehranstalten stehe, antwortete ein Professor: *On les tolère comme les bordels.*« – Die sogenannte *Vernunftlehre*, nämlich die *Logik*, kann man wohl sogar noch *empfehlen* hören, etwa mit der Ueberzeugung, daß man sich mit ihr als trockener und unfruchtbarer Wissenschaft entweder ohnehin nicht mehr beschäftige, oder wenn dieß hin und wieder geschehe, man in ihr nur inhaltslose, also nichtsgebende und nichtsverderbende Formeln erhalte, daß somit die Empfehlung auf keinen Fall schaden, sowie nichts nützen werde.

Unwissenheit *gleichgemacht* hat, alle Gedanken und alle Stoffe *nivellirt*, – so daß die Begriffe des Wahren, die Gesetze des Sittlichen auch weiter nichts sind als Meinungen und subjektive Überzeugungen, und die verbrecherischsten Grundsätze als *Überzeugungen* mit jenen Gesetzen in gleiche Würde gestellt sind, und daß ebenso jede noch so kahle und partikulare Objekte und noch so stroherne Materien in gleiche Würde gestellt sind mit dem, was das Interesse aller denkenden Menschen und die Bänder der sittlichen Welt ausmacht.

Es ist darum als ein *Glück* für die Wissenschaft zu achten, – in der That ist es, wie bemerkt, die *Nothwendigkeit der Sache*, – daß jenes Philosophiren, das sich als eine *Schulweisheit* in sich fortspinnen mochte, sich in näheres Verhältniß mit der Wirklichkeit gesetzt hat, in welcher es mit den Grundsätzen der Rechte und der Pflichten Ernst ist, und welche im Tage des Bewußtseyns derselben lebt, und daß es somit zum *öffentlichen* Bruche gekommen ist. Es ist eben *diese Stellung der Philosophie zur Wirklichkeit*, welche die Mißverständnisse betreffen, und ich kehre hiermit zu dem zurück, was ich vorhin bemerkt habe, daß die Philosophie, weil sie das *Ergründen des Vernünftigen* ist, eben damit das *Erfassen* des *Gegenwärtigen* und *Wirklichen*, nicht das Aufstellen eines *Jenseitigen* ist, das Gott weiß wo seyn sollte, – oder von dem man in der That wohl zu sagen weiß, wo es ist, nämlich in dem Irrthum eines einseitigen, leeren Raisonnirens. Im Verlaufe der folgenden Abhandlung habe ich bemerkt, daß selbst die *platonische* Republik, welche als das Sprichwort eines *leeren Ideals* gilt, wesentlich nichts aufgefaßt hat, als die Natur der griechischen Sittlichkeit, und daß dann im Bewußtseyn des in sie einbrechenden tiefern Princips, das an ihr unmittelbar nur als eine noch unbefriedigte Sehnsucht und damit nur als Verderben erscheinen konnte, *Plato* aus eben der Sehnsucht die Hülfe dagegen hat suchen müssen, aber sie, die aus der Höhe kommen mußte, zunächst nur in einer *äußern* besondern Form jener Sittlichkeit suchen konnte, durch welche er jenes Verderben zu gewältigen sich ausdachte, und wodurch er ihren tiefern Trieb, die freie unendliche Persönlichkeit, gerade am tiefsten verletzte. Dadurch aber hat er sich als der große Geist bewiesen, daß eben das Princip, um welches sich das Unterscheidende seiner Idee dreht, die Angel ist, um welche die damals bevorstehende Umwälzung der Welt sich gedreht hat.

Was vernünftig ist, das ist wirklich;
und was wirklich ist, das ist vernünftig.

In dieser Überzeugung steht jedes unbefangene Bewußtseyn, wie die Philosophie, und hiervon geht diese ebenso in Betrachtung des *geistigen* Universums aus, als des *natürlichen*. Wenn die Reflexion, das Gefühl oder welche Gestalt das subjektive Bewußtseyn habe, die *Gegenwart* für ein

Eitles ansieht, über sie hinaus ist und es besser weiß, so befindet es sich im Eiteln, und weil es Wirklichkeit nur in der Gegenwart hat, ist es so selbst nur Eitelkeit. Wenn umgekehrt die *Idee* für das gilt, was nur so eine Idee, eine Vorstellung in einem Meinen ist, so gewährt hingegen die Philosophie die Einsicht, daß nichts wirklich ist als die Idee. Darauf kommt es dann an, in dem Scheine des Zeitlichen und Vorübergehenden die Substanz, die immanent, und das Ewige, das gegenwärtig ist, zu erkennen. Denn das Vernünftige, was synonym ist mit der Idee, indem es in seiner Wirklichkeit zugleich in die äußere Existenz tritt, tritt in einem unendlichen Reichthum von Formen, Erscheinungen und Gestalten hervor, und umzieht seinen Kern mit der bunten Rinde, in welcher das Bewußtseyn zunächst haust, welche der Begriff erst durchdringt, um den innern Puls zu finden und ihn ebenso in den äußern Gestaltungen noch schlagend zu fühlen. Die unendlich mannigfaltigen Verhältnisse aber, die sich in dieser Äußerlichkeit, durch das Scheinen des Wesens in sie, bilden, dieses unendliche Material und seine Regulirung, ist nicht Gegenstand der Philosophie. Sie mischte sich damit in Dinge, die sie nicht angehen; guten Rath darüber zu ertheilen, kann sie sich ersparen; *Plato* konnte es unterlassen, den Ammen anzuempfehlen, mit den Kindern nie stillezustehen, sie immer auf den Armen zu schaukeln, ebenso *Fichte* die Vervollkommnung der *Paßpolizei* bis dahin, wie man es nannte, zu *konstruiren*, daß von den Verdächtigen nicht nur das Signalement in den Paß gesetzt, sondern das Porträt darin gemalt werden solle. In dergleichen Ausführungen ist von Philosophie keine Spur mehr zu sehen, und sie kann dergleichen Ultraweisheit um so mehr lassen, als sie über diese unendliche Menge von Gegenständen gerade am liberalsten sich zeigen soll. Damit wird die Wissenschaft auch von dem Hasse, den die Eitelkeit des Besserwissens auf eine Menge von Umständen und Institutionen wirft, – ein Haß, in welchem sich die Kleinlichkeit am meisten gefällt, weil sie nur dadurch zu einem Selbstgefühl kommt, – sich am entferntesten zeigen.

So soll denn diese Abhandlung, insofern sie die Staatswissenschaft enthält, nichts anders seyn, als der Versuch, den *Staat als ein in sich Vernünftiges zu begreifen* und *darzustellen*. Als philosophische Schrift muß sie am entferntesten davon seyn, einen *Staat, wie er seyn soll*, konstruiren zu sollen; die Belehrung, die in ihr liegen kann, kann nicht darauf gehen, den Staat zu belehren, wie er seyn soll, sondern vielmehr, wie er, das sittliche Universum, erkannt werden soll.

Ἰδοὺ Ῥόδος, ἰδοὺ καὶ τὸ πήδημα.
Hic Rhodus, *hic* saltus.

Das *was ist* zu begreifen, ist die Aufgabe der Philosophie, denn das *was ist*, ist die Vernunft. Was das Individuum betrifft, so ist ohnehin jedes ein

Sohn seiner Zeit; so ist auch die Philosophie, *ihre* Zeit *in Gedanken erfaßt*. Es ist eben so thöricht zu wähnen, irgend eine Philosophie gehe über ihre gegenwärtige Welt hinaus, als, ein Individuum überspringe seine Zeit, springe über Rhodus hinaus. Geht seine Theorie in der That darüber hinaus, baut es sich eine Welt, *wie sie seyn soll*, so existirt sie wohl, aber nur in seinem Meinen, – einem weichen Elemente, dem sich alles Beliebige einbilden läßt.

Mit weniger Veränderung würde jene Redensart lauten:

Hier ist die Rose, *hier* tanze.

Was zwischen der Vernunft als selbstbewußtem Geiste und der Vernunft als vorhandener Wirklichkeit liegt, was jene Vernunft von dieser scheidet und in ihr nicht die Befriedigung finden läßt, ist die Fessel irgend eines Abstraktums, das nicht zum Begriffe befreit ist. Die Vernunft als die Rose im Kreuze der Gegenwart zu erkennen und damit dieser sich zu erfreuen, diese vernünftige Einsicht ist die *Versöhnung* mit der Wirklichkeit, welche die Philosophie denen gewährt, an die einmal die innere Anforderung ergangen ist, *zu begreifen*, und in dem, was substantiell ist, ebenso die subjektive Freiheit zu erhalten, so wie mit der subjektiven Freiheit nicht in einem Besonderen und Zufälligen, sondern in dem, was an und für sich ist, zu stehen.

Dieß ist es auch, was den konkretern Sinn dessen ausmacht, was oben abstrakter als *Einheit der Form* und *des Inhalts* bezeichnet worden ist, denn die *Form* in ihrer konkretesten Bedeutung ist die Vernunft als begreifendes Erkennen, und der *Inhalt* die Vernunft als das substantielle Wesen der sittlichen, wie der natürlichen Wirklichkeit; die bewußte Identität von beiden ist die philosophische Idee. – Es ist ein großer Eigensinn, der Eigensinn, der dem Menschen Ehre macht, nichts in der Gesinnung anerkennen zu wollen, was nicht durch den Gedanken gerechtfertigt ist, – und dieser Eigensinn ist das Charakteristische der neuern Zeit, ohnehin das eigenthümliche Princip des Protestantismus. Was *Luther* als Glauben im Gefühl und im Zeugniß des Geistes begonnen, es ist dasselbe, was der weiterhin gereifte Geist im *Begriffe* zu fassen, und so in der Gegenwart sich zu befreien, und dadurch in ihr sich zu finden bestrebt ist. Wie es ein berühmtes Wort geworden ist, daß eine halbe Philosophie von Gott abführe, – und es ist dieselbe Halbheit, die das Erkennen in eine *Annäherung* zur Wahrheit setzt, – die wahre Philosophie aber zu Gott führe, so ist es dasselbe mit dem Staate. So wie die Vernunft sich nicht mit der Annäherung, als welche weder kalt noch warm ist und darum ausgespien wird, begnügt, ebenso wenig begnügt sie sich mit der kalten Verzweiflung, die zugibt, daß es in dieser Zeitlichkeit wohl schlecht oder höchstens mittelmäßig zugehe, aber eben in ihr nichts besseres zu haben und nur darum

Frieden mit der Wirklichkeit zu halten sey; es ist ein wärmerer Friede mit ihr, den die Erkenntniß verschafft.

Um noch über das *Belehren*, wie die Welt seyn soll, ein Wort zu sagen, so kommt dazu ohnehin die Philosophie immer zu spät. Als der *Gedanke* der Welt erscheint sie erst in der Zeit, nachdem die Wirklichkeit ihren Bildungsproceß vollendet und sich fertig gemacht hat. Dieß, was der Begriff lehrt, zeigt nothwendig ebenso die Geschichte, daß erst in der Reife der Wirklichkeit das Ideale dem Realen gegenüber erscheint und jenes sich dieselbe Welt, in ihrer Substanz erfaßt, in Gestalt eines intellektuellen Reichs erbaut. Wenn die Philosophie ihr Grau in Grau malt, dann ist eine Gestalt des Lebens alt geworden, und mit Grau in Grau läßt sie sich nicht verjüngen, sondern nur erkennen; die Eule der Minerva beginnt erst mit der einbrechenden Dämmerung ihren Flug.

Doch es ist Zeit, dieses Vorwort zu schließen; als Vorwort kam ihm ohnehin nur zu, äußerlich und subjektiv von dem Standpunkt der Schrift, der es vorangeschickt ist, zu sprechen. Soll philosophisch von einem Inhalte gesprochen werden, so verträgt er nur eine wissenschaftliche, objektive Behandlung, wie denn auch dem Verfasser Widerrede anderer Art als eine wissenschaftliche Abhandlung der Sache selbst, nur für ein subjektives Nachwort und beliebige Versicherung gelten und ihm gleichgültig seyn muß.

Berlin, den 25. Juni 1820.

II. Der Aufstand der Weltanschauungen

Daß Hegels Philosophie eine wahrhafte Vollendung der Philosophie bedeutete, zeigte sich nicht nur in dem jähen Abfall von der handwerklichen Kunst des Denkens, der mit Hegels Tod eintrat, sondern vor allem auch in dem veränderten Stilcharakter, den das in die Breite wirkende Denken der Gegner Hegels aufweist. Es stellte zwar nicht immer den Umschlag der Philosophie in die Politik dar, wie ihn Arnold Ruge gefordert hatte. Aber wahr ist, daß keiner der Denker, deren Texte wir hier zusammenstellen, noch in dem ruhigen Äther denkender Betrachtung weilt, in dem sich Hegels Denken bewegt. Sie alle waren leidenschaftliche Naturen, getrieben von einem oft ungestümen Willen. Was sie lehrten, sollte verwandeln – befreien von den Gespenstern des Christentums (Feuerbach), von der Selbstentfremdung des Menschen im Kapitalismus (Marx), von der falschen Christlichkeit der herrschenden Kirche (Kierkegaard), von dem leid- und mitleidvollen Verstricktsein in der Gier des Lebens (Schopenhauer), von der Verleumdung des Diesseits im Namen der christlichen Moral (Nietzsche). Keiner dieser bedeutenden philosophischen Schriftsteller fühlte sich als Lehrer der Philosophie (wenn auch Feuerbach und Schopenhauer auf kurze Zeit den Versuch zu lehren machten). Sie alle wirkten durch die Feder – und sie wirkten in die Breite, sie befriedigten ein weltanschauliches Bedürfnis, das in der deutschen und europäischen Bildungsschicht erwachte, als die christlichen Kirchen ihre Allverbindlichkeit einbüßten. Natürlich könnte man neben die Ausgewählten noch eine große Zahl anderer stellen, die dem gleichen Hang zur Weltanschauung, der das Jahrhundert beherrschte, Ausdruck gaben. Indessen ist die Reihe, die wir geben, Feuerbachs Materialismus, Marx' dialektischer Materialismus, Kierkegaards Existenzdialektik, Schopenhauers Pessimismus, Nietzsches Lebensphilosophie, eine eindrucksvolle Bestätigung der Tatsache, daß nach Hegels Tod die Philosophie abseits von den Universitäten als Weltanschauungsphilosophie eine neue Gestalt entwickelt hat.

Im gewissen Sinne waren alle diese Schriftsteller Kritiker des Idealismus. Welche imperiale Figur des Geistes Hegel darstellte, wird vielleicht durch nichts so deutlich wie dadurch, daß nicht nur innerhalb seiner Schule der Steit um die wahre Fortsetzung seiner Intentionen entbrannte, sondern daß auch die genannten großen Schriftsteller zumeist aus dieser Schule kamen. Während die sogenannte Hegelsche Rechte auf zahlreichen Kathedern Hegels Philosophie weiter vertrat, entwickelte die sogenannte Hegelsche Linke ein revolutionäres Pathos, das die ganze Grundlage der Hegelschen dialektischen Synthese von Philosophie und Christentum, von Geist und Geschichte unter der Parole der Praxis und Politik in

Frage stellte. Unverkennbar war es diese Hegelsche Linke, welche dem Geist der Epoche wirklichen Ausdruck gab. Sie setzte etwas an Hegel frei, was zwar nicht Hegels eigener Intention entsprach, aber doch in ihm angelegt war. Seine spekulative Synthese enthielt den Anspruch, über die Abstraktheit des Gegensatzes von Bewußtsein und Sein hinauszugehen und die Vermittlung von Allgemeinem und Besonderem, von Idee und Erscheinung ein für allemal geleistet zu haben. Sie gipfelte in der Behauptung, daß das Wirkliche das Vernünftige sei.

Das mußte für jeden, der an den Widersprüchen der Wirklichkeit litt, eine Provokation darstellen. Die Antwort auf diese Provokation, die allen Kritikern Hegels gemeinsam war, war der Umschlag in die Nichtphilosophie, d. h. in die Praxis. Daher der völlig andere Stil des Denkens und Schreibens, den die Junghegelianer aufbrachten. Zwar läßt sich nicht leugnen, daß die Anstrengung des Begriffs über der agitatorischen Rhetorik dieser revolutionären Proteste zu kurz kam. Aber wenn man gerecht sein will, muß man zugeben, daß auch die orthodoxe Weiterentwicklung der Hegelschen Philosophie durch die Hegelsche Rechte, und erst recht die christliche Kritik an Hegel, die wir mit dem Namen ›Spätidealismus‹ bezeichnen, das begriffliche Niveau des Hegelschen Denkens auch nicht von ferne zu halten vermochten. Wenn man den Maßstab begrifflicher Schärfe und handwerklichen Könnens anlegt, war es ein allgemeiner Zusammenbruch. Aber seitens der Hegelschen Linken war es zugleich ein echter Aufbruch. Die drei Namen, die wir unter vielen ausgewählt haben, sollen eine Vorstellung von dem neuen Stil des Denkens geben. Feuerbach, Marx und Kierkegaard haben dies gemeinsam, daß sie gedankliche Momente, die in Hegels System sehr wohl ihren Platz und ihr Recht gefunden hatten, gegen ihn kehren. Insofern bleibt Hegel auf eine geheime Weise allgegenwärtig, auch wenn seine Schüler und Anhänger, die sich von ihm emanzipierten, in totale Polemik übergingen.

Ludwig Feuerbach

Ludwig Feuerbach ist heute noch ein vielgenannter Name. Zwar werden seine Schriften kaum noch gelesen, doch seine Grundthese von dem menschlichen Ursprung der Religion und von der Projektion der menschlichen Erfahrung der Selbstentzweiung in das Jenseits des Göttlichen, die Grundthese alles Atheismus, ist eine weitverbreitete Basis für das Verständnis religiöser Erscheinungen geworden, im besonderen in der Form von Feuerbachs letzter Phase, in der er die Natur als den wahren Gott der menschlichen Lebensängste, als den Hintergrund der heidnischen Religionen entwickelte. Hier ist es mit Händen zu greifen, wie die glanzvolle Synthese Hegels, die das Christentum in den Begriff der Philosophie zu erheben beanspruchte, wie von selbst die Konsequenz aus sich entließ, daß ein begriffenes und im Gedanken der Philosophie vollzogenes Christentum in Wahrheit den Anspruch der christlichen Offenbarung zunichte macht. So setzte sich die anthropologische Deutung des Phänomens der Religion auf der Basis des Hegelschen Denkens selber durch.

Ludwig Feuerbach konnte seine eigenen Motive, die er später gegen Hegel kehrte, die Einheit von Sinnlichkeit und Vernunft, die Bedeutung des Du für das Selbstbewußtsein, die innere Unendlichkeit des menschlichen Geistes, aus Hegels Denken selber entwickeln, und so ist es kein Wunder, daß er zuerst als Verteidiger Hegels aufgetreten ist, um wenige Jahre später das, was er bekämpfte, selber zu vertreten. Er ist ein beredter Schriftsteller. Der Text, den wir abdrucken, zeigt etwas von der demagogischen Fähigkeit, die allen Kritikern Hegels eigen war. Freilich bewegen sich gerade Feuerbachs Thesen in einem Stile programmatischer Umkehrung, der nur zu deutlich offenbart, wie sehr er von dem abhängig bleibt, was er bekämpft. Man kann Feuerbachs Angriff auf Hegel als eine Art Sklavenaufstand gegen die Philosophie bezeichnen. Wenn er von Karl Marx in seinen berühmten *Thesen über Feuerbach*, die wir unten bringen werden, zum Gegenstand revolutionärer Kritik erwählt wurde, so hat ihm das eine Art sekundärer Unsterblichkeit verschafft, auf die er sonst, trotz dem strohfeuergleichen Erfolg seiner Kritik des Christentums und der bleibenden Bedeutung derselben für die neuere Religionsgeschichte, kaum zählen konnte.

Es scheint daher geboten, hier ein Stück abzudrucken, das die epochale Bedeutung von Feuerbachs Religionskritik verständlich macht. Das kann aber nur ein Kapitel aus seinem aufsehenerregenden Buch *Das Wesen des Christentums* sein, in dem er erstmals die anthropologische Begründung für seine Religionskritik in extenso entwickelt hat. Wir drucken daher den Beginn seines Hauptwerks ab, das die anthropologische Grundlegung enthält.

Das Wesen des Christentums

Erstes Kapitel

Das Wesen des Menschen im Allgemeinen

Die Religion beruht auf dem *wesentlichen Unterschiede* des Menschen vom Thiere – die Thiere haben *keine* Religion. Die ältern kritiklosen Zoographen legten wohl dem Elephanten unter andern löblichen Eigenschaften auch die Tugend der Religiosität bei; allein die Religion der Elephanten gehört in das Reich der Fabeln. Cuvier, einer der grössten Kenner der Thierwelt, stellt, gestützt auf eigne Beobachtungen, den Elephanten auf keine höhere Geistesstufe als den Hund.

Was ist aber der wesentliche Unterschied des Menschen vom Thiere? Die einfachste und allgemeinste, auch populärste Antwort auf diese Frage ist: *das Bewusstsein* – aber Bewusstsein im strengen Sinne; denn Bewusstsein im Sinne des Selbstgefühls, der sinnlichen Unterscheidungskraft, der Wahrnehmung und selbst Beurtheilung der äussern Dinge nach bestimmten sinnfälligen Merkmalen, solches Bewusstsein kann den Thieren nicht abgesprochen werden. Bewusstsein im strengsten Sinne ist nur da, wo einem Wesen seine *Gattung*, seine *Wesenheit* Gegenstand ist. Das Thier ist wohl sich als Individuum – darum hat es Selbstgefühl – aber nicht als Gattung Gegenstand – darum mangelt ihm *das* Bewusstsein, welches seinen Namen vom *Wissen* ableitet. Wo Bewusstsein, da ist Fähigkeit zur Wissenschaft. Die Wissenschaft ist das *Bewusstsein der Gattungen*. Im Leben verkehren wir mit Individuen, in der Wissenschaft mit Gattungen. Aber nur ein Wesen, dem seine eigene Gattung, seine Wesenheit Gegenstand ist, kann andere Dinge oder Wesen nach ihrer wesentlichen Natur zum Gegenstande machen.

Das Thier hat daher nur ein einfaches, der Mensch ein zweifaches Leben: bei dem Thiere ist das innere Leben eins mit dem äussern – der Mensch hat ein inneres *und* äusseres Leben. Das innere Leben des Menschen ist das Leben im Verhältniss zu seiner Gattung, seinem Wesen. Der Mensch denkt, d.h. er conversirt, er spricht *mit sich selbst*. Das Thier kann keine Gattungsfunction verrichten ohne ein anderes Individuum ausser ihm; der Mensch aber kann die Gattungsfunction des Denkens, des Sprechens – denn Denken, Sprechen sind wahre *Gattungsfunctionen* – ohne einen Andern verrichten. Der Mensch ist sich selbst zugleich Ich und Du; er kann sich selbst an die Stelle des Andern setzen, eben desswegen, weil ihm seine Gattung, sein Wesen, nicht nur seine Individualität Gegenstand ist.

Das Wesen des Menschen im Unterschied vom Thiere ist nicht nur der Grund, sondern auch der Gegenstand der Religion. Aber die Religion ist das Bewusstsein des Unendlichen; sie ist also und kann nichts Andres sein, als das Bewusstsein des Menschen von *seinem*, und zwar nicht endlichen, beschränkten, sondern *unendlichen* Wesen. Ein *wirklich* endliches Wesen hat nicht die *entfernteste Ahnung*, geschweige ein *Bewusstsein* von einem *unendlichen Wesen*, denn die *Schranke des Wesens* ist auch die *Schranke des Bewusstseins*. Das Bewusstsein der Raupe, deren Leben und Wesen auf eine bestimmte Pflanzenspecies eingeschränkt ist, erstreckt sich auch nicht über dieses beschränkte Gebiet hinaus; sie unterscheidet wohl diese Pflanze von andern Pflanzen, aber mehr weiss sie nicht. Solch ein beschränktes, aber eben wegen seiner Beschränktheit infallibles, untrügliches Bewusstsein nennen wir darum auch nicht Bewusstsein, sondern Instinkt. *Bewusstsein* im strengen oder eigentlichen Sinne und *Bewusstsein des Unendlichen ist untrennbar; beschränktes* Bewusstsein ist *kein* Bewusstsein; das Bewusstsein ist wesentlich allumfassender, unendlicher Natur. Das Bewusstsein des Unendlichen ist nichts Andres als das Bewusstsein von der *Unendlichkeit des Bewusstseins*. Oder: im Bewusstsein des Unendlichen ist dem Bewussten die *Unendlichkeit des eigenen Wesens Gegenstand*.

Aber was ist denn das Wesen des Menschen, dessen er sich bewusst ist, oder was macht die Gattung, die eigentliche Menschheit im Menschen aus?[1] Die *Vernunft*, der *Wille*, das *Herz*. Zu einem vollkommenen Menschen gehört die Kraft des Denkens, die Kraft des Willens, die Kraft des Herzens. Die Kraft des Denkens ist das Licht der Erkenntniss, die Kraft des Willens die Energie des Charakters, die Kraft des Herzens die Liebe. Vernunft, Liebe, Willenskraft sind *Vollkommenheiten*, sind die *höchsten Kräfte*, sind das *absolute Wesen* des Menschen als Menschen, und der Zweck seines Daseins. Der Mensch ist, um zu erkennen, um zu lieben, um zu wollen. Aber was ist der Zweck der Vernunft? die Vernunft. Der Liebe? die Liebe. Des Willens? die Willensfreiheit. Wir erkennen, um zu erkennen, lieben, um zu lieben, wollen, um zu wollen, d.h. frei zu sein. *Wahres* Wesen ist denkendes, liebendes, wollendes Wesen. Wahr, vollkommen, göttlich ist nur, was *um sein selbst willen* ist. Aber so ist die Liebe, so die Vernunft, so der Wille. Die göttliche Dreieinigkeit *im* Men-

---

[1] Der *geistlose* Materialist sagt: »Der Mensch unterscheidet sich vom Thiere *nur* durch Bewusstsein, er ist ein Thier, aber *mit* Bewusstsein«, der bedenkt also nicht, dass in einem Wesen, das zum Bewusstsein erwacht, eine *qualitative Veränderung* des ganzen Wesens vor sich geht. Uebrigens soll mit dem Gesagten keineswegs das Wesen der Thiere herabgesetzt werden. Hier ist der Ort nicht, tiefer einzugehen.

schen *über* dem individuellen Menschen ist die Einheit von Vernunft, Liebe, Wille. Vernunft (Einbildungskraft, Phantasie, Vorstellung, Meinung), Wille, Liebe oder Herz sind keine Kräfte, welche der Mensch hat – denn er ist nichts ohne sie, er ist, was er ist, nur durch sie – sie sind, als die sein Wesen, welches er weder *hat*, noch *macht*, begründenden Elemente, die ihn *beseelenden, bestimmenden, beherrschenden Mächte – göttliche, absolute Mächte*, denen er keinen Widerstand entgegensetzen kann.[2]

Wie könnte der gefühlvolle Mensch dem Gefühl, der Liebende der Liebe, der Vernünftige der Vernunft widerstehen? Wer hat nicht die zermalmende Macht der Töne erfahren? Aber was ist die Macht der Töne als die Macht der Gefühle? Die Musik ist die Sprache des Gefühls – der Ton das laute Gefühl, das Gefühl, das sich mittheilt. Wer hätte nicht die Macht der Liebe erfahren oder wenigstens von ihr gehört? Wer ist stärker? die Liebe oder der individuelle Mensch? Hat der Mensch die Liebe, oder hat nicht vielmehr die Liebe den Menschen? Wenn die Liebe den Menschen bewegt, selbst mit Freuden für den Geliebten in den Tod zu gehen, ist diese den Tod überwindende Kraft seine eigne individuelle Kraft oder nicht vielmehr die Kraft der Liebe? Und wer, der je wahrhaft gedacht, hätte nicht die Macht des Denkens, die freilich stille, geräuschlose Macht des Denkens erfahren? Wenn Du in tiefes Nachdenken versinkest, Dich und was um Dich vergessend, beherrschest Du die Vernunft oder wirst Du nicht von ihr beherrscht und verschlungen? Ist die wissenschaftliche Begeisterung nicht der schönste Triumph, den die Vernunft über Dich feiert? Ist die Macht des Wissenstriebs nicht eine *schlechterdings unwiderstehliche, Alles überwindende Macht*? Und wenn Du eine Leidenschaft unterdrückst, eine Gewohnheit ablegst, kurz einen Sieg über Dich selbst erringst, ist diese siegreiche Kraft Deine eigne persönliche Kraft, für sich selbst gedacht, oder nicht vielleicht die Willensenergie, die Macht der Sittlichkeit, welche sich gewaltsam Deiner bemeistert und Dich mit Indignation gegen Dich selbst und Deine individuellen Schwachheiten erfüllt?[3]

---

2 Toute opinion est *assez forte* pour se faire exposer *au prix de la vie. Montaigne.*
3 Ob diese Unterscheidung zwischen dem Individuum – ein, wie freilich alle abstracten Wörter, höchst unbestimmtes, zweideutiges, irreführendes Wort – und der Liebe, der Vernunft, dem Willen eine in der Natur begründete ist oder nicht ist, das ist für das Thema dieser Schrift ganz gleichgültig. Die Religion zieht die Kräfte, Eigenschaften, Wesensbestimmungen des Menschen vom Menschen ab und vergöttert sie als selbstständige Wesen – gleichgültig ob sie nun, wie im Polytheismus, jede einzeln für sich zu einem Wesen macht, oder, wie im Monotheismus, alle in *ein* Wesen zusammenfasst – also muss auch in der Erklärung und Zurückführung dieser göttlichen Wesen auf den Menschen dieser Unterschied gemacht werden. Uebrigens ist er nicht nur durch den Gegenstand geboten, er ist auch sprachlich und was eins ist, logisch begründet, denn der Mensch unterscheidet *sich* von seinem Geiste, seinem Kopfe, seinem Herzen, als wäre er Etwas ohne sie.

Der Mensch ist *nichts ohne Gegenstand*. Grosse, exemplarische Menschen – solche Menschen, die uns das Wesen des Menschen offenbaren, bestätigen diesen Satz durch ihr Leben. Sie hatten nur *eine* herrschende Grundleidenschaft: die Verwirklichung des Zwecks, welcher der wesentliche Gegenstand ihrer Thätigkeit war. Aber der Gegenstand, auf welchen sich ein Subject *wesentlich, nothwendig* bezieht, ist nichts Andres, als das *eigne*, aber *gegenständliche* Wesen dieses Subjects. Ist derselbe ein mehreren der Gattung nach gleichen, der Art nach aber unterschiedenen Individuen gemeinschaftlicher Gegenstand, so ist er wenigstens *so, wie* er diesen Individuen je nach ihrer Verschiedenheit Object ist, ihr eignes, aber gegenständliches Wesen.

So ist die Sonne das gemeinschaftliche Object der Planeten, aber so, wie sie dem Mercur, der Venus, dem Saturn, dem Uranus, so ist sie nicht der Erde Gegenstand. *Jeder Planet hat seine eigne Sonne.* Die Sonne, die und wie sie den Uranus erleuchtet und erwärmt, hat kein physisches (nur ein astronomisches, wissenschaftliches) Dasein für die Erde; und die Sonne erscheint nicht nur anders, sie *ist* auch wirklich auf dem Uranus eine *andere* Sonne als auf der Erde. Das Verhalten der Erde zur Sonne ist daher zugleich ein Verhalten der Erde zu sich selbst oder zu ihrem eignen Wesen, denn das Maass der Grösse und der Stärke des Lichts, in welchem die Sonne der Erde Gegenstand ist, ist das Maass der Entfernung, welches die eigenthümliche Natur der Erde begründet. Jeder Planet hat daher in seiner Sonne den Spiegel seines eigenen Wesens.

An dem Gegenstande wird daher der Mensch *seiner selbst* bewusst: das Bewusstsein des Gegenstands ist das *Selbstbewusstsein* des Menschen. Aus dem Gegenstande erkennst du den Menschen; an ihm *erscheint* Dir sein Wesen: der Gegenstand ist sein *offenbares* Wesen, sein *wahres, objectives* Ich. Und dies gilt keineswegs nur von den geistigen, sondern selbst auch den *sinnlichen* Gegenständen. Auch die dem Menschen fernsten Gegenstände sind, *weil* und *wiefern* sie ihm Gegenstände sind, Offenbarungen des menschlichen Wesens. Auch der Mond, auch die Sonne, auch die Sterne rufen dem Menschen das Γνῶθι σαυτόν, Erkenne Dich selbst, zu. Dass er sie sieht und sie so sieht, wie er sie sieht, das ist ein Zeugniss seines eignen Wesens. Das Thier wird nur ergriffen von dem zum Leben nothwendigen Lichtstrahl, der Mensch dagegen auch noch von dem gleichgültigen Strahl des entferntesten Sternes. Nur der Mensch hat reine, intellectuelle, interesselose Freuden und Affecte – nur der Mensch feiert theoretische Augenfeste. Das Auge, das in den Sternenhimmel schaut, jenes *nutz-* und *schadenlose* Licht erblickt, welches nichts mit der Erde und ihren Bedürfnissen gemein hat, erblickt in diesem Lichte sein eignes Wesen, seinen eignen Ursprung. Das Auge ist himmlischer Natur. Darum erhebt sich der Mensch über die Erde nur mit dem Auge; darum beginnt die *Theorie* mit dem Blicke nach dem Himmel. Die *ersten* Philosophen waren Astronomen. Der Himmel erinnert den Menschen an seine Bestimmung, daran, dass er nicht blos zum Handeln, sondern auch zur Beschauung bestimmt ist.

Das *absolute Wesen*, der Gott des Menschen ist *sein eignes Wesen*. Die Macht des *Gegenstandes* über ihn ist daher die *Macht seines eignen Wesens*. So ist die Macht des *Gegenstands* des Gefühls die Macht des Gefühls, die Macht des *Gegenstands* der Vernunft die Macht der *Vernunft* selbst, die Macht des *Gegenstands* des Willens die Macht des *Willens*. Den Menschen, dessen Wesen der Ton bestimmt, beherrscht das Gefühl, wenigstens das Gefühl, welches im Tone sein entsprechendes Element findet. Nicht aber der Ton für sich selbst, nur der inhaltsvolle, der sinn- und gefühlvolle Ton hat Macht über das Gefühl. Das Gefühl wird nur durch das Gefühlvolle, d.h. durch *sich selbst, sein eignes Wesen* bestimmt. So auch der Wille, so auch die Vernunft. Was für eines Gegenstandes wir uns daher auch nur immer bewußt werden: wir werden stets zugleich unsres eignen Wesens uns bewusst; wir können nichts *Anderes* bethätigen, ohne *uns selbst* zu bethätigen. Und weil Wollen, Fühlen, Denken Vollkommenheiten sind, Wesenheiten, Realitäten, so ist es unmöglich, dass wir *mit Vernunft* die Vernunft, *mit Gefühl* das Gefühl, *mit Willen* den Willen als eine *beschränkte, endliche d.i. nichtige* Kraft empfinden oder wahrnehmen. Endlichkeit nämlich und Nichtigkeit sind eins; Endlichkeit ist nur ein Euphemismus für Nichtigkeit. Endlichkeit ist der *metaphysische*, der *theoretische*, Nichtigkeit der *pathologische, praktische* Ausdruck. Was dem *Verstande endlich*, ist *nichtig* dem *Herzen*. Es ist aber unmöglich, dass wir uns des Willens, des Gefühls, der Vernunft als endlicher Kräfte bewusst werden, weil jede Vollkommenheit, jede Kraft und Wesenheit die *unmittelbare Bewahrheitung* und *Bekräftigung ihrer selbst* ist. Man kann nicht lieben, nicht wollen, nicht denken, ohne diese Thätigkeiten als Vollkommenheiten zu empfinden, nicht wahrnehmen, dass man ein liebendes, wollendes, denkendes Wesen ist, ohne darüber eine *unendliche Freude* zu empfinden. Bewusstsein ist das sich selbst Gegenstand Sein eines Wesens; daher nichts Besonderes, nichts von dem Wesen, das sich seiner bewusst ist, Unterschiednes. Wie könnte es sonst sich seiner bewusst sein? Unmöglich ist es darum, einer Vollkommenheit als einer Unvollkommenheit sich bewusst zu werden, *unmöglich*, das *Gefühl* als *beschränkt zu empfinden, unmöglich, das Denken als beschränkt zu denken.*

Bewusstsein ist *Selbstbethätigung, Selbstbejahung, Selbstliebe, Freude an der eignen Vollkommenheit. Bewusstsein ist das charakteristische Kennzeichen eines vollkommenen Wesens;* Bewusstsein ist nur in einem gesättigten, vollendeten Wesen. Selbst die menschliche Eitelkeit bestätigt diese Wahrheit. Der Mensch sieht in den Spiegel; er hat einen Wohlgefallen an seiner Gestalt. Dieses Wohlgefallen ist eine nothwendige, unwillkürliche Folge von der Vollendung, von der Schönheit seiner Gestalt. Die schöne Gestalt ist in sich gesättigt, sie hat nothwendig eine Freude an sich, sie spiegelt sich nothwendig in sich selbst. Eitelkeit ist es nur, wenn der Mensch seine eigne individuelle Gestalt beliebäugelt, aber nicht, wenn er die menschliche Gestalt bewundert. Er *soll* sie bewundern; er kann sich keine schönere, keine erhabenere Gestalt als die menschliche vorstellen.[4] Allerdings liebt jedes Wesen sich, sein Sein und *soll* es lieben. Sein ist ein Gut. »Alles, sagt Bacon, was des Seins würdig, ist auch würdig des Wissens.« Alles was ist hat Werth, ist ein Wesen von Distinction; darum bejaht, behauptet es sich. Aber die höchste Form der Selbstbejahung, *die* Form, welche selbst eine Auszeichnung ist, eine Vollkommenheit, ein Glück, ein Gut, ist das Bewusstsein.

Jede Beschränkung der Vernunft oder überhaupt des Wesens des Menschen beruht auf einer Täuschung, einem Irrthum. Wohl kann und soll selbst das menschliche *Individuum* – hierin besteht sein Unterschied von dem thierischen – sich als beschränkt fühlen und erkennen; aber es kann sich seiner Schranken, seiner Endlichkeit nur bewusst werden, weil ihm die Vollkommenheit, die Unendlichkeit der Gattung Gegenstand ist, sei es nun als Gegenstand des Gefühls, oder des Gewissens, oder des denkenden Bewusstseins. Macht es gleichwohl *seine* Schranken zu *Schranken der Gattung*, so beruht dies auf der Täuschung, dass es sich für eins mit der Gattung hält – eine Täuschung, die mit der Bequemlichkeitsliebe, Trägheit, Eitelkeit und Selbstsucht des Individuums aufs innigste zusammenhängt. Eine Schranke nämlich, die ich blos als *meine* Schranke *weiss, demüthigt, beschämt* und *beunruhigt* mich. Um mich daher von diesem Schamgefühl, von dieser Unruhe zu befreien, mache ich die *Schranken meiner Individualität zu Schranken des menschlichen Wesens* selbst. Was mir unbegreiflich, ist auch den Andern unbegreiflich; was soll ich mich weiter kümmern? es ist ja nicht meine Schuld; es liegt nicht an *meinem* Verstande; es liegt am Verstande der Gattung selbst. Aber es ist Wahn, lächerlicher und zugleich frevelhafter Wahn, das, was die *Natur* des Menschen ausmacht, das Wesen der Gattung, welches das *absolute Wesen* des Individuums ist, als endlich, als beschränkt zu bestimmen. *Jedes Wesen ist sich selbst genug.* Kein Wesen kann sich, d. h.

---

[4] »Der Mensch ist das Schönste für den Menschen.« (Cic. de nat. D. l. L.) Und dies ist kein Zeichen von Beschränktheit, denn er findet auch andere Wesen ausser sich schön, er erfreut sich auch der Schönheit der Thiergestalten, an der Schönheit der Pflanzenformen, an der Schönheit der Natur überhaupt. Aber nur die absolute, die vollkommene Gestalt kann sich neidlos an den Gestalten anderer Wesen erfreuen.

seine Wesenheit verneinen, kein Wesen ist sich selbst ein beschränktes. Jedes Wesen ist vielmehr *in sich* und *für sich* unendlich, hat seinen Gott, sein höchstes Wesen *in sich selbst*. Jede Schranke eines Wesens existirt nur für ein *andres* Wesen *ausser* und *über* ihm. Das Leben der Ephemeren ist ausserordentlich kurz im Vergleich zu länger lebenden Thieren; aber gleichwohl ist für sie dieses kurze Leben so lang, als für andere ein Leben von Jahren. Das Blatt, auf dem die Raupe lebt, ist für sie eine Welt, ein unendlicher Raum.

Was ein Wesen zu dem macht, *was es ist*, das ist eben sein Talent, sein Vermögen, sein Reichthum, sein Schmuck. Wie wäre es möglich, sein Sein als Nichtsein, seinen Reichthum als Mangel, sein Talent als Unvermögen wahrzunehmen? Hätten die Pflanzen Augen, Geschmack und Urtheilskraft – jede Pflanze würde ihre Blume für die schönste erklären; denn ihr Verstand, ihr Geschmack würde nicht weiter reichen, als ihre producirende Wesenskraft. Was die producirende Wesenskraft als das Höchste hervorbrächte, das müsste auch ihr Geschmack, ihre Urtheilskraft als das Höchste bekräftigen, anerkennen. *Was das Wesen bejaht, kann der Verstand*, der Geschmack, das Urtheil *nicht verneinen*, sonst wäre der Verstand, die Urtheilskraft nicht mehr der Verstand, die Urtheilskraft dieses bestimmten, sondern irgend eines andern Wesens. *Das Maass des Wesens ist auch das Maass des Verstandes.* Ist das Wesen beschränkt, so ist auch das Gefühl, auch der Verstand beschränkt. Aber einem beschränkten Wesen ist sein beschränkter Verstand keine Schranke; es ist vielmehr vollkommen glücklich und befriedigt mit demselben; es empfindet ihn, es lobt und preist ihn als eine herrliche, göttliche Kraft; und der beschränkte Verstand preist seinerseits wieder das beschränkte Wesen, dessen Verstand er ist. Beide passen aufs genaueste zusammen; wie sollten sie mit einander zerfallen können? Der Verstand ist der Gesichtskreis des Wesens. So weit Du siehst, so weit erstreckt sich Dein Wesen, und umgekehrt. Das Auge des Thieres reicht nicht weiter, als sein Bedürfniss, und sein Wesen nicht weiter, als sein Bedürfniss. Und so weit *Dein Wesen*, so weit reicht Dein *unbeschränktes Selbstgefühl*, so weit *bist Du Gott*. Der Zwiespalt von Verstand und Wesen, von Denkkraft und Productionskraft im menschlichen Bewusstsein ist einerseits ein nur individueller, ohne allgemeine Bedeutung, andrerseits nur ein scheinbarer. Wer seine schlechten Gedichte als schlecht erkennt, ist, *weil* in seiner *Erkenntniss*, auch in *seinem Wesen* nicht so beschränkt, wie der, welcher seine schlechten Gedichte in seinem Verstande gutheisst.

Denkst Du folglich das Unendliche, so denkst und bestätigst Du die *Unendlichkeit* des *Denkvermögens*; fühlst Du das Unendliche, so fühlst und bestätigst Du die *Unendlichkeit des Gefühlsvermögens*. Der *Gegenstand* der Vernunft ist die *sich gegenständliche Vernunft*, der *Gegenstand* des Gefühls das *sich gegenständliche Gefühl*. Hast Du keinen Sinn, kein Gefühl für Musik, so vernimmst Du auch in der schönsten Musik nicht mehr, als in dem Winde, der vor Deinen Ohren vorbeibraust, als in dem Bache, der vor Deinen Füssen vorbeirauscht. Was ergreift Dich also, wenn Dich der Ton ergreift? Was vernimmst Du in ihm? was anders, als die Stimme Deines eignen Herzens? Darum spricht das Gefühl nur zum Gefühl, darum ist das Gefühl nur dem Gefühl, d. h. sich selbst verständlich – darum, weil der Gegenstand des Gefühls selbst nur Gefühl ist. Die Musik ist ein Monolog des Gefühls. Aber auch der Dialog der Philosophie ist in Wahrheit nur ein Monolog der Vernunft: der Gedanke spricht nur zum Gedanken. Der Farbenglanz der Krystalle entzückt die Sinne; die Vernunft interessiren nur die Gesetze der Krystallonomie. Der Vernunft ist nur das Vernünftige Gegenstand.[5]

Alles daher, was im Sinne der übermenschlichen Speculation und Religion nur die Bedeutung des *Abgeleiteten*, des *Subjectiven* oder *Menschlichen*, des *Mittels*, des *Organs* hat, das hat im Sinne der Wahrheit die Bedeutung des *Ursprünglichen*, des *Göttlichen*, des *Wesens*, des *Gegenstandes selbst*. Ist z. B. das Gefühl das *wesentliche* Organ der Religion, so drückt das *Wesen Gottes* nichts Andres aus, als das *Wesen des Gefühls*. Der wahre, aber verborgene Sinn der Rede: »das Gefühl ist das Organ des Göttlichen«, lautet: das Gefühl ist das *Nobelste, Trefflichste*, d. h. *Göttliche* im Menschen. Wie könntest Du das Göttliche vernehmen durch das Gefühl, wenn das Gefühl nicht selbst göttlicher Natur wäre? Das Göttliche wird ja nur durch das Göttliche, »Gott nur durch sich selbst erkannt.« Das göttliche Wesen, welches das Gefühl vernimmt, ist in der That nichts als das *von sich selbst entzückte und bezauberte* Wesen des Gefühls – *das wonnetrunkene, in sich selige Gefühl.*

Es erhellt dies schon daraus, dass da, wo das Gefühl zum Organ des Unendlichen, zum subjectiven Wesen der Religion gemacht wird, der *Gegenstand* derselben seinen objectiven Werth verliert. So ist, seitdem man das Gefühl zur Hauptsache der Religion gemacht, der sonst so heilige Glaubensinhalt des Christentums gleichgültig geworden. Wird auch auf dem Standpunkt des Gefühls dem Gegenstand noch Werth eingeräumt, so hat er doch diesen nur um des Gefühls willen, welches sich vielleicht nur aus zufälligen Gründen mit ihm verknüpft; würde ein anderer Gegenstand dieselben Gefühle erregen, so wäre er eben so willkommen. Der Gegenstand des Gefühls wird aber eben nur desswegen gleichgültig, weil, wo einmal das Gefühl als das subjective Wesen der Religion ausgesprochen wird, es in der That auch das *objective Wesen* derselben ist, wenn es

---

[5] »Der Verstand ist allein für den Verstand und was daraus fliesst, empfindlich.« *Reimarus* (Wahrh. der natürl. Religion IV. Abth. § 8).

gleich nicht als solches, wenigstens direct, *ausgesprochen* wird. Direct sage ich; denn indirect wird dies allerdings dadurch eingestanden, dass das Gefühl *als solches* für *religiös* erklärt, also der *Unterschied zwischen eigenthümlich religiösen* und irreligiösen oder wenigstens *nicht religiösen* Gefühlen *aufgehoben* wird – eine nothwendige Consequenz von dem Standpunkt, wo nur das Gefühl für das Organ des Göttlichen gilt. Denn warum anders als wegen seines Wesens, seiner Natur machst Du das Gefühl zum Organ des unendlichen, des göttlichen Wesens? Ist aber nicht die Natur des Gefühls überhaupt auch die Natur jedes speciellen Gefühls, sein Gegenstand sei nun welcher er wolle? Was macht also dieses Gefühl zum religiösen? der bestimmte *Gegenstand*? Mit nichten, denn dieser Gegenstand ist *selbst nur ein religiöser*, wenn er nicht ein Gegenstand des kalten Verstandes oder Gedächtnisses, sondern *des Gefühls ist*. Was also? die Natur des Gefühls, an der jedes Gefühl, ohne Unterschied des Gegenstandes, Theil hat. Das Gefühl ist also heilig gesprochen, lediglich weil es Gefühl ist; der *Grund* seiner Religiosität ist die Natur des Gefühls, liegt *in ihm selbst*. Ist aber dadurch nicht das Gefühl als das Absolute, als *das Göttliche selbst* ausgesprochen? Wenn das Gefühl *durch sich selbst* gut, religiös, d. h. heilig, göttlich ist, hat das Gefühl seinen Gott nicht *in sich selbst*?

Wenn Du aber dennoch ein Object des Gefühls festsetzen, zugleich aber Dein Gefühl *wahrhaft* auslegen willst, ohne mit Deiner Reflexion etwas Fremdartiges hineinzulegen, was bleibt Dir übrig, als zu unterscheiden zwischen Deinen individuellen Gefühlen und zwischen dem allgemeinen Wesen, der Natur des Gefühls, als abzusondern das Wesen des Gefühls von den störenden, verunreinigenden Einflüssen, an welche in Dir, dem bedingten Individuum, das Gefühl gebunden ist? Was Du daher allein vergegenständlichen, als das Unendliche aussprechen, als dessen Wesen bestimmen kannst, das ist nur die Natur des Gefühls. Du hast hier keine andere Bestimmung für Gott als diese: *Gott ist das reine, das unbeschränkte, das freie Gefühl*. Jeder andre Gott, den Du hier setzest, ist ein von Aussen Deinem Gefühl aufgedrungener Gott. Das Gefühl ist *atheistisch* im Sinne des orthodoxen Glaubens, als welcher die Religion an einen äussern Gegenstand anknüpft; es läugnet einen *gegenständlichen* Gott – es ist *sich selbst Gott. Die Verneinung des Gefühls nur* ist auf dem Standpunkt des Gefühls die *Verneinung Gottes*. Du bist nur zu feige oder zu beschränkt, um mit Worten einzugestehen, was Dein Gefühl im Stillen bejaht. Gebunden an äussere Rücksichten, unfähig, die Seelengrösse des Gefühls zu begreifen, erschrickst Du vor dem *religiösen Atheismus* Deines Herzens und zerstörst in diesem Schrecken die *Einheit* Deines Gefühls *mit sich selbst*, indem Du Dir ein vom Gefühl unterschiednes, gegenständliches Wesen vorspiegelst, und Dich so nothwendig wieder zurückwirfst in die alten Fragen und Zweifel: ob ein Gott ist oder nicht ist? – Fragen und Zweifel, die doch da verschwunden, ja unmöglich sind, wo das Gefühl als das Wesen der Religion bestimmt wird. Das Gefühl ist Deine innigste und doch zugleich eine von Dir unterschiedene, unabhängige Macht, es ist *in* Dir *über* Dir: es ist Dein eigenstes Wesen, das Dich aber *als* und *wie ein anderes Wesen* ergreift, kurz Dein *Gott* – wie willst Du also von diesem Wesen in Dir noch ein anderes gegenständliches Wesen unterscheiden? wie über Dein Gefühl hinaus?

Das Gefühl wurde aber hier nur als Beispiel hervorgehoben. Dieselbe Bewandtniss hat es mit jeder andern Kraft, Fähigkeit, Potenz, Realität, Thätigkeit – der Name ist gleichgültig – welche man als das *wesentliche Organ* eines Gegenstandes bestimmt. Was *subjectiv* oder auf Seiten des Menschen die Bedeutung des Wesens, das hat eben damit auch *objectiv* oder auf Seiten des Gegenstands die Bedeutung des Wesens. Der Mensch kann nun einmal nicht über sein *wahres Wesen* hinaus. Wohl mag er sich vermittelst der Phantasie Individuen anderer, angeblich höherer Art vorstellen, aber von seiner Gattung, seinem Wesen kann er nimmermehr abstrahiren; die Wesensbestimmungen, die er diesen andern Individuen giebt, sind immer aus seinem eignen Wesen geschöpfte Bestimmungen – Bestimmungen, in denen er in Wahrheit nur sich selbst abbildet und vergegenständlicht. Wohl giebt es gewiss noch ausser dem Menschen denkende Wesen auf den Himmelskörpern; aber durch die Annahme solcher Wesen verändern wir nicht unsern Standpunkt, – wir bereichern ihn nur quantitativ, nicht qualitativ; denn so gut dort dieselben Gesetze der Bewegung, so gut gelten auch dort dieselben Gesetze des Empfindens und Denkens, wie hier. Wir beleben auch in der That die Sterne keineswegs dazu, dass dort *andere* Wesen, als wir, sondern nur dazu, dass *mehr* solche oder ähnliche Wesen, wie wir, sind.[6]

---

[6] So sagt z. B. Christ. Huyghens in seinem Cosmotheoros 1. I. »Es ist wahrscheinlich, dass sich das Vergnügen der Musik und Mathematik nicht auf uns Menschen allein beschränkt, sondern auf noch *mehrere* Wesen sich erstreckt.« Das heißt eben: die Qualität ist gleich; derselbe Sinn für Musik, für Wissenschaft; nur die Zahl der Geniessenden soll unbeschränkt sein.

Karl Marx

Karl Marx gehört in die Reihe der klassischen Denker des 19. Jahrhunderts, nicht wegen seiner großen Leistung als Nationalökonom, die wie alle bedeutenden Leistungen der Wissenschaft sich gerade dadurch beweist, daß sie veraltet und überholt ist, auch nicht durch die revolutionäre Agitation, die Karl Marx mit seinem Freunde Friedrich Engels zusammen zu den Kirchenvätern der kommunistischen Bewegung und des Klassenkampfes werden ließ, und auch nicht durch die Aktualität, die seine Gedanken heute in der politischen Weltanschauung des Marxismus-Leninismus besitzen. Was ihn auszeichnet, ist vielmehr die Radikalität, mit der er Hegels spekulative Versöhnung von Geist und Wirklichkeit aufnahm, mit der er die Universalität ihres Anspruchs anerkannte und durch die er zu seinem schärfsten Kritiker wurde. Denn es war nicht mehr auf dem Boden einer immanenten Hegel-Kritik, in der sich die übrigen Jung-Hegelianer versuchten, daß Karl Marx die Identität von Vernunft und Wirklichkeit bestritt. Es war im Gegenteil die Anerkennung dieser Formel, die ihn zur Veränderung dieser Wirklichkeit aufrufen ließ, damit die Wirklichkeit die Hegelsche These wahrmachen lerne. Aus der Hegelschen spekulativen Versöhnung mit der Wirklichkeit wurde die Forderung der revolutionären Praxis abgeleitet, die das noch nicht Wirkliche verwirklichen sollte. In diesem präzisen Sinne verwaltet Marx' revolutionäres Denken ein idealistisches Erbe, indem es ein Moment der Utopie in sich aufgenommen hat. Marx' Kritik richtet sich gegen alle Hegel-Kritiker, die die Hegelsche Philosophie philosophisch umzubilden suchten. Feuerbachs Religionskritik bedeutete unter diesen in seinen Augen den wichtigsten, wenn auch unzureichenden Schritt. Seine Kritik richtete sich aber auch gegen Hegel selbst, dessen Rechtsphilosophie er als die Legitimierung der bürgerlichen Gesellschaft und der Politik der Restaurationszeit las.

Wir bringen daher zwei Stücke aus den Frühschriften von Karl Marx, nicht, um den jungen Marx gegen den Marx des *Kapital* auszuspielen, sondern um greifbar zu machen, daß es die Kritik an der Philosophie als Philosophie – und nicht an irgendwelchen Mängeln von Hegels philosophischer Lehre – war, die das Denken und die revolutionäre Agitation von Marx in Bewegung gesetzt hat.

Als erstes bringen wir Karl Marx' Einleitung zur Kritik der Hegelschen Rechtsphilosophie. Daß selbst der junge Marx eine Art Hegelianer wider Willen war, bezeugt die ungeheure Suggestion, die von Hegels universaler Synthese ausging. Auch er konnte sich der begrifflichen Konsequenz des Hegelschen Denkens nicht entziehen und lehnte sich dennoch zugleich dagegen auf. Sein Verstand ließ ihn erkennen, daß alle Hegel-Kritiker von rechts oder links an der geschlossenen Einheit des Hegelschen Systems vergeblich rüttelten – und doch war ihm das Ganze von Grund auf zuwider. Bereits in seiner Dissertation vom Jahre 1841 zeichnet sich ab, wie er gegenüber den andern Kritkern Hegels seinen eigenen Standort jenseits der Philosophie gewinnt. Die Einleitung zur Kritik der Hegelschen Rechtsphilosophie beweist die Notwendigkeit, den Standpunkt der Philosophie überhaupt zu verlassen, indem sie von der politischen Wirklichkeit des damaligen Deutschland eine Beschreibung gibt, die in dem verwirrenden Licht blitzender Antithesen flimmert. Dabei spricht er der Philosophie in Deutschland noch immer die eigentlich führende Funktion zu, gerade weil sie der jämmerlichen Wirklichkeit so weit voraus sei. Sie verwirklichen, heiße daher, die Wirklichkeit von Grund auf verwandeln.

Dies glänzende Pamphlet gibt freilich keine Vorstellung von der Sorgfalt und dem Scharfsinn, mit dem sich der junge Marx in Hegels Denken vertieft hat. Offenbar hat er sich von Anfang an an der pantheistischen Mystifikation gerieben, mit der Hegel in der Rechtsphilosophie vom Staat wie von einem Subjekt redet, das sich selber in seine ›Momente‹ Familie und bürgerliche Gesellschaft scheidet. Die Kritik an dieser Mystifikation des angeblichen Subjektes sollte später Marxens Anspruch begründen, Hegel vom Kopf wieder auf die Füße zu stellen und die materiellen Grundlagen des Denkens und Handelns in der Gesellschaft aufzuweisen. Die Identität von Vernunft und Wirklichkeit, Hegels Grundthese aus der Rechtsphilosophie, bleibt dabei die Grundlage für den Aufruf zur revolutionären Veränderung der Welt und der Herbeiführung eines demokratischen Humanismus.

Das zweite Stück sind die berühmten Thesen gegen Feuerbach. Hier formuliert Marx in knappen Sätzen seine Einwände gegen den ›anschauenden Materialismus‹ Feuerbachs. Zwar stimmt er mit der Kritik an der jenseitigen religiösen Welt, die Feuerbach übt, überein, und er sieht wie er darin religiöse Selbstentfremdung. Aber Feuerbach verkenne, daß das Wesen des Menschen nicht nur Sinnlichkeit, sondern praktische, menschlich-sinnliche Tätigkeit sei, daß die ›Natur‹, dies angebliche andere des Menschen, nicht nur er selbst sei, sondern daß sie selbst ein gesellschaftliches Produkt ist, sofern der Mensch ihr nicht nur gegenübersteht, sondern sie durch die eigene Arbeit sich zu eigen macht.

Von dem theoretischen Hauptwerk Karl Marx' ist es schwer, eine Vorstellung zu vermitteln. Es ist eine für seine Zeit respektable Forschungsleistung, und das heißt: als solche überholt. Indessen ist der begriffliche Gehalt dieser Theorie überaus lebendig geblieben – die hegelianischen Elemente so gut wie die der Religionskritik im Stile Feuerbachs. Letztere spiegelt sich deutlich in dem berühmten Kapitel über den Fetischcharakter der Ware, das wir abdrucken. Hier beschreibt Marx die Vergegenständlichung unverstandener Verhältnisse nach dem Muster von Feuerbachs Theorie der ›Natur-Religion‹.

Die volkswirtschaftlichen Grundlagen seiner Lehre hat Marx in seinem Hauptwerk *Das Kapital* entwickelt, wo er die Selbstentfremdung des Menschen auf das Wirtschaftssystem des Kapitalismus zurückführt und ihre Aufhebung in der Emanzipation des Proletariats, der Vergesellschaftung der Produktionsmittel und damit letzten Endes dem Absterben des Staates und seinem Aufgehen in eine klassenlose Gesellschaft lehrt. Die Philosophie der klassischen Tradition wird als Ideologie verstanden, die der jeweils herrschenden Klasse eine ihre wahren Interessen verschleiernde Legitimation verleiht. Seither ist Philosophie vom Standpunkt des Marxismus aus Objekt der Ideologiekritik.

Zur Kritik der Hegelschen Rechtsphilosophie

Einleitung

Für Deutschland ist die *Kritik der Religion* im Wesentlichen beendigt, und die Kritik der Religion ist die Voraussetzung aller Kritik.

Die *profane* Existenz des Irrtums ist kompromittiert, nachdem seine *himmlische oratio pro aris et focis* widerlegt ist. Der Mensch, der in der phantastischen Wirklichkeit des Himmels, wo er einen Übermenschen suchte, nur den *Widerschein* seiner selbst gefunden hat, wird nicht mehr geneigt sein, nur den *Schein* seiner selbst, nur den Unmenschen zu finden, wo er seine wahre Wirklichkeit sucht und suchen muß.

Das Fundament der irreligiösen Kritik ist: *Der Mensch macht die Religion*, die Religion macht den Menschen. Und zwar ist die Religion das Selbstbewußtsein und das Selbstgefühl des Menschen, der sich selbst entweder noch nicht erworben oder schon wieder verloren hat. Aber *der Mensch*, das ist kein abstraktes, außer der Welt hockendes Wesen. Der Mensch, das ist *die Welt des Menschen*, Staat, Sozietät. Dieser Staat, diese Sozietät produzieren die Religion, ein *verkehrtes Weltbewußtsein*, weil sie eine *verkehrte Welt* sind. Die Religion ist die allgemeine Theorie dieser Welt, ihr enzyklopädisches Kompendium, ihre Logik in populärer Form, ihr spiritualistischer Point-d'honneur, ihr Enthusiasmus, ihre moralische Sanktion, ihre feierliche Ergänzung, ihr allgemeiner Trost- und Rechtfertigungsgrund. Sie ist die *phantastische Verwirklichung* des menschlichen Wesens, weil das *menschliche Wesen* keine wahre Wirklichkeit besitzt. Der Kampf gegen die Religion ist also mittelbar der Kampf gegen *jene Welt*, deren geistiges *Aroma* die Religion ist.

Das *religiöse* Elend ist in einem der *Ausdruck* des wirklichen Elendes und in einem die *Protestation* gegen das wirkliche Elend. Die Religion ist der Seufzer der bedrängten Kreatur, das Gemüt einer herzlosen Welt, wie sie der Geist geistloser Zustände ist. Sie ist das *Opium* des Volks.

Die Aufhebung der Religion als des *illusorischen* Glücks des Volkes ist die Forderung seines *wirklichen* Glücks. Die Forderung, die Illusionen über seinen Zustand aufzugeben, ist die *Forderung, einen Zustand aufzugeben, der der Illusionen bedarf*. Die Kritik der Religion ist also im *Keim* die *Kritik des Jammertales*, dessen *Heiligenschein* die Religion ist.

Die Kritik hat die imaginären Blumen an der Kette zerpflückt, nicht damit der Mensch die phantasielose, trostlose Kette trage, sondern damit er die Kette abwerfe und die lebendige Blume breche. Die Kritik der

Religion enttäuscht den Menschen, damit er denke, handle, seine Wirklichkeit gestalte wie ein enttäuschter, zu Verstand gekommener Mensch, damit er sich um sich selbst und damit um seine wirkliche Sonne bewege. Die Religion ist nur die illusorische Sonne, die sich um den Menschen bewegt, solange er sich um sich selbst bewegt.

Es ist also die *Aufgabe der Geschichte*, nachdem das *Jenseits der Wahrheit* verschwunden ist, die *Wahrheit des Diesseits* zu etablieren. Es ist zunächst die *Aufgabe der Philosophie*, die im Dienste der Geschichte steht, nachdem die *Heiligengestalt* der menschlichen Selbstentfremdung entlarvt ist, die Selbstentfremdung in ihren *unheiligen Gestalten* zu entlarven. Die Kritik des Himmels verwandelt sich damit in die Kritik der Erde, die *Kritik der Religion* in die *Kritik des Rechts*, die *Kritik der Theologie* in die *Kritik der Politik*.

Die nachfolgende Ausführung – ein Beitrag zu dieser Arbeit – schließt sich zunächst nicht an das Original, sondern an eine Kopie, an die deutsche Staats- und Rechts-*Philosophie* an, aus keinem anderen Grunde, als weil sie sich an *Deutschland* anschließt.

Wollte man an den deutschen *status quo* selbst anknüpfen, wenn auch in einzig angemessener Weise, d. h. negativ, immer bliebe das Resultat ein *Anachronismus*. Selbst die Verneinung unserer politischen Gegenwart findet sich schon als bestaubte Tatsache in der historischen Rumpelkammer der modernen Völker. Wenn ich die gepuderten Zöpfe verneine, habe ich immer noch die ungepuderten Zöpfe. Wenn ich die deutschen Zustände von 1843 verneine, stehe ich, nach französischer Zeitrechnung, kaum im Jahre 1789, noch weniger im Brennpunkt der Gegenwart.

Ja, die deutsche Geschichte schmeichelt sich einer Bewegung, welche ihr kein Volk am historischen Himmel weder vorgemacht hat noch nachmachen wird. Wir haben nämlich die Restaurationen der modernen Völker geteilt, ohne ihre Revolutionen zu teilen. Wir wurden restauriert, erstens, weil andere Völker eine Revolution wagten, und zweitens, weil andere Völker eine Contrerevolution litten, das eine Mal, weil unsere Herren Furcht hatten, und das andere Mal, weil unsere Herren keine Furcht hatten. Wir, unsere Hirten an der Spitze, befanden uns immer nur einmal in der Gesellschaft der Freiheit, am *Tag ihrer Beerdigung*.

Eine Schule, welche die Niederträchtigkeit von heute durch die Niederträchtigkeit von gestern legitimiert, eine Schule, die jeden Schrei des Leibeigenen gegen die Knute für rebellisch erklärt, sobald die Knute eine bejahrte, eine angestammte, eine historische Knute ist, eine Schule, der die Geschichte, wie der Gott Israels seinem Diener Moses, nur ihr *a posteriori* zeigt, die *historische Rechtsschule*, sie hätte daher die deutsche Geschichte erfunden, wäre sie nicht eine Erfindung der deutschen Geschichte. Shylock, aber Shylock der Bediente, schwört sie für jedes Pfund

Fleisch, welches aus dem Volksherzen geschnitten wird, auf ihren Schein, auf ihren historischen Schein, auf ihren christlich-germanischen Schein.

Gutmütige Enthusiasten dagegen, Deutschtümler von Blut und Freisinnige von Reflexion, suchen unsere Geschichte der Freiheit jenseits unserer Geschichte in den teutonischen Urwäldern. Wodurch unterscheidet sich aber unsere Freiheitsgeschichte von der Freiheitsgeschichte des Ebers, wenn sie nur in den Wäldern zu finden ist? Zudem ist bekannt: Wie man hineinschreit in den Wald, schallt es heraus aus dem Wald. Also Friede den teutonischen Urwäldern!

Krieg den deutschen Zuständen! Allerdings! Sie stehen *unter dem Niveau der Geschichte*, sie sind *unter aller Kritik*, aber sie bleiben ein Gegenstand der Kritik, wie der Verbrecher, der unter dem Niveau der Humanität steht, ein Gegenstand des *Scharfrichters* bleibt. Mit ihnen im Kampf ist die Kritik keine Leidenschaft des Kopfs, sie ist der Kopf der Leidenschaft. Sie ist kein anatomisches Messer, sie ist eine Waffe. Ihr Gegenstand ist ihr *Feind*, den sie nicht widerlegen, sondern *vernichten* will. Denn der Geist jener Zustände ist widerlegt. An und für sich sind sie keine *denkwürdigen* Objekte, sondern ebenso verächtliche, als verachtete *Existenzen*. Die Kritik für sich bedarf nicht der Selbstverständigung mit diesem Gegenstand, denn sie ist mit ihm im Reinen. Sie gibt sich nicht mehr als *Selbstzweck,* sondern nur noch als *Mittel*. Ihr wesentliches Pathos ist die *Indignation*, ihre wesentliche Arbeit die *Denunziation*.

Es gilt die Schilderung eines wechselseitigen dumpfen Drucks aller sozialen Sphären aufeinander, einer allgemeinen, tatlosen Verstimmung, einer sich ebensosehr anerkennenden als verkennenden Beschränktheit, eingefaßt in den Rahmen eines Regierungssystems, welches, von der Konservation aller Erbärmlichkeiten lebend, selbst nichts ist als die *Erbärmlichkeit an der Regierung*.

Welch ein Schauspiel! Die ins unendliche fortgehende Teilung der Gesellschaft in die mannigfaltigsten Rassen, welche mit kleinen Antipathien, schlechten Gewissen und brutaler Mittelmäßigkeit sich gegenüberstehen, welche eben um ihrer wechselseitigen zweideutigen und argwöhnischen Stellung willen alle ohne Unterschied, wenn auch mit verschiedenen Formalitäten, als *konzessionierte Existenzen* von ihren *Herren* behandelt werden. Und selbst dies, daß sie *beherrscht, regiert, besessen* sind, müssen sie als eine *Konzession des Himmels* anerkennen und bekennen! Andererseits jene Herrscher selbst, deren Größe in umgekehrtem Verhältnisse zu ihrer Zahl steht!

Die Kritik, die sich mit diesem Inhalt befaßt, ist die Kritik im *Handgemenge*, und im Handgemenge handelt es sich nicht darum, ob der Gegner ein edler, ebenbürtiger, ein *interessanter* Gegner ist, es handelt sich darum, ihn zu *treffen*. Es handelt sich darum, den Deutschen keinen Augenblick der Selbsttäuschung und Resignation zu gönnen. Man muß den wirklichen Druck noch drückender machen, indem man das Bewußtsein des Drucks hinzufügt, die Schmach noch schmachvoller, indem man sie publiziert. Man muß jede Sphäre der deutschen Gesellschaft als die *partie honteuse* der deutschen Gesellschaft schildern, man muß diese versteinerten Verhältnisse dadurch zum Tanzen zwingen, daß man ihnen ihre eigenen Modelle vorsingt! Man muß das Volk vor sich selbst *erschrecken* lehren, um ihm *Courage* zu machen. Man erfüllt damit ein unabweisbares Bedürfnis des deutschen Volkes, und die Bedürfnisse der Völker sind in eigener Person die letzten Gründe ihrer Befriedigung.

Und selbst für die *modernen Völker* kann dieser Kampf gegen den borniertem Inhalt des deutschen *status quo* nicht ohne Interesse sein, denn der deutsche *status quo* ist die *offenherzige Vollendung des ancien régime*, und das *ancien régime* ist der *versteckte Mangel des modernen Staates*. Der Kampf gegen die deutsche politische Gegenwart ist der Kampf gegen die Vergangenheit der modernen Völker, und von den Reminiszenzen dieser Vergangenheit werden sie noch immer belästigt. Es ist lehrreich für sie, das *ancien régime*, das bei ihnen seine *Tragödie* erlebte, als deutschen Revenant seine *Komödie* spielen zu sehen. *Tragisch* war seine Geschichte, solange es die präexistierende Gewalt der Welt, die Freiheit dagegen ein persönlicher Einfall war, mit einem Wort, solange es selbst an seine Berechtigung glaubte und glauben mußte. Solange das *ancien régime* als vorhandene Weltordnung mit einer erst werdenden Welt kämpfte, stand auf seiner Seite ein weltgeschichtlicher Irrtum, aber kein persönlicher. Sein Untergang war daher tragisch.

Das jetzige deutsche Regime dagegen, ein Anachronismus, ein flagranter Widerspruch gegen allgemein anerkannte Axiome, die zur Weltschau angestellte Nichtigkeit des *ancien régime*, bildet sich nur noch ein, an sich selbst zu glauben, und verlangt von der Welt dieselbe Einbildung. Wenn es an sein eigenes *Wesen* glaubte, würde es dasselbe unter dem *Schein* eines fremden Wesens zu verstecken und seine Rettung in der Heuchelei und dem Sophisma suchen? Das moderne *ancien régime* ist nur mehr der *Komödiant* einer Weltordnung, deren *wirkliche Helden* gestorben sind. Die Geschichte ist gründlich und macht viele Phasen durch, wenn sie eine alte Gestalt zu Grabe trägt. Die letzte Phase einer weltgeschichtlichen Gestalt ist ihre *Komödie*. Die Götter Griechenlands, die schon einmal tragisch zu Tode verwundet waren im gefesselten Prometheus des Aeschylus, mußten noch einmal komisch sterben in den Gesprächen Lucians. Warum dieser Gang der Geschichte? Damit die Menschheit *heiter* von ihrer Vergangenheit scheide. Diese *heitere* geschichtliche Bestimmung vindizieren wir den politischen Mächten Deutschlands.

Sobald indes die *moderne* politisch-soziale Wirklichkeit selbst der Kritik unterworfen wird, sobald also die Kritik zu wahrhaft menschlichen Problemen sich erhebt, befindet sie sich außerhalb des deutschen *status quo*, oder sie würde ihren Gegenstand *unter* ihrem Gegenstand greifen. Ein Beispiel! Das Verhältnis der Industrie, überhaupt der Welt des Reichtums, zu der politischen Welt ist ein Hauptproblem der modernen Zeit. Unter welcher Form fängt dies Problem an, die Deutschen zu beschäftigen? Unter der Form der *Schutzzölle*, des *Prohibitivsystems*, der *Nationalökonomie*. Die Deutschtümelei ist aus dem Menschen in die Materie gefahren, und so sahen sich eines Morgens unsere Baumwollritter und Eisenhelden in Patrioten verwandelt. Man beginnt also in Deutschland die Souveränität des Monopols nach innen anzuerkennen, dadurch daß man ihm die *Souveränität nach außen* verleiht. Man beginnt also jetzt in Deutschland anzufangen, womit man in Frankreich und England zu enden beginnt. Der alte faule Zustand, gegen den diese Länder theoretisch im Aufruhr sind und den sie nur noch ertragen, wie man die Ketten erträgt, wird in Deutschland als die aufgehende Morgenröte einer schönen Zukunft begrüßt, die kaum noch wagt, aus der *listigen* Theorie in die schonungsloseste Praxis überzugehen. Während das Problem in Frankreich und England lautet: *Politische Ökonomie* oder *Herrschaft der Societät über den Reichtum*, lautet es in Deutschland: *National-Ökonomie* oder *Herrschaft des Privateigentums über die Nationalität*. Es gilt also in Frankreich und England, das Monopol, das bis zu seinen letzten Konsequenzen fortgegangen ist, aufzuheben; es gilt in Deutschland, bis zu den letzten Konsequenzen des Monopols fortzugehen. Dort handelt es sich um die Lösung, und hier handelt es sich erst um die Kollision. Ein zureichendes Beispiel von der *deutschen* Form der modernen Probleme, ein Beispiel, wie unsere Geschichte, gleich einem ungeschickten Rekruten, bisher nur die Aufgabe hatte, abgedroschene Geschichten nachzuexerzieren.

Ginge also die *gesamte* deutsche Entwicklung nicht über die *politische* deutsche Entwicklung hinaus, ein Deutscher könnte sich höchstens an den Problemen der Gegenwart beteiligen, wie sich ein *Russe* daran beteiligen kann. Allein wenn das einzelne Individuum nicht gebunden ist durch die Schranken der Nation, ist die gesamte Nation noch weniger befreit durch die Befreiung eines Individuums. Die Scythen haben keinen Schritt zur griechischen Kultur vorwärts getan, weil Griechenland einen Scythen unter seine Philosophen zählt.

Zum Glück sind wir Deutsche keine Scythen.

Wie die alten Völker ihre Vorgeschichte in der Imagination erlebten, in der *Mythologie*, so haben wir Deutsche unsere Nachgeschichte im Gedanken erlebt, in der *Philosophie*. Wir sind *philosophische* Zeitgenossen der Gegenwart, ohne ihre *historischen* Zeitgenossen zu sein. Die deutsche

Philosophie ist die *ideale Verlängerung* der deutschen Geschichte. Wenn wir also statt die *œuvres incomplètes* unserer reellen Geschichte die *œuvres posthumes* unserer ideellen Geschichte, die *Philosophie*, kritisieren, so steht unsere Kritik mitten unter den Fragen, von denen die Gegenwart sagt: *that is the question*. Was bei den fortgeschrittenen Völkern *praktischer* Zerfall mit den modernen Staatszuständen ist, das ist in Deutschland, wo diese Zustände selbst noch nicht einmal existieren, zunächst *kritischer* Zerfall mit der philosophischen Spiegelung dieser Zustände.

Die *deutsche Rechts- und Staatsphilosophie* ist die einzige mit der *offiziellen* modernen Gegenwart *al pari* stehende *deutsche Geschichte*. Das deutsche Volk muß daher diese seine Traumgeschichte mit zu seinen bestehenden Zuständen schlagen und nicht nur diese bestehenden Zustände, sondern zugleich ihre abstrakte Fortsetzung der Kritik unterwerfen. Seine Zukunft kann sich weder auf die unmittelbare Verneinung seiner reellen, noch auf die unmittelbare Vollziehung seiner ideellen Staats- und Rechtszustände *beschränken*, denn die unmittelbare Verneinung seiner reellen Zustände besitzt es in seinen ideellen Zuständen, und die unmittelbare Vollziehung seiner ideellen Zustände hat es in der Anschauung der Nachbarvölker beinahe schon wieder *überlebt*. Mit Recht fordert daher die *praktische* politische Partei in Deutschland die *Negation der Philosophie*. Ihr Unrecht besteht nicht in der Forderung, sondern in dem Stehenbleiben bei der Forderung, die sie ernstlich weder vollzieht noch vollziehen kann. Sie glaubt, jene Negation dadurch zu vollbringen, daß sie der Philosophie den Rücken kehrt und abgewandten Hauptes – einige ärgerliche und banale Phrasen über sie hermurmelt. Die Beschränktheit ihres Gesichtskreises zählt die Philosophie nicht ebenfalls in den Bering der *deutschen* Wirklichkeit oder wähnt sie gar *unter* der deutschen Praxis und den ihr dienenden Theorien. Ihr verlangt, daß man an *wirkliche Lebenskeime* anknüpfen soll, aber ihr vergeßt, daß der wirkliche Lebenskeim des deutschen Volkes bisher nur unter seinem *Hirschädel* gewuchert hat. Mit einem Worte: *Ihr könnt die Philosophie nicht aufheben, ohne sie zu verwirklichen.*

Dasselbe Unrecht, nur mit *umgekehrten* Faktoren, beging die *theoretische*, von der Philosophie her datierende politische Partei.

Sie erblickte in dem jetzigen Kampf *nur* den *kritischen Kampf der Philosophie mit der deutschen Welt*, sie bedachte nicht, daß die *seitherige Philosophie* selbst zu dieser Welt gehört und ihre, wenn auch ideelle, *Ergänzung* ist. Kritisch gegen ihren Widerpart verhielt sie sich unkritisch zu sich selbst, indem sie von den *Voraussetzungen* der Philosophie ausging und bei ihren gegebenen Resultaten entweder stehen blieb oder anderweitig hergeholte Forderungen und Resultate für unmittelbare Forderungen und Resultate der Philosophie ausgab, obgleich dieselben – ihre Berechtigung vorausgesetzt – im Gegenteil nur durch die *Negation der seitherigen Philosophie*, der Philosophie als Philosophie, zu erhalten sind. Eine näher eingehende Schilderung dieser Partei behalten wir uns vor. Ihr Grundmangel läßt sich dahin reduzieren: *Sie glaubte, die Philosophie verwirklichen zu können, ohne sie aufzuheben.*

Die Kritik der *deutschen Staats- und Rechtsphilosophie*, welche durch *Hegel* ihre konsequenteste, reichste und letzte Fassung erhalten hat, ist beides, sowohl die kritische Analyse des modernen Staats und der mit ihm zusammenhängenden Wirklichkeit als auch die entscheidende Verneinung der ganzen bisherigen *Weise* des *deutschen politischen und rechtlichen Bewußtseins*, dessen vornehmster, universellster, zur *Wissenschaft* erhobener Ausdruck eben die *spekulative Rechtsphilosophie* selbst ist. War nur in Deutschland die spekulative Rechtsphilosophie möglich, dies abstrakte überschwängliche *Denken* des modernen Staats, dessen Wirklichkeit ein Jenseits bleibt, mag dies Jenseits auch nur jenseits des Rheins liegen: so war ebensosehr umgekehrt das *deutsche*, vom *wirklichen Menschen* abstrahierende Gedankenbild des modernen Staates nur möglich, weil und insofern der moderne Staat selbst vom *wirklichen Menschen* abstrahiert oder den *ganzen* Menschen auf eine nur imaginäre Weise befriedigt. Die Deutschen haben in der Politik *gedacht*, was die anderen Völker *getan* haben. Deutschland war ihr *theoretisches Gewissen*. Die Abstraktion und Überhebung seines Denkens hielt immer gleichen Schritt mit der Einseitigkeit und Untersetztheit ihrer Wirklichkeit. Wenn also der *status quo* des *deutschen Staatswesens* die *Vollendung des ancien régime* ausdrückt, die Vollendung des Pfahles im Fleische des modernen Staats, so drückt der *status quo* des *deutschen Staatswissens* die *Unvollendung des modernen Staats* aus, die Schadhaftigkeit seines Fleisches selbst.

Schon als entschiedener Widerpart der bisherigen Weise des *deutschen* politischen Bewußtseins verläuft sich die Kritik der spekulativen Rechtsphilosophie nicht in sich selbst, sondern in *Aufgaben*, für deren Lösung es nur ein Mittel gibt: die *Praxis*.

Es fragt sich: kann Deutschland zu einer Praxis *à la hauteur des principes* gelangen, d. h. zu einer *Revolution*, die es nicht nur auf das *offizielle Niveau* der modernen Völker erhebt, sondern auf die *menschliche Höhe*, welche die nächste Zukunft dieser Völker sein wird.

Die Waffe der Kritik kann allerdings die Kritik der Waffen nicht ersetzen, die materielle Gewalt muß gestützt werden durch materielle Gewalt, allein auch die Theorie wird zur materiellen Gewalt, sobald sie die Massen ergreift. Die Theorie ist fähig, die Massen zu ergreifen, sobald sie *ad hominem* demonstriert, und sie demonstriert *ad hominem*, sobald sie radikal wird. Radikal sein ist die Sache an der Wurzel fassen. Die Wurzel für den Menschen ist aber der Mensch selbst. Der evidente Beweis für den Radikalismus der deutschen Theorie, also für ihre praktische Energie, ist ihr Ausgang von der entschiedenen *positiven* Aufhebung der Religion. Die Kritik der Religion endet mit der Lehre, daß der *Mensch das höchste Wesen für den Menschen* sei, also mit dem *kategorischen Imperativ, alle Verhältnisse umzuwerfen*, in denen der Mensch ein erniedrigtes, ein geknechtetes, ein verlassenes, ein verächtliches Wesen ist, Verhältnisse, die man nicht besser schildern kann als durch den Ausruf eines Franzosen bei einer projektierten Hundesteuer: Arme Hunde! Man will euch wie Menschen behandeln!

Selbst historisch hat die theoretische Emanzipation eine spezifisch praktische Bedeutung für Deutschland. Deutschlands *revolutionäre* Vergangenheit ist nämlich theoretisch, es ist die *Reformation*. Wie damals der *Mönch*, so ist es jetzt der *Philosoph*, in dessen Hirn die Revolution beginnt.

Luther hat allerdings die Knechtschaft aus *Devotion* besiegt, weil er die Knechtschaft aus *Überzeugung* an ihre Stelle gesetzt hat. Er hat den Glauben an die Autorität gebrochen, weil er die Autorität des Glaubens restauriert hat. Er hat die Pfaffen in Laien verwandelt, weil er die Laien in Pfaffen verwandelt hat. Er hat den Menschen von der äußeren Religiosität befreit, weil er die Religiosität zum inneren Menschen gemacht hat. Er hat den Leib von der Kette emanzipiert, weil er das Herz in Ketten gelegt.

Aber, wenn der Protestantismus nicht die wahre Lösung, so war er die wahre Stellung der Aufgabe. Es galt nun nicht mehr den Kampf des Laien mit dem *Pfaffen außer ihm*, es galt den Kampf mit seinem *eigenen inneren Pfaffen*, seiner *pfäffischen Natur*. Und wenn die protestantische Verwandlung der deutschen Laien in Pfaffen die Laienpäpste, die *Fürsten* samt ihrer Klerisei, den Privilegierten und den Philistern, emanzipierte, so wird die philosophische Verwandlung der pfäffischen Deutschen in Menschen das *Volk* emanzipieren. So wenig aber die Emanzipation bei den Fürsten, so wenig wird die *Säkularisation* der Güter bei dem *Kirchenraub* stehen bleiben, den vor allen das heuchlerische Preußen ins Werk setzte. Damals scheiterte der Bauernkrieg, die radikalste Tatsache der deutschen Geschichte, an der Theologie. Heute, wo die Theologie selbst gescheitert ist, wird die unfreieste Tatsache der deutschen Geschichte, unser *status quo*, an der Philosophie zerschellen. Den Tag vor der Reformation war das offizielle Deutschland der unbedingteste Knecht von Rom. Den Tag vor seiner Revolution ist es der unbedingte Knecht von weniger als Rom, von Preußen und Österreich, von Krautjunkern und Philistern.

Einer *radikalen* deutschen Revolution scheint indessen eine Hauptschwierigkeit entgegen zu stehen.

Die Revolutionen bedürfen nämlich eines *passiven* Elementes, einer *materiellen* Grundlage. Die Theorie wird in einem Volke immer nur so weit verwirklicht, als sie die Verwirklichung seiner Bedürfnisse ist. Wird nun dem ungeheuren Zwiespalt zwischen den Forderungen des deutschen Gedankens und den Antworten der deutschen Wirklichkeit derselbe Zwiespalt der bürgerlichen Gesellschaft mit dem Staate und mit sich selbst entsprechen? Werden die theoretischen Bedürfnisse unmittelbar praktische Bedürfnisse sein? Es genügt nicht, daß der Gedanke zur Verwirklichung drängt, die Wirklichkeit muß sich selbst zum Gedanken drängen.

Aber Deutschland hat die Mittelstufen der politischen Emanzipation nicht gleichzeitig mit den modernen Völkern erklettert. Selbst die Stufen, die es theoretisch überwunden, hat es praktisch noch nicht erreicht. Wie sollte es mit einem *salto mortale* nicht nur über seine eigenen Schranken hinwegsetzen, sondern zugleich über die Schranken der modernen Völker, über Schranken, die es in der Wirklichkeit als Befreiung von seinen wirklichen Schranken empfinden und erstreben muß? Eine radikale Revolution kann nur die Revolution radikaler Bedürfnisse sein, deren Voraussetzungen und Geburtsstätten eben zu fehlen scheinen.

Allein wenn Deutschland nur mit der abstrakten Tätigkeit des Denkens die Entwicklung der modernen Völker begleitet hat, ohne werktätige Partei an den wirklichen Kämpfen dieser Entwicklung zu ergreifen, so hat es andererseits die *Leiden* dieser Entwicklung geteilt, ohne ihre Genüsse, ohne ihre partielle Befriedigung zu teilen. Der abstrakten Tätigkeit einerseits entspricht das abstrakte Leiden andererseits. Deutschland wird sich daher eines Morgens auf dem Niveau des europäischen Verfalls befinden, bevor es jemals auf dem Niveau der europäischen Emanzipation gestanden hat. Man wird es einem *Fetischdiener* vergleichen können, der an den Krankheiten des Christentums siecht.

Betrachtet man zunächst die *deutschen Regierungen*, und man findet sie durch die Zeitverhältnisse, durch die Lage Deutschlands, durch den Standpunkt der deutschen Bildung, endlich durch eigenen glücklichen Instinkt getrieben, die *zivilisierten Mängel* der *modernen Staatswelt*, deren Vorteile wir nicht besitzen, zu kombinieren mit den *barbarischen Mängeln* des *ancien régime*, dessen wir uns in vollem Maße erfreuen, so daß Deutschland, wenn nicht am Verstand, wenigstens am Unverstand auch der über seinen *status quo* hinausliegenden Staatsbildungen immer mehr partizipieren muß. Gibt es z. B. ein Land in der Welt, welches so naiv alle Illusionen des konstitutionellen Staatswesens teilt, ohne seine Realitäten zu teilen, als das sogenannte konstitutionelle Deutschland? Oder war es nicht notwendig ein deutscher Regierungseinfall, die Qualen der Zensur mit den Qualen der französischen Septembergesetze, welche die Preßfreiheit voraussetzen, zu verbinden! Wie man im römischen Pantheon die *Götter* aller Nationen fand, so wird man im heiligen römischen deutschen Reich die *Sünden* aller Staatsformen finden. Daß dieser Eklektizismus eine bisher nicht geahnte Höhe erreichen wird, dafür bürgt namentlich die *politisch-ästhetische Gourmanderie* eines deutschen Königs, der alle Rollen des Königtums, des feudalen wie des bureaukratischen, des absoluten wie des konstitutionellen, des autokratischen wie des demokratischen, wenn nicht durch die Person des Volkes, so doch in *eigener* Person, wenn nicht für das Volk, so doch für *sich selbst* zu spielen gedenkt. *Deutschland als der zu einer eigenen Welt konstituierte Mangel der politischen Gegenwart* wird die spezifisch deutschen Schranken nicht niederwerfen können, ohne die allgemeine Schranke der politischen Gegenwart niederzuwerfen.

Nicht die *radikale* Revolution ist utopischer Traum für Deutschland, nicht die *allgemein menschliche* Emanzipation, sondern vielmehr die teilweise, die nur politische Revolution, dei Revolution, welche die Pfeiler des Hauses stehen läßt. Worauf beruht eine teilweise, eine nur politische Revolution? Darauf, daß ein *Teil der bürgerlichen Gesellschaft* sich emanzipiert und zur *allgemeinen* Herrschaft gelangt, darauf, daß eine bestimmte Klasse von ihrer *besonderen Situation* aus die allgemeine Emanzipation der Gesellschaft unternimmt. Diese Klasse befreit die ganze Gesellschaft, aber nur unter der Voraussetzung, daß die ganze Gesellschaft sich in der Situation dieser Klasse befindet, also z. B. Geld und Bildung besitzt oder beliebig erwerben kann.

Keine Klasse der bürgerlichen Gesellschaft kann diese Rolle spielen, ohne ein Moment des Enthusiasmus in sich und in der Masse hervorzurufen, ein Moment, worin sie mit der Gesellschaft im Allgemeinen fraternisiert und zusammenfließt, mit ihr verwechselt und als deren *allgemeiner Repräsentant* empfunden und anerkannt wird, ein Moment, worin ihre Ansprüche und Rechte in Wahrheit die Rechte und Ansprüche der Gesellschaft selbst sind, worin sie wirklich der soziale Kopf und das soziale Herz ist. Nur im Namen der allgemeinen Rechte der Gesellschaft kann eine besondere Klasse sich die allgemeine Herrschaft vindizieren. Zur Erstürmung dieser emanzipatorischen Stellung und damit zur politischen Ausbeutung aller Sphären der Gesellschaft im Interesse der eigenen Sphäre reichen revolutionäre Energie und geistiges Selbstgefühl allein nicht aus. Damit die *Revolution eines Volkes* und die *Emanzipation einer besonderen Klasse* der bürgerlichen Gesellschaft zusammenfallen, damit *ein* Stand für den Stand der ganzen Gesellschaft gelte, dazu müssen umgekehrt alle Mängel der Gesellschaft in einer anderen Klasse konzentriert, dazu muß ein bestimmter Stand der Stand des allgemeinen Anstoßes, die Inkorporation der allgemeinen Schranke sein, dazu muß eine besondere soziale Sphäre für das *notorische Verbrechen* der ganzen Sozietät gelten, so daß die Befreiung von dieser Sphäre als die allgemeine Selbstbefreiung erscheint. Damit *ein* Stand *par excellence* der Stand der Befreiung, dazu muß umgekehrt ein anderer Stand der offenbare Stand der Unterjochung sein. Die negativ-allgemeine Bedeutung des französischen Adels und der französischen Klerisei bedingte die positiv-allgemeine Bedeutung der zunächst angrenzenden und entgegengesetzten Klasse der *Bourgeoisie*.

Es fehlt aber jeder besonderen Klasse in Deutschland nicht nur die Konsequenz, die Schärfe, der Mut, die Rücksichtslosigkeit, die sie zum negativen Repräsentanten der Gesellschaft stempeln könnte. Es fehlt ebensosehr jedem Stande jene Breite der Seele, die sich mit der Volksseele, wenn auch nur momentan, identifiziert, jene Genialität, welche die materielle Macht zur politischen Gewalt begeistert, jene revolutionäre Kühnheit, welche dem Gegner die trotzige Parole zuschleudert: *Ich bin nichts, und ich müßte alles sein.* Den Hauptstock deutscher Moral und Ehrlichkeit, nicht nur der Individuen, sondern auch der Klassen, bildet vielmehr jener *bescheidene Egoismus*, welcher seine Beschränktheit geltend macht und gegen sich geltend machen läßt. Das Verhältnis der verschiedenen Sphären der deutschen Gesellschaft ist daher nicht dramatisch, sondern episch. Jede derselben beginnt sich zu empfinden und neben die anderen mit ihren besonderen Ansprüchen hinzulagern, nicht sobald sie gedrückt wird, sondern sobald ohne ihr Zutun die Zeitverhältnisse eine gesellige Unterlage schaffen, auf die sie ihrerseits den Druck ausüben kann. Sogar das *moralische Selbstgefühl der deutschen Mittelklasse* beruht nur auf dem Bewußtsein, die allgemeine Repräsentantin von der philisterhaften Mittelmäßigkeit aller übrigen Klassen zu sein. Es sind daher nicht nur die deutschen Könige, die *mal-à-propos* auf den Thron gelangen, es ist jede Sphäre der bürgerlichen Gesellschaft, die ihre Niederlage erlebt, bevor sie ihren Sieg gefeiert, ihre eigene Schranke entwickelt, bevor sie die ihr gegenüberstehende Schranke überwunden, ihr engherziges Wesen geltend macht, bevor sie ihr großmütiges Wesen geltend machen konnte, so daß selbst die Gelegenheit einer großen Rolle immer vorüber ist, bevor sie vorhanden war, so daß jede Klasse, sobald sie den Kampf mit der über ihr stehenden Klasse beginnt, in den Kampf mit der unter ihr stehenden verwickelt ist. Daher befindet sich das Fürstentum im Kampf gegen das Königtum, der Bureaukrat im Kampf gegen den Adel, der Bourgeois im Kampf gegen sie alle, während der Proletarier schon beginnt, sich im Kampf gegen den Bourgeois zu befinden. Die Mittelklasse wagt kaum von ihrem Standpunkt aus den Gedanken der Emanzipation zu fassen, und schon erklärt die Entwicklung der sozialen Zustände wie der Fortschritt der politischen Theorie diesen Standpunkt selbst für antiquiert oder wenigstens für problematisch.

In Frankreich genügt es, daß einer etwas sei, damit er alles sein wolle. In Deutschland darf einer nichts sein, wenn er nicht auf alles verzichten soll. In Frankreich ist die partielle Emanzipation der Grund der universellen. In Deutschland ist die universelle Emanzipation *conditio sine qua non* jeder partiellen. In Frankreich muß die Wirklichkeit, in Deutschland muß die Unmöglichkeit der stufenweisen Befreiung die ganze Freiheit gebären. In Frankreich ist jede Volksklasse *politischer Idealist* und empfindet sich zunächst nicht als besondere Klasse, sondern als Repräsentant der sozialen Bedürfnisse überhaupt. Die Rolle des *Emanzipators* geht also der Reihe nach in dramatischer Bewegung an die verschiedenen Klassen des französischen Volkes über, bis sie endlich bei der Klasse anlangt, welche die soziale Freiheit nicht mehr unter der Voraussetzung gewisser, außerhalb des Menschen liegender und doch von der menschlichen Gesellschaft geschaffener Bedingungen verwirklicht, sondern vielmehr alle Bedingungen der menschlichen Existenz unter der Voraussetzung der sozialen Freiheit organisiert. In Deutschland dagegen, wo das praktische Leben ebenso geistlos, als das geistige Leben unpraktisch ist, hat keine Klasse der bürgerlichen Gesellschaft das Bedürfnis und die Fähigkeit der allgemeinen Emanzipation, bis sie nicht durch ihre *unmittelbare* Lage, durch die *materielle* Notwendigkeit, durch ihre *Ketten selbst* dazu gezwungen wird.

Wo also die *positive* Möglichkeit der deutschen Emanzipation?

Antwort: In der Bildung einer Klasse mit *radikalen Ketten*, einer Klasse der bürgerlichen Gesellschaft, welche keine Klasse der bürgerlichen Gesellschaft ist, eines Standes, welcher die Auflösung aller Stände ist, einer Sphäre, welche einen universellen Charakter durch ihre universellen Leiden besitzt und kein *besonderes Recht* in Anspruch nimmt, weil kein *besonderes Unrecht*, sondern das *Unrecht schlechthin* an ihr verübt wird, welche nicht mehr auf einen *historischen,* sondern nur noch auf den *menschlichen* Titel provozieren kann, welche in keinem einseitigen Gegensatz zu den Konsequenzen, sondern in einem allseitigen Gegensatz zu den Voraussetzungen des deutschen Staatswesens steht, einer Sphäre endlich, welche sich nicht emanzipieren kann, ohne sich von allen übrigen Sphären der Gesellschaft und damit alle übrigen Sphären der Gesellschaft zu emanzipieren, welche mit einem Wort der *völlige Verlust* des Menschen ist, also nur durch die *völlige Wiedergewinnung des Menschen* sich selbst gewinnen kann. Diese Auflösung der Gesellschaft als ein besonderer Stand ist das *Proletariat*.

Das Proletariat beginnt erst durch die hereinbrechende *industrielle* Bewegung für Deutschland zu werden, denn nicht die *naturwüchsig entstandene*, sondern die *künstlich produzierte* Armut, nicht die mechanisch durch die Schwere der Gesellschaft niedergedrückte, sondern die aus ihrer *akuten Auflösung*, vorzugsweise aus der Auflösung des Mittelstandes hervorgehende Menschenmasse bildet das Proletariat, obgleich allmählich, wie sich von selbst versteht, auch die naturwüchsige Armut und die christlich-germanische Leibeigenschaft in seine Reihen treten.

Wenn das Proletariat die *Auflösung der bisherigen Weltordnung* verkündet, so spricht es nur das *Geheimnis seines eigenen Daseins aus*, denn es *ist* die faktische Auflösung dieser Weltordnung. Wenn das Proletariat die *Negation des Privateigentums* verlangt, so erhebt es nur zum *Prinzip der Gesellschaft*, was die Gesellschaft zu *seinem* Prinzip erhoben hat, was in *ihm* als negatives Resultat der Gesellschaft schon ohne sein Zutun verkörpert ist. Der Proletarier befindet sich dann in bezug auf die werdende Welt in demselben Recht, in welchem der *deutsche König* in bezug auf die gewordene Welt sich befindet, wenn er das Volk *sein* Volk, wie das Pferd *sein* Pferd nennt. Der König, indem er das Volk für sein Privateigentum erklärt, spricht es nur aus, daß der Privateigentümer König ist.

Wie die Philosophie im Proletariat ihre *materiellen*, so findet das Proletariat in der Philosophie seine *geistigen* Waffen, und sobald der Blitz des Gedankens gründlich in diesen naiven Volksboden eingeschlagen ist, wird sich die Emanzipation der *Deutschen* zu *Menschen* vollziehen.

Resumieren wir das Resultat:

Die einzig *praktisch* mögliche Befreiung Deutschlands ist die Befreiung auf dem Standpunkt *der* Theorie, welche den Menschen für das höchste Wesen des Menschen erklärt. In Deutschland ist die Emanzipation von dem *Mittelalter* nur möglich als die Emanzipation zugleich von den *teilweisen* Überwindungen des Mittelalters. In Deutschland kann *keine* Art der Knechtschaft gebrochen werden, ohne *jede* Art der Knechtschaft zu brechen. Das *gründliche* Deutschland kann nicht revolutionieren, ohne *von Grund aus* zu revolutionieren. Die *Emanzipation des Deutschen* ist die *Emanzipation des Menschen*. Der *Kopf* dieser *Emanzipation ist die Philosophie*, ihr *Herz* das *Proletariat*. Die Philosophie kann sich nicht verwirklichen ohne die Aufhebung des Proletariats, das Proletariat kann sich nicht aufheben ohne die Verwirklichung der Philosophie.

Wenn alle inneren Bedingungen erfüllt sind, wird der *deutsche Auferstehungstag* verkündet werden durch das *Schmettern des gallischen Hahns*.

Thesen über Feuerbach

1

Der Hauptmangel alles bisherigen Materialismus (den Feuerbachschen mit eingerechnet) ist, daß der Gegenstand, die Wirklichkeit, Sinnlichkeit nur unter der Form des *Objekts oder der Anschauung* gefaßt wird; nicht aber als *sinnlich menschliche Tätigkeit, Praxis*; nicht subjektiv. Daher die *tätige* Seite abstrakt im Gegensatz zu dem Materialismus von dem Idealismus – der natürlich die wirkliche, sinnliche Tätigkeit als solche nicht kennt – entwickelt. Feuerbach will sinnliche – von den Gedankenobjekten wirklich unterschiedne Objekte: aber er faßt die menschliche Tätigkeit selbst nicht als *gegenständliche* Tätigkeit. Er betrachtet daher im Wesen des Christentums nur das theoretische Verhalten als das echt menschliche, während die Praxis nur in ihrer schmutzig jüdischen Erscheinungsform gefaßt und fixiert wird. Er begreift daher nicht die Bedeutung der »revolutionären«, der »praktisch-kritischen« Tätigkeit.

2

Die Frage, ob dem menschlichen Denken gegenständliche Wahrheit zukomme – ist keine Frage der Theorie, sondern eine *praktische* Frage. In der Praxis muß der Mensch die Wahrheit, i. e. Wirklichkeit und Macht, Diesseitigkeit seines Denkens beweisen. Der Streit über die Wirklichkeit oder Nichtwirklichkeit des Denkens, – das von der Praxis isoliert ist, – ist eine rein *scholastische* Frage.

3

Die materialistische Lehre von der Veränderung der Umstände und der Erziehung vergißt, daß die Umstände von den Menschen verändert und der Erzieher selbst erzogen werden muß. Sie muß daher die Gesellschaft in zwei Teile – von denen der eine über ihr erhaben ist – sondieren.

Das Zusammenfallen des Änderns der Umstände und der menschlichen Tätigkeit oder Selbstveränderung kann nur als *revolutionäre Praxis* gefaßt und rationell verstanden werden.

4

Feuerbach geht von dem Faktum der religiösen Selbstentfremdung, der Verdoppelung der Welt in eine religiöse und eine weltliche aus. Seine Arbeit besteht darin, die religiöse Welt in ihre weltliche Grundlage aufzulösen. Aber daß die weltliche Grundlage sich von sich selbst abhebt und sich ein selbstständiges Reich in den Wolken fixiert, ist nur aus der Selbstzerrissenheit und Sichselbstwidersprechen dieser weltlichen Grundlage zu erklären. Diese selbst muß also in sich selbst sowohl in ihrem Widerspruch verstanden, als praktisch revolutioniert werden. Also nachdem z. B. die irdische Familie als das Geheimnis der heiligen Familie entdeckt ist, muß nun erstere selbst theoretisch und praktisch vernichtet werden.

5
Feuerbach, mit dem *abstrakten Denken* nicht zufrieden, will die *Anschauung*; aber er faßt die Sinnlichkeit nicht als *praktische* menschlich-sinnliche Tätigkeit.

6
Feuerbach löst das religiöse Wesen in das *menschliche* Wesen auf. Aber das menschliche Wesen ist kein dem einzelnen Individuum inwohnendes Abstraktum. In seiner Wirklichkeit ist es das ensemble der gesellschaftlichen Verhältnisse.

Feuerbach, der auf die Kritik dieses wirklichen Wesens nicht eingeht, ist daher gezwungen:

1. von dem geschichtlichen Verlauf zu abstrahieren und das religiöse Gemüt für sich zu fixieren, und ein abstrakt – *isoliert* – menschliches Individuum vorauszusetzen.

2. das Wesen kann daher nur als »Gattung«, als innere, stumme, die vielen Individuen *natürlich* verbindende Allgemeinheit gefaßt werden.

7
Feuerbach sieht daher nicht, daß das »religiöse Gemüt« selbst ein gesellschaftliches Produkt ist und daß das abstrakte Individuum, das er analysiert, einer bestimmten Gesellschaftsform angehört.

8
Alles gesellschaftliche Leben ist wesentlich *praktisch*. Alle Mysterien, welche die Theorie zum Mystizism veranlassen, finden ihre rationelle Lösung in der menschlichen Praxis und in dem Begreifen dieser Praxis.

9
Das höchste, wozu der anschauende Materialismus kommt, d. h. der Materialismus, der die Sinnlichkeit nicht als praktische Tätigkeit begreift, ist die Anschauung der einzelnen Individuen und der bürgerlichen Gesellschaft.

10
Der Standpunkt des alten Materialismus ist die bürgerliche Gesellschaft,

der Standpunkt des neuen die menschliche Gesellschaft oder die gesellschaftliche Menschheit.

11

Die Philosophen haben die Welt nur verschieden *interpretiert*, es kömmt drauf an sie zu *verändern*.

Der Fetischcharakter der Ware und sein Geheimnis

Eine *Ware* scheint auf den ersten Blick ein selbstverständliches, triviales Ding. Ihre Analyse ergibt, daß sie ein sehr vertracktes Ding ist, voll methaphysischer Spitzfindigkeit und theologischer Mucken. Soweit sie *Gebrauchswert*, ist nichts Mysteriöses an ihr, ob ich sie nun unter dem Gesichtspunkt betrachte, daß sie durch ihre Eigenschaften menschliche Bedürfnisse befriedigt oder diese Eigenschaften erst als *Produkt* menschlicher Arbeit erhält. Es ist sinnenklar, daß der Mensch durch seine Tätigkeit die Formen der Naturstoffe in einer ihm nützlichen Weise verändert. Die Form des Holzes z. B. wird verändert, wenn man aus ihm einen Tisch macht. Nichtsdestoweniger bleibt der Tisch Holz, ein ordinäres sinnliches Ding. Aber sobald er *als Ware* auftritt, verwandelt er sich in ein sinnlich übersinnliches Ding. Er steht nicht nur mit seinen Füßen auf dem Boden, sondern er stellt sich allen andren Waren gegenüber auf den Kopf, und entwickelt, aus seinem Holzkopf Grillen, viel wunderlicher, als wenn er aus freien Stücken zu tanzen begänne.

Der mystische Charakter der Ware entspringt also nicht aus ihrem Gebrauchswert. Er entspringt ebensowenig aus dem Inhalt der *Wert*bestimmungen. Denn erstens, wie verschieden die nützlichen Arbeiten oder produktiven Tätigkeiten sein mögen, es ist eine *physiologische* Wahrheit, daß sie Funktionen des *menschlichen* Organismus sind, und daß jede solche Funktion, welches immer ihr Inhalt und ihre Form, wesentlich *Verausgabung* von *menschlichem* Hirn, Nerv, Muskel, Sinnesorgan usw. ist. Was zweitens der Bestimmung der Wertgröße zugrunde liegt, die *Zeitdauer* jener Verausgabung, oder die *Quantität* der Arbeit, so ist die *Quantität* sogar sinnfällig von der *Qualität* der Arbeit unterscheidbar. In allen Zuständen mußte die Arbeits*zeit*, welche die Produktion der Lebensmittel kostet, den Menschen interessieren, obgleich nicht gleichmäßig auf verschiedenen Entwicklungsstufen. Endlich, sobald die Menschen in irgendeiner Weise füreinander arbeiten, erhält ihre Arbeit auch eine *gesellschaftliche* Form.

Woher entspringt also der rätselhafte Charakter des Arbeitsprodukts, sobald es *Warenform* annimmt? Offenbar aus dieser Form selbst. Die Gleichheit der menschlichen Arbeiten erhält die sachliche Form der gleichen Wertgegenständlichkeit der Arbeitsprodukte, das Maß der Verausgabung menschlicher Arbeitskraft durch ihre Zeitdauer erhält die Form der Wertgröße der Arbeitsprodukte, endlich die Verhältnisse der Produzenten, worin jene gesellschaftlichen Bestimmungen ihrer Arbeiten betätigt werden, erhalten die Form eines gesellschaftlichen Verhältnisses der Arbeitsprodukte.

Das Geheimnisvolle der Warenform besteht also einfach darin, daß sie den Menschen die gesellschaftlichen Charaktere ihrer eignen Arbeit als gegenständliche Charaktere der Arbeitsprodukte selbst, als gesellschaftliche Natureigenschaften dieser Dinge zurückspiegelt, daher auch das gesellschaftliche Verhältnis der Produzenten zur Gesamtarbeit als ein außer ihnen existierendes gesellschaftliches Verhältnis von Gegenständen. Durch dies quid pro quo [diese Vertauschung] werden die Arbeitsprodukte Waren, sinnlich übersinnliche oder gesellschaftliche Dinge. So stellt sich der Lichteindruck eines Dings auf den Sehnerv nicht als subjektiver Reiz des Sehnervs selbst, sondern als gegenständliche Form eines Dings außerhalb des Auges dar. Aber beim Sehen wird wirklich Licht von einem Ding, dem äußeren Gegenstand, auf ein andres Ding, das Auge, geworfen. Es ist ein physisches Verhältnis zwischen physischen Dingen. Dagegen hat die Warenform und das Wertverhältnis der Arbeitsprodukte, worin sie sich darstellt, mit ihrer physischen Natur und den daraus entspringenden dinglichen Beziehungen absolut nichts zu schaffen. Es ist nur das bestimmte gesellschaftliche Verhältnis der Menschen selbst, welches hier für sie die phantasmagorische Form eines Verhältnisses von Dingen annimmt. Um daher eine Analogie zu finden, müssen wir in die Nebelregion der religiösen Welt flüchten. Hier scheinen die Produkte des menschlichen Kopfes mit eignem Leben begabte, untereinander und mit den Menschen in Verhältnis stehende selbständige Gestalten. So in der Warenwelt die Produkte der menschlichen Hand. Dies nenne ich den Fetischismus, der den Arbeitsprodukten anklebt, sobald sie als Waren produziert werden, und der daher von der Warenproduktion unzertrennlich ist.

Dieser Fetischcharakter der Warenwelt entspringt, wie die vorhergehende Analyse bereits gezeigt hat, aus dem eigentümlichen gesellschaftlichen Charakter der Arbeit, welche Waren produziert.

Gebrauchsgegenstände werden überhaupt nur Waren, weil sie *Produkte voneinander unabhängig betriebener Privatarbeiten* sind. Der Komplex dieser Privatarbeiten bildet die gesellschaftliche Gesamtarbeit. Da die Produzenten erst in gesellschaftlichen Kontakt treten durch den Austausch ihrer Arbeitsprodukte, erscheinen auch die spezifisch gesellschaftlichen Charaktere ihrer Privatarbeiten erst innerhalb dieses Austausches. Oder die Privatarbeiten betätigen sich in der Tat erst als Glieder der gesellschaftlichen Gesamtarbeit durch die Beziehungen, worin der Austausch die Arbeitsprodukte und vermittelst derselben die Produzenten versetzt. Den letzteren *erscheinen* daher die gesellschaftlichen Beziehungen ihrer Privatarbeiten als das was sie *sind*, d.h. nicht als unmittelbar gesellschaftliche Verhältnisse der Personen in ihren Arbeiten selbst, sondern vielmehr als *sachliche Verhältnisse* der Personen und *gesellschaftliche Verhältnisse der Sachen.*

Erst innerhalb ihres Austauschs erhalten die Arbeitsprodukte eine von ihrer sinnlich verschiednen Gebrauchsgegenständlichkeit getrennte, gesellschaftlich gleiche Wertgegenständlichkeit. Diese Spaltung des Arbeitsprodukts in nützliches Ding und Wertding betätigt sich nur praktisch, sobald der Austausch bereits hinreichende Ausdehnung und Wichtigkeit gewonnen hat, damit nützliche Dinge für den Austausch produziert werden, der Wertcharakter der Sachen also schon bei ihrer Produktion selbst in Betracht kommt. Von diesem Augenblick erhalten die Privatarbeiten der Produzenten tatsächlich einen doppelten gesellschaftlichen Charakter. Sie müssen einerseits als bestimmte nützliche Arbeiten ein bestimmtes gesellschaftliches Bedürfnis befriedigen und sich so als Glieder der Gesamtarbeit, des naturwüchsigen Systems der gesellschaftlichen Teilung der Arbeit, bewähren. Sie befriedigen andrerseits nur die mannigfachen Bedürfnisse ihrer eignen Produzenten, sofern jede besondre nützliche Privatarbeit mit jeder andren nützlichen Privatarbeit austauschbar ist, also ihr gleichgilt. Die *Gleichheit* toto coeli [völlig] *verschiedner Arbeiten* kann nur in einer *Abstraktion von ihrer wirklichen Ungleichheit* bestehn, in der Reduktion auf den gemeinsamen Charakter, den sie als *Verausgabung menschlicher Arbeitskraft,* abstrakt *menschliche Arbeit,* besitzen. Das Gehirn der Privatproduzenten spiegelt diesen doppelten gesellschaftlichen Charakter ihrer Privatarbeiten nur wider in den Formen, welche im praktischen Verkehr, im Produktenaustausch erscheinen – den gesellschaftlich nützlichen Charakter ihrer Privatarbeiten also in der Form, daß das Arbeitsprodukt nützlich sein muß, und zwar für andre – den gesellschaftlichen Charakter der Gleichheit der verschiedenartigen Arbeiten in der Form des gemeinsamen Wertcharakters dieser materiell verschiednen Dinge, der Arbeitsprodukte.

Die Menschen beziehen also ihre Arbeitsprodukte nicht aufeinander als *Werte,* weil diese Sachen ihnen als *bloß sachliche Hüllen* gleichartig menschlicher Arbeit gelten. Umgekehrt. Indem sie ihre verschiedenartigen *Produkte einander* im Austausch *als Werte* gleichsetzen, setzen sie ihre verschiednen Arbeiten einander als menschliche Arbeit gleich. Sie wissen das nicht, aber sie *tun* es. Es steht daher dem Werte nicht auf der Stirn geschrieben, *was* er ist. Der Wert verwandelt vielmehr jedes Arbeitsprodukt in eine gesellschaftliche Hieroglyphe. Später suchen die Menschen den Sinn der Hieroglyphe zu entziffern, hinter das Geheimnis ihres eignen gesellschaftlichen Produkts zu kommen, denn die Bestimmung der Gebrauchsgegenstände *als Werte* ist *ihr* gesellschaftliches Produkt so gut wie die Sprache. Die späte wissenschaftliche Entdeckung, daß die Arbeitsprodukte, soweit sie Werte, bloß sachliche Ausdrücke der in ihrer

Produktion verausgabten menschlichen Arbeit sind, macht Epoche in der Entwicklungsgeschichte der Menschheit, aber verscheucht keineswegs den gegenständlichen Schein der gesellschaftlichen Charaktere der Arbeit. Was nur für diese besondre Produktionsform, die Warenproduktion, gültig ist, daß nämlich der spezifisch gesellschaftliche Charakter der voneinander unabhängigen Privatarbeiten in ihrer Gleichheit als menschliche Arbeit besteht und die Form des Wertcharakters der Arbeitsprodukte annimmt, erscheint, vor wie nach jener Entdeckung, den in den Verhältnissen der Warenproduktion Befangenen ebenso endgültig, als daß die wissenschaftliche Zersetzung der Luft in ihre Elemente die Luftform als eine physikalische Körperform fortbestehn läßt.

Was die Produktenaustauscher zunächst praktisch interessiert, ist die Frage, wieviel fremde Produkte sie für das eigne Produkt erhalten, in welchen Proportionen sich also die Produkte austauschen. Sobald diese Proportionen zu einer gewissen gewohnheitsmäßigen Festigkeit herangereift sind, scheinen sie aus der Natur der Arbeitsprodukte zu entspringen, so daß z. B. eine Tonne Eisen und 2 Unzen Gold gleichwertig, wie ein Pfund Gold und ein Pfund Eisen trotz ihrer verschiednen physikalischen und chemischen Eigenschaften gleich schwer sind. In der Tat befestigt sich der Wertcharakter der Arbeitsprodukte erst durch ihre Betätigung als Wertgrößen. Die letzteren wechseln beständig, unabhängig vom Willen, Vorwissen und Tun der Austauschenden. Ihre eigne gesellschaftliche Bewegung besitzt für sie die Form einer Bewegung von Sachen, unter deren Kontrolle sie stehen, statt sie zu kontrollieren. Es bedarf vollständig entwickelter Warenproduktion, bevor aus der Erfahrung selbst die wissenschaftliche Einsicht herauswächst, daß die unabhängig voneinander betriebenen, aber als *naturwüchsige Glieder der gesellschaftlichen Teilung der Arbeit* allseitig voneinander abhängigen Privatarbeiten fortwährend auf ihr gesellschaftlich proportionelles Maß reduziert werden, weil sich in den zufälligen und stets schwankenden *Austauschverhältnissen ihrer Produkte* die zu deren Produktion gesellschaftlich notwendige Arbeitszeit als regelndes *Naturgesetz* gewaltsam durchsetzt, wie etwa das Gesetz der Schwere, wenn einem das Haus über dem Kopf zusammenpurzelt. Die Bestimmung der Wertgröße durch die Arbeitszeit ist daher ein unter den erscheinenden Bewegungen der relativen Warenwerte verstecktes Geheimnis. Seine Entdeckung hebt den Schein der bloß zufälligen Bestimmung der Wertgrößen der Arbeitsprodukte auf, aber keineswegs ihre sachliche Form.

Das Nachdenken über die Formen des menschlichen Lebens, also auch ihre wissenschaftliche Analyse, schlägt überhaupt einen der wirklichen Entwicklung entgegengesetzten Weg ein. Es beginnt post festum und daher mit den fertigen Resultaten des Entwicklungsprozesses. Die Formen, welche Arbeitsprodukte zu Waren stempeln und daher der Warenzirkulation vorausgesetzt sind, besitzen bereits die Festigkeit von Naturformen des gesellschaftlichen Lebens, bevor die Menschen sich Rechenschaft zu geben suchen, nicht über den historischen Charakter dieser Formen, die ihnen vielmehr bereits als unwandelbar gelten, sondern über deren Gehalt. So war es nur die Analyse der Warenpreise, die zur Bestimmung der Wertgröße, nur der gemeinschaftliche Geldausdruck der Waren, der zur Fixierung ihres Wertcharakters führte. Es ist aber eben diese fertige Form – die Geldform – der Warenwelt, welche den gesellschaftlichen Charakter der Privatarbeiten und daher die gesellschaftlichen Verhältnisse der Privatarbeiter sachlich verschleiert, statt sie zu offenbaren. Wenn ich sage, Rock, Stiefel usw. beziehen sich auf Leinwand als die allgemeine Verkörperung abstrakter menschlicher Arbeit, so springt die Verrücktheit dieses Ausdrucks ins Auge. Aber wenn die Produzenten von Rock, Stiefel usw. diese Waren auf Leinwand – oder auf Gold und Silber, was nichts an der Sache ändert – als allgemeines Äquivalent beziehn, erscheint ihnen die Beziehung ihrer Privatarbeiten zu der gesellschaftlichen Gesamtarbeit genau in dieser verrückten Form.

Derartige Formen bilden eben die *Kategorien* der bürgerlichen Ökonomie. Es sind gesellschaftlich gültige, also objektive Gedankenformen für die Produktionsverhältnisse *dieser historisch bestimmten* gesellschaftlichen Produktionsweise, der Warenproduktion. Aller Mystizismus der Warenwelt, all der Zauber und Spuk, welcher Arbeitsprodukte auf Grundlage der Warenproduktion umnebelt, verschwindet daher sofort, sobald wir zu andern Produktionsformen flüchten.

Da die politische Ökonomie Robinsonaden liebt, erscheine zuerst Robinson auf seiner Insel. Bescheiden, wie er von Haus aus ist, hat er doch verschiedenartige Bedürfnisse zu befriedigen und muß daher *nützliche Arbeiten verschiedner Art* verrichten, Werkzeuge machen, Möbel fabrizieren, Lama zähmen, fischen, jagen usw. Vom Beten u. dgl. sprechen wir hier nicht, da unser Robinson daran sein Vergnügen findet und derartige Tätigkeit als Erholung betrachtet. Trotz der Verschiedenheit seiner produktiven Funktionen weiß er, daß sie nur verschiedne Betätigungsformen desselben Robinson, also nur verschiedne Weisen *menschlicher* Arbeit sind. Die Not selbst zwingt ihn, seine *Zeit* genau zwischen seinen verschiednen Funktionen zu verteilen. Ob die eine mehr, die andre weniger Raum in seiner Gesamttätigkeit einnimmt, hängt ab von der größeren oder geringeren Schwierigkeit, die zur Erzielung des bezweckten Nutzeffekts zu überwinden ist. Die Erfahrung lehrt ihn das, und unser Robinson, der Uhr, Hauptbuch, Tinte und Feder aus dem Schiffbruch gerettet, beginnt als guter Engländer bald Buch über sich selbst zu führen. Sein Inventarium enthält ein Verzeichnis der Gebrauchsgegenstände, die er besitzt, der *verschiednen* Verrichtungen, die zu ihrer Produktion erheischt sind, endlich der *Arbeitszeit*, die ihm bestimmte Quanta dieser verschiednen Produkte im Durchschnitt kosten. Alle Beziehungen zwischen Robinson und den Dingen, die seinen selbstgeschaffenen Reichtum bilden, sind hier so einfach und durchsichtig, daß selbst Herr M. Wirth sie ohne besondre Geistesanstrengung verstehn dürfte. Und dennoch sind darin alle wesentlichen Bestimmungen des *Werts* enthalten.

Versetzen wir uns nun von Robinsons lichter Insel in das finstre europäische Mittelalter. Statt des unabhängigen Mannes finden wir hier jedermann abhängig – Leibeigne und Grundherrn, Vasallen und Lehnsgeber, Laien und Pfaffen. Persönliche Abhängigkeit charakterisiert ebensosehr die gesellschaftlichen Verhältnisse der materiellen Produktion als die auf ihr aufgebauten Lebenssphären. Aber eben weil persönliche Abhängigkeitsverhältnisse die gegebne gesellschaftliche Grundlage bilden, brauchen Arbeiten und Produkte nicht eine von ihrer Realität verschiedne phantastische Gestalt anzunehmen. Sie gehn als Naturaldienste und Naturalleistungen in das gesellschaftliche Getriebe ein. Die Naturalform der Arbeit, ihre Besonderheit, und nicht, wie auf Grundlage der Warenproduktion, ihre Allgemeinheit, ist hier ihre unmittelbar gesellschaftliche Form. Die Fronarbeit ist ebensogut durch die Zeit gemessen wie die Waren produzierende Arbeit, aber jeder Leibeigne weiß, daß es ein bestimmtes Quantum seiner persönlichen Arbeitskraft ist, die er im Dienst seines Herrn verausgabt. Der dem Pfaffen zu leistende Zehnten ist klarer als der Segen des Pfaffen. Wie man daher immer die Charaktermasken beurteilen mag, worin sich die Menschen hier gegenübertreten, die gesellschaftlichen Verhältnisse der Personen in ihren Arbeiten erscheinen jedenfalls als ihre eignen persönlichen Verhältnisse, und sind nicht verkleidet in gesellschaftliche Verhältnisse der Sachen, der Arbeitsprodukte.

Für die Betrachtung gemeinsamer, d. h. unmittelbar vergesellschafteter Arbeit brauchen wir nicht zurückzugehen zu der naturwüchsigen Form derselben, welche uns an der Geschichtsschwelle aller Kulturvölker begegnet. Ein näherliegendes Beispiel bildet die ländlich patriarchalische Industrie einer Bauernfamilie, die für den eignen Bedarf Korn, Vieh, Garn, Leinwand, Kleidungsstücke usw. produziert. Diese verschiednen Dinge treten der Familie als verschiedne Produkte ihrer Familienarbeit gegenüber, aber nicht sich selbst wechselseitig als Waren. Die verschiednen Arbeiten, welche diese Produkte erzeugen, Ackerbau, Viehzucht, Spinnen, Weben, Schneiderei usw. sind in ihrer Naturalform gesellschaftliche Funktionen, weil Funktionen der Familie, die ihre eigne, naturwüchsige Teilung der Arbeit besitzt so gut wie die Warenproduktion. Geschlechts- und Altersunterschiede, wie die mit dem Wechsel der Jahreszeit wechselnden Naturbedingungen der Arbeit, regeln ihre Verteilung unter die Familie und die Arbeitszeit der einzelnen Familienmitglieder. Die durch die Zeitdauer gemeßne Verausgabung der individuellen Arbeitskräfte erscheint hier aber von Haus aus als gesellschaftliche Bestimmung der Arbeiten selbst, weil die individuellen Arbeitskräfte von Haus aus nur als Organe der gemeinsamen Arbeitskraft der Familie wirken.

Stellen wir uns endlich, zur Abwechslung, einen Verein freier Menschen vor, die mit gemeinschaftlichen Produktionsmitteln arbeiten und ihre vielen individuellen Arbeitskräfte selbstbewußt als *eine* gesellschaftliche Arbeitskraft verausgaben. Alle Bestimmungen von Robinsons Arbeit wiederholen sich hier, nur *gesellschaftlich* statt *individuell*. Alle Produkte Robinsons waren sein ausschließlich persönliches Produkt und daher unmittelbar Gebrauchsgegenstände *für* ihn. Das Gesamtprodukt des Vereins ist ein *gesellschaftliches* Produkt. Ein Teil dieses Produkts dient wieder als Produktionsmittel. Es bleibt gesellschaftlich. Aber ein anderer Teil wird als Lebensmittel von den Vereinsgliedern verzehrt. Er muß daher unter sie *verteilt* werden. Die *Art* dieser Verteilung wird wechseln mit der besondren Art des gesellschaftlichen Produktionsorganismus selbst und der entsprechenden geschichtlichen Entwicklungshöhe der Produzenten. Nur zur Parallele mit der Warenproduktion setzen wir voraus, der Anteil jedes Produzenten an den Lebensmitteln sei bestimmt durch seine *Arbeitszeit*. Die Arbeitszeit würde also eine doppelte Rolle spielen. Ihre gesellschaftlich planmäßige Verteilung regelt die richtige Proportion der verschiednen Arbeitsfunktionen zu den verschiednen Bedürfnissen. Andrerseits dient die Arbeitszeit zugleich als Maß des individuellen Anteils des Produzenten an der Gemeinarbeit und daher auch an dem individuell verzehrbaren Teil des Gemeinprodukts. Die gesellschaftlichen Beziehungen der Menschen zu ihren Arbeiten und ihren Arbeitsprodukten bleiben hier durchsichtig einfach in der Produktion sowohl als in der Distribution.

Für eine Gesellschaft von Warenproduzenten, deren allgemein gesellschaftliches Produktionsverhältnis darin besteht, sich zu ihren Produkten als *Waren*, also *als Werten* zu verhalten, und in dieser *sachlichen* Form ihre Privatarbeiten aufeinander zu beziehn als *gleiche menschliche Arbeit*, ist das *Christentum*, mit seinem Kultus des abstrakten Menschen, namentlich in seiner bürgerlichen Entwicklung, dem Protestantismus, Deismus usw., die entsprechendste *Religionsform*. In den altasiatischen, antiken usw. Produktionsweisen spielt die Verwandlung des Produkts in Ware, und daher das Dasein der Menschen als Warenproduzenten, eine untergeordnete Rolle, die jedoch um so bedeutender wird, je mehr die Gemeinwesen in das Stadium ihres Untergangs treten. Eigentliche Handelsvölker existieren nur in den Intermundien der alten Welt, wie Epikurs Götter, oder wie Juden in den Poren der polnischen Gesellschaft. Jene alten gesellschaftlichen Produktionsorganismen sind außerordentlich viel einfacher und durchsichtiger als der bürgerliche, aber sie beruhen entweder auf der Unreife des individuellen Menschen, der sich von der Nabelschnur des natürlichen Gattungszusammenhangs mit andren noch nicht losgerissen hat, oder auf unmittelbaren Herrschafts- und Knechtschaftsverhältnissen. Sie sind bedingt durch eine niedrige Entwicklungsstufe der Produktivkräfte der Arbeit und entsprechend befangene Verhältnisse der Menschen innerhalb ihres materiellen Lebenserzeugungsprozesses, daher zueinander und zur Natur. Diese wirkliche Befangenheit spiegelt sich ideell wider in den alten Natur- und Volksreligionen. Der *religiöse Widerschein* der wirklichen Welt kann überhaupt nur verschwinden, sobald die Verhältnisse des praktischen Werkeltagslebens den Menschen tagtäglich durchsichtig vernünftige Beziehungen zueinander und zur Natur darstellen. Die Gestalt des gesellschaftlichen Lebensprozesses, d. h. des materiellen Produktionsprozesses, streift nur ihren mystischen Nebelschleier ab, sobald sie als Produkt frei vergesellschafteter Menschen unter deren bewußter planmäßiger Kontrolle steht. Dazu ist jedoch eine materielle Grundlage der Gesellschaft erheischt oder eine Reihe materieller Existenzbedingungen, welche selbst wieder das naturwüchsige Produkt einer langen und qualvollen Entwicklungsgeschichte sind.

Die politische Ökonomie hat nun zwar, wenn auch unvollkommen, Wert und Wertgröße analysiert und den in diesen Formen versteckten Inhalt entdeckt. Sie hat niemals auch nur die Frage gestellt, warum dieser Inhalt jene Form annimmt, warum sich also die Arbeit *im Wert* und das Maß der Arbeit durch ihre Zeitdauer in der *Wertgröße* des Arbeitsprodukts darstellt? Formeln, denen es auf der Stirn geschrieben steht, daß sie einer Gesellschaftsformation angehören, worin der Produktionsprozeß die Menschen, der Mensch noch nicht den Produktionsprozeß bemeistert, gelten ihrem bürgerlichen Bewußtsein für ebenso selbstverständliche Naturnotwendigkeit als die produktive Arbeit selbst. Vorbürgerliche Formen des gesellschaftlichen Produktionsorganismus werden daher von ihr behandelt, wie etwa von den Kirchenvätern vorchristliche Religionen.

Wie sehr ein Teil der Ökonomen von dem der Warenwelt anklebenden Fetischismus oder dem *gegenständlichen* Schein der *gesellschaftlichen* Arbeitsbestimmungen getäuscht wird, beweist u. a. der langweilig abgeschmackte Zank über die *Rolle der Natur* in der Bildung des Tauschwerts. Da Tauschwert eine bestimmte gesellschaftliche Manier ist, die auf ein Ding verwandte Arbeit auszudrücken, kann er nicht mehr Naturstoff enthalten als etwa der *Wechselkurs*.

Da die *Warenform* die allgemeinste und unentwickeltste Form der bürgerlichen Produktion ist, weswegen sie früh auftritt, obgleich nicht in derselben herrschenden, also charakteristischen Weise wie heutzutag, scheint ihr Fetischcharakter noch relativ leicht zu durchschauen. Bei konkreteren Formen verschwindet selbst dieser Schein der Einfachheit. Woher die Illusionen des Monetarsystems? Es sah dem Gold und Silber nicht an, daß sie als Geld ein gesellschaftliches Produktionsverhältnis darstellen, aber in der Form von Naturdingen mit sonderbar gesellschaftlichen Eigenschaften. Und die moderne Ökonomie, die vornehm auf das Monetarsystem herabgrinst, wird ihr Fetischismus nicht handgreiflich, sobald sie das *Kapital* behandelt? Seit wie lange ist die physiokratische Illusion verschwunden, daß die Grundrente aus der Erde wächst, nicht aus der Gesellschaft?

Um jedoch nicht vorzugreifen, genüge hier noch ein Beispiel bezüglich der Warenform selbst. Könnten die Waren sprechen, so würden sie sagen, unser Gebrauchswert mag den Menschen interessieren. Er kommt uns nicht als Dingen zu. Was uns aber *dinglich* zukommt, ist unser Wert. Unser eigner Verkehr als Warendinge beweist das. Wir beziehn uns nur als Tauschwerte aufeinander. Man höre nun, wie der Ökonom aus der Warenseele heraus spricht: »*Wert* (Tauschwert) ist *Eigenschaft der Dinge*, Reichtum (Gebrauchswert) des Menschen. Wert in diesem Sinn schließt notwendig Austausch ein, Reichtum nicht.« »Reichtum (Gebrauchswert) ist ein Attribut des *Menschen, Wert ein Attribut der Waren*. Ein Mensch oder ein Gemeinwesen ist *reich*; eine Perle oder ein Diamant ist *wertvoll* ... Eine Perle oder ein Diamant *hat Wert als Perle oder Diamant*.« Bisher hat noch kein Chemiker Tauschwert in Perle oder Diamant entdeckt. Die ökonomischen Entdecker dieser chemischen Substanz, die besondren Anspruch auf kritische Tiefe machen, finden aber, daß der Gebrauchswert der Sachen unabhängig von ihren sachlichen Eigenschaften, dagegen ihr Wert ihnen als Sachen zukommt. Was sie hierin bestätigt, ist der sonderbare Umstand, daß der Gebrauchswert der Dinge sich für den Menschen *ohne Austausch* realisiert, also im unmittelbaren Verhältnis zwischen Ding und Mensch, ihr Wert umgekehrt nur im *Austausch*, d. h. in einem *gesellschaftlichen* Prozeß. Wer erinnert sich hier nicht des guten Dogberry, der den Nachtwächter Seacoal belehrt: »Ein gut aussehender Mann zu sein, ist eine Gabe der *Umstände*, aber lesen und schreiben zu können, kommt *von Natur*.«

Søren Kierkegaard

Søren Kierkegaard gehört, historisch gesehen, in den Zusammenhang der Hegel-Kritik, die vom Standpunkt des Christentums aus geübt wurde und die sich besonders an Schellings tiefsinnige Lehre von Grund und Existenz in Gott anschloß. Was Schelling gegen Hegel geltend machte, war die Undurchdringlichkeit der Wirklichkeit durch den philosophischen Gedanken und erst recht die dem menschlichen Denken unerreichbare Wirklichkeit Gottes. Die philosophische Opposition, die sich auf dieses Grundmotiv schon zu Lebzeiten Hegels stützte, ist an die Namen Immanuel Hermann Fichte (Sohn des großen Johann Gottlieb Fichte) und Ferdinand Christian Weisse geknüpft, die Vertreter des sogenannten Spätidealismus. Mit ihnen teilt Kierkegaard aber lediglich den Ausgangspunkt, Schellings Lehre von der Unvordenklichkeit der Wirklichkeit. Er hat als Berliner Student noch Schellings Altersvorlesungen gehört. Aber sein religiöses Engagement ließ ihn nicht innerhalb des philosophischen Idealismus verharren. Wie die Jung-Hegelianer nahm er seinen Stand in einem Jenseits der Philosophie, die durch ihre unendliche Vermittlung alle Existenzunterschiede nivelliere. In diesem Punkte – aber nur in diesem einen Punkte – war er ein echter Zeitgenosse derer, die im Verwirklichen der Philosophie die Philosophie aufzuheben forderten. Aber er ist doch auch ihnen gegenüber eine überaus selbständige Figur.

Was er gegen die Hegelsche ›Mediatisierung‹ aller Existenzentscheidungen verteidigt, ist die religiöse Existenz des Einzelnen. Er wollte nicht, wie die Jung-Hegelianer, die menschliche Gesellschaft zum wahren Humanismus führen, sondern den Einzelnen mit der unbedingten Forderung des christlichen Glaubens konfrontieren. Er fühlte sich daher weder als Philosoph noch als Theologe, sondern als religiöser Schriftsteller, dessen Aufgabe es sei, auf den Ernst des Religiösen aufmerksam zu machen.

Schwerlich würde jemand Kierkegaard zu den Klassikern der Philosophie zählen, wenn er nicht in unserem Jahrhundert eine wahrhafte philosophische Renaissance erfahren hätte. Seine Kritik an Hegel und seine Hervorkehrung des Begriffes der Existenz gewannen am Anfang unseres Jahrhunderts eine plötzliche und ungeahnte Aktualität, als die vom Neukantianismus beherrschte Philosophie und Theologie nach neuen Wegen suchte. So wurde er zum Ausgangspunkt einer philosophischen Bewegung, die sich als Existenzphilosophie gegen den herrschenden neukantianischen Idealismus kehrte. Ihrer Zeit weit vorauseilende Geister, wie Unamuno in Spanien, aber auch mancher eigenwillige deutsche Theologe, hatten seine neue zweite Blüte vorbereitet, und als Christoph Schrempf vor dem Ersten

Weltkrieg bei Diederichs eine Übersetzung seiner Werke herausbrachte, wurden Theologen wie Karl Barth, Friedrich Gogarten, Rudolf Bultmann und Philosophen wie Karl Jaspers und Martin Heidegger von ihm angeregt.

Kierkegaard war ein wahrhaft glänzender Schriftsteller, ein durch und durch ironischer Geist, der den verzweifelten Ernst seiner Innerlichkeit hinter zahllosen Pseudonymen versteckte. Die Vielheit der Facetten, in die er sich wirft, macht es nicht leicht, einen repräsentativen Text auszuwählen. In unserem Jahrhundert war sein größter literarischer Erfolg das erste seiner großen Werke, *Entweder-Oder*, das schon im Titel dem Sowohl-Als-auch und dem Einerseits-Andererseits der spekulativen Dialektik entgegentrat und eine Existenzdialektik entwickelte: zwischen der ästhetischen Existenz, die sich in ihrer unendlichen Schwermut und Langeweile vom Reiz des Augenblicks psychologisch, musikalisch, erotisch zerstreuen läßt, und der ethischen Existenz, die in ihr Leben vor allem anderen durch die Verbindlichkeit der Wahl Zusammenhang und Kontinuität bringt. Das Symbol dieser Existenzwahl, die Kierkegaard an der banalen Figur eines beliebigen Assessors illustriert, ist die Ehe. Die Dialektik dieser beiden Existenzformen hat aber einen systematischen Sinn. Kierkegaard nennt sie ›Stadien‹ und zeigt damit an, wie der religiöse Anspruch des Glaubens über beide hinauszugehen nötigt.

Kierkegaard selbst sah als sein philosophisches Hauptwerk die *Philosophischen Brocken* an und vor allem die an sie angeschlossene *Abschließende unwissenschaftliche Nachschrift*. In der Tat geht hier Kierkegaard besonders stark auf die Philosophie Hegels ein und macht gegen ihn den existierenden Einzelnen, den der absolute Professor vergessen habe, geltend. Wir bringen aus dieser (wiederum durch den Titel ironisch versteckten) Hauptschrift Kierkegaards den zweiten Paragraphen, eine geschlossene Abhandlung, die den Unterschied von Möglichkeit und Wirklichkeit, zwischen ästhetisch-intellektuell betrachtendem Verhalten und dem eigentlichen Existieren dialektisch entfaltet.

Es ist nicht schwer, Kierkegaard zu lesen. Er ist ein Meister der Anekdote und des illustrierenden Beispiels. Einer seiner Grundbegriffe ist der des Interesses, das das eigentlich Ethische ausmache. Wahrhaft interessiert sei ein jeder einzelne an seiner eigenen Existenz. So sei die eigentliche ethische Wirklichkeit etwas ganz Unvergleichbares. Dagegen sei das Betrachten, ob ästhetisch oder intellektuell, ein interesseloses Verhalten, ein Verhalten zu bloßen Möglichkeiten. Es mache nicht nur das Wesen der Kunst aus (wie Kant gelehrt hat), sondern ebenso das Wesen der philosophischen Reflexion. Wenn man den unaufhebbaren Gegensatz zwischen Möglichkeit und Wirklichkeit durcheinanderbringe, dann entstehe die heillose Verwirrung, in der sich unsere Gegenwart nach Kierkegaard herumtreibe. Dagegen habe die eigene ethische Wirklichkeit für einen jeden ein unendliches Interesse. Gegenüber allem, das wir nicht selbst sind, kann es ein solches unendliches Interesse nicht geben – mit der alleinigen Ausnahme des Religiösen. Denn da sei man an einer Existenz, die nicht die eigene ist, gleichwohl unendlich interessiert.

Kierkegaards eigener Begriff des Interesses ist offenbar aus Kants Begriff des interesselosen Wohlgefallens abgeleitet, der das ästhetische Urteil auszeichnet. Welche Bedeutung es gewinnen mußte, wenn die Philosophie die unendliche Interessiertheit der ethischen Existenz an sich selber als eine eigene Weise des Wissens ausarbeitete und dem Wissen der Wissenschaft entgegensetzte, hat die sogenannte Existenzphilosophie gelehrt. Das ›Wissen im Abstand‹, bei dem ein jeder durch jeden vertretbar ist, und das, als das Wissen der Wissenschaft, geradezu seine Ehre darein setzt, Wissen für jedermann, d. h. verifizierbar zu sein, wird von dem Ernst und der Verbindlichkeit dieses anderen Wissens überboten, das ›ethisch‹, und das heißt unvertretbar ist. Insbesondere Kierkegaards tiefstes Werk, seine *Religiösen Reden*, die unter dem Titel *Leben und Walten der Liebe* bei Diederichs erschienen sind, wird nicht müde, gegen das ›Wissen auf Abstand‹ zu predigen, das auch religiös ein Ausweichen vor der ›absoluten Gleichzeitigkeit‹ Christi sei.

In neuester Zeit sind neue, sehr wortgetreue Kierkegaard-Übersetzungen erschienen. Wir folgen jedoch dem Diederichs-Text, der sich zwar größere Übersetzerfreiheiten erlaubt, aber überaus gut lesbar ist und von dem die eigentliche philosophische Wirkung Kierkegaards ihren Ausgang nahm.

Abschließende unwissenschaftliche Nachschrift

Möglichkeit höher als Wirklichkeit. Wirklichkeit höher als Möglichkeit.
Die poetische und intellektuelle Idealität; die ethische Idealität

Aristoteles bemerkt in seiner Poetik [Kap. 9], die Poesie stehe höher als die Geschichte, weil die Geschichte nur darstelle, was geschehen sei, die Poesie, was hätte geschehen können und sollen, d. h. die Poesie verfüge über die Möglichkeit. Im Verhältnis zur Wirklichkeit steht, poetisch und intellektuell, die Möglichkeit höher, ist das Ästhetische und Intellektuelle interesselos. Es gibt aber nur *ein* Interesse, das zu existieren; die Interesselosigkeit ist der Ausdruck für die Gleichgültigkeit gegen Wirklichkeit. Die Gleichgültigkeit ist in dem kartesianischen cogito/ergo sum vergessen, was die Interesselosigkeit der Intellektualität beunruhigt und die Spekulation beleidigt, als sollte aus ihr etwas anderes folgen. Ich denke, ergo denke ich; ob ich bin oder es ist (im Sinn der Wirklichkeit, wo ich einen einzelnen existierenden Menschen und es ein bestimmtes einzelnes etwas bedeutet), ist vollkommen gleichgültig. Daß das, was ich denke, im Sinn des Denkens ist, bedarf ja keines Beweises oder durch einen Schluß bewiesen zu werden, da es ja bewiesen ist. Sobald ich anfange mein Denken für etwas anderes teleologisch zu machen, ist das Interesse mit im Spiel. Sobald dies da ist, ist das Ethische mit zur Stelle und befreit mich von weiteren Bemühungen mein Dasein zu beweisen, verhindert mich daran, ethisch trügerisch und metaphysisch unklar die Wendung des Schlusses zu machen, indem es mich zum Existieren verpflichtet.

Während das Ethische zu unserer Zeit immer mehr ignoriert wird, hat dieses Ignorieren zugleich die schädliche Folge gehabt die Poesie und die Spekulation zu verwirren. Diese haben die interesselose Erhabenheit der Möglichkeit fahren lassen, um nach der Wirklichkeit zu greifen: anstatt jedem das Seine zu geben, hat man eine doppelte Verwirrung angerichtet. Die Poesie macht einen Versuch nach dem anderen als Wirklichkeit zu wirken, was ganz unpoetisch ist; die Spekulation will immer wieder innerhalb ihres Umfanges die Wirklichkeit erreichen, versichert, das Gedachte sei das Wirkliche, das Denken sei nicht bloß imstande zu denken, sondern Wirklichkeit zu geben, was sich gerade umgekehrt verhält; und zu gleicher Zeit vergißt man immer mehr, was existieren bedeutet. Die Zeit und die Menschen werden immer mehr unwirklich, daher diese Surrogate, die das Verlorne erstatten sollen. Das Ethische gibt man immer mehr auf, das

Leben des einzelnen wird nicht bloß poetisch, sondern weltgeschichtlich beunruhigt und damit verhindert ethisch zu existieren; daher muß man auf andere Weise Wirklichkeit schaffen. Aber mit dieser mißverstandenen Wirklichkeit steht es so, wie wenn eine Generation oder die Individuen in ihr frühzeitig alt geworden sind und nun auf künstliche Weise Jugendlichkeit erzeugt werden muß. Während die Wirklichkeit im ethischen Existieren besteht, ist die Zeit so vorwiegend betrachtend geworden, daß nicht nur alle betrachtend sind, sondern dies zuletzt gefälscht wird, als wäre es Wirklichkeit. Man lächelt über das Klosterleben, und doch lebte kein Eremit so unwirklich, wie man heutzutage lebt, denn ein Eremit abstrahierte wohl von der ganzen Welt, aber er abstrahierte nicht von sich selbst. Man weiß die phantastische Lage eines Klosters zu beschreiben: abseits, in der Einsamkeit des Waldes, im fernen Blauen des Horizontes, aber denkt nicht an die phantastische Lage des reinen Denkens. Und doch ist die pathetische Unwirklichkeit des Einsiedlers der komischen Unwirklichkeit des reinen Denkers weit vorzuziehen; und doch ist das leidenschaftliche Vergessen des Einsiedlers, das ihm die ganze Welt nimmt, der komischen Distraktion des weltgeschichtlichen Denkers, der sich selbst vergißt, weit vorzuziehen.

Ethisch gesehen steht Wirklichkeit höher als Möglichkeit. Das Ethische will gerade die Interesselosigkeit der Möglichkeit dadurch vernichten, daß es das Existieren zum höchsten Interesse macht. Das Ethische will daher jeden Konfusionsversuch verhindern, z. B. den, die Welt und die Menschen ethisch *betrachten* zu wollen. Ethisch betrachten kann man nämlich nicht, es gibt nur eine ethische Betrachtung, die Selbstbetrachtung. Das Ethische schließt sich augenblicklich um den einzelnen mit der Forderung an ihn, daß er ethisch existiere. Es schwadroniert nicht von Millionen und Generationen, es nimmt die Menschheit nicht aufs Geratewohl, ebensowenig wie die Polizei die reine Menschheit arrestiert. Das Ethische hat mit den einzelnen Menschen zu tun, und wohlgemerkt mit jedem einzelnen. Weiß Gott, wie viele Haare auf dem Kopfe eines Menschen sind, so weiß das Ethische, wie viele Menschen da sind, und die ethische Volkszählung geschieht nicht im Interesse einer Totalsumme, sondern im Interesse eines jeden einzelnen. Das Ethische fordert sich selbst von jedem Menschen, und wenn es richtet, so richtet es wieder jeden einzelnen, nur ein Tyrann und ein ohnmächtiger Mensch begnügt sich damit zu dezimieren. Das Ethische ergreift den einzelnen und fordert von ihm, daß er sich von allem Betrachten, besonders von dem der Welt und der Menschen, enthalte. Denn das Ethische als das Innere läßt sich von jemand, der draußen steht, gar nicht betrachten, es läßt sich nur von dem einzelnen Subjekt realisieren, das wissen kann, was in ihm wohnt.

Dies, was im Menschen wohnt, ist ja die einzige Wirklichkeit, die dadurch, daß man von ihr weiß, nicht zu einer Möglichkeit wird, und von der man nicht nur dadurch wissen kann, daß man sie denkt, da es des Menschen eigne Wirklichkeit ist. Von ihr als gedachter Wirklichkeit, d. h. Möglichkeit, wußte er, ehe sie Wirklichkeit wurde, während er von eines anderen Wirklichkeit nichts wußte, ehe er sie, weil er von ihr zu wissen bekam, dachte, d. h. in Möglichkeit verwandelte.

Für jede Wirklichkeit außer mir gilt, daß ich ihr nur denkend habhaft werden kann. Sollte ich ihrer wirklich habhaft werden, müßte ich mich zu dem anderen, dem Handelnden machen, die mir fremde Wirklichkeit zu meiner eigenen Wirklichkeit machen, was eine Unmöglichkeit ist. Mache ich nämlich die mir fremde Wirklichkeit zu meiner eigenen, so bedeutet das nicht, daß ich dadurch, daß ich von ihr weiß, zu dem anderen werde, sondern es bedeutet eine neue Wirklichkeit, die als von ihm verschieden mir angehört.

Wenn ich etwas denke, was ich tun will, aber noch nicht getan habe, so ist dies Gedachte, wie genau es auch sei, wenn man es auch ganz mit Recht eine *gedachte Wirklichkeit* nennen kann, eine Möglichkeit. Umgekehrt, wenn ich etwas denke, was ein anderer getan hat, also eine Wirklichkeit denke, so nehme ich diese gegebene Wirklichkeit aus der Wirklichkeit heraus und setze sie in die Möglichkeit hinüber, denn eine *gedachte Wirklichkeit* ist eine Möglichkeit und in bezug auf Denken höher als Wirklichkeit, aber nicht in bezug auf Wirklichkeit.

Dies bezeichnet zugleich, daß es ethisch kein direktes Verhältnis zwischen Subjekt und Subjekt gibt. Wenn ich ein anderes Subjekt verstanden habe, ist dessen Wirklichkeit für mich eine Möglichkeit, und diese gedachte Wirklichkeit verhält sich qua Möglichkeit, wie mein eigenes Denken von etwas, das ich noch nicht getan habe, sich zu dem Tun desselben verhält.

Frater Taciturnus ›Stadien auf dem Lebenswege‹, sagt: Wer in bezug auf dasselbe nicht ebenso gut den Schluß ab posse ad esse, wie ab esse ad posse begreift, der begreift die Idealität nicht, d. h. er versteht es nicht, denkt es nicht (es ist nämlich vom Verstehen einer fremden Wirklichkeit die Rede). Wenn der Denkende nämlich mit dem auflösenden posse (eine gedachte Wirklichkeit ist eine Möglichkeit) auf ein esse stößt, das er nicht auflösen kann, so muß er sagen: dies kann ich nicht denken. Er suspendiert also das Denken, soll er sich oder richtiger will er sich trotzdem zu dieser Wirklichkeit als Wirklichkeit verhalten, so verhält er sich nicht denkend zu ihr, sondern paradox. (Man denke nach dem Vorgehenden an die Definition des Glaubens, in sokratischem Sinne, sensu laxiore, nicht sensu strictissimo: *die objektive Ungewißheit*, weil nämlich das auflösende posse auf ein verhärtetes esse gestoßen ist, *festgehalten in leidenschaftlicher Innerlichkeit*.)

In bezug auf das Ästhetische und Intellektuelle zu fragen: ist dies und jenes nun auch wirklich, ist es auch wirklich geschehen? ist Mißverstand, der die ästhetische und intellektuelle Idealität nicht als Möglichkeit versteht, und vergißt, daß, wer das Rangverhältnis ästhetisch und intellektuell so bestimmt, die sinnliche Wahrnehmung über das Denken stellt.

Ethisch ist es richtig, zu fragen: ist es wirklich? doch, wohl zu beachten, so, daß das einzelne Subjekt sich ethisch selbst nach seiner eigenen Wirklichkeit fragt. Die ethische Wirklichkeit eines anderen Menschen kann von ihm wieder nur durchs Denken, d. h. als Möglichkeit erfaßt werden.

Die Schrift sagt: »richtet nicht, daß ihr nicht gerichtet werdet.« Dies ist als eine Mahnung und Warnung ausgedrückt, aber es ist zugleich eine Unmöglichkeit. Ein Mensch kann den anderen nicht ethisch richten, weil er den anderen nur als Möglichkeit versteht. Wenn einer also den anderen richten will, so drückt er damit seine Ohnmacht aus und richtet sich selbst.

In den ›Stadien auf dem Lebenswege‹ heißt es: »Es ist nämlich geistvoll, nach zwei Dingen zu fragen: 1. ist das, was gesagt wird, möglich? 2. Kann ich es tun? Aber geistlos, nach zwei Dingen zu fragen: 1. ist es wirklich? 2. Hat mein Nachbar Christophersen es getan, hat er es wirklich getan?« Hiermit ist die Frage nach der Wirklichkeit ethisch betont. Ästhetisch und intellektuell ist es töricht, nach dessen Wirklichkeit zu fragen, ethisch ist es töricht, nach dessen Wirklichkeit in bezug auf Betrachtung zu fragen; indem ich aber ethisch danach in bezug auf meine eigne Wirklichkeit frage, frage ich nach seiner Möglichkeit, nur ist diese Möglichkeit nicht ästhetisch und intellektuell interesselos, sondern eine gedachte Wirklichkeit, die sich zu meiner eignen Wirklichkeit verhält, daß ich es nämlich realisiere.

Das Wie der Wahrheit ist gerade die Wahrheit. Darum ist es Unwahrheit, eine Frage in einem Medium zu beantworten, wo die Frage gar nicht auftreten kann. So die Wirklichkeit innerhalb der Möglichkeit zu erklären, innerhalb der Möglichkeit zwischen Möglichkeit und Wirklichkeit zu distinguieren. Wenn man dagegen nicht ästhetisch und intellektuell, sondern nur ethisch nach der Wirklichkeit fragt, und ethisch wieder in bezug auf seine eigne Wirklichkeit, so ist ethisch jedes Individuum für sich abgesondert. Ironie und Heuchelei als die Gegensätze, die aber beide als Ausdruck des Widerspruchs, daß das Äußere nicht das Innere ist (indem die Heuchelei als gut, die Ironie als schlecht erscheint), schärfen in betreff der betrachtenden Frage nach dem ethischen Innern ein, daß Wirklichkeit und Betrug gleich möglich sind, daß der Betrug ebenso weit reicht wie die Wirklichkeit. Nur das Individuum selbst kann wissen, wie es steht. Nach diesem ethischen Inneren bei einem anderen Individuum zu fragen, ist schon unethisch, insofern als es eine Zerstreuung ist. Wird aber gleichwohl danach gefragt, so ist die Schwierigkeit die, daß ich der Wirklichkeit des anderen nur durch das Denken habhaft werden kann, also indem ich sie in Möglichkeit übersetze, wo dann die Möglichkeit des Betrugs ebensogut denkbar ist. / Dies ist ein nützliches Vorstudium zum ethischen Existieren: zu lernen, daß der einzelne Mensch allein steht.

Ästhetisch und intellektuell nach Wirklichkeit zu fragen ist Mißverstand; ethisch nach der Wirklichkeit eines anderen Menschen zu fragen ist Mißverstand, da man nur nach der eignen fragen soll. Hier zeigt sich, wie der Glaube (sensu strictissimo, der sich auf etwas Geistliches bezieht) vom Ästhetischen, Intellektuellen, vom Ethischen verschieden ist. Äußerst interessiert nach einer Wirklichkeit fragen, die nicht die eigne ist, heißt glauben wollen und drückt das paradoxe Verhältnis zum Paradox aus. Ästhetisch kann man so nicht fragen, außer in Gedankenlosigkeit, da ästhetisch die Möglichkeit höher als die Wirklichkeit steht, intellektuell nicht, da intellektuell die Möglichkeit höher als die Wirklichkeit steht, ethisch auch nicht, weil das Individuum einzig und allein für seine eigne Wirklichkeit äußerst interessiert ist.

Die Analogie des Glaubens mit dem Ethischen bildet das unendliche Interesse, wodurch der Glaubende von einem Ästhetiker und einem Denker absolut verschieden ist. Dagegen unterscheidet er sich von einem Ethiker dadurch, daß er unendliches Interesse an der Wirklichkeit eines anderen hat (z. B. daß Gott wirklich [auf Erden] gelebt hat).

Ästhetisch und intellektuell gilt, daß nur dann eine Wirklichkeit verstanden und gedacht worden ist, wenn ihr esse und ihr posse aufgelöst worden ist. Ethisch gilt, daß nur dann die Möglichkeit verstanden worden ist, wenn jedes posse wirklich ein esse ist. Wenn das Ästhetische und Intellektuelle nachsieht, protestiert es jedes esse, das kein posse ist; wenn das Ethische nachsieht, verurteilt es jedes posse, das kein esse ist, ein posse nämlich im Individuum selbst, da dies ethisch nicht mit andern Individuen zu tun hat.

In unserer Zeit wird alles zusammengemischt, man beantwortet das Ästhetische ethisch, den Glauben intellektuell usw. Man ist mit allem fertig, und doch achtet man durchaus nicht darauf, in welcher Sphäre jede Frage ihre Antwort findet. In der geistigen Welt bringt dies eine noch größere Konfusion hervor, als wenn in der bürgerlichen Welt z. B. ein geistliches Anliegen von der Straßenpflasterkommission beantwortet würde.

Besteht also Wirklichkeit in Äußerlichkeit? Keineswegs. Ästhetisch und intellektuell schärft man ganz richtig ein, daß das Äußere nur für den ein Betrug sei, der die Idealität nicht verstehe. Frater Taciturnus sagt: »Das Wissen von etwas Geschichtlichem verhilft einem bloß zu einem Sinnesbetrug, der sich vom Stofflichen betören läßt. Was kenne ich historisch? Das Stoffliche. Die Idealität kenne ich durch mich selbst, und kenne ich sie nicht durch mich selbst, kenne ich sie gar nicht, alles historische Wissen hilft nichts. Idealität ist kein Hausgerät, das sich von einem zum andern transportieren läßt, oder etwas, das mit in den Kauf geht, wenn man große Partien nimmt. Weiß ich, daß Cäsar groß war, so weiß ich, was das Große ist, und sehe auf dieses, sonst weiß ich nicht, daß Cäsar groß war. Die Erzählung der Geschichte, daß zuverlässige Männer es behaupten, daß kein Risiko mit der Annahme dieser Meinung verbunden ist, da es feststehen soll, daß er ein großer Mann gewesen sei, daß es der Erfolg beweist, hilft gar nichts. An die Idealität auf eines andern Wort hin glauben, gleicht dem Lachen über einen Witz, nicht weil man ihn verstanden hat, sondern weil ein anderer gesagt hat, es sei witzig. Wenn es so ist, dann kann der Witz im Grunde für den, der aus Glauben und Achtung lacht, ebensogut ungesagt bleiben, er kann mit gleicher Emphase lachen.«

Worin besteht also die Wirklichkeit? In Idealität. Aber ästhetisch und intellektuell ist die Idealität die Möglichkeit (die Zurückführung ab esse ad posse). Ethisch ist die Idealität die Wirklichkeit im Individuum selbst. Die Wirklichkeit ist die Innerlichkeit, die fürs Existieren unendlich interessiert ist, was das ethische Individuum für sich selbst ist.

Wenn ich einen Denker verstehe, so ist gerade in demselben Augenblicke, wo ich ihn verstehe, seine Wirklichkeit (daß er als ein einzelner Mensch existiert; daß er es selbst *wirklich* so verstanden hat usw.; daß er es selbst *wirklich* realisiert hat usw.) vollständig gleichgültig. Darin hat die Philosophie und Ästhetik recht und es gilt gerade, dies recht festzuhalten. Aber darin liegt noch keine Verteidigung des reinen Denkens als eines Mediums der Mitteilung. Weil nämlich seine Wirklichkeit mir, dem Lernenden gleichgültig ist, wie umgekehrt meine ihm, daraus folgt keineswegs, daß er gegen seine eigene Wirklichkeit gleichgültig sein darf. Davon muß seine Mitteilung das Gepräge tragen, zwar nicht direkt, denn es läßt sich nicht direkt von einem zum anderen mitteilen (da ein solches Verhältnis das paradoxe Verhältnis des Glaubenden zum Gegenstand des Glaubens ist), und läßt sich nicht direkt verstehen, aber es muß indirekt dasein, um indirekt verstanden zu werden.

Wenn die einzelnen Sphären nicht auseinander gehalten werden, gerät alles in Verwirrung. Wenn man so in bezug auf die Wirklichkeit eines Denkers neugierig ist, es interessant findet, etwas davon zu wissen usw., so verdient man intellektuell einen Tadel, weil es in der Sphäre der Intellektualität das erstrebenswerte Ziel ist, daß die Wirklichkeit des Denkers vollkommen gleichgültig ist. Dadurch aber, daß man in der Sphäre der Intellektualität geschwätzig ist, bekommt man eine irreführende Ähnlichkeit mit einem Glaubenden. Ein Glaubender ist gerade für die Wirklichkeit eines anderen unendlich interessiert. Dies ist für den Glauben das Entscheidende, und diese Interessiertheit nicht so etwas Neugier, sondern die absolute Abhängigkeit vom Gegenstand des Glaubens.

Der Gegenstand des Glaubens ist die Wirklichkeit eines anderen; sein Verhältnis eine unendliche Interessiertheit. Der Gegenstand des Glaubens ist keine Lehre, denn dann ist das Verhalten intellektuell und man soll nicht pfuschen, sondern den Höhepunkt des intellektuellen Verhältnisses zu erreichen suchen. Der Gegenstand des Glaubens ist kein Lehrer, der eine Lehre hat, denn wenn ein Lehrer eine Lehre hat, ist eo ipso die Lehre wichtiger als der Lehrer und das Verhältnis intellektuell, wo man nicht pfuschen darf, sondern nach dem Höhepunkt des intellektuellen Verhältnisses streben soll. Sondern der Gegenstand des Glaubens ist die Wirklichkeit des Lehrers, daß der Lehrer wirklich da ist. Die Antwort des Glaubens lautet daher absolut: ja oder nein. Denn die Antwort des Glaubens verhält sich nicht zu einer Lehre, ob sie wahr oder nicht wahr sei, nicht zu einem Lehrer, ob seine Lehre wahr oder nicht wahr sei, sondern ist die Antwort auf die Frage nach einem Faktum: nimmst du an, daß er wirklich dagewesen sei? Und, wohl zu beachten, die Antwort geschieht mit unendlicher Leidenschaft. Es verrät nämlich, wo es sich um einen Menschen handelt, Gedankenlosigkeit, so unendlich viel Gewicht darauf zu legen, ob er dagewesen ist oder nicht. Wenn daher der Gegenstand des Glaubens ein Mensch ist, so ist das Ganze ein Narrenstreich eines törichten Menschen, der nicht einmal das Ästhetische und Intellektuelle begriffen hat. Der Gegenstand des Glaubens ist daher die Wirklichkeit des Gottes in Bedeutung von Existenz. Existieren bedeutet aber vor allem ein einzelner sein, weshalb das Denken von Existenz absehen muß, weil sich das einzelne nicht denken läßt, sondern nur das Allgemeine. Der Gegenstand des Glaubens ist also die Wirklichkeit des Gottes in Existenz, d. h. als eines einzelnen, d. h. daß der Gott als ein einzelner Mensch dagewesen ist.

Das Christentum ist keine Lehre von der Einheit des Göttlichen und Menschlichen, vom Subjekt-Objekt, um von den übrigen logischen Umschreibungen des Christentums zu schweigen. Wenn das Christentum nämlich eine Lehre wäre, so wäre das Verhältnis zu ihm nicht das des

Glaubens, denn zu einer Lehre gibt es nur ein intellektuelles Verhältnis. Das Christentum ist daher keine Lehre, sondern das Faktum, daß der Gott dagewesen ist.

Glaube ist also kein Stümperunterricht in der Sphäre der Intellektualität, kein Asyl für schwache Köpfe. Sondern Glaube ist eine Sphäre für sich selbst, und jedes Mißverständnis des Christentums sofort daran kenntlich, daß es dieselbe in eine Lehre verwandelt und in den Kreis der Intellektualität zieht. Was in der Sphäre der Intellektualität als Höchstes gilt, vollkommen gleichgültig gegen die Wirklichkeit des Lehrers zu werden, davon gilt in der Sphäre des Glaubens das Gegenteil, sein Maximum ist die quam maxime unendliche Interessiertheit für die Wirklichkeit des Lehrers.

Die eigne ethische Wirklichkeit des Individuums ist die einzige Wirklichkeit. / Daß dieses manchem als wunderlich erscheint, darüber wundere ich mich nicht. Mir kommt es sonderbar vor, daß man mit dem System und mit Systemen fertig geworden ist, ohne nach dem Ethischen zu fragen. Würde man nur im griechischen Stil den Dialog wieder einführen, um zu prüfen, was man wisse und was man nicht wisse, so würde bald das Dressierte und Unnatürliche, das ganze verschroben geistreiche Wesen weggeblasen sein. Es ist keineswegs meine Meinung, Hegel solle sich mit einem Knecht in ein Gespräch einlassen, und wenn er von dem nicht verstanden würde, so würde dies etwas beweisen, obgleich es doch immer eine schöne Lobrede auf Sokrates bleibt, die schlichten Worte von Diogenes [von Laerte], daß er in Werkstätten und auf dem Markte philosophiert habe. Jedoch ist dies nicht meine Meinung, und mein Vorschlag nichts weniger als ein lazzaronihaftes Attentat auf die Wissenschaft. Aber laß einen Hegelschen Philosophen oder Hegel selbst sich mit einem entwickelten Menschen unterreden, der dialektisch erfahren ist, weil er existiert hat: so wird gleich von Anfang an all das Affektierte und Schimärische verhindert sein. Wenn man in einem fort aus *einem* Stück Paragraphen schreibt oder diktiert, mit dem Versprechen, am Schluß werde alles deutlich werden, so wird es immer schwieriger zu entdecken, wo der Anfang der Konfusion steckt, und einen festen Ausgangspunkt zu finden. »Alles«, sagt man, »wird am Schluß deutlich werden«, und für die Zeit bis dahin gebraucht man die Kategorie: »hier ist nicht der Ort genauer darauf einzugehen«, den Haupteckstein des Systems, eine oft so lächerlich angewandte Kategorie, wie wenn einer unter die Rubrik »Druckfehler« *einen* Druckfehler anführen und dann hinzufügen würde: es befinden sich im Buch wohl noch mehr, aber hier ist nicht der Ort genauer darauf einzugehen. Mit Hilfe dieser zwei Bestimmungen wird man beständig zum Narren gehalten, indem die eine definitiv, die andere vorläufig betrügt. In der

Situation des Dialogs würde das ganze Phantastische mit dem reinen Denken gar keinen Eindruck machen.

Anstatt dem Idealismus recht zu geben, aber, wohl zu merken, so, daß man die ganze Frage nach der Wirklichkeit (nach einem sich entziehenden An-sich) im Verhältnis zum Denken als eine Anfechtung abgewiesen hätte, welche gleich allen anderen Anfechtungen unmöglich durch Nachgeben entfernt werden kann; anstatt dem Irrtum Kants entgegenzutreten, der die Wirklichkeit in ein Verhältnis zum Denken brachte; anstatt die Wirklichkeit dem Ethischen zuzuweisen, ging Hegel allerdings weiter, denn er wurde phantastisch und überwand die Skepsis des Idealismus mit Hilfe des reinen Denkens, welches eine Hypothese, und wenn es sich nicht selbst dafür ausgibt, phantastisch ist, gleichwie man über den Triumph des reinen Denkens (daß in diesem Denken und Sein eins seien) sowohl lachen als weinen muß, denn in dem reinen Denken kann gar nicht wirklich nach der Verschiedenheit gefragt werden.

Daß das Denken Realität habe, nahm die griechische Philosophie ohne weiteres an. Durch eine Reflexion auf sie müßte man zu demselben Resultat kommen, aber weshalb verwechselte man Gedankenrealität mit Wirklichkeit? Gedankenrealität ist Möglichkeit, und das Denken hat jede weitere Frage, ob es nun wirklich sei, bloß abzuweisen.

Schon im Verhältnis Hegels zu Kant zeigt sich die Mißlichkeit ›der Methode‹. Eine Skepsis, die das Denken selbst mit Beschlag belegt, kann mittels Durchdenken nicht aufgehalten werden, denn dieses muß ja durchs Denken geschehen, das auf der Seite des Aufrührers steht. Sie muß abgebrochen werden. Kant innerhalb des phantastischen Schattenspiels des reinen Denkens beantworten heißt ihn gerade nicht beantworten.

Das einzige An-sich, das sich nicht denken läßt, ist das Existieren, mit dem das Denken gar nichts zu tun hat. Aber wie könnte das reine Denken diese Schwierigkeit beseitigen, da es als reines Denken abstrakt ist; wovon abstrahiert aber das reine Denken? Von der Existenz, also von dem, was es erklären soll.

Wenn sich das Existieren nicht denken läßt und der Existierende doch denkend ist, was will das heißen? Das will heißen, er denkt momentweis, er denkt im voraus und er denkt hintennach. Sein Denken bekommt keine absolute Kontinuierlichkeit. Ein Existierender kann nur in phantastischer Weise beständig sub specie aeterni sein.

Ist Denken dasselbe wie Schaffen, Daseingeben? Ich weiß ganz gut und bin bereit die Richtigkeit dessen zuzugeben, was man gegen einen törichten Angriff auf den philosophischen Satz von der Identität des Denkens und Seins eingewendet hat. Man hat mit Recht eingewendet, daß Denken und Sein eins sei, dürfe nicht in bezug auf unvollkommene Existenzen so verstanden werden, als ob ich durch Denken z. B. eine Rose hervorbrächte. (In demselben Sinn hat man auch [Hegels ›Logik‹, S. 70] mit einem gewissen Despekt gegen die Verteidiger des Grundsatzes vom Widerspruch gezeigt, daß dieser gerade bei den niedrigsten Existenzen, bei den gedachten Beziehungen von endlichen Dingen: vorn und hinten, rechts und links, hinauf und herunter usw. seinen stärksten Ausdruck findet.) Ist aber also bei den vollkommeneren Existenzen Denken und Sein eins? Z. B. bei den Ideen. Ja, Hegel hat recht; und doch sind wir damit keinen Schritt weiter gekommen. Das Gute, das Schöne, die Ideen sind an sich so abstrakt, daß sie gegen Existenz, gegen andere als Gedankenexistenz gleichgültig sind. Der Grund also, weshalb hier die Identität von Denken und Sein zutrifft, ist der, daß sich unter Sein nichts anderes als Denken verstehen läßt. Dann ist aber also die Antwort eine Antwort auf etwas, wonach man da, wohin die Antwort gehört, nicht fragen kann.

Und nun ein einzelner existierender Mensch ist ja doch wohl keine Idee, seine Existenz doch wohl etwas anderes als die Gedankenexistenz der Idee? Existieren (in dem Sinne: dieser einzelne Mensch sein) ist zwar eine Unvollkommenheit im Vergleich mit dem ewigen Leben der Idee, aber eine Vollkommenheit demgegenüber, gar nicht zu sein. Ein solcher Zwischenzustand ist ungefähr das Existieren, etwas, was für ein Mittelwesen, wie der Mensch ist, paßt. Wie steht es also mit der vermeintlichen Identität von Denken und Sein bei solch einer Existenz wie der eines einzelnen existierenden Menschen? Bin ich das Gute, weil ich es denke, oder bin ich gut, weil ich das Gute denke? Keineswegs. Bin ich da, weil ich es denke? Die Verteidiger des philosophischen Satzes von der Identität des Denkens und Seins sagten ja selbst, daß er nicht für die unvollkommenen Existenzen gelte; aber ist das nun (als ein einzelner Mensch zu existieren) eine vollkommene Ideenexistenz? Und danach wird ja gefragt. Hier gilt wohl umgekehrt: weil ich da bin und denkend bin, daher denke ich, daß ich dasei. Die Existenz scheidet hier die ideelle Identität von Denken und Sein; ich muß existieren, um denken zu können, und ich muß denken können (z. B. das Gute), um darin zu existieren.

Als der einzelne Mensch zu existieren ist keine so unvollkommene Existenz wie z. B. eine Rose. Darum sagen wir Menschen ja auch, wie unglücklich wir auch seien, sei es doch immer etwas Gutes, zu existieren; und ich erinnere mich an einen Schwermütigen, der sich einmal mitten in seinem Leiden, als er sich tot wünschte, beim Anblick eines Korbes mit Kartoffeln selbst die Frage stellte, ob er doch nicht mehr Freude zu existieren habe als eine Kartoffel. Aber ein einzelner Mensch zu sein ist auch keine reine Ideenexistenz. So existiert nur der reine Mensch, d. h. er existiert nicht. Existenz ist beständig das einzelne, das Abstrakte *existiert* nicht. Daß daraus folge, das Abstrakte habe keine Realität, ist ein Mißverständnis, es ist aber auch ein Mißverständnis, wenn man die Rede durch die Frage nach seiner Existenz oder nach Wirklichkeit in Bedeutung von Existenz verwirrt. Wenn nun ein *Existierender* nach dem Verhältnis von Denken und Sein, von Denken und Existieren fragt, und die Philosophie dies Verhältnis für das der Identität erklärt, so antwortet sie nicht auf die Frage, denn sie antwortet dem Frager nicht. Die Philosophie erklärt: Denken und Sein ist eins, doch nicht bei dem, was allein durch sein Dasein ist, was es ist, z. B. eine Rose, die gar keine Idee enthält, also nicht bei dem, wo man deutlich den Gegensatz des Existierens und Denkens sieht; sondern Denken und Sein ist bei dem eins, dessen Existenz wesentlich gleichgültig ist, weil es so abstrakt ist, daß es nur Gedankenexistenz hat. Aber so hat man die Antwort auf das eigentlich Gefragte, das Existieren eines einzelnen Menschen ausgelassen. Das bedeutet nämlich kein Sein wie das einer Kartoffel, aber auch nicht wie das der Idee. Die menschliche Existenz enthält Idee, aber ist doch nicht Ideenexistenz. Plato setzte die Idee an zweite Stelle als Mittelglied zwischen Gott und die Materie, und als existierender muß der Mensch wohl an der Idee partizipieren, aber er ist nicht selbst die Idee.

In Griechenland wie überhaupt in der Jugend der Philosophie lag die Schwierigkeit im Gewinnen des Abstrakten, im Verlassen der Existenz, die beständig das einzelne bietet; jetzt ist es umgekehrt schwierig, die Existenz zu erreichen. Mit der Abstraktion geht es leicht genug, aber man entfernt sich auch immer mehr von der Existenz, und das reine Denken ist von der Existenz am fernsten.

In Griechenland war das Philosophieren eine Handlung, der Philosophierende daher ein Existierender, er wußte nur wenig, aber wußte es gründlich, weil er sich früh und spät mit demselben beschäftigte. Was ist heutzutage das Philosophieren, und was das, wovon ein Philosoph heutzutage eigentlich Bescheid weiß, denn daß er alles weiß, leugne ich nicht?

Der philosophische Satz von der Identität von Denken und Sein ist gerade das Entgegengesetzte von dem, was er zu sein scheint, er ist der Ausdruck dafür, daß das Denken die Existenz vollständig verlassen hat, daß es ausgewandert ist und einen sechsten Erdteil gefunden hat, wo es in der absoluten Identität von Denken und Sein sich absolut selbst genug ist. Abstrakt wird das Existieren zuletzt in einem verflüchtigten metaphysischen Sinne das Böse, abstrakt wird es in humoristischem Sinne ein höchst langweiliges Ding, eine lächerliche Verzögerung. Jedoch bleibt hier noch für das Ethische eine Möglichkeit zurückzuhalten, da das Ethische das Existieren betont, und die Abstraktion und der Humor noch ein Verhältnis zum Existieren haben. Das reine Denken hat dagegen seinen Sieg verschmerzt und hat nichts, nichts mit der Existenz zu tun.

Wenn das Denken Wirklichkeit in Bedeutung von Wirklichkeit geben könnte und nicht Gedankenrealität in Bedeutung von Möglichkeit: so müßte das Denken auch Dasein annehmen und vom Existierenden die einzige Wirklichkeit wegnehmen können, zu der er sich als zu einer Wirklichkeit verhält, seine eigne (denn zu der eines anderen verhält er sich, wie nachgewiesen wurde, nur denkend), d. h. er müßte sich im Sinne der Wirklichkeit selbst wegdenken können, so daß er wirklich da zu sein aufhörte. Ich möchte jedoch wissen, ob dies jemand annehmen wird, der dann umgekehrt ebensoviel Aberglauben an das reine Denken wie die Replik eines verrückten (bei einem Dichter) verraten würde: er wolle ins Dovrefjeld hinabsteigen und die ganze Welt mit einem einzigen Syllogismus auseinandersprengen.

Man kann zerstreut sein, oder man kann durch fortwährenden Umgang mit dem reinen Denken zerstreut werden, aber ganz gelingt es nicht, eher mißlingt es ganz, und man wird mit Hilfe der »zuweilen kläglichen Professorengestalt«, was die Juden so sehr fürchteten, zum Sprichwort.

Ich kann von mir selbst abstrahieren, aber daß ich von mir selbst abstrahiere, bedeutet ja gerade, daß ich zugleich da bin.

Gott denkt nicht, er schafft; Gott existiert nicht, er ist ewig. Der Mensch denkt und existiert, und die Existenz scheidet Denken und Sein, hält sie in Sukzession auseinander.

Was ist abstraktes Denken? Es ist das Denken, bei dem es keinen Denkenden gibt. Es sieht von allem anderen als dem Gedanken ab, und nur der Gedanke befindet sich in seinem eignen Medium. Die Existenz ist nicht gedankenlos, aber in der Existenz befindet sich der Gedanke in einem fremden Medium. Was soll es da heißen, in der Sprache des abstrakten Denkens nach Wirklichkeit in Bedeutung von Existenz zu fragen, da die Abstraktion gerade davon absieht?

Was ist konkretes Denken? Das ist das Denken, bei dem es einen Denkenden gibt, und ein bestimmtes Etwas (in Bedeutung von etwas Einzelnem), das gedacht wird, wo die Existenz dem existierenden Denker den Gedanken, Zeit und Raum gibt.

Wenn Hegel seine Logik unter dem Titel »das reine Denken« herausgegeben hätte, ohne Namen des Verfassers, ohne Jahreszahl, ohne Vorwort, ohne Anmerkungen, ohne dozierenden Selbstwiderspruch, ohne störende Erklärung dessen, was sich nur selbst erklären kann, herausgegeben wie ein Seitenstück zu den Naturlauten auf Ceylon: die eignen Bewegungen des reinen Denkens: das wäre griechisch gewesen. So hätte ein Grieche gehandelt, wenn ihm die Idee gekommen wäre. In der Reduplikation des Inhaltes in der Form besteht das Künstlerische, und besonders muß man sich aller Äußerungen über dasselbe in unadäquater Form enthalten. Nun macht die Logik mit ihren sämtlichen Anmerkungen einen ebenso drolligen Eindruck, wie wenn ein Mann einen Himmelsbrief vorzeigte, und selbst die Kladde darin liegen ließe, die nur allzu deutlich verrät, daß der Himmelsbrief auf der Erde entstanden ist.

In einem solchen Werk in Anmerkungen gegen diesen und jenen mit Namen Genannten zu polemisieren, anleitende Winke zu geben, was hat das zu bedeuten? Das bedeutet, daß ein Denkender da ist, der das reine Denken denkt, ein Denkender, der »in den eigenen Bewegungen des Gedankens« mitredet, und wohl sogar zu einem anderen Denkenden redet, mit dem er sich also einlassen will. Ist da aber ein Denkender, der das reine Denken denkt, so bemächtigt sich in demselben Augenblicke die ganze griechische Dialektik samt der Sicherheitspolizei der Existenzdialektik seiner Person und faßt ihn an den Rockschößen, doch nicht als Anhänger, sondern um zu erfahren, wie er sich dem reinen Denken gegenüber benehme, und in demselben Augenblick ist der Zauber verschwunden.

Man versuche bloß Sokrates daneben zu stellen; mit Hilfe der Anmerkungen rückt er Hegel sofort auf den Leib, und, nicht gewohnt sich durch die Versicherung, am Schluß werde alles klar, entfernen zu lassen, wird er, der nicht einmal fünf Minuten im Zusammenhang zu reden erlaubte, geschweige denn einen zusammenhängenden durch siebzehn Bände gehenden Vortrag zu halten, aus allen Kräften zurückhalten / nur um Hegel zu necken.

Was will es heißen, Sein sei höher als Denken? Ist diese Aussage etwas, das gedacht werden soll, so ist ja eo ipso wieder Denken höher als Sein. Läßt es sich denken, so ist das Denken höher; läßt es sich nicht denken, so ist kein System des Daseins möglich. Es hilft gar nichts, weder wenn man gegen das Sein höflich, noch wenn man grob ist, weder wenn man es etwas Höheres sein läßt, das jedoch aus dem Denken folgt und syllogistisch zu erreichen ist, noch etwas so Geringes, daß es ohne weiteres mit dem Denken folgt. Wenn man so gesagt hat: Gott muß alle Vollkommenheiten besitzen, oder das höchste Wesen muß alle Vollkommenheit besitzen; Sein ist auch eine Vollkommenheit, ergo muß das höchste Wesen sein, oder Gott muß sein: so täuscht diese ganze Gedankenbewegung.[1] Wenn nämlich im ersten Teil dieser Rede Gott wirklich nicht als seiend gedacht

---

1 So redet Hegel jedoch nicht, mit Hilfe der Identität von Denken und Sein ist er über eine kindlichere Weise zu philosophieren erhaben, woran er z. B. in bezug auf Cartesius selbst erinnert. Hegels ›Logik‹ II, Abschnitt 3: Die Wirklichkeit, vgl. Kierkegaard: »Begriff der Angst«, Einleitung.

wird, so kann die Rede gar nicht zustande kommen. Sie wird dann so lauten: ein höchstes Wesen, das, wohl zu merken, nicht da ist, muß sich im Besitz der Vollkommenheiten, also auch der Vollkommenheit befinden, daß es da ist, ergo ein höchstes Wesen, das nicht da ist, da. Dies würde ein sonderbarer Schluß sein. Das höchste Wesen muß entweder am Anfang der Rede nicht da sein, um an ihrem Schluß ins Dasein zu kommen, und dann kann es nicht ins Dasein kommen; oder es war da, und dann kann es ja nicht ins Dasein kommen, dann ist der Schluß eine trügerische Form der Prädikatsentwicklung, eine trügerische Umschreibung einer Voraussetzung. Im anderen Falle muß der Schluß rein hypothetisch gehalten werden: wenn man ein höchstes Wesen annimmt, muß man auch annehmen, daß es im Besitz aller Vollkommenheiten sei; Sein ist eine Vollkommenheit, ergo muß es sein / wenn man nämlich annimmt, daß es sei. Dadurch, daß man innerhalb einer Hypothese schließt, kann man doch wohl nie dazu kommen, aus der Hypothese herauszuschließen. Wie z. B. wenn der und der Mensch ein Heuchler ist, wird er sich wie ein Heuchler benehmen; ein Heuchler wird das und das tun, also hat der und der Mensch das und das getan. So auch mit dem Schluß auf Gott. Wenn der Schluß fertig ist, ist das Sein Gottes gerade ebenso hypothetisch, wie es war, aber innerhalb des Schlusses ist ein weiteres Schlußverhältnis zwischen einem höchsten Wesen und einem vollkommenen Sein, wie im anderen Falle zwischen einem Heuchler und einer Äußerung von ihm gebildet. Die Konfusion ist dieselbe, wie wenn man die Wirklichkeit im reinen Denken erklärt; der Paragraph trägt die Überschrift »Wirklichkeit«, man hat die Wirklichkeit erklärt, aber vergessen, daß sich das Ganze in der Möglichkeit des reinen Denkens befindet. Wenn jemand eine Parenthese anfinge, aber diese so lang würde, daß er es selbst vergäße, so hilft es doch nichts: sobald man es vorliest, wird es sinnlos, den eingeschobenen Satz ohne weiteres in den Hauptsatz zu verwandeln.

Wenn sich das Denken gegen sich selbst wendet, um über sich selbst nachzudenken, entsteht bekanntlich eine Skepsis. Wie hält man diese Skepsis auf, die ihren Grund darin hat, daß das Denken, anstatt dienlich zu sein etwas zu denken, selbstisch sich selbst denken will? Wenn ein Pferd zu laufen anfängt und durchgeht, so ließe, abgesehen von dem Schaden, der inzwischen geschehen könnte, es sich wohl hören, wenn jemand sagte: laß es nur laufen, es wird schon müde werden. Das läßt sich von der Selbst-Reflexion des Denkens nicht sagen, denn sie fährt fort, so lang es dauern soll, und läuft im Kreise herum. Schelling hielt die Selbst-Reflexion an, verstand die intellektuelle Anschauung nicht wie eine Entdeckung innerhalb der Selbst-Reflexion, die man erreichte, wenn man fortführe, sondern wie einen neuen Ausgangspunkt.

Dies sieht Hegel für einen Fehler an und redet von der intellektuellen Anschauung absprechend genug / so kam denn die Methode. Die Selbst-Reflexion fährt solange fort, bis sie sich selbst aufhebt, das Denken dringt siegreich durch und bekommt wieder Realität, die Identität des Denkens und Seins ist im reinen Denken gewonnen.[2] Was will das heißen, daß die Selbst-Reflexion solange fortfahre, bis sie sich selbst aufhebe? Daß man die Mißlichkeit der Selbst-Reflexion entdecke, dazu braucht sie nicht lange fortzufahren, aber auf der anderen Seite, solange sie fortfährt, bleibt ganz dieselbe Mißlichkeit. Was soll das heißen: so lange, bis? Das ist nichts anderes als eine bestechende Rede, die die Vorstellung des Lesers durch Quantitieren bestechen will, als könnte man die Selbstaufhebung der Selbst-Reflexion besser verstehen, wenn es lange dauerte, bis sie geschähe.

Dieses Quantitieren ist ein Seitenstück zu den unendlich kleinen Winkeln der Astronomen, die zuletzt so klein werden, daß man sie [die Schenkel der Parallaxe] parallele Linien nennen kann. Die Erzählung davon, daß die Selbst-Reflexion »so lange« währe, »bis«, leitet die Aufmerksamkeit von dem ab, was dialektisch die Hauptsache ist: wie die Selbst-Reflexion aufgehoben wird. Wenn man von jemand sagt: er fuhr so lange fort im Scherz eine Unwahrheit zu sagen, bis er selbst glaubte, es sei wahr: so liegt der ethische Akzent auf dem Übergang, aber das Mildernde, Zerstreuende ist dieses »so lange«; man vergißt fast die Entscheidung des Übergangs, weil es so lange dauert. In der Erzählung, in der Beschrei-

---

[2] Daß aller Skepsis eine abstrakte Gewißheit zugrunde liegt, auf welcher der Zweifel Fuß faßt und die dem gezogenen Striche gleicht, auf dem man die Figur zeichnet, daß selbst der anstrengendste Versuch der griechischen Skepsis das Schweben der Skepsis dadurch abzurunden, daß sie betont, die Aussagen über das Zweifeln dürfe man nicht ϑετιϰῶς [wie eine Behauptung] verstehen, daß dieser Versuch nichts ausrichtet, ist ganz gewiß, aber daraus folgt noch nicht, daß der Zweifel sich selbst überwinde. Jene zugrunde liegende Gewißheit, die den Zweifel trägt, kann sich, solange ich zweifle, keinen Augenblick hypostasieren, denn der Zweifel verläßt sie beständig, um zu zweifeln. Fahre ich fort zu zweifeln, so komme ich in alle Ewigkeit nicht weiter, weil der Zweifel gerade darin besteht, daß er jene Gewißheit falsch deutet. Will ich für einen einzigen Augenblick die Gewißheit als Gewißheit festhalten, so muß ich auch für den Augenblick das Zweifeln unterlassen. Dann ist es aber nicht der Zweifel, der sich selbst aufhebt, sondern ich bin es, der zu zweifeln unterläßt. Darum wird es einem mittelmäßigen Zweifler am ehesten gelingen, Gewißheit zu bekommen, und dann einem Zweifler, der bloß die Kategorien zusammensetzt, um zu sehen, wie es sich am besten ausnimmt, ohne sich im mindesten darum zu kümmern, wie er etwas davon realisiere.

Ich muß immer wieder auf diesen Punkt kommen, weil er so entscheidend ist. Wenn es so steht, daß der Zweifel sich selbst überwindet, daß man, wenn man an allem zweifelt, eben in diesem Zweifeln die Wahrheit gewinnt, ohne einen Bruch und einen absolut neuen Ausgangspunkt, so läßt sich keine einzige christliche Bestimmung halten, so ist das Christentum abgeschafft.

bung, im rhetorischen Vortrag bringt das abstrakte »so lange, bis« eine große illusorische Wirkung hervor. Bald wirkt es wie ein optischer Betrug, z. B. Judith 10, 10 [nach der Septuaginta]: »Und Judith ging hinaus, sie, und ihre Magd mit ihr, aber die Männer der Stadt sahen ihr nach, *bis* sie den Berg hinunter kam, *bis* sie durch das Tal kam, und sie sie nicht mehr sehen konnten«; das Mädchen saß am Strande und sah dem Geliebten nach / bis sie ihn nicht mehr sah. Bald wirkt es wie das phantastische Verschwinden der Zeit, weil es in dem abstrakten »so lange, bis« keinen Maßstab und nichts gibt, womit man messen kann. Da siegte die Begierde, und er irrte vom Weg der Wahrheit ab / *bis* ihn die Bitterkeit der Reue aufhielt; / es gehört Meisterschaft in psychologischer Zeichnung dazu, durch Konkretion eine so große Wirkung hervorzubringen, wie dies abstrakte »bis« tut, das die Phantasie anzieht.

Aber dialektisch ist diese phantastische Länge von ganz und gar keiner Bedeutung. Als ein griechischer Philosoph gefragt wurde, was Religion ist, bat er um Aufschub; als der Termin kam, wünschte er ihn wieder hinausgeschoben usw.; er wollte damit andeuten, daß sich die Frage nicht beantworten lasse. Das war griechisch und schön und sinnreich. Wenn er dagegen in Anbetracht dessen, daß es so lange gedauert hatte, gemeint hätte, damit der Beantwortung nur eine Kleinigkeit näher gekommen zu sein, so wäre dies ja ein Mißverständnis gewesen, wie wenn ein Schuldner so lange in der Schuld bleibt, bis sie / dadurch bezahlt ist, daß es so lange dauerte, daß sie nicht bezahlt wurde. Das abstrakte »so lange / bis« hat etwas eigentümlich Bestechendes an sich. Würde einer sagen: die Selbst-Reflexion hebt sich selbst auf, und nun nachzuweisen suchen, wie? so würde es kaum jemand verstehen, wenn man aber sagt: die Selbst-Reflexion fährt so lange fort, bis sie sich selbst aufhebt, so denkt man vielleicht: ja das ist etwas anderes, darin liegt etwas; es wird einem vor dieser Länge der Zeit angst und bange, man verliert die Geduld, man denkt: laß die Sache gehen / und dann fängt das reine Denken an. / Insofern mag das reine Denken recht haben, daß es nicht bittweise wie die älteren mittelmäßigen Philosophen beginne; denn der Leser dankt Gott dafür, daß es beginne, aus Furcht vor der schrecklichen Länge / bis.

Die Skepsis der Selbst-Reflexion wird also durch die Methode aufgehoben, und der Erfolg der Methode ist auf zweifache Weise gesichert. Vor allen Dingen durch das märchenhafte Zauberwort: so lange / bis. So oft ein Übergang gemacht werden soll, setzt sich das Entgegengesetzte so lange fort, bis es in seinen Gegensatz umschlägt / und so geht man dann weiter. Und du liebe Zeit, wir Menschen sind alle schwache Menschen und lieben, wie das Sprichtwort sagt, die Veränderung, wenn es nun also einmal nicht anders sein kann, wenn das Entgegengesetzte so lange fortgeht, bis es in sein Gegenteil umschlägt, wenn es also ewig fortgeht, was äußerst langweilig wäre: so mag es sein, also angenommen. So geht die Methode / *mit Notwendigkeit* weiter.

Findet sich aber ein Trotzkopf, ein äußerst langweiliger Mensch, der Einspruch zu tun wagt: »das sieht ja aus, als ob die Methode ein Mensch wäre, dem man nachgeben muß, um deswillen man etwas tun muß, so daß man nicht methodice um der Wahrheit willen, sondern um der Methode willen spekuliert, die man wohl für ein so außerordentlich großes Gut halten muß, daß man nicht allzu genau sein darf / wenn man nur die Methode des Systems bekommt«: findet sich ein solcher Trotzkopf, dann wehe ihm. Was er repräsentiert, ist die schlechte Unendlichkeit. Aber die Methode kann gut oder böse sein, und gegen die schlechte Unendlichkeit versteht sie keinen Spaß. Der Trotzige wird als ein Dummkopf hingestellt, vermutlich so lange / bis. Nun du liebe Zeit, wir sind alle schwache, sterbliche Menschen und wollen alle gern bei den hochgeehrten Zeitgenossen für verständig gelten, wenn es nicht anders geht, so mag es sein. Also geht die Methode / mit Notwendigkeit weiter. »Was sagt er, geschieht das nicht mit Notwendigkeit?« »O du großer chinesischer Gott, ich sage ja nichts anderes, es geschieht mit Notwendigkeit, darauf will ich schwören; wenn es nicht anders sein kann, so muß es ja mit Notwendigkeit geschehen.«

Die schlechte Unendlichkeit ist der Erbfeind der Methode, sie ist der Kobold, der mitzieht, so oft ein Umzug (ein Übergang) geschieht, und verhindert den Übergang. Die schlechte Unendlichkeit hat ein äußerst zähes Leben; soll sie überwunden werden, so gehört ein Bruch, ein qualitativer Sprung dazu, und dann ist es mit der Methode, mit der Kunstfertigkeit der Immanenz und der Notwendigkeit des Übergangs aus. Daraus erklärt es sich, daß die Methode so streng ist, und daraus erklärt es sich wieder, daß die Menschen ebenso große Angst davor haben, die schlechte Unendlichkeit zu repräsentieren, wie davor, schwarzer Peter zu sein. Fehlt dem System übrigens eine Ethik, so ist es dafür mit Hilfe der Kategorie der *schlechten* Unendlichkeit vollkommen moralisch, und so überspannt moralisch, daß es sie sogar in der Logik gebraucht.

Wenn das Gedachte Wirklichkeit wäre, so würde also das so vollkommen wie möglich *Aus*gedachte, wenn ich noch nicht gehandelt hätte, das würde die Handlung sein. Auf die Weise käme es zu gar keiner Handlung, sondern das Intellektuelle verschlingt das Ethische. Daß ich nun meinte, das Äußere mache eine Handlung zur Handlung, wäre töricht; und auf der anderen Seite, wenn ich zeigen wollte, wie ethisch die Intellektualität sei, die sogar den Gedanken zur Handlung mache, so wäre das ein Sophismus, der das Wort »denken« in zweierlei Bedeutung gebrauchte. Soll überhaupt ein Unterschied zwischen Denken und Handeln bestehen, dann läßt sich dieser nur festhalten, wenn ich dem Denken die Möglichkeit, die Interesselosigkeit, die Objektivität / der Handlung die Subjektivität anweise. Nun zeigt sich aber leicht ein Konfinium. Wenn ich so denke, ich wolle das und das tun, so ist dieses Denken zwar noch keine Handlung, und ist in alle Ewigkeit qualitativ davon verschieden, aber doch ist es eine Möglichkeit, in der sich das Interesse der Wirklichkeit und der Handlung schon reflektiert. Daher steht auch die Interesselosigkeit, die Objektivität im Begriff, sich stören zu lassen, weil die Wirklichkeit und die Verantwortung sich ihrer bemächtigen will. (So gibt es eine Gedankensünde.)

Die Wirklichkeit besteht nicht in der äußeren Handlung, sondern in einem inneren Vorgange, in welchem das Individuum die Möglichkeit aufhebt und sich mit dem Gedachten identifiziert, um darin zu existieren. Dies ist Handlung. Die Intellektualität erscheint so als rigoristisch, indem sie den Gedanken selbst zur Handlung macht, aber dieser Rigorismus ist blinder Lärm, weil der Umstand, daß die Intellektualität die Erlaubnis bekommt, die Handlung überhaupt aufzugeben, ein Schlaffwerden bedeutet. So gilt wie in früher nachgewiesenen Analogien: *innerhalb* einer totalen Erschlaffung rigoristisch sein ist nur Illusion und wesentlich nur eine Erschlaffung. Wenn einer z. B. Sünde Unwissenheit nennen würde, und nun innerhalb dieser Bestimmung die einzelnen Sünder mit Rigorismus betrachten würde, so wäre dies ganz illusorisch, denn *innerhalb* der totalen Bestimmung, daß Sünde Unwissenheit sei, wird jede Bestimmung wesentlich leichtsinnig, weil die totale Bestimmung Leichtsinn ist.

In bezug auf das Böse täuscht die Verwechselung von Denken und Handeln leichter, sieht man aber genauer zu, so zeigt es sich, daß der Grund davon im Eifer des Guten für sich selbst liegt, das sich in dem Grade vom Individuum fordert, daß es ein Denken des Bösen als Sünde bestimmt. Aber nehmen wir das Gute. Etwas Gutes, das man tun will, gedacht haben, heißt das es getan haben? Keineswegs, aber auch das Äußere entscheidet nicht; denn einer, der keinen Heller besitzt, kann ebenso barmherzig wie der sein, der ein Königreich wegschenkt. Als der Levit an dem Unglücklichen vorbeiritt, der auf dem Wege von Jericho nach Jerusalem von Räubern überfallen war, fiel ihm vielleicht, als er noch ein wenig von dem Unglücklichen entfernt war, ein, wie schön es doch sei, einem Leidenden zu helfen; er dachte vielleicht sogar schon, welchen Lohn doch eine solche gute Tat in sich trage, er ritt vielleicht langsamer, weil er ins Denken und Grübeln geriet; aber je näher er kam, desto mehr Schwierigkeiten zeigten sich, und er ritt vorüber. Nun ritt er wohl rasch zu, um geschwind wegzukommen, weg vom Gedanken an die Unsicherheit des Weges, weg vom Gedanken an die mögliche Nähe der Räuber, und weg von dem Gedanken, wie leicht der Unglückliche ihn mit den Räubern verwechseln könne, die ihn liegen ließen. Er handelte also nicht. Aber gesetzt, die Reue hätte ihn auf dem Wege eingeholt, gesetzt, er wäre eilends umgekehrt, ohne Räuber oder andere Schwierigkeiten zu fürchten, bloß in der Furcht zu spät zu kommen; gesetzt, er wäre zu spät gekommen, als der barmherzige Samariter den Leidenden schon in die Herberge gebracht hatte: hätte er dann nicht gehandelt? Ganz gewiß, und doch kam er nicht dazu, im Äußeren zu handeln.

Nehmen wir eine religiöse Handlung. An Gott glauben, heißt das darüber nachdenken, wie herrlich es sein müsse, zu glauben, darüber nachdenken, welchen Frieden und welche Sicherheit der Glaube schenken könne? Keineswegs. Selbst das Wünschen, bei dem doch das Interesse, das Interesse des Subjekts viel klarer ist, ist kein Glauben, kein Handeln. Das Verhältnis des Individuums zur gedachten Handlung ist doch noch beständig nur eine Möglichkeit, die man aufgeben kann.

Daß es Fälle in bezug auf das Böse gibt, wo der Übergang fast nicht zu merken ist, leugnen wir nicht, aber diese Fälle sind in besonderer Weise zu erklären. Es liegt daran, daß sich das Individuum in der Macht einer Gewohnheit befindet, so daß es, weil es den Übergang vom Denken zum Handeln oft vollzogen hat, zuletzt die Macht dazu in der Sklaverei einer Gewohnheit verloren hat, welche Sklaverei auf *seine Rechnung* den Übergang immer geschwinder macht.

Vielleicht ist zwischen der gedachten und der wirklichen Handlung, zwischen Möglichkeit und Wirklichkeit dem Inhalt nach gar kein Unterschied, der Form nach ist er immer wesentlich. Die Wirklichkeit ist die Interessiertheit, weil man darin existiert.

Daß man die Wirklichkeit der Handlung so oft mit allerlei Vorstellungen, Vorsätzen, Anläufen zu Entschlüssen, Vorspiel der Stimmung usw. verwechselt, daß man überhaupt sehr selten wirklich handelt, leugnen wir nicht, sondern nehmen im Gegenteil an, daß diese viel zur Konfusion beigetragen habe. Man nehme aber eine Handlung sensu eminenti, dann zeigt sich alles deutlich. Das Äußere an Luthers Handlung ist, daß er auf dem Reichstage zu Worms auftrat, aber von dem Augenblick an, wo er mit der leidenschaftlichen Entscheidung seiner ganzen Subjektivität im Wollen existierte, wo jedes Möglichkeitsverhältnis zu dieser Handlung von ihm als Anfechtung betrachtet werden mußte: da hatte er gehandelt.[3]

---

3 Überhaupt ist das Verhältnis zwischen der gedachten und der wirklichen Handlung (diese innerlich gemeint) daran kenntlich, daß, während jede weitere Betrachtung und Überlegung in bezug auf die erste für willkommen angesehen werden muß, sie in bezug auf die letzte als Anfechtung zu betrachten ist; und zeigt sie sich trotzdem als so bedeutungsvoll, daß sie respektiert wird, so bedeutet dies, daß ihr Weg durch die Reue geht. Indem ich überlege, besteht die Kunst eben darin, an jede Möglichkeit zu denken; in dem Augenblick, wo ich (innerlich gemeint) gehandelt habe, ist es umgekehrt

Als Dion das Schiff bestieg, um den Tyrann Dionysius zu stürzen, soll er gesagt haben, daß er, selbst wenn er unterwegs sterben werde, doch eine herrliche Tat ausgeführt habe / er hatte also gehandelt. Daß die Entscheidung im Äußeren höher als die im Inneren stehe, ist eine verachtenswerte Rede schwacher und feiger und listiger Menschen vom Höchsten. Die Annahme, die Entscheidung im Äußeren könne etwas für ewig entscheiden, so daß es nie verändert werden könne, aber nicht die Entscheidung im Inneren, ist Verachtung des Heiligen.

Dem Denken die Suprematie über alles andere zu geben, ist Gnostizismus; die ethische Wirklichkeit des Subjekts zu einzigen Wirklichkeit zu machen, kann Akosmismus zu sein scheinen. Daß es einem geschäftigen Denker, der alles erklären will, so vorkommt, einem geschwinden Kopf, der über die ganze Welt hinfährt, beweist nur, daß er eine sehr geringe Vorstellung davon hat, was das Ethische fürs Subjekt bedeute. Wenn die Ethik einem solchen geschäftigen Denker die ganze Welt nähme und ihn sein eigenes Ich behalten ließe, so würde er vermutlich denken: »ist das etwas, eine solche Kleinigkeit verlohnt sich nicht zu behalten, mag sie wie all das andere mitgehen«; / und dann, dann ist das Akosmismus. Aber weshalb redet und denkt doch solch ein geschäftiger Denker von sich selbst so despektierlich? Ja wäre die Meinung, daß er die ganze Welt aufgeben und sich mit der ethischen Wirklichkeit eines anderen Menschen begnügen solle: ja, dann hätte er recht, den Tausch zu verachten. Aber die eigene ethische Wirklichkeit soll dem Individuum ethisch mehr als Himmel und Erde und alles bedeuten, was sich darin befindet, mehr als die 6000 Jahre der Weltgeschichte und als die Astrologie, die Tierarzneikunde samt allem, was die Zeit fordert / was ästhetisch und intellektuell eine ungeheure Borniertheit bedeutet. Ist es nicht so, dann ist es für das Individuum selbst am schlimmsten; denn dann hat es gar nichts, gar keine Wirklichkeit; denn zu allem andern hat es gerade als Maximum nur ein Möglichkeitsverhältnis.

Der Übergang von Möglichkeit zu Wirklichkeit ist, wie Artistoteles richtig lehrt, κινησις, eine Bewegung. Dies läßt sich in der Sprache der Abstraktion gar nicht sagen oder verstehen, da diese eben der Bewegung weder Zeit noch Raum zu geben vermag, welche die Bewegung voraus-

---

die Aufgabe, mich gegen weitere Überlegung zu wehren, ausgenommen, wenn die Reue etwas anders *gemacht* haben will. Die Entscheidung im Äußeren ist ein Spaß, je stumpfer aber ein Mensch dahinlebt, desto mehr wird das Äußere die einzige Entscheidung, die er kennt. Von der ewigen Entscheidung des Individuums mit sich selbst hat man keine Vorstellung, aber dann glaubt man, wenn eine Entscheidung auf gestempeltem Papier stehe, sei es entschieden, eher nicht.

setzen, oder welche sie voraussetzt. Da ist eine Unterbrechung, ein Sprung. Sagt jemand, das komme daher, daß ich an etwas Bestimmtes denke und nicht abstrahiere, da ich in diesem Falle einsehen würde, daß kein Bruch da ist: so lautet meine wiederholte Antwort: ganz recht, abstrakt gedacht ist kein Bruch da, aber auch kein Übergang; denn abstrakt gesehen *ist* alles. Wenn dagegen die Existenz der Bewegung Zeit gibt und ich dies nachmache, so zeigt sich der Sprung, wie eben ein Sprung sich zeigen kann: daß er kommen muß, oder daß er geschehen ist. Nehmen wir ein Beispiel vom Ethischen. Es ist oft genug gesagt worden, das Gute habe seinen Lohn in sich, insofern sei es nicht bloß das Richtigste, sondern auch das Klügste, das Gute zu wollen. Das kann ein kluger Eudämonist sehr gut verstehen, er kann denkend in der Form der Möglichkeit dem Guten so nah wie möglich kommen, weil die Möglichkeit in der Möglichkeit wie in der Abstraktion nur Schein ist. Wenn aber der Übergang wirklich werden soll, dann verscheidet alle Klugheit in der Anfechtung. Die wirkliche Zeit trennt ihm das Gute und den Lohn so weit voneinander, so ewig weit, daß sie die Klugheit nicht wieder vereinigen kann, und der Eudämonist bedankt sich. Ja gewiß ist es das Klügste, das Gute zu wollen, aber nicht im Sinne der Klugheit, sondern im Sinne des Guten. Der Übergang gleicht deutlich genug einem Bruch, ja einem Leiden.

Im Vortrag der Predigt kommt der Sinnesbetrug oft vor, der den Übergang, ein Christ zu werden, eudämonistisch in einen Schein verwandelt, wodurch der Zuhörer betrogen und der Übergang verhindert wird.

Die Subjektivität ist die Wahrheit; die Subjektivität ist die Wirklichkeit.

Anmerkung. *Notwendigkeit* muß für sich behandelt werden. Nur zu großer Verwirrung hat die neuere Spekulation Notwendigkeit mit dem Verständnis der Weltgeschichte in Zusammenhang gebracht, wodurch sowohl Möglichkeit und Wirklichkeit als auch Notwendigkeit verwirrt worden sind. Ich habe dies in den ›philosophischen Brocken‹ mit ein paar Worten nachzuweisen gesucht.

Arthur Schopenhauer

Arthur Schopenhauer hat innerhalb der Geschichte der Philosophie einen ungewissen Stand. Gewiß zählt man ihn zu den großen Klassikern der Philosophie. Er war auch eine Zeitlang Berliner Privatdozent, aber nicht auf seiner kurzen Hochschultätigkeit beruht sein Ruhm. Ebensowenig ist er innerhalb der Schultradition der Philosophie angemessen zu lokalisieren. Man hat nicht einmal eine klare Vorstellung davon, an welche Zeitstelle man ihn einzuordnen hätte. Das hängt mit dem eigentümlichen Schicksal seines Werkes zusammen. Nachdem er im Jahre 1813 seine Dissertation geschrieben hatte, veröffentlichte er 1819 sein Hauptwerk *Die Welt als Wille und Vorstellung*. Er ist also Zeitgenosse der großen deutschen idealistischen Denker, ein etwas jüngerer Zeitgenosse Schellings und Hegels. Aber sein großes Werk blieb zunächst unbeachtet und kam erst sehr viel später zur Wirkung. Erst die 1851 veroffentlichte *Parerga und Paralipomena* zu dem Hauptwerk verschafften dem dem Greisenalter bereits entgegengehenden Manne, der als einsiedlerischer Privatmann in Frankfurt am Main lebte, plötzlichen Ruhm und echte Wirkung. Das war in der Mitte des 19. Jahrhunderts. *Die Welt als Wille und Vorstellung* war mit einem Male eines der meistgelesenen Bücher. Aus Schopenhauer wurde geradezu der Exponent des weltanschaulichen Bedürfnisses der bürgerlichen Gesellschaft der zweiten Jahrhunderthälfte. Die Grundstimmung des pessimistischen Grauens vor der Gier und Grausamkeit des Lebens, die sich inmitten des wirtschaftlichen Aufschwungs des Jahrhunderts verbreitete, fand in ihm ihre Bestätigung. Wenn auch die weit radikalere Denkfigur Nietzsches, der sich in seiner Jugend ganz an Schopenhauer angeschlossen hatte, sehr bald größere und wahrhaft europäische Ausmaße annehmen sollte und im 20. Jahrhundert die Wirkung Schopenhauers ganz überschattete, so bleibt doch noch viel Schopenhauer in Nietzsches Eigenstem wirksam.

Vor allem aber war es Schopenhauers starker Einfluß auf einige große Künstler seiner Zeit, auf Richard Wagner, aber auch auf Friedrich Hebbel, der ihm in der Weltliteratur und in der Lebensstimmung der Epoche eine machtvolle Gegenwart verlieh. Als Schriftsteller verkörpert er die in Deutschland seltene Figur des Moralisten, für die die spanische, französische und italienische Tradition die glänzendsten Beispiele aufzuweisen hat. Er war ein Humanist von hohen Graden, der seine weltliterarische Bildung nicht ohne eine gewisse Betonung zeigte, aber auch selber einen leichtfüßigen und anmutvollen Stil schrieb. Sein persönliches Schicksal stand unter keinem guten Stern. Er blieb sein Leben lang Junggeselle. Seine Lehrtätigkeit an der Berliner Universität mußte er bald aufgeben, er wurde maßlos in seinen

Angriffen gegen die großen Philosophen der Epoche, also vor allem gegen Hegel und Schelling, und lebte das Leben eines vergrämten und am Leben leidenden Einsiedlers. Sein Pessimismus, sein scharfer und böser Blick für die Narrheiten, die Schwächen und vor allem für die Leiden des menschlichen Lebens machten ihn ebensosehr zum Ausdruck der Zeitstimmung, wie der ferne Erlösungsklang faszinierte, den er aus den Schöpfungen der Kunst und den Verheißungen der Religion, vor allem auch der Religion Indiens, herauszuhören lehrte.

Es ist nicht leicht, aus seinem Werke etwas auszuwählen, das eine genügende Vorstellung von dem Ganzen gibt. Denn er war weniger ein in sich zusammengefaßter Denker als ein Schriftsteller, ja ein Glossator. Seine Gedanken hat er vielfach an zufälligen Anlässen entwickelt. Der moralistische Affekt, der ihn leitete, ließ ihn ebensosehr an der Beobachtung der Menschen und der Gesellschaft wie aus den Früchten seiner ausgedehnten Lektüre Illustrationen seiner Philosophie gewinnen. Wenn man seinen Ort in der Geschichte des Denkens sichtbar machen will, muß man daher von seinem Hauptwerk eine Vorstellung vermitteln. Dieses Werk, *Die Welt als Wille und Vorstellung*, knüpft deutlich an Kant an, wenn es auch die Folge der kantischen Kritiken, der reinen Vernunft und der praktischen Vernunft, in umgekehrter Reihenfolge nennt. In Wahrheit folgt er damit der kantischen Lehre von dem Primat der praktischen Vernunft, wenigstens sofern er die Welt als Vorstellung als die Welt der bloßen Erscheinung ansieht und nicht als Dinge an sich, dagegen in der sittlichen Existenz des Menschen, in der ›intelligiblen‹ Freiheit sein wahres Wesen erkennt. Freilich deutet er Kant um, wenn er als das wahre Ding an sich hinter allen Erscheinungen den ›Willen‹ denkt. Die Erfahrung des dumpfen Willens, der in allem, was ist, giert und drängt, ist ihm die eigentliche Erfahrung der Wirklichkeit hinter den Schleiern des Bewußtseins. Obwohl er sich damit in mancher Hinsicht an Schelling anschloß, war er es doch, durch den in den Begriff des Willens die neue Bedeutung des Blinden und Vernunftlosen gekommen ist, die dann über Nietzsche bis in unsere Gegenwart hinein die Unterscheidung von Unbewußtem und Bewußtsein, von Wille und Vernunft und die gesamte Wirklichkeitserfahrung der Moderne beherrscht.

Wir bringen aus diesem Grunde den wichtigen Übergang am Beginn des zweiten Buches des Hauptwerkes, in dem Schopenhauer über die Welt als Vorstellung hinausgeht und die Welt als Wille zu interpretieren beginnt.

Die Welt als Wille und Vorstellung, §§ 17–22.
Der Welt als Wille erste Betrachtung: Die Objektivation des Willens

> Nos habitat, non tartara, sed nec sidera coeli:
> Spiritus, in nobis qui viget, illa facit.

§ 17

Wir haben im ersten Buche die Vorstellung nur als solche, also nur der allgemeinen Form nach, betrachtet. Zwar, was die abstrakte Vorstellung, den Begriff, betrifft, so wurde diese uns auch ihrem Gehalt nach bekannt, sofern sie nämlich allen Gehalt und Bedeutung allein hat durch ihre Beziehung auf die anschauliche Vorstellung, ohne welche sie werth- und inhaltslos wäre. Gänzlich also auf die anschauliche Vorstellung hingewiesen, werden wir verlangen, auch ihren Inhalt, ihre näheren Bestimmungen und die Gestalten, welche sie uns vorführt, kennen zu lernen. Besonders wird uns daran gelegen seyn, über ihre eigentliche Bedeutung einen Aufschluß zu erhalten, über jene ihre sonst nur gefühlte Bedeutung, vermöge welcher diese Bilder nicht, wie es außerdem seyn müßte, völlig fremd und nichtssagend an uns vorüberziehen, sondern unmittelbar uns ansprechen, verstanden werden und ein Interesse erhalten, welches unser ganzes Wesen in Anspruch nimmt.

Wir richten unsern Blick auf die Mathematik, die Naturwissenschaft und die Philosophie, von welchen jede uns hoffen läßt, daß sie einen Theil des gewünschten Aufschlusses geben werde. – Nun finden wir aber zuvörderst die Philosophie als ein Ungeheuer mit vielen Köpfen, deren jeder eine andere Sprache redet. Zwar sind sie über den hier angeregten Punkt, die Bedeutung jener anschaulichen Vorstellung, nicht alle uneinig unter einander: denn, mit Ausnahme der Skeptiker und Idealisten, reden die anderen, der Hauptsache nach, ziemlich übereinstimmend von einem *Objekt*, welches der Vorstellung zum *Grunde* läge, und welches zwar von der Vorstellung seinem ganzen Seyn und Wesen nach verschieden, dabei ihr aber doch in allen Stücken so ähnlich, wie ein Ei dem andern wäre. Uns wird aber damit nicht geholfen seyn: denn wir wissen solches Objekt von der Vorstellung gar nicht zu unterscheiden; sondern finden, daß beide nur Eines und das Selbe sind, da alles Objekt immer und ewig ein Subjekt voraussetzt und daher doch Vorstellung bleibt; wie wir denn auch das Objektseyn als zur allgemeinsten Form der Vorstellung, welche eben das Zerfallen in Objekt und Subjekt ist, gehörig, erkannt haben. Zudem ist der Satz vom Grund, auf den man sich dabei beruft, uns ebenfalls nur

Form der Vorstellung, nämlich die gesetzmäßige Verbindung einer Vorstellung mit einer andern, nicht aber die Verbindung der gesammten, endlichen oder endlosen Reihe der Vorstellungen mit etwas, das gar nicht Vorstellung wäre, also auch gar nicht vorstellbar seyn kann. – Von Skeptikern aber und Idealisten ist oben, bei Erörterung des Streites über die Realität der Außenwelt, geredet worden.

Suchen wir nun um die gewünschte nähere Kenntniß jener uns nur ganz allgemein, der bloßen Form nach, bekannt gewordenen anschaulichen Vorstellung bei der Mathematik nach; so wird uns diese von jenen Vorstellungen nur reden, sofern sie Zeit und Raum füllen, d. h. sofern sie Größen sind. Sie wird das Wieviel und Wiegroß höchst genau angeben: da aber dieses immer nur relativ, d. h. eine Vergleichung einer Vorstellung mit anderen, und zwar nur in jener einseitigen Rücksicht auf Größe ist; so wird auch dieses nicht die Auskunft seyn, die wir hauptsächlich suchen.

Blicken wir endlich auf das weite, in viele Felder getheilte Gebiet der Naturwissenschaft, so können wir zuvörderst zwei Hauptabtheilungen derselben unterscheiden. Sie ist entweder Beschreibung von Gestalten, welche ich *Morphologie*, oder Erklärung der Veränderungen, welche ich *Ätiologie* nenne. Erstere betrachtet die bleibenden Formen, letztere die wandelnde Materie, nach den Gesetzen ihres Übergangs aus einer Form in die andere. Erstere ist das, was man, wenn gleich uneigentlich, Naturgeschichte nennt, in seinem ganzen Umfange: besonders als Botanik und Zoologie lehrt sie uns die verschiedenen, beim unaufhörlichen Wechsel der Individuen, bleibenden, organischen und dadurch fest bestimmten Gestalten kennen, welche einen großen Theil des Inhalts der anschaulichen Vorstellung ausmachen: sie werden von ihr klassificirt, gesondert, vereinigt, nach natürlichen und künstlichen Systemen geordnet, unter Begriffe gebracht, welche eine Übersicht und Kenntniß aller möglich machen. Es wird ferner auch eine durch alle gehende, unendlich nüancirte Analogie derselben im Ganzen und in den Theilen nachgewiesen (unité de plan), vermöge welcher sie sehr mannigfaltigen Variationen auf ein nicht mitgegebenes Thema gleichen. Der Übergang der Materie in jene Gestalten, d. h. die Entstehung der Individuen, ist kein Haupttheil der Betrachtung, da jedes Individuum aus dem ihm gleichen durch Zeugung hervorgeht, welche, überall gleich geheimnißvoll, sich bis jetzt der deutlichen Erkenntniß entzieht: das Wenige aber, was man davon weiß, findet seine Stelle in der Physiologie, die schon der ätiologischen Naturwissenschaft angehört. Zu dieser neigt sich auch schon die der Hauptsache nach zur Morphologie gehörende Mineralogie hin, besonders da, wo sie Geologie wird. Eigentliche Ätiologie sind nun alle die Zweige der Naturwissenschaft, welchen die Erkenntniß der Ursach und Wirkung überall die Hauptsache ist: diese lehren, wie, gemäß einer unfehlbaren Regel, auf *einen* Zustand der Materie nothwendig ein bestimmter anderer folgt; wie eine bestimmte Veränderung nothwendig eine andere, bestimmte, bedingt und herbeiführt: welche Nachweisung *Erklärung* genannt wird. Hier finden wir nun hauptsächlich Mechanik, Physik, Chemie, Physiologie.

Wenn wir uns aber ihrer Belehrung hingeben, so werden wir bald gewahr, daß die Auskunft, welche wir hauptsächlich suchen, uns von der Ätiologie so wenig, als von der Morphologie zu Theil wird. Diese letztere führt uns unzählige, unendlich mannigfaltige und doch durch eine unverkennbare Familienähnlichkeit verwandte Gestalten vor, für uns Vorstellungen, die auf diesem Wege uns ewig fremd bleiben und, wenn bloß so betrachtet, gleich unverstandenen Hieroglyphen vor uns stehen. – Die Ätiologie hingegen lehrt uns, daß, nach dem Gesetze von Ursach und Wirkung, dieser bestimmte Zustand der Materie jenen andern herbeiführt, und damit hat sie ihn erklärt und das Ihrige gethan. Indessen thut sie im Grunde nichts weiter, als daß sie die gesetzmäßige Ordnung, nach der die Zustände in Raum und Zeit eintreten, nachweist und für alle Fälle lehrt, welche Erscheinung zu dieser Zeit, an diesem Orte, nothwendig eintreten muß: sie bestimmt ihnen also ihre Stelle in Zeit und Raum, nach einem Gesetz, dessen bestimmten Inhalt die Erfahrung gelehrt hat, dessen allgemeine Form und Nothwendigkeit jedoch unabhängig von ihr uns bewußt ist. Über das innere Wesen irgend einer jener Erscheinungen erhalten wir dadurch aber nicht den mindesten Aufschluß: dieses wird *Naturkraft* genannt und liegt außerhalb des Gebiets der ätiologischen Erklärung, welche die unwandelbare Konstanz des Eintritts der Äußerung einer solchen Kraft, so oft die ihr bekannten Bedingungen dazu da sind, *Naturgesetz* nennt. Dieses Naturgesetz, diese Bedingungen, dieser Eintritt, in Bezug auf bestimmten Ort zu bestimmter Zeit, sind aber Alles was sie weiß und je wissen kann. Die Kraft selbst, die sich äußert, das innere Wesen der nach jenen Gesetzen eintretenden Erscheinungen, bleibt ihr ewig ein Geheimniß, ein ganz Fremdes und Unbekanntes, sowohl bei der einfachsten, wie bei der komplicirtesten Erscheinung. Denn, wiewohl die Ätiologie bis jetzt ihren Zweck am vollkommensten in der Mechanik, am unvollkommensten in der Physiologie erreicht hat; so ist dennoch die Kraft, vermöge welcher ein Stein zur Erde fällt, oder ein Körper den andern fortstößt, ihrem innern Wesen nach, uns nicht minder fremd und geheimnißvoll, als die, welche die Bewegungen und das Wachsthum eines Thieres hervorbringt. Die Mechanik setzt Materie, Schwere, Undurchdringlichkeit, Mittheilbarkeit der Bewegung durch Stoß, Starrheit u.s.w. als unergründlich voraus, nennt sie Naturkräfte, ihr nothwendiges und regelmäßiges Erscheinen unter gewissen Bedingungen Naturgesetz, und danach erst fängt sie ihre Erklärung an, welche darin besteht, daß sie treu und mathematisch genau angiebt, wie, wo, wann jede Kraft sich äußert, und daß sie jede ihr vorkommende Erscheinung auf eine jener Kräfte zurückführt. Ebenso machen es Physik, Chemie, Physiologie in ihrem Gebiet, nur daß sie noch viel mehr voraussetzen und weniger leisten. Demzufolge wäre auch die vollkommenste ätiologische Erklärung der gesammten Natur eigentlich nie mehr, als ein Verzeichniß der unerklärlichen Kräfte, und eine sichere Angabe der Regel, nach welcher die Erscheinungen derselben in Zeit und Raum eintreten, sich succediren, einander Platz machen: aber das innere Wesen der also erscheinenden Kräfte müßte sie, weil das Gesetz dem sie folgt nicht dahin führt, stets unerklärt lassen, und bei der Erscheinung und deren Ordnung stehen bleiben. Sie wäre insofern dem Durchschnitt eines Marmors zu vergleichen, welcher vielerlei Adern neben einander zeigt, nicht aber den Lauf jener Adern im Innern des Marmors bis zu jener Fläche erkennen läßt. Oder wenn ich mir ein scherzhaftes Gleichniß, weil es frappanter ist, erlauben darf, – bei der vollendeten Ätiologie der ganzen Natur müßte dem philosophischen Forscher doch immer so zu Muthe seyn, wie Jemanden, der, er wüßte gar nicht wie, in eine ihm gänzlich unbekannte Gesellschaft gerathen wäre, von deren Mitgliedern, der Reihe nach, ihm immer eines das andere als seinen Freund und Vetter präsentirte und so hinlänglich bekannt machte: er selbst aber hätte unterdessen, indem er jedesmal sich über den Präsentirten zu freuen versicherte, stets die Frage auf den Lippen: »Aber wie Teufel komme ich denn zu der ganzen Gesellschaft?«

Also auch die Ätiologie kann uns nimmermehr über jene Erscheinungen, welche wir nur als unsere Vorstellungen kennen, den erwünschten, uns hierüber hinausführenden Aufschluß geben. Denn nach allen ihren Erklärungen, stehen sie noch als bloße Vorstellungen, deren Bedeutung wir nicht verstehen, völlig fremd vor uns. Die ursächliche Verknüpfung giebt bloß die Regel und relative Ordnung ihres Eintritts in Raum und Zeit an, lehrt uns aber das, was also eintritt, nicht näher kennen. Zudem hat das Gesetz der Kausalität selbst nur Gültigkeit für Vorstellungen, für Objekte einer bestimmten Klasse, unter deren Voraussetzung es allein Bedeutung hat: es ist also, wie diese Objekte selbst, immer nur in Beziehung auf das Subjekt, also bedingterweise da; weshalb es auch ebenso wohl wenn man vom Subjekt ausgeht, d. h. a priori, als wenn man vom Objekt ausgeht, d. h. a posteriori, erkannt wird, wie eben Kant uns gelehrt hat.

Was aber uns jetzt zum Forschen antreibt, ist eben, daß es uns nicht genügt zu wissen, daß wir Vorstellungen haben, daß sie solche und solche sind, und nach diesen und jenen Gesetzen, deren allgemeiner Ausdruck allemal der Satz vom Grunde ist, zusammenhängen. Wir wollen die Bedeutung jener Vorstellung wissen: wir fragen, ob diese Welt nichts weiter, als Vorstellung sei; in welchem Falle sie wie ein wesenloser Traum, oder ein gespensterhaftes Luftgebilde, an uns vorüberziehen müßte, nicht unserer Beachtung werth; oder aber ob sie noch etwas Anderes, noch etwas außerdem ist, und was sodann dieses sei. Soviel ist gleich gewiß, daß dieses Nachgefragte etwas von der Vorstellung völlig und seinem ganzen Wesen nach Grundverschiedenes seyn muß, dem daher auch ihre Formen und ihre Gesetze völlig fremd seyn müssen; daß man daher, von der Vorstellung aus, zu ihm nicht am Leitfaden derjenigen Gesetze gelangen kann, die nur Objekte, Vorstellungen, unter einander verbinden; welches die Gestaltungen des Satzes vom Grunde sind.

Wir sehen schon hier, daß *von außen* dem Wesen der Dinge nimmermehr beizukommen ist: wie immer man auch forschen mag, so gewinnt man nichts, als Bilder und Namen. Man gleicht Einem, der um ein Schloß herumgeht, vergeblich einen Eingang suchend und einstweilen die Fassaden skitzirend. Und doch ist dies der Weg, den alle Philosophen vor mir gegangen sind.

§ 18

In der That würde die nachgeforschte Bedeutung der mir lediglich als meine Vorstellung gegenüberstehenden Welt, oder der Übergang von ihr, als bloßer Vorstellung des erkennenden Subjekts, zu dem, was sie noch außerdem seyn mag, nimmermehr zu finden seyn, wenn der Forscher selbst nichts weiter als das rein erkennende Subjekt (geflügelter Engelskopf ohne Leib) wäre. Nun aber wurzelt er selbst in jener Welt, findet sich nämlich in ihr als *Individuum*, d. h. sein Erkennen, welches der bedingende Träger der ganzen Welt als Vorstellung ist, ist dennoch durchaus vermittelt durch einen Leib, dessen Affektionen, wie gezeigt, dem Verstande der Ausgangspunkt der Anschauung jener Welt sind. Dieser Leib ist dem rein erkennenden Subjekt als solchem eine Vorstellung wie jede andere, ein Objekt unter Objekten: die Bewegungen, die Aktionen desselben sind ihm in soweit nicht anders, als wie die Veränderungen aller anderen anschaulichen Objekte bekannt, und wären ihm ebenso fremd und unverständlich, wenn die Bedeutung derselben ihm nicht etwan auf eine ganz andere Art enträthselt wäre. Sonst sähe er sein Handeln auf dargebotene Motive mit der Konstanz eines Naturgesetzes erfolgen, eben wie die Veränderungen anderer Objekte auf Ursachen, Reize, Motive. Er würde aber den Einfluß der Motive nicht näher verstehen, als die Verbindung jeder andern ihm erscheinenden Wirkung mit ihrer Ursache. Er würde dann das innere, ihm unverständliche Wesen jener Äußerungen und Handlungen seines Leibes, eben auch eine Kraft, eine Qualität, oder einen Charakter, nach Belieben, nennen, aber weiter keine Einsicht darin haben. Diesem allen nun aber ist nicht so: vielmehr ist dem als Individuum erscheinenden Subjekt des Erkennens das Wort des Räthsels gegeben: und dieses Wort heißt *Wille*. Dieses, und dieses allein, giebt ihm den Schlüssel zu seiner eigenen Erscheinung, offenbart ihm die Bedeutung, zeigt ihm das innere Getriebe seines Wesens, seines Thuns, seiner Bewegungen. Dem Subjekt des Erkennens, welches durch seine Identität mit dem Leibe als Individuum auftritt, ist dieser Leib auf zwei ganz verschiedene Weisen gegeben: einmal als Vorstellung in verständiger Anschauung, als Objekt unter Objekten, und den Gesetzen dieser unterworfen; sodann aber auch zugleich auf eine ganz andere Weise, nämlich als jenes Jedem unmittelbar Bekannte, welches das Wort *Wille* bezeichnet. Jeder wahre Akt seines Willens ist sofort und unausbleiblich auch eine Bewegung seines Leibes: er kann den Akt nicht wirklich wollen, ohne zugleich wahrzunehmen, daß er als Bewegung des Leibes erscheint. Der Willensakt und die Aktion des Leibes sind nicht zwei objektiv erkannte verschiedene Zustände, die das Band der Kausalität verknüpft, stehen nicht im Verhältniß der Ursache und Wirkung; sondern sie sind Eines und das Selbe, nur auf zwei gänzlich verschiedene Weisen gegeben: einmal ganz unmittelbar und einmal in der Anschauung für den Verstand. Die Aktion des Leibes ist nichts Anderes, als der objektivirte, d. h. in die Anschauung getretene Akt des Willens. Weiterhin wird sich uns zeigen, daß dieses von jeder Bewegung des Leibes gilt, nicht bloß von der auf Motive, sondern auch von der auf bloße Reize erfolgenden unwillkürlichen, ja, daß der ganze Leib nichts Anderes, als der objektivirte, d. h. zur Vorstellung gewordene Wille ist; welches alles sich im weitern Verfolg ergeben und deutlich werden wird. Ich werde daher den Leib, welchen ich im vorigen Buche und in der Abhandlung über den Satz vom Grunde, nach dem dort mit Absicht einseitig genommenen Standpunkt (dem der Vorstellung) das *unmittelbare Objekt* hieß, hier, in einer andern Rücksicht, die *Objektität des Willens* nennen. Auch kann man daher in gewissem Sinne sagen: der Wille ist die Erkenntniß a priori des Leibes, und der Leib die Erkenntniß a posteriori des Willens. – Willensbeschlüsse, die sich auf die Zukunft beziehen, sind bloße Überlegungen der Vernunft, über das, was man dereinst wollen wird, nicht eigentliche Willensakte: nur die Ausführung stempelt den Entschluß, der bis dahin immer nur noch veränderlicher Vorsatz ist und nur in der Vernunft, in abstracto existirt. In der Reflexion allein ist Wollen und Thun verschieden: in der Wirklichkeit sind sie Eins. Jeder wahre, ächte, unmittelbare Akt des Willens ist sofort und unmittelbar auch erscheinender Akt des Leibes: und diesem entsprechend ist andererseits jede Einwirkung auf den Leib sofort und unmittelbar auch Einwirkung auf den Willen: sie heißt als solche Schmerz, wenn sie dem Willen zuwider; Wohlbehagen, Wollust, wenn sie ihm gemäß ist. Die Gradationen beider sind sehr verschieden. Man hat aber gänzlich Unrecht, wenn man Schmerz und Wollust Vorstellungen nennt: das sind sie keineswegs, sondern unmittelbare Affektionen des Willens, in seiner Erscheinung, dem Leibe: ein erzwungenes augenblickliches Wollen oder Nichtwollen des Eindrucks, den dieser erleidet. Unmittelbar als bloße Vorstellungen zu betrachten und daher von dem eben Gesagten auszunehmen, sind nur gewisse wenige Eindrücke auf den Leib, die den Willen nicht anregen und durch welche allein der Leib unmittelbares Objekt des Erkennens ist, da er als Anschauung im Verstande schon mittelbares Objekt, gleich allen anderen, ist. Das hier Gemeinte sind nämlich die Affektionen der rein objektiven Sinne, des Gesichts, Gehörs und Getastes, wiewohl auch nur, sofern diese Organe auf die ihnen besonders eigenthümliche, specifische, naturgemäße Weise afficirt werden, welche eine so äußerst schwache Anregung der gesteigerten und specifisch modificirten Sensibilität dieser Theile ist, daß sie nicht den Willen afficirt; sondern, durch keine Anregung desselben gestört, nur dem Verstande die Data liefert, aus denen die Anschauung wird. Jede stärkere, oder anderartige Affektion jener Sinneswerkzeuge ist aber schmerzhaft, d. h. dem Willen entgegen, zu dessen Objektität also auch sie gehören. – Nervenschwäche äußert sich darin, daß die Eindrücke, welche bloß den Grad von Stärke haben sollten, der hinreicht sie zu Datis für den Verstand zu machen, den höhern Grad erreichen, auf welchem sie den Willen bewegen, d. h. Schmerz oder Wohlgefühl erregen, wiewohl öfterer Schmerz, der aber zum Theil dumpf und undeutlich ist, daher nicht nur einzelne Töne und starkes Licht schmerzlich empfinden läßt, sondern auch im Allgemeinen krankhafte hypochondrische Stimmung veranlaßt, ohne deutlich erkannt zu werden. – Ferner zeigt sich die Identität des Leibes und Willens unter anderm auch darin, daß jede heftige und übermäßige Bewegung des Willens, d. h. jeder Affekt, ganz unmittelbar den Leib und dessen inneres Getriebe erschüttert und den Gang seiner vitalen Funktionen stört. Dies findet man speciell ausgeführt im »Willen der Natur«, S. 27 der zweiten Auflage.

Endlich ist die Erkenntniß, welche ich von meinem Willen habe, obwohl eine unmittelbare, doch von der meines Leibes nicht zu trennen. Ich erkenne meinen Willen nicht im Ganzen, nicht als Einheit, nicht vollkommen seinem Wesen nach, sondern ich erkenne ihn allein in seinen einzelnen Akten, also in der Zeit, welche die Form der Erscheinung meines Leibes, wie jedes Objekts ist: daher ist der Leib Bedingung der Erkenntniß meines Willens. Diesen Willen ohne meinen Leib kann ich demnach eigentlich nicht vorstellen. In der Abhandlung über den Satz vom Grund ist zwar der Wille, oder vielmehr das Subjekt des Wollens als eine besondere Klasse der Vorstellungen oder Objekte aufgestellt: allein schon daselbst sahen wir dieses Objekt mit dem Subjekt zusammenfallen, d. h. eben aufhören Objekt zu seyn: wir nannten dort dieses Zusammenfallen das Wunder κατ' εξοχην: gewissermaaßen ist die ganze gegenwärtige

Schrift die Erklärung desselben. – Sofern ich meinen Willen eigentlich als Objekt erkenne, erkenne ich ihn als Leib: dann bin ich aber wieder bei der in jener Abhandlung aufgestellten ersten Klasse der Vorstellungen, d. h. bei den realen Objekten. Wir werden im weitern Fortgang mehr und mehr einsehen, daß jene erste Klasse der Vorstellungen ihren Aufschluß, ihre Enträthselung, eben nur findet an der dort aufgestellten vierten Klasse, welche nicht mehr eigentlich als Objekt dem Subjekt gegenüberstehen wollte, und daß wir, Dem entsprechend, aus dem die vierte Klasse beherrschenden Gesetz der Motivation, das innere Wesen des in der ersten Klasse geltenden Gesetzes der Kausalität, und dessen was diesem gemäß geschieht, verstehen lernen müssen.

Die nun vorläufig dargestellte Identität des Willens und des Leibes kann nur, wie hier, und zwar zum ersten Male, geschehen ist und im weitern Fortgang mehr und mehr geschehen soll, nachgewiesen, d. h. aus dem unmittelbaren Bewußtseyn, aus der Erkenntniß in concreto, zum Wissen der Vernunft erhoben, oder in die Erkenntniß in abstracto übertragen werden: hingegen kann sie ihrer Natur nach niemals bewiesen, d. h. als mittelbare Erkenntniß aus einer andern unmittelbaren abgeleitet werden, eben weil sie selbst die unmittelbarste ist, und wenn wir sie nicht als solche auffassen und festhalten, werden wir vergebens erwarten, sie irgend mittelbar, als abgeleitete Erkenntniß wiederzuerhalten. Sie ist eine Erkenntniß ganz eigener Art, deren Wahrheit eben deshalb nicht einmal eigentlich unter eine der vier Rubriken gebracht werden kann, in welche ich in der Abhandlung über den Satz vom Grund, § 29ff., alle Wahrheit getheilt habe, nämlich in logische, empirische, metaphysische und metalogische: denn sie ist nicht, wie alle jene, die Beziehung einer abstrakten Vorstellung auf eine andere Vorstellung, oder auf die nothwendige Form des intuitiven, oder des abstrakten Vorstellens; sondern sie ist die Beziehung eines Urtheils auf das Verhältniß, welches eine anschauliche Vorstellung, der Leib, zu dem hat, was gar nicht Vorstellung ist, sondern ein von dieser toto genere Verschiedenes: Wille. Ich möchte darum diese Wahrheit vor allen andern auszeichnen und sie κατ' εξοχην *philosophische Wahrheit* nennen. Den Ausdruck derselben kann man verschiedentlich wenden, und sagen: mein Leib und mein Wille sind Eines; – oder was ich als anschauliche Vorstellung meinen Leib nenne, nenne ich, sofern ich desselben auf eine ganz verschiedene, keiner andern zu vergleichende Weise mir bewußt bin, meinen Willen; – oder, mein Leib ist die *Objektivität* meines Willens; – oder, abgesehen davon, daß mein Leib meine Vorstellung ist, ist er nur noch mein Wille; u.s.w.[1]

---

1 Hiezu Kap. 18 des zweiten Bandes.

§ 19

Wenn wir im ersten Buche, mit innerm Widerstreben, den eigenen Leib, wie alle übrigen Objekte dieser anschaulichen Welt, für bloße Vorstellung des erkennenden Subjekts erklärten; so ist es uns nunmehr deutlich geworden, was im Bewußtseyn eines Jeden, die Vorstellung des eigenen Leibes von allen anderen, dieser übrigens ganz gleichen, unterscheidet, nämlich dies, daß der Leib noch in einer ganz andern, toto genere verschiedenen Art im Bewußtseyn vorkommt, die man durch das Wort *Wille* bezeichnet, und daß eben diese doppelte Erkenntniß, die wir vom eigenen Leibe haben, uns über ihn selbst, über sein Wirken und Bewegen auf Motive, wie auch über sein Leiden durch äußere Einwirkung, mit Einem Wort, über das, was er, nicht als Vorstellung, sondern außerdem, also *an sich* ist, denjenigen Aufschluß giebt, welchen wir über das Wesen, Wirken und Leiden aller andern realen Objekte unmittelbar nicht haben.

Das erkennende Subjekt ist eben durch diese besondere Beziehung auf den einen Leib, der ihm, außer derselben betrachtet, nur eine Vorstellung gleich allen übrigen ist, Individuum. Die Beziehung aber, vermöge welcher das erkennende Subjekt *Individuum* ist, ist ebendeshalb nur zwischen ihm und einer einzigen unter allen seinen Vorstellungen, daher es nur dieser einzigen nicht bloß als einer Vorstellung, sondern zugleich in ganz anderer Art, nämlich als eines Willens, sich bewußt ist. Da aber, wenn es von jener besondern Beziehung, von jener zwiefachen und ganz heterogenen Erkenntniß des Einen und Nämlichen, abstrahirt; dann jenes Eine, der Leib, eine Vorstellung gleich allen andern ist: so muß, um sich hierüber zu orientiren, das erkennende Individuum entweder annehmen, daß das Unterscheidende jener einen Vorstellung bloß darin liegt, daß seine Erkenntniß nur zu jener einen Vorstellung in dieser doppelten Beziehung steht, nur in dieses *eine* anschauliche Objekt ihm auf zwei Weisen zugleich die Einsicht offen steht, daß dies aber nicht durch einen Unterschied dieses Objekts von allen anderen, sondern nur durch einen Unterschied des Verhältnisses seiner Erkenntniß zu diesem einen Objekt, von dem, so es zu allen anderen hat, zu erklären ist; oder auch es muß annehmen, daß dieses eine Objekt wesentlich von allen anderen verschieden ist, ganz allein unter allen zugleich Wille und Vorstellung ist, die übrigen hingegen bloße Vorstellung, d. h. bloße Phantome sind, sein Leib also das einzige wirkliche Individuum in der Welt, d. h. die einzige Willenserscheinung und das einzige unmittelbare Objekt des Subjekts. – Daß die anderen Objekte, als bloße *Vorstellungen* betrachtet, seinem Leibe gleich sind, d. h. wie dieser den (nur als Vorstellung selbst möglicherweise vorhandenen) Raum füllen, und auch wie dieser im Raume wirken, dies ist zwar beweisbar gewiß, aus dem für Vorstellungen a priori sichern Gesetz der Kausalität, welches keine Wirkung ohne Ursache zuläßt: aber, abgesehen davon, daß sich von der Wirkung nur auf eine Ursache überhaupt, nicht auf eine gleiche Ursache schließen läßt; so ist man hiemit immer noch im Gebiet der bloßen Vorstellung, für die allein das Gesetz der Kausalität gilt, und über welches hinaus es nie führen kann. Ob aber die dem Individuo nur als Vorstellungen bekannten Objekte, dennoch, gleich seinem eigenen Leibe, Erscheinungen eines Willens sind; dies ist, wie bereits im vorigen Buche ausgesprochen, der eigentliche Sinn der Frage nach der Realität der Außenwelt: dasselbe zu leugnen, ist der Sinn des *theoretischen Egoismus*, der eben dadurch alle Erscheinungen, außer seinem eigenen Individuum, für Phantome hält, wie der praktische Egoismus genau das Selbe in praktischer Hinsicht thut, nämlich nur die eigene Person als eine wirklich solche, alle übrigen aber als bloße Phantome ansieht und behandelt. Der theoretische Egoismus ist zwar durch Beweise nimmermehr zu widerlegen: dennoch ist er zuverlässig in der Philosophie nie anders, denn als skeptisches Sophisma, d. h. zum Schein gebraucht worden. Als ernstliche Überzeugung hingegen könnte er allein im Tollhause gefunden werden: als solche bedürfte es dann gegen ihn nicht sowohl eines Beweises, als einer Kur. Daher wir uns insofern auf ihn nicht weiter einlassen, sondern ihn allein als die letzte Feste des Skeptizismus, der immer polemisch ist, betrachten. Bringt nun also unsere stets an Individualität gebundene und eben hierin ihre Beschränkung habende Erkenntniß es nothwendig mit sich, daß Jeder nur Eines *seyn*, hingegen alles andere *erkennen* kann, welche Beschränkung eben eigentlich das Bedürfniß der Philosophie erzeugt; so werden wir, die wir eben deshalb durch Philosophie die Schranken unserer Erkenntniß zu erweitern streben, jenes sich uns hier entgegenstellende skeptische Argument des theoretischen Egoismus ansehen als eine kleine Gränzfestung, die zwar auf immer unbezwinglich ist, deren Besatzung aber durchaus auch nie aus ihr herauskann, daher man ihr vorbeigehen und ohne Gefahr sie im Rücken liegen lassen darf.

Wir werden demzufolge die nunmehr zur Deutlichkeit erhobene doppelte, auf zwei völlig heterogene Weisen gegebene Erkenntniß, welche wir vom Wesen und Wirken unseres eigenen Leibes haben, weiterhin als einen Schlüssel zum Wesen jeder Erscheinung in der Natur gebrauchen und alle Objekte, die nicht unser eigener Leib, daher nicht auf doppelte Weise, sondern allein als Vorstellungen unserm Bewußtseyn gegeben sind, eben nach Analogie jenes Leibes beurtheilen und daher annehmen, daß, wie sie einerseits, ganz so wie er, Vorstellung und darin mit ihm gleichartig sind, auch andererseits, wenn man ihr Daseyn als Vorstellung des Subjekts bei Seite setzt, das dann noch übrig Bleibende, seinem innern Wesen nach, das selbe seyn muß, als was wir an uns *Wille* nennen. Denn welche andere Art von Daseyn oder Realität sollten wir der übrigen

Körperwelt beilegen? woher die Elemente nehmen, aus der wir eine solche zusammensetzten? Außer dem Willen und der Vorstellung ist uns gar nichts bekannt, noch denkbar. Wenn wir der Körperwelt, welche unmittelbar nur in unserer Vorstellung dasteht, die größte uns bekannte Realität beilegen wollen; so geben wir ihr die Realität, welche für Jeden sein eigener Leib hat: denn der ist Jedem das Realste. Aber wenn wir nun die Realität dieses Leibes und seiner Aktionen analysiren, so treffen wir, außerdem daß er unsere Vorstellung ist, nichts darin an, als den Willen: damit ist selbst seine Realität erschöpft. Wir können daher eine anderweitige Realität, um sie der Körperwelt beizulegen, nirgends finden. Wenn also die Körperwelt noch etwas mehr seyn soll, als bloß unsere Vorstellung, so müssen wir sagen, daß sie außer der Vorstellung, also an sich und ihrem innersten Wesen nach, Das sei, was wir in uns selbst unmittelbar als Willen finden. Ich sage, ihrem innersten Wesen nach: dieses Wesen des Willens aber haben wir zuvörderst näher kennen zu lernen, damit wir Das, was nicht ihm selbst, sondern schon seiner, viele Grade habenden Erscheinung angehört, von ihm zu unterscheiden wissen: dergleichen ist z. B. das Begleitetseyn von Erkenntniß und das dadurch bedingte Bestimmtwerden durch Motive: dieses gehört, wie wir im weitern Fortgang einsehen werden, nicht seinem Wesen, sondern bloß seiner deutlichen Erscheinung als Thier und Mensch an. Wenn ich daher sagen werde: die Kraft, welche den Stein zur Erde treibt, ist ihrem Wesen nach, an sich und außer aller Vorstellung, Wille; so wird man diesem Satz nicht die tolle Meinung unterlegen, daß der Stein sich nach einem erkannten Motive bewegt, weil im Menschen der Wille also erscheint[2]. – Nunmehr aber wollen wir das bis hieher vorläufig und allgemein Dargestellte ausführlicher und deutlicher nachweisen, begründen und in seinem Umfang entwickeln[3].

§ 20

Als des eigenen Leibes Wesen an sich, als dasjenige, was dieser Leib ist, außerdem daß er Objekt der Anschauung, Vorstellung ist, giebt, wie gesagt, der *Wille* zunächst sich kund in den willkürlichen Bewegungen dieses

---

[2] Wir werden also keineswegs dem Bako v. Verulam beistimmen, wenn er (de augm. scient. L. 4 in fine) meint, daß alle mechanischen und physischen Bewegungen der Körper erst nach vorhergegangener Perception in diesen Körpern erfolgten; obgleich eine Ahndung der Wahrheit auch diesem falschen Satz das Daseyn gab. Ebenso verhält es sich mit Keplers Behauptung, in seiner Abhandlung de planeta Martis, daß die Planeten Erkenntniß haben müßten, um ihre elliptischen Bahnen so richtig zu treffen und die Schnelligkeit ihrer Bewegung so abzumessen, daß die Triangel der Fläche ihrer Bahn stets der Zeit proportional bleiben, in welcher sie deren Basis durchlaufen.
[3] Hiezu Kap. 19 des zweiten Bandes.

Leibes, sofern diese nämlich nichts Anderes sind, als die Sichtbarkeit der einzelnen Willensakte, mit welchen sie unmittelbar und völlig zugleich eintreten, als Ein und dasselbe mit ihnen, nur durch die Form der Erkennbarkeit, in die sie übergegangen, d. h. Vorstellung geworden sind, von ihnen unterschieden.

Diese Akte des Willens haben aber immer noch einen Grund außer sich, in den Motiven. Jedoch bestimmen diese nie mehr, als das was ich zu *dieser* Zeit, an *diesem* Ort, unter *diesen* Umständen will; nicht aber *daß* ich überhaupt will, noch *was* ich überhaupt will, d. h. die Maxime, welche mein gesammtes Wollen charakterisirt. Daher ist mein Wollen nicht seinem ganzen Wesen nach aus den Motiven zu erklären; sondern diese bestimmen bloß seine Äußerung im gegebenen Zeitpunkt, sind bloß der Anlaß, bei dem sich mein Wille zeigt: dieser selbst hingegen liegt außerhalb des Gebietes des Gesetzes der Motivation: nur seine Erscheinung in jedem Zeitpunkt ist durch dieses nothwendig bestimmt. Lediglich unter Voraussetzung meines empirischen Charakters ist das Motiv hinreichender Erklärungsgrund meines Handelns: abstrahire ich aber von meinem Charakter und frage dann, warum ich überhaupt dieses und nicht jenes will; so ist keine Antwort darauf möglich, weil eben nur die *Erscheinung* des Willens dem Satze vom Grunde unterworfen ist, nicht aber er selbst, der insofern *grundlos* zu nennen ist. Hiebei setze ich theils Kants Lehre vom empirischen und intelligibeln Charakter, wie auch meine in den »Grundproblemen der Ethik«, S. 48–58, und wieder S. 178 ff. der ersten Auflage, dahin gehörigen Erörterungen voraus, theils werden wir im vierten Buch ausführlich davon zu reden haben. Für jetzt habe ich nur darauf aufmerksam zu machen, daß das Begründetseyn einer Erscheinung durch die andere, hier also der That durch das Motiv, gar nicht damit streitet, daß ihr Wesen an sich Wille ist, der selbst keinen Grund hat, indem der Satz vom Grunde, in allen seinen Gestalten, bloß Form der Erkenntniß ist, seine Gültigkeit sich also bloß auf die Vorstellung, die Erscheinung, die Sichtbarkeit des Willens erstreckt, nicht auf diesen selbst, der sichtbar wird.

Ist nun jede Aktion meines Leibes Erscheinung eines Willensaktes, in welchem sich, unter gegebenen Motiven, mein Wille selbst überhaupt und im Ganzen, also mein Charakter, wieder ausspricht; so muß auch die unumgängliche Bedingung und Voraussetzung jeder Aktion Erscheinung des Willens seyn: denn sein Erscheinen kann nicht von etwas abhängen, das nicht unmittelbar und allein durch ihn, das mithin für ihn nur zufällig wäre, wodurch sein Erscheinen selbst nur zufällig würde: jene Bedingung aber ist der ganze Leib selbst. Dieser selbst also muß schon Erscheinung des Willens seyn, und muß zu meinem Willen im Ganzen, d. h. zu meinem intelligibeln Charakter, dessen Erscheinung in der Zeit mein empirischer

Charakter ist, sich so verhalten, wie die einzelne Aktion des Leibes zum einzelnen Akte des Willens. Also muß der ganze Leib nichts Anderes seyn, als mein sichtbar gewordener Wille, muß mein Wille selbst seyn, sofern dieser anschauliches Objekt, Vorstellung der ersten Klasse ist. – Als Bestätigung hievon ist bereits angeführt, daß jede Einwirkung auf meinen Leib sofort und unmittelbar auch meinen Willen affizirt und in dieser Hinsicht Schmerz oder Wollust, im niedrigeren Grade angenehme oder unangenehme Empfindung heißt, und auch, daß umgekehrt jede heftige Bewegung des Willens, also Affekt und Leidenschaft, den Leib erschüttert und den Lauf seiner Funktionen stört. – Zwar läßt sich, wenn gleich sehr unvollkommen, von der Entstehung, und etwas besser von der Entwickelung und Erhaltung meines Leibes auch ätiologisch eine Rechenschaft geben, welche eben die Physiologie ist: allein diese erklärt ihr Thema gerade nur so, wie die Motive das Handeln erklären. So wenig daher die Begründung der einzelnen Handlung durch das Motiv und die nothwendige Folge derselben aus diesem damit streitet, daß die Handlung überhaupt und ihrem Wesen nach nur Erscheinung eines an sich selbst grundlosen Willens ist; ebenso wenig thut die physiologische Erklärung der Funktionen des Leibes der philosophischen Wahrheit Eintrag, daß das ganze Daseyn dieses Leibes und die gesammte Reihe seiner Funktionen nur die Objektivirung eben jenes Willens ist, der in desselben Leibes äußerlichen Aktionen nach Maaßgabe der Motive erscheint. Sucht doch die Physiologie auch sogar eben diese äußerlichen Aktionen, die unmittelbar willkürlichen Bewegungen, auf Ursachen im Organismus zurückzuführen, z. B. die Bewegung der Muskeln zu erklären aus einem Zufluß von Säften (»wie die Zusammenziehung eines Strickes der naß wird« sagt Reil, in seinem Archiv für Physiologie, Bd. 6, S. 153): allein gesetzt, man käme wirklich zu einer gründlichen Erklärung dieser Art, so würde dies doch nie die unmittelbar gewisse Wahrheit aufheben, daß jede willkürliche Bewegung (functiones animales) Erscheinung eines Willensaktes ist. Ebenso wenig nun kann je die physiologische Erklärung des vegetativen Lebens (functiones naturales, vitales), und gediehe sie auch noch so weit, die Wahrheit aufheben, daß dieses ganze, sich so entwikkelnde thierische Leben selbst Erscheinung des Willens ist. Überhaupt kann ja, wie oben erörtert worden, jede ätiologische Erklärung nie mehr angeben, als die nothwendig bestimmte Stelle in Zeit und Raum einer einzelnen Erscheinung, ihren nothwendigen Eintritt daselbst nach einer festen Regel: hingegen bleibt das innere Wesen jeder Erscheinung auf diesem Wege immer unergründlich, und wird von jeder ätiologischen Erklärung vorausgesetzt und bloß bezeichnet durch die Namen Kraft, oder Naturgesetz, oder, wenn von Handlungen die Rede ist, Charakter, Wille. – Obgleich also jede einzelne Handlung, unter Voraussetzung des bestimmten Charakters, nothwendig bei dargebotenem Motiv erfolgt, und obgleich das Wachsthum, der Ernährungsprozeß und sämmtliche Veränderungen im thierischen Leibe nach nothwendig wirkenden Ursachen (Reizen) vor sich gehen; so ist dennoch die ganze Reihe der Handlungen, folglich auch jede einzelne, und ebenso auch deren Bedingung, der ganze Leib selbst, der sie vollzieht, folglich auch der Proceß durch den und in dem er besteht – nichts Anderes, als die Erscheinung des Willens, die Sichtbarwerdung, *Objektität des Willens*. Hierauf beruht die vollkommene Angemessenheit des menschlichen und thierischen Leibes zum menschlichen und thierischen Willen überhaupt, derjenigen ähnlich, aber sie weit übertreffend, die ein absichtlich verfertigtes Werkzeug zum Willen des Verfertigers hat, und dieserhalb erscheinend als Zweckmäßigkeit, d. i. die teleologische Erklärbarkeit des Leibes. Die Theile des Leibes müssen deshalb den Hauptbegehrungen, durch welche der Wille sich manifestirt, vollkommen entsprechen, müssen der sichtbare Ausdruck derselben seyn: Zähne, Schlund und Darmkanal sind der objektivirte Hunger; die Genitalien der objektivirte Geschlechtstrieb; die greifenden Hände, die raschen Füße entsprechen dem schon mehr mittelbaren Streben des Willens, welches sie darstellen. Wie die allgemeine menschliche Form dem allgemeinen menschlichen Willen, so entspricht dem individuell modifizirten Willen, dem Charakter des Einzelnen, die individuelle Korporisation, welche daher durchaus und in allen Theilen charakteristisch und ausdrucksvoll ist. Es ist sehr bemerkenswerth, daß dieses schon Parmenides, in folgenden von Aristoteles (Metaph. III, 5) angeführten Versen, ausgesprochen hat:

Ως γαρ έκαστος εχει κρασιν μελεων πολυκαμπτων,
Τως νοος ανθρωποισι παρεστηκεν το γαρ αυτο
Εστιν, όπερ φρονεει, μελεων φυσις ανθρωποισι,
Και πασιν και παντι· το γαρ πλεον εστι νοημα.

(Ut enim cuique complexio membrorum flexibilium se habet, ita mens hominibus adest: idem namque est, quod sapit, membrorum natura hominibus, et omnibus et omni: quod enim plus est, intelligentia est.)[4]

§ 21

Wem nun, durch alle Betrachtungen, auch in abstracto, mithin deutlich und sicher, die Erkenntniß geworden ist, welche in concreto Jeder unmittelbar, d. h. als Gefühl besitzt, daß nämlich das Wesen an sich seiner eige-

---

4 Hiezu Kap. 20 des zweiten Bandes; wie auch, in meiner Schrift »Ueber den Willen in der Natur«, die Rubriken »Physiologie« und »Vergleichende Anatomie«, woselbst das hier nur Angedeutete seine gründliche Ausführung erhalten hat.

nen Erscheinung, welche als Vorstellung sich ihm sowohl durch seine Handlungen, als durch das bleibende Substrat dieser, seinen Leib, darstellt, sein *Wille* ist, der das Unmittelbarste seines Bewußtseyns ausmacht, als solches aber nicht völlig in die Form der Vorstellung, in welcher Objekt und Subjekt sich gegenüber stehen, eingegangen ist; sondern auf eine unmittelbare Weise, in der man Subjekt und Objekt nicht ganz deutlich unterscheidet, sich kund giebt, jedoch auch nicht im Ganzen, sondern nur in seinen einzelnen Akten dem Individuo selbst kenntlich wird; – wer, sage ich, mit mir diese Überzeugung gewonnen hat, dem wird sie, ganz von selbst, der Schlüssel werden zur Erkenntniß des innersten Wesens der gesammten Natur, indem er sie nun auch auf alle jene Erscheinungen überträgt, die ihm nicht, wie seine eigene, in unmittelbarer Erkenntniß neben der mittelbaren, sondern bloß in letzterer, also bloß einseitig, als *Vorstellung* allein, gegeben sind. Nicht allein in denjenigen Erscheinungen, welche seiner eigenen ganz ähnlich sind, in Menschen und Thieren, wird er als ihr innerstes Wesen jenen nämlichen Willen anerkennen; sondern die fortgesetzte Reflexion wird ihn dahin leiten, auch die Kraft, welche in der Pflanze treibt und vegetirt, ja, die Kraft durch welche der Krystall anschießt, die, welche den Magnet zum Nordpol wendet, die, deren Schlag ihm aus der Berührung heterogener Metalle entgegenfährt, die, welche in den Wahlverwandtschaften der Stoffe als Fliehen und Suchen, Trennen und Vereinen erscheint, ja, zuletzt sogar die Schwere, welche in aller Materie so gewaltig strebt, den Stein zur Erde und die Erde zur Sonne zieht, – diese Alle nur in der Erscheinung für verschieden, ihrem innern Wesen nach aber als das Selbe zu erkennen, als jenes ihm unmittelbar so intim und besser als alles Andere Bekannte, was da, wo es am deutlichsten hervortritt, *Wille* heißt. Diese Anwendung der Reflexion ist es allein, welche uns nicht mehr bei der Erscheinung stehen bleiben läßt, sondern hinüberführt zum *Ding an sich*. Erscheinung heißt Vorstellung, und weiter nichts: alle Vorstellung, welcher Art sie auch sei, alles *Objekt*, ist *Erscheinung*. *Ding an sich* aber ist allein der *Wille*: als solcher ist er durchaus nicht Vorstellung, sondern toto genere von ihr verschieden: er ist es, wovon alle Vorstellung, alles Objekt, die Erscheinung, die Sichtbarkeit, die *Objektität* ist. Er ist das Innerste, der Kern jedes Einzelnen und ebenso des Ganzen: er erscheint in jeder blindwirkenden Naturkraft: er auch erscheint im überlegten Handeln des Menschen; welcher beiden große Verschiedenheit doch nur den Grad des Erscheinens, nicht das Wesen des Erscheinenden trifft.

§ 22

Dieses *Ding an sich* (wir wollen den Kantischen Ausdruck als stehende Formel beibehalten), welches als solches nimmermehr Objekt ist, eben weil alles Objekt schon wieder seine bloße Erscheinung, nicht mehr es selbst ist, mußte, wenn es dennoch objektiv gedacht werden sollte, Namen und Begriffe von einem Objekt borgen, von etwas irgendwie objektiv Gegebenem, folglich von einer seiner Erscheinungen: aber diese durfte, um als Verständigungspunkt zu dienen, keine andere seyn, als unter allen seinen Erscheinungen die vollkommenste, d.h. die deutlichste, am meisten entfaltete, vom Erkennen unmittelbar beleuchtete: diese aber eben ist des Menschen *Wille*. Man hat jedoch wohl zu bemerken, daß wir hier allerdings nur eine denominatio a potiori gebraucht, durch welche eben deshalb der Begriff Wille eine größere Ausdehnung erhält, als er bisher hatte. Erkenntniß des Identischen in verschiedenen Erscheinungen und des Verschiedenen in ähnlichen ist eben, wie Platon so oft bemerkt, Bedingung zur Philosophie. Man hatte aber bis jetzt die Identität des Wesens jeder irgend strebenden und wirkenden Kraft in der Natur mit dem Willen nicht erkannt, und daher die mannigfaltigen Erscheinungen, welche nur verschiedene Species desselben Genus sind, nicht dafür angesehen, sondern als heterogen betrachtet: deswegen konnte auch kein Wort zur Bezeichnung des Begriffs dieses Genus vorhanden seyn. Ich benenne daher das Genus nach der vorzüglichsten Species, deren uns näher liegende, unmittelbare Erkenntniß zur mittelbaren Erkenntniß aller anderen führt. Daher aber würde in einem immerwährenden Mißverständnis befangen bleiben, wer nicht fähig wäre, die hier geforderte Erweiterung des Begriffs zu vollziehen, sondern bei dem Worte *Wille* immer nur noch die bisher allein damit bezeichnete eine Species, den vom Erkennen geleiteten und ausschließlich nach Motiven, ja wohl gar nur nach abstrakten Motiven, also unter Leitung der Vernunft sich äußernden Willen verstehen wollte, welcher, wie gesagt, nur die deutlichste Erscheinung des Willens ist. Das uns unmittelbar bekannte innerste Wesen eben dieser Erscheinung müssen wir nun in Gedanken rein aussondern, es dann auf alle schwächeren, undeutlicheren Erscheinungen desselben Wesens übertragen, wodurch wir die verlangte Erweiterung des Begriffs Wille vollziehen. – Auf die entgegengesetzte Weise würde mich aber der mißverstehen, der etwan meinte, es sei zuletzt einerlei, ob man jenes Wesen an sich aller Erscheinung durch das Wort Wille, oder durch irgend ein anderes bezeichnete. Dies würde der Fall seyn, wenn jenes Ding an sich etwas wäre, auf dessen Existenz wir bloß *schlössen* und es so allein mittelbar und bloß in abstracto erkennten: dann könnte man es allerdings nennen wie man wollte: der Name stände als bloßes Zeichen einer unbekannten Größe da. Nun aber bezeichnet das Wort *Wille*, welches uns, wie ein Zauberwort, das innerste Wesen jedes Dinges in der Natur aufschließen soll, keinesweges eine unbekannte Größe, ein durch Schlüsse erreichtes Etwas; sondern ein durchaus unmittelbar Erkanntes und so sehr Bekanntes, daß wir, was Wille sei, viel besser wissen und verstehen, als sonst irgend etwas, was immer es auch sei. – Bisher subsumirte man den Begriff *Wille* unter den Begriff *Kraft*: dagegen mache ich es gerade umgekehrt und will jede Kraft in der Natur als Wille gedacht wissen. Man glaube ja nicht, daß dies Wortstreit, oder gleichgültig sei: vielmehr ist es von der allerhöchsten Bedeutsamkeit und Wichtigkeit. Denn dem Begriffe *Kraft* liegt, wie allen anderen, zuletzt die anschauliche Erkenntniß der objektiven Welt, d. h. die Erscheinung, die Vorstellung, zum Grunde, und daraus ist er geschöpft. Er ist aus dem Gebiet abstrahirt, wo Ursach und Wirkung herrscht, also aus der anschaulichen Vorstellung, und bedeutet eben das Ursachseyn der Ursache, auf dem Punkt, wo es ätiologisch durchaus nicht weiter erklärlich, sondern eben die nothwendige Voraussetzung aller ätiologischen Erklärung ist. Hingegen der Begriff *Wille* ist der einzige, unter allen möglichen, welcher seinen Ursprung *nicht* in der Erscheinung, *nicht* in bloßer anschaulicher Vorstellung hat, sondern aus dem Innern kommt, aus dem unmittelbarsten Bewußtseyn eines Jeden hervorgeht, in welchem dieser sein eigenes Individuum, seinem Wesen nach, unmittelbar, ohne alle Form, selbst ohne die von Subjekt und Objekt, erkennt und zugleich selbst ist, da hier das Erkennende und das Erkannte zusammenfallen. Führen wir daher den Begriff der *Kraft* auf den des *Willens* zurück, so haben wir in der That ein Unbekannteres auf ein unendlich Bekannteres, ja, auf das einzige uns wirklich unmittelbar und ganz und gar Bekannte zurückgeführt und unsere Erkenntniß um ein sehr großes erweitert. Subsumiren wir hingegen, wie bisher geschah, den Begriff *Wille* unter den der *Kraft*; so begeben wir uns der einzigen unmittelbaren Erkenntniß, die wir vom innern Wesen der Welt haben, indem wir sie untergehen lassen in einen aus der Erscheinung abstrahirten Begriff, mit welchem wir daher nie über die Erscheinung hinauskönnen.

Friedrich Nietzsche

Man kann es sich heute nicht länger verbergen, daß die Gedanken Friedrich Nietzsches ein wahrhaft europäisches Ereignis gewesen sind. Das wird in unserem Jahrhundert, an dessen Schwelle Nietzsche in geistiger Umnachtung gestorben ist, immer klarer. Seine Ankündigung des Heraufkommens des europäischen Nihilismus und zahllose andere Prognosen und Diagnosen, die er den Erscheinungen der modernen Welt gewidmet hat, beweisen, daß er das Wort des Jahrhunderts, in dem wir leben, gesprochen hat.

Seinen Zeitgenossen galt er freilich als ein halb Wahnsinniger, noch bevor er wirklich dem Wahnsinn verfiel. Ein vielversprechender Beginn als klassischer Philologe fand einen jähen Abbruch, als Nietzsche nach einigen Jahren philologischer Lehrtätigkeit in Basel sich ganz seiner schriftstellerischen Arbeit widmete. Er folgte damit dem Vorbild Schopenhauers und machte sich einen Namen als Moralist und Aphoristiker. Aber dieser schwerleidende Mann deckte mit seinem unheimlichen psychologischen Scharfblick an sich und anderen völlig neue, bisher verborgene Wahrheiten, ja ganze Dimensionen von Wahrheit auf, die unter der Herrschaft der christlichen Moral und des Alexandrinismus der Wissenschaft verdeckt geblieben waren. Seine erste große Entdeckung (für die er im Grunde nur in Hölderlin, dem Lieblingsdichter seiner Jugend, einen Vorläufer hatte) war der ›pessimistische‹ Hintergrund der apollinischen Heiterkeit, die uns aus der griechischen Kunst entgegenstrahlt. Daß diese Heiterkeit und Leichtigkeit des Geistes etwas ganz anderes verbarg und maskierte, das war die erste große Einsicht, die er im Weiterdenken Schopenhauers erwarb. Es war die griechische Tragödie, die ihm zu dieser Entdeckung verhalf. Er taufte sie auf den Namen des Dionysos, in welchem sich die Bejahung des tragischen Phänomens feiert, »ein Jasagen ohne Vorbehalt, zum Leiden selbst, zur Schuld selbst, zu allem Fragwürdigen und Fremden des Daseins selbst« – und er enthüllte den Sokratismus, Platon, das Christentum, Schopenhauer und den Idealismus als »unterirdische Rachsucht gegen das Leben«.

Der Begriff ›Wahrheit‹ mußte von da aus selber seiner moralischen und Lebens-Bedeutung zum Problem werden. Die Abhandlung *Wahrheit und Lüge im außermoralischen Sinn* spricht diese radikale Konsequenz aus.

Das war bereits eine Umwertung aller Werte und trat als solche in den großen Aphorismenbüchern, *Menschliches – Allzumenschliches, Morgenröte* und *Die fröhliche Wissenschaft* in Gestalt einer neuen mißtrauischen, scharfsichtigen, demaskierenden Psychologie zutage. Die psychologischen Errungenschaften Nietzsches, die kaum in Kierkegaard, eher schon in den Romanen Dostojewskijs, den

Nietzsche als Geistesverwandten erkannt hat, ihresgleichen haben, sind aus unserem Bilde des Menschen, wie es uns die gesellschaftliche Erfahrung, die Kunst und die Wissenschaft vermitteln, seither nicht mehr wegzudenken. Freilich mutet uns manches in seinem die Extreme suchenden Werk heute sehr fremd an. Er hat dem Naturalismus und Biologismus seiner Epoche manchen Tribut gezollt. Dazu kommen sein sozialkritischer Aristokratismus und die Gallomanie eines empfindlichen und empfindlich verletzten Patrioten.

Nietzsches erfolgreichstes Werk war das im alttestamentlichen Pathos stilisierte ›Buch für alle und keinen‹, das er *Also sprach Zarathustra* nannte. Hier stellte er in der Figur des alten persischen Religionsstifters und Weisen sich selbst und seine Umwertung aller Werte dar, den Lehrer der Lehre vom Übermenschen und von der Ewigen Wiederkehr des Gleichen. Trotz aller lehrenden Sprüche enthält dieses Buch keine wirkliche Lehre im Sinne einer konsistenten Denkfigur, sondern zeichnet das Bild eines Weisheitslehrers, der sich, an der äußersten Grenze des Zweifels an den bisherigen Werten, zu der Verkündigung der umgekehrten Werte vorwagt.

Daß es sich gleichwohl um ein umfassendes Ganzes des Denkens handelt, lehrt das Nachlaßwerk, das unter dem von Nietzsche selbst erwogenen Titel ›Der Wille zur Macht‹ seine ganze Gedankenwelt ausbreitet, wie er sie im unermüdlichen Wandern in zahllosen Notizbüchern niedergeschrieben hatte. Die systematische Ordnung dieser Gedanken, wie sie das Nachlaßwerk in den Nietzsche-Ausgaben zeigt, ist freilich nicht Nietzsches eigenes Denken, sondern eine oft recht äußerliche Anpassung an herrschende Gesichtspunkte. Nietzsches Denken ist vom Dämon des Extrems besessen und zieht überall, nach allen Richtungen versucherisch, die äußersten Konsequenzen. Sein Geist, unter dem Antrieb einer geradezu ausschweifenden Redlichkeit, ist zum Bersten erfüllt von dem inneren Zittern der Blasphemie, ein Versuch und eine Versuchung, wie er sich selbst nennt.

Dieses Genie des Extrems war ein Denker, dessen philosophische Bildung ganz und gar nicht auf der Höhe war. Soweit es sich nicht um griechische Philosophie handelt, sprach er nicht einmal aus Kenntnis der Originalquellen, wenn er sie auf die Tradition der Philosophie bezog. Er war ein Dilettant des philosophischen Handwerks, aber von einer Kühnheit der denkerischen Phantasie besessen, daß es ihn beständig zu neuen Denkwagnissen hinriß. So hat er nicht nur die Psychologie des Unbewußten als ein großes neues Aufgabenfeld für die Selbsterkenntnis des Menschen freigelegt, nicht nur durch die Lehre vom Tode Gottes die christliche Theologie zu einer neuen Redlichkeit herausgefordert – er hat vor allem auch die Naivitäten alles wissenschaftlichen und philosophischen Dogmatismus und Objektivismus bloßgestellt und damit im Zeitalter des sich zur Weltverwaltung einrichtenden Willens zur Macht dem philosophischen Denken neue Aufgaben gestellt.

Sie gipfeln in der Schwierigkeit, die Lehre vom Übermenschen mit der Lehre von der Ewigen Wiederkunft des Gleichen zusammenzudenken und den theoretischen Anspruch dieser appellierenden Denkfiguren zu ermitteln. Alle Versuche, die eine Seite gegenüber der anderen festzuhalten, ihn zum Theoretiker schrankenloser Machtpolitik oder zu einem Welterklärer antiken Stiles zu stilisieren, verfehlen die philosophische Spannweite seines Geistes, der die moderne Willensstellung bis aufs äußerste zuspitzte und damit bis an ihre Selbstaufhebung heranführte. Im Grunde ist er durch die Radikalität seines Fragens nach dem, was wahrhaft ist, ein echter Metaphysiker, freilich der Metaphysiker der Selbstzerstörung der Metaphysik.

Um die Dimensionen anzudeuten, in denen sich dieser Versuchergeist der abendländischen Weltgeschichte bewegte, fügen wir der Abhandlung über *Wahrheit und Lüge* noch ein Blatt aus der *Götzendämmerung* bei, das den vielsagenden Titel trägt: »Wie die ›wahre Welt‹ endlich zur Fabel wurde«.

Über Wahrheit und Lüge im außermoralischen Sinn

1

In irgendeinem abgelegenen Winkel des in zahllosen Sonnensystemen flimmernd ausgegossenen Weltalls gab es einmal ein Gestirn, auf dem kluge Tiere das Erkennen erfanden. Es war die hochmütigste und verlogenste Minute der »Weltgeschichte«: aber doch nur eine Minute. Nach wenigen Atemzügen der Natur erstarrte das Gestirn, und die klugen Tiere mußten sterben. – So könnte jemand eine Fabel erfinden und würde doch nicht genügend illustriert haben, wie kläglich, wie schattenhaft und flüchtig, wie zwecklos und beliebig sich der menschliche Intellekt innerhalb der Natur ausnimmt. Es gab Ewigkeiten, in denen er nicht war; wenn es wieder mit ihm vorbei ist, wird sich nichts begeben haben. Denn es gibt für jenen Intellekt keine weitere Mission, die über das Menschenleben hinausführte. Sondern menschlich ist er, und nur sein Besitzer und Erzeuger nimmt ihn so pathetisch, als ob die Angeln der Welt sich in ihm drehten. Könnten wir uns aber mit der Mücke verständigen, so würden wir vernehmen, daß auch sie mit diesem Pathos durch die Luft schwimmt und in sich das fliegende Zentrum dieser Welt fühlt. Es ist nichts so verwerflich und gering in der Natur, was nicht durch einen kleinen Anhauch jener Kraft des Erkennens sofort wie ein Schlauch aufgeschwellt würde; und wie jeder Lastträger seinen Bewunderer haben will, so meint gar der stolzeste Mensch, der Philosoph, von allen Seiten die Augen des Weltalls teleskopisch auf sein Handeln und Denken gerichtet zu sehen.

Es ist merkwürdig, daß dies der Intellekt zustande bringt, er, der doch gerade nur als Hilfsmittel den unglücklichsten, delikatesten, vergänglichsten Wesen beigegeben ist, um sie eine Minute im Dasein festzuhalten, aus dem sie sonst, ohne jede Beigabe, so schnell wie Lessings Sohn zu flüchten allen Grund hätten. Jener mit dem Erkennen und Empfinden verbundene Hochmut, verblendende Nebel über die Augen und Sinne der Menschen legend, täuscht sich also über den Wert des Daseins, dadurch, daß er über das Erkennen selbst die schmeichelhafteste Wertschätzung in sich trägt. Seine allgemeinste Wirkung ist Täuschung – aber auch die einzelnen Wirkungen tragen etwas von gleichem Charakter in sich.

Der Intellekt als Mittel zur Erhaltung des Individuums entfaltet seine Hauptkräfte in der Verstellung; denn diese ist das Mittel, durch das die schwächeren, weniger robusten Individuen sich erhalten, als welchen einen Kampf um die Existenz mit Hörnern oder scharfem Raubtier-Gebiß zu führen versagt ist. Im Menschen kommt diese Verstellungskunst auf ihren Gipfel: hier ist die Täuschung, das Schmeicheln, Lügen und Trügen, das Hinter-dem-Rücken-Reden, das Repräsentieren, das im erborgten Glanze leben, das Maskiertsein, die verhüllende Konvention, das Bühnenspiel vor anderen und vor sich selbst, kurz das fortwährende Herumflattern um die *eine* Flamme Eitelkeit so sehr die Regel und das Gesetz, daß fast nichts unbegreiflicher ist, als wie unter den Menschen ein ehrlicher und reiner Trieb zur Wahrheit aufkommen konnte. Sie sind tief eingetaucht in Illusionen und Traumbilder, ihr Auge gleitet nur auf der Oberfläche der Dinge herum und sieht »Formen«, ihre Empfindung führt nirgends in die Wahrheit, sondern begnügt sich, Reize zu empfangen und gleichsam ein tastendes Spiel auf dem Rücken der Dinge zu spielen. Dazu läßt sich der Mensch nachts ein Leben hindurch im Traume belügen, ohne daß sein moralisches Gefühl dies je zu verhindern suchte: während es Menschen geben soll, die durch starken Willen das Schnarchen beseitigt haben. Was weiß der Mensch eigentlich von sich selbst! Ja, vermöchte er auch nur sich einmal vollständig, hingelegt wie in einen erleuchteten Glaskasten, zu perzipieren? Verschweigt die Natur ihm nicht das allermeiste, selbst über seinen Körper, um ihn, abseits von den Windungen der Gedärme, dem raschen Fluß der Blutströme, den verwickelten Fasererzitterungen, in ein stolzes gauklerisches Bewußtsein zu bannen und einzuschließen! Sie warf den Schlüssel weg: und wehe der verhängnisvollen Neubegier, die durch eine Spalte einmal aus dem Bewußtseinszimmer heraus und hinab zu sehen vermöchte und die jetzt ahnte, daß auf dem Erbarmungslosen, dem Gierigen, dem Unersättlichen, dem Mörderischen der Mensch ruht in der Gleichgültigkeit seines Nichtwissens und gleichsam auf dem Rücken eines Tigers in Träumen hängend. Woher, in aller Welt, bei dieser Konstellation der Trieb zur Wahrheit!

Soweit das Individuum sich gegenüber andern Individuen erhalten will, benutzt es in einem natürlichen Zustand der Dinge den Intellekt zumeist nur zur Vorstellung: weil aber der Mensch zugleich aus Not und Langeweile gesellschaftlich und herdenweise existieren will, braucht er einen Friedensschluß und trachtet danach, daß wenigstens das allergrößte *bellum omnium contra omnes* aus seiner Welt verschwinde. Dieser Friedensschluß bringt etwas mit sich, was wie der erste Schritt zur Erlangung jenes rätselhaften Wahrheitstriebes aussieht. Jetzt wird nämlich das fixiert, was von nun an »Wahrheit« sein soll, das heißt, es wird eine gleichmäßig gültige und verbindliche Bezeichnung der Dinge erfunden, und die Gesetzgebung der Sprache gibt auch die ersten Gesetze der Wahrheit: denn es entsteht hier zum ersten Male der Kontrast von Wahrheit und Lüge. Der Lügner gebraucht die gültigen Bezeichnungen, die Worte, um das Unwirkliche als wirklich erscheinen zu machen; er sagt zum Beispiel: »Ich bin reich«, während für seinen Zustand gerade »arm« die richtige Bezeichnung wäre. Er mißbraucht die festen Konventionen durch beliebige

Vertauschungen oder gar Umkehrungen der Namen. Wenn er dies in eigennütziger und übrigens Schaden bringender Weise tut, so wird ihm die Gesellschaft nicht mehr trauen und ihn dadurch von sich ausschließen. Die Menschen fliehen dabei das Betrogenwerden nicht so sehr als das Beschädigtwerden durch Betrug: sie hassen, auch auf dieser Stufe, im Grunde nicht die Täuschung, sondern die schlimmen, feindseligen Folgen gewisser Gattungen von Täuschungen. In einem ähnlichen beschränkten Sinne will der Mensch auch nur die Wahrheit: er begehrt die angenehmen, Leben erhaltenden Folgen der Wahrheit, gegen die reine folgenlose Erkenntnis ist er gleichgültig, gegen die vielleicht schädlichen und zerstörenden Wahrheiten sogar feindlich gestimmt. Und überdies: wie steht es mit jenen Konventionen der Sprache? Sind sie vielleicht Erzeugnisse der Erkenntnis, des Wahrheitssinnes, decken sich die Bezeichnungen und die Dinge? Ist die Sprache der adäquate Ausdruck aller Realitäten?

Nur durch die Vergeßlichkeit kann der Mensch je dazu kommen zu wähnen, er besitze eine »Wahrheit« in dem eben bezeichneten Grade. Wenn er sich nicht mit der Wahrheit in der Form der Tautologie, das heißt mit leeren Hülsen begnügen will, so wird er ewig Illusionen für Wahrheiten einhandeln. Was ist ein Wort? Die Abbildung eines Nervenreizes in Lauten. Von dem Nervenreiz aber weiterzuschließen auf eine Ursache außer uns, ist bereits das Resultat einer falschen und unberechtigten Anwendung des Satzes vom Grunde. Wie dürften wir, wenn die Wahrheit bei der Genesis der Sprache, der Gesichtspunkt der Gewißheit bei den Bezeichnungen allein entscheidend gewesen wäre, wie dürften wir doch sagen: der Stein ist hart: als ob uns »hart« noch sonst bekannt wäre, und nicht nur als eine ganz subjektive Reizung! Wir teilen die Dinge nach Geschlechtern ein, wir bezeichnen den Baum als männlich, die Pflanze als weiblich: welche willkürlichen Übertragungen! Wie weit hinausgeflogen über den Kanon der Gewißheit! Wir reden von einer »Schlange«: die Bezeichnung trifft nichts als das Sichwinden, könnte also auch dem Wurme zukommen. Welche willkürlichen Abgrenzungen, welche einseitigen Bevorzugungen bald der, bald jener Eigenschaft eines Dinges! Die verschiedenen Sprachen, nebeneinandergestellt, zeigen, daß es bei den Worten nie auf die Wahrheit, nie auf einen adäquaten Ausdruck ankommt: denn sonst gäbe es nicht so viele Sprachen. Das »Ding an sich« (das würde eben die reine folgenlose Wahrheit sein) ist auch dem Sprachbildner ganz unfaßlich und ganz und gar nicht erstrebenswert. Er bezeichnet nur die Relationen der Dinge zu den Menschen und nimmt zu deren Ausdruck die kühnsten Metaphern zu Hilfe. Ein Nervenreiz, zuerst übertragen in ein Bild! Erste Metapher. Das Bild wird nachgeformt in einem Laut! Zweite Metapher. Und jedesmal vollständiges Überspringen der Sphäre, mitten hinein in eine ganz andre und neue. Man kann sich einen Menschen denken, der ganz taub ist und nie eine Empfindung des Tones und der Musik gehabt hat: wie dieser etwa die chladnischen Klangfiguren im Sande anstaunt, ihre Ursachen im Erzittern der Saite findet und nun darauf schwören wird, jetzt müsse er wissen, was die Menschen den »Ton« nennen, so geht es uns allen mit der Sprache. Wir glauben etwas von den Dingen selbst zu wissen, wenn wir von Bäumen, Farben, Schnee und Blumen reden, und besitzen doch nichts als Metaphern der Dinge, die den ursprünglichen Wesenheiten ganz und gar nicht entsprechen. Wie der Ton als Sandfigur, so nimmt sich das rätselhafte X des Dings an sich einmal als Nervenreiz, dann als Bild, endlich als Laut aus. Logisch geht es also jedenfalls nicht bei der Entstehung der Sprache zu, und das ganze Material, worin und womit später der Mensch der Wahrheit, der Forscher, der Philosoph arbeitet und baut, stammt, wenn nicht aus Wolkenkuckucksheim, so doch jedenfalls nicht aus dem Wesen der Dinge.

Denken wir besonders noch an die Bildung der Begriffe. Jedes Wort wird sofort dadurch Begriff, daß es eben nicht für das einmalige ganz und gar individualisierte Urerlebnis, dem es sein Entstehen verdankt, etwa als Erinnerung dienen soll, sondern zugleich für zahllose, mehr oder weniger ähnliche, das heißt streng genommen niemals gleiche, also auf lauter ungleiche Fälle passen muß. Jeder Begriff entsteht durch Gleichsetzen des Nichtgleichen. So gewiß nie ein Blatt einem andern ganz gleich ist, so gewiß ist der Begriff Blatt durch beliebiges Fallenlassen dieser individuellen Verschiedenheiten, durch ein Vergessen des Unterscheidenden gebildet und erweckt nun die Vorstellung, als ob es in der Natur außer den Blättern etwas gäbe, das »Blatt« wäre, etwa eine Urform, nach der alle Blätter gewebt, gezeichnet, abgezirkelt, gefärbt, gekräuselt, bemalt wären, aber von ungeschickten Händen, so daß kein Exemplar korrekt und zuverlässig als treues Abbild der Urform ausgefallen wäre. Wir nennen einen Menschen »ehrlich«; warum hat er heute so ehrlich gehandelt? fragen wir. Unsere Antwort pflegt zu lauten: seiner Ehrlichkeit wegen. Die Ehrlichkeit! Das heißt wieder: das Blatt ist die Ursache der Blätter. Wir wissen ja gar nichts von einer wesenhaften Qualität, die »die Ehrlichkeit« hieße, wohl aber von zahlreichen individualisierten, somit ungleichen Handlungen, die wir durch Weglassen des Ungleichen gleichsetzen und jetzt als ehrliche Handlungen bezeichnen; zuletzt formulieren wir aus ihnen eine *qualitas occulta* mit dem Name: »die Ehrlichkeit«. Das Übersehen des Individuellen und Wirklichen gibt uns den Begriff, wie es uns auch die Form gibt, wohingegen die Natur keine Formen und Begriffe, also auch keine Gattungen kennt, sondern nur ein für uns unzugängliches und undefinierbares X. Denn auch unser Gegensatz von Individuum und Gattung ist anthropomorphisch und entstammt nicht dem Wesen der Dinge, wenn wir auch nicht zu sagen wagen, daß er ihm nicht entspricht: das wäre nämlich eine dogmatische Behauptung und als solche ebenso unerweislich wie ihr Gegenteil.

Was ist also Wahrheit? Ein bewegliches Heer von Metaphern, Metonymien, Anthropomorphismen, kurz eine Summe von menschlichen Relationen, die, poetisch und rhetorisch gesteigert, übertragen, geschmückt wurden und die nach langem Gebrauch einem Volke fest, kanonisch und verbindlich dünken: die Wahrheiten sind Illusionen, von denen man vergessen hat, daß sie welche sind, Metaphern, die abgenutzt und sinnlich kraftlos geworden sind, Münzen, die ihr Bild verloren haben und nun als Metall, nicht mehr als Münzen, in Betracht kommen.

Wir wissen immer noch nicht, woher der Trieb zur Wahrheit stammt: denn bis jetzt haben wir nur von der Verpflichtung gehört, die die Gesellschaft, um zu existieren, stellt: wahrhaft zu sein, das heißt die usuellen Metaphern zu brauchen, also moralisch ausgedrückt: von der Verpflichtung, nach einer festen Konvention zu lügen, herdenweise in einem für alle verbindlichen Stile zu lügen. Nun vergißt freilich der Mensch, daß es so mit ihm steht; er lügt also in der bezeichneten Weise unbewußt und nach hundertjährigen Gewöhnungen – und kommt eben *durch diese Unbewußtheit*, eben durch dies Vergessen zum Gefühl der Wahrheit. An dem Gefühl, verpflichtet zu sein, ein Ding als »rot«, ein anderes als »kalt«, ein drittes als »stumm« zu bezeichnen, erwacht eine moralische, auf Wahrheit sich beziehende Regung: aus dem Gegensatz des Lügners, dem niemand traut, den alle ausschließen, demonstriert sich der Mensch das Ehrwürdige, Zutrauliche und Nützliche der Wahrheit. Er stellt jetzt sein Handeln als *»vernünftiges«* Wesen unter die Herrschaft der Abstraktion; er leidet es nicht mehr, durch die plötzlichen Eindrücke, durch die Anschauungen fortgerissen zu werden, er verallgemeinert alle diese Eindrücke erst zu entfärbteren, kühleren Begriffen, um an sie das Fahrzeug seines Lebens und Handelns anzuknüpfen. Alles, was den Menschen gegen das Tier abhebt, hängt von dieser Fähigkeit ab, die anschaulichen Metaphern zu einem Schema zu verflüchtigen, also ein Bild in einen Begriff aufzulösen. Im Bereich jener Schemata nämlich ist etwas möglich, was niemals unter den anschaulichen ersten Eindrücken gelingen möchte: eine pyramidale Ordnung nach Kasten und Graden aufzubauen, eine neue Welt von Gesetzen, Privilegien, Unterordnungen, Grenzbestimmungen zu schaffen, die nun der andern anschaulichen Welt der ersten Eindrücke gegenübertritt als das Festere, Allgemeinere, Bekanntere, Menschlichere und daher als das Regulierende und Imperativische. Während jede Anschauungsmetapher individuell und ohne ihresgleichen ist und deshalb allem Rubrizieren immer zu entfliehen weiß, zeigt der große Bau der Begriffe die starre Regelmäßigkeit eines römischen Kolumbariums und atmet in der Logik jene Strenge und Kühle aus, die der Mathematik zu eigen ist. Wer von dieser Kühle angehaucht wird, wird es kaum glauben, daß auch der Begriff, knöchern und achteckig wie ein Würfel und versetzbar wie jener, doch nur als das *Residuum einer Metapher* übrigbleibt, und daß die Illusion der künstlerischen Übertragung eines Nervenreizes in Bilder, wenn nicht die Mutter, so doch die Großmutter eines jeden Begriffs ist. Innerhalb dieses Würfelspiels der Begriffe heißt aber »Wahrheit«, jeden Würfel so zu gebrauchen, wie er bezeichnet ist, genau seine Augen zu zählen, richtige Rubriken zu bilden und nie gegen die Kastenordnung und gegen die Reihenfolge der Rangklassen zu verstoßen. Wie die Römer und Etrusker sich den Himmel durch starke mathematische Linien zerschnitten und in einem solchermaßen abgegrenzten Raum als in ein *templum*, einen Gott bannten, so hat jedes Volk über sich einen solchen mathematisch zerteilten Begriffshimmel und versteht nun unter der Forderung der Wahrheit, daß jeder Begriffsgott nur in *seiner* Sphäre gesucht werde. Man darf hier den Menschen wohl bewundern als ein gewaltiges Baugenie, dem auf beweglichen Fundamenten und gleichsam auf fließendem Wasser das Auftürmen eines unendlich komplizierten Begriffsdomes gelingt – freilich, um auf solchen Fundamenten Halt zu finden, muß es ein Bau wie aus Spinnefäden sein, so zart, um von der Welle mit fortgetragen, so fest, um nicht von jedem Winde auseinandergeblasen zu werden. Als Baugenie hebt sich solchermaßen der Mensch weit über die Biene: diese baut aus Wachs, das sie aus der Natur zusammenholt, er aus dem weit zarteren Stoff der Begriffe, die er erst aus sich fabrizieren muß. Er ist hier sehr zu bewundern – aber nur nicht wegen seines Triebes zur Wahrheit, zum reinen Erkennen der Dinge. Wenn jemand ein Ding hinter einem Busche versteckt, es ebendort wieder sucht und auch findet, so ist an diesem Suchen und Finden nicht viel zu rühmen: so aber steht es mit dem Suchen und Finden der »Wahrheit« innerhalb des Vernunft-Bezirkes. Wenn ich die Definition des Säugetieres mache und dann erkläre nach Besichtigung eines Kamels: »Siehe, ein Säugetier«, so wird damit eine Wahrheit zwar ans Licht gebracht, aber sie ist von begrenztem Werte, ich meine, sie ist durch und durch anthropomorphisch und enthält keinen einzigen Punkt, der »wahr an sich«, wirklich und allgemeingültig, abgesehen von dem Menschen, wäre. Der Forscher nach solchen Wahrheiten sucht im Grunde nur die Metamorphose der Welt in den Menschen, er ringt nach einem Verstehen der Welt als eines menschenartigen Dinges und erkämpft sich besten Falles das Gefühl einer Assimilation. Ähnlich wie der Astrologe die Sterne im Dienste der Menschen und im Zusammenhange mit ihrem Glück und Leid betrachtete, so betrachtet ein solcher Forscher die ganze Welt als geknüpft an den Menschen, als den unendlich gebrochenen Wiederklang eines Urklanges, des Menschen, als das vervielfältigte Abbild des einen Urbildes, des Menschen.

Sein Verfahren ist, den Menschen als Maß an alle Dinge zu halten: wobei er aber von dem Irrtum ausgeht, zu glauben, er habe diese Dinge unmittelbar, als reine Objekte vor sich. Er vergißt also die originalen Anschauungsmetaphern als Metaphern und nimmt sie als die Dinge selbst.

Nur durch das Vergessen jener primitiven Metapherwelt, nur durch das Hart- und Starrwerden einer ursprünglichen, in hitziger Flüssigkeit aus dem Urvermögen menschlicher Phantasie hervorströmenden Bildermasse, nur durch den unbesiegbaren Glauben, *diese* Sonne, *dieses* Fenster, *dieser* Tisch sei eine Wahrheit an sich, kurz nur dadurch, daß der Mensch sich als Subjekt, und zwar als *künstlerisch schaffendes* Subjekt, vergißt, lebt er mit einiger Ruhe, Sicherheit und Konsequenz: wenn er einen Augenblick nur aus den Gefängniswänden dieses Glaubens herauskönnte, so wäre es sofort mit seinem »Selbstbewußtsein« vorbei. Schon dies kostet ihn Mühe, sich einzugestehen, wie das Insekt oder der Vogel eine ganz andere Welt perzipieren als der Mensch, und daß die Frage, welche von beiden Weltperzeptionen richtiger ist, eine ganz sinnlose ist, da hierzu bereits mit dem Maßstabe der *richtigen Perzeption*, das heißt mit einem *nicht vorhandenen* Maßstabe, gemessen werden müßte. Überhaupt aber scheint mir »die richtige Perzeption« – das würde heißen: der adäquate Ausdruck eines Objekts im Subjekt – ein widerspruchsvolles Unding: denn zwischen zwei absolut verschiedenen Sphären, wie zwischen Subjekt und Objekt, gibt es keine Kausalität, keine Richtigkeit, keinen Ausdruck, sondern höchstens ein *ästhetisches* Verhalten, ich meine eine andeutende Übertragung, eine nachstammelnde Übersetzung in eine ganz fremde Sprache: wozu es aber jedenfalls einer frei dichtenden und frei erfindenden Mittelsphäre und Mittelkraft bedarf. Das Wort »Erscheinung« enthält viele Verführungen, weshalb ich es möglichst vermeide: denn es ist nicht wahr, daß das Wesen der Dinge in der empirischen Welt erscheint. Ein Maler, dem die Hände fehlen und der durch Gesang das ihm vorschwebende Bild ausdrücken wollte, wird immer noch mehr bei dieser Vertauschung der Sphären verraten, als die empirische Welt vom Wesen der Dinge verrät. Selbst das Verhältnis eines Nervenreizes zu dem hervorgebrachten Bilde ist an sich kein notwendiges: wenn aber dasselbe Bild millionenmal hervorgebracht und durch viele Menschengeschlechter hindurch vererbt ist, ja zuletzt bei der gesamten Menschheit jedesmal infolge desselben Anlasses erscheint, so bekommt es endlich für den Menschen dieselbe Bedeutung, als ob es das einzig notwendige Bild sei und als ob jenes Verhältnis des ursprünglichen Nervenreizes zu dem hergebrachten Bilde ein strenges Kausalitätsverhältnis sei: wie ein Traum, ewig wiederholt, durchaus als Wirklichkeit empfunden und beurteilt werden würde. Aber das Hart- und Starr-Werden einer Metapher verbürgt durchaus nichts für die Notwendigkeit und ausschließliche Berechtigung dieser Metapher.

Es hat gewiß jeder Mensch, der in solchen Betrachtungen heimisch ist, gegen jeden derartigen Idealismus ein tiefes Mißtrauen empfunden, so oft er sich einmal recht deutlich von der ewigen Konsequenz, Allgegenwärtigkeit und Unfehlbarkeit der Naturgesetze überzeugte; er hat den Schluß gemacht: hier ist alles, soweit wir dringen, nach der Höhe der teleskopischen und nach der Tiefe der mikroskopischen Welt so sicher ausgebaut, endlos, gesetzmäßig und ohne Lücken; die Wissenschaft wird ewig in diesen Schachten mit Erfolg zu graben haben, und alles Gefundene wird zusammenstimmen und sich nicht widersprechen. Wie wenig gleicht dies einem Phantasieerzeugnis: denn wenn es dies wäre, müßte es doch irgendwo den Schein und die Unrealität erraten lassen. Dagegen ist einmal zu sagen: hätten wir noch, jeder für sich, eine verschiedenartige Sinnesempfindung, könnten wir selbst nur bald als Vogel, bald als Wurm, bald als Pflanze perzipieren oder sähe der eine von uns denselben Reiz als rot, der andere als blau, hörte ein dritter ihn sogar als Ton, so würde niemand von einer solchen Gesetzmäßigkeit der Natur reden, sondern sie nur als ein höchst subjektives Gebilde begreifen. Sodann: was ist für uns überhaupt ein Naturgesetz? Es ist uns nicht an sich bekannt, sondern nur in seinen Wirkungen, das heißt in seinen Relationen zu andern Naturgesetzen, die uns wieder nur als Summen von Relationen bekannt sind. Also verweisen alle diese Relationen immer nur wieder aufeinander und sind uns ihrem Wesen nach unverständlich durch und durch; nur das, was wir hinzubringen, die Zeit, der Raum, also Sukzessionsverhältnisse und Zahlen, sind uns wirklich daran bekannt. Alles Wunderbare aber, das wir gerade an den Naturgesetzen anstaunen, das unsere Erklärung fordert und uns zum Mißtrauen gegen den Idealismus verführen könnte, liegt gerade und ganz allein nur in der mathematischen Strenge und Unverbrüchlichkeit der Zeit- und Raum-Vorstellungen. Diese aber produzieren wir in uns und aus uns mit jener Notwendigkeit, mit der die Spinne spinnt; wenn wir gezwungen sind, alle Dinge nur unter diesen Formen zu begreifen, so ist es dann nicht mehr wunderbar, daß wir an allen Dingen eigentlich nur eben diese Formen begreifen: denn sie alle müssen die Gesetze der Zahl an sich tragen, und die Zahl gerade ist das Erstaunlichste in den Dingen. Alle Gesetzmäßigkeit, die uns im Sternenlauf und im chemischen Prozeß so imponiert, fällt im Grunde mit jenen Eigenschaften zusammen, die wir selbst an die Dinge heranbringen, so daß wir damit uns selber imponieren. Dabei ergibt sich allerdings, daß jene künstlerische Metapherbildung, mit der in uns jede Empfindung beginnt, bereits jene Formen voraussetzt, also in ihnen vollzogen wird; nur aus dem festen Verharren dieser Urformen erklärt sich die Möglichkeit, wie nachher wieder aus den Metaphern selbst ein Bau der Begriffe konstituiert werden konnte. Dieser ist nämlich eine Nachahmung der Zeit-, Raum- und Zahlenverhältnisse auf dem Boden der Metaphern.

2

An dem Bau der Begriffe arbeitet ursprünglich, wie wir sahen, die *Sprache*, in späteren Zeiten die *Wissenschaft*. Wie die Biene zugleich an den Zellen baut und die Zellen mit Honig füllt, so arbeitet die Wissenschaft unaufhaltsam an jenem großen Kolumbarium der Begriffe, der Begräbnisstätte der Anschauungen, baut immer neue und höhere Stockwerke, stützt, reinigt, erneuert die alten Zellen und ist vor allem bemüht, jenes ins Ungeheure aufgetürmte Fachwerk zu füllen und die ganze empirische Welt, das heißt die anthropomorphische Welt, hineinzuordnen. Wenn schon der handelnde Mensch sein Leben an die Vernunft und ihre Begriffe bindet, um nicht fortgeschwemmt zu werden und sich nicht selbst zu verlieren, so baut der Forscher seine Hütte dicht an den Turmbau der Wissenschaft, um an ihm mithelfen zu können und selbst Schutz unter dem vorhandenen Bollwerk zu finden. Und Schutz braucht er: denn es gibt furchtbare Mächte, die fortwährend auf ihn eindringen und die der wissenschaftlichen »Wahrheit« ganz anders geartete »Wahrheiten« mit den verschiedenartigsten Schildzeichen entgegenhalten.

Jener Trieb zur Metaphernbildung, jener Fundamentaltrieb des Menschen, den man keinen Augenblick wegrechnen kann, weil man damit den Menschen selbst wegrechnen würde, ist dadurch, daß aus seinen verflüchtigten Erzeugnissen, den Begriffen, eine reguläre und starre neue Welt als eine Zwingburg für ihn gebaut wird, in Wahrheit nicht bezwungen und kaum gebändigt. Er sucht sich ein neues Bereich seines Wirkens und ein anderes Flußbett und findet es im *Mythus* und überhaupt in der *Kunst*. Fortwährend verwirrt er die Rubriken und Zellen der Begriffe dadurch, daß er neue Übertragungen, Metaphern, Metonymien hinstellt, fortwährend zeigt er die Begierde, die vorhandene Welt des wachen Menschen so bunt unregelmäßig, folgenlos unzusammenhängend, reizvoll und ewig neu zu gestalten, wie es die Welt des Traumes ist. An sich ist ja der wache Mensch nur durch das starre und regelmäßige Begriffsgespinst darüber im klaren, daß er wache, und kommt eben deshalb mitunter in den Glauben, er träume, wenn jenes Begriffsgespinst einmal durch die Kunst zerrissen wird. Pascal hat recht, wenn er behauptet, daß wir, wenn uns jede Nacht derselbe Traum käme, davon ebenso beschäftigt würden als von den Dingen, die wir jeden Tag sehen: »Wenn ein Handwerker gewiß wäre, jede Nacht zu träumen, volle zwölf Stunden hindurch, daß er König sei, so glaube ich«, sagt Pascal, »daß er ebenso glücklich wäre als ein König, welcher alle Nächte während zwölf Stunden träumte, er sei

Handwerker.« Der wache Tag eines mythisch erregten Volkes, etwa der älteren Griechen, ist durch das fortwährend wirkende Wunder, wie es der Mythus annimmt, in der Tat dem Traume ähnlicher als dem Tag des wissenschaftlich ernüchterten Denkers. Wenn jeder Baum einmal als Nymphe reden oder unter der Hülle eines Stieres ein Gott Jungfrauen wegschleppen kann, wenn die Göttin Athene selbst plötzlich gesehn wird, wie sie mit einem schönen Gespann in der Begleitung des Pisistratus durch die Märkte Athens fährt – und das glaubte der ehrliche Athener –, so ist in jedem Augenblicke wie im Traume alles möglich, und die ganze Natur umschwärmt den Menschen, als ob sie nur die Maskerade der Götter wäre, die sich nur einen Scherz daraus machten, in allen Gestalten den Menschen zu täuschen.

Der Mensch selbst aber hat einen unbesiegbaren Hang, sich täuschen zu lassen, und ist wie bezaubert vor Glück, wenn der Rhapsode ihm epische Märchen wie wahr erzählt oder der Schauspieler im Schauspiel den König noch königlicher agiert, als ihn die Wirklichkeit zeigt. Der Intellekt, jener Meister der Verstellung, ist so lange frei und seinem sonstigen Sklavendienste enthoben, als er täuschen kann, ohne zu *schaden*, und feiert dann seine Saturnalien. Nie ist er üppiger, reicher, stolzer, gewandter und verwegener: mit schöpferischem Behagen wirft er die Metaphern durcheinander und verrückt die Grenzsteine der Abstraktionen, so daß er zum Beispiel den Strom als den beweglichen Weg bezeichnet, der den Menschen trägt, dorthin, wohin er sonst geht. Jetzt hat er das Zeichen der Dienstbarkeit von sich geworfen: sonst mit trübsinniger Geschäftigkeit bemüht, einem armen Individuum, dem es nach Dasein gelüstet, den Weg und die Werkzeuge zu zeigen, und wie ein Diener für seinen Herrn auf Raub und Beute ausziehend, ist er jetzt zum Herrn geworden und darf den Ausdruck der Bedürftigkeit aus seinen Mienen wegwischen. Was er jetzt auch tut, alles trägt im Vergleich mit seinem früheren Tun die Verstellung, wie das frühere die Verzerrung an sich. Er kopiert das Menschenleben, nimmt es aber für eine gute Sache und scheint mit ihm sich recht zufrieden zu geben. Jenes ungeheure Gebälk und Bretterwerk der Begriffe, an das sich klammernd der bedürftige Mensch sich durch das Leben rettet, ist dem freigewordnen Intellekt nur ein Gerüst und ein Spielzeug für seine verwegensten Kunststücke: und wenn er es zerschlägt, durcheinanderwirft, ironisch wieder zusammensetzt, das Fremdeste paarend und das Nächste trennend, so offenbart er, daß er jene Notbehelfe der Bedürftigkeit nicht braucht und daß er jetzt nicht von Begriffen, sondern von Intuitionen geleitet wird. Von diesen Intuitionen aus führt kein regelmäßiger Weg in das Land der gespenstischen Schemata, der Abstraktionen: für sie ist das Wort nicht gemacht, der Mensch verstummt, wenn er sie sieht, oder redet in lauter verbotenen Metaphern und unerhörten Begriffsfügungen, um wenigstens durch das Zertrümmern und Verhöhnen der alten Begriffsschranken dem Eindrucke der mächtigen gegenwärtigen Intuition schöpferisch zu entsprechen.

Es gibt Zeitalter, in denen der vernünftige Mensch und der intuitive Mensch nebeneinanderstehn, der eine in Angst vor der Intuition, der andere mit Hohn über die Abstraktion; der letztere ebenso unvernünftig, als der erstere unkünstlerisch ist. Beide begehren über das Leben zu herrschen; dieser, indem er durch Vorsorge, Klugheit, Regelmäßigkeit den hauptsächlichen Nöten zu begegnen weiß, jener, indem er als ein »überfroher Held« jene Nöte nicht sieht und nur das zum Schein und zur Schönheit verstellte Leben als real nimmt. Wo einmal der intuitive Mensch, etwa wie im älteren Griechenland, seine Waffen gewaltiger und siegreicher führt als ein Widerspiel, kann sich günstigenfalls eine Kultur gestalten und die Herrschaft der Kunst über das Leben sich gründen: jene Vorstellung, jenes Verleugnen der Bedürftigkeit, jener Glanz der metaphorischen Anschauungen und überhaupt jene Unmittelbarkeit der Täuschung begleitet alle Äußerungen eines solchen Lebens. Weder das Haus noch der Schritt noch die Kleidung, noch der tönerne Krug verraten, daß die Notdurft sie erfand: es scheint so, als ob in ihnen allen ein erhabenes Glück oder eine olympische Wolkenlosigkeit und gleichsam ein Spielen mit dem Ernste ausgesprochen werden sollte. Während der von Begriffen und Abstraktionen geleitete Mensch durch diese das Unglück nur abwehrt, ohne selbst aus den Abstraktionen sich Glück zu erzwingen, während er nach möglichster Freiheit von Schmerzen trachtet, erntet der intuitive Mensch, inmitten einer Kultur stehend, bereits von seinen Intuitionen, außer der Abwehr des Übels, eine fortwährend einströmende Erhellung, Aufheiterung, Erlösung. Freilich leidet er heftiger, *wenn* er leidet: ja er leidet auch öfter, weil er aus der Erfahrung nicht zu lernen versteht und immer wieder in dieselbe Grube fällt, in die er einmal gefallen. Im Leide ist er dann ebenso unvernünftig wie im Glück, er schreit laut und hat keinen Trost. Wie anders steht unter dem gleichen Mißgeschick der stoische, an der Erfahrung belehrte, durch Begriffe sich beherrschende Mensch da! Er, der sonst nur Aufrichtigkeit, Wahrheit, Freiheit von Täuschungen und Schutz vor bedrückenden Überfällen sucht, legt jetzt, im Unglück, das Meisterstück der Verstellung ab wie jener im Glück; er trägt kein zuckendes und bewegliches Menschengesicht, sondern gleichsam eine Maske mit würdigem Gleichmaße der Züge, er schreit nicht und verändert nicht einmal seine Stimme: wenn eine rechte Wetterwolke sich über ihn ausgießt, so hüllt er sich in seinen Mantel und geht langsamen Schrittes unter ihr davon.

Götzendämmerung

Wie die ›wahre Welt‹ endlich zur Fabel wurde

Geschichte eines Irrthums

1. Die wahre Welt, erreichbar für den Weisen, den Frommen, den Tugendhaften, – er lebt in ihr, *er ist sie*.
   (Älteste Form der Idee, relativ klug, simpel, überzeugend. Umschreibung des Satzes »ich, Plato, *bin* die Wahrheit«.)
2. Die wahre Welt, unerreichbar für jetzt, aber versprochen für den Weisen, den Frommen, den Tugendhaften (»für den Sünder, der Busse thut«).
   (Fortschritt der Idee: sie wird feiner, verfänglicher, unfasslicher, – *sie wird Weib*, sie wird christlich...)
3. Die wahre Welt, unerreichbar, unbeweisbar, unversprechbar, aber schon als gedacht ein Trost, eine Verpflichtung, ein Imperativ.
   (Die alte Sonne im Grunde, aber durch Nebel und Skepsis hindurch; die Idee sublim geworden, bleich, nordisch, königsbergisch.)
4. Die wahre Welt – unerreichbar? Jedenfalls unerreicht. Und als unerreicht auch *unbekannt*. Folglich auch nicht tröstend, erlösend, verpflichtend: wozu könnte uns etwas Unbekanntes verpflichten?...
   (Grauer Morgen. Erstes Gähnen der Vernunft. Hahnenschrei des Positivismus.)
5. Die »wahre Welt« – eine Idee, die zu Nichts mehr nütz ist, nicht einmal mehr verpflichtend, – eine unnütz, eine überflüssig gewordene Idee, *folglich* eine widerlegte Idee: schaffen wir sie ab!
   (Heller Tag; Frühstück; Rückkehr des bon sens und der Heiterkeit; Schamröthe Plato's; Teufelslärm aller freien Geister.)
6. Die wahre Welt haben wir abgeschafft: welche Welt blieb übrig? die scheinbare vielleicht?... Aber nein! *mit der wahren Welt haben wir die scheinbare abgeschafft!*
   (Mittag; Augenblick des kürzesten Schattens; Ende des längsten Irrthums; Höhepunkt der Menschheit; INCIPIT ZARATHUSTRA.)

III. Das Faktum der Wissenschaft

1. Neukantianismus: Cohen, Windelband

Wenn es auch die großen Schriftsteller waren, die in ihren weltanschaulichen Schöpfungen den im allgemeinen Bewußtsein des 19. Jahrhunderts schwindenden Vernunftglauben des deutschen Idealismus durch ihr neues Pathos ersetzten, so stellte sich doch auch im Zusammenhang der Schule nach dem Zusammenbruch des Hegelschen Systems die Problemlage unter ähnlichen Zeichen dar. Im Gefolge des Aufschwungs der Naturwissenschaften und der ihrem Vorbild folgenden geschichtlichen Wissenschaften siegte der englische Empirismus über den Apriorismus der idealistischen Spekulation. Nachdem A. Comte das Zeitalter der Wissenschaft als das Zeitalter der Gegenwart geschichtsphilosophisch abgeleitet hatte, gewann vor allem die induktive Logik von John Stewart Mill eine beherrschende Stellung. In der philosophischen Entwicklung Deutschlands beförderte sie einen Positivismus, der sich auf eine Art Mechanik der Empfindungen als der eigentlichen Gegebenheiten der Erfahrung gründete. In der zweiten Hälfte des Jahrhunderts waren Ernst Mach und Richard Avenarius die Repräsentanten eines solchen konsequenten, empiristischen und in Wahrheit zutiefst dogmatischen Positivismus.

Daneben aber blieb in Deutschland die Abkehr von der idealistischen Spekulation und insbesondere die empirisch-physiologische Begründung der Erkenntnis selten ohne eine positive Bezugnahme auf Kant. Selbst ein so überragender empirischer Forscher wie der große Physiker Hermann Helmholtz, dessen Vorträge und Aufsätze eine große Breitenwirkung entfalteten, hielt bei aller Kritik im einzelnen an dem Grundgedanken des kantischen Apriorismus fest. Insbesondere erkannte er der Kausalität apriorischen Charakter zu. So stiftete schon Helmholtz eine positive Beziehung zwischen dem Faktum der Wissenschaft und der kantischen Philosophie.

Innerhalb der Philosophie entwickelte sich aus der gleichen kritischen Zurückhaltung gegen alle unbegründbaren Hypothesen ein philosophisches Programm, dem Otto Liebmann die wirksame Parole ›Zurück zu Kant‹ gab. Der bedeutendste Vertreter des damals entstehenden Neukantianismus, der auf einer Neuinterpretation Kants fußte, war Hermann Cohen, der Begründer der Marburger Schule. Ausgehend von der Fragestellung der kantischen Prolegomena: ›Wie ist reine Naturwissenschaft möglich?‹ begriff er die Leistung der menschlichen Erkenntnis als Grundlegungen des Denkens, d. h. als Erzeugen des Gegenstandes der Erkenntnis durch das methodische Verfahren der Wissenschaft. Das war aus Kants Kritik der reinen Vernunft gewiß auch herauszulesen. Freilich war der eigentliche Sinn und die Absicht der kritischen Grenzsetzung, die Kant unternahm, nicht so sehr die Legitimierung der Wissenschaften als die Begründung einer neuen, auf das Vernunftfaktum der Freiheit gegründeten moralischen Metaphysik. Im Blick auf das ›Faktum der Wissenschaft‹ gewann die kantische Kritik selbst einen veränderten Sinn, nämlich als Lösung des Problems der Erkenntnistheorie.

Das Problem der Erkenntnistheorie mußte sich stellen, wenn die cartesianische Trennung von Selbstbewußtsein und durch die Mathematik erfaßbarer res extensa nicht mehr durch die Identitätsphilosophie des Idealismus und den Vernunftglauben, auf dem sie beruhte, überbrückt war. Nun wurde es zur Aufgabe, angesichts des Erkenntnisvorrangs, den die Daten des Selbstbewußtseins besitzen, und das sind nach Kant wie nach den Engländern zuletzt die Empfindungen, das Faktum der Wissenschaft zu rechtfertigen. Kants Lehre von dem ›synthetischen Urteil apriori‹ wurde nun nicht mehr als eine Rechtfertigung für den Gebrauch unserer Verstandesbegriffe in den Grenzen möglicher Erfahrung verstanden, sondern sollte den Realitätsanspruch unserer Erfahrung überhaupt begründen. Cohen leistete das, indem er den kantischen Zusammenhang von Empfindung und Realität (in den ›Grundsätzen der reinen Erfahrung‹) mit dem Problem des Infinitesimalen verband. Cohens Schrift über das Prinzip der Infinitesimalmethode (1883) formuliert erstmals diesen systematischen Grundgedanken der Marburger Schule. Der Realitätsanspruch der Erkenntnis wird durch die methodische Erzeugung der Bewegung im Denken gerechtfertigt. Der Begriff des Gegebenen wird dadurch eliminiert.

Mit überlegener Sicherheit ging Cohen auf diese Weise über die psychologisch-physiologische Begründung der Erkenntnistheorie, wie sie Helmholtz aufgrund der sinnespsychologischen Studien, die Johannes Müller begründet hatte, hinaus. Die bloße Anerkennung der Apriorität des Kausalprinzips genügt nicht. Sie bewahrt nicht vor dem Mißverständnis, psychologische Gegebenheiten mit logischen Notwendigkeiten zu verwechseln. Hier kommt der Auseinandersetzung Cohens mit Helmholtz besondere Bedeutung zu. Wir geben daher als Beispiel neukantianischen Denkens Cohens Kritik an einer Abhandlung von Helmholtz ›Über Zählen und Messen, erkenntnis-theoretisch betrachtet‹. Diese Schrift war 1887 als Beitrag zu den Philosophischen Aufsätzen erschienen, die Eduard Zeller, dem Schöpfer des Begriffs ›Erkenntnistheorie‹ und dem großen Historiker der Philosophie der Griechen, aus Anlaß seines 50jährigen Doktorjubiläums gewidmet wurden.

Cohens Kritik arbeitet den grundlegenden Unterschied von Psychologie und Erkenntniskritik am Problem der Zahlenfolge heraus. Zeitfolge ist noch nicht Reihenfolge. Es gilt vielmehr, die Bedingungen zu erforschen, die im Wesen der Zahlenfolge als solcher (und nicht in der zeitlichen Folge seelischer Akte) gelegen sind. Da ist es nun klar, daß es sich um den erzeugenden Charakter der Kategorie der Einheit handelt, auf den sich die Zahlenreihe gründet. Diese Erkenntnis ist insofern von der größten Tragweite, als damit die Grundlegung im Zeichenbegriff, wie sie Helmholtz versucht hatte, widerlegt wird. »Die Einheit ist eine der Einheiten des Bewußtseins, deren Inbegriff das wissenschaftliche Bewußtsein ist als Zusammenfassung der Gesetze, die den Begriff des Gegenstandes bedingen. Solch ein Zeichen ist die Eins, geradeso wie die Substanz der Kausalität...« – und nun entwickelt Cohen das Prinzip der ›kleinsten Zahl‹, die Infinitesimalmethode als die Erzeugung der intensiven Größe, d. h. der Realität – ein über Kant hinausgehender wissenschaftstheoretisch durchaus fruchtbarer Gedanke.

Das Prinzip der Erzeugung des Gegenstandes durch das Denken, von Cohen später unter dem Begriff des ›Ursprungs‹ auch auf die Gebiete der Ethik und Ästhetik ausgedehnt, bildete die am Faktum der Wissenschaft orientierte Erneuerung der transzendentalen Methode. Auf dem Gebiete der Geisteswissenschaften ereignete sich etwas Ähnliches.

Seit den Tagen des deutschen Idealismus und der durch die deutsche Romantik heraufgeführten Geschichtsfrömmigkeit haben die Verfahrensweisen der geschichtlichen Wissenschaften den Gegenstand eingehender philosophischer Reflexionen gebildet, von Schleiermacher und Hegel über August Boeckh und Johann Gustav Droysen bis zu Wilhelm Dilthey. So konnte es nicht ausbleiben, daß auch die Erneuerung der kantischen Philosophie, der sogenannte Neukantianismus, sich nicht damit begnügte, die kantische Frage zu beantworten, wie reine Naturwissenschaft möglich sei, sondern auch das methodische apriori der sogenannten Geisteswissenschaften zu rechtfertigen unternahm. Ob sich freilich der gemeinsame Erfahrungsstandpunkt auch auf die geschichtlichen Wissenschaften unverändert übertragen ließ, war die Frage. Diltheys Begründung der Geisteswissenschaften auf eine beschreibende und zergliedernde Psychologie, die von dem Begriff des Erlebnisses ausging, hatte den Hintergrund einer von weit her kommenden geschichtlichen Erfahrung. Daneben trat die transzendentalphilosophische Theorie der historischen Erkenntnis.

Dem dogmatischen Begriff der Empfindungsgegebenheit entsprach das Problem der historischen Tatsache. Auch hier war offenkundig, daß ein unkritischer Begriff des Gegebenen das Problem verfehlt. Gegenstand der Geschichtsforschung ist gewiß nicht einfach alles Gegebene, alle überlieferten Tatsachen als solche. Vielmehr ist die kritische Frage die, was etwas zu einer historischen Tatsache ›macht‹. So fragen auch wir und bekunden damit, daß schon im vorphilosophischen Denken der dogmatische Begriff des Gegebenen überschritten wird. Was den historischen Gegenstand, die historische Tatsache, die historische Frage definiert, ist das Ausgangsproblem, von dem sich eine andere Spielart des Neukantianismus, die sogenannte südwestdeutsche Wertphilosophie, herleitet. Mit Hilfe einer allgemeinen Werttheorie, wie sie Heinrich Rickert entwickelte, beantwortete sich die Frage, was eine Tatsache zu einer historischen Tatsache macht, durch den Bezug auf das System der Kulturwerte. Auch damit ist es das Faktum der Wissenschaft, das darüber entscheidet, was ›gegeben‹ ist.

Der methodische Gegensatz von Natur- und Geisteswissenschaften war aber schon vorher durch Rickerts Lehrer Wilhelm Windelband herausgearbeitet worden: in einer 1894 gehaltenen Rektoratsrede, die wir abdrucken. Seine Unterscheidungen haben jahrzehntelang die Diskussion über Naturwissenschaften und Geisteswissenschaften beherrscht, bis sich, vor allem durch Max Weber und die modernen Sozialwissenschaften, neue Entwicklungen anbahnten.

Hermann Cohen
[Aus der Rezension einer Festschrift für E. Zeller]

1.

Wenn ich es nun unternehme, die Abhandlung: »*Zählen und Messen, erkenntnis-theoretisch betrachtet von H. v. Helmholtz*« hier zu beurteilen, so darf ich vor allem darauf mich berufen, daß ich vor mehr als sechzehn Jahren in der Vorrede zur ersten Auflage von »Kants Theorie der Erfahrung« ausgesprochen habe: »Ich glaube, die Zeit ist nicht ferne, in der man es Helmholtz insgeheim danken wird, daß er oftmals und nachdrücklich auf Kant hingewiesen hat.« In diesem halben Menschenalter ist, wie wenig immer, einiges doch nicht nur an der Peripherie gearbeitet worden. Zur Methodologie der Fragestellung namentlich sind Festsetzungen versucht worden, die von einigen wenigen Mitarbeitern geprüft, angenommen und weitergeführt worden sind. Ob die Zeit schon gekommen, in der Schillers Mahnung als verjährt betrachtet und zwischen Naturwissenschaft und Transzendentalphilosophie der ewige Bund geschlossen werden darf – das mag hier auf sich beruhen. Dagegen aber muß ich, wenn ich nicht bloß höflich grollen soll, Verwahrung einlegen, daß selbst ein Helmholtz, obschon gerade er es mit dankenswertem Wohlwollen tut, vom »strikten Kantianismus« redet, mit dem er sich in früheren Schriften auseinandergesetzt habe. Und es wird nicht unpassend erscheinen, gerade bei dem Jubiläum eines Philosophen anzudeuten, wie wir uns das gegenseitige Verhältnis der Arbeiter auf beiden Gebieten vorstellen.

Obschon Kant es nicht Wort haben wollte, so haben von allen wissenschaftlichen Arbeiten die Erzeugnisse des Philosophen doch am meisten den Charakter und das Schicksal der Werte des Genius: die nicht als abgeschlossene Objekte wirken, sondern als lebendige und unerschöpfliche Zeugnisse eines Individuums. Die Interpreten der wenigen philosophischen Genies dürfen daher, um es einmal gerade heraus zu sagen, nichts weniger als Kärrner sein. Ohne Freude an der reinen Architektur und ohne ein gewisses Minimum von eigenem baumeisterlichen Vermögen hat man fernzubleiben, wo die Könige bauen. Die Interpreten der sehr wenigen philosophischen Genies müssen vorerst ein durchaus wahres intimes Verhältnis zu ihren Autoren haben, dann erst und von demselben aus können sie, was ferner notwendig ist, der Persönlichkeit und Individualität des Genies gegenüber den höheren Standpunkt der Geschichte einnehmen.

Diese Objektivierung aber des philosophischen Genius wird ermöglicht durch die fortschreitende Arbeit der Wissenschaft. Erst das Zeitalter der mathematischen Renaissance lernte Platon verstehen. Es war nicht bloß der Streit um das Kräftemaß, in dem Kant Descartes und Leibniz ins Einvernehmen setzte. Und wir erst lernen Kant und durch ihn jene verstehen.

Wenn nun unter den vielen latenten Motoren ein Name genannt werden soll, auf den die kritische Orientierung am deutlichsten zurückzuführen sei, so würde ich *Johannes Müller* nennen, in dessen Arbeiten, Anführungen und Bestrebungen das philosophische Interesse mit der exakten Einzelforschung sich verbunden zeigt. Dieser Geist, der sich nicht überall laut hervortat, ging auf seine Schüler über, und ich darf hier des der Marburger Universität leider entrissenen *Lieberkühn* gedenken, der, auch hierin in ausgesprochener Übereinstimmung mit seinem Lehrer, auf diejenigen herabsah, welche das methodologische Denken auf eigene Faust betreiben.

Der Vorzug von Helmholtz nun besteht bekanntlich darin, daß er, nachdem er von physiologischer Grundlage aus die Entstehung und Entwickelung des Bewußtseins an den Sinneswahrnehmungen verfolgt hatte, auch den eisernen Schatz des Bewußtseins, der in seinen mathematischen Grundbegriffen liegt, zu zerlegen und auf sein Gepräge zu prüfen fortgeschritten ist. Diese Bestrebungen der Wissenschaft haben, in der Schulsprache geredet, den Charakter transzendentaler Untersuchungen. Denn sie betreffen die Bedingungen der Möglichkeit der Erfahrung. Solche Arbeiten der Wissenschaft sind schlechterdings notwendig, wenn das Individuum eines philosophischen Genius zu neuer Beleuchtung und neuer Befruchtung kommen soll. Schreiber dieses ist daher als von einer geschichtlichen Ansicht von dem Gedanken durchdrungen, daß er, der sich bewußt ist, ein methodisch neues Bild von Kant entworfen zu haben, ohne jene wissenschaftlichen Fortschritte, ohne jene Betätigungen des transzendentalen Geistes zu dem neuen Verständnis des philosophischen Genius Kant nicht hätte gelangen können.

Denn also ist das Verhältnis zwischen dem philosophischen Genius, der Wissenschaft und der philosophischen Arbeit: der philosophische Genius antizipiert die Prinzipien und die Tendenz der Wissenschaft. Die Wissenschaft vollzieht jene Antizipationen. Und die Philosophie als Wissenschaft lernt aus jenen wissenschaftlichen Taten die Tendenz des Genius erkennen. Daher konnte man ohne Helmholtz nicht Kant verstehen.

Dieser Helmholtz aber ist der mathematische, der physikalische, der physiologische Forscher, – nicht der Erkenntnistheoretiker: dieser vielmehr hat von der Philosophie als Wissenschaft zu lernen. Darin liegt der Wert und die Selbständigkeit der philosophischen Arbeit, darin der unentbehrliche Nutzen der fortschreitenden philosophischen Einsicht und Technik. Und nach dieser offenen Auseinandersetzung gehe ich getrost an das, was auch und gerade Helmholtz gegenüber meines Amtes ist.

Nachdem Helmholtz in seinen früheren transzendentalen Untersuchungen das Raum-Problem in den geometrischen Axiomen behandelt hatte, geht er in dieser Abhandlung zu dem Zeit-Problem in den Grundlagen der Arithmetik über. So erscheint äußerlich der Zusammenhang dieser Arbeiten. Aber es ist eine innere Abfolge nachweisbar, die, wie es sich ähnlich auch bei den geometrischen Arbeiten zeigte, eine fortschreitende Freilegung bisher gebundener Voraussetzungen erkennen läßt. Als ein solcher versteckter Grundbegriff war früher der der *Größe* stehengebliebener, wie auch Riemann diesen Grundbegriff zu definieren unterlassen hat. Indessen ist alle die Mathematik betreffende transzendentale Untersuchung an den Begriff der Größe gebunden. Ich habe über diese Frage eingehender als über jede andere moderne Frage in der zweiten Auflage von »Kants Theorie der Erfahrung« gehandelt, wo zehn Seiten (S. 227-237) Helmholtz allein gewidmet sind. Diese Auseinandersetzungen können hier nicht wiederholt, um so dringlicher aber muß auf sie verwiesen werden. Denn diese Fragen hängen zusammen, die sachlichen Probleme wie die Einwürfe und die Entwickelung unseres Autors. Wie er mit der transzendentalen Raumform, wie er sie versteht, die Axiome der Geometrie bei Kant als gegeben annimmt, so müssen »strikte Anhänger Kants, die an seinem System... festhalten, allerdings die Axiome der Arithmetik für a priori gegebene Sätze halten, welche die transzendentale Anschauung der Zeit in demselben Sinne näher bestimmen, wie die Axiome der Geometrie die des Raumes« (S. 17). Die Klarstellung dieses angeblichen Verhältnisses der Axiome der Geometrie zu der Raum-Anschauung, welche dort ausführlich versucht worden ist, erstreckt sich genau auch auf das irrige Verhältnis von Arithmetik und Zeit. Daß diese Proportion ungenau ist, läßt sich terminologisch mit einem Schlage zeigen: die Größe ist keine Anschauung und auch kein bloßer Begriff, sondern ein Grundsatz, das will sagen: sie besteht in Verbindung von Anschauung und Begriff. Mithin könnte nur durch Angriff auf die Lehre von den synthetischen Grundsätzen Kants Größen-Lehre widerlegt werden. Indessen mag diese Schulfrage hier auf sich beruhen; wie definiert nun Helmholtz jetzt den Begriff der Größe?

Es muß also ein Mangel in der Klarheit dieser Abhandlung bezeichnet werden, daß auch hier Helmholtz nicht von einer Definition der Größe oder etwa von dem Satze ausgeht: vor allem handle es sich um Definition der Größe. Indem er vielmehr seinen »Standpunkt« »von vornherein« bezeichnet, geht er von den Zahlen aus. Darauf erst geht er zu der Frage nach der Größe über. »Dann muß aber gefragt werden: Was ist der objektive Sinn davon, daß wir Verhältnisse reeller Objekte durch benannte Zahlen als Größe ausdrücken?« (S. 20). Bloß »ausdrücken«? Nicht auch herstellen und erzeugen? Sind die Verhältnisse reeller Objekte anders als in dem Ausdruck der Größe vorhanden oder denkbar? Ist nicht vielmehr der Größenbegriff ein unersetzliches Instrument für die Bestimmung des Objektes? Muß man nicht also mit diesem Instrument anfangen?

Indessen könnte dieser Einwand als ein Schulbedenken erscheinen, welches selbst unmittelbar zu Fragen herausfordert: Muß ja doch die Größe durch die Zahl bestimmt und erfüllt werden! Warum also nicht mit der Zahl anfangen?

In der Tat kann es so nicht gemeint sein, daß Helmholtz mit dem Zahlbegriff nicht hätte anfangen sollen; aber dieser sein Anfang hätte durch die Rücksicht auf die »dann« kommende Größe geleitet werden müssen: daß die Zahl das wissenschaftliche Mittel sei, um das erste und wichtigste Instrument für die Erzeugung des Gegenstandes zu beschaffen. Als ein solches wissenschaftliches Mittel fixiert Helmholtz die Zahl nicht: als ob in dieser Beziehung der Zahl auf die objektive Größe eine Beschränkung läge; als ob der Begriff der Zahl weiter und allgemeiner gefaßt würde, wenn er als ein psychologischer und nicht lediglich als ein sachlogischer in Anspruch genommen wird. »Ich betrachte die Arithmetik, oder die Lehre von den reinen Zahlen, als eine auf rein psychologischen Tatsachen aufgebaute Methode, durch die die folgerichtige Anwendung eines Zeichensysstems (nämlich der Zahlen) von unbegrenzter Ausdehnung und unbegrenzter Möglichkeit der Verfeinerung gelehrt wird« (S. 20). Und ebenso war auch eine Seite vorher der Begriff der Zahl als eine »Aufgabe der Psychologie« bezeichnet worden. Was bedeutet denn aber der wirkliche, dem Wort- und Schulstreit entrückte Unterschied, ob man diese Untersuchungen der Psychologie überläßt, oder als Erkenntniskritik von Psychologie unterscheidet? Warum denn über eine solche Schulfrage mit einem Helmholtz streiten?

Weil dieser Unterschied kein äußerlicher, kein die Eleganz des Vortrages betreffender, sondern ein methodischer ist, also der innerlichste, so daß wegen Nichtachtung desselben selbst ein Helmholtz in Irrtum geraten muß.

Fangen wir vom Ende an. Wird denn etwa die »unbegrenzte Möglichkeit der Verfeinerung« oder auch nur die »begrenzte Ausdehnung« des Zahl-Zeichensystems den »rein psychologischen Tatsachen« verdankt? Und nicht vielmehr den rein wissenschaftlichen Versuchen, die gewagt und ausgeführt werden müssen, um neu entstandene Probleme zu behandeln? Verdankt man den Begriff auch nur der negativen Zahl, den »rein psychologischen Tatsachen« und nicht vielmehr dem Substraktions-Problem? Geschweige den Begriff der komplexen Zahl, um nicht weiter zu fragen.

Die Verwechselung des wissenschaftlichen Verfahrens mit der psychologischen Tatsache zeigt sich an einem wichtigen Hilfsbegriff. Die Bedeutung des Wortes »rein« in dem Ausdruck »die Lehre von den reinen Zahlen« ist offenbar nicht dieselbe wie in der Apposition »als eine auf rein psychologische Tatsachen aufgebaute Methode«. Das erste »rein« bedeutet die Zahl als wissenschaftliches Mittel im Unterschiede von dem Umfang ihrer Anwendungen, von den gezählten Dingen. Welches wissenschaftliche Mittel dagegen definiert die »rein psychologischen Tatsachen«? Oder welche Tatsachen werden auch nur als unreine oder angewandte von diesen ausgeschlossen? Rein bedeutet seit dem καθαρως Platons für alles scheinbar an und für sich Seiende vielmehr das wissenschaftliche Erzeugungsmittel, durch welches das Seiende seiend wird. Eine solche Reinheit ist in der Tat der Zahl zuzuschreiben, nämlich der Methode der Zahl, die sowenig in der Psychologie enthalten ist, als irgendeine Wissenschaft auf lediglich psychologischen Elementar-Tatsachen beruht. Und die elementare Tatsache des Bewußtseins kann doch nur der günstige Sinn der »rein psychologischen Tatsachen« sein. Probleme vielmehr, von denen die gute Psychologie sich nichts träumen zu lassen hat, treiben diese reinen Begriffe hervor, diejenigen Probleme nämlich, welche das große Instrument schmieden und schleifen, dessen die Wissenschaft bedarf, um ihr zentrales Problem zu bearbeiten: das Problem des Gegenstands.

Hören wir nun, in welchem Sinne Helmholtz die Psychologie für die Definition der Zahl in Anspruch nimmt. »Das Zählen ist ein Verfahren, welches darauf beruht, daß wir uns imstande finden, die *Reihenfolge*, in der Bewußtseins-Akte zeitlich nacheinander eingetreten sind, im Gedächtnis zu behalten« (S. 21). Die psychologische Tatsache, auf welcher das Zählen beruht, ist sonach die Fähigkeit, die Reihenfolge der zeitlichen Bewußtseins-Akte im Gedächtnis zu behalten. Wenn Helmholtz von dieser psychologischen Tatsache ausgehen zu können glaubt, so muß er sie für eine elementare Tatsache des Bewußtseins halten, welche als solche keiner genaueren Analyse und Charakteristik bedarf. Bewußtseins-Akte treten »zeitlich nacheinander«, also in der Reihenfolge ein, und wir sind imstande, diese Reihenfolge im Gedächtnis zu behalten. Das Zählen beruht somit auf dem Vermögen des Gedächtnisses für die Reihenfolge der Bewußtseins-Akte.

In dieser psychologischen Tatsache vermag ich keine elementare und keine reine anzuerkennen. Es sind darin unbestimmt geblieben die Worte *Zeit, Reihenfolge* und *Gedächtnis*. Das Gedächtnis ist der Ausdruck für das psychologische Urphänomen. Es ist das psychische κοινόν, welches daher an den einzelnen Vorgängen, in denen es sich betätigt, bestimmt werden muß, z. B. an dem Zählen. Die allgemeine Eigenschaft des Gedächtnisses, ein psychisches Beharrungsvermögen zu bezeichnen, muß als Voraussetzung für alle und jede Analyse des Bewußtseins gelten. Daher kann man sagen, die Charakteristik aller Bewußtseins-Erscheinungen sei eine Spezialisierung des sogenannten Gedächtnisses. Daß wir zwei Vorgänge als zwei unterscheiden, setzt nicht bloß die Fähigkeit des Gedächtnisses für zwei Bewußtseins-Vorgänge voraus, sondern es ist dies eine genauere Bestimmung der psychologischen Urtatsache, daß Bewußtseins-Vorgänge als solche festgehalten werden.

Wir können daher in dem angezogenen Satze das Gedächtnis eliminieren und das Zählen als ein Verfahren annehmen, die Reihenfolge der zeitlichen Bewußtseins-Akte zu bestimmen. Nun bleibt aber das *Verhältnis der Zeit zur Reihenfolge* zu erklären. Oder wäre es dasselbe, daß die Bewußtseins-Akte »zeitlich nacheinander« eintreten, und daß sie als Reihenfolge eintreten? Helmholtz scheint dies anzunehmen; denn die Erklärungen, die er von der Zeit gibt, ohne diesen Ausdruck in einem neuen Gedankenanfang zu bestimmen, kommen darauf hinaus. Helmholtz betont vor allem das Konventionelle in der sogenannten »natürlichen Zahlenreihe«. Wie die Zeichen in den Sprachen verschieden sind, so könne auch ihre Reihenfolge willkürlich bestimmt werden, wenn nur eine bestimmte als gesetzmäßige festgehalten werde. »Diese Reihenfolge ist in der Tat eine von Menschen, unseren Voreltern, die die Sprache ausgearbeitet haben, gegebene Norm oder Gesetz.« Es ist die der positiven ganzen Zahlen. Worin liegt nun das Gesetz dieser Reihenfolge? In der »Eindeutigkeit der Folge«. Und worin besteht diese Eindeutigkeit? Das wird wieder psychologisch erklärt und damit in der Tat das Gesetz, die Reihenfolge psychologisch bestimmt. »In der Zahlenreihe sind Vorwärts- und Rückwärtsschreiten nicht gleichwertige, sondern *wesentlich* verschiedene Vorgänge, wie die Folge der Wahrnehmungen in der Zeit.« Also ist die »wesentliche« Verschiedenheit in dem Vorwärts und Rückwärts der Zahlenreihe durch die Zeitfolge bestimmt. Es wird außer dem wiederholten Rekurs auf das Gedächtnis nichts anderes beigebracht. »Der gegenwärtige Akt ist uns bewußt als verschieden von den Erinnerungsbildern, die neben ihm bestehen. Dadurch ist die gegenwärtige Vorstellung in einem der *Anschauungsform der Zeit* angehörigen Gegensatz als die nachfolgende den vorausgegangenen gegenübergestellt. In diesem Sinn ist die Einordnung in die Zeitfolge die *unausweichliche Form unserer inneren Anschauung*« (S. 22). Mithin ist die Reihenfolge die Zeitfolge. Und so wird die Zahl durch ihre Stellung in der gesetzmäßigen Reihe bestimmt. Die Zahlen, welche folgen, nennen wir höhere, die, welche vorausgehen, niedrigere. »Es gibt da eine vollständige Disjunktion, die in dem *Wesen der Zeitfolge* begründet ist.« Somit besteht das Gesetz der Reihenfolge in dem Wesen der Zeitfolge.

Wäre nun ein strikter Kantianer ein Buchstabengläubiger, so könnte er über diesen buchstäblichen Anschluß an das, was αὐτὸς ἔφα, seine jüngerhafte Freude haben. Wir aber verstehen unter einem strikten Kantianer einen transzendentalen Methodiker, und arbeiten unter der leider nicht selbstverständlichen Voraussetzung, daß die Anknüpfung an Gedanken, als an methodisch richtige, nach der Gerechtigkeit der Psychologie zu neuen Gedankenbildungen führen muß, welche je nach dem Mutterwitz des Arbeiters, beziehungsweise nach der Kapazität des Lesers an Originalität verschieden sind. Deshalb können wir mit dem Gebrauch der Ausdrücke »Anschauungsform der Zeit« und »Form unserer inneren Anschauung« uns nicht zufrieden geben, sondern müssen auf genauere Charakteristik dringen. Sonst würde der Begriff der Reihenfolge seine psychologische Erklärung in der »unausweichlichen Form« zu finden scheinen: daß wir das Gegenwärtige von dem Vergangenen zu unterscheiden vermögen. Das ist aber noch lange nicht Zählen, und darauf beruht auch das Zählen nicht, nämlich nicht als besonderer, eigentümlicher Akt des Bewußtseins, weil alle Akte des Bewußtseins diese psychische Trägheit zur Voraussetzung haben.

Für das *Verhältnis von Psychologie und Erkenntniskritik* ergibt sich aus diesem Experiment die instruktive Folgerung: alle Psychologie muß, auch als solche, mangelhaft sein, die nicht durch Erkenntniskritik geleitet wird, nämlich durch die genauere Unterscheidung von Begriffen und Begriffs-Elementen, die nur da möglich sind, wo nicht Bewußtseins-Akte schlechthin, sondern wissenschaftliche Vorgänge und in Erkenntnissen objektivierte Akte des Bewußtseins zur Untersuchung kommen. Für unsere Frage ergibt sich:

Zeit und Reihenfolge sind nicht dasselbe.

In den Riemann und Helmholtz gewidmeten Abschnitten habe ich Zeit und Raum definiert an dem Begriffe des Mannigfaltigen: »Was bedeutet uns jedoch dieses Mannigfaltige? Nichts als die Gegebenheit einer Mehrheit von Elementen. Denke ich diese Mehrheit in der Art gegeben, wie sie in der Tat vor allem gegeben werden muß, nämlich die Elemente derselben in dem Bewußtsein entstehend, mithin aufeinander folgend, so ist das Mannigfaltige als Zeit bestimmt. Sehe ich dagegen davon ab, daß die Mehrheit im Nacheinander der Elemente entstehen muß, nehme dieselben vielmehr als Mehrheit in ihrem Bestande, so bestimmt sich die Mehrheit als Beisammen der Elemente, als Raum« (Kants Theorie der Erfahrung, S. 223f.).

Demgemäß bezeichnet die Zeit denjenigen Elementar-Beitrag des Bewußtseins zur Konstituierung des Gegenstands, den wir auszeichnen als die Art des Bewußtseins: eine *Mehrheit von Elementen zu entwickeln*. Es muß vor allem erklärt werden, daß nicht ὁμοῦ τὰ πάντα, daß nicht aller Inhalt des Bewußtseins ein Haufe bleibt: aus dem kein Gegenstand sich heraussondern würde. Das ist das Zeichen der Zeit, vermöge dessen sie dem Bewußtsein die Urbedingung des Inhalts gibt: die Mehrheit von Elementen.

Und darin unterscheidet sich diese Charakteristik von der lediglich psychologischen, daß sie mit Rücksicht auf die Konstituierung des Gegenstands das Zeitbewußtsein beschreibt, während, wenn nur die Folge als die Bedeutung der Zeit gedacht, also die lediglich psychologische Beschreibung der Bewußtseins-Vorgänge angestrebt wird, auch diese mangelhaft bleibt. Jetzt ist die Folge objektiv beleuchtet und als Folge von Elementen, also als Inhalts-Entwickelung bestimmt.

Aber mehr als diese Urbedingung hat die Zeit nicht zu leisten. Daß Elemente unterschieden, unterscheidbar werden, dafür steht sie ein; aber nicht dafür, daß und wie die Folge derselben bestimmt, bestimmbar wird. Die Zeitfolge ist nicht schon die Reihenfolge. Wenn die Reihe das Gesetz bedeutet, nach welchem eindeutig die Folge bestimmt wird, so liegt dieses Gesetz, diese Reihe nicht schon im Schoße der Zeit. Um Reihen als gesetzliche Folgen zu erzeugen, dazu eben erfinden wir *Zahlen*. Und das unterscheidet die Zahl von der Zeit: daß die Zeit die Mehrheit von Elementen bezeichnet, die dabei latente *Einheit* jedoch selber nicht liefern kann. Wo die Einheit als *Einheit der Mehrheit* gedacht wird, da wird gezählt, da wird die Reihenfolge dieser Einheiten als des Inbegriffs der Mehrheit bestimmt.

Das Zählen besteht sonach in der Festsetzung und Erzeugung einer Reihe, einer gesetzmäßigen Ordnung von Einheiten einer Mehrheit. Die Tendenz und Voraussetzung der Zahl ist sonach die Reihbarkeit der Elemente. Diese Voraussetzung versteckt sich in dem Begriffe des *Gleichartigen*, welcher mit der Zahl verbunden, aber nicht deutlich genug nach seinem Verhältnis zur Zahl bestimmt wird. Zählen heißt eine Reihe bilden, d. h. Einheiten als Mehrheit ordnen, d. h. als Einheiten, in der Art der Einheit gleichmachen. In solcher Vergleichung besteht die Ordnung, besteht die Reihe, besteht das Zählen. Die Vergleichung aber beruht auf der gleichmachenden Einheit der Mehrheit. Und in der Vergleichung besteht das Verfahren, in dem und zu dessen Behufe *Größen* gebildet werden.

Es fügen und ordnen sich demgemäß die Begriffe des *Gleichartigen*, der *Gleichheit* und der *Größe*. Die Ordnung dieser Begriffe entspringt aus ihrer kritischen Begründung, welche durch die Aufgabe geleitet wird: den Gegenstand zu konstituieren. Von dieser Rücksicht wird auch Helmholtz geleitet, aber nicht in kritischer Reinheit und Sorgfalt. Er unterscheidet nicht *Stufen in der Bildung des Objekts*; daher fragt er bei den fundamentalen Fragen nach der Zahl und Größe sofort nach der »physischen Verknüpfung«, der zufolge wir Gleichheit feststellen. Dabei geht die elementare Bedeutung der Gleichheit verloren. Platon sagt: Ich meine nicht die gleichen Steine und die gleichen Hölzer, sondern das Gleiche selbst an und für sich. *Diese elementare Bedeutung der Gleichheit liegt in der Gleichartigkeit.*

Helmholtz dagegen fragt in den beiden Fragen, in die er die oben erwähnte Frage nach dem objektiven Sinn reeller Zahl-Größen zerlegt, zuerst nach dem objektiven Sinn des relativen Gleich, zweitens nach dem Charakter der »physischen Verknüpfung« der Größen (S. 21), und erst später, nachdem die Begriffe der Größe und der Gleichheit (S. 36) entwickelt sind, folgt die Entwickelung des Begriffs der Gleichartigkeit (S. 38). Die Grundbegriffe werden sonach in das Gebiet der schon fertigen Objekte verlegt, in die Relationen der »physischen Verknüpfung«, während sie zu charakterisieren sind für die Erzeugung und Wertung des Objektes selbst, des Begriffs, der Möglichkeit eines Objektes. Daß wir, ohne den Gegenstand als Größe zu denken, ihn nicht als Gegenstand denken können, das ist nachzuweisen, und somit, daß wir ihn, um ihn als Größe denken zu können, als Zahl denken müssen, und daß darin die Vergleichung beruht, in welcher die Gleichartigkeit gebildet wird, nämlich die Vergleichbarkeit in der Einheit, als Einheit der Mehrheit.

Auch die *Einheit* gehört zu den Grundbegriffen, die ihren fundamentalen, den Begriff des Gegenstands konstituierenden Charakter bei Helmholtz einbüßen. »Solche Objekte, die in irgendeiner bestimmten Beziehung gleich sind und gezählt werden, nennen wir *Einheiten* der Zählung« (S. 35). Immer ist die Gleichheit und so auch die Einheit im Verhältnis gedacht zu der »physischen Verknüpfung«, die gerade beabsichtigt wird, nicht aber zu der objektiven Erzeugung, die nach den Bedingungen zu ergründen ist. Der Begriff der *Anzahl* fordert mit Recht diese Relativität. »Wenn ich die vollständige Zahlenreihe von 1 bis *n* brauche« (S. 32), so nenne ich *n* die Anzahl der Glieder. Indessen die Gleichheit darf nicht lediglich durch die notwendigerweise relative Anzahl erklärt werden. »Haben beide (scil. Gruppen) dieselbe Anzahl, so bezeichnen wir sie als gleich« (S. 35). Die Gleichheit setzt immer erst die Vergleichbarkeit, die Summierbarkeit, also die Einheit der Mehrheit und somit die *Größe* voraus. Bei Helmholtz aber folgt auf die angeführte Definition des Gleichen unmittelbar die der Größe. »Objekte oder Attribute von Objekten, die mit ähnlichen verglichen, den Unterschied von größer, gleich oder kleiner zulassen, nennen wir Größen« (S. 36). Und diese Unterschiede selbst, wie werden sie bestimmt?

Bei Vergleichung zweier Gruppen von verschiedener Anzahl »bezeichnen wir die, welcher die höhere Anzahl zukommt, als die größere, die von niederer Anzahl als die kleinere« (S. 35). Und wie bestimmt sich das Höhere? Als das in der Reihe Folgende (S. 23). Also beruht die Bestimmung der Größe letztlich auf der »inneren Anschauung« der Zeit. Von dem erzeugenden Charakter, welcher in dem Begriffe, der *Kategorie der Einheit* liegt, ist jede Spur verloren, und was damit fehlt, wird nicht vermißt. Denn es wird überall nur nach dem »objektiven Sinn« gefragt, daß wir Verhältnisse reeller Objekte als Größen »ausdrücken«, Objekte »in gewisser Beziehung für gleich erklären« (S. 20f.), aber nicht nach der objektivierenden Kraft, welche dem Ausdruck der Größe, der Erklärung der Gleichheit beiwohnt, noch bevor eine physische Verknüpfung Platz greifen kann.

Sehr instruktiv wird dieser Mangel und Ausfall der Rücksicht auf die den Begriff des Objekts ermöglichende, d. h. transzendentale Geltung der Begriffe der Größe und der Gleichheit durch ein Urteil über *das erste Axiom* bezeichnet. »Das erste Axiom ›Wenn zwei Größen einer dritten gleich sind, sind sie unter sich gleich‹, ist also nicht ein Gesetz von objektiver Bedeutung, sondern es bestimmt nur, welche physischen Beziehungen wir als gleiche erkennen dürfen« (S. 44). Indessen gerade diese Bestimmung enthält das Axiom nicht; sondern, die physische Bedeutung der Gleichheit vorbehaltend, enthält das Axiom nur den vorbedingenden Gedanken: daß die Gleichheit zweier Größen nur an ihrem Verhältnis zu einer dritten nachgewiesen werden könne. Das Axiom drückt daher den Begriff der Größe als einer *Vergleichungs-Größe* aus. Das Axiom besagt: die Größe ist ein Vergleichungsgebild. Und darin besteht die fundamentale Bedeutung des Begriffs des *Gleichartigen*, daß die Wurzel der Größe in der Vergleichung ausgegraben wird, nicht in der »Methode der Vergleichung« unter geeigneten physischen Bedingungen (S. 37), sondern in der Urmethode des Anordnens vermöge der Einheit als einer Mehrheit-Bildnerin. Diese Reduktion des sogenannten reellen Objekts auf die bloße Vergleichbarkeit mit der Einheit der Mehrheit ergibt die Gleichartigkeit, als die erste und fundamentalste Art einer *Art*.

Die Gleichartigkeit ist daher noch keine Gleichheit, sondern genauer Selbstartigkeit oder Artigkeit par excellence. Die instrumentale Gleichartigkeit bedeutet nichts anderes als die Summierbarkeit, die Möglichkeit und Befugnis, Einheiten der Mehrheit zu bilden, das sind Zahlen. Die Gleichheit dagegen setzt den Begriff der Größe voraus, und bedeutet negativ und positiv: daß in den verglichenen Größen durch Zahlen ein Unterschied nicht festgestellt werden kann, oder daß dieselben, in Zahlen bestimmt, dieselbe *Ausdehnung* beschreiben.

Der Begriff der Größe setzt neben der Zeit den Raum voraus. Das will sagen: als Größe ist nicht zu denken jene Mehrheit von Elementen, welche die Zeit als Mehrheit kennzeichnet, sondern dieselbe ist als Einheit, und nicht als bildende Einheit bloß, sondern als Ganzes festzustellen. Sobald ich aber die Mehrheit geschlossen denke, so denke ich ein Beisammen, und auch psychologisch ist, beiläufig gesagt, in der Simultaneität der Zeit vielmehr der Raum latent. Die Größe ist *extensive Größe*. Ist sie nur extensive Größe?

Indem Helmholtz, die Größen als »physische Größen« fassend, die Methoden der physikalischen Vergleichung durchgeht und für logische Gebrauchszwecke wohltätig illustriert, hat er bei der Besprechung des Unterschiedes zwischen den physikalischen Koeffizienten und den additiven Größen den Satz eingeschoben: »Einigermaßen entspricht der genannte Unterschied wohl dem, den ältere Metaphysiker in dem Gegensatz der extensiven und intensiven Größe anzuzeigen wünschten« (S. 47f.). Wie es sich mit der älteren Metaphysik in diesem Punkte verhält, kann hier weder von neuem untersucht, noch wiederholt werden; dagegen trifft diese Erwähnung das Zentrum der ganzen Frage, den Grund des philosophischen Interesses an Zählen und Messen. Sie führt uns zu dem systematischen Grundgedanken dieser Abhandlung: die *Zahlen* als *Zeichen* zu erklären.

Die Ansicht von den Zeichen tritt schon im Terminismus des Mittelalters auf, wie auch schon beim Ausgang des Altertums in der Stoa, sie erscheint wieder bei Hobbes und ist in prägnanter Schärfe bei dem jugendlichen Schiller zu finden. Der Vorteil dieses Begriffs liegt auf der Hand, wo Überspanntheiten des dogmatischen Realismus aufzuklären sind. Die Begriffe sind nicht das, was durch sie bezeichnet wird; sie haben überhaupt kein Dasein, können daher auch nicht, und wäre es in einem überhimmlischen Orte, ein selbständiges Dasein führen. Sie sind schlecht und recht Zeichen. Und wie alle Begriffe, sind auch die Zahlen Zeichen.

Indessen die Definition ist sonach zu weit. Alle Begriffe sind Zeichen: worin unterscheiden sich nun die Zahl-Zeichen von den Begriffs-Zeichen überhaupt? Und wenn es sich herausstellen sollte, daß unter dem Gattungsausdruck Zeichen die Art der Zahlen von der Gattung der Begriffe nicht unterschieden werden könnte, ist es dann nicht verständlich, daß die großen Rationalisten an dem andern Gattungsausdruck begrifflicher Erzeugungen festhalten wollten und den des Zeichens verschmähten? Die Begriffe sind nicht sowohl Zeichen, als vielmehr Werte. Das Zeichen ist in günstigster Bedeutung das Bild, das getreue Bild, welches die zeichnende Phantasie entwirft. Das Zeichen trägt das Mal der Resignation, sei es der Sophistik, sei es der Aufklärung an der Stirne: als ob wir mit der Erkennungsmarke zufrieden sein müßten, und nicht vielmehr nach dem Grund und Recht der Prägung fragen dürften und fragen könnten.

Der Gesichtspunkt des Zeichens ist daher nur gegen transzendente Vorstellungen nützlich; innerhalb kritischer Einsichten dagegen als Warnung überflüssig und als Prinzip unzulänglich. Denn worin begründet sich die Sache oder der Begriff oder genauer das Problem, welches bezeichnet zu werden verlangt? Ein solches Problem-Zeichen soll in dem Begriffe der Zahl gedeutet und bestimmt werden. Das Bedenkliche an dem Terminus Zeichen ist die Gefahr der oberflächlichen Ansicht, als ob die Dinge für sich hinreichend zum Dasein ausgestattet seien, zum Überfluß aber auch noch zählbar gemacht würden. Die Zahlen sind aber vielmehr Instrumente zur Erzeugung der Dinge als wissenschaftlicher Gegenstände. Diese Teilnahme der Zahlen an dem Ursprung, an der Erzeugung der Gegenstände ist das Problem der Zahl. Der ungenaue Titel des Zeichens leistet nur der Mystik Vorschub, die seit Pythagoras sich an die Zahlen anschmiegt. Wir wollen aber nicht Theologen als Lehrzeugen in der Zahlenlehre anhören müssen.

Das Zeichen erklärt auch die *Einheit* ungenügend. »Das Zeichen Eins legen wir demjenigen Glied der Reihenfolge bei, mit dem wir beginnen« (S. 22). Was beginnen? Die Reihenfolge beginnen. Also bedeutet das Zeichen Eins die Befugnis, die Kraft, die Reihenfolge beginnen zu dürfen und zu können. Woher diese Befugnis und diese Kraft? Das ist die Frage. Diese aber wird nicht gestellt und nicht erledigt, wenn man einfach sagt: »mit dem wir beginnen«: als ob es selbstverständlich wäre und gänzlich außer Frage stände, daß und wie wir beginnen. Als ob nicht gerade in diesem Beginn das Problem der Zahl seine Wurzel habe.

Die Einheit ist in der Tat ein Beginn, aber nicht bloß der Reihenfolge, sondern der Anbeginn der Taten und Betätigungen des Bewußtseins, sofern wir dieselben als Elementar-Beiträge zur Erzeugung des Gegenstandes zerlegen. Die Einheit ist eine der Einheiten des Bewußtseins, deren Inbegriff das wissenschaftliche Bewußtsein ist als Zusammenfassung der Gesetze, die den Begriff des Gegenstands bedingen. Solch ein Zeichen ist die Eins, geradeso wie die Substanz und die Kausalität und die anderen seit den Eleaten berühmten Grundbegriffe.

Wenn wir nun aber diesen den Gegenstand bedingenden Geltungswert der Zahl ins Auge fassen, so entsteht erst recht die Frage, die für Helmholtz selbst den tiefsten Grund des Interesses bildet, nur daß er denselben nicht klargelegt hat. Die Zahlen sind ja samt und sonders nur Vergleichungen, und die Größen, welche in benannten Zahlen ausgedrückt werden, nur *Vergleichungs-Größen*: ist damit gesagt, daß alle unsere Kompetenz, Sachlichkeiten zu bestimmen, zu einer bloßen Zeichenschule herabsinkt; daß die Begriffs-Werte, welche wir auszubilden vermeinen, zu Zeichenbildern verblassen?

Hier ist der Punkt, an welchem die sonderbarste Zahl-Erfindung eintritt, deren Helmholtz auffälligerweise keine Erwähnung tut. Die Menschheit hat im Laufe ihrer mathematischen Entwickelung einen Begriff ausgezeichnet, um dieses Problem, welches innerhalb der Zahlenlehre selbst entsteht, Ausdruck und Lösung zu geben. Diese Hilfe leistet der Grundbegriff der *Realität*, welcher im Unterschiede von den Kategorien der Substanz und der Wirklichkeit, die andere Probleme definieren, dieser Gedankennot abhilft: wie wird der Punkt getroffen, an welchem der wahrhafte *Ursprung* der Dinge und ihrer Werte freilich nicht ausgegraben oder offenbar gemacht, aber – bezeichnet und definiert werden kann, nämlich als gedankliche Voraussetzung, als begriffliche Auszeichnung.

Es wird mir nicht verdacht werden, – denn der Zusammenhang der Betrachtung fordert diese persönliche Rede, – daß ich hier auf die Bedeutung hinweise, welche ich in ausführlichen Auseinandersetzungen mit den Formulierungen Kants und seiner Vorgänger der Kategorie der Realität und demzufolge dem Grundsatz der intensiven Größe zuerteilt habe. Die Realität bezeichnet uns dasjenige, was nicht bloß mit Rücksicht auf einen Maßstab, also kraft Vergleichung und Addition als Größe gedacht wird, sondern ein Etwas, welches den Ursprung und Wurzelpunkt für alle diese Maßstäbe und Vergleichungen nicht zwar wie eine Sache aufdekken, aber als ein Begriff bezeichnen und bedeuten soll; von welchem dies und nichts anderes ausgedrückt wird: der Beginn ist gerechtfertigt, der Ursprung ist bezeichnet, die Sache fängt nicht von ungefähr an, die Größe ist nicht da, ohne daß man wüßte, woher sie gekommen, und auch dadurch nicht etwa da, daß wir glauben, mit einem Zeichen bloß beginnen zu brauchen, sondern wir lassen sie entstehen kraft derselben Befugnis, mit der wir alle Gedankenwerte entstehen lassen, das Quantum der Substanz beharrend machen und die Verknüpfung der Kausalität ins Werk setzen. Mit derselben Kompetenz der synthetischen Einheit gebieten wir der Größe ihren Anfang, der Zahl ihren Ursprung.

Dieses Problem ist so notwendig, wie irgendeines, das eine eigene Auszeichnung fordert. Und wie es sich innerhalb der Zahl-Bildungen selbst geltend macht, so habe ich versucht, in dem »Prinzip der Infinitesimal-Methode und seine Geschichte« (1883) die unendlich kleine Zahl als Repräsentantin dieses Zeichens kenntlich zu machen. Es war nicht meine Absicht, den Lehrer der Differential-Rechnung mit diesem »Kapitel zur Grundlegung der Erkenntniskritik« zu belasten, und ich erkläre hier vorläufig, was dort nur angedeutet war, daß für die interne mathematische Definition der Grenz-Methode in Kraft und Ehren bleibt, wie es denn vom Standpunkt der Erkenntniskritik nur gebilligt werden kann, daß *Kronecker* in der in diesem Bande enthaltenen Abhandlung »Über den Zahlbegriff« auch die negative Zeit rein mathematisch definiert (S. 272f.). Sobald jedoch der Mathematiker nach dem »objektiven Sinn« der Zahlen zu fragen anfängt, so muß er auf den Unterschied zwischen der endlichen und der unendlich kleinen Zahl eingehen, so muß er daher die Bedeutung der letzteren für Geometrie und Mechanik anerkennen und in Betracht ziehen, so darf er sich nicht bei der Formulierung beruhigen, welche Kronecker von *Gauß* anführt, und welche, obschon vom Jahre 1829 datiert, seit dem Jahre 1781 veraltet ist. Zur Erklärung der Zahlen als grundsätzlicher Methoden für die Konstituierung der Objekte ist es erforderlich, die Bedeutung der Infinitesimal-Zahlen als Realitäts-Werte auszuzeichnen, und um dem Gedanken allen Nachdruck der Überzeugung zu verleihen, wage ich den Ausspruch: daß ich von dieser Lehrmeinung, deren Zusammenhang mit der Vorgeschichte ich fortfahren werde darzulegen, als von einer philosophischen Wahrheit überzeugt bin, deren Latenz in Kants Formulierungen das Schicksal der nachkantischen Philosophie erklärt, und von deren fruchtbarer Anerkennung die Sicherstellung des kritischen Idealismus abhängt.

Die extensive Größe ist *Vergleichungs-Größe*; die intensive Größe heißt nur Größe als Erzeugung derselben; sie ist *Erzeugungs-Größe* und *Realitäts-Einheit*. Die endlichen Zahlen sind Einheiten der Mehrheit; die unendlich kleine Zahl ist die Einheit, welche den Ursprung der Einheit bedeutet, also nicht auf die Weite der Mehrheit wartet und in derselben schwebt. Die unendlich kleine Zahl ist daher der ganzen Tendenz nach von der unendlich großen Zahl unterschieden, welche letztere einem andern Kategorien-Titel angehört[1].

Dies ist der Zusammenhang der Infinitesimal-Methode als des vorzüglichsten Instruments der mathematischen Naturwissenschaft mit dem Problem des Gegenstands. Und da alle Mittel, über die wir letztlich verfügen, um Gegenstände zu konstituieren, in Bewegungs-Gleichungen verwendbar werden, diese aber die unendlich kleinen Zahlen, wie immer sie in Zukunft mathematisch definiert werden mögen, voraussetzen, so sind die Zahlen, die im Differential ihre Ursprungs-Geltung haben, nicht nur Zeichen, sondern die tiefsten und letzten Werte, um mit den Realitäten, die sie bezeichnen, die Relationen auszudrücken und zustande zu bringen, in denen allein die Gegenstände definiert werden können.

So gegründete Realität hat die Welt der Wissenschaft, die Welt der Wirklichkeit. Der Begriffswert dieser Realität ist der Wegweiser, mit dem wir uns an den Zeichen der Empfindung orientieren lernen. Die Empfindung ist ein bloßes Zeichen, und wenn wir ihrer Meldung überantwortet wären, so hätten wir nur Anzeichen, aber keine Zeugnisse. Die Natur als die Welt der Wissenschaft ist in Begriffen gegründet, und unter diesen ist einer mit der Geltung der Realität ausgezeichnet. Mit diesem Faktor der Realität haben wir rechnen gelernt und über die Berichte der Empfindung hinaus Objekte und objektive Verhältnisse festgestellt. Die Natur braucht uns nicht schlechtweg als Zeichen-Welt zu gelten: sie ist in Realitäts-Zahlen definiert.

---

1 Vgl. Cohen: Kants Theorie der Erfahrung[2] S. 277 und K. Laßwitz, »Zum Kontinuitäts-Problem« (Philos. Monatshefte Bd. XXIV S. 27).

Wilhelm Windelband
Geschichte und Naturwissenschaft

Wenn ich ein Thema aus der Logik, insbesondere aus der Methodologie, der Theorie der Wissenschaft wähle, so geschieht es in der Meinung, dass an einem solchen in besonders deutlicher, greifbarer Weise der innige Zusammenhang hervortreten muss, in welchem die Arbeit der Philosophie mit derjenigen der übrigen Wissenschaften steht. Nicht wissensfremd in eigner erdachter Welt, sondern in reichem Wechselverkehr mit aller lebendigen Wirklichkeitserkenntniss und mit allem Wertgehalte des wirklichen Geisteslebens hat die Philosophie bestanden und besteht sie: wenn ihre Geschichte die der menschlichen Irrthümer gewesen ist, so war der Grund davon der, dass sie guten Glaubens aus den Theorien der besonderen Wissenschaften als fertig und sicher übernahm, was auch in diesem nur höchstens als werdende Wahrheit hätte gelten dürfen. Dieser Lebenszusammenhang zwischen der Philosophie und den übrigen Disciplinen zeigt sich am deutlichsten gerade in der Entwicklung der Logik, welche nie etwas anderes war als die kritische Reflexion auf die vor ihr betätigten Formen des wirklichen Erkennens. Niemals ist eine fruchtbare Methode aus abstracter Konstruktion oder rein formalen Überlegungen der Logiker erwachsen: diesen fällt nur die Aufgabe zu, das erfolgreich am einzelnen Ausgeübte auf seine allgemeine Form zu bringen und danach seine Bedeutung, seinen Erkenntnisswert und die Grenzen seiner Anwendung zu bestimmen. Woher – um gleich das vornehmste Beispiel heranzuziehen – hat die moderne Logik, der griechischen Mutter gegenüber, die gereifte Vorstellung vom Wesen der Induction? Nicht aus der programmatischen Emphase, mit der sie *Bacon* empfohlen und scholastisch beschrieben hat, sondern aus der Reflexion auf die tatkräftige Anwendung, welche diese Denkform in der Einzelarbeit der Naturforschung, von Sonderproblem zu Sonderproblem sich verfeinernd und steigernd, seit den Tagen *Kepler's* und *Galilei's* bewährt hat.

Auf denselben Zusammenhängen aber beruhen selbstverständlich auch die der neueren Logik eigentümlichen Versuche, in dem zu so bunter Mannigfaltigkeit ausgewachsenen Reiche des menschlichen Wissens begrifflich bestimmte Linien zur Grenzabsonderung der einzelnen Provinzen zu ziehen. Die wechselnde Vorherrschaft, welche in den wissenschaftlichen Interessen der neueren Zeit Philologie, Mathematik, Naturwissenschaft, Psychologie, Geschichte ausgeübt haben, spiegelt sich in den verschiedenen Entwürfen zum »System der Wissenschaften«, wie man früher sagte, zur »Klassifikation der Wissenschaften«, wie es heute genannt wird. Viel wurde dabei durch die universalistische Tendenz gefehlt, welche, mit Verkennung der Autonomie der einzelnen Wissensgebiete, alle Gegenstände dem Zwange einer und derselben Methode unterwerfen wollte, sodass für die Gliederung der Wissenschaften nur noch sachliche, das hiess metaphysische Gesichtspunkte übrig blieben. So haben nach einander die mechanistische, die geometrische, die psychologische, die dialektische, in neuester Zeit die entwicklungsgeschichtliche Methode den Anspruch erhoben, von den engeren Feldern ihrer ursprünglichen fruchtbaren Anwendung ihre Herrschaft möglichst über den ganzen Umfang der menschlichen Erkenntniss zu erweitern. Je grösser der Widerstreit dieser verschiedenen Bestrebungen erscheint, um so mehr erwächst für die Besonnenheit der logischen Theorie die weitausschauende Aufgabe, eine gerechte Abwägung jener Ansprüche und eine ausgleichende Scheidung ihrer Geltungsbereiche durch die allgemeinen Bestimmungen der Erkenntnisslehre zu gewinnen. Die Aussichten dafür stehen nicht ungünstig. Durch *Kant* ist die methodische Auseinandersetzung der Philosophie mit der Mathematik und im Princip auch mit der Psychologie vollzogen worden. Seitdem hat das neunzehnte Jahrhundert bei einer gewissen Erlahmung des anfangs überreizten philosophischen Triebes eine um so buntere Mannigfaltigkeit von Bestrebungen und Bewegungen in den besonderen Wissenschaften erlebt: in der Bewältigung zahlreicher neuer und neuartiger Probleme ist der methodische Apparat nach allen Seiten hin verändert und in nie vorher dagewesenem Masse zugleich verbreitert und verfeinert worden. Dabei haben sich die verschiedenen Verfahrungsweisen vielfach ineinander verästelt, und wenn dann doch jede einzelne für sich eine herrschende Stellung in der allgemeinen Welt- und Lebensansicht unserer Tage verlangt, so erwachsen gerade daraus der theoretischen Philosophie neue Fragen: und solche sind es, für welche ich, ohne sie irgendwie erschöpfen zu wollen, Ihr Interesse in Anspruch zu nehmen wünsche.

Es bedarf kaum der Erwähnung, dass Einteilungen, wie ich sie hier im Auge habe, sich nicht mit der Gliederung decken können, welche die Wissenschaften in der Abgrenzung der Fakultäten finden. Diese ist aus den praktischen Aufgaben der Universitäten und deren geschichtlicher Entwickelung hervorgegangen. Dabei hat der praktische Zweck häufig vereinigt, was in rein theoretischer Hinsicht zu trennen, und auseinandergerissen, was sonst eng zu verbinden wäre: und dasselbe Motiv hat die eigentlich scientifischen mit praktischen und technischen Disciplinen mehrfach verschmolzen. Doch meine man nicht, dass dies alles zum Schaden der wissenschaftlichen Tätigkeit gewesen wäre: vielmehr haben die praktischen Beziehungen auch hier den Erfolg gehabt, eine reichere und lebendigere Wechselwirkung zwischen den verschiedenen Arbeitsgebieten hervorzurufen, als es vielleicht bei den abstracten Zusammenfassungen des Gleichartigen, wie sie in den Akademien vorliegen, der Fall gewesen wäre. Gleichwohl zeigen die Verschiebungen, welche die Fakultätsordnungen der deutschen Universitäten, insbesondere hinsichtlich der ehemaligen *facultas artium* in den letzten Jahrzehnten erfahren haben, eine gewisse Neigung den methodischen Motiven der Gliederung grössere Bedeutung einzuräumen.

Geht man diesen Motiven mit nur theoretischem Interesse nach, so darf zunächst als giltig vorausgesetzt werden, dass wir die Philosophie und doch wohl noch immer auch die Mathematik den Erfahrungswissenschaften gegenüberstellen. Die beiden ersteren mögen unter dem alten Namen der »rationalen« Wissenschaften zusammengefaßt werden, wenn auch in sehr verschiedener und hier nicht näher zu erörternder Bedeutung des Wortes. Es genügt für jetzt, ihre Gemeinsamkeit in der negativen Form auszusprechen, dass sie selbst nicht unmittelbar auf die Erkenntniss von etwas in der Erfahrung Gegebenen gerichtet sind, wenn auch die von ihnen gewonnenen Einsichten in anderen Wissenschaften für diesen Zweck verwendet werden können und sollen. Diesem gegenständlichen Momente entspricht auf der formalen Seite die logische Gemeinschaft, dass beide – Philosophie wie Mathematik – ihre Behauptung niemals auf einzelne Wahrnehmungen oder auf Massen von Wahrnehmungen stützen, so sehr auch der tatsächliche, psychogenetische Anlass für die Untersuchungen und Entdeckungen in empirischen Motiven liegen mag. Unter Erfahrungswissenschaften dagegen verstehen wir diejenigen, deren Aufgabe es ist, eine irgendwie gegebene und der Wahrnehmung zugängliche Wirklichkeit zu erkennen: ihr formales Merkmal besteht somit darin, dass sie zur Begründung ihrer Resultate neben den allgemeinen axiomatischen Voraussetzungen und der für alles Erkennen gleichmässig erforderlichen Richtigkeit des normalen Denkens durchweg einer Feststellung von Tatsachen durch Wahrnehmung bedürfen.

Für die Einteilung dieser auf die Erkenntnis des Wirklichen gerichteten Disziplinen ist gegenwärtig die Scheidung von Naturwissenschaften und Geisteswissenschaften geläufig: ich halte sie in dieser Form nicht für glücklich. Natur und Geist – das ist ein sachlicher Gegensatz, der in den Ausgängen des antiken und den Anfängen des mittelalterlichen Denkens zu beherrschender Stellung gelangt und in der neueren Metaphysik von *Descartes* und *Spinoza* bis zu *Schelling* und *Hegel* mit voller Schroffheit aufrecht erhalten worden ist. Sofern ich die Stimmungen der neuesten Philosophie und die Nachwirkungen der erkenntnisstheoretischen Kritik richtig beurteile, so würde diese in der allgemeinen Vorstellungs- und Ausdrucksweise haften gebliebene Scheidung jetzt nicht mehr als so sicher und selbstverständlich anerkannt werden, dass sie unbesehen zur

Grundlage einer Klassifikation gemacht werden dürfte. Dazu kommt, dass dieser Gegensatz der Objekte sich nicht mit einem solchen der Erkenntnissweisen deckt. Denn, wenn *Locke* den *cartesianischen* Dualismus auf die subjektive Formel brachte, äussere und innere Wahrnehmung – *sensation* und *reflection* – als die beiden gesonderten Organe für die Erkenntniss einerseits der körperlichen Aussenwelt, der Natur, andererseits der inneren Geisteswelt einander gegenüberzustellen, so hat wiederum die Erkenntnisskritik der neuesten Zeit diese Auffassung mehr als je in's Schwanken gebracht und die Berechtigung zur Annahme einer »inneren Wahrnehmung« als besonderer Erkenntnissart wenigstens stark in Zweifel gezogen. Auch würde weiterhin keineswegs zugegeben werden, dass die Tatsachen der sogenannten Geisteswissenschaften lediglich durch innere Wahrnehmung begründet wären. Vor allem aber zeigt sich die Incongruenz des sachlichen und des formalen Einteilungsprincips darin, dass zwischen Naturwissenschaft und Geisteswissenschaft eine empirische Disciplin von solcher Bedeutsamkeit wie die Psychologie nicht unterzubringen ist: ihrem Gegenstand nach ist sie nur als Geisteswissenschaft und in gewissem Sinne als die Grundlage aller übrigen zu charakterisiren; ihr ganzes Verfahren aber, ihr methodisches Gebahren ist vom Anfang bis zum Ende dasjenige der Naturwissenschaften. Daher sie denn es sich hat gefallen lassen müssen, gelegentlich als die »Naturwissenschaft des inneren Sinnes« oder gar als »geistige Naturwissenschaft« bezeichnet zu werden.

Eine Einteilung, welche solche Schwierigkeiten aufweist, hat keinen systematischen Bestand: indessen bedarf sie vielleicht, um ihn zu gewinnen, nur geringer Veränderungen der Begriffsbestimmung. Worin besteht denn die methodische Verwandtschaft der Psychologie mit den Naturwissenschaften? Offenbar darin, dass jene wie diese ihre Tatsachen feststellt, sammelt und verarbeitet nur unter dem Gesichtspunkte und zu dem Zwecke, daraus die allgemeine Gesetzmässigkeit zu verstehen, welcher diese Tatsachen unterworfen sind. Dabei bringt es freilich die Verschiedenheit der Gegenstände mit sich, dass die besonderen Methoden zur Feststellung der Tatsachen, die Art und Weise ihrer inductiven Verwertung und die Formel, auf welche die gefundenen Gesetze sich bringen lassen, sehr verschieden sind; und doch ist in dieser Hinsicht der Abstand der Psychologie z.B. von der Chemie kaum grösser, als etwa der der Mechanik von der Biologie: aber – worauf es hier ankommt – alle diese sachlichen Differenzen treten weit zurück hinter der logischen Gleichheit, welche alle diese Disciplinen hinsichtlich des formalen Charakters ihrer Erkenntnissziele besitzen: es sind immer Gesetze des Geschehens, welche sie suchen, mag dies Geschehen nun eine Bewegung von Körpern, eine Umwandlung von Stoffen, eine Entfaltung des organischen Lebens oder ein Process des Vorstellens, Fühlens und Wollens sein.

Demgegenüber ist die Mehrzahl derjenigen empirischen Disciplinen, die man wohl sonst als Geisteswissenschaften bezeichnet, entschieden darauf gerichtet, ein einzelnes, mehr oder minder ausgedehntes Geschehen von einmaliger, in der Zeit begrenzter Wirklichkeit zu voller und erschöpfender Darstellung zu bringen. Auch auf dieser Seite sind die Gegenstände und die besonderen Kunstgriffe, wodurch man sich der Auffassung versichert, von äusserster Mannigfaltigkeit. Da handelt es sich etwa um ein einzelnes Ereigniss oder um eine zusammenhängende Reihe von Taten und Geschicken, um das Wesen und Leben eines einzelnen Mannes oder eines ganzen Volkes, um die Eigenart und die Entwickelung einer Sprache, einer Religion, einer Rechtsordnung, eines Erzeugnisses der Litteratur, der Kunst oder der Wissenschaft: und jeder dieser Gegenstände verlangt eine seiner Besonderheit entsprechende Behandlung. Immer aber ist der Erkenntnisszweck der, dass ein Gebilde des Menschenlebens, welches in einmaliger Wirklichkeit sich dargestellt hat, in dieser seiner Tatsächlichkeit reproducirt und verstanden werde. Es ist klar, dass hiermit der ganze Umfang der historischen Disciplinen gemeint ist.

Hier haben wir nun eine rein methodologische, auf sichere logische Begriffe zu gründende Einteilung der Erfahrungswissenschaften vor uns. Das Einteilungsprincip ist der formale Charakter ihrer Erkenntnissziele. Die einen suchen allgemeine Gesetze, die anderen besondere geschichtliche Tatsachen: in der Sprache der formalen Logik ausgedrückt, ist das Ziel der einen das generelle, apodiktische Urteil, das der anderen der singulare, assertorische Satz. Und so knüpft sich dieser Unterschied an jenes wichtigste und entscheidende Verhältniss im menschlichen Verstande, das von *Sokrates* als die Grundbeziehung alles wissenschaftlichen Denkens erkannt wurde: das Verhältniss des Allgemeinen zum Besonderen. Die antike Metaphysik spaltete sich von hier aus, indem *Platon* das Wirkliche in den unveränderlichen Gattungsbegriffen, *Aristoteles* dasselbe in den zweckvoll sich entwickelnden Einzelwesen suchte. Die moderne Naturwissenschaft hat uns gelehrt, das Seiende zu definiren durch die dauernden Notwendigkeiten des an ihm stattfindenden Geschehens: sie hat das Naturgesetz an die Stelle der platonischen Idee gesetzt.

So dürfen wir sagen: die Erfahrungswissenschaften suchen in der Erkenntniss des Wirklichen entweder das Allgemeine in der Form des Naturgesetzes oder das Einzelne in der geschichtlich bestimmten Gestalt; sie betrachten zu einem Teil die immer sich gleichbleibende Form, zum anderen Teil den einmaligen, in sich bestimmten Inhalt des wirklichen Geschehens. Die einen sind Gesetzeswissenschaften, die anderen Ereignisswissenschaften; jene lehren, was immer ist, diese, was einmal war.

Das wissenschaftliche Denken ist – wenn man neue Kunstausdrücke bilden darf – in dem einen Falle *nomothetisch*, in dem andern *idiographisch*. Wollen wir uns an die gewohnten Ausdrücke halten, so dürfen wir ferner in diesem Sinne von dem Gegensatz naturwissenschaftlicher und historischer Disciplinen reden, vorausgesetzt dass wir in Erinnerung behalten, in diesem methodischen Sinne die Psychologie durchaus zu den Naturwissenschaften zu zählen.

Überhaupt aber bleibt dabei zu bedenken, dass dieser methodische Gegensatz nur die Behandlung, nicht den Inhalt des Wissens selbst classificirt. / Es bleibt möglich und zeigt sich in der Tat, dass dieselben Gegenstände zum Object einer nomothetischen und daneben auch einer idiographischen Untersuchung gemacht werden können. Das hängt damit zusammen, dass der Gegensatz des Immergleichen und des Einmaligen in gewissem Betracht relativ ist. Was innerhalb sehr grosser Zeiträume keine unmittelbar merkliche Veränderung erleidet und deshalb auf seine unveränderlichen Formen hin nomothetisch behandelt werden darf, kann sich darum doch vor einem weiteren Ausblick als etwas nur für einen immerhin begrenzten Zeitraum Giltiges, d. h. als etwas Einmaliges erweisen. So ist eine Sprache in allen ihren einzelnen Anwendungen durch ihre Formgesetze beherrscht, die bei allem Wechsel des Ausdrucks dieselben bleiben: aber andererseits ist diese selbe ganze besondere Sprache mitsammt ihrer ganzen besonderen Formgesetzmäßigkeit doch nur eine einmalige, vorübergehende Erscheinung im menschlichen Sprachleben überhaupt. Ähnliches gilt für die Physiologie des Leibes, für die Geologie, in gewissem Sinne sogar für die Astronomie; und damit wird das historische Princip auf das Gebiet der Naturwissenschaften hinübergetrieben.

Das klassische Beispiel dafür bildet die Wissenschaft der organischen Natur. Als Systematik ist sie nomothetischen Charakters, insofern als sie die innerhalb der paar Jahrtausende bisheriger menschlicher Beobachtung sich stets gleichbleibenden Typen der Lebewesen als deren gesetzmässige Form betrachten darf. Als Entwicklungsgeschichte, wo sie die ganze Reihenfolge der irdischen Organismen als einen im Laufe der Zeit sich allmählich gestaltenden Process der Abstammung oder Umwandlung darstellt, für dessen Wiederholung auf irgend einem andern Weltkörper nicht nur keine Gewähr, sondern nicht einmal eine Wahrscheinlichkeit vorhanden ist, – da ist sie eine idiographische, historische Disciplin. Schon *Kant* nannte, als er den Begriff der modernen Descendenztheorie im voraus entwarf, denjenigen, welcher sich dieses »Abenteuers der Vernunft« erkühnen würde, den zukünftigen »Archäologen der Natur«.

Fragen wir, wie sich zu diesem entscheidenden Gegensatz unter den Specialwissenschaften bisher die logische Theorie verhalten hat, so stossen wir genau auf den Punkt, an welchem diese am meisten reformbedürftig bis auf den heutigen Tag ist. Ihre ganze Entwicklung zeigt die entschiedenste Bevorzugung der nomothetischen Denkformen. Das ist freilich überaus erklärlich. Da alles wissenschaftliche Forschen und Beweisen in der Form des Begriffs von Statten geht, so bleibt für die Logik immer die Untersuchung über Wesen, Begründung und Anwendung des Allgemeinen das nächste und bedeutendste Interesse. Dazu kommt die Wirkung des historischen Verlaufs. Die griechische Philosophie ist aus naturwissenschaftlichen Anfängen, aus der Frage nach der φύσις, d.h. nach dem bleibenden Sein im Wechsel der Erscheinungen hervorgewachsen, und in einem parallelen Verlauf, der auch der causalen Vermittlung durch historische Tradition in der Renaissance nicht entbehrte, ist die moderne Philosophie zu ihrer Selbständigkeit ebenfalls an der Hand der Naturwissenschaft emporgediehen. So konnte es nicht anders sein, als dass die logische Reflexion sich in erster Linie den nomothetischen Denkformen zuwandte und dauernd ihre allgemeinen Theorien von diesen abhängig machte. Dies gilt noch immer. Unsere ganze traditionelle Lehre vom Begriff, Urteil und Schluss ist noch immer auf das aristotelische Princip zugeschnitten, nach welchem der generelle Satz im Mittelpunkte der logischen Untersuchung steht. Man braucht nur irgend ein Lehrbuch der Logik aufzuschlagen, um sich zu überzeugen, dass nicht nur die grosse Mehrzahl der Beispiele aus den mathematischen und naturwissenschaftlichen Disciplinen gewählt wird, sondern dass auch solche Logiker, welche vollen Sinn für die Eigenart historischer Forschung zeigen, doch die letzten Richtpunkte ihrer Theorien auf der Seite des nomothetischen Denkens suchen. Es wäre zu wünschen, aber es sind noch sehr wenige Ansätze dazu vorhanden, dass die logische Reflexion der grossen geschichtlichen Wirklichkeit, welche im historischen Denken selbst vorliegt, ebenso gerecht werde, wie sie die Formen der Naturforschung bis in das Einzelne hinein zu begreifen verstanden hat.

Einstweilen lassen Sie uns das Verhältniss zwischen nomothetischem und idiographischem Wissen etwas näher betrachten. Gemeinsam ist, wie gesagt, der Naturforschung und der Historik der Charakter der Erfahrungswissenschaft: d.h. beide haben zum Ausgangspunkte – logisch gesprochen, zu Prämissen ihrer Beweise – Erfahrungen, Tatsachen der Wahrnehmung; und auch darin stimmen sie überein, dass die eine so wenig wie die andere sich mit dem begnügen kann, was der naive Mensch so gewöhnlich zu erfahren meint. Beide bedürfen zu ihrer Grundlage einer wissenschaftlich gereinigten, kritisch geschulten und in begrifflicher Arbeit geprüften Erfahrung. In demselben Masse wie man seine Sinne sorgfältig erziehen muss, um die feinen Unterschiede in der Gestaltung nächstverwandter Lebewesen festzustellen, um mit Erfolg durch ein Mikroskop zu sehen, um mit Sicherheit die Gleichzeitigkeit eines Pendelschlages und der Einstellung einer Nadel aufzufassen, – ebenso will es mühsam gelernt sein, die Eigenart einer Handschrift zu bestimmen, den Stil eines Schriftstellers zu beobachten oder den geistigen Horizont und den Interessenkreis einer historischen Quelle zu erfassen. Das eine kann man von Natur meist so unvollkommen wie das andere: und wenn nun die Tradition der wissenschaftlichen Arbeit nach beiden Richtungen eine Fülle feiner und feinster Kunstgriffe hervorgebracht hat, welche der Jünger der Wissenschaft sich praktisch aneignet, so beruht jede solche Spezialmethode einerseits auf sachlichen Einsichten, die schon gewonnen oder wenigstens hypothetisch angenommen sind, andererseits aber auf logischen Zusammenhängen oft sehr verwickelter Art. Hier ist nun wiederum zu bemerken, dass sich bisher das Interesse der Logik weit mehr der nomothetischen als der idiographischen Tendenz zugewendet hat. Über die methodische Bedeutung von Präcisions-Instrumenten, über die Theorie des Experiments, über die Wahrscheinlichkeitsbestimmung aus mehrfachen Beobachtungen desselben Objekts und ähnliche Fragen liegen eingehende logische Untersuchungen vor: aber die parallelen Probleme der historischen Methodologie haben von Seiten der Philosophie nicht entfernt gleiche Beachtung gefunden. Es hängt dies damit zusammen, dass, wie es in der Natur der Sache liegt und wie die Geschichte bestätigt, sich philosophische und naturwissenschaftliche Begabung und Leistung sehr viel häufiger zusammenfinden, als philosophische und historische. Und doch würde es vom äussersten Interesse für die allgemeine Erkenntnisslehre sein, die logischen Formen herauszuschälen, nach denen sich in der historischen Forschung die gegenseitige Kritik der Wahrnehmungen vollzieht, die »Interpolationsmaximen« der Hypothesen zu formuliren und so auch hier zu bestimmen, welchen Anteil an dem sich in allen seinen Momenten gegenseitig stützenden Gebäude der Welterkenntniss einerseits die Tatsachen und andererseits die allgemeinen Voraussetzungen haben, nach denen wir sie deuten.

Doch hier kommen schliesslich alle Erfahrungswissenschaften an dem letzten Princip überein, welches in der widerspruchslosen Übereinstimmung aller auf denselben Gegenstand bezüglichen Vorstellungselemente besteht: der Unterschied zwischen Naturforschung und Geschichte beginnt erst da, wo es sich um die erkenntnissmässige Verwertung der Tatsachen handelt. Hier also sehen wir: die eine sucht Gesetze, die andere Gestalten. In der einen treibt das Denken von der Feststellung des Besonderen zur Auffassung allgemeiner Beziehungen, in der andern wird es bei der liebevollen Ausprägung des Besonderen festgehalten. Für den Naturforscher hat das einzelne gegebene Objekt seiner Beobachtung niemals als solches wissenschaftlichen Wert; es dient ihm nur soweit, als er sich für berechtigt halten darf, es als Typus, als Spezialfall eines Gattungsbegriffs zu betrachten und diesen daraus zu entwickeln; er reflectirt darin nur auf diejenigen Merkmale, welche zur Einsicht in eine gesetzmässige Allgemeinheit geeignet sind. Für den Historiker besteht die Aufgabe, irgend ein Gebilde der Vergangenheit in seiner ganzen individuellen Ausprägung zu ideeller Gegenwärtigkeit neu zu beleben. Er hat an Demjenigen was wirklich war, eine ähnliche Aufgabe zu erfüllen, wie der Künstler an Demjenigen was in seiner Phantasie ist. Darin wurzelt die Verwandtschaft des historischen Schaffens mit dem ästhetischen, und die der historischen Disciplinen mit den *belles lettres*.

Hieraus folgt, dass in dem naturwissenschaftlichen Denken die Neigung zur Abstraction vorwiegt, in dem historischen dagegen diejenige zur Anschaulichkeit. Diese Behauptung wird nur demjenigen unerwartet kommen, der sich gewöhnt hat, den Begriff der Anschauung in materialistischer Weise auf das psychische Aufnehmen des sinnlich Gegenwärtigen zu beschränken, und der vergessen hat, dass es Anschaulichkeit, d. h. individuelle Lebendigkeit der ideellen Gegenwart für das Auge des Geistes ganz ebenso gibt, wie für das des Leibes. Freilich ist jene materielle Auffassung heutzutage weit verbreitet, und sie ist nicht ohne ernste Bedenken. Je mehr man sich gewöhnt, überall wo Vorstellungen erregt werden sollen, möglichst Vieles zum Betasten und Besehen vorzuzeigen, um so mehr setzt man durch das Übermass des receptiven Anschauens die spontane Anschauungsfähigkeit der Gefahr aus, ungeübt zu verkümmern, und dann wundert man sich hinterher, wenn die sinnliche Phantasie träge und leistungsunfähig ist, sobald sie nicht leiblich tasten und sehen kann. Das gilt für die Pädagogik ebenso wie für die Kunst, insbesondere für die dramatische, in der man sich gegenwärtig alle Mühe gibt, die Augen so zu beschäftigen, dass für die innere Anschauung der dichterischen Gestalten nichts mehr übrig bleibt.

Dass aber die Stärke der Naturforschung nach der Seite der Abstraction, diejenige der Geschichte nach der der Anschaulichkeit liegt, wird noch mehr einleuchten, wenn man ihre Forschungsergebnisse vergleicht. So fein gesponnen auch die begriffliche Arbeit sein mag, deren die historische Kritik beim Verarbeiten der Überlieferung bedarf, ihr letztes Ziel ist doch stets, aus der Masse des Stoffes die wahre Gestalt des Vergangenen zu lebensvoller Deutlichkeit herauszuarbeiten: und was sie liefert, das sind Bilder von Menschen und Menschenleben mit dem ganzen Reichthum ihrer eigenartigen Ausgestaltungen, aufbewahrt in ihrer vollen individuellen Lebendigkeit. So reden zu uns durch den Mund der Geschichte, aus der Vergessenheit zu neuem Leben erstanden, vergangene Sprachen und vergangene Völker, ihr Glauben und Gestalten, ihr Ringen nach Macht und Freiheit, ihr Dichten und Denken. Wie anders ist die Welt, welche die Naturforschung vor uns aufbaut! So anschaulich ihre Ausgangspunkte sein mögen, – ihre Erkenntnissziele sind die Theorien, in letzter Instanz mathematische Formulirungen von Gesetzen der Bewegung: sie lässt – echt *platonisch* – das einzelne Sinnending, das entsteht und vergeht, in wesenlosem Scheine hinter sich und strebt zur Erkenntniss der gesetzlichen Notwendigkeiten auf, die in zeitloser Unwandelbarkeit über alles Geschehen herrschen. Aus der farbigen Welt der Sinne präparirt sie ein System von Konstruktionsbegriffen heraus, in denen sie das wahre, hinter den Erscheinungen liegende Wesen der Dinge erfassen will, eine Welt von Atomen, farblos und klanglos, ohne allen Erdgeruch der Sinnesqualitäten, – der Triumph des Denkens über die Wahrnehmung. Gleichgiltig gegen das Vergängliche, wirft sie ihre Anker in das ewig sich selbst gleich Bleibende; nicht das Veränderliche als solches sucht sie, sondern die unveränderliche Form der Veränderung.

Geht aber so tief der Gegensatz zwischen beiden Arten der Erfahrungswissenschaft, so begreift es sich, weshalb zwischen ihnen der Kampf um den bestimmenden Einfluss auf die allgemeine Welt- und Lebensansicht des Menschen entbrennen muss und entbrannt ist. Es fragt sich: was ist für den Gesammtzweck unserer Erkenntnisse wertvoller, das Wissen um die Gesetze oder das um die Ereignisse? das Verständnis des allgemeinen zeitlosen Wesens oder der einzelnen zeitlichen Erscheinungen? Und es ist von vornherein klar, dass diese Frage nur aus einer Besinnung auf die letzten Ziele der wissenschaftlichen Arbeit entschieden werden kann.

Nur flüchtig streife ich hier die äusserliche Beurteilung nach der Utilität. Vor ihr sind beide Denkrichtungen gleichmässig zu rechtfertigen. Das Wissen allgemeiner Gesetze hat überall den praktischen Wert, die Voraussicht künftiger Zustände und ein zweckmässiges Eingreifen des Menschen in den Lauf der Dinge zu ermöglichen. Das gilt für die Bewegungen der Innenwelt ebenso wie für diejenigen der materiellen Aussenwelt; in der letzteren namentlich gestattet die durch das nomothetische Denken erworbene Kenntniss die Herstellung derjenigen Werkzeuge, durch welche die Herrschaft des Menschen über die Natur in stetig zunehmendem Masse erweitert wird. Nicht minder aber ist alle zweckvolle Tätigkeit im gemeinsamen Menschenleben auf die Erfahrungen des historischen Wissens angewiesen. Der Mensch ist, um ein antikes Wort zu variiren, das Thier, welches Geschichte hat. Sein Kulturleben ist ein von Generation zu Generation sich verdichtender historischer Zusammenhang: wer in diesen zu lebendiger Mitwirkung eintreten will, muss das Verständniss seiner Entwicklung haben. Wo dieser Faden einmal abreisst, da muss er – das hat die Geschichte selbst bewiesen – nachher mühsam wieder aufgesucht und angesponnen werden. Sollte dereinst durch irgend ein elementares Ereigniss, sei es in der Aussengestaltung unseres Planeten, sei es in der Innengestaltung der Menschenwelt, die heutige Kultur verschüttet werden – wir können sicher sein, dass die späteren Geschlechter nach ihren Spuren ebenso eifrig graben werden, wie wir nach denen des Altertums. Schon aus diesen Gründen muss die Menschheit ihren grossen historischen Schulsack tragen, und wenn er im Laufe der Zeit immer schwerer und schwerer zu werden droht, so wird es der Zukunft an Mitteln nicht fehlen, ihn vorsichtig und ohne Schaden zu erleichtern.

Aber nicht solcher Nutzen ist es, wonach wir fragen: hier handelt es sich um den inneren Wissenswert.

Freilich auch nicht um die persönliche Befriedigung, welche der Forscher an seinem Erkennen lediglich um dessen selbst willen hat. Denn dieser subjektive Genuss des Herauskriegens, des Entdeckens und Feststellens ist schliesslich bei allem Wissen in gleicher Weise vorhanden. Sein Mass wird viel weniger durch die Bedeutung des Gegenstandes, als durch die Schwierigkeit der Untersuchung bestimmt.

Zweifellos jedoch gibt es daneben objektive und doch rein theoretische Unterschiede im Erkenntnisswert der Gegenstände: ihr Mass aber ist kein anderes als der Grad, in welchem sie zur Gesamterkenntniss beitragen. Das Einzelne bleibt ein Objekt müssiger Kuriosität, wenn es kein Baustein in einem allgemeineren Gefüge zu werden vermag. So ist im wissenschaftlichen Sinne schon »Tatsache« ein teleologischer Begriff. Nicht jedes beliebige Wirkliche ist eine Tatsache für die Wissenschaft, sondern nur das, woraus sie – kurz gesagt – etwas lernen kann. Das gilt vor allem für die Geschichte. Es geschieht gar Vieles, was keine historische Tatsache ist. Dass *Goethe* im Jahre 1780 sich eine Hausglocke und einen Stubenschlüssel, sowie am 22. Februar ein Billetkästchen hat anfertigen lassen, ist durch eine völlig echt überlieferte Schlosserrechnung urkundlich erwiesen: es ist demnach enorm wahr und gewiss also geschehen, und doch ist es keine historische Tatsache, weder eine litteraturgeschichtliche noch eine biographische. Indessen ist andrerseits zu bedenken, dass es innerhalb gewisser Grenzen unmöglich ist von vornherein zu entscheiden, ob dem Einzelnen, was sich der Beobachtung oder der Ueberlieferung darbietet, dieser Werth einer »Tatsache« zukommt oder nicht; daher es die Wissenschaft machen muss, wie *Goethe* im späten Alter: einhamstern, aufspeichern, wessen sie habhaft werden kann, froh des Gedankens, nichts zu verabsäumen von dem, was sie einmal verwenden könnte, und des Vertrauens, dass die Arbeit der kommenden Geschlechter, soweit sie nicht durch die äussern Zufälle der Ueberlieferung beeinträchtigt wird, wie ein grosses Sieb das Brauchbare bewahren und das Nutzlose versinken lassen wird.

Aber dieser wesentliche Zweck alles Einzelwissens, sich einem grossen Ganzen einzufügen, ist nun keineswegs auf die induktive Unterordnung des Besonderen unter den Gattungsbegriff oder unter das allgemeine Urteil beschränkt: er erfüllt sich ebenso da, wo das einzelne Merkmal sich als bedeutsamer Bestandteil einer lebendigen Gesammtanschauung einordnet. Jenes Haften am Gattungsmässigen ist eine Einseitigkeit des griechischen Denkens, fortgepflanzt von den *Eleaten* zu *Platon*, der, wie das wahre Sein so auch die wahre Erkenntniss nur im Allgemeinen fand, und von ihm bis zu unseren Tagen, wo sich *Schopenhauer* zum Sprecher dieses Vorurtheils gemacht hat, wenn er der Geschichte den Wert echter Wissenschaft absprach, weil sie stets nur das Besondere und nie das Allgemeine erfasse. Wohl ist es richtig, dass der menschliche Verstand Vieles auf einmal nur dadurch vorzustellen vermag, dass er den gemeinsamen Inhalt des zerstreuten Einzelnen auffasst: aber je mehr er dabei zum Begriff und Gesetz strebt, umsomehr muss er das Einzelne als solches hinter sich lassen, vergessen und preisgeben. Wir sehen das da, wo man in spezifisch moderner Weise versucht, »aus der Geschichte eine Naturwissenschaft zu machen«, wie es die sogenannte Geschichtsphilosophie des Positivismus vorgeschlagen hat. Was bleibt bei einer solchen Induktion von Gesetzen des Volkslebens schliesslich übrig? Es sind ein paar triviale Allgemeinheiten, die sich nur mit der sorgfältigen Zergliederung ihrer zahlreichen Ausnahmen entschuldigen lassen.

Dem gegenüber muss daran festgehalten werden, dass sich alles Interesse und Beurteilen, alle Wertbestimmungen des Menschen auf das Einzelne und das Einmalige bezieht. Bedenken wir nur, wie schnell sich unser Gefühl abstumpft, sobald sich sein Gegenstand vervielfältigt oder als ein Fall unter tausend gleichartigen erweist. »Sie ist die erste nicht« – heisst es an einer der grausamsten Stellen des Faust. In der Einmaligkeit, der Unvergleichlichkeit des Gegenstandes wurzeln alle unsere Wertgefühle. Hierauf beruht *Spinoza's* Lehre von der Überwindung der Gemüthsbewegungen durch die Erkenntniss: denn für ihn ist Erkenntniss Untertauchen des Besonderen ins Allgemeine, des Einmaligen ins Ewige.

Wie aber alle lebendige Wertbeurteilung des Menschen an der Einzigkeit des Objekts hängt, das erweist sich vor Allem in unserer Beziehung zu den Persönlichkeiten. Ist es nicht ein unerträglicher Gedanke, dass Sein geliebtes, ein verehrtes Wesen auch nur noch einmal ganz ebenso existire? ist es nicht schreckhaft, unausdenkbar, dass von uns selbst mit dieser unserer individuellen Eigenart noch ein zweites Exemplar in der Wirklichkeit vorhanden sein sollte? Daher das Grauenhafte, das Gespenstige in der Vorstellung des Doppelgängers – auch bei noch so grosser zeitlicher Entfernung. Es ist mir immer peinlich gewesen, dass ein so geschmackvolles und feinfühliges Volk wie das griechische die durch seine ganze Philosophie hindurchgehende Lehre sich hat gefallen lassen, wonach in der periodischen Wiederkehr aller Dinge auch die Persönlichkeit mit allem ihrem Tun und Leiden wiederkehren soll. Wie schlimm entwertet ist das Leben, wenn es genau so schon, wer weiss wie oft dagewesen sein und, wer weiss wie oft sich noch wiederholen soll – wie entsetzlich der Gedanke, dass ich als derselbe schon einmal dasselbe gelebt und gelitten, gestrebt und gestritten, geliebt und gehasst, gedacht und gewollt haben soll und dass, wenn das grosse Weltjahr abgelaufen ist und die Zeit wiederkommt, ich dieselbe Rolle auf demselben Theater noch wieder und wieder soll abspielen müssen! Und was so vom individuellen Menschenleben gilt, das gilt erst recht von der Gesammtheit des geschichtlichen Processes: er hat nur Wert, wenn er einmalig ist. Dies ist das Princip, welches die christliche Philosophie in der Patristik siegreich gegen den Hellenismus behauptet hat. Im Mittelpunkt ihrer Weltansicht standen von vornherein der Fall und die Erlösung des Menschengeschlechts als einmalige Tatsachen. Das war die erste grosse und starke Empfindung für das unveräusserliche metaphysische Recht der Historik, das Vergangene in dieser seiner einmaligen unwiederholbaren Wirklichkeit für die Erinnerung der Menschheit festzuhalten.

Andererseits bedürfen nun aber die idiographischen Wissenschaften auf Schritt und Tritt der allgemeinen Sätze, welche sie in völlig korrekter Begründung nur den nomothetischen Disciplinen entlehnen können. Jede Causalerklärung irgend eines geschichtlichen Vorganges setzt allgemeine Vorstellungen vom Verlauf der Dinge überhaupt voraus; und wenn man historische Beweise auf ihre rein logische Form bringen will, so erhalten sie stets als oberste Prämissen Naturgesetze des Geschehens, insbesondere des seelischen Geschehens. Wer keine Ahnung davon hätte, wie Menschen überhaupt denken, fühlen und wollen, der würde nicht erst bei der Zusammenfassung der einzelnen Ereignisse zur Erkenntniss von Begebenheiten – er würde schon bei der kritischen Feststellung der Tatsachen scheitern. Freilich ist es dabei sehr merkwürdig, wie nachsichtig im Grunde genommen die Ansprüche der Geschichtswissenschaft an die Psychologie sind. Der notorisch äusserst unvollkommene Grad, bis zu welchem bisher die Gesetze des Seelenlebens haben formulirt werden können, hat den Historikern niemals im Wege gestanden: sie haben durch natürliche Menschenkenntniss, durch Takt und geniale Intuition gerade genug gewusst, um ihre Helden und deren Handlungen zu verstehen. Das gibt sehr zu denken und lässt es recht zweifelhaft erscheinen, ob die von den Neuesten geplante mathematisch-naturgesetzliche Fassung der elementaren psychischen Vorgänge einen nennenswerthen Ertrag für unser Verständniss des wirklichen Menschenlebens liefern wird.

Trotz solcher Unzulänglichkeiten der Ausführung im Einzelnen ist hieraus klar, dass in der Gesammterkenntniss, zu welcher sich alle wissenschaftliche Arbeit zuletzt vereinigen soll, diese beiden Momente in ihrer methodischen Sonderstellung neben einander bleiben: den festen Rahmen unseres Weltbildes gibt jene allgemeine Gesetzmässigkeit der Dinge ab, welche, über allen Wechsel erhaben, die ewig gleiche Wesenheit des Wirklichen zum Ausdruck bringt; und innerhalb dieses Rahmens entfaltet sich der lebendige Zusammenhang aller für das Menschentum wertvollen Einzelgestaltungen ihrer Gattungserinnerung.

Diese beiden Momente des menschlichen Wissens lassen sich nicht auf eine gemeinsame Quelle zurückführen. Wohl legt die Causalerklärung des einzelnen Geschehens mit dessen Reduction auf allgemeine Gesetze den Gedanken nahe, dass es in letzter Instanz möglich sein müsse, aus der allgemeinen Naturgesetzmässigkeit der Dinge auch die historische Sondergestaltung des wirklichen Geschehens zu begreifen. So meinte *Leibniz*, dass schliesslich alle *vérités de fait* ihre zureichenden Gründe in den *vérités éternelles* haben. Aber er vermochte dies nur für das göttliche Denken zu postuliren, nicht für das menschliche auszuführen.

Man kann sich dies an einem einfachen logischen Schema klar machen. In der Causalbetrachtung nimmt jegliches Sondergeschehen die Form eines Syllogismus an, dessen Obersatz ein Naturgesetz, bezw. eine Anzahl von gesetzlichen Notwendigkeiten, dessen Untersatz eine zeitlich gegebene Bedingung oder ein Ganzes solcher Bedingungen, und dessen Schlusssatz dann das wirkliche einzelne Ereigniss ist. Wie aber logisch der Schlusssatz eben zwei Prämissen voraussetzt, so das Geschehen zwei Arten von Ursachen: einerseits die zeitlose Notwendigkeit, in der sich das dauernde Wesen der Dinge ausdrückt, andrerseits die besondere Bedingung, die in einem bestimmten Zeitmomente eintritt. Die Ursache einer Explosion ist in der einen – nomothetischen – Bedeutung der Natur der explosiblen Stoffe, die wir als chemisch-physikalische Gesetze aussprechen, in der anderen – idiographischen – Bedeutung eine einzelne Bewegung, ein Funke, eine Erschütterung oder Ähnliches. Erst beides zusammen verursacht und erklärt das Ereigniss, aber keines von beiden ist eine Folge des anderen; ihre Verbindung ist in ihnen selbst nicht begründet. So wenig, wie der bei der syllogistischen Subsumtion angefügte Untersatz eine Folge des Obersatzes selbst ist, so wenig ist beim Geschehen die zu dem allgemeinen Wesen der Sache hinzutretende Bedingung aus diesem gesetzlichen Wesen selbst abzuleiten. Vielmehr ist diese Bedingung als ein selbst zeitliches Ereigniss wiederum auf eine andere zeitliche Bedingung zurückzuführen, aus der sie nach gesetzlicher Notwendigkeit gefolgt ist: und so fort bis in infinitum. Ein Anfangsglied dieser endlosen Reihe ist begrifflich nicht zu denken; und auch wenn man versucht es vorzustellen, so ist ein solcher Anfangszustand doch immer ein Neues, was zu dem allgemeinen Wesen der Dinge hinzutritt, ohne daraus zu folgen. *Spinoza* hat dies durch die Unterscheidung der beiden Causalitäten, der unendlichen und der endlichen, ausgedrückt und damit in genialer Einfachheit viele Bedenken unnötig gemacht, mit denen sich neuere Logiker über das »Problem der Vielheit der Ursachen« beunruhigt haben. In der Sprache der heutigen Wissenschaft liesse sich sagen: aus den allgemeinen Naturgesetzen folgt der gegenwärtige Weltzustand nur unter der Voraussetzung des unmittelbar vorhergehenden, dieser wieder aus dem früheren, und so fort; niemals aber folgt ein solcher bestimmter einzelner Lagerungszustand der Atome aus den allgemeinen Bewegungsgesetzen selbst. Aus keiner »Weltformel« kann die Besonderheit eines einzelnen Zeitpunktes unmittelbar entwickelt werden: es gehörte dazu immer noch die Unterordnung des vorhergehenden Zustandes unter das Gesetz.

Da es somit kein in den allgemeinen Gesetzen begründetes Ende gibt, bis zu welchem die Causalkette der Bedingungen zurückverfolgt werden könnte, so hilft uns alle Subsumtion unter jene Gesetze nicht, um das einzelne in der Zeit Gegebene bis in seine letzten Gründe hinein zu zergliedern. Darum bleibt für uns in allem historisch und individuell Erfahrenen ein Rest von Unbegreiflichkeit – etwas Unaussagbares, Undefinirbares. So widersteht das letzte und innerste Wesen der Persönlichkeit der Zergliederung durch allgemeine Kategorien, und dies Unfassbare erscheint vor unserem Bewusstsein als das Gefühl der Ursachlosigkeit unseres Wesens, d. h. der individuellen Freiheit.

Eine Menge metaphysischer Begriffe und Probleme ist an diesem Punkte entsprungen. So unglücklich jene, so verfehlt diese sein mögen: das Motiv bleibt bestehen. Die Gesammtheit des in der Zeit Gegebenen erscheint in unableitbarer Selbständigkeit neben der allgemeinen Gesetzmässigkeit, nach der es sich doch vollzieht. Der Inhalt des Weltgeschehens ist nicht aus seiner Form zu begreifen. Hieran sind alle Versuche gescheitert, das Besondre aus dem Allgemeinen, das »Viele« aus dem »Einen«, das »Endliche« aus dem »Unendlichen«, das »Dasein« aus dem »Wesen« begrifflich abzuleiten. Dies ist ein Riss, welchen die grossen Systeme der philosophischen Welterklärung nur zu verdecken, aber nicht auszufüllen vermocht haben.

Das sah *Leibniz*, als er den *vérités éternelles* ihren Ursprung im göttlichen Verstande, den *vérités de fait* den ihrigen im göttlichen Willen anwies. Das sah *Kant*, als er in der glücklichen aber unbegreiflichen Tatsache, dass alles in der Wahrnehmung Gegebene sich unter die Formen des Intellects bringen und danach ordnen und verstehen lässt, eine über unser theoretisches Wissen weit hinausragende Andeutung göttlicher Zweckzusammenhänge fand.

In der Tat kann über diese Fragen kein Denken mehr Aufschluss geben. Die Philosophie vermag zu zeigen, bis wohin die Erkenntnisskraft der einzelnen Disciplinen reicht; über diese hinaus aber kann sie selbst keine gegenständliche Einsicht mehr gewinnen. Das Gesetz und das Ereigniss bleiben als letzte, incommensurable Grössen unserer Weltvorstellung nebeneinander bestehen. Hier ist einer der Grenzpunkte, an denen der wissenschaftliche Gedanke nur noch die Aufgabe bestimmen, nur noch die Frage stellen kann in dem klaren Bewusstsein, dass er nie im Stande sein wird sie zu lösen.

2. Pragmatismus: William James

Auch wenn man den antimetaphysischen Zug beachtet, der die Schulphilosophie des 19. Jahrhunderts durchzieht, sofern der Standpunkt der Erfahrung und seine theoretische Rechtfertigung überall die Kernfrage bildet, hebt sich der amerikanisch-englische Pragmatismus und seine Kritik aller metaphysischen Spekulationen als etwas Eigenes, von eigener Prägung und von eigener Wirkungsmacht, ab. Er steht nicht einfach am anderen Ende unserer philosophischen Tradition, als Gegner des Rationalismus und seiner Abstraktionen und als Anhänger eines strengen und konsequenten Empirismus, der nur die Erfahrungsdaten und ihre widerspruchsfreie Verarbeitung gelten läßt – ihm ist alle Verallgemeinerung verdächtig, und er beruft sich für jede Annahme auf nichts anderes als auf ihre praktische Bedeutung für das Handeln. Der Name ›Pragmatismus‹ ist von dem griechischen Wort für die Handlung ›pragma‹ abgeleitet.

Die Lehre des Pragmatismus hat daher, wie sich denken läßt, selber eine eminent praktische Bedeutung, sofern ihre Befolgung das überflüssige Theoretisieren verpönt und die unbefangene Anpassung an neue Umstände, die Überwindung aller hinderlichen Vorurteile und die Verabschiedung aller veralteten Gewohnheiten fördert. So ist es gewiß sehr begründet, daß es der neue Kontinent war, auf dem diese Lehre entstand und ihre Verbreitung fand, und das nicht nur in den akademischen Zirkeln, sondern in dem ganzen Erziehungs- und Schulwesen Amerikas. Vor allem hat John Dewey in dieser Richtung eine enorme Wirkung ausgeübt. Die Last alteingewurzelter Traditionen war in der Misch- und Ausgleichskultur dieses von Pionieren aufgebauten Landes ohnehin kaum zu spüren. Wenn nun gar Generationen unter dem Leitgedanken einer Lehre erzogen wurden, die alle starren Prinzipien verdächtigt und die Anpassungsfähigkeit zu einem höchsten gesellschaftlichen Wert erhebt, mußte eine solche Erziehung zu praktischer Beweglichkeit und theoretischer Toleranz ein gesellschaftliches Ferment eigener Art werden. Die demokratische Gesellschaft Amerikas, so groß auch der Druck des Konformismus sein mag, den sie auf jeden einzelnen ausübt, erlaubt dennoch auf diese Weise, daß sich der einzelne stärker mit den öffentlichen Dingen identifiziert, und trägt alle ihre Spannungen und Widersprüche nicht nur tatsächlich, wie das überall im politischen Leben der Fall ist, in immer neuen Kompromissen aus, sondern genießt dabei noch den Segen der Theorie und der Reflexion, die im Kompromiß nicht eine faule Halbheit, sondern eine demokratische Wahrheit erkennt.

Das gibt der philosophischen Theorie von vornherein eine eigene Stellung, sofern sie sich dank ihrer pragmatischen Selbstbegründung zugleich selber in praktische Bewährung aufheben muß. Der Kernpunkt dieser Philosophie ist daher der neue Wahrheitsbegriff. Die alte klassische Definition der Übereinstimmung von Denken und Sein, von Bewußtsein und Gegenstand, erscheint als blasse Abstraktion. Wahrheit ist für den Pragmatismus ein »Gattungsname für alle Arten bestimmter Arbeitswerte in der Erfahrung«. Wahr ist, was sich im einzelnen, d. h. im Vorankommen in der Bewältigung von Situationen, bewährt, und gilt so lange, als es sich für das Handeln als eine nützliche Annahme bewährt.

Im gewissen Sinne ist dieses pragmatische Wahrheitskriterium auch auf das Verfahren der Wissenschaften (und nicht nur auf die sonstige Lebenspraxis) anwendbar. Denn auch in der Wissenschaft wird der Wert der Verfahren sinnvoll daran gemessen, was aus ihnen folgt, z. B. ob die Hypothese alle Phänomene und ob sie dieselben mit den einfachsten Mitteln erklärt. Anders verfährt die Praxis der Forschung mit ihren Hypothesen und Theorien in der Tat nicht. Ob freilich der Begriff der Wahrheit mit diesem pragmatisierenden Kriterium der Wahrheit wirklich identisch ist, ist eine andere Frage.

Die großen Namen der pragmatistischen Bewegung sind Peirce, Dewey, Schiller und James. Wir geben als Dokument eine Vorlesung von William James. Er war mit der deutschen Forschung besonders eng verbunden, z. B. mit Max Stumpf und Husserl, und hat sich vor allem durch sein unbefangenes Studium der Phänomene der Religion einen Namen gemacht. Begreiflich, daß das Prinzip von Antidogmatik bzw. das Antiprinzip von Dogmatik, das der Pragmatismus darstellt, gerade auf diesem Felde befreiend gewirkt hat. Auch James' theoretisches Hauptwerk, seine *Principles of Psychology* (1890), ist von großer Bedeutung. Es ist durch seine Analyse des Begriffs ›Bewußtsein‹ zum Ausgangspunkt der behaviouristischen Kritik geworden. Im ersten Jahrzehnt unseres Jahrhunderts wurden eine Anzahl von Werken James' auch in deutscher Übersetzung veröffentlicht. Die ausgewählte Vorlesung gibt über das Prinzip des Pragmatismus Aufschluß und skizziert überdies den Werdegang der pragmatischen Bewegung.

William James
Was will der Pragmatismus?

Vor einigen Jahren war ich mit einer Gesellschaft in den Bergen. Wie ich nun einmal von einem einsamen Spaziergang zurückkomme, finde ich die ganze Gesellschaft in einem heftigen philosophischen Streit begriffen. Der Gegenstand des Streites war ein Eichhörnchen – ein lebendiges Eichhörnchen, von dem man annahm, daß es sich an eine Seite des Baumstammes anlehne. Gegenüber, auf der andern Seite des Baumes stand, so stellte man sich vor, ein Mann. Dieser Mann will das Eichhörnchen zu Gesicht bekommen und bewegt sich mit großer Schnelligkeit um den Baum herum, aber wie schnell er auch geht, das Eichhörnchen bewegt sich ebenso schnell in der entgegengesetzten Richtung, der Baum bleibt immer zwischen den beiden, so daß der Mann das Eichhörnchen nicht zu sehen bekommt. Das philosophische Problem, das sich aus der Situation ergab, war nun folgendes: Geht der Mann um das Eichhörnchen herum oder nicht? Zweifellos ist, daß er um den Baum herumgeht, aber geht er auch um das Eichhörnchen herum? In der unbeschränkten Muße des Landaufenthaltes waren die Gründe für und wider bald erschöpft. Jeder hatte Partei ergriffen und blieb hartnäckig bei seiner Ansicht; die Zahl der Streitenden war in beiden Parteien gleich groß, und so appellierten, als ich kam, beide Parteien an mich, damit ich der einen oder der andern zur Majorität verhelfe. Ich erinnerte mich nun an die alte scholastische Lehre, die uns anweist, dort, wo wir einen Widerspruch finden, eine Unterscheidung zu machen, suchte nach einer und fand bald die folgende: »Welche von beiden Parteien recht hat«, sagte ich, »das hängt davon ab, was Sie mit dem Ausdruck ›Um das Eichhörnchen herumgehen‹, tatsächlich meinen. Wenn Herumgehen so viel heißt, als sich vom Norden des Eichhörnchens zum Osten, dann zum Süden, zum Westen und dann wieder zum Norden bewegen, dann geht der Mann um das Eichhörnchen herum, denn er nimmt tatsächlich alle diese Stellungen nacheinander ein. Wenn Sie aber unter Herumgehen eine Bewegung verstehen, infolge deren der Mann zuerst *vor* dem Eichhörnchen, dann rechts von ihm, dann hinter ihm, dann links von ihm und dann wieder vor ihm zu stehen kommt, dann ist es ebenso zweifellos, daß er nicht um das Eichhörnchen herumgeht, denn durch die kompensierenden Bewegungen des Eichhörnchens kehrt es dem Manne immer seinen Bauch zu und seinen Rücken ab. Machen Sie die Unterscheidung und es ist kein Grund mehr zu weiterem Streit. Sie haben beide recht oder unrecht, je nachdem Sie ›Herumgehen‹ in dem einen oder dem andern Sinne auffassen.«

Obwohl einer oder zwei der leidenschaftlichen Streiter meine Darlegung ein Ausweichen nannten und meinten, sie brauchten keine scholastische Haarspalterei, sondern verstünden unter Herumgehen eben das, was der einfache ehrliche Sprachgebrauch darunter verstünde, so war doch die Mehrzahl der Ansicht, daß durch meine Unterscheidung der Streit beigelegt sei.

Ich erzähle diese triviale Anekdote, weil sie ein besonders einfaches Beispiel der pragmatischen Methode ist, von der ich jetzt sprechen will. Die *pragmatische* Methode ist zunächst eine Methode, um philosophische Streitigkeiten zu schlichten, die sonst endlos wären. Ist die Welt eine Einheit oder eine Vielheit? Herrscht ein Schicksal oder gibt es freien Willen? Ist die Welt materiell oder geistig? Hier liegen Urteile über die Welt vor, die ebenso gut gelten als nicht gelten können, und die Streitigkeiten darüber sind endlos. Die pragmatische Methode besteht in solchen Fällen in dem Versuch, jedes dieser Urteile dadurch zu interpretieren, daß man seine praktischen Konsequenzen untersucht. Was für ein Unterschied würde sich praktisch für irgend jemanden ergeben, wenn das eine und nicht das andere Urteil wahr wäre? Wenn kein, wie immer gearteter, praktischer Unterschied sich nachweisen läßt, dann bedeuten die beiden entgegengesetzten Urteile praktisch dasselbe und jeder Streit ist müßig. Soll ein Streit wirklich von ernster Bedeutung sein, so müssen wir imstande sein, irgend einen praktischen Unterschied aufzuzeigen, der sich ergibt, je nachdem die eine oder die andere Partei recht hat.

Ein Blick auf die Geschichte dieses Gedankens wird noch besser zeigen, was der Pragmatismus will. Der Name kommt vom griechischen Wort πρᾶγμα, das »Handlung« bedeutet; von demselben Stamme, der unsern Worten »Praxis« und »praktisch« zugrunde liegt. In die Philosophie wurde er von *Charles Peirce* in einem Aufsatz eingeführt, der unter dem Titel »Wie wir unsere Ideen klar machen können« in der Zeitschrift »Popular Science Monthly« (Januarheft 1878) erschien.[1] *Peirce* weist darauf hin, daß unsere Überzeugungen tatsächlich Regeln für unser Handeln sind, und sagt dann, daß wir, um den Sinn eines Gedankens herauszubekommen, nichts anderes tun müssen, als die Handlungsweise bestimmen, die dieser Gedanke hervorzurufen geeignet ist. Die Handlungsweise ist für uns die ganze Bedeutung dieses Gedankens. Die konkrete Tatsache, die allen unseren noch so subtilen Gedanken-Distinctionen zugrunde liegt, ist diese: Keine dieser Distinctionen ist so subtil, daß sie in irgend

---

1 Eine französische Übersetzung von *Peirces* Aufsatz erschien in der Revue Philosophique, Januar 1879.

etwas anderem bestünde, als in einer Unterscheidung, die das Handeln beeinflussen kann. Um also vollkommene Klarheit in unsere Gedanken über einen Gegenstand zu bringen, müssen wir nur erwägen, welche praktischen Wirkungen dieser Gegenstand in sich enthält, was für Wahrnehmungen wir zu erwarten und was für Reaktionen wir vorzubereiten haben. Unsere Vorstellung von diesen Wirkungen, mögen sie unmittelbare oder mittelbare sein, macht dann für uns die ganze Vorstellung des Gegenstandes aus, insofern diese Vorstellung überhaupt eine positive Bedeutung hat.

Das ist das Prinzip von *Peirce*, das Prinzip des Pragmatismus. Es blieb zwanzig Jahre hindurch unbemerkt, bis ich es in einem Vortrag vor Professor *Howisons* philosophischer Gesellschaft an der Universität Kalifornien wieder aufnahm und auf die Religion anwendete. Von da an (1898) schien die Zeit reif für die Aufnahme des Prinzips. Das Wort Pragmatismus verbreitete sich und gegenwärtig füllt es die Seiten der philosophischen Zeitschriften. Man spricht überall von der pragmatischen Bewegung, bald mit Achtung, bald mit Geringschätzung, selten mit klarem Verständnis. Es ist zweifellos, daß auf eine Anzahl von Richtungen, die bisher eines gemeinsamen Namens ermangelten, der Ausdruck Pragmatismus entsprechende Anwendung findet und daß er sich bereits festgelegt hat.

Um die Bedeutung des *Peirce*schen Prinzipes vollständig zu erfassen, muß man sich daran gewöhnen, es auf konkrete Fälle anzuwenden. Ich fand vor einigen Jahren, daß *Ostwald*, der berühmte Leipziger Chemiker, in seinen Vorlesungen über Naturphilosophie das Prinzip des Pragmatismus in vollkommener Klarheit anwendet, obwohl er es nicht mit diesem Namen bezeichnet.

»Alle Wirklichkeiten«, so schrieb er mir, »beeinflussen unser Handeln, und dieser Einfluß ist das, was sie für uns bedeuten. Ich pflege in meinen Vorlesungen die Frage so zu stellen: In welcher Beziehung wäre die Welt anders, wenn diese oder jene Alternative wahr wäre? Wenn ich nichts finden kann, das anders würde, dann hat die Alternative keinen Sinn.«

Das heißt: die rivalisierenden Ansichten bedeuten praktisch dasselbe, und eine andere als eine praktische Bedeutung gibt es für uns nicht. In einem veröffentlichten Vortrag gibt *Ostwald* folgendes Beispiel: »Seit etwa einem Jahrzehnt beschäftigen sich die Chemiker zunehmend mit den sogenannten *tautomeren* Stoffen, d. h. mit solchen, die nach ihrem chemischen Verhalten mehrere Konstitutionsformeln mit gleichem Rechte beanspruchen können; ich erinnere nur an den Azet-Essigester. Nun ist zur Erklärung dieser Eigentümlichkeit von der einen Seite die Theorie aufgestellt worden, dies rühre daher, daß ein labiles Wasserstoffatom beständig zwischen zwei verschiedenen Lagen in demselben Molekül oszilliere, woraus sich die beiden verschiedenen Kostitutionen ergeben. Von anderer Seite ist dagegen die andere Theorie aufgestellt worden, daß ein derartiger Stoff ein Gemisch von den beiden Isomeren sei, welche sich besonders leicht ineinander verwandeln. Beide Ansichten bekämpfen einander mit ziemlicher Heftigkeit und es wurden mancherlei Gründe für und wider angeführt; da aber keiner sich als durchschlagend erwies, so hörte der Streit schließlich ohne bestimmtes Ergebnis auf. Er wäre gar nicht angefangen worden, wenn man sich gefragt hätte, welcher *tatsächliche* oder *experimentelle* Unterschied bestehen müßte, je nachdem die eine oder die andere Ansicht richtig wäre. Denn es stellt sich heraus, daß ein solcher Unterschied gar nicht angegeben werden kann. Es war so, als hätte jener Theoretiker des Brotbackens einen Gegner gefunden, der da behauptet hätte, daß nicht Heinzelmännchen, sondern Nachtelfen den Teig über Nacht gut machen«.[2]

Es ist erstaunlich, zu sehen, wie viele philosophische Kontroversen in dem Augenblick zur Bedeutungslosigkeit herabsinken, wo Sie dieselben dieser einfachen Probe unterwerfen, indem Sie nach den konkreten Konsequenzen fragen. Es kann unmöglich eine Differenz in einem Punkte geben, die nicht eine Differenz an einem andern Punkte zur Folge hat, keine Unterscheidung im Abstrakten, die nicht in einem Unterschied im Konkreten, im Tatsächlichen und in der daraus sich ergebenden Handlungsweise zum Ausdruck käme, für irgend jemand, irgendwie, irgendwo und irgendwann. Die ganze Aufgabe der Philosophie sollte darin bestehen, herauszufinden, welchen bestimmten Unterschied es für Sie und für mich in bestimmten Momenten des Lebens ausmacht, ob diese oder jene Weltformel die wahre ist.

Die pragmatische Methode ist nichts absolut Neues. *Sokrates* war ein Anhänger derselben. *Aristoteles* machte methodischen Gebrauch von ihr. *Locke, Berkeley* und *Hume* schufen mit ihrer Hilfe bedeutsame Beiträge zur Wahrheit. Aber diese Vorläufer des Pragmatismus machten davon nur fragmentarischen Gebrauch, sie waren nur ein Vorspiel. Erst in unserer Zeit hat sich die Methode verallgemeinert, ist sich ihrer universellen Aufgabe bewußt geworden und erhebt den Anspruch auf eine sieghafte Mis-

---

[2] »Theorie und Praxis«, Zeitschrift des österr. Ingenieur- und Architekten-Vereins 1905 Nr. 4 u. 6. Einen noch radikalern Pragmatismus als bei *Ostwald* finde ich in einer Rede des Prof. *W. S. Franklin:* »Ich denke, die krankhafteste Auffassung der Physik, selbst wenn ein Gelehrter sie hat, ist die, daß Physik die Wissenschaft von Massen, Molekülen und vom Äther ist. Die gesündeste Auffassung hingegen, auch wenn sie ein Gelehrter sich nicht ganz zu eigen zu machen vermag, ist die, daß Physik die Wissenschaft von den Mitteln ist, die Körper in unsere Gewalt zu bekommen und sie in Bewegung zu setzen« (in der Zeitschrift »Science« v. 2. Januar 1903).

sion. Ich glaube an diese Mission und hoffe, am Ende auch Sie mit meinem Glauben zu erfüllen.

Der Pragmatismus repräsentiert eine uns durchaus vertraute Richtung in der Philosophie, nämlich die empirische Richtung, allein er repräsentiert sie in einer radikalern und zugleich einwandfreiern Form als die war, die sie bisher angenommen hatte. Ein Pragmatist wendet einem ganzen Haufen veralteter Gewohnheiten, die den Fachphilosophen liebgeworden sind, ein für allemal entschlossen den Rücken.

Er wendet sich weg von Abstraktionen und Unzulänglichkeiten, weg von Problemlösungen, die nur Worte sind, weg von schlechten a priori-Begründungen, von festgelegten Prinzipien, von geschlossenen Systemen, weg von dem Absoluten und den Ursprüngen. Er wendet sich vielmehr zu der Wirklichkeit und Angemessenheit, zu den Tatsachen, zum Handeln und zur Macht. Das bedeutet so viel als Herrschaft der empirischen Stimmung und ehrliches Aufgeben des rationalistischen Temperamentes. Es bedeutet die freie Luft und die mannigfachen Gestaltungen der Natur, entgegengehalten dem Dogma, der Künstelei, dem Anspruch auf endgültige Wahrheit.

Dabei stellt der Pragmatismus keineswegs bestimmte Ergebnisse fest. Er ist nur eine Methode. Aber der allgemeine Sieg dieser Methode würde eine große Veränderung dessen herbeiführen, was ich in meiner ersten Vorlesung das Temperament der Philosophie genannt habe. Die Anhänger des extrem rationalistischen Typus würden kalt gestellt werden, ebenso wie der Höflingstypus in Republiken und der Typus des ultramontanen Priesters in protestantischen Ländern kalt gestellt werden. Wissenschaft und Metaphysik würden einander näher kommen und könnten tatsächlich Hand in Hand miteinander arbeiten.

Die Metaphysik hat in der Regel eine recht primitive Art der Untersuchung zur Anwendung gebracht. Sie wissen, welche Vorliebe die Menschen immer für verborgene Magie hatten, und Sie wissen, welche Rolle in der Magie immer die *Worte* gespielt haben. Sie können den Geist, den Dämon, oder wie immer die Macht heißt, beherrschen, wenn Sie nur seinen Namen und die Zauberformel kennen, die ihn bindet. Salomo kannte die Namen der Geister, und da er die Namen hatte, so waren sie alle seinem Willen unterworfen. So erschien das Universum dem natürlichen Geist immer wie ein Rätsel, dessen Lösung in der Gestalt eines erleuchtenden, Macht bringenden Wortes oder Namens gesucht wurde. Dieses Wort gibt dem Weltprinzip einen Namen, und dieses Wort besitzen, heißt in gewissem Sinne so viel als die Welt besitzen. »Gott«, »Materie«, »Vernunft«, »Das Absolute«, »Energie«, das alles sind solche rätsellösenden Namen. Wir können uns beruhigen, wenn wir sie haben. Wir sind am Ende unserer metaphysischen Untersuchung angelangt.

Wenn Sie aber der pragmatischen Methode folgen, dann können Sie solch ein Wort niemals als den Abschluß Ihrer Untersuchung ansehen. Sie müssen aus jedem solchen Wort seinen praktischen Kassenwert herausbringen, müssen es innerhalb des Stromes Ihrer Erfahrung arbeiten lassen. Dann erscheint es nicht mehr als Lösung, sondern vielmehr als ein Programm für neue Arbeit, und, genauer gesagt, als ein Hinweis auf die Mittel, durch welche existierende Realitäten *verändert* werden können.

Theorien sind dann nicht mehr Antworten auf Rätselfragen, Antworten, bei denen wir uns beruhigen können; *Theorien werden vielmehr zu Werkzeugen.*

Wir liegen nicht ruhig auf dem Faulbett der Theorien, wir dringen vorwärts und bearbeiten mit ihrer Hilfe wiederholt die Natur. Der Pragmatismus nimmt allen Theorien ihre Steifheit, macht sie geschmeidig und läßt jede arbeiten. Da er nichts wesentlich Neues ist, so harmoniert er mit vielen alten philosophischen Richtungen. So stimmt er mit dem Nominalismus darin überein, daß er sich überall an das Einzelne hält, mit dem Utilitarismus darin, daß er überall den praktischen Standpunkt betont, mit dem Positivismus in der Verachtung, die er den bloß sprachlichen Problemlösungen, überflüssigen Fragestellungen und metaphysischen Abstraktionen entgegenbringt.

All das sind, wie Sie sehen, antiintellektualistische Tendenzen. Gegen die Ansprüche und gegen die Methode des Rationalismus ist der Pragmatismus in voller Rüstung und steter Kriegsbereitschaft. Aber er tritt, wenigstens im Ausgangspunkt, für keine bestimmten Ergebnisse ein. Er hat keine Dogmen und keine Lehre außer seiner Methode. Der Pragmatismus liegt, wie der junge italienische Pragmatist *Papini* treffend gesagt hat, in der Mitte unserer Theorien wie ein Korridor in einem Hotel. Unzählige Zimmer gehen auf diesen Korridor. In dem einen dieser Zimmer finden Sie vielleicht einen Mann, der an einer atheistischen Schrift arbeitet, im nächsten einen andern, der auf seinen Knien um Glauben und Kraft betet, in einem dritten einen Chemiker, der die Eigenschaften eines Körpers untersucht. In einem vierten wird ein System idealistischer Metaphysik entworfen und in einem fünften wird die Unmöglichkeit jeder Metaphysik bewiesen. Ihnen allen aber gehört der Korridor zu eigen. Alle müssen ihn passieren, wenn sie einen praktikabeln Weg in ihre Zimmer oder aus denselben brauchen.

Die pragmatische Methode bedeutet also keineswegs bestimmte Ergebnisse, sondern nur eine orientierende Stellungnahme. Und zwar eine Stellungnahme, die uns absehn macht von ersten Dingen, von Prinzipien, von Kategorien, von vorausgesetzten Notwendigkeiten; und eine Stellungnahme, die uns hinblicken läßt auf letzte Dinge, auf Früchte, auf Folgen, auf Tatsachen.

So viel über die pragmatische Methode. Sie werden sagen, daß ich Ihnen diese Methode mehr angepriesen als erklärt habe, allein ich werde sie jetzt ausführlich genug erklären, indem ich an einigen gut bekannten Problemen zeige, wie sie wirkt. Nun hat aber das Wort Pragmatismus auch noch eine weitere Bedeutung bekommen, indem man darunter auch eine bestimmte Wahrheitstheorie versteht. Ich werde, wenn ich erst den Weg gebahnt habe, der Darstellung dieser Theorie eine ganze Vorlesung widmen und kann mich deshalb jetzt kurz fassen. Kurzen Darstellungen ist aber schwer zu folgen und so erbitte ich mir für eine Viertelstunde Ihre verdoppelte Aufmerksamkeit. Wenn Manches dunkel bleibt, so hoffe ich, es in den nächsten Vorlesungen klarer zu machen.

Der Teil der Philosophie, der in unserer Zeit mit dem größten Erfolge bearbeitet wird, ist die sogenannte induktive Logik, d. h. die Erforschung der Bedingungen, unter denen sich unsere Wissenschaften entwickelt haben. Alle, die darüber schreiben, sind zu einer sehr bemerkenswerten Übereinstimmung gelangt über die Bedeutung der Naturgesetze und Elementartatsachen, wenn diese von Mathematikern, Physikern und Chemikern in Formeln gebracht werden. Als die ersten mathematischen, logischen und naturwissenschaftlichen Gleichförmigkeiten, die ersten *Gesetze*, entdeckt wurden, da waren die Menschen von der Klarheit, Schönheit und Einfachheit, die darin waltete, so hingerissen, daß sie überzeugt waren, sie hätten die ewigen Gedanken des Allmächtigen authentisch entziffert. Sein Geist war es, der in Syllogismen donnerte und erdröhnte. Er dachte in Kegelschnitten, in Quadraten, Wurzeln und Verhältnissen. Er trieb Geometrie wie *Euklid*. Er machte *Keplers* Gesetze, auf daß ihnen die Planeten folgen. Er ließ bei fallenden Körpern die Geschwindigkeit im Verhältnis zur Zeit zunehmen. Er schuf das Sinusgesetz für die Brechung des Lichtes. Er schuf die Klassen, Ordnungen, Familien und Arten der Pflanzen und Tiere und stellte ihre Unterschiede fest. Er hatte die Urformen aller Dinge gedacht und ihre Variationen geregelt. Und wenn wir eine seiner wunderbaren Einrichtungen wieder entdecken, dann erfassen wir ganz die Intention seines Geistes.

Aber wie die Wissenschaften sich weiter entwickelt haben, hat der Gedanke Boden gewonnen, daß die meisten Gesetze, vielleicht alle, nur Annäherungsformeln sind. Die Gesetze selbst sind so zahlreich geworden, daß man sie nicht mehr zählen kann. Dabei werden in allen Wissenschaften so verschiedene Formulierungen ausgesprochen, daß die Forscher sich an den Gedanken gewöhnt haben, keine Theorie sei eine genaue Kopie der Wirklichkeit, sondern jede von ihnen könnte von einem bestimmten Standpunkt aus brauchbar sein. Der große Nutzen der Theorien besteht darin, daß sie alte Tatsachen zusammenfassen und zu neuen hinführen. Sie sind nur eine von Menschen geschaffene Sprache, eine Art begrifflicher Kurzschrift, wie jemand sie genannt hat, in der wir unsere Berichte über die Natur niederschreiben. Jede Sprache aber läßt bekanntlich Mannigfaltigkeit in der Wahl des Ausdrucks zu und es gibt da immer verschiedene Dialekte.

So ist aus der wissenschaftlichen Logik die göttliche Notwendigkeit vertrieben worden und menschliche Willkür ist an ihre Stelle getreten. Wenn ich die Namen *Sigwart, Mach, Ostwald, Pearson, Milhaud, Poincaré, Duhem, Heymans* nenne, so werden die Fachmänner unter Ihnen leicht die Richtung erkennen, von der ich spreche, und es werden Ihnen dabei noch weitere Namen einfallen.

Getragen von dieser Bewegung erscheinen nun *Schiller* und *Dewey* mit ihrer pragmatischen Erklärung dessen, was Wahrheit überall bedeutet. Wahrheit, so lehren diese Männer, in unsern Gedanken und Überzeugungen bedeutet genau dasselbe, was Wahrheit in der Wissenschaft ist. Diese Bedeutung besteht einzig und allein darin, daß Gedanken, die ja selbst nur Teile der Erfahrung sind, genau in dem Umfang wahr sind, als sie uns behilflich sind, uns in zweckentsprechende Beziehungen zu andern Teilen unsrer Erfahrung zu setzen, diese Erfahrungen zusammenzufassen und, anstatt der unendlichen Reihe der einzelnen Phänomene nachzugehn, es uns möglich machen, uns mit Hilfe begrifflicher Abkürzungen innerhalb unserer Erfahrungen zu bewegen. Jeder Gedanke, der uns sozusagen als Vehikel dient, jeder Gedanke, der uns glücklich von irgend einem Teile unserer Erfahrung zu irgend einem andern Teile hinführt, indem er die Dinge zweckentsprechend verknüpft, sicher arbeitet, vereinfacht, Arbeit erspart, ist genau in dem Umfange, genau in dem Grade wahr, als er dies alles tut. Jede solche Idee ist wahr als *Denkmittel*. Dies ist die »instrumentale« Theorie der Wahrheit, die so erfolgreich in Chicago gelehrt wird, dies die Theorie, wonach Wahrheit unserer Ideen soviel bedeutet als ihr Arbeitswert, die so geistvoll in Oxford vorgetragen wird.

Dewey, Schiller und ihre Anhänger sind zu diesem allgemeinen Begriff der Wahrheit gelangt, indem sie einfach dem Beispiel der Geologen, Biologen und Philologen folgten.

Beim Aufbau dieser Wissenschaften bestand die erfolgreiche Operation immer darin, daß man einen einfachen Vorgang hernahm, den man tatsächlich beobachten konnte, z.B. Denudation durch die Witterung, Abweichung vom elterlichen Typus, eine Änderung der Sprache durch Einverleibung neuer Wörter und neuer Arten der Aussprache – diesen Vorgang dann verallgemeinerte, ihn auf alle Zeiten anwendete und große Ergebnisse gewann, indem man die sich summierenden Wirkungen desselben durch alle Perioden verfolgte.

Der beobachtbare Vorgang, den *Schiller* und *Dewey* zur Verallgemeinerung herausgriffen, ist der bekannte, den jeder einzelne Mensch erlebt, wenn er sich *neuen Ansichten* anpaßt. Der Vorgang ist hier immer derselbe. Der einzelne Mensch hat bereits einen Vorrat von *alten Ansichten*. Jetzt stößt er auf eine neue Erfahrung und dies setzt die alten Meinungen in Bewegung. Jemand widerspricht ihnen, oder wir entdecken in einem Augenblicke des Nachdenkens, daß sie einander widersprechen; oder wir hören von Tatsachen, mit denen sie unvereinbar sind. Oder es entsteht in uns ein Verlangen, das durch die alten Meinungen nicht befriedigt wird. Das Resultat ist eine Verwirrung in unserem Innern, die unserm Geiste bis jetzt fremd wär, von der wir uns nun befreien wollen, indem wir unsere früheren Meinungen modifizieren. Wir retten davon, so viel wir können, denn in solchen Glaubenssachen sind wir alle extrem konservativ. Wir versuchen also zuerst diese, dann jede Meinung zu ändern (sie leisten nämlich der Änderung in sehr verschiedenem Grade Widerstand), bis endlich eine neue Idee kommt, die wir dem alten Vorrat mit einem Minimum von Störung einverleiben können, eine Idee, die zwischen dem alten Vorrat und der neuen Erfahrung vermittelt und beide miteinander in sehr glücklicher und bequemer Weise verschmilzt.

Dieser neue Gedanke wird dann als wahr angenommen. Er läßt den alten Vorrat von Wahrheiten mit einem Minimum der Modifikation bestehen, dehnt die alten Überzeugungen nur so weit aus, daß sie die neue Erscheinung in sich aufnehmen können, bewegt sich aber dabei auf so vertrauten Gedankenbahnen, als es der Fall nur immer zuläßt. Eine zu weit gehende Erklärung, die alle unsere Vorurteile zerstört, würde niemals für eine wahre Erklärung der neuen Erscheinung gelten können. Wir würden uns den Kopf zerbrechen, bis wir etwas weniger Exzentrisches gefunden hätten. Die gewaltsamste Umwälzung in den Überzeugungen eines Menschen läßt noch immer das meiste vom alten Vorrat bestehen. Zeit und Raum, Ursache und Wirkung, Natur und Geschichte, unsere persönliche Lebensentwicklung bleiben von solchen Revolutionen unangetastet. Jede neue Wahrheit ist ein Vermitteln, ein Mildern von Übergängen. Sie vermählt die alte Meinung mit der neuen Tatsache, mit einem Minimum von Erschütterung und einem Maximum von Kontinuität. Wir halten eine Theorie in dem Maße für wahr, als sie dieses Problem der Maxima und Minima erfolgreich zu lösen vermag. Diese Lösung ist freilich immer nur eine approximative. Wir sagen: Diese Theorie löst dieses Problem in befriedigenderer Weise als jene; aber »befriedigender« heißt befriedigender *für uns*, und jeder wird dabei auf einen anderen Punkt mehr Gewicht legen. Bis zu einem gewissen Grade ist hier alles im Flusse.

Der Punkt nun, den ich Sie besonders zu beachten bitte, ist die Rolle, die die *alten Wahrheiten* dabei spielen. Die Nichtberücksichtigung dieser Rolle hat zum großen Teile die ungerechte Kritik verursacht, die gegen den Pragmatismus aufgeboten wurde. Der Einfluß dieser alten Wahrheiten ist unbedingt maßgebend. Ehrliche Rücksicht auf denselben ist der erste Grundsatz, oft sogar der einzige Grundsatz. Denn in den meisten Fällen, wo Phänomene behandelt werden, die so neu sind, daß sie eine ernstliche Neugestaltung unserer frühern Auffassung verlangen, pflegt man die Vor-Urteile zu ignorieren oder diejenigen schlecht zu behandeln, die auf ihr Vorhandensein hinweisen.

Sie wünschen gewiß Beispiele für diesen Entwicklungsprozeß der Wahrheit und die einzige Schwierigkeit ist hier die Überfülle. Der einfachste Fall einer neuen Wahrheit ist dann gegeben, wenn wir neue Arten von Tatsachen oder neue Einzeltatsachen alter Art einfach zu unserer Erfahrung zahlenmäßig hinzu addieren, eine Addition, die keine Änderung in den alten Überzeugungen zur Folge hat. Ein Tag folgt dem andern und der Inhalt des nächsten wird einfach zu dem früheren dazu addiert. Die neuen Inhalte sind an sich nicht wahr, sie *kommen* und *sind da*. Wahrheit liegt nur in dem, was wir von ihnen aussagen, und wenn wir sagen, daß sie gekommen sind, so besteht die Wahrheit hier in der einfachen Additionsformel.

Oft aber zwingt der Inhalt des Tages zu Umgestaltungen. Wenn ich jetzt durchdringende Schreie ausstieße und mich auf der Rednerbühne wie ein Wahnsinniger gebärdete, so würde dies viele von Ihnen dazu veranlassen, Ihre Gedanken über den wahrscheinlichen Wert meiner Philosophie zu ändern. Eines Tages stellte sich das Radium als Tageserlebnis ein und schien für einen Augenblick unseren Ansichten über die Natur zu widersprechen, da die Ordnung der Natur auf das Gesetz der Erhaltung der Energie gestellt war. Wenn man sah, wie das Radium gleichsam aus der eigenen Tasche ins Unendliche Wärme ausstrahlte, so schien das Energiegesetz verletzt. Was sollte man da denken? Wenn die Ausstrahlungen nichts anderes wären als eine Entladung potentieller Energie, die im Innern der Atome vorhanden war, so wäre das Prinzip der Erhaltung gerettet. Die Entdeckung des Helium, als Ergebnis der Strahlung, öffnete einen Weg zu dieser Überzeugung. Deshalb wird *Ramsays* Ansicht, obgleich sie unsern Begriff der Energie erweitert, doch allgemein für wahr gehalten, weil sie nur ein Minimum von Veränderung der alten Auffassung bewirkt.

Ich brauche die Beispiele nicht zu häufen. Eine neue Meinung gilt in dem Maße für wahr, als sie unser Bedürfnis, das Neue der Erfahrung mit den alten Überzeugungen zu assimilieren, zu befriedigen vermag. Die neue Ansicht muß sich sowohl an die alte Wahrheit anlehnen als auch neue Tatsachen in sich begreifen, und der Erfolg ist dabei, wie ich eben sagte, von unserer subjektiven Bewertung mitbedingt. Wenn also alte Wahrheiten sich durch Hinzufügung neuer weiter entwickeln, so spielen dabei subjektive Gründe mit. Wir sind selbst in den Vorgang eingeschaltet und lassen uns durch diese subjektiven Gründe bestimmen. Der neue Gedanke ist dann am wahrsten, wenn er unserer doppelten Forderung am glücklichsten gerecht wird. Die Art, wie der Gedanke wirkt, macht ihn wahr und läßt ihn als wahr anerkannt werden. Er pfropft sich gleichsam selbst auf den alten Stamm von Wahrheiten, der dann ebenso weiter wächst, wie ein Baum durch die Wirkung eines neuen Kambiumringes.

Dewey und *Schiller* gehen nun weiter, verallgemeinern diese Beobachtung und wenden sie auf die ältesten Wahrheiten an. Auch diese waren einst im Flusse. Auch sie vermittelten zwischen noch ältern Wahrheiten und dem, was damals neue Beobachtungen waren. Rein objektive Wahrheit, die nicht frühere Teile der Erfahrung mit neuer Erfahrung vermählte, eine Wahrheit, bei deren Befestigung die subjektive Befriedigung über diese Vermittlung keine Rolle gespielt hätte, ist nirgends zu finden. Wir nennen die Dinge wahr, weil sie *wahr sind*, denn wahr-sein heißt nichts anderes, als eben diesen Vermählungsakt vollziehen.

Der Schlangenschweif des Menschlichen haftet an jeglichem Ding. Unabhängige Wahrheit, Wahrheit, die wir bloß finden, Wahrheit, die nicht zur Befriedigung menschlicher Bedürfnisse verwendet wird, unabänderliche Wahrheit, ja die gibt es in der Tat in überreichem Maße – oder wird wenigstens von rationalistisch gestimmten Denkern als existierend angenommen. Aber dann bedeutet sie nur das tote Herz des lebendigen Baumes und ihr Vorhandensein will nur sagen, daß auch die Wahrheit ihre Paläontologie und ihre Verjährungsfrist hat, daß auch die Wahrheit nach vielen Dienstjahren steife Glieder bekommt und in den Meinungen der Menschen vor lauter Alter versteinert. Aber wie plastisch selbst die ältesten Wahrheiten trotzdem tatsächlich sind, das hat sich in unsern Tagen in der Umgestaltung der logischen und mathematischen Ideen gezeigt, die jetzt auch in die Physik einzudringen scheint. Die alten Formeln werden umgedeutet und als Spezialfälle weit umfassenderer Prinzipien aufgefaßt, Prinzipien, von deren heutiger Gestaltung und Formulierung unsere Vorfahren keine Ahnung hatten.

Schiller gibt dieser Wahrheitstheorie den Namen Humanismus. Aber auch für diese Lehre scheint der Name Pragmatismus sich immer mehr zu verbreiten und so will ich sie in diesen Vorlesungen unter dem Namen Pragmatismus behandeln.

Das wäre also das Wesen des Pragmatismus. Erstens eine Methode und zweitens eine genetische Wahrheitstheorie. Diese beiden Dinge werden also künftig unser Thema bilden.

Was ich über die Theorie der Wahrheit gesagt habe, wird wohl den meisten von Ihnen wegen der Kürze meiner Ausführungen dunkel und unbefriedigend erschienen sein. Ich werde dies später gut machen. In einer Vorlesung über »gesunden Menschenverstand« werde ich zu zeigen suchen, was ich unter Wahrheiten verstehe, die vor Alter versteinert sind. In einer weiteren Vorlesung werde ich mich über den Gedanken verbreiten, daß unsere Urteile in dem Maße wahr werden, als sie ihre Vermittlungsfunktion erfolgreich ausüben. In einem dritten Vortrag werde ich zeigen, wie schwer es ist, in der Entwicklung der Wahrheit den subjektiven Faktor vom objektiven zu sondern. Vielleicht werden Sie mir in diesen Vorträgen nicht folgen können, und wenn dies der Fall ist, werden Sie vielleicht nicht mit mir übereinstimmen. Aber Sie werden, das weiß ich, mich gewiß ernst nehmen und meinen Bemühungen achtungsvolle Erwägung zuteil werden lassen.

Sie werden wahrscheinlich erstaunt sein, zu hören, daß *Schillers* und *Deweys* Theorien einen wahren Sturm von Verachtung und Spott über sich ergehen lassen mußten. Der ganze Rationalismus hat sich wider sie erhoben. In einflußreichen Kreisen hat man besonders *Schiller* wie einen unverschämten Schulbuben behandelt, der Prügel verdient. Ich erwähne dies nur, weil es ein so grelles Streiflicht auf das rationalistische Temperament wirft, das ich dem Temperament des Pragmatismus entgegengesetzt habe. Der Pragmatismus fühlt sich nicht wohl, wenn er weit weg ist von Tatsachen. Der Rationalist fühlt sich nur in der Nähe von Abstraktionen behaglich. Diese pragmatische Rede von Wahrheiten in der Mehrzahl, von ihrem Nutzen und der Befriedigung, die sie gewähren, von dem Erfolg, mit dem sie »arbeiten« usw., dies alles betrachtet ein Geist von intellektualistischem Typus nur als einen lendenlahmen minderwertigen Lückenbüßer von Wahrheit. Solche Wahrheiten sind für ihn nicht wirkliche Wahrheit. Solche Bewährungen sind nur subjektiv. Demgegenüber muß die objektive Wahrheit etwas sein, das mit Nutzen gar nichts zu tun hat, etwas Hohes, Geläutertes, Weltfremdes, Erlauchtes, Erhabenes. Wahrheit muß absolute Übereinstimmung unserer Gedanken mit einer ebenso absoluten Wirklichkeit sein. Sie muß das sein, was wir unbedingt denken *sollten*. Die bedingte Beschaffenheit unseres wirklichen Denkens ist eine Sache ohne jede Bedeutung und gehört in die Psychologie. »Nieder mit der Psychologie, Hoch die Logik!« lautet in dieser ganzen Frage die Parole.

Beachten Sie den vollständigen Gegensatz dieser geistigen Typen. Der Pragmatist hält sich an konkrete Tatsachen, beobachtet die Wahrheit in einzelnen Fällen bei ihrer Arbeit und schreitet dann zur Verallgemeinerung. Wahrheit ist für ihn ein Gattungsname für alle Arten von bestimmten Arbeitswerten in der Erfahrung. Für den Rationalisten bleibt sie eine reine Abstraktion, an deren bloßen Namen wir uns halten wollen. Während der Pragmatist an einzelnen Fällen zu zeigen unternimmt, *warum* wir uns an die Wahrheit halten müssen, ist der Rationalist unfähig, die konkreten Tatsachen zu erkennen, aus denen seine Abstraktion gewonnen ist. Er wirft uns vor, daß wir die Wahrheit leugnen, während wir uns nur bemüht haben, genau zu untersuchen, warum die Menschen sich nach der Wahrheit richten und sich immer nach ihr richten sollten. Der typische Abstraktionsmensch schaudert vor konkreten Dingen geradezu zurück. Unter gleichen Umständen zieht er das Verblaßte und Schemenhafte entschieden vor. Wenn man ihn vor die Wahl zwischen zwei Welten stellte, er würde den fleischlosen Grundriß immer lieber wählen als das reiche Dikkicht der Wirklichkeit. Der Grundriß erscheint ihm viel reiner, viel klarer, viel vornehmer.

Ich hoffe, daß der Pragmatismus wegen seiner engen Verbindung mit konkreten Tatsachen – und das ist seine charakteristische Eigenart – im weiteren Fortgang unserer Vorlesungen immer mehr Ihre Billigung finden wird. Er folgt darin dem Beispiel seiner Schwesterwissenschaften, indem er das Unbekannte durch das Bekannte verständlich macht. Er bringt Altes und Neues zu harmonischer Vereinigung. Der absolut leere, rein statische Begriff einer »Übereinstimmung« zwischen unserm Geist und der Wirklichkeit – was das bedeuten kann, werden wir später fragen – wird hier ersetzt durch den für jeden verständlichen Begriff eines reichhaltigen und tätigen Verkehrs zwischen unserem konkreten Denken und der großen Welt fremder Erfahrungen, in der unsere Gedanken eine Rolle spielen und ihren Nutzen haben.

Doch für jetzt genug davon. Die Rechtfertigung dessen, was ich sage, muß noch aufgeschoben werden. Ich möchte jetzt noch ein Wort hinzufügen zur weitren Erklärung der Behauptung, die ich in der vorigen Vorlesung aufgestellt habe, dahin gehend, daß der Pragmatismus imstande sei, die empirische Denkweise mit dem religiösen Bedürfnis menschlicher Wesen in harmonischen Einklang zu bringen.

Sie erinnern sich an meine Bemerkung, daß Männer von starkem Tatsachensinn sich von der heute in der Mode stehenden idealistischen Philosophie leicht abgestoßen fühlen, weil diese Philosophie so wenig Vorliebe für Tatsachen hat. Sie ist ihnen viel zu intellektualistisch. Der Theismus der alten Zeit mit seinem Gott als einem erhabenen Monarchen, der aus einer Menge unverständlicher und unnatürlicher Attribute zusammengesetzt war, dieser Theismus war gewiß schlimm genug. Aber solange er sich mit voller Kraft an den Zweckgedanken hielt, solange blieb er doch in Fühlung mit der konkreten Wirklichkeit. Seitdem aber der Darwinismus den Zweckgedanken aus den Geistern der Naturforscher herausgetrieben hat, seitdem hat der Theismus diesen Halt verloren. Der Gottesbegriff, der sich, wenn überhaupt einer, der zeitgemäßen Phantasie empfiehlt, ist der einer immanenten, pantheistischen Gottheit, die mehr *in* den Dingen wirkt als *über* den Dingen. Wer eine philosophische Religion will, wendet sich in der Regel mit mehr Hoffnung dem idealistischen Pantheismus als dem ältern dualistischen Theismus zu, obwohl auch der letztere noch immer geschickte Verfechter hat.

Aber für Tatsachenfreunde oder empirisch gestimmte Geister ist, wie ich in der ersten Vorlesung sagte, der Phantheismus, den man ihnen bietet, schwer zu assimilieren. Er ist mit dem Stempel des Absoluten versehen, verachtet den Staub und nährt sich von der reinen Logik. Er kennt keine wie immer geartete Verbindung mit konkreten Dingen. Der Pantheismus stellt den absoluten Geist, den er für Gott setzt, als die rationale Voraussetzung aller einzelnen Tatsachen hin und steht dem, was die einzelnen Tatsachen in der Welt wirklich sind, mit souveräner Gleichgültigkeit gegenüber. Mögen sie sein, wie sie wollen, das Absolute ist ihr Erzeuger. Gleich dem kranken Löwen in Aesops Fabel führen alle Fußspuren in seine Höhle, aber nulla vestigia retrorsum (keine Spur führt heraus). Sie können mit der Hilfe des Absoluten nicht in die Welt der Einzeltatsachen herabsteigen, Sie können aus Ihrem Begriffe von seinem Wesen keine für Ihr Leben wichtige Folgerungen im einzelnen ableiten. Dieser Gott gibt Ihnen zwar die beruhigende Versicherung, daß für Ihn und seine ewigen Gedanken alles im Reinen ist, aber dabei überläßt Er es Ihnen, im konkreten Einzelfall Ihr irdisches Heil selbst zu suchen durch Ihre eigenen zeitgemäßen Maßnahmen.

Fern sei es von mir, die Großartigkeit dieses Begriffes zu leugnen oder in Abrede zu stellen, daß ein solcher Begriff fähig ist, hochachtbaren Geistern religiösen Trost zu vermitteln. Aber vom menschlichen Standpunkte aus muß man zugeben, daß er mit dem Fehler der Weltfremdheit und des allzu Abstrakten behaftet ist. Dieser Begriff ist so durchaus ein Erzeugnis dessen, was ich das rationalistische Temperament zu nennen wagte. Er verachtet die Bedürfnisse des Empirismus. Er setzt einen fleischlosen Grundriß an die Stelle des Reichtums der wirklichen Welt. Er ist fein, er ist vornehm im schlechten Sinne, in dem Sinne, in dem »vornehm« soviel heißt als ungeeignet für niedrige Dienste. In dieser Welt voll Schweiß und Schmutz sollte das Beiwort »vornehm« für eine Weltanschauung ein Präjudiz gegen ihre Wahrheit und eine philosophische Minderwertigkeit bedeuten. Der Fürst der Hölle mag ein Gentleman sein, wie man uns erzählt, aber der Gott des Himmels und der Erde kann, was immer er auch sein mag, sicher kein Gentleman sein. Wir bedürfen seiner knechtischen Dienste im Staube unserer menschlichen Plackerei weit mehr als seiner Erhabenheit im siebenten Himmel.

Der Pragmatismus nun hat, so sehr er sich auch an Tatsachen hält, doch nicht die Hinneigung zum Materialismus, an der der gewöhnliche Empirismus krankt. Er hat nichts gegen Abstraktionen, so lange wir uns mit ihrer Hilfe auf dem Gebiete der Einzeltatsachen bewegen und so lange sie uns tatsächlich zu etwas hinführen. Da er sich nur für solche Schlüsse interessiert, die unser Geist und unsere Erfahrung gemeinsam herausarbeiten, hat er keineswegs von vornherein ein Vorurteil gegen die Theologie. Wenn theologische Gedanken einen Wert für das wirkliche Leben haben, dann werden sie für den Pragmatismus in dem Sinne wahr sein, daß sie eben dieses Gute an sich haben. Ihr etwaiger höherer Wahrheitswert wird ganz und gar von den Beziehungen zu andern Wahrheiten abhängen, die ebenfalls anerkannt werden müssen.

Dies läßt sich auf das, was ich soeben vom Absoluten des transzendentalen Idealismus gesagt habe, anwenden. Zuerst nannte ich es großartig und sagte, daß es manchen Geistern religiösen Trost vermitteln könne, und dann wieder warf ich ihm Weltfremdheit und Unfruchtbarkeit vor. Aber insofern es religiösen Trost gewährt, ist es gewiß nicht unfruchtbar, es hat diesen bestimmten Wert, es verrichtet eine konkrete Funktion. Als ein guter Pragmatist müßte ich selbst das Absolute »in dem Umfange« wahr nennen, und ich tue dies hiermit ohne Zögern.

Aber was bedeutet in diesem Falle »in dem Umfange wahr«? Die Anwendung der pragmatischen Methode gibt die Antwort. Was meinen diejenigen, die an das Absolute glauben mit ihrer Behauptung, ihr Glaube gewähre ihnen Trost? Sie meinen folgendes: Da im Absoluten das endliche Übel bereits überwunden ist, so können wir, wann immer wir nur wollen, das Zeitliche so betrachten, als wäre es potentiell das Ewige, wir können dem Ausgang sicher vertrauen, können ohne Sünde unsere Furcht fahren lassen und uns der Qual der endlichen Verantwortung entschlagen. Kurz, sie meinen, daß wir uns hie und da moralische Ferien gönnen dürfen, daß wir der Welt ihren Lauf lassen dürfen in dem Bewußtsein, daß das Ende in bessern Händen als in unsern ist und daß es uns nichts angeht.

Das Universum ist ein System, dessen einzelne Glieder gelegentlich ihre Ängstlichkeit los werden dürfen, ein System, in dem auch die sorglose Stimmung berechtigt, in welchem moralische Ferien ganz in der Ordnung sind. Dies ist, wenn ich nicht irre, ein Teil von dem, was man mit dem Absoluten meint, das ist der große Unterschied in unsern wirklichen Erfahrungen, den der Glaube daran bewirkt, das ist sein Kassenwert, wenn wir es pragmatisch interpretieren. Der gewöhnliche Laie in der Philosophie, der über den absoluten Idealismus günstig urteilt, wagt in der Regel nicht seine Begriffe weiter auszuschleifen. Er kann das Absolute soweit brauchen und »soweit« ist schon sehr wertvoll. Er ist unangenehm berührt, wenn wir ungläubig vom Absoluten sprechen, und läßt unsere Einwände unbeachtet, weil sie Erörterungen des Begriffs vornehmen, denen er nicht zu folgen vermag.

Wenn das Absolute nur dies und nicht mehr als dies bedeutet, wer könnte dann seine Wahrheit leugnen? Das hieße ja so viel als verlangen, daß der Mensch sich niemals erholen darf und daß moralische Ferien niemals in der Ordnung sind.

Ich bin mir dessen wohl bewußt, daß es Ihnen recht seltsam vorkommt, wenn Sie mich sagen hören, ein Gedanke sei so lang wahr, als der Glaube an ihn für unser Leben nützlich ist. Daß er gut ist, insofern er nützt, werden Sie gerne zugeben. Wenn das, was wir mit Hilfe eines Gedankens tun, gut ist, so werden Sie auch zugeben, daß der Gedanke selbst so weit gut ist, denn wir sind besser daran, weil wir ihn besitzen. Aber, werden Sie sagen, ist es nicht ein seltsamer Mißbrauch des Wortes »Wahrheit«, Gedanken aus diesem Grunde auch *wahr* zu nennen?

Auf diese schwierigen Fragen erschöpfend zu antworten, ist mir zu dieser Stunde noch nicht möglich. Sie berühren hier den zentralen Punkt von *Schillers, Deweys* und meiner eigenen Wahrheitstheorie, die ich ausführlich erst in dem sechsten Vortrag erörtern kann. Lassen Sie mich jetzt nur soviel sagen, daß die Wahrheit *eine Art des Guten* und nicht, wie man gewöhnlich annimmt, eine davon verschiedene, dem Guten koordinierte Kategorie ist. *Wahr heißt alles, was sich auf dem Gebiete der intellektuellen Überzeugung aus bestimmt angebbaren Gründen als gut erweist.* Wenn wahre Gedanken – das müssen Sie wohl zugeben – nichts enthielten, was für das Leben gut ist, oder wenn die Kenntnis dieser wahren Gedanken positiv schädlich und falsche Urteile die einzig nützlichen wären, dann hätte die allgemein geltende Ansicht, daß die Wahrheit göttlich und köstlich und daß ihr nachzustreben Pflicht ist, sich niemals zu einem Dogma entwickeln können. In einer so beschaffenen Welt wäre es vielmehr unsere Pflicht, die Wahrheit zu *scheuen*. Aber in dieser wirklichen Welt ist es nicht so. So wie gewisse Nahrungsmittel nicht nur für unseren Geschmack angenehm, sondern auch für unsere Zähne, für unsern Magen, für den Aufbau unserer Gewebe gut sind, so sind gewisse Ideen nicht nur angenehm zu denken, nicht nur angenehm, weil sie andere uns lieb gewordene Ideen stützen, sondern sie helfen uns auch in den praktischen Kämpfen des Lebens. Wenn es eine Lebensführung gibt, die besser ist als eine andere, und wenn die Idee, vorausgesetzt, daß wir an sie glauben, uns helfen könnte, das bessere Leben zu führen, dann wäre es ja tatsächlich besser für uns, an diese Idee zu glauben, es sei denn, daß dieser Glaube mit andern wichtigen Lebensförderungen in Konflikt käme.

»Was für uns zu glauben besser wäre!« Das klingt ganz so wie eine Definition der Wahrheit. Es ist beinahe so viel, als wenn ich sagte: »Was wir glauben sollten«, und in dieser Definition würde wohl keiner von Ihnen eine Ungereimtheit erblicken. Sollen wir nicht wirklich immer das glauben, was zu glauben für uns besser ist? Und können wir dann den Begriff dessen, was für uns besser ist, und dessen, was für uns wahr ist, auf die Dauer auseinanderhalten?

Der Pragmatismus sagt: »Nein,« und ich stimme vollständig mit ihm überein. Vielleicht stimmen Sie auch zu, solange es bei der abstrakten allgemeinen Konstatierung bleibt, können aber einen Verdacht nicht unterdrücken. Ich meine den Verdacht, daß, wenn wir in der Praxis alles glauben wollen, was uns für unser persönliches Leben wohl tut, wir dann leicht dazu kämen, uns allen Phantastereien über die Dinge dieser Welt und jedem sentimentalen Aberglauben in bezug auf eine künftige Welt hinzugeben. Ihr Verdacht ist unzweifelhaft wohl begründet, und es ist klar, daß beim Übergang vom Abstrakten zum Konkreten etwas geschieht, wodurch die Situation komplizierter wird.

Ich sagte soeben, was für uns besser sei, zu glauben, das sei wahr, vorausgesetzt, daß es nicht mit andern Lebensförderungen in Konflikt kommt. Nun frage ich: Mit was für Lebensförderungen können einzelne bestimmte Überzeugungen am leichtesten in Konflikt kommen? Offenbar mit den Lebensförderungen, die durch andere Überzeugungen vermittelt werden, wenn diese sich mit den frühern als unvereinbar erweisen. Mit andern Worten: Die größten Feinde jeder einzelnen von unsern Wahrheiten sind unsere übrigen Wahrheiten. Wahrheiten haben einmal diesen unwiderstehlichen Trieb der Selbsterhaltung und die Tendenz, alle Wahrheiten zu vernichten, die ihnen widersprechen. Mein Glaube an das Absolute, der gegründet ist auf das Gute, das er für mich hat, muß den Kampf mit allen meinen Überzeugungen aufnehmen. Zugegeben, er sei wahr, weil er mir moralische Ferien gewährt. Trotzdem aber – und lassen Sie mich vertraulich und nur als Privatperson sprechen – trotzdem gerät das Absolute, wie ich es auffasse, mit andern von meinen Wahrheiten in Konflikt, deren wohltuende Wirkung ich um seinetwillen nicht aufgeben mag. Das Absolute hängt mit einer Art von Logik zusammen, von der ich ein Feind bin, es verwickelt mich, wie ich finde, in unannehmbare metaphysische Paradoxien. Aber ich habe genug Unannehmlichkeiten im Leben und will diese nicht noch dadurch vermehren, daß ich mich mit diesen logischen Inkonsequenzen belaste. So gebe denn ich persönlich das Absolute auf. Ich gönne mir ebenso moralische Ferien, aber als ein Philosoph vom Fach suche ich sie durch ein anderes Prinzip zu rechtfertigen.

Wenn ich meinen Begriff des Absoluten auf das eine wertvolle Moment des Feriengebens beschränken könnte, dann würde es mit meinen übrigen Wahrheiten nicht in Konflikt geraten. Aber wir können unsere Hypothesen nicht so einschränken. Sie enthalten immer auch weitere Momente, und diese geraten leicht in Konflikt. Meine Verwerfung des Absoluten bedeutet also meine Verwerfung seiner weiteren Momente, denn ich glaube ehrlich an die Berechtigung moralischer Ferien.

Sie sehen jetzt, was ich gemeint habe, als ich den Pragmatismus einen Vermittler und einen Versöhner nannte und mit Anlehnung an *Papini* sagte, er »lockere« alle unsere Theorien. Er hat in der Tat keine Vorurteile, keine bahnsperrenden Dogmen, keinen strengen Kanon für die Beweiskraft der Argumente. Er ist durchaus lebensfroh. Er geht auf jede Hypothese ein, beachtet jedes Zeugnis der Tatsachen. Daraus folgt, daß er auf religiösem Gebiet einen großen Vorteil voraus hat und zwar sowohl vor dem positivistischen Empirismus mit seiner antitheologischen Tendenz, als auch vor dem religiösen Rationalismus mit seinem ausschließlichen Interesse für das Weltfremde, das Vornehme, das Einfache und das Abstrakte.

Kurz, der Pragmatismus erweitert das Gebiet, auf dem man Gott suchen kann. Der Rationalismus klebt an der Logik und am Himmelreich. Der Empirismus klebt an den äußern Sinnen. Der Pragmatismus ist zu allem bereit, er folgt der Logik oder den Sinnen und läßt auch die bescheidenste und persönlichste Erfahrung gelten. Er würde auch mystische Erfahrungen gelten lassen, wenn sie praktische Folgen hätten.

Als annehmbare Wahrheit gilt ihm einzig und allein das, was uns am besten führt, was für jeden Teil des Lebens am besten paßt, was sich mit der Gesamtheit der Erfahrungen am besten vereinigen läßt. Wenn theologische Ideen das können, wenn speziell der Gottesbegriff sich hierbei bewährt, wie könnte da der Pragmatismus die Existenz Gottes leugnen. Er könnte gar keinen Sinn darin erblicken, ein Urteil, das pragmatisch so erfolgreich war, als unwahr zu betrachten. Welche andere Art von Wahrheit könnte es für den Pragmatismus geben als diese Übereinstimmung mit der konkreten Wirklichkeit.

Ich werde in meiner letzten Vorlesung auf die Beziehungen des Pragmatismus zur Religion zurückkommen. Aber Sie sehen jetzt schon, wie demokratisch er ist. Seine Betätigungsweisen sind so mannigfach und so geschmeidig, seine Hilfsquellen so reich und so unerschöpflich, seine Schlüsse so liebevoll wie die der Mutter Natur.

3. Positivismus: Moritz Schlick, Bertrand Russell

Der Positivismus ist noch heute eine der wichtigsten Strömungen im Bereich der Wissenschaftstheorie und Erkenntnistheorie. Man hat allerdings Ursache, ihn von seinen früheren Formen abzuheben, und nennt ihn daher meist ›Neopositivismus‹. Denn er geht geradezu von der Kritik an jenem erkenntnistheoretischen Positivismus aus, der von den Empfindungsgegebenheiten aus durch eine Art ›Mechanik der Empfindungen‹ Erkenntnisse zu erklären beanspruchte. Das Buch von Ernst Mach, *Die Analyse der Empfindungen*, war 1882 erschienen. Ob die Empfindungsdaten ›Gegebenheiten‹ unseres Bewußtseins sind oder auch nur letzte Elemente, aus denen sich unsere Erfahrungen aufbauen – was wahrhaft ›gegeben‹ ist, erwies sich mehr und mehr als ein höchst diffiziles Problem. Auch wenn man von der Problematik absieht, die mit dem Gestaltbegriff verbunden ist und die in der sogenannten Gestaltpsychologie ihre wissenschaftliche Entfaltung gefunden hat, stellt sich der Begriff der Empfindungsgegebenheit als eine dogmatische Konstruktion heraus. Bezeichnend, daß am Anfang unseres Jahrhunderts der Anspruch, der wahre Positivismus zu sein, auch von der Phänomenologie Husserls erhoben wurde, sofern sich diese auf die Evidenz der anschaulichen Gegebenheit (und nicht nur der sinnlichen) gründet.

Aber auch innerhalb der positivistischen ›Tradition‹, die sich an den englischen Empirismus und an Ernst Mach, der selber ein namhafter Physiker war, anschloß, wurde das Problem des Gegebenen, des ›Fundaments‹ der Erkenntnis mehr und mehr kontrovers. Das Zentrum dieses Neopositivismus war der sogenannte Wiener Kreis, dem in Berlin u. a. Hans Reichenbach nahestand. Seine Lehre war der ›Physikalismus‹, d. h. die Übertragung der Methode der Physik auf alle Wissenschaft. Im Zentrum der Diskussion standen nicht mehr die Empfindungsgegebenheiten, sondern die Lehre von den Protokollsätzen. Die Frage war, ob sie ein unumstößliches Fundament der Erkenntnis darstellen. Nun ist das Protokoll bei aller ›Treue‹ von dem, was es protokolliert, notwendig verschieden. Und so ist es durchaus umstritten, welche zusätzlichen Bedingungen es sind, etwa der Kohärenz der Erfahrung oder der Denkökonomie, die es erlauben, alle inhaltlichen Sätze so auf Protokollsätze zurückzuführen, daß das Ganze der wissenschaftlichen Erkenntnis dadurch gerechtfertigt wird. Um eine Vorstellung von den wissenschaftstheoretischen Problemen des Wiener Kreises zu geben, drucken wir einen programmatischen Aufsatz von Moritz Schlick ab, der in der Zeitschrift ›Erkenntnis‹, die Arbeiten von Rudold Carnap, Otto Neurath, Karl Popper u. a. enthält, im Jahr 1934 erschienen ist. Er diskutiert das Problem der Protokollsätze, und es ist sicher ein richtiger Gedanke, die Protokollsätze bzw. die Beobachtungssätze und Konstatierungen nicht schlechthin als ein vorgegebenes Fundament der Erkenntnis gelten zu lassen, sondern aus dem Fragezusammenhang der Forschung heraus jeweils zu legitimieren.

Was in diesem Aufsatz nicht genügend hervortritt, ist freilich die Rolle, die die Sprache und ihre logische Formalisierung für die Wissenschaftstheorie des Wiener Kreises spielt. Wittgenstein in seinem frühen Traktatus von 1921 und eine Reihe von Arbeiten von Rudolf Carnap haben gerade diese Seite ausgearbeitet. Schon lange vorher haben aber englische Philosophen, insbesondere der frühe Whitehead und Bertrand Russell, der ein Freund Wittgensteins war, Grundlegendes geleistet. Während die kritische Funktion, die die Entwicklung mathematischer Symbolsprachen für die Philosophie haben soll, vor allem von Rudolf Carnap betont wurde, erweisen sich die nominalistischen Grundlagen dieser Theorie angesichts der Probleme der Reflexionsbegriffe und der Universalien heute als ebenso schwierig wie vor 500 Jahren. So versetzt es in eine noch heute höchst aktuelle Problematik, wenn wir den Aufsatz Bertrand Russells von 1905 ›On Denoting‹ in einer deutschen Übersetzung, die wir Dr. R. Bubner verdanken, abdrucken.

Russell sucht in dieser Studie in Auseinandersetzung mit A. v. Meinong und G. Frege die ›Bedeutung‹ solcher Satzglieder zu bestimmen, die nicht einfach Gegenstände betreffen, mit denen uns unmittelbare Bekanntschaft verbindet. Er sucht die Widersinnigkeiten zu vermeiden, die aus einer platonisierenden Annahme von ›Gegenständen höherer Ordnung‹ folgen und die selbsttätige Sinnfunktion solcher Bezeichnungen zu leugnen. Offenbar will er damit die nominalistische Basis eines logischen Atomismus konsequent festhalten. Hier sollte der spätere Wittgenstein mit seiner Selbstkritik einsetzen.

Moritz Schlick
Über das Fundament der Erkenntnis

I.

Alle großen Versuche der Begründung einer Theorie des Erkennens entspringen aus der Frage nach der Sicherheit menschlichen Wissens, und diese Frage wiederum entspringt aus dem Wunsche nach absoluter Gewißheit der Erkenntnis.

Die Einsicht, daß die Aussagen des täglichen Lebens und der Wissenschaft schließlich nur auf wahrscheinliche Geltung Anspruch machen können, daß auch die allgemeinsten in jeder Erfahrung bewährten Ergebnisse der Forschung nur den Charakter von Hypothesen haben, diese Einsicht hat die Philosophie seit Descartes, ja weniger deutlich schon seit dem Altertum, immer wieder angestachelt, eine unerschütterliche Grundlage zu suchen, die allem Zweifel entzogen ist und den festen Boden bildet, auf dem das schwankende Gebäude unseres Wissens sich erhebt. Die Unsicherheit des Gebäudes führte man meist darauf zurück, daß es unmöglich – vielleicht prinzipiell unmöglich – war, durch menschliche Denkkraft ein solideres aufzubauen; aber das hinderte nicht, nach dem natürlichen Felsen zu suchen, welcher *vor* allem Bauen da ist und selber nicht wankt.

Dieses Suchen ist ein lobenswertes, gesundes Streben, und es ist auch bei »Relativisten« und »Skeptikern« wirksam, die sich seiner gerne schämen möchten. Es tritt in verschiedenen Formen auf und führt zu sonderbaren Meinungsverschiedenheiten. Die Frage nach den »Protokollsätzen«, nach ihrer Funktion und Struktur, ist die neueste Form, in welche die Philosophie, oder vielmehr der entschiedene Empirismus unserer Tage, das Problem des letzten Wissensgrundes kleidet.

Unter »Protokollsätzen« dachte man sich, wie der Name andeutet, ursprünglich jene Sätze, welche in absoluter Schlichtheit, ohne jede Formung, Veränderung oder Zutat die *Tatsachen* aussprechen, in deren Bearbeitung jede Wissenschaft besteht, und die jeder Behauptung über die Welt, jedem Wissen vorhergehen. Es hat keinen Sinn, von ungewissen Tatsachen zu sprechen, nur Aussagen, nur unser Wissen kann unsicher sein; und wenn es daher gelingt, die rohen Tatsachen völlig rein in »Protokollsätzen« wiederzugeben, so scheinen diese die absolut unzweifelhaften Ausgangspunkte aller Erkenntnis zu sein. Sie werden zwar in dem Augenblick wieder verlassen, in dem man zu Sätzen übergeht, die im Leben oder in der Wissenschaft wirklich brauchbar sind (ein solcher Übergang scheint der von »singulären« zu »allgemeinen« Aussagen zu sein), aber sie bilden immerhin den festen Untergrund, welchem alle unsere Erkenntnisse alles verdanken, was sie an Geltung noch besitzen mögen.

Es ist dabei gleichgültig, ob diese sog. Protokollsätze jemals wirklich protokolliert, also tatsächlich ausgesprochen, aufgeschrieben oder auch nur explizite »gedacht« werden; nur darauf kommt es an, daß man weiß, zu welchen Sätzen die wirklich gemachten Aufzeichnungen zurückführen, und daß diese jederzeit rekonstruierbar sind. Wenn ein Forscher z. B. notiert, »unter den und den Umständen steht der Zeiger auf 10.5«, so weiß er, daß dies bedeutet: »zwei schwarze Striche fallen zusammen«, und daß die Worte »unter den und den Umständen« (die wir uns hier aufgezählt denken) gleichfalls in bestimmte Protokollsätze aufzulösen sind, die er, wenn auch mit Mühe, so doch im Prinzip genau angeben könnte, wenn er wollte.

Es ist klar und wird meines Wissens von keiner Seite bestritten, daß die Erkenntnis im Leben und in der Forschung in *irgendeinem* Sinne mit der Konstatierung von Tatsachen *beginnt*, und daß »Protokollsätze«, in denen eben diese Konstatierung geschieht, in demselben Sinne am *Anfang* der Wissenschaft stehen. Welches ist dieser Sinn? Ist der »Beginn« im zeitlichen oder logischen Sinne zu verstehen?

Hier finden wir schon manche Unklarheit und manches Schwanken. Wenn ich oben sagte, es komme nicht darauf an, ob die entscheidenden Sätze auch wirklich protokolliert oder ausgesprochen würden, so heißt dies offenbar, daß sie nicht *zeitlich* am Anfang zu stehen brauchen, sondern ebensogut nachgeholt werden können, wenn es erforderlich sein sollte. Und man wird es *dann* erforderlich finden, wenn man sich klar zu machen wünscht, was denn das tatsächlich Aufgeschriebene eigentlich bedeutet. Also wäre die Rede von Protokollsätzen *logisch* zu verstehen? Dann würden sie durch bestimmte logische Eigenschaften, durch ihre Struktur, ihre Stellung im System der Wissenschaft ausgezeichnet sein, und es entstünde die Aufgabe, nun eben diese Eigenschaften wirklich anzugeben. In der Tat ist dies die Form, in welcher z. B. Carnap früher das Problem der Protokollsätze ausdrücklich stellte, während er es später (Erkenntnis, Bd. 3, S. 216, 223) als eine durch willkürliche Festsetzung zu lösende Frage erklärte.

Auf der andern Seite finden wir manche Ausführungen, die vorauszusetzen scheinen, daß man unter »Protokollsätzen« nur solche Aussagen verstehen will, die auch zeitlich den andern Behauptungen der Wissenschaft vorausgehen. Und geschieht das nicht mit Recht? Man muß doch bedenken, daß es sich um das letzte Fundament der *Wirklichkeits*erkenntnis handelt, und daß es dazu nicht genügen kann, die Sätze nur gleichsam als »ideale Gebilde« zu behandeln (wie man früher platonisierend zu sagen pflegte), sondern daß man sich um die realen Gelegenheiten, um die in der Zeit eintretenden Ereignisse kümmern muß, in denen das Fällen der Urteile besteht, also um die psychischen Akte des »Denkens«, oder die physischen des »Sprechens« oder »Schreibens«. Da die psychischen Urteilsakte erst dann geeignet erscheinen, zur Begründung der intersubjektiv gültigen Erkenntnis zu dienen, wenn sie in einen mündlichen oder schriftlichen Ausdruck (d. h. in ein physisches Zeichensystem) übersetzt sind, so kam man dazu, als »Protokollsätze« gewisse gesprochene, geschriebene oder gedruckte Sätze anzusehen, d. h. gewisse aus Lauten, aus Tinte oder Druckerschwärze bestehende Zeichenkomplexe, die, wenn man sie aus den üblichen Abkürzungen in die vollständige Sprechweise überträgt, etwa bedeuten würden: »Herr N. N. hat zu der und der Zeit an dem und dem Ort das und das beobachtet«. (Diese Auffassung wurde besonders von O. Neurath vertreten.) In der Tat, wenn wir den Weg zurückverfolgen, auf dem wir realiter zu all unserem Wissen gelangt sind, so stoßen wir zweifellos immer auf diese selben Quellen: gedruckte Sätze im Buche, Worte aus dem Munde des Lehrers, eigene Beobachtungen (im letzten Falle sind wir selbst der N. N.).

Nach dieser Auffassung wären die Protokollsätze reale Vorkommnisse in der Welt und müssen den anderen realen Prozessen, in denen der »Aufbau der Wissenschaft« oder auch die Erzeugung des Wissens eines Individuums besteht, zeitlich vorangehen.

Ich weiß nicht, inwiefern die hier gemachte Unterscheidung zwischen der logischen und der zeitlichen Priorität der Protokollsätze dem Unterschiede der von bestimmten Autoren tatsächlich vertretenen Auffassungen entspricht – aber darauf kommt es auch gar nicht an. Denn es handelt sich uns nicht darum, zu unterscheiden, wer das Richtige gesagt hat, sondern was das Richtige *ist*. Und dabei wird jene Unterscheidung der zwei Standpunkte gute Dienste leisten.

De facto könnten beide Auffassungen sich miteinander vertragen, denn die Sätze, welche schlichte Beobachtungsdaten registrieren und zeitlich am Anfang stehen, könnten zugleich diejenigen sein, welche vermöge ihrer Struktur den logischen Beginn der Wissenschaft bilden müssen.

II.

Die Frage, die uns zuerst interessieren soll, ist die: welcher Fortschritt ist dadurch erzielt, daß man das Problem der letzten Grundlegung der Erkenntnis mit Hilfe des Begriffs des Protokollsatzes formulierte? Die Beantwortung dieser Frage soll uns auf die Lösung des Problems selbst vorbereiten.

Es scheint mir eine große Verbesserung der Methode zu bedeuten, daß man nicht nach den primären *Tatsachen*, sondern nach den primären *Sät-*

zen suchte, um zum Fundament der Erkenntnis zu gelangen. Aber mir scheint auch, daß man diesen Vorteil nicht recht zu nützen verstand, und vielleicht deshalb, weil man sich nicht recht bewußt war, daß es sich im Grunde doch um nichts anderes handelte, als jenes alte Problem des Fundamentes. Ich glaube nämlich, daß die Anschauung, zu der man durch die Betrachtungen über Protokollsätze gelangte, nicht haltbar ist. Sie laufen auf einen eigentümlichen Relativismus hinaus, der eine notwendige Folge der Auffassung zu sein scheint, welche die Protokollsätze als empirische Fakta ansieht, auf denen das Gebäude des Wissens in zeitlicher Entfaltung sich erhebt.

Sowie man nämlich nach der Sicherheit fragt, mit der die Wahrheit der in dieser Weise aufgefaßten Protokollsätze behauptet werden kann, muß man eingestehen, daß sie allen möglichen Zweifeln ausgesetzt ist.

Da steht in einem Buche so ein Satz, der z. B. besagt, daß N. N. an dem und dem Instrument die und die Beobachtung machte. Mag man, wenn gewisse Voraussetzungen erfüllt sind, zu diesem Satze auch das allergrößte Vertrauen hegen – niemals kann man ihn, und damit jene Beobachtung, für *absolut* gesichert halten. Denn die Möglichkeiten des Irrtums sind zahllos. N. N. kann versehentlich oder absichtlich etwas aufgezeichnet haben, was den beobachteten Tatbestand nicht richtig wiedergibt; es kann beim Abschreiben, beim Drucken ein Fehler unterlaufen sein, ja auch die Voraussetzung, daß die Schriftzeichen eines Buches auch nur eine Minute lang ihre Gestalt bewahren und sich nicht »von selbst« zu neuen Sätzen ordnen, ist eine empirische Hypothese, die als solche niemals streng zu verifizieren ist, denn jede Verifikation würde auf Annahmen der gleichen Art beruhen und der Voraussetzung, daß unsere Erinnerung uns wenigstens während kurzer Zeiten nicht täusche, usf.

Das heißt natürlich – und einige von unseren Autoren haben fast triumphierend darauf aufmerksam gemacht –, daß die so aufgefaßten Protokollsätze im Prinzip ganz genau denselben Charakter tragen wie alle übrigen Sätze der Wissenschaft auch: es sind Hypothesen, nichts als Hypothesen. Sie sind nichts weniger als unumstößlich, und man kann sie beim Aufbau des Erkenntnissystems nur so lange benützen, als sie durch andere Hypothesen gestützt oder wenigstens nicht widerlegt werden. Wir behalten uns also jederzeit vor, auch an den Protokollsätzen Korrekturen vorzunehmen, und solche Korrekturen finden auch häufig genug statt, wenn wir gewisse Protokollangaben ausschalten und nachträglich behaupten, daß sie durch irgendeinen Irrtum zustande gekommen sein müssen.

Auch bei Sätzen, die wir selbst aufgestellt haben, schließen wir die Möglichkeit des Irrtums niemals prinzipiell aus. Wir geben zu, daß unser Geist in dem Augenblick, als er sein Urteil fällte, vielleicht vollkommen verwirrt war, und daß ein Erlebnis, von dem wir jetzt behaupten, es vor zwei Sekunden gehabt zu haben, bei nachträglicher Prüfung als eine Halluzination oder gar als überhaupt nicht vorgekommen erklärt werden könnte.

So ist klar: die geschilderte Auffassung liefert demjenigen, der auf der Suche nach einem festen Fundament der Erkenntnis ist, in ihren »Protokollsätzen« etwas Derartiges *nicht*. Im Gegenteil, sie führt eigentlich nur dazu, den anfangs eingeführten Unterschied zwischen Protokoll- und anderen Sätzen nachträglich als bedeutungslos wieder aufzuheben. So verstehen wir, wie man zu der Meinung gelangte (K. Popper, zitiert bei Carnap, »Erkenntnis«, Bd. 3, S. 223), man könne ganz beliebige Sätze der Wissenschaft herausgreifen und sie als »Protokollsätze« bezeichnen; und es hänge nur von Gründen der Zweckmäßigkeit ab, welche man dazu wählen wolle.

Aber könnten wir dies zugeben? Gibt es wirklich nur Zweckmäßigkeitsgründe? Kommt es nicht vielmehr darauf an, woher die einzelnen Sätze stammen, welches ihr Ursprung, ihre Geschichte ist? Was heißt hier überhaupt Zweckmäßigkeit? Welches ist denn der Zweck, den man mit der Aufstellung und Auswahl der Sätze verfolgt?

Der Zweck kann kein anderer sein als der der Wissenschaft selbst, nämlich: eine *wahre* Darstellung der Tatsachen zu liefern. Für uns versteht es sich von selbst, daß das Problem des Fundamentes aller Erkenntnis nichts andres ist als die Frage nach dem Kriterium der Wahrheit. Die Einführung des Terminus »Protokollsätze« geschah anfangs sicherlich in der Absicht, durch ihn gewisse Sätze auszuzeichnen, an deren Wahrheit dann die Wahrheit aller übrigen Aussagen wie an einem Maßstab gemessen werden sollte. Nach der beschriebenen Ansicht hätte sich nun dieser Maßstab als ebenso relativ herausgestellt, wie etwa alle Maßstäbe der Physik. Und jene Ansicht mit ihren Folgerungen ist denn auch als Austreibung des letzten Restes von »Absolutismus« aus der Philosophie gepriesen worden (Carnap, a.a.O., S. 228).

Was bleibt aber denn überhaupt als Kriterium der Wahrheit übrig? Da es sich nicht so verhalten soll, daß alle Aussagen der Wissenschaft sich nach ganz bestimmten Protokollsätzen richten müssen, sondern vielmehr so, daß alle Sätze sich nach allen richten sollen, wobei jeder einzelne als prinzipiell korrigierbar betrachtet wird, so kann die Wahrheit nur bestehen in der *Übereinstimmung der Sätze untereinander*.

III.

Diese Lehre (die z. B. von O. Neurath in dem geschilderten Zusammenhang ausdrücklich formuliert und vertreten wird) ist aus der Geschichte der neueren Philosophie wohl bekannt. In England wird sie gewöhnlich als »coherence theory of truth« bezeichnet und der älteren »correspondence theory« gegenübergestellt (wobei zu bemerken wäre, daß der Ausdruck »Theorie« hier recht unangebracht ist, da Bemerkungen über die Natur der Wahrheit einen ganz anderen Charakter haben als wissenschaftliche Theorien, die immer aus einem System von Hypothesen bestehen).

Der Gegensatz beider Ansichten wird meist so ausgesprochen, daß nach der einen, traditionellen, die Wahrheit eines Satzes in seiner Übereinstimmung mit den Tatsachen bestehe, nach der anderen aber, der »Zusammenhangs«lehre, in seiner Übereinstimmung mit dem System der übrigen Sätze.

Ich will hier nicht allgemein untersuchen, ob die Formulierung der letzteren Lehre nicht auch so gedeutet werden kann, daß sie auf etwas ganz Richtiges aufmerksam macht (nämlich darauf, daß wir in einem ganz bestimmten Sinne »aus der Sprache nicht herauskönnen«, wie sich Wittgenstein ausdrückt); hier habe ich vielmehr zu zeigen, daß sie in der Interpretation, die ihr in unserem Zusammenhange gegeben werden muß, gänzlich unhaltbar ist.

Wenn die Wahrheit eines Satzes bestehen soll in seiner Kohärenz oder Übereinstimmung mit den anderen Sätzen, so muß man sich darüber klar sein, was man unter »Übereinstimmung« versteht, und *welche* Sätze mit den »anderen« gemeint sind.

Der erste Punkt dürfte sich leicht erledigen lassen. Da nicht gemeint sein kann, daß die zu prüfende Aussage *dasselbe* behauptet wie die übrigen, so bleibt nur übrig, daß sie mit ihr nur *verträglich* sein muß, also daß kein Widerspruch zwischen ihr und ihnen besteht. Wahrheit würde also einfach in Widerspruchslosigkeit bestehen. Darüber aber, ob man Wahrheit mit Widerspruchsfreiheit schlechthin identifizieren könnte, sollte keine Diskussion mehr stattfinden. Es dürfte längst allgemein anerkannt sein, daß nur bei Sätzen tautologischen Charakters Widerspruchslosigkeit und Wahrheit (wenn man dieses Wort überhaupt anwenden will) gleichzusetzen sind, also z. B. bei Sätzen der reinen Geometrie. Bei dergleichen Sätzen aber ist jede Beziehung zur Wirklichkeit absichtlich gelöst, sie sind nur Formeln innerhalb eines festgelegten Kalküls; bei Aussagen der *reinen* Geometrie hat es keinen Sinn, zu fragen, ob sie mit den Tatsachen der Welt übereinstimmen oder nicht, sie müssen nur mit den willkürlich an die Spitze gestellten Axiomen verträglich sein (überdies fordert man üblicherweise noch, daß sie aus ihnen *folgen*), um wahr oder richtig zu heißen. Wir haben hier eben das vor uns, was man früher *formale* Wahrheit genannt und von der *materialen* Wahrheit unterschieden hat.

Die letztere ist die Wahrheit der synthetischen Sätze, der Tatsachenaussagen, und wenn man sie mit Hilfe des Begriffs der Widerspruchslosigkeit, des Zusammenstimmens mit anderen Sätzen beschreiben will, so kann man das nur, indem man sagt, daß sie mit *ganz bestimmten* Aussagen nicht im Widerspruch stehen dürfen, nämlich eben jene, welche »Tatsachen der unmittelbaren Beobachtung« aussprechen. Nicht Verträglichkeit mit *irgend*welchen beliebigen Sätzen kann das Kriterium der Wahrheit sein, sondern Zusammenstimmen mit gewissen ausgezeichneten, in keiner Weise frei wählbaren Aussagen wird gefordert. Mit anderen Worten: das Kriterium der Widerspruchsfreiheit allein genügt durchaus nicht für die materiale Wahrheit, sondern es kommt ganz und gar auf die Verträglichkeit mit höchst besonderen eigentümlichen Aussagen an; und es steht nichts im Wege – ich halte es vielmehr durchaus für gerechtfertigt –, für *diese* Verträglichkeit den guten alten Ausdruck »Übereinstimmung mit der Wirklichkeit« zu gebrauchen.

Der erstaunliche Irrtum der »coherence theory« ist nur dadurch zu erklären, daß man bei der Aufstellung und Erläuterung dieser Lehre immer nur an tatsächlich in der Wissenschaft auftretende Sätze dachte und nur sie als Beispiele heranzog. Da genügte dann tatsächlich der widerspruchsfreie Zusammenhang untereinander, aber nur deshalb, weil diese Sätze schon ganz bestimmter Art sind. Sie haben nämlich in gewissem (alsbald noch zu beschreibendem) Sinne ihren »Ursprung« in Beobachtungssätzen, sie stammen, wie man in der traditionellen Ausdrucksweise getrost sagen darf, »aus der Erfahrung«.

Wer es ernst meint mit der Kohärenz als alleinigem Kriterium der Wahrheit, muß beliebig erdichtete Märchen für ebenso wahr halten wie einen historischen Bericht oder die Sätze in einem Lehrbuch der Chemie, wenn nur die Märchen so gut erfunden sind, daß nirgends ein Widerspruch auftritt. Ich kann eine grotesk abenteuerliche Welt mit Hilfe der Phantasie ausmalen: der Kohärenzphilosoph muß an die Wahrheit meiner Beschreibung glauben, wenn ich nur für die gegenseitige Verträglichkeit meiner Behauptungen sorge und zur Vorsicht noch jede Kollision mit der gewohnten Weltbeschreibung vermeide, indem ich den Schauplatz meiner Erzählung auf einen entfernten Stern verlege, wo keine Beobachtung mehr möglich ist. Ja, streng genommen habe ich jene Vorsicht gar nicht nötig, ich kann ebensogut verlangen, daß die anderen sich meiner Schilderung anzupassen haben, und nicht umgekehrt. Die anderen können dann nicht etwa einwenden, daß dies Verfahren den Beobachtungen widerstreite, denn nach der Kohärenzlehre kommt es auf irgendwelche »Beobachtungen« gar nicht an, sondern allein auf die Verträglichkeit der Aussagen.

Da es keinem Menschen einfällt, die Sätze eines Märchenbuches für wahr, die eines Physikbuches für falsch zu halten, so ist die Kohärenzlehre völlig verfehlt. Es muß eben zu der Kohärenz noch etwas anderes hinzukommen, nämlich ein Prinzip, nach welchem die Verträglichkeit herzustellen ist, und dieses wäre dann erst das eigentliche Kriterium.

Ist mir eine Menge von Aussagen gegeben, unter denen sich auch widersprechende befinden, so kann ich die Verträglichkeit ja auf verschiedene Weisen herstellen, indem ich z. B. das eine Mal gewisse Aussagen herausgreife und fallen lasse oder korrigiere, das andere Mal aber dasselbe mit denjenigen Aussagen tue, denen die ersten widersprechen.

Damit zeigt sich die logische Unmöglichkeit der Kohärenzlehre; sie gibt überhaupt kein eindeutiges Kriterium der Wahrheit, denn ich kann mit ihr zu beliebig vielen in sich widerspruchsfreien Satzsystemen gelangen, die aber unter sich unverträglich sind.

Der Unsinn wird nur dadurch vermieden, daß man nicht die Weglassung beliebiger Aussagen zuläßt, sondern vielmehr diejenigen angibt, welche aufrechtzuerhalten sind und nach denen die übrigen sich zu richten haben.

IV.

Die Kohärenzlehre ist damit erledigt, und wir sind inzwischen schon längst bei dem zweiten Punkte unserer kritischen Überlegung angelangt, nämlich bei der Frage, ob *alle* Sätze korrigierbar sind, oder ob es auch solche gibt, an denen nicht gerüttelt werden kann. Diese letzten würden natürlich das »Fundament« aller Erkenntnis bilden, nach dem wir suchten, und dem wir bisher keinen Schritt näher gekommen sind.

Nach welcher Vorschrift also sind die Sätze auszusuchen, die selbst unverändert bleiben und mit denen alle übrigen in Einklang gebracht werden müssen? Wir wollen sie im folgenden nicht »Protokollsätze«, sondern »Fundamentalsätze« nennen, da es ja zweifelhaft ist, ob sie in den Protokollen der Wissenschaft überhaupt vorkommen.

Das nächstliegende wäre zweifellos, die gesuchte Vorschrift in einer Art Ökonomieprinzip zu erblicken, nämlich zu sagen: als Fundamentalsätze sind diejenigen zu wählen, bei deren Festhalten ein *Minimum* von Änderungen in dem ganzen Aussagensystem nötig ist, um es von allen Widersprüchen zu reinigen.

Es verdient bemerkt zu werden, daß eine derartige Ökonomievorschrift nicht ganz bestimmte Aussagen ein für allemal als Fundamentalsätze festlegen würde, sondern es könnnte geschehen, daß mit dem Fortschritt der Erkenntnis die Fundamentalsätze, die bis dahin als solche gedient haben, wieder degradiert werden, da es sich als mehr ökonomisch herausstellt, sie fallen zu lassen zugunsten neu aufgefundener Sätze, die von da an – bis auf weiteres – die Rolle des Fundamentes spielen. – Dies wäre also zwar nicht mehr der reine Kohärenz-, sondern ein Ökonomiestandpunkt, aber der »Relativismus« würde ihm ebenso gut eignen.

Es scheint mir fraglos, daß die Vertreter der bisher kritisierten Ansicht in der Tat das Ökonomieprinzip als eigentlichen Leitfaden ansahen, ob nun ausdrücklich oder unausgesprochen; ich habe daher auch oben bereits angenommen, daß es bei der relativistischen Lehre Zweckmäßigkeitsgründe seien, die die Wahl der »Protokollsätze« entscheiden, und ich hatte gefragt: Können wir das zugeben?

Ich beantworte diese Frage jetzt mit Nein! Es ist tatsächlich nicht die ökonomische Zweckmäßigkeit, sondern es sind ganz andere Eigenschaften, die die echten Fundamentalsätze auszeichnen.

Das Verfahren der Wahl dieser Sätze wäre ökonomisch zu nennen, wenn es etwa in einer Anpassung an die Meinungen (oder »Protokollsätze) der Majorität der Forscher bestünde. Nun ist es allerdings so, daß wir ein Faktum, z. B. ein geographisches oder historisches, oder auch ein Naturgesetz, als unzweifelhaft bestehend hinnehmen, wenn wir an den für solche Berichte in Frage kommenden Stellen es sehr oft als bestehend erwähnt fanden. Es fällt uns dann gar nicht ein, es noch selbst nachprüfen zu wollen. Wir stimmen also dem allgemein Anerkannten bei. Aber dies erklärt sich dadurch, daß wir genaue Kenntnis davon haben, auf welche Art solche Tatsachenaussagen zustande zu kommen pflegen, und daß diese Art unser Vertrauen erweckt; nicht aber dadurch, daß es der Ansicht der Majorität entspricht. Im Gegenteil, es konnte erst zur allgemeinen Anerkennung gelangen, weil jeder einzelne dasselbe Vertrauen fühlt. Ob und in welchem Maße wir eine Aussage für korrigierbar oder annullierbar erklären, hängt ganz allein *von ihrer Herkunft* ab, und (von ganz besonderen Fällen abgesehen) durchaus nicht davon, ob ihre Beibehaltung eine Korrektur sehr vieler anderer Aussagen und vielleicht eine Umschichtung des ganzen Wissenssystems erfordert.

Bevor man das Ökonomieprinzip anwenden kann, muß man wissen: auf *welche* Sätze denn? Und wenn das Prinzip die *einzige* entscheidende Vorschrift wäre, so könnte die Antwort nur lauten: nun, eben auf *alle*, die überhaupt mit dem Anspruch auf Geltung aufgestellt werden oder sogar je aufgestellt worden sind. Ja, eigentlich wäre die Klausel »mit dem Anspruch auf Geltung« fortzulassen, denn wie sollen wir sie von den rein willkürlich aufgestellten, zum Spaß oder zur Irreführung erdachten unterscheiden? Diese Unterscheidung läßt sich schon gar nicht formulieren, ohne die *Entstehung* der Aussagen in Betracht zu ziehen. So sehen wir uns immer wieder auf die Frage nach ihrer Herkunft verwiesen. Ohne die Aussagen nach ihrer Herkunft klassifiziert zu haben, wäre jede Anwendung des ökonomischen Prinzips der Zusammenstimmung völlig absurd. Hat man aber die Sätze einmal auf ihren Ursprung untersucht, so bemerkt an alsbald, daß man sie damit bereits zugleich in eine Ordnung nach ihrer Geltung gebracht hat, und daß für eine Anwendung des Ökonomieprinzips gar kein Platz mehr ist (abgesehen von gewissen Sonderfällen an noch unabgeschlossenen Stellen der Wissenschaft), und daß jene Ordnung zugleich den Weg weist zu dem Fundament, das wir suchen.

V.

Hier ist freilich die äußerste Vorsicht am Platze. Denn hier stoßen wir gerade auf den Weg, den man seit jeher verfolgte, so oft man die Reise nach den letzten Gründen der Wahrheit antrat. Und immer hat man das Ziel verfehlt. Bei jener Ordnung der Sätze nach ihrem Ursprung, die ich zum Zwecke der Beurteilung ihrer Gewißheit vornehme, stellen sich nämlich alsbald diejenigen an einen ausgezeichneten Platz, *die ich selbst aufstelle*. Und von diesen treten die in der Vergangenheit liegenden wieder weiter zurück, weil wir glauben, daß ihre Gewißheit durch »Erinnerungstäuschungen« beeinträchtigt sein kann – und zwar im allgemeinen um so mehr, je weiter sie in der Zeit zurückliegen. Dagegen treten an die Spitze als allem Zweifel entrückt jene, die einen *in der Gegenwart* liegenden Tatbestand der eigenen »Wahrnehmung« oder des »Erlebens« (oder wie die Ausdrücke lauten mögen) ausdrücken. Und so einfach und klar dies zu sein scheint, so sind doch die Philosophen in ein hoffnungsloses Labyrinth geraten, sobald sie wirklich die Sätze der zuletzt erwähnten Art als Grundlage alles Wissens zu benutzen versuchten. Einige Vexiergänge dieses Labyrinths sind z. B. jene Formulierungen und Folgerungen, die unter den Namen »Evidenz der inneren Wahrnehmung«, »Sophismus«, »Instantansolipsismus«, »Selbstgewißheit des Bewußtseins« usw. im Mittelpunkt so vieler philosophischer Kämpfe gestanden haben. Der bekannteste Endpunkt, zu dem die Verfolgung des geschilderten Weges geführt hat, ist das Cartesische cogito ergo sum, zu dem ja auch Augustinus eigentlich schon vorgedrungen war. Und über das cogito ergo sum sind uns ja heute durch die Logik die Augen genugsam geöffnet worden: Wir wissen, daß es ein bloßer Scheinsatz ist, der auch dadurch nicht zu einer echten Aussage wird, daß man ihn in der Form ausspricht: cogitatio est – »die Bewußtseinsinhalte existieren«[1]. Ein solcher Satz, der selbst nichts ausdrückt, kann in gar keinem Sinne als Fundament von irgend etwas dienen; er ist selbst keine Erkenntnis, und es ruht keine auf ihm; er kann keinem Wissen Sicherheit verleihen.

Es besteht also die größte Gefahr, daß man bei der Begehung des empfohlenen Weges statt zu dem gesuchten Fundament zu nichts als zu leeren Wortgebilden gelangt. Aus dem Wunsch, dieser Gefahr zu entgehen, war ja die kritische Protokollsatzlehre entsprungen. Der von ihr eingeschlagene Ausweg konnte uns aber nicht befriedigen; sein *wesentlicher* Mangel

---

1 Vergl. »Erkenntnis«, Bd. 3, S. 20.

liegt in der Verkennung der verschiedenen Dignität der Sätze, die sich am deutlichsten in der Tatsache ausdrückt, daß für das Wissenssystem, welches einer als das »richtige« annimmt, seine *eigenen* Sätze schließlich doch die einzig entscheidende Rolle spielen.

Es wäre theoretisch denkbar, daß die Aussagen, welche alle anderen Menschen über die Welt machen, durch meine eigenen Beobachtungen in keiner Weise bestätigt würden. Es könnte sein, daß alle Bücher, die ich lese, und alle Lehrer, die ich höre, unter sich in vollkommener Übereinstimmung sind, daß sie einander nie widersprechen, daß sie aber mit einem großen Teil meiner eigenen Beobachtungssätze schlechthin unvereinbar sind. (Gewisse Schwierigkeiten würde in diesem Falle die Frage des Erlernens der Sprache und ihres Gebrauchs zur Verständigung bereiten, aber sie ließen sich beheben durch gewisse Annahmen darüber, an welchen Stellen allein die Widersprüche auftreten sollen.) Nach der kritisierten Lehre würde ich in einem solchen Falle einfach meine eigenen »Protokollsätze« opfern müssen, da ihnen ja die überwältigende Menge der anderen, unter sich harmonischen, gegenüberstünde, denen man unmöglich zumuten kann, sich nach meiner beschränkten fragmentarischen Erfahrung zu korrigieren.

Was geschähe aber wirklich in dem gedachten Falle? Nun, ich würde unter gar keinen Umständen meine eigenen Beobachtungssätze aufgeben, sondern ich finde, daß ich nur ein Erkenntnissystem aufnehmen kann, in welches sie unverstümmelt hineinpassen. Und ein solches könnte ich auch stets konstruieren. Ich brauche nur die anderen Menschen als träumende Narren anzusehen, in deren Wahnsinn eine bewundernswerte Methode ist, oder – um dasselbe sachlicher auszudrücken – ich würde sagen, daß die anderen eben in einer anderen Welt als ich leben, die mit der meinigen nur gerade so viel gemeinsam hat, daß eine Verständigung durch dieselbe Sprache möglich ist. Auf jeden Fall würde ich, welches Weltbild ich auch konstruiere, seine Wahrheit immer nur an der eigenen Erfahrung prüfen; diesen Halt würde ich mir niemals rauben lassen, meine eigenen Beobachtungssätze würden immer das letzte Kriterium sein. Ich würde sozusagen ausrufen: »Was ich sehe, das sehe ich!«

VI.

Nach diesen kritischen Vorbereitungen ist klar, in welcher Richtung wir die Auflösung der verwirrenden Schwierigkeiten zu suchen haben: wir müssen die Stücke des Cartesischen Weges benutzen, soweit sie gut und gangbar sind, dann aber uns davor hüten, uns in das cogito ergo sum und verwandte Sinnlosigkeiten zu verwirren. Das tun wir, indem wir uns klar machen, welcher Sinn und welche Rolle denn nun wirklich den Sätzen zukommt, die »gegenwärtig Beobachtetes« ausdrücken.

Was steckt eigentlich dahinter, wenn man sagt, daß sie »absolut gewiß« seien? Und in welchem Sinne darf man sie als letzten Grund alles Wissens bezeichnen?

Betrachten wir die zweite Frage zuerst. Wenn wir uns denken, daß ich jede Beobachtung sofort notiere – wobei es prinzipiell gleichgültig ist, ob dies auf dem Papier oder nur im Gedächtnis geschieht – und begönne nun von da aus den Aufbau der Wissenschaft: so hätte ich echte »Protokollsätze« vor mir, die zeitlich am Anfang der Erkenntnis stünden. Aus ihnen würden die übrigen Sätze der Wissenschaft allmählich durch jenen Prozeß entstehen, den man »Induktion« nennt und der in nichts anderem besteht als darin, daß ich, durch die Protokollsätze angeregt oder veranlaßt, allgemeine Sätze versuchsweise aufstelle (»Hypothesen«), aus denen jene ersten Sätze, aber auch unzählige andere, logisch folgen. Wenn nun diese anderen *dasselbe* aussagen wie spätere Beobachtungssätze, die unter ganz bestimmten, vorher genau anzugebenden Umständen gewonnen werden, so gelten die Hypothesen so lange als bestätigt, als nicht auch Beobachtungsaussagen auftreten, die zu aus den Hypothesen abgeleiteten Sätzen – und damit zu den Hypothesen selbst – im Widerspruch stehen. Solange das nicht eintritt, glauben wir ein Naturgesetz richtig erraten zu haben. Induktion ist also nichts anderes als ein methodisch geleitetes Raten, ein psychologischer, biologischer Prozeß, dessen Behandlung gewiß nichts mit »Logik« zu tun hat.

Hiermit ist das tatsächliche Verfahren der Wissenschaft schematisch beschrieben. Es ist deutlich, welche Rolle die Aussagen über »gegenwärtig Wahrgenommenes« darin spielen. Sie sind nicht identisch mit dem Aufgeschriebenen oder Erinnerten, also mit dem, was rechtmäßig »Protokollsätze« heißen könnte, sondern sie sind der *Anlaß* zu ihrer Bildung. Die im Buche oder Gedächtnis aufbewahrten Protokollsätze sind, wie wir oben längst anerkannten, zweifellos in ihrer Geltung den *Hypothesen* gleichzusetzen, denn wenn wir einen solchen Satz vor uns haben, so ist es eine bloße Annahme, daß er wahr ist, daß er mit dem Beobachtungssatz übereinstimmt, durch den er veranlaßt wurde. (Ja, vielleicht wurde er durch gar keinen Beobachtungssatz veranlaßt, sondern entsprang irgendeinem Spiel.) Mit einem wirklichen Protokollsatz kann das, was ich Beobachtungssatz nenne, schon deshalb nicht identisch sein, weil es sich in gewissem Sinne überhaupt nicht aufzeichnen läßt – wie wir sogleich besprechen werden.

In dem Schema des Erkenntnisaufbaus, das ich beschrieben habe, spielen also die Beobachtungssätze erstens die Rolle, daß sie zeitlich am Anfang des ganzen Prozesses stehen, ihn anregen und in Gang bringen. Wieviel von ihrem Inhalt in die Erkenntnis eingeht, bleibt prinzipiell zunächst dahingestellt. Mit einem gewissen Rechte kann man also die Beobachtungssätze als letzten Ursprung alles Wissens ansehen, aber soll man sie als das Fundament, als den letzten sicheren Grund bezeichnen? Dies dürfte kaum angezeigt sein, denn dieser »Ursprung« hängt mit dem Erkenntnisgebäude doch auf eine zu fragwürdige Art zusammen. Außerdem haben wir ja den wahren Prozeß schematisch vereinfacht gedacht. In Wirklichkeit schließt sich das, was tatsächlich protokolliert wird, an das Beobachtete selbst noch weniger eng an, und im allgemeinen wird man nicht einmal annehmen dürfen, daß zwischen die Beobachtung und das »Protokoll« sich überhaupt reine Beobachtungssätze einschieben.

Aber nun scheint ja diesen Sätzen, den Aussagen über gegenwärtig Wahrgenommenes, den »Konstatierungen«, wie wir sie auch nennen könnten, noch eine zweite Funktion zuzukommen: nämlich bei der Bestätigung der Hypothesen, bei der *Verifikation*.

Die Wissenschaft macht Prophezeiungen, die durch die »Erfahrung« geprüft werden. Im Aufstellen von Voraussagen besteht ihre wesentliche Funktion. Sie sagt etwa: »Wenn du zu der und der Zeit durch ein so und so eingestelltes Fernrohr blickst, so siehst du ein Lichtpünktchen (Stern) in Koinzidenz mit einem schwarzen Strich (Fadenkreuz)«. Nehmen wir an, daß bei Befolgung dieser Anweisung das prophezeite Ereignis wirklich eintritt, so heißt dies ja, daß wir eine Konstatierung machen, auf die wir vorbereitet sind; wir fällen ein Beobachtungsurteil, das wir *erwarteten*, wir haben dabei ein Gefühl der *Erfüllung*, einer ganz charakteristischen Befriedigung, wir sind *zufrieden*. Man kann mit vollem Rechte sagen, daß die Konstatierungen oder Beobachtungssätze ihre wahre Mission erfüllt haben, sobald diese eigentümliche Befriedigung uns zuteil geworden ist.

Und sie wird uns in demselben Augenblick zu teil, in dem die Konstatierung geschieht, die Beobachtungsaussage gemacht wird. Dies ist von der höchsten Wichtigkeit, denn damit liegt die Funktion der Sätze über das *gegenwärtig* Erlebte selbst in der Gegenwart. Wir sahen ja, daß sie sozusagen keine Dauer haben, daß man, sobald sie vorbei sind, an ihrer Stelle nur noch Aufzeichnungen oder Gedächtnisspuren zur Verfügung hat, die nur die Rolle von Hypothesen spielen können und damit der letzten Sicherheit ermangeln. Man kann auf den Konstatierungen kein logisch haltbares Gebäude errichten, weil sie schon fort sind in dem Moment, in dem man zu bauen anfängt. Wenn sie zeitlich am Anfang des Erkenntnisprozesses stehen, sind sie logisch zu nichts nutze. Ganz anders aber, wenn sie am Ende stehen: sie sind die Vollendung der Verifikation (oder auch Falsifikation), und in dem Augenblick ihres Auftretens haben sie ihre Pflicht auch schon erfüllt. Logisch schließt sich nichts mehr an sie an, es werden keine Schlüsse aus ihnen gezogen, sie sind ein absolutes Ende.

Freilich, psychologisch und biologisch beginnt mit der Befriedigung, die sie erzeugen, ein neuer Erkenntnisprozeß: die Hypothesen, deren Verifikation in ihnen endete, werden als bestätigt angesehen, und es wird die Aufstellung umfassenderer Hypothesen versucht, das Suchen und Erraten der allgemeinen Gesetze nimmt seinen Fortgang. Für diese zeitlich folgenden Vorgänge bilden also die Beobachtungssätze den Ursprung und die Anregung in dem Sinne, wie ich es vorhin beschrieben habe.

Durch diese Überlegungen wird, so scheint mir, auf die Frage nach dem letzten Fundament des Wissens ein neues helles Licht geworfen, und wir überblicken klar, wie der Aufbau des Systems unserer Erkenntnis geschieht, und welche Rolle die »Konstatierungen« dabei spielen:

Erkenntnis ist ursprünglich ein Mittel im Dienste des Lebens. Der Mensch muß, um sich in der Umwelt zurechtzufinden und seine Handlungen den Ereignissen anzupassen, diese Ereignisse bis zu einem gewissen Grade voraussehen können: dazu braucht er allgemeine Sätze, Erkenntnisse, und er kann sie nur insofern gebrauchen, als die Prophezeiungen wirklich eintreffen. In der Wissenschaft nun bleibt dieser Charaker des Erkennens vollständig erhalten; der einzige Unterschied ist der, daß er nicht mehr den Zwecken des Lebens dient, nicht um des Nutzens willen gesucht wird. Mit dem Eintreffen der Voraussagen ist der wissenschaftliche Zweck erreicht: die Erkenntnisfreude ist die Freude an der Verifikation, das Hochgefühl, richtig geraten zu haben. Und dieses ist es nun, das die Beobachtungssätze uns vermitteln, in ihnen erreicht die Wissenschaft gleichsam ihr Ziel, um ihretwillen ist sie da. Die Frage, die sich hinter dem Problem des absolut sicheren Erkenntnisfundaments verbirgt, ist die Frage gleichsam nach der Berechtigung der Befriedigung, mit welcher die Verifikation uns erfüllt. Sind unsere Voraussagen auch wirklich eingetroffen? In jedem einzelnen Falle der Verifikation oder Falsifikation antwortet eine »Konstatierung« eindeutig mit ja oder nein, mit Erfüllungsfreude oder Enttäuschung. Die Konstatierungen sind endgültig.

Endgültigkeit ist ein sehr passendes Wort, die Geltung der Beobachtungssätze zu kennzeichnen. Sie sind ein absolutes Ende, in ihnen erfüllt sich die jeweilige Aufgabe des Erkennens. Daß mit der Freude, in der sie gipfeln, und mit den Hypothesen, die sie zurücklassen, dann eine neue Aufgabe beginnt, geht sie nichts mehr an. Die Wissenschaft ruht nicht auf ihnen, sondern führt zu ihnen, und sie zeigen an, daß sie gut geführt hat. Sie sind wirklich die absolut festen Punkte; es befriedigt uns, sie zu erreichen, auch wenn wir nicht auf ihnen stehen können.

VII.

Worin besteht diese Festigkeit? Wir kommen damit zu der oben einstweilen aufgeschobenen Frage: In welchem Sinne kann man von einer »absoluten Gewißheit« der Beobachtungssätze sprechen?

Ich möchte dies verdeutlichen, indem ich zuerst etwas über eine ganz andere Art von Sätzen sage, nämlich die *analytischen Sätze*, und diese dann mit den »Konstatierungen« vergleiche. Bei analytischen Urteilen bildet die Frage ihrer Geltung bekanntlich kein Problem. Sie gelten a priori, man muß und kann sich von ihrer Richtigkeit nicht durch Erfahrung überzeugen, weil sie überhaupt nichts von Gegenständen der Erfahrung aussagen. Dafür kommt ihnen auch nur »formale Wahrheit« zu, d. h. sie sind nicht deswegen »wahr«, weil sie irgendwelche Tatsachen richtig ausdrücken, sondern ihre Wahrheit besteht nur darin, daß sie formal richtig gebildet sind, d. h. im Einklang mit unseren willkürlich aufgestellten Definitionen stehen.

Nun haben aber einige philosophische Schriftsteller fragen zu müssen geglaubt: ja, woher weiß ich denn im einzelnen Falle, ob ein Satz wirklich im Einklang mit den Definitionen steht, ob er also wirklich analytisch ist und daher unzweifelhaft gilt? Muß ich nicht die aufgestellten Definitionen, die Bedeutung aller verwendeten Worte im Kopfe haben, während ich den Satz ausspreche oder höre oder lese? Kann ich aber sicher sein, daß meine psychischen Fähigkeiten dazu ausreichen? Ist es nicht z. B. möglich, daß ich am Schlusse des Satzes, und dauerte er nur eine Sekunde, den Anfang vergessen oder falsch in der Erinnerung habe? Muß ich also nicht eingestehen, daß ich aus psychologischen Gründen auch bei einem analytischen Urteil seiner Geltung niemals sicher bin?

Hierauf ist zu erwidern: Die Möglichkeit eines Versagens des psychischen Mechanismus muß natürlich jederzeit zugegeben werden, aber die Konsequenzen, die sich daraus ergeben, sind in den soeben angeführten zweifelnden Fragen nicht richtig beschrieben.

Es kann infolge von Gedächtnisschwäche und aus tausend anderen Ursachen geschehen, daß wir einen Satz nicht verstehen oder falsch verstehen, (d. h. anders als er gemeint war) – aber was bedeutet das? Nun, solange ich einen Satz nicht verstanden habe, ist er für mich überhaupt keine Aussage, sondern eine bloße Reihe von Worten, von Lauten oder Schriftzeichen. In diesem Falle gibt es kein Problem, denn nur bei einem Satz kann man fragen, ob er analytisch oder synthetisch ist, nicht aber bei einer unverstandenen Wortreihe. Habe ich aber eine Wortreihe falsch gedeutet, aber doch immerhin als irgendeinen Satz – nun, so weiß ich eben von *diesem* Satze, ob er analytisch und daher a priori gültig ist oder nicht. Man darf nicht meinen, ich könnte einen Satz als solchen aufgefaßt haben und dann noch über seine analytische Natur im Zweifel sein, denn wenn er analytisch ist, so habe ich ihn eben erst dann verstanden, wenn ich ihn als analytisch verstanden habe. Verstehen heißt nämlich nichts anderes, als sich klar sein über die Verwendungsregeln der vorkommenden Wörter; es sind aber gerade diese Verwendungsregeln, die den Satz zu einem analytischen machen. Wenn ich nicht weiß, ob ein Komplex von Wörtern einen analytischen Satz bildet oder nicht, so heißt dies eben, daß mir in dem Augenblick die Verwendungsregeln der Worte fehlen, daß ich also den Satz gar nicht verstanden habe. Es steht also so: Entweder ich habe gar nichts verstanden, und dann läßt sich weiter nichts sagen; oder aber ich weiß, ob der Satz, *den* ich verstanden habe, analytisch oder synthetisch ist (was natürlich nicht voraussetzt, daß mir diese Worte dabei vorschweben oder auch nur bekannt sind). Im Falle des analytischen weiß ich dann zugleich, daß er gilt, daß ihm formale Wahrheit zukommt.

Die obigen Zweifel an der Geltung analytischer Sätze waren also unrecht am Platze. Wohl kann ich daran zweifeln, ob ich den Sinn irgendeines Zeichenkomplexes richtig erfaßt habe, ja ob ich überhaupt jemals den Sinn irgendeiner Wortreihe verstehen werde; aber ich kann nicht fragen, ob ich die Richtigkeit eines analytischen Satzes auch wirklich einzusehen vermag. Denn seinen Sinn verstehen und seine apriorische Geltung einsehen, sind bei einem analytischen Urteil *ein und derselbe Prozeß*. Im Gegensatz dazu ist eine synthetische Aussage dadurch charakterisiert, daß ich durchaus nicht weiß, ob sie wahr oder falsch ist, wenn ich nur ihren Sinn eingesehen habe, sondern ihre Wahrheit wird erst durch den Vergleich mit der Erfahrung festgestellt. Der Prozeß der Einsicht in den Sinn ist hier ein völlig anderer als der Prozeß der Verifikation.

Nur eine Ausnahme gibt es hiervon. Und damit kommen wir zu unseren »Konstatierungen« zurück. Diese nämlich sind immer von der Form »Hier jetzt so und so«. Z. B. »Hier fallen jetzt zwei schwarze Punkte zusammen«, oder »Hier grenzt jetzt gelb an blau«, oder auch »Hier jetzt Schmerz...« usw. Das Gemeinsame aller dieser Aussagen ist, daß in ihnen *hinweisende Worte* vorkommen, die den Sinn einer gegenwärtigen Geste haben, d. h. die Regeln ihres Gebrauchs sehen vor, daß beim Aufstellen des Satzes, in dem sie vorkommen, eine Erfahrung gemacht, auf etwas Beobachtetes die Aufmerksamkeit gerichtet wird. Was die Worte »hier«, »jetzt«, »dies da« usw. bedeuten, läßt sich nicht durch allgemeine Definitionen in Worten, sondern nur durch eine solche mit Hilfe von Aufweisungen, Gesten angeben. »Dies da« hat nur Sinn in Verbindung mit einer Gebärde. Um also den Sinn eines solchen Beobachtungssatzes zu verstehen, muß man die Gebärde gleichzeitig ausführen, man muß irgendwie auf die Wirklichkeit hindeuten.

Mit anderen Worten: den Sinn einer »Konstatierung« kann ich nur dann und nur dadurch verstehen, daß ich sie mit den Tatsachen vergleiche, also jenen Prozeß ausführe, der bei allen synthetischen Sätzen für die Verifikation erforderlich ist. Während aber bei allen anderen synthetischen Aussagen die Feststellung des Sinnes und die Feststellung der Wahrheit getrennte, wohl unterscheidbare Prozesse sind, fallen sie bei den Beobachtungssätzen zusammen, ganz wie bei den analytischen Urteilen. So verschieden also auch die »Konstatierungen« von den analytischen Sätzen sind: gemeinsam ist ihnen, daß bei beiden der Vorgang des Verstehens zugleich der Vorgang der Verifikation ist: mit dem Sinn erfasse ich zugleich die Wahrheit. Bei einer Konstatierung hätte es ebensowenig Sinn zu fragen, ob ich mich vielleicht über ihre Wahrheit täuschen könne wie bei einer Tautologie. Beide gelten absolut. Nur ist der analytische, der tautologische Satz zugleich inhaltsleer, während der Beobachtungssatz uns die Befriedigung echter Wirklichkeitserkenntnis verschafft.

Es ist hoffentlich deutlich geworden, daß hier alles auf den Charakter der Gegenwärtigkeit ankommt, der den Beobachtungssätzen eigentümlich ist und dem sie ihren Wert und Unwert verdanken: den Wert der absoluten Geltung und den Unwert der Unbrauchbarkeit als dauerndes Fundament.

Auf der Verkennung dieses Charakters beruht zum großen Teil die unglückliche Problematik der Protokollsätze, von der unsere Betrachtung ausgegangen war. Wenn ich die Konstatierung mache: »Hier jetzt blau«, so ist sie *nicht* dasselbe wie der Protokollsatz: »M. S. nahm am soundsovielten April 1934 zu der und der Zeit an dem und dem Orte blau wahr«, sondern der letzte Satz ist eine Hypothese und als solcher stets mit Unsicherheit behaftet. Der letzte Satz ist äquivalent der Aussage: »M. S. machte… (hier sind Ort und Zeit anzugeben) die Konstatierung ›hier jetzt blau‹«. Und daß diese Aussage nicht mit der in ihr vorkommenden Konstatierung identisch ist, ist klar. In den Protokollsätzen ist *immer* von Wahrnehmungen die Rede (oder sie sind hinzuzudenken; die Person des wahrnehmenden Beobachters ist für ein wissenschaftliches Protokoll wichtig), in den Konstatierungen dagegen *niemals*. Eine echte Konstatierung kann nicht aufgeschrieben werden, denn sowie ich die hinweisenden Worte »hier«, »jetzt« aufzeichne, verlieren sie ihren Sinn. Sie lassen sich auch nicht durch eine Orts- und Zeitangabe ersetzen, denn sowie man dies versucht, setzt man, wie wir schon sahen, an die Stelle des Beobachtungssatzes unweigerlich einen Protokollsatz, der als solcher eine ganz andere Natur hat.

VIII.

Ich glaube, die Frage nach dem Fundament der Erkenntnis ist jetzt geklärt.

Betrachtet man die Wissenschaft als ein System von Sätzen, bei dem man sich als Logiker lediglich für den logischen Zusammenhang der Sätze interessiert, so kann man die Frage nach ihrem Fundament, das dann ein »logisches« wäre, ganz nach Belieben beantworten, denn es steht einem frei, wie man das Fundament definieren will. An sich gibt es ja in einem abstrakten Satzsystem kein Prius und Posterius. Man könnte z. B. die allgemeinsten Sätze der Wissenschaft, also die, welche man meist als »Axiome« auszuwählen pflegt, als ihre letzte Grundlage bezeichnen; man könnte aber ebensogut diesen Namen für die allerspeziellsten Sätze reservieren, die dann etwa wirklich den aufgeschriebenen Protokollen entsprechen würden – oder auch irgendeine andere Wahl wäre möglich. Alle Sätze der Wissenschaft aber sind samt und sonders *Hypothesen*, sobald man sie vom Gesichtspunkt ihres Wahrheitswertes, ihrer Gültigkeit betrachtet.

Richtet man das Augenmerk auf den Zusammenhang der Wissenschaft mit der Wirklichkeit, sieht man in dem System ihrer Sätze das, was es eigentlich ist, nämlich ein Mittel, sich in den Tatsachen zurechtzufinden, zur Bestätigungsfreude, zum Gefühl der Endgültigkeit zu gelangen, so wird sich das Problem des »Fundamentes« von selbst in das Problem der unerschütterlichen Berührungspunkte von Erkenntnis und Wirklichkeit verwandeln. Diese absolut festen Berührungspunkte, die Konstatierungen, haben wir in ihrer Eigenart kennengelernt: es sind die einzigen synthetischen Sätze, *die keine Hypothesen sind*. Sie liegen keineswegs am Grunde der Wissenschaft, sondern die Erkenntnis züngelt gleichsam zu ihnen auf, jeden nur in einem Augenblick erreichend und ihn sogleich verzehrend. Und neu genährt und gestärkt flammt sie dann zum nächsten empor.

Diese Augenblicke der Erfüllung und des Verbrennens sind das Wesentliche. Von ihnen geht alles Licht der Erkenntnis aus. Und dies Licht ist es eigentlich, nach dessen Ursprung der Philosoph fragt, wenn er das Fundament alles Wissens sucht.

Bertrand Russell
Bezeichnen

Eine »Bezeichnung« nenne ich einen Ausdruck von der Art der folgenden: ein Mensch, irgendein Mensch, jeder Mensch, alle Menschen, der gegenwärtige König von England, der gegenwärtige König von Frankreich, der Massenschwerpunkt des Sonnensystems im ersten Augenblick des zwanzigsten Jahrhunderts, die Drehung der Erde um die Sonne, die Drehung der Sonne um die Erde. Demnach ist ein Ausdruck einzig aufgrund seiner Form eine Bezeichnung. Wir können drei Fälle unterscheiden: 1. Ein Ausdruck kann eine Bezeichnung sein oder doch gar nichts bezeichnen; z.B. »der gegenwärtige König von Frankreich«. 2. Ein Ausdruck kann ein bestimmtes Objekt bezeichnen; z.B. bezeichnet »der gegenwärtige König von England« einen bestimmten Mann[1]. 3. Ein Ausdruck kann in unbestimmter Weise bezeichnen; »ein Mensch« bezeichnet z.B. nicht viele Menschen, sondern einen unbestimmten Menschen. Die Interpretation solcher Ausdrücke bietet beträchtliche Schwierigkeiten, und es ist durchaus nicht leicht, überhaupt eine Theorie zu entwerfen, die keiner formalen Widerlegung offenstünde. Allen mir bewußten Schwierigkeiten begegnet, soweit ich erkennen kann, die Theorie, die ich hier vorlegen will.

Die Thematik des Bezeichnens ist nicht nur für Logik und Mathematik von ungemeiner Wichtigkeit, sondern auch für die Erkenntnistheorie. Wir wissen beispielsweise, daß der Massenschwerpunkt des Sonnensystems zu einer bestimmten Zeit ein bestimmter Punkt ist, und wir können darüber eine Reihe von Sätzen aussagen, aber wir haben keine unmittelbare Bekanntschaft mit diesem Punkt, über den wir aufgrund einer Beschreibung etwas wissen. Die Unterscheidung zwischen Bekanntschaft mit und Wissen über etwas ist die Unterscheidung zwischen den Dingen, von denen wir Vorstellungen haben, und den Dingen, zu denen wir nur mit Hilfe von Bezeichnungen Zugang finden. Häufig wissen wir nämlich, daß ein bestimmter Ausdruck eine Sache unzweideutig bezeichnet, obwohl uns direkte Bekanntschaft mit dieser bezeichneten Sache fehlt; das ist bei dem Beispiel des Schwerpunktes der Fall. In der Wahrnehmung haben wir Bekanntschaft mit den Objekten der Wahrnehmung, und im Denken sind wir mit Gegenständen von einem abstrakteren logischen Charakter bekannt. Dagegen verbindet uns mit solchen Gegenständen,

---

1 Man beachte das Erscheinungsdatum des Aufsatzes. Das Beispiel müßte heute natürlich lauten: die gegenwärtige Königin von England. (Anm. d. Übers.)

die durch Ausdrücke bezeichnet werden, nicht notwendig Bekanntschaft; wir sind hier nur mit der Bedeutung der Worte bekannt, aus denen der Ausdruck sich zusammensetzt. Um ein sehr wichtiges Beispiel zu nehmen: angesichts der Tatsache, daß das Bewußtsein anderer Leute sich nicht unmittelbar wahrnehmen läßt, scheint kein Grund zu der Annahme zu bestehen, daß wir damit jemals bekannt sind. Mithin stützt sich unser Wissen hier nur auf Bezeichnungen. Zwar muß alles Denken von unmittelbarer Bekanntschaft ausgehen, aber es gelangt zu einem Denken über viele Gegenstände, mit denen wir nicht unmittelbar bekannt sind.

Der Gang meiner Argumentation ist nun wie folgt. Ich werde zunächst die Theorie, die ich vertreten möchte[2], aufstellen, sodann die Theorien von Frege und Meinong diskutieren und zeigen, warum mich keine von beiden befriedigt. Danach werde ich die Gründe angeben, die für meine Theorie sprechen, und schließlich sollen kurz die philosophischen Konsequenzen meiner Theorie angedeutet werden.

Meine Theorie lautet in Kürze folgendermaßen. Ich setze den Begriff der Variablen als fundamental voraus, ich gebrauche also »C (x)« für einen Satz oder besser eine Satzfunktion, in der x ein Bestandteil ist, wobei die Variable x selber wesentlich und vollständig unbestimmt ist. Nun können wir die beiden Gedanken »C (x) ist stets wahr« und »C (x7) ist manchmal wahr«[3] ins Auge fassen, und dann lassen sich alles und nichts und etwas, welche die einfachsten, bezeichnenden Ausdrücke sind, auf die folgende Weise interpretieren:

C (alles) bedeutet »C (x) ist stets wahr«;
C (nichts) bedeutet »›C (x) ist falsch‹ ist stets wahr«;
C (etwas) bedeutet »Es ist falsch, daß ›C (x) ist falsch‹ stets wahr ist«.

Hier wird also der Gedanke »C (x) ist stets wahr« als ein letzter und undefinierbarer genommen, mit dessen Hilfe die übrigen definiert werden. Den Ausdrücken »alles, nichts, etwas« kommt allein genommen keine Bedeutung zu, sondern nur jedem Satz, in dem sie erscheinen. Das Prinzip der Bezeichnungstheorie, für die ich eintreten möchte, besteht darin, daß bezeichnende Ausdrücke niemals selber irgendeine Bedeutung haben, sondern daß jeder Satz, in dessen sprachlicher Gestalt sie auftauchen, als Satz eine Bedeutung hat. Die Schwierigkeiten, die man in der Frage des Bezeichnens findet, sind meines Erachtens alle das Resultat einer falschen logischen Analyse von Sätzen, in denen rein sprachlich Be-

---

2 Ich habe diese Dinge schon einmal in ›Principles of Mathematics‹, Kap. V und § 476 erörtert. Die dort vertretene Theorie ist derjenigen Freges ganz ähnlich und unterscheidet sich völlig von der hier vorgetragenen Auffassung.
3 Der zweite Satz läßt sich mit Hilfe des ersten definieren; er bedeutet dann »Es ist nicht wahr, daß ›C (x) ist falsch‹ stets wahr ist.«

zeichnungen vorkommen. Die richtige Analyse kann, wenn ich mich nicht täusche, auf die folgende Weise durchgeführt werden.

Gesetzt, wir wollen den Satz »Ich traf einen Menschen« interpretieren. Wenn der Satz wahr ist, dann traf ich einen ganz bestimmten Menschen. Aber das ist es gar nicht, was ich behaupte. Ich behaupte vielmehr, der von mir vertretenen Theorie zufolge: »›Ich traf x, und x ist menschlich‹ ist nicht stets falsch.«

Allgemein können wir, wenn wir die Klasse der Menschen als die Klasse der Objekte definieren, die das Prädikat »menschlich« tragen, das gleiche so sagen:

»C (ein Mensch)« bedeutet »›C (x) und x ist menschlich‹ ist nicht stets falsch«. Dabei bleibt der Ausdruck, »ein Mensch« für sich allein betrachtet aller Bedeutung bar, hingegen erhält jeder Satz, in dessen Formulierung »ein Mensch« auftaucht, eine Bedeutung.

Sehen wir uns nun den Satz »Alle Menschen sind sterblich« an. Dieser Satz ist in Wahrheit hypothetisch und besagt, daß, wenn irgend etwas ein Mensch ist, er dann auch sterblich ist. Das heißt: er besagt, daß, wenn x ein Mensch ist, x sterblich ist, was immer sonst x sein mag. Folglich ergibt sich, wenn wir für »x ist ein Mensch« setzen: »x ist menschlich«:

»Alle Menschen sind sterblich« bedeutet: »›Wenn x menschlich ist, ist x sterblich‹ ist stets wahr«.

Das drückt man in symbolischer Logik aus, indem man sagt, daß »Alle Menschen sind sterblich« soviel bedeutet wie: »›x ist menschlich‹ impliziert ›x ist sterblich‹ für alle Werte von x«. Allgemeiner gewendet:

»C (alle Menschen)« bedeutet »›Wenn x menschlich ist, dann ist C (x) wahr‹ ist stets wahr«.

Ähnlich:

»C (kein Mensch)« bedeutet »›Wenn x menschlich ist, dann ist C (x) falsch‹, ist stets wahr«.

»C (einige Menschen)« wird dasselbe bedeuten wie »C (ein Mensch)«,[4] und

»C (ein Mensch)« bedeutet »Es ist falsch, daß ›C (x) und x ist menschlich‹ stets falsch ist«.

»C (jeder Mensch)« wird dasselbe behaupten wie »C (alle Menschen)«.

Es bleibt noch übrig, Ausdrücke zu interpretieren, die »der (die, das)« enthalten. Dies sind die bei weitem interessantesten und schwierigsten Bezeichnungen. Nehmen wir als Beispiel »Der Vater von Karl II. wurde hingerichtet«. Der Satz behauptet, daß es ein x gab, das der Vater Karl II.

---

4 Psychologisch enthält »C (ein Mensch)« die Suggestion eines einzigen Menschen und »C (einige Menschen)« die mehrerer. Aber wir dürfen solche Suggestionen in einer vorläufigen Skizze vernachlässigen.

war und hingerichtet wurde. Nun schließt »der« streng verstanden Einzigkeit ein. Zwar sprechen wir von »dem Sohn des So-und-So« auch dann, wenn So-und-So mehrere Söhne hat, doch wäre es korrekter, »ein Sohn des So-und-So« zu sagen. Für unseren Zweck soll »der« Einzigkeit einschließen. Wenn wir demnach »x war der Vater von Karl II.« sagen, behaupten wir nicht nur, daß x eine gewisse Beziehung zu Karl II. hatte, sondern auch, daß nichts sonst diese Beziehung hatte. Die fragliche Beziehung selber ohne die Voraussetzung der Einzigkeit und ohne irgendwelche Bezeichnung wird durch »x zeugte Karl II.« ausgedrückt. Um ein Äquivalent für »x war der Vater von Karl II.« zu bekommen, müssen wir hinzufügen »Wenn y etwas anderes als x ist, dann zeugte y nicht Karl II.«, oder, was gleichwertig ist, »Wenn y Karl II. zeugte, dann ist y identisch mit x«. Also wird »x ist der Vater von Karl II.« zu: »x zeugte Karl II.; und ›wenn y Karl II. zeugte, dann ist y identisch mit x‹ ist stets wahr von y«.

Somit wird »Der Vater von Karl II. wurde hingerichtet« zu: »Es ist nicht stets falsch von x, daß x Karl II. zeugte, und daß x hingerichtet wurde, und daß ›Wenn y Karl II. zeugte, dann ist y identisch mit x‹ stets wahr von y ist«. Dies mag dem einen oder andern als eine unglaubliche Interpretation erscheinen, indes begründe ich im Augenblick nicht die Theorie, sondern stelle sie nur auf.

Um »C (der Vater von Karl II.)« zu interpretieren, wobei C für irgendeine Aussage über ihn steht, müssen wir nur das obige »x wurde hingerichtet« durch C (x) ersetzen. Man beachte, daß gemäß der oben gegebenen Interpretation, »C (der Vater von Karl II.)« – welche Aussage C auch immer sein mag – folgendes impliziert: »Es ist nicht stets falsch von x, daß ›Wenn y Karl II. zeugte, dann ist y identisch mit x‹ stets wahr von y ist«.

Und das wird in gewöhnlicher Sprache so ausgedrückt: »Karl II. hatte nur einen Vater und nicht mehr.« Entsprechend ist, wenn diese Bedingung nicht erfüllt wird, jeder Satz von der Form »C (der Vater von Karl II.)« falsch. Also ist beispielsweise auch jeder Satz der Form »C (der gegenwärtige König von Frankreich)« falsch. Darin liegt ein großer Vorzug der hier gegebenen Theorie. Ich werde später zeigen, daß sie dem Satz vom Widerspruch keineswegs, wie man zunächst annehmen möchte, widerspricht.

Das Entwickelte liefert eine Rückführung aller Sätze, in denen Bezeichnungen vorkommen, auf Formen, in denen keine solchen Ausdrücke vorkommen. Warum es jedoch geboten ist, eine derartige Rückführung zu erreichen, versucht die nachfolgende Erörterung zu zeigen.

Zugunsten der vorgetragenen Theorie sprechen die Schwierigkeiten, die unvermeidbar scheinen, wenn man Bezeichnungsausdrücke als stellvertretend für genuine, logische Bestandteile desjenigen Satzes ansieht, in dem sie sprachlich auftreten. Von den möglichen Theorien, die derartige Bestandteile zulassen, ist die einfachste die von Meinong[5]. Diese Theorie betrachtet jedwede grammatisch korrekte Bezeichnung als stellvertretend für einen Gegenstand. Demnach wird angenommen, daß »der gegenwärtige König von Frankreich«, »das runde Viereck« usw. echte Gegenstände sind. Nun wird zwar zugegeben, daß derlei Gegenstände nicht bestehen, nichtsdestoweniger gelten sie als Gegenstände. Das ist schon in sich eine problematische Ansicht, aber der Haupteinwand gegen sie liegt darin, daß mit solchen Gegenständen zugegebenermaßen das Gesetz des Widerspruchs verletzt wird. So wird beispielsweise behauptet, daß der existierende, gegenwärtige König von Frankreich existiert und ebenso nicht existiert; daß das runde Viereck rund ist und ebenso nicht rund ist, usw. Das ist jedoch unerträglich, und wenn sich irgendeine Theorie finden läßt, die dieses Resultat vermeidet, dann ist sie sicherlich vorzuziehen.

Jener Bruch des Widerspruchsgesetzes wird von Freges Theorie vermieden. Frege unterscheidet in einer Bezeichnung zwei Elemente, die er den Sinn und die Bedeutung nennt[6]. So ist »der Massenschwerpunkt des Sonnensystems zu Beginn des zwanzigsten Jahrhunderts« dem Sinne nach höchst kompliziert, aber die Bedeutung dessen ist ein bestimmter Punkt, und das ist einfach. Das Sonnensystem, das zwanzigste Jahrhundert usw. sind Bestandteile des Sinns, während die Bedeutung überhaupt keine Bestandteile kennt. Ein Vorteil dieser Unterscheidung ist, daß sie zeigt, warum die Aussage der Identität oft nicht überflüssig ist. Wenn wir sagen »Scott ist der Autor von ›Waverley‹«, dann behaupten wir eine Identität der Bedeutung bei einer Differenz des Sinns. Ich werde indessen die Gründe, die für diese Theorie sprechen, nicht wiederholen, da ich sie anderswo bereits geltend gemacht habe (s. Anm. 27) und befasse mich jetzt damit, sie zu widerlegen.

Eine der ersten Schwierigkeiten für die Anhänger der Auffassung, daß Bezeichnungen einen Sinn ausdrücken und eine Bedeutung bezeichnen, muß bei den Fällen auftauchen, wo eine Bedeutung nicht vorhanden zu sein scheint. Sagen wir etwa »Der König von England ist kahlköpfig«, so ist das doch wohl keine Aussage über den komplexen Sinn »der König von England«, sondern über die wirkliche, vermittelst des Sinnes bezeichnete Person. Doch man betrachte nun »Der König von Frankreich ist kahlköpfig«. Aufgrund der Formgleichheit sollte auch dieser Satz über die Bedeutung des Ausdrucks »der König von Frankreich« etwas sagen. Aber ob-

---

5 Vgl. ›Untersuchungen zur Gegenstandstheorie und Psychologie‹. Leipzig 1904.
6 Vgl. ›Über Sinn und Bedeutung‹, Ztschr. f. Phil. u. phil. Kritik, 100 (1892); (jetzt in: ›Funktion, Begriff, Bedeutung‹. Göttingen 1962).

gleich der Ausdruck einen Sinn hat, vorausgesetzt, »der König von England« hat einen Sinn, hat er doch zweifellos keine Bedeutung, zumindest in irgendeinem greifbaren Sinne. Folglich würde man vermuten, »Der König von Frankreich ist kahlköpig« müsse Unsinn sein; Unsinn ist es aber nicht, da es offenkundig falsch ist. Ein ähnlicher Fall liegt vor in einem Satz wie: »Wenn u eine Klasse ist, die nur ein Element hat, dann ist dieses eine Element ein Element von u«, oder mit anderen Worten: »Wenn u eine Einsklasse ist, dann ist das u ein u«. Dieser Satz sollte stets wahr sein, da der Schluß wahr ist, wann immer die Hypothese wahr ist. Aber »das u« ist eine Bezeichnung, und es ist die Bedeutung, nicht der Sinn, der u sein soll. Wenn nun u keine Einsklasse ist, scheint »Das u« gar nichts zu bezeichnen; also schiene unser ganzer Satz unsinnig zu werden, sobald u keine Einsklasse ist.

Freilich liegt es auf der Hand, daß solche Sätze nicht allein deshalb unsinnig werden, weil ihre Voraussetzungen falsch sind. Der König in Shakespeares »Sturm« kann sagen »Wenn Ferdinand nicht ertrunken ist, dann ist Ferdinand mein einziger Sohn.« Nun ist »mein einziger Sohn« eine Bezeichnung, die auf den ersten Blick eine Bedeutung hat, wenn und nur wenn ich wirklich genau einen Sohn habe. Aber jene Aussage wäre nichtsdestoweniger wahr geblieben, auch wenn Ferdinand in der Tat ertrunken wäre. – Also müssen wir entweder eine Bedeutung auch für alle Fälle vorsehen, in denen sie auf den ersten Blick nicht vorhanden ist, oder wir müssen die Ansicht aufgeben, daß es in Sätzen, die Bezeichnungen enthalten, wesentlich um die Bedeutung geht. Ich plädiere für den letzteren der Wege. Den ersten Weg kann man nach dem Beispiel Meinongs einschlagen unter Zulassung von nichtexistenten Gegenständen sowie unter Leugnung der Geltung des Widerspruchsgesetzes für eben diese. Jedoch muß das, wenn möglich, vermieden werden.

Eine Variante derselben Richtung innerhalb der vorliegenden Alternative wird von Frege vertreten, der durch Definition eine rein konventionelle Bedeutung für die Fälle vorsieht, die sonst gar keine hätten. So soll »der König von Frankreich« die Null-Klasse bezeichnen; »der einzige Sohn von Herrn So-und-So« (der eine stattliche Familie von zehn hat) soll die Klasse all seiner Söhne bezeichnen, usw. Aber dieses Verfahren ist offenkundig künstlich, wenn es auch nicht zu akutem, logischem Irrtum führen mag. Außerdem bietet es keine exakte Analyse des Problems. Wenn wir also zulassen, daß Bezeichnungen generell die zwei Seiten des Sinnes und der Bedeutung haben, dann machen die Fälle zu schaffen, wo die Bedeutung zu fehlen scheint, und zwar sowohl dann, wenn es in Wahrheit doch eine Bedeutung gibt, als auch dann, wenn es in Wahrheit keine gibt.

Eine logische Theorie darf an ihrer Fähigkeit geprüft werden, mit Paradoxien fertig zu werden, und es ist beim Nachdenken über Logik zweckmäßig, im Geiste möglichst viele offene Probleme zu speichern, da sie weitgehend demselben Zwecke dienen wie das Experiment in der Physik. Ich werde daher drei Fragen aufwerfen, die eine Theorie der Bezeichnung zu lösen imstande sein sollte, und ich werde später zeigen, daß meine Theorie sie löst.

1. Wenn a identisch mit b ist, dann ist, was immer vom einen wahr ist, auch wahr von dem andern, und beide können füreinander in jedem Satz ohne Veränderung der Wahrheit oder Falschheit eintreten. Nun wollte etwa Georg IV. wissen, ob Scott der Autor von ›Waverley‹ war, und in der Tat war Scott der Autor von ›Waverley‹. Also können wir »Scott« für »der Autor von ›Waverley‹« einsetzen und dadurch beweisen, daß Georg IV. wissen wollte, ob Scott Scott war. Aber man kann der Neugier der Majestät wohl kaum ein Interesse am Satz der Identität unterstellen.

2. Nach dem Satz vom ausgeschlossenen Dritten muß entweder »A ist B« oder »A ist nicht B« wahr sein. Mithin muß entweder »Der gegenwärtige König von Frankreich ist kahlköpfig« oder »Der gegenwärtige König von Frankreich ist nicht kahlköpfig« wahr sein. Würden wir aber die Dinge aufzählen, die kahlköpfig sind, und dann die Dinge, die nicht kahlköpfig sind, so würden wir den gegenwärtigen König von Frankreich in keiner der Listen entdecken. Hegelianer mit ihrer Vorliebe für die Synthese werden daraus wahrscheinlich schließen, daß er eine Perücke trägt.

3. Man betrachte den Satz »A unterscheidet sich von B«. Wenn das wahr ist, dann gibt es einen Unterschied zwischen A und B, ein Faktum, das sich in der Form »Der Unterschied zwischen A und B besteht« ausdrücken läßt. Wenn es dagegen falsch ist, daß A sich von B unterscheidet, dann gibt es auch keinen Unterschied zwischen A und B; dieses Faktum kann in der Form »Der Unterschied zwischen A und B besteht nicht« ausgedrückt werden. Wie kann aber etwas Nichtbestehendes Subjekt eines Satzes sein? Zu sagen: »Ich denke, also bin ich« ist nicht zwingender, als zu sagen: »Ich bin das Subjekt eines Satzes, also bin ich«, vorausgesetzt, daß man unter »Ich bin« zunächst nur die Behauptung irgendeines Gegebenseins oder Bestehens, nicht der faktischen Existenz versteht. – Folgerichtig käme heraus, daß die Leugnung des Seins von etwas stets in sich widersprüchlich sein muß. Wir haben indes im Zusammenhang mit Meinong gesehen, daß auch die Einräumung des Seins mitunter zu Widersprüchen führt. So daß, wenn A und B sich nicht unterscheiden, die Annahme, entweder gäbe es oder es gäbe nicht einen Gegenstand wie »die Differenz zwischen A und B«, gleichermaßen unmöglich scheint.

Das Verhältnis des Sinnes zur Bedeutung enthält gewisse ziemlich merkwürdige Probleme, die in sich bereits zur Genüge zu beweisen scheinen, daß eine Theorie, die in solche Schwierigkeiten führt, falsch sein muß.

Wenn wir über den Sinn einer Bezeichnung im Gegensatz zu ihrer Bedeutung sprechen wollen, so geschieht das am natürlichsten durch Anführungszeichen. So sagen wir:

Das Zentrum der Masse des Sonnensystems ist ein Punkt, keine komplexe Bezeichnung.

»Das Zentrum der Masse des Sonnensystems« ist eine komplexe Bezeichnung, kein Punkt.

Oder:

Der erste Vers von Grays Elegie stellt einen Satz dar.

»Der erste Vers von Grays Elegie« stellt keinen Satz dar.

Wir wollen bei irgendeiner beliebigen Bezeichnung, sagen wir C, die Beziehung zwischen C und »C« ins Auge fassen, wobei die Differenz der beiden die gleiche wie in den zwei genannten Beispielen ist.

Wir sagen zunächst, daß wir über die Bedeutung sprechen, wenn C auftritt, und über den Sinn, wenn »C« auftritt. Nun ist die Beziehung zwischen Sinn und Bedeutung nicht bloß linguistischer Art, also im Ausdruck vorliegend, es muß noch eine logische Beziehung darin enthalten sein, die wir so formulieren, daß der Sinn die Bedeutung bezeichnet. Dabei erhebt sich aber die Schwierigkeit, daß es nicht gelingt, die Verbindung von Sinn und Bedeutung aufrechtzuerhalten und zugleich ihr Zusammenfallen zu verhindern; außerdem kann man auch zum Sinn nur durch Bezeichnungen gelangen. Das zeigt sich so.

Der eine Ausdruck C sollte sowohl Sinn wie Bedeutung haben. Sprechen wir aber von »dem Sinn von C«, so gibt uns das, wenn überhaupt, den Sinn der Bedeutung. »Der Sinn des ersten Verses von Grays Elegie« ist dasselbe wie »Der Sinn von ›The curfew tolls the knell of parting day‹« und ist nicht dasselbe wie »Der Sinn von ›der erste Vers von Grays Elegie‹«. Um also den Sinn zu bekommen, den wir wollen, dürfen wir nicht von dem »Sinn von C« sprechen, sondern von dem »Sinn von ›C‹«, was gleich »C« ist. Ähnlich meint »die Bedeutung von C« nicht die Bedeutung, die wir suchen, sondern etwas, das, wenn überhaupt, dasjenige bezeichnet, was von der gesuchten Bedeutung bezeichnet wird. »C« soll beispielsweise »die komplexe Bezeichnung im zweiten der obengenannten Beispiele« sein. Dann

C = »der erste Vers von Grays Elegie«, und die Bedeutung von C = The curfew tolls the knell of parting day. Wir aber wollten als Bedeutung »der erste Vers von Grays Elegie« haben. Wir haben also nicht erreicht, was wir wollten.

Die Schwierigkeit in der Rede vom Sinn einer komplexen Bezeichnung kann so formuliert werden: Im gleichen Augenblick, wo wir die Bezeichnung in einen Satz einfügen, handelt der Satz von der Bedeutung; und wenn wir einen Satz bilden, in dem »der Sinn von C« Subjekt ist, dann ist das Subjekt, wenn überhaupt, der Sinn der Bedeutung, was nicht intendiert war. Daraus ergibt sich, daß, wenn wir Sinn und Bedeutung unterscheiden, wir eigentlich nur vom Sinn reden können: der Sinn hat Bedeutung und ist eine komplexe Bezeichnung, und nichts außer dem Sinn kann komplexe Bezeichnung heißen und zugleich Sinn und Bedeutung haben. Richtig müßte man also nach der zur Diskussion stehenden Ansicht sagen, daß mitunter der Sinn Bedeutung hat.

Allein das macht unsere Schwierigkeit beim Reden vom Sinn bloß deutlicher. Denn angenommen, C sei die komplexe Bezeichnung, dann würden wir sagen, daß C ihr Sinn ist. Trotzdem ist, wann immer C ohne Anführungszeichen auftritt, das, was gesagt wird, nicht wahr von dem Sinn, sondern einzig von der Bedeutung, so wie wir sagen: Der Massenschwerpunkt des Sonnensystems ist ein Punkt.

Demnach darf, um von C selbst zu sprechen, d. h. einen Satz über den Sinn zu äußern, unser Subjekt nicht C sein, sondern etwas anderes, das C bezeichnet. Also darf »C«, ein Ausdruck, den wir gebrauchen, um über den Sinn zu sprechen, nicht der Sinn selber sein, sondern etwas, das den Sinn bezeichnet. Und C darf kein Bestandteil dieser komplexen Bezeichnung sein, wie es der Fall ist bei »der Sinn von C«. Taucht C nämlich in der komplexen Bezeichnung auf, dann taucht in Wahrheit seine Bedeutung und nicht sein Sinn auf, und einen gangbaren Weg, der sicher von der Bedeutung zum jeweiligen Sinn zurückführt, gibt es nicht, da jeder Gegenstand von einer unendlichen Zahl bezeichnender Wendungen bezeichnet werden kann.

Mithin würde es scheinen, als seien »C« und C verschiedene Dinge, dergestalt daß »C« C bezeichnet. Doch kann das keine Erklärung sein, da die Beziehung von »C« zu C gänzlich mysteriös bleibt. Und wo finden wir schließlich die komplexe Bezeichnung »C«, die C bezeichnen soll? Ferner tritt, wenn C in einem Satz erscheint, damit nicht allein die Bedeutung auf, wie wir im nächsten Abschnitt sehen werden. Dennoch ist nach der strittigen Ansicht C nur die Bedeutung, wogegen der Sinn ganz »C« übertragen ist. Hier liegt eine unentwirrbare Verwicklung vor, die wohl beweist, daß die gesamte Unterscheidung von Sinn und Bedeutung falsch entworfen ist.

Daß es auch auf den Sinn ankommt, wenn eine Bezeichnung in einem Satz auftaucht, beweist die Verlegenheit über den Autor von ›Waverley‹. Den Satz »Scott war der Autor von ›Waverley‹« zeichnet etwas aus, das »Scott war Scott« abgeht, nämlich daß Georg IV. wissen wollte, ob die Aussage wahr ist. Also sind die zwei Sätze nicht identisch, und also kommt es auf den Sinn von »der Autor von ›Waverley‹« ebensosehr an wie auf die Bedeutung, sofern wir uns dem Standpunkt anschließen, zu dem diese Unterscheidung gehört. Wie wir soeben gesehen haben, sind wir aber gezwungen, solange wir den Standpunkt beibehalten, auch zu behaupten, daß es allein auf die Bedeutung ankomme. Folglich muß dieser Standpunkt aufgegeben werden.

Ich möchte nun zeigen, wie alle die erörterten Schwierigkeiten durch die eingangs explizierte Theorie gelöst werden.

Nach der von mir vorgeschlagenen Auffassung ist eine Bezeichnung wesentlich Teil eines Satzes und bedeutet nicht, wie die meisten einzelnen Wörter, selber etwas. Wenn ich sage »Scott war ein Mensch«, so ist das eine Aussage von der Form »x war ein Mensch« und hat »Scott« zu ihrem Subjekt. Sage ich aber »der Autor von ›Waverley‹ war ein Mensch«, so ist das keine Aussage der Form » x war ein Mensch« und hat nicht den »Autor von ›Waverley‹« zum Subjekt. In Abkürzung der eingangs gegebenen Formulierung können wir anstelle von »der Autor von ›Waverley‹ war ein Mensch« das Folgende setzen: »Ein und nur ein Wesen schrieb ›Waverley‹, und dieses war ein Mensch«. (Dieser Ausdruck gibt nicht mit der gleichen Strenge wie die frühere Formulierung das Gemeinte wieder, ist dafür aber leichter nachzuvollziehen.) Allgemein gesprochen, wollen wir mit der Aussage einer Eigenschaft f von dem Autor von ›Waverley‹ etwas dem Folgenden Äquivalentes aussagen: »Ein und nur ein Wesen schrieb ›Waverley‹, und dieses eine hatte die Eigenschaft f.«

Dann lautet die Erklärung der Bedeutung so. Jeder Satz, in dem »der Autor von ›Waverley‹« vorkommt, sei im dargelegten Sinne verstanden, dann wird der Satz »Scott war der Autor von ›Waverley‹« (d. h. »Scott war identisch mit dem Autor von ›Waverley‹«) zu: »Ein und nur ein Wesen schrieb ›Waverley‹, und Scott war mit diesem einen identisch«, oder um zur ganz expliziten Form zurückzukehren: »Es ist nicht stets falsch von x, daß x ›Waverley‹ schrieb, daß es stets wahr von y ist, daß, wenn y ›Waverley‹ schrieb, y identisch mit x ist, und daß Scott identisch mit x ist.« Wenn also »C« eine Bezeichnung ist, kann es geschehen, daß es ein Wesen x gibt (es kann nicht mehr als eins geben), für das der Satz »x ist identisch mit C« zutrifft, wobei dieser Satz wie oben interpretiert wird. Wir können dann sagen, daß das Wesen x die Bedeutung des Ausdrucks »C« ist. So ist Scott die Bedeutung des Ausdrucks »der Autor von ›Waverley‹«. Das »C« in Anführungszeichen wird dabei bloß der sprachliche Ausdruck sein, nicht irgend etwas, das Sinn heißen könnte. Der Ausdruck für sich hat keinen Sinn, da jeder Satz, in dem er auftritt, in seiner vollständigen Formulierung den Ausdruck gar nicht mehr enthält; denn in der unverkürzten Formulierung des Satzes ist der Ausdruck aufgelöst.

Das Rätsel um Georgs IV. Neugier hat, wie man jetzt sieht, eine sehr einfache Erklärung. Der Satz »Scott war der Autor von ›Waverley‹«, der in seiner unverkürzten Form im vorigen Abschnitt niedergeschrieben wurde, enthält überhaupt keinen Bestandteil »der Autor von ›Waverley‹«, wofür wir »Scott« einsetzen könnten. Das tut indes der Wahrheit von Folgerungen keinen Abbruch, die aus der Ersetzung des Wortes »Scott« durch »der Autor von ›Waverley‹« resultieren, so lange jedenfalls, als »der Autor von ›Waverley‹« im betrachteten Satze das innehat, was ich eine primäre Stellung nenne. Der Unterschied zwischen primärer und sekundärer Stellung von Bezeichnungen ist der folgende.

Wenn wir sagen: »Georg IV. wollte wissen, ob so-und-so«, oder wenn wir sagen »So-und-so ist überraschend« oder »So-und-so ist wahr« usw., dann muß das »so-und-so« ein Satz sein. Angenommen nun, »so-und-so« enthält eine Bezeichnung. In diesem Fall können wir entweder die Bezeichnung aus dem untergeordneten Satz »so-und-so« eliminieren oder aus dem ganzen Satz, in dem »so-und-so« selbst bloß einen Bestandteil darstellt. Je nach unserem Vorgehen entstehen verschiedene Sätze. So gibt es die Geschichte von dem empfindlichen Besitzer einer Jacht, demgegenüber ein Gast beim ersten Anblick bemerkte: »Ich dachte, Ihre Jacht wäre größer«, worauf der Besitzer erwiderte: »Nein, meine Jacht ist nicht größer«. Was der Gast meinte, war: »Das Ausmaß, das ich Ihrer Jacht zuschrieb, ist größer als das Ausmaß, das Ihre Jacht besitzt«, der ihm unterstellte Sinn ist: »Ich dachte, das Ausmaß Ihrer Jacht sei größer als das Ausmaß Ihrer Jacht«. Um zu Georg IV. und ›Waverley‹ zurückzukehren, so meinen wir, wenn wir sagen: »Georg IV. wollte wissen, ob Scott der Autor von ›Waverley‹ war«, normalerweise folgendes: »Georg IV. wollte wissen, ob ein oder nur ein Mensch ›Waverley‹ schrieb, und zwar Scott.« Aber wir können auch meinen: »Eine und nur eine Person schrieb ›Waverley‹, und Georg IV. wollte wissen, ob diese Person Scott war (und nicht jemand anders).« Im letzten Fall hat »der Autor von ›Waverley‹« eine primäre, im ersten eine sekundäre Stellung. Der Fall der primären Stellung kann so ausgedrückt werden: »Georg IV. wollte hinsichtlich der Person, die ›Waverley‹ schrieb, wissen, ob es Scott war.« Das wäre wahr, wenn Georg IV. zum Beispiel Scott auf Entfernung gesehen und dabei gefragt hätte: »Ist das Scott?« Eine sekundäre Stellung einer Bezeichnung kann definiert werden als das Auftreten einer Bezeichnung in einem Satz p, der ein bloßer Bestandteil des eigentlich betrachteten Satzes ist, so daß die Bezeichnung nur in p, und nicht in dem betreffenden Satze als Ganzem eliminiert wird. Die mangelnde Eindeutigkeit zwischen primärer und sekundärer Stellung läßt sich in der Sprache kaum vermeiden, schadet aber auch nicht, sofern wir darauf achtgeben. In symbolischer Logik ist das natürlich leicht zu vermeiden.

Die Unterscheidung zwischen primärer und sekundärer Stellung gestattet uns auch, die Frage zu behandeln, ob der gegenwärtige französische König kahlköpfig ist oder nicht, sowie ganz allgemein den logischen Status von Bezeichnungen zu bestimmen, die nichts bezeichnen. Wenn »C« eine Bezeichnung ist, etwa diese: »der Begriff mit der Eigenschaft F«, dann bedeutet »C hat die Eigenschaft f« soviel wie: »Ein und nur ein Begriff hat die Eigenschaft F, und dieser eine hat die Eigenschaft f«. Wenn die Eigenschaft F nun gar nicht zu einem Begriff gehört oder aber zu mehreren, so folgt, daß »C hat die Eigenschaft f« falsch ist für alle Werte von f. Also ist »Der gegenwärtige König von Frankreich ist kahlköpfig« sicher falsch, und »Der gegenwärtige König von Frankreich ist nicht kahlköpfig« ist dann falsch, wenn es bedeutet: »Es gibt ein Wesen, das jetzt König von Frankreich ist und nicht kahlköpfig ist«; wahr ist es dagegen, wenn es bedeutet: »Es ist falsch, daß es ein Wesen gibt, das jetzt König von Frankreich ist, und kahlköpfig ist.«

Das heißt: »Der König von Frankreich ist nicht kahlköpfig« ist falsch, wenn die Stellung von »König von Frankreich« primär ist, und wahr, wenn sie sekundär ist. Somit sind alle Sätze falsch, in denen »der König von Frankreich« eine primäre Stellung hat; die Negationen solcher Sätze sind wahr, aber in ihnen hat »der König von Frankreich« eine sekundäre Stellung. Auf diese Weise entgehen wir dem Schluß, daß der König von Frankreich eine Perücke trägt.

Wir können jetzt ebenfalls einsehen, wie man sagen kann, daß es so etwas wie den Unterschied zwischen A und B nicht gibt, für den Fall, daß A und B sich nicht unterscheiden. Wenn A und B sich tatsächlich unterscheiden, gibt es ein und nur ein Wesen x, derart daß »x ist der Unterschied zwischen A und B« ein wahrer Satz ist. Wenn A und B sich nicht unterscheiden, gibt es kein solches Wesen x. Gemäß dem soeben erklärten Sinn von Bedeutung hat »der Unterschied zwischen A und B« eine Bedeutung, wenn A und B sich unterscheiden, sonst aber nicht. Diese Differenz gilt für wahre und falsche Sätze ganz allgemein. Wenn »aRb« für »a hat die Relation R zu b« steht, dann gibt es, falls aRb wahr ist, etwas wie die Relation R zwischen a und b; ist aRb dagegen falsch, so besteht nichts dergleichen. Auf diese Weise können wir aus jedem Satz eine Bezeichnung bilden, die einen Gegenstand bezeichnet, wenn der Satz wahr ist, aber nichts bezeichnet, wenn der Satz falsch ist. Zum Beispiel ist es wahr (zumindest wollen wir das annehmen), daß die Erde sich um die Sonne dreht, und falsch, daß die Sonne sich um die Erde dreht; demnach bezeichnet »die Drehung der Erde um die Sonne« etwas, während »Die Drehung der Sonne um die Erde« nichts bezeichnet.

Das ganze Reich des Nicht-Seienden, wie »das runde Viereck«, »die gerade Primzahl, die nicht 2 ist«, »Apollo«, »Hamlet«, usw. kann nun zufriedenstellend in Angriff genommen werden. Es geht dabei immer um

Bezeichnungen, die gar nichts bezeichnen. Ein Satz über Apollo bedeutet dasjenige, was das Ersetzen von Apollo durch die Wortbedeutung ergibt, die das klassische Wörterbuch dafür bereitstellt, sagen wir »der Sonnen-Gott«. Alle Sätze, in denen Apollo vorkommt, sollen mit den angegebenen Regeln für Bezeichnungen interpretiert werden. Wenn »Apollo« eine primäre Stellung hat, ist der Satz, worin er so auftritt, falsch. Wenn die Stellung sekundär ist, kann der Satz wahr sein. Ähnlich bedeutet »Das runde Viereck ist rund« soviel wie: »Es gibt ein und nur ein Wesen x, das rund und viereckig ist, und das Wesen ist rund«, was ein falscher Satz ist, und nicht, wie Meinong behauptete, ein wahrer. »Das vollkommenste Wesen besitzt jegliche Vollkommenheit; Existenz ist eine Vollkommenheit; also existiert das vollkommenste Wesen«, daraus wird:

»Es gibt ein und nur ein Wesen x, das höchst vollkommen ist; dieses eine hat alle Vollkommenheiten; Existenz ist eine Vollkommenheit; also existiert dieses eine.« Als Beweis mißlingt das aus Mangel eines Beweises für die Prämisse: »Es gibt ein und nur ein Wesen x, das höchst vollkommen ist.«

Mr. MacColl (in ›Mind‹, 54/55) teilt Individuen in zwei Arten, wirkliche und nicht wirkliche. Entsprechend definiert er die Null-Klasse als die aus allen nicht wirklichen Individuen bestehende Klasse. Sie setzt voraus, daß solche Ausdrücke wie »der gegenwärtige König von Frankreich«, die kein wirkliches Individuum bezeichnen, nichtsdestoweniger eines bezeichnen, allerdings ein nicht wirkliches. Das ist der Sache nach Meinongs Lehre, die zu verwerfen wir Grund hatten, da sie mit dem Satz vom Widerspruch in Konflikt gerät. Unsere Theorie des Bezeichnens ermächtigt uns zu der These, daß es keine nicht wirklichen Individuen gibt, so daß die Null-Klasse die Klasse ohne Elemente ist und nicht die Klasse, die alle nicht wirklichen Individuen als Elemente umfaßt.

Es ist wichtig, die Folgen unserer Theorie für die Deutung von Definitionen zu beachten, die mit Bezeichnungen arbeiten. Die meisten mathematischen Definitionen sind von der Art des Beispiels »m minus n heißt die Zahl, die zu n hinzugezählt m ergibt«. m − n definiert als bedeutungsgleich mit einer bestimmten Bezeichnung: aber wir kamen überein, daß Bezeichnungen isoliert keine Bedeutung haben. Die Definition müßte also eigentlich lauten: »Jeder Satz mit m − n ist soviel wie der Satz, der aus der Ersetzung von ›m − n‹ durch ›die Zahl, die zu n hinzugezählt m ergibt‹, resultiert.« Der so entstehende Satz wird dann interpretiert nach Regeln, die bereits für die Interpretation von Sätzen aufgestellt sind, in deren verbalem Teil sprachlich eine Bezeichnung vorkommt. In dem Fall, wo m und n derart sind, daß es eine und nur eine Zahl x gibt, die zu n hinzugezählt m ergibt, in diesem Falle gibt es eine Zahl, die in jedem Satz, der »m − n« enthält, »m − n« vertreten kann, ohne Wahrheit oder Falschheit

Satzes zu verändern. In anderen Fällen jedoch sind alle Sätze, in denen »m – n« eine primäre Stellung hat, falsch.

Der Nutzen der Identitätsaussage wird von der vorgelegten Theorie ebenfalls erklärt. Niemand wünscht außerhalb eines Logikbuches jemals zu sagen »x ist x«, und doch wird Identität häufig behauptet in Formen wie »Scott war der Autor von ›Waverley‹« oder »Du bist der Mann«. Der Sinn solcher Sätze läßt sich nicht ohne den Begriff der Identität aufstellen, obwohl es sich nicht einfach um Aussagen handelt, daß Scott mit einem anderen Begriff, dem Autor von ›Waverley‹, identisch ist, oder daß Du mit einem anderen Begriff, dem Mann, identisch bist. Die kürzeste Behauptung von »Scott ist der Autor von ›Waverley‹« scheint zu sein: »Scott schrieb ›Waverley‹, und es ist stets wahr von y, daß, wenn y ›Waverley‹ schrieb, y mit Scott identisch ist.« Auf diesem Wege tritt Identität in »Scott ist der Autor von ›Waverley‹« ein, und bei solchem Gebrauch beweist die Behauptung der Identität ihren Wert.

Ein beachtenswertes Resultat unserer Theorie des Bezeichnens sei noch erwähnt. Wenn es etwas gibt, womit uns keine unmittelbare Bekanntschaft verbindet, dessen Definition uns bloß in Bezeichnungen vorliegt, dann enthalten die Sätze, in denen jener Gegenstand mittels einer Bezeichnung eingeführt ist, ihn nicht wirklich als Bestandteil, sondern enthalten bloß die von den verschiedenen Worten der Bezeichnung ausgedrückten Bestandteile. In jedem Satz, den wir erfassen können, d.h. nicht allein in solchen, deren Wahrheit und Falschheit wir zu beurteilen vermögen, sondern in allen, über die wir inhaltlich nachdenken können, sind alle Bestandteile wirklich Gegenstände, mit denen uns unmittelbare Bekanntschaft verbindet. Nun ist aber so etwas wie Materie im physikalischen Sinne oder das Bewußtsein anderer Personen uns nur über Bezeichnungen bekannt, d.h. wir sind mit diesen Dingen nicht vertraut, sondern kennen sie nur als etwas, das diese und jene Eigenschaften hat. Zwar können wir Satzfunktionen C (x) bilden, die von dem und dem Materieteilchen gelten müssen, oder von dem Bewußtsein des So-und-so, wir kennen aber nicht diejenigen Sätze, die ebendas selbst aussagen, von dem wir nur wissen, daß es wahr sein muß, weil wir die betreffenden Gegenstände in ihrer Wirklichkeit nicht erfassen können. Was wir wissen ist, »So-und-so hat ein Bewußtsein, das die und die Eigenschaften hat«, aber wir wissen nicht »A hat die und die Eigenschaften«, wobei A das fragliche Bewußtsein ist. In jenem Fall kennen wir die Eigenschaften eines Dinges, ohne mit ihm selbst bekannt zu sein und folgerichtig ohne irgendeinen einzelnen Satz zu kennen, in dem das Ding selber Bestandteil ist.

Über die zahlreichen anderen Konsequenzen der hier von mir vertretenen Ansicht sage ich weiter nichts. Ich will bloß den Leser bitten, sich nicht gegen diese Auffassung zu entscheiden – wozu vielleicht der Anschein übertriebener Kompliziertheit verführen könnte –, bevor er nicht versucht hat, eine eigene Theorie zur Frage der Bezeichnung aufzustellen. Dieser Versuch wird ihn, glaube ich, überzeugen, daß, wie immer die wahre Theorie aussehen mag, sie nicht so einfach sein kann, wie man zunächst erwartet.

4. Phänomenologie und Ontologie: Husserl, Heidegger

Die phänomenologische Bewegung, die sich im Anfang unseres Jahrhunderts bildete und deren Schöpfer Edmund Husserl war, stellt eine Entscheidung höchst eigener Art dar. Unter der Parole ›Zu den Sachen selbst‹ entwickelte sie in Gestalt eines gediegenen und ernsten Denkhandwerks einen neuen Zugang zu den klassischen Problemen der Philosophie, indem sie sich an die Beschreibung der Phänomene hielt. Sie war dadurch revolutionär, daß sie alle anschaulich nicht ausweisbaren Konstruktionen und Hypothesen abbaute und mit ihrer Grundforderung anschaulicher Evidenz so etwas wie ein neues Ethos philosophischer Arbeit begründete. Sowohl der damals herrschende Positivismus als auch der auf das Faktum der Wissenschaft gegründete Neukantianismus hatten das große weite Feld natürlicher Welterfahrung zugunsten der in den Wissenschaften verarbeiteten Erfahrung vernachlässigt. Husserl kam als Schüler von Franz Brentano von der Psychologie her und suchte mit den Mitteln der psychologischen Genese zunächst die Erkenntnisgeltung der Mathematik und der Logik aufzuklären und zu rechtfertigen. Aber er erkannte bald, daß es sich hier nicht um psychologische Tatsachen handelt, sondern um Leistungen des Bewußtseins, deren Sinn sich durch das, was in ihnen konstituiert wird, bestimmt. Daher nahm er die cartesianische Voraussetzung des Ego cogito auf, aber er erweiterte diese Formel in ›Ego cogito cogitatum‹. Denn alles Bewußtsein ist Bewußtsein von etwas. Es hat intentionale Struktur. Husserls Idee einer Erforschung des Bewußtseins war daher die Zuordnung der Bewußtseinsintentionen zu den intentionalen Gegenständen. Dadurch ist die Phänomenologie nicht Tatsachenwissenschaft, sondern Wesenswissenschaft (Eidetik). Die Typik der Bewußtseinsweisen und die entsprechende Typik der Erscheinungsweisen der Gegenstände herauszuarbeiten, war das ungeheure Forschungsprogramm, dem Husserl in rastloser Arbeit und fruchtbarer Lehrtätigkeit diente. Was an seinen Arbeiten das Zeitbewußtsein ansprach, waren nicht so sehr die Themen, die er bearbeitete. Denn das waren meistens höchst simple Dinge, wie etwa das Wesen der Wahrnehmung und des Wahrnehmungsgegenstandes oder der logische Sinn von ›Bedeutung‹ eines Ausdruckes, nichts also von weltanschaulich geladenen Problemen. Es war geradezu im Widerstand gegen das Weltanschauungsdenken, daß Husserl seinen Begriff der Phänomenologie als strenger Wissenschaft entwickelte.

Gleichwohl ging von seiner Arbeit eine echte Faszination aus. Denn erstmals kam innerhalb der deutschen philosophischen Tradition nach dem Verfall der großen Denkkraft des deutschen Idealismus eine Schule des Denkhandwerks zustande, die sich um eine größtmögliche Nähe zu den aufweisbaren Phänomenen bemühte. Diese Denkarbeit übte auch kritische Funktion aus. Theorien und Probleme, die die Diskussion beherrschten, verloren ihren Kredit. Dazu gehört etwa das Problem der Erkenntnistheorie. Denn die Frage, wie das Bewußtsein über seine Immanenz hinaus zur Außenwelt gelange, erwies sich in Husserls Analyse als eine widersinnige Frage, sofern es das Bewußtsein gar nicht gibt, das nicht immer schon bei der Außenwelt ist. Die Transzendenz der Welt und ihrer Inhalte ist selber ein deskriptiver Charakter des meinenden Bewußtseins.

So wiederholt das universale Forschungsprogramm der transzendenten Phänomenologie die große Aufgabenstellung Fichtes und seiner Nachfolger, aus den Handlungen des Bewußtseins das Ganze der gegenständlichen Geltung aufzubauen. Was Husserl auszeichnete, war dabei die gediegene Einzelarbeit der deskriptiven Analyse. Sie zu erlernen, war die Aufgabe, vor die sich seine Schüler gestellt sahen. Husserl selber war sich bewußt, daß das Riesenprogramm, das er der Phänomenologie vorgezeichnet hatte, über seine und seiner Lebensepoche Kräfte hinausgehen würde, aber er erwartete mit einem wahrhaft missionarischen Ernst, daß der von ihm gezeigte Weg, Philosophie als strenge Wissenschaft durchzuführen, in nachfolgenden Generationen bis zu Ende gegangen würde. Dadurch würden auch die wesentlichen Themen, die das weltanschauliche Bewußtsein bedrängten, ihre wissenschaftliche Klärung finden. Nicht nur die Wissenschaften würden von den dauernden Krisen frei bleiben, die um ihre Grundlagen auszubrechen pflegen, sondern auch das sittliche, politische und religiöse Leben der Menschheit würde durch die phänomenologische Durchklärung seiner ontologischen Grundlagen aus der herrschenden Verwirrung befreit werden. So sollte die Phänomenologie als strenge Wissenschaft nicht nur einen Weg der Forschung, sondern auch einen Fortschritt der Humanität eröffnen.

Es gehört zu dem tragischen Verhängnis des rastlosen Arbeiters, der Husserl war, daß ihn mehr und mehr die programmatischen Fragen der von ihm eröffneten Forschung von der Kleinarbeit im einzelnen abzogen. Wie weit die Idee seiner Forschung gespannt war und welche Motive sie beherrschten, hat er auf der Höhe seines Lebens in einem berühmt gewordenen Vortrag in Paris im Jahre 1929 dargelegt, aus dem die sogenannten *Cartesianischen Meditationen* hervorgegangen sind. Wir bringen den Originaltext der Pariser Vorträge, der in der nach dem Kriege veranstalteten riesigen Ausgabe von Husserls Werken erstmals an die Öffentlichkeit trat.

Wie ehedem Hegel eine von den Griechen herkommende abendländische Tradition des Denkens in sich zusammenfaßte und Philosophie nach ihm nicht mehr dasselbe war, so stand auch in unserem Jahrhundert noch einmal ein Denker im Gespräch mit der großen Denktradition der Klassiker als ein ebenbürtiger Partner: Martin Heidegger. Was nach ihm kommt, ist eine neue Welle empiristischer Wissenschaftstheorie und insbesondere der Wissenssoziologie, die die klassische Philosophie als ideologische Verschleierung gesellschaftlicher Herrschaftsverhältnisse ansieht und zum bloßen Objekt der Ideologiekritik herabsetzt.

Heideggers Stunde war die Epoche zwischen den beiden Weltkriegen, die Stunde des Zusammenbruchs des Neukantianismus, der unter Anrufung Kierkegaards durch die sogenannte dialektische Theologie (Karl Barth, Rudolf Bultmann u. a.) und die Existenzphilosophie (Karl Jaspers, Martin Heidegger u. a.) herbeigeführt wurde. Martin Heidegger aber wurde der eigentliche Denker dieser Epoche. Er war Schüler Rickerts und insbesondere Husserls und verdankte dem letzteren die einzigartige Schulung im Handwerk des Denkens, die die Phänomenologie darstellte. Aber was in ihm zum Durchbruch kam, war etwas Neues, nicht mehr nur wie im Neukantianismus und in Husserls Phänomenologie eine apriorische Grundlegung der Wissenschaften, aber auch nicht einfach weltanschauliche Emotionen, wie sie das in seiner Staatsordnung erschütterte damalige Mitteleuropa erfüllten. Wohl war es ein neues Lebensgefühl, das in die Form des Begriffes drängte und sich in der sogenannten ›Lebensphilosophie‹ vorbereitet hatte. Man verstand darunter vor allem Friedrich Nietzsche und Wilhelm Dilthey, Bergson und Georg Simmel und manche andere. Sie waren die sichtbarsten Exponenten einer Lebensstimmung, die auch in der Jugendbewegung ihren Ausdruck fand. Als nun das junge Genie Martin Heidegger auftrat, in voller Beherrschung der philosophischen Mittel des Denkens, wie sie keiner der Genannten sonst besaß, und zugleich in Aufnahme der großen geschichtlichen Bildungstradition, die in Wilhelm Dilthey verkörpert war, tat das Philosophieren nochmals einen neuen Schritt – nicht nach vorwärts, denn das ist nicht die Blickrichtung des philosophischen Gedankens –, sondern zurück, hinter die Tradition der Metaphysik, hin zu den religiösen Antrieben der frühen Reformation und des fühen Christentums, hin zu der von Nietzsche schon gefeierten Philosophie im tragischen Zeitalter der Griechen. Als 1927 Heideggers Hauptwerk *Sein und Zeit* erschien, war die philosophische Szene Europas mit einem Schlage verändert. Das Werk wirkte zunächst in ähnlichem Sinne wie die dialektische Theologie im Sinne eines neuen existenziellen Ernstes, der in das Denken gekommen war, und als etwas später das philosophische Werk von Karl Jaspers hinzutrat, verloren der neukantianische Idealismus und seine Nachfolgegestalten schnell an Aktualität.

Langsam erst setzte sich dann durch, daß Heideggers Denken sich in dem existenzphilosophischen Appell zur ›Eigentlichkeit‹ nicht genügte, sondern das Gespräch mit den Klassikern der Philosophie über die angemessene Weise, nach dem Sein zu fragen, zu eröffnen suchte. Hatte schon Nietzsche das Sein vom Werden aus zu interpretieren unternommen, so stellte sich nun die Frage nach dem Sein von vornherein als Frage, die allen gewohnten Sinn von Sein, den der Gegenständlichkeit des Gegenständlichen, der Objektivität der Wissenschaften und der Subjektivität der Bewußtseinsphilosophie hinterfragte. Der Schritt zurück, den Heidegger zu lernen und zu lehren suchte, stellte damit die gesamte Tradition der Metaphysik in Frage und eignete sie sich zugleich als Antwort auf eine Frage neu an. Das trat mit voller Klarheit hervor, als Heidegger die transzendentalphilosophische Selbstauffassung, die in *Sein und Zeit* noch herrschte und sein neukantianisch-husserlsches Erbe war, kritisch auflöste.

Heidegger bezeichnete die Denkerfahrung, die ihn von der transzendentalen Phänomenologie schied, als ›Die Kehre‹, ein Ausdruck, den man für Gebirgsstraßen gebraucht, die nur dadurch in die Höhe führen, daß sie ihre Richtung in 180°-Kurven wechseln. Was der Ausdruck bei Heidegger meint, ist, daß sein Denken im Weitergehen (ohne umzukehren) in die umgekehrte Richtung führte.

Was die Frage nach dem Sein meinte, war nicht ein Gegenstand, sondern etwas, was alle Möglichkeit des Wissens von Gegenständen schon vorgängig bestimmte, jene ›Lichtung‹ im Urwald der Dunkelheiten, in der der Mensch als Denkender seinen Kopf erhebt.

So stellte sich für Heidegger das Problem, wie man vom Sein reden könne, ohne es zum Gegenstand zu machen. Der Weg, auf den er sich gewiesen sah, war der Weg über die Weisheit der Sprache. Was in deren verschütteter Sagkraft an ursprünglichem Seinsverständnis verborgen liegt, aufzudecken, wurde die vielfältige und rastlose Arbeit eines Schatzgräbers der Sprache, der aus den Schächten des Verborgenen das Kostbare an den Tag fördert. Heideggers Werk ist wie eine Unzahl von Stollen, die in die Lagerstätten der Sprachen getrieben werden, und die Wünschelrutengänger der Sprache, die Dichter, gaben den Weg an. Alle späteren Arbeiten Heideggers weisen überdies auf die einzigartige Erneuerung des lebendigen Wortes zurück, die Heideggers philosophische Lehrtätigkeit auszeichnete. Wir bringen eine Probe, ein Kapitel aus einer Vorlesung, mit dem Titel ›Was heißt Denken?‹, die den Sprach- und Denksucher Heidegger in der Arbeit des Schürfens zeigt.

Edmund Husserl
Die Pariser Vorträge

An dieser ehrwürdigen Stätte französischer Wissenschaft über die neue Phänomenologie sprechen zu dürfen, erfüllt mich aus besonderen Gründen mit Freudigkeit. Denn kein Philosoph der Vergangenheit hat auf den Sinn der Phänomenologie so entscheidend gewirkt wie Frankreichs größter Denker René Descartes. Ihn muß sie als ihren eigentlichen Erzvater verehren. Ganz direkt, ausdrücklich sei es gesagt, hat das Studium der Cartesianischen Meditationen in die Neugestaltung der werdenden Phänomenologie eingegriffen und ihr diejenige Sinnesform gegeben, die sie jetzt hat und die es fast gestattet, sie einen neuen Cartesianismus zu nennen, einen Cartesianismus vom 20. Jahrhundert.

Bei dieser Sachlage darf ich wohl im Voraus Ihres Anteils sicher sein, wenn ich an diejenigen Motive der *Meditationes de prima philosophia* anknüpfe, denen, wie ich glaube, eine Ewigkeitsbedeutung zukommt, und wenn ich daran anschließend die Umbildung und Neubildung kennzeichne, in welchen das Eigentümliche der phänomenologischen Methode und Problematik entspringt.

Jeder Anfänger der Philosophie kennt den merkwürdigen Gedanken der Meditationen. Ihr Ziel ist, wie wir uns erinnern, eine völlige Reform der Philosophie, darin beschlossen die aller Wissenschaften. Denn sie sind nur unselbständige Glieder der einen universalen Wissenschaft, der Philosophie. Nur in ihrer systematischen Einheit können sie zu echter Rationalität gebracht werden – die ihnen, so wie sie bisher erwachsen sind, fehlt. Es bedarf eines radikalen Neubaues, der der Idee der Philosophie als *universaler Einheit der Wissenschaften* in der Einheit einer *absolut nationalen Begründung genugtut*. Diese Forderung des Neubaues wirkt sich bei Descartes in einer subjektiv gewendeten Philosophie aus. Diese subjektive Wendung vollzieht sich in zwei Stufen.

Fürs erste: Jeder, der ernstlich Philosoph werden will, muß sich einmal im Leben auf sich selbst zurückziehen und in sich den Umsturz aller vorgegebenen Wissenschaften und ihren Neubau versuchen. Philosophie ist eine ganz persönliche Angelegenheit des Philosophierenden. Es handelt sich um *seine sapientia universalis*, das ist um *sein* ins Universale fortstrebendes Wissen – aber um ein echt wissenschaftliches, das er von Anfang an und in jedem Schritte absolut verantworten kann aus *seinen* absolut einsichtigen Gründen. Ich kann zum echten Philosophen nur werden durch meinen freien Entschluß, diesem Ziel entgegenleben zu wollen. Habe ich mich dazu entschlossen, somit den Anfang erwählt aus absoluter Armut und den Umsturz, so ist natürlich ein Erstes, mich zu besinnen, wie ich den absolut sicheren Anfang und die Methode des Fortgangs finden könnte, wo mir jede Stütze vorgegebener Wissenschaft fehlt. Die Cartesianischen Meditationen wollen also nicht eine Privatangelegenheit des Philosophen Descartes sein, sondern das Urbild der notwendigen Meditationen jedes neuanfangenden Philosophen überhaupt.

Wenden wir uns nun dem uns Heutigen so befremdlichen Inhalt der Meditationen zu, so vollzieht sich darin alsbald ein *Rückgang auf das philosophierende ego* in einem zweiten und tieferen Sinne. Es ist der bekannte epochemachende Rückgang auf das ego der reinen *cogitationes*. Es ist das ego, das sich als das einzig apodiktisch gewiß Seiende vorfindet, während es das Dasein der Welt, als nicht gegen möglichen Zweifel gesichert, außer Geltung setzt.

Dieses ego vollzieht nun zunächst ein ernstlich solipsistisches Philosophieren. Es sucht apodiktisch gewisse Wege, durch die sich in der reinen Innerlichkeit eine objektive Äußerlichkeit erschließen läßt. Das geschieht bei Descartes in der bekannten Weise, daß zunächst Gottes Existenz und *veracitas* erschlossen werden und dann mittels ihrer die objektive Natur, der Dualismus der Substanzen, kurz der objektive Boden der positiven Wissenschaften und diese selbst. Alle Schlußweisen erfolgen am Leitfaden von Prinzipien, die immanent, die dem ego eingeboren sind.

Soweit Descartes. Wir fragen nun: Lohnt es sich eigentlich, einer Ewigkeitsbedeutung dieser Gedanken kritisch nachzuspüren? Sind sie geeignet, unserer Zeit lebendige Kräfte einzuflößen?

Bedenklich ist jedenfalls, daß die positiven Wissenschaften, die doch durch diese Meditationen eine absolut rationale Begründung erfahren sollten, sich um sie so wenig gekümmert haben. Allerdings in unserer Zeit fühlen sie sich trotz der glänzenden Entwicklung der drei Jahrhunderte durch die Unklarheit ihrer Grundlagen sehr gehemmt. Aber es fällt ihnen doch nicht ein, bei der Neugestaltung der Grundbegrifflichkeit auf die Cartesianischen Meditationen zurückzugreifen.

Andererseits wiegt es doch schwer, daß die Meditationen in der Philosophie in einem ganz einzigen Sinn Epoche gemacht haben, und zwar gerade durch ihren Rückgang auf das *ego cogito*. Descartes inauguriert in der Tat eine völlig neuartige Philosophie. Diese nimmt, ihren gesamten Stil verändernd, eine radikale Wendung zum naiven Objektivismus in einen *transzendentalen Subjektivismus*, der in immer neuen und doch immer ungenügenden Versuchen zu einer reinen Endgestalt hinstrebt. Sollte also diese fortgehende Tendenz nicht einen Ewigkeitssinn in sich tragen, für uns eine große, von der Geschichte selbst uns auferlegte Aufgabe, an der mitzuarbeiten wir alle berufen sind?

Die Zersplitterung der gegenwärtigen Philosophie in ihrer rastlosen

Betriebsamkeit gibt uns zu denken. Ist sie nicht darauf zurückzuführen, daß in ihr die von Descartes' Meditationen ausstrahlenden Triebkräfte ihre ursprüngliche Lebendigkeit eingebüßt haben? Sollte das nicht die einzig fruchtbare Renaissance sein, die diese Meditationen wiedererweckt, nicht sie zu übernehmen, sondern den tiefsten Sinn ihres Radikalismus im Rückgang auf das *ego cogito* allererst zu enthüllen und die von da entsprießenden Ewigkeitswerte?

Jedenfalls bezeichnet sich damit der Weg, der zur transzendentalen Phänomenologie geführt hat.

Diesen Weg wollen wir nun gemeinsam beschreiten. Cartesianisch wollen wir als radikal anfangende Philosophen Meditationen vollziehen, natürlich in steter kritischer Umbildung der altcartesianischen. Was in diesen bloß Keimanlage war, soll zu freier Entfaltung gebracht werden.

Wir fangen also an, jeder für sich und in sich, mit dem Entschluß, alle uns vorgegebenen Wissenschaften außer Geltung zu setzen. Das Descartes leitende Ziel absoluter Wissenschaftsbegründung lassen wir nicht fahren, aber zunächst soll nicht einmal seine Möglichkeit als Präjudiz vorausgesetzt werden. Wir begnügen uns damit, uns in das Tun der Wissenschaften hineinzuversetzen und daraus ihr Ideal der Wissenschaftlichkeit als das zu entnehmen, worauf sie, worauf Wissenschaft hinauswill. Ihrem Absehen nach soll nichts als wirklich wissenschaftlich gelten, was nicht durch vollkommene Existenz begründet ist, d. h. auszuweisen ist *durch Rückgang auf die Sachen oder Sachverhalte selbst in ursprünglicher Erfahrung und Einsicht*. Davon geleitet machen wir anfangende Philosophen uns zum Prinzip, nur in Evidenz zu urteilen und die Evidenz selbst kritisch nachzuprüfen, auch das selbstverständlich wieder in der Evidenz. Haben wir am Anfang die Wissenschaften außer Geltung gesetzt, so stehen wir im vorwissenschaftlichen Leben, und darin fehlt es ja auch nicht an Evidenzen, an unmittelbaren und mittelbaren. Das und nichts anderes haben wir zunächst.

Von da aus ergibt sich für uns die erste Frage: Können wir nicht unmittelbare und apodiktische Evidenzen aufweisen, und zwar an sich erste, d. h. solche, die allen sonstigen Evidenzen notwendig vorangehen müssen?

Indem wir meditierend dieser Frage nachgehen, scheint sich zunächst als in der Tat an sich erste aller Evidenzen und als apodiktische die von der Existenz der Welt darzubieten. Auf die Welt beziehen sich alle Wissenschaften und vor ihnen schon das handelnde Leben. *Allem voran ist das Dasein der Welt selbstverständlich* – sosehr, daß niemand daran denken kann, es ausdrücklich in einem Satze auszusprechen. Haben wir doch die kontinuierliche Welterfahrung, in der uns diese Welt immerfort und fraglos seiend vor Augen steht. Aber ist diese Erfahrungsevidenz wirklich apodiktisch trotz ihrer Selbstverständlichkeit und ist sie wirklich die an sich erste, allen anderen vorangehende? Beides werden wir verneinen müssen. Erweist sich nicht im Einzelnen manches als Sinnenschein? Kommt es nicht vor, daß selbst der ganze, einheitlich überschaubare Erfahrungszusammenhang als bloßer Traum entwertet wird? Descartes' Versuch ›eines‹ durch eine allzu flüchtige Kritik der sinnlichen Erfahrung geführten Beweises für die Denkbarkeit des Nicht-seins der Welt, trotzdem sie beständig erfahren sei, wollen wir nicht in Anspruch nehmen. Wir behalten nur soviel, daß die Evidenz der Erfahrung zu Zwecken einer radikalen Wissenschaftsbegründung jedenfalls erst einer Kritik ihrer Giltigkeit und Tragweite bedürfte, daß wir sie also nicht als fraglos und unmittelbar apodiktisch in Anspruch nehmen dürfen. Es genügt demgemäß nicht, alle uns vorgegebenen Wissenschaften außer Geltung zu setzen, sie als Vorurteile zu behandeln, auch ihren universalen Boden, den der Welterfahrung müssen wir der naiven Geltung berauben. Das Sein der Welt darf nicht mehr für uns selbstverständliche Tatsache sein, sondern selbst nur ein *Geltungsproblem*.

Bleibt uns jetzt überhaupt noch ein Seinsboden übrig, noch ein Boden für irgendwelche Urteile, Evidenzen, um darauf – und apodiktisch – eine universale Philosophie begründen zu können? Ist nicht die Welt der Titel für das Universum des überhaupt Seienden? Sollte sie am Ende gar nicht der an sich erste Urteilsboden sein, vielmehr mit ihrer Existenz schon ein an sich früherer Seinsboden vorausgesetzt sein?

Hier machen wir nun, ganz Descartes folgend, die große Wendung, die, recht vollzogen, zur *transzendentalen Subjektivität* führt: die Wendung zum *ego cogito* als dem apodiktisch gewissen und *letzten Urteilsboden*, auf den jede radikale Philosophie zu gründen ist.

Überlegen wir: Als radikal meditierende Philosophen haben wir jetzt weder eine für uns geltende Wissenschaft noch eine für uns seiende Welt. Statt schlechthin seiend, das ist uns in natürlicher Weise im Seinsglauben der Erfahrung geltend, ist sie uns nur noch ein bloßer Seinsanspruch. Das betrifft auch alle anderen Ich, so daß wir rechtmäßig nicht eigentlich im kommunikativen Plural sprechen dürfen. Die anderen Menschen und Tiere sind für mich ja nur gegeben vermöge der sinnlichen Erfahrung, deren Giltigkeit als mit in Frage stehend ich mich nicht bedienen darf. Mit den Anderen verliere ich natürlich auch die ganzen Gebilde der Sozialität und der Kultur, kurzum die ganze konkrete Welt ist für mich statt seiend nur Seinsphänomen. Aber wie immer es sich mit dem Wirklichkeitsanspruch dieses Seinsphänomens verhalten mag, ob Sein oder Schein, es selbst als mein Phänomen ist doch nicht nichts, sondern eben das, was für mich Sein und Schein überall möglich macht. Und wieder: Enthalte ich mich, wie ich es in Freiheit tun könnte und tat, jedes Erfahrungsglaubens, so daß für mich das Sein der Erfahrungswelt außer Geltung bleibt, so ist doch dieses Mich-enthalten, was es in sich ist mitsamt dem ganzen Strom des erfahrenden Lebens und all seinen Einzelphänomenen, den erscheinenden Dingen, den erscheinenden Nebenmenschen, Kulturobjekten usw. Alles bleibt, wie es war, nur daß ich es nicht einfach als seiend hinnehme, sondern mich aller Stellungnahme zu Sein und Schein enthalte. Auch meiner sonstigen Meinungen, Urteile, meiner wertenden Stellungnahmen in Bezug auf die Welt muß ich mich enthalten als das Sein der Welt voraussetzend, und auch für sie bedeutet das Mich-enthalten nicht ihr Verschwinden, nämlich als bloße Phänomene.

Also dieses universale Inhibieren aller Stellungnahmen zur objektiven Welt, das wir die *phänomenologische Epoché* nennen, wird gerade zum methodischen Mittel, wodurch ich mich als dasjenige Ich rein erfasse und dasjenige Bewußtseinsleben, in dem und durch das die gesamte objektive Welt für mich ist und ist, wie sie eben für mich ist. Alles Weltliche, alles raum-zeitliche Sein ist für mich dadurch, daß ich es erfahre, wahrnehme, mich seiner erinnere, daran irgendwie denke, es beurteile, es werte, begehre usw. Das alles bezeichnet Descartes bekanntlich unter dem Titel *cogito*. Die Welt ist für mich überhaupt gar nichts anderes als die in solchen *cogitationes* bewußt seiende und mir geltende. *Ihren ganzen Sinn und ihre Seinsgeltung hat sie ausschließlich aus solchen cogitationes.* In ihnen verläuft mein ganzes Weltleben. Ich kann in keine andere Welt hineinleben, hineinerfahren, hineindenken, hineinwerten und -handeln, die nicht in mir und aus mir selbst Sinn und Geltung hat. Stelle ich mich über dieses ganze Leben und enthalte ich mich jedes Vollzuges irgendeines Seinsglaubens, der geradehin Welt als seiend nimmt – richte ich ausschließlich meinen Blick auf dieses Leben selbst als Bewußtsein *von* der Welt, so gewinne ich mich als das reine ego mit dem reinen Strom meiner cogitationes.

Ich gewinne mich nicht etwa als ein Stück der Welt, da ich doch universal die Welt außer Geltung gesetzt hatte, nicht als den vereinzelten Menschen Ich, sondern als das Ich, in desssen Bewußtseinsleben eben die ganze Welt und ich selbst als Weltobjekt, als in der Welt seiender Mensch erst seinen Sinn und seine Seinsgeltung erhält.

Hier stehen wir an einem gefährlichen Punkt. Es scheint so leicht, Descartes folgend das reine ego und seine cogitationes zu erfassen. Und doch ist es, als wären wir auf einem steilen Felsgrat, auf dem ruhig und sicher fortzuschreiten über philosophisches Leben und philosophischen Tod entscheidet. Descartes hatte den reinsten Willen zu radikaler Vorurteilslosigkeit. Aber wir wissen durch neuere Forschungen und insbesondere die schönen und tiefgründigen der Herrn Gilson und Koyré, wie viel Scholastik im Verborgenen und als ungeklärtes Vorurteil in Descartes'

Meditationen steckt. Aber nicht das allein; zunächst schon die aus der Blickrichtung auf die mathematische Naturwissenschaft stammenden, für uns selbst kaum merklichen Vorurteile müssen wir uns vom Leibe halten, als ob es sich unter dem Titel *ego cogito* um ein apodiktisches Grundaxiom handle, das im Verein mit anderen (davon her abzuleitenden) das Fundament für eine deduktive Weltwissenschaft abzugeben habe, eine Wissenschaft *ordine geometrico*. Im Zusammenhang damit darf es keineswegs als selbstverständlich gelten, als ob wir in unserem apodiktisch reinen ego ein kleines Endchen der Welt gerettet hätten als das für das philosophierende Ich einzig Unfragliche von der Welt, und daß es nun darauf ankomme, durch recht geleitete Schlußfolgerungen nach den dem ego angeborenen Prinzipien die übrige Welt hinzuzuschließen.

Leider so geht es bei Descartes mit der unscheinbaren, aber verhängnisvollen Wendung, die das ego zur *substantia cogitans*, zum abgetrennten menschlichen *animus* macht, zum Ausgangsglied für Schlüsse nach dem Kausalprinzip, kurzum der Wendung, durch die er zum Vater des widersinnigen transzendentalen Realismus geworden ist. All das bleibt uns fern, wenn wir dem Radikalismus der Selbstbesinnung und somit dem Prinzip reiner Intuition getreu bleiben, also nichts gelten lassen, als was wir auf dem uns durch die Epoché eröffneten Feld des *ego cogito* wirklich und zunächst ganz unmittelbar gegeben haben, also nichts zur Aussage bringen, was wir nicht selbst *sehen*. Darin hat Descartes gefehlt, und so kommt es, daß er vor der größten aller Entdeckungen steht, sie in gewisser Weise schon gemacht hat und doch ihren eigentlichen Sinn nicht erfaßt, den Sinn der transzendentalen Subjektivität, und so das Eingangstor nicht überschreitet, das in die echte transzendentale Philosophie hineinleitet.

Die freie Epoché hinsichtlich des Seins der erscheinenden und überhaupt für mich als wirklich geltenden Welt – als wirklich in der früheren natürlichen Einstellung – zeigt ja diese größte und wunderbarste aller Tatsachen, nämlich daß ich und mein Leben in meiner Seinsgeltung unberührt bleibt, ob nun die Welt ist oder nicht ist oder wie immer darüber entschieden werden mag. Sage ich im natürlichen Leben: »Ich bin, ich denke, ich lebe«, so sagt das: Ich, diese menschliche Person unter andern Menschen in der Welt, durch meinen körperlichen Leib im realen Zusammenhang der Natur stehend, in den nun auch meine cogitationes, meine Wahrnehmungen, Erinnerungen, Urteile usw. als psychophysische Tatsachen eingegliedert sind. So gefaßt, bin ich und sind wir, Menschen und Tiere, Themen objektiver Wissenschaften, der Biologie, Anthropologie und Zoologie, auch der Psychologie. Das Seelenleben, von dem alle Psychologie spricht, ist gemeint als Seelenleben in der Welt. Die phänomenologische Epoché, die der Gang der gereinigten Cartesianischen Meditationen von mir, dem Philosophierenden fordert, schaltet wie die Seinsgeltung der objektiven Welt überhaupt so auch die Weltwissenschaften und selbst schon als Welttatsachen aus meinem Urteilsfeld aus. *Für mich gibt es also kein Ich und keine psychischen Akte, psychischen Phänomene im Sinne der Psychologie*, für mich gibt es also auch nicht mich als Menschen, ›nicht‹ meine eigenen cogitationes als Bestandstücke einer psychophysischen Welt. Aber dafür habe ich mich gewonnen und jetzt mich allein als dasjenige reine Ich mit dem reinen Leben und den reinen Vermögen (z. B. dem evidenten Vermögen: ich kann mich urteilend enthalten), *durch das für mich Sein dieser Welt* und jeweiliges So-sein überhaupt Sinn und mögliche Geltung hat. Heißt die Welt, da ihr eventuelles Nicht-sein mein reines Sein nicht aufhebt, ja es voraussetzt, *transzendent*, so heißt dann dieses mein reines Sein oder mein reines Ich *transzendental*. Mittels der phänomenologischen Epoché reduziert sich das natürliche menschliche Ich, und zwar das meine, auf das transzendentale, und so versteht sich die Rede von der phänomenologischen Reduktion.

Doch hier bedarf es weiterer Schritte, durch die, was hier herausgestellt worden ist, erst den rechten Nutzen gewinnen kann. Was ist mit dem transzendentalen ego philosophisch anzufangen? Gewiß, sein Sein geht evidentermaßen – für mich, den Philosophierenden – erkenntnismäßig allem objektiven Sein vorher. In gewissem Sinne ist es wohl der Grund und Boden, auf dem sich alle objektive Erkenntnis, gute und schlechte, abspielt. Aber besagt darum dieses Vorgehen und in aller objektiven Erkenntnis Vorausgesetztsein, daß es Erkenntnisgrund im gewöhnlichen Sinne ist für diese objektive Erkenntnis? Der Gedanke, die Versuchung liegt nahe; es ist eben die aller realistischen Theorie. Aber die Versuchung verschwindet, in der transzendentalen Subjektivität Prämissen zu suchen für die Existenzsetzung der subjektiven Welt, wenn wir daran denken, daß alle Schlüsse, die wir vollziehen, rein gefaßt, selbst in der transzendentalen Subjektivität verlaufen und alle auf die Welt zu beziehenden Bewährungen an der Welt selbst, als wie sie in der Erfahrung sich selbst gebend und bewährend ist, ihr Maß haben. Nicht als ob wir den großen Cartesianischen Gedanken, die tiefste Begründung objektiver Wissenschaften und des Seins objektiver Welt selbst in der transzendentalen Subjektivität zu suchen, für falsch erklären wollten. Wir würden ja sonst seinen meditierenden Wegen, sei es auch unter Kritik, nicht nachfolgen. Aber vielleicht eröffnet sich mit der Cartesianischen Entdeckung des ego auch eine *neue Idee von Begründung, nämlich transzendentaler Begründung*.

In der Tat, anstatt das *ego cogito* als einen bloßen apodiktischen Satz zu verwerten und als absolut fundierende Prämisse, lenken wir unser Augenmerk darauf, daß die phänomenologische Epoché uns (oder mir, dem

Philosophierenden) mit dem allerdings apodiktischen *Ich bin* eine neuartige unendliche Seinssphäre freigelegt hat, und zwar als eine Sphäre einer neuartigen, einer *transzendentalen Erfahrung*. Eben damit aber auch die Möglichkeit einer transzendentalen Erfahrungskenntnis, ja einer transzendentalen Wissenschaft.

Hier tut sich ein höchst merkwürdiger Erkenntnishorizont auf. Die phänomenologische Epoché reduziert mich auf mein transzendentales reines Ich, und zunächst wenigstens bin ich also in gewissem Sinne *solus ipse*: nicht im gewöhnlichen, etwa in dem ›eines‹ bei einem Zusammensturz aller Gestirne übrig gebliebenen Menschen in der noch immer seienden Welt. Habe ich die Welt als die aus mir und in mir Seinssinn empfangende aus meinem Urteilsfeld verbannt, so bin ich, das ihr vorangehende transzendentale Ich, *das einzig urteilsmäßig Setzbare und Gesetzte*. Und nun soll ich eine Wissenschaft gewinnen, eine unerhört eigenartige, da sie, ausschließlich von meiner und in meiner transzendentalen Subjektivität geschaffen, auch nur für sie – zunächst wenigstens – gelten soll, eine transzendental-solipsistische Wissenschaft. Also nicht das *ego cogito*, sondern eine Wissenschaft vom ego, eine reine *Egologie* müßte das unterste Fundament der Philosophie im Cartesianischen Sinne der universalen Wissenschaft sein und müßte mindestens das Grundstück für deren absolute Begründung leisten. In der Tat ist diese Wissenschaft schon da als die unterste transzendentale Phänomenologie; die unterste, also nicht die volle, zu der ja selbstverständlich der weitere Weg vom transzendentalen Solipsismus zur transzendentalen Intersubjektivität gehört.

Um dies alles verständlich zu machen, bedarf es zunächst der von Descartes versäumten Freilegung des unendlichen Feldes der transzendentalen Selbsterfahrung des ego. Die Selbsterfahrung, und sogar in der Bewertung als apodiktische, spielt bekanntlich bei ihm selbst eine Rolle, aber das ego in der ganzen Konkretion seines transzendentalen Daseins und Lebens zu erschließen und als ein systematisch in seine Unendlichkeiten zu verfolgendes Arbeitsfeld anzusehen, das lag ihm ferne. Für den Philosophen muß es als eine fundamentale Einsicht in den Mittelpunkt gestellt werden, daß er in der Einstellung transzendentaler Reduktion konsequent auf seine cogitationes und auf ihren rein phänomenologischen Gehalt reflektieren und dabei allseitig sein transzendentales Sein in seinem transzendental-zeitlichen Leben und in seinem Vermögen enthüllen kann. Es handelt sich hier offenbar um Parallelen zu dem, was der Psychologe in seiner Weltlichkeit innere oder Selbsterfahrung nennt.

Von größter, ja entscheidender Wichtigkeit ist dann zu beachten, daß man nicht flüchtig daran vorbeigehen kann – was gelegentlich auch Descartes bemerkt hat – daß z.B. die Epoché hinsichtlich des Weltlichen nichts daran ändert, daß die Erfahrung Erfahrung von ihm ist, und so das jeweilige Bewußtsein Bewußtsein von ihm ist. Der Titel *ego cogito* muß um ein Glied erweitert werden: jede cogito hat in sich als Vermeintes sein cogitatum. Die Hauswahrnehmung, auch wenn ich mich der Betätigung des Wahrnehmungsglaubens enthalte, ist, genommen wie ich sie erlebe, eben Wahrnehmung von diesem und gerade diesem, so und so erscheinenden, sich mit gerade den Bestimmungen, von der Seite, in der Nähe oder Ferne zeigenden Haus. Ebenso die klare oder vage Erinnerung Erinnerung von dem vage oder klar vorstelligen Haus, das noch so falsche Urteil Urteilsmeinung von dem und dem vermeinten Sachverhalt usw. *Die Grundeigenschaft der Bewußtseinsweisen, in denen ich als Ich lebe, ist die sogenannte Intentionalität*, ist jeweiliges Bewußthaben von etwas. Zu diesem Was des Bewußtseins gehören auch die Seinsmodi wie daseiend, vermutlich seiend, nichtig seiend, aber auch die Modi des Schein-seiend, gut-, wert-seiend usw. Phänomenologische Erfahrung als Reflexion muß von allen konstruktiven Erfindungen ferngehalten und muß als echte genau so konkret, genau mit dem Sinnes- und Seinsgehalt genommen werden, in dem sie eben auftritt.

Es ist eine konstruktive Erfindung des Sensualismus, wenn man das Bewußtsein als Komplex von Sinnesdaten deutet und eventuell dann hinterher Gestaltqualitäten heranzieht und sie für die Ganzheit sorgen läßt. Das ist schon in der weltlich-psychologischen Einstellung grundfalsch und erst recht in der transzendentalen. Wenn phänomenologische Analyse in ihrem Fortgang unter dem Titel Empfindungsdaten auch etwas aufzuweisen hat, so ist es jedenfalls nicht ein Erstes in allen Fällen »äußerer Wahrnehmung«, sondern bei ehrlicher rein anschaulicher Beschreibung ist das erste, das cogito, etwa die Hauswahrnehmung als solche näher zu beschreiben nach gegenständlichem Sinn und nach Erscheinungsmodis. Und so für jede Bewußtseinsart.

Geradehin auf das Bewußtseinsobjekt gerichtet finde ich es als etwas, das mit den und den Bestimmungen erfahren oder gemeint ist, im Urteilen als Träger von Urteilsprädikaten, im Werten als Träger von Wertprädikaten. Nach der anderen Seite blickend finde ich die wechselnden Weisen des Bewußtseins, das Wahrnehmungsmäßige, Erinnerungsmäßige, alles was nicht Gegenstand und gegenständliche Bestimmung selbst, aber subjektiver Gegebenheitsmodus, subjektive Erscheinungsweise ist wie Perspektive oder Unterschiede der Vagheit und Deutlichkeit, der Aufmerksamkeit und Unaufmerksamkeit etc.

Sich als der meditierende Philosoph, der dabei selbst zum transzendentalen ego geworden ist, fortgehend über sich selbst besinnen, das heißt also, in die offen endlose transzendentale Erfahrung eintreten, sich nicht mit dem vagen *ego cogito* begnügen, sondern dem beständigen Fluß des cogitierenden Seins und Lebens nachgehen, es sich nach allem, was daran zu schauen ist, ansehen, explizierend eindringen, es beschreibend in Begriffe und Urteile fassen, und rein in solche, die aus diesen anschaulichen Beständen ganz ursprünglich geschöpft sind.

Es ist dann sogar ein dreifacher Titel als Schema der Auslegungen und Beschreibungen leitend, wie schon gesagt: *ego cogito cogitatum*. Sehen wir zunächst vom identischen Ich ab, obwohl es gewissermaßen in jedem cogito steckt, so hebt sich doch leichter in der Reflexion das Unterschiedliche des cogito selbst ab, und sofort scheiden sich deskriptive Typen, in der Sprache sehr vage angedeutet ›als‹ Wahrnehmen, Sich-erinnern, nach dem Wahrnehmen Eben-noch-im-Bewußtsein-haben, Vorerwarten, Wünschen, Wollen, prädikativ Aussagen usw. Aber nehmen wir es, wie es die transzendentale Reflexion konkret bietet, so kommt sofort der schon berührte Grundunterschied zwischen gegenständlichem Sinn und Bewußtseinsweise, eventuell Erscheinungsweise, in Betracht: also die – im Typischen betrachtet – Zweiseitigkeit, die eben die Intentionalität, das Bewußtsein als Bewußtsein von dem und dem macht. Das gibt immer doppelte Beschreibungsrichtungen.

Hiebei ist also zu beachten, daß die transzendentale Epoché hinsichtlich der seienden Welt mit allen jeweils erfahrenen, wahrgenommenen, erinnerten, gedachten, urteilsmäßig geglaubten Objekten nichts daran ändert, daß die Welt, daß alle diese Objekte als Erfahrungsphänomene, aber auch rein als solche, rein als cogitata der jeweiligen cogitationes, ein Hauptthema der phänomenologischen Deskription sein müssen. Aber was macht dann den abgrundtiefen Unterschied zwischen phänomenologischen Urteilen über die Erfahrungswelt und den natürlich-objektiven? Die Antwort kann so gegeben werden: Als phänomenologisches ego bin ich zum reinen Zuschauer meiner selbst geworden und nichts habe ich in Geltung als was ich als von mir selbst unabtrennbar, als mein reines Leben und als von diesem selbst Unabtrennbares finde, und zwar genau so wie ursprüngliche, anschauliche Reflexion mich für mich selbst enthüllt. Als natürlich eingestellter Mensch, wie ich vor der Epoché war, lebte ich naiv in die Welt hinein; erfahrend galt mir ohne weiteres das Erfahrene und daraufhin vollzog ich meine weiteren Stellungnahmen. Das alles aber verlief in mir, ohne daß ich daraufhin gerichtet war; mein Erfahrenes, die Dinge, die Werte, die Zwecke, das war mein Interesse, nicht aber mein erfahrendes Leben, mein Interessiert-sein, Stellung-nehmen, mein Subjektives. Auch als natürlich lebendes Ich war ich transzendentales, aber ich wußte davon nichts. Um meines absoluten Eigenseins inne zu werden, mußte ich eben phänomenologische Epoché üben. Durch sie will ich nicht wie Descartes eine Giltigkeitskritik üben, ob ich der Erfahrung, also dem Sein der Welt apodiktisch trauen dürfte, sondern ich will lernen, daß Welt für mich, aber auch wie Welt für mich cogitatum meiner cogitationes ist.

Ich will nicht nur überhaupt feststellen, daß das *ego cogito* apodiktisch dem Für-mich-sein der Welt vorhergeht, sondern mein konkretes Sein als ego voll umfassend kennen lernen und dabei sehen: Mein Sein als natürlich in die Welt Hineinerfahrender und Hineinlebender besteht in einem besonderen transzendentalen Leben, in dem ich das Erfahren naiv gläubig vollziehe, meine naiv erworbene Weltüberzeugung weiterbetätige usw. So besteht die phänomenologische Einstellung mit ihrer Epoché darin, *daß ich den denkbar letzten Erfahrungs- und Erkenntnisstandpunkt gewinne, auf dem ich zum unbeteiligten Zuschauer meines natürlich-weltlichen Ich und Ich-Lebens werde,* das dabei nur ein besonderes Stück oder eine besondere Schichte meines enthüllten transzendentalen Lebens ist. Unbeteiligt bin ich insoferne, als ich aller weltlichen Interessen, die ich darum doch habe, insoferne mich »enthalte«, als Ich – der Philosophierende – mich über sie stelle und ihnen zuschaue, sie als Themen der Beschreibung nehme wie überhaupt mein transzendentales ego.

So vollzieht sich mit der phänomenologischen Reduktion eine Art Ich-Spaltung: Der transzendentale Zuschauer stellt sich über sich selbst, sieht sich zu und sieht sich auch als dem vordem welthingegebenden Ich zu, findet also in sich als cogitatum sich als Menschen und findet an den zugehörigen cogitationes das ›das‹ gesamte Weltliche ausmachende transzendentale Leben und Sein. Hat der natürliche Mensch (darin das Ich, das letztlich zwar transzendental ist, aber davon nichts weiß) eine in naiver Absolutheit seiende Welt und Weltwissenschaft, so hat der seiner als transzendentales Ich bewußt gewordene transzendentale Zuschauer die Welt nur als *Phänomen*, das sagt als cogitatum der jeweiligen cogitatio, als Erscheinendes der jeweiligen Erscheinungen, als bloßes Korrelat.

Wenn die Phänomenologie Bewußtseinsgegenstände thematisch hat und welcher Art immer, ob reale oder ideale, so hat sie diese nur als Gegenstände der jeweiligen Bewußtseinsweisen; die Beschreibung, die die konkret-vollen Phänomene der cogitationes erfassen will, muß beständig von der gegenständlichen Seite auf die Bewußtseinsseite zurückblicken und die hier durchgängig bestehenden Zusammengehörigkeiten verfolgen. Habe ich z. B. das Wahrnehmen eines Hexaeders als Thema, so merke ich in der reinen Reflexion, daß das Hexaeder kontinuierlich als gegenständliche Einheit gegeben ist in einer vielseitigen und bestimmt zugehörigen Mannigfaltigkeit von Erscheinungsweisen. Dasselbe Hexaeder – dasselbe Erscheinende, bald von dieser oder jener Seite, bald in diesen, bald in jenen Perspektiven, bald in Naherscheinungen, bald in Fernerscheinungen, bald in großer Klarheit und Bestimmtheit, bald in geringer. Doch fassen wir irgendeine gesehene Hexaederfläche ins Auge, irgendeine Kante oder Ecke, irgendeinen Farbfleck, kurz irgendwelches Moment des gegenständlichen Sinnes, so merken wir für ein jedes dasselbe: Es ist Einheit einer Mannigfaltigkeit immer wieder abzuwechselnder Erscheinungsweisen, ihrer besonderen Perspektiven, besonderen Unterschiede des subjektiven Hier und Dort. Geradehin gesehen finden wir die beständig identische unveränderte Farbe, aber auf die Erscheinungsweisen reflektierend erkennen wir, daß sie nichts anderes ist, anders gar nicht denkbar ist, denn als sich bald in den, bald in jenen Farbenabschattungen darstellend. Immer haben wir Einheit nur als Einheit aus Darstellung, die die Darstellung ist der Sich-selbst-Darstellung von Farbe oder Darstellung von Kante.

Das cogitatum ist nur in der besonderen Weise des cogito möglich. Fangen wir nämlich an, das Bewußtseinsleben ganz konkret zu nehmen und beständig nach beiden Seiten und ihren intentionalen Zusammengehörigkeiten beschreibend zu blicken, so eröffnen sich wahre Unendlichkeiten und immer neue, nie geahnte Tatsachen treten hervor. Dahin gehören die Strukturen der phänomenologischen Zeitlichkeit. Schon wenn wir innerhalb des Bewußtseinstypus, der da Dingwahrnehmung heißt, verbleiben, verhält es sich so. Jeweils ist sie lebendig als ein Dahindauern, ein zeitliches Dahinströmen des Wahrnehmens und Wahrgenommenen. Dieses strömende Sich-fort-erstrecken, diese Zeitlichkeit ist etwas zum transzendentalen Phänomen selbst wesentlich Gehöriges. Jede Teilung, die wir hineindenken, ergibt wieder Wahrnehmung desselben Typus, von jeder Strecke, von jeder Phase sagen wir dasselbe: das Hexaeder sei wahrgenommen. Aber diese *Identität* ist ein immanenter deskriptiver Zug eines solchen intentionalen Erlebnisses und seiner Phasen, es ist ein Zug im Bewußtsein selbst. Die Stücke und Phasen der Wahrnehmung sind nicht äußerlich aneinandergeklebt, sie sind einig, wie eben Bewußtsein und wieder Bewußtsein einig ist, und zwar einig im Bewußtsein von demselben. Nicht sind erst Dinge und werden dann in das Bewußtsein hineingesteckt, so daß dasselbe da und dort hineingesteckt ist, sondern Bewußtsein und Bewußtsein, ein cogito und ein anderes verbinden sich zu einem beide einigenden cogito, das als ein neues Bewußtsein wieder Bewußtsein von etwas ist, und zwar ist es die Leistung dieses *synthetischen Bewußtseins*, daß in ihm bewußt wird »dasselbe«, das Eine als Eines.

Wir stoßen hier an einem Beispiel auf das Einzigartige der Synthesis als Grundeigentümlichkeit des Bewußtseins, und mit ihr tritt zugleich der *Unterschied zwischen reellen, und ideellen, bloß intentionalen Gehalten des Bewußtseins* hervor. Der Wahrnehmungsgegenstand ist, phänomenologisch betrachtet, nicht ein reelles Stück im Wahrnehmen und dessen dahinströmenden synthetisch sich einigenden Perspektiven und sonstigen Erscheinungsmannigfaltigkeiten. Zwei Erscheinungen, die sich mir vermöge einer Synthesis geben als Erscheinungen von demselben, sind reell getrennt, haben als getrennte reell kein Datum gemein, sie haben höchstens ähnliche und gleiche Momente. Dasselbe gesehene Hexaeder ist intentional dasselbe; das, was sich als Räumlich-Reales gibt, ist im mannigfaltigen Wahrnehmen ein Ideal-Identisches, Identisches der Intention, den Bewußtseinsweisen, den Ich-Akten immanent, nicht als reelles Datum, sondern als gegenständlicher Sinn. *Dasselbe* Hexaeder mag mir dann auch in verschiedenen Wiedererinnerungen, Erwartungen, klaren oder leeren Vorstellungen als dasselbe Intentionale sein, identisches Substrat für Prädikationen, für Wertungen usw. Immer liegt diese Selbigkeit im Bewußtseinsleben selbst und wird erschaut durch Synthesis. *So geht durch das ganze Bewußtseinsleben hindurch die Bewußtseinsbeziehung auf Gegenständlichkeit,* und diese enthüllt sich als eine Wesenseigenheit jedes Bewußtseins, in immer neue Bewußtseinsweisen und sehr verschiedenartige synthetisch übergehen zu können zum Einheitsbewußtsein von demselben.

Im Zusammenhang damit steht, daß kein einzelnes cogito im ego isoliert ist, sosehr, daß sich schließlich zeigt, daß das ganze universale Leben in seinem Fluktuieren, seinem Heraklitischen Fluß eine universale synthetische Einheit ist. Ihr ist es zutiefst zu danken, daß das transzendentale ego nicht nur ist, sondern für sich selbst ist, eine überschaubare konkrete Einheit, einheitlich lebend in immer neuen Modis des Bewußtseins und doch einheitlich und in der Form der immanenten Zeit sich beständig objektivierend.

Aber nicht nur das. Ebenso wesentlich als *Aktualität* des Lebens ist auch *Potentialität*, und diese Potentialität ist nicht eine leere Möglichkeit. Jedes cogito, z. B. eine äußere Wahrnehmung oder eine Wiedererinnerung usw. trägt in sich selbst und enthüllbar eine ihm immanente Potentialität möglicher und auf denselben intentionalen Gegenstand beziehbarer und vom Ich her zu verwirklichender Erlebnisse. In jedem finden wir, wie die Phänomenologie sagt, *Horizonte,* und in verschiedenem Sinn. Die Wahrnehmung schreitet fort und zeichnet einen Erwartungshorizont vor als einen Horizont der Intentionalität, vorweisend auf Kommendes als Wahrgenommenes, also auf künftige Wahrnehmungsreihen. Aber jede führt auch Potentialitäten mit sich, wie das »Ich könnte statt dahin dorthin blicken«, könnte den Wahrnehmungsverlauf von demselben statt so anders dirigieren. Jede Wiedererinnerung verweist mich auf eine ganze Kette von möglichen Wiedererinnerungen bis zum aktuellen Jetzt und an jeder Stelle der immanenten Zeit auf zu enthüllende Mitgegenwärtigkeiten usw.

Das alles sind intentionale und von Gesetzen der Synthesis beherrschte Strukturen. Jedes intentionale Erlebnis kann ich befragen, und das sagt, ich kann in seine Horizonte eindringen, sie auslegen und damit enthülle ich einerseits Potentialitäten meines Lebens, andererseits kläre ich in gegenständlicher Hinsicht den gemeinten Sinn.

So ist intentionale Analyse etwas total anderes als Analyse im gewöhnlichen Sinne. Das Bewußtseinsleben – und das gilt schon für die reine Innenpsychologie als Parallele zur transzendentalen Phänomenologie – ist nicht ein bloßer Zusammenhang von Daten, weder ein Haufen psychischer Atome, noch ein Ganzes von Elementen, die durch Gestaltqualitäten einig sind. *Intentionale Analyse ist Enthüllung der Aktualitäten und Potentialitäten, in denen sich Gegenstände als Sinneseinheiten konstituieren*, und alle Sinnesanalyse selbst vollzieht sich im Übergang von den reellen Erlebnissen in die in ihnen vorgezeichneten intentionalen Horizonte.

Diese späte Einsicht schreibt der phänomenologischen Analyse und Deskription eine total neue Methodik vor, eine Methodik, die überall in Aktion tritt, wo Gegenstand und Sinn, wo Seinsfragen, Möglichkeitsfragen, Ursprungsform, Rechtsfragen ernstlich angegriffen werden sollen. Jede intentionale Analyse greift über das momentan und reell gegebene Erlebnis der immanenten Sphäre hinaus, und zwar so, daß sie Potentialitäten enthüllend, die jetzt reell und horizontmäßig angezeigt sind, Mannigfaltigkeiten neuer Erlebnisse herausstellt, in denen klar wird, was nur implizite gemeint und in dieser Weise schon intentional war. Sehe ich ein Hexaeder, so sage ich gleich: Ich sehe es wirklich und eigentlich nur von einer Seite. Und es ist doch evident, daß, was ich jetzt wahrnehme, mehr ist, daß die Wahrnehmung, eine Meinung, obschon eine unanschauliche, in sich schließt, durch die die gesehene Seite als bloße Seite ihren Sinn hat. Aber wie enthüllt sich diese Mehrmeinung, wie wird es eigentlich erst evident, daß ich mehr meine? Doch durch Übergang in eine synthetische Folge von möglichen Wahrnehmungen, wie ich sie haben würde, wenn ich, wie ich kann, um das Ding herumgehen würde. Die Phänomenologie legt beständig das Meinen, die jeweilige Intentionalität auseinander, indem sie solche sinnerfüllende Synthesen herstellt. Die universale Struktur des transzendentalen Bewußtseinslebens in seiner Sinnbezogenheit und Sinnbildung auslegen, das ist die ungeheure Aufgabe, die der Deskription gestellt ist.

Natürlich bewegt sich die Forschung in verschiedenen Stufen. Sie wird nicht etwa dadurch gehindert, daß hier das Reich des subjektiven Flusses ist, und daß es ein Wahn wäre, hier in einer Methodik der Begriffs- und Urteilsbildung verfahren zu wollen, die für die objektiven, exakten Wissenschaften die maßgebende ist. Gewiß, das Bewußtseinsleben ist im Fluß, und jedes cogito ist fließend, ohne fixierbare letzte Elemente und letzte Relationen. Aber im Fluß herrscht eine sehr wohl ausgeprägte Typik. Wahrnehmung ist ein allgemeiner Typus, Wiedererinnerung ein anderer

Typus, Leerbewußtsein und zwar retentionales, wie ich es von einem Stück der Melodie habe, das ich nicht mehr höre, aber *noch* im Bewußtseinsfeld habe, in Unanschaulichkeit und doch dieses Melodie-Stück – dergleichen sind allgemeine, scharf ausgeprägte Typen, die sich wieder ebenso besondern zum Typus *Raumding-Wahrnehmung* und Typus *Wahrnehmung eines Menschen*, des psychophysischen Wesens.

Jeden solchen Typus kann ich, allgemein beschreibend, nach seiner Struktur befragen, und zwar seiner intentionalen Struktur, da es eben ein intentionaler Typus ist. Ich kann fragen, wie der eine in einen anderen übergeht, wie er sich bildet, sich abwandelt, welche Formen intentionaler Synthese in ihm notwendig liegen, welche Formen von Horizonten er notwendig in sich schließt, welche Enthüllungsformen und Erfüllungsformen zu ihm gehören. Das ergibt also transzendentale Theorie der Wahrnehmung, das ist die intentionale Analyse der Wahrnehmung, transzendentale Theorie der Erinnerung und des Zusammenhangs der Anschauungen überhaupt, aber auch transzendentale Urteilstheorie, Willenstheorie usw. Immer kommt es darauf an, nicht wie objektive Tatsachenwissenschaften bloße Erfahrung ›zu‹ betätigen und das Erfahrungsdatum reell zu analysieren, sondern den Linien intentionaler Synthese nachzugehen, wie sie intentional und horizontmäßig vorgezeichnet sind, wobei die Horizonte selbst aufgewiesen, dann aber auch enthüllt werden müssen.

Da schon jedes einzelne cogitatum vermöge seiner transzendental-immanenten Zeiterstreckung eine Identitätssynthese ist, ein Bewußtsein vom kontinuierlich selben, spielt der eine Gegenstand schon einige Rolle als transzendentaler Leitfaden für die subjektiven Mannigfaltigkeiten, die ihn konstituieren. Aber bei der Überschau über die allgemeinsten Typen von cogitata und ihre allgemeine intentionale Deskription ist es doch wieder gleichgültig, ob dabei diese oder jene Gegenstände die wahrgenommenen oder erinnerten und dergl. sind.

Nehmen wir aber das Phänomen der Welt, die im synthetisch-einheitlich dahinfließenden Strom der Wahrnehmungen auch als Einheit bewußt ist, als Thema, bzw. diesen wundersamen Typus *universale Weltwahrnehmung*, und fragen wir, wie es intentional zu verstehen ist, daß eine Welt für uns da ist, da halten wir konsequent den synthetischen Gegenstandstypus *Welt*, natürlich als cogitatum, fest und als *Leitfaden für die Entfaltung der Unendlichkeitsstruktur der Erfahrungsintentionalität von der Welt*. Dabei haben wir einzugehen auf die Einzeltypik. Die Erfahrungswelt rein als erfahrene, immer in der phänomenologischen Reduktion, gliedert sich in identisch verharrende Objekte. Wie sieht die besondere Unendlichkeit wirklicher und möglicher Wahrnehmungen aus, die zu einem Objekt gehören? Und so für jeden allgemeinen Objekttypus. Wie sieht die Horizontintentionalität aus, ohne die ein Objekt nicht Objekt sein könnte – verweisend auf den Weltzusammenhang, von dem, wie die Analyse der Intentionalität selbst aufweist, kein Objekt wegdenkbar ist usw. Und so für jeden besonderen Objekt-Typus, der möglicherweise der Welt zugehört.

Die ideelle Festhaltung eines intentionalen Gegenstandstypus bedeutet, wie man bald sieht, eine Organisation oder Ordnung in den intentionalen Untersuchungen. Mit anderen Worten: Die transzendentale Subjektivität ist nicht ein Chaos von intentionalen Erlebnissen, sondern eine Einheit der Synthese, und einer vielstufigen Synthese in der immer neue Objekttypen und Einzelobjekte konstituiert sind. Jedes Objekt aber bezeichnet eine *Regelstruktur für die transzendentale Subjektivität.*

Mit der Frage nach dem transzendentalen System der Intentionalität, durch das für das ego eine Natur, eine Welt beständig da ist – zunächst in Erfahrung als direkt sichtbare, greifbare usw. und dann durch jederlei sonst auf Welt gerichtete Intentionalität – mit dieser Frage stehen wir eigentlich schon in der Phänomenologie der Vernunft. Vernunft und Unvernunft, im weitesten Sinn verstanden, bezeichnen keine zufällig-faktischen Vermögen und Tatsachen, sondern gehören zur allgemeinsten Strukturform der transzendentalen Subjektivität überhaupt.

Evidenz im weitesten Sinne der Selbsterscheinung, des Als-es-selbstdastehens, als eines Inne-seins eines Sachverhaltes selbst, eines Wertes selbst und dgl., das ist kein zufälliges Vorkommnis im transzendentalen Leben. Vielmehr alle Intentionalität ist entweder selbst ein Evidenzbewußtsein, das ist das cogitatum als es selbst habend, oder wesentlich und horizontmäßig auf Selbstgebung angelegt, darauf gerichtet. Schon jede Klärung ist eine Evidentmachung. Jedes vage, leere, unklare Bewußtsein ist von vornherein nur Bewußtsein von dem und dem, sofern es auf einen *Weg der Klärung verweist*, in dem das Vermeinte als Wirklichkeit oder als Möglichkeit gegeben wäre. Jedes vage Bewußtsein kann ich befragen, wie sein Gegenstand aussehen müßte. Freilich gehört es auch zur Struktur der transzendentalen Subjektivität, daß sich Meinungen bilden, die im Übergang zur möglichen Evidenz, bzw. der klaren Vorstelligmachung, ebenso in wirklich fortgehender Erfahrung im wirklichen Übergang von einer Meinung zu der evidenten Sachlage selbst, nicht das Gemeinte als ein mögliches Selbst herausstellen sondern ein anderes. Statt Bestätigung, Erfüllung tritt dann oft Enttäuschung, Aufhebung, Negation ein. Aber das alles gehört als typische Art von gegensätzlichen Vorkommnissen der Erfüllung und Enttäuschung zum gesamten Bereich des Bewußtseinslebens. Immer und notwendig ist das ego lebend in cogitationes und immer ist der jeweilige Gegenstand entweder anschaulich (sei es im Bewußtsein, er sei, sei es im Phantasiebewußtsein, als ob er sei) oder auch unanschaulich, sachferne. Und immer kann von ihm aus gefragt werden nach den möglichen Wegen, zu ihm selbst als Wirklichkeit oder als Phantasiemöglichkeit zu kommen, und nach den Wegen, in denen er konsequent sich als seiend ausweisen, in einstimmiger Kontinuität von Evidenzen erreichbar wäre, oder in denen er sein Nicht-sein herausstellen würde.

Ein Gegenstand existiert für mich, das ist, er gilt mir bewußtseinsmäßig. Aber diese Geltung ist für mich nur so lange Geltung, als ich präsumiere, daß ich sie bestätigen könnte, daß ich für mich gangbare Wege, das ist frei tätig zu durchlaufende Erfahrungen und sonstige Evidenzen, herstellen könnte, in denen ich bei ihm selbst wäre, ihn als *wirklich da* verwirklicht hätte. Das bleibt auch bestehen, wenn mein Bewußtsein von ihm Erfahrung ist, Bewußtsein, daß er schon selbst da, selbst gesehen ist. Denn auch dieses Sehen weist fort auf weiteres Sehen, auf die Möglichkeit zu bewähren, und immer wieder das schon als seiend Erworbene wieder zurückversetzen zu können in den Modus fortschreitender Bewährung.

Bedenken Sie die ungeheure Bedeutung dieser Bemerkung, nachdem wir uns auf den egologischen Boden gestellt haben. Wir sehen auf diesem letzten Standpunkt, daß für uns Dasein und So-sein in Wirklichkeit und Wahrheit keinen anderen Sinn hat als Sein aus der Möglichkeit sich ausweisender Bewährung; aber auch, daß diese Bewährungswege und ihre Zugänglichkeit zu mir als transzendentaler Subjektivität selbst gehören und nur als das einen Sinn haben.

Wahrhaft Seiendes, ob Reales oder Ideales, *hat also Bedeutung nur als ein besonderes Korrelat meiner eigenen Intentionalität*, der aktuellen und der als potentiell vorgezeichneten. Freilich nicht eines vereinzelten cogito; z. B. Sein eines realen Dinges nicht als bloßes cogito der vereinzelten Wahrnehmung, die ich jetzt habe. Aber sie selbst und ihr Gegenstand im Wie der intentionalen Gegebenheit verweist mich vermöge des präsumtiven Horizontes auf ein endlos offenes System *möglicher* Wahrnehmungen als solcher, die nicht erfunden, sondern in meinem intentionalen Leben motiviert sind, und ihre präsumtive Geltung erst verlieren können, wenn widerstreitende Erfahrung sie aufhebt, und notwendig mit vorausgesetzt sind als *meine* Möglichkeiten, die ich, wenn ich nicht gehemmt bin, im Hingehen, Herumschauen etc. herstellen könnte.

Aber freilich, das ist alles sehr roh gesprochen. Höchst weitreichende und komplizierte intentionale Analysen sind notwendig, um die Möglichkeitsstrukturen in Bezug auf die jeder Gegenstandsart spezifisch zugehörigen Horizonte auszulegen und damit den Sinn des jeweiligen Seins verständlich zu machen. Von vornherein evident ist nur das eine und Leitende: Was ich als Seiendes habe, gilt mir als Seiendes, und alle erdenkliche Ausweisung liegt in mir selbst, in meiner unmittelbaren und mittelbaren Intentionalität beschlossen, in der also aller Seinssinn mitbeschlossen sein muß.

Damit stehen wir schon in den großen, ja überwältigend großen Problemen von *Vernunft und Wirklichkeit*, von Bewußtsein und wahrem Sein, wie die Phänomenologie sie allgemein nennt, den *konstitutiven Problemen*. Zunächst erscheinen sie als begrenzte phänomenologische Probleme, da man unter Wirklichkeit, unter Sein nur an das weltliche Sein denken wird und somit an die phänomenologische Parallele der gewöhnlich so genannten Erkenntnistheorie oder Kritik der Vernunft, die ja üblicherweise auf objektive, auf die Realitätenerkenntnis bezogen wird. Aber in Wahrheit umspannen die konstitutiven Probleme die gesamte transzendentale Phänomenologie und bezeichnen einen ganz allgemeinen systematischen Aspekt, unter den alle phänomenologischen Probleme sich ordnen. Phänomenologische Konstitution eines Gegenstandes, das besagt: Betrachtung der Universalität des ego unter dem Gesichtspunkt der Identität dieses Gegenstandes, nämlich in der Frage nach der systematischen Allheit von wirklichen und möglichen Bewußtseinserlebnissen, die als auf ihn beziehbare in meinem ego vorgezeichnet sind und für mein ego eine feste Regel möglicher Synthesen bedeuten.

Das Problem der phänomenologischen Konstitution irgend eines Typus von Gegenständen ist zunächst das Problem seiner ideal vollkommen evidenten Gegebenheit. Zu jedem Gegenstandstypus gehört seine typische Art möglicher Erfahrung. Wie sieht solche Erfahrung aus nach ihren wesentlichen Strukturen, und zwar wenn wir sie als den Gegenstand ideal vollkommen allseitig herausstellend denken? Daran anschließend die weitere Frage: Wie kommt das ego dazu, ein solches System als verfügbaren Besitz zu haben, auch wenn keine Erfahrung von ihm aktuell ist? Schließlich, was bedeutet es für mich, daß Gegenstände für mich sind, was sie sind, ohne daß ich von ihnen weiß und wußte?

Jeder seiende Gegenstand ist Gegenstand eines Universums möglicher Erfahrungen, wobei wir nur den Erfahrungsbegriff weiten müssen zum breitesten Begriff, dem der richtig verstandenen Evidenz. Jedem möglichen Gegenstand entspricht ein mögliches solches System. Transzendental ist, wie schon gesagt, fortschreitender Gegenstandsindex einer ganz bestimmt zugehörigen universalen Struktur des ego nach wirklichen cogitata desselben und nach Potentialitäten, nach Vermögen. Nun ist ›es‹ aber das Wesen des ego, zu sein in Form wirklichen und möglichen Bewußtseins, und des möglichen nach seinen in ihm selbst liegenden subjektiven Formen des *Ich kann*, des Vermögens. Das ego ist, was es ist, in Bezug auf intentionale Gegenständlichkeiten, es hat immer Seiendes und möglicherweise Seiendes, und so ist seine Wesenseigenheit die, immerfort Systeme der Intentionalität zu bilden und gebildete schon zu haben, deren

Index, die von ihm gemeinten, gedachten, gewerteten, behandelten, phantasierten und zu phantasierenden Gegenstände sind usw.

Aber das ego selbst ist, und sein Sein ist Sein für sich selbst, auch sein Sein mit allem ihm zugehörigen Sonder-seienden ist in ihm konstituiert und konstituiert sich weiter für es. Das Für-sich-selbst-sein des ego ist Sein in beständiger Selbstkonstitution, die ihrerseits das Fundament ist für alle Konstitution von sogenannten Transzendenten, von weltlichen Gegenständlichkeiten. So ist es das Fundament der konstitutiven Phänomenologie, in der Lehre von der Konstitution der immanenten Zeitlichkeit und der ihr eingeordneten *immanenten* Erlebnisse eine egologische Theorie zu schaffen, durch die schrittweise verständlich wird, *wie das Für-sich-selbst-sein des ego konkret möglich und verständlich ist.*

Hierbei tritt eine Vieldeutigkeit des Themas *ego* hervor: es ist in verschiedenen Schichten der phänomenologischen Problematik ein verschiedenes. In den ersten allgemeinsten Strukturbetrachtungen finden wir als Erfolg der phänomenologischen Reduktion das *ego cogito cogitata*, und zwar tritt uns entgegen die Mannigfaltigkeit der cogitata, des *Ich nehme wahr, Ich erinnere mich, Ich begehre* usw., und das erste ist, was dabei beachtet wird, daß die vielerlei Modi des cogito einen Identitätspunkt, eine Zentrierung darin haben, daß ich, dasselbe Ich, es bin, das da einmal den Actus *Ich denke* und dann den Actus *Ich bewerte als Schein* usw. vollzieht. Eine doppelte Synthese wird merklich, eine doppelte Polarisierung. Viele, nicht alle Bewußtseinsmodi, die da ablaufen, sind synthetisch einig als Bewußtseinsweisen von demselben Gegenstand. Andererseits aber alle cogitationes und zunächst alle meine Stellungnahmen haben die strukturelle Form (ego) cogito, sie haben die Ich-polarisierung.

Aber nun ist zu bemerken, daß das zentrierende ego nicht ein leerer Punkt oder Pol ist, sondern vermöge einer Gesetzmäßigkeit der Genesis mit jedem der von ihm ausstrahlenden Akte eine bleibende Bestimmung erfährt. Habe ich mich z. B. in einem Urteilsakt für ein So-sein entschieden, so vergeht dieser flüchtige Akt, aber ich bin nun weiter das Ich, das so entschieden ist, ich finde mich selbst und bleibend als das Ich meiner mir bleibenden Überzeugungen. So für jede Art Entscheidungen, z. B. Wert- und Willensentscheidungen.

So haben wir also das ego nicht als bloßen leeren Pol, sondern jeweils als das stehende und bleibende Ich der verharrenden Überzeugungen, der Habitualitäten, in deren Veränderung sich allererst *Einheit des personalen Ich und seines personalen Charakters konstituiert*. Aber davon wieder zu scheiden ist das ego in voller Konkretion, das konkret nur ist in der strömenden Vielfältigkeit seines intentionalen Lebens und mit den darin vermeinten und für es sich konstituierenden Gegenständen. Dafür sagen wir auch ego als konkrete Monade.

Da Ich als transzendentales ego es bin, der ich mich selbst als ego in dem einen und anderen Sinn vorfinden und meines wirklichen und wahren Seins inne werden kann, so ist auch das ›ein konstitutives‹ und sogar das radikalste konstitutive Problem.

In Wahrheit umspannt also die konstitutive Phänomenologie die gesamte Phänomenologie, obschon sie nicht als solche anfangen kann, sondern mit einer Aufweisung der Bewußtseinstypik und ihrer intentionalen Entfaltung, die erst später den Sinn der konstitutiven Problematik sichtlich macht.

Immerhin, die phänomenologischen Probleme einer Wesensanalyse der Konstitution von realen Objektivitäten für das ego und damit die einer phänomenologischen objektiven Erkenntnistheorie bilden ein großes Reich für sich.

Doch ehe wir diese Erkenntnistheorie mit der gewöhnlichen konfrontieren, bedarf es eines ungeheueren methodischen Fortschrittes, mit dem ich so spät komme, um zunächst die Konkretionen unbeschwerter zu Ihnen sprechen zu lassen. Jeder von uns durch phänomenologische Reduktion auf *sein* absolutes ego zurückgeführt, fand sich in apodiktischer Gewißheit als faktisch Seiender. Umschau haltend fand das ego mannigfache deskriptiv faßbare, intentional zu entfaltende Typen und konnte bald selbst in der intentionalen Enthüllung seines ego fortschreiten. Aber nicht zufällig entschlüpfte mir wiederholt der Ausdruck *Wesen* und *wesensmäßig*, was einem bestimmten, von der Phänomenologie erst geklärten Begriff des Apriori gleichkommt. Es ist klar: Wenn wir einen cogitativen Typus wie Wahrnehmung – Wahrgenommenes, Retention und Retentioniertes, Wiedererinnerung und Wiedererinnertes, Aussagen und Ausgesagtes, Streben und Erstrebtes usw. als Typus auslegen und beschreiben, so führt das zu Ergebnissen, die bestehen bleiben, wie immer wir vom Faktum abstrahieren. Für den Typus ist die Individualität des exemplarischen Faktums, z. B. der jetzt momentan dahinströmenden Tisch-Wahrnehmung, ganz irrelevant; und selbst das Allgemeine, daß ich, dieses faktische ego, unter meinen faktischen Erlebnissen solche dieses Typus überhaupt habe, ist irrelevant, und die Beschreibung hängt gar nicht von einer Feststellung der individuellen Fakta und ihrer Existenz ab. Und so für alle egologischen Strukturen.

Vollziehe ich z. B. eine Analyse des Typus sinnliche, raumdingliche Erfahrung; gehe ich systematisch weiter in die konstitutive Betrachtung, wie solche Erfahrung einstimmig weiterlaufen könnte und müßte, wenn überhaupt ein und dasselbe Ding sich nach allem, was ihm als Ding zugemeint sein muß, vollkommen zeigen würde; dann springt die große Erkenntnis hervor, daß apriori in Wesensnotwendigkeit, was für mich als ein ego überhaupt soll wahrhaft seiendes Ding sein können, unter der Wesensform eines bestimmt zugehörigen Struktursystems möglicher Erfahrung steht mit einer apriorischen Mannigfaltigkeit spezifisch zugehöriger Strukturen.

Evidenterweise kann ich mein ego ganz frei umfingieren, kann die Typen als rein ideale Möglichkeiten des nunmehr bloß möglichen ego und eines möglichen ego überhaupt (als freie Abwandlung meines faktischen) betrachten, und erhalte so *Wesenstypen, apriorische Möglichkeiten und zugehörige Wesensgesetze*; ebenso allgemeine Wesensstrukturen meines ego als eines erdenklichen überhaupt, ohne die ich mich überhaupt oder apriori nicht denken kann, weil sie für jede freie Abwandlung meines ego evident notwendig ebenso bestehen müßten.

So erheben wir uns zu einer methodischen Einsicht, die neben der echten Methode phänomenologischer Reduktion die wichtigste methodische der Phänomenologie ist: nämlich *daß das ego*, mit den Altvordern zu reden, *ein ungeheures eingeborenes Apriori hat* und daß die gesamte Phänomenologie oder die methodisch fortgeführte reine Selbstbesinnung des Philosophen Enthüllung dieses eingeborenen Apriori ist in seiner unendlichen Vielgestaltigkeit. Das ist der echte Sinn der Eingeborenheit, den der alte naive Begriff gleichsam durchspürte, aber nicht zu fassen vermochte.

Zu diesem eingeborenen Apriori des konkreten ego, mit Leibniz zu sprechen: *meiner Monade*, gehört freilich sehr viel mehr als wir besprechen konnten. Es gehört dazu, was nur mit *einem* Worte angedeutet werden kann, auch das Apriori des Ich in dem besonderen Sinne, der die allgemeine Dreifaltigkeit des Titels *cogito* bestimmt: das Ich als Pol aller spezifischen Stellungnahmen oder Ich-Akte und als Pol der Affektionen, die auf das Ich von schon konstituierten Gegenständen hingehend es zur aufmerkenden Hinwendung und zu jeder Stellungnahme motivieren. Das ego hat also eine doppelte Polarisierung: die Polarisierung nach mannigfaltigen gegenständlichen Einheiten und die Ich-Polarisierung, eine Zentrierung, vermöge der alle Intentionalitäten auf den identischen Ich-Pol bezogen sind.

Doch in gewisser Weise vervielfältigt sich auch die Ich-Polarisierung im ego direkt durch seine Einfühlungen als in ihm vergegenwärtigungsmäßig auftretende »Spiegelung« fremder Monaden mit fremden Ich-Polen. Das Ich ist nicht bloß Pol auftretender und verschwindender Stellungnahmen; jede Stellungnahme begründet im Ich etwas Verharrendes, seine bis auf weiteres bleibende *Überzeugung*.

Die systematische Erschließung der transzendentalen Sphäre als der absoluten Seins- und Konstitutionssphäre, auf die alles Erdenkliche zurückbezogen ist, macht ungeheure Schwierigkeiten, und erst im letzten

Jahrhundert haben sich die Methoden und Problemhöhenstufen klar geordnet.

Sehr spät hat sich insbesondere der Zugang zu den Problemen der universalen Wesensgesetzmäßigkeit der phänomenologischen Genesis erschlossen zu unterst der *passiven Genesis* in der Bildung von immer neuen Intentionalitäten und von Apperzeptionen ohne jede aktive Beteiligung des Ich. Hier erwächst eine Phänomenologie der Assoziation, deren Begriff und Ursprung ein wesentlich neues Gesicht empfängt, vor allem schon durch die zunächst befremdliche Erkenntnis, daß Assoziation ein ungeheurer Titel für eine Wesensgesetzlichkeit ist, ein eingeborenes Apriori, ohne das ›das‹ ego als solches undenkbar ist. Anderseits die Problematik *der höherstufigen Genesis*, in der durch Ich-Akte Geltungsgebilde erwachsen, und in eins damit das zentrale Ich spezifische Ich-Eigenheiten, z. B. habituelle Überzeugungen, erworbene Charaktere annimmt.

Erst durch die Phänomenologie der Genesis wird das ego als ein unendlicher Zusammenhang von synthetisch zusammengehörigen *Leistungen* verständlich, und zwar von konstitutiven, welche immer neue Stufen von seienden Gegenständen in Stufen von Relativitäten zur Geltung bringen. Es wird verständlich, wie das ego nur ist, was es ist, in einer Genesis, durch die ihm intentional immerfort, vorläufig oder dauernd, seiende Welten, reale und ideale Welten zueigen werden; zueigen werden aus eigenen Sinnesschöpfungen, zueigen unter apriori möglichen und eingreifenden Korrekturen, Ausstreichungen von Nichtigkeiten, Scheinen usw., die nicht minder als typische Sinnesvorkommnisse immanent erwachsen. Von all dem ist das Faktum irrational, aber die Form, das ungeheure Formensystem der konstituierten Gegenstände und das korrelative Formensystem ihrer intentionalen Konstitution apriori, eine unerschöpfliche Unendlichkeit des Apriori, das unter dem Titel Phänomenologie enthüllt wird und das nichts anderes ist als die Wesensform des ego als eines ego überhaupt, durch meine Selbstbestimmung enthüllt und jeweils zu enthüllen.

Zu den sinn- und seinkonstituierenden Leistungen gehören alle Stufen der Realität wie Idealität, also wenn wir zählen und rechnen, wenn wir Natur und Welt beschreiben, theoretisch behandeln, Sätze bilden, Schlüsse, Beweise, Theorien, sie als Wahrheiten ausbilden usw., so schaffen wir uns damit immer neue Gebilde von Gegenständen, diesmal von idealen, die für uns sind in bleibender Geltung. Vollziehen wir radikale Selbstbestimmung, also Rückgang auf unser, jeder für sich auf sein absolutes ego, so sind all das Bildungen der frei tätigen Ich-Aktivität, eingeordnet in der Stufe der egologischen Konstitution, und jedes derartige ideal Seiende ist, was es ist, als Index seiner konstitutiven Systeme. Da stehen also auch alle Wissenschaften, die ich im eigenen Denken und Erkennen in mir zur

Geltung bringe. Ihre naive Geltung habe ich als ego inhibiert, aber im Zusammenhang meiner transzendentalen Selbstenthüllung als unbeteiligter Zuschauer meines leistenden Lebens treten sie wie schon die Erfahrungswelt wieder in Geltung, aber rein als konstitutives Korrelat.

Wir gehen jetzt dazu über, diese egologisch-transzendentale Theorie der Seinskonstitution, die alles für das ego je Seiende als in den synthetischen Motivationen seines eigenen intentionalen Lebens entsprungenes Gebilde passiver und aktiver Leistung herausstellt, in Beziehung zu setzen zu der gewöhnlichen *Erkenntnistheorie* oder *Theorie der Vernunft*. Allerdings das Fehlen eines Grundstückes der phänomenologischen Theorie, das den Schein des Solipsismus überwindet, wird erst im weiteren Zusammenhang voll empfindlich werden und seine passende Ergänzung wird den Anstoß beseitigen.

Das Problem der traditionellen Erkenntnistheorie ist das der *Transzendenz*. Sie will, auch wenn sie als empiristische auf der gewöhnlichen Psychologie fußt, nicht bloße Psychologie der Erkenntnis sein, sondern die prinzipielle Möglichkeit der Erkenntnis aufklären. Das Problem erwächst in der natürlichen Einstellung und wird auch weiter in ihr behandelt. Ich finde mich vor als Mensch in der Welt und zugleich als sie erfahrend und sie, mich eingeschlossen, wissenschaftlich erkennend. Nun sage ich mir: Alles, was für mich ist, ist es dank meinem erkennenden Bewußtsein, es ist für mich Erfahrenes meines Erfahrens, Gedachtes meines Denkens, Theoretisiertes meines Theoretisierens, Eingesehenes meines Einsehens. Es ist für mich nur als intentionale Gegenständlichkeit meiner cogitationes. Intentionalität als Grundeigenheit meines psychischen Lebens bezeichnet eine real zu mir als Menschen wie zu jedem Menschen hinsichtlich seiner rein psychischen Innerlichkeit gehörige Eigenheit, und schon Brentano hat sie in den Mittelpunkt der empirischen Psychologie des Menschen gerückt. Wir brauchen also dazu keine phänomenologische Reduktion, wir sind und bleiben auf dem Boden der gegebenen Welt. Und so sagen wir auch verständlich: *Alles, was für den Menschen, was für mich ist und gilt, tut das im eigenen Bewußtseinsleben*, das in allem Bewußt-haben einer Welt und in allem wissenschaftlichen Leisten bei sich selbst verbleibt. Alle Scheidungen, die ich mache zwischen echter und trügender Erfahrung und in ihr zwischen Sein und Schein, verlaufen in meiner Bewußtseinssphäre selbst, ebenso wenn ich in höherer Stufe zwischen einsichtigem und nicht einsichtigem Denken, auch zwischen apriori Notwendigem und Widersinnigem, zwischen empirisch Richtigem und empirisch Falschem unterscheide. Evident wirklich, denknotwendig, widersinnig, denkmöglich, wahrscheinlich usw., all das sind in meinem Bewußtseinsbereich selbst auftretende Charaktere am jeweiligen intentionalen Gegenstand. Jede Ausweisung, Begründung für Wahrheit und Sein verläuft ganz und gar in mir, und ihr Ende ist ein Charakter im cogitatum meines cogito.

Darin sieht man nun das große Problem. Daß ich in meinem Bewußtseinsbereich, im Zusammenhang der mich bestimmenden Motivation zu Gewißheiten, ja zu zwingenden Evidenzen komme, das ist verständlich. Aber wie kann dieses ganz in der Immanenz des Bewußtseinslebens verlaufende Spiel *objektive* Bedeutung gewinnen? Wie kann die Evidenz (die *clara et distincta perceptio*) mehr beanspruchen, als ein Bewußtseinscharakter in mir zu sein? Es ist das Cartesianische Problem, das durch die göttliche *veracitas* gelöst werden sollte.

Was hat die transzendentale Selbstbesinnung der Phänomenologie dazu zu sagen? Nichts anderes, als daß dieses ganze Problem widersinnig ist, ein Widersinn, in den Descartes nur darum verfallen mußte, weil er den echten Sinn der transzendentalen Epoché und der Reduktion auf das reine ego verfehlte. Aber noch viel gröber ist die gewöhnliche nachcartesianische Einstellung. Wir fragen: Wer ist denn das Ich, das traszendentale Fragen rechtmäßig stellen kann? Kann ich das als natürlicher Mensch und kann ich als das ernstlich fragen, und zwar transzendental: »Wie komme ich aus meiner Bewußtseinsinsel heraus, wie kann, was in meinem Bewußtsein als Evidenzerlebnis auftritt, objektive Bedeutung gewinnen?« *So wie ich mich als natürlicher Mensch apperzipiere, habe ich ja schon im voraus die Raumwelt apperzipiert,* mich im Raum gefaßt, in dem ich also ein Außer-mir habe! Ist nicht die Giltigkeit der Weltapperzeption schon vorausgesetzt für den Sinn der Frage, während doch ihre Beantwortung erst die objektive Geltung überhaupt ergeben sollte? Es bedarf also der bewußten Ausführung der *phänomenologischen Reduktion, um dasjenige Ich* und Bewußtseinsleben *zu gewinnen, an das transzendentale Fragen als Fragen der Möglichkeit transzendentaler Erkenntnis zu stellen sind.* Sowie man aber, statt flüchtig eine phänomenologische Epoché zu vollziehen, vielmehr daran geht, in systematischer Selbstbesinnung und als reines ego sein gesamtes Bewußtseinsfeld, also sich selbst enthüllen zu wollen, erkennt man, daß alles je für es Seiende sich in ihm selbst Konstituierendes ist; ferner, daß jede Seinsart, darunter jede als transzendent charakterisierte, ihre besondere Konstitution hat.

Transzendenz ist ein immanenter, innerhalb des ego sich konstituierender Seinscharakter. Jeder erdenkliche Sinn, jedes erdenkliche Sein, ob es immanent oder transzendent heißt, fällt in den Bereich der transzendentalen Subjektivität. Ein Außerhalb derselben ist ein Widersinn, sie ist die universale, absolute Konkretion. Das Universum wahren Seins als etwas außerhalb des Universums möglichen Bewußtseins, möglicher Erkenntnis, möglicher Evidenz fassen zu wollen, beides bloß äußerlich durch ein starres Gesetz aufeinander bezogen, ist ein Nonsens. Wesensmäßig gehört beides zusammen und wesensmäßig Zusammengehöriges ist auch konkret eins, eins in der absoluten Konkretion: der *transzendentalen Subjektivität*. – Sie ist das Universum möglichen Sinnes, ein Außerhalb ist dann eben Unsinn. Aber selbst jeder Unsinn ist ein Modus des Sinnes und hat seine Unsinnigkeit in der Einsehbarkeit. Das aber gilt nicht für das bloß *faktische ego* und was ihm faktisch zugänglich ist als für es Seiendes. Die phänomenologische Selbstauslegung ist eine apriorische, und so gilt alles für jedes mögliche, erdenkliche ego und jedes erdenkliche Seiende, also für alle erdenklichen Welten.

Echte Erkenntnistheorie ist danach allein sinnvoll als transzendental-phänomenologische, die es statt mit unsinnigen Schlüssen von einer vermeinten Immanenz auf eine vermeinte Transzendenz, die irgendwelcher *Dinge an sich*, vielmehr ausschließlich zu tun hat mit der systematischen Aufklärung der Erkenntnisleistung, in der sie durch und durch verständlich wird als intentionale Leistung. Eben damit aber wird jede Art Seiendes, reales und ideales, verständlich als eben in dieser Leistung konstituiertes Gebilde der transzendentalen Subjektivität. Diese Art Verständlichkeit ist die höchste erdenkliche Form der Rationalität. Alle verkehrten Seinsinterpretationen stammen aus der naiven Blindheit für die den Seinssinn mitbestimmenden Horizonte. So führt die pure, in reiner Evidenz durchgeführte und dabei in Konkretion durchgeführte Selbstauslegung des ego zu einem *transzendentalen Idealismus*, aber einem solchen grundwesentlich neuen Sinnes; nicht eines psychologischen Idealismus, nicht eines Idealismus, der aus sinnlosen sinnlichen Daten eine sinnvolle Welt ableiten will, nicht ein Kantischer Idealismus, der mindestens als Grenzbegriff die Möglichkeit einer Welt von Dingen an sich glaubt offen halten zu können – sondern *ein Idealismus, der nichts weiter ist als in Form systematischer egologischer Wissenschaft konsequent durchgeführte Selbstauslegung* jedweden Seinssinnes, der für mich, das ego, eben soll Sinn haben können. Dieser Idealismus ist aber nicht ein Gebilde spielerischer Argumentationen, im dialektischen Streit mit Realismen als Siegespreis zu gewinnen. Es ist die an der (dem ego durch Erfahrung vorgegebene) Transzendenz der Natur, der Kultur, der Welt überhaupt in wirklicher Arbeit durchgeführte Sinnesauslegung, und das ist systematische Enthüllung der konstituierenden Intentionalität selbst. Der Erweis dieses Idealismus ist die Durchführung der Phänomenologie selbst.

Doch nun muß das einzige wirklich beunruhigende Bedenken zu Worte kommen. Wenn ich, das meditierende Ich, mich durch Epoché auf mein absolutes ego reduziere und auf das darin sich Konstituierende, bin ich dann nicht zum *solus ipse* geworden, und ist so diese ganze Philosophie der Selbstbesinnung nicht ein purer, wenn auch transzendental-phänomenologischer Solipsismus?

Indessen, ehe man sich hier entscheidet und nun gar durch nutzlose dialektische Argumentationen sich zu helfen sucht, gilt es, die konkrete phänomenologische Arbeit hinreichend weit und hinreichend systematisch durchzuführen, um zuzusehen, wie sich im ego das *alter ego* als Erfahrungsgegebenheit bekundet und bewährt, welche Art Konstitution für sein Dasein als Dasein in meinem Bewußtseinskreis und meiner Welt aufzukommen hat. Denn ich erfahre ja die Anderen wirklich und erfahre sie nicht nur neben der Natur, sondern in eins verflochten mit der Natur. Ich erfahre dabei die anderen doch in besonderer Weise, ich erfahre sie als nicht nur im Raum im Naturzusammenhang psychologisch verflochten auftretend, sondern erfahre sie als diese selbe Welt, die ich erfahre, auch erfahrend, desgleichen als mich erfahrend wie ich sie erfahre usw. Ich erfahre in mir selbst, im Rahmen meines transzendentalen Bewußtseinslebens alles und jedes und erfahre die Welt als nicht bloß meine private, sondern als intersubjektive, für jedermann gegebene und in ihren Objekten zugängliche Welt und darin die Anderen als Andere und zugleich als für einander, für jedermann da. Wie klärt sich das auf, da doch unangreifbar bleibt, daß alles, was für mich ist, in meinem intentionalen Leben Sinn und Bewährung gewinnen kann?

Hier bedarf es einer echt phänomenologischen Auslegung der transzendentalen Leistung der *Einfühlung* und dazu, solange sie in Frage ist, einer abstraktiven Außer-Geltung-Setzung der Anderen und aller der Sinnesschichten meiner Umwelt, die mir aus der Erfahrungsgeltung der Anderen zuwachsen. Eben damit scheidet sich im Bereich des transzendentalen ego, das ist in seinem Bewußtseinsbereich, eben das spezifisch private egologische Sein ab, meine konkrete Eigenheit als diejenige, deren Analogon ich dann aus Motivationen meines ego her einfühle. Alles eigene Bewußtseinsleben kann ich direkt und eigentlich erfahren als *es selbst*, nicht aber das fremde: fremdes Empfinden, Wahrnehmen, Denken, Fühlen, Wollen. Aber in mir selbst wird es in einem sekundären Sinn, in der Weise einer eigentümlichen Ähnlichkeitsapperzeption miterfahren, konsequent indiziert, sich dabei einstimmig bewährend. Mit Leibniz zu reden: In meiner Originalität als mir apodiktisch gegebenen *Monade* spiegeln sich fremde Monaden, und diese Spiegelung ist eine sich konsequent bewährende Indikation. Was da aber indiziert ist, das ist, wenn ich phänomenologische Selbstauslegung vollziehe und darin Auslegung des rechtmäßig Indizierten, eine fremde transzendentale Subjektivität; das transzendentale ego setzt in sich nicht willkürlich, sondern notwendig ein transzendentales *alter ego*.

Eben damit erweitert sich die transzendentale Subjektivität zur *Intersubjektivität, zur intersubjektiv-transzendentalen Sozialität, die der transzendentale Boden ist für die intersubjektive Natur und Welt überhaupt* und nicht minder für das intersubjektive Sein aller idealen Gegenständlichkeiten. Das erste ego, auf das die transzendentale Reduktion führt, entbehrt noch der Unterscheidungen zwischen dem Intentionalen, das ihm ursprünglich eigen ist, und dem, was in ihm *Spiegelung* des *alter ego* ist. Es bedarf erst einer weitgeführten konkreten Phänomenologie, um die Intersubjektivität als transzendentale zu erreichen. Aber es zeigt sich dabei doch, daß für den philosophierend Meditierenden sein ego das ursprüngliche ego ist, und daß die Intersubjektivität dann in weiterer Folge für jedes erdenkliche ego als *alter ego* wieder nur denkbar ist als in ihm sich spiegelnde. In dieser Aufklärung der Einfühlung zeigt es sich auch, daß ein abgrundtiefer Unterschied besteht in der Konstitution der Natur, die schon für das abstraktiv isolierte ego einen Seinssinn hat, aber noch keinen intersubjektiven, und der Konstitution der Geisteswelt.

So enthüllt sich der phänomenologische Idealismus als eine transzendental-phänomenologische Monadologie, die nur keine metaphysische Konstruktion ist, sondern eine systematische Auslegung des Sinnes, den für uns alle vor allem Philosophieren die Welt hat, ein Sinn, der nur philosophisch entstellt, aber nicht geändert werden kann.

Der ganze Weg, den wir durchlaufen haben, sollte ein Weg sein mit dem von uns festgehaltenen Cartesianischen Ziel einer universalen Philosophie, das ist universalen Wissenschaft aus absoluter Begründung. Wir dürfen sagen, diese Absicht hat er wirklich innehalten können, und wir sehen schon, daß sie wirklich durchführbar ist.

Das tägliche praktische Leben ist naiv, es ist ein in die vorgegebene Welt Hineinerfahren, Hineindenken, Hineinwerten, Hineinhandeln. Dabei vollziehen sich alle die intentionalen Leistungen des Erfahrens, wodurch die Dinge schlechthin da sind, anonym, der Erfahrende weiß von ihnen nichts; ebenso nichts vom leistenden Denken: die Zahlen, die prädikativen Sachverhalte, die Werte, die Zwecke, die Werke treten dank den verborgenen Leistungen auf, Glied für Glied sich aufbauend, sie sind allein im Blick. Nicht anders in den positiven Wissenschaften. Sie sind Naivitäten höherer Stufe, Werkgebilde einer klugen theoretischen Technik, ohne daß die intentionalen Leistungen, aus denen alles letztlich entspringt, ausgelegt worden wären.

Wissenschaft beansprucht zwar, ihre theoretischen Schritte rechtfertigen zu können, und beruht überall auf Kritik. Aber *ihre Kritik ist nicht letzte Erkenntniskritik*, das ist Studium und Kritik der ursprünglichen Leistungen, Enthüllung aller ihrer intentionalen Horizonte, durch die allein die Tragweite der Evidenzen letztlich erfaßt und korrelativ der Seinssinn der Gegenstände, der theoretischen Gebilde, der Werte und Zwecke ausgewertet werden kann. Daher haben wir, und gerade auf der hohen Stufe der modernen positiven Wissenschaften Grundlagenprobleme, Paradoxien, Unverständlichkeiten. Die *Urbegriffe*, die, durch die ganze Wissenschaft hindurchgehend, den Sinn ihrer Gegenstandssphäre und ihrer Theorie bestimmen, sind *naiv entsprungen*; sie haben unbestimmte intentionale Horizonte, sie sind Gebilde unbekannter, nur in roher Naivität geübter intentionaler Leistungen. Das gilt nicht nur für die positiven Spezialwissenschaften, sondern auch für die traditionelle Logik mit all ihren formalen Normen. Jeder Versuch, von den historisch gewordenen Wissenschaften her zu besserer Begründung, zu einem besseren Sichselbst-verstehen nach Sinn und Leistung zu kommen, ist ein Stück Selbstbesinnung des Wissenschaftlers. Es gibt aber nur *eine* radikale Selbstbesinnung, das ist die phänomenologische. Radikale und völlig universale Selbstbesinnung ist aber untrennbar und zugleich untrennbar von der echten phänomenologischen Methode der Selbstbesinnung in Form der Wesensallgemeinheit. Universale und wesensmäßige Selbstauslegung besagt aber Herrschaft über alle dem ego und einer transzendentalen Intersubjektivität *eingeborenen* idealen Möglichkeiten.

Eine konsequent fortgeführte Phänomenologie konstruiert also apriori, aber in streng intuitiver Wesensnotwendigkeit und -allgemeinheit die *Formen erdenklicher Welten* und diese wieder im Rahmen aller erdenklichen Seinsform überhaupt und ihres Stufensystems. Das aber ursprünglich, das ist in Korrelation mit dem konstitutiven Apriori, dem der sie konstituierenden intentionalen Leistungen.

Da sie in ihrem Vorgehen keine vorgegebenen Wirklichkeiten und Wirklichkeitsbegriffe hat, sondern ihre Begriffe von vornherein aus der Ursprünglichkeit der Leistung, der selbst in ursprünglichen Begriffen gefaßten, schöpft und durch die Notwendigkeit, alle Horizonte zu enthüllen, auch alle Unterschiede der Tragweite, alle abstrakten Relativitäten beherrscht, so muß sie zu den Begriffssystemen von sich aus kommen, die den Grundsinn aller wissenschaftlichen Gebilde bestimmen. Es sind die Begriffe, welche alle formalen Demarkationen der Formidee einer möglichen Welt überhaupt vorzeichnen und demnach die echten Grundbegriffe aller Wissenschaften sein müssen. Für solche Begriffe kann es keine Paradoxien geben.

Dasselbe gilt für alle Grundbegriffe, welche den Aufbau und die gesamte Aufbauform der auf die verschiedenen Seinsregionen bezogenen und zu beziehenden Wissenschaften betreffen.

Wir können nun auch sagen: In der apriorischen und transzendentalen Phänomenologie entspringen in letzter Begründung vermöge ihrer Korrelationsforschung alle apriorischen Wissenschaften überhaupt, und, in diesem Ursprung genommen, gehören sie in eine universale apriorische Phänomenologie selbst mit hinein als ihre systematischen Verzweigungen. Dieses System des universalen Apriori ist also auch zu bezeichnen als systematische Entfaltung des universalen, dem Wesen einer transzendentalen Subjektivität also auch Intersubjektivität eingeborenen Apriori oder *des universalen Logos alles erdenklichen Seins*. Wieder dasselbe besagt: Die systematisch voll entwickelte transzendentale Phänomenologie wäre eo ipso *die wahre und echte universale Ontologie*; aber nicht bloß eine leere, formale, sondern zugleich eine solche, die alle regionalen Seinsmöglichkeiten in sich schlösse, und nach allen zu ihnen gehörigen Korrelationen.

Diese universale konkrete Ontologie (oder auch universale Logik des Seins) wäre also das an sich erste Wissenschaftsuniversum aus absoluter Begründung. Der Ordnung nach wäre die an sich erste der philosophischen Disziplinen die *solipsistisch* beschränkte Egologie, dann erst in Erweiterung die intersubjektive Phänomenologie, und zwar in einer Allgemeinheit, die zunächst die universalen Fragen behandelt, um sich dann erst in die apriorischen Wissenschaften zu verzweigen.

Dieses universale Apriori wäre dann *das Fundament für echte Tatsachenwissenschaften* und *für eine echte universale Philosophie im Cartesianischen Sinne, eine universale Wissenschaft aus absoluter Begründung*. Alle Rationalität des Faktums liegt ja im Apriori. Apriorische Wissenschaft ist Wissenschaft von dem Prinzipiellen, auf das Tatsachenwissenschaft rekurrieren muß, um letztlich, eben prinzipiell begründet zu werden – nur daß die apriorische Wissenschaft keine naive sein darf, sondern aus letzten transzendental-phänomenologischen Quellen entsprungen sein muß.

Schließlich möchte ich, um kein Mißverständnis aufkommen zu lassen, darauf hinweisen, daß durch die Phänomenologie nur jede naive und mit widersinnigen Dingen an sich operierende Metaphysik ausgeschlossen wird, nicht aber Metaphysik überhaupt. Das an sich erste Sein, das jeder weltlichen Objektivität vorangehende und sie tragende, ist die transzendentale Intersubjektivität, das in verschiedenen Formen sich vergemeinschaftende All der Monaden. Aber innerhalb der faktischen monadischen Sphäre, und als ideale Wesensmöglichkeit in jeder erdenklichen, treten alle die Probleme der zufälligen Faktizität, des Todes, des Schicksals, der in einem besonderen Sinne als *sinnvoll* geforderten Möglichkeit einzelsubjektiven und gemeinschaftlichen Lebens auf, also auch die Probleme des *Sinnes* der Geschichte usw. Wir können auch sagen: es sind die ethisch-religiösen Probleme, aber gestellt auf den Boden, in dem alles, was für uns soll möglichen Sinn haben können, eben gestellt sein muß.

So verwirklicht sich die Idee einer universalen Philosophie – ganz anders als Descartes und sein Zeitalter es sich, geleitet von der neuen Naturwissenschaft, dachte – nicht als ein universales System deduktiver Theorie, als ob alles Seiende in der Einheit einer Rechnung stünde, sondern als *ein System von phänomenologischen korrelativen Disziplinen* auf dem untersten Grund nicht des Axioms *ego cogito*, sondern einer universalen Selbstbesinnung.

Mit anderen Worten, der notwendige Weg zu einer im höchsten Sinne letztbegründeten Erkenntnis, oder, was einerlei ist, einer philosophischen, ist der einer *universalen Selbsterkenntnis*, zunächst einer monadischen und dann einer intermonadischen. Das delphische Wort: γνῶθι σεαυτόν hat eine neue Bedeutung gewonnen. Positive Wissenschaft ist Wissenschaft in der Weltverlorenheit. Man muß erst die Welt durch Epoché verlieren, um sie in universaler Selbstbesinnung wiederzugewinnen. *Noli foras ire*, sagt Augustinus, *in te redi, in interiore homine habitat veritas*.

Martin Heidegger
Was heißt Denken?

Wir gelangen in das, was Denken heißt, wenn wir selber denken. Damit ein solcher Versuch glückt, müssen wir bereit sein, das Denken zu lernen.

Sobald wir uns auf das Lernen einlassen, haben wir auch schon zugestanden, daß wir das Denken noch nicht vermögen.

Aber der Mensch gilt doch als jenes Wesen, das denken kann. Er gilt dafür mit Recht. Denn der Mensch ist das vernünftige Lebewesen. Die Vernunft aber, die *ratio*, entfaltet sich im Denken. Als das vernünftige Lebewesen muß der Mensch denken können, wenn er nur will. Doch vielleicht will der Mensch denken und kann es doch nicht. Am Ende will er bei diesem Denkenwollen zu viel und kann deshalb zu wenig.

Der Mensch kann denken, insofern er die Möglichkeit dazu hat. Allein diese Möglichkeit verbürgt uns noch nicht, daß wir es vermögen. Denn etwas vermögen heißt: etwas nach seinem Wesen bei uns einlassen, inständig diesen Einlaß hüten. Doch wir vermögen immer nur solches, was wir mögen, solches, dem wir zugetan sind, indem wir es zulassen. Wahrhaft mögen wir nur jenes, was je zuvor von sich aus sein mag, und zwar uns in unserem Wesen, indem es sich diesem zuneigt. Durch diese Zuneigung ist unser Wesen in den Anspruch genommen. Die Zuneigung ist Zuspruch. Der Zuspruch spricht uns auf unser Wesen an, ruft uns ins Wesen hervor und hält uns so in diesem. Halten heißt eigentlich Hüten. Was uns im Wesen hält, hält uns jedoch nur solange, als wir, von uns her, das uns Haltende selber behalten. Wir behalten es, wenn wir es nicht aus dem Gedächtnis lassen. Das Gedächtnis ist die Versammlung des Denkens. Worauf? Auf das, was uns im Wesen hält, insofern es zugleich bei uns bedacht ist. Inwiefern muß das uns Haltende bedacht sein? Insofern es von Hause aus das Zu-Bedenkende ist. Wird es bedacht, dann wird es mit Andenken beschenkt. Wir bringen ihm das An-denken entgegen, weil wir es als den Zuspruch unseres Wesens mögen.

Nur wenn wir das mögen, was in sich das Zu-Bedenkende ist, vermögen wir das Denken.

Damit wir in dieses Vermögen gelangen, müssen wir an unserem Teil das Denken lernen. Was ist Lernen? Der Mensch lernt, insofern er sein Tun und Lassen zu dem in die Entsprechung bringt, was ihm jeweils an Wesenhaftem zugesprochen wird. Das Denken lernen wir, indem wir auf das achten, was es zu bedenken gibt.

Unsere Sprache nennt das, was zum Wesen des Freundes gehört und ihm entstammt, das Freundliche. Demgemäß nennen wir jetzt das, was in sich das Zu-Bedenkende ist, das Bedenkliche. Alles Bedenkliche gibt zu denken. Aber es gibt diese Gabe immer nur insoweit, als das Bedenkliche schon von sich her das Zu-Bedenkende ist. Wir nennen darum jetzt und in der Folge dasjenige, was stets, weil einsther, was allem voraus und so einsthin zu denken gibt: das Bedenklichste.

Was ist das Bedenklichste? Woran zeigt es sich in unserer bedenklichen Zeit?

Das Bedenklichste zeigt sich daran, daß wir noch nicht denken. Immer noch nicht, obgleich der Weltzustand fortgesetzt bedenklicher wird. Dieser Vorgang scheint freilich eher zu fordern, daß der Mensch handelt, statt in Konferenzen und auf Kongressen zu reden und dabei sich im bloßen Vorstellen dessen zu bewegen, was sein sollte und wie es gemacht werden müßte. Demnach fehlt es am Handeln und keineswegs am Denken.

Und dennoch – vielleicht hat der bisherige Mensch seit Jahrhunderten bereits zu viel gehandelt und zu wenig gedacht.

Aber wie kann heute jemand behaupten, daß wir noch nicht denken, wo doch überall das Interesse für die Philosophie rege ist und immer geschäftiger wird, so daß jedermann wissen will, was es denn mit der Philosophie auf sich habe.

Die Philosophen sind *die* Denker. So heißen sie, weil *das* Denken sich vornehmlich in der Philosophie abspielt. Niemand wird leugnen, daß heute ein Interesse für die Philosophie besteht. Doch gibt es heute noch etwas, wofür der Mensch sich nicht interessiert, in der Weise nämlich, wie der heutige Mensch das »Interessieren« versteht?

Inter-esse heißt: unter und zwischen den Sachen sein, mitten in einer Sache stehen und bei ihr ausharren. Allein für das heutige Interesse gilt nur das Interessante. Das ist solches, was erlaubt, im nächsten Augenblick schon gleichgültig zu sein und durch anderes abgelöst zu werden, was einen dann ebensowenig angeht wie das vorige. Man meint heute oft, etwas sei dadurch besonders gewürdigt, daß man es interessant findet. In Wahrheit hat man durch dieses Urteil das Interessante zum Gleichgültigen hinabgewürdigt und in das alsbald Langweilige weggeschoben.

Daß man ein Interesse für die Philosophie zeigt, bezeugt keineswegs schon eine Bereitschaft zum Denken. Selbst die Tatsache, daß wir uns Jahre hindurch mit den Abhandlungen und Schriften der großen Denker eindringlich abgeben, leistet noch nicht die Gewähr, daß wir denken oder auch nur bereit sind, das Denken zu lernen. Die Beschäftigung mit der Philosophie kann uns sogar am hartnäckigsten den Anschein vorgaukeln, daß wir denken, weil wir doch »philosophieren«.

Gleichwohl erscheint es als anmaßend, zu behaupten, daß wir noch nicht denken. Allein die Behauptung lautet anders. Sie sagt: das Bedenklichste zeigt sich in unserer bedenklichen Zeit daran, daß wir noch nicht denken. In der Behauptung wird darauf hingewiesen, daß das Bedenklichste sich zeigt. Die Behauptung versteigt sich keineswegs zu dem abschätzigen Urteil, überall herrsche nur die Gedankenlosigkeit. Die Behauptung, daß wir noch nicht denken, will auch keine Unterlassung brandmarken. Das Bedenkliche ist das, was zu denken gibt. Von sich her spricht es uns daraufhin an, daß wir uns ihm zuwenden, und zwar denkend. Das Bedenkliche wird keineswegs durch uns erst aufgestellt. Es beruht niemals nur darauf, daß wir es vorstellen. Das Bedenkliche gibt, es gibt uns zu denken. Es gibt, was es bei sich hat. Es hat, was es selber ist. Was am meisten von sich aus zu denken gibt, das Bedenklichste, soll sich daran zeigen, daß wir noch nicht denken. Was sagt dies jetzt? Es sagt: Wir sind noch nicht eigens in den Bereich dessen gelangt, was von sich her vor allem anderen und für alles andere bedacht sein möchte. Weshalb sind wir dahin noch nicht gelangt? Vielleicht weil wir Menschen uns noch nicht hinreichend dem zuwenden, was das Zu-Bedenkende bleibt? Dann wäre dies, daß wir noch nicht denken, doch nur ein Versäumnis von seiten des Menschen. Diesem Mangel müßte dann durch geeignete Maßnahmen am Menschen auf eine menschliche Weise abgeholfen werden können.

Daß wir noch nicht denken, liegt jedoch keineswegs nur daran, daß der Mensch sich noch nicht genügend dem zuwendet, was von sich her bedacht sein möchte. Daß wir noch nicht denken, kommt vielmehr daher, daß dieses Zu-Denkende selbst sich vom Menschen abwendet, sogar langher sich schon abgewendet hält.

Sogleich werden wir wissen wollen, wann und auf welche Weise die hier gemeinte Abwendung geschah. Wir werden vordem und noch begieriger fragen, wie wir denn überhaupt von einem solchen Vorkommnis wissen können. Die Fragen dieser Art überstürzen sich, wenn wir vom Bedenklichsten sogar behaupten:

Das, was uns eigentlich zu bedenken gibt, hat sich nicht irgendwann zu einer historisch datierbaren Zeit vom Menschen abgewendet, sondern das Zu-Denkende hält sich von einsther in solcher Abwendung. Allein Abwendung ereignet sich doch nur dort, wo bereits eine Zuwendung geschehen ist. Wenn das Bedenklichste sich in einer Abwendung hält, dann geschieht das bereits und nur innerhalb seiner Zuwendung, d. h. so, daß es schon zu denken gegeben hat. Das Zu-Denkende hat bei aller Abwendung sich dem Wesen des Menschen schon zugesprochen. Darum hat der Mensch unserer Geschichte auch stets schon in einer wesentlichen Weise gedacht. Er hat sogar Tiefstes gedacht. Diesem Denken bleibt das Zu-Denkende anvertraut, freilich in einer seltsamen Weise. Das bisherige Denken nämlich bedenkt gar nicht, daß und inwiefern das Zu-Denkende sich dabei gleichwohl entzieht.

Doch wovon reden wir? Ist das Gesagte nicht eine einzige Kette leerer Behauptungen? Wo bleiben die Beweise? Hat das Vorgebrachte noch das Geringste mit Wissenschaft zu tun? Es wir gut sein, wenn wir möglichst lange in solcher Abwehrhaltung zu dem Gesagten ausharren. Denn so allein halten wir uns in dem nötigen Abstand für einen Anlauf, aus dem her vielleicht dem einen oder anderen der Sprung in das Denken des Bedenklichsten gelingt.

Es ist nämlich wahr: Das bisher Gesagte und die ganze folgende Erörterung hat nichts mit Wissenschaft zu tun, und zwar gerade dann, wenn die Erörterung ein Denken sein dürfte. Der Grund dieses Sachverhaltes liegt darin, daß die Wissenschaft nicht denkt. Sie denkt nicht, weil sie nach der Art ihres Vorgehens und ihrer Hilfsmittel niemals denken kann, denken nämlich nach der Weise der Denker. Daß die Wissenschaft nicht *denken* kann, ist kein Mangel, sondern ein Vorzug. Er allein sichert ihr die Möglichkeit, sich nach der Art der Forschung auf ein jeweiliges Gegenstandsgebiet einzulassen und sich darin anzusiedeln. Die Wissenschaft denkt nicht. Das ist für das gewöhnliche Vorstellen ein anstößiger Satz. Lassen wir dem Satz seinen anstößigen Charakter, auch dann, wenn ihm der Nachsatz folgt, die Wissenschaft sei, wie jedes Tun und Lassen des Menschen, auf das Denken angewiesen. Allein die Beziehung der Wissenschaft zum Denken ist nur dann eine echte und fruchtbare, wenn die Kluft, die zwischen den Wissenschaften und dem Denken besteht, sichtbar geworden ist, und zwar als eine unüberbrückbare. Es gibt von den Wissenschaften her zum Denken keine Brücke, sondern nur den Sprung. Wohin er uns bringt, dort ist nicht nur die andere Seite, sondern eine völlig andere Ortschaft. Was mit ihr offen wird, läßt sich niemals beweisen, wenn beweisen heißt: Sätze über einen Sachverhalt aus geeigneten Voraussetzungen durch Schlußketten herleiten. Wer das, was nur offenkundig wird, insofern es von sich her erscheint, indem es sich zugleich verbirgt, wer solches noch beweisen und bewiesen haben will, urteilt keineswegs nach einem höheren und strengeren Maßstab des Wissens. Er *rechnet* lediglich mit einem Maßstab, und zwar mit einem ungemäßen. Denn was sich nur so kundgibt, daß es im Sichverbergen erscheint, dem entsprechen wir auch nur dadurch, daß wir darauf hinweisen und hierbei uns selber anweisen, das, was sich zeigt, in die ihm eigene Unverborgenheit erscheinen zu lassen. Dieses einfache Weisen ist ein Grundzug des Denkens, der Weg zu dem, was dem Menschen einsther und einsthin zu denken *gibt*. Beweisen, d. h. aus geeigneten Voraussetzungen ableiten, läßt sich alles. Aber Weisen, durch ein Hinweisen zur Ankunft freigeben, läßt sich nur weniges und dieses wenige überdies noch selten.

Das Bedenklichste zeigt sich in unserer bedenklichen Zeit daran, daß wir noch nicht denken. Wir denken noch nicht, weil das Zu-Denkende sich vom Menschen *ab*wendet und keinesfalls nur deshalb, weil der Mensch sich dem Zu-Denkenden nicht hin-reichend *zu*wendet. Das Zu-Denkende wendet sich vom Menschen ab. Es entzieht sich ihm, indem es sich ihm vorenthält. Das Vorenthalten aber ist uns stets schon vorgehalten. Was sich nach der Art des Vorenthaltens entzieht, verschwindet nicht. Doch wie können wir von dem, was sich auf solche Weise entzieht, überhaupt das geringste wissen? Wie kommen wir darauf, es auch nur zu nennen? Was sich entzieht, versagt die Ankunft. Allein – das Sich-entziehen ist nicht nichts. Entzug ist hier Vorenthalt und ist als solcher – Ereignis. Was sich entzieht, kann den Menschen wesentlicher angehen und inniger in den Anspruch nehmen als jegliches Anwesende, das ihn trifft und betrifft. Man hält die Betroffenheit durch das Wirkliche gern für das, was die Wirklichkeit des Wirklichen ausmacht. Aber die Betroffenheit durch das Wirkliche kann den Menschen gerade gegen das absperren, was ihn angeht, – angeht in der gewiß rätselhaften Weise, daß das Angehen ihm entgeht, indem es sich entzieht. Der Entzug, das Sichentziehen des Zu-Denkenden, könnte darum jetzt als Ereignis gegenwärtiger sein denn alles Aktuelle.

Was sich uns in der genannten Weise entzieht, zieht zwar von uns weg. Aber es zieht uns dabei gerade mit und zieht uns auf seine Weise an. Was sich entzieht, scheint völlig abwesend zu sein. Aber dieser Schein trügt. Was sich entzieht, west an, nämlich in der Weise, daß es uns anzieht, ob wir es sogleich oder überhaupt merken oder nicht. Was uns anzieht, hat schon Ankunft gewährt. Wenn wir in das Ziehen des Entzugs gelangen, sind wir auf dem Zug zu dem, was uns anzieht, indem es sich entzieht.

Sind wir aber als die so Angezogenen auf dem Zuge zu... dem uns Ziehenden, dann ist unser Wesen auch schon geprägt, nämlich durch dieses »auf dem Zuge zu...«. Als die so Geprägten weisen wir selber auf das Sichentziehende. Wir sind überhaupt nur wir und sind nur die, die wir sind, indem wir in das Sichentziehende weisen. Dieses Weisen ist unser Wesen. Wir sind, indem wir in das Sichentziehende zeigen. Als der dahin Zeigende *ist* der Mensch der Zeigende. Und zwar ist der Mensch nicht zunächst Mensch und dann noch außerdem und vielleicht gelegentlich ein Zeigender, sondern: gezogen in das Sichentziehende, auf dem Zug in dieses und somit zeigend in den Entzug ist der Mensch allererst Mensch. Sein Wesen beruht darin, ein solcher Zeigender zu sein.

Was in sich, seiner eigensten Verfassung nach, etwas Zeigendes ist, nennen wir ein Zeichen. Auf dem Zug in des Sichentziehende gezogen, *ist* der Mensch ein Zeichen.

Weil jedoch dieses Zeichen in solches zeigt, das sich entzieht, kann das Zeigen das, was sich da entzieht, nicht unmittelbar deuten. Das Zeichen bleibt so ohne Deutung.

Hölderlin sagt in einem Entwurf zu einer Hymne:

»Ein Zeichen sind wir, deutungslos
Schmerzlos sind wir und haben fast
Die Sprache in der Fremde verloren.«

Die Entwürfe zur Hymne sind neben Titeln wie »Die Schlange«, »Die Nymphe«, »Das Zeichen«, auch überschrieben »Mnemosyne«. Wir können das griechische Wort in unser deutsches übersetzen, das lautet: Gedächtnis. Unsere Sprache sagt: das Gedächtnis. Sie sagt aber auch: die Erkenntnis, die Befugnis; und wieder: das Begräbnis, das Geschehnis. Kant z. B. sagt in seinem Sprachgebrauch und oft nahe beieinander bald »die Erkenntnis«, bald »das Erkenntnis«. Wir dürften daher ohne Gewaltsamkeit Μνημοσύνη, dem griechischen Femininum entsprechend, übersetzen: »die Gedächtnis«.

Hölderlin nennt nämlich das griechische Wort Μνημοσύνη als den Namen einer Titanide. Sie ist die Tochter von Himmel und Erde. Mnemosyne wird als Braut des Zeus in neun Nächten die Mutter der Musen. Spiel und Tanz, Gesang und Gedicht gehören dem Schoß der Mnemosyne, der Gedächtnis. Offenbar nennt dieses Wort hier anderes als nur die von der Psychologie gemeinte Fähigkeit, Vergangenes in der Vorstellung zu behalten. Gedächtnis denkt an das Gedachte. Aber der Name der Mutter der Musen meint »Gedächtnis« nicht als ein beliebiges Denken an irgendwelches Denkbare. Gedächtnis ist hier die Versammlung des Denkens, das gesammelt bleibt auf das, woran im voraus schon gedacht ist, weil es allem zuvor stets bedacht sein möchte. Gedächtnis ist die Versammlung des Andenkens an das vor allem anderen zu Bedenkende. Diese Versammlung birgt bei sich und verbirgt in sich jenes, woran im vorhinein zu denken bleibt, bei allem, was west und sich als Wesendes und Gewesenes zuspricht. Gedächtnis, das gesammelte Andenken an das Zu-Denkende, ist der Quellgrund des Dichtens. Demnach beruht das Wesen der Dichtung im Denken. Dies sagt uns der Mythos, d. h. die Sage. Sein Sagen heißt das älteste, nicht nur, insofern es der Zeitrechnung nach das früheste ist, sondern weil es seinem Wesen nach, voreinst und dereinst das Denkwürdigste bleibt. Solange wir freilich das Denken nach *den* Auskünften vorstellen, die uns die Logik darüber gibt, solange wir nicht damit ernst machen, daß alle Logik sich bereits auf eine besondere Art des Denkens festgelegt hat –, solange werden wir es nicht beachten können, daß und inwiefern das Dichten im Andenken beruht.

Alles Gedichtete ist der Andacht des Andenkens entsprungen. Unter dem Titel *Mnemosyne* sagte Hölderlin:

»Ein Zeichen sind wir, deutungslos...«

Wer wir? Wir, die heutigen Menschen, die Menschen eines Heute, das schon lange und noch lange währt, in einer Länge, für die keine Zeitrechnung der Historie je ein Maß aufbringt. In derselben Hymne »Mnemosyne« heißt es: »*Lang ist / die Zeit*« – nämlich die, in der wir ein deutungsloses Zeichen sind.

Gibt dies nicht genug zu denken, daß wir ein Zeichen sind, und zwar ein deutungsloses? Vielleicht gehört das, was Hölderlin in diesen und in den folgenden Worten sagt, zu dem, woran sich uns das Bedenklichste zeigt, zu dem, daß wir noch nicht denken. Doch beruht dies, daß wir noch nicht denken, darin, daß wir ein deutungsloses Zeichen und schmerzlos sind, oder sind wir ein deutungsloses Zeichen und schmerzlos, insofern wir noch nicht denken? Träfe dieses zuletzt Genannte zu, dann wäre es das Denken, wodurch den Sterblichen allererst der Schmerz geschenkt und dem Zeichen, als welches die Sterblichen sind, eine Deutung gebracht würde. Solches Denken versetzte uns dann auch erst in eine Zwiesprache mit dem Dichten des Dichters, dessen Sagen wie kein anderes sein Echo im Denken sucht.

Wenn wir es wagen, das dichtende Wort Hölderlins in den Bereich des Denkens einzuholen, dann müssen wir uns freilich hüten, das, was Hölderlin dichterisch sagt, unbedacht mit dem gleichzusetzen, was wir zu denken uns anschicken. Das dichtend Gesagte und das denkend Gesagte sind niemals das gleiche. Aber das eine und das andere kann in verschiedenen Weisen dasselbe sagen. Dies glückt allerdings nur dann, wenn die Kluft zwischen Dichten und Denken rein und entschieden klafft. Es geschieht, so oft das Dichten ein hohes und das Denken ein tiefes ist. Auch dies wußte Hölderlin. Wir entnehmen sein Wissen den beiden Strophen, die überschrieben sind:

Sokrates und Alcibiades

»*Warum huldigest du, heiliger Sokrates,*
  Diesem Jünglinge stets? Kennest du Größeres nicht?
    Warum siehet mit Liebe,
      Wie auf Götter, dein Aug' auf ihn?«

Die Antwort gibt die zweite Strophe.

»*Wer das Tiefste gedacht, liebt das Lebendigste,*
  Hohe Jugend versteht, wer in die Welt geblickt,
    Und es neigen die Weisen
      Oft am Ende zu Schönem sich.«

Uns geht der Vers an:

»*Wer das Tiefste gedacht, liebt das Lebendigste*«.

Wir überhören jedoch bei diesem Vers allzuleicht die eigentlich sagenden und deshalb tragenden Worte. Die sagenden Worte sind die Verba. Wir hören das Verbale des Verses, wenn wir ihn, dem gewöhnlichen Ohr ungewohnt, anders betonen:

»Wer das Tiefste *gedacht, liebt* das Lebendigste«.

Die nächste Nähe der beiden Verben »gedacht« und »liebt« bildet die Mitte des Verses. Demnach gründet die Liebe darin, daß wir Tiefstes gedacht haben. Solches Gedachthaben entstammt vermutlich jenem Gedächtnis, in dessen Denken sogar das Dichten und mit ihm alle Kunst beruht. Was heißt dann aber denken? Was z. B. schwimmen heißt, lernen wir nie durch eine Abhandlung über das Schwimmen. Was schwimmen heißt, sagt uns der Sprung in den Strom. Wir lernen so das Element erst kennen, worin sich das Schwimmen bewegen muß. Welches ist jedoch das Element, worin sich das Denken bewegt?

Gesetzt, die Behauptung, daß wir noch nicht denken, sei wahr, dann sagt sie zugleich, daß unser Denken sich noch nicht eigens in seinem eigentlichen Element bewege, und zwar deshalb, weil das Zu-Denkende sich uns entzieht. Was sich auf solche Weise uns vorenthält und darum ungedacht bleibt, können wir von uns aus nicht in die Ankunft zwingen, selbst den günstigen Fall angenommen, daß wir schon deutlich in das vordächten, was sich uns vorenthält.

So bleibt uns nur eines, nämlich zu warten, bis das Zu-Denkende sich uns zuspricht. Doch *warten* besagt hier keineswegs, daß wir das Denken vorerst noch verschieben. Warten heißt hier: Ausschau halten, und zwar innerhalb des schon Gedachten nach dem Ungedachten, das sich im schon Gedachten noch verbirgt. Durch solches Warten sind wir bereits denkend auf einen Gang in das Zu-Denkende unterwegs. Der Gang könnte ein Irrgang sein. Er bleibe jedoch einzig darauf gestimmt, dem zu entsprechen, was es zu bedenken gibt.

Woran sollen wir jedoch das, was dem Menschen vor allem anderen einsther zu denken gibt, überhaupt bemerken? Wie kann sich das Bedenklichste uns zeigen? Es hieß: das Bedenklichste zeigt sich in unserer bedenklichen Zeit daran, daß wir noch nicht denken, noch nicht in der Weise, daß wir dem Bedenklichsten eigens entsprechen. Wir sind bislang in das eigene Wesen des Denkens nicht eingegangen, um darin zu wohnen. Wir denken in diesem Sinne noch nicht eigentlich. Aber dies gerade sagt: wir denken bereits, wir sind jedoch trotz aller Logik noch nicht eigens mit dem Element vertraut, worin das Denken eigentlich denkt.

Darum wissen wir noch nicht einmal hinreichend, in welchem Element schon das bisherige Denken sich bewegt, insofern es ein Denken ist. Der Grundzug des bisherigen Denkens ist das Vernehmen. Das Vermögen dazu heißt die Vernunft.

Was vernimmt die Vernunft? In welchem Element hält sich das Vernehmen auf, daß hierdurch ein Denken geschieht? Vernehmen ist die Übersetzung des griechischen Wortes νοεῖν, das bedeutet: etwas Anwesendes bemerken, merkend es vornehmen und als Anwesendes es annehmen. Dieses vornehmende Vernehmen ist ein Vor-stellen in dem einfachen, weiten und zugleich wesentlichen Sinne, daß wir Anwesendes vor uns stehen- und liegenlassen, wie es liegt und steht.

Derjenige unter den frühgriechischen Denkern, der das Wesen des bisherigen abendländischen Denkens maßgebend bestimmt, achtet jedoch, wenn er vom Denken handelt, keineswegs lediglich und niemals zuerst auf das, was wir das bloße Denken nennen möchten. Vielmehr beruht die Wesensbestimmung des Denkens gerade darin, daß sein Wesen von dem her bestimmt bleibt, was das Denken als Vernehmen vernimmt – nämlich das Seiende in seinem Sein.

Parmenides sagt (Fragm. VIII, 34/36):

ταὐτὸν δ'ἐστὶ νοεῖν τε καὶ οὕνεκεν ἔστι νόημα.
οὐ γὰρ ἄνευ τοῦ ἐόντος, ἐν ὧι πεφατισμένον ἐστιν,
εὑρήσεις τὸ νοεῖν.

»*Das Selbe aber ist das Vernehmen sowohl als auch (das)*
wessentwegen Vernehmen ist.
Nicht nämlich ohne das Sein des Seienden, in welchem es
(nämlich das Vernehmen) als Gesagtes ist,
wirst du das Vernehmen finden.«

Aus diesen Worten des Parmenides tritt klar ans Licht: das Denken empfängt als Vernehmen sein Wesen aus dem Sein des Seienden. Doch was heißt hier und für die Griechen und in der Folge für das gesamte abendländische Denken bis zur Stunde: Sein des Seienden? Die Antwort auf diese bisher nie gestellte, weil allzu einfache Frage lautet: Sein des Seienden heißt: Anwesen des Anwesenden, Präsenz des Präsenten. Die Antwort ist ein Sprung ins Dunkle.

Was das Denken als Vernehmen vernimmt, ist das Präsente in seiner Präsenz. An ihr nimmt das Denken das Maß für sein Wesen als Vernehmen. Demgemäß ist das Denken jene Präsentation des Präsenten, die uns das Anwesende in seiner Anwesenheit zu-stellt und es damit vor uns stellt, damit wir vor dem Anwesenden stehen und innerhalb seiner dieses Stehen ausstehen können. Das Denken stellt als diese Präsentation das

Anwesende in die Beziehung auf uns zu, stellt es zurück zu uns her. Die Präsentation ist darum Re-präsentation. Das Wort *repraesentatio* ist der später geläufige Name für das Vorstellen.

Der Grundzug des bisherigen Denkens ist das Vorstellen. Nach der alten Lehre vom Denken vollzieht sich dieses Vorstellen im λόγος, welches Wort hier Aussage, Urteil bedeutet. Die Lehre vom Denken, vom λόγος, heißt darum Logik. Kant nimmt auf eine einfache Weise die überlieferte Kennzeichnung des Denkens als Vorstellen auf, wenn er den Grundakt des Denkens, das Urteil, als die Vorstellung einer Vorstellung des Gegenstandes bestimmt (Kr. d. r. V. A. 68, B. 93). Urteilen wir z. B. »dieser Weg ist steinig«, dann wird im Urteil die Vorstellung des Gegenstandes, d. h. des Weges, ihrerseits vorgestellt, nämlich als steinig.

Der Grundzug des Denkens ist das Vorstellen. Im Vorstellen enfaltet sich das Vernehmen. Das Vorstellen selbst ist Re-Präsentation. Doch weshalb beruht das Denken im Vernehmen? Weshalb entfaltet sich das Vernehmen im Vorstellen? Weshalb ist das Vorstellen Re-Präsentation?

Die Philosophie verfährt so, als gäbe es hier überall nichts zu fragen.

Daß jedoch das bisherige Denken im Vorstellen und das Vorstellen in der Re-Präsentation beruht, dies hat seine lange Herkunft. Sie verbirgt sich in einem unscheinbaren Ereignis: Das Sein des Seienden erscheint am Anfang der Geschichte des Abendlandes, erscheint für ihren ganzen Verlauf als Präsenz, als Anwesen. Dieses Erscheinen des Seins als das Anwesen des Anwesenden ist selbst *der* Anfang der abendländischen Geschichte, gesetzt, daß wir die Geschichte nicht nur nach den Geschehnissen vorstellen, sondern zuvor nach dem denken, was durch die Geschichte im vorhinein und alles Geschehende durchwaltend geschickt ist.

Sein heißt Anwesen. Dieser leicht hingesagte Grundzug des Seins, das Anwesen, wird nun aber in dem Augenblick geheimnisvoll, da wir erwachen und beachten, wohin dasjenige, was wir Anwesenheit nennen, unser Denken verweist.

Anwesendes ist Währendes, das in die Unverborgenheit herein und innerhalb ihrer west. Anwesen ereignet sich nur, wo bereits Unverborgenheit waltet. Anwesendes ist aber, insofern es in die Unverborgenheit hereinwährt, gegenwärtig.

Darum gehört zum Anwesen nicht nur Unverborgenheit, sondern Gegenwart. Diese im Anwesen waltende Gegenwart ist ein Charakter der Zeit. Deren Wesen läßt sich aber durch den überlieferten Zeitbegriff niemals fassen.

Im Sein, das als Anwesen erschienen ist, bleibt jedoch die darin waltende Unverborgenheit in der gleichen Weise ungedacht wie das darin waltende Wesen von Gegenwart und Zeit. Vermutlich gehören Unverborgenheit und Gegenwart als Zeitwesen zusammen. Insoweit wir das

Seiende in seinem Sein vernehmen, insofern wir, neuzeitlich gesprochen, die Gegenstände in ihrer Gegenständlichkeit vorstellen, denken wir bereits. Auf solche Weise denken wir schon lange. Aber wir denken gleichwohl noch nicht eigentlich, solange unbedacht bleibt, worin das Sein des Seienden beruht, wenn es als Anwesenheit erscheint.

Die Wesensherkunft des Seins des Seienden ist ungedacht. Das eigentlich Zu-Denkende bleibt vorenthalten. Es ist noch nicht für uns denkwürdig geworden. Deshalb ist unser Denken noch nicht eigens in sein Element gelangt. Wir denken noch nicht eigentlich. Darum fragen wir: was heißt Denken?

Anhang

Biographische Notizen
Verzeichnis der Quellen

FICHTE, JOHANN GOTTLIEB, als Sohn eines Bandwirkers in der Lausitz 1762 geboren. Er kann aufgrund von Protektion die berühmte Fürstenschule in Pforta besuchen. Anschließend Studium der Theologie in Leipzig bis 1784. Danach verschiedene Hauslehrerstellen, zuletzt in Zürich, wo er sich verlobt. 1791 geht er nach Königsberg und stellt sich Kant, dem er den entscheidenden philosophischen Anstoß verdankte, mit dem Manuskript ›Kritik aller Offenbarung‹ vor. Kant vermittelt die Drucklegung (1792), und zunächst wird ihm auch die Autorschaft zugeschrieben. 1794 erscheint F.s erstes Hauptwerk ›Grundlage der gesamten Wissenschaftslehre‹; im gleichen Jahre Professur für Philosophie in Jena (Nachfolge von K. L. Reinhold). 1799 verläßt F. aufgrund des ›Atheismusstreits‹ Jena und geht nach Berlin, wo er mit wenigen Unterbrechungen Vorträge hält (darunter 1807/08 die ›Reden an die deutsche Nation‹), bis er an der neugegründeten Universität Professor wird. F. stirbt 1814.

Text: Erste Einleitung in die Wissenschaftslehre. Philos. Journal V 1797. Abdruck aus: Sämtliche Werke Band 1, S. 419–449. Berlin 1845.

Ausgaben: Sämtliche Werke. Hrsg. v. J. H. Fichte, Berlin 1845. Ausgewählte Werke. Hrsg. v. F. Medicus. Nachdruck Wiss. Buchges. Darmstadt 1962.

Fichte Gesamtausgabe der Bayer. Akad. d. Wiss. Hrsg. v. R. Lauth/H. Jacobs. Stuttgart 1962 ff.

V. SCHELLING, FRIEDRICH WILHELM JOSEPH, aus Württemberg gebürtig (1775), Sohn eines Geistlichen, 1790 Student im Tübinger Stift, Freundschaft mit Hegel und Hölderlin. Erste philosophische Schrift ›Vom Ich als Prinzip der Philosophie‹ (1795). Durch Vermittlung Goethes, nach Hauslehrertätigkeit, 1798 Professor in Jena, wo er ab 1801 mit Hegel zusammen wirkt. Sein nächstes größeres Werk ›System des transzendentalen Idealismus‹ (1800) begründet seine Identitätsphilosophie, die über Fichte hinausführt. 1803 Heirat mit Caroline, der ersten Frau A. W. Schlegels, die damals in Jena im Mittelpunkt des Romantikerkreises stand. Sch. erhält bald eine Professur in Würzburg, wird dann 1806 Mitglied der Akademie der Wissenschaften in München, später deren Sekretär. 1809 erscheinen die ›Philosophischen Untersuchungen über das Wesen der menschlichen Freiheit‹. Vorlesungen in Erlangen 1820–26, 1827 Professor in München, 1841 nach Berlin auf den Lehrstuhl Hegels berufen, wo seine erste Vorlesung zunächst starken Eindruck macht (unter den Zuhörern ist Kierkegaard). Tod 1845 in Bad Ragaz/Schweiz.

Text: Erlanger Vorträge: Über die Natur der Philosophie als Wissenschaft. Abdruck aus: Werke. 5. Bd. 1928, S. 1–40.

Ausgaben: Sämtl. Werke. Hrsg. v. K. Fr. Schelling, Stuttgart/Augsburg 1856 ff. Schellings Werke. Nach der Originalausgabe in neuer Anordnung hrsg. v. M. Schröter, München 1927 ff.

Historisch-kritische Ausgabe der Schelling-Kommission im Auftrag der Bayerischen Akademie der Wissenschaften, hrsg. v. H. M. Baumgartner, H. Krings u. H. Zeltner, München 1975 ff.

HEGEL, GEORG WILHELM FRIEDRICH (1770–1831), stammt aus Stuttgart und studiert zunächst am Evangelischen Stift in Tübingen zusammen mit Schelling und Hölderlin Theologie und Philosophie. Hauslehrerjahre in Bern und Frankfurt a. M. 1801 Habilitation in Jena, wo er mit Schelling zusammenarbeitet. 1805 geht er als Redakteur einer Zeitung nach Bamberg. 1807 erscheint sein erstes großes Werk ›Phänomenologie des Geistes‹, 1808–16 Gymnasialdirektor in Nürnberg, Heirat mit Marie v. Tucher, 1812–16 erscheint ›Wissenschaft der Logik‹. Endlich 1816 erhält H. die ersehnte Professur in Heidelberg, wo die ›Enzyklopädie der philosophischen Wissenschaften‹ entsteht. Im Jahre 1818 folgt er einem Ruf an die junge Berliner Universität, wo er bald eine außerordentliche Wirksamkeit entfaltet. 1821 gibt er die ›Grundlinien einer Philosophie des Rechts‹ heraus. Von der großen Zahl seiner Schüler werden nach dem Tode die wesentlichen Berliner Vorlesungen H.s veröffentlicht.

Texte: Differenz des Fichteschen und Schellingschen Systems der Philosophie: Mancherlei Formen, die bei dem jetzigen Philosophieren vorkommen. Abdruck aus: Sämtliche Werke. Jubil. Ausg. 1. Bd., S. 39–76. Vorrede zu den Grundlinien der Philosophie des Rechts. Abdruck aus: Sämtliche Werke. Jubiläumsausg. 7. Bd., S. 19–37.
Ausgaben: Sämtl. Werke. Jubiläumsausg. v. H. Glockner. 4. Aufl. 1961 ff.
Gesammelte Werke. In Verbindung mit der Deutschen Forschungsgemeinschaft hrsg. v. d. Rheinisch-Westfälischen Akademie der Wissenschaften, 1968 ff.
Werke. Neu hrsg. v. E. Moldenhauer u. K. M. Michel, Frankfurt am Main 1986

FEUERBACH, LUDWIG, in Landshut 1804 geboren, Sohn des Kriminalisten Anselm F. und Onkel des Malers Anselm F. Studium der Theologie in Heidelberg, wo ihn sein Lehrer Daub für Hegel interessiert, den F. ab 1824 in Berlin hört. Übergang zur Philosophie und Habilitation in Erlangen 1828. Die erfolglose akademische Tätigkeit gibt F. auf und lebt in bescheidenen Verhältnissen in einem Dorf bei Ansbach. Nach den früheren philosophiegeschichtlichen Arbeiten erscheint 1841 ›Das Wesen des Christentums‹. 1848/49 hält F. auf Einladung der Studenten Vorlesungen über das Wesen der Religion in Heidelberg. In seinen letzten Jahren gerät er in wirtschaftliche Bedrängnis und stirbt 1872 bei Nürnberg.

Text: Das Wesen des Christentums. Einleitung, 1. Kap. Das Wesen des Menschen im Allgemeinen. Abdruck aus: Sämtliche Werke 7. Bd., Leipzig 1883. S. 34–47

MARX, KARL, als Sohn eines jüdischen Rechtsanwalts 1818 in Trier geboren, Studium der Rechtswissenschaft, später der Geschichte und Philosophie, 1841 Dissertation über Epikur. Den Plan einer Habilitation gibt M. auf und wird Redakteur der Rheinischen Zeitung in Köln bis zu deren Verbot 1843. Übersiedlung nach Paris und mit Arnold Ruge zusammen Herausgeber der Deutsch-Französischen Jahrbücher, worin die ›Einleitung zur Kritik der Hegelschen Rechtsphilosophie‹

erscheint. 1844 lernt M. den Kaufmann Friedrich Engels kennen, mit dem ihn Freundschaft und Zusammenarbeit bis zum Lebensende verbinden. In Paris entsteht die Streitschrift gegen Bruno Bauer: ›Die heilige Familie‹. Ausweisung aus Paris und Niederlassung in Brüssel; 1847 ›Misère de la philosophie‹ als Antwort auf eine Schrift Proudhons, 1848 ›Kommunistisches Manifest‹. Wiederum Ausweisung, wechselnder Wohnsitz, schließlich in London, wo M. bis zu seinem Tode (1883) lebt und seine Hauptwerke schreibt: ›Zur Kritik der politischen Ökonomie‹ 1860; ›Das Kapital‹, Bd. I 1867. Politische Tätigkeit in der Arbeiterbewegung.

Text: Kritik der Hegelschen Rechtsphilosophie. Einleitung. Abdruck aus: Marx-Engels Gesamtausgabe 1. Abt. 1. Band, 1. Halbband, S. 607–21
Thesen über Feuerbach. Abdruck aus: MEGA Bd. V, S. 533–35
Der Fetischcharakter der Ware und sein Geheimnis. (Das Kapital, 1. Bd., Buch 1, Kap. 4). Abdruck aus: MEGA Bd. V, S. 76–89
Ausgaben: Marx–Engels, Werke, Berlin (Dietz)
Marx–Engels Studienausgabe, hrsg. I. Fetscher, Frankfurt am Main
Marx, Werke, Schriften, Briefe, hrsg. H. Lieber/P. Furth, Stuttgart/Darmstadt 1962 ff.

KIERKEGAARD, SÖREN, der bedeutende dänische Philosoph und Schriftsteller, wurde 1813 in Kopenhagen geboren. Dort beginnt er 1830 ein Studium der Theologie und Philosophie, das er 1840 mit dem theologischen Examen und 1841 mit einer Dissertation ›Über den Begriff der Ironie, mit beständigem Hinblick auf Sokrates‹ abschließt. Im selben Jahr hört er Schellings Vorlesungen in Berlin, kehrte aber im folgenden Frühjahr nach Kopenhagen zurück, wo er als Schriftsteller bis zu seinem Tode 1855 lebt. Unter verschiedenen Pseudonymen veröffentlich K. in rascher Folge: ›Furcht und Zittern‹; ›Entweder – Oder‹ (1843); ›Der Begriff Angst‹; ›Philosophische Brocken‹ (1844); ›Abschließende unwissenschaftliche Nachschrift zu den Phil. Brocken‹ (1846); ›Die Krankheit zum Tode‹ (1849) u. a.

Text: Abschließende unwissenschaftliche Nachschrift, 2. Teil, § 2
Abdruck aus: Ges. Werke VII, Jena 1910, S. 17–40, Übers. H. Gottsched
Ausgaben: Samlede Vaerker, hrsg. A. Drachmann u. a., Kopenhagen 1901–1906
Ges. Werke, übers. E. Hirsch, Düsseldorf 1950 ff.
Werke, hrsg. u. eingeleitet v. L. Richter, Reinbek 1960 ff.

SCHOPENHAUER, ARTHUR, 1788 in Danzig als Bankierssohn geboren, frühe Reisen, durch den Vater zum Kaufmannsstand bestimmt. Nach dem Tode des Vaters zieht die Mutter Johanna nach Weimar und spielt dort bald eine gesellschaftliche Rolle. Der Sohn beginnt ein Studium der Naturwissenschaften und Philosophie, das er 1813 mit der Dissertation ›Über die vierfache Wurzel des Satzes vom zureichenden Grunde‹ abschließt. Umgang mit Goethe und Interesse für dessen Farbenlehre. 1819 erscheint das Hauptwerk: ›Die Welt als Wille und Vorstellung‹. 1820 Habilitation in Berlin, aber akademischer Mißerfolg und Gegnerschaft zu Hegel. Nach längerem Italienaufenthalt zieht Sch. sich als Privatgelehrter nach Frankfurt zurück, wo er 1860 stirbt.

Text: Die Welt als Wille und Vorstellung, 2. Buch, § 17–22; Abdruck aus: Sämtliche Werke, hrsg. v. P. Deussen, Bd. I, München 1911. S. 111–133
Ausgaben: Sämtl. Werke, hrsg. v. T. Deussen, München 1911 ff.
Werke. 5 Bände. Nach der Ausgabe letzter Hand hrsg. v. Ludger Lütkehaus, Zürich 1988

NIETZSCHE, FRIEDRICH, geboren 1844. Der Pfarrerssohn erhält eine humanistische Ausbildung in Schulpforta und studiert klassische Philologie zusammen mit E. Rohde in Bonn und Leipzig, wo er Richard Wagner kennenlernt. 1869 auf eine Professur nach Basel berufen, wo Jacob Burckhardt sein Kollege ist. Zehn Jahre später zwingt ihn Krankheit, sein Amt niederzulegen. Er lebt viel im Süden und schreibt unablässig. Nach ›Geburt der Tragödie‹ (1872) und ›Menschliches, Allzumenschliches‹ (1878) entsteht nun die Fülle seiner Werke: ›Also sprach Zarathustra‹ (1883), ›Jenseits von Gut und Böse‹ (1886), ›Zur Genealogie der Moral‹ (1887), u. a. Heftige Fehden und allmähliche Vereinsamung, 1889 geistiger Zusammenbruch. N. lebt bis 1900 in der Obhut seiner Mutter und später seiner Schwester, Elisabeth Förster-N.

Text: Über Wahrheit und Lüge im außermoralischen Sinne. Abdruck aus: Musarion-Ausg. Bd. VI, 1922, S. 309–322
Wie die ›Wahre Welt‹ endlich zur Fabel wurde. Abdruck aus: Götzendämmerung 4, Bd. XVII, 1926, S. 75–76
Ausgaben: Nietzsche Werke, Krit. Gesamtausg. v. G. Colli, M. Montinari, Berlin 1967 ff.
Werke in 3 Bänden, hrsg. v. K. Schlechta, München 1954

COHEN, HERMANN (1842–1918), zählt zu den hervorragendsten Vertretern des Neukantianismus und gilt als Begründer der sog. Marburger Schule (Natorp, Cassirer). Ausgehend von historischen Studien, u. a. über Plato, konzentriert C. sich auf die kantische Philosophie und ihre Erneuerung unter dem Vorzeichen der fortgeschrittenen Naturwissenschaft und deren Wirklichkeitserkenntnis. Philosophie vesteht sich als die Logik dieser Erfahrung und wächst bei C. zu einem systematischen Werk nach dem Vorbild der drei kantischen Kritiken (Logik der reinen Erkenntnis, 1902; Ethik des reinen Willens, 1904; Ästhetik des reinen Gefühls, 1912). Gegen Ende seines Lebens wendet C. sich zu dem Geist des Judentums zurück, dem er entstammte.

Text: (Aus der Rezension einer Festschrift für E. Zeller). Abdruck aus: ›Schriften zur Philosophie und Zeitgeschichte‹, Bd. 1. Berlin 1928, hrsg. v. A. Görland u. E. Cassirer, S. 399–416

WINDELBAND, WILHELM, geboren 1848 in Potsdam, gestorben 1915, war einer der bedeutendsten Philosophiehistoriker am Ausgang des 19. Jahrhunderts. Sein Leben ist ganz von der akademischen Laufbahn und dem Beruf des Philosophieprofessors bestimmt. Er beginnt sein Studium in Jena, setzt es in Berlin und Göttingen fort, Schüler von Kuno Fischer und Hermann Lotze. Abschluß mit Promotion ›Über die Lehren vom Zufall‹ 1870, Habilitation 1873 in Leipzig, nacheinander

Professor in Zürich, Freiburg und Heidelberg. Trotz des geringen Umfangs systematischer Arbeiten war W. zu seiner Zeit als Haupt der sog. südwestdeutschen Schule des Neukantianismus neben H. Rickert und Vorbereiter eines neuen Hegelianismus sehr einflußreich. (Heidelberger Akademie Vortrag von 1910: Erneuerung des Hegelianismus).

Text: Geschichte und Naturwissenschaft (Rektoratsrede 1894). Straßburg 1900

JAMES, WILLIAM, 1842 in New York geboren, jahrelang in Europa erzogen, widmet sich früh und ausgiebig wissenschaftlichen Studien, besonders der Medizin und Psychologie. Nach größeren Reisen, darunter ein Deutschlandaufenthalt 1867/68, wird er Universitätslehrer an der berühmten Harvard-Universität, zunächst in seinen Studienfächern, später in Philosophie. 1890 erscheint ›Principles of Psychology‹. Vorträge und populäre Schriften sichern J. große Wirksamkeit. Anfänglich stark unter dem Einfluß kontinentaler Philosophie wird er zusammen mit C. S. Peirce Begründer des Pragmatismus. James stirbt 1910.

Text: Was will der Pragmatismus?
Abdruck aus: Der Pragmatismus, ein neuer Name für alte Denkmethoden, Übers. von W. Jerusalem, Leipzig 1908, S. 26–51 (zweite Vorlesung)

SCHLICK, MORITZ, geb. 1882, nach dem Studium der Physik unter Max Planck und Promotion in diesem Fach Wendung zur naturwissenschaftlich ausgerichteten Philosophie, Einfluß von H. Poincaré und E. Mach, dessen Wiener Lehrstuhl er 1922 übernimmt. Neben einer Einführung in die Relativitätstheorie (Raum und Zeit in der gegenwärtigen Physik, 1917) hatte Sch. bereits die ›Allgemeine Erkenntnislehre‹ (1918) veröffentlicht. In Wien wird er nun Begründer und Haupt des neopositivistischen ›Wiener Kreises‹ (Carnap, Feigl, Neurath, Gödel u. a.), der auch Beziehungen zu Wittgenstein pflegte. Sch.s Aufsätze aus dieser Zeit gewannen großen Einfluß und trugen dem Autor Einladungen an amerikanische Universitäten ein. 1930 erscheint ein Buch zu ›Fragen der Ethik‹. Sch. wird 1936 in der Universität Opfer einer Privatrache.

Text: Über das Fundament der Erkenntnis. Abdruck aus: Erkenntnis IV 1934, S. 79–99

RUSSELL, BERTRAND, 1872 geboren, von 1890 an Studium der Mathematik und Philosophie in Cambridge, zunächst unter dem Einfluß des englischen Hegelianismus (Bradley, McTaggart), gegen den er bald revoltiert, gemeinsam mit G. E. Moore, dem zweiten großen Erneuerer der englischen Philosophie in diesem Jahrhundert. Nach einem Buch über Leibniz (1900) entstehen in R.s philosophisch fruchtbarer Zeit ›Principles of Mathematics‹ (1903) und ›Principia Mathematica‹ (1910–1915; zusammen mit A. N. Whitehead), die zu Standardwerken der neuen Logik wurden. Aus dem Gedankenaustausch mit L. Wittgenstein entsteht ›The Philosophy of Logical Atomism‹ (1918); neben weiteren philosophischen Werken, besonders ›Our Knowledge of the External World‹ (1914), und: ›An Inquiry into Meaning and Truth‹ (1940), zahlreiche populäre Schriften und politisch-pazifistische Aktivität. Russell stirbt 1970.

Text: On Denoting, Mind 1905, Übersetzung von R. Bubner

HUSSERL, EDMUND, geboren 1859 in Prossnitz (Mähren), Studium der Mathematik und Philosophie in Leipzig, Berlin, Wien. Einfluß Brentanos. Habilitation 1887 in Halle, wo H. sich an den Psychologen K. Stumpf anschließt. Zunächst philosophische Arbeiten zur Mathematik. Der Durchbruch zur Begründung der Phänomenologie geschieht mit den ›Logischen Untersuchungen‹ (1900). Daraufhin Berufung nach Göttingen, wo sich um Husserl eine phänomenologische Schule bildet, im Jahre 1916 als Nachfolger H. Rickerts nach Freiburg. Unermüdlich arbeitet H. an seiner Philosophie, nur ein Teil der Manuskripte wurde von ihm veröffentlicht, vor allem ›Ideen zu einer reinen Phänomenologie‹ (Bd. I 1913) und ›Formale und transzendentale Logik‹ (1929). Aus Vorträgen in Paris entstehen die ›Cartesianischen Meditationen‹ (1929), ein letzter Neuansatz ›Die Krisis der europäischen Wissenschaften und die transzendentale Phänomenologie‹ (1936) kann aufgrund der politischen Verhältnisse erst nach Husserls Tod (1938) in den fünfziger Jahren wirksam werden.

Text: Pariser Vorträge, Abdruck aus: Husserliana Bd. I. Hrsg. v. S. Strasser. Den Haag 1950, S. 3–39
Ausgabe: Husserliana. Den Haag 1950ff.

HEIDEGGER, MARTIN, als Küsterssohn im südbadischen Meßkirch 1889 geboren, auf dem Gymnasium in Konstanz erzogen, Studium der Philosophie in Freiburg, dort auch Habilitation über ›Die Kategorien- und Bedeutungslehre des Duns Scotus‹ (1916), Einflüsse von Fr. Brentano und E. Husserl. H.s Wirksamkeit beginnt, als er, 1923 nach Marburg berufen, einen Schüler- und Freundeskreis um sich versammelt, zu dem auch der Theologe R. Bultmann gehört. Der Ruhm setzt mit der Veröffentlichung des Hauptwerks ›Sein und Zeit‹ 1927 ein. 1928 wird H. der Nachfolger Husserls in Freiburg, Antrittsvorlesung ›Was ist Metaphysik?‹. Die kleinen Schriften der folgenden Jahre: ›Vom Wesen des Grundes‹ (1928), ›Vom Wesen der Wahrheit‹ (1930/43). Nach dem Kriege, als Heideggers Lehrtätigkeit ein Ende gesetzt wird, hebt mit dem ›Humanismusbrief‹ (1947) das Interesse für die sog. Spätphilosophie an: ›Holzwege‹ (1950), ›Unterwegs zur Sprache‹ (1959), ›Nietzsche‹ (1961).

Text: Was heißt Denken? Abdruck aus: Merkur 53 VI. Stuttgart. Jg. 1952 7. Heft. S. 601–611, und in: Vorträge und Aufsätze, Verlag Günter Neske. © J. G. Cottasche Buchhandlung Nachfolger GmbH, gegr. 1659. Stuttgart 1954.

Vom Herausgeber empfohlene Literatur

Allgemeine Einführungen

HARTMANN, N.: *Einführung in die Philosophie.* Osnabrück 1965 (6. Aufl.)
JASPERS, K.: *Einführung in die Philosophie.* München 1981 (21. Aufl.)
MISCH, G.: *Der Weg in die Philosophie.* Bern–München 1951 (2. Aufl.)
SCHULZ, W.: *Philosophie in der veränderten Welt.* Pfullingen 1984 (5. Aufl.)
SIMMEL, G.: *Hauptprobleme der Philosophie.* Berlin 1964 (8. Aufl.)

Geschichte der Philosophie

BUBNER, R. (Hrsg.): *Geschichte der Philosophie in Text und Darstellung.* 8 Bde., Stuttgart 1978–1981
DILTHEY, W.: *Einleitung in die Geisteswissenschaften,* 1 Bd., 2. Buch: *Metaphysik als Grundlage der Geisteswissenschaften.* Gesammelte Schriften 1, S. 123–409, Göttingen 1973 (7. Aufl.)
TOTOK, W.: *Handbuch der Geschichte der Philosophie.* Frankfurt am Main 1964 ff. (bibliographisches Handbuch)
ÜBERWEG, F.: *Grundriß der Geschichte der Philosophie.* 5 Bde., Basel 1951–1953 (13. Aufl.)
VORLÄNDER, K.: *Geschichte der Philosophie.* 4 Bde., Hamburg 1949–1975 (auch Reinbek 1963 ff.)
WINDELBAND, W.: *Lehrbuch der Geschichte der Philosophie.* Tübingen 1980 (17. Aufl.)

Wörterbücher

BRUGGER SJ, W.: *Philosophisches Wörterbuch.* Freiburg im Breisgau 1976 (14. Aufl.)
HOFFMEISTER, J.: *Wörterbuch der philosophischen Begriffe.* Hamburg 1955 (2. Aufl.)
RITTER, J., GRÜNDER, K. u. a. (Hrsg.): *Historisches Wörterbuch der Philosophie.* Basel 1971 ff.

Philosophie im 19. Jahrhundert

DILTHEY, W.: *Gesammelte Schriften*, Bd. 4–8, Göttingen
HARTMANN, N.: *Die Philosophie des deutschen Idealismus*. Bd. 2: Hegel. Berlin 1960 (2. Aufl.)
HEGEL, G. W. F.: *Vorlesungen über die Philosophie der Philosophie 3. Werke*, hrsg. v. E. Moldenhauer v. K. M. Michel, Bd. 20. Frankfurt am Main 1986
HEIDEGGER, M.: *Nietzsche*. Pfullingen 1961
HENRICH, D.: *Fichtes ursprüngliche Einsicht*. Frankfurt am Main 1967
HENRICH, D.: *Selbstverhältnisse. Gedanken und Auslegungen zu den Grundlagen der klassischen Philosophie*. Stuttgart 1982
KNITTERMEYER, H.: *Hermann Cohen*. In: *Lebensbilder aus Kurhessen und Waldeck V*. Marburg 1955
LÖWITH, K.: *Weltgeschichte und Heilsgeschehen*. In: *Sämtliche Schriften*, Bd. 2, Stuttgart.
LÖWITH, K.: *Von Hegel zu Nietzsche*. In: Sämtliche Schriften, Bd. 14, Stuttgart
MICHELET, C. L.: *Geschichte der letzten Systeme der Philosophie in Deutschland von Kant bis Hegel*. Hildesheim 1967 (Nachdruck)
RITTER, J.: *Hegel und die Französische Revolution*. Frankfurt am Main 1965 (2. Aufl.)
SCHULZ, W.: *Die Vollendung des deutschen Idealismus in der Spätphilosophie Schellings*. Stuttgart 1955
TROELTSCH, E.: *Der Historismus und seine Überwindung*, in: *Gesammelte Schriften*, Bd. 3, Berlin 1924

Philosophie im 20. Jahrhundert

APEL, K.-O.: *Transformation der Philosophie*. 2 Bde., Frankfurt am Main 1973
BUBNER, R. (Hrsg.): *Sprache und Analysis. Texte zur englischen Philosophie der Gegenwart*. Göttingen 1968
FINK, E.: *Die phänomenologische Philosophie Edmund Husserls in der gegenwärtigen Kritik*. In: *Phaenomenologica* 21. Den Haag 1961
FRANK, M.: *Was ist Neostrukturalismus?* Frankfurt am Main 1984
GADAMER, H.-G.: *Wahrheit und Methode*. In: *Gesammelte Werke*, Bd. 1 u. 2, Tübingen
GADAMER, H.-G.: *Die phänomenologische Bewegung*. In: *Gesammelte Werke*, Bd. 3. Tübingen
GEHLEN, A.: *Der Mensch. Seine Natur und seine Stellung in der Welt*. Wiesbaden 1986 (13. Aufl.)
HABERMAS, J.: *Erkenntnis und Interesse*. Frankfurt am Main 1975
HABERMAS, J.: *Der philosophische Diskurs der Moderne*. Frankfurt am Main 1985
HEIDEGGER, M.: *Sein und Zeit*. In: *Gesamtausgabe*. Ausgabe letzter Hand. I. Abt., Bd. 2. Frankfurt am Main 1977
HORKHEIMER, M., ADORNO, TH. W.: *Dialektik der Aufklärung*. In: Max Horkheimer, *Gesammelte Schriften*, Bd. 5, Frankfurt am Main 1987

HUSSERL, E.: *Ideen zu einer reinen Phänomenologie und phänomenologischen Philosophie.* Erstes Buch. In: *Husserliana,* Bd. III, Den Haag 1976

HUSSERL, E.: *Die Krisis der europäischen Wissenschaften und die transzendentale Phänomenologie.* In: *Husserliana,* Bd. VI, Den Haag 1954

KRAFT, V.: *Der Wiener Kreis.* Wien 1950

MARX, W.: *Heidegger und die Tradition.* Stuttgart 1961

MISCH, G.: *Lebensphilosophie und Phänomenologie.* Stuttgart 1967 (Nachdruck)

NEURATH, O.: *Radikaler Physikalismus und Wirkliche Welt.* In: *Erkenntnis* IV, 1934

PÖGGELER, O.: *Der Denkweg Martin Heideggers.* Pfullingen 1983 (2. Aufl.)

POPPER, K.: *Logik der Forschung.* Tübingen 1984 (8. Aufl.)

SCHELER, M.: *Der Formalismus in der Ethik und die materiale Wertethik.* In: *Gesammelte Werke,* Bd. 2, Bonn

STEGMÜLLER, W.: *Hauptströmungen der Gegenwartsphilosophie.* 3 Bde., Stuttgart 1978–1987 (6., bzw. 8. Aufl.)

STEGMÜLLER, W.: *Probleme und Resultate der Wissenschaftstheorie.* 2 Bde., Berlin–Heidelberg–New York 1983 (2., verb. u. erw. Aufl.)

TUGENDHAT, E.: *Vorlesungen zur Einführung in die sprachanalytische Philosophie.* Frankfurt am Main 1976

WALDENFELS, B: *Phänomenologie in Frankreich.* Frankfurt am Main 1983

WITTGENSTEIN, L.: *Philosophische Untersuchungen.* Frankfurt am Main 1977

Hans-Georg Gadamer
Zur deutschen Philosophie im 20. Jahrhundert

I

Wenn man die Lage der deutschen Philosophie im Laufe der ersten Hälfte dieses Jahrhunderts, im Zeitalter der beiden Weltkriege, verstehen will, muß man sich als erstes klarmachen, welche Explosion des Nationalismus der Ausbruch des Ersten Weltkrieges bedeutet hat. Man kann sich kaum vorstellen, welche Überraschung es im Grunde war, als die sozialistischen Parteien aller europäischen Länder in den Nationalismus ihres eigenen Landes einschwenkten. Die Internationale der Arbeiterschaft erwies sich plötzlich als eine relativ ohnmächtige Deklamation im Vergleich zu der Gewalt der nationalen Leidenschaften, die damals ausbrachen. Dieses Ereignis war der Beginn der Provinzialisierung Europas. Das gilt natürlich auch für die Philosophie. Hermann Lübbe hat mit kritischer Bestürzung dargestellt, wie die akademische Philosophie sich im damaligen Deutschland in dem allgemeinen Taumel verlor. Genau das gleiche war aber in Frankreich oder England der Fall. Damit erlitt das geistige Europa eine schwere, bis heute nicht ausgeheilte Wunde. Was ehedem noch unter der Generation meiner philosophischen Lehrer selbstverständlich war – etwa bei Paul Natorp, bei dem ich noch in Marburg meinen Doktor gemacht habe –: internationaler Austausch, indem man in englischen, französischen oder amerikanischen Zeitschriften veröffentlichte, ebenso wie ein englischer oder französischer Philosoph in einer deutschen Zeitschrift veröffentlichte, – das war für lange Jahrzehnte vorbei. Die geistige Entwicklung der europäischen Länder, aber auch der von der europäischen Entwicklung abgeschnittenen Länder, wurde provinziell.

Die deutsche Sonderstellung in dieser Entwicklung ist von den spezifischen Bewegungen auf der deutschen Szene geprägt, die durch die Benennungen »Neukantianismus«, »Phänomenologie« und »Existenzphilosophie« umschrieben sind. Diese drei Begriffe gehören natürlich in den größeren Zusammenhang, in dem Philosophie in der Neuzeit überhaupt ihre Sonderaufgabe gestellt bekam, sich gegenüber der neuen »Wissenschaft« zu definieren. Das war für Philosophie im älteren Sinne keineswegs ein Problem. Sie war ehedem die regina scientiarum, die Königin der Wissenschaften, das heißt, sie war die oberste Wissenschaft, die Wissenschaft vom Obersten, die zugleich den gesamten Bereich unseres menschlichen Wissens überhaupt in sich umfaßte. Man denke daran, daß das Grundbuch der neuzeitlichen Physik, Newtons Hauptwerk, den Titel trug *Philosophiae Naturalis Principia Mathematica*. So selbstverständlich war dieser weite Begriff von Philosophia noch damals. Aber mit der Ausbreitung der modernen Wissenschaften änderte sich das. Die sogenannten Erfahrungswissenschaften zeigen das schon durch das Wort an, das einer »contradictio in adjecto« gleichkommt, wie jeder Grieche und jeder Kenner der antiken Kultur weiß. Für die antike Welt war »Wissenschaft« gerade dadurch gekennzeichnet, daß ihre Erkenntnisse nicht der Erfahrung bedürfen, sondern so wißbar sein müssen wie mathematische Wahrheiten, *mathemata*, Dinge, die man lernt und von denen man sicher sein kann, daß sie wahr sind, ohne daß man neu hinzusehen braucht. Jetzt stellte sich die Aufgabe, die Philosophie neu zu bestimmen, seit es die Wahrheit der Wissenschaften in einem antithetischen Sinne zur Philosophie gab.

Das ist auch für die Entstehung des Neukantianismus in der Entwicklung des 19. Jahrhunderts bedeutsam. Er stammt aus der Erbmasse des deutschen Idealismus. Darunter verstehen wir die Bewegung, die von Kant über Fichte und Schelling zu Hegel führte. Diese Bewegung des deutschen Idealismus stellte den letzten großen Versuch einer Synthese zwischen dem alten Erbgut der metaphysischen Philosophie und der modernen Wissenschaft dar. Diese Synthese, die sich in Hegels *Enzyklopädie der philosophischen Wissenschaften* repräsentativ zusammenfaßte, brach schnell zusammen. Bekanntlich wurde die Naturphilosophie geradezu der Prügelknabe des Jahrhunderts, und die Geschichtsphilosophie, die apriorische Konstruktion des Verlaufes der Weltgeschichte, die Hegel gewagt hatte, wurde durch die Kritik der historischen Schule, insbesondere durch die großen Historiker Berlins – und natürlich auch in anderen Ländern – schnell überwunden. So bahnte sich in der zweiten Hälfte des 19. Jahrhunderts die Rückkehr zu Kant an. Das war die erste Sonderentwicklung auf der deutschen Szene, die noch das 20. Jahrhundert in seiner ersten Hälfte bestimmt hat, die Entstehung des Neukantianismus. Etwas an Bedeutung, Ausdehnung und internationaler Anerkennung genau Vergleichbares gab es in den anderen großen Kulturländern Europas nicht. Dort gab es neben den neueren empiristischen, »positivistischen« Entwicklungen, die in Gestalt von J. St. Mills »Induktiver Logik« allgemein anerkannt waren, einen durchgehenden Traditionszug des Hegelianismus. In Italien, in Frankreich, in England, in Holland sind bekannte Denker im Geiste Hegels bis in die ersten Jahrzehnte des 20. Jahrhunderts hinein tätig gewesen. Anders in Deutschland. Dort bildete sich eine neue Art Vermittlung zwischen dem Anspruch der Wissenschaften und dem Erbe der Philosophie, eine universale Synthese, die auf den Namen

Erkenntnistheorie getauft war (was man auf Englisch *epistemology* nennt), ein Wort, das in Deutschland, als ich Student war, einen beinahe religiösen Klang hatte. »Erkenntnistheorie« hieß der Beginn und das Fundament aller Philosophie, und das bedeutete, daß man im Zeichen Kants, eines neu aufgegriffenen, erneuerten Kant, zwischen den Erfahrungswissenschaften und den apriorischen Elementen aller Begriffsbildung und Erkenntnis eine Vermittlung suchte.

Diese Bewegung war am Anfang des 20. Jahrhunderts vor allem durch zwei Schulen repräsentiert, den Marburger Neukantianismus und den sogenannten Südwestdeutschen Neukantianismus. Ihre Grundidee war eben der Kompromiß, den die Philosophie im akademischen Zeitalter ihrer Existenz mit den modernen Erfahrungswissenschaften schloß. Nachdem die Philosophie nicht mehr beanspruchen konnte, eigene und unüberholbare Erkenntnis aus Begriffen neben den Resultaten der Wissenschaften zu besitzen, lieferte sie statt dessen aller wissenschaftlichen Erkenntnis die methodische Grundlage, und das nannte sich Erkenntnistheorie. Das bedeutete, daß man sowohl im Felde der Natur wie im Felde der Kultur die eigene Aufgabenstellung von der Wissenschaft übernahm. Es wurde geradezu ein Schlagwort der Marburger Schule; von dem »Faktum der Wissenschaft« auszugehen. Der Ausdruck lehnt sich den *Prolegomena* Kants an, jener Schrift, die Kant zur Popularisierung seiner eigenen *Kritik der reinen Vernunft* geschrieben hat und die zu dem raschen siegreichen Durchbruch des kritischen Denkens führte. Kant baute dort die ganze Fragestellung auf die Fragen auf: Wie ist Mathematik möglich? Wie ist reine Naturwissenschaft möglich? Wie ist Metaphysik als Wissenschaft möglich? Das Faktum der Wissenschaft bildet überall den Ausgangspunkt. Entsprechend gliederten sich die beiden Schulen des Neukantianismus: Die Marburger Schule faßte vor allem die logischen Grundlagen der exakten Wissenschaften ins Auge. Hermann Cohen, der Begründer der Schule, und Paul Natorp, sein Freund und Waffengenosse, versuchten zu zeigen, wie sich der Begriff des Gegebenen nur vom methodischen Verfahren der Wissenschaften aus definieren läßt. Mein Lehrer Natorp pflegte zu sagen: Das Gegebene ist das Aufgegebene. Das Ding an sich, dieser Stein des Anstoßes schon für Fichte, sei im Grunde nichts als die unendliche Aufgabe des Bestimmens der Realität durch die methodisch gesicherten Verfahren der Wissenschaft. Ebenso hat die Südwestdeutsche Schule, die, von Hermann Lotze herkommend, durch Windelband und Rickert vertreten war, und der etwa ein so großer Forscher wie Max Weber seine philosophische Ausrüstung verdankte, im Bereich der geschichtlichen und Kulturwissenschaften den gleichen methodischen Grundgedanken durchgeführt. Für sie war Geschichte das, was in der Geschichtswissenschaft als geschichtlich beglaubigt anerkannt ist. So wurde der Begriff der Tatsache von der wissenschaftlichen Erkennbarkeit her definiert. Das hat etwas sehr Einleuchtendes. Was ist denn eine historische Tatsache? Doch nicht das, was sich wirklich begeben hat, doch nicht dieses, daß irgend jemand irgendwann einen Schnupfen bekam. Aber wenn Napoleon in der Schlacht von Wagram – oder wo es war – einen Schnupfen bekam und deswegen seine erste große Niederlage einsteckte, dann ist das eine historische Tatsache. Das hatte historische Bedeutung, wie wir ganz naiv sagen würden. Philosophen drücken sich nie so naiv aus. So heißt das gleiche in diesem Falle: Erst durch ihren Wertbezug bekommt die Tatsache die Würde einer echten Tatsache. Das zeigt nun schon die südwestdeutsche Werttheorie in ihrer ganzen Reichweite. Das System der Werte definiert alle auf den Menschen und seine Kultur bezogenen Tatsachenbereiche. Es bestimmt sich die Aufgabe der Philosophie als Rechtfertigung der Kulturwissenschaften durch den Wertbezug, so wie sich die Naturwissenschaften nach dem Kantischen System der Kategorien orientiert hatten. Es charakterisiert das Wesen des Neukantianismus, daß es sich stets darum handelte, die alleinige Legitimität des methodischen Erkennens zu rechtfertigen und auf die Philosophie zu übertragen, um sich selbst als wissenschaftliche Philosophie gegen die sogenannten Weltanschauungen zu legitimieren.

Die zweite, daraus sich entwickelnde Bewegung war nun die Phänomenologie, ein Wort, das der Laie damals sicherlich mit einer leisen Andacht hörte. Ich erinnere mich, als ich 19 Jahre alt war und mich zu einem kleinen Gremium von Reformern gesellte – man ist ja nie so veränderungsfreudig, wie wenn man 19 Jahre alt ist –, da gab es eine Reihe von Vorschlägen, wie man nach dem Ende des Ersten Weltkrieges die zerstörte Kulturwelt Europas wieder in Ordnung bringen könnte. Viele Vorschläge wurden da vorgebracht. Da sagte einer: »Das einzige, was uns wieder herstellen kann, ist die Phänomenologie.« (Ich hatte keine Ahnung, was das war, aber es machte tiefen Eindruck auf mich. Die Folge ist klar: ich bin in dieser Schule großgeworden!) Was zeichnete die Phänomenologie gegenüber der bisherigen neukantianischen, erkenntnistheoretisch begründeten Philosophie eigentlich aus? Man erinnert sich der berühmten Parole des Begründers der phänomenologischen Schule, Edmund Husserls: »Zu den Sachen selbst.« Man versteht, daß darin eine bestimmte Pointe gegen gewisse Formen des Neukantianismus eingeschlossen war. Die »Sachen selber«, und nicht die Wissenschaft von ihnen, war das eigentliche Ziel dieser Reflexionen und löste eine neue philosophische Bewegung aus. Der Ausdruck »Phänomen«, den Husserl sicherlich teils aus dem Neukantianismus, teils aus dem Sprachgebrauch der Psychiatrie und dergleichen geschöpft hat, hatte einen polemischen Klang. Es genügt, zu wissen, daß diese Phänomenologie den Anspruch erhob, unter

»den Sachen selbst« nicht nur das Faktum der Wissenschaften zu verstehen, sondern alles, was sich im Erfahrungsleben der Menschheit zeigt. Phänomen heißt, was sich zeigt. Diese Bestimmung des Begriffs »Phänomenologie« schloß klarerweise in sich, daß es nicht mehr die Welt der Wissenschaften allein ist, mit der es die Philosophie zu tun hat, und Husserl hat dafür ein neues Wort gefunden. Es gibt sehr wenige Fälle, in denen ein Philosoph ein Wort findet, das in die Sprache eingeht. Hegel oder Kant haben solche Leistungen vollbracht. Wenn wir etwa vom »Ding an sich« sprechen, so ist das Kant, oder wenn wir vom »An-und-für-sich Sein« reden, so ist das Hegel. So hat Husserl das Wort »Lebenswelt« gefunden. Ein Wort, das sehr beliebt geworden und inzwischen in vielen Sprachen nachgebildet worden ist. Noch vor 30, 40 Jahren hat man es in Frankreich und in England nicht übersetzt, sondern als deutsches Fremdwort benutzt – ähnlich wie »Weltanschauung«, das bekanntlich auch lange Zeit in keine andere Sprache übersetzt worden war, sondern einfach auf deutsch verwendet wurde. Inzwischen haben sich dafür Übersetzungen eingebürgert. Das gilt auch für »Lebenswelt«. Der Sache nach geht es hier darum, daß Erfahrung nicht mehr die Erfahrung der Erfahrungswissenschaften allein ist. Was das für eine Ausweitung des philosophischen Rechtfertigungsproblems einschloß, müssen wir uns in ein paar Gedankenschritten klarmachen. Die Phänomenologie vollzog ihren ersten Eintritt in die philosophische Diskussion mit den Husserlschen *Logischen Untersuchungen,* ein analytisches und subtiles Buch, das die Unabhängigkeit der Logik von der Methodik der Erfahrungswissenschaften vertrat. Die Methodik der Erfahrungswissenschaften hatte zu dem Vorurteil geführt, daß das Logische lediglich ein psychologisches Problem sei. Denken ist ein seelischer Vorgang. Die Erfahrungswissenschaft, die mit dem Denken zu tun hat, ist also die Psychologie. Alle logischen Probleme sind letztlich psychologische Probleme. Diese Doktrin nennt man seit Husserl »Psychologismus«. Parteinamen in der Philosophie sind interessanterweise immer polemische Bildungen. Wir sind sozusagen scharfsichtiger für das Negative als für das Positive. Das gilt vom 17. Jahrhundert an für alle solche Begriffe wie Deismus, Theismus, Pantheismus, Idealismus, Realismus, Materialismus, Empirismus, Nihilismus, Essentialismus, Logizismus usw. Es sind alles Schimpfworte gewesen. Ebenso ist es bei Husserl mit »Psychologismus«. Er zeigte überwältigend klar, daß z. B. der Satz des Widerspruchs nicht ein psychologisches Faktum formuliert, nämlich daß es unangenehm oder unzweckmäßig sei, Widersprüche zu denken. Vielmehr ist es ein logisches Problem, daß zwei einander widersprechende Sätze in bezug auf dasselbe nicht gleichzeitig wahr sein können. Nur deswegen vermeiden wir Widersprüche, weil wir einsehen, daß ein auftretender Widerspruch eine angeblich wahre Erkenntnis widerlegt. In dieser

Weise hat Husserl eine Reihe von bedeutenden Klärungen gebracht. Er hat z. B. das Wesen der Sprache von einer bestimmten Seite aus neu gesehen, indem er gezeigt hat, daß die Sprache nicht einfach ein Ausdrucksphänomen der menschlichen Psyche ist, sondern daß darin ein Bestand von Bedeutungen gelegen ist, und diese Bedeutungen haben keine empirisch reale Existenz, sondern, wie er es genannt hat, intentionale Existenz. Wörterbücher sind nur möglich, weil man die Bedeutungen der Wörter so sehr auf ihre ideale Einheit hin konzentrieren und von jedem Gebrauche ablösen kann.

Eine andere wichtige Rolle spielt bei Husserl das Phänomen der Wahrnehmung. Wahrnehmung war im Zeitalter des Psychologismus das Resultat einer Mechanik der Empfindungen, wobei die Empfindungen dann, in der ganzen Konfusion dieses späten 19. Jahrhunderts, mit den Reizen, die auf das Nervensystem ausgeübt werden, gleichgesetzt waren. In Wahrheit besteht das Problem gerade darin, wieso durch Reizung eines organischen Nervensystems so etwas wie Empfindung erzeugt wird und wie auf ihr aufgebaute Wahrnehmung entstehen und als ein Bewußtseinsphänomen existieren kann. Husserl hat nun – und das ist ein erster wichtiger Punkt – Wahrnehmung dadurch charakterisiert, daß in ihr etwas »leibhaftig gegeben« ist. Ein Beispiel: Dieses Glas hier ist Gegenstand einer Wahrnehmung. Sie meint: da steht dies Glas, ich kann es sehen, ich kann es anfassen, ich kann es auch nur beschreiben, ohne irgend etwas Derartiges zu tun. Aber eines gilt immer: daß ich es nie gleichzeitig von vorn und hinten sehen kann. Wahrnehmung ist immer »abgeschattet«, wie der berühmt gewordene Ausdruck von Husserl lautet. In der Wahrnehmung zeigt sich etwas in dem Wie seines sich Zeigens, »phänomenologisch«, und diese Abschattung hat Evidenz wie, daß zwei mal zwei vier ist. Es ist wohl klar; wenn ich dies hier als das Glas vor mir habe, so meine ich es. Ich kann mich ja irren, ich phantasiere vielleicht das Glas, aber ich meine, das steht da wirklich. Das hat Husserl leibhaftige Gegebenheit genannt und sich auch auf diese Evidenz berufen. Nun entwickelte sich von seiten der Psychologen ein reges Schrifttum, in dem sie zeigten, Evidenz sei doch kein Kriterium. Als ob es keine Evidenztäuschungen gäbe. Tatsächlich gibt es Evidenztäuschungen. Das ist kein Zweifel. Ich glaube freilich nicht, daß ich mich im Augenblick täusche und das Glas gar nicht wirklich hier steht. Aber es wäre ja denkbar, daß ich mir das Glas da hinphantasiere, weil meistens so etwas da steht. Jedenfalls ist das psychologisch kaum zu widerlegen. Husserl sah sich also genötigt, das Kriterium der Evidenz, das er in Anspruch nahm, selber zu rechtfertigen.

So wurde er auf das erkenntnistheoretische Problemfeld des Neukantianismus zurückgeführt und sagte mit Descartes: Es gibt eine Evidenz, die von jeder möglichen Evidenztäuschung frei ist, und das ist die des

Selbstbewußtseins. Cogito, ergo sum. Daran kann man nicht mehr zweifeln. Das hatte schon Descartes gezeigt, daß man, wenn man zweifelt, als der Zweifelnde, als der Denkende existiert. »Ich denke, also bin ich« hat – wie Husserl es dann getauft hat – apodiktische Evidenz, d. h. eine Evidenz, deren Leugnung einen Widerspruch einschließen würde. (So etwas nennt man in der Logik apodiktisch.) So hat Husserl den Anspruch erhoben, auf die apodiktische Evidenz des Selbstbewußtseins alle anderen Evidenzen der Philosophie zu gründen. Ein Riesenprogramm. Er war von einem missionarischen Bewußtsein erfüllt. Ich erinnere mich, wie ich ihn einmal in einer Unterhaltung, ich war junger Doktor, nach irgendeiner Theateraufführung oder einem Konzert fragte, und er mit dem weichen österreichischen Idiom, das er sprach, antwortete: »Ach wissen Sie, Herr Doktor, ich liebe auch sehr Theater und Musik, aber ich habe keine Zeit, ich muß erst die Phänomenologie vollenden.« Das ist ihm natürlich nicht gelungen. Man kann sich auch denken, daß die beschriebene Wendung, die Husserl wieder in die Nähe des Neukantianismus und der erkenntnistheoretischen Rechtfertigung brachte, nicht die Sympathien seiner Bewunderer und Nachfolger gewann. Sie hatten an ihm vielmehr die plastische Konkretion seiner Beschreibungskunst bewundert, die in der Tat bemerkenswert war. Man hatte, wenn Husserl eine Vorlesung hielt, das Gefühl, er präsentiere alles in allen drei Dimensionen, wovon er redete. Ich kannte nur noch einen, der es ihm darin gleichtat, und das war Heidegger. Von diesen beiden wurde alles so anschaulich hingestellt, daß man wirklich zum Schluß das Gefühl hatte, wir sind darum herumgegangen und haben es von allen Seiten gesehen. Aber Husserls Begründung dessen im Selbstbewußtsein ist etwas anderes. Sie fand ihren Widerstand. Die phänomenologische Schule selber ist Husserl durchaus nicht im vollen Umfang gefolgt. Husserl war erst Professor in Göttingen. Er war Mathematiker von Hause aus, hatte bei dem berühmten Zahlentheoretiker Weierstrass Assistent gespielt, war wohl auch damals schon mehr an den philosophischen Problemen der Arithmetik interessiert, wurde in Halle für Philosophie habilitiert. Dann wurde er Professor in Göttingen, und während des Krieges wurde er nach Freiburg berufen. Dieser Wechsel von Göttingen nach Freiburg bedeutete in gewissem Sinne die Spaltung der Schule.

Der große Antagonist von Husserl, der neben ihm eine wirklich geniale Figur war und der leider in der Welt nicht so bekannt ist wie Husserl, war Max Scheler. Ursprünglich dem Neukantianismus angehörig, ist er zum katholischen Bekenntnis übergetreten, von dem Ordogedanken der katholischen Tradition stark angezogen, und hat in einer sehr bedeutenden Arbeit die phänomenologische Wertethik begründet. Das ist das Buch mit dem Titel *Der Formalismus in der Ethik und die materiale Wertethik*.

Scheler begrenzte, im Unterschiede zu Husserl, die Phänomenologie auf ihre Aufgabe der apriorischen Wesensforschung und behauptete, daß Philosophie noch mehr sei als das. Philosophie betreffe nicht nur die apriorische Struktur der Wesenheiten, wie die Einheit der Bedeutung oder das Wesen des Wahrnehmungsgegenstandes, der leibhaftig gegeben ist, aber immer in Abschattung usw. Das sind alles Wesenseinsichten, die Husserl aufgezeigt hat. Scheler akzeptierte das, sagte aber, das sei nur eine Seite der Philosophie. Diese apriorischen »essentialistischen« Einsichten müßten sich mit einer Wirklichkeitswissenschaft verbinden, mit einer Metaphysik, die die noch hinter den Naturwissenschaften sich zeigenden Wesensgesetzlichkeiten zum begrifflichen Gegenstand habe. Sein Gedanke war also nicht, das Bewußtsein und das Selbstbewußtsein zum Fundament aller Wahrheit zu erheben, wie Husserl forderte, sondern das Getragensein dieses Selbstbewußtseins durch die realen Lebenskräfte anzuerkennen. Er nannte das den Drang, der den Geist trage und überhaupt erst zu seiner denkerischen Freiheit aufsteigere. Kenner der Geschichte der Philosophie mögen sich erinnern, daß Schelling im selben Sinne die Naturphilosophie als den physikalischen Beweis des Idealismus, also als Voraussetzung des Geistes, eingeführt hat. Scheler hat diesen Gedanken des Angewiesenseins des Geistes auf den Drang und damit die Grundbestimmung der Realerfahrung als Widerstandserfahrung gelehrt, die sich von jedem Bewußtseinsinhalt unterscheide. Es ist ja wahr, daß das Bewußtsein im fließenden Strom seiner Präsenzen dieselben gleichsam als ein widerstandsloses Reich durchwaltet, daß dagegen Widerstand erst Realität verbürgt. Es bedarf der harten Wände der Tatsächlichkeit, wie Dilthey es einmal formuliert hat. Es war Schelers Lehre, die Phänomenologie derart auf die formale Wesenswissenschaft zu reduzieren und durch eine im Bündnis mit den Wissenschaften sich vollziehende Wirklichkeitswissenschaft, eine »Metaphysik«, zu ergänzen.

Genau hier setzt die dritte Phase in der Geschichte der Phänomenologie ein, das Werk von Heidegger. Damit nähern wir uns dem Übergang in die Existenzphilosophie. Es sind zwei Dinge, durch die Heidegger die phänomenologische Schule Husserls, und damit in gewisser Sympathie mit Scheler, bereicherte. Das eine war, daß er ein Realitätsmoment in das Bewußtsein sozusagen hineinnahm, die Geschichtlichkeit unseres Denkens. Das war als das Historismusproblem bekannt, das von Dilthey über Troeltsch damals die deutsche philosophische Szene in Atem hielt. Die Frage war: wie kann man je beanspruchen, ewige und absolute Wahrheiten zu erkennen, wenn doch der Erkennende immer Sohn seiner Zeit ist, immer in den Vorurteilen seiner eigenen Epoche gefangen ist, und deshalb – im Unterschied zu den objektivierenden Methoden der Naturwissenschaften – jenseits der eigentlichen Wissenschaftlichkeit bleiben muß. Man nennt das den historischen Relativismus. Jede Epoche hat sozusagen ihre eigenen Beziehungen zur Wahrheit. Eine absolute Beziehung zur absoluten Wahrheit kann es nicht geben. Das war der Einwand des Historismus gegen die traditionelle, auch die neukantianische Philosophie. Heidegger nahm diese Kritik ernst. Er sah in Dilthey seinen Helfer gegen Husserls Rückfall in den Neukantianismus. Dilthey war von Husserls Ideal einer Philosophie als strenger Wissenschaft aus – in Husserls berühmtem Logos-Aufsatz von 1910 – wie alle weltanschauungsgebundene Philosophie als Relativist und als die tödliche Gefahr der Skepsis angeprangert worden. Es ist bezeugt, daß Heidegger in seinen Studien- und Werdejahren fleißig Dilthey studierte. Er mußte ihn damals noch in den dickleibigen Bänden der Berlinger Akademie der Wissenschaften studieren, in denen die Diltheyschen Aufsätze allein zugänglich waren. Das war das eine Moment, von dem aus Heidegger »Realität« in die Phänomenologie Husserls einbrachte.

Das zweite war ein von weither kommender Anstoß. Ich meine die Wiederentdeckung Kierkegaards im Anfang des 20. Jahrhunderts. Kierkegaard war ein dänischer Denker und Schriftsteller, der als Schüler Schellings begann und dann in christlicher Bedrängnis die vermittelnde Religionsphilosophie und Dialektik Hegels mit brillanter Polemik angriff. In seinem berühmten Buch *Entweder/Oder* hat er der spekulativen Philosophie des deutschen Idealismus vorgeworfen, sie kenne kein Entweder/Oder, weil von ihr alle Gegensätze dialektisch vermittelt würden. Kierkegaard hat natürlich dänisch geschrieben. Aber die Sprache ist immerhin verwandt genug, daß der Einfluß seiner Wortprägungen auf die deutsche Szene nicht verlorenging. So wurde von ihm der Ausdruck »Existenz« eingeführt. Es gibt sein berühmtes Wort, der absolute Professor in Berlin (er hat damit Hegel gemeint) habe das Existieren vergessen. Damit war gemeint, daß Existenz sich nicht der dialektischen Begriffsbildung oder – mit Husserl zu sprechen – der eidetischen Reduktion auf den phänomenologisch-analytischen Begriff des »Wesens« unterwirft. Wer etwas von Theologie weiß, wird spüren, wie die uralten Probleme der essentia und existentia dahinterstehen. Unter den Stürmen des Ersten Weltkrieges wurde das Existenzproblem neu virulent. Die Vorausschauenden standen schon viele Jahre unter dem Druck des sich zusammenbrauenden Verhängnisses und waren sich der Schwächen des liberalen Zeitalters bewußt. So wurde damals, in dem ersten und zweiten Jahrzehnt des 20. Jahrhunderts, Kierkegaard ins Deutsche übersetzt. Er leitete noch einmal die Kritik am Idealismus ein, vor allem dank Karl Jaspers, der in seiner *Psychologie der Weltanschauungen* ein Referat Kierkegaards, eine sehr wohlabgewogene systematische Darstellung dieses spätromantischen Schriftstellers, vorlegte und damit Kierkegaard sozusagen zum Diskussionsgegenstand in der akademischen Philosophie erhob.

Das eigentliche Anliegen Kierkegaards war, wie man leicht sehen kann, die Kritik an der unendlichen Vermittlung und Distanz, mit der die christliche Botschaft in der christlichen Kirche seiner Zeit verkündet wurde. Er hat z. B. die Rechnung gemacht, daß es doch nur 60 Generationen seien, die uns vom Leben Jesu trennen. Das klingt ganz anders als 1800 oder 1900 Jahre. Er hat also die Gleichzeitigkeit als das eigentliche Wesen der christlichen Botschaft wieder in Erinnerung gerufen. Sie ist nicht durch die Geschichte vermittelt. Ein jeder ist gleich unmittelbar durch die Heilsbotschaft angeredet und ebenso durch die Verdammnis betroffen – so ungefähr war das Kierkegaardsche Pathos der Existenz, die jedermanns Eigenstes sei und die ein jeder als seine eigenste Sache niemals mit anderen teilen könne. Es ist klar, daß hinter diesem Bewußtsein der Einzigkeit und Endlichkeit der Existenz das Problem des Todes stand.

Heidegger hat nun diese beiden Dinge zusammengebracht, die historische Hermeneutik Diltheys und das Existenzpathos Kierkegaards. Sein Begriff, den er dafür in *Sein und Zeit* prägte – später hat er ihn aufgegeben –, war »Hermeneutik der Faktizität«. Man hört vielleicht in diesen schönen Kunstworten, mit denen wir Philosophen uns so gerne schmücken, die Bedeutung des Paradoxes heraus. Hermeneutik ist die Kunst, Sinnhaftes zu verstehen. Hermeneutik setzt Sinnhaftigkeit voraus. Faktizität dagegen, dieses fast gnostische Wort, meint das Faktum des Faktums. Faktizität meint also, daß da etwas nicht zu verstehen, sondern als Faktum hinzunehmen sei. Und nun soll diese Faktizität des ins Dasein geworfenen Menschen in sich selbst »Verstehen« sein. Heidegger hat beides im »Verstehen« zusammengebracht, das Verständliche und das per definitionem Unverständliche, das darin besteht, daß wir da sind und nicht gefragt wurden, ob wir da sein wollen, daß wir geworfen sind – wie Heidegger es in bewußter Analogie zu den Katzen nannte und zur Lehre des Gnosis von dem Fall der Seele in das Dunkel und die Fremde der Welt. Geworfenheit ist daher eine Grundbestimmung der Existenz. Aber wichtiger noch als die Geworfenheit ist ihr Gegenbegriff, der Entwurf, der im Verstehen liegt. Dasein heißt »verstehen«. Das war die Lösung eines Paradoxes. Verstehen ist nicht etwas, was das Dasein gelegentlich tut, wenn es Sinnhaftem begegnet, sondern Verstehen ist das, was es als Dasein definiert. Der Mensch ist etwas, das verstehen will und das sich verstehen muß. Das ist nicht mehr das Selbstbewußtsein des transzendentalen Idealismus, sondern, wie der inzwischen – direkte Wirkung Heideggers – modisch gewordene Ausdruck heißt: Selbstverständnis.

Diese neue Bestimmung des Wesens des Menschen reicht weit. Zunächst wurde klar: was ich da in phänomenologischer Beschreibung eines Wahrnehmungsdinges als einen Fall reiner Wahrnehmung vorstellte, dies Wasserglas, das in seinen Abschattungen erscheint, stellt in Wahrheit eine reine Abstraktion dar. Das gibt es gar nicht. Es gibt keine reine Wahrnehmung. Es gibt die beschriebene Wahrnehmung etwa, wenn ich als Redner heiser werde und nun bemerke, ja, ja das Glas ist da. Es begegnet also die angeblich »reine« Wahrnehmung lediglich im Zusammenhang eines verständlichen Verhaltens. Ich verstehe das als ein Wasserglas und nicht als ein rundes, gläsernes Etwas, in dem es glitzert. Es ist »zur Hand«. Heidegger hat den Begriff der Zuhandenheit eingeführt, um zu zeigen, wie vorurteilsvoll es ist, alle Dinge zunächst als vorhandene zu sehen, als ob die Vorhandenheit und nicht die Zuhandenheit des Wasserglases das primär Gegebene wäre. Max Scheler hat, wie der amerikanische Pragmatismus, die Lehre von der reinen Wahrnehmung ebenso als eine Abstraktion entlarvt. Scheler hat das mit der modernen Triebpsychologie zusammengebracht und hat gezeigt, was wir ja alle an uns erfahren, wie die Antizipationen unseres Lebensdranges das mitbestimmen, was wir wahrnehmen. Eine eigene Erfahrung mag das illustrieren: Ich habe einmal durch ein Mißverständnis der russischen Verwaltung drei Tage lang in einem deutschen Gefängnis gesessen. Da wurden die Namen der Häftlinge, die zum Verhör gebracht werden sollten, ausgerufen – und ich habe bei dem Ausrufen jedesmal meinen Namen zu hören gemeint, weil ich so sehr wartete. Wir sind von unseren Drängen bestimmt, wenn wir etwas als »da« wahrnehmen. Heidegger ging noch weiter. Er kritisierte auch noch die Schelersche Bereicherung der phänomenologischen Szene. Er zeigte, daß der Dualismus von Drang und Geist uns aus der Verlegenheit, in der sich das Denken der erkenntnistheoretischen, neukantianischen Tradition bewegt, nicht herausführt.

Aristoteles wurde für Heidegger der große Helfer. Heidegger hatte das Glück, zwei große Lehrer zu haben. Der eine war Husserl, ein genialer Deskriptionskünstler mit einem subtilen und feinen Begriffsvokabular – und der andere war Aristoteles: Heidegger war als junger Mann in der neuscholastischen Tradition erzogen worden. Ausgerüstet mit dem phänomenologischen Blick, den Husserl in ihm ausgebildet hatte, las er Aristoteles mit neuen Augen und fand etwas ganz anderes, als was er in seinem akademischen Studium gelernt hatte. Er entdeckte den Aristoteles der Rhetorik und der Ethik, der praktischen Philosophie. Auf der anderen Seite sah er, wie einseitig Aristoteles die Frage nach dem Sein in seiner Metaphysik entwickelte. Er hat dafür den Namen Ontotheologie eingeführt. Das sollte heißen, daß die Frage nach dem Sein, die »ontologische« Frage, an dem höchsten Seienden, dem Göttlichen orientiert war, in dem sich das Wesen des Seins exemplarisch darstelle. Höchstes Sein heiße, immer da zu sein. Man kennt es aus der Theologie als die Allgegenwart Gottes. Dies ist ein griechisches Erbe im theologischen Denken. Ob der Gott des Alten Testamentes mit Recht durch diesen Begriff des Immerseins zu charakterisieren ist, ist sehr die Frage. Dort handelt es sich um ein Personalverhältnis, für das die Griechen nicht einmal ein Wort hatten.

Insofern war Aristoteles für Heidegger eher ein Gegenbild als ein Vorbild. Was von Aristoteles als »Sein« gedacht wird, ist Dasein im Sinne des Vorhandenseins, das immer Antreffbarsein, eine Gegenwart, die Vorhandenheit ist. Heidegger zeigte nun, daß das der unerkannte Hintergrund unserer ganzen modernen Probleme mit der Subjektivität ist. Das Wort »Subjektum« zeigt es uns an. Es hat nämlich sprachlich und begriffsgeschichtlich nichts mit Bewußtsein zu tun. »Subjektum« ist das, was darunter liegt (was in der griechischen Sprache »Hypokeimenon« heißt) und das Substrat aller Veränderungen ist. Was wir das Subjekt nennen, ist nur der ausgezeichnete Fall eines solchen Zugrundeliegenden, nämlich, daß jemandes Vorstellungen alle die seinen sind, seinem Selbstbewußtsein angehören. Das ist zwar richtig, aber der Mensch ist noch anderes als ein solches »Subjekt«.

Nun wurde Aristoteles für Heidegger nicht nur als ein solches Gegenbild wichtig, sondern auch als Vorbild. Vorbild war er im besonderen dadurch, daß er in der praktischen Philosophie seine Lehre von der Phronesis, von der Klugheit, wie man meistens übersetzt, gegen Plato gekehrt hat. Ich würde vorziehen, Phronesis durch Vernünftigkeit wiederzugeben. »Verünftigkeit« ist ja nicht einfach Ausstattung mit Vernunft, sondern Vernünftigkeit ist eine positive »Eigenschaft«, die ein Mensch hat und die ihn zu vernünftigen und verantwortlichen Entscheidungen befähigt. Vernünftigkeit ist also nicht bloß eine Fähigkeit, etwas zu denken, zu sehen und zu erkennen, sondern eine Grundhaltung des eigenen Seins. Das, was Aristoteles »Ethos« genannt hat, wird durch den Logos dieser Vernünftigkeit gelenkt und ist nur dann die durch Gewöhnung erworbene zweite Natur, die griechisch »Ethos« und »Arete«, lateinisch »virtus«, hieß und die wir in der deutschen Sprache früher einmal »Tugend« nannten.

Hierin sehe ich nun eine neue Perspektive, einen neuen Zugang zur Frage nach dem Sein und zur Frage der Metaphysik. Denn was ist das, was in dieser Vernünftigkeit erkannt wird, dieses Richtige oder Rechte in der konkreten Situation? Was ist das für eine Art von Sein? Da kam mir Kierkegaard zu Hilfe; es ist ein »existenzielles« Erfahren. Hier steht die Existenz des Menschen, als der, der er ist, auf dem Spiele. Auch Jaspers hat nach dieser Richtung im gleichen Sinne Stellung genommen. Dieses Interesse an dem Existenzbegriff ist nicht das Interesse des Existentialismus in der Prägung, die Sartre ihm gegeben hat. Heidegger hat 1945 einen berühmt gewordenen Brief zur Abgrenzung gegen diesen französischen Existentialismus geschrieben. Die Bedeutung des französischen Existenzialismus wird dadurch gar nicht gemindert, daß er die Frage nach dem Sein, die Heidegger von Aristoteles her und von seinem Unbefriedigtsein durch Aristoteles wiederaufzunehmen suchte, überhaupt nicht meint, sondern ein Humanismus blieb. Es war etwas anderes, was Heideggers Denken auf die Bahn brachte: der Rückgang hinter die griechische Ontologie. Das ist nun etwas, was sich in den dreißiger und vierziger Jahren unter Ausschluß der Öffentlichkeit weiter entwickelte, als Heidegger wegen des Regimes Publikationsprobleme hatte. Es ist daher erst nach dem Zweiten Weltkrieg, also erst in den 50er Jahren, zum Tragen gekommen.

Es gibt ein Problem, an dem sich die Wende, die Heidegger »Kehre« nannte, fast ablesen läßt. Der tragende Grundbegriff der griechischen Philosophie ist »Logos«, den Heidegger als das »Zusammenlesen«, als die »Lese«, als das, was als das »Zusammengegriffene« im Gedanken ist, neu interpretiert hat. Dieser Begriff des »Logos« ist nicht mit unserem Begriff der Sprache bedeutungsgleich. Die Griechen hatten kein Wort für Sprache. Sie konnten »Glotta« sagen, das heißt: die »Zunge«, und sie konnten »Logos« sagen, und das hieß das Gesagte. Aber da war kein Wort für »Sprache«. Hier zeigt sich bis in die Semantik hinein eine Grenze des philosophischen Weltzuganges der Griechen. Aristoteles hat mit seiner Theologie des sich immer selber denkenden Gottes, der immerfort da ist, weil er seiner selbst immer gewärtig, d. h. gegenwärtig ist, die logische, begriffliche Folgerung aus der primären denkenden Weggegebenheit an das Sichtbare der Dinge, an ihr »Eidos« gezogen. Sprache dagegen ist ein tief verborgenes Geheimnis, dieser Knochen Sprache, wie Hamann gesagt hat, an dem er sein Leben lang kaute wie ein Hund, der seinen Knochen nicht losläßt, auch wenn kein Pitzelchen Fleisch mehr daran ist.

Das Thema Sprache wurde das Zentralthema der zweiten Hälfte des 20. Jahrhunderts. Freilich machte es einen Unterschied, ob man Sprache mit den Linguisten und den Strukturalisten als ein Regelsystem und als einen semantischen Code zum Gegenstand macht, oder ob man mit dem späteren Heidegger – und auch mit den Beiträgen anderer, ich habe das auch versucht –, die Sprache als das zu sehen sucht, worin wir leben und die wie ein Element ist. Was Element ist, in dem man lebt, ist etwas, das man nicht zum Gegenstand macht. Das Element, die Luft, die wir atmen, ist nicht Gegenstand, es sei denn, daß einem der Wind sehr ins Gesicht bläst. Dann kann man über die scharfe Luft klagen. Oder, wenn in einem geschlossenen Raume »schlechte Luft« ist. Aber sonst ist die Luft das, worin wir leben, und was wir nicht zum Gegenstand unserer Aufmerksamkeit machen, wenn wir sie atmen. So ist es auch mit der Sprache. Sie ist sozusagen das, worin wir zu Hause sind, was uns so heimisch sein läßt auf diesem merkwürdig bevorzugten Planeten eines riesigen Universums. Was uns da zu Hause und heimisch sein läßt, drückt sich nicht zuletzt in der Sprache aus. Das zu begreifen, dahin sind wir unterwegs, noch immer. Wir haben einerseits die Sprache zu einem neuen Forschungsfelde erhoben, das der Entschleierung seiner Geheimnisse, einer neuen Aufklärung, ausgesetzt ist. So ist sie das Objekt der Linguisten, der Semantiker, der Semiologen und ich weiß nicht, wie sie alle heißen. Auf der anderen Seite ist uns die Sprache das Element, in dem wir leben und das all unser Denken umhüllt. Sie bleibt für uns alle ein letztes Daheim- und Zuhausesein, ein Unvordenkliches, das eine entfremdete Welt, die alles auf das Machbare allein anzusehen gewohnt ist, uns gelassen hat, – und dieses ist die ganze Welt noch einmal, von innen.

II

Die in diesem dreibändigen Lesebuch vereinigten Texte sind durchweg keine willkürlichen Auswahlen oder bloße Bruchstücke von überlieferten Texten, sondern in sich geschlossene Abhandlungen der großen Klassiker der abendländischen Philosophie. Sie reichen von den nur in Fragmenten erhaltenen Schriften der frühen Griechen bis zur Gegenwart. Wie jede Auswahl bezeugt freilich auch diese das Problemverständnis des Herausgebers und sein eigenes Zeitbewußtsein. Doch kann die Auswahl selber für sich in Anspruch nehmen, einer in sich selbst klaren Begrenzung der Sache zu folgen. Was wir Philosophie nennen, hat seinen Ursprung und seine Entfaltung in der Geschichte der Philosophie genommen, deren Anfänge durch Aristoteles beschrieben worden sind. Aristoteles hob die früheren Dichter, die er Theologen nannte, Homer und Hesiod, eben in diesem Sinne von dem ab, was später Philosophie heißen sollte, nämlich mit dem Auftreten des Thales und seiner Zeitgenossen. Aristoteles sah in der mythisch-dichterischen, religiösen Überlieferung nur Vorgriffe auf die späteren philosophischen Erkenntnisse oder allenfalls – mit einem religiös erebten Rückblick auf eine Urzeit – in allen Wahrheiten solcher Überlieferung nur Urerinnerungen an untergegangene Weltperioden, die von der großen Flut begraben worden waren. Jedenfalls ist für Aristoteles alles Physik, und so ist auch die mit der Physik des Aristoteles einsetzende geprägte Tradition die des metaphysischen Denkens. Aristoteles, der Erzieher Alexanders des Großen, war Sohn eines Arztes und wurde zum Schöpfer einer auf den Zweckbegriff gegründeten Physik. Die Aristotelische Physik, die auf die letzten Fragen, die das abendländische Philosophieren begleiteten, gerichtet ist, umfaßte bis ins 17. Jahrhundert hinein alle Fragen der Naturerkenntnis und war für das Denken des Abendlandes bestimmend, bis die neue Wissenschaft die Lage veränderte.

So setzen wir mit sachlicher Notwendigkeit mit den Denkern ein, die

Aristoteles als am Anfang stehend hervorgehoben hat, und die wir die Vorsokratiker zu nennen pflegen. Das deutet auf die große Wende, die die Sokratische Frage in die Welterkundung der frühen Griechen gebracht hat und auf deren Grundfrage nach dem Guten der Neubau der Aristotelischen Physik auf platonischem Grund errichtet worden war. Geschichte der Philosophie ist also unlöslich verbunden mit der Metaphysik.

Wie Aristoteles den Anfang markiert hat, so beherrscht Hegel das lang nachhallende Ende der Metaphysik. Zwar hatte schon Kant, der alles zermalmende, wie ihn Mendelssohn genannt hat, die Metaphysik als dogmatische Metaphysik, im Sinne einer aus bloßen Begriffen gewonnenen Erkenntnis, durch seine Kritik gestürzt. Damit hatte er den neuen Naturwissenschaften gegenüber die neue philosophische Aufgabe gestellt, die apriorischen Elemente der Erfahrungswissenschaften durch die transzendentale Philosophie herauszuarbeiten. Es war dann Hegels großartig zusammenfassende Synthese des idealistischen Gedankens, daß er noch einmal die wissenschaftliche Erkenntnis selbst und den philosophischen Gedanken zu systematischer Versöhnung zu führen suchte. Die *Enzyklopädie der philosophischen Wissenschaften,* die Hegel vorgelegt hat, umfaßt nicht nur die Vernunft in der Natur und ihre Erkenntnis, wie die griechische Metaphysik. Hegel wollte auch die Vernunft in der Geschichte beweisen. So wurde er durch diesen Anspruch die größte Herausforderung für den Erfahrungsstandpunkt der Moderne, und das heißt ebensosehr für die Geisteswissenschaften wie für die Naturwissenschaften.

Eineinhalb Jahrhunderte sind seitdem von der philosophischen Auseinandersetzung mit diesem letzten Versöhnungsversuch von Wissenschaft und dem metaphysischen Erbe des Abendlandes begleitet worden. Die beiden Schöpfungen des 19. Jahrhunderts, die im Widerstand gegen den philosophischen Anspruch der Hegelschen Dialektik sich herausbildeten, waren auf der einen Seite der Tummelplatz der Weltanschauungen, auf der anderen Seite die Erkenntnistheorie als die Grunddisziplin der wissenschaftlichen Philosophie. Beide Aspekte spiegeln sich in der Auswahl und Anordnung der Beiträge des dritten Bandes unseres Lesebuchs. Wenn man die erste Reihe der dort vertretenen Autoren, die von Fichte bis Nietzsche reichen, überschaut, so sind sie alle ohne Ausnahme in der Auseinandersetzung mit dem Deutschen Idealismus begriffen. Sie bereiteten damit den Kampf der Weltanschauungen vor. Das dokumentiert besonders eindrücklich das Schicksal Arthur Schopenhauers. Sowohl sein akademisches Scheitern in der Epoche Hegels als auch sein später Triumph, als er zum eigentlichen Eröffner des Kampfes um die Weltanschauung wurde, der sich, zusammen mit Nietzsche, bis heute auswirkt. Wenn wir die zweite Reihe in diesem dritten Band mustern, die von

Cohen bis Husserl zu Heidegger reicht, so sehen wir, wie dort der Wissenschaftsgedanke der Moderne sich mehr und mehr gegen den deutschen Idealismus profiliert. Das gilt auch noch für Heidegger, für den Hegel eine ambivalente Rolle spielte. Heidegger selbst hat sein Verhältnis zu Hegel als das ihm selber dunkelste und dringendste immer wieder bedacht. Die Kritiker Heideggers haben sein Denken in relativ großer Einmütigkeit als einen weiteren gescheiterten Versuch angesehen, die universale Synthese Hegels wirklich zu überwinden. Heidegger selbst hat sein eigenes Verhältnis zur Metaphysik zwischen Überwindung und Verwindung der Metaphysik in der Schwebe gelassen.

Hegel bleibt die zusammenfassende Figur, an deren Anspruch sich im deutschen Sprachraum Vergangenheit und Zukunft der Philosophie in unserer Epoche bemißt. Man muß aber beachten, wie das Erbe Hegels mehr noch als in der Philosophie in dem Stil der geisteswissenschaftlichen Forschung wirksam geblieben ist. Die Historische Schule, deren polemische Stellung gegen Hegel bekannt ist, setzte gleichwohl im historischen Denken Hegels Gedanken fort, wie Erich Rotacker in der *Einleitung in die Geisteswissenschaften* gezeigt hat. Die Psychologie von Herbart bis Wilhelm Wundt und darüber hinaus übernahm weitgehend Hegels wissenschaftstheoretischen Anspruch für die Geisteswissenschaften, ja sogar für die Logik. Schließlich ist die Soziologie und der gesamte Bereich der modernen Sozialwissenschaften ohne Hegels Lehre vom ›objektiven Geist‹ sozusagen ohne Sprache.

Es wäre eine neue Aufgabe, im Rückblick auf das letzte Vierteljahrhundert, das seit dem ersten Erscheinen dieses Lesebuchs vergangen ist, eine imaginäre Fortsetzung desselben zu entwerfen und gleichsam neue Klassiker der Philosophie zu proklamieren. Am Anfang dieser jüngsten Periode standen ja die stürmischen sechziger Jahre, in denen revolutionsähnliche Umbrüche im Generationsgefühl der damaligen Jugend dramatischen Ausdruck fanden. So war es am Anfang dieses Zeitraums vor allem ein ideologisch bedingtes und sich selbst unbewußtes Interesse an Karl Marx, das weniger auf Grund wirklicher Marx-Studien oder der Wiederaufnahme der Gedanken von Karl Marx beruhte. Der Marxismus diente in allen seinen Spielarten mehr als ein Kennwort und als eine Angriffswaffe gegen die Gesellschaftsordnung und gegen ihre Bildungsinstitutionen. Es war eine Studentenrevolte und keine wirkliche Revolution. Die Revolte hatte weder die Massen der Arbeiter noch die der Angestellten hinter sich. Sie konnte keine politische Kraft darstellen, aber hat sich im Zuge der Bildungsexplosion folgenreich ausgewirkt. Das gilt auch für die Präsenz Hegels, die dem ganzen dritten Band dieses Lesebuchs das Gepräge gegeben hat. Sie wuchs in den letzten Jahrzehnten erneut. Wenn man über Marx den Weg in die Philosophie suchte, dann führte das unausweichlich zu Hegel, und so war es wieder die Gegenwart Hegels, die zu mannigfacher Differenzierung in der philosophischen Gedankenbildung führte. Es war nicht Hegel allein, der Gegenstand der philosophischen Auseinandersetzung wurde. Auch Nietzsches böses Wort von Hegel und den anderen Schleiermachern steht über der Epoche. Aber wenn man mit gewissem Recht die philosophische Epoche nach Hegels Tod bis hin zu den neuen Aufbrüchen in unserem Jahrhundert das Jahrhundert Hegels nennen könnte, so würde man mit ähnlichem Recht vom Beginn der Ära, die nach den beiden Weltkriegen begann und bis in unsere hohen achtziger Jahre hinein sich erstreckt, das Jahrhundert Nietzsches nennen. Es war freilich anfangs, in den zwanziger Jahren, ein akademisch gezähmter Nietzsche, der in das philosophische Bewußtsein der deutschen Philosophie eindrang, insbesondere durch Max Schelers und Nicolai Hartmanns Wert-Ethik. Im europäischen Raum hatten führende Schriftsteller und Denker Nietzsches Epochenbedeutung schon früher erfaßt. Ich verweise auf den ersten Wortführer, Georg Brandes, und auf Namen wie etwa André Gide und Gabriele d'Annunzio. Aber auch die großen Erzähler des Zeitraums, die Russen vor allem, aber auch die Skandinavier und ebenso die deutschen Erzähler von Hesse über Thomas Mann bis zu Robert Musil mochten vielleicht ihrem eigenen Bewußtsein nach noch mehr von Schopenhauer geprägt sein, wurden aber doch mehr und mehr in die Radikalität Nietzsches gedrängt. Es ist daher auch kein Wunder, daß am Ende auch Heideggers radikale Denkversuche sich in die Auseinandersetzung mit Nietzsche verstrickt haben.

Wenn man die Epoche des Wiederaufbaus der verwüsteten Welt, die nach dem Zweiten Weltkrieg einsetzte, in ihrer philosophischen Bewegung charakterisieren wollte, so müßte man begreiflicherweise mit dem Nachholbedarf einsetzen, der durch die Trennung und politische Abschnürung der Jahrhundertmitte für alle bestand und vor allem natürlich für die Geistesgeschichte und die philosophische Entwicklung in anderen Ländern. In Deutschland entwickelte sich mehr und mehr eine breitangelegte philosophische Forschung. Die Kant-Forschung hatte sich im Zuge der Auflösung der neukantianischen Perspektiven zu einer neuen Bewertung der Schulmetaphysik des 18. Jahrhunderts entwickelt, und die Vollendung der großen Kant-Ausgabe gab der Kant-Forschung eine einzigartige Arbeitsaufgabe, ein beispiellos reiches handschriftliches Nachlaßmaterial, das sich wie eine Art authentischer Kommentar zu dem kritischen Werk Kants liest. Hier hatte insbesondere die Schule von Dieter Henrich anregend gewirkt. Ebenso entwickelte sich die Hegel-Forschung im Dienste der großen historisch-kritischen Hegel-Ausgabe und der Forschungsstelle für die gesamte idealistische Epoche, die das Hegel-Archiv in Bochum unter der Leitung von Pöggeler darstellt. Im gleichen Zuge der Öffnung für historische Forschung im Bereiche des Idealismus trat dann die von Rudolf Lauth geleitete Fichte-Ausgabe befruchtend hervor, und ebenso läßt dann die Wiederaufnahme der Schelling-Studien, die durch Walter Schulz' Buch angeregt worden war, auf eine neue große Schelling-Ausgabe hoffen, die bereits im Gange ist.

Sucht man eine allgemeinste Kennzeichnung für die philosophischen Tendenzen in der Nachkriegsepoche, so wird man sie in der Wendung zur Sprache sehen müssen. Das hatte sich in mannigfachen Formen bereits angekündigt. So etwa in der kritischen Distanz, die schon in den späten dreißiger Jahren Karl Popper gegen den extremen Positivismus des Wiener Kreises eingenommen hatte. Ähnliches zeigte sich gleichzeitig in der neuen Wendung der britischen analytischen Philosophie, die sich damals allgemeine Weltgeltung erwarb. Da war es insbesondere die Abkehr von dem Ideal einer mathematisch-logisch eindeutig konstruierten Sprache, und die Rückwendung zur gesprochenen Sprache selber. Diese Wendung erreichte das deutsche Denken nur langsam. Doch war ohne Zweifel das Spätwerk Ludwig Wittgensteins, das 1953 zuerst zugänglich geworden war, von bestimmendem Einfluß. Sein geniales stoßhaftes Philosophieren nahm gleichfalls an der Sprache seine Orientierung, die man nicht regelt, die man nicht verbessert und die man nicht bereinigt, sondern nur zu ihrer eigenen spontanen Bildungskraft zu befreien hat. Heidegger hat mit der merkwürdigen Treffsicherheit, die ihn auszeichnete, seine Bemühungen um die Sprache, und insbesondere um die dichterische Sprache, unter dem Titel zusammengefaßt: *Unterwegs zur Sprache*. Ein Unterwegs zur Sprache ist wohl die wirkliche Charakteristik für das Denken in den letzten Jahrzehnten, und so kann man auch die hermeneutische Wendung am Ende als eine Wendung zur Sprache bezeichnen und zu den im Miteinander-Sprechen sich bildenden Sinnhorizonten.

Auf diesem Wege zur Sprache läßt sich freilich in sehr verschiedenen Weisen vorangehen. Die angelsächsische Tradition suchte die immanente Logik der wirklich gesprochenen Sprache herauszuarbeiten und auf diese Weise den künstlichen Wortgötzen der traditionellen philosophischen Begriffsbildung ein neues analytisches Gewissen entgegenzusetzen. Hier war die Arbeit von Quine weitgehend bestimmend, und auf der deutschen Bühne das besonders verdienstliche Buch von Tugendhat *Einführung in die analytische Philosophie*. Aber nochmals sollte sich wiederholen, was Wilhelm Dilthey in der Mitte des 19. Jahrhunderts gegen John Stuart Mill eingewandt hatte, daß es bei ihm an historischer Bildung fehle. Ähnlich war es übrigens auch mit Husserls Fortsetzung der phänomenologischen Forschung, die nach dem Kriege durch eine große, höchst verdienstvolle Ausgabe zugänglich wurde. Die hermeneutische Öffnung für die Sprachlichkeit und das Mitleben der Sinn-Intentionen von Sprache wurde erst in Heideggers hermeneutischer Öffnung und ihrer Fortführung in den Vordergrund gestellt. Daß in Deutschland, insbesondere nach dem Vorrang Heideggers, die Wiederaufnahme romantischer Antriebe, gerade in den Zeiten der Unfreiheit der Sprache, der Dichtung neue Aufmerksamkeit zuwandte, war nur eine der Formen, in denen sich Vorenthaltenes wieder zu Worte zu melden pflegt. So war damals in Deutschland Hölderlin, der durch eine große kritische Ausgabe an Zugänglichkeit gewann, aber ebenso Stefan George und Rainer Maria Rilke ein vernachlässigtes, aber in Wahrheit im Verborgenen gepflegtes Potential freien, selbständigen Denkens. Nach 1945 trat das dann in die größere Öffentlichkeit und begünstigte die hermeneutische Wendung.

Aber es gab noch andere Dinge, die neu zugänglich wurden, bzw. auf ihre Lebenskraft und Bedeutung neu geprüft wurden. Das eine war die Ideologiekritik, die insbesondere von der Frankfurter Schule gepflegt wurde und dann in Jürgen Habermas einen scharfsinnigen und engagierten Fortsetzer fand, der auch an der Wendung zur Sprache Interesse nahm. Die Wendung zur Sprache mußte ja, gerade in der Erinnerung an das Durchlebte, die tiefe Zweideutigkeit ins Bewußtsein heben, die in der Sprachlichkeit des menschlichen Daseins steckt. Wenn man vom hermeneutischen Denken her sagen durfte, daß Sprache im Gespräch und in der Verständigung ihr Dasein hat, so mußte sich die Frage stellen, ob es nicht gerade auch Verzerrung der Kommunikation durch Sprache gibt, und man mußte sich fragen, ob nicht die Aufdeckung solcher verzerrender Elemente sich in dem marxistischen Begriff der Ideologiekritik wiedererkennen ließ.

Ein zweites, dem öffentlichen Bewußtsein in Deutschland weitgehend vorenthaltenes Moment war die ganze Dimension der Tiefenpsychologie, die durch Freud eine neuartige Kritik des Bewußtseins erarbeitet hatte. Auch das mußte auf dem Wege zur Sprache von Bedeutung werden, und dies wiederum führte dazu, daß das Erbe der Romantik in unseren eigenen Denkversuchen neuen Auftrieb erhielt. So gewannen Hegel, Schleiermacher und Friedrich Schlegel auch innerhalb der Fragestellungen der Hermeneutik neue Aktualität. Ebenso wurde das durch das Fortschreiten der neuen großen Ausgabe von Wilhelm Diltheys Schriften gefördert.

Erst recht gilt das für eine neue Präsenz Nietzsches. Nietzsche war zwar in Deutschland wegen der Verstümmelung und des Mißbrauchs, die ihm dort in der jüngsten Vergangenheit zugefügt worden waren, zunächst überschattet, aber um so stärker kam aus den anderen europäischen Ländern, vor allem aus Frankreich und Italien, Nietzsche zurück. Überraschend war, daß in der kontinuierlichen Nachwirkung der Lebenswerke von Husserl und Heidegger auch das Erbe Wilhelm Diltheys zu neuem Leben gelangte. Wenn man heute die Liste der Texte aus der zweiten

Hälfte des 19. Jahrhunderts mustert, die im dritten Band unseres Lesebuchs Platz gefunden haben, so vermißt man vielleicht am meisten den Namen Diltheys. Gewiß war Dilthey, ein Akademiker, ein berühmter Professor, nicht von der gleichen Präsenz und von gleichem öffentlichen Einfluß wie sein Zeitgenosse Friedrich Nietzsche. Aber die gewaltige Unterströmung historischen Denkens, die von der Romantik und Schleiermacher an das Kulturleben des 19. und 20. Jahrhunderts befruchtet hat, besaß in Dilthey seinen weithin wirksamen und immer wirksamer werdenden Repräsentanten. Das griff auch weit über das hinaus, was mit Dilthey unmittelbar zusammenhing. So zeigt etwa das Beispiel von Thomas Kuhn und seiner Revolutionstheorie in der Wissenschaftsgeschichte, wie sich diese geschichtliche Unterströmung selbst auf dem Gebiete des wissenschaftlichen Fortschrittsgedankens zur Geltung brachte. Ähnlich hat Hans Blumenberg mit geschichtlicher Imagination den neuzeitlichen Weg der modernen Wissenschaftswelt im Lichte geschichtlicher und philosophischer Wandlungen verfolgt und so das Selbstverständnis der Gegenwart bereichert. Auf der anderen Seite führten der enorme technische Fortschritt der Industriewelt und die bedrohlichen Rückwirkungen, die von da ausgingen, zu Verschiebungen im Kräftefeld des Gedankens. Probleme wie der Streit um die Atomenergie oder um die Gentechnologie im Bereiche der biologischen Forschung hatten auch philosophische Aspekte, insbesondere im Sinne eines Rufes nach einer neuen Ethik. Das darf freilich kaum als eine philosophische Ethik angesehen werden, wonach hier das Zeitbewußtsein verlangt. Einen erstaunlichen Widerhall fand auch die Evolutionstheorie in ihrer Anwendung bis auf die moderne Erkenntnistheorie. Ich nenne diese Resonanz erstaunlich, weil es doch eine sehr kurze Spanne ist, an den Maßen der Geschichte des Universums gemessen, welche die geistige Geschichte der Menschheit und ihres Gedächtnisses ausfüllt. Aber sie reiht sich den Motiven zur Bewußtseinskritik an, die mit der weitgreifenden Präsenz Nietzsches zusammenhängt. Damit hat sich auch für die Horizonte des geschichtlichen Gedächtnisses der Menschheit manches verschoben. Die enge Begrenzung auf den europäischen Kulturkreis und seine direkte Ausstrahlung auf den Erdball gibt der hermeneutischen Wendung des Denkens unserer Epoche immer neue Aufgaben und Perspektiven. Nicht nur die Ferne und Fremdheit der Vergangenheit, gerade auch die Ferne und Fremdheit der mit uns in neue Lebensgemeinschaft eintretenden anderen Kulturkreise stellen uns neue Aufgaben. Eine Sammlung wie die klassischen Texte, die diese drei Bände des Lesebuchs vereinigen, steht daher im Lichte der sich öffnenden Weiten unseres Menschheitshorizonts und werden ohne Zweifel in einer pluralistischen Welt neuen Gesprächsaustausch und Gewinnung neuer Sinnhorizonte einleiten, die über den Begriff der Philosophie hinausweisen, der im Abendland seine Ausbildung erfahren hat. Aus der engen Verflechtung von Dichtung und Philosophie, auch von der Gesprächskunst fremder Kulturen, wird immer Neues für uns denkwürdig werden. Die Geschichte der Philosophie wird nie zu Ende sein, aber wenn, wie Hegel gesagt hat, die Philosophie jeweils ihre Zeit in Gedanken gefaßt ist, dann wird mit den gewaltigen Veränderungen der Welt, in der wir uns befinden, auch der Fortgang des philosophischen Gedankens sich zeitigen, sowohl seiner Herkunft nach wie auch in der nicht absehbaren Offenheit seiner Zukunft.

Einige der Probleme, denen sich das philosophische Denken wird stellen müssen, scheinen mir etwa die folgenden: das Gespräch der Religionen im Zeitalter des Massenatheismus und die Näherung der Kulturkreise auf dieser Erde. Ferner die Verwandlung der Gesellschafts- und Lebensformen durch die technische Revolution und insbesondere durch die neuen Formen der Steuerung derselben durch den Computer. Drittens: Die Stellung der eigenen Kulturtradition im Ganzen des neuen Weltausgleiches wird neu bedacht werden müssen, insbesondere, seit die Mobilität des heutigen Erdenlebens und Fluglebens sich immer stärker auswirkt. Schließlich stehen wir vor Menschheitsaufgaben, die alle Grenzen der bestehenden Kulturkreise und alle politischen Grenzen übersteigen, in der Wirtschaftsordnung, in der Energiepolitik, in der Friedenssicherung, in der ökologischen Krisenbekämpfung und in all den neuen Verantwortlichkeiten, die ein gesteigertes Können dem menschlichen Gewissen aufladen. Die Klassiker der Philosophie werden sich dabei als die wahren Vordenker erweisen.

Bei Teil I des vorstehenden Textes handelt es sich um einen – geringfügig überarbeiteten – Vortrag, den Hans-Georg Gadamer 1985 in der Universität Heidelberg hielt. Unter dem Titel ›Die deutsche Philosophie zwischen den beiden Weltkriegen‹ erstmals erschienen in: *Neue Deutsche Hefte,* 34 (1987), Heft 3. – Teil II wurde für diese Ausgabe neu geschrieben.

Michel Foucault
Die Ordnung des Diskurses
Aus dem Französischen von Walter Seitter
Mit einem Essay von Ralf Konersmann
Band 10083

In der Antrittsvorlesung, die der 1984 verstorbene Philosoph und Historiker anläßlich seiner Berufung an das Collège de France am 2. Dezember 1970 gehalten hat, ist das geschichtsphilosophische Programm, aus dem sich seine späteren großen Werke speisen sollten, in den Grundzügen bereits entworfen. Sie ist ein Schlüsseltext der modernen Ideengeschichte. In einer subtilen Analyse der literarischen und wissenschaftlichen Institutionen und Mechanismen, die das Geschriebene und Gesprochene einschränken, kontrollieren und determinieren, entwickelt Foucault hier den theoretischen »Diskurs«, der ihn berühmt gemacht und mit dem er die Grenzen zwischen Historiographie, Literaturwissenschaft, Philosophie und Rhetorik überschritten hat. Konersmann zeichnet in einem ebenso scharfsichtigen wie kenntnisreichen Essay die Fahndungsmethoden des Foucaultschen Denkens und die Gründe für dessen andauernde fächerübergreifende Wirkung nach.

Fischer Taschenbuch Verlag

Vilém Flusser
Kommunikologie

Herausgegeben von
Stefan Bollmann und Edith Flusser

Band 13389

›Kommunikologie‹, so nannte Flusser seine Theorie menschlicher Kommunikation, die im Mittelpunkt seines Werks steht. Das Buch enthält zwei grundlegende Texte Flussers zu diesem Problemgebiet: Texte, die zentrale Motive seines Denkens erschließen. Die menschliche Kommunikation ist für Flusser jener Prozeß, durch den Informationen gespeichert, verarbeitet und weitergegeben werden, aber auch stetig neue Information erzeugt wird. Die Kommunikologie beschäftigt sich dabei vor allem mit den Formen und Codes dieser Informationsvermittlungen, deren historische Wandlungen Flusser von der Höhlenmalerei bis zur Kommunikation in Computernetzen verfolgt: Mit seiner Kommunikologie hat er nicht nur eine Theorie, sondern auch eine scharfsinnige Diagnose unserer Informations- und Kommunikationsgesellschaft ausgearbeitet.

Fischer Taschenbuch Verlag

Rüdiger Safranski

Wieviel Wahrheit braucht der Mensch?

Über das Denkbare und das Lebbare

Band 10977

In einem berühmten chinesischen Märchen verschwindet der Maler in seinem eigenen Bild. Das ist die Utopie der Wahrheit: Übereinstimmung mit sich und der Welt. Um dieser Utopie willen haben Rousseau, Kleist und Nietzsche abenteuerliche Wahrheitsexpeditionen unternommen: Dreimal die Wahrheit des Ich gegen den Rest der Welt; dreimal führt die Suche nach Wahrheit in die selbstgemachten Bilder und in die Bereitschaft zur Gewalt gegen eine Wirklichkeit, die sich den Bildern widersetzt. Eine andere große Wahrheitsexpedition ist die Metaphysik als der Versuch, in einer *verkehrten* Welt eine *wahre* Welt zu entdecken. Das beginnt eindrucksvoll bei Sokrates und Augustin und endet furchtbar im Zeitalter des Totalitären und des Fundamentalismus. Bleibt also nur die (Lebens-)Kunst, ohne die Gewißheit des richtigen Lebens, ohne verbürgte Wahrheit zu leben? Es sieht so aus. Am Beispiel Kafkas geht es in den letzten Kapiteln dieses Buches um die Kunst, in der Fremde zu bleiben.

Fischer Taschenbuch Verlag

Richard Rorty
Philosophie & die Zukunft
Aus dem Englischen von Matthias Grässlin,
Reinhard Kaiser, Christiane Mayer und Joachim Schulte
Band 14762

In der analytischen Tradition ausgebildet, mit der kontinentalen Tradition vertraut, beide Traditionsstränge souverän für seine Vermessungen des philosophischen Terrains nutzend, gehört Richard Rorty heute zu den am intensivsten diskutierten Philosophen der Gegenwart. Der Band versammelt neuere Texte Richard Rortys. Im Zentrum stehen Rortys Charakterisierungen der Philosophie und ihrer Aufgaben. Den lebensgeschichtlichen Hintergrund dieses Philosophierens skizziert der Text »Wilde Orchideen und Trotzki«. Ergänzt werden die Essays durch ein ausführliches Gespräch mit Richard Rorty.

Fischer Taschenbuch Verlag